# 文化大传统与
# 中国早期文论精神

Big Tradition and the Spirit of Literary Theory
in Early China

（上）

胡建升 著

人民出版社

责任编辑：安新文
封面设计：毛　淳　王欢欢
版式设计：姚　菲

**图书在版编目（CIP）数据**

文化大传统与中国早期文论精神／胡建升 著．—北京：人民出版社，2023.8
（国家社科基金后期资助项目）
ISBN 978－7－01－024297－2

I.①文… II.①胡… III.①传统文化－研究－中国　IV.① K203

中国版本图书馆 CIP 数据核字（2021）第 245721 号

## 文化大传统与中国早期文论精神
WENHUA DA CHUANTONG YU ZHONGGUO ZAOQI WENLUN JINGSHEN

胡建升　著

人 民 出 版 社 出版发行
（100706　北京市东城区隆福寺街 99 号）

北京中科印刷有限公司印刷　新华书店经销

2023 年 8 月第 1 版　2023 年 8 月北京第 1 次印刷
开本：710 毫米 × 1000 毫米 1/16　印张：46.5　插页：8
字数：840 千字
ISBN 978－7－01－024297－2　定价：180.00 元（上、下册）

邮购地址 100706　北京市东城区隆福寺街 99 号
人民东方图书销售中心　电话（010）65250042　65289539

版权所有·侵权必究
凡购买本社图书，如有印制质量问题，我社负责调换。
服务电话：（010）65250042

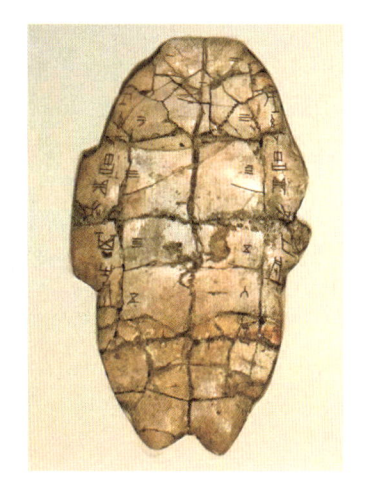

| | |
|---|---|
| 龟甲占卜 | 兴隆洼文化人面形玉饰 |
| 仰韶文化陶缸 | 甘肃庙底沟类型瓶 |
| 宰丰骨匕 | 红山文化勾云形玉器 |

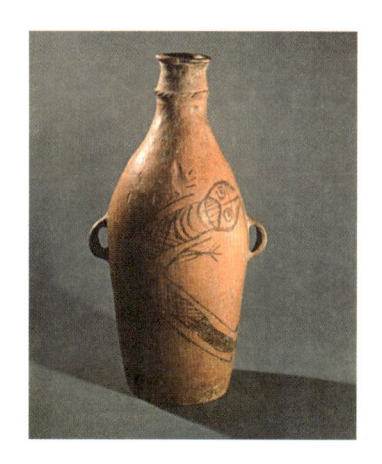

涡旋纹彩陶 　　　　　　圆圈波浪纹尖底瓶 　　　　镶嵌宴乐水陆攻战纹壶

玉璧 　　　　　　　　　玉璧

玉璧 　　　　　　　　　玉璧

玉璧 　　　　　　　　　　　　　　西汉中期玉璧

转心玉璧 　　　　　　　　　　　　联璜玉璧

龙虎玉环 　　　　　　　　　　　　西汉中期龙形玉环

龙形玉环

蟠龙纹盘

商青铜鸮卣

西周兔尊

海螺形陶器

陶壶

北美洲海达族印第安人的乌鸦打开
蛤贝，放出最原始的人类

叶形纹陶罐

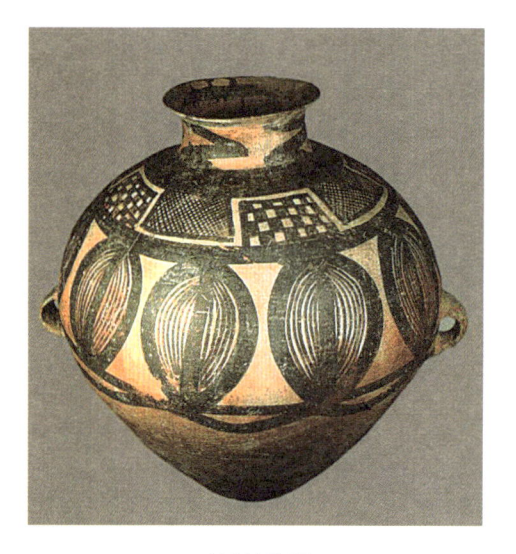

串贝纹陶罐

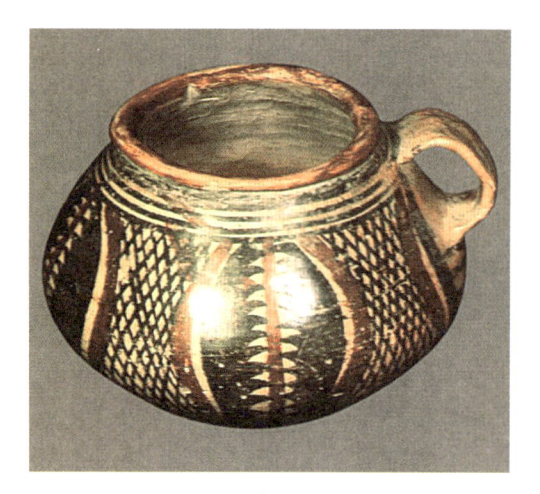

齿形纹陶罐

贝叶纹陶壶

文化玉斧 　　　　　　　　　　　　兽面纹玉钺

天气之神突斯帕浮雕 　　　　　　　斧纹陶器

涡纹双腹耳瓮

玉钺

亚丑钺

斧车

# 国家社科基金后期资助项目
# 出版说明

　　后期资助项目是国家社科基金设立的一类重要项目,旨在鼓励广大社科研究者潜心治学,支持基础研究多出优秀成果。它是经过严格评审,从接近完成的科研成果中遴选立项的。为扩大后期资助项目的影响,更好地推动学术发展,促进成果转化,全国哲学社会科学工作办公室按照"统一设计、统一标识、统一版式、形成系列"的总体要求,组织出版国家社科基金后期资助项目成果。

全国哲学社会科学工作办公室

# 目　录

## 上　册

序　一　"文"与"论"的文化之根……………………………………叶舒宪1
序　二……………………………………………………………………萧　兵5
序　三……………………………………………………………………王振复7
自　序　文论是什么：作为存在基底的道体世界……………………………1

**绪论　百年古代文论的得失及其跨学科文化重建………………………1**
　第一节　百年古代文论研究的收获……………………………………4
　　一、古代文论的文献整理………………………………………………4
　　二、古代文论在现代高校的学科建制…………………………………7
　　三、古代文论的传统断裂………………………………………………9
　第二节　百年古代文论研究存在的问题………………………………13
　　一、根性的缺失：从"失语症"到"失道症"……………………………14
　　二、物化的无奈：被客观化的客观主义………………………………17
　　三、文化的隔离：以名论名的语言游戏………………………………21
　第三节　新时代古代文论的跨学科重建………………………………25
　　一、文论寻根：古代文论的再中国化…………………………………25
　　二、发现事件：古代文论再实践化……………………………………28
　　三、文化大传统：重建古代文论的本土意义…………………………31
　小　结……………………………………………………………………45

**第一章　文化大传统与"诗言志"…………………………………………47**
　第一节　从文化大传统原道……………………………………………50
　　一、口传文化：人类古老的口头文化大传统…………………………51
　　二、活态之物：史前神圣的物质图像传统……………………………56
　　三、真灵归来：大传统文化"道"的神圣之思与元语言意义…………65

四、圆形运化：文化大传统"神道"的物质图像原型……91
　　五、玄古道心：文化小传统中的道体心性……108
　　六、小结……116
　第二节　"诗言志"与口传文化……118
　　一、神圣诗歌："诗言志"的口传形式与神秘力量……122
　　二、神志定言："诗言志"的神性规定与语词决断……132
　　三、士志于道："诗言志"的神道根性……143
　　四、神人以和："诗言志"的内外和谐与整体合一……150
　　五、小结……156
　第三节　"赋诗言志"的意义再造与权力关系……158
　　一、口传诗歌的社会语境与知识意愿……162
　　二、"赋诗言志"的表述策略与权力关系……167
　　三、"赋诗言志"的心志分化和社会效益……172
　　四、小结……177
　第四节　季札观乐的口传情结与德性美学……179
　　一、吴季札观乐的口传情结与心灵证悟……180
　　二、德性生命与诗歌形式的神圣力量……189
　　三、口传诗歌与政道……207
　　四、小结……211

**第二章　文化大传统与孔子诗论**……213
　第一节　士依于仁：士人的仁心领会与文化认同……219
　　一、士依于仁：通向"神道"与"上德"的文化途中……224
　　二、人心归仁：对生命灵魂的心神领会……234
　　三、仁者爱人：在常身世界中与他者和谐共处……251
　　四、游于艺：仁者在常身世界中的礼乐行为……256
　　五、小结……262
　第二节　"多闻阙疑"与口传文化……264
　　一、"多闻"与口传文化知识观……265
　　二、"阙疑"与神话法典功能……270
　　三、孔子的神话历史观念……274
　　四、小结……279
　第三节　"学而时习之"章的口传编码与整体价值……280
　　一、"不亦说乎"的口传知识……281

二、"不亦乐乎"的现身体验 298
　　三、"不亦君子乎"的现世关系 302
　　四、小结 306
第四节 "思无邪"的澄明之思和语词指引 308
　　一、心与思：通往澄明之心 309
　　二、学与思：君子"近思"的技艺 320
　　三、诗与思：口传语词的"无邪"指引 326
　　四、小结 334
第五节 "述而不作"的口头传统与文化重建 336
　　一、口传之"作"的口传语境和神圣话语 338
　　二、口传之"述"的口头传承与文化角色 346
　　三、"述而不作"的文化救弊和创新智慧 351
　　四、小结 357
第六节 "文质彬彬"的原型组合与内外贯通 358
　　一、口传之文与语词魔力 360
　　二、大传统文化中"质"的原型组合 372
　　三、仁德力量：随气形（无）寄存于质形（有） 398
　　四、彬彬：文质的力量贯通 407
　　五、小结 413

# 下　　册

第七节 "诗可以兴"的口传意义与人心指引 415
　　一、"兴"与口传诗歌 416
　　二、"兴"与"思明"的可能 424
　　三、"兴于诗"：兴词的心志重演 430
　　四、小结 437
第八节 "诗可以观"的观心知人与神明境界 438
　　一、观心：由表入里的观诗之法 440
　　二、知人：由外在之物到人心之思 445
　　三、自知：观诗的神明境界 450
　　四、小结 454

### 第九节 "诗可以群"吗 ·········································································· 455
    一、常身世界中的"群" ·········································································· 455
    二、依仁而择"群" ·················································································· 459
    三、诗为何可以"群" ·············································································· 463
    四、小结 ································································································ 468

### 第十节 诗为何可以"怨" ···································································· 469
    一、"怨"的分歧：君子与小人各有所怨 ················································ 471
    二、自我治疗：君子终归无怨 ································································ 477
    三、诗为何可以"怨" ·············································································· 481
    四、小结 ································································································ 486

### 第十一节 辞可以"达"吗 ······································································ 488
    一、上达与下达 ······················································································ 489
    二、言必有中 ·························································································· 493
    三、辞，达于君子之言 ·········································································· 498
    四、小结 ································································································ 502

## 第三章 文化大传统与老子艺术精神 ·················································· 504
### 第一节 老子：重建文化大传统的焦虑者和沉思者 ···························· 505
    一、对流俗文化的深沉焦虑 ·································································· 506
    二、"执古之道"以御"今有" ································································ 509
    三、文化重建的双重沉思 ······································································ 512
    四、小结 ································································································ 516

### 第二节 自然大道：士人的原初真灵与文化认同 ································ 518
    一、可道：对"真道"的信仰认同 ························································ 520
    二、非常道：对"常道"的扬弃 ···························································· 524
    三、自的神话想象：真灵的物质图像与神话认同 ································ 526
    四、毁灭与再生："自然"燃烧的火神崇拜与元一再生 ······················ 540
    五、圣人原型：本身在本身世界之中 ·················································· 562
    六、本身与常身的损益关系 ·································································· 567
    七、自然本身的生与死及畏 ·································································· 573
    八、小结 ································································································ 580

### 第三节 "道"与"名"的言说困境和非常通途 ···································· 582
    一、非常名："道"与"名"的矛盾调解 ·············································· 583
    二、道隐无名："道"之"无名状态"与"有名状态" ························ 588

## 目　录

　　三、同出而异名："道名"之"无欲状态"与"有欲状态"………594
　　四、小结…………………………………………………………598
第四节　"涤除玄览"的文学治疗与真灵再现……………………599
　　一、有疵：人在世处于病态中…………………………………601
　　二、涤除："病人"痊愈的文化药方……………………………613
　　三、"玄"的原初编码……………………………………………619
　　四、玄览：不可见的齐全本身的可见显现……………………641
　　五、小结…………………………………………………………645
第五节　"大音希声"的原初召唤及自然和谐……………………646
　　一、大音对五音的文化扬弃……………………………………647
　　二、道之出口：本身大音的幽深召唤…………………………650
　　三、音声相和：大音为何希声…………………………………653
　　四、小结…………………………………………………………657
第六节　"大象无形"的神话意象和本身显现……………………658
　　一、圣人立象与文化大传统的神话图像………………………659
　　二、"大象"是幽眇本身的显现…………………………………670
　　三、"大象"是万象本源…………………………………………673
　　四、小结…………………………………………………………677

**主要参考文献**……………………………………………………678
**后　　记**…………………………………………………………696

# 序 一
# "文"与"论"的文化之根

叶舒宪

胡建升博士的国家社科基金后期资助项目《文化大传统与中国早期文论精神》通过专家评审结项，即将由人民出版社推出面世，我作为胡博士的同事，欣然应邀为之作序。

重新认定和区分文化传承历史中的大与小两种不同传统，这是新兴交叉学科的文学人类学这一派在2010年首次提出的一种理论诉求。十余年来，文化大传统理论获得文学人类学研究会同仁们的广泛认同和重要推进，对中国文化早于甲骨文的大传统之再学习，已经蔚然成为风尚，也成为我们反思和重审小传统即文字书写传统的一个新起点。

我们不仅在中国比较文学学会文学人类学研究会的学术年会中，以文化大传统为讨论主题，而且还有多部以文化大传统为书名或章节名的著述，陆续出版面世。如李永平教授的《文化大传统的文学人类学视野》，赵周宽博士的《文学人类学的想象力》，杨朴教授的《二人转与萨满研究》，黄玲教授主编的《文学人类学研究的理论与实践》，田兆元教授主编的"文化原型的设计转化：传承、记忆、创新研究系列丛书"，我和萧兵先生合著的《〈论语〉：大传统视野的新认识》，胡建升博士的英文新书 *Big Tradition and Chinese Mythological Studies*（《大传统与中国神话研究》）等。

伴随着文化大传统理论的展开过程，本学会同仁进一步拓展理论格局，使之走向稳步推进和不断体系化的方向。如2013年出版的《文化符号学——大小传统新视野》，初步解决了文化大传统和小传统各自的编码理论，并将二者接榫、整合到一个完整的N级编码递进系统中。该系统又以"文化文本"来获得正式命名。先有文学人类学研究会第七届学术年会文集《重述神话中国——文学人类学的文化文本论与证据间性视角》在2018年底出版；紧随其后，本学会与陕西师范大学人文高等研究院合作，共同主办学会理论专刊《文化文本》之创刊号，也将以专书形式于2021

年春在商务印书馆出版。

至此，文化文本的命题将文化大小传统整合到一个前后衔接的符号衍生整体过程中。我们尝试为中国文化量身定制的一整套文化理论的建构，其基本目标业已达成，该理论体系的具体眉目也逐渐清晰起来。回顾这几十年的历程，起初是先行一步的融合多学科知识的新方法论"三重证据法"（1994）和"四重证据法"（2005），逐渐引导出文化大小传统再划分的命题，由此奠定了文学人类学一派努力创建的文化理论体系之基础。

大小传统再划分，其所带来的人文研究的认知更新效应，主要体现为两个前后相随的具体步骤，可以分别概括为"还原效应"和"反观效应"。下面就以胡博士的《文化大传统与中国早期文论精神》为例，具体说明如下。

## 一、还原效应：由小到大

中国文论这个专业领域，是西学东渐以来在我国学界逐步形成的。其根本性的研究取向，就是仿效西方文学理论，去描述和创建有关中国华夏民族的文论史。其发展的瓶颈在于，无法有效解决西方理论的形而上思维取向与华夏传统文论自身的非形而上取向（如评点和诗话、词话等）的融通问题。这正像西医的理论体系至今也无法与中医的穴位经络理论体系相融通一样，文化人类学的文化相对论原则，可以给所有尝试这类融通中西文论的企图，划上一个相对的句号。华夏文论研究，所需效法的不是西方文论的形而上体系，而是要从本土话语之根出发，即找到其自身的文化源头。文化大传统理论的出现，给华夏文论的关照视角取得一次更新升级的契机。胡建升博士正是看准这个契机，开始做文论研究的范式更新之尝试。本书的三大部分，即诗言志、孔子诗论和老子艺术观，都是从这样的还原与寻根视角切入的。

还原寻根的结果，自然是由文字的小世界通向文化传统的大世界。大传统之大，首先在于认定口传文化的宏大历史体量一定是先于和优于小传统，即文字书写文化的。就"文"和"论"这两个关键词而言，其语源学的意义，都是指向前文字时代的大传统的，而不是指向书写文字小传统的。以往的文论研究只看传世文献，其境界只能停留在咬文嚼字式的研究上，一旦超越文字限制，进入口传文化的悠久脉络，则可以做到龙虫并雕的新境界。这里所说龙虫并雕，是在文化文本理论光照下的整体审视，已经不是停留在修辞比喻的层面上的，而是深入到文化的肌理内部，找出前因后果和主次发生的脉络。具体说，先找出五千年前北方和南方的玉雕龙文化传统，然后才知道后世文学所言"文心雕龙"，绝非空穴来风！

简言之，无文字和无书本的文化大传统一定在先，是原生性质的文化，而书写小传统一定在后，成为次生的文化。其次生性质，也一定会体现在作为象形字的汉字早期写法中。如果没有万年持久不衰的玉文化崇拜情结与精灵般的穿越想象，怎么会在华夏第一部字典书《说文解字》贡献出第六个部首下的124个从玉旁的汉字呢？怎么会让道教鼻祖老子说出"圣人披褐怀玉"的名言，让儒家鼻祖孔子说出"君子温润如玉"的人格理想呢？《文化大传统与中国早期文论精神》的第一章，突出诗之言说与歌唱的大传统价值观，而不是后代文人"写诗"的书面逻辑。第二章，彰显儒家兴观群怨说的口传文化渊源，竭力阐明礼乐与早期文学的不可分割性质。第三章，洞察道家自然大道说所蕴含的原初灵性精神存在，由此切入"大音希声"和"大象无形"的微妙境界。如此可谓是引领文论"由小到大"范式转移方面的新鲜尝试。这样的研究取向，不仅吻合儒家好古和道家归根的精神旨趣，也能够充分体现大传统理论的拓展意义，会给文学史和文论史研究带来一种境界全开的感觉。这是非常令人期待的。

圣人有言在先："郁郁乎文哉，吾从周。"汉字中的诗、论、语等关键词皆从言，可知在书写的"文"与"诗""论"还未出现之前，这些样态的口传和礼乐活动早已经存在和传承数千年之久。以往的读书人知识条件不足以触及文化大传统的悠远世界，而1921年诞生的中国考古学，经历一百年的大发现过程，足以让今日的知识人直面上下五千年，非虚言也。人文学者若不能与时俱进补习这些新知识，又如何能走在学术创新之前列呢？

既然"文"和"论""诗"三个汉语关键词，没有一个是书面文学的产物词，更多体现无文字时代的精神，那么治学之人如何努力做到由小到大，其重要意义也就大体明朗了。

## 二、反观效应：由大到小

文化大传统的再学习和再认识，除了全面升级我们已有的知识观和历史观，一个最主要的有益结果，或者说是引出意外之喜的连带性效果，就是对原有的文献导向的知识格局带来重新认识的可能。再借用前贤论诗的境界比喻来表达，其道理就是"不识庐山真面目，只缘身在此山中"。被文献知识的有限格局所束缚，日积月累，人们早就习以为常了。若能发生一种"一览众山小"的登高望远之感，是大家所期盼已久的。借用王国维论诗三境界的比喻来说，从大传统新知识和新视野，反观小传统即文字书写留下的后世文献内容，一定会体会到那样一种"蓦然回首，那人却在灯火阑珊处"的豁然开朗，或者说是一种类似悟道的体会。相传孔圣人当年"登泰山而小鲁"，因为泰山是齐鲁大地的制高点。毛泽东主席诗云"风物长宜放眼量"，所倡导的是视界之开阔长远。大传统新知识的主要范围，过去根据兴隆洼文化玉礼器出现的情况，算作8000年。随后又根据新发现的一批东北地区9000至10000年的玉器，以及北方谷子和南方水稻的出现年代，提出"万年中国"的认识新目标。从万年视野回望3000多年的甲骨文汉字书写，以及两千多年的古代经典出现，自然会有与以往不同的体认。

《文化大传统与中国早期文论精神》所提出的独创性新观点，主要集中在这一方面。如绪论部分之六"道体世界与文论话语的生产图式"；第一章第一节第五"玄古道心：文化小传统的道体心性"；第一章第二节第三"士志于道：'诗言志'的神道根性"；第一章第四节"季札观乐的口传情结与德性美学"；第二章第一节第四"游于艺：仁者在常身世界中的礼乐行为"；第二章第九节第三"诗为何可以'群'"；第三章第四节"'涤除玄览'的文学治疗与真灵再现"；等等。这一批对古文论文献知识的换位思考和创新解释，皆可以作为"由大观小"的具体案例。诚然，文化大传统理论的提出迄今仅有10余年，在这样短的时间里补习大量考古学和艺术史、图像学、宗教学的新知识，必然对学者提出超乎常人的刻苦钻研毅力，也还需要长久积淀的融会贯通功夫。

胡博士新著以大传统为源，以小传统为流，察源观流，源流并重，既能立足于大传统之根，又能贯通于小传统之枝叶，是一部视野开阔、方法独特、学科多元的文论研究专著，既可以丰富中国文论的文化意义和推动中国文论精神的探讨，也能够丰满文学人类学的大传统理论。

# 序 二

萧 兵

也许是马齿渐增，僻居江岛，又不大上网的缘故，我近年除了狭窄的专业书外，阅读极少，接受信息不多，尤其是文论方面。读到建升君的这部书稿，不免大吃一惊：讲文论的书居然会采纳这许多的考古文物和人类学资料，学科的跨越幅度这样大，怎么把它们调谐整合起来——但这正是这部书的独特与原创之点。

文论或美学上的某些疑难或要害之所，特别是它们的"背景"，往往被我们所忽略。比如，古人讲"风骨"。"风"与"气"（自然与人、无生与有生相谐和的"呼吸"）相关，"文以气为主"，这大抵还明白。"骨"呢，其根源讨论得很少。甲骨文专家多数只讲龟甲之灵，很少顾及牛骨之秘。建升君列举了兄弟民族和殷周的骨卜，论证"神圣的甲骨材质，加上对神灵讲述的神秘文字，又加上通天的绿松石，还有各种神秘意义的纹饰图案，这种骨头就承载了最为尊贵的神秘力量和文化编码"。血肉会腐烂，骨头却长存。远古"撒红葬"的一个重要目的，就是让旧的血肉迅速消失，让新的血肉附着在"永生的骨头"上，促使死者"再生"。这就是骨头的某种"超越死亡的延续和权力转移"（安德鲁·斯特拉森的话）。骨头是有个性的：有人骨头硬，有人骨头软，体现在文学里就是有没有"风骨"。这就让我们窥见中国文学话语恢弘而又深邃的背景，也是新兴文学人类学得以存在与发展的学术根据之一。

中国文学首重的明道、体道、行道，所谓"文以载道"。从古文字看，"道"从首从辵，"首"是以目代首，而又以首代人，"道"就是"人行路上"。建升君很重视这一重"道、路互训"的脉络，引用了大量"道犹路也"的旧释。但他更进一步引证良渚与红山文化与各地岩画，说明更古老的道可能表示"天上神灵"的降临或训导。道体现为"道本体"与"道心"两个层面（有人称为"心、律二元性"），道心与文心更直接地相通，"在文化大传统的玄古时期，'道'不是一种理性规律，而是玄古圣人在通神仪式（或称为收心活动）中，通过暂时放弃个体在世界的有形存在与世俗逻辑，使本真之神在人心中显现出来，由此，自身世界获得神性净化，成为了一个完满自在的本真世界。"这就导致了对上古诗人和思想家对于"道"的追求与体现的更本源的探索。神话理性与现实经验，神圣永恒与人间体验，宗教心理与世俗心态是如何结合起来，值得深入探讨。

对无文字以前的口述文化的"大传统"的重建，建升君在叶舒宪教授论著启发下做了更为新颖的探究。孔子认为"师生之间的口耳相传的多闻知识，就在于反复操练，并在这种口传知识操练中，不断地体验和领会口传'神道'的存在价值和神圣力量。"建升君注意到简帛资料，《郭店楚简》的《五行篇》："圣之思也轻，轻则形，形则不忘，不忘则聪，聪则闻君子道，闻君子道则玉音，玉音则形，形则圣。"他揭示，楚简中的"圣"写成"声"字。按照一种"望文生义"的诠释，繁体"聲"字由"殸"（以殳击磬）与"耳"构成，本身就由（音乐）"创作"与"接受"双方的交流构成。旧说"口耳相传之谓圣"，也包含着大传统中非文字的情志或思绪的沟通。初民把口耳相传看作文化传承与创造的神圣活动，如建升君所说，只有神话原型意义上的"圣人的神圣言说才可以称之为'作'，因此，圣人才是真正的作者"；口耳相传、圣俗合一才是本真的文学，才是原初"文论"的根本精神。而最初的口传者所使用的"文"，也不仅是"文心""情文"，而且是"声文""身文"，是"可以直接感知和体验的有形存在"，如卡西尔《语言与神话》所说，"思维着的心智与说话的舌头"，语词与初文都是联系在一起的，具有"再创造"世界的能力，这就比通常的"文学反映世界"更进了一步。

这部新著反映文学人类学派在中国学术界别树一帜、独辟蹊径的重要进展，它提供了一种新的思路，一种新的启发，一种新的尝试。建升君为学勤勉，好学多问，在不同的学术场合，多次向我请教跨学科的研究理论与方法问题，我也乐于与之交流讨论。今其宏著即将付梓出版，问序于我，故欣然为之。

# 序　三

王振复

　　建升君寄来了他即将出版的新著，题曰"文化大传统与中国早期文论精神"，让我有幸得以先睹为快。放下其他案务，饶有兴味地读了一遍，觉得应邀写序的过程，也是一个学习与探讨的过程。

　　一部新著的选题，昭示了作者的学术眼光和研究方向。建升君这一著作的内容，关涉到三大学术纽结点，一是"文化大传统"；二是"中国早期文论精神"；三是二者之间的文脉联系。这第三方面，显然是本书研究、论述的重点。

　　"文化大传统"以及与之相应的"文化小传统"的提法，作为叶舒宪教授对于美国人类学家罗伯特·雷德菲尔德为学之见的翻新，拓展了相关学术研究的视野与空间。"将由汉字编码的文化传统叫做小传统，把前文字时代的文化传统视为大传统"，唤起"文化大传统"研究的重视。

　　有一位西方学人曾经说过，假如将人类历史比拟为一天二十四小时，则迄今为止的人类文明史，仅仅是二十四小时的最后两分钟。这并非是说，人类历史的这一瞬间，由于时光的短暂而显得微不足道，仅仅在于强调，十分漫长的文明前的"文明"，对于当代以及未来的人文研究来说，无疑应当倍加注意。好比弗洛伊德的精神分析学说，当其将人的心灵结构，分为"本我""自我""超我"三大层次的时候，"本我"这一曾经被无视、轻忽的心灵母体的研究意义和价值，就被凸显出来了。"本我"即人类心灵结构的基质部分，一旦遭到忽略、漠视与否弃，则整个精神分析学说，便轰然倒塌不复存在，是不言而喻的。

　　如果说，精神分析学说的所谓"本我"，不过是弗洛伊德关于人类心灵结构基础的"黑箱"预设，以至于只能依靠生花描述而难以实际把捉的话，那么，人类学关于"文化大传统"的提出，就不是类于虚无缥缈的诗意想象，它是一种可以回溯与探求的曾经的现实，尽管其中的口传部分，早已不复存在。

　　这不等于说，学术研究对于"文化大传统"的接近，可以轻而易举唾手可得。物理时间的旷世蛮远，历史积淀的无比深厚，以至于文化遗传密码的神秘莫测，必然导致"文化大传统"脾性的桀骜不驯、刁钻古怪。无疑，学者们关于"文化大传统"课题的研究，首先需要一点学术的眼光和勇气，也得时时小心不要落入某种似乎一时难以避开的陷阱。当我们以冷峻的目光和严谨的学术，去试图叩响曾经失落的文化历史这一重门的时候，分明有一种葱郁清新的晨醒般的空气，从久远暗夜的尘埃里扑面而来。

建升君的这一研究，是将"文化大传统"说，成功地运用于中国早期文论精神研究领域的一个显例。在我看来，这一成功的研究可能表现在三方面。

其一，进一步阐述"文化大传统"说，对于中国早期文论精神研究的必要和重要意义，指出那种无视文字诞生前口传文化等传统的做法，是一种无根的研究。本书引用了叶舒宪《中国文化大传统》一文的见解，即"再造大传统的概念，针对的就是认为文字创造历史、无文字就是无历史的传统偏见。我们承认文化历史只是小传统的历史，要看到前文字时代更加深远的历史，则需要探寻大传统的存在"的看法。尔后本书作者加以发挥："暂时搁置文字书写的小传统文本，并不是完全否定文字文本，而是通过搁置文字文本，才能避免单独依靠文字文本而产生各种的文化偏见，才能利用前文字时代的历史文化与存在意义，重新梳理和发现华夏文化的核心精神与原型编码。"将中国早期文论精神与"文化大传统"联系起来加以研究，这是新起而可取的研究方法和角度。

在我看来，以"小传统"遮蔽"大传统"，或者相反，都是不可取的。固然应当强调"文化大传统"问题的严重与峻立，以惊醒于学界；固然应当注重"文化大传统"的新的开掘，因为它是"第一义"的东西，应当重视有关"文化大传统"的搜求、甄别和归纳，作出大量的考辨工作尤其是田野考古，以求开辟新的研究天地，但又要不偏废于"文化小传统"的继续研究。这是因为，属于"文化小传统"范畴的无数文字典籍资料，及其无数前贤、时人的研究成果，虽则其中不乏遗忘、疏漏甚至荒谬的地方，却在一定程度上，涉猎、追溯与把握了源自"文化大传统"的真理性的东西，传达了来自幽古茫远的真实的声音。尽管"文化大传统"蕴含着人类文化原始的"初心"和"真知"，而且迄今为止，很大程度还是一个有待于进一步发掘的文化宝藏。然而这一宝藏，毕竟往往是与人类童年那些不成熟、稚浅甚至芜杂的文化思想与思维，紧密地纠缠在一起的。某种意义上，在"文化小传统"中，积淀和流淌着的也会是源于"文化大传统"父精母血的文化胚素。因而，也可以在一定程度上，从其后发的枝叶、花萼和新果中，闷摸、辨认、映照与把捉原初文化种子的某些真相。假如崇拜"文化大传统"正如盲目崇拜"文化小传统"一样，都是不应有的学术心态。我们提倡的，是学术研究所必须的冷峻的理性，达到两种"传统"研究的相互考辨相互参证，且以"文化大传统"优先。我们所追求的学术，应是那种从"我注六经"到"六经注我"，从而达成历史与逻辑、实证与理念相统一的境界。

从建升君的实际研究来看，也正是抱着这种研究的理性精神，既抓住要害，突出重点，又努力不株守、拘泥于某一端。

当我们着手进行有关"文化大传统"的研究时，尤其口传文化的口传特性，在文字文化诞生之前，是随风飘散、杳无踪迹的，使得这一文化"黑箱"，永远无法打开。好在还有大量的地下物质文化的遗存，使得我们有机会得以窥"文化大传统"真相之一斑。与此相应的，也可能从"文化小传统"的某些言说或命题即文字资料进入，汰其糟遗，撷其精纯，闷摸来自"大传统"时代某些口传文化的真实信息。

建升君此书论及的《尚书·虞夏书·尧典》的"诗言志"，就是指向"文化大传统"之口传真实的一个命题，确因"志"字本义指记忆，与"文化大传统"的口传文化有了某些文脉的关联。那意思是说，在文字文化之前，为了便于以往生活、生存与生命历程的记忆，才有言说、诗唱这一口传文化代代相传。代代相传的原古言说与诗唱，就是曾经活在口头的一部"大书"。它忠诚于原始记忆，在记忆里，蕴含着原人对于自然神灵和祖宗神灵的崇拜与忠忱。这种记忆，就是一部沉凝于心灵、传承于口头的"史前史"。又因记忆而必然唤起远古社会的舆情与共识，则有助于铸成普遍可适应、普遍可传达的社会意识、理念、情感、想象和意志，使得这一部口传大书，在忠诚于记忆这一"原著"的前提下，不断得以修正，从而在原始神话的言说与吟唱中，传达出原始神话及其相系的图腾与巫术的文化意识和意蕴。

这一切，无疑都与"诗言志"这一命题有了因缘。仅就"诗言志"这一表述本身而言，首先是属于"文化小传统"范畴的，它仅仅指向"文化大传统"而已。在"文化大传统"与"文化小传统"之间，并非绝然横亘着一条彼此不相交通的鸿沟。书中所引用的诸多边远少数民族的文字资料，其内容指向"文化大传统"，其表述又无疑是属于"小传统"范畴的，它在思想与思维上，一定程度上又沾溉了"小传统"的某些文化特性。我们的研究，往往可以从"文化小传统"回溯"文化大传统"，这不等于否弃从"大传统"走向"小传统"的研究正途。然而，无论正、逆二途的相互参照，都难以彻底地从源头上把握文字之前口传文化的全部本在，只能是对它的不断诠释和尽可能的接近。

研究"文化大传统"最可靠的实践，当推田野作业。发掘文字诞生前的岩画、洞窟图像和建筑遗址等物遗，使得我们有机会直面幽古辽远的"文化大传统"。可惜的是，已经或者有待于发掘的亘古文物，由于漫长的数千数万甚至数十数百万年岁月的磋磨和耗散，不能绝对等同于它们的原始本相，是可想而知的。尤其是，这种文化遗存的阐释者作为"文化小传统"中人，导致他们的阐释，命里注定会打上"小传统"范畴的某些意识、理念、思想和思维的烙印，使得学者们的研究及其阐释，有一些只能无奈地落入"第二义"。

任何文字诞生后研究者的整个身心，无一例外都是"文化大传统"与"文化小传统"相结合所造就的文化成果。这就可能提醒我们，处于"文化小传统"境遇中的研究，很有必要向"文化大传统"的深广处回溯与开拓。这不等于说，文化的原始编码和二级编码的文脉联系，仅仅是"大传统真知"与"小传统妄知"、正见和偏见之间的区别。

其二，本书作者在《女神原型的图像组合：鹳鱼石斧图的文化象征新探》《石鼓文的物质文化与神话图像研究》《良渚神徽的物质文化和神话图像》等论文写作的同时，对中国百年古代文论研究存在的问题进行了有力的学术反思和总结，指出其"根性的缺失"，"其病理根源不在于表层现象的话语形式问题，或者作为'学术规则'的外在文化规定性问题，而是根植于华夏民族本土文化的根性价值或神道文化的缺失问题"，进而指出，所谓中国文论研究的"失语"，主要不是在"学术规则"上，"道体根性的迷失才是失语症的最终根源"。

这一见解是一针见血的。关于"道体根性"的论述，在历代属于"文化小传统"的典籍文本中，在在都是，只是有些未被文论学界多加注重罢了。在我看来，数十年来的中国美学史研究，一些学者出于一定的学术自觉，以为首先从哲学或文化哲学高度，去从事包括中国文论在内的中国审美文化及其理论部分的研究，是尤为重要与必要的。而一些文论研究，要么把中国美学简单地等同于中国文论，因而对中国美学不屑一顾，抱着一种盲目而傲慢的态度；要么误以为首先从哲学或文化哲学角度研究中国文论，是大而无当不务正业，甚至认为所谓"道体根性"并非中国文论研究的题中应有之义。这种情形，可以导致无根或偶尔触碰根因根性的研究，虽则，它们关于翔实资料的搜求和甄别等，会做得周到细密而令人钦佩。

可以说，本书关于中国早期文论精神的研究，有关"文化大传统"意义"道体根性的迷失"是"失语症的最终根源"的看法,是合理而合法的一个新见。尽管在当今学界,试从"文化大传统"角度研究中国早期文论,并非从本书始,然而从对"文化大传统"的追溯中,来研究中国早期文论精神的根性,以我有限的阅读来看,认为是从本书开始的,它得益于本书作者以实证为本、在理念上具有一定的中国哲学、美学眼光的缘故。

建升君把这种中国文论的"道体根性",用一个词来加以概括,叫作"文论真理"。所谓真理,指主体在实践中准确而又正确地把握到的事物的本质规律。就中国文论而言,所谓"文论真理",指"抛弃和拒绝被科技僵尸化的纯粹工具理性,呼唤的是一种人自身本来生命的集体表象与真理世界,召唤的是人自身发自生命存在的'根'性之思与'真魂'存在。中国文论真理要摆脱西方理性的沉寂与束缚,放弃形式之美的僵死与呆板,就必须回到鲜活的'人',回到东方人神圣的'道体世界',重新获得全新的天命洗礼,重新获得真理世界的自由存在",并且强调,"这是中国文论真理的大解放"。

作者进而将"文论真理",确当地用一个"道"字来加以概括。本书所提出的"文论寻根"与"重建古代文论本土"的看法,贯穿于全书有理有据的阐析。将《尚书·虞夏书·尧典》的"诗言志"、孔子诗论和老子的文论精神,都在"文化大传统"学术理念的指引下,作出"道体根性"意义的分析,是本书的一个显著特点。把中国早期文论精神这一课题的研究,努力放在"文化大传统"这一大背景下,加以整体性的重新审视,做出"原道"即努力回归于无文字的口传文化的研究,应当加以尊重值得发扬。其研究成果,一定程度推进了中国早期文论精神研究的学术进程。

其三,本书在绪论之后,一共设有三章,构成全书的主体部分,此即"文化大传统与'诗言志'""文化大传统与孔子诗论""文化大传统与老子艺术精神"。除第三章标题在逻辑上与一、二章有些不类外,都做在"文化大传统"与"中国早期文论精神"的学术联系这一点上,使得全书的论述颇为集中而统一。作者在这三章的研究与分析中,可谓下足了为学功夫,其中甘苦,如鱼在水,冷暖自知。知识量的充裕、资料的搜求与翔实且不必说,这是一般学术著论所必备而应备的,否则,难以称得上是严肃而厚重的学术。从本书的字里行间,可以让人体会作者理论素养的储备和对于学术的敬畏。而"道"这一人文范畴的引入,将中国早期文论精神的根性,用一个"道"字来加以提炼和涵盖,可以说凿通了早期文论精神之根性与"道"的文脉联系,是思成的结果。

本书以作为人文根性的"道",解读中国早期文论的精神底蕴,令人信是。同样是"道",在"文化大传统"或"文化小传统"里的含蕴,是不尽一致的。前者是后者的原型与母体,是文化学意义的,尽管蕴含着可以而必然走向哲学或文化哲学的道的文化胚素,又不具有成熟意义的哲学或文化哲学的精神品格;后者,表现于先秦原儒文论,是儒家一直所倡言推崇的礼、仁与德等,由于一般地局限于道德伦理,使得它的思想与思维的阈限,一般属于道德哲学、道德美学的范畴。表现于先秦原道文论,则老子的哲学之道,并非西方上帝却像西方上帝那样,从哲学而非宗教的苍穹,俯瞰着包括早期文论精神在内的整个中国的人文精神。但是,先秦儒道两家所说的,是表现于"文化小传统"而指向"文化大传统"意义的道,是"大传统"这一文化母体所亲生的文化之子,它的人文血缘,无疑原于"文化大传统"。

在中国早期文论精神与"文化大传统"的文脉联系这一学术课题的研究上,本书用力尤多。本书揭示了早期文论之道,源自"大传统"的神性、巫性之道的真实,是令人信服的研究。

在郭店楚简中,有一个道字别体,写作将行字分拆而成彳亍,在彳亍二字中间,加一个人字而成道字别体。彳亍,小步行走的意思。故道字本义,人行之谓。正因如此,东汉许慎《说文》才将道字之义,识读为"所行道也","一达谓之道"。道,确是指人日常所走的路径,尔后才指整个民族的人生之途。

如果仅从许慎的解读实际看不出"文化大传统"意义的道字的本来面目。中华先民对于自己脚下道路的认知,并非从一开始就是纯粹理性的,它经历了一个从"大传统"的神性、巫性的道,向"小传统"的伦理、哲思之道的意义嬗变和提升。就"大传统"的神、巫文化而言,道蕴含一定的原始理性因素,这种理性因素,打上了神性、巫性的人文烙印,同时充溢、糅合着神灵想象,追寻天神底蕴,又在肯定神力、灵力的前提下,肯定人自身为改变命运而作出的努力,它是一种尊天与知命的半神半人性质的文化意识与理念。

这一文化母体的特性,恰好被后起的"小传统"意义的先秦儒、道两家的文化,各自偏于从两大方面所继承和发扬,又同归于道性本根。在我看来,无论儒家之道,如何从天、帝、礼、仁、义、德、信与诚之类,来规范人伦关系及其践行原则,无论道家之道的哲学如何"致虚极,守静笃"而宗于玄无的高妙、虚幻之境,其思想与思维,大致总在有、无之间奔突、对立而彼此涵咏、调和。二者的文化起始是同一的,都源于"大传统"的原始神话与图腾、巫术文化,其归宿也有同一的一面,便是拙著《中国美学的文脉历程》所说的"做怎样的人以及怎样做人"。中国人一向恪守着这一人生信条及其"文论真理",整个文化、哲学与艺术包括早期文论精神,大凡离不开这一点。儒家的言说比较务实而直接,它脚踏在人间大地上,以为天道远人道近,只要规范、调整、恪守与践行种种人伦规矩,就是一个理想的"大道之行"的天下。道家在推行道的理想前,先得说一番哲学的大道理,来试图论证道的合理性。老子的道,有本原本体、规律性、归真性和最终落实于伦理之德四大层次,德性境界也是道家文化、哲学与文论精神的现实归宿。都说儒家入世而道家出世,好像两家是绝然对立的,其实道家的文论精神比起儒家来,不过在于仰望哲学苍穹的高远、对诗与远方多看了几眼罢了。道家文化、哲学与文论精神的所谓出世,是"出"儒家之"世",而不得离开世间现实,向往其道性本根的自然,则是其立命之基。

　　正因如此,这一人伦之道与自然之道,贯彻于中国早期文论精神,便总是严厉地执守于伦理规矩,且将其视为一种德性圆满的自由,或诗意地痴迷玄无的自由之境。从而使得历代的儒家文论,充满了道德说教的精神享受;或者使得道家的文论,指向虚灵、自由的无的境界。好比穿鞋,儒家笃认,人是必须穿鞋的,不穿鞋就是非人,鞋穿在脚上,不松不紧正好合脚,比不穿鞋舒服,这是儒家文化及其文论精神的道;道家坚信,人是不必穿鞋的,穿鞋才是非人,赤脚是天性的自由,或者作为妥协不得不穿上了鞋,却可以回归于道无的精神故乡,做到与没有穿时一样自由,这是道家文化、文论精神的道及其回归。

　　儒道两家早期文论精神的道的境界,出发点不一而殊途同归,都是追求自由的,而自由之境的内涵不同:一在有,一在无。

　　当我们再来评说属于"小传统"文本的"诗言志"这一诗学命题时,除应揭示其"志"的本义为"记忆",还须注意与此相谐的原始情感、想象与意志之类。不能设想,当初民在以口头言辞、歌诗"记忆"历史时,就不会随之唤起爱与恨、乐与悲的情感,和对于天命、世界的想象及其朦胧的意识与意志等,还有试图以神话、图腾和巫术的方法来把握自身命运的努力。"大传统"确是一颗种子,不见枝叶、花朵和果实,却本在地孕育了植物的一切生命遗传密码。"大传统"意义的原始情感、想象和意志等,有一种文化的本在及其动势,注定要成长为"小传统"并且灌注于后世文论精神的根因根性,这便是为什么"诗言志"的"志",除其本义外,还指理性、情感、想象和意志等含义的缘故了,它实际也是后世文论之道的根由。当然,中国文化及其文论中的道,并不完全等同于西方那样的逻各斯。

我们看到,从"小传统"意义的道家早期文论精神来看,作为哲学本体本因的道,何等神奇地披着"大传统"旷世蛮野的风尘,一直品格显明而深邃地具有从远古之道到文论之道转递和提升的文化履痕。《老子》云,道者,"视之不见名曰夷,听之不闻名曰希,搏之不得名曰微,此三者不可致诘,故混而为一"①。这一有关道的言说,用于"大传统"的文化之道与"小传统"的哲学、美学与文论之道的描述,都是贴切、有味而值得引人深思的。

美国学者休斯顿·史密斯曾经在《人的宗教》一书中,这样描述中国文化与哲学的道的蕴涵:"它就在近处,的确就在我们身边;不过却是难以捉摸的,一种你伸手去拿却拿不到的东西。它似乎如无限的极限那样的遥远,可是它却不远;每一天我们都在用它的力量。因为那活力精神之道,充满了我们整个身躯,然而人却无法追踪其轨迹。它去了,可是并没有离开。它来了,却又不在这里。它是无声的,不曾发出可以被听见的音符,可是突然之间我们发现它就在我们心中。它是混沌而黑暗的,没有展示任何外在的形式,可是它却像一条大的溪流,在我们出生时流入我们的生命。"② 这一哲思兼诗意阐述,将"不可致诘"的道清晰地呈现在读者面前了,却又朦胧难测于庐山真颜而若即若离,永远不可把捉、不可亵玩。

就"它是无声的"这一句来说,便是指"大音希声""大象无形"的境界。这里,大字的甲骨文字,写作像一个两脚分开而正面站立的男子。大是太的本字。太比大多的那一点,是后人造字时对于男性祖神的强调,却真实地传达了来自"文化大传统"时代的文化信息,先民曾经虔诚地崇拜的男根,转而成长为"文化小传统"的中国文化、哲学、美学与文论精神的道。所谓"大音希声""大象无形"以及"大智若愚"等等的"大",其实都是指道这一本根本体,它当然是无声的。从而可以说明,试图从音乐角度识读"大音希声"的含义,都是不可取的。③

试问何以如此,不就是道的文化特性使然么。尽管"文化大传统"时代的人们,因为文字尚未诞生,还没有用"神""灵"与"道"这样的字眼来命名他们所无数次体验、言说与歌唱的那种"视之不见""听之不

---

① 魏源:《老子本义》第十三章,《诸子集成》第三册,上海书店出版社1986年版,第10—11页。
② [美]休斯顿·史密斯:《人的宗教》,刘安云译,海南出版社2013年版,第190页。
③ 王振复:《"大音希声"解》,《王振复自选集》,复旦大学出版社2015年版,第189—192页。

闻""搏之不得"的东西,然而,那种视、听与搏都不能为人所把握的存在及其氛围,正是"文化大传统"中先民所体验到而不可说尽的那种文化的根性,它直接灌注于"文化小传统"文论精神的根性。在"文化小传统"里被命名为道及其境界的那种东西,就是在"文化大传统"里先民试图把握又永远无以把握的"神""灵",比如男根。神、灵即道,道即神、灵,"大传统"与"小传统",是融和贯通、一脉相承的,经过数千万年文化的汰洗和陶冶,建构起整个中国文论而不仅仅是早期文论精神的不二圭臬。关于这一点,在中国文论以及画论、书论、乐论、舞论与建筑园林之论等的言说中,可谓俯拾皆是。

建升君是我的多年文友。记得当年我兼职于上海交大文学院给全校讲《周易》文化课时,建升君前来听讲,整整一个学期,没有缺一堂课,课余有时和我交流、讨论有关学术。有一次在校园里结伴而行,还希望我对交大闵行校区的建筑环境谈谈看法,凡此都令我深为感动。建升君的学术做得很好,为学勤勉,思考也周,值此其新著问世之际,深表祝贺。

庚子闰四月廿九日于复旦

# 自序　文论是什么：作为存在基底的道体世界

　　说起文论，我们自然会想起从欧美文论界"拿来"的文学四要素。美国学者艾布拉姆斯在《镜与灯：浪漫主义文论及批评传统》中云："每一件艺术品总要涉及四个要点，几乎所有力求周密的理论总会在大体上对这四个要素加以区辨，使人一目了然。第一个要素是作品，即艺术产品本身。由于作品是人为的产品，所以第二个共同要素便是生产者，即艺术家。第三，一般认为作品总得有一个直接或间接地导源于现实事物的主题——总会涉及、表现、反映某种客观状态或者与此有关的东西。这第三个要素便可以认为是由人物和行动、思想和情感、物质和事件或者超越感觉的本质所构成，常常用'自然'这个通用词来表示，我们却不妨换用一个含义更广的中性词——世界。最后一个要素是欣赏者，即听众、观众、读者。作品为他们而写，或至少会引起他们的关注。"[①] 在文学四要素中，第一个要素是文学作品，当然这里的文学作品主要是指以书写文本形式存在的文学文本。结合最近全世界学术的新发现，仅仅将文学拘囿于文字书写的形式显得有点狭隘。因为文学作品除了书写形态之外，还可以是口传形态，甚至是图像形态、物质形态，等等。第二个要素是作家，文学作品是艺术家创作出来的，作品的意义必须从确定的作家思想与文化身份中获得文学作品的意义。假如有的文学作品找不到作者，考定作品的作者问题，就成了文学研究的核心内容。但事实上，很多文学作品在历史上是找不到相对应的作者，比如口传文学，它们是通过部落族民代代口耳相传，到了后来，由于发明了文字，才用文字书写将口传叙事定格下来，那么，这些文字书写者能不能算成是被写定的口传作品的真正作者呢？甚至有些人根据一些口耳相传的东西，或加以创作，或者加以改写，写成了某部新型的作品，对于这类作品，改造者都不愿意署上自己的名字，这就导致今天的学者为了给历史上某一部文学作品找到一个确定作者的归属需要费很大的气力，也不可避免要费很多的口舌，来考辨作者到底是谁。第三个要素是世界，

---

[①] [美]艾布拉姆斯：《镜与灯：浪漫主义文论及批评传统》，郦稚牛、张照进、童庆生译，北京大学出版社1989年版，第5页。

在艾布拉姆斯这里，世界是指代现实世界中的各种现实之物及其关系，因为文学事件表现、反映、模仿的是社会生活，文学作品的符号世界就与社会的现实世界紧密联系起来。如果将文学世界规定为现实世界，这种世界观的局限在于，文学作品就成为现实世界中各种有形存在者、存在物的登场叙事，文学世界中的每一个存在者、存在物似乎都可以在现实世界中找到他们的生活样本，这样就将符号世界与现实世界之间的界限机械地等同起来。但实际上文学作品中的各色人物、各种事物都是一种符号叙事，这种叙事形式难道仅仅是一种现实存在之物的机械表述吗？当过分强调符号世界与现实世界之间的对应关系时，作为文学符号的生成场域——精神存在世界就被大大忽略了，这是值得深思的。第四个要素是读者，作家创作艺术作品，难道仅仅为了满足读者的审美需求吗？为什么不同的读者对于相同的艺术作品存在着褒贬不同的理解与态度呢？读者为何要去读诗呢？文学作品难道真是纯粹为了读者消费而生产的吗？读者与作者之间在什么层面可以达到沟通与理解？这些问题都可以放置在本土文化语境中得到重新认识。

欧美文学的四要素论形成了以"文学作品"为中心的文学生产图式，这种文学观念代表了欧美文本中心主义的认知惯习与理论范式，也成了中国现当代文论研究的基本范式。20世纪中叶在西方世界掀起一股后现代思潮，涌现了诸如后现代主义、后结构主义、解构主义、女性主义、后殖民主义、东方主义等诸多新的思想流派，这些新型的文化思潮从多个方面对西方现代性的颓废与病态展开了反思与批判，揭示出欧美现代文化理论中各种潜藏的权力关系与知识表述，尤其在文学理论场域中，后理论、反理论的批评倾向极为明显。我们认为，文本中心主义的文学观念不符合中

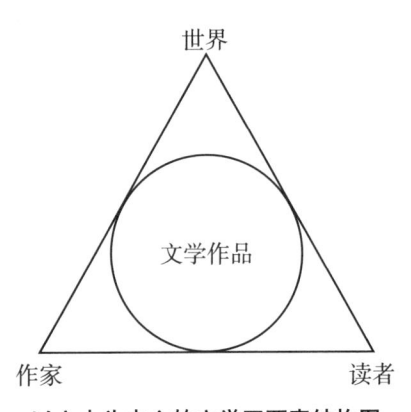

**以文本为中心的文学四要素结构图**

国本土文化的文论价值与审美取向，如果机械套用文学四要素来讨论中国古代文论，不仅不能揭示中国文论独有的思想体系与审美价值，而且会将中国文论引向以西诠中、西本中用的理论移植，这种机械的理论移植与强制阐释，反而会遮蔽中国文论、中国文化的精神气韵和传统价值，不利于有效发掘和诠释中国文论本土独有的人文特性和生态价值。

在西方后理论的时代，各种西方现代理论的真理体系显现出严重纰漏、颓废与焦虑时，我们认为，重新站在中国本土文化语境与价值体系中来思考"中国文论的本质是什么"显得尤为重要。五千年的中国文化之所以能够延绵不绝，五千年的中国文学之所以能够获得历代中国人的文化认同，其原因何在？我们有必要从文学理论的角度来探究中国文化、文学存在的生命力所在，有必要深究是什么文学力量让这种文学生命之树常青，是什么东西让中国文学成为华夏民族的认同基因，而且这种文化认同会令中国人代代相传，令中国人沉醉其中，爱不释手，难以忘怀。中国文论承载了、蕴含了华夏精神中真正的"不朽""大美"的文学真理，这是一笔极为丰厚的文化遗产，也是我们这些文学理论者值得深入总结和传承的优秀文化与民族精神。

可见，立足中国本土语境来建构中国文论真理任重而道远。第一，当西方文论真理逐渐沦丧与失效时，这并不意味着文论就没有真理了，因为西方文论的真理是西方化、理性化的结果，跳出西方文论抽象的真理框架，跳出理性化、形式化的思维结界，中国文论真理依旧值得我们去深究。第二，理论之后的东方思维和神话思维，在解除了理性思维模式的封闭结界以后，就会显现出自身独有的文化魅力和特殊价值。第三，西方文论的真理在于抽象理智的知性真理，东方文论的真理在于生命存在的神性真理，两者之间具有相同相通的真理性，又存在两极分化的差异性。西方理论与中国文论存在很多文化差异，研究讨论中国文论，我们必须站在中国本土化、语境化、生存化的知识语境中来展开思考。

中国传统文化最突出的特点就是对"人"的关注，讨论"中国文论的本质是什么"的问题，我们不能仅仅纠结于作为物质理性"纯粹结构"的"什么"（what），片面地将理论的眼光锁定在与文论有关的具体之物（作为可见的有形之物的作品、作家、读者、世界）上，而要善于站在中国传统文化的"人"的生命存在立场上，善于从生命存在的精神领会、神话思维中，综合回答"是"什么东西规定了这些"文学"话语与"文论"话语的生产与表述，或者说，要回答作为中国文论的话语形式到底是谁在"说"、是谁在"听"的问题。要善于从具有生命存在现身情态意义上的"是"（be）

来入手，即要立足于"文论真理"与人自身的"生命世界"来回答这一问题。我们从作为鲜活生命存在的"人"入手，立足于华夏精神与文化基因，尝试摆脱西方文论作为有形之"物"的四元素结构模式（作品、作者、读者、世界），尝试找到一个能够体现中国传统文化精神的有效诠释视点和合理途径。我们在思考"中国文论的本质精神是什么"这一问题时，力求自觉站在东方思维与神话信仰的文化立场，来通达我们所要回答的问题。否则，我们就还是在纯粹文字文本的词源意义或表层意义上兜圈子，这样，我们所理解的中国文论，就依旧会落入西方逻辑思维与理性价值诠释的视野藩篱之中。

## 一、文论作品：作为真理的寄存形式

　　文论作品作为一种话语形式，其真理之所在，涉及以下几个方面：文论话语所及的东西（文学作品），文论话语所云的东西（文论作品），以及文论话语何所出（文论家的存在世界，这里的存在世界不是纯粹的物质世界，而是由内在世界到外部世界的合称）。任何一种文论话语形式，不管是西方的还是东方的，都涉及这么几个方面。那么，追问"中国文论真理到底寄存在哪里"这个问题，具有一定的现实指引作用，通过这种追问，是想让大家重新回到话语—真理的关系问题上来，重新思考这一问题，而不是停留在各种现成的西方文学理论之中，茫然失措，盲目随从。

　　文论真理在文学作品中吗？自从文字定型以后，文学作品就成了一个现成存在的有形事物，成为文论话语所及的东西。作为文论真理，如果将其限定在作为现成物质的文学作品之中，就会陷入文学作品的有形文字之中，就会将文论真理的视野限定在文学作品或文学文本的有形物质上，这与西方文学作品中心主义的文论做法是一样的，认为文论真理就是要与现成之物的文学作品相符合、相一致。这种思考文论真理问题的思路，过分拘囿于文论的现成对象与文学文本，而去探究文论真理的抽象形式及其物性规律，这是西方理性主义、形式主义、结构主义的老路子。

　　如果文论真理不完全在文论所及的有形文学作品之中，那么，会不会在文论所云的东西上，即文论作品中呢？也就是说，文论真理就在文论话语形式里。看起来这种提法似乎更加合理，因为文论真理与文论话语表述是一致的，文论话语是文论真理的表述形式。但如果将文论真理拘囿于一种现成存在之物的文化话语形式，在一个现成呈现在眼前的话语形式中，去寻找文论的无形真理，我们也似乎落入了文论话语的"言筌"之中。

在中国文论传统中,"得鱼忘筌""得意忘言"等策句警言就会提醒我们,不能简单机械地将文论真理与文论话语等同起来。两者之间的关系应该是:第一,文论话语承载了文论真理,文论真理寄存在文论话语之中。第二,文论话语只是文论真理的一种呈现方式,也是"被说出来"的有形之物,与文学文本一样,也是一种文论文本。第三,文论真理随着文论话语说了出来,但同时又被文论话语遮蔽起来了,即有形的文论话语出现了,文论真理也就逐渐销声匿迹了。

文论真理会不会在文论话语何所出(即文论家的存在世界)那里呢?在这里,我们将文论话语何所出界定为"文论家的存在世界",而不是"文论家"。"文论家的存在世界"与"文论家"是有区别的。"文论家的存在世界"不仅是作为社会成员的现实世界,而且是人的生命世界与精神世界,除了人的吃喝拉撒等现实行为,它还包括人的意识世界、无意识世界,甚至包括自身对自身世界的文化想象,彰显的是文论家的生存想象与文化价值。而"文论家"很容易使人拘囿于文论家的现成世界,将其物化成世界之物,因此显得有些狭隘。

根据文论家的存在世界不同,可以将文论家分为两类:真正的文论家和"铺馁"的文论家,他们的"存在世界"有着很大的价值分歧与世界差异。"铺馁"的文论家,即世俗的文论家,他们的世界状态或者处于封存没有敞开的结界状态,或者处于迷失沉沦的世俗状态,世俗文论家的文论话语是一种关于文学真理的世俗话语形式,是属于文学真理的世俗表述方式,它不仅会遮蔽文学真理,而且将文学真理引向世俗的话语方式。真正的文论家不仅自身真理世界被敞开了,而且自身活在真理世界之中,文论话语就是从文论家的真理世界之中流出来,以话语的符号形式来表述着自身存在世界的真理,形成了文论真理的真正话语形式。可见,文论真理与真正的文论家在文论话语中所寄寓的真理意义密切相关,或者说,文论真理在于文论话语、文论作品所打开的真理世界之中。文论真理永远都在通往文论家真理世界的途中,能否真正通达文论真理,就在于我们是否善于利用文论话语的金钥匙,来打开并通达自身生命存在的真理世界。

我们摆脱了客观的、现成的有形文学作品、文论作品,即一切文字文本,并将文论真理寄寓于文论家的真理世界,以及我们所能通达的真理世界,这是不是又落入了主观主义的陷阱之中呢?文论作品既是文论话语的有形形态,又是文论家真理世界意义的寓所,从前者来看,是客观有形的,但从后者来看,又是主观有为的。而真正的文论家,不是"铺馁"的文论家,他们摆脱了自我私己狭隘的主观意识与私欲阴影,进入自身存在的真理世界之中，这种真理世界不是纯粹的主观私欲表现，而是具有一定的客观整体与集体表象的存在世界，表面上看起来是主观有为的，但骨子里却具有一定的整体价值与原型意味，是以客观整体、集体表象为价值核心的话语显现，它既不是纯粹主观主义，也不是什么客观唯心主义，而是有为之中的无为精神与神话表现。

## 二、真道根性：中国文论真理的道体灵魂

强调真正文论家的集体表象与神话原型，成为我们发掘中国文论特质的有效途径。但中国文论的集体表象与神话原型的本质特征是什么呢？

首先是"美"。如果将文论真理的本质设定为"美"，可以彰显外在之"美"的形式存在，虽然文论真理的形式目标是追求外在形式的"美"，但作为有形存在的"美"并不等于文论真理，尤其将"美"局限于文学文本形式上的话语表述，就会将"美"极端化、片面化、形式化。老子认为，天下人都以美为美，却不知道美在此，丑亦在此。可见，作为一种有形存在形式的美，是与丑同时存在的。西方文论将"美"规定为现成事物的形式美，就忽略了超越"形式"的大美存在，即无形之美。如果将无形的"大美"排除在外，而仅仅用"小美"的抽象知识形式来规定文论真理的本质特征，这肯定是挂一漏万的。中国文论所追求的是美中之大美。

其次是"理"。文论真理的本质在"理"，这是哲学上形而上学的回答。将文论真理引入抽象的、脱离生命存在的外在之"理"，是西方现代性的知识逻辑，也是西方理性主义的典型特征。第一，这种纯粹的形式理性或工具理性，会将我们的真理眼光拘囿于眼前的现成之物，在现成事物的有形形态中，来统觉、总结、计算、抽象出各种文学规律。第二，这种纯粹的外在理性，还会将文论话语带入纯粹的理性沉思与话语意识之中，将文论话语变成玩弄概念、精雕细刻的话语游戏。诸如维特根斯坦的"语言游戏"说，福柯的"话语权力"说，布迪厄的"文学空间位置"说，等等，诸多后现代思想家都对这种抽象文论话语的真理学说进行了彻底批判和理论反思。第三，这种纯粹的形式理性在文论话语之中设置了各种后天人为的权力意愿和秩序空间，使得文论场域与话语形式成了权力角逐的世俗场域。后现代主义、解构主义、建构主义等文论家对西方文论之抽象"真理"作出了全面深入的解构与批判，也否认了文论真理的人为意识和理性建构。中国文论追求的不是游戏之理，而是生命至理，即所谓道心惟微、神理设教。

文学文本、文论文本不过是文论真理的寓所，真正的文论家也不过是文论真理的寓所，如果将文论真理比喻为君，那么文学文本、文论文本、真正的文论家就是国。如果将文论真理比喻为人，那么文学文本、文论文本、真正的文论家就是居舍。在这样的君与国、人与居舍之譬喻中，我们就开启了通往发现文论真理而由此敞开的道体世界及其文化意义的途中。

文论真理的第三种可能性就是具有东方文化特色与神话幻想的"道"。"道"是中国文化的精核所在，也是一种被现代性遮蔽最深的文化价值和生存意义。"道"所开启的是一个与西方现代性、知识性完全不同的世界观和美学观，也是一种全新的真理理念与价值追求。"道"将精神价值带向了生命的原初根性状态，是对人类自身灵魂的自觉诉求。

"道"的根性价值与神性真理抛弃和拒绝被统一理性攰平了的伪善世界，抛弃和拒绝被科技僵尸化的纯粹工具理性，呼唤的是一种人自身本来生命的集体表象与真理世界，召唤的是人发自生命存在的"根"性之思与"真魂"存在。中国文论真理要摆脱西方理性的沉寂与束缚，放弃形式之美的僵死与呆板，就必须回到鲜活的"人"，回到东方人神圣的"道体世界"，重新获得全新的天命洗礼，重新获得真理世界的自由存在。伊利亚德在《神圣与世俗》中描述了古代社会中宗教人员的存在世界，这对于我们理解中国早期文化的"道体世界"及其文化存在极具启发意义，其云："一旦我们把自己置于古代社会中宗教徒的视野之中，我们就会发现，世界之所以存在，正是因为它是诸神所创造的，而且我们还会发现，世界存在的本身即'意味着'某种东西，'要说出'某种东西。我们也就会发现，世界既不是缄默无声的，也不是不可理解的；而且，世界并不是一个没有任何目的和意义的毫无生机的存在。"① 尽管"道体世界"可能与宗教信仰的精神世界与诸神世界具有很大的文化差异，但是在存在规定与文化意味方面，却有着共同的精神追求与文化意义，即让自身有意义地存在于意义世界之中，而不是让自身之心迷失在外部的物质世界之中。

中国文论真理的本质精神只有摆脱了"理"与"美""内容"与"形式"、主观与客观等二元对立结构，才能从西方的二元对立思维模式中释放出来。在道体世界的内圣心性价值中，二元分裂的形式状态重新回归到神话的根性统一之中，抽象之"理"重新回归到无形之"神理"，有形之"美"重新回归到无声之"大美"，这是对中国文论真理的大解放。同时，我们

---

① ［美］米尔恰·伊利亚德：《神圣与世俗》，王建光译，华夏出版社2002年版，第94页。

将文论真理重置在"道体世界"中,让"道"的文化精神与价值编码重新成为激活文论话语形式的核心力量,使文论真理真正超越文论话语的形式拘囿,而不至于在解构了文化形式之后,而显得空泛无边,迷失方向。这也表明,经历百年的文论探索,中国文论剖析自己的百年西方化道路,到了有所反思、有所回归的时间节点。大道复兴,神道设教,中国文论重新回到自身文化传统的道体世界中,就会发出自身文化千万年来的精神气韵与文化魅力,这也将成为重建中国文论真理的新出路和新价值。

一百年来,中国古代文论学科机械接受了来自西方的文论真理与外在要素,文论话语完全被外来的异族价值与理论逻辑所征服,成了失去民族灵魂与文化精神的话语场域。中国文论如何才能从百年的失魂落魄之中重新召回失落的道体灵魂,必须重新正视中国文论真理在于"道体世界"的核心价值问题。重提文论真理的问题,是关乎中华民族文化复兴的核心问题,也是关乎未来文论价值的取向问题,意义极为重大。

## 三、世界分裂:道体世界的话语表述与文化批判

将文论真理与文论家的道体世界意义关联起来,彰显了文论真理的道体价值,有利于发现道的意义、道体世界和文论真理、文论话语之间的文化价值贯通关系。文论家所通达的存在世界,既可能是真道的世界,也可能是假道与无道的世界,人之世界的真道性与无道性,直接决定了文论真理的通达把握和话语表述。从文论话语来看,文论家表述的话语形式,可能是道体世界的真理,也可能是无道世界的俗理。在真道意义、道体世界、文论真理和文论话语之间,存在一种相互勾连、力量传递的文化关联。

无论是文学话语,还是以文学为研究对象的文论话语,都是一种形式化、符号化的话语形式。也就是说,它们都是"人"对世界意义的领会把握,并给予形式化的话语表述。因此,文论的话语形式,就不是一种纯粹抽象的无规定的形式活动,而是文论家的自身世界状态直接显现,规定着这种"符号表述"的方向和形式。

文论家的世界,可能是道体的世界,也可能是无道的世界,而文论话语又受到文论家世界意义的影响。"道体世界"意味着文论家是以"道"的方式存在于世界之中,那么,"无道世界"是指什么呢?是不是指"没有世界"呢?一个人没有了世界,就不在世了。"无道世界"首先是"有世界",其次才是"无道的世界"。也就是说,这个人虽然在世界之中,但

他却是以"无道"的迷失方式存在于世界之中,人存在的"道体意义"在世界中被迷失了,人是处于"道体世界"缺失的世俗状态,即道体精神不在场的状态(这里的不在场,不是现成之物的现实缺场,而是指自身道体在世界之中的不在场),也就是说,这是一个无道意义所规定的存在世界,这个世界属于纯粹流俗的世界。

文论话语关乎文论家的存在世界,而文论家的存在世界,既可能是流俗的无道世界(铺餟的文论家),也可能是生命存在的道体世界(真正的文论家)。文论家存在世界的文化分裂,出现了真道与无道、道体意义与世俗意义、真道规定与世俗规定的世界分途,这种内部存在的世界分裂直接影响了文论话语的形式状态。文论话语作为文论家所表述的"有名"形式,它只是一个由内而外展开表述的中介形式,它的一端可能是一个流俗生命的世界,也可能是一个道体存在的世界。"无道世界"的文论话语形式,属于流俗世界的表述形式,终究会被历史所抛弃。"道体世界"的文论话语形式,属于道体原型的表述显现,终究会被历史所重视。

发自"道体世界"的文论话语,首先不属于存在者现成状态的客观世界,道体世界才是文论真理话语形式的力量源泉。其次,它也不完全属于所谓的主观世界,因为一切进入道体世界的表述对象,就不再是纯粹的客观之物,而是显现在人的道体世界之中。一切道体世界之中的物象,都是沐浴在道体之光中的物象存在。它不是客观的、随意的、孤立的客体存在,而是受到"道体世界"之光的涵养温暖,受到"道体价值"的选择决断,是属于主观精神之中的神话整体与集体表象。因此,文论话语的意义、语词和形式等,都是道心、道意、道象、道精、道物交汇、照面、抉择、异化(这里的异化不是外部世界的物质异化,而是道体存在对有形存在的显现异化)的文化结果,最终形成了文论表述的话语行为与话语形式。

"道体世界"的文论话语具有一定的生成次序:首先,文论家必须在存在世界中通达真道存在,获得真道的文化意义,这就是孔子所说的"人能弘道,道不能弘人"。人只有主动获得道体世界,道体存在才会在世界之中显现出来,而通常情况下,人的道体存在会被流俗世界所遮蔽,被遮蔽了的道体世界只有人主动去解蔽,才能获得,否则,它是不会主动找上门来的。其次,文论家以道体的话语表述作为自身关于文论真理与文学审美的话语形式,以真道的意义作为文论话语的文化价值。

第一,"道体世界"的文论话语直接关乎生命存在世界的道体建构与心性领会。如果自身世界的文化建构具有"真道意义"的可能性,那么,文论话语的真理就直接表现在"真道意义"之上。若失去了"道体"的心性领会，人的内心世界就会趋于世俗状态，就会表现出主观武断、毫无约束、缺乏节制等行为特征，就会陷入流俗欲望的私己阴影之中。文论话语的真理性也就随着人心世界的流俗化而被遮蔽起来，文论话语就成为无意义的流俗话语。

第二，道体世界的文论话语也直接决定了文论话语是一种永恒批判的文化行为。文论话语发自文论家的真道存在世界，也就是说，文论话语的表述与文论家的自身存在世界是密切相关的。如果文论家的自身存在世界处于一种无道的流俗状态，那么，其文论话语的符号表述行为，就具有人为私己的向我属性，而不是道体世界整体意义的向道属性。换句话说，这种文论话语就是自身对符号表述的无规定的形式建构，是流俗价值观念的话语形式，所展示的就是不自在、不自由、不自足的向我世界。这样由无道世界所引诱而建立起来的话语世界，与被表述的世界之物之间，就是一种任意改造与被改造、任意颠倒与被颠倒、任意异化与被异化的无规定关系。这种无道世界的话语关系决定了流俗文论话语的多变性、欲望性、权力性与游戏性。可见，文论家自身存在世界的文化分裂决定了文论话语的表述形式分裂，也决定了文论话语的道体状态与流俗状态之间是一种相互对立的批判关系。

在工业文明时代，社会上流行的各种文化思潮，如客观主义、结构主义、直觉主义、经验主义、科学主义、现代主义、后现代主义、先锋主义等学术流派，他们所声称的世界，都忽略了表述者自身存在的世界规定，都忘记了话语符号与人心内在世界之间的文化力量关系。这种忘记了生命存在、遗忘了"道体意义"的文论话语，都在无形之中阉割和遮蔽了发自道体世界、神话原型的整体意义。与人心的道体世界相比，各种流俗文论话语所表述的世界，都具有一定的片面性，属于一种人为想象的意识世界，是一种单一离奇的权力世界，一种向我利益的欲望世界。而发自道体世界的文论话语，从一开始就具有宇宙生命整体性、天命式的心性建构与价值批判，这种心性建构与价值批判决定了文论的道体话语与世俗话语始终是格格不入的。

## 四、文论话语：文论真理的再密码化和话语创新

中国文论真理的本质为"道体世界"或道体心性，那么，文论真理与文学作品、文论作品之间的关系又是如何的呢？从话语表象来看，文论作品与文学作品之间，是符号表述与表述对象之间的关系。在文论作品与

文学作品这两个存在者之间，通常只要文论真理能在文学作品之中得到验证，那么就是正确的。如果不能得到验证，文论真理就可能是错误的。因此，在一般文论著作中，文论作品与文学被看成是一种具有同一性的话语结构关系。换句话说，文论作品所表述的东西，与作为对象的文学作品所表述的东西，应该是具有相同价值的东西，两者之间应该是相对等、相一致的文化关系。如果我们这样来审视符号表述与表述对象之间的关系问题，我们就不自觉地陷入文学作品中心论的旧套之中，从而忽略了文学作品与文论作品都是一种话语的表述行为，都是一种心性存在、道体世界的符号建构活动。这种从存在之物的角度讨论和理解文论作品与文学作品之间的流俗关系，直接阻碍了我们领会与通达人体生命存在的道体意义。

作为话语表述形式的文学作品，是作家的道体世界被打开以后，生命存在的"道体世界"的一种符号建构行为。而作为符号再表述的文论作品，也是文论家的道体世界敞开以后，生命存在的"道体世界"的一种符号再构行为。在这两种话语符号的世界建构行为之间，为什么能够达成一致呢？这并不在于文论话语是否真实地揭示了文学作品，更确切地说，这是文学家与文论家共同通达了同一个道体世界，他们在这个道体世界的原初心性与整体表象中，获得了道体存在的整体意义与集体表象，即道体世界的文化精神价值。

表面上看，文学家与文论家的世界话语建构行为，有点像两类人在符号表述方面有意或无意的"共谋"行为。而且，他们在这种表述"共谋"的文化建构中，分享了同样的符号表述的文化价值和象征意义。那么，我们要问，不同时代、不同地域的文学家与文论家可以"共谋""共享"的文化基础又是什么呢？为何一个流俗的文学家与一个真正的文论家没有"共谋""共享"的可能性呢？毫无疑问，在中国传统文化的知识语境中，"道体世界"才是真正的文学家与真正的文论家最为坚实的心性基础或精神价值，离开了这个可以共享、共达的道体心性基础，他们的话语行为就很容易变成个体存在的人为话语表述，这种作为个体存在的人为话语属于无道世界的话语形式，更属于流俗价值的话语表述，很难达到在长时间隔离、远距离隔开的情况下获得文化共鸣。

如果将人类心性的"道体世界"比喻为人类精神存在所共有的"一个无底深渊"，或者"桃花源"般的梦幻世界，那么，文学家就是通过文学话语来打捞这个人性本真世界的真实存在和自由形态，而文论家就是通过文论话语来打捞这个道体世界的真实存在和自由形态。因此，历史上的各种形式的文论真理和文学真理，就永远处于这种浮动不定、变化万千的永恒探索之中。

文学话语的建构本质在于表述文学真理。文学建构作为作家对道体世界的原始性建构，不管这种建构方式充满了现实主义属性，还是充满浪漫主义属性，它都是通过话语符号的不同手段或方式，将自身所通达的道体世界的领会理解表述出来。这种领会理解是属于存在世界的道体意义，即使是那些被称为"实录性质"的史传文学，也都是建基于文学家自身的道体世界。与无道世界相比，这个道体世界具有真理性和永恒性，而无道世界属于变化多端、难以穷尽的欲望世界。真正的文学表述与道体世界是一致的。也可以说，文学的世界，是被"神道"设置了文学密码的世界。这种文化密码，用锈迹斑斑的无道钥匙，是永远也打不开的。

同样的道理，文论话语的建构本质在于表述文论真理。而在真理存在的层面上，文论真理与文学真理都属于道体世界，都是具备了神道价值与原型编码的文化意义。当流俗的世界遮蔽了我们通向道体真理之路的时候，当真正的文学密码无人能够打开的时候，当我们已经失去了通向"神道意义"的文化能力的时候，文论家就有责任和义务帮助大家，再次开启通向文学真理和文论真理的有效通途。

文论家对文学的批评和议论，不是为了满足自身的好奇心和表达欲望，而是在通达了自身道体世界以后，对文学作品的再阅读与再领会。文论家对文学的再表述，或赞美之，或鄙弃之，或两可之，都体现了文论家对文学作品内在密码的再诠释、再理解、再表述。这种诠释活动不是一种无谓的、私己的话语表述，也不是一种不痛不痒的套语常谈，而是通过文论话语的再表述，再一次于道体世界之中起航，去探究本真心性存在的澄明状态和神圣之光。对于文学家来说，文论话语是一种解密活动，是为了让道体世界重新凭借文学的话语力量回到人本身。对于文学阅读者来说，文论表述是一种文学启迪的再密码化活动，文论表述的再密码化可以使在世界之中处于迷失状态的文学阅读者重新打开自身存在的生命存在与神奇世界，他们从而或多或少地通达文学真理或文论真理的自由愉悦和美好情感。

可见，文论家的文论话语既是一种解密活动，也是一种再置密码的表述活动，这种解密与置密的双向表述行为也决定了文论话语充满了创新意味。如果文论家与文学家一样，使用同样的话语形式和方式，就很难让自身的话语真正表述自身在打开道体世界时所获得的神圣力量与全新体验。如果旧的文论家的话语形式失效了，就需要新的文论家继续努力，用新的有形有质的语言表述，不断开启文学之中永恒无形、永恒无声、永恒无语的道体世界。文论家的文论话语创新直接决定文论话语形式开启向道体世界的通途，也直接决定文论话语真理表述的神圣力量。文论话语创新成为文论真理的永恒变式，任何一种僵化的机械的文论话语形式，都会影响文论真理的力量展现与话语形式。

## 五、道体意义：文论话语的世界异化和重演现象

　　人的内心世界是分化的，存在道体世界和无道世界的文化差异。人心通达了不同的存在世界，那么，自身世界之中各种纷繁的存在之物，也就会以不同的意象或物象形式呈现出来，这些不同的意象或物象形式也就具有了不同的文化意义。因此，人心世界的道体意义决定了内心世界中存在意象或物象的可能意义。可见，在人心世界中，存在之物的意义并不在于存在物本身，而在于人心世界自身所通达的并赋予物象的文化意义。

　　人心世界存在道体本真与无道世俗之分，那么，存在之物的文化意义也就存在道体与无道的差异。如道体世界中的"散木"是有"大用"的，而在无道世界中，"散木"就是一无所用的东西。同样是木，其文化意义具有天壤之别。在儒家人眼中，"仁山智水"，山水就不再是山水之物，而是自身仁义存在的化身。在道家人眼中，山水是宇宙造化的自然山水，成了自然本身存在的化身。而在世俗人的眼中，山水是物质财富的体现，它是物质生产、满足世俗欲望的宝地。可见，人心世界的文化意义决定了山水物象的意义，人心世界意义的差异也决定了存在之物的意义差异。又如"秋风萧瑟"，此处的"秋风"与自然之秋风是不同的。纯粹自然的秋风是没有任何情感价值的，而在自身世界里的"秋风"，处在人心世界里，自身心情与作为上手之物的秋风相照面时，"秋风"被感染了，就成为一个熔铸了人心情感的文化意象。它除了是自然秋风的无情存在，也是人情在世界之中凄清凄凉的现身情态表现，而且人心世界赋予了秋风以"萧瑟""肃杀""死亡""恐惧"等情感价值和文化意义。可见，文论话语是人心世界的建构行为，也是被文论家存在世界所异化了的话语产物。

　　真正的文论家处于道体世界的时候，世界之物就是以道体存在的方式出现在世界之中，文论话语所揭示的文化意义，就是世界之物的道体意义。如果古今文论家能够通达道体世界与心性状态，那么，古今文论家的文论话语就会在不同历史时期出现并不断重演的文论现象。如孔子的"诗可以怨"、屈原的"发愤抒情"、司马迁的"发愤著书"、韩愈的"不平则鸣"、欧阳修的"诗穷后工"等文论命题，都体现了人心世界中存在各种

不满怨愤的现身情态，诗歌文学的话语形式可以宣泄这种不平情感，从而使自身重新回归到平人状态。从文字表述看来，这些文论家的话语好像是重复的，但其实质是不同时代的文论家在通达了道体世界以后，获得了相同的世界体验与心性价值，产生了相类似的现身情态，运用了类似的文论话语形式表达了相同的认知体会。

文论话语的文化重演，不是没有意义的话语重复，而是具有一定的现实创新意义。第一，任何文论话语的重演都是对现实流俗文论话语价值观的批判。时代不同，流弊纷呈，文论家针对时弊，提出新的文论话语，具有一定的现实创新价值。第二，任何文论话语的重演都不是话语形式的机械重复，而是道体世界的重新打开。只有文论家再一次通达了生命存在的道体世界，才能真正体会文论真理的意义所在，才能开展文论话语的创新活动。第三，任何文论话语的重演都是话语的更新。"人文日新"，"其命维新"，都揭示了文论话语的重演都是文论真理的随时再现，因为道体世界是永恒变化的，是时空维新的，文论真理需要全新的话语形式，任何陈腐、不合时势的话语形式，都难以开启通达文论真理的文化通途。

## 六、神话思维：道体世界与文论话语的生产图式

为了让大家清楚地了解从文学话语到文论话语的生成进程，我设计了一个化约了的话语表述生产图式。在这个生产图式中，我们立足于中国本土知识的"道体"存在的基础，以道体世界作为神话思维与话语表述的中心，勾勒出文学家与文论家在道体世界中通达了相同的整体意义与心性价值，从而获得了文学真理和文论真理，然后用文学话语和文论话语的表

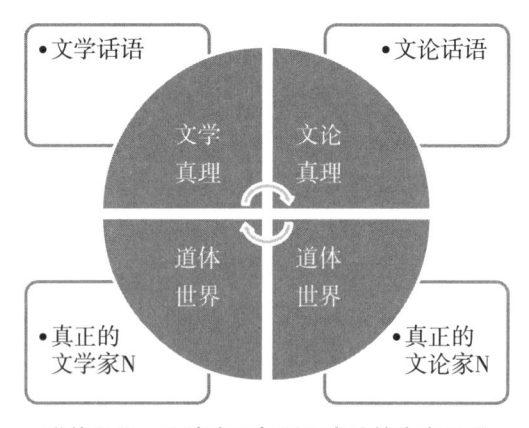

**道体世界、文论真理与话语表述的生产图式**

述形式,将这种道性体悟和原型意义表述出来。

在这个话语生产图式中,我们暂时将西方文学理论的四大要素——现实世界、文学作品、读者、作家都搁置在一边,而将中国本土文化的道体世界和神道意义放置在了话语形式的中心位置,成为讨论文论形式、文学形式的力量来源与核心价值。真正的文学家是用文学话语的方式将文学真理(道体世界的意义)表现出来,真正的文论家是用文论话语的方式将文论真理(道体世界的意义)表达出来。文学家和文论家共享了同一个的道体世界,也通达了人心本真世界的道体意义,他们领悟了一个可以跨越时空界限、可以在内心共享的文学真理和文论真理。阅读文学作品,如果人心世界依旧是封闭未开的流俗状态,那么,阅读者就永远也把握不了文学作品的存在真谛。同样的道理,阅读文论作品,如果人心世界未能通达作为整体生命与神话原型的道体世界,那么,文论话语就未能将人心世界的神话真理开启出来,也就很难理解文论话语的真谛。学习文论作品,不能仅仅在文论话语中认识文论真理,而是要善于利用文论话语,不断开启和体悟人心本真世界的人性意义与道体价值,这样才能真正体会到中国文论的独特价值和精神气韵。

我们暂时悬置了西方文学的四要素,恢复了中国文论、中国文学道体精神的价值中心,然后,立足于中国文论的道体精神与核心价值,又可以重新来审视文学四要素的结构形式。文学四要素作为一种有形有质的形式存在,在道体原型的神话思维中,可以重新获得它们应有的结构意义与形式价值。

**以道体世界为中心的四要素结构图式**

在以道体世界为中心的四要素结构中,文学作品、作家、读者、世界就不再是一个独立分开、互不关联的物质存在,而是一个围绕着道体中心而形成的具有凝聚力的四要素。道体中心是四要素的文化价值与精神所在，而四要素只有回归到这个神话中心时，才能获得话语形式的神圣力量。文学作品要成为四象之一的核心要素，文学作品就必须承载道体价值，成为道体价值在不同时空的话语形式。失去了道体价值的文学作品，就会成为流俗世界的话语游戏，这种话语游戏是毫无意义的话语存在。

## 结　　论

在西方后理论时代，重新站在中国本土语境的道体文化价值体系中，探索中国文论的本质精神是什么，具有一定的现实意义。文学作品不过是文学真理的表述形式，而文论作品也不过是文论真理的寄存形式，道体世界才是文论真理的意义所在。人心世界存在着"道体"与"无道"之分，决定了文论话语也存在"道体"与"无道"的文化差异，也决定了真正的文论话语具有心性建构和社会批判的文化特性。文论家通达了道体世界，与真正的文学家共享了一个神圣本真的道体世界，利用再密码化的文论话语表述，揭示出文论真理的文化价值与原型编码。在话语形式方面，由于道体世界是永恒变化的，文论话语也具有永恒创新的文化特点。人心世界的道体意义决定了存在之物的意象意义，存在之物只有进入道体世界，才能获得道体存在的文化意义。不同时期的文论家可以通达生命存在的道体世界，只有通达了道体世界的文论家，才能够把握文论真理，才能用全新的话语形式来表述文论真理，如此一来，文论话语就会在不同时代、不同地域出现重演现象。但是文论话语的重演，绝不是话语形式的机械重复，而是随时日新的。跳出西方文学作品中心主义的文论模式，建构以道体世界、心性价值为中心的中国文论模式，可以凸显中国文论独有的神话思维与文化模式，对探讨新时代中国文论的文化价值与未来取向都具有重大的建构意义。

# 绪论　百年古代文论的得失及其跨学科文化重建

　　谁来决定我是选择世界不可思议的一面呢，还是技术的一面呢？不可能是世界本身——它等候着被发现以便表露自己。因此，自为就应该在他的谋划中选择使世界被揭示为不可思议的或是理性的人，也就是说，他作为自我的自由谋划，应该或表现为不可思议的存在，或表现为理性的存在。他对不可思议的存在和对理性的存在都同样负有责任；因为他只有被选择了才能存在。因此，他显现为他的情感的自由基础，正像是他的意志的基础一样。我的恐惧是自由的，并表露了我的自由。

萨特：《存在与虚无》①

　　夫天运，三十岁一小变，百年中变，五百载大变；三大变一纪，三纪而大备：此其大数也。为国者必贵三五。上下各千岁，然后天人之际续备。

司马迁：《史记·天官书》②

　　在百年中国现代化的进程中，中国文学学科经历了数代学人的努力奋斗，建构起了中国文学体系的大厦。其中，中国文学史和古代文论成为这座大厦的重要基石。古代文论以古人讨论文学的话语表述为研究对象，研究的是古人对文学话语文化意义、审美趣味的理解领会。20世纪80年代

---

① ［法］萨特：《存在与虚无》，陈宣良等译，杜小真校，生活·读书·新知三联书店1997年版，第555页。

② （汉）司马迁：《史记》，中华书局1963年版，第1344页。

以来，随着古代文论体系化、范畴化、学科化日趋完善，有些学人已经开始对本学科进行总结和反思。这种自觉自发的学术反思表明，当代中国文论建构者在对现代化学科建构的理性认识上，一方面继承了前辈学者的优良学术传统，善于因时而变；另一方面在学术理念和学术方法上，立足本土的文化精神，敢于质疑，大胆超越，体现了古代文论研究者的学术批判与文化传承意识。首先对古代文论的现代建制和学术格局进行反思的学术著作是陆海明的《古代文论的现代思考》（北岳文艺出版社1988年版），此后，还陆续出版了罗宗强主编的《古代文学理论研究概述》（天津古籍出版社1991年版），张海明的《回顾与反思：古代文论研究70年》（北京师范大学出版社1997年版），代迅的《断裂与延续：中国古代文论现代转换的历史回顾》（西南师范大学出版社2002年版），蒋述卓等编著的《二十世纪中国古代文论学术研究史》（北京大学出版社2005年版），黄霖主编的《20世纪中国古代文学研究史》（文论卷）（东方出版社2006年版），李春青的《20世纪中国古代文论研究史》（山东教育出版社2008年版）等文论学术史或学术反思著作。学术界还陆续发表了一系列的学术综论和反思论文，如罗宗强的《近百年中国古代文论之研究》（《文学评论》1992年第2期），汪春泓的《肇端既邃密　后来加深沉——中国文学批评史学科70年回顾与展望》[《北京大学学报》（人文社科版）1996年第5期]，彭玉平、吴承学的《中国文学批评史研究的回顾与展望》（《中国社会科学》1997年第5期），罗宗强的《古文论研究杂识》（《文艺研究》1999年第3期），陈昌恒的《古代文论的百年研究与世纪前瞻》[《华中师范大学学报》（人文社科版）1999年第4期]等等。21世纪以来，发表了李春青的《20世纪中国古代文论研究的意义与方法反思》（《东岳论丛》2006年第1期）及《在现代与传统之间——对20世纪中国古代文论研究若干问题的反思》[《清华大学学报》（人文社科版）2008年第2期]，田忠辉的《20世纪中国古代文论研究走向及未来发展趋势反思》（《东岳论丛》2006年第1期）等。这些学术著述展示了古代文论明确的学科史意识和理论的反思精神，尤其是涉及了学科建构的学术性质、研究方法和学科意义等方面的问题，甚至涉及了20世纪以来学术主体、学术观念、学术价值和文化认同等社会深层问题，对开创新世纪中国文学学科的新发展和新格局产生了良好的学术效应。

代迅在《断裂与延续：中国古代文论现代转换的历史回顾》中总结了学术界关于中国古代文论现代转换的四大共识："一是中国古代文论在向现代转换的过程中，与现当代中国文论出现了很大程度上的断裂；二是中国现当代文论缺乏自己的民族特色，模仿西方；三是在本世纪世界文论格局中，中国文论没有什么地位，未能发出自己的独特声音；四是应当回归传统，重新接上中国古代文论的血脉。"① 西方文论占据了核心地位，古代文论邯郸学步，步履维艰，处于被强制阐释的被动地位。立足新时代，随着现代性的颓废与弊端日渐显现，反思机械的理论移植，如何将古代文论智慧与中国现代化进程联系起来，如何为中国文论在世界发出自己独特的声音而培根固源，古代文论中的传统精神与文化底蕴如何重新认知，在前人学术总结和批判反思的基础上，我们进一步梳理、总结和阐释百年古代文论在学科现代化进程中所取得的成绩、存在的问题以及未来重建的可能性。

---

① 代迅：《断裂与延续：中国古代文论现代转换的历史回顾》，西南师范大学出版社2002年版，第5页。

## 第一节　百年古代文论研究的收获

近百年来，古代文论的学科建设与资料整理取得了很大的成绩，主要表现在以下几个方面：

### 一、古代文论的文献整理

古代文论的学科建制是建立在对古代文论资料整理的基础之上的。近百年来，研究者不断发掘古人关于文学艺术的各种话语资料，从浩若烟海的古代文献中，钩沉古代文献中各种零散的文论表述，开展了长期有效的文论文献资料整理，为古代文论学科的体系化奠定了坚实的学术基础。郭绍虞在《关于古代文学理论研究中的几个问题》一文中云："五四时期，当开始着手进行文论研究时，我们的研究对象仅限于搜集文论的资料。由于中国古代文论很少集成专书而大多散见于书信序跋之中，我们不能不从大量古籍中去披沙拣金把文论的材料搜集起来，这项工作整整占去了10年的时间。到了三十、四十年代，才陆续有同志对这些资料进行研究。"[①]郭绍虞概述了早期古代文论研究的起点就是从繁多的古文献中搜集与文论的相关文本资料，并进行有序的文献整理工作。这种优良的文献整理传统持续了近百年，为古代文论研究提供了扎实有效的资料文库和文献基础。这些经过前人整理的文论材料是我们今天开展古代文论研究的重要基础。兹从以下几个方面介绍百年古代文论在资料整理上取得的主要成绩。

一是有系统地整理古代文论的主要专著。人民文学出版社出版的郭绍虞、罗根泽主编的《中国古典文学理论批评专著选辑》，已经整理出版了古代文论著作40余种，其中包括范文澜注释的《文心雕龙注》、张少康集释的《文赋集释》、郭绍虞校释的《沧浪诗话校释》以及《诗品集解》、陈延杰注释的《诗品注》等等，这些文论专著版本选择精良，学术价值很高，集中体现了古代文论的精神特质与美学特征。中国戏曲研究院编的《中国古典戏曲论著集成》（北京中国戏剧出版社1959年版）是中国古代戏曲论著文献史料汇编，收录了唐宋元明清以来的戏曲论著48种。在古

---

[①]　郭绍虞：《关于古代文学理论研究中的几个问题》，《学术月刊》1979年第4期。

代文论专著中，《文心雕龙》备受现代学者青睐，被称为"体大精深"的文论宏著。除了范文澜的注本以外，还有如刘永济的《文心雕龙校释》（中华书局1962年版），王利器的《文心雕龙校正》（上海古籍出版社1980年版），杨明照的《文心雕龙校注拾遗》（上海古籍出版社1982年版），詹锳的《文心雕龙义证》（上海古籍出版社1989年版）等注疏本、集解本。钟嵘的《诗品》亦有数种整理注释本出版，如陈延杰的《诗品注》（开明书店1927年版），古直的《钟记室〈诗品〉笺》（上海聚珍仿宋印书局《隅楼丛书》第四种），许文雨的《诗品释》（北京大学出版部1929年版），叶长青的《诗品集释》（上海华通书局1933年版），王叔岷的《钟嵘诗品疏证》（原刊1932年《说文月刊》第五卷第一、二合期，台湾省中央研究院中国文哲研究所1992年中国文哲专刊），曹旭的《诗品集释》（上海古籍出版社1994年版）等等。诸多古代文论专著文献的整理和注疏，极大保证了文论资料的可信性和真实性，标点句读，疏通句义，汇集古注，为文论研究提供了坚实的文献基础。

　　二是体现在古代文论资料选本和分类整理方面。现代最早对文论资料进行编选、辑佚、整理的是李华卿的《中国历代文学理论》（神州国光社1934年版），共选入了从先秦至近代的文论75篇。1936年，王焕镳在正中书局出版的《中国文学批评论文集》，从《诗序》开始，至曾国藩的《家训四则》，共收录文论作品55篇。1937年，许文雨在正中书局出版了《文论讲疏》，此稿是1931年他在北大讲学时开始编辑的文论选辑，选文从王充《论衡·艺增》开始，至王国维的《宋元戏曲考》中元剧之文章，共14篇论文，以及在钟嵘《诗品》后面附录的四篇评论文章。1962年，中华书局出版了郭绍虞主编的《中国历代文论选》三卷本，1979年郭先生对此进行增订，由上海古籍出版社出版了《中国历代文论》，分为一卷本与四卷本，其中四卷本包括先秦卷（含附录）38篇，两汉卷49篇，魏晋南北朝卷64篇，隋唐五代卷126篇，两宋卷147篇，金代卷9篇，元代卷11篇，明代卷133篇，清代卷185篇，近代卷178篇，较为系统地搜集和整理了历代文论的文献资料。1978年，台湾叶庆炳编辑的《中国文学批评资料汇编》由台湾国立编译馆出版，其中两汉魏晋南北朝卷312条，隋唐五代卷153条，北宋卷550余条，南宋卷2210余条，金代卷430余条，元代卷1400余条，明代卷1199条，清代选文卷935条，广泛收罗了历朝历代的各种文论资料，将其汇集一编，极大方便了文论研究者的学术研究。1999年，人民文学出版社出版的《中国历代文论选》（七卷本），几乎网罗了每个时代单篇的文艺论著与文论言说，为全面研究中国古代的文艺思想与审美特质，提供了极为丰富可靠的文论资料。

另外，如北大哲学系美学教研室编的《中国美学史资料选编》（中华书局1980年版），贾文昭、程自信编的《中国古代文论类编》（海峡文艺出版社1988年版），开启了按照文论范畴罗列历代资料的先例。胡经之主编的《中国古典文艺学丛编》（北京大学出版社2001年版）从古代诗话、词话、曲话、文论、画论、乐论、书品、点评等众多古文献中收罗文论资料中，按照创作、作品、接受三编进行归类，在每一范畴之下，按照历史顺序陈列相关的理论资料。徐中玉主编的《中国古代文艺理论专题资料丛刊》（中国社会科学出版社2013年版）广泛搜集了中国古代诗、文、词、曲、小说、戏剧、绘画、音乐、书法等方面的理论资料条目，按传统的审美范畴原则，拟为本原、教化、意境、典型、比兴、神思、文质、文气、风骨、才性、情志、知音、艺术辩证法、法度、通变等十五个基本命题，分为四编，是目前第一部集大成的综合性的古代文艺理论范畴专题资料汇编。

三是按照文学体裁进行文论资料的综合整理。在诗话资料整理方面，除了一些诗话专著的文献整理以外，还整理标点、汇编了一些古代诗话著作，如吴景旭的《历代诗话》（中华书局1958年版），何文焕的《历代诗话》（中华书局1981年版），计有功的《唐诗纪事》（上海古籍出版社1987年版），厉鹗的《宋诗纪事》（商务印书馆1937年版）等。整理编辑了郭绍虞的《宋诗话辑佚》（哈佛燕京学社1937年版）和《清诗话续编》（上海古籍出版社1983年版），丁福保的《历代诗话续编》（中华书局1983年版）和《清诗话》（中华书局1963年版），丁传靖的《宋人轶事汇编》（中华书局1958年版），张伯伟的《全唐五代诗格校考》（陕西人民教育出版社1996年版），吴文治主编的《宋诗话全编》（江苏古籍出版社1998年版）、《明诗话全编》（江苏古籍出版社1997年版）、《辽金元诗话全编》（凤凰出版社2006年版），尤其后来编撰的几部诗话全编，都是中国历代诗话资料的集大成宏作。在词学资料整理方面，唐圭璋的《词话丛编》（中华书局1986年版）一共汇辑了唐、宋、金、元、明、清以来的词学理论著作85种。还出版了金启华编辑的《唐宋词集叙跋汇编》（江苏教育出版社1990年版），张惠民编的《宋代词学资料汇编》（汕头大学出版社1993年版），施蛰存的《词籍序跋萃编》（中国社会科学出版社1994年版）等。在文话方面，王水照编的《历代文话》（复旦大学出版社2008年版）是历代文章学的汇总巨著，全编共收专书143种，其中宋代20种、元代8种、明代31种、清代54种、民初30种，另附日本文话2种，对于研究古代散文和文章学具有很大的学术价值。曾枣庄等编的《宋文纪事》（四川大学出版社1995年版）是关于宋代文章的纪事汇编，也有很高的学术价值。在赋话资料整理方面，李调元的《赋话》（中华书局1985年版），何沛雄的《赋话六种》（香港万有图书公司1975年版），王冠辑的《赋话广聚》（北京图书馆出版社2006年版）都是比较好的辞赋理论著作汇编。其中王冠编辑的《赋话广聚》收录了从南北朝至民国的24种赋话论著。在小说、戏剧理论文献整理方面，除了随同小说、戏曲一同整理的小说、戏曲评点理论之外，主要还有蔡毅编的《中国古典戏曲序跋汇编》（齐鲁书社1989年版），丁锡根的《中国历代小说序跋集》（人民文学出版社1996年版），黄霖、韩同文编的《中国历代小说论著选》（江西人民出版社1996年版）等等。

四是体现在文章选集类方面。如《文选》《瀛奎律髓》（上海古籍出版社1986年版）、《唐诗品汇》（上海古籍出版社1982年版）等文章选集及文评著作得到收集、整理和汇评。

除了一些专书著作以外，古代文论资料广泛分布在历代书信序跋、诗话文话、词话赋话、曲话、选本评点、笔记杂著等诸多文献资料之中，极为零散和驳杂。近百年来，文论学者通过标点、校注、集释、选辑、汇编、汇评等诸多文献整理形式，基本上将古代文论家的诸多话语文献资料都展开文献整理，为本学科的发展奠定了良好的基础，极大地方便了后来学者的学术研究。

## 二、古代文论在现代高校的学科建制

在现代中文学科中，古代文论的学科建设与现代化、科学化、制度化、专业化的现代教育体制是密不可分的。1913年1月12日，民国教育部颁布了《大学规程》，其中大学文科的文学门之下，国文学类设置了以下课程：①文学研究法，②说文解字及音乐学，③尔雅学，④辞章学，⑤中国文学史，⑥中国史，⑦希腊罗马文学史，⑧近世欧洲文学史，⑨言语学概论，⑩哲学概论，⑪美学概论，⑫伦理学概论，⑬世界史。在国文学类中，与中国文学史等并列出现的文论课程只有文学研究法和辞章学，还没有出现文学批评、文学概论等课程，但在英文学类、法文学类、德文学类、俄文学类、意大利文学类、言语学类中都包含"文学概论"的科目。[①]1914年，姚永朴在北京大学讲授桐城派文学理论，其讲义编成

---

① 《江苏教育行政月报》1913年第8期，第1—17页。

了《文学研究法》(商务印书馆1916年版)。1914年,章太炎的弟子黄侃在北京大学讲授《文心雕龙》,其讲义后来编为《文心雕龙札记》。①1917年,刘师培在北京大学任教,也讲授《文心雕龙》,其讲义为《文心雕龙讲录二种》②1923年,范文澜在南开大学讲《文心雕龙》,并撰成《文心雕龙注》。随着现代高校文学学科的课程建制,中国古代文论开始正式进入现代中文学科的教育体系,成为文学学科中重要的核心课程之一。

为了适应现代高校文学知识、文艺理论专业化、体系化的教学工作,20世纪二三十年代的古代文论教学研究者,在空前高涨的西方科学精神和西方文论理论指导下,开始建构古代文论的现代形态与学科体系,由此,古代文论从学科建设之初就走上了一条系统化、西方化的学科建制道路。郭绍虞在《我怎样研究中国文学批评史的》一文中回忆自己是如何走上文论研究的学术道路,其云:"后来在大学里讲中国文学史,开始注意到文学批评的问题,但是也没有在这方面作较多的研究,不过多少注意到这方面的某些问题而已。那时看到中华书局出版的陈钟凡先生的《中国文学批评史》,我就根据此书在大学中开设此课。陈先生此时在东南大学任教,本是我久所敬仰的前辈,所以我的研究中国文学批评史完全是受陈先生的启发。陈先生的学问很博,他在这方面开辟了门径之后,又在其他方面建立了许多新的园地,似乎在这方面反而变得不大注意了。可是在我,饮水思源,始终难忘陈先生的启迪。"③为了教学之用,陈钟凡撰写了现代中国文学批评的发轫之作,即《中国文学批评史》(中华书局1927年版)。郭绍虞一方面利用陈钟凡所撰写的教材来上课,另一方面又受陈钟凡的学术启发,开始撰写自己的《中国文学批评史》。朱东润亦在《中国文学批评史大纲·自序》中明确记载:"一九三一年,我在国立武汉大学授中国文学批评史,次年夏间,写成《中国文学批评史讲义》初稿。"④

1927年陈钟凡的《中国文学批评史》出版之后,各种具有现代学科意识的文学批评史陆续出版。1934年,郭绍虞的《中国文学批评史》上册(先秦至北宋部分)由商务印书馆出版,同年,北京人文书店出版了罗根泽的《中国文学批评史》,内容限于周秦汉魏南北朝的文论发展史。

---

① 据周兴陆的《章太炎讲演〈文心雕龙〉》(《中华读书报》2003年1月22日)一文介绍,在1908—1910年间,章太炎在日本成立了"国学讲习会",并亲自主讲《文心雕龙》。可知,《文心雕龙》在现代受到文论界重视,与近代骈文派重视骈文理论密不可分。
② 该讲录是罗常培的笔录,以"左庵文论"为总题分载于《国文月刊》第9、10、36期。
③ 郭绍虞:《我怎样研究中国文学批评史的》,《书林》1980年第1期。
④ 朱东润:《中国文学批评史大纲》,上海古籍出版社2001年版,第1页。

1936年，世界书局出版了方孝岳的《中国文学批评》。1944年，朱东润的《中国文学批评史大纲》由开明书店出版，上起先秦，下至清末。1947年，郭绍虞出版了《中国文学批评史》下册（南宋至清末部分）。

新中国成立以后，为了满足高校中国文学批评史的课程教学需要，复旦大学刘大杰、王运熙、顾易生等人集体编著了《中国文学批评史》（三卷本），上册于1964年出版，中册与下册分别于1983年和1985年出版。该书共分七编：一、先秦两汉，二、魏晋南北朝，三、隋唐五代，四、宋金元，五、明代，六、清代前中期，七、近代。1987年，中国人民大学蔡钟翔、黄保真、成复旺编著了《中国文学理论史》，亦是分为七编，此书更为强调"中国文学理论的基本原理，较为充分地体现了文学现象自身的根本矛盾和普遍联系"，以及注重"中国古代文论的概念、范畴"的文论特点。①1995年，张少康、刘三富的《中国文学理论批评发展史》由北京大学出版社出版，此书将文学理论批评史的发展历史分为五个时期：一、先秦——萌芽产生期，二、汉魏六朝——发展成熟期，三、唐宋金元——深入扩展期，四、明清——繁荣鼎盛期，五、近代——中西结合期。②从出版的成书来看，此书只写了前四期，近代部分几乎没有触及。1996年，王运熙、顾易生主编的《中国文学批评通史》由上海古籍出版社出版，皇皇巨著，体系宏大，共有七卷：《先秦两汉文学批评史》《魏晋南北朝文学批评史》《隋唐五代文学批评史》《宋金元文学批评史》《明代文学批评史》《清代前中期文学批评史》《近代文学批评史》。此书全面清理各个历史阶段古代文论的审美趣味与文论特质，发掘出了很多新材料，资料丰富，观点扎实，展示了中国古代文学理论批评的丰富性和多样性，是古代文论研究具有总结性和体系性的代表著作。

### 三、古代文论的传统断裂

中国古代文论或中国文学批评史是近代西学东渐和西式教育在东方建制的文化产物。以西方中心主义的学科精神、学科价值、学科方法成了现代东方教育、文化价值与研究方法的核心主体，成为现代中国学术中最具权威性、合法性、正当性的文化价值和学科原则。后现代时代，西方知识界已经对西方理性认知主义思潮进行了深刻的文化反思，将这种崇拜现代理性认知中心主义的价值原则和文化导向，称为科学中心主义。所谓科

---

① 蔡钟翔、黄保真、成复旺编著：《中国文学理论史》，北京出版社1987年版，第33页。
② 张少康、刘三富：《中国文学理论批评发展史》，北京大学出版社1995年版，第3页。

学中心主义，就是将自然科学的研究方法与价值原则，强行移植或应用于一切社会文化领域（包括人文社会科学如文学、历史、哲学等学科），认为只有始终不渝地贯彻自然科学的方法、理论，才能建构出系统的、科学的、合法的普世性人文知识与社会科学。就如蔡元培所云："科学发达之后，一切知识道德问题，皆得科学证明。"①"科学"自然成为古代文论的价值标签与理论导向。

中国近代兴起的新式高等教育，其学科体制基本上是按照西方科学中心主义的价值体系与学科体系建制起来的。尽管中国国文学科或中文学科的学科划分、学科分野以及课程门类存在一些差异，但国文系或中文系的学科设置与分门别类，都是按照这种西方知识范式和学科规划来设置的。其中，古代文论或中国文学批评史成了现代中文学科体系中合法的常规性学科。在古代文论创制之初，科学中心主义的学科背景和学科本位主义的建设原则，就渗透在本学科的学科视野、性质、方法等方面。1923年，景昌极、钱堃新翻译了英国学者温彻斯特（C.T.Winchester）的《文学评论之原理》，温彻斯特在此书中对文学评论的学科性质做了明确规定："舍一切外缘而不问，而深求文学自身之要素，此本书之范围也。错综各种文学，而求其内在的与根本的要素，而所谓构成文学特质，如想象、感情、形式等，及其相互之关系，皆包而有之矣。故此评论之性质，近于科学，远于美术。以其所求者为普遍原理，而非个别实施之规律也。"②在现代科学中心主义的精神指导下，这位英国学者在制定文学评论的学科任务和学科目标时，就凸显了文学评论要"近于科学、远于美术"的科学理性特征，集中体现了西方文学评论学科的科学中心主义价值观念。

1927年，陈钟凡在撰写《中国文学批评史》时，也阐明了该课程、该学科的指导思想和理论原则，其云："以远西学说，持较诸夏。"③就是用"西学"精神与理论价值来建构、衡量、评论、阐释"诸夏"的文论话语。他对"远西文学批评"的特点和精神也作了概述，其云："考远西学者言'批评'之含义有五：指正，一也。赞美，二也。判断，三也。比较及分类，四也。鉴赏，五也。若夫批评文学，则考验文学作品之性质及其形式之学术也。故其于批评也，必先由比较，分类，判断，而及于鉴赏；赞美指正

---

① 蔡元培：《致〈新青年〉记者函》，《新青年》1917年第3卷第1号。
② [英]温彻斯特：《文学评论之原理》，景昌极、钱堃新译，梅光迪校，商务印书馆1923年版，第8—9页。
③ 陈钟凡：《中国文学批评史》，江苏文艺出版社2008年版，第4页。

特其余事耳。"① 进一步指出了西方"文学批评"的实质是"考验文学著述作品之性质及其形式之学术",沿袭了西方文本中心主义所建构出来的文论学科及理论范式。在西方价值极为盛行的时代,西学的文本取向和学科精神占据了毋庸置疑、人人默认的合法性和正统性。陈钟凡又云:"文学评论,远西自希腊学者亚里士多德以来,迄于今日,已成独立之学科矣;中国历代虽无此类专门学者,然古人对于文艺,欣赏之余,未尝不各标所见,加以量裁;……此后论文之书,如历代诗话,词话,及诸家曲话,率零星破碎,概无统系可寻。兹捃摭宏纲,觇其辜较,著之于篇,并考其评论之准的焉。"② 在这段话中,陈钟凡概括了古代文论建设的任务和目标,要用"远西"学科精神,即西方"文学评论"的科学精神和理论框架,对中国"无系统可寻"的"论文之书"开展"量裁",进行"捃摭宏纲,觇其辜较",总结纲领,判断优劣,构建出古代文论学科的学科体系和"评论准的"。

1928年,杨鸿烈在《中国诗学大纲》中进一步将"西学"的绝对可靠性表白得更为直接,其云:"我们现时绝对的要把欧美诗学书里所有的一般诗学原理拿来做说明或整理我们中国所有丰富的论诗的材料的根据。……我这本书是把中国各时代论诗的文章,用严密的科学方法归纳排比起来,并援引欧美诗学家研究所得的一般诗学原理来解决中国诗的许多困难问题,如诗起源的时代,分类,和功用等项。"③ 他认为,要将"欧美诗学书里的一般诗学原理"当成是中国诗学建构的理论基础与学科依据,当成是古代诗学的建构模型与学科范式。欧美人的"诗学原理"自然成了中国诗学建构的基本原理与衡量标准,似乎中国古人在讨论诗歌时,就存在一个前提条件,即默认合乎了西方人的"诗学原理"。这种所谓"严密的科学方法",存在以西权中、以今篡古的逻辑缺陷。

1934年,罗根泽在《中国文学批评史·绪言》云:"我们研究文学批评史的目的,就批评而言,固在了解批评者的批评,而尤在获得批评的原理;就文学而言,固在藉批评者的批评,以透视过去文学,而尤在获得批评原理与文学原理,以指导未来文学。"④ 这段话揭橥了百年古代文论的西学中心主义知识建构的学科特征。无论是"批评的原理",还是"批评原

---

① 陈钟凡:《中国文学批评史》,江苏文艺出版社2008年版,第5页。
② 陈钟凡:《中国文学批评史》,江苏文艺出版社2008年版,第6页。
③ 杨鸿烈:《中国诗学大纲》,商务印书馆1928年版,第31页。
④ 罗根泽:《中国文学批评史》,上海古籍出版社1984年版,第7页。

理与文学原理",都是以建构学科的"原理"体系作为基本目标,也都是西学学科中心主义的表现。

郭绍虞在1961年9月写的《中国文学批评史·后记二》中,明确提出了文学批评研究和建构的"两个标准",其云:"研究文学批评史应当有两个标准:一是对于这些材料,至少要有一些比较深入的研究,能解决一些问题,决不是讲义式的仅仅组织一下、叙述一下就可以了事的。为什么?因为以前文学理论批评上的术语,昔人并没有严格地规定它的含义,所以同样一词,甲可以这么用,乙又可以那么用,假使混而为一,就不免牛头不对马嘴了。而且,即在同一书中,昔人用词也没有严格的科学性,往往前后所指,不是同一概念,若不加分析,也容易导致结论的错误。所以不应该浮光掠影只作表面的论述。又一,是要求深刻掌握马克思列宁主义的文艺理论,看问题看到它的本质,才能运用新的观点得出新的结论。这新的结论必须是历史主义地对各人的理论作适当的评价,而不是简单化教条化的结论。"[1]郭绍虞通过对古代文论学科建设进行理性思考,提出了学科建设的"两个标准":一是术语要有定义标准,二是要有本质标准。这"两个标准"成为中国古代文论理论建构的重要思想。

从学科建制之初,古代文论与其他中文学科一样,皆是西方现代性学术话语在东方教育场域的机械移植模仿,体现了西方学科知识在现代化的全球进程中的文论话语霸权。20世纪80年代以来,古代文论研究提倡"文学内部研究";90年代末期至今,提倡"文学外部研究",都体现了欧美文学理论的韦勒克主义、形式主义、结构主义、解构主义等学术思潮、理论体系在中国文论学科的知识转换。在现行的中文学科中,古代文论的学科分界与西方价值极为明显,学科本位主义思想极为严重。这种日益僵化的学科本位主义,看起来是教育部门所支持的具有合法性的学科常态,但只要认清楚西方认知中心主义在学科建制中的文化本质,就有必要对这种学科惯性、学科常态、学科霸权进行理论反思,重新开启古代文论学科范式的价值重估与本土建构。

---

[1] 郭绍虞:《中国文学批评史》,上海古籍出版社1979年版,第699—700页。

## 第二节 百年古代文论研究存在的问题

郭绍虞在《中国文学批评史·绪论》中云："文学批评的产生和发展，是在文学的产生和发展之后。在文学产生并且相当发展以后，于是要整理，整理就是批评。经过整理以后，类聚区分，一方面可以看出文学和其他学术的不同，一方面也可以看出文学作品本身之'本同而末异'，于是也就认清了文章的体制和风格。所以《诗赋略》在《艺文志》中占有一席地位，也是批评的开端。于次，再要选择，选择也就是批评。选择好的，淘汰坏的，不能不有一些眼光，这眼光就是批评的眼光；同时也不能不有一些标准，这标准也就是批评的标准。以前的目录学者常把总集与文史合为一类，是也有相当理由的。所以挚虞《流别》，李充《翰林》，也就成为文学批评的滥觞。这两种可以说都是帮助读者解决问题的。再进一步，于是再要给以一定的评价，这就是所谓品第，而品第就更是批评了。曹丕之于建安七子，就是在这方面开了风气的。但是这种批评，很容易凭各人主观的爱好，妄加论断，于是变得批评没有准的，也就更需要批评的理论作根据。于是为批评的批评也就产生了，这样，批评理论可以指导批评，同时也再可以指导作家。到这地步，才发挥了批评的力量，文学批评的意义和价值就在这一点。"[①] 郭绍虞认为，文学作品的整理、选择和品第行为都是文学批评的行为，尤其肯定各种文学批评的行为都需要"批评的理论"来作为"依据"，也就是说，文学批评的行为后面，必须有一个用以指导批评行为的"批评理论"。可以看到，郭先生所提倡的文学批评，从文学作品到文学批评、分类整理，再到批评理论，都是符合西方理性中心主义的文化逻辑，但是曹丕所提倡的"本同末异"之"本"是指"文以气为主"，这里的"气"就不仅仅是指"批评理论"，而是与道体世界的气体存在密不可分的。如果仅仅将文学批评之"本"限定在关于诗歌文章的"批评理论"，就会片面彰显人类理性的文学规律，也可能会远离了古代文论的根本所在与华夏精神。可见，东西方的文学理论之"本"存在根本性不同，东方以"性情气韵"为本，而西方以"人为理论"为本。

---

① 郭绍虞：《中国文学批评史》，上海古籍出版社1979年版，第1页。

## 一、根性的缺失：从"失语症"到"失道症"

经过几代学者的艰辛努力，古代文论的现代体系总算建构起来了。但是面对这个庞大的古代文论体系，有人感到欣喜，因为老一辈学者的"批评理论"之梦终于实现了；同时，也有人感到痛心，因为这种按照西方认知中心主义的文论价值与学科模式所建构起来的古代文论体系，有点本末倒置，是一种以西诠中的后殖民文化现象，纯粹是一种"失语症"。[①]

经过 20 多年的学术诊断，"失语症"确实是现当代古代文论建构的学科病症。这种病理症状在文论学科建构之初就露出端倪，而且症状日趋严重，也确实成为古代文论界引以痉挛的理论之痛。"失语症"表明，文论学者们研究古代文论，说了一百年，却是几代得了文化病症的学人，在向后人讲述着自以为"健康"的理论话语。曹顺庆在《再说"失语症"》一文中认为："笔者讲的'失语'，实际上指的是失去了中国文化与文论的学术规则。"关于这个被学术界丢失了的学术规则到底是什么？其又云："在老子的'道可道，非常道'一语中，已经蕴含了中国的学术规则，《周易·系辞》的'立象尽意'，《庄子》的'得鱼忘筌'、'得兔忘蹄'、'得意忘言'则进一步确立了一套中国的学术规则与话语生成及话语言说方式，以后逐渐形成了强调言外之意、象外之象、韵外之旨的话语方式。"[②]季羡林、曹顺庆等学者站在中国本土文化价值的立场上，郑重诊断古代文论现代建构的失语症问题，对百年古代文论西学化学科道路的质疑与批判，是振聋发聩的。这种学术反思直接将学术批判的矛头指向了建构古代文论乃至中文学科现代体系的核心价值，即西方认知中心主义的合法性问题。古代文论的现代化、学科化过程，是一个全盘西化、以西释东的话语移植过程，也是以西注东、扬西抑东的文化殖民过程。在这个文化殖民过程中，文论学者在不言而喻的文化默认中，认可了西方文化价值的正统性和优越性，同时也否认了本土文化的合法性与根本性，以致将西方科学中心主义文化归为正确的、进步的，甚至，片面地将中国传统文化精神归为错误的、倒退的。这种西方中心主义的文化价值观念直接导致一些学者在建构古代文论的学科体系时，一方面巩固西方价值、西学话语在古代文论学科

---

[①] 可以参考曹顺庆：《21世纪中国文论发展战略与重建中国文论话语》，《东方丛刊》1995年第3辑；曹顺庆：《文论失语与文化病态》，《文艺争鸣》1996年第2期；曹顺庆：《重建中国文论话语的基本路径及其方法》，《文艺研究》1996年第2期。

[②] 曹顺庆：《再说"失语症"》，《浙江大学学报》（哲学社会科学版）2006年第1期。

中的中心地位，古代文论以总结具有本质性的文论规律原理作为学科的终极目标，另一方面东方价值、本土话语失去了自己在现代进程中的传承理由，甚至出现了批判、否定传统价值的文化怪象。这种以西方文论模式建制起来的古代文论学科，充满了崇洋媚外的迷失混乱，也充满了浓厚的后殖民主义心态。

学术界关于失语症的大讨论，使我们逐步认清了古代文论的现代学科建制存在的核心问题，也认清了中国文化规则如何在西学东渐的过程中被殖民化的。那么，关于失语症的文化根源与内在精神到底是什么？我们还需追问，难道这种"失语症"仅仅是在"文论话语"方面的缺失吗？话语只是一种外在的表现形式，潜藏在文论话语底层的又是什么呢？在此我们以"风骨"为例来进行分析。王运熙等在《中国文学批评史新编》中认为："风骨是对于许多作家和文体所提出的普遍性的要求"，"风"是指"作者的思想情感在作品中呈现得清明显豁"，"骨"是指"运用的语言精要、劲健、峻直"，"风骨二者结合起来，被当作一个统一的美学要求提出来，其主要特征是指文风的爽朗刚健"。① 张少康等在《中国文学理论批评发展史》中认为："风清骨峻和辞采华美是刘勰对文学作品的精神风貌美和物质形式美的美学要求"，"风与情、气关系密切，但不等于就是文意（或文情）；骨与辞、言关系密切，但不等于就是文辞。""风，是作家的思想感情、精神气质在作品中所体现出来的一种气度风貌特征"；"骨，是作品的思想内容所显示出来的义理充足、正气凛然的力量。"② 比较两位学者对"风骨"这个文论术语的诠释，表面上看，他们存在着一些观点上的分歧，但仔细分析，就会发现，他们具有一定的文化共性。这种文化共性具体表现在以下三个方面：一是风骨被西方范畴化了。他们都想给风骨这个术语以原理性、标准化的西学理论知识阐释，赋予它一个确切的、稳定的专业学术意义。但在传统文化中，"风"不是一个静态的术语概念，而是表示四时运动的气化现象。"骨"表面上看是比较稳定的，但是"骨"中之"精髓"却也是随风而动的，"风骨"关乎一个随时而化的道体运动，承载了华夏文化的核心精神。二是风骨被西方二元结构化了。他们解释风骨的理论框架就是以内容与形式、思想与情感等二元对立的文化模式作为基本格局的。在传统文化中，"风"与"骨"表面上是二元结构的，但在二元形

---

① 王运熙、顾易生：《中国文学批评史新编》，复旦大学出版社2002年版，第131页。
② 张少康、刘三富：《中国文学理论批评发展史》，北京大学出版社1995年版，第244—245页。

式结构之中，却传承着互相可以转化、互济的力量元素，二元之中存在一种可以融通的原初力量。三是风骨被外在本质化了。两位学者都认为风骨是一种更高的美学"要求"，这种美学"要求"不管是普遍性的，还是审美性的，都是一种抽象理智的"批评之批评"，或者说是一种理论化的"批评之理论"。按照中国传统文化的精神价值与话语生成，"风"是天地之气的四时状态，与人自身之气也存在一定的对应关系，而"骨"是人自身之气依据天地之气的运化作用，由此而生成的身体骨架、有形存在。由此可见，"风骨"承载的是天地根性的造化精神与自然秉性，体现的是文论之气的终极价值或"时象""位象"关系，如果机械地将其框定在思想与语言、情感与语词之间的显性对立结构中，就会失去在"风骨"话语中所承载的潜藏其中的本土文化价值与天地气化根性。从这个角度来看，顾易生、张少康这两位学者在解释"风骨"的文化意义时，确实存在一定的"失语"现象，由此遮蔽了中国本土文化语境中"风骨"的本土价值与运化功用。

可见，古代文论的失语症问题，其病理根源不在于表层现象的话语形式问题，或者作为"学术规则"的外在文化规定性问题，而是根植于华夏民族本土文化的根性价值或神道文化的缺失问题。道体根性的迷失才是失语症的最终根源。中国具有数千年文化传统的神道价值在近现代的文化迷失，直接导致了文论表述者关于话语阐释的价值情趣迷失问题，它直接关乎华夏本土文论的东方价值与神话思维问题。要解释本土文论"风骨"的文化编码，关键在于"风骨"诠释者是站在东方思维与神道价值立场上，还是站在西方逻辑与物质理性价值立场上来说话。如果诠释者站在西方价值立场来说话，"风骨"就成了西方人眼中的二元对立的风（情）骨（辞）结构，这样的风骨解释是对传统文化中风骨合一的审美情趣与文化意义的曲解。只有站在本土传统文化的道体价值立场上，"风骨"才能重新回到话语生成的本土文化境遇之中，才能重新发现本土文化传统的风骨意义，风骨贯通，融为一体。从这个意义上说，"失语症"的实质就是"失道症"。文论诠释者因为忘记了中国本土传统文化的神道价值与神话思维，而不自觉地沉沦为一个"忘道"的话语表述者。认清"失道症"的病症根源是关乎华夏传统精神的文化认同与价值立场问题，其核心问题在于"神道"根性是否成为话语表述和文化规则的主导价值。因此，古代文论的失语症问题，其实质是"道体世界"的文化缺失问题。要诊治"失语症"，文论家只有再次开启通达道体世界的文化征程，发现道体世界的本真存在与圆通运化，才能领悟道体精神的本土价值与文化意义，才能解开笼罩在古代文论之上的现代学科面纱，显露其本来的真实面目。

## 二、物化的无奈：被客观化的客观主义

现代高校的教育体系和课程设置有一个首要条件，即所教授的知识必须是客观知识，也就说，生产这些知识时，生产者必须是持有中立的客观立场，否则，其所建构起来的知识就是无效的，是不合法的。美国教育理论家艾波在《意识形态与课程》中曾经指出，现代大学教育知识的这种唯客观论是不言而喻的，其云："教育社会学或课程中惯常的传统是将学校知识，也就是存在于教育机构中的原则、观念和范畴，视为非常中立，主要的焦点是摆在测量资信、性向与技能的获得上，以及这些获得对日后生活的影响，一般的模式是如果这些知识获得越多，学校也就越成功。"[1]所谓中立性的客观立场，就是要求知识建构的原则、观念和范畴都要客观化、精确化、标准化，不能带有丝毫个人的、私己的、主观的情绪意见。但生活在尘俗世界的研究者，身处于物质经济充满诱惑的时代，很难超越世俗的功利之心。他们在研究活动之中，一方面想通过自身的学术活动来获得各种世俗的名利；另一方面又声称自己达到了映照万物、澄怀观道的中立境界，这本身就是矛盾的。世俗社会中这种认知中心主义的"被客观化的客观主义"的方法原则，也被机械地移植到古代文论的现代建构中。文论研究者必须保持所谓的客观心态，完全依据客观话语存在的文论材料，来展现理性规律的演绎阐释。然而如果仅仅以书本文字作为证据，来阐释文论精神，很容易陷入文字的表层意义，而忽视古人的表述精神与道体文化。在文论话语中，古人善于将道体世界的文化价值与神圣体验用隐喻象征的方式表现出来，而现代文论家仅仅依据文字文本的有形之物来理解阐释文论意义，纯粹相信书本记载的机械简单的客观心态，这样不仅不能解开华夏文论的鲜活精神，反而会遮蔽传统文论的道体价值与话语力量。这样建构起来的现代文论体系，不但不能揭示古代文论的精微绝妙与文化意义，反而会将古人的心性体验与神道存在遮蔽无遗。

文论学者必须依据传世书写的文本证据来建构古代文论的学科体系，一旦有人违背了这个基本原则，就会遭受各种讥讽。朱东润在《中国文学批评史大纲·自序》中就表达了这样的学术尴尬与遭遇，其云："有人说这本书虽然是'史'，但是还有些'文'的意味。有人说这是'文学批评之批评'。假如我的猜测不错，他们的意见也同样地认为这本书不完全是

---

[1] [美]艾波：《意识形态与课程》，王丽云译，台湾桂冠图书股份有限公司2002年版，第239页。

史实的叙述，而有时不免加以主观的判断。这一点我当然承认，但是我愿意声明，一切史的叙述里，纵使我们尽力排除主观的判断，事实上还是不能排除净尽……还有，既然是史，便有史观的问题。作史的人总有他自己的立场，他的立场所看到的，永远是事态的片面，而不是事态的全面。固然，我们也说要从许多不同的角度，观察事态，但是一个事态的许多片面的总和，仍旧不是事态的全面。这是又一点。还有，历史的记载当然是史，文学批评史也是史，但是和历史的史究竟还有些许的不同。在以往的许多著作里，什么是文学批评，什么不是文学批评呢？在取材的时候，不能不有一个择别，择别便是判断，便不完全是史实的叙述。在叙述几个批评家的时候，不能不指出流变，甚至也不能不加以比较，这也是判断，更不是史实的叙述。文学批评史的本质，不免带着一些批评的气息。这是第三点。"① 在持有客观主义的研究者眼中，"史"是具有科学性、严谨性和精确性的客观叙事，而"文"则是具有主观性、想象性甚至虚构性的主观叙事。有人将朱东润写的《文学批评史大纲》说成是"文"，这就意味着，朱东润在著作中冒犯了客观主义知识的建构规范和清规戒律。面对这种带有讥刺意味的评论，朱东润极为不满。他申述了三点理由：第一，不存在绝对客观的历史叙事，因为每个作史的人都带有"自己的立场"。第二，历史叙事者在取材时，都要有所选择，而对所有史料的选择，都会带上个人的"史观"立场以及史学判断。第三，历史叙事者在比较历史事实的时候，难免要进行各种比较，这一比较，就会出现高低之别，也就会带上各种"批评的气息"。朱东润对这种唯客观化的历史研究及其历史叙事，表示了怀疑。

　　古代文论的现代体系大都是一种"被客观化的客观主义"的产物。在此，我们以学术界争论较多的"意象"和"意境"为例。袁行霈在《中国古典诗歌的意境》《中国古典诗歌的意象》两篇文章中，对中国古典诗歌中的意象和意境，进行了现代意义的知识阐释与意义界定，其云："意象是融入了主观情意的客观物象，或者是借助客观物象表现出来的主观情意。""意境是指作者的主观情意与客观物境互相交融而形成的艺术境界。"同时，他还认为，意象指个别的物象和事象，意境指整体的生活场景。意象属于单个物象的小术语，意境属于着眼全篇的大术语。意境由意象生成，没有意象也就没有意境。意境生于意象又超乎意象。② 袁行霈对"意

---

① 朱东润：《中国文学批评史大纲》，上海古籍出版社2001年版，第5—6页。
② 袁行霈：《中国诗歌艺术研究》（增订本），北京大学出版社1996年版，第23—62页。

象"的定义,主要集中在"客观物象"之上,同时又饰以"主观情意",认为是两者的相互融入。这种知识解释首先将"客观事物"和"主观情意"都当成了两个不同的现成存在者,形成"客观之事物"与"主观之情物"的二元对立关系,然后又将它们搅和在一起。这种"意象"的释义方式未能真正超越作为对象存在的有形境遇,明显具有被客观化的倾向。在袁行霈的理论阐释中,"意境"是一个由众多具体意象构成的艺术境界,也是一个更为复杂的现成状态的存在之物,它不过是一个比意象更高级、更宏大的存在综合体而已。陶文鹏在《意象与意境关系之我见》一文中,对袁行霈所理解的意象及意境之关系的大小之分提出了疑义。不过,他认为袁行霈"指出意象和意境都包含着主观情意和客观境象这两个因素,则是中肯的。"他首先肯定了将"意象"和"意境"当作两个可以相提并论的现存之物,只是在此基础上,表示了对二者之间关系的不同看法。他说,袁行霈"将意象仅仅看成是组合意境的材料和零件,显然缩小了意象的范围,贬低了意象的审美功能与价值。"他还认为:意境不一定大于意象,有时候意境就是意象,甚至意象高于意境。① 陶文鹏对意象和意境关系的探讨,依旧是在意象和意境这两个现存之物之间的文化关系上作了重新的调整,并没有触及它们在阐释过程所出现的被客观化的意义失落问题。蒋寅在《语象、物象、意象、意境》② 一文中对袁行霈、陶文鹏、叶朗等人的意象论和意境论都表示了不满。他在讨论中增添了"语象""物象"等学术概念,试图能从语言结构主义的角度,对意象和意境进行重新阐释。其云:"意象的本质可以说是被诗意观照的事物,也就是诗歌语境中处于被陈述状态的事物;名物因进入诗的语境,被描述而赋予诗性意义,同时其感觉表象也被具体化。"他将"意象"阐释为一个"事物",而这个"事物"又是"被诗意观照""被陈述状态"的"事物",这个"名物"就不仅仅是个现成可见之物,而且是一个在诗人心智中承载了"诗性意义"的存在之物。接着,其又云:"语象对于诗就是存在世界的'基本视象',作为本文的结构单位,语象可视为本文不可再分的最小元素,物象包含在语象概念中,意象则由若干语象的陈述关系构成。"他用"物象"指称意象中的客观之物,用"语象"指称意象中的心智表象之物,其意象是一个以语象为主、又包括物象的存在者。"物象"是一种对象存在,"语象"是一种符号形式存在,蒋寅的"意象"观念更倾向于语象的符号形式。在此基础上,他认为,"意

---

① 陶文鹏:《意象与意境关系之我见》,《文学评论》1991年第5期。
② 蒋寅:《语象、物象、意象、意境》,《文学评论》2002年第3期。

境"就是"作者在作品中创造的表现抒情主体的情感、以情景交融的意象结构方式构成的符号系统。"蒋寅在意象的语言符号形式基础上,进一步将意境阐释为"符号系统",蒋寅的"意境"不再局限于心物之间的关系,而在是诗性意义笼罩之下的由语象与物象构成的符号体系。最后,他总结云:"语象是诗歌本文中提示和唤起具体心理表象的文字符号,是构成本文的基本素材。物象是语象的一种,特指由具体名物构成的语象。意象是经作者情感和意识加工的由一个或多个语象组成、具有某种意义自足性的语象结构,是构成诗歌本文的组成部分。意境是一个完整自足的呼唤性的本文。""意象与意境的关系,就是局部与整体,材料与结构的关系,若干语象或意象建构起一个呼唤性的本文就是意境。"蒋寅较为系统地构建了从物象、语象、意象和意境的金字塔式符号体系。相较而言,他比袁行霈、陶文鹏的主客二元结构要复杂很多,但是他以"语象"替代"物象",并在此基础上建构"意象"的符号意义与"意境"的符号体系,依旧是在有形之"象"中发掘诗性意义的文化存在,这与中国文化"得意忘象"的象征隐喻传统依旧存有一定的文化距离,"意象"与"意境"的核心力量与价值来源依旧处于模糊难辨之中。"意境"与"意象"的本土知识价值与神道文化意义依据处于被遮蔽的状态。

中国文论中的"意象"与"意境"等命题,都是从神道文化传统中生发出来的诗歌理论,它们承载了古代圣人在通达神道存在状态之后,对气象、物象、境象的神性体悟和造化精神。第一,在这些文论命题中,不存在客观事物与主观情意的二元绝对对立,而是要能在二元因素之中重新生发出神圣的生命力量。第二,"意象""意境"中的"意",不是流俗文论者所理解私己个体的世俗之意,而是文论家(圣人或君子)通达了神道世界之后,心领神会,由此而获得的神道整体之意。这种神道之意既不能用主观情感的来代替,也不能用客观物象来描述,它也不是简单的主观之情与客观之物的搅拌状态,更不是机械地将客观之物融入主观之情,而是由神道运化所规定或感应的自然性情。第三,"意象"之"象",不是机械流俗的纯粹形式之"言象"与"物象",而是在神道世界打开以后,从神道世界之中,获得的神性生命与勃勃生机的"神象"。这种"神话意象"包含了"大象""精象""气象""质象",并由精气交合而生成"物象"的运化关系,是一个由神道世界提供文化意义的有形存在。第四,"意境"之"境",既不是尘世中所见的外物之境,也不是普通意义存在的意象组合,而是熔铸了神道世界的整体意蕴,与氤氲生机,是在进入道体世界的各种纷呈而出的万物、万象之中,所蕴含的大气淋漓、浑然一体的元气混融世界。万象是纷呈的，元气却是浑然的，这才是"意境"的道体世界。如果完全运用西方的文论术语与文化价值来阐释这些源自本土文化的"意境""意象"命题，尽管在理论体系与话语表述方面看来，是有章可循的，但这种仅仅在文论表层现象上的符号意义阐释，只会遮蔽这些文论命题中所蕴藉的精妙气韵和神道价值，令这些文论命题变得抽象难懂，枯涩乏味，失去本然的生命力。

中国文化讲究道体为一，即通过后天阴阳回归到元气淋漓的先天状态。西方文化重视主客二分，即在后天阴阳的有形之物中寻找理性规律。中国文论根植于中国文化传统，文论研究却以西方主客观二元对立的模式为主导精神，这种西体中用的文化模式，就好比方枘圆凿，硬要将方形榫头放入圆形榫眼之中，尽管暂时被强力塞进去了，但方圆难合，总是显得不够协调。如何超越西方主观与客观的二元对立关系？现当代西方学术界已经作出了较为彻底的学理反思，诸如现象学、存在主义、后现代、建构主义等学术流派，对这种二元对立的结构模式展开了多方面的理性批判。因此，在古代文论的场域中，只有解构依据主客观二元对立结构的文论模式，抛弃人为强加的认知中心与客观主义的学术逻辑，古代文论中那些曾被客观化的术语概念，才能从各种人为强制的西方话语中释放出来，才能重新焕发出气韵生动的生命力，才能更好地展示中华传统优秀文化的核心价值和当代意义。

## 三、文化的隔离：以名论名的语言游戏

在古代文论的现代建构中，原本属于中国传统文化的文论表述，从其传统社会的文化语境中，尤其从古代圣贤的表述活动实践中割裂出来，在远离了自身生产的神道世界与文化语境之后，成了一种人为孤立的名物文献存在，而被人重新理解与强制阐释。当我们将古代文论家（圣人与君子）的文论表述从文化语境与道体世界隔离开来时，与我们相遭遇的话语形式就不再是历史事实，而是被人为割裂、文化隔离之后的虚妄事实。而理性认知主义认为，只有将文论的表述文本与表述世界割裂开来，才能进行所谓的客观认知与规律提炼。也就是说，在认知这种被"去世界化"的文献文本时，我们所认知到的东西，只不过是文论话语的文字文本形式所传达的文字意义和符号形式，而这种最表层的文字意义，会深深遮蔽潜藏在文字深处甚至文字之外的文化意义。这认知古代文论的方式与中国文化"得象忘言""得意忘象"的传统文化精神，与"不著一字，尽得风流"的中国文论趣味，都是相背离的。

在古代文论的现代建构中，最典型的研究方法就是古代文论的范畴研究。在英语世界的文化中，学者用 category 来指代理性认知的范畴概念。category 不仅指代名物概念，而且表示理性分类。理性分类就是按照个体理性意识统觉将事物分成很多类别，加以区分。何为范畴？张岱年云："表示存在的统一性、普遍联系和普遍准则的可以称为范畴。"[①]汪勇濠的《范畴论》认为："范畴是英文 category 的汉译，指反映认识对象性质、范围和种类的思维形式，它揭示的是客观世界和客观事物中合乎规律的联系，在具有逻辑意义的同时，作为存在的最一般规定，还有本体论的意义。"[②]所谓范畴，概括起来有以下几个特点：一是通过人类理性的统觉思维，而获得的具有普遍性、一般性或本体意义的概念形式。二是成为事物分类的普遍准则。三是理性逻辑规定经验认识的对象。原本在社会文化情境中所发生的文论事件，经过名物的范畴分类与理性阐释之后，事物之间的文化事件关系，就不再是社会文化语境中的实际关系了，而是一种更为抽象的、本质的、形式上的理论关系或逻辑关系。

近些年来，古代文论的范畴研究成为学术界的一种流行风气，也成为古代文论研究的独特景观。范畴研究所取得的成就很多，诸如曾祖荫的《中国古代美学范畴》（华中工学院出版社 1986 年版），张皓的《中国美学范畴与传统文化》（湖北教育出版社 1996 年版），汪勇濠的《范畴论》（复旦大学出版社 1999 年版），王耘的《唐代美学范畴研究》（学林出版社 2005 年版），涂光社的《庄子范畴心解》（中国社会科学出版社 2003 年版），崔海峰的《王夫之诗学范畴论》（中国社会科学出版社 2006 年版），葛路的《中国绘画美学范畴体系》（北京大学出版社 2009 年版），夏昭炎的《意境概说：中国文艺美学范畴研究》（北京广播学院出版社 2003 年版），邱紫华、王文革的《东方美学范畴论》（中国社会出版社 2010 年版），胡建次的《归趣难求：中国古代文论"趣"范畴研究》（百花洲文艺出版社 2005 年版）和《中国古典词学理论批评传承研究》（凤凰出版社 2011 年版）等，其中影响较大的是 20 世纪 90 年代初中期由中国人民大学出版社出版的"中国古典美学范畴丛书"，出版了袁济喜的《和：中国古典审美理想》（1989 年），涂光社的《势与中国艺术》（1990 年），陈良运的《文与质、艺与道》（1992 年），汪勇濠的《中国古典美学风骨论》（1994 年），蔡钟翔、曹顺庆的《自然、雄浑》（1996 年）等。2001 年江西百花洲文艺出版社出

---

[①] 张岱年：《中国古典哲学概念范畴要论》，中国社会科学出版社 1987 年版，第 5 页。
[②] 汪勇濠：《范畴论》，复旦大学出版社 1999 年版，第 2 页。

版的"中国美学范畴丛书"第一辑收入了古风的《意境探微》、陈良运的《文质彬彬》、涂光社的《原创在气》、蔡钟翔的《美在自然》、袁济喜的《兴：艺术生命的激活》、汪勇濠的《风骨的意味》、涂光社的《因动成势》、袁济喜的《和：审美理想之维》、曹顺庆、王南的《雄浑与沉郁》、胡雪冈的《意象范畴的流变》等学术著作。2005年百花洲文艺出版社出版的"中国美学范畴丛书"第二辑收入了张方的《虚实掩映之间》、陶天礼的《艺味说》、刘文忠的《正变、通变、新变》、曹顺庆、李天道的《雅论与雅俗之辨》、陈良运的《美的考察》、郁沉的《心物感应与情景交融》、张晶的《神思：艺术的精灵》、胡家祥的《志情理：艺术的基元》、朱良志的《大音希声：妙悟的审美考察》等。这些古代文论范畴研究丛书规模宏大，所收录的书籍对古代文论中的核心范畴，如比兴、风骨、趣味、自然、雅俗、神思、文质、文气等进行较为系统的理性阐释，体现了从"范畴主义"的视野全面审视古代文论范畴的学理思路。

这种范畴化的学术定势与价值取向也体现在一些资料整理著作中。如1983年海峡文艺出版社出版的《中国古代文论类编》，在对古代文论进行排比分类时，就采用了按照"诗言志""意境""形神""赋比兴"等类别，以类相从，按照朝代顺序编次，已经具有范畴化的体系意味。北京大学出版社出版的胡经之主编的《中国古典文艺学丛编》将各种典籍中载有的古典文艺学材料，分为创作、作品和接受三编，其中创作编列有：感物、感兴、比兴、神思、虚静、妙悟、物化、文气、虚实、动静、法度、立身、愤书、体势十四个条目；作品编列有：文道、情志、意象、意境、气韵、形神、文质、真幻、情理、情景、中和、刚柔、文体、通变等十几个条目；接受编列有：知音、知人、兴会、美丑、趣味、风骨、奇正、言意、自然、教化等十个条目。胡经之认为："范畴，是思想体系这张网中的许多纽结，从各个纽结着手，弄清纽结之间的联系，亦能掌握思想体系之网。"[①]学者们普遍认为，唯有把握了古代文论基本范畴的内在逻辑与审美情趣，了解了各个范畴的理论价值及其历史发展脉络，才能在此基础上进一步探讨文艺学的思想体系与价值归属。

与范畴相对应的传统术语，就是"名"。中国古人对"名"历来持有警惕之心。古人认为，古代学术的"名"是很复杂的，它可以是"道实"之名，也可以是"物质"之"名"，还可以是"纯粹形式"的"名"。按照范畴化的方法来研究古代文论，很容易陷入以"名"为"名"、依"名"论"名"

---

① 胡经之主编：《中国古典文艺学丛编》，北京大学出版社2001年版，第2页。

的形式研究中，而忽略"名"之实存，以及"名"之文化渊源，不自觉就落入了言筌繁文的形式藩篱中。老子重视道之"无名"与"有名"的文化分途，提出道之"有名"不是一种纯粹人为之名，是一种特殊的"非常名"。孔子也很重视"正名"，认为名不正则言不顺。"名"作为一种"有"的符号形式，其实质存在两种可能性：一是由"有"达"有"，被"名有"所遮蔽，而不能超越有形的"名"来顿悟名外之理。二是由"有"入"无"，不仅能够见到有的符号存在，而且能领悟有无相生的文化关系，通过领会有形之"名"，而能够深入到人心深处，获得由"名"达"道"的心性升华。可见，当范畴论者在阐释古代文论的各种命题时，不自觉地将古代文论的各种命题人为转换为可以抽象认知的理论"范畴"，很容易形成由"名"到"名"的机械罗列与资料堆叠，从而依据有名的话语形式，简单梳理出各种有名形式在历史时间与地理空间的流传接受情况，很容易形成一种纯粹"语言游戏"（维特根斯坦）的"有名"阐释现象，从而忽略古人在"非常名"中所寄存的道体世界与生存体验。由于过分强调西方价值与认知模式的引领作用，古代文论的现代化道路片面追求文论研究的本质性、范畴性、系统性，导致古代文论学科成为西方认知中心主义和后殖民主义的典型场域。毫无疑问，这种古代文论的纯粹知识论极大地遮蔽了古代文论的本土价值与神道意义。

## 第三节　新时代古代文论的跨学科重建

我们概述了百年古代文论在现代学科建制中所取得的成绩以及存在的问题，充分认识了西方认知中心主义和学科本位主义给古代文论学科带来的一些学术弊端和文化遮蔽，尤其是西方文论话语霸权与理性逻辑充斥于文论场域。质疑和反思认知中心主义、被客观化的客观主义、唯范畴主义的古代文论现代范式，解构由西方话语强行建构的古代文论知识体系和学科教条，我们才有能真正转向具有本土文化特色的地方性文论知识，实现古代文论的文化自觉与本土阐释，才有能再次回归到古代文论的神道语境、文化价值以及民族精魂上面来。

### 一、文论寻根：古代文论的再中国化

五四新文化运动时期，中华有志之士为了实现民族的伟大复兴，积极探索拯救中华民族的有效途径，从西方引进了科学与民主，毫无疑问，这在当时是顺应时势的大事，是具有重大历史进步意义的。时过百年，中国的现代化道路也走向了一条相对西化、逐渐去中国化的道路。西方认知中心主义成了中国现代性的核心价值观，而中国优秀传统文化也渐渐被忽略。这种去中国化的现代性的文化后果，导致了当前中国现代化进程中最大的文化危机和身份危机，使身处现代性的文化话语与价值霸权包围之中的现代中国人，集体迷失自我存在的华夏认同与民族精魂，产生了极大的精神困惑和文化焦虑。这种身份焦虑和文化危机，不仅是一个人的现实文化体验，而是身处工业文明之中的每个现代中国人都感同身受的时代体验，集中体现了现代华夏民族的集体焦虑和文化失落。与时俱进，随时而化，如今中国处于经济相对繁荣的新时代，国家不失时机地提倡重新回归中华优秀传统文化，这又将成为一次具有历史意义的伟大文化革新。

经历了百年的现代建构，古代文论陷入失语症与失道症的文化危机。如今顺应新时代的文化需求，提出古代文论的再中国化重建，一方面要警惕全盘否定、抛弃西方文化中优秀的东西，陷入唯中国文化论的极端民族主义；另一方面要警惕在提倡中国本土化的同时，将一些传统文化之中不合时宜的，甚至属于文化糟粕的东西，也一并带入现代社会中，这样反而

会遮蔽传统优秀文化的人文关怀和思想精神。所以我们在这里所提倡的再中国化，是针对中国现代性的集体精神危机、文化危机和身份危机等诸多文化症状，重新发掘与建构古代文论的神道价值、人文渊源和生气根性。

古代文论的再中国化，不是为古而古，而是古为今用。"为古而古"是一种纯粹知识的理想化、娱乐化态度，依旧属于西方文化的认知范式，这不利于、也不能满足中国现代性的文化需求。"古为今用"可以成为古代文论现代本土研究的指导精神。一些学者提倡"古代文论的现代转换"，如曹顺庆云："所谓古代文论话语的现代转换，并不是说一定要将古汉语、古文论中的某些概念、范畴生硬地搬到现代来使用，或将其'翻译'成现代汉语，而是试求以传统诗学的言路言诗。所谓重建中国文论话语也不是要复古，而是在西方诗学全面取代中国传统诗学并已出现'失语'危机的情形下，试求传统诗学与现代诗学这两种知识形态的互相校正、融合与互补。"[①] 古代文论的现代转换，讲究用"传统诗学的言路言诗"，也就是用古代诗学的话语逻辑与价值形式来进行当代文学批评，凸显了古代文论话语的当代效应和具体运用，具有一定的价值。但是仅仅停留在言诗层面，很容易使人误以为，古代文论话语还将在实际的文论批评和文学批评中重新复活，这就极容易落入一种技术层面、话语层面的古今转用和机械沿袭，也会阻碍真正领会古代文论的文化精神和核心价值。古代文论的再中国化，既要注重古代文论话语的激活与使用，更要激活古人在文论实践和文论体验中所展示的文论智慧、生存智慧、神道精神，凸显华夏民族的文学诗性和文论感悟，尤其要重视文论话语的生命力量与神道体验，重新纠偏当代文论中出现的全面西化的文学价值和审美情趣，建构一种能够融通传统优秀文化精神和生存智慧的文论新路和审美追求。

古代文论的再中国化，不是为了文化还原，而是为了文化寻根。有些学者提倡在文论现代建构中，要力求还原早期中国的文化样式。还原早期中国文化的理论缺陷很明显，第一，文化重点不突出，缺乏现代文化危机的针对性；第二，会导致新的质疑，即现代中国人能不能还原历史文化原状？有没有必要重新回到还原的文化状态？第三，文化还原还容易使人误解为，这是一种文化倒退或文化复古。我们认为，古代文论的再中国化是一种文化寻根活动，针对中国现代性的根性缺失与文化危机，配合世界范围内的文化寻根思潮，在中国境域范围内开展文化寻根活动。现代人的生命与文化之根到底在哪里？当我们处于表面上枝繁叶茂而实际上根性迷

---

[①] 曹顺庆：《从"失语症"、"话语重建"到"异质性"》，《文艺研究》1999年第4期。

失的特殊时候，文化寻根就可以不仅仅满足于眼前的枝叶现象，而是帮助我们在众多现象中，重新找到来自根部的生命之泉。由于现代中国人在现代化进程中，过分扬西抑中，过分西方化，从而迷失了自己的民族之根，失落自身民族的中华之魂。古代文论是古人根性智慧、神道价值在文论场域的话语表述，承传了中华优秀文化的核心价值，通过重新理解一些古老的文论命题，能够直接通达古人的神道存在和诗性思维，为当代文化寻根带来极具活力、极富生机的人性感悟和人文意义。

古代文论的再中国化，不是为了文化复古，而是为了古今文化对话。文化复古，倾向于提倡模拟和移植古代文化形式，就容易忽视中国文论古今时代的巨大差异，这与机械拿来西方的科学认知范式也是一样的，也会出现食而不化的古代文化激进论。文化古今对话，就是在文论这个场域之内，将古代文论与当代文论这两种文化现象展开对话，以古鉴今，以今择古，使古今达到互补互通，古今彼此互扬互抑。在这种双向的文化活动中，才能真正实现古代文论的中国化。文化对话可以让传统优秀文化与现代性文化两种文化价值，在个体世界层面和民族精神层面进行碰撞，开展反思，互相发现文化优点与存在问题。经过这种批判式、竞争式的文化对话，我们才能扬长避短，才能重新激活中国优秀传统文化中具有转化人心效应的文化内容，才能在文化建构方面，充分领会中国古人的神道状态，以及认清今人的肤浅状态，让"人心"主动回归到优秀传统文化的神道状态，这样才能真正实现华夏民族的人心凝聚与文化认同。在这个古今文化对话过程中，"人身"不仅能够享受科学技术带来的现代物质繁荣，同时，"人心"可以实现由西方价值主体状态逐渐转向古代文化的神道状态，从而治愈现代主体在心灵上形成的文化危机和心理焦虑，逐步转变为华夏民族神道价值的文化认同和人心归向。这样，才能真正实现中华民族与现代人心的根性回归，才能真正实现中华民族的伟大复兴。

古代文论的中国化，不是要以西释东，而是要重返中国文化产生的传统语境与生存体验。人为地割裂文化背景、精神世界的认知方法，就物论物，就名论名，是西方形而上学、逻辑理性的研究方法，这种西方知识范式已经被百年中国文论的研究实践证明，去人化、去民族化、去语境化、去历史化的纯粹建构，都是违背中国传统文化规律的，也是违背中华优秀传统文化的人文精神与情感价值的。古代文论是古代圣贤关于话语表述的主要方式之一，与古代圣贤在不同历史时期的精神世界、社会际遇、生存状态、文化特性、文明程度都是密不可分的，是一个跨学科、多元化、本土化的典型文化场域。重返中国社会的文化精神、传统语境与人心建构，尤其是回归到古代圣贤的心灵精神和历史行为，才能够真正认识，在古代文论的表述实践活动之中，古代圣贤是怎样思考文学表述问题的，是如何将人心存在的神道价值融入文学情趣与价值体验之中的。

总之，古代文论的"去西方中心"和"去殖民化"，要跳出西方现代认知范式的知识局限，实现古代文论的本土文化自觉。只有立足于东方思维与神话特质，才能重新认知华夏本土文化的核心价值，才能为现代中国的文化危机与精神匮乏提供身份认同、民族凝聚的精神资源，自觉将古代文论学科建设与中华文化的伟大复兴相对接，真正实现对中国当代文论话语与文化价值的生态建构，真正提升民族文化的自豪感与自信心。

## 二、发现事件：古代文论再实践化

张江在《当代西方文论若干问题辨识——兼及中国文论重建》一文中辨析了当代西方各种文学理论在中国文艺实践中的强制性和无效性，并思考了当代中国文论的重建问题，其云："中国文论建设的基点，一是抛弃对外来理论的过分倚重，重归中国文学实践；二是坚持民族化方向，回到中国语境，充分吸纳中国传统文论遗产；三是认识、处理好外部研究与内部研究的关系问题，建构二者辩证统一的研究范式。"[①] 张江认为，当代中国文论必须要抛弃对西方文论研究范式的依赖态度。他剖析了西方知识范型对中国文艺实践的失效性和局限性，并提出了重建中国文论的实践方向，具有一定的学术价值。在反思和批判西方认知中心主义在构建古代文论体系中的诸多问题时，我们解构了西方文化的单一模式和合法价值，跳出封闭认知的学科藩篱，摆脱学科本位主义的狭隘局限，并结合中国文论发生发展的实际语境与文化传统，提出要实现学科视野的本土知识转型。在具体研究方法上，我们还要在话语表述方面再实践化。古代文论的表述实践，是古人关于文论话语事件的表述活动。

首先，古代文论再实践化要注重从"人"出发，尤其要重视文论场域中"谁"在发声的问题。古代文论很难为当代文学批评、文学欣赏提供一种固定的批评模式或批评原理，但古代文论是中国古人（尤其是古代圣贤）的一种社会话语活动，展示了中国古人的存在状态与文化传统。古人今人，表面上看都是"人"的存在，但由于生存认知和文化价值的不同，是存在"人"的文化差异的。古代多圣贤之人，而今人失去了神道传统，

---

[①] 张江：《当代西方文论若干问题辨识——兼及中国文论重建》，《中国社会科学》2014年第5期。

大多都是世俗的公民存在。在古代文论的实践化研究中，我们可以从中国古人的神道存在和文化结构，来展示古人存在的审美建构与神道领会。方孝岳在《中国文学批评·导言》中云："世界上的人，不能够个个都是文学家，但可以说个个都是文学批评家；否则文学这件东西，不会有这样不朽的价值咧。口之于味，目之于色，耳之于声，鼻之于臭，无时无刻不在那里起'评判'的作用，评判它的美恶，鉴别它的精粗。这种评判鉴别的本能，实在是人生日常活动的中心。鉴别的本能，虽然各有高下程度之不齐，但是一样能够鉴别，这一点是不变的。所以换一句话说，人人都算是批评家了。"[1] 在这段话中，方孝岳忽视了文学批评活动中的世界差异、社会条件及其文化认同等问题，但是他认为"世界上的人"都可能是"文学批评家"，提醒我们，中国古人与中国今人都是"世界上的人"，"人"成为古人与今人可以沟通对话的文化基点。中国古人对文学表述的一些理解智能和表述策略，反映了他们在具体语境中的艺术趣味和表述策略，体现了古代批评者的精神状态和文化价值。而现代中国人，作为中国现代性的文化存在，通达了古人在古代文论话语中所展示的精神状态，领会了他们在思考文学批评时的思维方式，并以之来反思当前文学批评、文化价值中存在的问题，甚至可以将古代圣贤所创造的精神财富和存在价值提取出来，一方面可以应对当前文论研究存在的失语症、失道症等问题，还可以重构具有民族特色的话语表述和评判价值；另一方面中国古人在审视万事万物时，将自身的生命存在与天地存在融通起来，加以审视，将天地根性作为生命存在的文化基础，以之来反思西方知识的主观与客观、精神与物质、本质与现象的二元对立关系，可以帮助跳出西方认知主义和逻辑主义的思维模式，使当代文论建构实现新的文化转型。中国古代这种以"人"、尤其是以"圣人"为中心的文论话语建构，与今天世俗的文论形式话语，是截然不同的，可以起到文化救弊与传统复兴的双重意义。

其次，要重视古代文论是古人的一种话语表述实践活动，是圣贤人物神道世界的有效展示方式。

第一，古代文论与古人的人心领会密不可分。西方文论知识范式注重文本细读，以文字文本为核心，来探究文论思想，建构文论的理论体系，这种研究范式将文论家当成一种现世的物质存在，人为剥夺了文论家对自身存在的世界领会。孔子、老子、庄子、孟子等都是大文论家，他们首先是领会了道体世界的圣人，其次才是文论家，他们对社会世界、文论

---

[1] 方孝岳：《中国文学批评》，世界书局1936年版，第1页。

价值等问题的话语表述，都是建立在他们对神道意义的理解和领会之上。他们的文论话语，不仅仅是一种简单的话语形式问题，折射的是他们所领会的神道世界的玄同价值与神圣存在。因此，我们阅读研究这些圣贤人物的文论话语时，就不能仅仅停留在知识、道德、伦理、思想等方面的外部形式认知上，而要善于深入到古人深邃的人心世界中，体会玩味他们的道体根性和存在智慧，体会他们是如何在自身的文论话语之中，合理地表达出神道世界的文化规定与精神意义。这样，我们就不是在阅读和研究纯粹的文论话语，而是在古代文论的话语形式中，开启古代圣贤在文论话语中所建构、寄存的神道世界与生命体验，尤其是在这些文论话语中，体验古代圣贤所通达的人生意义和本真状态。

第二，古代文论与古人的社会存在密不可分。古代圣贤也是社会之人，他们的社会存在与为人处世思想会直接表现在话语之中。古代圣贤除了领会通达人心的神道世界以外，还善于依据自身存在的道体价值，在现实世界中现身实践，他们善于利用道体价值的文化规定，来建构和处理纷繁的世界关系。古代圣贤如何利用文化建构、话语表述的方式，将道体世界与流俗世界区分开来？如何利用道体存在的文化领会来建构话语行为的文化规定？如何利用神道价值来实践自身在现实世界的言谈举止，展示神道存在的精神气韵和情感追求？社会实践、言行举止与文论话语，都成为我们探究古代圣贤为人处世的精神之窗。

第三，古代文论是古代圣贤的符号建构行为。文论话语出自圣贤之口，是什么东西决定了符号话语的价值与意义？能不能机械地将古代文论的话语符号等同于当前流俗社会的文论表述？尤其能不能按照流俗社会的话语分析方法来解读圣贤之人的文论话语？毫无疑问，古代圣贤的文论话语发自神道世界的话语形式，不同于流俗之人的文论表述，也不能用流俗社会的各种解读方式来展开解读。古代圣贤的文论话语，首先要重视探究文论家神道世界的意义规定与不同层次。神道体验的层次不同，对文论话语的文化约束与有效力量也就不同，文论表述的话语就会展现出多样性与丰富性。其次要重视话语表述的不同场域。圣贤之人面对不同的表述场域，一方面坚守自身的神道精神，另一方面又要善于根据具体文化场域、政治场域而灵活机动，随机应变，尽管这种话语变化是随机变化的，但其核心价值却是不变的。因此，我们在讨论古代文论时，就不仅仅是一种机械的话语形式讨论，而是要善于体验文论话语之中所承载的神道意义，以及善于建构古代文论命题生成的社会情境场域。

古代文论中有"诗可以怨"（孔子）、"发愤抒情"（屈原）、"发愤著书"

(司马迁)、"不平则鸣"(韩愈)、"诗穷后工"(欧阳修)等重要的文论命题,从文论话语的表述形式上来看,几乎都可以将其理解为:士人在遭遇困境时,才能创作出好的诗歌。钱锺书在《诗可以怨》一文中就是如此解释的,其云:"苦痛比快乐更能产生诗歌,好诗主要是不愉快、烦恼或穷愁的表现和发泄。这个意见在中国古代不但是诗文理论的常谈,而且成为写作实践里的套板。"[①]我们要问,这些古代贤者在不同历史时期提出来的看似意义相近的文论命题,难道这些经典文论命题真的是一些日常生活中的"常谈""套语"吗?钱锺书的解释是不是过于简单化了。第一,他忽略了这些命题提出者的道体存在世界,也就是说,他只见文论命题,而没有触及这些命题的提出者所具有的独特内心世界与精神意义。第二,他忽视了这些命题的提出是一种社会实践的表述活动,即这些命题承载了古代贤者对文学话语的独特理解。第三,他遮蔽了符号表述的历史现实作用,这些命题的提出都具有所处时代的文化背景,离开这些文化背景,将这些话语拿来,展开文字意义的讨论,这本身就是对这些文论命题的误解。如果我们将这些命题与其所产生的神道存在、社会世界、实际功用都联系起来,那么"诗可以怨""发愤著书"等文论命题,就会在文字文本的表层意义下面,彰显出被遮蔽起来的无限丰富的道体意义、世界意义以及社会意义。只有这样鲜活地理解这些文论命题,才能跳出常识性的纯粹知识的文字表层解释,从而进入文论的再实践化过程中去,这些命题的文字文本就会被重新激活,使之重新获得被抛弃的、被遗忘的、被忽视的文化生产以及话语实践的意义。

古代文论的再实践化研究,是要彰显文论话语表述的神圣性、多样性与领会性,凸显文论家(圣贤之人)在文论话语表述时所通达的神道存在、所经历的社会场域以及所运用的符号策略。这种实践化、社会化、人性化的文论研究,由里而外,从表层到深层,由人心到话语,全面打捞文论话语之中潜藏的核心价值与美学意蕴。尽管在具体的阐释过程中,可能会显得更为复杂,但通过将文论命题事件化之后,就会使那些看起来有点像"套语"的文论命题,其意义就会更为丰厚。

### 三、文化大传统:重建古代文论的本土意义

现代文论研究基本倚重传世的文献文本。同时,随着考古出土的文献文本逐渐增多,也有一些学者开始利用新出土的文献资料来论证文献文

---

① 钱锺书:《诗可以怨》,《文学评论》1981年第1期。

本的文论问题，将出土文献与传世文献结合起来，丰富了古代文论场域，也为古代文论的现代阐释提供了全新的活力。但是无论是传世文献，还是出土文献，都属于文化小传统的文字文本，依旧未全面改变现有的文论状况。为了更好地阐释华夏文化的文化基因与内在编码，文学人类学提出了文化大传统的新理论，其将无文字时期的文化与文明传统称为大传统，将文字出现以后的文化与文明传统称为小传统。大传统文化理论的提出，为古代文论的现代建构开辟出新的路径。

　　大传统文化时期，文字还没有出现，不存在什么文字文本，那么，理解大传统时期的文化精神，就可以帮助我们解构小传统文字文本的文化霸权，为建构华夏文化的原初精神提供全新的可能性。叶舒宪在《中国文化大传统》一文中认为："再造大传统的概念，针对的就是认为文字创造了历史、无文字就是无历史的传统偏见。我们承认文字历史只是小传统的历史，要看到前文字时代更加深远的历史，则需要探寻大传统的存在。"[①] 暂时搁置文字书写的小传统文本，并不是完全否认文字文本，而是通过搁置文字文本，才能避免单独依靠文字文本而产生各种的文化偏见，才能利用前文字时代的历史文化与存在意义，重新梳理和发现华夏文化的核心精神与原型编码。文学人类学通过数年的艰苦探索，发现了史前玉石神话信仰，玉器或玉礼器成为史前华夏精神文化统一的独特符号标志。

　　同时，我们还可以利用史前大传统文化时期的玉石精神与神话信仰，重新审视和阐释作为小传统文化的文字文本。如道家圣人的"被褐怀玉"，儒家君子的"比德于玉"，将它们放置在文化大传统的文化境遇中，与玉石神话信仰相比较，我们就可以发现，儒道为主的华夏精神都是发源于大传统文化，它们将早期玉石神话信仰转化到了文字书写的小传统文化之中。通过这种大、小传统的文化勾连与贯通，我们才能真正跳出西方文字书写中心主义的狭隘视野，发现并揭示出华夏本土文化的精神实质。

　　大传统文化时期存在的是文化文本。史前的文化文本不同于文字文本，因为在文字还没有出现前，史前文化文本的符号形式就不是文字符号，而是器物图像。据国家文物部门不完全统计，近百年来，随着考古学的发展，全国各地由地下出土的各种器物图像已经超过了上亿件，大量出土的文物与遗迹共同讲述的历史故事，史前文化信息也极为丰富，而且很多历史信息都是文字文本中没有记载的。传统考古学家与历史学家仅仅将这些出土器物图像当成是文字历史的补充材料，没有充分重视出土器物的

---

[①] 叶舒宪：《中华文明探源的神话学研究》，社会科学文献出版社2015年版，第101页。

文化文本的意义功能。文学人类学在跳出文字文本的符号形式时，发现了史前器具与物质图像的文化文本性质，为重新构建华夏史前精神与文论价值提供了全新的视野。叶舒宪在《中国文化大传统》中云："大传统的存在，需要借助非文字符号的研究和重构，主要的非文字符号来自考古学的实物发掘。"① 大传统文化的精神建构主要依靠作为文化文本的出土实物与图像。

以出土实物为主的文化文本承载了大量无声的文化信息，如何让无声的文化文本讲述有声的故事？文学人类学在王国维的二重证据基础上，提出了四重证据法。传世文献为第一重证据，出土文献为第二重证据，口传文化为第三重证据，出土的物质图像为第四重证据。综合利用四重证据，展开整体释古，才能让无声的文化文本发出有效的声音，才能讲述古老的故事。如史前玉石文化可以追溯到距今8200余年的兴隆洼文化，此后红山文化、仰韶文化、马家浜文化、凌家滩文化、良渚文化、齐家文化、龙山文化都出土了大量的玉器实物，充分展示了玉石文化文本在文字还没有出现以前，已经遍布华夏各地的区域文明，形成了一个以玉石文化文本为符号标志的文化统一现象，这也充分表明，史前中国尽管还没有出现，但以玉石神话信仰为核心价值的文化精神已经出现了。以玉石文化文本来看，中国的文化精神长达8200余年。而儒道两家以文字文本记载的玉石文化，只有2500余年，文化文本的玉石精神比文字文本的玉石精神要早6000余年。通过揭示史前文化文本的玉石信仰，我们才能明白，《山海经》《尚书》《诗经》《礼记》等早期经典文本中关于玉石文化的文字记载，有着久远的文化传统，儒道两家用美玉比喻圣人与君子，也是发源于史前的玉石文化精神。

在四重证据法中，物质图像是关键，口传文化是根本，文字证据是补充。利用无文字少数民族的活态口传文化，可以重新发现各种物质图像的意义价值与文化功能，帮助出土的物质图像发出文化的声音，第三重证据与第四重证据成为文化大传统时期解读文化文本的重要证据。传世与出土的文字文本，原本是文化研究的核心证据，现在变为次要性、补充性、应证性的证据。

史前文化文本不仅数量多，而且物质类别也很丰富，诸如玉器、骨器、石器、陶器、青铜器、铁器等等。各种器具图像与刻画纹饰新奇惊艳，大都超乎现代人的想象，可以为建构大传统文化的精神存在与历史信

---

① 叶舒宪：《中华文明探源的神话学研究》，社会科学文献出版社2015年版，第101页。

息提供重要的文化证据。

传世文献中的文论话语，作为文化小传统的一种文字书写形式，其文化根源与精神价值发源于文化大传统。考察文化大传统的原初精神价值，可以为文论话语提供一种本源的文化意义。例如文论话语中的风骨论，学术界讨论风骨的范畴意义，大都是拘囿于书写文本的字面形式，只是在文字之中兜圈子，根本没有触及风骨的文化深意和原初意味。在此我们以风骨之中的"骨"为例，展示文学人类学大传统文化意义对风骨范畴内容与形式二元意义的文化纠偏。

诸多少数民族中大都存在骨卜的文化活动，各种骨物器具在古老的民族文化中扮演着极为重要的神秘角色。骨卜是达斡尔族古老的占卜活动，在达斡尔语中，将其称为"达拉罕古贝"，用各种兽肩胛骨进行。将去肉的肩胛骨洗净，念咒语后将其在草木灰中炙烧，然后依裂纹的走向、明暗等判断吉凶、病情或狩猎丰歉。雅达甘在祭祀活动中经常进行骨卜。骨卜是鄂伦春族民间占卜方法之一，多以狍子的肩胛骨为卜具。占卜时要将卜骨上的肉啃光，之后对着太阳看是否透亮。若白而明亮，预示猎人一生运气极佳。若发暗，则说明此时正有鬼怪挡住猎人的枪口，将遇到无数的困难和挫折。占卜后，将卜骨放到炭火里烧，烧到卜骨呈黑色后，用小棍夹出放在一边降温。稍后拿在手上观察，根据卜骨出现的裂纹判断吉凶祸福。观察完毕将卜骨扔向前方，根据卜骨落地所处的方位，判断次日出猎的方向。骨卜也是赫哲族的占卜活动，以鹿狍的肩胛骨为卜料，遇有疑难问题占卜问神。卜者先以肩胛骨阔的一端朝下，骨底向上接近于口。低声祷告，祷告后向骨面吐口唾沫，以火灼之，显出龟裂纹。以此审视判断吉凶征兆。① 骨卜还是柯尔克孜族民间占卜术之一，其卜法为：将绵羊或山羊右腿踝骨抛向空中，踝骨落地后小凹面在上，为吉，平面在上，为凶；凹面在上，万事如意，凸面在上，则大难临头。②

满族采用骨类作卜器源于各种生物的骸骨，包括人、虎、豹、熊、狼、獾、猞猁、鹿、狍、野猪、犴、驯鹿、刺猬、山羊、穿山甲、大蜥蜴、狸、蝙蝠等，另外飞禽中鸳、鹰、雕、雉、鹊、雁、鹤类，野雀类和家养的牲畜牛、马、猪、羊、犬和鸡、鸭、鹅等，再者水中之鱼类，主要

---

① 铁木尔·达瓦买提主编：《中国少数民族文化大辞典·东北 内蒙古地区卷》，民族出版社1997年版，第130页。

② 铁木尔·达瓦买提主编：《中国少数民族文化大辞典·西北地区卷》，民族出版社1999年版，第112页。

以超过二三斤以上的鱼为佳，除此两栖类的水獭、水蛇、鱼类，陆上的巨蟒，虫类中还可以用大莲蝴蝶、大彩色牛蛾、大蚰蜒等百足虫、大蜘蛛、大蝼蛄、大蜻蜓、大蝗虫、萤类等等。从《乡祀笔汇录》中可知："百兽、百鸟、百虫无不可不为卜者，因奇而卜，因猛而卜，因形而卜，因时而卜，因事而卜。凡作卜者，均选用某一物之某一特有骨骼、脏器、肢节也。且必生捕，死腐兽啃射杀病羸者不采也。"由此可以看出，卜用甚严，不可敷衍为卜，视为不灵无效。①

蒙古族烧胛骨观其裂痕以卜一日或数日后吉凶之法。其术有定例，用之甚频。此种预言方法，在喀耳木民族中名曰 Dallatulike。其术人名曰 dalladschi。然在乞儿吉思民族中则名 jauruntchis。其人非教师，亦非执巫师之业者，唯以长久之历练，故善此术。蒙古人有书名曰 Dalla，以此法授人，示人解释火焚胛骨种种横直裂痕之法。胛骨中之最良者，为绵羊、羚羊、麋鹿、驯鹿之胛骨。所用之骨，先以沸水煮熟，然后以刀剥其余肉，以骨置火薪上。迄于 dallaschi 断定裂痕充分之时，乃出而观其方位，其大小，其连属，预卜事之吉凶，人之生死。所可异者，预言之事常验。②

羊肩胛骨占卜法，是藏族的古老占卜方法之一。肩胛骨占卜法，是把剔尽肉的羊肩胛骨放入火中，根据羊肩胛骨火烧后的裂纹来判定是凶是吉，健康与否，能否出行，生意如何等等。③

贵州贵定县仰望乡苗族有鸡腿骨卦占法。人生病时，用鸡的大腿骨来察鬼。取一公鸡杀后煮熟，用香棍插在大腿骨上的小孔中，视小孔的分布、排列、大小、深浅察鬼断吉凶。④

布依族鸡骨卜的方法，是在举行仪式后，将鸡煮熟，吃掉鸡腿肉，将两只鸡腿对齐，左手卡住以便固定，看鸡腿上的小孔的位置，以判吉凶。各地布依族对卦相的解释不尽一致。贞丰一带布依族，主要在丧葬仪式和一些驱鬼逐魔等仪式上看，判断该请来的神是否到了，该送走的鬼是否走了。如果没有出现希望得到的卦相（吉卦），那么仪式要重做，一直做到出现希望得到的卦相为止。卦相共十五组，分别为：饶家饶得卧、满

---

① 富育光：《萨满教与神话》，辽宁大学出版社 1990 年版，第 157 页。
② [瑞典] 多桑：《多桑蒙古史》（上册），冯承钧译，中华书局 1962 年版，第 278—279 页。
③ [奥地利] 勒内·德·内贝斯基·沃杰科维茨：《西藏的神灵与鬼怪》，谢继胜译，西藏人民出版社 1989 年版。
④ 赵崇南：《贵定县仰望乡苗族原始宗教调查》，贵州省民族研究所编：《贵州民族调查》（之二），贵州省民族研究所 1984 年印制，第 305 页。

家逛送妈然、岜怪介绒尾绒、岜怪介绒饶绒、丁怪介山尾冬乃、丁怪介山饶冬乃、介当得尾当饶得等。一些地区的布依族是用小竹签插进鸡腿骨的小孔中,如果小孔相对,不分岔,表示吉利;如果小孔不相对,就要分不同情况处理,主要看左右腿骨空穴分布的不同情况。布依族看鸡卦,是将鸡腿骨并列,上下左右不能倒置,用左手卡住鸡腿骨两端,如果左边鸡腿骨上的小孔比右边的高或多,表示主人将战胜病魔和邪祟,反之,则表明邪祟的力量强,就要举行仪式袚除。①

佤族鸡骨卜的一种称为"守昔昂",意为用竹签插入鸡腿骨上的自然空穴,观察其构图形状,预卜事件或意愿的未来状态,或吉、或凶、或祸、或福。②

从各个少数民族的骨卜文化活动中,我们可以感受到,作为物质形式的各种人类或动物类的骨头,不是简单的、没有力量的枯骨朽木,而是能够给人类指点迷津、预测未来、判断吉凶、治疗疾病的重要灵物。生命之精生骨,骨是代表生命力量的神圣之精的有形形式,是通灵的法宝(图1)。

在安阳殷墟出土的各种甲骨(图2、3、4)卜辞,就更加鲜明地展示了古代骨物的神秘力量。甲骨文字大都叙述各种通神预测的神秘事件,而龟甲与牛骨则成为承载这种神圣文字书写的重要材质。可见,最初的文字形式与甲骨的神奇材质之间的文化组合,才能完成早期人类的神圣意愿。

为了增强甲骨与卜辞的神秘力量,古人甚至在甲骨上用镶嵌神性更为纯粹的绿松石来(图5)表示。绿松石作为玉石之一,是古老玉石神话信仰的重要物质,承载了早期华夏人齐全的神圣想象。神圣的甲骨材质,加上对神灵讲述的神秘文字,又加上通天的绿松石,还有各种神秘意义的纹饰图案,这种骨头就承载了最为尊贵的神秘力量和文化编码。如国家博物馆所藏的宰丰骨匕。宰丰骨匕上的文字曰:"壬午,王田于麦彔(麓),隻(获)商戠兕。王易(赐)宰丰寑小䗥兄。才(在)五月,佳(唯)王六祀肜日。"这段文字讲述的是宰丰随商王田猎,获得大兕,因此受赐。如果仅仅阅读这些文字,显得极为平淡,所获得的信息也极为有限。但是如果联系骨器通神的文化背景,我们就能感受到,宰丰在受到商王的赏赐

---

① 周国茂:《自然与生命的意义世界:贵州少数民族原始崇拜与民俗》,贵州教育出版社2004年版,第213—215页。
② 吕大吉、何耀华总主编,张公瑾等本卷主编:《中国各民族原始宗教资料集成:傣族卷 哈尼族卷 景颇族卷 孟—高棉语族群体卷 普米族卷 珞巴族卷 阿昌族卷》,中国社会科学出版社1999年版,第556页。

**图1 龟甲占卜**

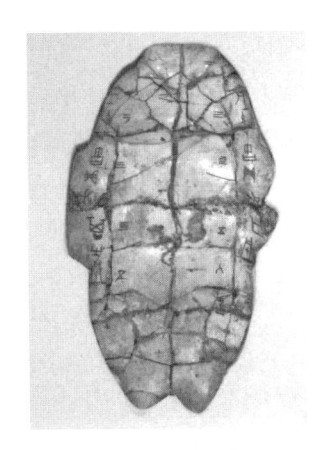

商王武丁时期。卜辞：戊寅日，古贞般其有祸？（2017年胡建升摄于国家博物馆）

**图2 卜骨**

商王武丁时期。河南安阳出土。此版卜骨刻辞中，记述北方有方国分别于甲辰日与戊申日征伐峎地，并俘获31人。（2017年胡建升摄于国家博物馆）

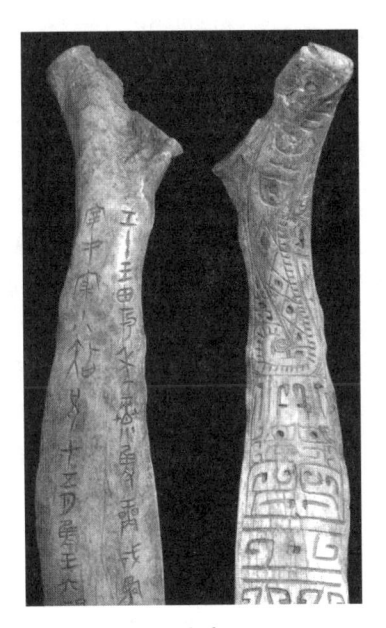

**图3 宰丰骨匕**

商王帝乙或帝辛六年，河南安阳出土。（2017年胡建升摄于国家博物馆）

**图4 宰丰骨匕拓片**

之后，极为谨慎与虔诚地将此事告知祖灵或神灵，这就不仅是一份世俗人间的荣耀之情，而是可以与祖灵分享的神秘事件。

　　加拿大皇家安大略博物馆所藏的镶嵌绿松石文字的甲骨就更为神奇了。这块甲骨上的文字都是用绿松石镶嵌而成，是玉字与精骨的天作之合。在中国文化中，骨含精髓，玉为阳精，是阴阳交合的最美神意。其文字为："辛酉，王田于鸡彔（麓），隻（获）大霸虎，才（在）十月，隹（唯）王三祀彡日。"阅读文字书写，也是极为平淡无奇。但是将这种平淡的流水记账放置在通神的文化语境之中，我们就能深切感受到文字背后所深藏的文化大传统信息。玉质与骨质的器具，本就不是普通的日常生活存在，而是可以激发人类的原始激情与文化想象，在真阴与真阳的自然交合中，获得一种通神的神秘力量。

**图 5　镶嵌绿松石文字的甲骨**
（加拿大皇家安大略博物馆藏）

　　刘勰在《文心雕龙·原道》中云："若乃《河图》孕八卦，《洛书》韫乎九畴，玉版金镂之实，丹文绿牒之华，谁其尸之，亦神理而已。"[①]刘勰认为，《河图》孕育产生了八卦符号，《洛书》包含生发了九畴人事。玉版指玉质版块，金镂指金质镂刻，玉版金镂之实指金玉一般质地的实在所指。丹文指红色文字，绿牒指绿色文字，丹文绿牒之华指充满生命的辞藻华彩。那么，谁是玉版金镂之实、丹文绿牒之华的主使者呢？在刘勰看来，金相玉质与丹文绿牒都仅仅是精质与华文，还不是真正的实质与力量所在。刘勰认为，真正的主使者就是神理，神理即神道。阅读甲骨卜辞，只有将其放置在神理与道心的文化语境中，我们才能玩味出甲骨才质与文字叙事的背后动力，才能真正把握骨质的神圣生命存在与文化原型编码。

　　随着出土器具的大量增加，史前骨器的制作与使用年代已可追溯到更为久远的新石器时代。舞阳贾湖出土了用骨材制作的骨笛（图6），在裴李岗文化（约公元前 6100—前 5000 年）遗址中，同类骨笛共出土 20

---

[①]　（梁）刘勰著，范文澜注：《文心雕龙注》，人民文学出版社 2001 年版，第 2 页。

多支，除了较多的七孔骨笛以外，还有五孔、六孔和八孔等多种形式。王子初根据骨笛的形制将这些骨笛分为三种类型：早期（公元前7000—前6600年左右），骨笛上开有五孔、六孔，能奏出四声音阶和完备的五声音阶。中期（公元前6600—前6200年左右），骨笛上开有七孔，能奏出六声和七声音阶。晚期（公元前6200—前5800年左右），能奏出完整的七声音阶以及七声音阶以外的一些变化音。① 如果仅仅从骨笛类型和音阶变化来研究史前骨笛，就大大遮蔽了骨笛的原初文化意义。

联系骨质的神奇力量，我们可以推测，骨笛发出的声音不是一种普通意义的音乐声音，而是具有召唤精灵的神奇力量。在藏传佛教的法器中，就有一种用身体某部分骨头制作的骨号法器，骨号法器类似于史前骨笛。骨号是藏传佛教密宗的乐器之一。其材料为人体大腿骨，一端穿孔，一端开口，外由纯金包裹，即为骨号。在取材上有两种传说：藏族地区的修行者普遍认为用生头胎难产而故的年轻妇女或未曾婚育而夭亡的17岁少女的腿骨做原材料，这种骨质音脆且能避邪。近晚期天葬盛行，藏传佛教也广为人知，于是捐骨者增多。骨号的使用更多地被藏传佛教僧人或旧派僧

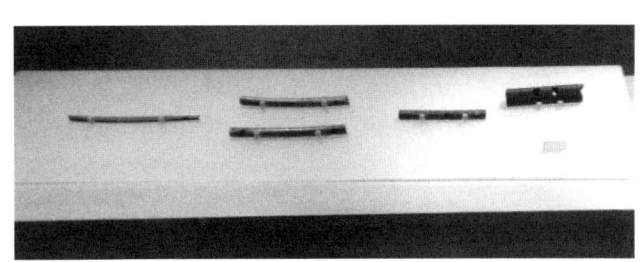

图6　骨笛　　　　　　　　图7　骨笛
裴李岗文化，1987年　　　河姆渡文化，浙江余姚河姆渡遗址出土。（2017年胡建升摄于河
河南舞阳贾湖出土。国家　　姆渡遗址博物馆）
博物馆藏

---

① 王子初：《中国音乐考古学》，福建教育出版社2003年版，第52—53页。

侣因修法需要而热衷。为僧侣专用，俗人不能染指，来自僧侣方面的解释
是：骨号实际上是沟通阴类或中阴类生命灵魂的"话语"或法号，吹出一
定的音符可以招至鬼类并让其显形，再吹出一定的音符时可以遣散鬼类。
不让俗人染指是怕一旦俗人不小心吹出召集阴类、中阴类的号音，而又不
会吹遣散阴鬼的号音时，所招鬼类，一直望人待命，两相尴尬，不分白昼
黑夜一直守望吹骨号的俗人，最终会使吹号者毙命，所以，僧侣有责任不
让俗人染指骨号。① 可见，这类骨质乐器，不是世俗意义上的乐器，而是
具有魔法力量的特殊乐器。在河姆渡文化（距今 7000—5000 年）中，也
出土了类似的骨笛（图 7），这表明，在新石器中期，黄河流域与长江流域
的居民都在使用这种骨质的特殊乐器。

在史前文化中，除了骨笛以外，还有各种骨雕器具。如河姆渡文化
出土的大阳神鸟象牙骨雕（图 8）。在两只神鸟之间雕有圆璧形的太阳图像，
这意味着神鸟将太阳从大海深渊之中带起。这种骨雕的纹饰图案充分展示
了史前骨雕的深厚文化底蕴。

马家浜文化（距今 7000—6000 年）出土的石钺，上面用了骨质雕成
的神蚕帽饰（图 9），下面用的是骨质的墩饰，而且在墩饰上还雕有犹如
双眼的神徽图像，骨质的饰件增强了石钺的文化法力。在金坛遗址出土的
纹饰骨版（图 10）上面，刻满了各种圆形图案，代表了圆形神道的法器
力量，也是早期居民通神的法器。马家浜还出土了各种象牙梳（图 12），
牙为骨端，也属骨质器材。

大汶口（大汶口文化，约公元前 4200—前 2500 年）出土的象牙梳（图
11），饰有三孔，中间还有旋纹形纹饰。马家浜文化出土的象牙梳，后背
较长，梳子之间缝隙较大，不可能是一种普通的梳理头发工具。海盐出土
的良渚文化玉背象牙梳（图 13），用玉器修饰梳背，也是玉质与骨质的有
机组合。崧泽文化（距今 5900—5200 年）的象牙镯（图 14）是用象牙切
割而成。良渚文化出土的兽面纹象牙雕（图 15），在象牙上还精雕细刻了
良渚神徽的精美图像。诸如此类的史前骨质器具，只有放置在人类骨质的
神奇文化想象中，才能摆脱世俗功用，获得超越现实的精神意义。

在萨满文化中，手持骨器，或佩戴骨器，都与骨头的神话信仰有关。
在原始人那里，骨头有深厚的生命意义，具有原初生命的神秘性。伊利亚
德在《萨满教：古老的入迷术》中认为："在狩猎者和放牧者的思想里，骨
头代表的恰恰是人和动物生命的唯一来源。将自己还原为骨架状态就如同

---

① 宫蒲光、洛松次仁主编：《建筑与工艺美术》，中国藏学出版社 2006 年版，第 146 页。

**图 8 太阳鸟象牙骨雕**

河姆渡文化，浙江余姚河姆渡遗址出土。（2017 年胡建升摄于河姆渡遗址博物馆）

**图 9 石钺上的骨质帽饰与牙质墩饰**

马家浜文化。摘自嘉兴市文化局编：《马家浜文化》，浙江摄影出版社 2004 年版，第 199 页（金坛市博物馆藏）。

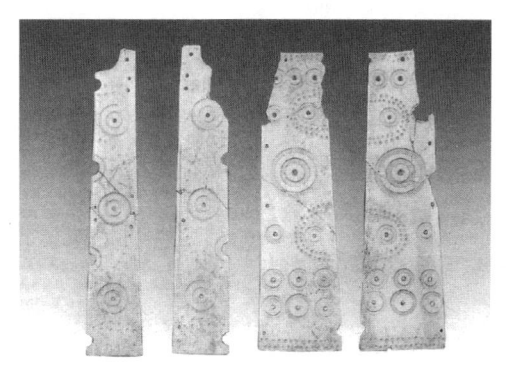

**图 10 版状刻纹骨器**

马家浜文化。摘自嘉兴市文化局编：《马家浜文化》，浙江摄影出版社 2004 年版，第 203 页（金坛市博物馆提供）。

**图 11 镂雕旋纹象牙梳**

大汶口文化，1959年山东泰安大汶口出土，现存国家博物馆。

**图 12 象牙梳**

马家浜文化。马家浜遗址出土。（2019年胡建升摄于嘉兴博物馆）

**图 13 玉背象牙梳**

海盐出土良渚文化象牙梳。（2019年胡建升摄于海盐博物馆）

**图 14 象牙镯**

崧泽文化，1984年上海市青浦区福泉山遗址11号墓出土崧泽文化象牙镯，摘自陈燮君主编：《上海考古精粹》，上海人民出版社2006年版，第57页。

**图 15 兽面纹象牙器**

1982年上海青浦区福泉山高台墓地9号墓出土的良渚文化兽面纹象牙器。摘自陈燮君主编：《上海考古精粹》，上海人民出版社2006年版，第104页。

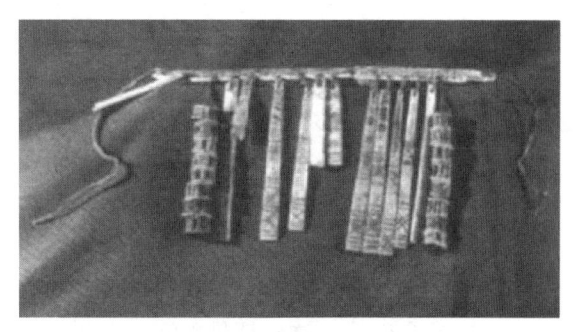

**图 16　鄂伦春族的骨响铛**

摘自宋兆麟：《最后的捕猎者》，山东画报出版社 2001 年版，第 350 页。

重新回到原始生命的子宫里，也就是完成了一次全新的、神秘的重生。另一方面，中亚的一些冥想在起源上，或至少在结构上具有佛教的和密宗的性质。在这些冥想中，把身体还原成一副骨架状态却具有禁欲主义的和玄学的价值——一是预测时间所起的作用，二是通过思想回归生命的本源，就是在永恒转换中的一种短暂的错觉。"① 他又云："出现在服饰中的骨架概括了并重现了萨满领神的情节——死亡与重生。它是否代表人类骨架或动物骨架，这并不重要。不管是哪种情况，它都包含着神话祖先保存的生命实质和原始事物。人类骨架在某种程度上代表着人类的原型，因为人们认为它代表着祖先萨满相继出生的家族（家族血统有'骨头'代表；N 的骨头代表他是'N 家族的后代'）。鸟的骨架也是这个相同概念的一个变体……人们认为这位神秘的动物祖先是物种生命永不枯竭的母体，而这个母体是在动物的骨头里找到的。"② 人类的骨头与动物的骨头有着相同的神话原型，都是赋予萨满神秘力量的重要外在符号。

宋兆麟在《最后的捕猎者》中记录了鄂伦春族摇车上的骨响铛（图 16）：在摇车上往往还挂一种骨响铛，它由两部分组成：一部分是一块横置的犴骨片，其上刻有几何纹，两头有孔，系有皮绳；一部分是在上述骨板上挂有十几块骨器，多为长方形骨板，上刻几何纹，还有两串小动物脊椎骨。把它挂在摇车上，据说有三个作用：一是避邪；二是摇之有声，可以

---

① ［美］米尔恰·伊利亚德：《萨满教：古老的入迷术》，段满福译，社会科学文献出版社 2018 年版，第 62 页。

② ［美］米尔恰·伊利亚德：《萨满教：古老的入迷术》，段满福译，社会科学文献出版社 2018 年版，第 160 页。

催眠；三供小孩玩耍。① 最初，鄂伦春族摇车上的骨响铃最主要的文化功能应该是"避邪"，而"催眠""玩耍"不过是后来人的世俗化理解而已。

颅骨碗是密宗法器之一，只供于护法神殿和密宗师、行者的修炼禅房或密宗室内，在寺院的大殿中是根本看不到的。颅骨碗中专门盛水，有时也盛法酒（密宗活动时所用之酒）。在传密法、灌顶等密宗法事活动时，由密宗师将颅骨碗中的水或酒，滴在受法者头上或掌心，也可将掌心之水一半饮入口中，一半抹在头顶，其密宗意义是加持。此外，还有男女头骨制成的腰鼓，人骨所制的念珠等，这些都是密宗中最受保密和最为神圣的法具。这类法具，只有巨大成就的密宗上师才能持用，作为对鬼神施行供养、发布指令和观察人生无常等高层次修密时所用，一般人决不允许持拿，更不能对这类法具有不敬之言。②

从大传统文化的史前骨器文化，到小传统文化的风骨文字表述，并不是截然分开的。史前骨器的神圣文化与神理意义是原初之根，而文字小传统的风骨言说，是神理意义的言说形式，是神理在文论场域的具体表述。可见，风骨的骨不是一种纯粹的文学语词，而是承载了神圣力量和精气存在的神话存在与深层编码。用风骨来论述文学，彰显的是文学形式要以精气存在或神性力量为根本的意义编码与审美情趣。风为水中之阳，骨为火中之阴，风骨的文化组合与文学追求，展示的是神理设教的原型意义与交合状态，体现的是华夏文化大传统的诚敬精神。纳西族中有一种文学样式叫"骨泣"。骨泣，纳西语意为"吟唱、抒泄"。这种曲调较简单，旋律以亢长见长，节奏较舒缓。吟唱中颤音、滑音和装饰音较多，曲调的音值高低、长短，音域的宽窄变化随演唱者的感情而定，较为自由，所吟咏的对象和涉及的人和事均不受限制。一般在户外进行演唱，有独唱、对唱等形式，大多主要用来唱情歌、苦歌或抒发个人的志趣。演唱时主唱人位居中央，声情并茂，哀怨动人。③ 纳西族的骨泣曲调，能够将个体的精气力量与哀怨情感展示出来，极为动人。"哀怨动人"，就是情感哀怨而有真挚，是一种精气为文的现实表现。

跳出西方内容与形式的二元结构，古代文论的风骨命题就极为丰满，具有很深的文化底蕴。文学人类学提倡的文化大传统理论，立足于出土的

---

① 宋兆麟：《最后的捕猎者》，山东画报出版社2001年版，第349—350页。
② 宫蒲光、洛松次仁主编：《建筑与工艺美术》，中国藏学出版社2006年版，第146—147页。
③ 铁木尔·达瓦买提主编：《中国少数民族文化大辞典·西南地区卷》，民族出版社1998年版，第218页。

史前物质图像，综合利用四重证据法，整体释古，可以重新发掘潜藏在风骨文字表述之下的大传统文化信息与原型编码。此后，又可以运用这种大传统的文化意义，重新回到文字书写小传统，阐释风骨命题的文论价值，可以获得一种源自本土语境的原初编码和文化意义。

可见，在文论的研究过程中，只有将那些被看成是常识性的文论话语再实践化、再中国语境化，并从史前文化大传统的文化意义出发，才能跳出文字表述的形式局限，摆脱文字表层的意义解说。在平淡无奇的话语表述之中，我们依旧可以触摸到华夏大传统文化中远古灵魂的文化净土与神话信仰，重建具有本土文化意义的文论新知。只有这样，我们才能真正理解古人在文论表述中所蕴含的深层文化意义，才能真正实现古代文论研究的本土价值转型。

## 小　　结

百年古代文论取得了巨大的成绩。首先表现在搜集、整理古代文论的文献整理方面。具体表现为，系统整理了一些较为重要的文论专著，开展了单篇文论的资料选本和分类整理，按照文学分体进行集大成式的文献汇编，如诗话、词话、赋话、文话、戏曲理论等都出现了很多集成式的资料汇编。其次是建构了古代文论的现代体系。这个现代文论体系的建构与现代高校中文学科的现代化建制是密不可分的。最后是古代文论在研究方法上西方中心化。古代文论的学科建制，贯彻了西方现代性的学术话语和文论价值，体现了西方认知中心主义的话语霸权。

百年古代文论的体系建构也存在一些不足。第一，由于过分强调学科化和体系化，出现了"失语症"的学科弊病，这种现代性症状的文化根源，不只是话语缺失的问题，而是华夏神道文化的缺失与文化不自信所导致的，"失语症"的实质就是"失道症"，是根性缺失的文化病症。第二，为了片面迎合学科的科学认知、中立化标准，出现了"被客观化的客观主义"，陷入了西方主客观二元对立的僵化结构之中，使得一些文论话语的阐释都自觉或不自觉地被主客观二元对立化了。第三，文论话语被范畴化。范畴是西方理性的概念术语，范畴化地研究古代文论，容易人为割裂文论话语与社会文化活动、话语表述者之间的社会关系，属于以名为名的文本话语研究。通过文论术语的范畴化研究，可以建构文论话语的理论体系与历史演变，但很难发掘出文字文本之外的精神意蕴。

面对古代文论存在的问题，认识到了西方认知中心主义对古代文论的文化遮蔽。新时代古代文论研究，要自觉提升民族文化的自信心，要对古代文论开展本土地方性的跨学科研究。第一，古代文论必须再中国化。提出再中国化，不是要全盘抛弃西方文化，也不是要全盘将古代文化合法化，而是要针对中国现代性中的文化危机和身份危机，不失时宜地重建中国优秀传统文化的神道价值和生态存在，在古代文论的话语中，实现文化寻根，重新体验人心道体存在的精神气韵与文化力量。第二，古代文论必须再实践化。再实践化不是要完全机械照搬古代文论的价值和话语，来开展现代的文学批评和文论建构，而是要善于通过文论研究，揭示古人在文论话语建构中所展示出来的人心状态与神道存在，尤其要善于把握古代文论家的话语创新与世界领会、社会语境、表述行为等方面之间的生成渊源关系。第三，提倡从文化大传统来重新认知古代文论，才能走出文字小传统知识，跳出文字中心主义，从无文字时代的文化精神出发，重新认知华夏本土的文化精神，重新发现文化大传统的玉石神话信仰与神话思维，由此重新返回到古代文论的文字叙事中，发掘出文字文本潜藏的深层文化意义。

# 第一章　文化大传统与"诗言志"

  林乃树林的古名。林中有路。这些路多半突然断绝在杳无人迹处。这些路叫作林中路。每人各奔前程,但却在同一林中。常常看来仿佛彼此相类。然而只是看来仿佛如此而已。林业工和护林人识得这些路。他们懂得什么叫作在林中路上。

海德格尔:《林中路》[1]

  林中路有迷路的事情,但林中路不会迷失。

海德格尔:《思的经验(1910—1976)》[2]

  比较起来,高等文明的年代短得多么可怜?埃及和巴比伦的文明还数得上六七千年,可是跟那大半截一比,又算得个什么?文化的精义是不能跟这些暴发户打听的;我们不能丢了那无文字以前百分之九十几的路程不管。让我们来试上一试这长距离的远景。第一回炼铁是四千年前的事情;再早个两千年,世界上最进步的民族巴比伦人和埃及人才开始提炼铜矿。再以前——在人类的十分之九有零的生命里——他一向就金银铜铁锡任什么没使过,只能拿石头,骨头,贝壳,木头等对付着使。这样一个长而又长的石器时代,人类里面也只有比较进步着的几支才曾经从里面超拔出来。就许多民族说,比如澳洲人和大多数美洲印第安人说,那个时代简直可以照字面说是无穷期。

路威:《文明与野蛮》[3]

---

[1] [德]马丁·海德格尔:《林中路》,孙周兴译,上海译文出版社2004年版,第1页。
[2] [德]马丁·海德格尔:《思的经验(1910—1976)》,陈春文译,人民出版社2008年版,第72页。
[3] [美]罗伯特·路威:《文明与野蛮》,吕叔湘译,生活·读书·新知三联书店2005年版,第10页。

百年中国的现代化道路，中国人一方面获得了极大的物质满足，另一方面却深深经受了极为艰辛的心灵磨难，似乎中华民族集体陷入了民族自信与文化身份的失落与危机之中。在华夏这片古老的土地上，中国人从来没有像今天这样人心不古，道德沦丧，物欲膨胀，人性扭曲，似乎人人失去了回归精神家园的幸福感受，失去了源自精神存在的心灵满足。这个华夏儿女祖祖辈辈寄以生存的世界，似乎一下子不再属于我们，而是属于理性冷酷的技术，属于没有灵魂的肉躯，我们似乎成了这个世界中无以栖身、精神颓废的失魂落魄者。就如法国学者加缪在《西西弗斯的神话》中所说的那样："经过千年沧桑变幻，世界与我们的对立愈加强烈。我们在一瞬间突然不能再理解这个世界，因为，多少世纪以来，我们对世界的理解只是限于预先设定的种种表象和轮廓，而从此，我们就丧失了这种方法的力量。世界逃离我们，因为它又变成了它自己。"[1]我们曾经与世界的美好关系出现分裂，现如今却变得如此疏离，如此紧张。工业文明时代的人对世界充满欲望，只有疯狂的掠夺攫取，只有恣意的贪婪享乐，却没有对大地母亲的温存回报，也没有对天空父亲的敬畏诚意。世界、天空、大地与诸神都离我们越来越遥远，我们这些现代人感受了人类自诞生以来最大的文化失落和精神沉沦，因为我们逐渐遮蔽了天空父亲的博大施生，也失去了大地母亲的温存赋形，更失落了世界空间的自然秩序与无穷运化。我们如何才能找回过去生命曾有的天地本源？如何才能重建过去人类曾经栖居无间的世界情谊？我们该从何处振起？

21世纪以来，文学人类学经历30余年的本土文化阐释，深深懂得，要理解华夏本土的文化精神，不仅要走出近现代以来史学界的疑古时代，而且要走出文字时代，走出青铜时代，由此提出了认知华夏精神的文化大传统理论与物质图像理论，这成为我们重新认知既遥远又临近的神道世界的新路标与新知识。在文化大传统和现代文明之间，区隔着无数个文化小传统，如早期书写经典、两汉经学、魏晋玄学、唐代章句、宋明理学、清代乾嘉考据学、西学东渐等等，我们将这些文化传统称之为文化小传统。在没有考古学的时代，这些文化小传统犹如铜墙铁壁，遮断了我们回望远视的求索眼光，也阻挡了我们文化抉择的回归方向。这些文化小传统就是人类以文字书写的方式所建立起来的诸多历史时期的文化传统，也是拘囿我们文化视野的文化牢笼。从遥远的文化大传统到今天的现代性、后现代性文化，中间隔着一层又一层、无以计数的书写文化小传统，而这些文化

---

[1] [法] 加缪：《西西弗斯的神话》，杜小真译，西苑出版社2003年版，第17页。

小传统使我们越来越远离了我们赖以生存的神道世界与原初生命，也使神道世界越来越被封存起来，我们在文字牢笼的世界中，看不到广阔的天空，更诊断不出人类意识的短视与偏见。这些形式多样的文化小传统犹如现代都市中笼罩前途、阻断视野的浓雾重霾，阻断了我们通往清爽宜人的神圣通途，更遮盖了"大明终始"的澄明之光。唯有拨开这些浓雾重霾，走出文字时代，才能在浓重的雾霾中吹开一线罅隙，我们才能求得一道狭窄的人文过道，获得一条通幽深远的心灵曲径，才能再次看到一丝来自天地之初、桃源梦境的神灵之光，我们才能找到华夏文化的根源所在与道体根性，心领神会发自人类生命的原初脉动与自然性灵。以此，我们从道体根性重新出发，摆脱人类意识的自大情结与理性逻辑，通达华夏精神的原初梦思与心性本源，才能找到与本土文化精神相契合的希望世界与自然灵性。

走出文字牢笼，摆脱文字旧知识，我们才有可能重新获得一种发自文化大传统的新知识，才有可能获得华夏精神的本土意义与深层编码。

我们的希望之光就是从太初源始的文化大传统开始的。

文化大传统才是我们开启深邃的精神之旅的新动力。

## 第一节　从文化大传统原道

　　1956年，美国人类学家罗伯特·雷德菲尔德在《乡村社会和文化：走进文明的人类学方法》一书中，提出了欧美人类学著名的"大传统"（Great Tradition）和"小传统"（Little Tradition）。他用"大传统"指称哲学家、神学家和文学家的文字书写传统，是在学校或寺庙里，有意识地通过学习和传承的文化书写传统；他用"小传统"指代在乡村流行的口头传统，是由乡民通过口传的方式而流传和保留下来的口传文化传统。[1] 欧美大小传统理论彰显了书写与口传的文化对立结构，凸显了书写文化对口传文化的排斥偏见，是西方书写文本中心主义的集中体现。

　　在21世纪之初，叶舒宪在《中国文化的大传统和小传统》等文章中，对欧美人类学的大小传统作了文化意义上的新改造和新发明，其云："有必要从反方向上改造雷德菲尔德的概念，按照符号学的分类指标来重新审视文化传统，将由汉字编码的文化传统叫作小传统，把前文字时代的文化传统视为大传统。"[2] 叶舒宪根植于华夏本土精神，对欧美人类学家的大小文化传统术语做了创新性的文化改造，其文化大传统（Cultural Big Tradition）由书写文化意义转向了更具有源始性的文化传统，主要指代口传文化传统，还有与口传传统相伴随的其他符号表意传统，如物质传统、图像传统等，极大地彰显了早期中国文化的原初意义和历史传承。同时，文化大传统作为华夏文化的精神根源，也为重新开展小传统的书面文化研究提供了全新的大传统视野与深层意义，可以充分利用文化大传统的根性价值与原型编码，将其贯穿于书写小传统的经典文本阐释之中，对探究中国本土文化的核心价值"道"的文化起源、精神价值、神圣传承和趣味特质等问题，都具有重要的开拓意义。

---

[1] Robert Redfield, *Peasant Society and Culture: an Anthropological Approach to Civilization*, Chicago: the University of Chicago Press, 1956, p.70.

[2] 叶舒宪：《中国文化的大传统和小传统》，《党建》2007年第2期，第49—51页。

## 一、口传文化：人类古老的口头文化大传统

身处工业文明时代的现代人，经常遇到如下的忠言："万般皆下品，惟有读书高。""书籍是人类进步的阶梯。"这些日常生活中的警策之句都折射出了书本知识在人类文明中的重要作用。现代人从出生开始，就自觉或不自觉地接受了文字书写文化的正当性和合理性，文字书写成了人类文明进步的重要标志。普通人如此认为，学者亦如此。爱德华·泰勒在《人类学：人及其文化研究》一书中云："发明字母文字是引导人类从野蛮走向文明的一个伟大步骤。为了评价它的全部意义，我们只要看一看那样一些部落的低级文化水准就够了：那些部落仍然没有文字，而只是信赖记忆中的传说和生活惯例。他们既不善于像我们借助记录事件那样积累知识，又不善于保留新的观察成果以利于后代。因此，的确，字母文字的出现，就是文明状态和野蛮状态的分界线。"①泰勒将发明文字看成是人类从野蛮走向文明的重要标志，而且站在文字发明的立场，对没有文字、唯有口传的部落进行了无情奚落与文化攻击，认为这些没有文字的部落是落后的，是处于野蛮状态的。文字的出现以及文字时代的到来，的确是人类文明和文化发展中的一件大事，给人类的文化交流和传承带来了极大的便利，也改变了人类文明的生产和生活状态。但是，如果过分强调文字书写在人类文化建构中的优越性和重要性，就会忽略口传文化比书写文化更为古老的历史事实。口传文化具有先天的生成性和原初性，而这种文字自大的心理，就会遮蔽在书写文化出现以前，人类就曾经拥有久远的口传文化传统及其意义编码，就会遮蔽人类原初文化的形成特点及其丰富成果，尤其会遮蔽这样的历史事实：即书写文化不过是从更具源始性的口传文化发展传承而来的。身处由口传文化向书写文化过渡时期的古代哲人苏格拉底对文字抱有一种先天的警惕之心。在《斐德罗篇》中，当文字之父塞乌斯夸耀文字发明的重要性时，他借用萨姆斯国王之口表达了对文字优越性的忧虑之情，其云："多才多艺的塞乌斯，能发明技艺的是一个人，能权衡使用这种技艺有什么利弊的是另一个人。现在你是文字的父亲，由于溺爱儿子的缘故，你把它的功用完全弄反了！如果有人学了这种技艺，就会在他们的灵魂中播下遗忘，因为他们这样一来就会依赖写下来的东西，不再去努力记忆。他们不再用心

---

① [英]爱德华·泰勒：《人类学：人及其文化研究》，连树声译，上海文艺出版社1993年版，第146—147页。

回忆，而是借助外在的符号来回想。所以你所发明的这帖药，只能起提醒的作用，不能医治健忘。你给学生们提供的东西不是真正的智慧，因为这样一来，他们借助于文字的帮助，可以无师自通地知道许多事情，但在大部分情况下，他们实际上一无所知。他们的心是装满了，但装的不是智慧，而是智慧的赝品。这些人会给他们的同胞带来麻烦。"[①] 柏拉图认为，文字书写给人类带来无师自通的好处，同时，也给人类带来很多缺失，诸如集体健忘，失去文化记忆，还有表面上掌握了很多知识，但没有一项知识是真正的大智慧，这种通过文字学来的假智慧会给人类带来很多麻烦。

立足于更为久远的人类历史，从文化发生的时间来判断，口传文化是源，书写文化是流。从口传文化演化到文字书写，人类记忆、交流、传播的符号表达形式发生了巨大变化。由有声无形的声音符号状态，转变成无声有形的文字符号文本，在有声声音与文字文本两者之间，无论是思维模式，还是符号表述的运作条件，都存在很大的文化差异与形式特性。而作为原初文明的口传文化，其有声无形的声音表述更接近于人类自身的原初情感与内心世界。文化大传统时期，文字还没有出现，处于纯粹的口传时代，可以极大地延伸现代人认知人类自身历史的时空维度，在长时段、大历史的历史观念中，重新开启认知自身的可能性，为探究人类自身文明的起源根性，找到太初本源的知识途径。

据德国比勒弗尔德大学语言和历史学家发表的调研报告介绍，在1万年以前的新石器时代初期，世界的人口总数约为100万，大约有15000种语言。到20世纪末，全世界人口增长到了50多亿，只有一半语言种类保留下来，即约7000种，语言学家们预计，21世纪还将会有2300种语言会消失。[②] 叶舒宪在《孔子〈论语〉与口传文化传统》一文中云："人类历史中的上万种的语言只有大约106种到达足以用于写作的书写形式，大多数语言从未以书写的形式出现过。今天存在的约3000种语言，只有78种有书写文字。"[③] 从世界范围来看，无论是古代，还是今天，人类所拥有的语言种类与多样性，是大大多于所发明的文字书写体系。也就是说，在人类文明史上，语言的口头传统是文字书写传统的温床和地基。

---

① 《柏拉图全集》第2卷，王晓朝译，人民出版社2014年版，第197—198页。
② 《下世纪世界将有三分之一语言消失》，《参考消息》1997年9月27日第6版。
③ 叶舒宪：《孔子〈论语〉与口传文化传统》，《兰州大学学报》(社会科学版) 2006年第2期。

第一章 文化大传统与"诗言志" 53

在中国文化中，除了汉语以外，少数民族的语言种类不少于100种。① 这些繁多的语言种类大体可以分为：汉藏语系(20种)、南亚语系(3种)、南岛语系、阿尔泰语系（约20种）、印欧语系（2种），还有很多语言种类属于这些体系之外的。关于中国范围内的书写文字体系，据《中国少数民族语言使用情况》一书介绍，具体情况如下：中华人民共和国成立前，壮、蒙古、满、藏、维吾尔、朝鲜、哈萨克、彝、纳西、傣、俄罗斯、锡伯、塔塔尔、乌孜别克、柯尔克孜、苗、景颇、傈僳、佤、拉祜、京等民族有本民族的文字。新中国成立以后，中国政府帮助壮、布依、彝、黎、苗、傈僳、哈尼、侗、佤、景颇、土等民族创制了16种文字。目前，中国共有20个少数民族使用30种少数民族文字。② 也就是说，到了今天，在中国文化的近百种语言体系中，只有30余种语言拥有了相应文字体系，而其他近70余种语言依旧没有文字书写形式。在历史长河中，使用无文字语言的少数民族，他们世代相传的民族文化，只是通过口耳相传的方式延续本民族文化的精神血脉，代代相传。他们没有书写文字，也就不存在"惟有读书高"这么一回事，但是这并不意味着这些民族就没有文化，就没有文化传统。他们的文化传承是以口传文化为主的文化传统。

20世纪以来，米尔曼·帕利(Milman Parry）和阿尔伯特·洛德(Albert Lord）等学者通过将荷马史诗与现代南斯拉夫的口吟诗人叙事联系起来，发现了人类早期的原生口传文化和口头传承传统，重构了人类早期文化的口传文化大传统。在人类各大文明之初，在书写文字到来之前，人类都经历了一个极为久远的无文字时代，也就是无文字的文化大传统时代。从早期人类到旧石器时代，再到新石器时代、玉石时代，早期人类发明了实际交流的语言和文化，但那时文字还没有出现，在这段被现代人视为"野蛮"的历史时期，早期人类利用口耳相传的方式，将人类对世界和自身的最初认识与文化理解，保留在口传文化大传统之中。口传文化大传统知识才是人类文明的初始曙光。叶舒宪在《孔子〈论语〉与口传文化传统》一文中，形象地描绘了这段久远而失落的口传文化大传统，其云："如果将人类历史定为一年十二个月的话，有文字历史的时间只占第十二月的最后几天。所以，我们生活在这最后几天内的文明人一定不

---

① 张公瑾：《我国濒危语言问题研讨会纪要》，《民族语文》2000年第6期。
② 中国社会科学院民族研究所、国家民族事务委员会文化宣传司主编：《中国少数民族语言使用情况》，中国藏学出版社1994年版。

可低估那十一个多月的口传时期的意义。"①（如图1-1-1）在这段话中，叶舒宪极为贴切地彰显了口传大传统知识在历史文化传承中的起源价值与文化基因作用。口传文化大传统的起始与流传时间极为久远，而书写小传统是文字出现以后的文化产物，其形成与流传时间都极为短暂。从文化的历史传承来看，人类文明的文化基因是在长期的口传文化大传统中形成的，到文字出现以后，大传统知识就以书写文本的方式保留下来，成为书写小传统的深层文化基因。而所谓文字书写带来的"文化革新"，只不过是对大传统文化知识的改造、利用和变形。文化大传统知识是人类知识的根部形态，书写小传统知识是人类知识的枝叶形态，只有将根部知识与枝叶知识联系起来观照，才能看到一棵完整的人类知识树，才能窥探到人类文化的整体全貌。

人类起源与语言起源至今依旧是一个悬而未知、充满挑战的问题。根据古遗传学、分子人类学的最新研究，早期智人尼安德特人可能就已经拥有了语言，但其语言能力尚且处于语词与简单句子阶段。现代智人20

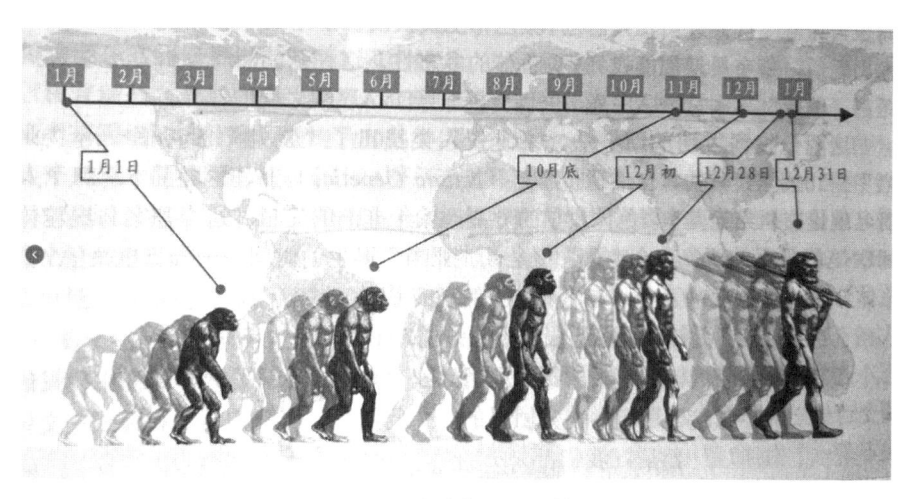

**图1-1-1 人类起源历史简图**

现在发现的非洲最古老的类人猿化石距今2300万年，假如将人类出现的历史时间压缩为一年的365天，1月1日，猿人出现了。10月底，类人猿出现了。12月初，直立人出现了。12月18日，智人出现了。12月28日，现代人出现了。12月31日，深夜11点，人类开始走出非洲，到现在不到1个小时。（摘自张振：《人类六万年：基因中的人类历史》，文化发展出版社2019年版，第98页）

---

① 叶舒宪：《孔子〈论语〉与口传文化传统》，《兰州大学学报》（社会科学版）2006年第2期。

万年前出现于非洲,并开始发明了非常复杂的语言体系,现在非洲古老基因的承载者诸如布须曼人和哈扎人的语言元素极为复杂,是世界上最为复杂的语言,也许它是世界语言的发源之地。大约在 6 万年前,现代人类走出非洲,他们带着强大的语言能力,协作精进,不断向全球各个角落扩散。可见,人类的口传时代可能与现代人类在全球范围内的扩散历史是相伴相随的,具有数万年的历史。

从现在出土的文献情况来看,中国本土文化的文字书写是从甲骨文开始的,到现在不过 3000 余年。那么,是不是在甲骨文出现以前,中国文化就是一片空白呢?毫无疑问,经过近百年的考古学发掘,在甲骨文以前,中华民族有着极为久远绵长的文化历史,也存在着灿烂辉煌的文化遗产。不过,由于当时还没有文字记载,这些早期大传统的口传文化知识主要保留在传世的两种文化形态之中。一是早期文字书写的传世经典文献,如《周易》《山海经》《尚书》《诗经》等,当然,也包括近年来发现的各种出土文献,这些文字文本尽管是以文字书写的形式保留下来,但与早期文化大传统具有很密切的亲缘关系,是口传大传统的最初文字书写形式,也是早期华夏精神转化为文字书写形式的第一个重要阶段。二是汉民族与少数民族的文化习俗与口传文化,尤其保留在那些没有文字、只有口传文化传统的少数民族文化中,这些民族没有文字书写,或者文字书写传统相对晚出,他们世代口耳相传的那些史诗叙事和民歌民谣,就成为保留原初口传文化的重要文化形式。国务院 2006 年 5 月 20 日发布了《第一批国家级非物质文化遗产名录》,2008 年 6 月 7 日又发布了《第二批国家级非物质文化遗产名录》,其中有 39 项少数民族的民间文学作品入选,诸如苗族的《苗族古歌》《刻道》《苗族贾理》《仰阿莎》;壮族的《布洛陀》《刘三姐歌谣》《壮族嘹歌》;阿昌族的《遮帕麻和遮咪麻》;拉祜族的《牡帕密帕》;满族的《满族说部》《满族民间故事》;蒙古族的《江格尔》《喀左东蒙民间故事》《巴拉根仓的故事》《嘎达默林》《科尔沁潮尔史诗》《汗青格勒》;哈尼族的《四季生产调》《哈尼哈巴》;柯尔克孜族的《玛纳斯》《柯尔克孜约隆》;藏族、蒙古族的《格萨尔》;彝族的《阿诗玛》《梅葛》《查姆》《彝族克智》;土族的《拉仁布与吉门索》;畲族的《畲族小说歌》;德昂族的《达古达楞格莱标》;维吾尔族的《维吾尔族达斯坦》;哈萨克族的《哈萨克族达斯坦》;东乡族的《米拉尕黑》;布依族的《布依族盘歌》;土家族的《土家族梯玛歌》;侗族的《珠郎娘美》;藏族的《康巴拉伊》《藏族婚宴十八说》;傣族的《召树屯与喃木诺娜》;佤族的《司岗里》等等。面对这么多丰富鲜活的口传文化遗产,朝戈金曾云:"在东方的这一国度中，活形态的口头传统是极为宏富丰赡的宝藏，世代传承在其众多的少数民族中，在此基础上进行的口传研究当能取得领先地位。中国同行们正是处于这样一个有利的位置，他们可以做到在世界上其他地方的人们所无法做到的事情：去体验口头传统，去记录口头传统，去研究口头传统。"①当然，还有很多民间口传的宝贵遗产，等待着学者去发现，去传承。

活态的口传文化起源于文化大传统，其发生的时间上限极为久远，与原初人类的生命起源联系在一起。其文化生命力极为强大，是早期书写典籍的文化本源，是一种具有整合性、多样性、丰富性的文化新视野，成为可以打破文字书写的局限性和狭隘性的全新知识。重视口传文化传播的社会语境及其口耳相传的特殊文化传承方式，可以用来反思、解构当今不可一世的汉语书写文化、书写文学的学科体系，尤其可以为早期中国的大传统文化知识、华夏精神、"神道"文化传统研究，提供一种早期文化发生学的生成意义、文化语境和价值渊源，从而有机会超越纯粹文本中心主义的狭隘局面与机械研究。

## 二、活态之物：史前神圣的物质图像传统

伴随着早期人类的口传传统，还存有一个长期与之并存且被当今学术界所忽视的古老文化传统，即物质图像传统。这个古老的物质图像传统与口头言说原本是相伴相承的关系，是早期人类口传文化时期的重要辅助手段和意义标志，也是口语语词声音转瞬即逝的补充性文化符号，是口传文化大传统不可人为分割的重要组成部分。声音易逝，圣物长存，出土的各种史前物质图像成为讲述人类初期历史故事与精神信仰最为重要证据链条，利用和激活这些史前物质图像，可以弥补单一文字书写的古史研究与文化阐释的不足。1928 年，傅斯年在《国立中央研究院历史语言研究所十七年度报告》中云："安阳之殷墟，于三十年前发现所谓龟甲文字者，此种材料，至海宁王国维先生手中，成极重大之发明。但古学知识，不仅在于文字，无文字之器物，亦是研究要件；地下情形之知识，乃为近代考古学所最要求者。若仅为求得文字而从事发掘，所得者一，所损者千矣……此次初步试探，指示吾人向何处工作，及地下所含无限知识，实不

---

① 朝戈金：《口传史诗诗学：冉皮勒〈江格尔〉程序句法研究》，广西人民出版社 2000 年版，第 241 页。

第一章 文化大传统与"诗言志" 57

在文字也。"①傅斯年认为，探究早期中国的文明起源与文化意义，不仅要重视出土的文字文献，而且要重视出土的器物。他认为，出土器物即是重要的历史文献，已经开启了将器物作为文化文本的重要文化认知。他尤其强调，出土器物作为文化文本的历史价值是独特的，它对于保存"地下知识"，以及解开早期文明的意义编码，有着独特的叙事功能与言说意味，是研究早期文明历史不可或缺的"研究要件"。如果仅仅利用出土的文字文献来考察早期文明知识，就会出现"所得者一，所损者千"的文化偏见，甚至出现挂一漏万的偏颇理解，这种文化偏见是得不偿失的。傅斯年不仅重视出土文献（二重证据），而且重视出土器物（四重证据），认为只有充分重视和利用好器物文本的无形声音，让器物说出历史的真相，才可能真正发掘出地下出土文物文本的"无限知识"与文化基因。可见，探究早期中国的文明起源，出土器具的物质图像将扮演非常重要的历史叙事者角色。近些年来，随着文物出土和考古发现的迅速发展，丰富多样的史前物质图像越来越全面地呈现出原初人类文化传统的物质形态与元语言价值，将为我们打开早期人类的文明起源和文化建构提供了一条有效的文化途径。

这些出土的历史文物或器物文本，不仅仅是一种作为物质形态的客体存在，而是早期人类精神世界、文化意义的符号形式标志，是早期人类文化表述与意义传达的物质符号行为，也成为具有符号象征性与表意性的神圣叙事事件。文学人类学在文化大传统理论的基础上，提出了以物质图像为文化文本与核心价值的 N 级编码理论。叶舒宪云："将文物和图像构成的大传统文化文本编码算作一级编码；将文字小传统的萌生算作二级编码的出现；用文字书写成文本的早期经典，则被确认为三级编码；经典时代以后的所有写作，无非都是再编码，多不胜数，统称 N 级编码。"②在 N 级编码理论中，作为文化文本的物质图像与口传仪式属于文化大传统，属于一级编码，是文化意义的原初生成状态。而最初的文字文献、传世经典文献、出土文献以及秦汉以来的文本书写，都是文化小传统的各级文字文本，分别属于二级、三级……N 级编码。（见表1-1）由此可见，物质图像大传统的文化文本承载的是华夏精神之源，而小传统的文字文本不过是文化文本意义的文字形式化形态，是华夏原

---

① 《傅斯年全集》第6卷，湖南教育出版社2000年版，第10—11页。
② 叶舒宪等编：《文化符号学——大小传统新视野》，陕西师范大学出版社2013年版，第3页。

初精神的文字书写表述形式。

表 1-1　文化大小传统与 N 级编码表

| 编码层次 | 文化大传统<br>文化文本 | 文化小传统<br>文字文本 | |
|---|---|---|---|
| 一级编码 | 文物图像<br>口传仪式 | | |
| 二级编码 | | 发明文字、甲金文本 | |
| 三级编码 | | | 早期经典文本 |
| N 级编码 | | | 秦汉以后的各种书写文本 |

文学人类学提倡综合运用出土物质图像与文化文本来研究华夏精神与文化基因，通过对早期物质文化和神话图像的深入研究，让出土的早期人类物质图像可以发出它们在历史时期的特殊声音。这些古老的物质图像经历了长期的失语之后，重新破土而出，它们在等待着，也在期待着，那个能够听懂其声音的人的出现。《石鼓文的物质文化与神话图像研究》一文云："作为文化遗产的物质，其实是古人文化表达或文化行为的一种叙事方式，可以通过理解作为遗迹的物，让物也发出历史的声音，而且这种声音能够帮助我们立体式地、全面地进入历史的叙事场域，还原历史器物的行为和言说功能。"[①]《良渚神徽的物质文化和神话图像》一文云："物质与物质文化不同，物质是一种实际存在，而物质文化是一种符号性、象征性的存在，两种存在之间具有既相分离又相依存的关系，一方面物质作为物质文化存在的载体存在，它本身是没有什么意义，其意义及符码都存在于物质本身之外；另一方面物质文化或物质符码离开了实际存在的物质载体，一切都成为虚无的存在，不着边际的存在。"[②]出土的各种史前物质图像与我们所说的客观之物不同，要善于将这种出土的史前物质图像与科学实验室研究中的客体物质对象区别开来，不能简单地对考古出土的物质图像进行实验室式的客体分析研究，这种客体实验的分析研究或机械认知就会仅仅拘囿于研究它们的形体特征、结构形式、

---

① 胡建升:《石鼓文的物质文化与神话图像研究》,《民族艺术》2013 年第 2 期。
② 胡建升:《良渚神徽的物质文化和神话图像》,《民族艺术》2013 年第 6 期。

组成元素等等，而这种物理化学上的计量研究或客观分析，只会使我们更加远离史前物质图像的源始生成语境和深层文化意义，那么，寄存在这些出土物质图像之上的无形声音与大传统新知识，就会被现代实验室的客观研究与理性分析的工具理性所遮蔽。物质图像的深层文化意义与原型编码只是寄寓于具体可见的物质图像上，但它又不纯粹等同于具体有形的物质形式，而往往在于早期人类在这些物质图像上所寄存的各种人类学神话想象与语词秩序，也就是说，在于人类赋予它们以符号形式存在的神圣力量和神话想象。

最早的物质图像传统可以追溯到新旧石器时期原初狩猎活动所留下来的岩画或洞窟壁画，还包括被现代人当成艺术品或工艺品的早期遗留物。原初居民在这些壁画或岩画面前所说的各种话语声音，以及所做的各种仪式活动，都已经在历史的长河中灰飞烟灭了，我们无法知晓，但是这些静静地遗留在岩石或洞壁上的粗犷而充满野性的图像痕迹，或各个遗址出土的人类遗迹与遗物，它们却在记忆着、守望着无数个原初居民狩猎仪式的历史事实，它们在默默地等待着那个能够倾听它们诉说的人的到来。美国学者休斯顿·史密斯在《人的宗教》中认为，原初居民深知这些无声图像的深层意蕴，他们能够很轻松地看懂图像中所表达的文化意义："无知的、不识字的人能够阅读雕刻上的意思，而现在只有受过训练的考古学家才能释意。"[1] 现代人之所以看不懂这些岩壁图像，是因为现代人从小就生活在书本知识中，过分倚重自身后天人为学习得来的意识理性，而人类自身的理性知觉只能认知在图像形式表面所传递的知识信息，对于图像深处所潜藏的各种深层文化意义，就会漠然置之，并与之失之交臂。随着史前文化大传统的发现，我们才能够在表层图像之下，深度描述与重新认知这些文化文本所潜藏的原型编码，逐渐聆听到它们如泣如诉、如怨如慕的历史内容和文化意蕴。此时，这种物质图像就不再是图画形式的审美存在，而是发自原初人类心灵深处的幽眇凄婉之音，蕴含了史前人类的神性思维与神话叙事。

在青海卢山的岩刻车辆图中，画有一位强壮的猎人（图1-1-2），他驾着马车，持满弓箭，射向了一头高大的猎物——一头巨型的野牛，而且在画面中，猎人手中的箭，从猎人的手中发出，一直延伸到野牛的头部，准确无误地射进了野牛的头颅之中。人类学家对活态原初民族的狩猎活动研究认为，原初人在狩猎活动以前，总要开展一次乃至数次的狩猎模拟仪

---

[1] [美] 休斯顿·史密斯：《人的宗教》，刘安云译，海南出版社2001年版，第398页。

式。在狩猎仪式上，原初人向猎神祷告，祈求猎神的护佑，希望此次狩猎活动能获得成功。狩猎结束以后，为了报答猎神的恩赐，他们又要举行狩猎献祭仪式，并希望下次狩猎活动能继续得到猎神的帮助。可见，这种史前岩画不能简单地看成现实历史事件的纯粹客观叙事，而是一种关乎生命存在的神秘仪式活动中的神话叙事。这些神话图像展示的是原初猎人对猎神神秘力量的强烈诉求与感恩报答，也是原初人类群体生存意愿的具体展现和神话想象。在广西壮族自治区宁明县花山崖的壁画（图1-1-3）中，一群原初人在全神贯注地开展狩猎前的仪式活动，他们载歌载舞，欢唱迷狂，其中壁画左二的原初人图像显得比较高大，应该是部落首领或狩猎队长之类的领袖人物，他双腿微曲，双手上举，一幅虔诚祷告的神秘姿态，而且在他的手上和腰间，都佩戴有一些标志性的神圣符号，那些器物都是在狩猎仪式活动中能够召唤猎神精灵的神圣法器。在部落首领前面是一条猎狗形象，同时，在部落首领的头顶，也出现了一条类似于猎狗的神话想象之物，毫无疑问，这种特殊猎狗图像表现的是来自人类想象世界的猎神形象。这些极富想象性的神话意象表明这次狩猎仪式活动得到了猎神的神圣降临和力量支持，也意味着部落首领已经获得了一种超凡脱俗的神圣力量并受到猎神护佑，一定能获得满意的猎物。可见，史前岩壁图像不是一种纯粹的绘画艺术形式，而是能够讲述早期居民狩猎文化的神圣叙事与图像证据，与早期居民对狩猎活动的神秘文化态度与群体生存意愿是紧密相连的。

**图1-1-2　青海卢山岩刻车辆**

摘自陈兆复：《中国岩画发现史》，上海人民出版社1991年版，第324页。

**图1-1-3　广西宁明县花山崖壁画**

摘自广西少数民族社会调查组编：《花山崖壁画资料集》，广西民族出版社1963年版，"局部临摹图二"第2页。

考古学家和文学人类学的研究成果表明，在旧石器时代之后，青铜器时代之前，中国早期文明存在一个历史极为久远的玉器时代。叶舒宪将这个久远的文化大传统称为"玉教"传统。① 从今天出土的玉器器物来看，中国的玉石文化传统可能发迹于黑龙江流域的小南山文化，距今约为10000年，以及辽河流域的兴隆洼文化，距今约为8200—7000年，这是华夏文明中玉石神话和玉石信仰的最早起源。到了距今7000年至5000年间，玉石神话大传统出现了遍地开花、四处传播的文化现象。诸如西辽河流域的红山文化（距今6500—5000年），黄河流域的仰韶文化（距今7000—5000年）、大汶口文化，长江流域的河姆渡文化、马家浜文化、崧泽文化、薛家岗文化、凌家滩文化（距今5600—5300年）、大溪文化（距今5900—4600年）、良渚文化（距今5000—4500年）等等，这些史前文化遗址都出土了大量精美绝伦的玉石器物，这些玉器为探究华夏文明的史前起源问题，提供了具体可靠的物质图像证据。

内蒙古林西县白音长汗遗址出土的兴隆洼文化人面形玉饰（图1-1-4）是由玉器雕刻而成的神面头像。这个神面头像明显不是对现实人物头像的客观模拟，它是在一块椭圆形的玉石上，粗略地勾画出深陷的眼睛以及锋利修长的獠牙。这是原初人对天神地祇的人类学想象，通过玉器神像的神话意象，展现了他们对"青面獠牙"神灵的敬畏之情，揭示出早期玉石物质在居民心中的神话显现和神性情感状态，这种神话图像不仅仅是玉石物质本身所具有的，而且是原初人通过文化想象与神圣感悟而赋予玉石物质图像以文化意义与神话信仰。关于内蒙古巴林右旗那斯台遗址出土的红山文化勾云形玉器（图1-1-5）的图像形体，学术界争论较多，有人说是"勾云"牌，有人说是"鸮鹫"鸟。在原初居民的文化中，玉石物质承载了一种神圣力量，是一种神物存在，用玉器雕刻的神话玉佩器具，就不是一种纯粹的客观物质，而是原初居民玉石神话信仰或文化想象的物质载体，它诉说着人类神性存在和文化想象的神话灵根所在，这种物质载体的形态特征与神话意象，只不过是玉石神话信仰的一种变体样式，是玉石神话在分化演变过程中出现的飞翔多变的语词表述与神话意象关联，展示的是原初神秘力量在不同时期、不同空间的形态变易与神性特征。在《周易》文化中，"玉"为"乾元""阳气""龙"的神话象征，代表着宇宙之间存在的自强不息、刚健永恒的神圣力量。

与玉石神话传统并存的另一个大传统就是陶器神话传统。各种陶器

---

① 可参看叶舒宪：《玉教与儒道思想的神话根源——探寻中国文明发生期的"国教"》，《民族艺术》2010年第3期；叶舒宪：《中国圣人神话原型新考——兼论作为国教的玉宗教》，《武汉大学学报》（人文科学版）2010年第3期。

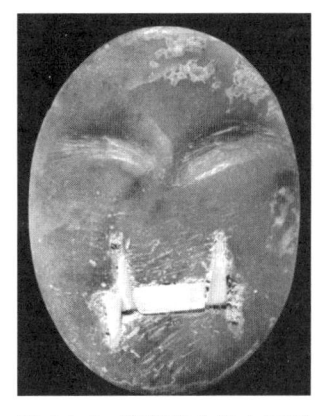

图 1-1-4　兴隆洼文化人面形玉饰

摘自古方主编：《中国出土玉器全集（2）内蒙古　辽宁　吉林　黑龙江》，科技出版社 2005 年版，第 15 页。

图 1-1-5　红山文化勾云形玉器

摘自古方主编：《中国出土玉器全集（2）内蒙古　辽宁　吉林　黑龙江》，科技出版社 2005 年版，第 31 页。

形态变化无穷，颜色绘图也是千变万化。但各种陶器在陶工的手中成形之初，和玉器一样，也是原初居民的一种飞翔"语词"与符号形式，陶工不过将这种无形的神性"语词"转化为具体可见的形象或图像。对各种陶器的计量研究，只是关注作为客体的陶器形态，而忽略了作为一种被制作的神性陶器存在，这种作为被制作的陶器文化存在，才是原初人制作陶器、使用陶器的文化意义所在。

　　1978 年河南临汝阎村出土的仰韶文化陶缸（图 1-1-6），属于仰韶文化，距今约为 7000—5000 年。在原初时期，这种陶缸是作为承载年幼死者尸体的瓮棺而用的。《女神原型的图像组合：鹳鱼石斧图的文化象征新探》一文，参证中外图像符号学和神话考古学（archaeomythology）的研究理论和方法，结合民俗学、考古学的相关材料，认为仰韶文化临汝阎村遗址出土瓮棺上的"鹳鱼石斧图"具有很丰富的原始宗教文化象征蕴含，是早期女神原型的图像组合，展示的是仰韶文化居民对掌管人的出生、死亡和再生女神的文化崇拜。[①] 这个陶罐和彩图在陶器的制作者那里，是具有丰富神话意味的文化形式。陶器制作的目的是明确的，是用来承载年幼死者的尸体，而且死者的灵魂能在这个新式的容器或子宫之中保存，并受到新

---

　　① 胡建升：《女神原型的图像组合：鹳鱼石斧图的文化象征新探》，《民族艺术》2011 年第 4 期。

的神圣力量之护佑，使之重新获得新的生命力量。这也就意味着，这个现在暂时离开的神性生命，将在这个容器的神话想象之中，获得神奇的新生可能，甚至能够从陶罐之中倾倒而出。这种神性陶器作为对未来生命赠礼的文化想象，既是神圣的，又是令人感到兴奋不已的。可见，这个陶器的神话制作与图像绘制，都与女神既掠夺人的灵魂想象，又将灵魂作为赠礼赐给新生生命的神话思维是相互关联的。史前陶器及其承载的符号图像，与史前人类的神话思维关联密切，这就不是一种纯粹审美的艺术形式，而成了原初女神再生神话的具体运用和神话变形。

**图 1-1-6 仰韶文化陶缸**
河南临汝阎村出土，现藏中国国家博物馆。

**图 1-1-7 甘肃庙底沟类型瓶**
摘自甘肃省博物馆编：《甘肃彩陶》，文物出版社1979年版，彩图，第2页。

甘肃庙底沟出土的陶瓶（图1-1-7）极富神秘性。陶瓶瓶口较小，腹部硕大，体现了在制陶者眼中，这个图像形体象征早期女神富有无穷力量的子宫形象，也就是说，制陶者在制作这个陶器时，通过制作这种器具的形体意象，将女神容纳、保存和再生生命的文化想象，都赋予这个有形的陶瓶。值得注意的是，在陶瓶腹部，还绘制了一个类似于男性生殖器的神秘图像。学术界通常将这个神秘图像理解为生殖崇拜或类似图腾之类的东西。我们认为，这是制陶者为了防止后来者遗忘陶瓶神圣的文化意义，而有意增添的解密符号。这个解密符号赋予陶瓶一个特殊的意义密码，它代表的是一种与女神力量相伴相随、相拥相抱的阳性生命力量。"独阳不生，独阴不长"，唯有将这种阳性力量与代表女神力量的陶瓶神奇地结合在一起，陶瓶就成了一个自足完满、阴阳合体的生命再生器物。制陶者以及后来的陶器使用者们共同拥有一个集体神圣原型的文化认同，即将世俗存在的水、酒或种子之类的东西，放进这个神奇的陶器之中，将其储存起来，他们认为，这是在储存一种富有神圣意味的希望，储存着人类赋予陶瓶的文化想象。如果将储存在陶瓶中的水、酒、种子再次倾倒出来，这时所倒出来的东西，就不再是普通的自然之水、酒和种子了，而是充满了人类神话力量的再生之水、再生之酒，以及极富生命力的再生种子。陶瓶就在这种容纳与倾倒的神话仪式中，完成了自身神性力量的生命再生与神话传递。

美国社会学家、民俗学家路易斯·亨利·摩尔根在《古代社会》中记录了一段易洛魁部落联盟会议中贝珠带讲述部落史诗的故事。在易洛魁的部落联盟会议上，巫师利用物体存在的贝珠带，能原原本本地讲述出古老部落联盟的远古故事，这对于我们理解在大传统时期史前社会中物质图像的文化意义极具帮助。其云："一位巫师（不一定是首领中的一人）将这些贝珠带一条接着一条拿起来，在两组首领们之间来回踱着，同时宣读这些贝珠带上所记录的事迹。按照印第安人的观念，这些贝珠带通过一位讲解人就能把当年传述给它的章程、条规和事例原原本本复述出来，只有贝珠带是这些章程等等的唯一记录。他们把紫贝珠串和白贝珠串合股编成一条绳，或者用各种颜色不同的贝珠织成有图案的带子，其运用的原则就是把某一件特殊的事情同某一串特殊的贝珠或某一个特殊的图案联系起来；这样，就能将事件作出有系统的排列，也能记得准确了。这种贝珠绳和贝珠带是易洛魁人唯一可以目睹的史册；但是，它们需要一些训练有素的讲解人，那些讲解人能够根据各串或各种图案将其所隐含的记录表白出来。鄂农达加部有一位首领（霍—诺—韦—纳—托）被任职为'贝珠带的守护者'，另外还给他推举了两名助手，这两人也需要同这位首领一样熟悉讲解贝珠记录。这位巫师在讲解这些贝珠带和贝珠绳的时候，就把联盟形成的历史原原本本地讲出来了。他把历史传说从头到尾全部复述一遍，遇到其中重要的部分就要引用这些贝珠带中所包含的记录来加以证实。因此，推举首领的会议也就成了一次教导民众的会议；它使联盟的组织、原则及其形成的历史在易洛魁人的心中保持常新的概念。"[①] 在易洛魁人的部落联盟仪式活动中，贝珠带不仅仅是一种物质存在，而且是部落联盟古老历史的"史册"记录，成为部落古老历史故事

---

① [美]路易斯·亨利·摩尔根：《古代社会》，杨东莼、马雍、马巨译，商务印书馆1977年版，第158页。

与典章制度的物质承载者,其文化功能与我们今天用文字书写记录下来的书本典册是相同的。当然,并不是任何人都能读懂它,只有那些训练有素的易洛魁巫师才能通过阅读这本物质图像天书,原原本本地讲述出部落联盟世代相传的章程、条规和事例。巫师在讲解的时候,还常常要用贝珠带中独特的物质图案证据来证实自己所讲述的内容是真实的,而且所有民众都能在讲述人的贝珠带讲解中,领会贝珠带传承的文化意义与部落情愫,有力地维护了部落的团结,提升了联盟组织的群体凝聚力。

在早期大传统文化中,那些无声的物质图像并非是一种没有意义的纯粹艺术形式,而是在每件器具与图像中,都叙说着古老的神奇故事。它们用无声的器具语言在"说话",在讲述着原初人神圣的文化想象和符号表达。因此,这种图像符号的文化编码与原初居民的神圣世界是不可分割的。只有将这些出土的神话图像和神圣物质汇聚起来,放置到大传统文化的生成语境之中,才能真正揭示早期人类的文化起源和文明曙光,也为书写小传统文本的重新阐释提供了一种全新的可能性。

### 三、真灵归来:大传统文化"道"的神圣之思与元语言意义

古今解说"道"的文化意义存在以下三种文化途径:第一种是利用传世文献,诸如《老子》《论语》《庄子》等经典文献,利用小传统的文字书写来阐释"道"的文化意义。第二种是利用文字的书写图像,在文字形体和字形演变上来展开意义阐释。许慎在《说文解字》云:"𧗟,所行道也。从辵。一达谓之道。𡬹,古文道。从𩠐寸。"商承祚在《〈说文〉中之古文考》云:"𡬹,据形则是导之古文。然古无导字。《左传·隐公五年》:'请君释憾于宋,敝邑为道。'不从寸。桂馥《说文义证》谓:'寸部导,为后人所增。'其说近似。"① 许慎认为古文的"道"是"从𩠐寸",而桂馥、商承祚等学者认为,这种解释是"后人所增",不是"道"字图像的原初形态。严一萍在《释𡕒》一文中云:卜辞𡕒、𡕒二字,形义显别,绝非一字。其作"𡕒王"者,每在田猎卜辞"亡𢦏"之后。作"王𡕒"者,皆与祭祀有关。就辞义观之,与"𡕒王"似有别,故不得谓"𡕒王"为"王𡕒"之倒语也。余谓此𡕒字,当读如《礼·学记》"道而弗牵"之道。注:"道,示之以道途也。"正为卜辞"𡕒王"的诂。是𡕒即道,为导之本字也。田猎卜辞每向祖先神祇祈求"亡𢦏""弗每",今缀以"道王"成语,乃更进而祈求"示王以道

---

① 商承祚:《〈说文〉中之古文考》,古文字诂林编纂委员会:《古文字诂林》第2册,上海教育出版社2000年版,第457页。

途"期以多获。辞十一"🐦王"后著一"🐦"字,其义灼然可见。作"王🐦"者,辞义当是,"王作前导",明是王为主格,与"导王"之王作受格者绝不同。① 严一萍将甲骨文中的"🐦"字释为"道",彰显了"道"字书写的神圣性,但他判定其为"导之本字",依旧以"导"释"道"。郭静云在《由商周文字论"道"的本义》一文通过详细考察商周以来"道"的文字演变,得出以下结论:崇高的引导乃"道"字和"道"观念的本义,"道路"和"言道"乃从本义衍伸出来的用意。② 中国文字以象形见长,在文字的原初书写中,原初的文字图像可以部分地展示早期文化的初始意义。但仅仅从文字书写的小传统出发,来理解作为具有文化源始性的"道",其做法与第一种文字释义的做法有所不同,但究其文字证据,依旧还拘囿于传世书写的文献材料。拘囿于书写小传统之中来阐释"道"的文字意义,就会忽视大传统文化的文化语境和心性想象。

第三种是从文化人类学的视角出发,力求发掘出"道"的神话原型。如萧兵、叶舒宪在《老子的文化解读——性与神话学之研究》一书中,专章讨论了"抽象的道",他首先设定"道"是一个抽象范畴,然后从日月神话和水神话中,寻找与"道"具有相似结构的神话原型,最后云:"现在我们已经看到,关于自然秩序的认识是怎样从对自然现象中循环变易的规则的把握之中成熟起来的。日月与水的运动模式在此发挥着最根本的作用。以此为原型,中国哲学抽象出'道'这一范畴,并由此而推及宇宙万物。"③ 文学人类学早期对"道"的文化阐释,摆脱了文字小传统的局限,将"道"的意义与自然万物之间的运动关系联系起来,为"道"的阐释带来了新视野。此后,叶舒宪又在《新原道:从考古新材料看道家思想的神话起源》一文中,借鉴文化人类学"物质文化"的研究方法,尝试打通道器之间的文化隔膜,利用考古学的新材料,对"道"与"化"进行还原性的理解与阐释,取得了一些新的突破。④ 近些年来,文学人类学在长期阐释中国传统文化的经验基础上,结合本土文化实质与田野材料,又提出文

---

① 严一萍:《释🐦》,《中国文字》第七册,台湾大学文学院中国文学系1962年印制。又见宋镇豪、段志洪主编:《甲骨文文献集成》第12册,四川大学出版社2001年版,第124页。
② 宋镇豪主编:《甲骨文与殷商史》新一辑,线装书局2009年版,第203—226页。
③ 萧兵、叶舒宪:《老子的文化解读——性与神话学之研究》,湖北人民出版社1994年版,第95页。
④ 叶舒宪:《新原道:从考古新材料看道家思想的神话起源》,《诸子学刊》编委会编:《诸子学刊》第1辑,上海古籍出版社2007年版,第21—35页。

化大传统的新理论,为进一步开展"原道"的文化阐释提供了全新的文化视野。

从文化大传统来探求"道"的深层文化意义,必须要彰显口传大传统的神话思维与鲜活存在,这是一种追本溯源的全新视野。口传大传统所说的"语词"声音,尽管无法保留下来,转瞬就消逝了,但这种口传传统却依旧保留在当下鲜活的口传仪式活动之中,我们可以从现存于世的活态口传仪式中,来感悟"道"的神圣存在。徐国琼在《再论〈格萨尔〉艺人的神授说》一文中,记录了民间艺人在口传表演前的通神仪式:"他在开始说唱以前,先在现场挂起一幅格萨尔的彩色画像'唐卡',像前放了一个圆形的白石头,石头上涂了几团酥油,石头旁放着一碗清水,燃着一炉柏香。这一切摆设好后,只见他闭目盘腿端坐在香烟缭绕的画像前,口中喃喃念着密咒。不一会儿他全身瑟瑟发抖,忽而张口呵欠连天,忽而牙齿咬得'格格'响。看起来的确像有一种神秘的力量附到了他的身上。"[1]艺人说唱活动分为两步:一是通过一套神秘的仪式活动获得了"神秘的力量";二是在获得了通神之后,开始滔滔不绝地讲唱起来。现代人大多都关注后一步的演唱活动,而忽略前一步在民间演唱活动之中的重要性。将民间艺人的讲唱活动看成是一个完整的艺术过程,前后两部分其实是一体的关系,有了前一步的通神活动,才开启了后一步的演唱活动。可见,艺人的讲唱行为,表面上好像是自己在讲在唱,实际上,艺人是"神秘力量"附体之后,艺术表演才得以发生的,这也表明,此时艺人的讲唱活动,是神灵与艺人共同来完成的。演唱执行者是艺人,而真正的言说者却是依附在艺人身上的"神秘力量","神秘力量"才是艺人话语的最终力量与神圣智慧之所在。在口头传唱活动中,神秘灵魂的降临是艺人展开传唱活动最为关键的核心环节,只有神秘灵魂降临到了艺人体内,才使艺人转变为神灵在世间的代言人。黄强在《北方萨满祭祀仪礼的构造形态》一文中,通过考察鄂伦春族和满族的祭祀仪礼,总结了北方萨满祭祀仪礼构造形态的特点:迎神准备、神人交流、送神三个阶段。[2]各民族萨满跳神都基本有请神、降神、送神三个阶段,其中颂唱神歌是非常重要的,萨满通过唱神歌,才能实现呼唤神灵降临的意愿。如阿尔泰地区突厥诸部萨满举行跳神仪式时,唱道:

---

[1] 徐国琼:《再论〈格萨尔〉艺人的神授说》,赵秉理编:《格萨尔学集成》第3卷,甘肃人民出版社1990年版,第1857页。

[2] 黄强:《北方萨满祭祀仪礼的构造形态》,《北方民族》2000年第2期。

> 噢，漂浮的轻云来吧，
> 来压压我的肩膀骨吧！
> 所有的人们抱着我的双肩，
> 向我走来吧！
> 唐萨勤，
> 您是上天之子，
> 乌尔肯汗之子，
> 噢，克尔戈代，
> 为了要看，
> 您是我的双眼；
> 为了要抓，
> 您是我的双手；
> 为了要快去，
> 您是我的双腿；
> 为了要绊跤，
> 您是我的脚蹄
> ……
> 您在雷鸣中摇动，
> 您在闪电中跳舞，
> 秋云孕育着雷鸣，
> 春云孕育着闪电。
> 那是谁的脚步声，
> 噢，我的父亲默尔根汗，
> 沙沙响着，
> 像亚拉玛，
> 向着我的右手走来吧！①

在萨满的歌唱声中，我们能感受到，作为"上天之子"的神灵在降临，而且降临的脚步声是越来越近。同时，萨满的身体就随之开始发生了实质性的变化，他的眼睛、双手、双脚开始变成了神灵的眼睛、双手、双脚，萨满的身体成为神灵来到人间的有形居舍。神灵从天降临的"脚步声"，暗示了一条神灵降临到萨满身上的神圣"道路"被打开了，神灵沿着这

---

① 郭淑云：《原始活态文化——萨满教透视》，上海人民出版社 2001 年版，第 334 页。

条神秘的"通道"缓缓而下。"向着我的右手走来"意味着,萨满向天高举的双手,成了迎接神灵降临的有形符号,也构成了一条神灵从天而降的神秘通道,这是一条灵光大道,它将人与天地世界连为一体,上天之子的神灵就从这幽眇高远的天空降临下来。从萨满的降神仪式中,我们可以看出如下文化端倪:第一,萨满在世间,通常是神不附体的,也就是说,在人的身体之中,通常是人神为主,而天神是失位的。第二,萨满利用仪式召唤的方式,摆脱了自身的俗世阴神(人神),重新召回了本来真神(天神),使自己的精神状态发生了巨大的文化转变,即由俗神状态回归到了天神状态。萨满这种天神的文化回归,是人心状态的重要转变,即由现世名利的俗心转变为从天而降的本神道心。

在《萨满论》一书中,富育光采访了几位萨满在祭祀跳神时的心灵状态,兹抄录其中一位萨满的讲述,可以帮助我们理解萨满通神时的神奇感受。杨世昌萨满曾云:"只要一穿神衣,戴上神帽,就感到耳朵边有动静。半闭上眼,头和肩膀自然随鼓点觉得哆嗦起来。神啥时候请下来,得看萨满当时心境情绪,越精神集中,无人无我,旋转生风,头嗡一下浑身抖动,眼睛出花影乱跳,就不知道了。不过自己迈步觉不出有地,身边有人说话只像蚊子声听不真切,自己不由地张嘴在说什么但又不清楚。这时,不知哪来那么大劲儿,谁也摁不住,扯不住,昏过半天才觉有凉风,扎里用鼓搧醒过来,身子像散架子,可再唱再跳又哆嗦起来,又有使不完的唱劲。……开头跳神,瞧不着啥影。头一晕不知道了。连续五六宿白天黑天跳,也不困了。最多有时就水咽一点大烟。转迷溜,不用睁眼出来个影儿,就在头顶或两眼前晃。影儿有清楚的,也有影影绰绰。听说各人影现出的不一样。我见的影多是大鸟,又像长膀的啥兽。有时是我奶奶,她是萨满,都没说过话。有的像出过不只一回。大鸟儿是鹰,是我们的师傅。有时做梦也现出过见过的影儿。当萨满人都懂,不跳到时辰,不跳透,不会瞧见影儿。……我跳神正式跳四次,跟师傅一次。神来那阵一昏后仰时有人抬着,忽忽悠悠像飘在云彩里,不是一点不知,长时间里是半知又半不知道的。"[①]杨世昌认为,神灵降临到萨满的身体之中,就变成了萨满身体的真正主人,此时,个体存在的意识知觉处于模糊不清的状态,外部感官的感觉直觉也都处于麻木痴迷之中,但他的身体却由此获得了无

---

[①] 富育光:《萨满论》,辽宁人民出版社2000年版,第180—181页。富育光在注释中记录,这段话是多个不同时期访谈对话的缀合。1980年春,他与杨世昌萨满在莽卡乡政府座谈;1981年至1984年,又有过多次访谈。谈"出影儿"的话,是1982年讲的。

穷无尽的神奇力量，可以尽情地又唱又跳，毫无倦怠之意。可见，神秘的影子（如鸟、鹰、兽、祖灵等）成为萨满身体的新主人，控制着此时萨满的各种言行活动。

据甲骨文记载，从殷商时期开始，商王在祭祀仪式时，必有"尸"者来扮演神灵降临出场的仪式活动。而神尸的扮演者，在祭祀仪式之前，首先必须通过请神、降神的心灵仪式活动，让自身由人间的凡身存在，转变成为神灵依附的神圣存在，成为神灵真身在仪式活动中可以直接显现的有形代表。只有在降神活动之后，"尸"者才变成了仪式活动中的神尸，而神尸在仪式中的所有言行活动，如宴飨、祝嘏之辞等行为话语的生成，代表的都是神灵的神圣言行。可见，由凡人变为神尸，不仅仅是外在角色的转换，而且是人自身的灵魂要发生重要的神秘转换。

世界各地诸多民族在狩猎之前，都要举行盛大而隆重的狩猎祭祀仪式，仪式程序包括请神、问卦、祭神、观山、告祭等内容。布留尔在《原始思维》一书中讨论"狩猎和捕鱼"的集体表象时云："（狩猎和捕鱼）成功决定于若干客观条件：某个地方是否有野物或鱼类，为了在接近它们时不至于把它们惊走而采取的必要的预防措施，圈套和陷阱设置的地方是否合适，使用什么投射工具，等等。可是，对于原始人的思维来说，这些条件虽是必要的，但绝不是足够的。还需要其他条件。如果这些其他条件没有得到满足，那么，不管猎人或渔人有多么灵巧，不管使用什么工具和方法，仍然不能达到目的。在原始人看来，这些工具和方法必须拥有巫术的力量；在对它们举行了特殊的仪式以后，它们必定是赋有了神秘的力量，因为原始人所感知的客观因素是包括在神秘的复合中。没有这番巫术的行动，最有经验的猎人和渔人也会碰不到野物或鱼；即使碰到了，它们也会避开他的圈套、陷阱或渔网、钓钩。或者是他的弓箭失灵，枪击不中。即使击中了猎物，猎物仍然不会受伤；或者即使受了伤，也会隐失得让猎人找不到它。这些神秘的行动，不只是狩猎或捕鱼的前奏，如同圣胡柏特（St.Hubert）（天主教的猎人的保护神）的弥撒之类，但就后者来说，狩猎的本身仍然被认为是最重要的。相反的，对原逻辑思维来说，这一点则不是最重要的；神秘的行动才是真正最重要的，这个行动的本身就能够保证猎物的在场和捕获。不经过这个行动而去进行狩猎或捕鱼，那甚至等于是无的放矢。"[1] 判断原初人的捕鱼和狩猎活动是否能够获得成功，不是依据使用了什么工具与做好了什么准备来判断，因为这些都不是最为必备的条

---

[1] ［法］列维-布留尔：《原始思维》，丁由译，商务印书馆1981年版，第220页。

件，关键在于渔人或猎人能否在渔猎之前通过仪式活动获得"神秘的力量"，而且这种神秘力量的获得是源自狩猎活动前的"神秘行动"，即狩猎祭祀仪式活动。可见，在狩猎仪式活动中获得灵魂转变才是原始人心中最为重要的力量，它决定狩猎活动的成败。英国著名比较宗教学家凯伦·阿姆斯特朗说："一个澳大利亚土著去打猎时，他会极力模仿所谓'原型猎人'的行为方式，直到感觉'原型猎人'已经跟自身完全合为一体，能够企及更具力量的原型世界。"① 所谓"原型猎人"就是狩猎者心中所想象存在的猎神存在，只有体验到了猎神对自己狩猎行为的神秘认同，狩猎行为才能获得成功，换句话说，让原型猎人来支配自己的身体行动，狩猎就能成功。德国学者J.E.利普斯在《事物的起源：简明人类文化史》中也记载："今天非洲布须曼人和澳洲的土著居民，在狩猎之前要集会举行巫术性舞蹈和仪式，以保证狩猎取得成功……这些部落坚信若无此仪式，次日将不能获得动物。"② 美国学者休斯顿·史密斯在《人的宗教》中说："阿隆达人（Arunta）去打猎时，他们模拟第一个猎人原型的伟绩，但是这把他们与其猎人原型太尖锐地划分开来了。比较好的说法是，他们完全进入原型的模子中，使每一个人都变成了最早的第一个猎人。"③ 从人类学家、神话学家关于早期狩猎仪式的探讨来看，狩猎者在仪式活动中获得的"神秘力量""猎神""原型猎人"等，是决定狩猎活动成败的关键因素。从狩猎者个体来看，如果依据狩猎者在世的精神状态，他将一无所获。如果放弃狩猎者在世的精神状态，由此而获得一种平时被遗忘、被忽略了的神秘力量，人心就发生了巨变，这样才是狩猎活动的重要保障。神灵降临人心，人心发生巨变，是极其重要的文化事情。

满族猎人在捕鹰前要举行"蹲鹰祭"。届时在山坡向阳处，用三块板搭起一个支架，象征着鹰神九层天上的金楼神堂，内放一块山石，代表鹰神格格居住的神山。猎人插草为香，洒酒祭奠后，便可张网捕鹰。鹰网长约三米，宽一米，网上拴上一只鸽子或家鸡作为诱饵，猎人躲进用树枝伪装的鹰窝棚里，静候鹰的到来，有时要蹲上几十天，故称为蹲鹰。猎人获鹰后，要再拜谢鹰神格格。④

蒙古族的猎神为"玛纳罕腾格里"。"玛纳罕腾格里"被认为是野外动

---

① [英]凯伦·阿姆斯特朗：《神话简史》，胡亚幽译，重庆出版社2005年版，第16页。
② [德]J.E.利普斯：《事物的起源：简明人类文化史》，汪宁生译，贵州教育出版社2010年版，第58—59页。
③ [美]休斯顿·史密斯：《人的宗教》，刘安云译，海南出版社2001年版，第395页。
④ 杨学政主编：《中国原始宗教百科全书》，四川辞书出版社2003年版，第172页。

物之主，人们祈祷它，可以获得丰富的猎物。萨满祈祷词赞颂道：

> 啊！天然银身的玛纳罕，
> 你掌握有数万头野兽；
> 啊！金银之身的玛纳罕汗，
> 掌握有许多野兽的玛纳罕汗，
> 强大的和赏赐严明的玛纳罕汗，
> 毫不怜悯地赏赐的玛纳罕汗。

相传它能使在草原和山中的狩猎者眼明手稳地射箭，获得很多的猎物，狩猎者须祭祀。①

拉祜族的猎神叫"科协巴"。拉祜族的猎人都很敬重猎神。寨子里的猎神只能由德高望重的好猎手专门祭奉。神位就设在这位猎人卧室内的一根柱子上，一般人是没有资格随便看望的。各家的猎神则可由猎人自己设供于室内，供出猎前祭祈。②

纳西族的猎神叫"丽慈"。相传其最初是一个猎人（有的认为是女性），与自己的猎犬一起死在山谷中，变成了打猎的神灵。在猎人的观念中，该神既属于善神，也属于恶神，有时保护猎人，有时也会伤害猎人。要是得到供祭，不仅帮助猎人在山野里猎获野物，同时也会卫护猎人所喂养的猎犬及所使用的弓弩、箭镞，以及用来在野外取火用的火镰、火石和刮削兽皮的刮刀等；如果得不到供祭，就会作祟于人。猎人中至今还有这样一种说法：被该神作祟缠住者，两只眼睛就会发绿，接着全身如困兽一般抽搐，严重时还会死去。传说其还会祸害牲畜，使之不得顺利繁殖。人们认为，由于该神最初也是猎人，所以特别希望经常看到人们在山野里狩猎，而猎人们一旦供了它，也需要经常到山野里去，这样，猎神就会高兴，进而帮助你。另一种说法谓猎神是两兄妹，很忌讳听到丑话，因此猎人去打猎时要小心翼翼，不说任何丑话，以免触怒猎神。③

彝族的猎神象征是猎神树。一般选择寨附近形状较好的树。出猎前，猎人们要到树前宰杀一只才开叫的小公鸡行祭，并占卜猎事能否成功；猎到野物后，要将野物抬到猎神树下，取内脏烧熟祭献。此外，如果人突然

---

① 杨学政主编：《中国原始宗教百科全书》，四川辞书出版社 2003 年版，第 434 页。
② 杨学政主编：《中国原始宗教百科全书》，四川辞书出版社 2003 年版，第 376 页。
③ 杨学政主编：《中国原始宗教百科全书》，四川辞书出版社 2003 年版，第 404 页。

脚痛和手腕痛，也认为是猎神作祟，必须到树前诵经作法，杀鸡祭献。①

土家族、苗族的猎神都是"梅山神"。在土家族的传说中，古代一个叫梅山的土家族姑娘擅长打猎，一次她与猛虎搏斗，在山中滚打了几坡几岭。待人们发现时，老虎已被打死，她也浑身衣服被虎抓烂，倒在老虎身边死了。由于她以打猎著称，曾降服百兽，人们将她称为"猎神"，后人进山打猎必先敬之。……祭了梅山，才能捕到猎物，否则不仅难于捕到，相反还会出现事故。每次捕到猎物后，并取其野兽头脚敬之或扯下兽毛沾于猎具献祭，以示对猎神的尊崇……苗家猎手在出猎前，将要进山口时用简单的香、纸、酒、刀头等行祭祀，时间必须是黎明前后，因怕别人惊动打扰。②

哈尼族的猎神有三位，一位骑岩羊，一位骑马鹿，一位骑麂子，来去如风，神出鬼没。神话传说中讲，古时候人们去打猎总也打不到，原因是猎神没有享受到人的祭供，便驱赶了即将进入罗网和陷阱的野兽，使人劳而无获。后来人们凡行猎就对其祭献，于是多有收获，因此，人们狩猎前，均要祭祀猎神。③

畲族的猎神为"射猎师爷"。猎手们在行猎前，要手持香火叩头三拜，祈求保佑打猎时"枪头落火，枪尾得财"，多打野兽；有的则竖起三脚架，祈求神灵指点狩猎的好地方，祷毕，鸣枪三响，点燃三支香插在枪口上，按神灵指示的方向出发。在狩猎过程中，只许说吉利话，不许说怪话、诳话，各种狩猎工具及猎手的衣物，禁止任何人垫坐、跨越，否则意为不洁。猎毕，要先将猎物抬到庙里供奉，点燃香火蜡烛，放上草纸，鸣枪一响，以示拜谢猎神恩赐，庆祝丰收。祭毕，猎手们才可以分配猎物。④

基诺族若村寨在开年以后一段时间内若无人打到野兽或猎物极少，那么就要举行一次全寨性公祭，祈求寨神恩赐。仪式由卓巴（寨父、祭司）主持，全体男性参加，除杀鸡宰猪供奉寨神，还在芭蕉树叶、竹子等制作的轿形物内放置泥捏的野牛、马鹿等兽禽塑像。卓巴祈祷，大意是：寨神，我们的吃、住、用都是你赐给的，打到的野兽也是你送来的，近来有恶鬼打扰寨子，打猎也没有收获，现在杀猪宰鸡祭你，请把恶鬼赶走，请向山神箐鬼说情多送来猎物。念毕，所有参加仪式的人手持枪、木制刀具

---

① 杨学政主编：《中国原始宗教百科全书》，四川辞书出版社2003年版，第409页。
② 杨学政主编：《中国原始宗教百科全书》，四川辞书出版社2003年版，第449页。
③ 杨学政主编：《中国原始宗教百科全书》，四川辞书出版社2003年版，第585页。
④ 杨学政主编：《中国原始宗教百科全书》，四川辞书出版社2003年版，第608页。

等，从各自家里开始，舞刀弄枪作出赶杀状，直至寨外，轿形物也随着抬出寨门丢弃，人们有的舞刀，有的鸣放空枪，高呼"打得野兽了"，最后敲着竹筒返回寨内。猎手个人长期捕获捕到野物时也行祭，方法是：本人带着一只鸡来到寨外树林，在丢有兽头骨的大树下跪拜叩头，并就地抓一把土带回，放到自家兽房（客房）门前，祈求兽神帮助有大的收获。①

云南哈尼族猎手在神树下祭祀猎神时，由祭司"贝玛"边唱狩猎咒歌，边做纵跳、蹲伏、跺脚、搏击等动作，认为如此可有收获。咒歌针对不同猎物有不同内容，如流传于金平的《撵老熊咒》，其词为：

萨——萨！老熊（一只）——萨萨！弯（过来）——萨萨！
萨——萨！老熊（一只）——萨萨！纵（过来）——萨萨！
萨——萨！老熊（一只）——萨萨！绕（过来）——萨萨！
萨——萨！老熊（一只）——萨萨！爬（过来）——萨萨！
萨——萨！老熊（一只）——萨萨！掼（过来）——萨萨！
萨——萨！老熊（一只）——萨萨！哼（过来）——萨萨！
萨——萨！老熊（一只）——萨萨！拿（着了）——萨萨！
萨——萨！老熊（一只）——萨萨！得（着了）——萨萨！

流传于绿春的《刹勒调》，又称为《撵山调》，出猎前由猎手诵念。其词为：

刹勒（嘀）刹（呃）勒！
刹勒（嘀）刹（呃）勒！
（快看啊）一山（呃勒）七十七窝（刹呃勒）竹鸡（的）儿孙（勒）走（进）（刹呃勒）扑箕（里去了）（刹呃勒）！
刹勒（嘀）刹勒！
刹勒（嘀）刹勒！
（快看啊）一山（呃勒）穿棕衣（的）（刹呃勒）十只老熊（勒）鲜花（一样）（呃勒）出（来了）（刹呃勒）！
刹勒（嘀）刹勒！
刹勒（嘀）刹勒！
（快看啊）一山（呃勒）宽脯子（的）（刹呃勒）十条野牛（勒）河沙（一样）（呃勒）堆（起来了）（刹呃勒）！

---

① 杨学政主编：《中国原始宗教百科全书》，四川辞书出版社2003年版，第637页。

刹勒（嗬）刹勒！
刹勒（嗬）刹勒！
（快看啊）一山（呃勒）细脚（的）黄牛（的）弟兄麂子（勒）
雾（一样）（呃勒）漫（起来了）（刹呃勒）！

流传于勐海的《打麂子马鹿歌》也是出猎前众猎手歌唱的咒歌，词为：

敲头（罗），哦罗罗，头痛！
戳眼睛（罗），哦罗罗，眼睛瞎！
刹耳朵（罗），哦罗罗，耳朵聋！
砍脖子（罗），哦罗罗，脖子断！
敲肩膀（罗），哦罗罗，肩膀烂！
砍胸脯（罗），哦罗罗，胸脯痛！
敲脚杆（罗），哦罗罗，脚杆痛！①

　　平塘县上莫乡的布依族猎人，以猎获的对象不同，狩猎方法的不同，分为"上硐煤山"猎人、"中硐煤山"猎人和"下硐煤山"猎人三种……"中硐煤山"的猎人要进山打猎时，天未亮就要起床吃饭，喂好猎狗，备好干粮。吃饭前，在家中火塘边点上三炷香，烧化纸钱三至五张，由猎人首领念诵经词："火笼土地、朝门土地、当门土地、前五里土地、后五里土地、中硐煤山追山大王，追山童子。我们今天上山，请你们保护，不让我们受伤；如果你们见到野物，就拉住等着，不要让它咬我们。"②

　　西双版纳傣族也祭祀猎神。各村每年要通过占卜方式选举狩猎领袖"谋贩"，出猎先将猎获物抬到本村"敢贩"即神树处举行祭祀。他们认为，猎神就居住在神树上，所以谋贩先要领导猎人祭祀猎神，并在它的监督下分配猎获物。③

　　独龙族有一种祭山神仪式，这是猎人们在出猎前夕在山上举行的。这是要祭祀山神，供一筒酒，以荞麦面和玉米面捏制一些虎、豹、熊、野牛、野猪、麂子的模型，均放在大树下，另外也把猎人的衣服、毯子放在

---

① 杨学政主编：《中国原始宗教百科全书》，四川辞书出版社2003年版，第638—639页。
② 伍文义：《上莫乡布依族古代狩猎调查报告》，《民族志资料汇编（第一集）·布依族》，贵州省志民族志编委会1985年（内部）印制，第49页。
③ 宋恩常：《西双版纳傣族的民间宗教初步考察》，《云南少数民族调查文集》，云南人民出版社1986年版，第680—681页。

地上，诵念祷求词：

> 司野兽之神啊，
> 请听我们的祷告吧！
> 我们把酒和诸兽献上，
> 请收下吧，
> 我们是来打猎的，
> 我们用这些贡物换野兽，
> 熊换熊，虎换虎，野牛换野牛，
> 一点也不亏你呀，
> 请求你快放出野兽吧，
> 若天神降罪于你，
> 就以面兽来充抵，
> 就用衣毯充抵兽皮吧。

当祷告完毕，即在树上砍掉树皮，绘成各种野兽画，然后由猎手用弩箭射击，箭中什么野兽，猎手就能打到什么野兽。[①]

白族的口传文化中也有一则关于狩猎的神话传说。古时候，人们用树叶遮身，喝的是生水，吃的是生肉。那时，树木也有眼睛、嘴巴、手，人们上山打猎，树木会帮助寻找猎物，把野物打死了许多。猎神见他管的野物打死太多，在观音的帮助下，让人的脚上生了两个腿肚包，跑不快，把树的眼睛、嘴巴和手封住。人们打不到猎物，饿得东倒西歪。观音叫猎神捣了一盆蒜，在野物的脚上涂蒜泥，在野物身上留下蒜味，人们根据这蒜味，带上猎狗，又可打到野物。猎神后来知道上了当，人们打猎时，就把野物藏起来，所以打猎时要祭猎神。猎神，白语叫能库。据传猎神是三个女性，名字是上洞梅神、中洞梅神、下洞梅神。她们是山神的妻子。猎人出猎或猎归，都要祭猎神并念祭文。如获猎物后念："能库啊，恭请到我这里，请你们接受我的供品。请你们告诉野兽们，千万不要跑到别人的枪口下，千万不要走别人下着扣子的地方。请你们遮住牲口们的眼睛，揪住它们的耳朵，把它们拉到我这里来。我这只是打着某某的儿子、孙子，下次请你们把它们的父亲、母亲、阿奶、阿老都给我送来。这次我只打着一只小小的岩羊，下次请你们给我送来獐子，要带来麝香；送来老熊，要

---

[①] 宋兆麟：《巫与巫术》，四川民族出版社1989年版，第323页。

有个大的熊胆；送来马鹿，要带着贵重的鹿茸。请保佑我在打猎时不要碰到危险，枪不要走火，弓不要断弦；保佑我们打到更多、更大的猎物。我要杀鸡来祭献你们。"①在白族口传的这段狩猎神话中，除了观世音或许是佛教传入以后加入的，其他的基本保留了狩猎神话中的神话思维。白族早期狩猎者打猎前要祭祀猎神，获得猎物后还要报答猎神，从报谢祭祀的神话言说来看，"猎神"具有两大文化功能：一保佑猎人打猎成功，二是保佑猎人在打猎活动中不遇到各种生命危险。

神道寓于神器，形而上的神道必定表现在形而下的器具上，考察史前器具物品，也可以帮助我们理解神秘的大道存在。随着世界各地原始岩画与壁画的发现，以及各种祭祀器物的出土，我们可以通过一些实物图像来考察、体会早期艺人或猎人是如何获得"神秘的力量"的。在广西壮族自治区宁明县花山崖壁画中，有一群巫者在群舞，其中在岩画的核心部分，画有一个硕大的巫师，他高举双手，手持法器，腰间带有利器，高高地站在一条猎狗之上（图1-1-8）。他在虔诚地祷告，祈求猎神的降临。我们可以看到，在其头部的上方，画有一条细小的猎神，从双臂之间，降临在巫师的头顶。这种神话符号的图像指示似乎在告诉我们，猎神已经到

**图 1-1-8 广西壮族自治区宁明县花山崖壁画**
摘自陈兆复：《中国岩画发现史》，上海人民出版社1991年版，第266页。

**图 1-1-9 广西左江流域岜来山岩画**
摘自陈兆复：《中国岩画发现史》，上海人民出版社1991年版，第265页。

---

① 《中国各民族宗教与神话大词典》编审委员会编：《中国各民族宗教与神话大词典》，学苑出版社1990年版，第21—22页。

来，巫师的心开始转换为猎神状态。广西左江流域岜来山岩画（图1-1-9）所画的情形与图1-1-8极为相似，只是在大巫师的头顶上部更远一点的地方，也有一条猎神缓缓而降，亦是处于巫师两臂之间的范围之内。图1-1-10和图1-1-11巫师的姿态形象与上述描述差不多，只是在巫师的头部用了神秘的两点来表示，而这神秘的两点代表了具有神秘意义的符号之光，这也是文化意义的符号标志，是神灵沿着神路，降到巫师头部之后，所发出来的神光。图1-1-12巫师的头部戴有高高的羽饰，毫无疑问，这种羽饰代表着神灵降临到巫师头部的神秘通道，也表示神灵降临时的神圣光芒。图1-1-13和图1-1-14巫师都是手持各种法器，平平举起，而且在头部出现了神光符号。图1-1-15画的是三个人形的手脚重合叠加，构成一个神灵与凡身重合的文化意象，其意味可以看成是神灵从高处降临，通过神脚、神手与人体四肢的缓缓叠合，表明神灵逐渐降落下来。可见，神灵的降落活动是通过两者手脚之间的重合与转换而实现的，神灵的手和脚与巫师的手和脚，其姿势是一致的，很难分清楚谁是巫师，谁是神灵，他们共同形成了一条神人交媾、合二为一的神圣通途。神灵与人身的交合为一，意味着人心获得了一种神奇的力量。

图1-1-16是一幅较为完整的狩猎图，很多巫师都跳动起来，在他们的头部上方都闪烁着灵动的光芒，展示了巫师们此时都已经获得了或多或少的"神秘力量"，这种光芒就成了神灵降临以后的神圣标志。图画上部的那头野牛，牛尾下垂，极为服帖地被他们抓住，完全失去了反抗的力量。可见，制服野牛的，不是人的力量，而是神灵的神秘驱使，使野牛放弃了反抗，甘愿屈身就擒。图1-1-17中间所画的巫师，头部有一个很高的饰物符号，这个饰物直冲上天，成为神灵来到巫师身上的神秘通道。画面右上角的巫师，也是两个人形的神秘叠加，上面的神形之像，稳稳地落在了下面人像的肩膀上，很像少数民族萨满在跳神仪式上所唱的："来压压我的肩膀骨吧"，这种神话的图像符号直接表明了狩猎者的降神活动已经获得了成功。

在北方的岩画中，神灵信道以神话图像显现出来的方式也较为普遍，与南方岩刻图像存在异曲同工的文化意味。新疆呼图壁康家石门子沟岩刻（图1-1-18）画了一群巫师围着一头瘫痪了的老虎又唱又跳，在这些巫师中，除了头部画有特殊光芒的符号标记以外，头部旁边，或者腹部之处，都画有单独存在的神秘头像。而这些神秘头像就像幽灵一样，依附在巫师的身上，这也表示巫师此时已经处于神灵附体的状态，正是凭借这种神灵的力量，才能震慑凶猛的老虎，并将其抓住。再看看那头老虎，已经完全

第一章　文化大传统与"诗言志"　79

**图 1-1-10　广西壮族自治区宁明县花山崖壁画**
摘自广西少数民族社会调查组编:《花山崖壁画资料集》,广西民族出版社 1963 年版,"局部临摹图二"第 2 页。

**图 1-1-11　广西左江流域宁明花山崖壁画**
摘自陈兆复:《中国岩画发现史》,上海人民出版社 1991 年版,第 326 页。

**图 1-1-12　云南沧源崖画**
摘自陈兆复:《中国岩画发现史》,上海人民出版社 1991 年版,第 304 页。

**图 1-1-13　云南沧源崖画**
摘自陈兆复:《中国岩画发现史》,上海人民出版社 1991 年版,第 186 页。

**图 1-1-14　云南沧源崖画**
摘自陈兆复:《中国岩画发现史》,上海人民出版社 1991 年版,第 186 页。

**图 1-1-15　广西崖壁画**

摘自陈兆复：《中国岩画发现史》，上海人民出版社 1991 年版，第 301 页。

**图 1-1-16　云南沧源崖画**

摘自陈兆复：《中国岩画发现史》，上海人民出版社 1991 年版，第 187 页。

**图 1-1-17　云南沧源崖画**

摘自陈兆复：《中国岩画发现史》，上海人民出版社 1991 年版，第 301 页。

**图 1-1-18　新疆呼图壁康家石门子沟岩刻**

摘自陈兆复：《中国岩画发现史》，上海人民出版社 1991 年版，第 144 页。

瘫倒在地，丝毫也没有气力来反抗。《老子·第五十章》云："盖闻善摄生者，陆行不遇兕虎，入军不被甲兵，兕无所投其角，虎无所用其爪，兵无所容其刃。"[①] 这里的"善摄生者"，是指人心摆脱了世俗状态，获得了道心神性状态的圣人。这种圣人的言行活动，已经不是按照在世凡俗的人心状态下行动。因此，他们在行走时不会遇上凶猛的犀牛与老虎，他们在战争中也不用披戴盔甲，因为犀牛对之表现友好，老虎也不会将其吃掉，敌人也不会将其杀害。这种圣人彻底放弃了人在世所持有的世俗之心，通达了神性的道心，老虎、犀牛等野生动物，以及争夺财货城池的敌人，在这种具备神秘力量的圣人面前，也都能获得某种心性上的顿悟，不由自主地放下世间的各种争夺之心，与之和平相处。可见，岩画的始作者已经具备了《老子》文字书写中的文化意识，并用图像方式放大了这种神性文化的作用，充分展示了狩猎时代的神话传奇。依照文学人类学大传统文化N级编码理论，史前岩画中的神话图像展示的是原初编码，而《老子》文本的圣人意象不过是文字小传统的二级编码。

新疆阿尔泰岩刻（图1-1-19）有点像广西壮族自治区宁明县花山崖的壁画，巫师手拿法器，下部是一条猎狗，头顶是一个神灵从天缓缓降临。图1-1-20、1-1-21、1-1-22、1-1-23都是宁夏的史前岩刻。在图1-1-20中，巫师的身体已经完全简化，头部也只剩下两只大大的眼睛，但是手与脚的姿态没有变化，同时在右手上方，画有一双眼睛，在右手下方，也画有一个类似神的形态，这个眼睛图像与神形图像都成为神灵附体的重要符号标志。图1-1-21、图1-1-22巫师的手脚都被简化了，只剩下一个头部，而在头部之上，都还附有另外一个神灵的神话符号。图1-1-23中巫师的双手，承载了神灵轻飘的身躯和双脚，意味着神灵轻盈降临，人神获得了合一。

图1-1-24和图1-1-25都是展示巫师通神以后的面部表情，可以说是光泽四溢，充满神秘力量。图1-1-26巫师的人形已经很简化了，只剩下高举的双手和伸开的双脚，头部之上，有一块如光的羽饰，腹部还有一团光影，可见，这些图像符号也是为了展示神灵降临之后的神秘力量。图1-1-27中巫师的形象，极像金文中的"道"字，如 ☒（貉子卣）、☒（散鼎）、☒（曾伯簠）、☒（散盘）等，图像中的巫者，上举手臂已经简化成了八字图形，只保留了"神秘通道"的形象样子，而在这个神秘通道中，一个光芒四射的灵物之神首之像缓缓降落在人首之上，与此同时，分开微

---

① （魏）王弼注，楼宇烈校释：《老子道德经注校释》，中华书局2008年版，第134页。

**图 1-1-19　新疆阿尔泰岩刻**

摘自陈兆复:《中国岩画发现史》,上海人民出版社 1991 年版,第 301 页。

**图 1-1-20　宁夏贺兰山贺兰口岩刻**

摘自陈兆复:《中国岩画发现史》,上海人民出版社 1991 年版,第 117 页。

**图 1-1-21　宁夏贺兰山贺兰口岩刻**

摘自陈兆复:《中国岩画发现史》,上海人民出版社 1991 年版,第 117 页。

**图 1-1-22　宁夏贺兰山贺兰口岩刻**

摘自陈兆复:《中国岩画发现史》,上海人民出版社 1991 年版,第 117 页。

**图 1-1-23　宁夏岩刻**

摘自陈兆复:《中国岩画发现史》,上海人民出版社 1991 年版,第 301 页。

**图 1-1-24　内蒙古狼山东升庙岩刻**
摘自宋耀良：《中国史前神格人面岩画》，上海三联书店 1992 年版，第 21 页。

**图 1-1-25　内蒙古桌子山苔烧沟岩刻**
摘自宋耀良：《中国史前神格人面岩画》，上海三联书店 1992 年版，第 31 页。

**图 1-1-26　内蒙古阴山格尔敖包沟岩刻**
摘自宋耀良：《中国史前神格人面岩画》，上海三联书店 1992 年版，第 88 页。

**图 1-1-27　内蒙古阴山默勒赫图沟岩刻**
摘自宋耀良：《中国史前神格人面岩画》，上海三联书店 1992 年版，第 27 页。

屈的人腿也被简化了。综合这些史前的神秘图像与早期仪式活动，可以判断，后来金文文字中的"道"字图像，就是在这些神秘图像的简化基础上演变而来的。"道"成为神灵降临到人身之上的神秘通道，是真神回归的标志性符号。

内蒙古巴林右旗那斯台遗址出土的红山文化勾云形玉器，其图像为 ，如果将其与史前岩画中巫师通神之道临形象相比较，就会发现，

这种玉牌根本不是什么勾云形牌，而是一个展示通神巫师人心转换、获得神降的玉器图像，中间部分是神性之首，上部及下部的各种齿状饰物，乃是巫师获得神灵之后发出的神秘之光，而玉器上部的两边犹如巫师上举的双臂，下部的两边犹如巫师稳健伸开的双腿。玉器图像的中央犹如圆璧，圆璧之中犹如龙首，这些神话意象都极为形象地展示了神灵从天而降的神话转变。反山出土的三叉形玉器（M10:6），其图像为 ，其图像只剩下了两手高举的通道了，而中间神灵的神秘来临，是通过三叉器腹部的饕餮图像展现出来。在商代青铜器的纹饰中也有很多类似图形的符号图像，诸如 ，图像中的巫师形象双手高举，双腿弯曲分开，是完全获得了神灵降临的神话姿态，而且巫者的头部画有光亮四射的牛角，成为神秘力量完全附体的符号标志。早期文化大传统的神秘之"道"，在金文的图像中，也有所有体现。诸如 （三代 14.24） （三代 16.43） （㐬甗、集成 777） （娄父癸甗、集成 822） （丁鼎、集成 1288）等图像，历来很难解释。在这些图像中，都画有一位巫师形象，他双臂展开，或高举，或平放，双脚微屈，都形成了一条接受神灵降临的神秘通道。而在其头部上方，或有羽饰通道，都有神灵或祖灵（子或父乙、父癸等）从高处缓缓降临，或画有圆璧降临等等（关于圆璧的图像意义，在下一部分展示）。再如（集成 793），图像画面展示了两个巫者跪在地上，双手微举，似乎在迎接什么，而在中间的通道中，有一个神灵（子）与羽饰光芒缓缓落下，展示的也是神灵降临的通道标志。

　　天上神灵从"神道"中降临，人心获得了神圣的巨大变化，获得了神秘的力量。这条神秘之"道"就不是现实世界中人来人往、熙熙攘攘的道路，而是天人合一的文化之道，是真神归来之路。真神归来，意味着人重新获得了生命之初的本源力量，体现了"道生万物"的力量源泉与文化根性。《庄子·大宗师》云："夫道，有情有信，无为无形；可传而不可受，可得而不可见；自本自根，未有天地，自古以固存；神鬼神帝，生天生地；在太极之先而不为高，在六极之下而不为深，先天地生而不为久，长于上古而不为老。"[①] 庄子所理解的"道"，是万物的存在根源，它有情

---

① （清）郭庆藩撰，王孝鱼点校：《庄子集释》，中华书局 1961 年版，第 246—247 页。

有信，却又是无为无形。它可以散精而生成万物，但又不像有形物体一样直接明了。万物都可以得到它，但又不能用肉眼看到它。"道"以"自性"为根，以"自体"为本，所以是"道法自然"，即以天性存在之"自性"为然，先于天地而存在，是一种永恒固有的神秘存在。"道"授神给"鬼"与"帝"，生天生地，可见，天地鬼神皆发源于原初的"道体"世界，皆从"道"中获得神灵力量。"道"先于"太极"而在，"道"生"太极"，"道"无处不在，"道"永生不老。《庄子·天运》又云："使道而可献，则人莫不献之于其君；使道而可进，则人莫不进之于其亲；使道而可以告人，则人莫不告其兄弟；使道而可以与人，则人莫不与其子孙。然而不可者，无它也，中无主而不止，外无正而不行。由中出者，不受于外，圣人不出；由外入者，无主于中，圣人不隐。"①庄子认为，假如"道"是一种可见的有形的具体之物，能够用来献给别人的话，那么，人人都想将其献给君王，以换取君王的宠信。假如可以用"道"来进奉他人，那么，人人都想将其敬献给亲人，以换取亲人的长生不老。假如可以将"道"告知给别人，那么，人人都想将其告知给兄弟，以致兄弟从中获益。假如可以将"道"传授给别人，那么，人人都想将其传授给子子孙孙，以使子孙延绵不绝。但是这种想法都不可能实现。为什么呢？因为一个人内部中央没有德主，人的邪欲就不会停止，而邪欲不止，那么，外部行为就不正，外部行为不正，就不可能行"道"。庄子认为，"道"最关键在于人的心中要有德，只有心中有德，道才在心中出现。道不是受之于外部，圣人只是用外物来诱导他人，使其感道悟道，圣人不会将道拿出来授受给人。如果只是在后天学习道，只是掌握了关于道的相关知识，而心中并没有获得道的真谛所在，则心中依旧处于无主无德的漂浮状态，就是圣人在世，也没有办法帮助你将其保藏起来。可见，道作为一切生命的本源所在，需要人心发生通悟，尤其要发生转变，成为心中立德有主，否则，一切外部的有形知识都是虚假不可靠的，它们都不是真道存在。

《文子·道原》云："夫道者，陶冶万物，终始无形，寂然不动，大通混冥。深闳广大，不可为外；析毫剖芒，不可为内；无环堵之宇，而生有无之总名也。"②"道"是无形不动的永恒存在，而"太极"是阴阳动静的变化存在，"道"的心性结构可以表示为0+0，"太极"的心性结构可以表示为0+1，"道"是无极，"太极"是无有，"道"与太极浑然一体，成为

---

① （清）郭庆藩撰，王孝鱼点校：《庄子集释》，中华书局1961年版，第517页。
② 王利器：《文子疏义》，中华书局2000年版，第18页。

无中生有、有中存无的文化根源。"道"是神无气有显现的神性场域,是真神归来的回归之路,"道"在"太极""鬼神""神帝"万物之中,但从众多的有形存在物中,又看不到支撑有形的无形存在,"道"是一种虚灵的神秘力量。《马王堆汉墓帛书·道法》云:"道生法。法者,引得失以绳,而明曲直者殹。故执道者,生法而弗敢犯殹,法立而弗敢废殹。□能自引以绳,然后见知天下而不惑矣。虚无形,其寂冥冥,万物之所从生。"① 一切世间的有形之"法"都是依据于"道"而生成的,只有这种"道法"才是有形之物的生存法则。一切"执道者",内心懂得了无形的虚灵之道,就一定会"生法",也会"遵法",不会"废法"。道法一体,"道"是本源,是无形的,"法"是派生,是有形的。万物作为有形存在,都是由"道"的生命本源而产生的寄存形式。

　　结合口传活态传统、物质图像传统、传世文献、出土文献等诸多证据,我们将原初居民在仪式活动中的神圣图像与通神仪式结合起来,构建了阐释原初之"道"的原初根性和神话想象。在文化大传统的玄古时期,"道"不是一种理性规律,而是玄古圣人在通神仪式(或称为收心活动)中,通过暂时放弃个体在世的有形存在与世俗逻辑,使本真之神在人心中显现出来,由此,自身世界获得神性净化,成了一个完满自在的本真世界。因为神灵的回归与在场,从而使人心世界转变成为具有澄明之光的神性世界,而这种澄明之光使自身存在重新获得了一种神秘力量的天命赐礼,由此进入了一种真神忘我的神秘状态。这种神秘状态的天性获得,使得天命之光在自身世界中生发出来,神灵由外而入,从天而降,降落在双臂、双脚与身体所构建的灵光通途之中。这条神秘之"道",是真神回归之路,是一条本真神性的显现之道,是天命传来之道。这条"神道",从玄古的大传统文化开始,就已经成为华夏精神的文化正统,也成为一条解开华夏精神密码与元语言基因的灵光通途。伊利亚德在《神圣与世俗》中描绘了宗教仪式中各种宇宙形式之间的转换,其云:"正是这种通道使从一种生命模式向另一种模式、从一种存在状况向另一种存在状况的转变成为可能。"② 在中国的文化传统中,人心退位,"道心"出场,个体实现灵魂的转换,与宗教仪式中的神圣"窄门"极为相似,具有异曲同工之妙。只有将这道神圣之心门打开,人心才能实现有形的超越,才能实现自身身体与天上神灵的转换,真神降临,才能在人的身体中出场。原本被世心遮

---

① 裘锡圭主编:《长沙马王堆汉墓简帛集成》(肆),中华书局2014年版,第127页。
② [罗马]米尔恰·伊利亚德:《神圣与世俗》,王建光译,华夏出版社2002年版,第104页。

蔽的"天命"神性，只有在神道敞开之后，才能展示出无与伦比的"大明"光辉，与无与伦比的"洪荒"神力。人心处于"道心"状态中，获得了去故就新的生机与证悟。

在《周易》中，乾为天为首，其卦象是☰。在"道"的文字图像㊣中，除去作为外在通道象征的标志性符号之外，中间就是"首"。"首"的文字图像是𦣻（《说文·首部》），从☰从一从自，如果将"首"理解为一个神话会意的故事，那么，☰代表浑然的纯阳之气，"一"代表浑然阳气，从二元分化合二为"一"，然后，再由"一"又化为"自"（自为原初虚灵）。在乾元之"首"的文字图像中，展示了从后天分化到先天合一，再从先天合一到混沌虚灵的神话过程。在这个神话回归的道体过程中，生命力量却从人间受损的状态逐渐得到恢复，最终达到齐全完备的生命之初。因此，"道"中的乾元之"首"的文化意义可以描述为：代表生命本源的神性阳气力量变成了一个具有洪荒之力的"太一"，然后，再形成无形"自灵"原初齐全的神圣存在，并依循这条神秘的文化通道，虚灵与太一在自身之中的降临，使自身获得了洪荒之初的道心体验。

《老子·第二十一章》云："孔德之容，惟道是从。道之为物，惟恍惟惚。惚兮恍兮，其中有象；恍兮惚兮，其中有物。窈兮冥兮，其中有精；其精甚真，其中有信。"[1]人最大的德性就是顺从于"道心"，只有"神道"在心中敞开，"真神"就降临了，自身领会并获得了神性存在的文化意义，形成了有意义的神道世界。在道心世界之中，一切"大得"的现身，都是依据于神道意义而展开的。神性灵魂的显现，是冥漠无形的，是恍惚不定的，如显如隐。在极为幽深的道心世界中，有无形大象的存在，有万物的生命之精，无形生精。在深邃窈冥的道心世界中，"道"根性存在是人类心性建构的天地人的神秘通道，是虚灵之神降临的神秘途径，然后由无形生元气，元气为太初之始。有了元气，就有了"太一"之象。有了"太一"之象，气动而生阳，气静而为阴，就产生了阴阳分化，而阴阳生化的往复运动，就产生了天地万物。元气潜藏于元精之中，元精元气合二为一，元精成为"道"的原初真身，元精真身是神圣的有形存在。元精与元气相一致，元气与太一相一致，"道"与元气、元精是一体散精的变化过程。元气、元精源自"神道"，元气、元精承载了"神道"的虚灵价值与运化平衡，因此，元气与元精是最值得信任的神性物质基础（神器存在），因为它们才是"神道"的本真形体。

---

[1] （魏）王弼注，楼宇烈校释：《老子道德经注校释》，中华书局2008年版，第52页。

在传世文献的训诂中,"神道"成为一切神圣力量的本源所在。如《新书·道德说》云:"道者,德之本也。"①《新书·大政上》云:"道者,福之本。"②《新书·大政下》云:"道者,教之本也。"③《逸周书·大匡》"明堂所以明道"朱右曾集训校释:"道者,法之本。"④

"道"本为神无虚灵,是神圣力量之根。"虚""无""无形""无体""自然"都是"神道"的原初神性状态。如《周易略例·明爻》"通乎昼夜之道而无体"邢璹注:"道者,虚无也。"⑤《周易正义·论易之三名》云:"'形而上者谓之道',道即无也。"⑥《周易·系辞上》"一阴一阳之谓道"韩康伯注⑦与《论语·述而》"志于道"邢昺疏引王弼曰:"道者,无之称也。"⑧《周易·系辞上》"形而上者谓之道"孔颖达疏:"道是无体之名。"⑨《管子·幼官》云:"始乎无端,道也。"⑩《管子·心术上》云:"虚无无形谓之道。"⑪《管子·心术上》云:"心无为之谓道,舍之之谓德。""以无为之谓道"房玄龄注:"无为自然者,道也。"⑫《管子·兵法》"此之谓道矣"。房玄龄注:"无形迹可寻诘者,道之谓。"⑬《管子·四时》"道生天地"房玄龄注:"道者,自然能生天地也。"⑭《管子·内业》云:"不见其形,不闻其声,而序其成,谓之道。"⑮《论语·述而》"志于道"邢昺疏:"道者,虚通无拥自然之谓也。"⑯《孟子·公孙丑上》"配义与道"赵岐注:"道谓阴阳大道,无形而生于有形,舒之弥六合,卷之不盈握,包络天地,禀受群生者也。"⑰《鹖冠

---

① (汉)贾谊撰,阎振益、钟夏校注:《新书校注》,中华书局2000年版,第325页。
② (汉)贾谊撰,阎振益、钟夏校注:《新书校注》,中华书局2000年版,第340页。
③ (汉)贾谊撰,阎振益、钟夏校注:《新书校注》,中华书局2000年版,第349页。
④ (清)朱右曾:《逸周书集训校释》,商务印书馆1937年版,第59页。
⑤ (魏)王弼撰,(唐)邢璹注:《周易略例》,见(明)程荣辑:《汉魏丛书》,吉林大学出版社1992年版,第15页。
⑥ (魏)王弼注,(唐)孔颖达疏:《周易正义》,北京大学出版社2000年版,第7页。
⑦ (魏)王弼注,(唐)孔颖达疏:《周易正义》,北京大学出版社2000年版,第315页。
⑧ (魏)何晏注,(宋)刑昺疏:《论语注疏》,北京大学出版社2000年版,第94页。
⑨ (魏)王弼注,(唐)孔颖达疏:《周易正义》,北京大学出版社2000年版,第344页。
⑩ 黎翔凤撰:《管子校注》,中华书局2004年版,第176页。
⑪ 黎翔凤撰:《管子校注》,中华书局2004年版,第759页。
⑫ 黎翔凤撰:《管子校注》,中华书局2004年版,第770页。
⑬ 黎翔凤撰:《管子校注》,中华书局2004年版,第326页。
⑭ 黎翔凤撰:《管子校注》,中华书局2004年版,第857页。
⑮ 黎翔凤撰:《管子校注》,中华书局2004年版,第932页。
⑯ (魏)何晏注,(宋)刑昺疏:《论语注疏》,北京大学出版社2000年版,第94页。
⑰ (汉)赵岐注,(宋)孙奭疏:《孟子注疏》,北京大学出版社2000年版,第91页。

子·环流》云:"故所谓道者,无己者也。"①《太玄·玄摘》云:"虚形万物所道之谓道也。"②

由神无的虚灵存生而生发出太初之一(太一),"神道"运化无穷,太极分化剖判为元精、元气,将神圣力量传递给由散精而生的万物,从而生成二级有形之物(天地、阴阳),三级有形之物(人与物),乃至于万物。如《周易·系辞上》云:"一阴一阳之谓道。"③《周易·系辞上》"显道,神德行"惠栋《周易述》注云:"道,太极。"④《管子·内业》云:"道者,所以充形也。"⑤《管子·正》:"无德无怨,无好无恶,万物崇一,阴阳同度,曰道。"⑥《庄子·天地》云:"行于万物者,道也。"⑦《鬼谷子·阴符》云:"道者,天地之始。"⑧《韩非子·主道》云:"道者,万物之始,是非之纪也。"⑨《韩非子·解老》云:"道者,万物之所然也,万理之所稽也。道者,万物之所成也,故曰道。"⑩《大戴礼记·本命》云:"一阴一阳,然后成道。"⑪《大戴礼记·盛德》"冢宰之官以成道"卢辩注:"天道发施故为道,地理含藏故主德。"⑫《礼记·中庸》云:"道也者,不可须臾离也,可离非道也。"⑬《鹖冠子·环流》云:"无不备之谓道。"⑭

阴极生阳,阳极生阴,神圣力量发自幽眇深处,随阴阳往还,连绵不绝,"一阴一阳谓之道",太极阴阳又成为神圣力量的传来之路。此"道"不是现实可见的有形路径,而是神归之路,是神圣力量传递运化的符号标志。《尚书·大禹谟》"道心惟微"孔颖达疏:"道者经也,物所从之路也。"⑮

---

① 黄怀信:《鹖冠子校注》,中华书局2014年版,第75页。
② (汉)扬雄撰,(宋)司马光集注,刘韶军点校:《太玄集注》,中华书局1998年版,第186页。
③ (魏)王弼注,(唐)孔颖达疏:《周易正义》,北京大学出版社2000年版,第315页。
④ (清)惠栋:《周易述》卷15,中华书局1936年版,第4页。
⑤ 黎翔凤撰:《管子校注》,中华书局2004年版,第932页。
⑥ 黎翔凤撰:《管子校注》,中华书局2004年版,第893页。
⑦ (清)郭庆藩撰,王孝鱼点校:《庄子集释》,中华书局1961年版,第404页。
⑧ 许富宏:《鬼谷子集校集注》,中华书局2008年版,第198页。
⑨ (清)王先慎撰,钟哲点校:《韩非子集解》,中华书局1998年版,第26页。
⑩ (清)王先慎撰,钟哲点校:《韩非子集解》,中华书局1998年版,第146页。
⑪ (清)王聘珍撰,王文锦点校:《大戴礼记解诂》,中华书局1983年版,第251页。
⑫ (汉)戴德撰,(北周)卢辩注:《大戴礼记》,中华书局1985年版,第138页。
⑬ (汉)郑玄注,(唐)孔颖达疏:《礼记正义》,北京大学出版社2000年版,第1661页。
⑭ 黄怀信:《鹖冠子校注》,中华书局2014年版,第80页。
⑮ (汉)孔安国传,(唐)孔颖达疏:《尚书正义》,北京大学出版社2000年版,第113页。

《尚书·大禹谟》"反道败德"孔颖达疏："道者，物所由之路。"①《礼记·中庸》"道也者，不可须臾离也"郑玄注："道，犹道路也。"②《中庸》"率性之谓道"朱熹章句："道，犹路也。"③《素问·天元纪大论》"在人为道"张志聪集注："道，里路也。"④《说文解字》云："道，所行道也。"⑤

本真精气的运化之理就寓于"神道"之中。道是本源，理是根本，承载了道体的理，就不是纯粹理性，而是神话理性。后来学者纯粹以"理"来释"道"，彰显了"道"的后天真理存在，"道"存理中，但作为人类意识存在的理性，经常会遮蔽"道"的根性与神性力量。如《尚书·旅獒》"志以道宁"蔡沈集传："道者，所当由之理也。"⑥《尚书·周官》"论道经邦"蔡沈集传："道者，阴阳之理，恒而不变者也。"⑦《管子·形势解》云："道者，所以变化身而之正理者也。"⑧《论语·里仁》"朝闻道"朱熹集注："道者，事物当然之理。"⑨《墨子·大取》"今人非道无所行"孙诒让《间诂》注："道与理同。"⑩《孟子·公孙丑上》"配义与道"朱熹集注："道者，天理之自然。"⑪《大戴礼记·本命》"分于道谓之命"王聘珍解诂："道者，天地自然之理。"⑫《中庸》"道也者，不可须臾离也"朱熹章句："道者，日用万物当行之理。"⑬

"道"为玄心，是人心通神之后所获得的神圣力量与精神体验。"道"需"心通"，人心要是不能通"道"，"道心"就永远处于被遮蔽的世俗状态。《周易·系辞上》"道义之门"孔颖达疏："道，谓开通也。"⑭《周易·乾》"乾

---

① （汉）孔安国传，（唐）孔颖达疏：《尚书正义》，北京大学出版社2000年版，第118页。
② （汉）郑玄注，（唐）孔颖达疏：《礼记正义》，北京大学出版社2000年版，第1661页。
③ （宋）朱熹：《四书章句集注》，中华书局1983年版，第17页。
④ （清）张志聪集注，方春阳等点校：《黄帝内经集注》，浙江古籍出版社2002年版，第455页。
⑤ 王平、李建廷编著：《〈说文解字〉标点整理本（附分类检索）》，上海书店出版社2016年版，第43页。
⑥ （宋）蔡沈注，钱宗武、钱忠弼整理：《书集传》，凤凰出版社2010年版，第151页。
⑦ （宋）蔡沈注，钱宗武、钱忠弼整理：《书集传》，凤凰出版社2010年版，第224页。
⑧ 黎翔凤撰：《管子校注》，中华书局2004年版，第1182页。
⑨ （宋）朱熹：《四书章句集注》，中华书局1983年版，第71页。
⑩ （清）孙诒让撰，孙启治点校：《墨子间诂》，中华书局2001年版，第413页。
⑪ （宋）朱熹：《四书章句集注》，中华书局1983年版，第231页。
⑫ （清）王聘珍撰，王文锦点校：《大戴礼记解诂》，中华书局1983年版，第250页。
⑬ （宋）朱熹：《四书章句集注》，中华书局1983年版，第17页。
⑭ （魏）王弼注，（唐）孔颖达疏：《周易正义》，北京大学出版社2000年版，第322页。

道变化"孔颖达疏："道，体无形，自然使物开通谓之为道。"①《论语·述而》"志于道"皇侃《论语义疏》注云："道者，通而不拥者也。"②《庄子·天地》"故形非道不生"成玄英疏："道者，可通之境也。"③《庄子·天下》"诗以道志"成玄英疏："道，达也，通也。"④《礼记·聘义》"天下莫不贵者，道也"孔颖达疏："道者，通也。"⑤《法言·问道》云："道也者，通也，无不通也。"⑥

　　道生万物。随着天地万物的有形生成，原初虚灵之神道变为天道、地道、人道等诸多形式，但物成之后，就会遮蔽道体之初的虚灵状态。尤其到了春秋末年，社会上出现了的"道术为天下裂"的文化分歧，出现了自然之道、仁义之道、中和之道等诸多神道变化与小传统文化次生编码。但无论这些小传统文化的文字之"道"在历史传统中的文化形式多么繁复，其文化编码多么晦涩，只要我们将其放置在早期无文字的大传统文化中，就能找到这些聚讼纷纭的小传统文化中，都发自一个古老文化大传统的原初本源，即太初道心。在文化大传统中，玄古虚灵降临之道，是天道、地道、人道、物道、自然之道、仁义之道等的原型编码。而文字小传统的各种分歧之"道"，都属于原初"古道"的次生文化，都是大传统原初"神道"的文化传递与部分接受，都必须"由""从""顺"于大传统文化的原初道心。同时，一切外在的有形形式，如仁、义、礼、智、治、艺、法、术等，也都要依据"神道"的原初精神、运化法则而生发运行。可以概括为，神道散精而为万物，万物终归神道之根。

## 四、圆形运化：文化大传统"神道"的物质图像原型

　　作为一切生命本在的"道"是无名无形的，是无以言说的，所以很难用具体某物的图像形式来表示。尽管"道"作为虚无状态是无以言说的，但当其由无入有的时候，无形的"道"就寄存在有形的精气、精灵之中，以至于散精为万物，这样形而上的"道"又寄寓在有形的神话形象中。可

---

① （魏）王弼注，（唐）孔颖达疏：《周易正义》，北京大学出版社2000年版，第9页。
② （梁）皇侃撰，高尚榘校点：《论语义疏》，中华书局2013年版，第156页。
③ （晋）郭象注，（唐）成玄英疏，曹础基、黄兰发点校：《南华真经注疏》，中华书局1998年版，第236页。
④ （晋）郭象注，（唐）成玄英疏，曹础基、黄兰发点校：《南华真经注疏》，中华书局1998年版，第605页。
⑤ （汉）郑玄注，（唐）孔颖达疏：《礼记正义》，北京大学出版社2000年版，第1950页。
⑥ 汪荣宝撰，陈仲夫点校：《法言义疏》，中华书局1987年版，第109页。

见，后天有形的物质图像又是可以象征性展示无形无名的道体存在。在文字书写小传统中，"神道"在无始无终作永恒的圆形运化。《老子·第二十五章》云："有物混成，先天地生。寂兮寥兮，独立不改，周行而不殆，可以为天下母。"① 这个"先天地而生"的混成之物，就是难以言说的"道"，而这个"道"又是不断运化的。"道"只有"周行不殆"，永恒运化，才可以成为"天地之母"。《老子·第十一章》又云："三十辐共一毂，当其无，有车之用。埏埴以为器，当其无，有器之用。凿户牖以为室，当其无，有室之用。故有之以为利，无之以为用。"② 老子用了一连串的比喻来形容"道"的永恒运动状态，好比是车轮、陶器、房子。其中车轮的"毂"好比是"道"的太初无形状态，车轮的"辐"好比是"道"有形状态的时空运化。车轮的"毂"与"辐"是一体不分的，象征着"道"是有无的有机统一。《文子·道原》云："夫道者，高不可极，深不可测，苞裹天地，禀受无形，原流泏泏，冲而不盈，浊以静之，徐清。施之无穷，无所朝夕。卷之不盈一握，约而能张，幽而能明，柔而能刚，含阴吐阳，而章三光。山以之高，渊以之深，兽以之走，鸟以之飞，麟以之游，凤以之翔，星历以之行。以亡取存，以卑取尊，以退取先。古者三皇，得道之统，立于中央，神与化游，以抚四方。是故能天运地墆，轮转而无废，水流而不止，与物终始。"③"道"极大极高极深，包裹天地，是天地万物的生命本源。天地万物都是凭借"道"的神圣力量，而动静得体，生命不息。"道"运化天地，就好比是"车轮滚动"，从未停止，犹如河中流水，流动不已。《吕氏春秋·圜道》云："天道圜，地道方，圣王法之，所以立上下。何以说天道之圜也？精气一上一下，圜周复杂，无所稽留，故曰天道圜。"④"道"产生了天地，就有了具体的巨形，出现了"天圆地方"的形体差异，其中"天道"上承乾元，是"道"的太初状态，故"道"是精气的圆运动。这些小传统的文字叙事揭示出了"神道"犹如车轮运动一样，是永恒运化的。但仅凭借文字文本的叙事，我们还无以真实形象地把握"道"的有形运化状态。

近些年来，文学人类学提出了大小传统的文化理论，认为在大传统文化中，物质图像是原初编码，彰显了无形的"神道"变为有形时，总是

---

① （魏）王弼注，楼宇烈校释：《老子道德经注校释》，中华书局2008年版，第62—63页。
② （魏）王弼注，楼宇烈校释：《老子道德经注校释》，中华书局2008年版，第26页。
③ 王利器：《文子疏义》，中华书局2000年版，第1—2页。此段文字与《淮南子·原道训》相同。刘文典撰：《淮南鸿烈集解》，中华书局1989年版，第1—2页。
④ 许维遹撰，梁运华整理：《吕氏春秋集释》，中华书局2009年版，第78—79页。

以具体可见的形象显现出来。作为道心神秘力量的拥有者，玄古圣人运用神秘的"圆体"法器，来叙事"神道"存在的原型形象。

文学人类学尤其发现了隐藏在史前大传统文化的玉石神话信仰，认为先有玉石神话信仰，后来到了小传统文化时期，才催生出儒家与道家文化的神道观念。那么，圆形玉石器物就成为早期文化大传统用来展示圆道运化、天人合一的重要物质符号，诸如玉璧、玉环、玉瑗等。在早期文字书写传统中就存在"苍璧礼天"和"璧圜象天"的神话比喻。许慎《说文解字》云："璧，瑞玉圜也。"① 将玉璧等圆形玉器与神圣的天体联系起来。叶舒宪在《玉璧的神话学与符号编码研究》一文中认为："璧字从辟从玉，是后起的字。其本字就作辟。……由罗振玉和戴家祥两位的阐发可知，作为二级编码的汉字辟是元编码，汉字璧则属于派生的再编码。"② 从出土的金文图像来看，辟字中间有一圆形玉璧图像（图 1-1-28），可知，"辟"的确为"璧"的本字。"辟"为君王，君王持有"璧"，就能获得天神力量。

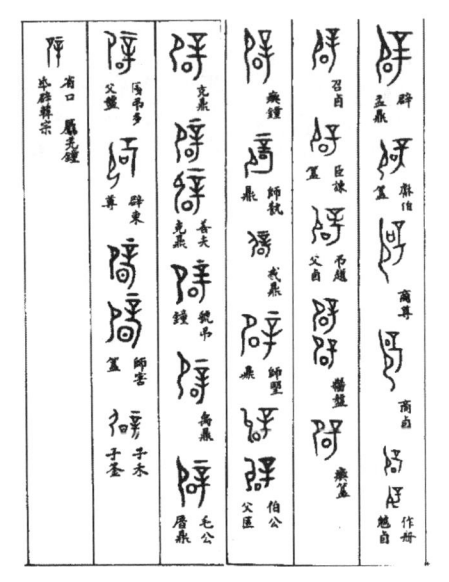

**图 1-1-28　辟字金文图像中间有玉璧图像**

摘自容庚编著：《金文编》，中华书局 1985 年版，第 648—649 页。

---

① 王平、李建廷编著：《〈说文解字〉标点整理本（附分类检索）》，上海书店出版社 2016 年版，第 6 页。
② 叶舒宪：《玉璧的神话学与符号编码研究》，《民族艺术》2015 年第 2 期。

圆形玉璧图像的器具结构为中孔虚无，是有气无形的道体形象，外缘玉质，是有质有形的太一形象，玉璧内无外有、内虚外质的圆体形象，与神道有无相生相容的文化想象是一致的。古人用玉璧礼天，也表达了玉璧与天神之间的具有共同性，这种共同性就是神道的神秘生命本源。道体为圆形运动，道心与天地之心都是随着圆道而运化的。从考古出土的圆形玉器来看，神道文化可以追溯到极为久远的新石器中期。迄今为止，最早出土的玉璧距今9000年左右，在黑龙江饶河县小南山遗址（图1-1-29）中出现。

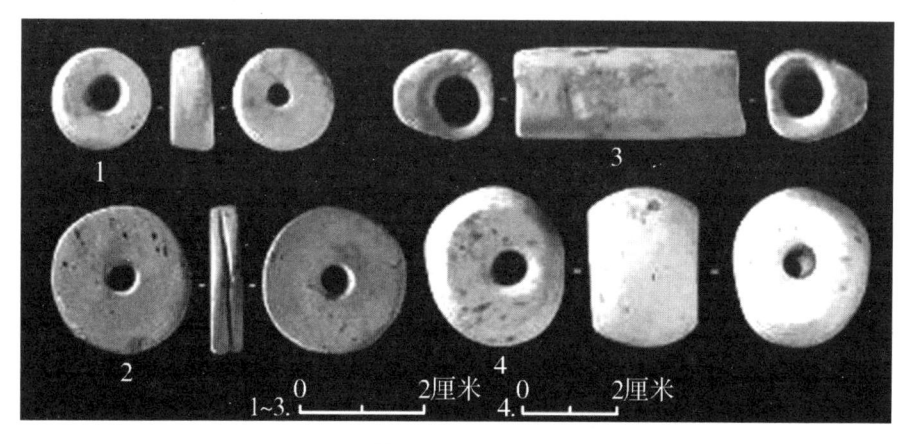

**图1-1-29 玉璧**

黑龙江小南山遗址出土，距今9000余年。摘自黑龙江省文物考古研究所等：《黑龙江饶河县小南山遗址2015年Ⅲ区发掘简报》，《考古》2019年第8期，第17页。

图1-1-30玉璧为新石器时代中期（距今9000—7000年）的，是内蒙古自治区海拉尔区哈克镇团结遗址出土的小型玉璧，代表了早期圣人对道体有无浑然的文化想象。图1-1-31是西周时期的玉璧，周人在玉璧的外缘，加上了两条龙精的形象，两条龙首尾相连，这种龙纹将大传统时期的神道想象以二龙形式表现出来。在传世周易图像中，如明代来知德的太极图（图1-1-33），在文化形式上，竟然与西周出土的玉璧外缘的二龙圆形几乎是一样的。到了战国时期，进一步在两龙形式的基础上，变为四龙纹饰（见图1-1-32）。比较早期大传统文化时期与小传统时期的玉璧形象，可以发现，玉璧从外缘一体、浑然部分的混沌状态，到西周时期的二龙分化，再到战国时期的四龙顺行，这种小传统纹饰图像都极为形象地展示了大传统时期道体的自然运化现象及其纹饰表现。

道体是虚无的，但是它可以由无生有，太初有气，太始有形，太素

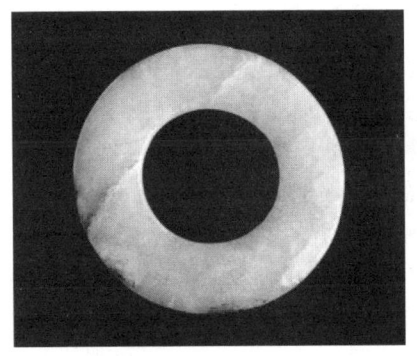

第一章　文化大传统与"诗言志"　95

**图 1-1-30　玉璧**
新石器时代中期，内蒙古自治区海拉尔区哈克镇团结遗址出土。摘自古方主编：《中国出土玉器全集（2）内蒙古　辽宁　吉林　黑龙江》，科技出版社 2005 年版，第 52 页。

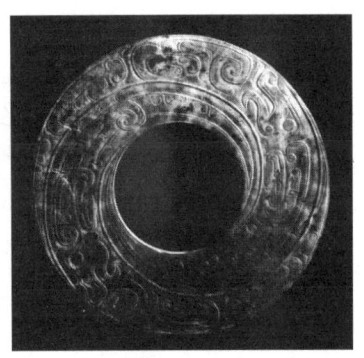

**图 1-1-31　玉璧**
西周，山西省曲沃县晋侯墓地 63 号墓出土，现藏于山西省考古研究所，摘自古方主编：《中国出土玉器全集（3）山西》，科技出版社 2005 年版，第 113 页。

**图 1-1-32　玉璧**
战国，湖北省当阳市杨家山 1 号墓出土，现藏于宜昌博物馆，摘自古方主编：《中国出土玉器全集（10）湖北　湖南》，科技出版社 2005 年版，第 66 页。

**图 1-1-33　明代来知德太极图**
摘自来知德撰：《易经集注》，康熙二十七年宝廉堂刻本，《易学集成》（一），四川大学出版社 1998 年版，第 625 页。

生质，太极生体。圆形玉璧作为神道的物质符号，如何用玉璧器具的纹饰符号来展示道体从初有到质有、从先天到后天的文化演变过程，早期圣人运用各种纹饰图案来展示。图 1-1-34 在玉璧之中，再用圆璧来区分，而且内圈玉璧又一分为二，是玉璧齐全状态的初次分化，而在外圈玉璧上有四个小孔，意味着外缘玉璧的再次分化。图 1-1-35 在玉璧的内缘和外缘都做出一定的符号标志，内圈边缘用了六段凹凸的玉线分开，外圈边缘用了十二段凹凸的玉线隔开，这种凹凸玉线的隔开符号，可能与六气、十二月的自然运行秩序存有一定的文化关联。

　　玉璧由内而外，出现层层叠璧的纹饰现象，尤其到了秦汉以后，多层纹饰已经成为玉璧符号的普遍现象。层次越是靠近内孔，就越接近与道体齐全，如图1-1-36，玉璧内孔空虚，是道的太易状态，无形无气。中间一层，可有云气纹，表示道由无生气，属于气有状态。最外一层，刻有三条一首二身之龙，龙为精质，属于质形状态。又如图1-1-37，在中间玉璧上饰有诸多云气，内壁中嵌有五云，这可能标示五行之气形成，而中璧之气，是内壁五行之气的运化。玉璧的外缘饰有二凤，龙凤为精物，标示气化为精物。图1-1-38玉璧也有多个层次，玉璧内圈之龙，应为表示原初真龙，中间为云气纹饰，意味着真精气化。在云气之外圈，又有数龙缠绕，应为龙精存在的文化状态，体现了无气生有气，有气化有质的演化过程。图1-1-39内壁饰有三龙，而且龙首与外壁相联结，表示道体力量随着龙体由内部传到外部，龙精成为神秘力量承载的神话动物，体现了道体力量的文化一惯性。图1-1-40在玉璧内孔雕有一条真龙，而在玉璧上饰有云纹，在玉璧的外圈，又饰有两只凤凰，龙凤都是神质之精，充分展示了玉璧的神秘运化。

　　清代玉扣（图1-1-41），玉璧的中间内孔，刻有代表阴阳运化的太

**图1-1-34　玉璧**
凌家滩文化，安徽省含山县凌家滩遗址出土，现藏于安徽省文物考古研究所。摘自古方主编：《中国出土玉器全集（6）安徽》，科技出版社2005年版，第32页。

**图1-1-35　扉牙玉环**
战国，浙江省杭州市半山石塘第19号墩1号墓出土，现藏于杭州历史博物馆。摘自古方主编：《中国出土玉器全集（8）浙江》，科技出版社2005年版，第186页。

**图 1-1-36 玉璧**

秦代，湖北省荆州市纪南镇高台村出土，现藏于荆州博物馆。摘自古方主编：《中国出土玉器全集（10）湖北 湖南》，科技出版社2005年版，第127页。

**图 1-1-37 西汉中期玉璧**

河北省定县40号墓出土，现藏于河北省文物研究所。摘自古方主编：《中国出土玉器全集（1）北京 天津 河北》，科技出版社2005年版，第200页。

**图 1-1-38 玉璧**

西汉，广东省广州市象岗南越王墓出土，现藏于广州西汉南越王博物馆。摘自古方主编：《中国出土玉器全集（11）广东 广西 福建 海南 香港 澳门 台湾》，科技出版社2005年版，第43页。

**图 1-1-39 玉璧**

西汉，广东省广州市象岗南越王墓出土，现藏于广州西汉南越王博物馆。摘自古方主编：《中国出土玉器全集（11）广东 广西 福建 海南 香港 澳门 台湾》，科技出版社2005年版，第66页。

**图 1-1-40 玉璧**

西汉，广东省广州市象岗南越王墓出土，现藏于广州西汉南越王博物馆。摘自古方主编：《中国出土玉器全集（11）广东 广西 福建 海南 香港 澳门 台湾》，科技出版社2005年版，第69页。

极形象，而在玉璧外缘，刻有后天八卦图像，用八卦之象替代了各种龙精、凤精的形象。为了形象显示玉璧的道体运化意义，在清代转心玉璧（图1-1-42）的内孔，还安置了一个五瓣花状的圆形活件，犹如风轮一样，可以在内孔旋转运化，充分展示了玉璧从早期文化大传统到文化小传统一贯的道体文化意义，内层玉璧饰有云纹，属于气形状态，玉璧外缘附有四龙，象征着龙精顺循道体而动。

**图1-1-41　玉扣**
清代，云南省昆明市刘家山出土，现藏于云南省博物馆，摘自古方主编：《中国出土玉器全集（12）云南　贵州　西藏》，科技出版社2005年版，第168页。

**图1-1-42　转心玉璧**
清代，安徽省岳西县五河村清墓出土，现藏于岳西县文物管理所，摘自古方主编：《中国出土玉器全集（6）安徽》，科技出版社2005年版，第221页。

在早期出土的玉璧中，还有一种由数块玉璜拼成的玉璧形象，其文化实质是为了形象地展示玉璧分化的道体运动与时空差异。如二联璧（图1-1-43），意味着象征浑然一体的玉璧，由于阴阳的文化分判，而出现了二联玉璜的文化格局。又如三联璧（图1-1-45），其文化意义可能指代"三体一家"，如精、气、神的有机融合。图1-1-44、图1-1-46为四联璧，图1-1-47为五联璧，图1-1-48为六联璧。玉璧是齐全的道体象征，而多联璧意味着气质的文化分化。按照玉精的多少，玉璧分化的越细，那么，每块玉璜所承载的神圣力量可能就会更小。

在小传统文化中，圣人除了用玉璧来象征道体天象，也用玉环来作为道体存在形态的符号标志。玉环与玉璧在圆形结构上几乎一致，只是内孔大小，玉质厚薄上存在一些差异。因此，它们可能在神圣力量方面也存在一些差异，但其神秘力量的实质却没有本质的差异。《庄子·齐物论》

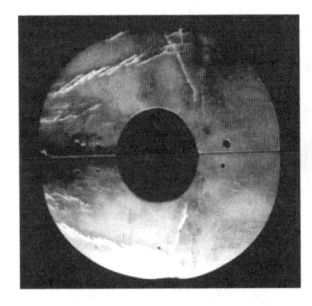

图 1-1-43　联璜玉璧

庙底沟二期文化，山西省芮城县清凉寺墓地 155 号墓出土，现藏于山西省考古研究所。摘自古方主编：《中国出土玉器全集（3）山西》，科技出版社 2005 年版，第 5 页。

图 1-1-44　石璧

小河沿文化，内蒙古自治区翁牛特旗大南沟墓地出土，现藏于赤峰市博物馆。摘自古方主编：《中国出土玉器全集（2）内蒙古 辽宁 吉林 黑龙江》，科技出版社 2005 年版，第 57 页。

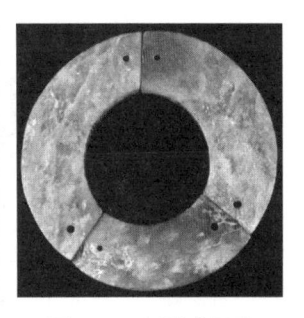

图 1-1-45　联璜玉璧

齐家文化，甘肃省天水市师赵村遗址出土，现藏于中国社会科学院考古研究所。摘自古方主编：《中国出土玉器全集（15）甘肃 青海 宁夏 新疆》，科技出版社 2005 年版，第 24 页。

图 1-1-46　联璜玉璧

龙山文化，陕西省甘泉县石门乡杨农河村出土，现藏于甘泉县博物馆。摘自古方主编：《中国出土玉器全集（14）陕西》，科技出版社 2005 年版，第 7 页。

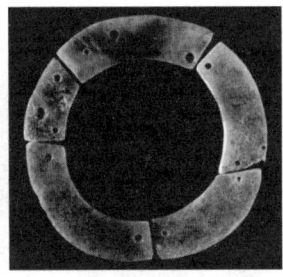

图 1-1-47　联璜玉璧

陶寺文化，山西省襄汾县陶寺遗址 3033 号墓出土，现藏于中国社会科学院考古研究所。摘自古方主编：《中国出土玉器全集（3）山西》，科技出版社 2005 年版，第 39 页。

图 1-1-48　联璜玉璧

陶寺文化，山西省临汾市尧都区下靳墓 483 号墓出土，现藏于山西省考古研究所。摘自古方主编：《中国出土玉器全集（3）山西》，科技出版社 2005 年版，第 18 页。

云："彼是莫得其偶，谓之道枢。枢始得其环中，以应无穷。"[1]庄子用玉环来比喻神秘道体的存在。玉环中孔无物，代表了齐全的道体状态，虚无浑然，没有彼此的二元分化，因此环中才是"道"之枢纽。以虚无中孔作为

---

[1]（清）郭庆藩撰，王孝鱼点校：《庄子集释》，中华书局 1961 年版，第 66 页。

枢纽，来自然运作，就可以无穷无尽。"环中"就是真道的形象展现。《庄子·则阳》云："冉相氏得其环中以随成，与物无终无始，无几无时。"[①] 冉相氏从"环中"而生成，"环中"是永恒的齐全道体，体现了道体为生命本源。同时，"冉相氏"在生成以后，还能够依据"环中"而自然运化，因此，可以顺循道体，没有起点，也没有终点，没有时间，也没有时机。一切时空的差异，都是有形有质的差异，而道体无形无质，是浑然一体的。"冉相氏"就成了后世所向往的永恒的神仙存在了。《庄子·寓言》云："万物皆种也，以不同形相禅，始卒若环，莫得其伦，是谓天均。天均者天倪也。"[②] 万物纷繁，形体万状，但是生成万物的种子却是相同的，因此万物形体的变化却是相互禅让联结，始终往复，犹如环形，这种万物变化超越了万物种类的形体，也没有自身种类的特殊性，充分体现了万物自然均齐之道。自然齐全天均才是万物之道，是由自然天种所决定的，与万物形体状态无关。道体运化，犹如圆环，在圆环运化中，起点与终点是不断变化，是可以融合的，现在的起点，可能成为未来的终点，现在的终点也可能成为未来的起点。

如图1-1-49，玉环内在空虚大于外部玉缘，可能意味着玉质少，道

图 1-1-49　玉环
夏家店下层文化，内蒙古自治区敖汉旗大甸子墓地453号墓出土，现藏于中国社会科学院考古研究所。摘自古方主编：《中国出土玉器全集（2）内蒙古 辽宁 吉林 黑龙江》，科技出版社2005年版，第67页。

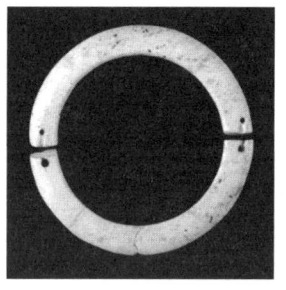

图 1-1-50　玉环
凌家滩文化，安徽省含山县凌家滩遗址出土，现藏于安徽省文物考古研究所。摘自古方主编：《中国出土玉器全集（6）安徽》，科技出版社2005年版，第27页。

图 1-1-51　扭丝纹玉环
战国，安徽省潜山县彰法山战国墓出土，现藏于潜山县文物管理所。摘自古方主编：《中国出土玉器全集（6）安徽》，科技出版社2005年版，第97页。

---

[①] （清）郭庆藩撰，王孝鱼点校：《庄子集释》，中华书局1961年版，第885页。
[②] （清）郭庆藩撰，王孝鱼点校：《庄子集释》，中华书局1961年版，第950页。

体多。图 1-1-50，内孔不变，但玉环外缘一分为二，意味着质性分化而有别。图 1-1-51，玉环外围刻有扭丝纹路，犹如漩涡一样，在不停地旋转，而内孔虚静，外缘流动，一动一静，动静相当，体现了道体动静相生的有机状态。图 1-1-52，在玉环外缘，饰有龙精虎形，展示阴阳精气的有形演化。图 1-1-53，用一条龙首尾圈成一个玉环，玉环的玉质形状，象征着龙精的神圣力量。图 1-1-54，内圈是玉环，外部雕有龙精，龙精之上，还缠有小龙。

**图 1-1-52　龙虎玉环**

战国，山东省淄博市临淄区商王村 1 号墓出土，现藏于淄博市博物馆。摘自古方主编：《中国出土玉器全集（4）山东》，科技出版社 2005 年版，第 196 页。

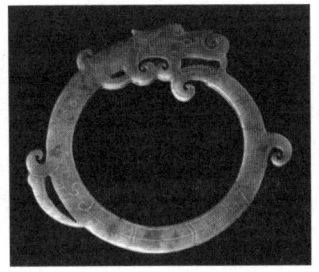

**图 1-1-53　西汉中期龙形玉环**

河北省定县 40 号墓出土，现藏于河北省文物研究所。摘自古方主编：《中国出土玉器全集（1）北京　天津　河北》，科技出版社 2005 年版，第 201 页。

**图 1-1-54　龙形玉环**

东汉，江苏省扬州市邗江甘泉老虎墩东汉墓出土，现藏于扬州博物馆。摘自古方主编：《中国出土玉器全集（7）江苏　上海》，科技出版社 2005 年版，第 162 页。

可见，玉环与玉璧在展示道体形象与神圣力量方面具有相同的文化意义，但孔内虚空大小，以及玉质厚薄，还是存在一些差异，这表明其神圣力量应该也存在一定的差异。

在大传统时期出土的陶器上，也画有一些道体运化的标志性符号，这种圆形符号与精物形状，都是早期神话道体文化想象的具体图像。马家窑彩陶的典型图案就是中间是一个玉璧圆形，外缘为二元漩涡纹，犹如阴阳太极的运动，如图 1-1-55、1-1-56、1-1-57。山西襄汾陶寺文化出土的卷龙彩陶盆更为形象，一条龙精盘旋在器物中间，非常形象地展示了道体存在的圆形运化精神（见图 1-1-58）。

殷商以来，华夏民族进入文化小传统的青铜时代。青铜器具非常注重纹饰，"神道"的无形无质力量也被青铜制作者用特殊的象征符号展示出来。如图 1-1-59 是商代青铜鸮卣，在鸮鸟的腹部，有一对精美的圆形纹饰，与

**图 1-1-55 涡旋纹彩陶**

马家窑文化，1956年甘肃永靖出土，现藏中国国家博物馆。

**图 1-1-56 圆圈波浪纹尖底瓶**

马家窑文化。摘自郎树德、贾建威：《彩陶》，敦煌文艺出版社2004年版，彩图40。

**图 1-1-57 涡纹双腹耳瓮**

马家窑文化马厂类型。摘自甘肃省博物馆编：《甘肃彩陶》，文物出版社1979年版，彩图第25页。

**图 1-1-58 山西襄汾陶寺文化出土的卷龙彩陶盆**

摘自叶舒宪：《图说中华文明发生史》，南方日报出版社2015年版，第82页。

"神道"圆形运化是一致的。图1-1-60商代鸮尊，身体翅膀之处，刻有卷龙之状，象征着"神道"的运化力量。图1-1-61是殷墟中期的蟠龙纹盘，青铜盘中，一条龙精盘旋其中，周围是群鱼环绕，象征着神道主力生成龙精，神道余力生成群鱼。图1-1-62是西周兔尊，在兔尊的腹部，饰有玉璧形状的文饰，在中孔部分，三气环抱，合为一体，中间部分是二龙相抱，周边是全龙缠绕。从外围到内部，形成了一生二、二生三的道体相生格局。

从早期大传统文化的玉璧图像、玉环图像，到文化小传统的青铜图像，"神道"的自然运化是永恒不息的存在。这些物质图像都以圆形图像的神话原型来展示道体的有无变化。圆形图像的中空意象表现了神道的虚无形态，这是无以图像的，但是随着神道化一、化气、化形、化质之后，早期圣人都在运用物质图像与文字言说的特殊方式，来展示神道存在的永恒变化与生生不息。

到小传统文化中，大传统文化的神道图像形式依旧传承不息，主要表现在传世周易文化、礼仪制度、日常生活等诸多方面。在周易文化中，

第一章　文化大传统与"诗言志"　103

图 1-1-59　商青铜鸮卣
河南博物院藏。

图 1-1-60　商鸮尊
日本泉屋博古馆藏。

图 1-1-61　蟠龙纹盘
殷墟中期，台北故宫博物院藏。

图 1-1-62　西周兔尊
山西博物院藏。

出现了河图、洛书、太极图等易学图说，将宋代周氏太极图（图 1-1-63）、明代来知德太极图（图 1-1-33）、乾坤大父母图（图 1-1-64）与大传统文化时期的玉璧图像、小传统文化初期的青铜圆龙图像相比较，就会发现，这种圆形运化的神话原型有着极为久远的文化渊源，可以直接追溯到史前的大传统文化时期。可见，后来的周易图说不是宋儒的发明，而是宋儒将史前古老的神道传统，再一次用圆形图像的方式将其重新激活了。古代天子学习的地方叫"辟雍"，辟与璧同，天子进入玉璧圆形的学堂学习，不仅要学习书本知识，而且要体悟到神道之初的神秘力量。《诗

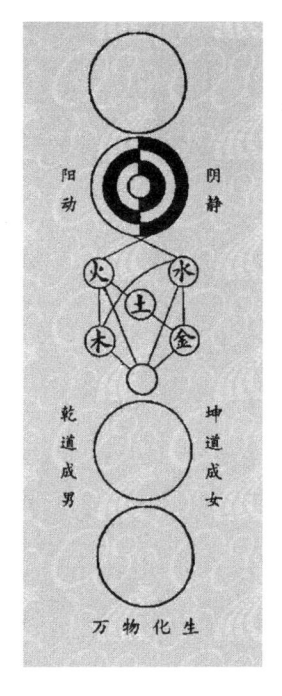

图 1-1-63　周氏太极图

摘自《周敦颐集》，岳麓书社 2002 年版，第 1 页。

图 1-1-64　乾坤大父母图

（明）王圻、王思义撰：《三才图会》，明万历三十七年刊本。

经·灵台》云："于乐辟雍。"①《礼记·王制》："天子曰辟雍。"② 汉班固《白虎通·辟雍》："辟者，璧也。象璧圆，以法天也。雍者，壅之以水，象教化流行也。"③ 图 1-1-65 是明代的天子辟雍图，周边环水，犹如玉质之圆璧外形。亘古以来，古代的祭天仪式是不能有所变化的，其中圜丘为祭天场所，其形制如圆天，明人所绘的圜丘陈设图（图 1-1-66）与大传统文化时期的玉环、玉璧图像形制极为相似。古人对于这类代表了神话原型的圆形图画，一看就能心领神会，自然获得图像以外的文化意义。只是随着时间推移，人心不古，现代人已经很难在这些图像之中领会到更为深厚的文化意义了。

出土文献也为我们探究神道原型提供了一种传世文献之外的文字资料，学术界通常将其称为第二重证据。《上海博物馆藏楚简·亘先》云："恒先无有，朴、静、虚。朴，大朴；静，太静；虚，太虚。自厌不自忍（牣），域作。有域焉有气，有气焉有有，有有焉有始，有始焉有往者。未有天

---

① （汉）毛亨传，（汉）郑玄笺，（唐）孔颖达疏：《毛诗正义》，北京大学出版社 2000 年版，第 1225 页。
② （汉）郑玄注，（唐）孔颖达疏：《礼记正义》，北京大学出版社 2000 年版，第 434 页。
③ （清）陈立撰，吴则虞点校：《白虎通疏证》，中华书局 1994 年版，第 259 页。

**图 1-1-65　天子辟雍图**

明代。摘自（明）王圻、王思义撰：《三才图会》，明万历三十七年刊本。

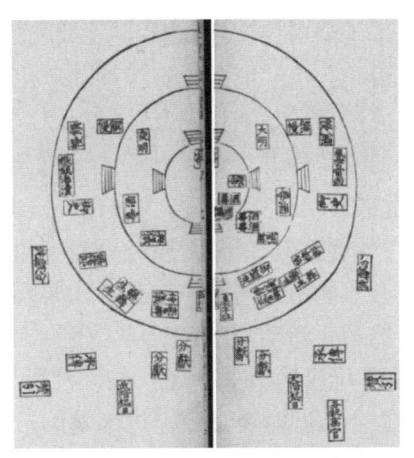

**图 1-1-66　圜丘陈设之图**

摘自《大明集礼》卷二，明嘉靖九年内府刊本。

地，未有作行出生，虚静为一，若寂寂梦梦，静同而未或明（萌），未或滋生。气是自生，亘莫生气。气是自生自作。亘气之生，不独有与也，域亘焉，生域者同焉。昏昏不宁，求其所生。异生异，鬼生鬼，违生非，非生违，依生依，求欲自复，复生之生行。浊气生地，清气生天。气信神哉，云云相生，信盈天地。同出而异性，因生其所欲。羕羕天地，纷纷而多采物。先者有善，有治无乱。有人焉有不善，乱出于人。先有中，焉有外；先有小，焉有大。先有柔，焉有刚；先有圆，焉有方；先有晦，焉有明。先有短，焉有长。天道既载，唯一以犹一，唯复以犹复。亘气之生，因复其所欲。明明天行，唯复以不废，知既而亢思不殄。"[1]《恒先》讲述的是"道"生万物的创世神话故事。"恒先无有"就是最原初的"道"，是宇宙之本源，其特征是"太朴""太静""太虚"，这是华夏文化的一级编码，也是原始编码。"有域"是由无生有的第一个阶段，与太一、混沌接近，是阴阳未分之初，也是一切有形存在的始有状态，"无有"化为"元始之有"，此时，已经是太有，但气有还没有产生，这是华夏文化的二级编码。"有气"是由"有域"的气化状态，是由无生有的第二个阶段，"气有"阶段是元气编码，属于三级文化编码。"有有"是由"元气"化生，已经可以看得见了，是有气有形状态，属于四级文化编码。"有始"是开

---

[1] 李守奎、曲冰、孙伟龙撰：《上海博物馆藏战国楚竹书（一——五）·文字编》，作家出版社 2007 年版，第 844—845 页。

始了生命历程，是有形有质的状态，属于五级文化编码。从一级编码到五级编码，是"恒先无有"逐渐运化万物的过程，神圣力量逐渐由无入有的生成过程。其中"无有"（恒无）与"有域"（恒一）是不变的，是神圣力量的永恒发源之处。此段文字强调，人出生以后，就有人"不善"，就会"乱来"，那怎么办呢？《恒先》提出，唯有人心"复"，才能"不废"而长久。所谓"复"，就是反复回环，重新回归到初始状态，只有"恒一"归还，人心才能回归到原初状态，犹如天道一样，永远不能废除这种"复归"的自然运化活动。"道归""心复"是由低级编码回归原初力量的神圣办法。《马王堆汉墓帛书·观》云："天道已既，地物乃备。散流相成，圣人之事。圣人不巧，时反是守。优未爱民，与天同道。"[①] 圣人所做的事情，就是善于时间回返了，他也随着回返，持守"时反"，就能与天"同道"。持守道心，是圣人的力量所在。《马王堆汉墓帛书·成法》云："昔天地既成，正若有名，合若有刑（形），□以守一名。上捃（揽）之天，下施之四海。吾闻天下成法，故曰不多，一言而止。循名复一，民无乱纪。"[②] 天下最大的成法是什么？是"循名复一"，即根据早期圣人所言说的名言，自觉回归到"太一"状态，回归到神圣的"初有""域有"状态，这样百姓才不会乱来。"成法"是一切后来人为之法的最高之法。《马王堆汉墓帛书·道原观》云："恒先之初，迥同大（太）虚。虚同为一，恒一而止。湿湿梦梦，未有明晦。神微周盈，精静不熙。古（故）未有以，万物莫以。古（故）无有刑（形），大迥无名。天弗能复（覆），地弗能载。小以成小，大以成大。盈四海之内，又包其外。在阴不腐，在阳不焦。一度不变，能适规（蚑）侥（蛲）。鸟得而蜚（飞），鱼得而流（游），兽得而走，万物得之以生，百事得之以成。人皆以之，莫知其名。人皆用之，莫见其刑（形）。一者其号也，虚其舍也，无为其素也，和其用也。是故上道高而不可察也，深而不可则（测）也。显明弗能为名，广大弗能为刑（形），独立不偶，万物莫之能令。天地阴阳，四时日月，星辰云气，规（蚑）行侥（蛲）重（动），戴根之徒，皆取生，道弗为益少；皆反焉，道弗为益多。坚强而不撌，柔弱而不可化。精微之所不能至，稽极之所不能过。故唯（圣）人能察无刑（形），能听无声。知虚之实，后能大（太）虚。乃通天地之精，通同而无间，周袭而不盈。服此道者，是胃（谓）能精。明者固能察极，知人之所不能知，人服人之所不能得。是胃（谓）察稽知极。（圣）王用此，

---

① 裘锡圭主编：《长沙马王堆汉墓简帛集成》（肆），中华书局2014年版，第152页。
② 裘锡圭主编：《长沙马王堆汉墓简帛集成》（肆），中华书局2014年版，第165页。

天下服。无好无亚（恶），上用□□而民不麇（迷）惑。上虚下静而道得其正。信能无欲，可为民命。上信无事，则万物周扁（遍）。分之以其分，而万民不争。授之以其名，而万物自定。不为治劝，不为乱解（懈）。广大，弗务及也。深微，弗索得也。夫为一而不化。得道之本，握少以知多；得事之要，操正以政（正）畸（奇）。前知大（太）古，后□精明。抱道执度，天下可一也。观之太古，周其所以。索之未无，得之所以。"[①]
归纳马王堆帛书中《道原观》的主旨：第一，太虚、恒一、无名都是道的原初状态，道生万物，万物因为有道而获得生命，"神道"为万物生命之本源。第二，宇宙万物都用一而生，但是道一不会因为万物之用，而有所减损，也不会万物回归本道，而有所增益，"道"是宇宙间为一不生不灭、不增不减的恒久存在。第三，圣人是有道心的人精，宇宙之间，能以道为心的万物，都是精灵。第四，圣人用道治理国家，天下太平。第五，圣人拥有道心智慧，知识极为广博，上知太古，后知未来精明。

文学人类学将口传活态的民间言说作为第三重证据。大传统文化的神道传统延绵不绝，尤其是在西南彝族口传文化中保留下来。现传彝族典籍《宇宙人文论》是一部早期口传大传统的经典作品。彝族先民先是口耳传颂，到了文字发明以后，才将其用文字记录下来，以便于流传。《宇宙人文论》阐释了彝族先民对宇宙起源、人类起源以及万物产生发展变化的神话认知。关于宇宙之初的道体状态与宇宙生发，《宇宙人文论》是这样讲述的：在天地产生之前，是大大的、空空虚虚的"无极"景象。先是一门起了变化，熏熏的清气、沉沉的浊气产生了。清浊二气相互接触，清气翻出青色，浊气翻出赤色。青、赤二气成对如桴叶飘飘，又起变化，变成天线、地线，织天又织地，天地同时出现了。有了青、赤二气之后，没有天，青气形成天；没有地，赤气形成地，从此就打好福禄威荣的根基，闪烁的宝珠鲜艳的花朵点缀着美丽的天空大地，宛如群仙下凡，地上有生命活动，人类由此产生并逐渐繁衍，万物的根本牢固了。[②]"无极"是一片空虚，属于一级编码。"清气""浊气"是第一次气化，是元气元精状态，属于二级编码。清气与浊气相交融合，产生了后天之气，即青气与赤气，是后天精气状态，属于三级编码。然后产生天地，属于四级编码。最后生成万物，是五级编码。从无极到万物，经历了五次文化密码的转换，但是无极的原初力量却没有改变（图1-1-67）。

---

[①] 裘锡圭主编：《长沙马王堆汉墓简帛集成》（肆），中华书局2014年版，第189页。
[②] 贵州省毕节地区民委彝文翻译组：《宇宙人文论》，民族出版社1984年版，第15—16页。

**图 1-1-67　彝族太极图**
摘自王继超、陈光明编：《彝文典籍图录》，贵州民族出版社 2013 年版，第 10 页。

## 五、玄古道心：文化小传统中的道体心性

如果局限于理性认知中心主义的思维模式，在主体与客体、主观与客观之间，去寻找文化大传统的意义编码，那是毫无意义的。必须从文化大传统的生成精神和源始文化出发，才能触摸到大传统文化的真正意义所在。

作为文化大传统的核心存在形式，口头文化与文字书写是两种截然不同的文化事件，不能简单地将它们混淆等同起来。正如蒂埃诺·博卡尔所云："撰述是一件事，知识是另一件事。撰述是知识的真实记载，但并非知识自身。知识是人类的一盏明灯，是我们祖先在认识方面的全部遗产，正如波巴布树潜伏在种子里一样，在萌芽之时，我们祖辈就把它传给了我们。"[①] 口头大传统的知识与文字书写的知识不是同一种知识，而是两

---

① 引自 A.哈姆帕特·巴：《逼真的传说》，J.基·泽博编：《非洲通史（第一卷）·编史方法及非洲史前史》，中国对外翻译出版公司 1984 年版，第 121 页。

种不同的知识形态。大传统的口传知识是人类原初的真知,其与人类生命种子的生发、储存、发展是密不可分的,是原初知识与原初编码,具有很强大的生命力量和极为久远的传承历史,而文字书写知识是派生知识,一方面传承了早期大传统的真知,同时,也掺杂了小传统生发出来的妄知,是大传统真知与小传统妄知相互混合的杂交体,是知识存在的文字形态或书写载体,属于人类知识的二级编码,它不等于知识形态的全部智能,更不等于原初真知本身。这使我们明白,并非先有文字书写,然后才有知识,而是先有口传形态的活态知识,即真知编码,然后才有书写形态的固定知识,即真妄杂知。在文字出现之前的很长一段时期,人类就已经拥有了一个更为源始的知识传统,这个知识传统就是文化大传统。而且文化大传统的知识形态,不是文字书写的固体形态存在,而是以活态的口传文化形态、物质文化形态、图像文化形态存在。美国学者沃尔特·翁(Walter J.Ong)认为:"事实上,口语民族认为语词具有魔力,这种情况十分普遍,而且很可能是一切民族的共同现象。显然,这种感觉和语词必然具有与被说出口的、由语音构造的、被力量推动的这些特性有关系,至少在无意识的层次上,两者是联系在一起的。与此相反,深受印刷文化浸染的人忘记了语词首先是口语现象,不能把语词当事件看待,他们忘记了语词必然是由力量推动的。"① 沃尔特·翁指出,原初民族的口传"语词"有一个共同的文化现象,就是这种原初的声音具有一种神圣的"魔力",而当有活态魔力的"语词"逐渐变成固态的文字书写之后,这种语词声音的"魔力"就逐渐被有形的文字书写所遮蔽了,人们就会越来越感受不到这种神秘力量了。可见,由原初的大传统知识到文字书写小传统知识,一个巨大的文化现象就是小传统知识往往会遮蔽鲜活的文化大传统知识。要了解大传统文化时期的真知,如果想仅仅利用小传统的文字记载,即出土文献与传世文献,还是不行的。只有从作为文化源头的文化大传统出发,才能触摸体验原初文化的真知存在。当然,随着文字出现以后,文化大传统的新知也会利用文字书写的形式来传承表达,因此,在大小传统之间,又存在一条文化贯通的表述路线。在此,我们将大传统文化考察得到的关于"道"的新知识,放置在文化小传统的文字文本中,就能获得一种豁然开朗的文化通悟。

孔子曾云:"人能弘道,道不能弘人。"孔子的意思是说,只有人才能

---

① [美] 沃尔特·翁:《口语文化与书面文化:语词的技术化》,何道宽译,北京大学出版社2008年版,第24页。

弘扬道体精神，而道体存在是不会自主地显现在人身上的，只有人心体会了道体存在，道心才能弘人。玄古之初，文化大传统的神秘"魔力"是发自人心深处的神圣力量，而人类的口传话语所传递魔力，也是发自早期人类的太初之心，是源自原初圣人的神圣存在。《庄子·天地》云："天地虽大，其化均也；万物虽多，其治一也；人卒虽众，其主君也。君原于德而成于天。故曰，玄古之君天下，无为也，天德而已矣。以道观言而天下之君正，以道观分而君臣之义明，以道观能而天下之官治，以道泛观而万物之应备。故通于天地者，德也；行于万物者，道也；上治人者，事也；能有所艺者，技也。技兼于事，事兼于义，义兼于德，德兼于道，道兼于天。故曰，古之畜天下者，无欲而天下足，无为而万物化，渊静而百姓定。《记》曰：'通于一而万事毕，无心得而鬼神服'。"① 庄子所指的"玄古"时代，就是大传统文化盛行的时代。"玄古之君"，即大传统时代的圣人。玄古圣人持守自身所具有的齐全"天德"，其所有行为皆由"道"而发，如"以道观言"、"以道观分"、"以道观能"、"以道观物"，玄古圣人之所以能够做到人心通达天地万物的原初力量，就是因为他能够"通于一"，而人间万事万物的差异都在其心中隐退，他以"无心"为人为事，这种"无心""通一"神灵状态是令"鬼神"也为之佩服的。可见，玄古圣人（君）之所以能够超越万物，其外在言说与行为之所以能具有神奇力量，都在于圣人获得了内在无心的"太一"状态，而这种"太一"精神与天德齐备状态乃是天地万物所共有的力量源泉。

真人是上古时代的有道之人，是大传统文化的真正创造者。《文子·道原》云："真人体之，以虚无、平易、清静、柔弱、纯粹素朴，不与物杂，至德，天地之道，故谓之真人。真人者，知大己而小天下，贵治身而贱治人，不以物滑和，不以欲乱情，隐其名姓，有道则隐，无道则见，为无为，事无事，知不知也。怀天道，包天心，嘘吸阴阳，吐故纳新，与阴俱闭，与阳俱开，与刚柔卷舒，与阴阳俯仰，与天同心，与道同体；无所乐，无所苦，无所喜，无所怒，万物玄同，无非无是。夫形伤乎寒暑燥湿之虐者，形苑而神壮；神伤于喜怒思虑之患者，神尽而形有余。故真人用心仗性，依神相扶，而得终始，是以其寝不梦，觉而不忧。"② 真人的特征就是能够与"道"完全浑然一体，能够做到"与天同心"。天何来有心？天心乃是以真人之心为心。真人与"万物玄同"，也就是说，真

---

① （清）郭庆藩撰，王孝鱼点校：《庄子集释》，中华书局1961年版，第403—404页。
② 王利器：《文子疏义》，中华书局2000年版，第18—19页。

人与万物拥有相同的"玄心"。真人善于"用心复性",即利用人心的能动作用,而不受人间各种世俗之事的影响,从而恢复人心的元性状态,使元性的神圣力量贯穿在心神之中。可见,真人的精神世界不同于世俗之人,是元性与神识的一体贯通,体现了元性无为无心的核心价值。《郭店楚简·五行》云:"耳目鼻口手足六者,心之役也。心曰唯,莫敢不唯。诺,莫敢不诺。进,莫敢不进。后,莫敢不后。深,莫敢不深。浅,莫敢不浅。和则同,同则善。目而知之谓之进之,喻而知之谓之进之,譬而知之谓之进之。几而知之,天也。'上帝临汝,毋贰尔心',此之谓也。"① 耳目口鼻手足等形体器官,都是唯心是,心是司令者,五官是服从者。如果人心符合"道心""中心",那么,"道心"就会成为圣人言行的唯一力量源泉。"道心"先在,发出命令,外在感官没有不顺从的。"道心"的先后深浅,直接决定外在感官的先后深浅。外在言行与内在"道心"是和谐同一的,圣人是道心先行,然后言行都是善行。可见,获取道心是关键,一个人用眼睛看外物,而能从中领会神圣的"道心",这就是进步。一个通过领会比喻、譬喻的象征符号,而能从中通达"道心",这也是进步。一个人如果不是通过后天的学习,就能把握天机,通达道心,那么,这个人就犹如天一般圣明,是一个天生的圣人。《五行》还引用了《诗经》中的诗句,其意思是说:上帝既然来到你心中,它让你的尘俗之心变为了道心,不要违背你现在所拥有的上帝之心,此上帝之心即是道心。郭店楚简中的《五行》认为,一个人获得了道心,就是一个具有上帝之心的圣人,其一切言行都是以上帝之心作为行动的力量源泉,而绝不会违背它。可见,"上帝之心",即作为大传统文化时期的道心真知,才是外在语言行为的一切根源所在。

　　西方存在主义现象学认为,事物的本质不在于有形实在,而在于"面向事情本身"的真实存在。而大传统的口传"语词"的本来实在或"事情本身",就是玄古真人的无心状态(或道体存在),这种实在不是纯粹面向客体对象的外在表象,而是圣人之"思"中获得了"道体力量",并将其作为推动口传声音的形成与发出,可见,大传统文化的"语词"声音是由圣人"玄思""道体"的"神圣力量"发出的"表象"符号,道心为本,话语为文。外在语词的力量与圣人之心、天地之心的洪荒力量都源自"道体"世界,"太一"成为话语生成魔力的根本所在。

　　在《中国岩画发现史》中,陈兆复讨论了早期大传统文化的物质图

---

① 李零:《郭店楚简校读记》,北京大学出版社 2002 年版,第 80 页。

像传统,他认为,史前岩画所展现的是一种人与神圣世界的神话关系,其云:"岩画所涉及的人与动物的关系,人与上帝或神灵的关系,人与整个自然界的关系,几乎一直是古代和现代思想家们讨论的中心议题。"① 人与动物、上帝、神灵、自然界之间的神圣关系,并不在于有形存在者之间的关系状态之中,而在于岩画创作者、参与者的神圣之心,唯有在这充满人类想象的神奇"玄思"中,原初圣人才能将神奇的"神秘力量"与神话世界联系起来,并在原初的"神秘力量"中,体验到人与天、地、万物之间的浑然一体关系。

中古以后,随着书写小传统的出现,道体一心的神话想象逐渐被遮蔽起来,出现了拥有道体魔力的圣人与失去玄心力量的俗人。俗人由于失去了大传统文化的神道力量,人心就开始沉沦在物质世界中,人类各种妄知就开始盛行。《老子·第九章》云:"持而盈之,不如其已;揣而棁之,不可长保。金玉满堂,莫之能守;富贵而骄,自遗其咎。功遂身退,天之道。"② 心怀"天道"的圣人,善于功成身退。而世俗之人恰恰相反,他们汲汲于世间的功名宝物,只有持有功名与利禄,他们就会感到满足,甚至锋芒毕露,这种人是不可长保平安的。他们追求"金玉满堂",追求物质的极大富贵,由此而骄奢淫逸,这是不可能长久的,只会给自己带来祸害。世人已经忘记了天性之心,就会沉迷于世间的万事万物。《老子·第二十章》云:"众人熙熙,如享太牢,如春登台。我独泊兮其未兆,如婴儿之未孩;儽儽兮若无所归。众人皆有余,而我独若遗。我愚人之心也哉! 沌沌兮! 俗人昭昭,我独昏昏;俗人察察,我独闷闷。澹兮其若海,飂兮若无止。众人皆有以,而我独顽似鄙。我独异于人,而贵食母。"③ 老子将众人与圣人(我)进行对比。众人为荣利所惑,喜欢夸耀自己,具有与世竞进之心。而圣人却喜欢淡泊明志,不夸耀自己,具有宁静致远之心。圣人人心混沌的样子,犹如心智未开的婴儿,对世俗之事持有无所谓的样子,好像不知所归。众人尽情招揽货物,物质丰富有余而不知足。而圣人对世间之物,好像有所遗忘而常常知足。圣人遗忘外在的财物,在众人眼中,实在是太"愚蠢"了。众人表面上好像光彩照人的样子,圣人却善于韬光养晦,显得昏昏无光的样子。众人精明能干,圣人无所用心。众人皆有为而作,圣人却显得顽固而鄙陋。圣人与众人之所以外在表现存在

---

① 陈兆复:《中国岩画发现史》,上海人民出版社1991年版,第22页。
② (魏)王弼注,楼宇烈校释:《老子道德经注校释》,中华书局2008年版,第21页。
③ (魏)王弼注,楼宇烈校释:《老子道德经注校释》,中华书局2008年版,第46—48页。

很大的不同，在于圣人持有道心，以持守原初神道为贵。太初人心，原本是拥有同一的道体心性，但此时已经开始出现了不同的价值取向。世人熙熙攘攘，声色货利，骄奢淫逸。圣人则甘于道心，持守淡泊，知足常乐。《老子·第五十三章》云："大道甚夷，而民好径。朝甚除，田甚芜，仓甚虚。服文采，带利剑，厌饮食，财货有余，是谓盗夸。非道也哉！"①玄古时期的"大道"是极为简易的，但是世人却喜欢走歪门邪道。朝廷腐败，田地荒芜，仓廪空虚，世人却依旧穿着华丽的衣服，佩戴锋利的宝剑，享用精美的食物，夺取丰厚的财物，这种人就是世间大盗，是无道之人。无道的人专门走邪路，是社会的盗贼。老子的时代，正是道体神力逐渐隐退的时代，他极为清醒地认识到，那些失去神道力量的人，就会用各种妄知来满足自己的私欲，残害社会，给人类带来了无尽灾难。

世人迷失于物质世界，人心就逐渐失去原初的神道力量。如何才能找回失去的神圣力量，才能回归到原初的道心呢？刮骨疗毒，尽心归性，成为后世真人、神人、至人、圣人获得神秘力量的心性修养途径。《老子·第四十章》："反者，道之动；弱者，道之用。"②"反"，就是回归原处，只有重新回归道体心性，人心才能依据道心而动。"弱"，就是柔弱谦让，只有人心谦让，才能表现道心显现的具体运用。《庄子·天地》云："夫道，覆载万物者也，洋洋乎大哉！君子不可以不刳心焉。无为为之之谓天，无为言之之谓德，爱人利物之谓仁，不同同之之谓大，行不崖异之谓宽，有万不同之谓富。故执德之谓纪，德成之谓立，循于道之谓备，不以物挫志之谓完。君子明于此十者，则韬乎其事心之大也，沛乎其为万物逝也。若然者，藏金于山，藏珠于渊，不利货财，不近贵富；不乐寿，不哀夭；不荣通，不丑穷；不拘一世之利以为己私分，不以王天下为己处显。显则明，万物一府，死生同状。"③庄子认为，"道"支撑着万物生命，是极大之状。君子要获取"道体"的神力，必须要进行自我"刳心"。所谓"刳心"，就是自我去除心中各种邪念妄想，让人心回归到太初的本心状态，将世俗之心转变为道心。庄子概括了"道心"的十个特征：一是"天心"，即无为之心。二是"德心"，即无为而言之心。三是"仁心"，即爱人利物之心。四是"大心"，即外形不同，而能以气同之，是为包容之心。五是"宽心"，德不异于人，行不殊于物，混同俗迹。六是"富心"，此富不是世俗之物

---

① （魏）王弼注，楼宇烈校释：《老子道德经注校释》，中华书局2008年版，第141—142页。
② （魏）王弼注，楼宇烈校释：《老子道德经注校释》，中华书局2008年版，第110页。
③ （清）郭庆藩撰，王孝鱼点校：《庄子集释》，中华书局1961年版，第406—407页。

质财富,而是人心在道心中的充盈富有状态。七是"德行",依据于德心,而有德行,这是在世间的行为纲纪。八是"立德",德行有成,不乱纲纪,不违德心,这就是"立德"。九是"备行",道是一种气化运动,道心只有顺应自然的气运,才能做到"循顺"的完备德行,一时的德行是不行的,只有循顺道体四时的运化,才是真正的德行有立。满足这十个特征就是"齐全"的道体状态。人心有志于道心,心志能够不受外物的影响,而持守在道心之中,这样才能算道心完备,德性齐全。作为一个君子,能够自我剖析,主动放弃世俗的想法与言行,立身于齐全完备的道心德行,就可以做到外在韬光养晦,不会自我夸耀,内在能够循顺道心之大,这样道心就会更加充盈,真气积聚,心志满足,而不为外物所动,万物与名利就会随着道心的到来,而逐渐隐退消逝。持有道心的君子,对于外在物质没有欲念,不以宝物为贵,金归于山,珠藏于渊,不欣羡世间的荣华富贵,也不争夺各种货物财宝,不以寿命长短为忧乐,不以荣华富贵为通达,不以形貌丑陋为悲哀,不因获得一世之利而认为自己可以为所欲为,不因统治天下而认为自己比众人更荣耀。外在的名利物质,不会影响君子内在的道心存在,在君子心中,只有道体之荣耀才是最为荣耀的事情,只有道体光明才是真正的光明,万物共处于道体世界中,忘怀了有形身体的生死状态。庄子认为,君子必须在自己身体内部寻找到道心的心性力量,只有顿悟了这种原初的心性力量,才能获得人生的透脱通达状态,心志才能恒持不变,不为外物所动。与此同时,万物作为外在之象,也能共处于道体世界之中,沐浴道心之光,显得安静和谐,而不会诱导人心,由此万物也展示出道体物性的神性光芒。

  海德格尔在《物是什么》一文中认为:"物作为物,只是虚无。物的物性被遮蔽、被遗忘了。物的本质从未暴露于光明之下,即从未被人留意……如果物在其物性上已将自身显示为物了,那么,物的物性便早就该明显了,早就该要求思去思它了。然而,事实上,物作为物已是虚无,因而也是被消灭了。这种情况已经发生而且继续发生,物不仅不再被认为是物,而且从来没有能够在思想面前显现为物。物不显现为物,原因何在?是否这只是由于人忘记了把物描述为物?人只能忽视那已被给予他的东西。无论怎样,人只能描述先前自动显露出的东西,先前那以自己带来的光芒启明自身的东西。"[①]海德格尔以其深邃的思考,揭示了物被人心所异

---

① 《系于孤独之途:海德格尔诗意归家集》,成穷、余虹、作虹译,天津人民出版社2009年版,第210页。

化的特征。他认为,"物"不是物的有形存在,而在于"物"的物性存在,即虚无存在。而物的物性存在,通常是处于晦暗之中,不为人所知的。物的物性存在只有在圣人道心显现的时候,才在有形的物质之中显现出来。物性原本隐没在有形物质的表象之中,而圣人以道心之光,照临于物,使物重新发现自身的物性存在,而以天地之性、虚无物性显现出来。可见,物性本质与有形物质存在一种背离关系,在世俗世界中,"物"以物形存在,就成为人的一种外在诱惑。而在道体、道心世界中,"物"被神圣"道力"所化,"物"获得了圣人之性,而以物性存在,"物"的物形存在隐退,也失去了对人心的诱惑力,从而获得了与人心可以共享的天地之性。

只有在玄同之心中,万物与人才是同一的。"玄心""天地之心""虚无之心"是前提条件,万物与我尽管在形体上存在千差万别,但只要"虚无之心"显现了,万物就沐浴于"玄同之心"中,我亦沐浴于"玄同之心"中,万物与我在生命本源与神圣力量方面,获得了同一的存在可能。《庄子·齐物论》云:"天下莫大于秋毫之末,而大山为小;莫寿于殇子,而彭祖为夭。天地与我并生,而万物与我为一。既已为一矣,且得有言乎?既已谓之一矣,且得无言乎?一与言为二,二与一为三。自此以往,巧历不能得,而况其凡乎!故自无适有以至于三,而况自有适有乎!无适焉,因是已!"[①]如果以形体大小来论,大山远远大于秋毫,但是从玄同之物性来看,秋毫因为形体极小,就越能保全完备的道性,而大山因为形体极大,要忽略外在极大的有形存在而通达无形物性反而很难。早夭的殇子,因为形体的去世,而没有使元气受损,元气齐全地回归道体之中。而长寿的彭祖,因为有形的长久存在,逐渐耗费自身的元气,最终元气耗尽而死。站在道体元气的立场,殇子因元气齐全而长寿,彭祖因元气耗散而短促。庄子认为,天地万物与我共有一个生命的道体源头,在玄心道体之中,我与天地万物都是"太一""太极"的散精散体,体形存在不同,而道体"太一"的精气力量却是相同的。"道"虽然已经由"无""虚无"变为"一",然后又由"一"散体散精,如果要发言说明这种散精散体的结果,那就有"二"。如果将"太一"与"二精"加起来,就有了"三"。如果"二精"的混融交合,就可以散变为无数之形体,这种形体的模式到底有多少种可能性,善于计算的人都很难知道,更何况我们这些普通人了。从无到有,以至于数三。从有化有,以至于无穷无尽。庄子认为,散精为体,难以穷尽,难以算尽,既然如此,还不如不算,还不如强调万物之本,强调回归

---

[①] (清)郭庆藩撰,王孝鱼点校:《庄子集释》,中华书局1961年版,第79页。

于"道"的太初状态。由此而言，人与万物，都不过是"太初之一"的散精散体罢了。

在玄古之初，文化大传统的真知就在于具有原初性、生成性的道心存在，道体本性才是人类生命的本源力量。一切语词、外物的力量本源，都发源于玄同为一的神道心性，文化大传统的真知传统就是神道为心、天地人同一的神性传统。在大传统文化中，口传传统的"语词"、物质传统的物质、图像传统的图像，作为一种有形的形体存在，都是圣人道心神秘力量的外在体现，属于神圣道心世界的N级显像与符号演化，是被道心神秘力量所改造、所异化以后的物性灵知存在，其文化意义不在有形物体，而在神圣道心世界的元语言意义。因此，我们不能局限于眼前可见的客观世界来理解被神圣道心所异化之后的口传语词、物质图像，而要从推动这些符号异化成为可能的神圣"道心"入手，才能找到通往太初意义的文化通道，才能真正把握文化大传统的本土精神和核心价值。

## 六、小　　结

21世纪之初，文学人类学根据本土文化起源的文化表征，提出了文化大传统的文化理论，彰显了华夏文明起源的本土生成知识观，为探究中华文明的神道起源和文化传承，提供了全新的知识视野。

大传统的核心特征就是口传大传统。口传文化传统不同于文字书写传统，具有整合性、多样性和神圣性的文化特性，彰显的是大传统文化的综合意义和符号编码关系，其极为重视文化生成和文化传播的实际境遇和仪式活动，尤其重视声音符号发生的心性力量，可以避免书面文化的简单化和形式化。

随着考古学的迅速发展，史前出土遗物日俱增多，弥补了口传声音的不可复原缺陷，也为揭开早期文明生成提供了重要的物质证据。那些无声的物质图像都以在场无声的特殊方式，传递着原初人粗犷神秘的幽眇声音，展示了原初圣人丰富奇特的文化想象与神话意象，也为解开早期人类文化意义提供了新的可能。

将"道"放置到大传统文化之中，结合口头传统、物质文化、神话图像、传世文献、出土文献等四重文化证据，才能解开中华文化的"道"的文化意义。道心是大传统的文化产物和核心价值，"道"的文化意义就潜藏在大传统的文化遗迹之中。首先，早期文化之"道"是原初圣人的神性状态。其次，"道"是上古圣人在通神仪式或自觉收心活动中，暂时摆脱现实的流俗之心，获得了道心状态的神话图像，是神灵回归人心的符号标志。最后，这条神秘之"道"，不是现实可见的道路，而是一条真神归来之道，是一条本真神性在身体之中再次显露之道，是天命传来之道。从大传统文化开始，原初圣人就沉浸在"神道"的文化体验和本真存在之中，赋予了神道文化的原初编码和元语言功能。

从大传统文化到小传统文化，神道运化最核心的物质原型就是玉璧、玉环，还有彩陶、青铜器上的圆形纹饰。神道是无形无质的，但是神道由无入有之后，就会形成各种神器图像。玉璧、玉环的内孔虚无象征着"太虚"之道，外缘玉质象征着"太一"初有，在小传统文化中，圣人用车轮、环中等神话意象隐喻道体的圆形运动，揭示出神道的永恒运化。圣人在世界中，是善于持守自身道心的人精，圣人"反道""复一""守成"，都是大传统神道文化的继承者。

在书写小传统文化中，早期书写者认为，玄古时期，口传传统的"语词"、物质传统的物质、图像传统的图像都与原初人的道心世界是密不可分的。早期书写者将口传时期的圣人道心写入文字文本之中，体现了文化大传统是贯通于书写小传统的。在大传统文化中，圣人道心是天地之心，承载了原初圣人的文化建构和意义编码，圣人将道心的神圣力量传递在原初声音之中，使口传声音、物质图像都饱含了独具"魔力"的神秘性。作为文化力量的传递者，文字书写也是神道力量的表述形式之一，不能将两者分开，而简单依据文字表层意义来讨论"道"及其"名"的文化意义。

利用四重证据法，综合阐释文化大传统时期的神道价值，彰显了神话文化极为久远的文明起源和运化价值，展示了华夏精神的道体特征，对于树立华夏民族的文化自信与文化自觉，强化中华民族的本土知识形态及其核心文化价值，具有重大意义。

## 第二节 "诗言志"与口传文化

《今文尚书·尧典》记载："帝曰：'夔！命汝典乐，教胄子。直而温，宽而栗，刚而无虐，简而无傲，诗言志，歌永言，声依永，律和声，八音克谐，无相夺伦，神人以和'。"[1]"诗言志"是早期经典书写文本中关于"何为诗歌"的最早命题，朱自清将其称为中国诗学的"开山纲领"。"诗言志"成为讨论中国文化与文论精神的核心命题，也是我们理解本土诗论文化价值的最早经典文本。关于《尧典》的成书问题，历代学者开展了较多的文字考据研究，提出了聚讼纷纭的看法。概括起来，主要包括以下五种观点：1.认为《尧典》成书于夏代，如顾炎武（《日知录·古文尚书》）、赵翼（《陔余丛考》）、刘逢禄（《尚书今古文集解》）、章炳麟（《古文尚书拾遗》）等；2.认为《尧典》成书于周代，如魏源（《书古微》）、梁启超（《清代学者整理旧学之总成绩》）、王国维（《古史新证》）、竺可桢（《论以岁差定〈尚书·尧典〉四仲中星之时代》）等；3.认为是孔子所作，如康有为（《孔子改制考》）等；4.认为作于春秋战国时期，如向定生（《尚书的文法及其年代》）、岑仲勉（《尧典的四仲中星和史记天官书的东宫苍龙是怎样错误的》）、郭沫若（《中国古代社会》）、李泰棻（《今文尚书正伪》）等；5.认为作于战国至秦汉之间，如陈梦家（《尚书引论》）、蒋善国（《尚书综论》）、顾颉刚（《论今文尚书著作时代书》）、张西堂（《尚书引论》）等。综上所述，可以看出，《尧典》文字文本的成书问题，极为复杂，从夏代到秦汉时期，时间跨度很长，也很难有定论。众多学者在讨论《尧典》成书问题时，都存在一个共同的研究视点，即都是将《尧典》看成是一个书写文化的经典文本，然后根据可见的有形的文字文本，展开文字文献的考据辨析，由此展开理论上的演绎，以致忽略和遮蔽了《尧典》书写文本的最初形态与文化起源。20世纪以来，口传文化大传统的文化发现，为《尚书》文字文本的口传起源与文化意义提供了全新的研究视野。

在《文章源始》一文中，刘师培详细分析了从口传大传统过渡至书写

---

[1] 顾颉刚、刘起釪：《尚书校释译论》，中华书局2005年版，第192页。

小传统时早期文化的产生、传播及其发展情况，其云："上古之时，有语言而无文字。凡字义皆起于右旁之声，任举一字，闻其声即知其义；凡同声之字，但举右旁之声，不必举左旁之迹，皆可通用。且字义既起于声，并有不举右旁为声之本字；任举同声之字，即可用为同义。故一义仅有一字。其有一义数字，一物数名者，半由方言不同。由语言而造文字，而同义之字，声必相符。由是言之：文字者，基于声音者也。上古未造字形，先有字音，以言语流传，难期久远，乃结绳为号，以辅言语之穷。及黄帝代兴，乃易结绳为书契，而文字之用以兴。故'字'训为'饰'，与'文章'之训相同，足证上古之初，言与字分，以文为字。然文字虽兴，勒书简毕，有漆书刀削之劳，抄胥匪易，传播维艰；故学术授受，仍凭口耳之传闻。"[1] 按照"文字"是否出现，刘师培将早期的文化传统分为三个时期：一为"有语言而无文字"的时期，这个时期属于文字还没有出现的纯粹口传大传统时期。口传大传统时期，文字还没有发明，不存在文字书写的事情，只有口头语言。所谓"闻其声即知其义"，指代口头语言的"声音"就是"意义"所在，文化意义完全依靠口传的声音来生成和表达。二为"由语言而造文字"的时期，这个时期属于从口传大传统向书写小传统开始过渡的时期。在这一时期，文字刚刚出现，文字书写还没有完全从口头声音中独立出来。口传文化是主体，是源；书写是派生，是流。此时文化传播依旧遵循"语言"的口语特征，"文字者，基于声音者也"，强调了"文字"书写在其发迹之初，不过是口传大传统的辅助性工具，"以辅言语之穷"，那个时期的文字功能仅仅是为了弥补"言说声音"容易消逝的形式不足。三为"文字虽兴"的时期，这一时期属于书写小传统开始流行的初期。在这个时期，文字开始流行，受到人们的欢迎，但是由于文字书写的工具还极为粗陋，书写劳动显得极为烦琐，书写的简策木牍制作起来也极为不方便。可见，书写文化的早期传播并非是一蹴而就的。刘师培认为，哪怕到了文字开始流行的时期，学术授受与文化传播依旧是以"口耳相传"为主。刘师培精炼地概括了早期人类文化由口传大传统时期到书写小传统时期的传播媒介变化，值得注意的要点有二：第一，人类文明文化的最早根源在于口传大传统文化，那时候尽管还没有出现文字，但是已经经历了数万年的口传大传统，华夏早期文明与文化精神已经具有极为系统、极为久远的文化体系。第二，后来文字出现了，甚至开始流行起来，但这也并不意味着口传大传统文化所承载的文化精神就此消失了，恰恰相反，口传大

---

[1] 洪治纲主编：《刘师培经典文存》，上海大学出版社2004年版，第284—286页。

传统只是开始借助作为辅助性的文字书写媒介，来保存和发展自身的传统内容与文化精神。可见，文字书写的早期发明，不是为了取代、消灭口传大传统，而是为了更好地保存、传播口传大传统，大传统的文化之根才是文字书写文化发展的真正内在驱动力。文字书写流行之后，口传大传统文化不仅没有被文字媒介完全取代，而且口耳相传的文化意义成了书写传统的原旨大义。从这个意义来看，书写小传统文化，尤其是早期经典的书写文本，很大程度上，依旧是早期口传传统文化意义的表达和传承而已，大传统文化之根就牢牢扎在了书写文化之中，成了书写文化早期经典文本的精神灵魂。立足文化精神的传播关系，口传传统与早期书写传统之间是文脉贯通的文化关系。

  21世纪以来，文学人类学将无文字时期的文化传统称为文化大传统（口传大传统），将文字出现以后的文化传统称为文化小传统（书写小传统）。文学人类学对西方人类学大小传统的重新改造，熔铸了本土文化的精神传递，彰显了中华史前文化的文化基因与原型编码功能。口传文化大传统经历了一个极为久远的发生发展过程，而且在这个过程中，华夏文化的元语言基因与初级文化编码都已经形成。同时，从文化大传统的兴起成熟到书写小传统的文化流行，也存在一个极为漫长的文化过渡时期。在这个过渡时期，华夏早期经典书写文化也不是一蹴而就的，更不是完全抛弃口传大传统的原初精神，而是充分利用文字书写便利有形的文化优势与媒介特长，将长期"口耳相传"的文化传统与文化意义用有形文字的形式将其定格定型。可见，早期经典文字的书写文化的根源在于文化大传统，成为早期口传大文化价值的书写形式与传播媒介。从文化大传统到早期书写文化传统，不是一种文化背离关系，而是一种文化贯通关系。

  作为早期经典书写文本的《尚书》讲述的是关于尧舜至三代的历史故事。但在唐尧虞舜的时期，文字书写可能还没有发明，或者文字仅仅处于刚刚出现的时期。但作为口传文本的《尚书》叙事已经出现了，甚至，在早期初民的口耳之间已经广为流传了。也就是说，《尚书》文本叙事的发生时期，正属于口传文化大传统向书写文化小传统过渡的重要时期，因此《尚书》叙事的文化起源初期应该是口传文化或口头叙事，或者说，《尚书》文本的早期形式应该就是一个口传文本。这个早期《尚书》的口传叙事传统，到了文字出现以后，经历了很长时间，才逐渐被史官用文字书写的形式定型下来。

  《尚书》文本这个文字化过程，与纳西族的经典文本的形成极为相似。

纳西族经典文本"先有口诵的经咒，后才用文字来写"①。同时，纳西族的经典在文字文本化的过程中，并不是将口语文本完完全全、一字不漏地记录下来，而文字文本其实只是口语文本的一个缩写本。"但写成的书，是把已有口说的经典语简略记录，以助记忆，只供他们(东巴巫师)自己看，所以文字符号写的少，不把口语逐字写下来；即一般话要读几句，只写几个字，要凭口耳传授，这是很大的缺点。"②通过了解纳西族经典的文字文本化情况，可以为我们理解《尚书》文本的文字化过程提供一种全新的视野。《尚书》文本在文字化的过程中，应该与纳西族经典的文字文本化具有相似的情况：即文字文本不是一个口语文本的全本，它只是一个缩略之后的记录本。而且作为被省略后的文字文本记录，只有那些最初的文本书写者(纳西族的经典书写者是东巴，《尚书》文本的书写者是早期巫师或史官)才能明白文字文本与口语文本之间的不同处，并能够自觉地补充那些被书写文本所省略了的文本内容。他们能够根据文字文本所提供的各种记忆线索，结合现实的文化语境与集体记忆，将书写文本中所省略的部分在不经意之间补充完整。因此，这种文字书写改造之后的口语文本或早期经典，一般人是读不懂的，只有依靠经师的口耳相授与口语补充，才能逐渐将书写文本在写成过程中所省略的思想内容补全回来。在《尚书》文字文本的形成过程中，《尚书》的文本书写者难免也会在不经意之间掺和了一些后世书写文化的东西，但是《尚书》口传叙事的基本内容和文化惯例还是被保留在了《尚书》的书写文本之中。

20世纪以来，一些学者对人类早期口传文化及其口头传承的历史发现，学术界已经意识到，像《尧典》这样的早期经典书写文本，根本不是什么纯粹文字书写传统的文化产物，而是在文字出现以后(今天看到的最早的文字形式是甲骨文)，用文字的形式记录下来的口传文化传统。由此看来，我们不能简单地将《尧典》当成是纯粹的文字书写传统来理解和研究，更不能用书写小传统的历史价值和思维模式来推导、演绎甚至否认《尧典》的口传叙事及其文化编码。在此，我们尝试立足于华夏文化早期口传传统的历史语境与文化视野，深入探讨《尧典》中"诗言志"诗学命题的原初编码与神圣意蕴，揭示出中国早期文论中具有源始性和生成性的文化编码。

---

① 方国瑜编撰，和志武参订：《纳西象形文字谱》，云南人民出版社2005年版，第43页。
② 方国瑜编撰，和志武参订：《纳西象形文字谱》，云南人民出版社2005年版，第44页。

## 一、神圣诗歌："诗言志"的口传形式与神秘力量

遂古之初，原初居民尽管还没有发明文字，但只要发明了有声语言，人类就拥有了一个全新的文化想象世界，原生的口传文化也由此产生了。在口传文化的远古时期，原初居民根本不知道文字是什么东西，甚至没有想象过要用文字来记录所说的言说内容。今天，我们这些从小就被文字濡染的现代读书人，很难想象原初居民是怎样使用无形的口头语言来表达、记录、保留和传承古老的部落文化。更有甚者，现代读书人遇到不认识的字，不理解的语句，都可以查阅字典，翻阅资料，来获得其意义。而在原初居民那里，他们没有字典，也没有任何可以借鉴和回忆的字典工具，所有的部落故事和文化意义，都在无形的语词声音之中交流传播，而这些语词的声音形式，从来就没有人去考究它们是什么形态，而这些语词声音所表达的文化意义，就藏在每个人的心中，甚至这种口头的语词声音与部落生存、自身生命是相通相连的。失去这种幽眇的口传声音，整个部落就无法凝聚团结，人心就无法安宁，部落群体与个体生命只有在这种神圣的口头语词声音中获得永恒的文化意义。因此，这种口传声音必须得到历代族民的传承保留，但永远又是一种无影无踪的声音存在，没有任何可见的痕迹，也没有可以触摸的现成之物。它们虽然是无形的声音存在，但每个人都能听懂它，因为在这种祖祖辈辈口耳相传的声音中，寄存的生命意义与祖先历史离他们的心却很近很近，这个古老的文化传统成为维系族群繁衍生息的文化基因。

为了让口传声音能够代代相传，原初居民形成了一种特殊的文化形式和文化传统，即原初综合表意系统。在这个原初的综合表意体系中，不存在音乐、艺术、宗教、诗歌等诸多现代学科门类，而是由诗歌、音乐、图像、器物、表演等诸多文化形式共同构成一个无学科疆界、共同表达文化意义的历史事件。在这些历史事件中，诗歌、音乐、图像、器物、舞蹈等文化形式是相互配合，相互贯通的关系。在这个原初口传的文化系统中，缺少任何一个文化元素，这个文化事件的动作就无法完成，就会支离破碎，那么，这个实践事件就无法展开，这个口传声音就无法延续，这个族群礼仪就无法延续。只有在这整齐划一、意义圆满的原初综合体系中，诗歌的声音，叙事的语词，音乐的节奏，以及舞蹈的举止才具备共同的文化意义，才能不断地唤起族民的集体记忆与文化自信。原初口传大传统的文化意义就在这些多元符号形式的共同表达与群体记忆中，以文化整体的形式来传达心领神会的意义编码。当诗歌的口头声音脱离了音乐的节奏、

舞蹈的容姿、图像的背景等整体文化语境时,诗歌就会意义不明,情感就会黯然失色,诗言也会随之中断不前,不能发声的诗人就会变得哑口无言。当音乐的节奏,失去了诗歌的语词、舞蹈的起伏等符号相伴时,音乐就会成为一种极不和谐的、毫无意义的杂音,令人感到心烦意乱。当图像的色彩失去了社会事件的文化背景、音乐的节奏荡漾以及诗歌的语词飞翔时,这种原本人人都能看懂的图像色彩就会顿然变得抽象起来,变成人人看不懂的抽象图绘,也就成了失去精神、没有意义的图像装饰。总之,原初口传文化是一个充满文化编码的符号形式综合体,表演、歌唱、舞蹈、造型、图像、器物、声响等诸多符号样式,都在这个综合场域中扮演着自己原初的文化角色,传达着同一个神圣信仰或文化记忆,这种文化意义的获得无须太多的解释,部落族民们一看就懂,一听就会,一看就明白,因为每个族民都是在这种综合文化体中耳濡目染成长为人的。部落族民每一次参与各种仪式活动,能够在看图听歌的艺术形式之中,自然形成了每个部落族民对文化意义与民族精神的领悟能力和文化认同。可见,有声的诗歌,从一开始,就成为族民获得神圣意义和文化召唤的重要生命体验,成为一种富有神圣意味、触及生命存在的文化事件。

　　口传大传统的历史极为久远,具有数以万计的时间跨度。在这个久远的文化大传统中,不仅形成了一定的仪式程序、语词秩序、声响秩序、行为秩序,而且一代一代的部落族民能在这些外在的仪式活动中,获得一种神性领悟,通达仪式行为背后深藏的神性价值,他们还不遗余力地将这种无形有声的神圣文化传承下去,形成了一个善于表演、传承和记忆口头文化的特殊阶层或集团,即巫师集团,也可以称为早期圣贤集团。英国著名汉学家亚瑟·韦利(Arthur Waley)还曾将早期口传文化、口头诗歌的传承者比拟为"北方的萨满",其云:"在古代中国,鬼神祭祀时,充当中介的人称为巫。据古文献的描述,他们专门驱邪,预言,卜卦,造雨,占梦。有的巫师能歌善舞。有时,巫就被释为以舞降神之人。他们也以巫术行医,在作法之后,他们会向西伯利亚的萨满那样,把一种医术遣到阴间,以寻求慰解死神的办法。可见,中国的巫与西伯利亚和通古斯地区的萨满有着极为相近的功能,因此,把巫译为萨满是……合适的。"[①] 在"口耳相传"的仪式活动方面,早期中国的口传大传统与现代北方的萨满传统具有一定的文化关联与历史渊源。研究早期口传文化的

---

[①] Arthur Waley, *The Nine Songs: A study of Shamanism in Ancient China*, London, Allen & Unwin, 1955, p.9.

综合文化体系，北方的萨满传统是一种现存活态的口传链条。文学人类学将现存鲜活的口传文化称为第三重证据，充分利用第三重证据，来讨论无文字时期的文化大传统，可以帮助我们摆脱文字书写的僵化思维与思想牢笼。刘桂腾在《萨满教与满洲萨满跳神的乐器：对神鼓和腰铃的民族音乐学考察》一文中，对满洲萨满的神鼓和腰铃进行民族学的文化考察，其认为："音乐和舞蹈是满洲萨满跳神的重要表现手段和与神沟通的媒介，它们构筑了萨满仪典的基本框架……从历史和现状来看满洲萨满跳神呈现着祭器与乐器之合一、咒辞与乐舞之合一、娱神与娱人之合一的艺术与宗教合一的形态。"[①]刘桂腾认为，满洲萨满的宗教仪式活动是一个具有原始文化意味的表意综合体，祭器、乐器、咒辞、诗歌、舞蹈等艺术形式，共同形成了萨满教的综合表意形态，都是萨满仪式活动整体的组成部分。

在萨满的火祭活动中，女萨满要迎请诸多神灵。在此，我主要展示迎请鹰神代敏妈妈的祭礼，以认知萨满活动的文化综合形态。白天，萨满围绕着一棵高大挺拔、枝叶茂盛的古柳或古榆，报祭、排神、献上活鹿、活猪等牺牲，做好这一切准备工作。夜晚，当东天边的七星那丹那拉呼的头指向西方天幕时，族人们鼓号齐鸣，欢呼跳跃。主祀萨满点燃神树前的大篝火和神案前的各种泥制、骨制的油灯——兽头灯、蛙灯、鹰灯、鱼灯等。族人们点燃起"拖罗"（满语：火把）。在这片跳跃闪烁的火海中，主祀萨满用满语祈诵"唤火神词"（或称"升火神谕"），其汉译大意：

  连绵无边的火把啊——连绵无边，
  大的火把啊——大火啊，
  星星一样的火把啊——星星火把，
  山岭一样的火把啊——山岭火把，
  河流一样的火把啊——河的火把，
  山一样的火把啊——山的火把，
  妈妈的火把——妈妈火把，
  火把啊——火把啊——，
  火把——火把，
  火——把——。

---

[①] 刘桂腾：《萨满教与满洲萨满跳神的乐器：对神鼓和腰铃的民族音乐学考察》，《中国音乐学》1994年第2期。

(富育光译)

这里的火神是"妈妈神",可见,女神在圣坛上居于至尊的地位。在神鼓声中,在腰铃声中,首先鹰神代敏妈妈附萨满体,临降到熊熊火焰燃烧的圣坛,萨满跳起来了鹰神展翅的舞蹈,扎里吟唱着神歌,萨满用舞蹈再现了一个神本记载的神话:

> 从前啊从前,
> 地上是水,天上是水,
> 到处像一片大海,
> 水浪像"拖里"(铜镜)飞闪,
> 就在这灾难里啊,
> 什么生命也难活,
> 男男女女挣扎灭绝,
> 漂流啊无处栖身。
> 远处来一位海的神灵,
> 把男女驮到身上。
> 这是天上萨满助佑的,
> 到岛上洞里生育后嗣,
> 人类才得以绵延。
> 天母派神鹰神妈妈,
> 叼走了这一男一女生下的女儿,
> 哺育她成为人类第一个女萨满,
> 和人类的始母神。
> 在神鹰妈妈不在时,
> 是一群刺猬妈妈神遮盖了她,
> 使她免遭毒虫与猛兽的伤害。

(富育光译)

鹰神妈妈是天上的女神,是人间萨满的恩母,她的临降当然令族人肃然起敬。在神案上恭敬放着鹰神妈妈的偶像,硕大的乳房突出了女神的生理特点。[①] 在北方萨满的请神祭祀活动中,萨满与扎里是歌舞者与表演

---

① 王宏刚等:《萨满教舞蹈及其象征》,辽宁人民出版社2002年版,第41—43页。

者，所用的器具有古柳树、古榆树、篝火、女神雕塑、油灯以及各种祭品等，乐器有神鼓、腰铃等，萨满与扎里分别吟唱了迎请"妈妈"与"鹰神妈妈"的神歌。整个祭祀活动，就是一个多声部、多旋律的歌舞大会，诗歌只是这个祭祀活动中不可或缺的一部分。

在萨满口传活动的文化综合体中，神人合一，成为口传大传统的文化特征与真实体验。苏联学者H.A.洛帕廷在《果尔特人的萨满教》一文中认为："萨满不仅是神的祭司、医生和占卜者，而且是民间口头诗歌艺术的发明者，是民族希望和幻想的讴歌者。萨满保护和创造了故事和歌曲，是民族智慧和知识的典范。"[1]萨满不仅是萨满口头文化的创造者、发明者和讴歌者，而且是原始综合文化体系的传承者和表演者，也可以说，当今萨满是早期诗人原型在北方草原上传承至今的现代形态。布朗族中的祭司称谓各异，墨江称"白摩"、双江称"召色"、施甸称"杂役"。祭司不仅是原始宗教的传播者和继承者，并主持重大祭祀活动，替病人卜卦驱鬼，还懂得一些草医，能替人治病。一些资深德重的大祭司，还懂得本民族历史、天文、历法、神话传说，是本民族文化的代表，在布朗族社会中有崇高的威望和地位。[2]

当然，现代萨满与早期口传文化的传承者也存在不同。现代萨满还有宗教、医学、艺术、诗歌等诸多文化信仰方面的合法性，但他们已经失去了早期口传文化者的神圣政治权力。陈梦家曾对卜辞中的王者作了极为精辟的论说，其云："由巫而史，而为王者的行政官吏；王者自己虽为政治领袖，同时仍为群巫之长。卜辞中常有'王卜'、'王贞'之辞，是王亲自问卜，或卜风雨或卜祭祀征伐田猎……王兼为巫之所事，是王亦巫也。"[3]早期中国的巫师集团（圣贤集团）是由君王与群巫组成，他们不仅是宗教领袖、诗歌创作者、舞蹈表演者、音乐吟唱者，是文化意义的建构者与诠释者，而且还是政治权力的运作者与经济财富的分配者。

早期口传文化通过综合运用宗教、艺术、诗歌、舞蹈、图像、器物等诸多元素，整合成为原初的综合文化体系，形成了保留、传承早期文化编码与神圣意蕴的有效方式，并在这个整体胶合的文化体系中，注入

---

[1] [苏]H.A.洛帕廷：《果尔特人的萨满教》，吉林省民族研究所编：《萨满教文化研究》第2辑，天津古籍出版社1990年版，第76页。
[2] 《中国各民族宗教与神话大词典》编审委员会编：《中国各民族宗教与神话大词典》，学苑出版社1990年版，第30页。
[3] 陈梦家：《商代的神话与巫术》，《燕京学报》1936年第20期，第535页。

了人人都可以感受到的神圣力量。早期诗歌作为这个综合体中不可或缺的重要文化元素，也成为展示口传文化鲜活的神圣力量的最为核心的文化形式之一。美国学者休斯顿·史密斯在《人的宗教》中讨论原初口述文化的口述性时，分析了原初部落领袖对文字书写文化的警惕之心，其云："当读写出现时，领袖们通常把他们部族神圣的知识隐藏起来，以免受到侵犯。他们认为把活的神话和传说变成无生命的书写文件，就是把它封闭起来，并为它响起了死亡的丧钟。重视书写的人们在这里是不容易了解这些领袖们的直觉的，不过如果我们加以尝试，或许也能一窥，何以他们认为书写不仅是独占性口述的竞争者，而且还威胁到口述所赋予的效力。"① 口传诗歌在于利用无形的语词声音来保留鲜活的文化力量与神圣意义，一旦将这种充满神秘力量的无形语词声音化为可见的有形文字，那么，这种有形的文字书写就会取代无形的语词声音，尤其会遮蔽语词声音所传递的神圣意义与幽眇心性，遮蔽口传文化所具有的神秘力量与神话信仰，由此也会改变口传知识的生成意蕴与生命内涵。J.旺西纳在《口头传说和方法论》中云："一个口头文化社会认为语言不仅是日常的交流手段，而且也是保存先人智慧的一种手段，这种智能藏于人们可称之为基本言语（即口头传说）中。事实上可以给口头传说下个定义，即一代人用口头方式传给下一代的口证。几乎在任何地方，言词都具有一种神秘的力量，因为它能创造事物。……在所有的宗教仪式上，名称就是事物，'说'就是'做'。"② 这段话概况了口传大传统的语词声音的重要特点：一是保留了原始部落祖祖辈辈积累起来的文化智慧。二是口传语词具有一种神秘的力量，而整个部落的繁衍生存都需要这种神秘力量来护佑，可以说，口传文化所蕴含与传承的文化力量，就成了凝聚部落人心、建构部落秩序的文化秘密所在。三是口传之"说"就是"做"，作为话语形式的"说"不仅是在教育别人，而首先在于教育自己，"说"不仅仅是一种口头的"说"，而且口传之"说"中具有一种驱使人的外在行为的神圣力量。可见，口传文化的"说"，是让自己在"说"的口传活动中，心领神会部落文化的核心精神，从而让这种集体文化精神引领自己，开启心智，从而获得自己行动的准则方向。

理解了口传文化的诗歌大传统，领悟到口传诗歌的口头声音并不仅

---

① [美]休斯顿·史密斯：《人的宗教》，刘安云译，海南出版社2001年版，第396页。
② J.基·泽博编：《非洲通史（第一卷）·编史方法及非洲史前史》，中国对外翻译出版公司1984年版，第104页。

仅是普通意义上的"说"，而是要在这种祭司人员的"说"的言说活动中，心领神会，获得鲜活的口传诗歌的神圣力量。《说文解字》："诗，志也。从言，寺声。"《说文解字》以人的"心志"来解说"诗歌"，揭示了诗歌最原初的意义重点并非是仅仅在"言说"，而是支撑"言说"活动在于诗人的人心之志。《说文解字》中古文"诗"字的文字图像为：䇂，从言从之，或从言从止。《汉简》中保留的文字图像为：䇂䇂。《古文四声韵》中保留的文字图像为䇂：（古史记）䇂（古孝经）䇂（并王存乂切韵）訨訣（并籀韵）。从早期"诗"字的文字图像来看，"诗"为从言从之（止）。从"言"，意味着"诗歌"的言说行为既是一种言说形式，同时，这种言说行为必须要获得一种支撑的言说力量，从"之"，则意味着言说形式必须到"心志"来；从"止"，则意味着言说是有所疆界的。也就是说，早期口传诗歌的言说行为不是任意而为的，而是神圣力量到了的一种有力有效的言说行为。叶舒宪在《诗经的文化阐释：中国诗歌的发生研究》中认为："参照'时'和'時'的会意原则，原初之'诗'也当是'有法度'的'神圣的'言辞，它自然原出自寺人即主祭者之圣口。"[①] 口传诗歌的演唱者是祭司等神巫，诗歌的演唱大都在祭祀活动中扮演重要的文化角色，成为原始祭祀活动不可或缺的重要通神形式。《诗含神雾》云："诗者，持也。以手维持，则承负之义，谓以手承下而抱负之。"[②]《诗纬》用了一个非常形象的比喻，认为诗歌就好比是用手来托举东西，"用手托举"是一个形象的动作行为，而所"托举之物"才是托举动作的文化意义所在。这种形象的文化解说也在提醒后来者，我们在理解诗歌的文化意义时，不能只停留诗歌的有形形式（手托的动作）上，而要善于在有形形式之外，去发现诗歌声音所寄寓的心志力量或神圣之力（手所托之物）。

在《今文尚书·皋陶谟》中记载了早期口传诗歌表演的一个极为精彩场面，其云："夔曰：'戛击鸣球、搏拊琴瑟以咏。祖考来格，虞宾在位，群后德让。下管鼗鼓，合止柷敔，笙镛以间。鸟兽跄跄。《箫韶》九成，凤皇来仪。'夔曰：'於！予击石拊石，百兽率舞。庶尹允谐。'帝庸作歌曰：'敕天之命，惟时惟几。'乃歌曰：'股肱喜哉，元首起哉，百工熙哉！'皋陶拜手稽首扬言曰：'念哉！率作兴事，慎乃宪，钦哉！屡省乃成，钦哉！'乃赓载歌曰：'元首明哉，股肱良哉，庶事康哉！'又歌曰：'元首丛

---

[①] 叶舒宪：《诗经的文化阐释：中国诗歌的发生研究》，湖北人民出版社1994年版，第146页。
[②] [日] 安居香山、中村璋八辑：《纬书集成》上，河北人民出版社1994年版，第464页。

胜哉，股肱惰哉，万事堕哉！'"① 这个仪式活动的场面叙事，记录了早期口传文化综合表意体系的诸多细节。在这个口传事件中，"帝""夔""庶尹"以及群巫是这个文化事件的参与者，他们是口传文化的表演者、言说者、歌唱者、传承者。鸣球、搏拊、琴、瑟、管、鼗、鼓（图1-2-3）、柷、敔、笙、镛等诸多乐器构成了音乐演奏场，共同演奏出了《箫韶》之乐，组成了这个口头事件的乐器音响。"以咏""帝庸作歌""皋陶载歌""又歌"构成了这个口头事件的诗歌演唱。"祖考来格，虞宾在位，群后德让""鸟兽跄跄""凤皇来仪""百兽率舞"等，构成了这个口头事件的舞蹈礼仪部分。在这场极为宏大的庙堂祭祀仪式活动中，诗歌、话语、乐器、乐音、舞姿等所有的文化意义与宗教信仰，都成为这个口头事件的有机组成部分。通过神圣的仪式活动，"元首"要变得"神明"，"股肱"要变得"善良"，"百事"要变得"吉祥"，可见，这里的各种仪式表演都传达了最美好的神圣意愿，希望通过神话仪式，帮助"元首""股肱"由世俗不明的状态，转变成为"神明""善良"，由此而避免人心的"丛脞"与"惰性"，也可以避免万事"堕落"。如果脱离庙堂祭祀的文化语境与神话意愿，来讨论这些文字文本的叙事，那么，这些口传行为、器物音响、语词意义都会变得极为世俗，就不可能理解口传大传统文化赋予这种祭祀历史事件的文化意味与神话信仰（图1-2-1、1-2-2）。

《吕氏春秋》中也有类似的文化场景记载，如《仲夏纪》云："是月也，（炎帝）命乐师修鞀鞞鼓，均琴瑟管箫，执干戚戈羽，调竽笙埙篪，饬钟

**图 1-2-1 曾侯乙编钟**
战国早期乐器，1978年湖北随县擂鼓墩曾侯乙墓出土，现藏湖北省博物馆。

---

① 顾颉刚、刘起釪：《尚书校释译论》，中华书局2005年版，第477页。

图 1-2-2　西汉编钟
（胡建升摄于南京博物院）

图 1-2-3　神鼓
（胡建升摄于上海博物馆）

磬柷敔。命有司为民祈祀山川百原，大雩帝，用盛乐。乃命百县雩祭祀百辟卿士有益于民者，以祈谷实，农乃登黍。"①《仲夏纪》中的口头活动描述与《尚书·皋陶谟》中的场面描述极为相似。前者发生在炎帝时期，后者发生在舜帝时期，前者是求雨祈求丰收的祭祀活动，后者是宗庙祭祀的仪式活动，但却有着极为相似的仪式程序，以及都有相似的音乐、舞蹈、诗歌等仪式元素。而且这些仪式元素都在祭祀的活动中扮演了极为重要的文化角色，表达了早期人类的文化精神和综合意义，以期在仪式活动中获得整体意义的文化效应。在《吕氏春秋·古乐》中亦云："昔葛天氏之乐，三人操牛尾投足以歌八阕：一曰载民，二曰玄鸟，三曰遂草木，四曰奋五谷，五曰敬天常，六曰建帝功，七曰依地德，八曰总禽兽之极。"② 在此仪式活动中，口头诗歌、粗犷音乐和牛尾舞蹈，都是整体口头文化事件的组成部分，共同承担了原初文化意义的表达与早期神话信仰的认同。在这些口头表演活动中，无形的语词、声响、音乐等和有形的姿态、图像、器物等共同构成了一个神圣的文化意义场，形成了持久深邃的、延绵不绝的口传传统与神话信仰，这种外在的神圣场域与早期圣人内在的神性存在融合在一起，既有效地传达了早期人类的信仰意愿与神话诉求，也展示了玄古道心的沉醉迷狂状态。

---

① 许维遹撰，梁运华整理：《吕氏春秋集释》，中华书局2009年版，第104—105页。
② 许维遹撰，梁运华整理：《吕氏春秋集释》，中华书局2009年版，第118页。

现藏北京故宫博物院的战国早期酒器镶嵌宴乐水陆攻战纹壶（图 1-2-4），壶身的纹饰图绘分为三层：最上一层纹饰为射礼与妇女采桑图。中间一层纹饰为宫室宴飨的场面，包括打鼓、撞钟、击磬等宴乐场景，还有射猎与捕鱼图像。下面一层为攻战场景，一侧为云梯攻城，另一侧为水上战斗，有士卒落水，水中有鱼。透过图像的表层，将上中下三层图像放置在口传大传统文化中来看，青铜壶的纹饰不是一种社会场景的实录图像，而是记录了一场极为浩大的神话仪式表演活动。在仪式活动中，钟鼓石磬等属于音乐部分，宴饮歌舞属于声音与舞蹈部分，射猎、捕鱼、采桑与攻战等属于仪式表演部分，诸多声部与行为表演共同演绎了仪式活动的神话编码与神圣意义。

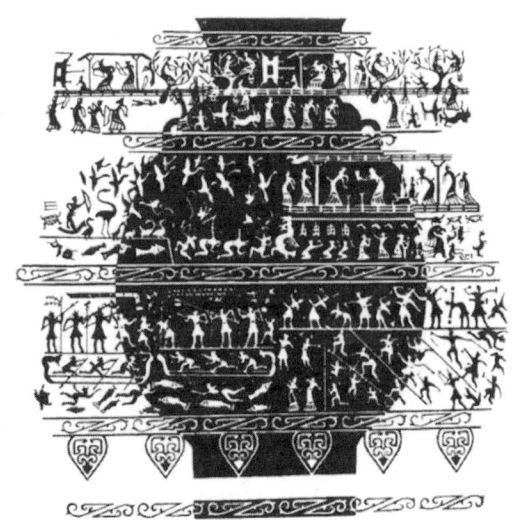

**图 1-2-4 镶嵌宴乐水陆攻战纹壶**

战国早期，现藏北京故宫博物院。摘自陈佩芬编著：《中国青铜器辞典》第六册，上海辞书出版社 2013 年版，第 1554 页。

随着文字书写在社会上逐渐流行，早期口传文化的诗歌口语特征与文化编码逐渐被遗忘，古老的口传诗歌所蕴含的神圣力量也就会随之而藏匿起来。当人类失去了自身心志之中的内在神秘力量时，就开始由早期神圣力量的圣贤存在逐渐变成内无力量、外体凡俗的个体存在。而作为口传诗歌的言说形式，就逐渐被定格为书写文字形式。而文字书写的传统形式不仅极大遮蔽了口传诗歌所具有的神秘力量和天命感知，而且极大地改变了早期人类说话行为（说）与做事行为（做）之间的一致惯性与不二法性。

## 二、神志定言："诗言志"的神性规定与语词决断

"诗言志"之"诗"，不是我们现代人所看到的文字书写形式的诗歌文本，而是口头声音形态的口传诗歌，这种口头诗歌没有固定可见的文字形态，属于无迹可求的声音存在。口头诗歌不是一种单一的、可以独立成科的文学样式，而是与器物、音乐、舞蹈、图像等文化元素共同组成了早期文化统一体。在这个文化统一体中，各种门类的艺术互相交媾在一起，在整体效应中，口传诗歌具有一定的文化意义与神秘力量，诗歌无形的语词发自美妙的神圣力量，而且这种神奇美妙的神圣力量，对于早期族民来说，只要听到口传诗歌的语词声音，就能心领神会到它的存在意义，而且这种文化意义只有在口耳相传的文化传承中，才能得到齐全的保留与重演。口传诗歌可以完好无损地传承、传递原初文化统一体的神圣意义与原初编码。

"诗言志"将口传诗歌的文化意义指向了人心之志。《左传·襄公二十七年》云："诗以言志"，《庄子·天下》云："诗以道志"，《礼记·乐记》云："诗言其志也"，这些话语表述与《尚书》文本中的"诗言志"传统是一脉相承的，都认为口头诗歌声音的神圣力量发源于口传诗歌演唱者的"心志"。也就是说，口传诗歌艺人的"心志"才是早期口传诗歌"诗言"形式的力量源泉和马达动力。如果没有这个"心志"动力的推动，没有"心志"对口头"诗言"的文化意义，口头"诗言"就会变为没有文化意义或缺乏文化规定的闲言碎语。在口传文化传统中，这种不能传递原初意义的语词声音，即无法在文化综合表意体系中找到其文化认同和原初意义的语词声音，就不可能在口传文化中得到保留、传承，这种无意义的闲言碎语根本不可能成为部落文化中具有神圣效力的语词声音，也不可能成为早期口传文化的组成部分，这种无意义的声音也将会湮没于时间的坟墓之中。"诗言志"与"诗以道志"的"志"都是指向人的心志，那么，为何在口传文化中"心志"能够成为口头"诗言"最重视的力量源泉？为何传递了"心志"力量的口传诗歌才可以在部落的集体记忆中保留下来，并且能够得到世代口耳相传？

现代学者对"志"的文字形体意义作了一些考辨，并给了一些现代解释。在《释诗》一文中，杨树达对"诗"与"志"的关系作了一番演绎，其云："《说文》三篇上《言部》云：'诗，志也，志发于言。（《韵会》引《说文》有此四字，是也，今本脱。）从言，寺声'。古文作訨，从言，㞢声。按志字从心㞢声，寺字亦从㞢声，㞢、志、寺古音无二。古文从言㞢，言㞢

即言志也。篆文从言寺，言寺亦言志也。《书·舜典》曰：'诗言志。'《礼记·乐记》曰：'诗言其志也。'……盖《诗》以言志为古人通义，故造文者之制字也，即以言志为文。其以㞢为志，或以寺为志，音同假借耳。"①《说文解字》中以"志"诠释"诗"，并非指代这两个字是一样的，而是指出了诗歌力量发源于人心之志。考察"诗"与"志"这两个文字的形体特征后，杨树达认为，诗字"从言㞢声"，志字"从心㞢声"，都是"从㞢声"，得出"㞢""志""寺"的古音是一样的，因此，"言寺"就是"言志"。杨树达以字之古音探求字义，对于探讨"诗言志"的字面意义具有一定的帮助，但这样只能获得作为言说形式的"诗"与作为人心存在的"志"之间的一些表层意义关系，未能真正揭示"诗言志"与早期口传文化的原初意义之间的深层联系。

在《歌与诗》一文中，闻一多用"歌"指代口头诗歌，用"诗"指代书写诗歌，认为"志与诗原来是一个字，志有三个意义：一记忆，二记录，三怀抱。"同时，闻一多认为在无文字时期，"志"的意义就是"记忆"。闻一多将"歌"与"诗"分开来论述，强调"诗本是记事的，也是一种史。"②闻一多将"诗言志"的"诗"当成了文字书写诗歌的文学样式，不属于抒情的文章体裁，与"诗言志"的口传诗歌大传统是不同的，因此，他对"志"与"诗"之间的讨论，也不符合"诗言志"的口传意义。

朱自清在《诗言志辨》中，依据孔颖达《尚书正义》中的注疏，推论出"情和意都指怀抱而言"，而且"这种怀抱是与礼分不开的，也就是与政治、教化分不开的。"③朱自清将"诗言志"的"志"解释为"情"或"意"，而人的"心志"的确与"情""意"是联系在一起的，但是"心志"不完全等同于"情""意"，更不能笼统地将"诗言志"与"政治""教化"机械地联系在一起。

《先秦文艺思想史》一书中认为："如果'诗言志'之说是西周前期的说法成立，那么这个'志'就不应该理解为情怀，而只能理解为记忆或记录。也就是说，诗最初是为了记录某些有意义的东西，后来才发展为抒怀的。在上古时期，记录本身就是一件极为重要的事情。人类初民为生计所困，无暇顾及许多无直接功用之事，其所记者，必为有重大意义者。故而无论是记录于口头，还是记录于文字，都又使记录的内容增加了神秘性与

---

① 杨树达：《积微居小学金石论丛》，中华书局1983年版，第25—26页。
② 孙党伯、袁謇正主编：《闻一多全集》第十册，湖北人民出版社1993年版，第8、11页。
③ 朱自清：《诗言志辨》，古籍出版社1956年版，第3页。

神圣性，这就是话语的力量。"① 李青春等人认为，"诗言志"之"志"不能理解为"情怀"，而只能理解为"记忆"或"记录"。尤其强调在上古时期，"记录"是"一件极为重要的事情"，而"诗言志"可能是在记录的内容中增加了一些"神秘性"和"神圣性"。李青春将"志"解释为"记录"，或具有某种"神秘性"与"神圣性"的"记录"，就忽略了"诗言志"所发生的口传传统与力量展现，尤其忽略了在口传文化时期"心志"与人心想象之间的特殊文化关系。

可见，学术界关于"志"的解释和分析，大多都拘囿于文字书写传统的文化视野，或从"诗"与"志"的文字字体变化，或根据后来训诂家的文字意义，来阐释"志"的文化意义，都存在一定的文化局限性，都与"诗言志"的口传文化起源是不一致，其所得到的结论也具有一定的片面性。

通神之后，其萨满之"志"就不是一般人的个体志向，而是"神"的意志。郭淑云在《中国北方民族萨满出神现象研究》中总结了北方萨满通神之后的主体结构变化，其云："萨满在神灵附体后演唱的神歌和表演的舞蹈皆以神的身份进行，萨满也由此实现了人格的转变，由人神中介的萨满转变为某位神灵，其所言所行皆为神的旨意。一般而言，神灵附体后，萨满总是歌舞相伴，通过语言和动作两种形式表现神灵的意愿和形态。"② 神灵成为支配萨满身体的神秘力量，萨满的言行都是实施神灵的旨意。尤其在此时，萨满总是通过诗歌舞蹈的艺术形式来展现神灵的特殊意志。

宋兆麟在《巫与巫术》一书中总结了远古巫教思想的文化特征，其云："当时人类的世界观，就是鬼神充斥世界，鬼神支配一切，人与鬼神共处在大地之上。人类要生存，不仅要制作生产工具，从事采集、渔猎和农耕，也要依靠鬼神的意志约束自己的行动，在鬼神的保佑下从事生产活动，可见巫教思想是远古和上古时代占统治地位的思想意识，它必然渗透到经济、政治、科学、文化各个方面。"③ 在远古或上古时代，在人类初期的思想意识中，鬼神占据绝对支配的地位，人类初民的一切外在言行活动，都是鬼神意志的具体表现。口传诗歌作为早期人类的重要文化活动样式，也是用来表现鬼神意志的言语形式。

在《萨满教：古老的入迷术》一书中，伊利亚德详细描绘萨满奥阿在

---

① 李春青主编：《先秦文艺思想史》，北京师范大学出版社2012年版，第595—596页。
② 郭淑云：《中国北方民族萨满出神现象研究》，民族出版社2007年版，第145页。
③ 宋兆麟：《巫与巫术》，四川民族出版社1989年版，第5页。

通神之后的神性体验与相关言行。萨满奥阿在他的身体和头脑中感受到了一道天上的光,也可以说这道光在他的整个身体内穿行。尽管人类无法观测到,但大地、天空、大海的神灵可以看到,所以他们找到他,成了他的辅助者。他告诉拉斯姆森:"我的第一个辅助神灵和我同名,是一个小奥阿。当他走向我的时候,我感觉走廊和屋顶被掀起来一样,我感受到一种透视的能力,我完全可以透过房子看到外面,看到大地、天空。正是小奥阿带给我所有这些内在光亮。只要我一唱歌,这道光就盘旋在我的上空。小奥阿将自己放置在走廊的一个角落里,其他人看不到它。只要我一召唤,他便会出现。"第二个神灵鲨鱼的是在他泛舟大海时出现的,它游向他并直呼其名。奥阿用一首单调的歌曲召唤他的两个辅助神:

> 快乐,快乐;快乐,快乐;
> 我看到一个海滩神灵;
> 一只小奥阿;
> 我自己也是奥阿,
> 与海滩神灵同名;
> 快乐,快乐!

他不断重复,直到泪流满面,之后他便感受到无尽的欢乐。从这个例子中我们看到,启蒙的癫狂体验与辅助神灵的出现存在着一定的联系。[①]"光"的体验成为萨满神灵附体之后的深切体验,这道神灵之"光"是一般人看不到的,只有在萨满的心中可以体验到,同时,还有外在的天地神灵才能看到。可见,"光"具有两个文化特征:一是萨满心中所有具有的神性之光,二是这种光可以穿越个体世界,与天地宇宙、山川神灵相通、相融。这道"光"又被描绘成与自己同名的"辅助神",当萨满想要召唤他们到来时,他就唱歌,用歌声召唤"神灵"的到来。我们可以看到,萨满的诗歌有一种特殊的神话功能,能够帮助萨满实现召唤神灵的意志,使得萨满的神话意愿得到兑现。可以这样说,萨满的口传诗歌就是为了完成和实现召唤神灵的文化意志。

为了能够让自己的语言具有一种超越凡尘的召唤能力,萨满的诗歌语言不能是人间所具有的表述形式,而必须是一种与世人不同的、具有神

---

① [美] 米尔恰·伊利亚德:《萨满教:古老的入迷术》,段满福译,社会科学文献出版社2018年版,第90页。

秘力量的独特语言，即萨满必须学会"动物的语言"。伊利亚德认为，萨满的诗歌语言是一种动物语言，其云："通常这种神秘语言实际上是'动物语言'，或是源于动物的吼叫。在南美，新萨满必须在他的领神期间学习模仿动物的叫声。北美地区情况也是如此。波莫和梅诺米尼萨满模仿鸟的叫声。在雅库特族、尤卡基尔、楚科奇、赫哲族、因纽特和其他民族中，人们在降神会上都能听到动物的喊叫声和鸟的鸣叫声，卡斯塔内这样描述吉尔吉斯—鞑靼萨满：他们在帐篷四周奔跑、跳跃、呼啸，'像狗一样吠叫，嗅闻观看仪式的人；像公牛一样躬下身子吼叫、叫喊；像山羊一样咩咩叫；像猪一样咕哝；像马一样嘶鸣；像鸽子一样咕咕叫；除了动物的叫声和鸟的歌声，他还极其准确地模仿它们飞行的声音等等。所有这一切都让观看的人印象深刻。''神灵的降临'通常以这种显现。"① 动物的语言法则不合于人类的文化逻辑，而是更贴近于自然神灵的神话思维。萨满只有掌握动物的语言，才能有效地利用这种特殊的文化工具，召唤神灵，有效地展示神灵的文化意志。

我们在此以北方萨满的蛇蟒舞为例。世居吉林省松花江畔的莽卡满族乡的满族杨氏家族，在祭祀仪式上，萨满跳的蛇蟒舞是八尺蟒神扎坤德扎布占爷降临之后才开始的。当神灵被请下后，处于迷幻状态的萨满取下插在屋檐上的激达枪，跳起蛇蟒舞。萨满手持激达枪，急速旋转，称为转弥罗，表现蛇蟒神灵穿云破雾，从天穹中来到尼玛察氏神堂。萨满双手持枪，左挑右突，枪尖掠过族人头部上方，在四面八方翻转，表现巨蟒的长舌（信子）扫舔神堂，以庇佑子孙，萨满又转弥罗，到堂屋起舞，时而贴地，时而半蹲，时而高跃，激达枪寒光闪烁，表现巨蟒神爬行翻滚的神姿。萨满舞动着激达枪，来到了置有龙头神幔幛、树根祖神偶的神案前，看到族人为其准备的羽冠灿烂的火鸡，兴高采烈，双手抱拳持枪，枪把挂地，蟒蛇神通过萨满传谕（用满语神歌表达）：

在油灯闪亮的林寨里，
我望见摆立着的供物，
金鸡昂首立脖蹲着，
银鸡扇着翅膀蹲着，
阖族用最高贵的言语颂我，

---

① [美]米尔恰·伊利亚德：《萨满教：古老的入迷术》，段满福译，社会科学文献出版社2018年版，第96页。

用最洁美的言语颂我,
用最礼节的言语颂我,
用最亲热的言语颂我,
全部落按着辈分大小,
虔诚地跪满一地,
栽里！栽里！
快把我降临的喜讯,
传告众孙！

萨满唱完神歌,栽里双手敬酒,萨满喝完酒,舞起了激达枪,在弥罗中穿插爬行翻滚的舞姿,象征吐着长舌的蛇蟒神在祛魔除邪。①萨满通神以后,就不再是以人类的动作言语来行为,而是以蛇蟒神灵的姿态来舞蹈,以蛇蟒神灵的口吻来唱歌,而且在诗歌中,都完全是以神蟒神第一人称的方式来表达此时的心灵感受。

可见,在文化大传统中,"志"不是一般人的意志,而是神灵依附于萨满、祭司的身体中,并借用他们有形的身体来展示神灵自身的意志。由文化大传统进入文字小传统,"诗言志"所传递的就是口传诗歌的文化意志,即神灵的意志。

传世文献中的"诗言志""诗以道志""诗以言志"等等文论命题,都彰显了神灵"心志"才是"诗言"形式的力量源泉。口传文化时期,口头诗歌的语词声音承载重要的文化功能,尽管其形式是无形的,是容易消逝的,但其神圣意愿的文化召唤,决定了口传诗歌的语词形式的文化规定不在于所遭遇的外在事物之上,而在于神灵"心志"在具体口传语境中对诗歌形式意义的神圣规定。可见,"诗言志"传承了口传诗歌的文化价值,直接将文化内涵指向了"人心"的文化转变。只有人心转变为神灵之心,口头"语词"才能成为神灵意志的直接展现,神灵的文化态度与价值倾向直接决定了诗歌语词的文化意义。

《左传·昭公九年》中记载了晋国的膳宰屠蒯严肃批评了饮酒作乐的晋侯,以及晋侯身边无所作为的大臣,其云:"味以行气,气以实志,志以定言,言以出令。臣实司味,二御失官,而君弗命,臣之罪也。"②"味以行气"指人的饮食"五味"可以转化为人的后天"精气"(后天的水谷

---

① 王宏刚等:《萨满教舞蹈及其象征》,辽宁人民出版社2002年版,第106—107页。
② 杨伯峻编著:《春秋左传注》,中华书局1990年版,第1312页。

精气是人体运行的直接动力，五味可以转化成为五藏之气，酸味化为肝脏之木气，苦味化为心脏之火气，甜味化为脾脏之土气，辛味化为肺脏之金气，咸味化为肾脏之水气）。"气以实志"是指人自身积藏的"精气"多少厚薄会直接影响人的"心志"态度（古人认为，天气有风气、热气、暑气、湿气、燥气、寒气等六气，天气与人身体之中的五脏之气是相通相应的，天气发生了变化，人气也就会相应随之而变，因此，人心也就随之产生五志，即春怒、夏喜、长夏思、秋忧、冬恐）。可见，人的"心志"发生，并非在于人心在世的情绪遭遇，而在于人心随着天气、人气的自然变化而生发出来的自然情志，这种自然情志不是人在后天社会之中的各种人为情感形态。"志以定言"则指人心随着天气自然变化所持有的"心志"态度，就直接决定人言说"语词"的选择，自然"心志"是外在言说形式的根本力量。"言以出令"指心中择取好了各种言说语词（声音表述），用话语形式说出来，就会形成各种政令表达（书面形式）。在这段话中，屠蒯是从人后天的饮食趣味（五味）出发，认为可以从人后天饮食的五味倾向，推断出人身上的"精气"状态，即推断出人身上具有的五行之气（木气、火气、土气、金气、水气）是充足和谐的，还是有所偏颇的。如果人气处于偏颇状态，就会导致阴气邪气侵袭而伤身。而根据人气的平衡正邪的现状，又可以确定人的"心志"状态，而人的"心志"状态又直接影响到人的言辞选择以及政令好恶等。可见，在古人看来，人的现实饮食（有形五味）会直接影响人的精气、心志（精神世界）与人的语词抉择（符号表述），最后还会影响到人的现实决策（政令政策）。在古人眼中，影响口传言说的无形声音，不在于书写传统的文字形式，而在于口传诗人的"饮食""人气""心志"等等，与这些自然心志是密不可分的。当然，在这些内在因素中，人的"精气"状态、"心志"状态对言词抉择具有最终的决定作用。

《黄帝内经·素问·四气调神大论篇》云："春三月，此为发陈。天地俱生，万物以荣。夜卧早起，广步于庭。被发缓形，以使志生。生而勿杀，予而勿夺，赏而勿罚。此春气之应，养生之道也。逆之则伤肝，夏为寒变，奉长者少。夏三月，此为蕃秀。天地气交，万物华实。夜卧早起，无厌于日。使志无怒，使华英成秀。使气得泄，若所爱在外。此夏气之应，养长之道也。逆之则伤心，秋为痎疟，奉收者少，冬至重病。秋三月，此为容平。天气以急，地气以明。早卧早起，与鸡俱兴。使志安宁，以缓秋刑。收敛神气，使秋气平，无外其志，使肺气清。此秋气之应，养收之道也。逆之则伤肺，冬为飧泄，奉藏者少。冬三月，此为闭藏。水冰地坏，无扰乎阳。早卧晚起，必待日光。使志若伏若匿，若有私意，若已有得。去寒就温，无泄皮肤，使气亟夺。此冬气之应，养藏之道也。逆之则伤肾，春为痿厥，奉生者少。"① 一年四季自然的天气是不同的，因此，人的心志也要顺着四时变化而有所变化。春天，春气为生气，就应该使人心之志持有生气，而不能持有杀气。夏天，夏气为长气，就应该使人心之志持有长气，而不能持有怒气。秋天，秋气为收气，就应该使人心之志持有收气，而不能持有散气。冬天，冬气为藏气，就应该使人心之志持有藏气，而不能有所动气。可见，这里的心志也不是个体存在的人为意志，而是四时自然之气在个人身体上的相应状态，是具有超越个体意识的集体无意识状态。

《黄帝内经·灵枢·本神》记载，黄帝问于岐伯曰："……何谓德、气、生、精、神、魂、魄、心、意、志、思、智、虑？请问其故。"岐伯答曰："天之在我者德也，地之在我者气也，德流气薄而生者也。故生之来谓之精，两精相搏谓之神，随神往来者谓之魂，并精而出入者请之魄，所以任物者谓之心，心有所忆谓之意，意之所存谓之志，因志而存变谓之思，因思而远慕谓之虑，因虑而处物谓之智。故智者之养生也，必顺四时而适寒暑，和喜怒而安居处，节阴阳而调刚柔。如是则僻邪不至，长生久视。"② 作为个体的存在，得到了生生不息的天地之道，就是形成了个体存在的"德""气""生"，同时随着四时气运的变化，在个体身上又形成了"精""神""魂""魄"的心灵状态，而"心""意""志""思""智""虑"都是人类心灵在具体事务层面的运用。可见，天地四时之气成为人类个体精神体用的神圣动力与精神本源，而"志"作为人心真意的心灵表现，也要与四时之气保持一致，否则，就会导致人为意志的出现，甚至导致身体疾病。

可见，作为人心之用的"志"，不是个体存在的人为情志，也不是个体存在的人为记忆，而是人作为天地存在，而保持与本真气运相一致的文化意志，体现的是人个体身上所具有的神性意志。这种神性意志与萨满口传文化通过口传诗歌的方式做召唤的神灵意志，具有文化相通性，都是要摆脱个体存在的人为意志。

---

① （清）张志聪集注，方春阳等点校：《黄帝内经集注》，浙江古籍出版社2002年版，第7—10页。
② （清）张志聪集注，方春阳等点校：《黄帝内经集注》，浙江古籍出版社2002年版，第54—55页。

因此，先有自然的精神，然后才有"神志"，再后才有"诗歌"的表述形式。这种诗歌传统发迹于文化大传统，一直延续到"诗言志"的文论命题，都体现了神性"心志"决定"诗言"的言说形式。《毛诗序》云："诗者，志之所之也，在心为志，发言为诗。"孔颖达《正义》云："诗者，人志意之所之适也；虽有所适，犹未发口，蕴藏在心，谓之为志；发见于言，乃名为诗。言作诗者，所以舒心志愤懑，而卒成于歌咏，故《虞书》谓之'诗言志'也。包管万虑，其名曰心；感物而动，乃呼为志。志之所适，外物感焉，言悦豫之志则和乐兴而颂声作，忧愁之志则哀伤起而怨刺生。……正经与变，同名曰诗，以其俱是志之所之故也。"①《毛诗序》与孔颖达《正义》都认为，诗人先在内心产生了"志"，然后才有"诗言"声音的言说现象，强调了人的"心志"对"诗言"的决定作用。《礼记·乐记》云："诗言其志也，歌咏其声也，舞动其容也。三者本于心，然后乐气从之。"郑玄注云："三者本志也、声也、容也，言无此本于内，则不能为乐也。"②在《乐记》中，首先强调人之"心"。其次强调人心之"志""声""容"。再次强调"诗言""歌咏""舞动"。最后才说"乐气"是由心内而外发。《乐记》也彰显了"心志"对"诗言"的决定意义。

郭店楚简《语丛》（一）也有关于"味"、"气"与"志"之间关系的论述，其云："凡又（有）血气者，皆又（有）喜，又（有）怒，又（有）眚（慎）又（有）庄；其豊（体）又（有）容，又（有）色又（有）圣（声），又臭（嗅）又（有）未（味），又（有）气又（有）志。凡勿（物）又（有）本又（有）化，又（有）终又（有）始。容色，目司也。圣（声），耳司也。臭（嗅），鼻司也。未（味），口司也。气，容司也。志，心（司）。"③郭店楚简认为，"味"，为"口司"，即口器官的主要功能就是获取五味。"气"，为"容司"，即外在的容貌之象都是人身之气的外在表现。"志"，为"心司"，即"心"器官的主要功能就是生发"心志"，指人心对存在价值、自然性情的领会与规定，也就是说，心志是人心神性的有所之或有所止。"志"字从心从止，或从心从之。"志"的文字图像就表明了其文化意义在于依据人心精神而"有所之"，而"有所止"。《尚书·旅獒》"志以道宁"孔安国《传》云：

---

① （汉）毛亨传，（汉）郑玄笺，（唐）孔颖达疏：《毛诗正义》，北京大学出版社2000年版，第7页。
② （汉）郑玄注，（唐）孔颖达疏：《礼记正义》，北京大学出版社2000年版，第1295—1296页。
③ 刘钊：《郭店楚简校释》，福建人民出版社2005年版，第181—182页。

"在心为志。"①《淮南子·原道训》"使舜无其志"高诱注:"志,王天下之志也。一曰:人心之志也。"②《论语·为政》"吾十五而志于学"皇侃疏:"志者,在心之谓也。"③《论语·述而》"志于道"皇侃疏:"志者,在心向慕之谓也。"④《诗经·大序》"在心为志"孔颖达疏:"蕴藏在心,谓之为志。"⑤《荀子·王霸》"举义志也"杨倞注:"志,意也。主所极信率群臣归向之者,则皆义之志。谓不怀不义之意也。"⑥《素问·血气形志》"形乐志苦"王冰注云:"形,谓身形。志,谓心志。细而言之,则七神殊守;通而论之,则约形志以为中外尔。"⑦《尚书·舜典》"诗言志"蔡沈《集传》云:"心之所之谓之志。"⑧《尚书·旅獒》"玩物丧志"蔡沈《集传》云:"志者,心之所之也。"⑨《论语·述而》"志于道"朱熹《集注》云:"志者,心之所之之谓。"⑩历代学者对"志"的解释中都强调,所谓"志",就是人心精神有所之的文化状态,是人心获得了一种神性规定的文化倾向和神圣领会。

《孟子·公孙丑上》云:"夫志,气之帅也。"赵岐注:"志,心之念虑也。气,所以充满形体,为喜怒也。"⑪孟子强调,人之"心志"对人身之"气"是起着核心统帅的作用,而孟子的"心志"状态,是指人心持守人性善的状态,这种人性善的心志力量就会直接影响人身之"气"与"容"。敦煌本《老子道德经想尔注》"弱其志,强其骨"注云:"志随心有善恶,骨髓腹仰。气强志为恶,气去骨枯;弱其恶志,气归髓满。"⑫人心有善恶,这就决定了人志之善恶,"心志"又决定人气、骨髓的状态。可见,人心的精神之"志"绝不是一种简单的事实"记录",或是指代一般世俗意义的"心情""心意",而是人依据人心精神有所决断、有所规定的主导性价

---

① (汉)孔安国传,(唐)孔颖达疏:《尚书正义》,北京大学出版社2000年版,第389页。
② 刘文典撰:《淮南鸿烈集解》,中华书局1989年版,第23页。
③ (梁)皇侃撰,高尚榘校点:《论语义疏》,中华书局2013年版,第25页。
④ (梁)皇侃撰,高尚榘校点:《论语义疏》,中华书局2013年版,第156页。
⑤ (汉)毛亨传,(汉)郑玄笺,(唐)孔颖达疏:《毛诗正义》,北京大学出版社2000年版,第7页。
⑥ (清)王先谦撰,沈啸寰、王星贤点校:《荀子集解》,中华书局1988年版,第203页。
⑦ (唐)王冰撰注,鲁兆麟等主校,王凤英参校:《黄帝内经素问》,辽宁科学技术出版社1997年版,第45页。
⑧ (宋)蔡沈注,钱宗武、钱忠弼整理:《书集传》,凤凰出版社2010年版,第17页。
⑨ (宋)蔡沈注,钱宗武、钱忠弼整理:《书集传》,凤凰出版社2010年版,第151页。
⑩ (宋)朱熹:《四书章句集注》,中华书局1983年版,第94页。
⑪ (汉)赵岐注,(宋)孙奭疏:《孟子注疏》,北京大学出版社2000年版,第90页。
⑫ 张继禹主编:《中华道藏》第九册,华夏出版社2004年版,第196页。

值方向，是具有决定性、指导性的文化功能。

《礼记·孔子闲居》记载了子夏问"五至"，孔子曰："志之所至，诗亦至焉。诗之所至，礼亦至焉。礼之所至，乐亦至焉。乐之所至，哀亦至焉。哀乐相生。是故正明目而视之，不可得而见也。倾耳而听之，不可得而闻也。志气塞乎天地，此之谓'五至'。"[①] 在这段话中，孔子总结了"志至""诗至""礼至""乐至""哀至"的"五至"先后次序，具体表现为：第一，在"五至"中，"志之所至"具有优先地位，人之"心志"是关乎君子的仁义价值取向，所以是最为重要的。第二，人心的"仁志"决定了诗言、礼乐、哀乐等外在言行情感的价值方向，"心志"与"诗言""礼行""乐情""哀情"之间是一种由内而外的力量传递关系。第三，在"五至"中，最关键的是人之"志气"要能"充塞天地"，也就是说，君子之"心志"与"体气"，不能等同于一般人的流俗志气，而是一种充塞于"天地"之间的"至刚至大"的正义精气。从孔子的"五至"秩序中，我们也可以体会到，绝不能简单地将早期"诗言志"之"志"看成是一般意义的或中性意味的"抒情""记录"，早期人心之"志"具有很强的价值倾向与文化规定。

在"诗言志"之前，帝舜对夔还说了一段具有限制性的语词，其云："命汝典乐，教胄子，直而温，宽而栗，刚而无虐，简而无傲。"这段话的意思是："我命令你负责音乐教育工作（这里的'音乐教育工作'，不是现代意义的音乐学科教育，而主要是指口耳相传的授受教育传统），教好我们的子孙，将他们培养成为正直而温和、宽大而慎微、刚强而不暴虐、简约而不傲慢的人。"这段话告诉我们，在早期口传大传统文化中，口耳相授的教育方式不强调诗歌知识的授受，而是让下一代通过接受口传的诗歌形式，能够养成早期圣人（帝舜）所期待的文化价值和人格性情，使部落的子孙具有部落集体文化对族民所期许的品格和性情。口传文化承担了一代代人之间的价值传递，学习口传诗歌就是为了将部落原初文化的性情价值、集体惯例与文化规定代代相传。如果站在口传时期的文化延续、教育目标来审视"诗言志"的文化意义，我们就更能感受到，"诗言志"的"志"，不是一种随意的、无规定的人为之"志"，而依据人心精神存在而产生的具体作用，具有指引性和价值性的特殊文化之"志"。这种神性"心志"具有一定的整体规定与文化认同，代表了口传时期族民们口耳相传、代代传承的部落价值与集体性情（圣人价值）。这种集体的文化性情不是用逻辑的形式来表现，而是在具体的口头事件中实现，通过早期艺人与族民受

---

[①] （汉）郑玄注，（唐）孔颖达疏：《礼记正义》，北京大学出版社2000年版，第1627页。

众者之间的口传活动,来深入领会各种器具、声音、节奏、艺术、图像等所具有的神秘力量,心领神会,进而获得超越个体存在的美妙境界中。在口传文化大传统时期,"诗言志"就已经成为早期人类文明的核心价值。到了书写文化传统,它依旧传承了大传统的文化价值,其具体意义可以表述为:首先是口传诗人(早期圣人)领会了部落文化的"集体之志",其次是口传诗人用"诗歌"的言说方式,召唤、保留和传承了部落文化的整体价值与集体性情,再次是部落子孙代代通过口传相授的方式,传承了部落文化的核心价值,养成了这种特殊的心志趣味与行为惯习。他们不仅成了部落合格的族民,而且将成为部落未来的首领,甚至将成为部落文化的传授者和教育者。

郭淑云在《中国北方民族萨满出神现象研究》认为,北方萨满的出神活动,不是一种纯粹个体化的活动,而是具有群体性的文化特征。其云:"在信仰萨满教的传统社会中,祭祀仪式是阖族的大事,旨在为氏族及其成员祈福禳灾。仪式的成败,族众攸关。萨满只是作为氏族的代表,行使人神中介,传达神谕,代达庶望的职责。因而,对于被视为仪式成功标志的萨满出神,不仅为族众热切企盼和衷心祈愿,而且从某种意义上说,萨满与神合一的强烈意念和族众企盼与'神灵'相见的热切情感共同形成的群体情感互动、互渗、共振的心理文化场,与为降神附体而特设的祭坛、神龛、神偶、供品等共同营造的人神沟通的特殊氛围,构成了一种特殊的场效应,成为萨满实现出神的催化剂。萨满和助手的配合默契,相互烘托,也对这种群体场效应的形成起到了推动作用。"[1]"诗言志"展示的"志",与北方萨满的出神之志,在文化追求上具有相通之处。北方萨满的出神活动,可以利用神灵情结来凝聚族民,调整群体关系。"诗言志"的养志文化,也可以教育族民,培养性情,形成部落群体的共同文化性情与文化自觉。

## 三、士志于道:"诗言志"的神道根性

口传文化时期,"诗言志"的"志"是一种具有集体性、整体性的文化价值,其意义极为重大。第一,人心之"志"是人心神性世界的态度倾向或情绪显现,区别了作为个体存在的记忆、记录、意识、情感等一般意义,彰显了"神志"的内在心性和价值规定,即"志"为人心有所之、有所止的神圣状态。第二,"诗言志"的"神志"是一种具有集体意味的整

---

[1] 郭淑云:《中国北方民族萨满出神现象研究》,民族出版社2007年版,第117页。

体价值，区别了那些没有任何文化规定性的个体之"志""意""情"，赋予了"志"以一定的整体文化规定性。第三，人心之"神志"是口传诗歌的神圣力量。口传大传统文化的"诗言志"，首先必须实现人之心志的文化转变，即实现人心由世俗状态，转变为口传文化的神圣状态。

美国学者斯特伦在《人与神：宗教生活的理解》一书中对原始宗教的"根本转变"做了深入的阐释，对于理解大传统文化时期的人心转变具有一定的帮助，其云："宗教是实现根本转变的一种手段……所谓根本转变是指人们从深陷于一般存在的困扰（罪过、无知等）中，彻底地转变为能够在最深刻的层次上，妥善地处理这些困扰的生活境界。这种驾驭生活的能力使人们体验到一种最可信的和最深刻的终极实体。尽管这个终极实体在各个宗教传统中都极难定义，但是这些宗教传统的信奉者和追随者们，全都根据这一终极的背景来限定、或约束自己的生活，并努力地按照这种方式生活，以此扬长克短，不断完善自己。"[①]在口传大传统中，口传诗人与口传受众者只有实现了对人心世俗状态的文化超越与根本转变，才能在口传语词声音中传递或接受口传诗歌所蕴含的原初意义与文化编码。

在"诗言志，歌永言，声依永，律和声"的表述中，人心之"神志"成为"诗""言""歌""声""律"等声音形态的价值规定。也就是说，在口传文化中，人的心志神性状态决定了无形的语词、语词之声音、歌唱之节奏等诸多形式的价值意义。因此，"诗言志"问题就直接涉及人心如何实现"心志"的超越问题。只要人之"心志"通达了口传文化的原初整体意义，人心不再是人心的流俗存在，而是通过原初文化的整体意义与神秘力量，敞开了人心世界的神道意义。"神道意义"成为"心志"的最终规定和根性价值。《国语·晋语》云："夫先王之法志，德义之府也。"[②]《说苑·修文》云："不言而信，不动而威，不施而仁，志也。"[③]《孟子·公孙丑下》"孟子将朝王"孙奭疏云："君子以守道不回为志。"[④]《韩诗外传》卷五第三十二章云："圣人养一性而御六气，持一命而节滋味，奄治天下，不遗其小，存其精神，以补其中，谓之志。"[⑤]古人强调，人心的"心志"力量作为一种个体的德性体现，展现的是人心通达了"神道""神德""仁

---

① [美]斯特伦：《人与神：宗教生活的理解》，金泽、何其敏译，上海人民出版社1991年版，第2—3页。
② 徐元诰撰，王树民、沈长云校：《国语集解》，中华书局2002年版，第357页。
③ （汉）刘向撰，向宗鲁校证：《说苑校证》，中华书局1987年版，第497页。
④ （汉）赵岐注，（宋）孙奭疏：《孟子注疏》，北京大学出版社2000年版，第126页。
⑤ （汉）韩婴撰，许维遹校释：《韩诗外传集释》，中华书局1980年版，第199页。

质"的精神价值与神圣力量。"志"为人心精神之用，而决定心志的根本力量在于人心精神之本。郭淑云在《中国北方民族萨满出神现象研究》中总结萨满出神的神圣性时云："在出神状态下，萨满的梦象、幻象和迷狂状态下的话语，是神灵意志的体现，神圣不可违背。"①也就是说，只有在出神或神灵附体的情况下，萨满才实现了个体精神的根本转变，由此，萨满才能体现出神灵的意志，然后才能依据神灵的意志展开各种神圣的仪式活动与诗歌表演。由此可知，萨满在神理附体之前，人心精神处于流俗的凡世状态，其日常行为都是人间个人意志的表现。只有萨满实现人心精神的文化转变，才能获得神灵附体，其言行才开始由日常状态转变为神圣的仪式状态，其中所贯彻的都是神灵意志。

可见，人心在世常常是处于流俗的勃志状态。所谓勃志，就是指在世人心通常趋向于人间世界之中的外在之物，诸如显贵、财富、显赫、尊严、名气、荣利等等，人心完全为外物所牵制。《庄子·庚桑楚》云："彻志之勃，解心之谬，去德之累，达道之塞。贵富显严名利六者，勃志也。"②庄子认为，必须要清除人心的勃志状态，才能解除人所具有的错误之心，才能解除追求德行的世俗情形，这样就能打通阻塞道心的各种阻碍。可见，人心之"志"是极为重要的，如果人心趋向于外在的物质世界，就会被外物所引诱，而使本来的道心受到遮蔽。《庄子·庚桑楚》又云："券内者，行乎无名；券外者，志乎期费。行乎无名者，唯庸有光；志乎期费者，唯贾人也。人见其跂，犹之魁然。与物穷者，物入焉；与物且者，其身之不能容，焉能容人！不能容人者无亲，无亲者尽人。兵莫憯于志，镆邪为下；寇莫大于阴阳，无所逃于天地之间。非阴阳贼之，心则使之也。"③根据人心之志，可以将人的行为分为两大类："券内者"与"券外者"。"券内者"之"志"，是指外在行为符合内心的有道之志，那么，其行为就发乎"无名"，这种"无名"的行为即使是平庸的，但在世界之中，依旧具有光芒。"券外者"之"志"，是指外在行为依据于外物行事，这种人的心志因为追求外物，而使心神有所耗费，这种人就如"商人"一样，将自己的心志放置于外在商品的利润之上。别人看出了这种人的不足，但他还是不改，以为这样可以泰然无危。庄子认为，以道心为志的人，人与物都处于虚无状态，万物因为其无心而依附于他。相反，那种以外物为志

---

① 郭淑云：《中国北方民族萨满出神现象研究》，民族出版社2007年版，第115页。
② （清）郭庆藩撰，王孝鱼点校：《庄子集释》，中华书局1961年版，第810页。
③ （清）郭庆藩撰，王孝鱼点校：《庄子集释》，中华书局1961年版，第795页。

的人，万物因为其有心而不愿接近他，他们自己的身体也不愿意亲近他人，这种人怎么能容纳他人。不能容纳他人的人，就没有人亲近，无人亲近的人，就会遭人遗弃。最厉害的杀人兵器不是别的东西，而是人心的世俗之志。哪怕最锋利的镆铘之剑，在世俗之志的面前，也显得毫不锋利。人最大的敌人不是别的东西，而是人心趋于阴邪之气。无论阴邪很重的人逃到哪里，天地都会惩治他。可见，并不是天地阴阳之气要害他，而是他自己的人心俗志所导致的。

儒道两家圣人都认为，士人要心志于道，让道心、道志成为人心的精神追求与文人本色。孔子认为，"士志于道"（《论语·里仁》），"志于仁"（《论语·里仁》），"志于道，据于德，依于仁，游于艺。"（《论语·述而》），"匹夫不可夺志"（《论语·子罕》），"博学而笃志，切问而近思，仁在其中矣。"（《论语·子张》），"仁志""道志"是一个君子必备的人心底色。子曰："志士仁人，无求生以害仁，有杀身以成仁。"（《论语·卫灵公》）一个有志的士人，仁德之心是他的基本要求与行为准则。

庄子认为，人在世要善于"一志"。所谓"一志"，就是"志于一"，也就是人心要有意志力，始终让人心持守自身的太一、太极神性状态。《庄子·人间世》云："若一志，无听之以耳而听之以心，无听之以心而听之以气。听止于耳，心止于符。气也者，虚而待物者也。唯道集虚。虚者，心斋也。"[①] 庄子所谓的人心"一志"，首先要放弃人在世的人心状态，因为人心在世的识神理性都是一种人为的智慧。其次要放弃人心阴阳之气的状态，因为人心的阴阳之气所承载的依旧是识神阴智。最后要放弃人心的符念状态，因为人心存有各种妄念，就会遮蔽人心的虚无根性。"唯道集虚"，只有人心虚无，人心就获得了道心状态，这就是圣人之"志"。可见，"志"是道心显现的人心神识。

墨子认为，人心要以"天志为志"，即以天地之心为志。"天志"首先是对人心之志的否定，只有彻底放弃人心的私欲，才能达到"天志"状态。《墨子·天志上》云："然则天亦何欲何恶？天欲义而恶不义。然则率天下之百姓以从事于义，则我乃为天之所欲也。"[②] 墨子认为，"天志"就是依据"天欲"而存有心志。"天欲"就是"欲义"，也就是"无心之欲"。墨子以"天志"来否认人心之志，来接近于道心之志。《墨子·天志下》云："故子墨子置天之，以为仪法。非独子墨子以天之志为法也，于先王之书大夏

---

[①] （清）郭庆藩撰，王孝鱼点校：《庄子集释》，中华书局1961年版，第147页。
[②] 吴毓江撰，孙启治点校：《墨子校注》，中华书局2006年版，第288页。

之道之然:'帝谓文王,予怀而明德,毋大声以色,毋长夏以革,不识不知,顺帝之则。'此诰文王之以天志为法也,而顺帝之则也。且今天下之士君子,中实将欲为仁义,求为上士,上欲中圣王之道,下欲中国家百姓之利者,当天之志而不可不察也。天之志者,义之经也。"① 墨子强调,以"天志"作为人心之法,并非是自己的文化创造,而是对"先王"以"天志"为法的文化传承。

《尚书·旅獒》云:"玩人丧德,玩物丧志,志以道宁,言以道接。"② 这段话非常形象地揭示了在小传统文化中,早期圣人对人心之"志"的神性理解,尤其是关乎"志"与"道"之间的神话逻辑问题。由于《旅獒》被认为是伪古文尚书,学术界很多学者将其看成是后人的伪作,因此,对其言论的真实性多持有保留的态度。我们认为,尽管在《尚书》文字文本中后出的二十五篇可能不是古文尚书文本(战国时期以篆书写定)与今文尚书文本(汉代时期以隶书写定),也就是说,《旅獒》书写文本的写定时间可能会相对晚一些,但这也并非一定就意味着,后出写定的《旅獒》书写文本在内容上就一定是后来人伪作的。《旅獒》记录的是周武王时期的历史事件。在周武王时代,尽管文字已经被王室史官发明了,并开始用文字书写来记录口传文化的相关内容,但在那个时代,口传文化依旧是主流文化,口耳相传的文化媒介形式依旧是文化传播的主要形式。在《旅獒》的文本叙事中,周召公劝谏周武王的叙事方式,并非完全依照文字书写的形式逻辑进行,而是以口授口传的文化方式展开。可见,《旅獒》文本中所叙述的历史事件最初很可能就是以口传方式流传于世,换句话说,《旅獒》首先是一个流传于口耳之间的口传文本。而这个口头文本,到了文字极为兴盛的时候,才慢慢被定格为有形可见的文字文本。今天,我们看到的《旅獒》书写文本,尽管其书写形式的定型时间可能相对较晚,但也不能就因此而完全否认《旅獒》的口传叙事可能。

《旅獒》文本中所记载的召公关于"志""道""言"文化关系的论述,对于我们讨论口传传统中"诗言志"的文化意义,显得极为重要,也极具帮助,因为它直接阐述了"诗言志"命题所展示的就是口传大传统文化的"神道"价值。

孔安国注"志以道宁"云:"在心为志,发气为言,皆以道为本,故

---

① 吴毓江撰,孙启治点校:《墨子校注》,中华书局2006年版,第317页。
② (汉)孔安国传,(唐)孔颖达疏:《尚书正义》,北京大学出版社2000年版,第389页。

君子勤道。"① 可见，在"道""志""言"三者之间，并不是一种简单的并行关系，而是一种由内而外的文化力量关系。第一，"志"是人心有所之、有所止的道心状态，是具有整体性的价值态度或心态结构，"神志"规定着人外在的"言"的抉择和方向。第二，在口传文化中，人心之"志"不是流俗世界的私己之志，而是以"道"作为终极规定的神性之用。早期口传大传统"神道"的文化价值，是在口传文化的整体视野与神圣信仰中，发现人心本来面目的澄明之光，实现在人心世界中的根本转变，是一种神性之光从心底的天空降临，并敞开，天地神灵的升降出入的神圣通道被打开了。当人心通达了"神道"时，神性天命就降落在了诗人的心坎上，此时，诗人之心就处于神道之光的沐浴之中，人心被道心照亮，诗人摆脱了世俗人心所具有的在世态度，进入了完全敞开的澄明状态。在口传文化中，诗人的"心志"被"道心"之光所照亮，人心世界充溢着口传文化的整体意义与终极关怀，人心就摆脱了世俗世界的笼罩和拘束，通达了充满神性灵光的道体状态。第三，所谓"宁"，就是人心在道心中获得了安宁、安静。通常人心被世界之物所诱惑，处于永恒难宁之中，而"志以道宁"表明，人心的世俗状态逐渐隐退，人心的"道志"状态获得显现，人心由此而获得了明确的规定意愿，人心因神道、神志而获得了升华，而得到了安慰，人心处于一种满足与安宁的和谐之中。此时，人心之"志"就不再是普通的没有意义的流俗之"己志"，而是以"神道"之光点燃和照亮的具备了原初文化意义的神圣"道志"。

孔颖达注"言以道接"云："志当以道宁身，言当以道接物，依道而行，则志自得而言自当。"② 人心之"志"依据"道心"的价值而与"物"相接，只有这样，人心之"志"才能不为"外物"所牵制，而始终都能依据"神道"而有所动，也只有这样，人的"心志"才是一种"自得"的神性状态，才能摆脱人心因"外物"而"他得"的流俗状态。外在的"言词"是依据人之"心志"而生发的，而"神道"又规定着人之"心志"，所以人之"言词"并非完全是因"外物"而生发的，而是依据"神道"的文化规定而生成的。人心在与"外物"的交接过程中，人的"心志"因外物的出现而有所动，人的"言词"因"心志"有所动而有所发。可见，"言词"的实质是"道志"的具体形式化。"诗言"作为一种外在的表述形式，成为"道心"之言，"神道"成为贯通人之"心志"与"言词"的原初动力，并赋

---

① （汉）孔安国传，（唐）孔颖达疏：《尚书正义》，北京大学出版社2000年版，第389页。
② （汉）孔安国传，（唐）孔颖达疏：《尚书正义》，北京大学出版社2000年版，第390页。

予"心志"与"言词"声音以神圣的文化意义。具体表现为：第一，"诗言"作为一种外在的表述形式，不是在任意状态下获得的。唯有在口传传统的文化意义中，诗人获得了心灵上的神性通途，实现了根本的文化转变，打开了通往神圣力量的文化道路，诗人敞开了心中的灵光之道，神性和天命沿着这种神圣的通途降临到诗人心间，诗人由此而获得了降神状态，也获得了神灵显现的神圣力量。第二，"诗言"形式的意义不是来自流俗世界，而是来自神道世界。当天地神灵归心之后，口传文化的演绎者、表演者、舞蹈者、歌唱者、聆听者，都实现了根本性的文化转变，都处于道心世界的神性共在之中，他们各自摆脱了个体私欲的流俗世界，进入神灵归心的文化解蔽状态，口传大传统的文化意义就在这种整体心性的活动语境中被发现了，被解密了，被释放出来了。第三，诗人通达神道之后，"诗言"成为自由飞翔的语词标志。诗人通达了自由通畅的神灵心性状态，表现在诗歌吟诵、表演方面，就是诗歌话语的闸门被完全打开了，诗人的语词表述成了诗人自由飞翔的声音之流，轻缓自在地穿梭在心灵之间，毫无间断，毫无滞碍，诗人进入了神思遨游、语词飞翔的自由境界。第四，诗言之"接"，就不再是语词绅绎的艰难苦思状态，而是随物赋形，随地而出，汩汩不断，犹如流水潺潺，响鸣山涧，是不受个体思虑、个人才能所拘囿的极端自由状态。"言以道接"表明：诗人摆脱了人心的世俗状态，心志于道，而进入了神道世界的神圣状态，语词的意义就不再表达流俗世界的个体意图与私己欲望，而是在演绎口传文化的整体意义与神圣编码，口传诗歌的言说者、受听者、表演者在原初文化整体意义中，立足于神话共同体的文化基点，用口头诗歌的方式，吟唱着可以被他者聆听和理解的语词声音，使他们也能由此产生证悟，心领神会，并自觉通达"神道"的共在状态。

《旅獒》云："玩人丧德，玩物丧志。"这也表明，从口传文化大传统到书写文化小传统，早期中国圣人始终都贯穿着神道为主的华夏精神，对"玩人""玩物"的流俗价值，持有一种警惕、反思与批判的文化态度。他们认为，如果将人心固守在外在流动不居的"他人""外物"等现成事物上，就会将人心引诱与停留在日常生活的流俗状态，就无法将人心升华为道心的灵光状态。口传文化就是要帮助个体超越人心的物质引诱，通达自身神道的心性规定，获得共同体的整体存在。口传诗歌作为早期圣人文化的表述形式，它承载了引导人心超越世俗的文化功能，口传诗人与受众者都要善于领会"诗言""语词""图像""舞蹈"等诸多文化元素的神圣意义，主动自觉地寻找敞开神性的道心世界的文化体验，才能自由徜徉在神道的文化体验中，自由翱翔于澄明之光的沐浴之中。

## 四、神人以和："诗言志"的内外和谐与整体合一

大传统文化的"诗言志"展开了原初居民对人心乃至人言由内而外的尽情遐思与神话想象。人心之"神道""神志"规定了"言词""外物"的文化秩序。唯有抛弃人心的世俗状态，人心的道体神性世界才能得到敞开，人心才能获得一种整体和谐的心性体验和道体领会。这种道体的心志状态就是口传大传统"八音克谐，无相夺伦，神人以和"的文化意义所在。

口传文化重视口传语词声音的内在性与和谐性，利用各种声音的整体效应，如语词的声音、乐器的乐音、舞蹈的步音以及各种姿态的声响等文化元素共同构成一个和谐而紧密联系的有机世界。在这个有序的世界空间中，参与者的人心都暂时忘记了私人之"己欲"，通达了天地道心与有形人身整合为一的神圣世界。郭淑云在《中国北方民族萨满出神现象研究》中云："萨满出神主要不是为了满足萨满个人的生理、心理需要，而是为了治病、预测、祈福、禳灾、送亡魂等现实目的和解决人们在生产生活中随时出现的群体和个体危机。在萨满世界中，萨满出神是实现上述目的的有效途径之一。"[①] 萨满作为口传文化的现世传人，他们并非仅仅沉迷于个体的精神世界，而是要通过个体的文化转变，来帮助群体渡过危机，获得一种文化安宁与社会利益。

《庄子·天下》云："古之人其备乎！配神明，醇天地，育万物，和天下，泽及百姓，明于本数，系于末度，六通四辟，小大精粗，其运无乎不在。其明而在数度者，旧法世传之史尚多有之。其在于《诗》《书》《礼》《乐》者，邹鲁之士搢绅先生多能明之。《诗》以道志，《书》以道事，《礼》以道行，《乐》以道和，《易》以道阴阳，《春秋》以道名分。"[②] 庄子认为，古代圣人的知识实在是太完备了。他们心通神明，与天地同心，养育万物，和谐天下，恩泽百姓。他们内心通晓运化的本数关系，外行符合运化的宿度位置，可以通达四时六合的时空存在，能够把握大小精粗的天地阴阳运化。古代圣人将他们所通达的道心运化、阴阳数理、运转宿度记录在各种旧法、史书之中，邹鲁的士人大多能明晓记录在《诗》《书》《礼》《乐》等典籍的天地道理。其中，《诗》记载古代圣人的情志，《书》记载古代圣人的事迹，《礼》记载古代圣人的行为，《乐》记载古代圣人的和谐音律，

---

① 郭淑云：《中国北方民族萨满出神现象研究》，民族出版社 2007 年版，第 115 页。
② （清）郭庆藩撰，王孝鱼点校：《庄子集释》，中华书局 1961 年版，第 1067 页。

《易》记载天地之阴阳运化,《春秋》讲述社会名分的秩序。在庄子的文字书写中,对上古圣人文化充满了文化的敬意。他认为,古代的诗歌就是圣人通达了天地之心,将天地自然的情志利用诗歌的形式展示出来,由此而形成了诗歌的独特语词声音。

古代圣人是以道心为志,而世俗之人是以人心为志。"志"因为人心的追求不同,而出现了古今文化的分裂。《庄子·缮性》云:"乐全之谓得志。古之所谓得志者,非轩冕之谓也,谓其无以益其乐而已矣。今之所谓得志者,轩冕之谓也。轩冕在身,非性命也,物之傥来,寄者也。寄之,其来不可圉,其去不可止。故不为轩冕肆志,不为穷约趋俗,其乐彼与此同,故无忧而已矣!今寄去则不乐。由是观之,虽乐,未尝不荒也。故曰,丧己于物,失性于俗者,谓之倒置之民。"①庄子认为,人心获得齐全的本性(道心),就叫"得志"。古代所谓的"得志者",不是指获得了高官厚禄的人,而是指获得了心中最高的快乐(以本性齐全为最高的快乐)。今天所谓的"得志者",都是指获得了高官厚禄的人。一个人荣华富贵在身,并不是本然性命,犹如偶然获得一种外物,这种外物只是暂时寄存在身而已。这种暂时寄存之物,来了,不必阻止它,走了,也不必阻止它。所以一个人不要因为外在的荣华富贵而放弃"真志"(性命之志),也不要因为穷困潦倒而趋于流俗,不管荣华富贵(彼),还是穷困潦倒(此),人心之乐都是相同的,因此人就没有了忧愁。如果今天因为寄存的东西离去而感到不高兴,由此看来,这种寄存的东西,尽管刚得到时会带来快乐,同时,也未尝不是遮蔽了(荒废了)人的本性之乐。庄子感叹:一个人因为外物而丧失本己,由于流俗而失去本性,这样的人就是本末倒置的人。庄子将古人与今人的"得志"进行对比,揭示出古代圣贤之人的"得志",不以物牵,而是以本性为真志,以外物为妄志。诗歌语词的真正动力来自本性之志,天地道心,阴阳和谐,才是诗歌语词的本来样式。

口传诗歌语词声音的发出,诗人首先必须在内心获得天地道心,只有恬澹之心才能生发出诗歌和谐的语词声音。《诗含神雾》云:"诗者,天地之心,君德之祖,百福之宗,万物之户也。孔子曰:诗者,天地之心,刻之玉版,藏之金府……在于敦厚之教,自持其心,讽刺之道,可以扶持邦家者也。"②诗歌的语词之所以能成为"君德之祖,百福之宗,万物之

---

① (清)郭庆藩撰,王孝鱼点校:《庄子集释》,中华书局1961年版,第556—558页。
② [日]安居香山、中村璋八辑:《纬书集成》上,河北人民出版社1994年版,第464页。

户",最根本的原因在于,诗歌乃是"天地之心"的语词形式,孔子认为,这种发自"天地之心"的诗歌语词,可以"刻之玉版,藏之金府",具有永恒不变的文化价值,可以用来教化,也可以安治邦国。《春秋说题辞》云:"诗者,天文之精,星辰之度,在事为诗,未发为谋,恬澹为心,思虑为志,故诗之为言志也。"[①]诗歌犹如"天文""星辰",因为诗人是"恬澹为心,思虑为志",诗歌是道心之志的外在话语形式。

古代圣人以"道心"为"志",以"天地之心"为"心",才能发出亘古的诗歌语言,换句话说,口传诗歌是从一个充满梦幻遐想的道心世界流溢而出。美国学者休斯顿·史密斯在《人的宗教》一书中,将原初居民所体验到的"神话世界"描述为"梦中世界",其云:"这个神话世界如今照原住民自己的话说就是'梦中世界',后面这个词语有利之处是它表明并没有两个世界,相反地,却是一个可以用不同的方式去经验它的单一的世界。"[②]"梦中世界"最大优势就在于它是完整合一的,它是一个"单一的世界",不存在着形神分离的"两个世界"。J.旺西纳在《口头传说和方法论》一文中,通过研究非洲口传文化表演者的讲解,解开了原初口传声音的神秘力量,其云:"一位熟悉秘密传说的人说过:'言语的力量是惊人的,它能把我们联系在一起,而泄露这一秘密就会毁掉我们'——也破坏了社会的特性,因为言语打破了共同的秘密。"[③]这位非洲当地人所说的"共同的秘密",就是通过口传的声音,可以将整个部落成员的个体世界统一起来,形成一个彼此由天命而紧密联系在一起的神话世界。如果有一天部落文化失去了这种"言语力量",部落社会就面临着分崩离析。A.哈姆帕特·巴在《逼真的传说》中云:"口头传说,由于经历了从秘密到公开的过程,能适应人的接受能力,按人的理解能力向他们讲述,根据他们的天赋揭示其真谛。它同时是宗教信仰、知识、自然科学、手艺、历史、游艺和娱乐,因为任何一个细目都能使我们一直回到原始的统一。口头传统以传授和经验为基础,约束着人的一生,因此我们可以说,它有助于造就一种特殊类型的人,有助于塑造非洲人的灵魂。非洲文化,由于同个人和集体的日常活动联系,因此不可能是孤立于生活的某种抽象事物。它包含对世界的一种特殊看法,更确切地说,它包含世界上的一种特殊风貌——

---

① [日]安居香山、中村璋八辑:《纬书集成》中,河北人民出版社1994年版,第856页。
② [美]休斯顿·史密斯:《人的宗教》,刘安云译,海南出版社2001年版,第395页。
③ J.基·泽博编:《非洲通史(第一卷)·编史方法及非洲史前史》,中国对外翻译出版公司1984年版,第104页。

这个世界被认为是一个整体，其中万物相互联结并相互制约。"[1] 口头传说的各种知识形态能使参与者的心灵获得一种"原始的统一"，人与万物被文化联结起来，形成了一个"整体世界"。朱狄在《原始文化研究》一书中亦云："对原始人来说，音乐不是一种艺术，而是一种力量，人通过音乐去获得神赐的本质，使自己和神联系在一起，并通过音乐去控制各种神灵。"[2] 口传文化的各种语词声音，不仅构成了通向神性的文化通途，而且从这个神秘通道中，不仅能领略慈祥的神性之光，而且能够体验到和谐的神圣力量，因此，原初音乐可以滋润每个原初人的心灵世界。

原初声音的神秘体验为何能获得整合世界的奇妙效果呢？美国学者沃尔特·翁认为："听觉的理想是和谐，是聚合。内在性与和谐性是人的意识的特征。每个人的意识都是完全内化的，只能从内部被他本人感知到，其他任何人无法直接从内心感知到他的意识。每个人说'我'的时候，他的意识和其他任何人说'我'的意识都是不同的。对我而言的'我'，仅仅是对你而言的'你'。这个'我''集合一切经验'于'我'之内。归根到底，认知不是一种分割的现象，而是一种整合的现象，是追求和谐。没有和谐这个内在的条件，精神健康就会受损。"其又云："声音的特征形成一个整合、集中和内化的体系。声音主导的言语体系和累积的倾向是协调的，它不会和分析的、解剖的倾向协调。"[3] 沃尔特·翁认为，与视觉体验相比，听觉体验，尤其是口传传统时期的听觉体验，能够使原初人的意识获得内在性和和谐性的神性体验，这种神性体验完全是自身世界的，通过这种神性体验，原初居民不仅感受到一个完整的自身存在，而且在神性光照之下，完整的"我"沐浴着精神的协调，体验到了完好的"我"的整体。

在《国语·周语下》中，记载一段早期知识分子对音乐（诗歌）和谐性的讨论。公元前522年，周景王想铸一个无射钟，他先铸了一个大林钟。单穆公就从音乐之道和政道之间的关系来进谏，尤其突出了心和、感官之和、音和、令和之间的逻辑关系。其云："耳之察和也，在清浊之间，其察清浊也，不过一人之所胜。是故先王之制钟也，大不出钧，重不过石。律度量衡于是乎生，小大器用于是乎出，故圣人慎之。今王作钟也，听之弗及，比之不度，钟声不可以知和，制度不可以出节，无益于

---

[1] J.基·泽博编：《非洲通史（第一卷）·编史方法及非洲史前史》，中国对外翻译出版公司1984年版，第122页。
[2] 朱狄：《原始文化研究》，生活·读书·新知三联书店1988年版，第521页。
[3] [美]沃尔特·翁：《口语文化与书面文化：语词的技术化》，何道宽译，北京大学出版社2008年版，第54—55页。

乐，而鲜民财，将焉用之！夫乐不过以听耳，而美不过以观目。若听乐而震，观美而眩，患莫甚焉。夫耳目，心之枢机也，故必听和而视正。听和则聪，视正则明。聪则言听，明则德昭，听言昭德，则能思虑纯固。以言德于民，民歆而德之，则归心焉。上得民心，以殖义方，是以作无不济，求无不获，然则能乐。夫耳内和声，而口出美言，以为宪令，而布诸民，正之以度量，民以心力，从之不倦。成事不贰，乐之至也。"①这段话主要表达了以下几层意思：第一，首先分析了耳朵听觉是用来"察和"的，即辨别出和谐的音乐。圣人制乐，极为重视音乐的法度。而周景王制钟，不依音乐的法度，所制的音乐也就是不和的；同样的道理，如果为政没有节制，政令也就会败坏。第二，外在和谐的音乐，可以使人的听觉更为敏锐；而人的听觉敏锐了，就善于听言，善于辨别语言；人的语言辨别能力增强了，就能昭示自身的德性。可见，和谐的音乐可以启迪人心的德性。第三，人的听觉敏锐了，心性就和谐了，他就说出"美言"，在"美言"之中展示自己光明的德性。他由此而颁布政令，就会布施给百姓，百姓就会从心里服从他。可见，单穆公的音乐之道，极为重视声音之和，因为音乐之和直接关乎人心的和谐敏锐与聪明睿智，也直接关乎人君的德性存在，这样也就会直接影响到国家政令的决策取向和利益关系，影响到国家的民心凝聚与心悦诚服。从外在方面来看，诗歌、音乐与政令都是独自分科的，眼睛的视觉与耳朵的听觉也是分开的感官活动，但是如果从人心状态来看，这些表面上是分科的外部言行，与分开的各种感觉，都是人心状态、人之德性的外在表现。

周景王不听单穆公的进谏（见图1-2-5），又去问乐官州鸠。州鸠云："夫政象乐，乐从和，和从平。声以和乐，律以平声。金石以动之，丝竹以行之，诗以道之，歌以咏之，匏以宣之，瓦以赞之，革木以节之，物得其常曰乐极，极之所集曰声，声应相保曰和，细大不逾曰平。如是而铸之

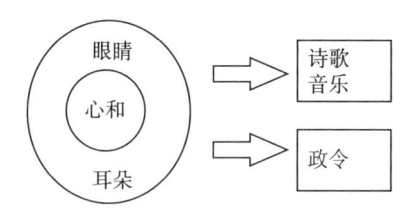

图 1-2-5　单穆公论乐图

---

① 徐元诰撰，王树民、沈长云校：《国语集解》，中华书局2002年版，第108—109页。

金，磨之石，系之丝木，越之匏竹，节之鼓，而行之以遂八风。于是乎气无滞阴，亦无散阳。阴阳序次，风雨时至，嘉生繁祉，人民龢/㕁利，物备而乐成，上下不罢，故曰乐正。今细过其主，妨于正；用物过度，妨于财；正害财匮，妨于乐。细抑大陵，不容于耳，非和也。听声越远，非平也。妨正匮财，声不和平，非宗官之所司也。夫有和平之声，则有蕃殖之财。于是乎道之以中德，咏之以中音，德音不愆，以合神人，神是以宁，民是以听。若夫匮财用，罢民力，以逞淫心，听之不和，比之不度，无益于教，而离民怒神，非臣之所闻也。"① 州鸠也认为，政治、音乐与人心也是一致的文化关系。政治的象征就是音乐和谐，和谐的音乐又来自人心的和谐，人心的和谐来自内心的平静。第一，人心道体，人心就和平，音乐就和平。金石丝竹，诗歌言说，匏土革木等各种声音，都在于具有"和谐"与"平静"的乐心，即"乐正"。诗歌音乐能表达中庸的品德，歌唱时用的是中和的声音，这种极富德性的声音绵绵不断，可以使神性与人形达到共处同在（神人相和），诸神因此得到安宁，人民也能服从政令。第二，乐心烦琐，有妨于乐正之心，音乐用具不合法度，导致财物匮乏，这样都会影响音乐的和谐。如果人君耗费财物，放纵个人的淫欲之心，而令百姓疲惫，这种音乐听起来就不和谐，不合法度，不仅无益于教化，而且会离散民心，激怒神灵，导致国家大乱。一切外在的和谐现象都要以人心和谐为根本，只有发自人心深处的和谐，才是真正的和谐。如果人心深处不是平静和谐的，那么，就一定会在外部的声音、政令之中表现出来。

单穆公、州鸠对音乐的讨论（见图 1-2-6），都强调只有人心和平，摆脱了世俗不和之心，音乐才会和谐，政令也会畅通，这种人心、音乐、政治一体的力量传承与审美观念，直接承袭了口传大传统的神道价值与文化精神。他们都很重视音乐、诗歌的声音效果，强调用和谐的音乐使人的内心达到和谐，由此而通达"道心"的文化体验，以获得"神人以和""以合神人"的文化效果。他们由口传文化的"神人以和"，演绎出人心有道、音乐和谐与国家治理之间的相互影响关系，由神性之道、音乐之道讨论政治之道，彰显了人心与音乐、政治之间的不二关系。

"神人以和"是口传综合文化的和谐世界与整体效应，体现了"诗言志"最终的文化目标与人心状态。这不仅仅是要表述诗人之"心志"，而且还要通达诗人内心世界的道心升华，从而在无形的词语声音、音乐声音、舞蹈声音、动作声音等整体效应中，获得神性敞开的文化通途，打开

---

① 徐元诰撰，王树民、沈长云校：《国语集解》，中华书局 2002 年版，第 111—112 页。

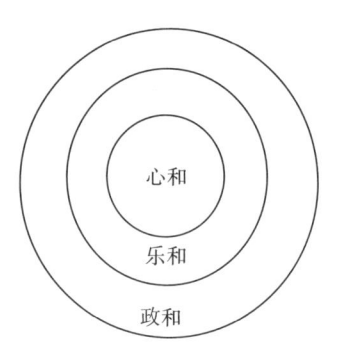

图 1-2-6　州鸠论乐图

神秘力量的心性天窗，让充满神性的道心体验取代人的世俗存在，从而获得神性世界与有形体象的和谐统一，体验到一种"神人和谐"的完满自在。"诗言志"的和谐存在与诗歌美学是艺术自由的终极状态，也是人类自身存在的天人合一状态，体现了口传文化的整体心性和自由世界。

## 五、小　　结

"诗言志"的诗学命题是口传传统的文化产物。在口传传统中，诗歌、音乐、图像、器物、舞蹈等文化元素共同构成了一个意义完整的原初文化体系，形成了口传文化保留、传承和理解的文化整体意义。口传诗歌的语词言说是有所之有所止的。

"诗言志"的"志"不是现代学者所说的一般意义的"情怀""记忆""记录"，这种解释使"志"变成了流俗意义、没有规定的现成之物。"诗言志"的"志"是古志，是人心有所之、有所止的心性状态，是具有指引性和价值性的"心志"。人心之"志"所有的文化规定性不是个体存在所有的私己之志，而是口传传统的整体价值和集体性情。人心之志气与语词声音之间的关系，是由内而外的决定关系。

"士志于道"，早期圣人以本性齐全为"得志"，以世俗的富贵荣耀为"俗志"，"道心"成为早期圣人在世的心志状态。"志以道宁"揭示出人心之"志"的文化规定来自口传传统的"道心"存在。人心之"志"不是一般的世俗情志，而是受到"神道"灵光指引的人心状态。"言以道接"表明，人心的"神道""神志"规定了"言语"与"外物"，"言语"不是逐"物"而出，而是依据于"神道""神志"而发。"神道""神志"才是"言语"的终极依据。

"诗言志"最终是为了通达"神人以和"的文化目标，诗歌不仅要展示人心的"神志"状态,而且要将内心和谐统一、完满自在的道体世界与自由状态真实地显现出来,体现了口传文化内外和谐、神人合一的艺术精神与审美价值。

从口传传统出发,揭开"诗言志"的心性价值和文化意义,对于我们理解中华民族本土神道世界的艺术思想、文论精神,具有重大意义。

## 第三节 "赋诗言志"的意义再造与权力关系

到了春秋王道分裂、霸道盛行的时候,"诗言志"的口传大传统发生了一些文化新变,社会上出现了"赋诗言志"的诗学现象。"诗言志"传统发迹于口传时代,倡导于早期经典时代,体现了从文化大传统到文化小传统更替时期的文化精神。"诗言志"重视人神之间的文化沟通与自我体验,强调在文化活动中人心世界的神性转变与心志力量,尤其强调神志力量对口传声音形式的文化规定作用。在这个人心世界的转变过程中,口传诗歌扮演了极为重要的文化角色,成为开启人心世界之中神性力量的重要文化媒介。可是发展到了春秋时代,"诗言志"传统开始转变为"赋诗言志",这两个诗学命题尽管只有一字之差,但它们的诗学内涵却发生了巨大变化。"赋诗言志"是文化小传统流行时期的特殊文化现象,也是早期口传诗歌在社会具体实践生活中的文化运用,展现了春秋士人对待口传诗歌传统的新态度。这种诗学态度流行于从经典时代过渡到子学时代的特殊时期,直接影响了子学时代一些著名学者(诸如老子、孔子、庄子、孟子等)的诗学观念。"赋诗言志"是口传诗歌从口传大传统向书写小传统过渡时期的重要文化现象,深入了解"赋诗言志"的文化内涵,对于我们理解中国诗论精神的意义演变及其价值取向都具有重要的文化意义。

何为"赋诗言志"?杨伯峻在《春秋左传注》鲁隐公三年(前720年)"卫人所为赋《硕人》"条下注云:"'赋'有二义,郑玄曰'赋者或造篇,或诵古',是也。此'赋'字及隐元年《传》之'公入而赋'、'姜出而赋',闵二年《传》之'许穆夫人赋《载驰》'、'郑人为之赋《清人》',文六年《传》之'国人哀之,为之赋《黄鸟》',皆创作之义;其余'赋'字,则多是诵古诗之义。"[①] 学术界通常认为,这四首诗歌(《硕人》《载驰》《清人》《黄鸟》)为春秋时期诗人最新创作的诗歌作品。如果将这些诗歌作品放回到早期口传文化大传统的大时段文化视野之中,按照口传诗学的文化理论,口传诗歌的口头创作和口耳传播是早期诗歌语词的口语活态形式。正如美国学者洛德所云:"每一次演唱都是一种具体的歌,与此同时它又是一

---

① 杨伯峻编著:《春秋左传注》,中华书局1990年版,第31页。

般的歌。"① 口传诗歌的每次演唱都与演唱者的心志状态、社会具体语境紧密关联,是一件诗歌口头展开的具体事件,所以是一首"具体的歌"。但是作为每次演唱活动中的口传诗歌,它又不是一种全新的独立的诗歌创作,它总是在早期口传诗歌的"文化原型"基础上,或有所变化,或有所改造,所以这种口传诗歌的原初声音形式就成为每次具体演唱诗歌声音的原型状态。可见,口传诗歌活动中每次所要演唱的"具体的歌",不过是"一般的歌"在具体社会环境中的灵活使用。到了春秋末年,文字书写小传统逐渐流行起来,正处在口传大传统向书写小传统过渡的重要转型时期,这四首诗歌的赋诗行为(或特殊的诗歌创作行为)都应该是在"一般的歌"(口传诗歌的原型形式)的基础上,演唱者(或赋诗者)根据赋诗时的具体语境与现实需要,临时作出选择,并随机发挥与脱口吟诵的口头诗歌,而后来执行书写权力的史官将赋诗者的口述诗歌形态用文字书写的方式记录下来。因此,这种口传诗歌的演唱式创作不是今天我们书写意义上的诗歌文本创作,而是一种口传诗歌的再演唱活动,或口传文化形式的再创造活动。可见,"赋诗言志"是春秋时期士人通过口头演唱(赋诵)口传时期的诗歌声音(基本上是《诗经》中记载的口头诗歌)来表达个体在具体情境中所生发的社会意愿的文化现象。其要点有二:第一,所演唱(赋诵)的诗歌不是文字书写的文本诗歌,而是早期口耳流传下来的口传诗歌。第二,在具体的赋诗演唱活动中,士人所赋诵诗歌的意义不再是早期口传诗歌的神志追求和文化意义,而是赋诗者根据具体的赋诗语境与当下意愿而新发的,这种当下意愿是在特殊的社交场合所要表达的个体语境意愿。

除了鲁隐公三年卫人所赋的《硕人》以外,桓公六年(前706年)载有齐侯打算将文姜嫁给郑国太子忽,而太子忽为了拒绝这桩婚姻,他引用了《大雅·文王》中的诗句——"自求多福",来表达自己为何拒绝这门婚事的理由。这件引诗事件可以看作是春秋时期有文字记载的最早的"赋诗言志"文化现象。

"赋诗言志"的文化现象在社会上早已存在,但这一文化现象的命名却是发生在鲁襄公二十七年(前546年)。《左传·襄公二十七年》记载:"郑伯享赵孟于垂陇,子展、伯有、子西、子产、子大叔、二子石从。赵孟曰:'七子从君,以宠武也。请皆赋,以卒君贶,武亦以观七子之志。'子展赋《草虫》。赵孟曰:'善哉,民之主也!抑武也,不足以当之。'伯

---

① [美]阿尔伯特·贝茨·洛德:《故事的歌手》,尹虎彬译,中华书局2004年版,第145页。

有赋《鹑之贲贲》。赵孟曰:'床笫之言不逾阈,况在野乎? 非使人之所得闻也。'子西赋《黍苗》之四章。赵孟曰:'寡君在,武何能焉!'子产赋《隰桑》。赵孟曰:'武请受其卒章。'子大叔赋《野有蔓草》。赵孟曰:'吾子之惠也。'印段赋《蟋蟀》。赵孟曰:'善哉,保家之主也! 吾有望矣。'公孙段赋《桑扈》。赵孟曰:'"匪交匪敖",福将焉往? 若保是言也,欲辞福禄,得乎?'卒享,文子告叔向曰:'伯有将为戮矣。诗以言志,志诬其上而公怨之,以为宾荣,其能久乎? 幸而后亡。'叔向曰:'然,已侈,所谓不及五稔者,夫子之谓矣。'文子曰:'其余皆数世之主也。子展其后亡者也,在上不忘降。印氏其次也,乐而不荒。乐以安民,不淫以使之,后亡,不亦可乎!'"[①] 公元前546年,晋楚在宋国举行弭兵盟会。结盟之后,赵文子从宋国返回晋国,途经郑国,郑伯在垂陇设宴招待赵文子,一同参加宴会的还有郑国的子展、伯有、子西、子产、子大叔、印段、公孙段七位士大夫。在宴会上,赵文子对七位士大夫说,请大家通过赋诗的方式,替郑伯完成对他的宴请赠礼。借用赋诗活动,他也可以了解各位士大夫的心中之"志"。这里的"志"是指什么? 应该是指赋诗者对待赵文子、郑伯的个人态度或内心世界状况。子展赋了一首《召南·草虫》,《草虫》诗中有"未见君子,忧心忡忡,亦既见止,亦既觏止,我心则降",子展借用所赋的诗歌,将赵文子比作一位"君子"。赵文子领会了子展的美意,并表示自己"不足以当之"的谦逊态度。伯有赋了一首《墉风·鹑之贲贲》,该诗是"卫人刺其君淫乱,鹑鹊之不若。"其诗曰:"人之无良,我以为兄,我以为君。"伯有赋诵此诗,明显具有"嫌君之意"。赵文子对伯有的赋诗表示了怀疑。子西赋了《小雅·黍苗》中的第四章,其曰:"肃肃谢功,召伯营之。列列征师,召伯成之。"子西将赵文子比作西周初期的召伯,赞美他具有安邦立国的超凡能力。赵文子立即将美意推让给了郑伯。子产赋了一首《小雅·隰桑》,诗曰:"既见君子,其乐如何?"子产表示,今天遇到赵文子,犹如遇到了"君子",感到无比高兴,在此他将尽心做好款待工作。赵文子回答说,自己更愿意接受此诗的最后一章,其诗云:"心乎爱矣,遐不谓矣,中心藏之,何日忘之。"意思是说:"我很喜欢见到君子,没有一日不想啊。"赵文子也将子产比为"君子",希望能得到子产的教诲。子大叔赋了一首《郑风·野有蔓草》,其诗曰:"邂逅相遇,适我愿兮。"子大叔表达了与赵文子相见的喜悦之情,赵文子很高兴地接受了他的赋诗。印段赋了一首《唐风·蟋蟀》,诗曰:"无以大康,职思其

---

[①] 杨伯峻编著:《春秋左传注》,中华书局1990年版,第1134—1135页。

居。好乐无荒,良士瞿瞿。"印段借用赋诗的机会,告诫君王,要谨守职责,不要荒淫无度,这样士大夫就会努力工作。赵文子说,这是一位"保家之主"。公孙段赋了一首《小雅·桑扈》,其云:"君子有礼文,故能受天之祜"。赵文子也欣然接受了他的赋诗。宴会结束后,赵文子告诉叔向,伯有将会被杀,因为他在宴会上的赋诗极为不妥,诬蔑了郑伯,会招致郑伯的怨恨与不满,但伯有还误以为,这首赋诗是赐给来宾的无上荣光。赵文子还议论,其他的大夫都可以长久,尤其是子展、印段,他们都可以长保兴盛,将是郑国最后灭亡的家族。孔颖达在《正义》中评价云:"在心为志,发言为诗,是诗所以言人之志意也。""在心为志",是指赋诗者心中先有了一定的心志态度。"发言为诗",是指赋诗者为了表达优先存在的心志状态,借用口传诗歌的语词声音来表达个人此时此刻内在所持有的心志情况。"是诗所以言人之志意",是指此时的早期口传诗歌所表达的不是口传诗歌时期的生发意义,而是赋诗者在当下情境中所产生的个人志意。

在此次宴会上,所有士大夫都灵活地赋诵了早期口传文化的口头诗歌,来表达自己在宴会之时的心志态度。作为口传文化的诗歌语词不是写在纸上的诗歌文字,而是被赋诗者所借用来的早期口传诗歌,在具体的现实语境中,用来呈现宴会参与者每个人鲜活的自我世界,尤其用来展现此刻他们对待来宾、君王的个体心志态度。可见,"赋诗言志"不是一种机械的诗歌背诵活动,而是一次在具体社会语境中的口传诗歌再创作活动,赋诗者的具体"心志"状态成为这次口传诗歌再创作活动的语词动力。各位士大夫都极为精心地挑选了自己认为最适合在当时语境中吟诵的口传诗歌知识,来表达此时自我的心志态度与内心世界。一方面展示了士大夫对早期口传诗歌的良好记忆和娴熟程度,他们具备了在各种社会场合中随机吟诵口传诗歌的超凡能力;另一方面这种诵诗的文化能力会给诵诗者带来一定的社会利益或祸害,或吉或凶,甚至会带来杀身、灭族的人生厄运。由此看来,"赋诗言志"的文化活动是一种社会文化的竞争活动,表面上是口传诗歌语词的再演唱活动,但这种文化活动却是关乎诗歌演唱者在社会竞争中的空间位置与荣辱存亡。可见,这种文化活动也是需要士人一定的智慧灵光。而且这种赋诗活动已经改变了口传大传统"诗言志"的神性意义和原型力量,彰显了口传诗歌知识在当前社会具体语境中的交际功能和权力诉求。据曾小梦《先秦典籍引〈诗〉考论》中统计,《左传》一书先秦典籍中引《诗》数量多达266处。[1] 在此,我们将这些引诗活动纳入

---

[1] 曾小梦:《先秦典籍引〈诗〉考论》,陕西师范大学2008年博士学位论文,第13页。

口传诗歌传统在经典时代后期的文化背景与社会遭遇中来展开文化考察，可以理性地把握并反思春秋时期"赋诗言志"文化现象的诗学精神与社会功能，尤其对理解此后中国早期诗论从口传大传统时代到春秋战国大分裂时代的诗歌理论新转向具有很大的学术价值。

## 一、口传诗歌的社会语境与知识意愿

春秋时期的赋诗言志活动使口头传统发生了巨大的文化新变。在口传时期，口传传统和物质图像传统都是原生态文化语境表意综合体的重要元素，各种声音，诸如诗歌声音、语词声音、器物声音、动作声音、吆喝声音等，共同组成了一个表达文化意义的整体乐章。随着文字书写小传统的逐渐兴起，文字书写的独立自主性渐渐被早期士人重视起来，尤其在文字表意方面促进了口语语词意义的传播与保留。在书写文化的影响下，原本属于口传传统的文化元素——诗歌语词声音，就开始摆脱原初综合表意的文化体系，逐渐转型为由语词声音单独来表达意义，这样也就形成了由原来口传传统的整体知识观走向口传语词的专门知识观，这种口传语词的知识意义主要表现在语词本身的声音和词义上，而原初生态语境中的发生意义与文化编码就逐渐被忽略了。这样，原初口传的诗歌语词就从原初口传综合文化的其他门类中独立出来，成为一种可以单独表达意义的符号形式。由此，在原初口传传统中同一不分的口传知识在文化意义上开始出现了分化。庄子在《天下篇》中所云的"道术为天下裂"的文化现象也开始出现，并且在社会上愈演愈烈。如《左传·僖公二十七年》记载，赵衰云："臣亟闻其言矣，说《礼》《乐》而敦《诗》《书》。《诗》《书》，义之府也；《礼》《乐》，德之则也；德、义，利之本也。"[①]《诗》保留的是口传时期的诗歌声音，《书》记录的是巫师之长、群巫等口传文化参与者与神灵之间的语词交流，《礼》记录的是口传文化中人神之间的仪式秩序和动作规则，《乐》记录的是早期仪式活动中各种乐器发出的悦耳声音和节奏韵律，在原初的文化整体中，《诗》《书》《礼》《乐》这些文化要素都成为"神道"有机统一体的组成部分，而且这些组成部分只有在文化共享与人神共鸣之中，才能获得神道整体的神圣力量与文化效应。在以赵衰为代表的士人知识观念上，这些文化组成元素已经开始由统一整体的知识价值转变为有所分化的专门知识，他认为，"《诗》《书》"归为"义之府"，"《礼》《乐》"归为"德之则"。殊不知，"德"与"义"原本都

---

① 杨伯峻编著：《春秋左传注》，中华书局1990年版，第445页。

是口传文化中神秘力量不可分割的具体形式或有机组成部分,也就是说,"德"与"义"原本是神道之得与神道之用的统一体,都是"神道""元气"在具体事物之中的时空表象与表征形式,属于神性存在与生命机体的有机统一体。

到了春秋时期,受到文字小传统文化的意识渗透与价值排斥,早期口传文化的整体观念也开始出现瓦解,原本属于口传文化统一整体的各种文化元素,诸如诗歌、音乐、舞蹈、器具等,也走向了知识专门化进程。休斯顿·史密斯在《人的宗教》中云:"我们不能了解到原初口述性的特殊之处,直到我们面对其排他性,它视书写不是说话的辅助而是其敌人。因为书写一旦被引进来,就无法不影响口述性的效力,并在重要的地方消减了这些效力。"[1]文字书写天生具有两面性,一方面可以作为口传文化的辅助性手段,帮助保留和传播口传文化;另一方面还会成为口传文化的"敌人"。这里所谓"敌人",是指书写文化会影响并消减口传文化的文化"效力",以致口传文化随着文化效力的消减,而逐渐被世俗化。《淮南子·本经训》云:"苍颉作书而天雨粟,鬼夜哭。"汉高诱注云:"苍颉始视鸟迹之文造书契则诈伪萌生,诈伪萌生则去本趋末,弃耕作之业而务锥刀之利,天知其将饿,故为雨粟;鬼恐为书文所劾,故夜哭也。"[2]仓颉造字,历来被学者神话为"神授",被儒者阐释为华夏文明的巨大进步,这样很容易忽略文字书写的出现也会对华夏文明的原初精神产生一些负面影响。因为文字作为一个有形可见之物,通常表现的都是人类自身意识的智力智慧及理性逻辑,与之伴随而生的就是人类自身的身体欲望和欺诈伪善。《淮南子》文本用"天雨""鬼哭"来表达自然界对人类书写文字的文化警惕。在注解中,高诱也认为,文字的出现标志着华夏大传统文化精神开始迷失,即人类开始失去自身的精神乐园,同时,这也意味着人类将进入到"诈伪萌生""去木趋末"的堕落时代。从甲骨文的出现发展到春秋末年,书写文化由产生到逐渐流行,华夏文明史也从王道时代进入霸道时代。而作为口传文化的诗歌形式,在书写文化逐渐兴起的时代,也随之发生了一系列的文化转变,即口传诗歌的原初生态语境与文化意义逐渐被人遗忘,由此,也开始成了一种独立化和知识化的口传诗歌知识,这种文化转变直接导致了"赋诗言志"文化现象在春秋时期的出现与流行。

---

[1] [美]休斯顿·史密斯:《人的宗教》,刘安云译,海南出版社2001年版,第397页。
[2] 何宁撰:《淮南子集释》,中华书局1998年版,第571页。

"赋诗言志"最为明显的文化特征在于口传诗歌趋于知识专门化。知识化的口传诗歌声音已经开始不依赖心灵内部而获得自己的文化意义，由此而依附于演唱诗歌活动的社会语境获得其外部意义。如《左传·文公十三年》记载，鲁文公到晋国去结盟，郑伯在棐地宴请鲁文公，其云："郑伯与公宴于棐，子家赋《鸿雁》。季文子曰：'寡君未免于此。'文子赋《四月》。子家赋《载驰》之四章。文子赋《采薇》之四章。郑伯拜。公答拜。"①在宴会上，郑国士大夫子家赋诗《小雅·鸿雁》，此诗首章曰："之子于征，劬劳于野。爰及矜人，哀此鳏寡。"子家赋诵此诗是希望鲁文公能够"哀恤鳏寡（可怜郑伯），有征行之劳（再到晋国去走一趟）"，并"言郑国寡弱，欲使鲁侯还晋恤之。"季文子回答："我们鲁国也很弱小啊，处境和你们一样，"并赋诗《小雅·四月》，此诗首章曰："四月维夏，六月徂暑。先祖匪人，胡宁忍予？"意思是说，我们从四月开始出行，离开鲁国，现在已经到了六月，还没有回家，我们的先祖难道不是人吗？他们还在等待着我们回去祭祀呢。季文子的意思是很明白：对不起，我们要回家祭祀，不能因为你们郑国的事情再到晋国去了。季文子代表鲁文公断然拒绝了郑伯的请求。子家接着又赋了《鄘风·载驰》的第四章、第五章，其第四章云："陟彼阿丘，言采其蝱。女子善怀，亦各有行。许人尤之，众稚且狂。"其第五章云："我行其野，芃芃其麦。控于大邦，谁因谁极？大夫君子，无我有尤。百尔所思，不如我所之。"第四章是说，现在郑国有急，我们实在是很忧愁。第五章是说，希望得到大国（鲁国）的帮助。子家将鲁国比成大国，祈求他们的援助之请，是不言而喻的。文子鉴于郑国的苦苦哀求，只好赋了《小雅·采薇》的四章，其云："岂敢定居？一月三捷。"其意是说：好吧，为你们郑国的事情，我们就再到晋国去跑一趟吧。在这次宴会中，口传时期的诗歌已经失去了口传文化的其他元素，而单独承担了表情达意的社会功能。子家、季文子都已经具备了非常熟练的口传知识储备，他们能够根据具体语境的需要，选择恰当的口传知识，清楚明白地表达自己此时的特殊心意。可见，口传时期的口头诗歌已经完全脱离了早期诗歌的神圣语境和文化意义，开始成为一种专门化的诗歌知识，而且口传诗歌的语词意义也得到了极大彰显，赋诗者充分利用口传诗歌的语词意义就可以明白无误地传达自己想要表达的语境意愿，口传诗歌是在具体社会语境中获得一种现实意义。

---

① 杨伯峻编著：《春秋左传注》，中华书局1990年版，第598—599页。

**郑国与鲁国赋诗言志表**

| 郑国赋诗 | 鲁国赋诗 | 赋诗效果 |
| --- | --- | --- |
| 子家赋《鸿雁》。请求鲁国帮忙。 | 文子赋《四月》。鲁国拒绝帮忙。 | 失败。 |
| 子家赋《载驰》。哀请鲁国帮忙。 | 文子赋《采薇》。鲁国同意帮助郑国。 | 成功。 |
| 赋诗意义：恳请鲁国帮助。 | 赋诗意义：开头拒绝，后来同意。 | 口传诗歌表达的是现实的功利目的。 |

又如《左传·襄公八年》记载："晋范宣子来聘，且拜公之辱，告将用师于郑。公享之。宣子赋《摽有梅》。季武子曰：'谁敢哉？今譬于草木，寡君在君，君之臭味也。欢以承命，何时之有？'武子赋《角弓》。宾将出，武子赋《彤弓》。宣子曰：'城濮之役，我先君文公献功于衡雍，受彤弓于襄王，以为子孙藏。匄也，先君守官之嗣也，敢不承命？'君子以为知礼。"[①]范宣子之所以来到鲁国，是希望鲁国能与晋国联盟，共同出兵攻打郑国。在宴会上，范宣子赋了《召南·摽有梅》，此首诗歌的原来意思是指女子的青春盛衰变化很快，时不待人，希望男女之间的婚姻要及时。在此，范宣子的赋诗是希望鲁国能与晋国结为盟友，及时地参与讨伐郑国的军事联盟行动。季武子云："谁敢不从命呢？我们之间，犹如花木，晋君如木，鲁君如花，我们一定会听从你们的安排，请问什么时候讨伐郑国呢？"并赋了《小雅·角弓》，其诗云："兄弟婚姻，无胥远矣。"诗歌原意是说，不要疏远了同姓兄弟之间的婚姻关系。在口传时代，部落氏族之间，通过联姻的方式强化彼此之间的情谊。可见，季武子同样采用了婚姻比拟的方式，来指代晋国与鲁国之间是世代友好的联盟关系，这一次鲁国会继续坚持两国之间的军事同盟。宴会结束后，季武子又赋了《小雅·彤弓》。《彤弓》之诗本是指"天子赐有功诸侯之诗，欲使晋君继文之业，复受彤弓于王。"季武子赋此诗的意思是希望晋国能发扬晋文公的霸业。范宣子立刻明白了季武子的意思，也表示要继承祖辈功业，不敢废命。在整个赋诗活动中，范宣子所赋的《召南·摽有梅》，以及季武子所答的《小雅·角弓》，原本都是讨论男女情爱或同姓通婚的口头诗歌，但是在晋鲁结盟的社会背景下，两位政治家灵活地运用了口传诗歌的知识传统很好地表达了两国结盟共同讨伐郑国的政治意愿，顺利巩固了两国之间的军事联

---

[①] 杨伯峻编著：《春秋左传注》，中华书局1990年版，第959—960页。

盟与友好往来关系。

当然，在社会的赋诗文化活动中，如果某人对口传诗歌的知识储备不足，那么，他就无法理解对方的现场赋诗，自然就会显露出自己的知识不足和能力欠缺。因此，随着口传诗歌的知识专门化，士人开始在知识储备和士人身份方面出现了一定分化，甚至出现了士人文化空间的等级差异。如《左传·襄公二十七年》记载："齐庆封来聘，其车美。孟孙谓叔孙曰：'庆季之车，不亦美乎！'叔孙曰：'豹闻之："服美不称，必以恶终。"美车何为？'叔孙与庆封食，不敬。为赋《相鼠》，亦不知也。"[1] 齐国的庆封访问鲁国，他乘坐的车子极为华美。孟孙对叔孙云："庆封的车子真漂亮。"叔孙回答道："如果一个人的服饰、装饰与他内心的知识不相称，此人必得恶果。庆封的车子很华美，那又有什么作用呢？"后来，叔孙与庆封在一块吃饭，庆封对叔孙极为不敬，不讲礼节。叔孙当场赋了《相鼠》一诗，指责庆封，其诗曰："人而无仪，不死何为？人而无止，不死何俟？人而无礼，胡不遄死？"叔孙利用口头诗歌知识，表达了自己对庆封无礼行为的蔑视与诅咒。可是，庆封却听不懂这首诗，不知道叔孙赋诗所蕴含的批评意味，这反衬出庆封是一个华而不实的贵族公子。叔孙赋诗的活动，既表达了他对无知者、无礼者的蔑视和厌恶之情，也显示出贵公子庆封对口传诗歌知识极为生疏，是一个徒有外表、流俗不堪的纨绔子弟。从孟孙与叔孙关于"美"的讨论中，我们也可以体会到，到了春秋时期，"美"的文化观念并非仅仅拘囿于可见的外在形式方面，而是更为重视士人内在的德性之美，这也从侧面反映了尽管早期口传传统的文化价值已经开始在社会有所失落，但是一些开明之士依旧能够传承这种以德性为美的审美趣味。

很显然，"赋诗言志"活动中的"诗"，尽管在形式上还是口传记忆的诗歌形式，但其口传诗歌的文化意义却越来越远离了口传传统，逐渐变成具有媒介工具性能的口传知识。这种口传诗歌被知识化以后，口传诗歌的语词就逐渐脱离了原初生态的口传语境，失去了早期大传统的文化惯例和神道价值。在现实的生活语境中，赋诗者对口传诗歌知识可以任意发挥，肆意截取，被知识专门化的口传诗歌逐渐远离大传统文化时期的生命力量。由此，口传时期的文化大传统也随之发生了巨大变化。这时口传诗歌的知识意义并不是来自口传传统的文化意义，而是来自社会事件的具体新语境。口传诗歌的赋诗者根据不同的知识语境、社会语境、话语语境，选

---

[1] 杨伯峻编著：《春秋左传注》，中华书局1990年版，第1127页。

择适合语境并能够展示自我意愿的口传诗歌知识,来表达自我世界、自我态度、自我领会,口传诗歌知识成了再社会语境化的可塑性知识,其知识意义必须要从新的社会语境中获得。正如《左传·襄公二十八年》卢蒲癸所云:"赋诗断章,余取所求焉,恶识宗?"[①]这段话揭示出了"赋诗"活动不是一种死板僵化的诗歌背诵活动,而是根据赋诗者在现实语境中的具体"所求",对口传诗歌进行灵活多变的现实改造,其改造的方式就是"断章取义"。所谓"断章",是指人为地将口传诗歌中的部分口头声音从诗歌整体中割裂出来,脱离口传文化的生成语境和诗歌整体的文化意义,转而根据口传语词的单独意义和语词逻辑,对口头诗歌进行再改造、再解释、再运用。"断章"的目的在于"取义",体现了口传语词完全受"取义者""断章者"的个人意志所支配,"我"成了口传诗歌当前活动意义的再造者。当然,这个口头诗歌意义的再造过程也不是完全由"我"的个体意愿所决定的,而是受到具体的社会语境、历史事件、社会空间等诸多因素约束。"我"不过是根据社会语境的现实需要,灵活地运用了那些口传诗歌知识罢了。

卢蒲癸所说的"宗"原本指同姓同宗不能通婚的婚姻禁忌,而在这里指代口传诗歌的原初传统与神圣意义。卢蒲癸所说的"恶识宗"可以理解为:在赋诗言志的文化活动中,为什么还要遵守早期口传的诗歌文化传统呢?这也表明,口传大传统的文化意义已经开始部分失落,以及新传统(文化小传统)的世俗精神开始逐渐成为社会主流的文化精神。当然,在赋诗言志时,口传传统的文化意义之所以还处于部分失落的状态,是因为这个新传统(文化小传统)不过是由早期口传大传统的综合语境转型为现实社会的语词语境、社会语境。也就是说,此时口头诗歌的语词意义不仅注重语词声音的表层意义,而且还是很注重赋诗者自我世界的社会行为意愿,以及社会语境中的生活意义。很显然,口头诗歌生成之初的原初意义与神圣力量也就在这种现实意义中逐渐被遮蔽起来了。

## 二、"赋诗言志"的表述策略与权力关系

"赋诗言志"不是一种闲庭信步式的文字游戏,也不是无所事事的闲言闲语,更不是为了炫耀自己丰富的专门知识,而是赋诗者在社会现实语境中展示出来的意愿表述、社会参与和文化权力。"赋诗言志"作为一种专门知识和文化活动,它与社会事件参与者的利益诉求和现身情态是密不

---

[①] 杨伯峻编著:《春秋左传注》,中华书局1990年版,第1145—1146页。

可分的。通过"赋诗言志"的文化表述和社会交际，整个文化活动展示的是活动施动者与受动者之间的文化共鸣和社会认同。"赋诗言志"的社会参与性决定了所"赋"之"诗"与赋诗者之"志"是一致的，对方通过听"诗"，就能直达赋诗者的"志"（即内心世界），从而达到一种心灵上的沟通交流与信息交换。此时，作为知识状态的口传诗歌，不仅仅是一种外在的符号存在，而是由赋诗者心中的"志"所推动、所选择的一种特殊表述形式，这种表述形式与赋诗者之"志"的文化关系是：第一，赋诗者的"志"在先，口传诗歌知识在后；赋诗者的"志"具有源始性的特点，而口传诗歌的决定和选择都派生于赋诗者的"志"，是属于派生性的东西。第二，赋诗者的"志"是表述活动的意义之所在，而口传诗歌知识执行的是赋诗者的表述意义。通过梳理作为参与者的"志"与作为表述形式的口头之"诗"的事件关系，可以看出，"赋诗言志"的文化活动具有双重改造性，一为赋诗活动中口传诗歌的表述意义得到改造，二为赋诗者在具体语境中的个体之"志"得到改造。

正是"赋诗言志"的双重改造活动，使得"赋诗"活动直接涉及赋诗者的现实处境，涉及赋诗者在社会交际活动中与他者的社会空间与权力关系。此时所赋的口头诗歌已经打上了具体赋诗情境的社会烙印，带上了赋诗者的现场情绪和他者态度。《左传·僖公二十三年》记载了晋公子重耳与秦穆公之间的一场"赋诗言志"活动。这次赋诗活动在重耳一生的政治生涯中极为重要，重耳通过"赋诗言志"的文化活动获得了秦穆公的权力认可，也为最终成就其政治霸业奠定了坚实的政治基础。其云："秦伯纳女五人，怀嬴与焉。奉匜沃盥，既而挥之。怒，曰：'秦、晋，匹也，何以卑我？'公子惧，降服而囚。他日，公享之。子犯曰：'吾不如衰之文也，请使衰从。'公子赋《河水》。公赋《六月》。赵衰曰：'重耳拜赐！'公子降，拜，稽首，公降一级而辞焉。衰曰：'君称所以佐天子者命重耳，重耳敢不拜？'"[①] 此次赋诗活动的政治背景是：晋惠公刚死，晋怀公被立为国君，但是晋国没有赦免长期流浪在外的重耳回国。此前秦穆公以文嬴嫁给了重耳，并送了五个女子作为陪嫁的小妾，怀嬴为其中之一。有一次怀嬴手持盥洗之具，侍奉重耳洗手。重耳洗完之后，无意间摆动手臂，想挥去手上的余水。不料水滴溅到怀嬴的脸上，怀嬴大发脾气，怒云：秦国和晋国是平等的关系，你怎么可以看不起我？重耳听了，极为恐惧，赶紧谢罪。从这段生活细节可以看出，在此次"赋诗言志"之前，作为四处流浪的重耳

---

① 杨伯峻编著：《春秋左传注》，中华书局1990年版，第410—411页。

尽管得到了秦穆公的重视,并赐给他以妻妾,但这些女人都很强势,就像怀嬴所说的:你轻视我,就是轻视秦国。没过几天,秦穆公请重耳赴宴。子犯认为,此次赴宴极为重要,事先商量,让擅长文事的赵衰陪同重耳参加此次宴会。可见,重耳及其幕僚极为重视此次宴会,并做了精心的安排,因为他们知道,只有获得秦国的大力支持,他们才有可能重返晋国,从而摆脱长期流亡在外的政治命运。

晋公子重耳在宴会上口赋《河水》(这首诗属于逸诗),杜预注曰:"义取河水朝宗于海,海喻秦。"据《晋语四》韦昭注云:"河,当为'沔',字相似误也。其诗曰:沔彼流水,朝宗于海。"江永《群经补义》曰:"此说是也。余谓'嗟我兄弟,邦人诸友,莫肯念乱,谁无父母',亦欲以此感动秦伯,望其念乱而送己归也。"① 综合杜预、韦昭、江永等人的注解,可以体会到,重耳在宴会上赋《河水》一诗,其目的是想通过诗赋的文化活动来表达自己内心的真实情志,希望能得到秦伯的鼎力支持,护送自己回到晋国,尤其表达了自己回到晋国之后一定做到犹如河水归海一般的不二忠心,以博取秦伯的政治帮助。秦伯赋《小雅·六月》之诗,杜预注曰:"道尹吉甫佐宣王征伐,喻公子还晋,必能匡王国。古者礼会,因古诗以见意,故言赋。《诗》,断章也,其全称《诗》篇者,多取首章之义,他皆放此。"②《晋语四》韦昭注云:"《小雅·六月》道尹吉甫佐宣王征伐,复文、武之业。其诗云:'王于出征,以匡王国。'其二章曰:'以佐天子'。三章曰:'共武之服,以定王国。'此言重耳为君,必霸诸侯,以匡佐天子。"③ 秦穆公通过所赋的《六月》之诗,认为重耳回国之后,必能成就文武大业,匡佐天子。其言外之意是愿意帮助重耳等人结束流亡生活,支持他们重返晋国,开启新的政治命运。这对于重耳等人来说,是求之不得的大好事,所以赵衰立即大声叫道,赶快"拜赐"。重耳马上降阶至堂下,再拜,并稽首致谢。

这场"赋诗言志"活动,对于重耳、赵衰等人来说,可谓惊心动魄,是关乎命运前途、生死存亡的政治大事。也正因为这种关乎个体命运、邦国存亡的历史事件,与赋诗言志的文化活动紧密地联系在一起,才使得"赋诗言志"的文化活动更加贴近赋诗者的世界遭遇与社会人生关系,成

---

① 杨伯峻编著:《春秋左传注》,中华书局1990年版,第410页。
② (周)左丘明传,(晋)杜预注,(唐)孔颖达正义:《春秋左传正义》,北京大学出版社2000年版,第474页。
③ 杨伯峻编著:《春秋左传注》,中华书局1990年版,第410页。

为春秋时期重要的社会事件与权力诉求。而在这些鲜活的社会事件中，口传诗歌知识扮演了极为重要的文化角色，成为赋诗者表达现实意愿与权力诉求的文化方式。

又如《左传·襄公十六年》记载："晋侯与诸侯宴于温，使诸大夫舞，曰：'歌诗必类。'齐高厚之诗不类。荀偃怒，且曰：'诸侯有异志矣。'使诸大夫盟高厚，高厚逃归。于是叔孙豹、晋荀偃、宋向戌、卫宁殖、郑公孙虿、小邾之大夫盟，曰：'同讨不庭。'"[1] 何为"歌诗必类"？杜预注曰："歌古诗，当使各从义类。齐有二心故。"孔颖达注疏曰："歌古诗，各从其恩好之义类。高厚所歌之诗，独不取恩好之义类，故云'齐有二心'。刘炫云：'歌诗不类，知有二心者，不服晋，故违其令；违其令，是有二心也。'"[2] 口传传统中的"歌""诗""乐""舞"在文化功能上都是一致的，无论是节奏、声音，还是文化意义，都能达到相互匹配、无所冲突的完美境界，可以起到调和心志的文化功能。"类"是指"同气相类"，气韵和谐。但在这次诸侯的会盟上，晋国要求各位卿大夫所赋的口头诗歌必须要有一致性，主题要同一，不能有所冲突。当时，晋国是盟主，其主动提出协调一致、主题合一的赋诗要求，其实是以赋诗言志的文化行为来作为政治借口，以便通过文化活动来统一口令，树立权威，实现其政治霸权。但齐国也是大国，齐国大夫高厚在赋诗活动表现出不一致的文化行为，用文化的方式表达了对晋侯霸权的不满情绪，所以晋国卿大夫荀偃大发脾气，他认为："高厚所赋的歌诗不是同一类的，说明齐国存有二心。"晋侯甚至故意推让诸其他的小国去拜齐国为盟主，采用这种软硬兼攻的方式，不仅警告了齐国，而且令那些原本不太听话的小国也备受责难。最后，高厚被迫逃归齐国，其他的诸侯国也纷纷与晋国再次结盟，由此强化了晋国的盟主地位。晋国的"赋诗言志"策略，是通过强调口传文化的诗歌"相类"的文化传统，来强化晋国在文化霸权上的核心地位，从而巩固其政治霸权。同时，齐国高厚等人的"赋诗言志"活动并没有完全按照晋国的诗歌相类要求展开，表现出对晋国文化霸权的不满与抗争。

赋诗看起来是口传诗歌知识的文化活动，但在晋国、齐国之间的赋诗活动，不能简单将其是一场纯粹的知识竞技，而是一场在文化知识与政治场域之间的竞争活动。口头诗歌作为赋诗活动的知识载体，成为政治权

---

[1] 杨伯峻编著：《春秋左传注》，中华书局1990年版，第1026—1027页。
[2] （周）左丘明传，（晋）杜预注，（唐）孔颖达正义：《春秋左传正义》，北京大学出版社2000年版，第1078页。

力之间相互竞争、彼此妥协的媒介工具。赋诗者充分利用口传的诗歌知识，运用各种文化策略与表述技艺，以求达到知识权力、政治权力的交易平衡与最大实效，最终实现社会场域的政治霸权。如《左传·襄公二十六年》载："秋七月，齐侯、郑伯为卫侯故如晋，晋侯兼享之。晋侯赋《嘉乐》。国景子相齐侯，赋《蓼萧》。子展相郑伯，赋《缁衣》。叔向命晋侯拜二君，曰：'寡君敢拜齐君之安我先君之宗祧也，敢拜郑君之不贰也。'国子使晏平仲私于叔向，曰：'晋君宣其明德于诸侯，恤其患而补其阙，正其违而治其烦，所以为盟主也。今为臣执君，若之何？'叔向告赵文子，文子以告晋侯。晋侯言卫侯之罪，使叔向告二君。国子赋《辔之柔矣》，子展赋《将仲子兮》，晋侯乃许归卫侯。"① 这场"赋诗言志"的文化活动可谓明争暗斗，刀光剑影，充满了戏剧色彩。晋国因为荀林父之事而抓了卫侯，齐侯、郑伯来到晋国，为卫侯求情。晋侯设宴款待两位诸侯，晋侯赋了《大雅·嘉乐》，其诗曰："嘉乐君子，显显令德。宜民宜人，受禄于天。"他表示对齐侯、郑伯的到来感到很高兴。齐国的国景子赋了《小雅·蓼萧》，杜预注曰："言太平泽及远，若露之在萧。以喻晋君恩泽及诸侯。"② 郑国的子展赋了《郑风·缁衣》，取义于"适子之馆兮，还予授子之粲兮。"意思是说：我们都上门来求你了，请你能网开一面，饶了卫侯吧。齐国国景子、郑国子展通过赋诗，已经将齐侯、郑伯的来意向晋侯挑明了。晋国大夫叔向听了二位的赋诗以后，很清楚两位君侯的来意是为了请求晋侯释放卫侯，但是晋侯既然抓了卫侯，就不能轻易放了他。那怎么办呢？"赋诗言志"活动，赋诗者可以断章取义，听诗者也可以断章取义，所以叔向灵机一动，故意曲解两首诗歌的语词意义，并要晋侯拜谢二位君侯。孔颖达在《正义》中是这样解释叔向的意思，其云："沈氏云：赋《蓼萧》，喻晋侯德泽及诸侯，言晋侯有德，是安我宗庙也。其言与注合。《缁衣》首章云'缁衣之宜兮，敝予又改为兮。适子之馆兮，还予授子之粲兮'。欲常进衣服、献饮食，是其不二心也。刘炫云：《蓼萧》首章云'既见君子，燕笑语兮，是以有誉处兮'。言晋侯有声誉，常处位，是得宗庙安也。"③ 叔向完全改变了赋诗者原本是为卫侯求情的赋诗意义，而是根据晋侯不愿释放卫侯的权力意愿，重新将这两首赋诗的求情之义改为感激之情，很灵

---

① 杨伯峻编著：《春秋左传注》，中华书局1990年版，第1116—1117页。

② （周）左丘明传，（晋）杜预注，（唐）孔颖达正义：《春秋左传正义》，北京大学出版社2000年版，第1194页。

③ （周）左丘明传，（晋）杜预注，（唐）孔颖达正义：《春秋左传正义》，北京大学出版社2000年版，第1194—1195页。

活地回避了二位君侯的政治请求,同时,也婉言拒绝了他们的请求。

**晋齐郑三国赋诗活动表**

| 第一场赋诗活动 | 私下政治周旋 | 第二场赋诗活动 |
|---|---|---|
| 晋侯抓了卫侯<br>晋侯《嘉乐》、叔向,欢迎<br>齐侯、国景子《蓼萧》,求情<br>郑伯、子展《缁衣》:求情<br>叔向曲解所赋之诗<br>晋侯拒绝释放卫侯 | 晋侯、赵文子、叔向<br>齐国国景子、晏平仲 | 国子赋《辔之柔矣》:宽恕<br>子展赋《将仲子兮》:敬畏<br>晋侯同意释放卫侯 |

齐国与郑国在宴会上的赋诗活动失败以后,国景子私下又派晏平仲与叔向交涉,讲明了诸侯之间的利害关系。晋侯、赵文子、叔向等向齐侯、郑伯解释之所以抓捕卫侯的政治原因。双方经过一段时间的交涉谈判,国景子赋《辔之柔矣》,杜预注:"逸《诗》,见《周书》。义取宽政以安诸侯,若柔辔之御刚马。"杨伯峻认为此诗是《逸周书·大子晋篇》所引之《诗》,即"马之刚矣,辔之柔矣。马亦不刚,辔亦不柔。志气麃麃,取予不疑。"[①]子展赋《郑风·将仲子兮》,诗曰:"岂敢爱之,畏人之多言。仲可怀也,人之多言,亦可畏也。"杜预注曰:"义取众言可畏。言卫侯虽别有罪,而众人犹谓晋为臣执君。"[②]最后,晋侯鉴于齐、郑两国的政治压力,再三权衡,还是同意释放卫侯。

在这场诸侯国之间政治外交的权力博弈中,"赋诗言志"的文化活动可谓一波三折,赋诗者与解诗者极尽其能,斗智斗勇。诸侯国之间的政治紧张关系直接反映到了"赋诗言志"的活动中,知识场域成为政治场域权力斗争的第二战场。齐侯、郑伯为了取得这场政治外交的胜利,不仅在公开的政治外交上有礼有节,步步紧逼,而且在暗中的政治交涉中晓之以理,动之以情,既亲临晋国,逼迫晋侯,同时赋诗言志,以理服人。通过文化活动与政治外交齐头并进,双管齐下,最终获得了这次政治外交活动的全面胜利,挫败了晋侯的霸主权力,使其同意释放卫侯。

### 三、"赋诗言志"的心志分化和社会效益

在知识意义和赋诗权力等方面,"赋诗言志"的文化活动都是态度鲜

---

① 杨伯峻编著:《春秋左传注》,中华书局 1990 年版,第 1117 页。
② 杨伯峻编著:《春秋左传注》,中华书局 1990 年版,第 1117 页。

明的历史事件，人物命运、甚至国家命运都与赋诗活动息息相关。在"赋诗言志"活动中，所赋之"诗"折射的是赋诗者、听诗者的权力意愿与心志状态，活动参与的心志状态就直接成为赋诗活动成败的关键所在，也直接影响到赋诗活动的社会效益。

在赋诗言志的活动中，赋诗者与听诗者所持有的心志状态决定"断章取义"诗歌活动的实际意义，也直接决定赋诗活动的社会效果。如果赋诗者持有道心之志，必然会使赋诗活动获得社会的文化认可。如果赋诗者持有一己之志，就势必会激化矛盾，使文化活动难以开展，由此而失去效果。《老子·第三十三章》云："强行者有志，不失其所者久。"① 老子认为，只有强行让人心回归到大道上来，这种人才算是真正有志的人，如果能长期持守这种道心之志的人，才能真正久远。《庄子·天地》云："大圣之治天下也，摇荡民心，使之成教易俗，举灭其贼心而皆进其独志。"② "大圣"的心志与民心是不同的。民心纷繁而不一，容易随着世俗而轻易改变其心志。而圣人治理天下，善于摇荡百姓多变之心，使他们能够自灭贼心，由此而获得独化之志，能自持本性心志，不随物化。孔子认为，如果一个人能够有志于仁道，这不是坏事，一定会是好事。子曰："苟志于仁矣，无恶也。"（《论语·里仁》）③ 子曰："君子怀德，小人怀土；君子怀刑，小人怀惠。"（《论语·里仁》）④ 意思是说，君子的心中持有德志，小人的心中想着土地。君子的心中持有法度，小人的心中想着恩惠。子曰："士而怀居，不足以为士矣。"（《论语·宪问》）⑤ 一个士人要是心中总是贪念安逸的居住条件，这样人不配做读书人。荀子根据人的心志、行为、智慧等方面的状态，将人分为众人、小儒和大儒。《荀子·儒效》云："志不免于曲私而冀人之以己为公也，行不免于污漫而冀人之以己为修也，其愚陋沟瞀而冀人之以己为知也，是众人也。志忍私然后能公，行忍情性然后能修，知而好问然后能才，公修而才，可谓小儒矣。志安公，行安修，知通统类，如是则可谓大儒矣。"⑥ 心中怀有偏己之私，却希望别人认为自己很公正。行动难免存在不好之处，却希望别人认为自己一定是美好的。自己心中浅薄愚昧，却希望别人认为自己很聪明。这就是众人，众人持有的是

---

① （魏）王弼注，楼宇烈校释：《老子道德经注校释》，中华书局2008年版，第84页。
② （清）郭庆藩撰，王孝鱼点校：《庄子集释》，中华书局1961年版，第432页。
③ 杨伯峻译注：《论语译注》，中华书局1980年版，第36页。
④ 杨伯峻译注：《论语译注》，中华书局1980年版，第38页。
⑤ 杨伯峻译注：《论语译注》，中华书局1980年版，第144页。
⑥ （清）王先谦撰，沈啸寰、王星贤点校：《荀子集解》，中华书局1988年版，第145页。

私己之志。心中能够克制私心，做到心持公正。行动能够克制私情，具有一定德行。心存智慧，而且能不耻下问，公正修身，才能美好，这就是小儒，小儒持有公正之心。心安于公正，行安于德行，智慧能够通达各类事物，这就是大儒，大儒持有大智慧之心。可见，人的心志存在不同，修行也有异趣，智慧各有大小。《墨子·天志上》云："我有天志，譬若轮人之有规，匠人之有矩，轮匠执其规矩，以度天下之方圜，曰：中者是也，不中者非也。"[1] 墨子以"天志"作为人心之法，强调心志的自然规矩法性。正是因为人心在世所持的"心志"存在很大差别，那么，人心的思想境界就会相差很大，这直接影响赋诗活动的社会效果。

在"赋诗言志"活动中，赋诗者、听诗者的文化权力与空间位置决定了"赋诗者"的心志状态。不同的心志状态，赋予口传诗歌知识以不同的现实意义。因此，赋诗言志中的口传诗歌表面上是处于一种意义开放的随机状态，但始终与赋诗者、听诗者所持的心志存在是息息相关的。在每一次"赋诗言志"的活动中，诗歌的语词声音与赋诗者的文化价值、社会空间、社会存在紧密联系在一起，获得重新组合，赋诗者的心志世界、自我生命都参与了口传诗歌知识的召唤、领会和改造，通过这种文化与现实的重组，使得口传诗歌成为自我世界的一部分。这种被自我再造的语词声音，再次获得一种社会生命存在的文化力量，尽管这种文化力量不再是早期原始诗歌的神性力量，但它依旧是人心处于现实社会中所表现出来的生存智慧和求生力量。美国学者休斯顿·史密斯在《人的宗教》中描述了"口述"语词的有效性，其云："记忆深植于生命之中，生命呼唤它，在每一次变动中都有用，对没有用的和不相干的则很快地将之清除。"[2] 在"赋诗言志"的活动中，口头诗歌依旧是从鲜活的生命深处呼唤而出的，彰显了人类社会存在的心志意义与文化力量。

可见，"赋诗言志"的文化活动不是口传诗歌的机械吟诵，而是充满生存智慧、心志想象的言说活动。如果在赋诗活动中，赋诗者能够主动放弃自己的私有之欲，秉持公正、礼义之心，那么，"赋诗言志"活动中的口传诗歌也是能够给社会带来和谐友好，使赋诗活动的双方都能从中获益。如《左传·文公三年》记载："晋人惧其无礼于公也，请改盟。公如晋，及晋侯盟。晋侯飨公，赋《菁菁者莪》。庄叔以公降拜，曰：'小国受命于大国，敢不慎仪？君贶之以大礼，何乐如之？抑小国之乐，大国之惠

---

[1] 吴毓江撰，孙启治点校：《墨子校注》，中华书局2006年版，第290页。
[2] [美]休斯顿·史密斯：《人的宗教》，刘安云译，海南出版社2001年版，第398页。

也.'晋侯降，辞。登，成拜。公赋《嘉乐》。"[1] 鲁文公二年（前625年），晋襄公因鲁文公即位之后，没有立即来晋国朝拜，就派兵攻打鲁国。鲁文公急忙赶赴晋国谢罪，晋国派大夫阳处父与鲁文公结盟。臣与君结盟，这是无礼的行为，晋国以此来羞辱鲁文公。鲁文公三年（前624年），晋襄公对自己羞辱鲁文公的无礼行为感到不安，请求重新修好两国之间的相关盟约，以此来改善两国之间的外交关系。鲁文公由此又一次来到晋国，晋襄公以国宴之礼招待鲁文公，并赋有《小雅·菁菁者莪》之诗，其诗曰："既见君子，乐且有仪。"晋襄公利用口传诗歌的知识将鲁文公称为"君子"，表达了自己希望两国重修友好的政治意愿。口传诗歌的知识也传递出晋襄公经过反悔、希望重修友好的良好心愿。庄叔作为听诗者，他通过听《菁菁者莪》的语词声音，立即明白了晋襄公的修好意愿与政治志向，他立即让鲁文公降阶下拜，并云："小国（鲁国）在大国（晋国）接受命令，怎敢对礼仪不谨慎呢？晋君用大礼招待我们，太令人高兴了。小国的欢庆是来自大国的恩赐。"庄叔站在交往礼义的角度，对晋国的友好表示了欣喜之情，并愿意与晋国按照大礼重新修好，建立友好的盟约关系。同时，鲁文公也以"降拜"的礼仪行动，以及"大国惠赐"的谦让言辞，表达了对晋国重视礼仪的尊敬顺服。最后，鲁文公赋有《大雅·嘉乐》一诗，其诗曰："显显令德，宜民宜人，受禄于天。"鲁文公的赋诗对晋襄公讲究礼义的政治行为表示了赞美之情，同时表示自己会不计前嫌，愿意与晋国结成盟友。从晋国、鲁国的政治关系来看，晋国是大国盟主，鲁国是小国盟国，在事情之初，晋襄公以臣盟约鲁文公，晋国是无礼的。此后晋襄公心中感到不安，想重新改善两国之间的外交关系，可见，此时晋襄公已经意识到了自己行为失礼，人心由人体之私心转变为两国之间公正的礼义之心，由此他主动找到鲁文公，用言语行动表达自己想改变两国之间的不友好现状。

在这次"赋诗言志"的活动中，由于晋襄公以礼待人，鲁文公也顺礼而为，化解了两国之间的矛盾。因此，两国君王之间"赋诗言志"的文化活动成了两国尽释前嫌、破冰重盟的重要文化手段，也取得了较好的社会效果。

又如《左传·文公四年》载："卫宁武子来聘，公与之宴，为赋《湛露》及《彤弓》。不辞，又不答赋。使行人私焉。对曰：'臣以为肄业及之也。昔诸侯朝正于王，王宴乐之，于是乎赋《湛露》，则天子当阳，诸侯用命

---

[1] 杨伯峻编著：《春秋左传注》，中华书局1990年版，第531页。

也。诸侯敌王所忾，而献其功，王于是乎赐之彤弓一、彤矢百、玈弓矢千，以觉报宴。今陪臣来继旧好，君辱贶之，其敢干大礼以自取戾？'"①鲁文公四年，卫国的宁武子访问鲁国。鲁文公设宴款待他，并当场赋了《湛露》和《彤弓》两首诗。杜预注曰："非礼之常，公特命乐人以示意。"孔颖达《正义》曰："诸自赋诗，以表己志者，断章以取义，意不限诗之尊卑。若使工人作乐，则有常礼。穆叔所云《肆夏》《樊》《遏》《渠》，天子所以享元侯也。《文王》《大明》《绵》，则两君相见之乐也。燕礼者，诸侯燕其群臣及燕聘问之宾礼也。歌《鹿鸣》《四牡》《皇皇者华》，如彼所云，盖尊卑之常礼也。自赋者，或全取一篇，或止歌一章，未有顿赋两篇者也。其使工人歌乐，各以二篇为断，此其所以异也。此时武子来聘，鲁公燕之，于法当赋《鹿鸣》之三，今赋《湛露》《彤弓》，非是礼之常法。传特云'为赋'，知公特命乐人歌此二篇以示意也。此二篇，天子燕诸侯之诗。公非天子，宾非诸侯，不知歌此欲示何意？盖以武子有令名，歌此疑是试之耳。"②根据杜预之注、孔颖达之疏，可知，鲁文公在宴会上赋诵《湛露》和《彤弓》这两首诗是不符合"常礼"的。作为赋诗者，鲁文公选择这两首诗歌表达了君（鲁文公）臣（宁武子）、大国（鲁国）与小国（卫国）之间的权力空间关系，展示了一种以君（相对于宁武子）自居，以大国（相对于卫国）自居的自得自负之情。

作为听诗者，面对鲁文公的赋诗挑衅与无礼行为，宁武子当场并没有发表任何责怪的言语，也没有赋诗作答。杜预注曰："鲁人失所赋，宁武子佯不知，此其愚不可及。"孔颖达《正义》注曰："臣以为工人自习诗业以及此篇，非谓歌之以为己也。鲁人失于所赋，辞则章主之失，答则已当其宠，故'不辞又不答'，佯若不知，其所为如愚人然。《论语》云'宁武子其知可及，其愚不可及'。此亦是愚之一事也。"③孔子、杜预、孔颖达都对宁武子"不辞、又不答"的赋诗智慧给予了很高的评价，体现了宁武子在这种政治外交场合，佯装不知，以机智之"愚"，来应付鲁文公的无礼。事后，鲁文公私下派人探问宁武子为何不答诗的原因，宁武子在回答中包含了以下几层意思：第一，他强调自己还以为是乐工之误，故意将鲁文公的"赋诗"不合礼仪转移至乐工身上。第二，他还简要解释了《湛

---

① 杨伯峻编著：《春秋左传注》，中华书局1990年版，第535—536页。
② （周）左丘明传，（晋）杜预注，（唐）孔颖达正义：《春秋左传正义》，北京大学出版社2000年版，第579页。
③ （周）左丘明传，（晋）杜预注，（唐）孔颖达正义：《春秋左传正义》，北京大学出版社2000年版，第579页。

露》和《彤弓》的正常使用及其君臣礼仪，表明自己对口传诗歌的礼仪知识还是很娴熟的。第三，他告诉对方，自己此次来访是为了巩固鲁国与卫国的友好关系，不能因为君王在赐宴中的赋诗不合礼仪，而触犯大礼，以自取罪过。

从宁武子的回答中，我们能体会到，宁武子始终持有国家大局之心。第一，宁武子之所以对鲁文公的赋诗表示了"愚"的反应，是因为他要以两国大局为主，不能因为个人暂时遭受一些小委屈，而影响两国之间的友好交往。第二，宁武子对鲁文公在赋诗中的公开挑衅行为以及私欲之心是很清楚的，他不赋诗作答，也不作任何言辞评价，是一种沉默的抗争。宁武子在没有破坏两国友好关系的前提条件下，又对鲁文公的无礼行为表示了不满，而且做得恰到好处，让对方获得自我反省。

在"赋诗言志"活动中，所赋之"诗"及其相关礼仪知识是一种外在的交流媒介，而赋诗者、听诗者所处的心志状态，以及相应的社会空间关系，共同决定了所赋之诗的现实意义。由于赋诗者持有不同的现实心志，以及在社会权力关系中也存有各种现实空间的差异，这些都会影响到赋诗活动的社会效果。如果赋诗活动的参与者能够在赋诗活动中持守礼义之心，以礼待人，那么，"赋诗言志"的文化活动也会给双方带来一定的好处。

## 四、小　　结

"赋诗言志"是春秋时期士人赋诵口传大传统的诗歌来表达社会意愿的文化活动。这种文化活动已经改变了口传诗歌的原初文化意义和神性力量，而展现了口传诗歌在社会现实语境中的交流媒介作用和社会生存智慧。

在"赋诗言志"活动中，口传诗歌被知识专门化了。在具体的语境中，知识化了的口传诗歌单独承担表达意义的社会功能，而且这种口传诗歌的意义在社会现实的具体语境中重新获得意义。"断章取义"成为赋诗活动中极其典型的文化表征，"断章"的目的在于"取义"，口传语词成为赋诗者社会再造行为的文化载体形式。

在赋诗活动中，赋诗者所持的"心志"有所不同，所赋之"诗"在意义表达、社会效果方面也会出现相应的差异。可见，赋诗活动不是一场纯粹知识意义上的较量，而是承载了赋诗者之间的知识意愿与权力关系。

"赋诗言志"的"志"因人而异。如果赋诗者能够放弃"己志"，持守礼义之心，那么，通过赋诗活动就能化解矛盾，形成和谐友好的社会关系。

如果赋诗者以"己志"强压别人，以满足个体私欲，最终只会自取其辱。

"赋诗言志"是充满生存智慧与权力空间的社会事件。但随着"赋诗言志"活动的流行，赋诗者通常根据"己志"在社会赋诗活动中大胆断章取义，任意改造诗歌的文化意义，也使得原本充满神性力量的口传诗歌逐渐远离了原初生成的文化意义，由此而变得世俗化了。

## 第四节　季札观乐的口传情结与德性美学

当"赋诗言志"成为社会文化的主流风气时，口传诗歌的知识形态与审美趣味已经远离了早期中国人的口传传统精神，由大传统文化所形成的原初文化意义也明显受到一定的世俗化改造，社会上开始出现"礼崩乐坏"的文化沉沦现象。在"赋诗言志"的文化活动中，赋诗者、听诗者的"心志"也出现了一些分化，代表个体意愿的"己志"得到了极大的张扬。与此同时，口传诗歌知识被专门化、知识化、再语境化，使得口传诗歌的语词意义逐渐远离大传统时期的原型编码，而与社会具体的语境意义结合起来，以致口传诗歌的"神志""神道"等文化价值处于遮蔽状态。

吴公子季札以南方"蛮夷"之国的使臣身份访问北方中原诸国，尤其对鲁国所保留的口传诗歌传统抱有极大的兴趣，并在观赏、聆听早期诗歌口传声音、音乐节奏、舞蹈容姿时，发表了一些极为重要的口头评论。这些评论与当时社会上流行的"赋诗言志"文化时尚完全不同，表现出对早期口传大传统的文化传承和崇拜之情。这也表明，在大小传统过渡的关键时期，口传大传统并没有完全被文字兴起的文字小传统与现实思维所取代。因此，在中国文化史上，吴季札观乐属于早期口传大传统精神价值的文化回归活动。

学术界关于季札观乐的研究主要集中在以下几个方面：一为季札观乐中《诗经》文本风格研究；二为季札观乐中所体现的周代礼乐文化与音乐审美及文学审美研究；三为季札观乐对孔子诗论与儒家诗教传统的影响研究；四为季札观乐的顺序、篇目与《诗经》成书篇目与编排，以及孔子删诗研究；五为季札观乐与中国古代其他文献的对比研究。[①] 甚至，有的学者根据季札观乐的书写记录断然否定其诗论价值。诸如在《左传季札观乐有关问题的讨论》一文中，赵制阳通过将吴季札的乐评与今本《诗经》的诗歌文本进行对照发现，季札观乐所发的评论与今天《诗经》诗歌的文字意义完全不合。在将季札评论"王风"的言语放置到《诗经·王风》中进行考察时，他得出如下结论："因为凡是含糊笼统的评论，它抓不住所评

---

① 孔瑜：《〈左传〉季札观乐研究》，陕西师范大学2015年硕士论文，第3—5页。

诗文的特性，却似有普遍适应的能力。换句话说，像这一类诗评，只在外围绕圈子，不可能说到核心问题上去，说好说歹，无关宏旨，其价值自然是不很高的。"[1] 最后，他对季札观乐总结出四个问题，其中第一个问题为："这不是一篇很有价值的诗乐评论，因为他所评的既不能涵盖全部诗义，也不能形容一国风貌，对读者甚少发生指引作用。"[2] 在这篇文章中，赵制阳完全以文字书写与校勘对照的小传统态度来阅读《诗经》文本和季札观乐的诗歌评论，完全忽略了早期诗歌的口传传统，纯粹以文字传统的文字崇拜及书写意义来揣度季札的口传诗歌评论，纯粹以书写传统的文化标准来衡量口传大传统的文化价值，自然就会出现"不可能说到核心问题上去"的阅读困惑和否认臆断。

季札观乐时期的中国北方正处在由口传传统向书写传统过渡的关键时期，书写传统的文本价值已经开始渗透到口传大传统之中，但是来自南方"蛮夷"之国的季札，受到文字传统的影响还不算深，他从小接受的诗歌知识都属于口传知识，其文化价值和诗歌情结依旧保留了口传传统的评判标准。在"赋诗言志"风气极为盛行的鲁国，他对口传文化诗歌发出了不随流俗的诗乐评论，是对当时社会上流行的诗歌小传统的质疑和反思，从这个意义上说，这次观乐活动具有较深刻的文化革新意义。

## 一、吴季札观乐的口传情结与心灵证悟

吴公子季札此次出访鲁国，接待他的不是鲁襄公，而是鲁国负责礼仪、祭祀、宗庙的长官叔孙穆子。长期以来，吴国属于中原华夏人眼中的蛮夷之地，与中原各国长期隔离，并没有多少外交活动。此次季札出访，可以看成是南方"落后"诸侯国在军事、经济等方面有所发展之后，开始向中原寻求政治权力拓展的一次重要外交破冰之旅，显现出了南方诸侯国在国力方面的实力改善与文化自信。中原诸侯国对待这位享誉"国际"的"南蛮"贤人季札的态度是暧昧的，其暧昧的政治态度主要表现在以下两个方面：一是根据《左传》中的记载，季札访问了鲁、齐、郑、卫、晋等中原诸侯国，中原诸侯国的国君很少接见他，这表明诸位国君对这位南方来客的政治轻视。二是季札此行，又受到各国贤臣和文化名流的热情招

---

[1] 赵制阳：《左传季札观乐有关问题的讨论》，《1993 诗经国际学术研讨会论文集》，河北师范大学出版社 1994 年版，第 483 页。

[2] 赵制阳：《左传季札观乐有关问题的讨论》，《1993 诗经国际学术研讨会论文集》，河北师范大学出版社 1994 年版，第 493 页。

待，如鲁国的叔孙穆子，齐国的晏婴，郑国的子产，卫国的蘧伯玉、史鳟、公子荆、公叔发、公子朝等，晋国的赵文子、韩宣子、魏献子、叔向等。在与诸国贤者的交往中，季札发表了很多关于政治、文化、管理等方面的高论，也得到了诸国贤人的虚心接受。这又表明，季札此次出访，受到诸侯国贤士名臣的重视与礼遇，在文化方面产生了一些文化共鸣。《公羊传》云："吴无君，无大夫，此何以有君，有大夫？贤季子也。何贤乎季子？让国也。……贤季子，则吴何以有君有大夫？以季子为臣，则宜有君者也。札者何？吴季子之名也。《春秋》贤者不名，此何以名？许夷狄者，不壹而足也。"①《谷梁传》亦云："吴其称子何也？善使延陵季子，故进之也。身贤，贤也，使贤，亦贤也。延陵季子之贤，尊君也。其名，成尊于上也。"②《公羊传》《谷梁传》的作者都认为，"吴无君，无大夫"，表示了对南蛮之地的政治权贵的鄙夷态度，另外，他们又特别强调季札是"贤"者，可以称之为"子"。那么，季札的贤名从何而来呢？毫无疑问，一方面在于他多次推让君位，体现了不以世俗权力为人生追求的高贵品格。另一方面，除了季札对世俗权力有清醒认识以外，还在于他生于、长于、成于地处边缘的口传文化之中，在他身上，还保留了一种与中原文人渐行渐远的文化传统和价值模式，即口传文化大传统的精神价值。吴国，本属南蛮之地，原本文字不发达，文化相对落后。随着中原文字传统的兴盛与世俗文化的流行，吴国在这种流行文化方面，显然落后于中原各国，但正是由于这种文字传统与流行文化的相对滞后，却使得长期陶染于口传大传统的季札深得口传文化的精神要领与核心价值。这次访问中原，他将口传大传统中重视"人"的精神要素和神圣价值带到中原，使那些平时沉迷于"赋诗言志"之中的中原文化政客，再一次体验到早期中国的口传大传统价值，并对精通口传大传统文化的季札产生了更高的文化敬意。

吴季札，这位深谙口传文化精神的末世贤人，带着义化崇敬与神圣情结的人文心理来到鲁国，尽管没有得到鲁襄公的亲自接见，但接待他的是鲁国负责宗庙礼仪的叔孙穆子。季札生于吴国，对鲁国保留完整的"远古礼乐文化"怀有崇敬之情，所以他主动提出要"观周乐"。《仪礼·乡饮酒礼》中的"无算爵，无算乐"，郑玄注云："算，数也。宾主燕饮，爵行

---

① （汉）公羊寿传，（汉）何休解诂，（唐）徐彦疏：《春秋公羊传注疏》，北京大学出版社2000年版，第533—536页。
② （晋）范宁集解，（唐）杨士勋疏：《春秋谷梁传注疏》，北京大学出版社2000年版，第311页。

无数,醉而止也。《春秋》襄二十九年,吴公子札来聘,请观于周乐,此国君之无算也。"贾公彦疏云:"案《春秋》为季札所歌《大雅》与《颂》者,但季札请观周乐,鲁为之尽陈。又鲁,周公之后,歌乐得与元侯同,故无算之乐,《雅》《颂》并作也。"① 郑玄、贾公彦认为,季札观乐是临时增加的接待仪式程序,预先并不在鲁国接待外宾的安排日程之中,而且此次观乐活动与一般的赋诗活动不一样,一般赋诗活动都受到爵位礼仪的影响,所赋的诗歌也要讲究礼仪,而且有赋有答,数量仅限数首。但吴季札观乐,不受日常礼法的拘束,属于"无算爵",又不受赋诗的数量限制,属于"无算乐"。可见,季札观乐活动,在外宾接待日程中没有安排,他也不拘礼节,主动向鲁国提出"观周乐",想要饱览一下鲁国所保存的周代古老的礼乐文化,表现出对古乐古诗的向往崇拜之情。

季札在鲁国主动提出要"观周乐",这与四年之后晋国韩宣子访问鲁国的"观书"活动截然不同。《左传·昭公二年》记载,韩宣子取代赵武子为政,依照礼节,他来到鲁国,进行国事访问。在这次国事访问中,鲁昭公安排了丰富的文化活动,而且举行了盛大的招待宴会。《左传》记载,韩宣子"观书于大史氏,见《易》《象》与《鲁春秋》,"并大为感叹:"周礼尽在鲁矣,吾乃今知周公之德与周之所以王也。"② 韩宣子重视"观书"。其所观之"书"属于渐渐兴起的文字书写小传统,包括《易》《象》与《鲁春秋》等各种早期书写的经典文本。在观书过程中,他还流露出对社会上流行的文字书写传统的崇敬之情。

吴季札是南方诸侯国的文化名流,韩宣子是北方诸侯国的政治精英,两人都来到鲁国,但他们感兴趣的文化样式却极为不同。生于中原地区的韩宣子,长期耳濡目染"赋诗言志"的社会文化,对知识化的口传诗歌和文化资源极感兴趣。在宴会上,韩宣子与季武子还开展了"赋诗言志"的文化活动。韩宣子赋《小雅·角弓》,季武子赋《大雅·绵》《小雅·节》等,表现出了较为娴熟的诗歌知识与赋诗技巧。同时,他还尤其重视"书",更倾向于从"书"中(诸如《易》《象》与《鲁春秋》等早期书写文本经典)探究早期中国的文化精神,表现出对时代流行文化(包括口传诗歌知识与文字书写典籍)的喜爱之情。而生于南方的季札,长期受到无文字或文字不甚发达的南方文化(主要以早期中国文化的口传形态为主)的影响,对鲁国所保留的原汁原味的早期口传大传统文化(即周乐)极感兴趣,更倾

---

① (汉)郑玄注,(唐)贾公彦疏:《仪礼注疏》,北京大学出版社2000年版,第186页。
② 杨伯峻编著:《春秋左传注》,中华书局1990年版,第1226—1227页。

向于在充满神性的口头之"诗""乐""舞"中,探究自身心中期待久已的口传表演和人文回荡,表现的是对古老文化大传统的口头诗歌、音乐、舞蹈的浓厚兴趣。

口传大传统在文化记忆和精神价值方面具有一定的内在稳定性,这与文字书写传统的外在确定性是不一样的,内在稳定是一种持续稳定的心灵状态,而外在确定是一种外在固态的形式持有。长期研究口传传统的英国学者杰克·古迪在《口头传统中的记忆》一文中认为:"口头文化中的一切文化知识都储存在心里,这多半因为几乎别无选择。当我们祝贺口头文化的成员有出色的记忆力时,在某个层次上,我们只是说它们没有其他记忆的选择。……显而易见,当我们谈到记忆时,许多口头知识并不是我们在识字文化中所想的那种精确的方式被储存的。事实上,文盲常常处于脑子里有一个模糊记忆的状态,但不能像我们所做的那样查阅书本。因此,他们不得不创造新的知识或新的变体来填补这个空白。"[1] 口头记忆与书写记忆不同,口头记忆是在心里,与人自身的生命存在联系在一起。而书写记忆独立于人的心灵之外,可以脱离人的生命存在而独立保留。A. 哈姆帕特·巴深入研究非洲的口传传统之后,在《逼真的传说》一文中云:"在那些只有口语的社会里,记忆的功能得到最高度发挥,此外,人和言语之间的联系也最紧密。在不存在书写的地方,人们必须信守诺言,并受其约束。他就是他的诺言,他的诺言就是他自身的证明。社会的协调依靠诺言的价值和对诺言的尊重。然而由于书面文字的侵入,文字逐渐取代诺言而成为唯一的证据和凭证,签名盖章成为唯一认可的约束。与此同时,把人和言语结为一体的深远而神圣的联系消失了,取而代之的是常规的大学学位。"其又云:"口头传统,由于经历了从密授到公开的过程,能适应人的接受能力,按人的理解能力向他们讲述,根据他们的天赋揭示其真谛。它同时是宗教信仰、知识、自然科学、手艺、历史、游艺和娱乐,因为任何一个细目都能使我们一直回到原始的统一。"[2] 长期浸染于口传文化中的早期人类,比较重视言语的口头表述,并相信言语表述的话语与自身的心灵世界是一致的关系。而且身处口传文化传统之中的人在口耳传授的口述活动中,形成了一种天生的发自灵魂深处的领悟能力,这种心灵能力能贯穿在各个学科门类和社会场

---

[1] [英]杰克·古迪:《口头传统中的记忆》,户晓辉译,《民族文学研究》2005年第1期。
[2] A. 哈姆帕特·巴:《逼真的传说》,J. 基·泽博编:《非洲通史(第一卷)·编史方法及非洲史前史》,中国对外翻译出版公司1984年版,第122页。

景之中。他们在发出或聆听各种声音时,能够在声音之中领会并揭示出古老文化的真谛,能够获得"原始的统一"。所谓"原始的统一",是指获得人神合一的文化效果与精神体验。相对而言,现代读书人受到书写传统的影响,更加信任文字,认为口言语声音是不可靠的。"文字凭证"开始成为现代人的一种外在约束,但与此同时,现代人心中言行一致的神圣信任逐渐瓦解。

　　在口传文化中,讲述者与受述者之间是一种心灵的沟通,对所述的神话故事也抱有一种郑重其事、信而不疑的文化自信。富育光在《萨满教与神话》中认为:"萨满教中萨满所讲述的任何神的世界的事情,都不是娱乐性地讲解故事,随意编造。而是极其真诚和庄重地向本氏族人的传教与宣扬,认为是在神界中实实在在存在或有过的事情,是不容怀疑的。在当时人类思维发展水平上,并不像我们今天对古代神话的感受,觉得幼稚可笑,或者不屑一听。而是非常郑重其事地讲述、倾听、祭祀与奉行着的观念。"① 萨满郑重地讲述故事,族人认真地聆听故事。口传活动的双方都抱有一颗虔诚之心,并在活动中接受口传故事的文化洗礼,由此对之深信不疑。德国利普斯在《事物的起源:简明人类文化史》中也认为原始人将古老的神话传说当成是永恒不变的法典,其云:"原始人不能把这些冒险写在什么神圣的或世界性的著作之中,他借助传说来安慰自己的灵魂。传说在原始人环境中的重要性远远超过文明世界的发言。夜晚在小屋中、在营火边和在公房里的聚会,已成为精神交流的中心,其强烈程度超出了娱乐的范围;因为这里讲给后代的是有关古代的传统,后代将要一代一代地记住并传给自己的子孙。古代的故事时常以这样的句子开始或结束:'那是这样传给我们的',或'老人是这样说'。这不是没有理由的。原始人的神话是他们的圣经和历史书,是他们礼仪的法典和词典,是他们充满古代智慧的百宝箱和详细的心理学,最后的而不是无关紧要的,还是他们的笑料与智囊。这些神话有一点是共同的,即他们都不是'虚构的',不是异想天开的(像我们听神话时所认为的那样);它们对讲者和听者来说,都是确实的真事。"② 可见,在大传统文化的时期,巫师与族民对口耳相传的诗歌或传说具有一种特殊的文化情结。他们认为,这些从萨满或巫师口中传出来的神圣语词都是"确实的真事",传递了部落最为重要的文化观念

---

① 富育光:《萨满教与神话》,辽宁大学出版社1990年版,第201页。
② [德] J.E.利普斯:《事物的起源:简明人类文化史》,汪宁生译,贵州教育出版社2010年版,第287页。

## 第一章 文化大传统与"诗言志"

或精神价值。

从口传文化转型为书写传统，这并不意味着，早期大传统神道的文化意义一下子就土崩瓦解了。韩宣子"观书"，重视书写文本，将书本文献当成重要的价值形式，但他依旧能够在书本文献中体验到早期经典中所传递的口传力量，依旧能够从这种"书"的外在形式中，深入领会"周公之德"，以及"周之所以王"等超越文字有形之物的文化意义。季札在鲁国"观乐"，这里的"观"不是一种纯粹的视觉活动，而是一种综合了耳目视听的体验，既包括聆听古乐，又包含凝视的文化成分。这里所观的诗乐不是今天意义上的文字书写《诗经》文本，而是鲁国乐工按照周代宗庙祭祀、朝廷宴会等重大文化场合的礼仪程序，演奏出来的具有原初文化意味的口传诗歌。傅道彬在《"诗可以观"——春秋时代的观诗风尚及诗学意义》一文中认为："季札观乐中的国风、小雅、大雅、颂等形式，已与今天流行的《诗经》体制相差无几，而另一方面对于诗歌的品评鉴赏的理论也已经相当成熟。诗的专门化职业化特点，意味着艺术已经从早期简单的原始的群众性参与的艺术转变成专门化的职业化的观赏性艺术，由此鉴赏的品评的理论逐渐成熟起来。"[①] 傅道彬站在书写传统的角度来理解季札观乐时的"观乐"活动。他认为，第一，季札所观之乐"与今天流行的《诗经》体制相差无几，"其实，这只能说，季札所观之乐在诗歌编排的顺序上与今天《诗经》的书写文本是相差无几的，但是诗歌的存在样式却相差很大。今天的《诗经》文本是书写文本存在，而季札所观之"乐"却是口传诗歌声音、乐器演奏声音、舞姿动作声音等诸多声音的文化综合体，其传递的文化意义不仅仅在于口传诗歌的声音意义，而且在于各种声音综合所传达的口传文化意义。第二，他将季札所观赏的音乐归为"观赏性艺术"，这也是以今天审美艺术的欣赏方式来衡量季札在观乐活动中的心灵体验。长期受到口传文化陶染影响的季札，他的观乐行为不仅仅停留在"观赏性"、娱乐性的文化表层，而是如早期人在全神贯注凝听古老的神话传说一样。他所观的"乐"也不仅仅是一种纯粹的艺术形式，而是古今心灵在诗乐活动中的邂逅碰撞与认同共鸣。他沉醉于这种古老的诗乐形式中，并获得了神性的文化证悟。

这种穿越古今时空的文化认同与心灵共鸣成为吴季札观乐的独特体验。美国学者沃尔特·翁在《口语文化与书面文化：词语的技术化》一书中总结了口传文化中叙事者、听众与诗史人物之间的认同关系，其云：

---

[①] 傅道彬：《"诗可以观"——春秋时代的观诗风尚及诗学意义》，《文学评论》2004年第5期。

"对口语文化而言，学习或认知的意思是贴近认识对象、达到与其共鸣和产生认同的境界，是'与之共处'。……个人的反映不仅是个人的，也不仅是'主观'的，同时还包裹在社群的反应里，即社群的'灵魂'里。……两千年以后，面对另一个原生口语文化时，《姆温多史诗》的编辑提醒读者注意，史诗演唱人坎迪·儒勒克（Candi Rureke）也产生了类似的身份认同，而且听众也通过儒勒克的中介对英雄姆温多产生了身份认同。"[1] 沃尔特·翁尤其突出了在口传传统中，口头叙事者、听众与史诗人物之间所产生的文化共鸣与共处同在关系，他们似乎都进入了一个"社群的灵魂"之中。在这个"社群的灵魂"世界里，他们表现出一种"社群的反应"。也就是说，在口传文化中，赋诗者与听诗者都能够获得一种群体心灵的文化认同。尽管这种"心灵反应"是在个体心灵发生的，但这种内心生发出来的心灵现象却不是个人私欲的心灵表现，而是在个体心灵中所显现的社会群体灵魂。所以这种"心灵反应"看起来是主观的，但这种主观行为所承载的不是主观个体的私己价值，而是主观个体之中所具有的群体价值。可见，口传文化的演唱与接受不是文字阅读不痛不痒、无所事事、漫不经心的知识欣赏，而是古今群体灵魂在人类心灵中的文化对接与古今碰撞，由此，而生发出心灵的灵魂共鸣与文化认同。

  在观乐时，季札为了表达心中所泛起的心灵共鸣，以及此刻所获得的心灵激动与兴奋体验，他情不自禁地用了一系列极具口语特征、充满兴奋满足和情感认同的肯定性语词，诸如"美哉""渊乎"等情感特征鲜明、富有文化赞美、充满感叹意味的口语词汇。他在观《周南》《召南》《王风》《郑风》《小雅》时用了"美哉"，在观《邶风》《鄘风》《卫风》时用了"美哉，渊乎"，在《齐风》时用了"美哉，泱泱乎！大风也哉！"观《豳风》时用了"美哉，荡乎！"观《秦风》时用了"此之谓夏声"，观《魏风》时用了"美哉，沨沨乎！"观《唐风》时用了"思深哉！"观《大雅》时用了"广哉，熙熙乎！"观《颂》时用了"至矣哉！"[2] 这些口语化的赞赏与叹词，与现代人（指习惯了文字阅读体验的观众）所发出的诸如"好啊""好啊"之类的感叹有所不同，因为这些语词不是一些敷衍了事、没有意义的闲言闲语。在这些赞赏性的"叹词"中，季札饱含了作为一个熟谙口传大传统的传承者所

---

[1] [美]沃尔特·翁：《口语文化与书面文化：词语的技术化》，何道宽译，北京大学出版社2008年版，第34—35页。

[2] 本文所用季札观乐之文，皆出自杨伯峻编著的《春秋左传注》（中华书局1990年版）第1161—1164页。

具有的心灵感悟,这种深邃的诗歌体验是发自内心深处的认知领会与灵魂深情。只有当人心体验到令个体灵魂沉醉的美好至性时,才能获得心灵深处的内在共鸣和文化认同,由此不自觉地产生了发自肺腑的由衷真情与真实表白。在最后一句"至矣哉"中,吴季札表达了对口传文化的真实世界与神圣体验的至高赞美,也表达了对周代古乐的口传传统及其文化价值的高度认同。吴季札是一位从小陶染于南方口传文化的贤明之士,他熟谙早期原初文化的灵魂召唤与神圣价值,也具备了深入感悟口传声音的特殊能力。他对口传文化心领神会的开悟能力,不是将原初声音的整体表意系统当成犹如外在书写一样,可以进行机械随意的私己处理。文字书写经常要疏离人心的情感体验,而利用文字媒介展开逻辑重组的话语游戏。而在口传的声音中,口传者不仅能够理解语词声音的本身意义与声音情绪,尤其还要善于领会一种原型灵魂的文化召唤和神性价值。在聆听口传诗歌时,季札感到美不胜收,赞不绝口,从这种心花怒放式的聆听反应与言词表述中,可以看出,他已经深深沉醉于口传声音的社群灵魂中,并在这种口传艺术的集体灵魂中获得了文化共鸣与心灵认同。吴季札在观乐活动中所发出来的口语式的赞美之辞,极为贴切地揭示出此时的季札已经完全沉浸于口传诗歌的表演中,由此通达了口传诗歌的文化灵性,并展现出一种与众不同的、不随流俗的观诗态度。这种沉醉迷离、随声而翔的文化体验,才是早期口传艺术的心灵证悟和神圣遨游。

吴季札这种口传文化的心灵体验,在《左传·襄公二十九年》所载的观舞场景中,也有明显的展现。其云:"见舞《象箾》《南钥》者,曰:'美哉!犹有憾。'见舞《大武》者,曰:'美哉!周之盛也,其若此乎!'见舞《韶濩》者,曰:'圣人之弘也,而犹有惭德,圣人之难也。'见舞《大夏》者,曰:'美哉!勤而不德,非禹,其谁能修之?'见舞《韶箾》者,曰:'德至矣哉,大矣!如天之无不帱也,如地之无不载也。虽甚盛德,其蔑以加于此矣,观止矣。若有他乐,吾不敢请已。'"[①]虞舜时期的《韶箾》,大禹时期的《大夏》,商汤时期的《韶濩》,周文王时期的《象箾》《南钥》,周武王时期的《大武》,都是早期口传大传统的文化遗产,这些口传的舞乐形式都属于早期原初文化的整体形式,在口传文化的舞乐形式中,显示的是口传文化的神圣价值和灵魂体验。季札在观"舞"时,与其"观乐"时一样,也发出了"美哉""大矣"这种灵魂深处的赞美声音,表现出了对早期口传文化的认知领会与文化认同。四代乐舞代表了早期口传

---

① 杨伯峻编著:《春秋左传注》,中华书局1990年版,第1165页。

大传统在春秋时期留存下来的原初文化形式。平时季札身居南方,很难有机会听到如此完美的仪式表演和心灵震撼。这次在鲁国的宗庙中,他亲身聆听,实地观赏,全面领会了原初口传文化的整体效应与神圣意味,更加触动了他心中积存已久、心所向往的灵魂情愫与人文共鸣,真切地把握了口传文化的神圣意义。这些发自内心证悟的语词声音与感叹盛誉,同样也属于他对早期口传文化的情感共鸣和艺术认同。

但是随着文字书写小传统的兴盛与流行,并开始取代早期的口传传统,后来的士人经常片面地使用季札观乐、孔子识微的历史事件,来神化有形音乐的神奇美妙及其教化功能,这样反而遮蔽了季札观乐的心灵感悟与文化至理。嵇康在《声无哀乐论》中云:"且季子在鲁,采诗观礼,以别风雅,岂徒任声以决臧否哉?又仲尼闻《韶》,叹其一致,是以咨嗟,何必因声以知虞舜之德,然后叹美耶?今粗明其一端,亦可思过半矣。……仲尼之识微,季札之善听,固亦诬矣。此皆俗儒妄记,欲神其事而追为耳。欲令天下惑声音之道,不言理自尽此。"① 嵇康认为,季札观乐是通过听"诗",来了解各种神圣的礼仪知识,领会通达早期口传传统的文化意义,他区分了口头诗歌的风雅境界,这难道仅仅是根据有形的音乐声音来讨论口传诗歌的优劣吗?由此可见,嵇康认为,吴季札观乐是善于通过外在的口传诗歌声音,开启心灵神游,获得内在心灵的整体领会或集体原型,这样外在的诗歌形式不过是打开自身心灵之门的重要钥匙。孔子聆听《韶》乐,感叹《韶》乐极为美妙,令人神往,味之无穷,孔子难道也仅仅是因为《韶》乐的声音优美而推知虞舜之美德,因此而对《韶》乐大加赞美?由此可见,嵇康认为,孔子闻《韶》与季札观乐是一样的,他未必仅仅是善于辨识音乐的有形声音,而在于孔子依据这种音乐的优美形式,能够通达社群心灵的美好存在,从而获得常人无法获得的神秘力量与玄妙之感。开启自身心灵之门,获得心灵上的文化共鸣,这才是季札观乐、孔子赏微的文化奥秘所在。嵇康批评了后来的那些只懂音乐形式的肤浅俗儒。这些俗儒只重视外在的有形音乐,他们片面认为,孔子善于辨识微妙之音,季札善于领会音乐,最重要的是因为他们能辨识有形音乐的美妙存在,从而忽略了孔子与季札在聆听音乐时的心灵领会与神性存在,尤其忽略了他们善于领会美妙音乐的弦外之音与灵魂境界。嵇康强调,这些俗儒之所以会赞美孔子"识微"、季札"善听",只不过是想通过神化孔子识微、季札观乐等历史事件,来神化音乐形式的教化功能,从而使大家都

---

① (魏)嵇康著,戴明扬校注:《嵇康集校注》,中华书局2014年版,第347—348页。

来学习与神化音乐。这种神化音乐形式的俗儒做法只会将天下人引向外在的音乐形式，而最终忘记早期圣人善于在美妙的音乐形式中体悟神道，打开心灵的神性之门。对后来俗儒沉迷于诗歌声音、有形音乐等外在形式的做法，嵇康是极为不满的。他认为，利用外在音乐形式来教化、约束、规范人心人行的做法，与季札观乐、孔子识微的心性领会与美学精神是不一样的。过分强调音乐形式的现实功能，强调从音乐形式方面来神化孔子识微、季札观乐，这些都是虚妄不实的做法，都会遮蔽音乐声音对人心神道根性的兴发、开启和证悟功能。

## 二、德性生命与诗歌形式的神圣力量

将季札观乐的诗歌评论放置在早期"诗言志"和当时"赋诗言志"的文化背景下来展开文化考察，就能深深体会到，吴季札并没有流于世俗文化的诗歌意义，而是向往和持守早期口传诗歌的整体灵魂和神圣价值。他在观乐时所表现出来的常人没有的诗歌领会，以及心灵开通之后的迷狂兴奋，将个体的诗歌体验、欣赏活动与早期诗歌的口传文化大传统紧密联系起来，尤其发扬了口传诗歌的语词声音与人之"心志"转换之间的文化关联。无论是"诗言志"的群体神志，还是"赋诗言志"中赋诗者、听诗者的语境情志，都强调"心志"对口传诗歌的语词意义所具有的限制作用，也就是说，无论是"诗言志"的口传大传统，还是到了春秋时期流行的"赋诗言志"文化活动，它们都将"言说"活动看成是人之"心志"的直接投射和话语形式。人之"心志"相对于外在言说而言，更具有核心力量的文化意味，而外在的"言说"活动，不过成为展示"心志"力量和实现"心志"话语的符号媒介。尽管到了"赋诗言志"时，口传传统已经受到现实世界的流俗影响，开始出现了一定程度的自主化、个体化倾向，但是人之"心志"的核心力量依旧没有动摇。

在《左传季札观乐有关问题的讨论》一文中，赵制阳将季札的诗歌评论与现行《诗经》的篇目内容进行比勘对照，其云："（季札）评论的话失之笼统，未能从诗文内容上着力，而且常致望文生义：如谈到唐风，说有唐尧精神；谈到卫风，说有卫康叔、武公之德；谈到齐风，说有姜太公风范；按之诗文内容，每都不相契合。"[①] 赵制阳认为，季札的诗歌评论没有讨论诗歌的内容，而是在无的放矢地讨论什么"唐尧精神""卫康叔、武

---

① 赵制阳：《左传季札观乐有关问题的讨论》，《1993 诗经国际学术研讨会论文集》，河北师范大学出版社 1994 年版，第 493 页。

公之德""姜太公风范"等等,这些人物精神与《诗经》的文本内容相差很大,甚至毫无关联。面对现代人关于季札诗评所产生的文化困惑,以及由此而产生的盲目指谪,我们感到心有余悸。与吴季札相比,是今人不懂早期口传的诗歌精神呢?还是身处口传文化传统之中的季札对诗歌一窍不通?需要警惕的是,现代人常常用以书写文本中心主义的现代思维模式与价值观念来强制阐释早期人类的传统文化,尤其用来阐释文化大传统时期的口传诗歌价值与文化意义,难免以今论古,谬以千里。

比较季札观乐的诗歌评论与韩宣子观书的文化评论,就能发现,在评价鲁国对早期传统的文化传承时,这两位文化贤者所用的语词形式与结构模式极为相似。韩宣子观书,吴季札观乐,他们在评论的话语中最突出的特征在于,无论是阅读早期的书写经典,还是现场观阅口传的诗歌表演,他们都能从中看到或听到早期圣者的"令德"。韩宣子从《易》《象》《鲁春秋》等文字书写形式中感受到的是"周公之德",而吴季札在观《邶风》《鄘风》《卫风》时,其云:"忧而不困者也。吾闻卫康叔、武公之德如是,是其卫风乎!"他在评论中,将代表邶、鄘、卫各个时期的口传诗歌"卫风"与"卫康叔、武公之德"联系起来。在观《齐风》时,其云:"表东海者,其大公乎!国未可量也。"将齐国口传诗歌"齐风"与"姜太公精神"联系起来。在观《豳风》时,其云:"乐而不淫,其周公之东乎!"将《豳风》与"周公之德"联系起来。在观《魏风》时,其云:"大而婉,险而易行,以德辅此,则明主也。"认为《魏风》与早期姬姓诸侯之德有着密切关系。在《唐风》时,其云:"其有陶唐氏之遗民乎!不然,何其忧之远也?非令德之后,谁能若是?"认为《唐风》与陶唐及其后人的"令德"是密不可分的。在观《大雅》时,其云:"曲而有直体,其文王之德乎!"认为《大雅》与"文王之德"有关。在观《颂》时,其云:"节有度,守有序,盛德之所同也。"认为这种讲次序有节度的颂诗音乐,与夏、商、周三代君王所具有的"盛德"也是一致的。可见,韩宣子观书与季札观乐都善于将传统文化形式(包括口传诗歌与早期书写经典)与古代圣者的美好德性联系起来,由此而展开各自的评论。季札观乐涉及了夏、商、周王朝以及周代各个诸侯国的音乐诗歌,他在评价各个时代、各个王朝、各个诸侯国的诗歌音乐时,都注重将音乐形式与君王的"德性"联系起来,由观赏诗歌,到品评君王的德性,尤其关注在音乐形式中所领悟到的君王德性的优劣好坏状态。

口传诗歌的语词声音为何与早期君王、诸侯的"令德"联系在一起呢?这种诗歌评论的文化现象是不是有点牵强附会呢?沃尔特·翁在《口语文化与书面文化:词语的技术化》中认为:"声音以人为中心的属性(声域不是平摊在'我'面前的,而是围绕'我'展开的)影响人对宇宙的感觉。对口语文化而言,宇宙是进行之中的事件,而'我'则是宇宙的中心。"① 其又云:"口语词内化的力量以一种特殊的方式和神圣情怀联系在一起,和存在的终极关怀联系在一起。在大多数宗教里,口语词是不可分割的一部分,在仪式和宗教生活里发挥作用。"② 口传诗歌的声音不是与"我"(包括赋诗者、听诗者)无关的纯粹外在声音,而是以"我"为中心的语词力量。在以"我"、以"人"为中心的口传文化中,这个"我"不是流俗世界中的"我",而是在口传文化中获得了神圣情怀、群体灵魂、公共至理的"真我""神我"。口头诗歌的语词声音不仅是以"真我""神我"为中心,而且在这种口传的声音形式中就承载了"真我"的神圣情怀和德性力量。

在"诗言志"中,口传诗歌的语词意义发源于人心之"神志""道志",而这种"神志""道志"并非是世俗之中的常人之志,而是早期圣人在获得神秘力量之后才具有的心志神理。早期历史的君王,诸如传说之中伏羲、黄帝、尧舜等,他们在社会的部落联盟中,既是一个世俗权力的政治王,也是一个神圣力量的文化王,他们是集文化权力、政治权力、神圣权力为一体的天下圣人。因此,口传诗歌的语词声音是早期圣人、巫师群体的文化行为,都是早期圣人"道体""神志"的集中体现。在口耳相传的文化传承中,口传诗歌具有一定的保守性和因袭性。从早期口传诗歌的发生,到后来三代文化、诸侯国文化的传承延续,都无不具有一定的忠实性和神圣性。如果将季札观乐、韩宣子观书与口头诗歌传统的原初文化联系起来,方能明白,为何吴季札、韩宣子在评论文化时总要将早期文化形式与各个时期君王、诸侯的德性联系在一起。

吴季札诗歌评论中的"德"不是指代现代文化中从西方引进的道德伦理观念。早期圣人的"令德"指代什么呢? 它与口传话语之间的文化关系又是如何? 为了解决这些疑惑,在此,我们先简要考察一下早期"德"字的文字图像,诸如甲骨文中为𢔏(甲2304)、𢔺(粹865)、𢔼(佚57),与甲骨文中"道"的文字图像𢔏极为相似,它们都具有𢔏的神圣通道与表意符号。𢔏这种表意符号,不是一般人眼所能看到的现世有形道路,而是

---

① [美]沃尔特·翁:《口语文化与书面文化:语词的技术化》,何道宽译,北京大学出版社2008年版,第55页。

② [美]沃尔特·翁:《口语文化与书面文化:语词的技术化》,何道宽译,北京大学出版社2008年版,第56页。

在早期口传文化中，圣人在通神之后，用来显示神圣力量与神灵通道的标志性符号。在祭神圣通道符号中，"德"的文字图像上面是高高耸起的"一竖"，这代表的是从天降临的神圣"元一"或"太一"意符。在"一"下面，是一只承载着神圣灵光的大眼睛。这表明，作为身体器官之一的眼睛传递着神圣"太一"的暗物质力量和文化编码。当然，"德"字文字图像中的眼睛不是一只普通的肉眼，而是成了神性太一的有形居舍，是凝聚了原初太一神圣力量的神明之眼。在金文中，"德"的文字图像为🜚（何尊）、🜚（嬴灵德簋）等，金文的书写者在甲骨文文字图像基础上加了一个"心"字的符号标志。这种心字标记更为清楚地表明，人之"德"与人之"心"是密不可分的文化关系，突出了人心之中的德性特征与德心存在。这也意味着，人之"德"传承了神圣"太一"的文化力量，具体表型为从天而降的神眼意象。通过神圣的文化通道，神圣灵光从高处降落并居住在人心之中，并发挥着对人心的监督规定作用，此时，人心获得了自身的德心存在状态。

文学人类学重视考古出土的物质图像证据，认为这些史前出土的物质图像可以说出未知的历史真相，与早期圣人的神性领会和铸象表意的文化传统是紧密相连的，并将考古出土的物质图像作为阐释早期文明起源与原初文化编码的第四重证据，尤其强调出土物质图像属于早期文化大传统的一级文化编码。这种物质图像以历史事实见证者与参与者的文化身份，讲述早期圣人的文化精神与符号表征，具有更为强大有力的证据效应。关于早期文化之"德"的原型编码，我们可以利用早期出土的物质图像来深度认知其潜藏的神圣意味与文化基因。

在桐乡市罗家角遗址出土的马家浜文化兽面纹陶支座上（图1-4-1），雕绘有一双大大的圆形眼睛，犹如圆璧一般，神性眼睛成为马家浜文化最为突出的象征符号。嘉兴博物馆藏的马家浜遗址出土的兽面形陶器耳（图1-4-2），兽面的眼睛也呈圆璧形，极为突出。可见，充满神圣力量的眼睛神话意象在马家浜文化中已经开始盛行。到了良渚文化，高等级的玉器上（诸如玉琮、玉璧、玉钺、玉柱等等）都雕有美轮美奂的神徽意象，而在神徽意象下部的神兽意象通常就是两只神性十足的大眼睛。神兽意象的大眼睛标志着神兽所承载的德性力量，成为德性力量十足齐全的文化象征与符号表现（图1-4-3、1-4-4、1-4-5）。从早期的玉石神话信仰到青铜文化，神性眼睛的符号标志不仅得以传承，而且得到极大的文化普及。在商代以来出土的重要青铜器物上，都铸有极为神奇的饕餮形象，而饕餮形象的核心部分就是以神性眼睛为中心的表意图像（见图1-4-4、1-4-5、1-4-6）。

第一章　文化大传统与"诗言志"　　193

**图 1-4-1　兽面纹陶支座**
马家浜文化，罗家角遗址出土。（胡建升摄于桐乡博物馆）

**图 1-4-2　兽面形陶器耳**
马家浜遗址出土。（胡建升摄于嘉兴博物馆）

可见，在史前出土器物的神眼图像中，宇宙神秘的太一存在以眼睛为居舍，通过眼睛意象表型德性基因，这种神奇意象的文化象征在史前出土物象中有着极为充分的文化展示。

在传世文献《逸周书·祭公解第六十》中，记载了一则周穆王与祭公谋父临死之前的一段对话，这则对话涉及文字小传统文化初期"德性"文化的原初编码问题，对于我们理解西周时期的"德命"观念具有很好的文化启迪作用。王若曰："祖祭公，次予小子，虔虔在位，昊天疾威，予多时溥愆。我闻祖不豫有加，予惟敬省。不吊天降疾病，予畏之威。公其告予懿德！"祭公拜手稽首曰："天子，谋父疾维不瘳。朕身尚在兹，朕魂在于天。昭王之所勖，宅天命。"①周穆王认为，祭公谋父之所以会得重病，最主要的原因是因为自己多次犯了大错，以致上天降罪下来，祭公谋父也由此而得了重病。上天先降病给祭公谋父，是为了给自己（周穆王）一个警戒。因此，他向快要死去的祭公谋父询问，"懿德"是什么？可见，周穆王因为自己多次犯有错误，而导致大臣患了重病，他感到内心紧张，极为不安，也担心上天最终会降病给他，所以他主动询问祭公，何为"懿德"。可见，周穆王心中还是认为，只有保持了自己的"懿德"，才能有效避免上天的惩罚，"德"成为治疗自己现状的最好药方。祭公谋父是西周初年大巫师周公的后代，他替周穆王承担了上天所降的罪行，由此而患了

---

① 黄怀信、张懋镕、田旭东撰：《逸周书汇校集注》（修订版），上海古籍出版社 2007 年版，第 924—926 页。

图 1-4-3　良渚文化玉器神徽下部神兽眼睛

图 1-4-4　殷墟遗址的饕餮神像
（胡建升摄于安阳殷墟）

图 1-4-5　兽面纹鼎

西周早期。摘自陈佩芬编著：《中国青铜器辞典》，上海辞书出版社2013年版，第77页。

图 1-4-6　钺

商代后期（公元前14世纪—前11世纪），1965年山东益都苏埠屯出土。（胡建升摄于国家博物馆）

重病。他解释说，自己的病是治不好了，只有得到周昭王（祖先）的灵魂护佑，周穆王才能安稳地宅居于自身天命之中，才不会得病。从祭公谋父给出的"昭王之所勖，宅天命"的文化解释中，我们可以知晓，周穆王所说的"懿德"指代自己从祖先那里继承的灵魂状态。只有得到发自祖先灵魂的天命护佑，自己才能确保周王朝的天命永存不改，同时，周穆公本人也不会患病。

周穆王与祭公谋父讨论持守天命与治疗疾病的问题时，都有一个共同的文化基础，即他们都认同，只有获得了"懿德"或"祖先灵魂"，才可以安保天命，也可以令身体健康无恙。

《左传·庄公十四年》记载："郑厉公自栎侵郑，及大陵，获傅瑕。傅瑕曰：'苟舍我，吾请纳君。'与之盟而赦之。六月甲子，傅瑕杀郑子及其二子，而纳厉公。初，内蛇与外蛇斗于郑南门中，内蛇死。六年而厉公入。公闻之，问于申繻曰：'犹有妖乎？'对曰：'人之所忌，其气焰以取之。妖由人兴也。人无衅焉，妖不自作。人弃常，则妖兴，故有妖。'"①在这段文字中，郑厉公与郑子之间的权力争斗，竟然在自然现象中表现出来，所以鲁庄公对此感到困惑不解。申繻认为，这种妖怪的神话存在并不是外在的客观存在，而是因为个人内在"气焰"很盛，导致自身的"常德"不在。由于个人失去了自身的"常德"存在，也就失去了自身存在的护佑之神，这就使"妖性"得以放纵起来。可见，"常德"与"妖性"同时存在于人的身体之中，当人失去"常德"之时，"妖性"也同时被释放了，一失（德）一得（妖），这是同步同行、此在彼亡、此亡彼兴的文化关系。

《左传·庄公三十二年》亦记载："秋七月，有神降于莘。惠王问诸内史过曰：'是何故也？'对曰：'国之将兴，明神降之，监其德也；将亡，神又降之，观其恶也。故有得神以兴，亦有以亡，虞、夏、商、周皆有之。'王曰：'若之何？'对曰：'以其物享焉。其至之日，亦其物也。'王从之。内史过往，闻虢请命，反曰：'虢必亡矣。虐而听于神。'神居莘六月。虢公使祝应、宗区、史嚚享焉。神赐之土田。史嚚曰：'虢其亡乎！吾闻之：国将兴，听于民；将亡，听于神。神，聪明正直而壹者也，依人而行。虢多凉德，其何土之能得？'"②"神灵"作为一种神圣存在，是依据于人之"德性"来行事的。神灵降临人间，可能是来监督人的"德性"，也可能是来

---

① 杨伯峻编著：《春秋左传注》，中华书局1990年版，第196—197页。
② 杨伯峻编著：《春秋左传注》，中华书局1990年版，第251—253页。

考察人的"恶性"。可见,"神"的降临,并不一定就会带来护佑与好处,而是要根据个体存在的德性状态,或给以庇护,或给以惩治。如果一个人德性较好,即使不向神灵提供祭品,神灵也自然会给以护佑。如果一个人德性不好,即使三天两头不断祭祀神灵,祈求神灵保佑,神灵也未必就会给他庇护。内史过与史嚚都认为,虢国一定会灭亡,因为虢君"凉德",即无德。尽管他对神灵毕恭毕敬,祭祀不断,但是神灵不会因此就庇护他。相反,虢君自以为已经祭祀了神灵,误以为神灵一定会保佑自己,更加胆大妄为,反而加速了虢国的灭亡。可见,古人认为,"德性"才是献给神灵的最佳祭品。只要持守自身的齐全德性,哪怕没有什么祭祀之物,神灵也一定会喜欢的,也会给予护佑的。而"德性"的根本存在,主要在于能够平等地对待"民"。"听于民"的治国思想与外在表型是建立在齐全德性的文化基础之上的,因此,德性存在是"听于民"的必要条件,而"听于民"是德性存在的外在表现。

《左传·昭公二十六年》记载:"齐有彗星,齐侯使禳之。晏子曰:'无益也,只取诬焉。天道不谄,不贰其命,若之何禳之?且天之有彗也,以除秽也。君无秽德,又何禳焉?若德之秽,禳之何损?《诗》曰:'惟此文王,小心翼翼。昭事上帝,聿怀多福。厥德不回,以受方国。'君无违德,方国将至,何患于彗?《诗》曰:'我无所监,夏后及商。用乱之故,民卒流亡。'若德回乱,民将流亡,祝史之为,无能补也。'公说,乃止。"[①] 晏子认为,禳祭彗星是无济于事的,这只会带来别人的讥笑。彗星的到来是天道所为,不会因为个人的意愿而有所改变。彗星的出现意味着人间那些具有"秽德"的人要遭受祸殃。如果自身的德性齐全,没有受到任何污秽,就没有必要禳祭。如果自身德性污秽,即使禳祭了,也不会减轻天命的惩罚。《诗经》代表了古老的大传统文化精神,文王之所以能够得到天下方国的服从,是因为文王"厥德不回"。所谓"厥德不回",是指文王的德性依旧是齐全饱满,丝毫也没有受到亏损。如果一个人的德性齐全,哪怕彗星来了,又有何担心的呢?《诗》句又云,夏桀与商纣之所以被灭亡,是因为他们乱德。所谓"乱德",是指抛弃了个体的德性状态,而放纵自己的妖性状态,老百姓由此而遭殃。如果国君违背德性,以致德性受损,那么,最终的结果一定会国破家亡,导致百姓流离失所。即使宗祝使臣再怎么勤快祭祀,也是无法扭转国破家亡的最终命运。晏子不仅相信《诗经》中所保留的大传统文化德性精神,而且相信外在的国家兴亡、百姓安危,

---

① 杨伯峻编著:《春秋左传注》,中华书局1990年版,第1479—1480页。

都源自君王的德性状态。如果君王有德，则国泰民安；如果君王失德，则国亡民危。只有君王持守个体齐全不亏的德性存在，才是一切外在盛衰成败的关键所在。如果不能转变君王的德性现状，尽管操持了各种烦琐的祭祀仪式活动，那也是没有用的。

可见，在早期经典的传统文化中，君王个体的德性存在不仅可以治病，而且是治国安邦的文化良药。持守德性，使之不亏，那么，个体不会生病，国家不会灭亡，百姓安居乐业。放弃德性，使之受损，那么，个体百病丛生，国家动荡不安，百姓流离失所。总之，"德性"的得失问题，直接关乎个体生命的安危，也直接关乎国家群体的命运前途。在早期经典文化中"德性"到底是指什么？是不是我们通常所说的外在伦理道德？我们将其放置在现存的活态文化中，展开追根溯源，力求还原神秘德性的生命力量与文化意义。

在今天少数民族的口传文化中，这种以"灵魂"为健康的文化认识与治病药方依旧盛行。利用活态口传的文化现象，可以为我们思考和解释"令德"提供了很好的口传证据。赵复兴在《鄂伦春族游猎文化》中，记载了鄂伦春萨满请求祖先神灵来为病人治病的仪式活动。"萨满鼓声突停，他浑身大抖，这是神已附体的表现。这是附体的祖先神借萨满之口询问：'你们请我来有什么事？''扎列'及病人亲属代答：'因某人有病，惊动祖灵来给看病。'萨满再次边击鼓，边吟唱，来回转身跳跃，通过萨满祖神的附体，逐一恭请被宗领的其他神灵，探寻病人无意之中冲犯了哪位神灵，致使他罹患病痛。"[①]鄂伦春萨满在给小孩治病时，通常唱招魂神歌，通过神歌来召回孩童失去的灵魂：

孩子呀，孩子，
你被恶魔劫去灵魂，
我要把你的灵魂取回，
你快踏着早晨的云雾归来，
云雾会遮挡恶魔的视线；
你速乘光明的太阳出来时回来，
太阳的光辉使恶魔在阴间难以出来，
你的父母已为你准备了弓箭，
你速速地回到父母的怀抱，

---

① 赵复兴：《鄂伦春族游猎文化》，内蒙古人民出版社1991年版，第242页。

你千万别错过清晨的云雾，
你千万别错过清晨的太阳，
我保佑你平安生活。①

赫哲族萨满向病家询问病因、病情时，通常一边击鼓一边歌唱：

是不是某某恶鬼兴妖作怪？
嘿！咚咚咚！
是不是某某妖魔摄走灵魂？
嘿！咚咚咚！
是不是某某萨满在寻找替身？
嘿！咚咚咚！
是不是某某恶神找上门来？
嘿！咚咚咚！②

　　珞巴族阿波尔人的巫师驱赶精灵，迫使其将灵魂归还给病危的人。其仪式为：一群又唱又喊的人站在病人的周围，主持仪式的巫师手里拿着长刀，跳着疯狂的舞蹈，不停地迅速旋转。他手抓一撮大米，撒向空中。这些撒出的大米前去寻找病人的灵魂。当洒出的大米掉到巫师的刀上时，意味着这个颇具技巧的巫师抓住飞行的灵魂，并得意地展示给观众，随即在稻米掉到刀刃的那个位置上出现了一个没有羽毛的鸟模型，并赶快把它绑在病人的头上。如病人的灵魂回到身体上，他就不会死亡，若病人的灵魂无法找回，这个鸟模型会奇妙地长出羽毛和翅膀，挣脱飞走。③
　　yyrhla"依拉"灵魂，是彝族传统宗教中最基本的信仰。在彝族人看来，人、动物、植物乃至万物都有灵魂。灵魂依附于形体，也可以脱离形

---

① 吕大吉、何耀华总主编，满都尔图等本卷主编：《中国各民族原始宗教资料集成：鄂伦春族卷 鄂温克族卷 赫哲族卷 达斡尔族卷 锡伯族卷 满族卷 蒙古族卷 藏族卷》，中国社会科学出版社1999年版，第64页。
② 吕大吉、何耀华总主编，满都尔图等本卷主编：《中国各民族原始宗教资料集成：鄂伦春族卷 鄂温克族卷 赫哲族卷 达斡尔族卷 锡伯族卷 满族卷 蒙古族卷 藏族卷》，中国社会科学出版社1999年版，第257—258页。
③ 吕大吉、何耀华总主编，张公瑾等本卷主编：《中国各民族原始宗教资料集成：傣族卷 哈尼族卷 景颇族卷 孟—高棉语族群体卷 普米族卷 珞巴族卷 阿昌族卷》，中国社会科学出版社1999年版，第702—703页。

体而存在。当灵魂与形体合一时，人或物就具有活力与生气，处于健康活跃的状态；如果灵魂离开形体，人或物就会孱弱与衰萎，缺乏生机，甚至死亡。灵魂在一定意义上来说，就是健康，就是生命。至于灵魂的形态，在有的情况下，彝族人认为影、像、名跟灵魂关系密切，或就是灵魂的一种形态；但在大多数情况下，灵魂是无形的，看不见摸不着。灵魂具有与人一样的好恶与爱憎，能感受饥寒与温饱。灵魂会受惊吓而离体不归，会受诱惑而逍遥在外，会因鬼怪的纠缠而难以复返也会因依恋已故的父母亡灵而飘游祖界。除此，冤家仇敌恶意施法盗魂埋之，也会造成灵魂缺失。失魂，轻则令人惊恐憔悴，乏力不适，精神萎靡，重则使人病入膏肓，乃至死亡。针对失魂的具体情况和疾病表现，彝族人有数种关于归魂治病的仪式，如 yyrkut "依枯" 挽魂，yyrjjit "依节" 招魂，yyrcyt "依茨" 取魂，yyrmgo "依果" 拽魂，yyrhxi "依嘿" 绕魂等。即便没病没灾，彝族人也会定期或不定期地举行 yyrcythlaba "依茨拉巴" 招魂赎魂仪式，让灵魂安居其所，以解失魂的焦虑，预防疾病与危险。人活着时，灵魂可以游离形体，人死后其灵魂即亡灵还将继续存在。而亡灵的形态，在凉山彝族人的信仰中，要么为祖灵 axpuxabbop "阿普阿波"，要么为鬼灵 nyitcyhatmo "涅此哈莫"。如果说人活着时，其灵魂关乎的主要是其所依附的形体，是这个人本身的健康与疾病，那么亡灵即祖灵与鬼灵的权能关乎的则主要是其子孙、是活着的人，是后代的繁衍与衰损，是他人的健存与生死。祖灵生活在美丽富饶的祖界，享受着后代定期或不定期贡献的祭品。他们关注后代的事务，包括人丁繁衍、畜牧农耕、联姻结盟、迁徙安寨、族籍褫夺、械斗战争，乃至个体成员的出生、成年、婚育、死亡等人生关节，能从多方面影响现实世界。祖灵不仅能赐福后人，也能致祸子孙。在祖先的权能中，致病于后代是其中一项。给后代带来疾病有两方面的原因。其一，后代违反禁忌，如祭具祭品不洁，触犯仪式忌讳或祖制祖规等，祖灵以疾病惩罚。违背者，应择日重新举行仪式，如 kutshyrbur "枯史补" 重过彝年，xybur "媳补" 重新举行婚礼，以改正对祖灵的冒犯。其二，灵位污秽导致祖灵不适，或祖灵受鬼怪纠缠，也会降疾病警示后代，以使后代延毕做法，帮助清除。祖灵给人带来的疾病多种多样，如包裹祖灵筒的羊毛要纯白色的，如果掺入杂色羊毛，祖灵不满会降之以眼疾；送灵仪式上的牺牲当是能够配种的壮羊，如果用羸弱绵羊祭祖，后代会得软骨病；用摆头的牺牲祭献祖先，后代也会得摆头病（俗语）。[①]

---

[①] 巴莫阿依：《凉山彝族的疾病信仰与仪式医疗（上）》，《宗教学研究》2003年第1期。

傈僳族有为病人招魂的仪俗，使走失的灵魂归回身体，人才能恢复健康。巫师招魂时唱道：

> 男：你的魂挂在树枝上，
> 　　你的魂挂在岩壁上；
> 　　我杀牙猪来喊魂，
> 　　我宰山羊来招魂。
> 女：用牙猪来祭，
> 　　用山羊来祭，
> 　　可是我的魂还在野外跑，
> 　　可是我的魂还在山里游。
> 男：你的魂不回来不要愁，
> 　　你的魂不转来不必怕；
> 　　我是个很神通的人，
> 　　我是个很显灵的人，
> 　　我会把魂喊回来，
> 　　我会把魂招回来。
> 　　用板栗树枝来喊魂，
> 　　用麻栗树枝来招魂。
> 　　板栗树枝摇一摇，
> 　　麻栗树枝晃一晃，
> 　　魂呀就转来啦！
> 　　魂呀就回来啦！[①]

通过口传活态的文化叙事，我们可以看出，史前文化之"德"与口传文化的"灵魂"意识极为相似，"失德"会导致患病，"失魂"也会导致患病。如果能够持守"懿德"，就能确保自身的天命存在。同样，召回个体失去的"灵魂"，就能治疗好各种疾病。"德性"存在成为初民想象的关乎人体生命安危的灵魂存在，是个体存在所具有的神圣生命力量。

在早期的口传文化中，"道"是万物一切生命力量的根源所在，也是一切神性力量的文化本源。"德"与"道"是一组神性力量的传承关系，

---

[①] 吕大吉、何耀华总主编，和志武等本卷主编：《中国各民族原始宗教资料集成：纳西族卷 羌族卷 独龙族卷 傈僳族卷 怒族卷》，中国社会科学出版社1999年版，第717页。

都成为圣人之心的原初状态。"道"是神圣力量的太初之源,是无形无质的,是宇宙万物公共的本性所在。而"德"是神道力量在万物个体中的文化表现,是万物之中有形有质之个体所具有的原初力量。"道"是公共的原生整体状态,属于原型编码。"德"是"道"的第一级文化力量的有形延伸,是个体之中所具有的公共原型,属于二级编码。"德"是个体作为有形存在却"得到"了无形无质的道体存在,有形有质之物"得到"了无形"神道"的神性力量。"道"在生成天地万物之时,将神圣力量与文化规定传递给最初的有气有形存在,而这种获得了"神道"力量规定的最初有形存在,就成为原初齐全之"德"。

  关于"道"与"德"的神圣关系,在传世文献之中,也多有论及。《老子·第五十一章》云:"道生之,德蓄之,物形之,势成之。"王弼注云:"物生而后畜,畜而后形,形而后成。何由而生?道也。何由而畜?德也。"[1]老子对"道"与"德"的关系定位极为清晰,"道"为太初无形的生命力量本源,"德"为有气有形的生命之源,无形的生命力量化为了有形的生命形式。清黄元吉注云:"道,无名也,无名即无极,所谓清空一气,天地人物公共生生之本。以其非有非无,不大不小,无物不包含偏覆,故曰大道。德者,万物得天之理以成性,得地之气以成形,物各得其所得,无稍欠缺者,故曰大德。道即万物所共治太极也,德又万物各具之太极也。"[2]黄元吉将"道"解释为宇宙间"无极""太极"的原初状态,将"德"解释为天地万物所得到的"太极"状态,尽管"道"与"德"的力量生成关系上存在先后秩序,但是在力量强度上却完全是一脉相承的。天地万物尽管在形制上相差很大,但它们都得到了宇宙之初的神圣力量,其内在神秘力量却是可以相通相融的。《老子·第三十八章》云:"上德不德,是以有德。"王弼注云:"德者,得也。常得而无丧,利而无害,故以德为名焉。何以为德?由乎道也。何以尽德?以无为用。"[3]"德"就是"得到"了宇宙间虚灵存在的无形力量,指代有形有体之物得到了发源于原初神道的根性力量,由此而具有齐全完备的生命形式,即齐全的灵魂形式。

  但作为个体层面的"德"始终都要以"道"的神秘力量作为自身力量的文化来源。后来学者喜欢用各种譬喻类比的方式,来形容"道"与

---

[1] (魏)王弼注,楼宇烈校释:《老子道德经注校释》,中华书局2008年版,第136—137页。

[2] (清)黄元吉撰,蒋门马校注:《道德经注释》,中华书局2012年版,第213页。

[3] (魏)王弼注,楼宇烈校释:《老子道德经注校释》,中华书局2008年版,第93页。

"德"之间的生命力量传递关系（见图1-4-7），他们将"道"比喻为君，将"德"比喻为"舍"，"道"与"德"的关系就好比是君王居住在宫殿之中，极为形象地揭示出两者之间的文化关系。《管子·心术上》云："舍之之谓德。"房玄龄注："道之所舍之谓德也。"①《管子·心术上》云："德者，道之舍，物得以生，知得以职道之精。"②《管子·兵法》"通德者王"房玄龄注："一者，气质未分，至一者也。道者，物由以生者也。德者，物由以成者也。"③《韩非子·解老》云："德者，道之功。"④《大戴礼记·主言》云："道者所以明德也，德者所以尊道也。"⑤《老子》"德"陆德明《老子道德经音义》曰："德，道之用也。"⑥《素问·解精微论》"是以人有德也"王冰注："德者，道之用，人之生也。"⑦《潜夫论·德化》云："道者所以持之也，

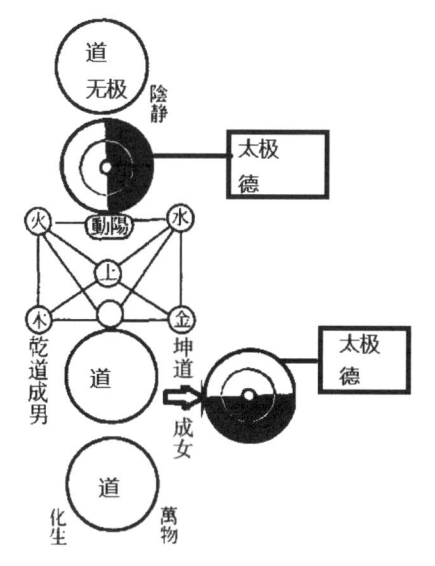

图 1-4-7　周氏太极图：道与德之力量关系

---

① 黎翔凤撰：《管子校注》，中华书局2004年版，第770页。
② 黎翔凤撰：《管子校注》，中华书局2004年版，第770页。
③ 黎翔凤撰：《管子校注》，中华书局2004年版，第316页。
④ （清）王先慎撰，钟哲点校：《韩非子集解》，中华书局1998年版，第133页。
⑤ （清）王聘珍撰，王文锦点校：《大戴礼记解诂》，中华书局1983年版，第2页。
⑥ （唐）陆德明：《经典释文》，中华书局1983年版，第356页。
⑦ （唐）王冰撰注，鲁兆麟主校，王凤英参校：《黄帝内经素问》，辽宁科学技术出版社1997年版，第164页。

德者所以苞之也。"①《新书·道德说》云:"德者,道之泽也。"②《管子·心术上》云:"德者,得也,得也者,其谓所得以然也。"③《论语·述而》"据于德"邢昺疏:"德者,得也。物得其所谓之德。"④《老子·第五十一章》"是以万物莫不遵道而贵德"王弼注:"道者,物之所由也;德者,物之所得也。"⑤《论语·述而》"据于德"朱熹集注:"德,得也,得其道于心而不失之谓也。"⑥"道"作为一切神圣力量的太初源头,而"德"不过是这种原初神圣力量的有形转化或生成形式,所以古人将"德"比喻成"道"之"舍"。站在"德"的有形有质角度来看,"德"就是"得",这里的"得"不是得到某种有形之物,而是得到来自无形虚灵的齐全生命力量。

为了使大家更清楚明白地理解"道"与"德"之间的力量传递与源流生成关系,我们改造了一下周氏的太极图。周氏一个白圆圈表示虚无存在的无极状态,在阴阳分化之后,就形成了太极状态。随着天地生成,就有了天德、地德。天地阴阳的交合,就产生了五行气质,而随着五行的运化,就产生了宇宙万物。乾道成男,坤道成女,乾坤作为天地散精,由此而生成的人类与万物的生命。因此,人类及万物都拥有了天地之前就存在的"大道",同时,随着阴阳的生成与交合活动,在人体或物体之内,就会产生发自无极大道的太极图式,也就形成了作为个体存在的人德状态与万物之德。

因此,原初神圣力量由"道"的无形状态,变成了"德"的有形存在。"德"成为无形存在到有形存在的第一个文化阶段,同时,"神德"的有形存在也可以随着运化无穷,变化为"质有""体形",因此,最初,"德"是从"无有"变为"一有"的重要衍化极端。《新书·道德说》云:"德者,离无而之有。"⑦《老子·第五十一章》"德畜之"河上公注:"德,一也。一主布气而畜养之。"⑧ 由"一"就会生成"二","德"就可以变成为"天地之德""阴阳之德"了。《易·乾·文言》"君子进德修业"李鼎祚集解引

---

① (汉)王符撰,(清)汪继培笺,彭铎校正:《潜夫论笺校正》,中华书局1985年版,第371页。
② (汉)贾谊撰,阎振益、钟夏校注:《新书校注》,中华书局2000年版,第326页。
③ 黎翔凤撰:《管子校注》,中华书局2004年版,第770页。
④ (魏)何晏注,(宋)邢昺疏:《论语注疏》,北京大学出版社2000年版,第95页。
⑤ (魏)王弼注,楼宇烈校释:《老子道德经注校释》,中华书局2008年版,第137页。
⑥ (宋)朱熹:《四书章句集注》,中华书局1983年版,第94页。
⑦ (汉)贾谊撰,阎振益、钟夏校注:《新书校注》,中华书局2000年版,第326页。
⑧ 王卡点校:《老子道德经河上公章句》,中华书局1993年版,第196页。

虞翻曰："乾为德。"①《淮南子·齐俗》云："得其天性谓之德。"②《庄子·天地》云："通于天地者，德也。"③《易·坤·象传》"君子以厚德载物"李鼎祚集解引虞翻曰："阳为德。"④《大戴礼记·四代》云："阳曰德。"⑤《淮南子·天文》云："日冬至则斗北中绳，阴气极，阳气萌，故曰冬至为德。"⑥由"天地"而生成"万物"，万物也是由"神道"力量所生，因此，也是有所"得"的，这就成了人德与物德。《庄子·天地》云："物得以生，谓之德。"⑦《论语·为政》"为政以德"邢昺疏云："德者，得也，物得以生谓之德。"⑧《庄子·骈拇》"而侈于性"郭庆藩集释引王叔之《义疏》云："德者，全生之本。"⑨《五行大义·论德》云："德者，得也。有益于物，各随所欲，无悔吝，故谓之为德也。《五行书》云：若有一德，能禳百灾。凡阴阳用事，遇德为善，谓之福德。"⑩综合诸位儒者的训诂意见，在早期的文化传统中，"德"与"道"具有相同齐全的神圣力量。"道"是"无极"的虚灵状态，"德"是"从无入有"的转化状态，可以是"太极""元一"等有形形式，也可以是阴阳分化之后的"天地""阳""日""万物""圣人"等物体形式，"德"的神话存有状态是各不相同的，其外在形制差别很大，体现出千差万别的外在形式差异。可见，"德"随着从"太一"的神圣转化与生命衍化，成了天地万物有形形体上所具有的原初生命形式。

人是万物之灵，皆由"神道太虚"所生，都是因为"得道"而获得了生命力量与有形形式。在诞生之初，"道"与"德"是人人都有的无形与有形生命结合体。但是在出生之后，一般的人因为社会世界的物欲诱惑，逐渐失去了在生命之初所承载的"道"与"德"的齐全力量。这样，世人因为个体在后天中所具有的德性多少，而出现了各种分化。有人能够保持原初齐全之德的人，这就是圣人。有人沉迷于世，逐渐失去为人之德的

---

① （唐）李鼎祚撰，王丰先点校：《周易集解》，中华书局2016年版，第14页。
② 刘文典撰：《淮南鸿烈集解》，中华书局1989年版，第343页。
③ （清）郭庆藩撰，王孝鱼点校：《庄子集释》，中华书局1961年版，第404页。
④ （唐）李鼎祚撰，王丰先点校：《周易集解》，中华书局2016年版，第34页。
⑤ （清）王聘珍撰，王文锦点校：《大戴礼记解诂》，中华书局1983年版，第170页。
⑥ 刘文典撰：《淮南鸿烈集解》，中华书局1989年版，第97页。
⑦ （清）郭庆藩撰，王孝鱼点校：《庄子集释》，中华书局1961年版，第424页。
⑧ （魏）何晏注，（宋）邢昺疏：《论语注疏》，北京大学出版社2000年版，第15页。
⑨ （清）郭庆藩撰，王孝鱼点校：《庄子集释》，中华书局1961年版，第312页。
⑩ （隋）萧吉：《五行大义》，李零主编：《中国方术概观·式法卷》，人民中国出版社1993年版，第80页。

人，这就成为民众。《诗经·大雅·烝民》云："民之秉彝，还是懿德。"①《尚书·康诰》云："惟乃丕显考文王，克明德慎罚。"②《尚书·召诰》云："王其疾敬德。"③《左传·隐公四年》云："臣闻以德和民。"④《左传·庄公八年》云："姑务修德以待时乎。"⑤《左传·闵公二年》云："无德而禄，殃也。"⑥《左传·僖公五年》云："鬼神非人实亲，惟德是依。"⑦《左传·襄公二十四年》云："德，国家之基也。"⑧"德"不仅成为人在世界中的生命力量差异，而且成为人是否患病的重要原因。有"懿德"则生，不"敬德"则病，"德"的生命力量直接关乎人在世界中的健康存在。

圣人是人中之"至德"者，其德性是与"神道"力量具有一致性，也就是说，圣人的德性与神道力量都是自然齐全的状态。庄子曾对"圣人之德"做了详细的描绘。《庄子·刻意》云："若夫不刻意而高，无仁义而修，无功名而治，无江海而闲，不导引而寿，无不忘也，无不有也。澹然无极而众美从之。此天地之道，圣人之德也。"⑨庄子认为，一个人心中不刻意矫情，而行为高远；心中不存仁义之名，而注重修身；心中没有功名，而能治理国家；心中没有江海之名，却悠闲自得；不必刻意导引，而能获得长寿。这种人能够忘记天下所有的东西，却能得到天下人都想要得到的东西。心中如无极一般淡然，而各种美好的东西都聚集在他身上。庄子认为，这种圣人的无极存在，就是"天地之道"，就是"圣人之德"。概括起来，圣人之德具有两个文化特征：一为心中通达了无极的虚无状态，恬澹至极；二为获得了人间最美好的有形存在，却不知道或者知道但又忘记了这是人间最美好的东西。而早期君王首先必须是德性齐全的圣人，其次才

---

① （汉）毛亨传，（汉）郑玄笺，（唐）孔颖达疏：《毛诗正义》，北京大学出版社2000年版，第1432页。
② （汉）孔安国传，（唐）孔颖达疏：《尚书正义》，北京大学出版社2000年版，第425页。
③ （汉）孔安国传，（唐）孔颖达疏：《尚书正义》，北京大学出版社2000年版，第467页。
④ （周）左丘明传，（晋）杜预注，（唐）孔颖达正义：《春秋左传正义》，北京大学出版社2000年版，第100页。
⑤ （周）左丘明传，（晋）杜预注，（唐）孔颖达正义：《春秋左传正义》，北京大学出版社2000年版，第267页。
⑥ （周）左丘明传，（晋）杜预注，（唐）孔颖达正义：《春秋左传正义》，北京大学出版社2000年版，第352页。
⑦ （周）左丘明传，（晋）杜预注，（唐）孔颖达正义：《春秋左传正义》，北京大学出版社2000年版，第393页。
⑧ （周）左丘明传，（晋）杜预注，（唐）孔颖达正义：《春秋左传正义》，北京大学出版社2000年版，第1153页。
⑨ （清）郭庆藩撰，王孝鱼点校：《庄子集释》，中华书局1961年版，第537页。

是获得了社会政治权力的世俗王者。

"诗言志"之"志"不是己志,而是神道之志。当然,随着神圣力量由神道之无生发成神德之有,神道之志也转变为神德之志。神道是心志力量的太初规定,神德是人心获得了神道力量的神圣有形状态,人心神志是神道、神德力量在人心中的力量传递。在"诗言志"的诗歌传统中,"神道""神德""神志"都是无极—太极神圣力量在人心中相互关联的文化力量关系。"神道"是一切神圣力量的源泉和根本,"神德"是圣人通达"神道"之后的德性状态,成为圣人身上最原初的力量源泉,而"神志"则是依据于"神道""神德"而具有的文化指引和价值规定。

梳理了"神道"(一级文化编码)、"神德"(二级文化编码)、"神志"(三级文化编码)之间的力量源始关系,我们才能明白,"神道""神德""神志"与口传语词声音之间的力量规定关系。我们才能明白,为何韩宣子、吴季札在开展文化评论时,总是将话语形式(口传形式与书写文本)的文化意义与古代圣人的"德性""令德"联系在一起。以内在的德性力量来品评外在的文化形式,是古老的口传大传统价值在诗歌评论、文化评价方面的具体表现。将季札观乐的诗歌评论放置到口传大传统的早期神道价值中,我们才能理解,吴季札通过口传诗歌的语词声音形式,不仅领会到音乐形式的美妙神奇,而且由外而内,深深地领会了早期口传诗歌声音的文化意义,由此而通达到了"神道""神德"的玄妙至美与神圣力量,体验了早期圣人"天地之心"的原初力量与美好德性,以及他们在口传诗歌语词中所潜藏蕴藉的神圣意蕴。而这种寄寓于语词声音之外的神圣意蕴,是长期陶染于流俗书写文化的现代人无法理解的。

在"诗言志"中,帝舜对夔所提出口传诗歌文化的培养目标为:"直而温,宽而栗,刚而无虐,简而无傲。"这种教育目标强调了中和之美的口传话语结构,也直接表现在吴季札观乐的诗歌评论中。季札评价《小雅》时云:"思而不贰,怨而不言。"其评论《颂》时云:"直而不倨,曲而不屈,迩而不逼,远而不携,迁而不淫,复而不厌,哀而不愁,乐而不荒,用而不匮,广而不宣,施而不费,取而不贪,处而不底,行而不流。"比较帝舜对早期士人的德性结构的中和情性期待,与季札评论口传诗歌的中和不偏的文化结构,可以看出,两者都强调不偏激一端,重视文化力量的和谐均衡,在这些方面两者都具有惊人的相似语法结构,这也充分说明,吴季札不仅在文化精神上持守了口传大传统的神德价值,而且在语词结构、形式构造方面,也在不自觉、不经意之间,传承了早期口传文化的话语模式与套语格式,也体现了他对口传大传统的崇拜之情与陶染之功。

## 三、口传诗歌与政道

比较季札观乐的诗歌评论与韩宣子观书时的文化评论，他们的评论话语还有一个共同特点，即他们都将诗歌评论、文化评论与社会政道联系在一起。他们认为，乐道、书道与政道具有一致性。韩宣子认为，观看鲁国之书，可以知晓"周代"之所以能称"王"天下的原因，他将书面的符号表述与现实的政治世界联系起来了。季札在观《周南》《召南》时，亦云："始基之矣，犹未也，然勤而不怨矣。"他认为，这两国的风诗与周公、召公奠定了周代政权基础是密不可分的。观《王风》时，其云："思而不惧，其周之东乎！"他认为《王风》与东周社会关系紧密。观《郑风》时，其云："其细已甚，民弗堪也。是其先亡乎！"他认为《郑风》细碎烦琐的声音使郑国民众不堪忍受，是以导致郑国比其他诸侯国要先行灭亡。观《秦风》时，其云："夫能夏则大，大之至也，其周之旧乎！"他认为秦音以"大"为美，这可能与秦国为夏代、周代的发源故地有关。观《陈风》时，其云："国无主，其能久乎！"他认为陈国之风声音放荡淫乱，无视国君的政治存在，这样的国家怎么能长治久安呢？吴季札认为，口传诗歌语词声音的或"大"或"细"都与国家政治之道有关，因此可以根据口传诗歌的语词声音特征，来判断一个国家兴亡盛衰的前途命运。

赵制阳在《左传季札观乐有关问题的讨论》一文中讨论了季札关于《王风》的评论之后，其云："季札观乐的言论，似乎现有一个主导的意识，即以国力的强弱论高下。凡是大国的诗乐，多予赞扬；小国的诗乐，多予忽略或贬抑。诗文的内容究竟如何？评论的话是否得体？似乎不是他所要关心的事了。"[①] 赵制阳认为，吴季札在观乐时，有一种先入为主的主观臆断，他总是认为，大国政道畅通，乐道得体，国家更为兴盛；小国政道不通，乐道显得细碎，国家趋于衰败。而对于诗歌文字的具体内容，以及评论话语是否与诗歌文字内容是一致的，吴季札似乎并不关心。换一句话说，赵制阳认为，吴季札观乐的诗歌评论有点脱离所评论的诗歌对象，甚至两者出现风马牛不相及的关系。政道属于政治场域，诗道属于文学场域，而吴季札总喜欢将政道与诗道这两个不同场域的东西，强制地放在一起加以评论，存在任意发挥之嫌。难道政道与诗道真的是两个毫不相关的独立场域吗？难道季札真的是一位先入为主的主观印象主义者吗？在工业

---

① 赵制阳：《左传季札观乐有关问题的讨论》，《1993 诗经国际学术研讨会论文集》，河北师范大学出版社 1994 年版，第 484 页。

文明时代，社会世界存在着无数个疆界分明的场域，学术界也存在着诸多隔行如隔山的学科界限，这是近代学科分化、科学理性中心主义的必然结果。但在口传文化时期，诗歌、音乐、舞蹈、制度、仪式和政治都是文化统一体，浑然不分，没有现代人这样明晰的学科界限。而且现世君王与文化诗人也存在身份重合，早期圣人既是君王，又是仪式之中高歌的诗人，口传诗歌成为早期圣人文化在文学场域的具体表现，同时，早期王道政治也是早期圣人政治权力在权力场域的具体表现。

因此，在口传文化时期，不存在纯粹隔离的碎片化世界，也不存在政治场域、文化场域、诗歌场域之间的现代分科，早期圣人的神道世界是浑然一体的。在现实世界中，政治场域的话语（口头政令）与诗歌场域的话语（口头诗歌）都源自圣人神道存在的生命源头。休斯顿·史密斯在《人的宗教》中云："说话是说话者的生命一部分，且由于如此而分享了那说话者生命的活力。"[①]也就是说，由于早期圣人的生命世界是神道价值的浑然统一，不论是政治场域，还是诗歌场域，圣人成为不同场域之间的核心纽带。不论是政治场域的政治话语，还是文学场域的诗歌话语，所有的话语形式都是圣人神性价值的符号表现形式。同时，现实世界又是诸多力量展开竞争的权力世界，表现在口传话语方面就是口传知识成为社会竞争的特殊武器，利用话语表述的神圣力量，直接参与社会的文化竞争。这样文化权力与政治权力之间的社会关系也是密切的，很难分清楚两者之间的场域界限。沃尔特·翁在《口语文化与书面文化：词语的技术化》中云："文字培育抽象观念，使知识与人类竞争的舞台拉开距离。文字使拥有知识的人和知识分离。与此相反，口语文化把知识纳入人生世界，把知识放进生存竞争的环境。在口语文化里，谚语与谜语不仅仅是用来储存知识的，而且是用来和他人舌战斗智的。"[②]但随着文字书写的出现，书写文字开始介入在书写者与社会环境之间，成为一道可见的形式障碍，也导致书写知识与书写者之间常常处于相互分离的漠然状态。书写者是书写者，书写知识是书写知识，书写知识远离社会现实，逐渐失去了口传话语的神圣性。如果纯粹站在书写文字的传统来理解口传诗歌，就会遮蔽口传文化的整体性文化事实：一为神道世界的力量统一性被忽略，二为口传知识的抗争性也随着削弱。正是口传文化将生命力量与生存智慧有机地融入口传诗歌，这

---

① [美] 休斯顿·史密斯：《人的宗教》，刘安云译，海南出版社2001年版，第396页。
② [美] 沃尔特·翁：《口语文化与书面文化：语词的技术化》，何道宽译，北京大学出版社2008年版，第33页。

样口传诗歌作为早期圣人生命力量的承传形式，能够承载早期人类的生存智慧与文化编码，也可能关乎人类自身生命存在的兴衰存亡，甚至关乎国家政治的治乱命运。

《左传》中记载了两位君王因为沉湎于世俗音乐而导致身亡、政亡的历史故事。第一个故事发生在季札观乐之前，《左传·庄公二十年》记载："（二十年）冬，王子颓享五大夫，乐及遍舞。郑伯闻之，见虢叔曰：'寡人闻之：哀乐失时，殃咎必至。今王子颓歌舞不倦，乐祸也。夫司寇行戮，君为之不举，而况敢乐祸乎？奸王之位，祸孰大焉？临祸忘忧，忧必及之。盍纳王乎？'虢公曰：'寡人之愿也。'"① 鲁庄公十九年（前675年），王子颓称王以后，与蒍国五大夫（边伯、石速等）整天饮酒作乐，而且舞尽六代之乐，丝毫也不讲究各种文化礼节。郑伯听到这个消息，立即找到虢叔商讨此事。虢叔认为：王子颓"哀乐失时"，必定会带来"殃咎"祸害，并将这种沉湎于乐舞形式的淫乱行为概括为"乐祸"，由此而提出重新纳立"惠王"的政治主张。庄公二十一年，郑伯与虢叔率军攻入王城，杀掉王子颓等人，恢复周惠王的政权。可见，王子颓内心无德，在音乐形式享乐方面，表现得极为放纵，也直接导致了国家政权的灭亡。

第二个故事发生在季札观乐之后，《左传·昭公二十一年》记载："二十一年春，天王（周景王）将铸无射，泠州鸠曰：'王其以心疾死乎！夫乐，天子之职也。夫音，乐之舆也；而钟，音之器也。天子省风以作乐，器以钟之，舆以行之。小者不窕，大者不摦，则和于物。物和则嘉成。故和声入于耳而藏于心，心亿则乐。窕则不咸，摦则不容，心是以感，感实生疾。今钟摦矣，王心弗堪，其能久乎！'"② 伶官州鸠对周景王制作不合法度的乐器提出了批评，这与季札观乐有着异曲同工之妙。州鸠质问周景王，君王难道要因为"心疾"而使自己的国家灭亡吗？州鸠直接将王者不合法度的乐舞行为诊断为"心疾"。为什么王者沉迷不合法度的乐舞行为就得了"心病"呢？州鸠认为：音乐是君王所掌管的文化活动，声音是音乐的动力，大钟是发声的器物。君王考察民风，然后制成乐曲，用乐器来演奏它，用声音来演唱它。小的乐器声音不能过于细小，大的乐器声音不能过于洪大，那么，所有器物发出的声音才能和谐，这样才能形成美妙和谐的音乐形式。如果和谐美妙的音乐传入人的耳朵中，人心就会感到舒适。人心舒适了，就会感到安定，也会产生快乐。如果声音太小，

---

① 杨伯峻编著：《春秋左传注》，中华书局1990年版，第214—215页。

② 杨伯峻编著：《春秋左传注》，中华书局1990年版，第1424页。

耳朵完全听不清楚；如果声音太大，耳朵又完全不能承受。这样的音乐都会使内心感到极度不安。如果内心总是处于不安的状态，人就容易生病。而如今周景王新制的无射钟声音极为洪大，这种声音会令内心无法忍受，长此以往，一定会令人生病的。昭公二十二年（前520年），周景王因为长期沉迷于不合法度的音乐声音，真的患了"心疾"，最终病发而亡。

虢叔将王子颓的"音乐"活动与君王"殃咎"联系起来，认为淫乱的音乐行为会直接导致国家政治的败亡。州鸠将君王的"乐事"与君王的"心志"联系起来，认为如果外在的音乐器物不合法度，发出来的声音或极大，或极小，这都会引发"心病"，最终导致君王死亡。在这两件音乐事件中，音乐属于文化场域，却与政治存亡、君王生死紧密联系在一起，可见，文化场域与政治场域的各种符号形式并不是没有任何关联的，而都与人心世界的和谐存在紧密联系在一起。到了春秋末年，尽管口传诗歌的早期文化传统逐渐在流俗世界中被人遗忘了，但是在一些贤明之士的心中依旧保留了早期口传大传统的文化观念，他们善于将世俗世界中相互分裂的零散世界整合成为同一场域、统一世界的有机整体，由此对这个有机整体世界展开分析，做出文化推断。

季札观乐将政道与乐道联系起来，表面上看来，政治权力与诗歌形式原本属于两个毫不相关的场域，但如果放在早期口传文化的整体视野中，政治权力与文化权力这些外在的言语行为，都发源于人内在的"心志"世界，它们具有相同的文化智慧与力量源头。因此，这两个看来分离无关的不同场域，又存在着相互沟通、命运与共的文化可能。在口传大传统中，"诗以言志"，口传诗歌的语词声音表达了人之"心志"，如果人之"心志"是平和均衡的，那么，声音就会和谐平静。同样的道理，如果人心接受了和谐的声音，那么，聆听者也会调整心态，保持心平气和。口传诗歌的声音形式直接关乎人心的和谐与否，只有和谐的音乐形式才能帮助人心达到"神人以和"的和谐存在，实现人内在的虚无神性和有形人体的和谐统一，使内心重新回归天人合一的完整世界。

在《论文杂记》中，刘师培将早期圣人重视语词声音的口传传统称之为"声教"传统，其云："上古之时，先有语言，后有文字。有声音，然后有点画；有谣谚，然后有诗歌。谣谚二体，皆为韵语。'谣'训'徒歌'，歌者永言之谓也。'谚'训'传言'，言者直言之谓也。盖古人作诗，循天籁之自然，有音无字，故起源亦甚古。观《列子》所载，有尧时谣，孟子之告齐王，首引夏谚，而《韩非子·六反》著或引古谚，或引先圣谚，足征谣谚之作先于诗歌。厥后诗歌继兴，始著文字于竹帛。然当此之时，歌谣而外，复有史篇，大抵皆为韵语。言志者为诗，记事者为史篇。……又孔子之论学诗也，亦曰：'多识于鸟兽草木之名'，是诗歌亦不啻古人之文典也。盖古代之时，教曰'声教'，故记诵之学大行，而中国词章之体，亦从此而生。"[1] 在这段文字中，刘师培用"声教"一词概述口传大传统的一致性与和谐性，他认为，口传大传统以口耳相传的文化方式将天籁自然的神性价值观念寄寓在口头的歌谣声音中，利用和谐统一的音乐形式唤起人心的均衡状态，以实现声乐教化的社会功能，彰显了口传诗歌的语词声音在人心净化、社会教化等方面的重要作用。

季札观乐，通过聆听古老的口传语词声音，使人心领会了口传声音之外的神圣意义与和谐存在，获得了心领神会的文化证悟。他在音乐评论中强调口传声音的德性价值与美学趣味，肯定声音之道与政道之间的内在关联性，尤其强调口传诗歌在和谐人心、调整心志方面的重要作用，将政治行为与音乐声音统一于人心德性的文化价值。这种凸显整体性的文化思维模式与当今的二元对立不化的认知模式是极为不同的。现代学科门类极为纷繁，知识疆界壁垒重重，难以跨越，形成了彼此之间相互分离的政治学、诗歌学、音乐学、心理学等，这些以学科中心主义建立起来的知识场域之间的疆域界限极为分明，知识观念也存在不可逾越的鸿沟。而季札观乐，注重口头文化的整体精神与力量关系，立足以"人德"为中心的文化视角，对口传诗歌进行灵活的评论，重新激活了早期口传大传统的诗歌精神和言说价值，充溢着早期口传文化的诗歌智慧和生存激情。吴季札观乐的诗歌评论是一份极为宝贵、意义丰厚的文化遗产与文论智慧，值得我们深入研究和发掘，并加以弘扬。

## 四、小　　结

吴季札所处的时代，正是中原文化"赋诗言志"极为盛行的时代。季札出访鲁国，遍观周乐，以德论乐，表现出对世俗流行的"赋诗言志"文化现象的不满与纠偏。

季札观乐，与韩宣子观书，两者表现出不同的文化价值取向。晋国韩宣子出访鲁国，乐于观看文字书写的《易》《象》《鲁春秋》等早期书写经典，并在宴享过程中，积极开展了"赋诗言志"的文化活动，表现出对中原流行的文字传统充满极大的知识兴趣和文化认同。季札生活的吴国属于蛮夷之地，相对来说，文字传统还没有中原地区那样发达。由于长期受

---

[1] 洪治刚主编：《刘师培经典文存》，上海大学出版社2004年版，第249—250页。

到口传文化的陶染,季札对鲁国所保存下来的口传周乐极感兴趣,表现出对口传传统知识的赞美认同之情。季札在观乐时,感同身受,心领神会,其每一个现场评论、叹词都不是毫无意义的闲言闲语,而是在口传诗歌中领会了神道意义,发自内心深处对美轮美奂的早期诗歌文化传统的至高崇拜,是口传文化在其心中所开启的文化共鸣和认同情结。

  季札观乐,极为重视音乐形式与早期圣人"德性"之间的文化关联。口传文化的"诗言志"强调口头诗歌要依据于诗人的"道志"。"神道"是"神德"的力量来源,是原初编码;"神德"是"神道"力量的有形状态,是二级编码。"道"是无形无质的虚无存在,"德"是有形有质的元一存在,因此个体在得"道"方面存在德性厚薄的文化差异。人之"神德"决定了人之"心志"的价值倾向。在口传大传统中,"神道""神德""神志"属于神圣力量传递的文化层次关系,神圣力量直接渗透并表现在外在的语词声音中,所以人之"言"始终都是人之"神德"的文化体现。季札观乐通过深刻地领会口传时期的"诗言"形式,通达了口头诗歌声音之外的神圣力量,打开了神道通途,领会了早期圣者在诗歌音乐中所寄寓的美好德性。季札这种口传文化的领会能力,是身居文字传统中的现代人难以想象的。

  季札观乐,喜欢将音乐诗歌与政治盛衰联系起来。现代人认为,政治场域与音乐场域是两个截然不同的场域,很难认同季札将两个不同场域的东西放置到一块展开讨论。而季札在观乐时认为,乐道、诗道与政道是关系密切的,甚至具有一致的存在命运与文化共性。在口传大传统中,口传音乐、口头诗歌等文学艺术样式,与社会政治的政令话语都成为"人心"力量的直接投射,都与人心所持守的"神志""神德""神道"有关。季札观乐,通过外在的音乐形式,来透视与评论社会的政治状态,他认为音乐形式的和谐性质,可以生发出"人心"世界的和谐统一,由此而直接关乎文学艺术与社会政治的和谐统一,这充分体现了口传文化的整体智慧和人本精神。

# 第二章　文化大传统与孔子诗论

孔子被二千多年的文明史塑造为书写的圣人和教育家，他其实是保留在华夏书写文明中的口传文化最后的大圣人。

叶舒宪:《孔子〈论语〉与口传文化传统》

我正在探索，在我身内探索。我自身成为我辛勤耕耘的田地。

奥古斯丁:《忏悔录》卷十

口传大传统文化在早期中国延绵极为久远，具有数万年的文化传承，几乎与华夏先民的早期历史同生同在，是中国早期文化历史中最具本土性、神圣性的核心价值。口传文化发展到了三皇五帝三代时期，逐渐演变为早期王权的王道文化，形成了社会"绝地天通"的宗教信仰与文化身份，以及各种社会的等级分化和制度差异，但是口传大传统的"神道"文化价值依旧受到历代圣人君王的崇敬与传承，尤其是西周初年，周公制礼作乐，从社会文化制度上确立了口传大传统礼乐文化价值的正统性和合法性。到了春秋末年时期，随着周朝王权的日渐衰落，各个诸侯国获得了政治、经济、军事上的独立，那个曾经显赫一时、代表神圣王权的"神道"文化，也逐渐失去了昔日的神圣力量，成了诸侯霸道文化的无形枷锁。春秋时期的霸道文化要突破神道文化的禁锢，张扬个体存在的私己欲望，希望从文化根源上论证各个诸侯国的政治权力与文化权力的合法性，这是霸道时代的政治权力需要，也是个体欲望膨胀的世俗需要。"赋诗言志"开始成为霸道政治权力需求的时代产物与文化风气。

"诗言志"的口传诗歌，作为早期口传大传统的文化符号形式，其终极目标是为了通达"神道"的神人和谐，使原初圣人王者获得道体根性的原初状态，获取生命本源的原初力量，从而获得世俗政治的合法性。也就是说，尽管早期王权获得的途径可能有所不同，但在文化心性上，凡是能够获得王权的君王，首先是"神道"、天命的文化代表，其次才是政治军事等世俗权力的法定代表。"圣人"品格、王道文化成为王权军权合法性的神圣力量来源，"神道"的心性状态及其外部显现成为早期王者及其群臣共同追求的文化目标和根性价值。

春秋时期，"赋诗言志"文化现象中的"诗歌"依旧还是口传时期的口头诗歌，但此时口头诗歌的情境内容、文化意义却发生了巨大变化。通过口头诗歌获得神圣的"神道"状态，已经不再成为"赋诗言志"口传活动的终极目标，而现实社会的具体情境意义，以及赋诗者、听诗者在社会语境中形成的"心志"状态，开始成为口头诗歌声音的当下意义。早期口传大传统综合文化的逐渐受到破坏，"赋诗言志"的诗歌意义的实用转型，以及流俗社会礼乐制度的崩坏乱用，都表明当时社会文化与政治权力在向世俗化方向转型。同时，这种流俗文化在社会上的极度盛行，也在昭示一种新型文化理念与生命回归需求就要应时而生了。

孔子这位从早期经典时代过渡到子学时代的文化圣人，是在春秋末年这个文化大变动、文化大危机的社会环境之中应时而出的。孔子的文化生产、仁道革新既是社会危机、政治治乱的现实需要，也是人心困顿、文化危机的时代需要。

在《白虎通·五经》中，班固描绘了孔子进行文化革新的时代背景，其云："孔子居周之末世，王道凌迟，礼乐废坏，强陵弱，众暴寡，天子不敢诛，方伯不敢伐，闵道德之不行，故周流应聘，冀行其道德。自卫反鲁，自知不用，故追定五经，以行其道。"[①] 面对春秋末年的乱世社会，孔子亦云："天下有道，则礼乐征伐自天子出；天下无道，则礼乐征伐自诸侯出。自诸侯出，盖十世希不失矣；自大夫出，五世希不失矣；陪臣执国命，三世希不失矣。天下有道，则政不在大夫。天下有道，则庶人不议。"(《论语·季氏》)[②] 孔子认为，社会秩序的政治问题，最终根源在于社会"有道"与"无道"的文化问题。"古道"的文化凌迟，"王道"的社会沦落，才是春秋时代王权失势、诸侯称霸、大夫执政的根本原因。可见，孔子并没有仅仅从社会现实的秩序关系出发，来分析春秋末年的社会权力结构变化，而是注重从文化之道入手，剖析当前社会权力的空间关系问题。表面看来，孔子对乱世政治的无道判断有些不切实际，颇有一些文化乌托邦的

---

① （清）陈立撰，吴则虞点校：《白虎通疏证》，中华书局1994年版，第444—445页。

② 杨伯峻译注：《论语译注》，中华书局1980年版，第174页。

玄虚意味，但从实质来看，孔子可谓切中乱世社会的文化弊病与思想根源。他特别强调，世俗社会政治的混乱，一定是以文化之道出现混乱为思想根源的；同样，如果想要救治社会弊病，就需要从文化之本开始，依本治标。由此，立足于是否符合文化之"道"的根本价值问题，他分析了社会政治秩序的流俗变化。如果从当时统一失势的天子角度来看，孔子维护的是早期神圣统一的神道王权，那么，那些得势的诸侯就不喜欢他；如果从当时统一失势的诸侯角度来看，孔子维护的是国家城邦的统一权力，那么得势的大夫和陪臣就会不高兴。可见，孔子提出的以恢复王道文化为士人己任，希冀从文化根本上解决社会治乱的现实问题，这就决定了孔子的文化主张，在当时不受诸侯国的元权力（执政的大夫或家臣）所重视，但这也预示着孔子回归王道的文化理想很可能被后来具有统一性的政治权力所借鉴。诸如到了汉代，主政者为了稳定社会，重视利用儒家六经开展人心教化，出现了"罢黜百家，独尊儒术"的政治文化新格局。

面对春秋乱世的社会问题，孔子认为，与其说是出在政治权力的问题上，不如说是出在文化价值的问题上。他信心十足地对社会弊病展开确诊，认为整个社会的文化价值出现了礼崩乐坏的问题，也就是说，那个极为久远的、代表华夏古老精神的"神道"文化大传统处于极度危机之中，几乎被世人所遗弃，西周以来依据"古道"传统建立起来的礼乐制度也处于彻底崩溃的边缘了。那么，作为一个新兴士人阶层的代表人物，如何才能建构出一种适合时代现实发展的新型价值，来作为维护当前社会稳定秩序的文化纽带呢？这成为孔子开展士人文化重建的重点所在。正如仪封人在受到孔子深入人心的教诲之后，其云："二三子何患于丧乎？天下之无道也久矣，天将以夫子为木铎。"（《论语·八佾》）[①] 文化救世，革古鼎新，成为孔子及其随同者入世入仕的社会目标。他以王道文化重建为己任，以回归"古道"文化大传统为策略，不遗余力地建构新型价值的文化体系，希冀重新实现对乱世社会中人与人之间的社会关系进行文化规定与心性建构，这才是孔子毕生所做的重要事情。

身处乱世，士人如何开展文化重建？如何对待现实社会的流俗文化？如何革除礼崩乐坏的文化异端？作为一代圣人，孔子的文化重建策略是适当地进行文化复古，重新传承与激活被世人所遗忘了的文化古道。西汉桑弘羊在《盐铁论·执务》中概括了孔子复古的文化主张，其云："'吾于《河

---

[①] 杨伯峻译注：《论语译注》，中华书局1980年版，第32—33页。

广》,知德之至也'。而欲得之,各反其本,复诸古而已。"①孔子亦云:"周监于二代,郁郁乎文哉!吾从周。"(《论语·八佾》)②"甚矣吾衰也!久矣吾不复梦见周公!"(《论语·述而》)③周代王道文化和礼乐制度的创立者周公,成了孔子顶礼膜拜的文化对象,但是孔子对周代的文化复古不是一种机械的复古,而是综合继承周代及其早期文化中的核心价值,即"神道"文化价值,将其改造并发扬光大。也就是说,孔子立足末世,却没有顺应末世的流俗知识观念,而是立志传承和借鉴口传大传统时期的"神道"文化,来救弊现世的流俗士风。孔子在回答颜渊"问为邦"时云:"行夏之时,乘殷之辂,服周之冕,乐则《韶》《舞》。放郑声,远佞人。郑声淫,佞人殆。"(《论语·卫灵公》)④他认为,在今天这样的社会,想要治理好国家,必须善于综合利用华夏传统文化中极为久远的文化资源,一要推行"夏代的历法",二要乘坐"殷商的车子",三要服戴"周朝的冠冕",四要发扬舜帝时代的《韶》乐和周武王时期的《舞》或《武》乐,等等。可见,孔子认为,要治理好一个邦国,必须综合利用三代以来的各种文化制度与社会规范。同时,对社会上极为流行的流俗文化,他认为,一要"放郑声",二要"远佞人"。"郑声淫",这对于"神道"的文化复古是极为不利的,所以必须要"放弃",这也表明,他的复古主张,不是全盘照搬早期的文化传统,而是要在文化复古中,进行有所选择、有所革弊的文化创新。对当前文化重建有利的,则积极吸取之。对当前文化重建无利的,就坚决抛弃之。《汉书·艺文志》还记录了"仲尼有言",其介绍了孔子展开文化重建的新途径,其云:"礼失而求诸野。"⑤这里的"野",除了指代城市郊野的地理空间以外,还可以指代在鄙远乡村以口耳相传的民间文化。如果国都、城市的文化传统过于社会化、流俗化或"文明化"了,那么,所谓的"野"文化,反而成为保存原初文化、本真文化的重要资源。从中可以看出,文化复古是孔子展开士人文化重建的重要策略,同时,他又善于兼容并包,"朝""野"并重,凡是能救弊当前社会危机、重建文化秩序的各种文化资源,都成为他关注和利用的重要对象。

在原初的口传大传统文化中,"神道"和"心志"都成为人心中的内在规定,神人的整体和谐成为口传大传统的核心理念。孔子的文化重建,

---

① (汉)桑弘羊撰,王利器校注:《盐铁论校注》,中华书局1992年版,第455页。
② 杨伯峻译注:《论语译注》,中华书局1980年版,第28页。
③ 杨伯峻译注:《论语译注》,中华书局1980年版,第67页。
④ 杨伯峻译注:《论语译注》,中华书局1980年版,第164页。
⑤ (汉)班固:《汉书》,中华书局1964年版,第1746页。

并没有像柏拉图一样,要流放口传时期的诗人,将口传诗歌的文化价值转移到社会上新型流行的书写文化价值上,以适应社会流俗文化的发展需要。在古希腊,柏拉图的文化建构放弃了古老的口传文化,重视与人类哲学理性相一致的书写文化,是以外在的有形书写之物作为文化符号的表述中心,而孔子却与之相反,他始终将"人"放置在文化重建的核心位置,致力于传承口传大传统文化中以"神人"为中心的神道价值与文化传统。《论语·泰伯》记载,孔子了解到帝舜时期只有五位贤臣,周武王手下也只有十位治理天下的贤臣,就不禁感叹云:"才难,不其然乎?唐虞之际,于斯为盛。有妇人焉,九人而已。三分天下有其二,以服事殷。周之德,其可谓至德也已矣。"(《论语·泰伯》)① 孔子认为,圣君治国,在于"得人",人才是文化秩序、社会空间得以重建的可能所在。要重建社会的新型秩序空间,需要得到什么人才呢?孔子认为,需要得到犹如帝舜、周武王所得之贤臣,尤其需要如周文王之德的君王。由此可见,这种明君贤臣的人才观念无不体现了早期口传文化的神道观念。

　　对于当时社会上极为流行的人才观念,孔子是持否定态度的。《论语·宪问》记载,子路问什么样的人算是"成人"时,孔子云:"若臧武仲之知,公绰之不欲,卞庄子之勇,冉求之艺,文之以礼乐,亦可以为成人矣。"接着他又云:"今之成人者何必然?见利思义,见危授命,久要不忘平生之言,亦可以为成人矣。"② 诸如充满智慧的臧武仲、清心寡欲的孟公绰、勇敢而为的卞庄子、多才多艺的冉求等,这些人都是一般人眼中的"成人",但在孔子眼中,这些人还不算是真正的"成人",如果他们能够再"文之以礼乐",并能够注重加强"礼乐"方面的身心修养,这些人才能成为孔子眼中的"成人"。接着,他又补充说,"今天的成人"观念中存在很多不足之处,流俗观念中的这些所谓的"成人",还必须要做到"见利思义,见危授命",要能够以"义"来限制"利",以"命"来感受"危",能够信守诺言,这样他们才算真正的"成人"。可见,孔子在流俗"成人"观念上有着更多的文化限制与仁义要求。刘向在《说苑·辨物》中记载,颜渊问孔子:"成人之行何若?"孔子云:"成人之行,达乎情性之理,通乎物类之变,知幽明之故,睹游气之源。若此而可谓成人。既知天道,行躬以仁义,饬身以礼乐。夫仁义礼乐,成人之行也。穷神知化,

---

① 杨伯峻译注:《论语译注》,中华书局1980年版,第84页。
② 杨伯峻译注:《论语译注》,中华书局1980年版,第149页。

德之盛也。"① 孔子认为，成人必须懂得"天道"，必须践行"仁义"，必须实践"礼乐"。"仁义礼乐"是"成人"的外部行为要求，"穷神知化"是"成人"的内部心性要求。内外如一，由内而外，从天道到仁义的心性结构，这种"成人"新观念体现了孔子对"人"的新理解，他着重从"仁义礼乐"的心性结构，来构建"天道"的文化新精神，体现了孔子在新的历史条件下如何思考重建"人"的文化价值。子路云："君子之仕也，行其义也。道之不行，已知之矣。"（《论语·微子》）② 孔子及其门徒都很清楚，在流俗文化极为盛行的时代，"古道"的文化价值已经在社会上很难行得通了，但他们还是坚信，得道的"君子"出仕为官，不是为了满足个人的私己欲望，而是为了在社会场域推行大道仁义。孔子云："民之于仁也，甚于水火。水火，吾见蹈而死者矣，未见蹈仁而死者也！"（《论语·卫灵公》）③ 孔子认为，百姓（除王公、士大夫等以外，包括士、农、工、商等阶层）丧失仁德已经很久了，他们对仁德的文化需求，大大超过了对日常水火之物的需要。孔子诊断，当下流俗社会最缺少的就是仁德文化，积极推行"仁德"，成为他展开文化重建的核心追求与文化智慧。

"仁义礼智"是孔子文化重建的核心所在，那么，作为五质之首的"仁"的文化价值是什么？"仁"与"道""德"以及"礼""乐"之间的文化关系又是如何？"仁"与早期口传大传统的文化价值之间的文化关系如何？在"仁"与"人"的文化重建中，古老的诗歌形式的审美趣味又是如何被重建的？这些问题，既是关乎孔子文化重建的核心意义，也是关乎"诗歌"文学等外在话语形式如何被儒家仁化改造的美学问题，值得将其放置在文化大传统的新型视野中重新展开讨论。

---

① （汉）刘向撰，向宗鲁校证：《说苑校证》，中华书局1987年版，第442页。
② 杨伯峻译注：《论语译注》，中华书局1980年版，第196页。
③ 杨伯峻译注：《论语译注》，中华书局1980年版，第169页。

## 第一节　士依于仁：士人的仁心领会与文化认同

在孔子之前，"仁"作为一种史前大传统文化的生命德性早就受到士人的重视。如《左传·庄公二十二年》载田完引君子曰："酒以成礼，不继以淫，义也；以君成礼，弗纳于淫，仁也。"[1]《左传·宣公四年》引君子曰："仁而不武，无能达也。"[2]《左传·成公五年》载贞伯曰："神福仁而祸淫。"[3]《左传·昭公三年》引君子曰："仁人之言，其利博哉！"[4]《左传·昭公十二年》引仲尼曰："古也有志：克己复礼，仁也。"[5] 可见，"仁"的价值观念和文化意识在春秋时期已经很盛行了。不过，这些"仁"的术语概念还仅仅处于零散的文字表述之中，还没有得到士人文化的系统阐释。

孔子在文化建构中，极大地彰显了"仁"的文化质性，并对之进行文化提炼和价值规定，使之成为春秋末年士人群体展开文化认同的一种内在规定，甚至成为士人群体的核心价值与文化习性。《吕氏春秋·不二》云："孔子贵仁。"[6]《大戴礼·保傅》引孔子曰："少成若天性，习贯之为常。"[7]《贾子新书·保傅》引孔子曰："少成若天性，习贯如自然。"[8] 孔子贵仁，以"仁"作为士人在世的习惯常性，也成为他进行文化重建的核心价值与士群精神。换句话说，如果一个士人能够做到以"仁"为日常"习惯"，那么，他就能持守以"仁"为恒常存在，"仁"成为士人群体的自觉秉性和行为要求。

如果将仁者精神当成中国传统士人群体的文化精神，那么，中国的士人传统应该从孔子开始的。余英时在《士与中国文化·引言》中认为：

---

[1] 杨伯峻编著：《春秋左传注》，中华书局1990年版，第221页。
[2] 杨伯峻编著：《春秋左传注》，中华书局1990年版，第678页。
[3] 杨伯峻编著：《春秋左传注》，中华书局1990年版，第821页。
[4] 杨伯峻编著：《春秋左传注》，中华书局1990年版，第1238页。
[5] 杨伯峻编著：《春秋左传注》，中华书局1990年版，第1341页。
[6] 许维遹撰，梁运华整理：《吕氏春秋集释》，中华书局2009年版，第467页。
[7] （清）王聘珍撰，王文锦点校：《大戴礼记解诂》，中华书局1983年版，第51页。
[8] （汉）贾谊撰，（清）卢文弨校：《新书》，中华书局1985年版，第51页。

"中国的'士'自孔子以来便形成了一个延续不断的传统。"①。关于"士""士人"的起源问题，历来讨论很多。子夏云："仕而优则学，学而优则仕。"（《论语·子张》）② 子夏将"士人"与"学""仕"等社会活动联系起来，利用"学习知识""为官出仕"来界定"士人"，他只是从人的外在之"学"与为官从"仕"等社会行为来界定士人。许慎、吴承仕、杨树达等人从文字训诂来考察"士"的文化特征，他们都认为，"士"就是"事"。顾颉刚在《武士与文士之蜕化》一文中认为："士为低级之贵族，""士"经历了一个从武士到文士的历史转化过程。③ 顾颉刚是从"贵族"的社会身份来界定"士"。

余英时在《古代知识阶层的兴起与发展》一文中云："中国知识阶层刚刚出现在历史舞台上的时候，孔子便努力给它贯注一种理想主义的精神，要求它的每一个分子——士——都能超越他自己个体的和群体的利害得失，而发展对整个社会的深厚关怀。这是一种近乎宗教信仰的精神。"④ 余英时彰显了士人"志于道"的整体价值与人文精神，将中国士人精神概括为"近乎宗教信仰的精神"，将士人与仁义之道的宗教信仰和文化精神结合起来，这是极为经典的概括。当然，这里的"宗教信仰"，不是西方宗教的外在价值与上帝存在，而是中国士人心中"志于道"与"依于仁"的信仰情怀与神圣追求。从史前口传之神道（初级编码）到神德（二级编码），再到神仁存在（三级编码），孔子接受并传承了原初口传大传统文化的整体精神和文化编码，重视"神人以和"的整体关照与神话世界，并建构了作为五德之初的仁质文化，开始将仁德精神作为中国士人群体和谐存在的原初基型。从此，士人群体身份与文化存在都必须要从士人仁心的整体价值与和谐世界中获得士人群体的文化认同。

"士"字出现较早，甲骨文的士字为"士"（甲3913《续甲骨文编》），金文的士字为"士"（臣辰卣），其文字图像结构为从十从一。许慎在《说文解字》中云："士，事也。数始于一，终于十。从一从十。孔子曰：'推十合一为士'。"⑤ 林义光在《文源》中认为："按推十合一无义理，恐非孔

---

① 余英时：《士与中国文化》，上海人民出版社2009年版，第3页。
② 杨伯峻译注：《论语译注》，中华书局1980年版，第202页。
③ 顾颉刚：《史林杂识初编》，中华书局1963年版，第85页。
④ 余英时：《士与中国文化》，上海人民出版社2009年版，第25页。
⑤ 王平、李建廷编著：《〈说文解字〉标点整理本（附分类检索）》，上海书店出版社2016年版，第10页。

子语。"王国维在《刘盼遂记说文练习笔记》中认为:"推十合一为后起义。"①许慎在《说文》中记载了孔子对"士"的文化阐释。孔子认为,能够做到"推十合一"的人,就是士人。从这个角度来看,许慎将"士"阐释为"事",而这里的"事"不应该指代一般的做事之"事",而是能够从事或侍奉原初文化之"一"的人。近现代学者认为,"推十合一"属于后起的文化意义,这些人大都站在书写文化的立场来看待"士"的文化意义。如果从久远的口传大传统文化来看,"士人"所做的"事",是口传文化传统在书写小传统时期的神话传承,所谓"士人",是指能够传承口传文化中"神人合一"的知识分子,是以口传文化精神为文化事务与文化身份的人。在春秋时期,孔子成为提倡"神人合一"的第一位士人,也成为中国士人精神的阐发者与守望者。

　　在匡地被匡人围困之时,孔子曾云:"文王既没,文不在兹乎?天之将丧斯文也,后死者不得与于斯文也;天之未丧斯文也,匡人其如予何?"(《论语·子罕》)②所谓"斯文",是指在圣人(孔子)身上所具有的"神道"力量与文化精神。"天之未丧斯文",是指"天命"不让这个文化传统就此丧失灭亡。孔子认为,天命所在,即是"斯文"所在。孔子充满了文化自信与文化自觉,他认为,自己身上所传承的是天命神仁的文化精神,体现的是宇宙之初的神道传统、仁德精神的共同价值,从神道传统发展为神仁传统,属于一种无以至上、延绵不绝的神圣力量的文化传递过程。神道属于原初力量(一级编码),神德属于太素力量(二级编码),仁质是五德之性的原初力量(三级编码)。站在神圣力量与文化传承的角度重新认知和审视生命原初力量的神道状态、神德状态与神仁状态,它们之间,只存在神圣力量的大小之分,不存在力量本质上的文化差异。如果将这种士人身上所具有的神圣力量称为士人的文化权力或文化资本,那么,神道、神德、仁义质性都是士人群体所具有的正统文化资本。"匡人"是流俗之人,孔子是身怀天命力量的圣人,"匡人其如予何",面对流俗之人的围困与邪行,孔子以"斯文"作为自己的文化底气与士人精神,体现了他坚信士人所具有的文化权力是受到天命护佑的,一定能让自己在社会上安身立命,从而获得社会士人群体的文化认同,由此也绝不会受到流俗势力的伤害。从神圣力量与天命编码的角度来看,所谓士人,就是心中持守天命所授的神圣力量与文化资本的人(无

---

① 古文字诂林编纂委员会:《古文字诂林》第 1 册,上海教育出版社 1999 年版,第 213 页。
② 杨伯峻译注:《论语译注》,中华书局 1980 年版,第 88 页。

论这个人的出生身份是贵族，还是平民），士人始终坚信，只有传承了古老的古道传统，就能够做到"推十合一"，发扬神道仁德的神圣力量与文化资本，能让自己在世界之中获得天地之心，这足以令自己安身立命，也足以令国家安定团结。

同时，孔子认为，士人群体的神圣力量与文化认同关键在于士人要能够在人心中通达自身所有的"仁德"心性。他将"士人"称为"志士仁人"，也就是说，"士人"必须具备"神志""仁心"的群体价值与神圣力量，他们的文化身份不是凭借外部世俗权力或各种纷杂的外部知识而获得，而发自人心"仁志"的真知真觉，即通达自己生命之初的"神道"之心，由此获得自身的仁德存在，仁心成为士人存在的群体认同与正统资本。可见，孔子对士人的文化界定传承了口传大传统注重"人心"的神性存在状态，尤其强调人心的"道体"状态或仁德质性，而不只是重视外部的文化知识与言谈行为。

孔子贵仁，"仁"才是中国士人精神的本色所在。历代学者关于"仁"的文化界说，可谓众说纷纭，大都倾向于从人的身体状态（即人的有形存有状态）来阐释"仁"的文化意义。如清代阮元在《〈论语〉论仁论》一文中云："元窃谓诠解'仁'字，不必烦称远引，但举《曾子制言》篇'人之相与也，譬如舟车，然相济达也，人非人不济，马非马不走，水非水不流'。及《中庸》篇'仁者，人也'。郑康成注'读如相人偶之人'。数语足以明之矣。春秋时，孔门所谓仁也者，以此一人与彼一人，'相人偶'而尽其敬礼忠恕等事之谓也。相人偶者，谓人之偶之也。凡仁，必于身所行者验之而始见，亦必有二人而仁乃见，若一人闭户齐居，瞑目静坐，虽有德理在心，终不得指为圣门所谓之仁矣。盖士庶人之仁，见于宗族乡党，天子诸侯卿大夫之仁，见于国家臣民，同一相人偶之道，是必人与人相偶而仁乃见也。郑君'相人偶'之注，即曾子'人非人不济'，《中庸》'仁者，人也'，《论语》'己立立人'、'己达达人'之旨。能近取譬，即马走、水流之意。曰近取者，即子夏'切问近思'之说也。盖孔门诸贤已有'未仁'、'难并'之论，虑及后世言仁之务为高远矣。孔子答司马牛曰：'仁者，其言也讱'。夫言讱于仁何涉？不知浮薄之人，语易侵暴，侵暴则不能与人相人偶，是不讱即不仁矣。所以木讷近仁也。仲弓问仁，孔子答以'见大宾、承大祭'诸语。似言敬恕之道于仁无涉，不知天子诸侯不体群臣，不恤民时，则为政不仁极之。视臣草芥，使民糜烂，家国怨而畔之，亦不过不能与人相人偶而已，秦、隋是也。其余圣门论仁，以类推之，五十八章之旨，有相合而无相戾者。即推之诸经之旨，亦莫不相合而无相戾者。

自'博爱谓仁'立说以来，歧中歧矣。"① 阮元认为，"仁"就是"二人"相对的外在社会关系，是"此一人"与"彼一人"互相成为一对"人偶"，双人成偶，成双成对，在"人偶"的彼此关系中，才能显现出人的仁德品质。阮元还认为，即使一个人独居在家，心中达到"德理在心"，也就是通达了"仁者境界"，也不能将其称为仁人，因为他还没有将"仁者境界"展示在"人偶"的世界关系中。阮元更为重视人在对偶世界关系之中的现身状态与外在礼仪，而忽略了人心世界的"仁者"存在。如果过分拘囿于人在社会世界中的"人偶"关系与伦理约束，就会忽略士人对仁德存在的心性领会与本真状态。

杨伯峻认为："'吾道'就是孔子自己的整个思想体系，而贯穿这个思想体系的，必然是它的核心。分别讲是'忠恕'，概括讲是'仁'。"② 杨伯峻用"忠"和"恕"这种两种外在品质来界定"仁"。他认为，"忠恕"就是"仁"。应该这样说，人在社会中具备了"忠恕"的品格，这个人可能就是个"仁者"。"忠恕"的确是"仁心"在社会中的具体表现与必备条件，仁心价值一定会体现在"忠"与"恕"的外在行为与个体品格中，但这并非意味着，"仁"就是"忠"和"恕"。而且社会上一些看来具有"忠""恕"行为品格的人，也不一定都是仁者君子，因为外在的"忠"和"恕"行为，也可以在人心不仁的情况下伪装出来，所以仅仅从人外在的"忠"和"恕"行为，推论出这个人具有"仁义"的心性，这好比是根据树叶来探求树根，终究容易一叶障目，难以直达根底。张岱年云："'夫仁者己欲立而立人，己欲达而达人'乃是孔子所讲关于仁的界说。……包含关于人己关系的一种重要观点，即确认自己是人，亦确认别人也是人；肯定自己有立、达的愿望，也承认别人有立、达的愿望。应该承认，这是道德的一项最根本的原则，可以称为古代的人道主义观点。这是孔子所谓仁的中心含义。"③ 张岱年认为，"仁"就是"人"（他者）与"己"（自我）的世界有形关系，这亦是从外部他者关系来界定人心的仁者状态，也是很危险的。相对来说，朱熹对儒者之仁体会较深，他反对以人外在的"善""爱""公"来定义"仁"。同时，他认为，这种外在的"善""爱""公"都应该是人内在"仁心"的具体表现，但是这种内在的"仁"是不等于"善""爱""公"等外在行为。朱熹在《答吕子约》一文中云："窃谓仁固难名，以觉名仁，

---

① （清）阮元撰，邓经元点校：《揅经室集》，中华书局1993年版，第176—177页。
② 杨伯峻译注：《论语译注》，中华书局1980年版，第16页。
③ 张岱年：《中国古典哲学概念范畴要论》，中国社会科学出版社1987年版，第160页。

而觉非仁也；以爱名仁，而爱则属情也；以公名仁，特近仁耳，亦难指公为仁也。……盖公近仁，然又须实下工夫，物物皆体。若有扞格，各不相贯属，便有未仁。若只是说个'公'字，便此理自流行，却欠却体仁工夫也。……仁是本来固有之理，不因公而有，特因公而存尔。如沟渠窒塞，故水不通流，去其窒塞，则水流矣。"① 朱熹强调，"仁"是一种人心所有的"固有之理"，而外部的"公"不过是这种内部"神理"的外部表现，"仁理"到了，处世也就"公"了，而且这种"公"才是真公，而不是假公或伪公。"仁性"好比是"水性"，但"水性"可能因为外部"阻塞"而处于停滞状态，也可能因为外部"通畅"而川流不息。也就是说，同样的"水性"，其外部表现却可能随着外部河道的具体情况而有所改变。但"水性"随着外部具体情况所表现出来的相应改变，这并非意味着"水性"就发生改变了。由此可见，朱熹也反对仅仅以人的外在表现来判断人内在的心性状态。

为了进一步揭示出"仁"文化的原初意义，我们一方面必须跳出自我与他者的外在社会关系视域，另一方面尝试着将"仁"放置在早期口传文化的价值格局中，重新探究"仁"的本源价值与文化编码。

## 一、士依于仁：通向"神道"与"上德"的文化途中

在原初的口传文化中，"道"是宇宙之间一切生命力量与文化意义所在，"道心"是人心所具有的天性、神性和人性整体统一。在原初文化中，"古道"是"人与神"的太初和谐，是圣人之心最为完满世界的存在状态，也是早期圣人整体世界和文化价值的核心意义。到了春秋时期，"神道"的原初意义已经开始被流俗文化的社会意义所取代，"神道"文化体系开始成为专门知识的外在之物，"神道"的自我体验和文化意义已经远离了口传时期的原初意义，"赋诗言志"的流俗文化，已经极大地削弱了"古道"世界的神圣整体和内在和谐。

春秋末年，诸侯专权，天下分裂，流俗文化极为盛行。孔子生于斯世，其文化志向却不在斯世，而在"神道"的古老传统和神性存在。他对社会上流行的世俗文化传统持有一种警惕之心，他深深感到，早期口传文化的"神道"传统具有一种别致的神圣与高贵。他也深信，只有维护"神道"文化，只有坚决与世俗文化决裂，才能维护社会人心的纯洁和完整，

---

① （宋）朱熹撰，朱杰人、严佐之、刘永翔主编：《朱子全书》第 22 册，上海古籍出版社、安徽教育出版社 2002 年版，第 2220 页。

才能保证士人在天地之间安身立命。孔子疾呼："士志于道。"(《论语·里仁》)① 他认为，作为一个士人，要以内在和谐的"神道"作为士人心中始终不渝的文化理想，将口传文化传统的神道精神，设置为士人群体的文化"至理"。在文化重建中，孔子不仅没有遗弃原初的古道精神，而且勇敢地重拾被世人遗弃、遗忘的文化传统与"神道"价值，并以之作为士人群体开展文化建构和文化抗争的新价值与新策略。其云："君子谋道不谋食。耕也，馁在其中矣；学也，禄在其中矣。君子忧道不忧贫。"(《论语·卫灵公》)② 一个士人君子必须以追求古道为主，要以道为忧，谋在道，忧在道，"道"才是士人群体存在的唯一价值。其又云："道不同，不相为谋。"(《论语·卫灵公》)③ "谋道"是指士人要将"道"的文化体验和精神价值发扬光大，"忧道"是指士人身居乱世中目睹道体文化被沦落、被遗弃，由此而感到忧心忡忡，担心"神道"传统就此丢失，并坚持要以光复这种神道传统作为己任。从维护和传承神道精神来看，孔子是一位古老口传传统的神圣守望者，他坚守原初之"道"，并对于社会上流行的各种流俗文化都抱有一种不屑之情，体现出对源始大"道"的守望深情。

"古道"也成为孔子心中判断人才的唯一标准。《荀子·哀公》云："鲁哀公问于孔子曰：'吾欲论吾国之士，与之治国，敢问何如取之邪？'孔子对曰：'生今之世，志古之道，居今之俗，服古之服，舍此而为非者，不亦鲜乎！'哀公曰：'然则夫章甫、絇屦、绅带而搢笏者，此贤乎？'孔子对曰：'不必然。夫端衣、玄裳、絻而乘路者，志不在于食荤；斩衰、菅屦、杖而啜粥者，志不在于酒肉。生今之世，志古之道，居今之俗，服古之服，舍此而为非者，虽有，不亦鲜乎！'哀公曰：'善！'"④ 鲁哀公提出，如何才能择选出治国理政的"士人"呢？孔子认为，应该选择那些心中有志于早期文化之道（这里的"古道"是指早期口传统的神道价值），而且能将这种神道价值和道心状态贯穿在日常生活之中的士人。他还信心十足地认为，这种士人身处当今的世道，位居当前的流俗文化之中，而不愿意随波逐流，心中依旧怀有追寻古道价值的文化意愿，穿着与世不同的衣服，表现出一种卓荦不群、超凡脱俗的生活性情和人生追求。选用这种心怀古道、力行古道的士人来担任官职，治理国家，他们就很少会去做坏

---

① 杨伯峻译注：《论语译注》，中华书局1980年版，第37页。
② 杨伯峻译注：《论语译注》，中华书局1980年版，第168页。
③ 杨伯峻译注：《论语译注》，中华书局1980年版，第170页。
④ （清）王先谦撰，沈啸寰、王星贤点校：《荀子集解》，中华书局1988年版，第537—538页。

事。孔子尤其关注士人内在"心志"的重要性，这与古老的"诗言志"传统也具有一脉相承的文化关系。但孔子认为，同样的社会行为，同样是沿袭古代的礼义服饰，但却存在着"志古之道"与"志于食荤""志于酒肉"之间的巨大心志差异。"志于食荤""志于酒肉"满足的是个体在世的私己之欲，而"志古之道"是以道志作为自身在世行为的价值标准。可见，孔子在审视和考核人才时，极为重视士人的心志状态，尤其重视其人是否具有心怀"古道"、不随流俗的文化之心，同时，他也能兼顾，其人是否能践行古道，强调要综合考核人的内心情志与外在行为。

在士人的内部情志与外在行为之间，孔子尤其重视士人内在的心志存在。孔子云："人能弘道，非道弘人。"（《论语·卫灵公》）[①] 孔子认为，"道"不是一种与人无关的外在力量，而是一种发自人心深处的内在神圣力量。通常人在世间，人心中所具有的神道力量往往被流俗之心遮蔽起来了，人要想重新发现并获得这种本在的神性力量，就必须依靠自己人心的悟性智慧，主动将神性力量从世间的遮蔽状态中，重新解蔽，将其释放出来。否则，"神道"力量永远也不可能自己显现出来的，可见，"道"既潜藏在人的心中，又急需要人心主动去发现它。其又云："朝闻道，夕死可矣。"（《论语·里仁》）[②] 一个士人如果能够在去死之前，重新体验到"道"的生命力量，他也能获得一种超凡的心理满足，由此而能安详地死去。孔子将士人个体的生命满足放置在对"神道"的文化体验中，只有在道体生存中，士人才能无惧于现世之人的生死存在。在孔子的士人文化建构中，"神道"的原初精神与士人存在的自然生命是同为一体的，是不可人为分割的。"神道"传统成为对流俗文化进行革故鼎新的力量源泉，也是士人文化的至高理想，成为士人开展群体认同和价值取向的唯一依据。

相对于"神道"本源来说，"神德"是"神道"力量的太始有形状态，是"神道"力量化成的具有指引性和方向性的"神眼"状态，德性神眼监督着、指引着、规定着士人的心性存在，是获得了"神道"力量的具体表现，是"神道"文化的心性品格和整体力量在个体心性中的文化传承与心灵获得，这种神性品格与整体力量更趋向于展开对个体内心世界的文化监督和方向指引。孔子不仅重视虚无幽眇、混沌不分的神道力量，尤其重视从无入有、原初生命的神德状态。

---

[①] 杨伯峻译注：《论语译注》，中华书局1980年版，第168页。
[②] 杨伯峻译注：《论语译注》，中华书局1980年版，第37页。

孔子云:"参乎!吾道一以贯之。"(《论语·里仁》)① 孔子的"一",就是发源于"神道"的虚灵状态,由此而得到神道力量的太一、元一之德性。"神道"从无入有,生成"一德"。神道的心性结构为无名无形(0+0)的灵虚状态,神德之一的心性结构为无名存一(0+1)的元一状态,元一之德与神道力量是一种浑然一体的文化存在,神圣力量是神道与元一的有机整体与力量贯通。"吾道一以贯之",指代孔子所提倡的神道力量在"元一"的心灵德性中得到彻底的文化贯通,这也表明,神道的齐全力量完全地、毫无遮蔽地传递在"元一"的德性之中。可见,神德与神道都是宇宙间齐全、毫无亏损的神圣存在,神德也成为孔子士人文化建构的重要文化策略。

原初神德为太一、元一的不分混沌状态,但是随着元气的剖判,出现了阴阳的太极状态,也因此出现了阳德与阴刑的文化差异。这里的阳德与阴刑都是元一力量在不同时空所展示的生命存在状态。孔子云:"君子怀德,小人怀土;君子怀刑,小人怀惠。"(《论语·里仁》)② 君子追求士人的文化品德和法度所在,即人心所具有的神道和德性,而小人关心的是乡土俗情和小恩小惠。这里的"德"指代自身所具有的真阳生命,这里的"刑"指代自身所具有的真阴生命状态,它们都是个体原初生命元一的阴阳转化形式,都是元一德性的时空运化与后天精神。"德"与"刑"是自然生命的文化品格与力量转换,也是元一运化的文化表现。其又云:"道之以政,齐之以刑,民免而无耻。道之以德,齐之以礼,有耻且格。"(《论语·为政》)③ 孔子认为,如果仅仅用政治手段和法令工具来治理国家,尽管百姓表面上很守规矩,但是他们的内心就会丧失廉耻之心。如果提倡用人心德性和外在礼仪来教育百姓,这样大家不仅有廉耻之心,而且能够在内心形成自身存在的德性品格。子夏亦云:"大德不逾闲,小德出入可也。"(《论语·子张》)④ 有大德的人,即以"道"为"德"的人,是德性齐全的人,绝不会任意超越各种外在规定的界限,而做出违背道德、法令的事情。有小德的人,即"德"性不够齐全、有所亏损的人,也只会在一些小节方面与伦理道德、法令规则有所出入,但大体上还是能保持在界限之内的。可见,不论"大德"还是"小德",只要获得了发自生命之初的德性力量与

---

① 杨伯峻译注:《论语译注》,中华书局1980年版,第39页。
② 杨伯峻译注:《论语译注》,中华书局1980年版,第38页。
③ 杨伯峻译注:《论语译注》,中华书局1980年版,第12页。
④ 杨伯峻译注:《论语译注》,中华书局1980年版,第201页。

文化品格，那么，他就能自觉自律地遵守各种外部规定，而不会随意做出违规出格的事情。孔子曾经向子路感叹："由，知德者鲜矣。"(《论语·卫灵公》)①他深深感到，现在这个社会，真正持守自身"德性"的人实在是太少了。"德"成为当时社会最稀缺的生命力量，这是孔子对当时世人的文化诊断，也是他开启的文化药方。他批评"乡原"这种老好人，是"德之贼也"(《论语·阳货》),②所谓"德之贼"，指代损害德性力量的贼人，"乡愿"就是那种丧失德性、贼害神德的流俗贼子，其文化危害与社会危害都极大。

孔子对神道传统与德性精神的文化态度是始终坚守，始终不弃不离，这是孔子文化重建的立足之点。与此同时，他又突出了"仁"的重要性与依据性。孔子云："志于道，据于德，依于仁，游于艺。"(《论语·述而》)③孔子对士人心性的文化结构与价值体系做了全新的文化建构。第一，在士人的内心世界中，"神道""德性"和"仁质"构成了一组由内而外、层次分明的心态结构与价值体系，"神道"是士人心性存在的终极价值和奋斗目标，"神德"是"神道"在有形个体的元一力量表现，成为士人个体神性价值的终极依据。"仁"为"神德"的后天气质状态，是神德力量在后天气质存有中的直接传递。文学人类学提出了华夏文化精神的 N 级编码理论，如果将"神道"视为太易力量与一级神圣编码，那么，"神德"为初始力量与二级神圣编码，"仁质"为太素力量与三级神圣编码，而"艺术"为外在的符号力量与四级神圣编码。在四级编码与神圣力量的转化传递过程中，神道力量由无入有，逐渐成为元一、有形、有质的存有状态，原初力量从无名无形（0+0）贯通在元一（0+1）、气质（0+5）的有名有形状态中。第二，孔子认为，士人在世界中，一方面要立志于生命原初力量的神道状态，发掘出生命之初的本来根性；另一方面士人作为一个独立的有形个体，最终还是要依据于个体所具有的德性存在，而元一德性的分化剖判与后天阴阳运化，作为个体所具有的仁质德性就显得极为重要了。所以士人的"仁质"，即作为太素有质有形的"仁德"，成为士人在世精神文化的根本力量。可见，孔子既重视作为先天原初力量的神道存在，也重视作为后天有形有质的仁德存在。第三，人之"仁德"是从"神道""神德"而生发出来的，因此，神圣力量从"神道""神德"到"仁德"，尽管

---

① 杨伯峻译注：《论语译注》，中华书局 1980 年版，第 162 页。
② 杨伯峻译注：《论语译注》，中华书局 1980 年版，第 186 页。
③ 杨伯峻译注：《论语译注》，中华书局 1980 年版，第 67 页。

神圣力量是接连不断的生成贯通关系,但是随着后天有形有质的出现,先天的神圣力量是不会亏损与消减的,由原初文化的一级编码到后天形质的三级编码,神圣力量却是齐全不变的,当然,这种文化理性的神话模式是一种自然生发的贯通模式,暂时排除了人心在世的人为破坏情况。第四,士人获得人心后天形质存在的"仁德",就要善于游憩于外在"艺术"的符号形式中。只有利用外部"艺术"的文化形式与开悟启迪,才能不断开启人心之中的"仁心"发现与本性证悟。因此,"艺术"成为孔子文化建构中的重要环节,也成为士人获得"仁心"发现的重要文化形式,是孔子文化建构的基本点。游心"艺术",成为中国士人群体的文化身份与价值寄存,只有通过参与各种艺术活动,士人才能通达仁心,获得仁德,最终通向神道(见图2-1-1)。

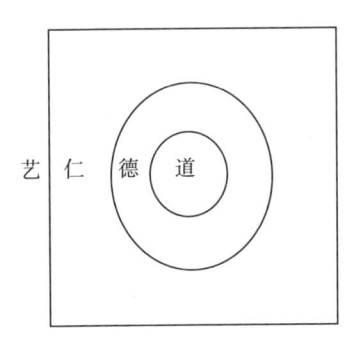

**图 2-1-1　孔子所建构的由外而内的"艺""仁""德""道"神话回归阶梯图**

在这个文化图式中,艺术成为孔子文化重建的基点,由此而逐渐升华为仁质、德性与神道的文化进阶境界。

孔子提倡"仁德",重视"艺术",并不是对原初之"神道"与"神德"的文化遗弃,而是对神道、神德的热切守望。他的"仁德"精神,就其实质而言,是"神道""神德"文化价值的生命传递、延续与发展。"神道""神德"的文化目标是早期口传文化时期的终极目标,而在孔子的"仁德"文化建构中,依旧成为士人文化追求的最高目标,是"仁者""君子"心中由"仁德"力量通达"神道""神德"的更高趣味和价值取向。"仁德"就成为士人通向"神道"与"神德"心性的重要阶段与文化桥梁。可见,孔子的文化复古,是一个立足于艺术的三级跳的文化阶梯模式,士人通过学习艺术,先行通达自身"仁德"的文化力量(三级神圣编码),由此进一步升华为原初"神德"(二级神圣编码)的文化性情与价值需求,最后才通达"元一"与虚无浑然一体的"神道"(一级神圣编码)价值规定与至理存在。孔子对士人心性回归的三级跳台阶升华模式，重视士人由后天仁心通达先天道心，体现了他对人心自身的质性力量的极端重视。当士人还未能真正通达"神道"的原初本性时，"仁德"的后天质形存在就成了士人实现人心转变的重要文化阶段，士人只有先行获得了后天有形"仁质"的文化规定与神圣编码，再通过"仁德"的后天存在状态与神圣力量，才能进一步贯通并升华至原初先天的"神道"力量的纯粹自由状态。这才是孔子对士人群体文化想象的一个文化逐渐升华过程，其最终的目标还是以神道本性作为士人存在的终极价值追求。

孔子建构的由"仁德"通往"神道"的文化追求与价值升级，在其学生曾参那里表述得更为明确，其云："士不可以不弘毅，任重而道远。仁以为己任，不亦重乎？死而后已，不亦远乎？"(《论语·泰伯》)① 一个生活在现实世界中的士人，需要很刚强的毅力，才能实现自身身上所具有的"仁德"。而要完全实现自己的文化大任，这里的"文化大任"是指通达"神道"的先天自由状态，那就更加遥远了，也更为艰难了。曾子认为，在世的士人如果想做到以"仁"为"己任"，能实现这个文化任务，已经很难了。士人如果要实现对"神道"的升级追求，这个目标太高远，可能需要持之以恒，直到死去之后方能罢休。据此可知，士人必须终其一生，致力于"神道"这个极为高远的文化目标，这实在有点太遥远了。

可见，孔子认为，人的生命已经成为从无入有的后天存在，尽管神道是生命存在的文化本源，也是人生在世的最高文化追求，但是人在世界中，属于一种后天存有的有形存在，从有形存有要通达化有为无的先天无形，这是极为艰难的事情。因此，孔子选择了退而求其次。在古老的大传统文化体系中，"道"为初级神圣编码，"德"为二级神圣编码，"仁"为三级神圣编码，"仁"与"德"一样，都属于"神道"力量的有形存在，属于神圣力量的有形之"宅"。只有先行回归到有形的"仁质"状态，再由仁质状态回归到"元一"的德性状态。孔子认为，从现实后天的存有状态回归到人心质性的存有状态，这已经是一个重要的文化飞跃。《广雅·释诂一》云："仁，有也。"②《法言·修身》云："仁，宅也。"司马光集注云："仁如居宅，可以安身。"③《孟子·离娄上》云："仁，人之

---

① 杨伯峻译注：《论语译注》，中华书局1980年版，第80页。
② （清）王念孙著，钟宇讯整理：《广雅疏证》，中华书局1983年版，第7页。
③ 汪荣宝撰，陈仲夫点校：《法言义疏》，中华书局1987年版，第92页。

安宅也。"①

　　孔子的文化重构是以"神道"为最终目标，而以"仁质"为近期目标。实现"神道"的最终目标，需要终生努力不懈才能完成。而达到"仁质"的近期目标，可以通过短期努力就可以实现。"神道"的文化追求是士人群体不懈追求的基本价值和源始存在，维护和通达"神道"价值，成为士人登上仁德阶梯之后的神圣使命和最终职责。

　　孔子更提倡士人的"仁义"精神，希望通过获得仁质心性的三级文化编码，以便由此而进一步通达更高级的神道与神德的文化本性。在春秋末年，随着早期社会大道精神的衰退与废弃，神道与德性逐渐不被社会世人所重视，孔子有鉴于流俗文化的事实，迫不得已，提倡以"仁义"为价值中心的文化重建。《老子·第十八章》云："大道废，有仁义。"河上公《老子章句》注云："大道之时，家有孝子，户有忠信，仁义不见也。大道废不用，恶逆生，乃有仁义可传道。"②成玄英《老子道德经义疏》注云："大道在世，五德不彰。仁义既兴，淳朴斯废。"③老子认为，只有世人在废除大道的时候，仁义才会被世人所重视。大道为自然生命的本源力量，仁义五德都生于大道，所传承的都是大道的原初生命力量。据此可知，大道是源，仁义五德是流。《淮南子·说山训》云："仁义不能大于道德也，仁义在道德之包。"④一个士人要是能够懂得更为齐全的"大道"存在，那么，"仁义"的五德力量就已经包含在大道之内。所以在远古的文化之初，大道既存，仁义也就自然存在了，正是由于"仁义"还没有从大道之中分离出来，所以也不被早期圣人将其单独拿出来给予重视。只有当"大道"的齐全力量已经被世人忽视时，这种比玄虚至大的"大道"更小的有形"仁义"力量才会被重视。

　　如果从神圣力量的生发、生成与贯通关系来看，大道是原初力量，属于一级编码。大德是元一力量，属于二级编码。仁质是素质力量，属于三级编码。从一级文化编码到三级文化编码，神圣力量是逐级衰减的。老子认为，只有作为一级编码的神道力量被世人废弃时，作为三级编码的仁质力量才会被世人所重视。《文子·精诚》云："积惠重货，使万民欣欣人乐其生者，仁也。举大功，显令名，体君臣，正上下，明亲疏，存

---

① （汉）赵岐注，（宋）孙奭疏：《孟子注疏》，北京大学出版社2000年版，第235页。
② 王卡点校：《老子道德经河上公章句》，中华书局1993年版，第73页。
③ （唐）成玄英：《老子道德经义疏》，见张继禹主编：《中华道藏》第九册，华夏出版社2004年版，第247页。
④ 刘文典撰：《淮南鸿烈集解》，中华书局1989年版，第533页。

危国，继绝世，立无后者，义也。闭九窍，藏志意，弃聪明，反无识，芒然仿佯乎尘垢之外，逍遥乎无事之际，含阴吐阳，而与万物同和者，德也。是故道散而为德，德溢而为仁义，仁义立而道德废矣。"①文子继承了老子对道德、仁义生发演变关系的文化理解。仁义重视人在世间的后天存有关系，仁中生有，义存他有。不管是生生，还是他生，这都是一种后天有为有形的力量关系。而神道与神德强调由后天的存有状态回归到先天的无名状态，尤其重视要从人的个体意识转移到集体无意识的心性状态。从生成关系来看，大道散精，而生成元一之德。而元一之德随着阴阳的分化与交合，就生成了后天的仁义气质。如果仅仅强调仁义的质有存在，作为原初生命的无名无形力量，即大道德性，就自然被隐匿起来，甚至被遮蔽了。《文子·微明》亦云："道者、物之所道也；德者、生之所扶也；仁者、积恩之证也；义者、比于心而合于众适者也。道灭而德兴，德衰而仁义生，故上世道而不德，中世守德而不怀，下世绳绳，唯恐失仁义。故君子非义无以生，失义则失其所以生。小人非利无以活，失利则失其所以活。"②文子认为，仁义的文化兴起并不是一蹴而就的，而是经历了上世、中世、下世逐渐演化的历史过程。文子突出了下世之人受到各种外在礼法的影响与拘束，在世圣人与君子唯恐世人仅仅重视外在有形的礼法形式，因此，特别强调仁义心性的重要性。

按照原初文化的生成关系，大道是无名无形的虚灵存在（0+0），神德是无名混沌的元一存在（0+1），随着元一分化，"仁义"是有名有质、阴阳交合的五行状态（0+5）。但是从文化回归的视角来看，从社会世俗的外在追求回归到人心"仁义"的五行状态就可能存在以下两种情况：一为上仁状态，其心性结构（0+5）。二为伪仁状态，其心性结构为（1+5）。

---

① 王利器：《文子疏义》，中华书局2000年版，第78页。这段文字在《淮南子·俶真训》也有相似的表述，其云："今夫积惠重厚，累爱袭恩，以声华呕咐妪掩万民百姓，使知之诉诉然，人乐其性者，仁也。举大功，立显名，体君臣，正上下，明亲疏，等贵贱，存危国，继绝世，决挐治烦，兴毁宗，立无后者，义也。闭九窍，藏心志，弃聪明，反无识，芒然仿佯于尘埃之外，而消摇于无事之业，含阴吐阳，而万物和同者，德也。是故道散而为德，德溢而为仁义，仁义立而道德废矣。"（刘文典撰：《淮南鸿烈集解》，中华书局1989年版，第59页。）

② 王利器：《文子疏义》，中华书局2000年版，第327—328页。这段文字，在《淮南子·缪称训》中也有相似的表述，其云："道者，物之所导也；德者，性之所扶也；仁者，积恩之见证也；义者，比于人心而合于众适者也。故道灭而德用，德衰而仁义生。故上世体道而不德，中世守德而弗坏也，末世绳绳乎唯恐失仁义。"（刘文典撰：《淮南鸿烈集解》，中华书局1989年版，第319页。）

可见，重视仁义文化，就会导致有形仁义的文化分歧，也就出现了真仁义与伪仁义这两种情形，这样仁义文化就存在导致人心伪态的可能性。《老子·第三十八章》云："上德不德，是以有德；下德不失德，是以无德。上德无为而无以为，下德为之而有以为。上仁为之而无以为，上义为之而有以为，上礼为之而莫之应，则攘臂而扔之。故失道而后德，失德而后仁，失仁而后义，失义而后礼。夫礼者，忠信之薄而乱之首。前识者，道之华而愚之始也。是以大丈夫处其厚，不处其薄；处其实，不居其华。故去彼取此。"① 汉严遵《老子指归》卷一注云："是故，帝王根本，道为元始。道失而德次之，德失而仁次之，仁失而义次之，义失而礼次之，礼失而乱次之。凡此五者，道之以一体而世主之所长短也。"② 清黄元吉《道德经注释》注云："夫以道德并言，道为体，而德为用；以道德仁义礼智合论，则道德又为体，而仁义礼智又为用。后世圣人，虽为化民起见，而立道德之名，分为仁义礼智之说，其实道德中有仁义礼智，仁义礼智内有道德，无彼此，无歉缺也。降至后世，而道德分矣；等而下之，仁义礼智亦多狃于一偏。此皆由气数之推迁，人心之变诈，故至于此。"③ "德"作为最初的有形存在，尽管属于初形的存在阶段，也会出现"上德"（0+1）与"下德"（1+1）的文化差异。作为五德的仁义礼智信，也都会出现上仁与下仁、上义与下义、上礼与下礼的文化差异。可见，从原初的文化精神，从大道到大德，再到仁义的五行德性，其实质是社会人心越来越趋于世俗，士人不断调整自身的文化价值，用以拯救人心的流俗堕落。孔子提倡的"仁义"，不是伪仁义，而是真仁义，但是"仁义"作为一种有形有质的后天存在，一则反映了社会的道德精神失落，二则导致仁义的诈伪行为，三则由于士人由于追求仁义精神，并且满足于仁义的气质意识，这也会极大地遮蔽大道的虚灵意识与原初精神。"仁义"原本是作为通向"神道""上德"的文化阶梯存在，现在反而成为了士人在世最高的追求目标，这也会遮蔽原初道心的本来面目。《文子·下德》云："故仁义礼乐者，所以救败也，非通治之道也。诚能使神明定于天下，而心反其初，则民性善，民性善，则天地阴阳从而包之，则财足而人赡，贪鄙忿争之心不得生焉。仁义不用，而道德定于天下，而民不淫于采色，故德衰然后饰仁义，和失然后调声，礼淫然后饰容。故知道德，然后知仁义不足行也，知仁义，然后知礼乐不足

---

① （魏）王弼注，楼宇烈校释：《老子道德经注校释》，中华书局2008年版，第93页。
② （汉）严遵著，王德有点校：《老子指归》，中华书局1994年版，第6页。
③ （清）黄元吉撰，蒋门马校注：《道德经注释》，中华书局2012年版，第159—160页。

修也。"① 如果没有仁义的文化目标，士人就可以直接回归到齐全的道心德性，实现民心归朴。孔子提倡仁义，是为了救弊大道的衰败实情，但同时还要避免人心因为追求仁义名誉而产生竞争伪饰。站在文化形式的角度来看，孔子强调仁义精神，可以避免过分沉迷于外在的礼乐形式，让礼乐形式回归到自身存在的仁义心性。但是仁义心性只是一种后天的五德气质存在，还不属于生命存在的本来面目，仅仅回归到仁义的文化意义与后天存在，这依旧不足以展示礼乐形式的原初意义。

## 二、人心归仁：对生命灵魂的心神领会

为了进一步探讨"仁"的文化意义和心性状态，我们先简要考察一下"仁"字的文字图像。许慎在《说文解字》中记录了古文的"仁"字，其图像为🦴，这个文字图像好像一个人形之神从天上降临到人心之中。《上海博物馆藏战国楚竹书·缁衣》中将"仁"字写成🦴，郭店竹简中写成🦴，即🦴，从身从心。将这三个文字图像放在一块比较，就能发现，郭店竹简与上海博物馆藏战国竹简的"仁"字图像极为相似，但郭店竹简中的"仁"字更具有浓厚的象形意味，上海博物馆藏战国竹简的"仁"字表示身体部分的图像已经开始有所简省，与许慎所记录的古文"仁"字图像有点接近。据此可以推测，许慎所记载的古文"仁"字图像可能是后来才出现的。从"仁"字的文字图像变化来看，许慎"从人、从千"的说法与"从身"也并不矛盾，或许"从人、从千"都是"从身"的书写简化形式。这也可以表明，"仁"字的原初状态应该是从身从心，展示了人所想象出来的本来自身在人心中显现出来。梁涛在《郭店竹简"🦴"字与孔子仁学》中分析了"🦴"字所具有的双重意义，即"成己"和"爱人"，兼顾了自身的内外两方面。但是他认为，"仁"必须在具体的境遇中才能生成，自身并没有什么确定的界限和范围，其云："孔子的仁却不是抽象的，而是一实践超越的过程，它包括互为联系的两个方面：一是由'己'不断向外施爱，由'孝悌'到'泛爱众'，实现仁爱的普遍化；另一方面在向外施爱的基础上，反过来成就自己、完善自己、实现自己，并最终上达天道，实现心灵的超越。因此，仁不是一抽象的概念，而是心灵的活动和实践；它不是现成的，而是在具体的境遇中不断生成和显现，它似乎没有确切的界限和范围，而只是规定了实践的过程和方向。"② 梁涛强调，"仁"的意义首先

---

① 王利器：《文子疏义》，中华书局2000年版，第397页。
② 梁涛：《郭店竹简"🦴"字与孔子仁学》，《哲学研究》2005年第5期。

是从实践中获得的,并在实践中显现出来。他过于重视人在世界中的外在人际关系及其实践活动,这很容易忽略与遮蔽"仁德"的心性存在与文化意义。

从"仁"字的古文字图像(图2-1-2)来看,"仁"与人心的文化转变有关。通常一个人的心中原本没有这个充满文化想象的"自身",或者说"自身"在人的心中被什么东西遮蔽起来了。现在如果人心中能够显现出"自身"的神话图像,或者说原本被遮蔽起来的"自身"现在获得了解蔽,那么,"仁"就出来了。这个"自身"的文化图像不是一个作为现成存在者的有形事物,而是自身内心世界中所显现出来的神话"自身"。

**图 2-1-2 仁的古文字图像**

摘自高明、涂白奎编著:《古文字类编》(增订本),上海古籍出版社2008年版,第12页。

在我们的日常生活之中,存在很多以"仁"命名的文化习俗,尤其是各种植物的坚果种子,我们通常称之为"果仁",诸如花生仁、瓜子仁、杏仁、芝麻仁等等。从这种古老的"果仁"命名文化中,我们依旧能够感受到,"仁"充满了生命种子的文化意味。各种植物的种子承载了新生的生命力量,一旦获得了适当的季节气候与生存环境,种子之"仁"就会勃发出新的生命力,诞生新的生命形式。中国传统的中秋节,有一种特殊的月饼,叫五仁饼(图2-1-3)。这种五仁饼外部是饼皮,内部是五种植物果仁,如核桃仁、杏仁、橄榄仁、瓜子仁、芝麻仁等等。五仁饼的文化习俗充满了对"仁"的美好想象。第一,"仁"是在饼的内部,是月饼的精华部分。这犹如一个细胞内的染色体,外面有细胞膜包裹,染色体内部由A、T、C、G等碱基编码而成的基因对。第二,中秋时节,生气收敛,五仁聚集在饼内,本身就充满了文化想象的隐喻意味。暗喻"仁"作为生命力量,此时也应该收敛起来,藏在饼内,等待来年的春生时机。第三,中秋吃的月饼,以各种植物种子作为食物的原料,也是一种保留在风俗习性中的文化隐喻,"吃仁""得仁",这意味着是在储藏生命力量。可见,在日常生活的传统习俗中,那犹如植物种子一般的"仁"文化就活在我们的生活习俗中,"吃仁""得仁"隐含了一种极为久远的、潜藏未知的神话想象与文化编码。

图 2-1-3　五仁月饼,鲜美诱人,充满生命崇拜

"仁"为纳西族神灵之一,或被奉为"财富之神",能为所到之处带来财富;或被奉为"生育神",可以司理六畜繁殖,保证人丁兴旺。传说纳西族祖先"崇仁利恩"娶到天神之女"衬红褒白命"之后,从天上下凡来到人间,财富神也尾随而来,它一会儿变成野兽,一会儿变为昆虫。衬红褒白命不知它是财富神,嫌其烦扰,便在途中脱下裙子把它赶跑了。于是财富神便跑到了管理山林湖泽和野生动物的"署"精灵家中,从此山林之中就变得十分富有。后来人们常举行祭祀仪式,向其祈求富裕。又有传说此神会飞会跳,繁殖极快,故奉其为生育神。东巴木牌画中绘其形象如蝴蝶,都有两角,身有双翅。东巴经典《祭仁神经》讲述其来历说,最初天生出声,地上生气,声气相交出白露,白露中生出金黄大蛙,大蛙孵出白(东)、绿(南)、黄(北)、黑(北)、花(中)五种蛋,蛋中产出五种颜色的"仁神",他们住到五方的高山悬崖中去了。[①]

丽江鲁甸地区的仁神祭祀仪式如下:祭祀开始,先除秽,先祭山神龙王,然后用一把锁把山神龙王寨门锁上,意为山神龙王吃素,这样一会要杀牲祭祀时不会受干扰。然后正式给"仁"神、"趣"神、"东"神献牲,念《祭"仁"神经》,其来历为:最初上面出响声,下面出气息,声气相变化,出一点白露。那一点白露,滴在美令达吉神海之中央;那滴白露做变化,变成一只金黄色巨蛙。金黄巨蛙,一年朝向东方住,生下五个白色蛋;一年朝向南方住,生下五个绿色蛋;一年朝向西方住,生下五个黑色蛋;一年朝向北方住,生下五个黄色蛋;一年朝向天地中央住,生下五个花色蛋。蛋生有五年,虽有生蛋者,却无抱蛋人。抱蛋乃是天之"余金余丽"来抱孵,五个白蛋来变化,孵出一窝白"仁"神和白角之"趣"神,住到东方螺白高山悬岩中去了。五个绿蛋来变化,孵出一窝绿"仁"神和

---

[①] 杨学政主编:《中国原始宗教百科全书》,四川辞书出版社 2003 年版,第 567—568 页。

绿角之"趣"神，住到南方玉绿高山悬岩中去了。五个黑蛋来变化，孵出一窝黑"仁"神和黑角之"趣"神，住到西方珠黑高山悬岩中去了。五个黄蛋来变化，孵出一窝黄"仁"神和黄角之"趣"神，住到北方金黄高山悬岩中去了。五个花蛋来变化，孵出一窝花"仁"神和花角之"趣"神，住到中央花斑高山悬岩中去了。此后，逐渐繁衍出千千万万的"仁"和"趣"，住到所有名山大川中去了。东巴念完祭"仁"神、"趣"神经后，生献已经完毕，开山神龙王寨门，祭山神龙王，为其点药，然后送之，将山神龙王木牌画送插它处。此后，把开剖后的猪胆挂柏树，腰子挂"仁"神树，脾脏挂"趣"神树，然后熟献哈时，求福泽诺窝飒，将胆、腰、脾及挂枝拆下，烧天香，送"仁"神、"趣"神、"东"神，送"杜神"顶灾，拆顶灾棍；男主人背祭祀器具之竹篮，女主人背米笋，男主人手持柏柴火把，女主人在路上铺松毛，其他请来的亲戚跟随其后，由祭司东巴带路，一路唱："仁"迎来了，"趣"迎来了，来到主人这一家！把象征神灵的栗枝、柏枝放进神台，整个仪式到此结束。①

　　纳西族还有"仁补"的祭祀活动，意为"祭生育神"，即向生育神"仁"求子女。每年农历二月初一举行，地点在正房"擎天柱"处。祭木有一块木牌，上面绘日月星辰，中间绘居那什罗神山。两个"仁"神分别在居那什罗神山两侧，状如蝴蝶，有两角，身长双翅。仁神的上方绘有鹰翅。另有九块约一手指长的小木牌和一块仁神的"东鲁"（阳神之石）。平时，这些东西放在一个小布袋里，挂在"擎天柱"上，举行"仁补"仪式的当天取下来，把木牌和"东鲁"洗一洗，成一排地放在一个小圆竹筐中，另放糯米粑粑、油炸干面粉皮等供食。在一块长着一种叫"埃抓宝"花的土坯上（用麻布缠绕），插着那块绘着仁神的木牌。祭司东巴咏诵《祭仁神经》，念完后，把小祭木和"东鲁"又放进小布袋中，挂在"擎天柱"上；"仁"木牌则单独插在"擎天柱"上。那块土坯要送去野外，送出去前要把麻布解开，意为"开门求子孙繁衍之福泽"。土坯送往何处，每年都有规矩。②

　　纳西族的"仁"神既是"生育神"，也是"财富神"。作为生育神，可以赐福族民子孙繁衍生息。作为财富神，可以保佑族民生命长存，不会饥饿生病。纳西族的"仁补"，其实就是"补仁"，通过祭祀的方式来补充"仁

---

① 吕大吉、何耀华总主编，和志武等本卷主编：《中国各民族原始宗教资料集成：纳西族卷 羌族卷 独龙族卷 傈僳族卷 怒族卷》，中国社会科学出版社1999年版，第112页。
② 杨学政主编：《中国原始宗教百科全书》，四川辞书出版社2003年版，第568页。

神",这样就可以求得子女。可见,纳西族的"仁神"是总摄生命出生与生长的神性存在。

贵州贵定县仰望乡苗族认为,在人的肉体之外,还存在一个灵魂。灵魂如果离开身体,就十分危险。总之,魂在人安,魂去人危。当认为某人的灵魂已离开其躯体后,就必须请鬼师或巫婆去找回来,这就是叫魂或喊魂。① 人要是长期失去仁德力量,就如失魂一般,会得重病的。

布依族摩教的灵魂观认为,人由肉眼看得见的身体和肉眼看不见的灵魂构成。当两者结合在一起时,人就活着,而当灵魂离开肉体,人即死亡。人在睡眠时灵魂处于休眠状态或暂离人体。灵魂犹如水,盛于人体这个容器中。人受到惊吓,就像容器中静止的水突然被抖动泼洒出来一样,灵魂也会泼洒出来。稚嫩的孩童容积小,灵魂的容量也小,因而也就更不能经受惊吓。道理很简单:就少的灵魂再泼洒出去,孩童的生命就受到威胁。青壮年时正是人的灵魂容量最多的时间,因而这时候的人的生命力也就十分旺盛。随着年龄的增长,灵魂逐渐泼洒掉了不少,人也逐渐衰弱,也同样经不起惊吓。在这个观念支配下,布依族特别重视对小孩灵魂的保护。但凡小孩受到惊吓,摔倒,大人就连声说:"ma:u⁴van¹lu²!ma:u⁴van¹lu²!"译成汉语,大意是:涨魂啰!涨魂啰!人们希望通过这种类似巫术的咒语,影响孩子,使孩子灵魂满盈。如果孩子在水边、陡坡处不慎摔倒,母亲即用挑水扁担到摔倒地点,一边用扁担击地,一边呼喊:"某某(孩子名字)啊,孩子,快来吧,跟着我回家!"成年人受到巨大惊吓,比如溺水、从高山险处摔下来等,也被认为魂失落了不少,需请布摩举行仪式招魂。老年人满六十花甲以后,每年正月间,都要在与老人属相干支相同的日子请布摩为老人举行仪式,叫"ka:i³pa: ŋ¹ɢaŋ¹"或"ʈɛm¹ðɛŋ²",直译是"添力气",汉语俗称"打保福",其含义实际上是通过仪式保护和加固老人的魂,使其身体健壮。② 布依族的灵魂是随着年龄变化而有所变化的,而且在社会中,人的灵魂很容易被"泼洒",也就是说,人的灵魂很容易受损。因此,人要善于保护自己的灵魂,不使之任意消耗,尤其是老年人,还要注意加固自己的灵魂,这样才能延年益寿。许慎《说文解字·羌》云:"唯东夷从大。大,人也。夷俗仁,仁者寿,有君子不死之国。

---

① 吕大吉、何耀华总主编:《中国各民族原始宗教资料集成·苗族卷 水族卷》,中国社会科学出版社2013年版,第101页。
② 周国茂:《摩教与摩教文化》,贵州人民出版社1995年版,第42—43页。

孔子曰：'道不行，欲之九夷，乘桴浮于海。'有以也。"① 许慎认为，东夷人极为重视自身之"仁"，如果能够保护好自身的"仁"，那么，就可以"仁者寿"。也就是说，如果一个人能够使自身的"仁"不受损害，就可以长寿。孔子也说，如果仁道在社会上行不通，我就要到东夷之地去，好好保护自己的"仁"，以免其受到伤害，受到残损，这样我就可以长寿了。

侗族传说中的人类祖先——姜良、姜美，世人也奉为保护神。因之，当人死了以后，其灵魂要到祖神那里，那是很自然的，在《指路经》中提到祖神的地方占很大的比重，叫死者灵魂"去那登开梅麻，看望萨麻天子"。传说"登开梅麻"是萨神抵抗敌人的最后根据地，并牺牲在那里。因之，人们把这个地方视为圣地。对姜良、姜美的崇拜，传说是开天辟地之初，人类最早的祖先松恩、松桑上下了12个兄弟，除姜良、姜美是人类外，其余的有虎、熊、龙、雷、猫、狐、猪、鸭、鸡等，后来姜良、姜美设计战胜了其余十兄弟。……侗族崇拜姜良、姜美，奉他们为神，死后灵魂到他们那里去，是死者的夙愿。②

侗族的灵魂观中包含两部分：一是个体所有的灵魂，二是灵魂的源头是人类祖先。通过侗族的灵魂观念，我们也可以认知到，灵魂这种生命观念发自于人类祖先，使作为个体存在的人具有相同的文化认同可能性。人类祖先或祖灵成为侗族人的保护神。

在北方萨满文化中，"灵魂"成为肉体之中所蕴藏的生命力存在。富育光在《萨满教与神话》中认为：魂化，在原始萨满教观念中灵魂观念占有另一重要地位。萨满教认为万物（包括无生物）均有灵魂，而人的灵魂认为有三个：一是命魂，即满语"发扬阿"，人与各种生物都有，与人和生物的生命同始终，人活着主要是靠这个魂生存于世间。二是"浮魂"，浮魂有两种形态，一为"梦魂"，它是在人身上和高级禽兽鸟虫中才具有的魂魄。……另一重要形态是意念魂，它比梦魂更活跃，是人生活于世间最重要的求知魂、意志、卜择、暗示、潜诱、慧测、灵技等超人特能都源于这个魂魄的潜力。……三是真魂，满语称"恩出发扬阿"，意思是"神魂"，藏于牙齿、骨窍与头发之中，是人与动物最有生命力的本魂，是永生的魂和能够转生的魂。③ 如果人的灵魂出现了问题，或者被恶魔偷走，人就会

---

① （汉）许慎撰，（宋）徐铉等校定：《说文解字》，中华书局2003年版，第78页。
② 吕大吉、何耀华主编：《中国各民族原始宗教资料集成·布依族卷 侗族卷 仡佬族卷》，中国社会科学出版社2012年版，第364页。
③ 富育光：《萨满教与神话》，辽宁大学出版社1990年版，第16—17页。

生病，甚至死亡，那么必须请萨满来治疗。萨满成为能够帮助他人追摄灵魂的神性媒介。伊利亚德在《萨满教：古老的入迷术》中认为，萨满最为重要的文化职能就是尽其所能，将病人失落的灵魂带回来，帮助他们恢复健康，其云："萨满在任何关乎人类灵魂体验的仪式中是必不可少的，也就是说，作为一个不确定的精神单位，灵魂往往会离开身体，被恶魔和巫师捕获。这就是为什么在亚洲和北美以及其他地区（例如印度尼西亚）萨满总发挥着医生和治愈者的职能。他得出诊断结果，追寻病人逃亡的灵魂，捕获灵魂并将其带回，使身体恢复生机。"[1]

通过各个少数民族活态口传的治病故事，我们认识到，在文化大传统时期，灵魂的观念就犹如生命的种子，代表了发自于原初生命（祖先灵魂）的生命力量。如果得到了这种生命力量，将其好好保存起来，就可以令身体健康，焕发出强大的生命力，人就不会生病，也不易衰老。但这种灵魂存在特别容易"泼洒"，很容易被消耗掉，处于一种不断减损的状态。只有通过各种文化的保护方式，才能避免自身灵魂的消耗与减损，从而维持自身生命的延绵不断，永葆活力。

英国学者哈弗洛克在《希腊人的正义观：从荷马史诗的影子到柏拉图的要旨》中云："最终，任何社会都想要保存某类历史。这对于一个有教育的社会来说显然是正确的，尤其是他们采取了带有野心的民族—国家形式，这种形式要求爱国情感和表现，并且这种野心得由预设的已过去的历史验证。但似乎野心也同样将自己附加在了无文字时期的共同体中。或许它的心理基础可能只是通过将群体与它生存的环境相联系，达到宣称和保护文化群体认同的必要性。宇宙景象似乎穿上了永恒的外衣，它是永生的，同样无处不在。既然人类不想死——不管由于何种神秘的进化论——他们便会宣称群体与永恒的事物有某种联系，进而寻找永恒。因此，口语的历史会通过以下形式叙述群体的成就：战胜其他群体的胜利、勇敢的技艺或勇气等，除此之外，它会首先将群体与其他祖先联系在一起，然后将群体与创造祖先的神明联系在一起。"[2] 哈弗洛克认为，这种后来文明社会中"带有野心的民族—国家形式"在人类无文字的口传文化时期就已经成为人类文化的"共同体"，这种文化共同体承载了早期口传居民的"文化

---

[1] [美] 米尔恰·伊利亚德：《萨满教：古老的入迷术》，段满福译，社会科学文献出版社2018年版，第182页。
[2] [英] 哈弗洛克：《希腊人的正义观：从荷马史诗的影子到柏拉图的要旨》，邹丽、何为登译，华夏出版社2016年版，第30—31页。

群体认同",而且通过这种"文化群体认同",就将人类群体与"永恒的事物"(如祖先、创造祖先的神明)联系在一起,也就是将群体的文化价值安置在早期人类生命的整体源头,使之具备了宗教信仰的神圣起源,并带上了无尽的神圣力量。德国学者利普斯在《事物的起源:简明人类文化史》一书描绘成丁礼上面具所包含的神圣意味,其云:"像面具之类秘密,我们倾向于解释为寓言或故事,而在原始人心目中,却代表宗教、历史和道德范例。这对他们来说是真实的事,就像我们看待英国大宪章和美国早期清教徒的事一样。它们的影响确是极为强大,因为祖先在天之灵和自然界的精灵仍在原始人之中活动,任何时期都会干预个人的命运。假如对他们不敬,就会受到报复。假如正确对待他们,就能带来幸福。而且他们还都活着,我们历史上最有力量的不朽人物,也无此本领。"[1] 在成丁礼上,原初人的"面具"其实是早期神明的宗教符号标志,承载了原初人对祖先灵魂与人类精灵的神话想象,成为部落群体价值的力量源泉。

可是人在世间,人的灵魂通常处于受到残损的状态。灵魂之精向外泼洒越多,内存就越少,人的生命力就越发弱小。因此,救治世人在世间的灵魂失落病态,成为巫者与萨满重要的文化功能。在世的人心状态处于灵魂不断亏损的流俗状态,只有将散失的灵魂力量重新召唤回来,才能弥补受到残损的仁心状态。

孔子所建构的"仁德"发迹于早期口传文化的神道、神德文化精神,集中体现了早期人类对群体灵魂(尤其是祖先灵魂)的生命起源与神圣崇拜,与口传大传统文化时期的"群体文化认同"意识与神话信仰是密不可分的。孔子建构的仁者之心与群体灵魂原型都发源于早期口传文化,是神道价值与神德意识在人道、人类方面的延续发展,彰显了祖先灵魂与群体观念的文化共鸣与认同关系。

在孔子的仁德建构中,人心(灵魂的残损状态)与仁心(灵魂的齐全状态)之间的文化关系是如何的呢?第一,"仁心"重于人心的世俗状态,孔子将"仁心"自身的文化价值放置在人心之上。孔子云:"无求生以害仁,有杀身以成仁。"(《论语·卫灵公》)[2] "仁心"之身与世心之身不是并列同置的关系,而是"仁心"之身重于世心之身。一个士人通过后天学习,孜孜以求,最终获得了仁心,那么宁愿"杀身",也要维护自己现在所具

---

[1] [德] J.E. 利普斯:《事物的起源:简明人类文化史》,汪宁生译,贵州教育出版社2010年版,第206—207页。

[2] 杨伯峻译注:《论语译注》,中华书局1980年版,第163页。

有的"仁心"。孔子认为，自身首先必须领会到仁心之身，并将仁者存在作为自身在世的优先存在。第二，"仁心"之身是人在心中对自身的超越领会。人心在世通常处于仁心被遮蔽的状态，即人心因为外在诱惑，会忘记自身的仁心状态。只有自身重新领会到了"仁心"状态，才可能获得仁者之心，并用人心的仁者状态来约束和引导自身。孔子云："仁远乎哉？我欲仁，斯仁至矣。"（《论语·述而》）[①] 在孔子看来，"仁心"的获得，并不是一种现世中可望而不可即的现成物质，而是人心通过自身的心神领会，就可以摆脱在世人心的流俗状态，从而获得的人心所"欲求"的仁心灵魂，尽管这种人心的文化意识是"有为"的，但其所欲求的却不是人心在世的流俗之欲，而是要摆脱人心世俗之欲，从而恢复自身的"仁心"状态。"我欲仁"，是指"我"心中具有想得到"仁"的欲念，是一种人为的"欲求"活动，是一种"我"在人心中对自身本己存在的心领神会，自身认同以"仁"作为自身存在的文化规定和存在意义。可见，一个人想要获得"仁心"，首先需要自身作出抉择，即在人心意识中认同自身仁者之心的本来状态，并以之来展开人心世界的文化诉求。"斯仁至矣"，只要人心展开了对"仁"的自我诉求与文化认同，这就意味着"仁"这种东西就会显现出来，此时的"我"就成了一个具备"仁心"之德的君子了。从孔子对"仁"的主观欲求与自然获得中，可以体会出，"仁心"的获得具有以下两个文化要点：第一，"仁"是"我"的内在意愿与自身决断，体现的是"我"对人心的转变规定，是人心意愿的文化实现，这种文化实现不是由外在的东西所决定，"仁心"的文化转变完全在于"我"对"仁心"的文化认同与价值共鸣。第二，"仁心"原本就潜藏在"我"的心中，换句话说，此时的"我"只是暂时遗忘的自身所具有的"仁心"而已，这个暂时被遗忘的"仁心"就犹如被埋藏在心底的宝藏，随时等待"我"去发现它，并将其展示出来。可以这样说，"仁"是自身心中先前所具有的本来生命种子，现在因为人心在世的各种诱惑而暂时被"我"遗忘了，直到这一天，"我"突然记起它来，想重新回到它那里去时，"我"就可以顺手将其捡起来，如获至宝。"仁心"与人心之间是一种本来与现有的文化关系，现有之心如果能与本来之心重合叠存，"我"就获得了自身的仁心状态。

孔子似乎没有谈到心性的问题，但这并不意味着，孔子不懂得心性。"仁"作为人心本来具有的先行存在，齐全的"仁心"就成为人心的本来状态。所谓君子，就是能够在人心中将仁心、仁性呼唤出来的士人。《马

---

[①] 杨伯峻译注：《论语译注》，中华书局1980年版，第74页。

王堆帛书》云:"君子集大成。成也者,犹造之也,犹具之也。大成也者,金声玉辰(振)之也。唯金声而玉振之者,然笱(后)忌(己)仁而以人仁,忌(己)义而以人义。大成至矣,神耳矣,人以为弗可为□,靡由至焉耳……不庄(藏)尤割(害)人,仁之理也。不受许(吁)嗟者,义之理也。弗能进也,则各止于其里耳矣。终充其不庄(藏)尤割(害)人之心,而仁腹(覆)四海;终(充)其不受许(吁)嗟之心,而义襄天下。仁(覆)四海、义襄天下而成,(由)其中心行之,亦君子已。"①君子首先通过"金声玉振"的文化活动而获得了"大成"状态。所谓"大成",是指在内心获得了文化证悟,由此,自己实现人心的文化转变,获得了"仁心",同时,也能以仁心状态来对待他人。"仁"是发自人心深处的"真理","仁之理"的文化特征是"不藏尤害人",即"不存害人之心",换句话说,就是"以善待人"。如果君子具有"仁心""善心",那么,"仁之理"就会覆及所有的人。可见,君子最突出的文化特征有二:一为通过文化活动,人心中获得了仁心转变。二为将仁心至理推至天下他者,以仁心的文化方式与世界他者获得共存。《马王堆帛书》云:"'天监在下,有命既杂'者也,天之监下也,杂(集)命焉耳。遁(循)草木之生(性)则有生焉,而无好恶。循禽兽之生(性)则有好恶焉,而无礼义焉。遁(循)人之生(性)则巍然知其好仁义也。不遁(循)其所以受命也,遁(循)之则得之矣。是目之已(己)。故目万物之生(性)而□□独有仁义也,进耳。'文王在上,于昭于天',此之胃(谓)也。文王源(原)耳目之生(性)而知其好声色也,源(原)鼻口之生(性)而知其好(臭)味也,源(原)手足之生(性)而知其好佚余(豫)也,源(原)心之生(性)则巍然知其好仁义也。故执之而弗失,亲之而弗离,故卓然见于天,箸(著)于天下。无它(他)焉,目也。故目人(体)而知其莫贵于仁义也,进耳。"②人心原本生来就具有了仁义之性,如果一个人能够循守自身的天命本性,那么,人心自然会得到仁义心性。可见,仁义原本就是人心的本源质性。《马王堆帛书》又云:"耳目鼻口手足六者,心之役也。耳目也者,说(悦)声色者也。鼻口者,说(悦)(臭)味者也。手足者,说(悦)(佚)豫者也。心也者,说(悦)仁义者也。之数(体)者皆有说(悦)也,而六者为心役,何居?曰:心贵也。有天下之美声色于此,不义则不听弗视也。有天下之美(臭)味于此,不义则弗

---

① 裘锡圭主编:《长沙马王堆汉墓简帛集成》(肆),中华书局2014年版,第88页。
② 裘锡圭主编:《长沙马王堆汉墓简帛集成》(肆),中华书局2014年版,第92页。

求弗食也。居而不间尊长者，不义则弗为之矣，何居？曰：几（岂）不□□□小不胜大，贱不胜贵也才（哉）。故曰心之役也。耳目鼻口手足六者，人□也，人（体）之小者也。心，人□也，人（体）之大者也。故曰君也。心曰虽（唯），莫敢不虽（唯）。心曰虽（唯），耳目鼻口手足音声（貌）色皆虽（唯），是莫敢不虽（唯）也。若（诺）亦然，进亦然，退亦然。心曰深，莫敢不深。心曰浅，莫敢不浅。深者，甚也。浅者，不甚也。深浅有道矣。故父謼（呼），口□食则堵（吐）之，手执（业）则投之，虽（唯）而不若（诺），走而不趋，是莫敢不深也。于兄则不如是其甚也，是莫敢不浅也。和则同。和也者，小（体）（便便）然不违于心也，和于仁义。仁义心同者，与心若一也。□约也，同于仁义，仁义，心也。同则善耳。"[1] 人心作为人体的重要器官之一，它与耳目鼻口手足等外部感官不同。耳目鼻口手足，为人心所役使。人心决定耳目鼻口手足的外在喜好。人心为君为大，耳目鼻口手足为臣为小，君令臣受，臣服君命。如果人心都通达了自身所具有的仁义本性，那么，口耳鼻口手足就会贯彻人心的仁义本性，与仁义之心保持同步同行。《马王堆帛书》认为，"仁义"是"人心"的原初本性所在，而外部的一切外在感官都必须与仁心保持同一同步的关系，那么，其外部表现出来的各种行为就自然具有"善"的文化特性。

可见，"仁"首先是人心的本来德性，是人心之初所具有的灵魂状态。这种灵魂特性彰显了"仁"的内在特性，凡是以外在有形之物来界定"仁"的文化意义，可能只看到了外在感官的形式表现，而遮蔽了"仁心"的内在本来德性。《孟子·告子上》云："仁，人心也。"[2]《韩非子·解老》云："仁者，德之光。"[3]《新书·道德说》云："仁者，德之出也。"[4]《人物志·八观》云："仁者，德之基也。"[5]《庄子·秋水》"长而明仁义之行"成玄英疏云："仁义，五德之行也。"[6]《周礼·地官·大司徒》"一曰六德：知、仁、圣、义、忠、和"贾公彦疏云："仁者内善于心，外及于物。"[7]《论语·学而》"其

---

[1] 裘锡圭主编：《长沙马王堆汉墓简帛集成》（肆），中华书局2014年版，第90页。
[2] （汉）赵岐注，（宋）孙奭疏：《孟子注疏》，北京大学出版社2000年版，第365页。
[3] （清）王先慎撰，钟哲点校：《韩非子集解》，中华书局1998年版，第133页。
[4] （汉）贾谊撰，阎振益、钟夏校注：《新书校注》，中华书局2000年版，第327页。
[5] 梁满仓译注：《人物志》，中华书局2009年版，第119页。
[6] （清）郭庆藩撰，王孝鱼点校：《庄子集释》，中华书局1961年版，第597页。
[7] （汉）郑玄注，（唐）贾公彦疏，（唐）陆德明释文：《周礼注疏》，北京大学出版社2000年版，第315页。

为仁之本与"朱熹集注:"仁者,爱之理,心之德也。"①《论语·雍也》"其心三月不违仁"朱熹集注:"仁者,心之德。"②《论语·颜渊》"颜渊问仁"朱熹集注:"仁者,本心之全德。"③《论语·述而》"依于仁"朱熹集注:"仁,则私欲尽去而心德之全也。"④《论语·述而》"仁远乎哉"朱熹集注:"仁者,心之德,非在外也。"⑤《孟子·梁惠王上》"亦有仁义而已矣"朱熹集注:"仁者,心之德,爱之理。"⑥"德"作为生命存在的"元一"状态,是"神道"力量的原初有形状态,而"仁"是"神德"力量在人心之中的原初状态与具体表现,其所体现出来的神圣力量与"神道""神德"具有一致性,属于神圣力量在人心达道以后的神圣传递关系。

《郭店楚简·五行》云:"仁形于内谓之德之行,不形于内谓之行。义形于内谓之德之行,不形于内谓之行。礼形于内谓之德之行,不形于内谓之行。智形于内谓之德之行,不形于内谓之行。圣形于内谓之德之行,不形于内谓之行。"⑦郭店楚简出土的《五行》篇很清楚地区分了一个人的"德之行"与一般之"行"。一个内心具有"仁""义""礼""智""圣"的五种德性的人,才可以将其称为具有仁德、义德、礼德、智德、圣德的人,他的各种德性行为,才能称之为是"德之行"。如果一个人的行为仅仅具有外在的"仁行""义行""礼行""智行""圣行",而内心缺乏"仁""义""礼""智""圣"的内在德性品格,那么,他外在的"五行"实践就不是发自内心的德性力量,而是由于外在的各种诱惑原因迫使他如此按照"仁行""义行""礼行""智行""圣行"的行事方式为人做事。这种人为伪饰的外在"五行"只能算是"行",而不能将其称之为"德行"。《五行》篇将人的"德之行"与"行"区别开来,尤其重视人心的内在德性的文化力量,这对于我们思考孔子之"仁"的文化含义极具帮助。孔子的"仁",首先是一种内在德性之"仁德",其次才是外在实践中的"仁行"。作为一种外在行为实践的"仁行",其人心状态就存在两种可能性,一为内心有仁德,内德与外行达成了一致的整体关系。二为内心无仁,内心无仁与外在行仁就构成了一种互相背离的分裂关系。唯有内心有仁德,外在

---

① (宋)朱熹:《四书章句集注》,中华书局1983年版,第48页。
② (宋)朱熹:《四书章句集注》,中华书局1983年版,第86页。
③ (宋)朱熹:《四书章句集注》,中华书局1983年版,第131页。
④ (宋)朱熹:《四书章句集注》,中华书局1983年版,第94页。
⑤ (宋)朱熹:《四书章句集注》,中华书局1983年版,第100页。
⑥ (宋)朱熹:《四书章句集注》,中华书局1983年版,第201页。
⑦ 李零:《郭店楚简校读记》,北京大学出版社2002年版,第78页。

有仁行，这种人才符合孔子对"仁德"的文化界定。只有自身在内心领会了自身的仁德存在，并依据于自身的仁者存在，其外在行为就会自然属于"仁行"，这种"仁行"是"形之内"而发乎"外"的，表现的是仁德力量与仁行实践的内先外后、内里外表的整体世界。

其次，士人内在所具有的"仁心"，其外部行为就会表现为对人类群种的集体观念与认同想象。可见，"德"为"元一"的整体状态，还没有万物种类的文化界限。而"仁"是人心的本性状态，具有人类灵魂的群体观念与种类界限，所以就出现了人与万物之间的物种文化界限，即出现了仁者为人的文化判断。《孟子·尽心下》云："仁也者，人也。合而言之道也。"①《吕氏春秋·爱类》云："仁也者，仁乎其类者也。"②《春秋繁露·仁义法》云："仁之为言人也。"③《孟子·告子下》"君子亦仁而已矣"朱熹集注云："仁者，无私心而合天理之谓。"④《论语·卫灵公》"志士仁人"朱熹集注："仁人，则成德之人也。"⑤《群经平议·周书》"仁德，土宜天时"俞樾按："仁德，即人德。"⑥ 在此，"人"是人类（这里的人类是超越时空界限的人类种类）的"类名"，而"仁"是人心所通达的人类整体的"类德"。一个人如果通达了人类灵魂的整体类德，那么，这个人才算是一个人，同时，这个人所领会的种群类德与其他人所领会的种群类德具有高度的一致性，即人类作为整体的类德本性在原初时都是一致的。因此，通达了此种类德（祖先灵魂）的士人，都是一个"仁者"或君子，而君子通达的"仁心"，尽管君子在时空上存在着一定的文化差异，但他们的灵魂深处却有着相同的群体德性。《庄子·胠箧》云："分均，仁也。"⑦《鹖冠子·学问》云："所谓仁者，同好者也。"⑧《鹖冠子·泰鸿》云："同和者，仁也。"⑨《吕氏春秋·爱类》："仁于他物，不仁于人，不得为仁；不仁于他物，独仁于人，犹若为仁。仁也者，仁乎其类者也。故仁人之于民也，可以便之，无不行也。"⑩ 对他类之物实施"仁行"，而不对人实施

---

① （汉）赵岐注，（宋）孙奭疏：《孟子注疏》，北京大学出版社2000年版，第458页。
② 许维遹撰，梁运华整理：《吕氏春秋集释》，中华书局2009年版，第593页。
③ 苏舆撰，钟哲点校：《春秋繁露义证》，中华书局1992年版，第249页。
④ （宋）朱熹：《四书章句集注》，中华书局1983年版，第342页。
⑤ （宋）朱熹：《四书章句集注》，中华书局1983年版，第163页。
⑥ （清）俞樾：《春在堂全书》第壹册，凤凰出版社2010年版，第104页。
⑦ （清）郭庆藩撰，王孝鱼点校：《庄子集释》，中华书局1961年版，第346页。
⑧ 黄怀信：《鹖冠子校注》，中华书局2014年版，第315页。
⑨ 黄怀信：《鹖冠子校注》，中华书局2014年版，第237页。
⑩ 许维遹撰，梁运华整理：《吕氏春秋集释》，中华书局2009年版，第593页。

"仁行",这种"仁"不算真正的"仁"。对他物"不仁",如果对人实施"仁行",依旧是"仁行"。"仁心"最突出的外在表现,就是对人类展示仁爱之行。《淮南子·主术训》云:"遍知万物而不知人道,不可谓智。遍爱群生而不爱人类,不可谓仁。仁者,爱其类也;智者,不可惑也。仁者,虽在断割之中,其所不忍之色可见也。智者,虽烦难之事,其不闇之效可见也。内恕反情,心之所欲,其不加诸人,由近知远,由己知人,此仁智之所合而行也。"① 君子以人类种群所具有的灵魂状态来界定个体之人的文化存在。如果遍爱群生,却不爱人类,这样的人还不能算作是一个仁者。作为一个仁者,一定要爱人类,人类灵魂的群体价值成为君子在世的价值追求。"仁"作为人类群体的共同价值,也深深带上了早期口传文化的原型意识与文化编码。

最后,从时运生气来看,"仁"属于春天。从空间来看,"仁"属于东方。从五行来看,"仁"属于五行之木。"春天""东方""木神"都代表了宇宙时空神圣力量的生发状态。《礼记·乡饮酒义》"养之,长之,假之,仁也"孔颖达疏云:"春为仁。"②《礼记·乐记》云:"春作夏长,仁也。"③《论衡·验符》云:"东方曰仁。"④《礼记·中庸》"天命之谓性"郑玄注云:"木神则仁。"⑤ 仁者生,仁者寿,"仁"是一种新生生命的生发力量与生气存在,只有固守自身生命本来的仁心状态,既不让生气耗散,也不让灵魂泼洒,生命灵魂才会赐予生命形式以生生不息的动力源泉,确保生命的四时运化与永恒常驻。

所以在元一出现阴阳分化之后,"仁"通常被解释为阴阳运化之中的阳气力量。《楚辞·怨思》"云服阴阳之正道兮"王逸注云:"阳为仁也,阴为义也。"⑥ 宋李杞《周易详解》卷一三"敦乎仁故能爱"条注云:"此圣人尽性之学也。夫天地之道,不过阴阳而已。阳为仁,阴为智。圣人所以与天地相似,不相违者,仁智之两尽焉者也。周乎万物为智,道济天下为仁。智而不仁,则过乎阴。仁而不智,则过乎阳。仁且智,是以无一偏之过,而与天地相似也。旁行者,智之达权者也。不流者,仁之守正者也。乐天理,知天命,故能无忧,而其智为益深。随所寓而安,

---

① 刘文典撰:《淮南鸿烈集解》,中华书局1989年版,第314页。
② (汉)郑玄注,(唐)孔颖达疏:《礼记正义》,北京大学出版社2000年版,第1911页。
③ (汉)郑玄注,(唐)孔颖达疏:《礼记正义》,北京大学出版社2000年版,第1274页。
④ 黄晖:《论衡校释》,中华书局1990年版,第844页。
⑤ (汉)郑玄注,(唐)孔颖达疏:《礼记正义》,北京大学出版社2000年版,第1661页。
⑥ (宋)洪兴祖著,白化文校:《楚辞补注》,中华书局1983年版,第293页。

纯厚爱物，而其仁为益广。圣人之与天地，夫岂有二道哉。亦曰，仁智焉而已矣。虽然，爱固不足以尽仁也。而以仁为爱，何也？仁为爱之体，爱为仁之用。仁可以兼爱，而爱不足以尽仁。盖亦自其济物者，而言之乎。"①"仁"作为一种阴阳交合交汇的后天生命存在，是以阳气为主的人心质性，体现的不过是天地阴阳之气的时空变化关系。因此，"阳气"为"仁"为"魂"，与春天、东方的生气也是相一致的。而作为人间之情的"爱"，只是"仁"的外在之用，展现了"仁"重视同类、爱护亲情的文化特性，但是不能将其外在之用的"爱"完全等同于内在阳气存在的"仁"。

总之，孔子所提倡的"仁"，是士人通过文化发现的方式，重新发现了人心所遗忘了的本来心性，将自身存在领会为处于人类整体种群的灵魂状态，士人就是要用这种人类种群整体性的灵魂状态与群体价值，来作为士人的文化共同体，并以之作为自身存在的德性精神和文化规定。为了表述的方便，我们在此将士人所通达的人类种群整体状态的灵魂德性与群体认同，称为士人仁者的常身状态。孔子认为，第一，世俗之人在世界中，通常就会忘记自身所具有人类种群整体的灵魂状态，或常身状态，而常常处于一种私欲肆意膨胀的忘身状态。第二，在孔子看来，士人之所以能成为一个仁者君子，就在于士人能够自觉、主动地发现自身所潜藏的本来仁性，并以这种常身状态（人类种群整体的灵魂观念）在世界之中现身。所以通达了人心常身状态（仁者之心）的士人，就不是一个世界之中的俗人，而是一个仁者君子，因为士人已经通过认同自身仁性的文化领会，抛弃了个体的私己状态或流俗状态，将人心从流俗状态中解蔽出来，同时，将自身重新放置在自身本来就具有的人类种群整体的灵魂状态中。第三，"仁"不是一个具体可见的存在之物，而是一种人心回归的文化领会与精神活动，自身通过领会到自身所具有的人类种群集体的灵魂状态，而实现了自身人心的文化转变。当然这种具有人类种群整体性的灵魂状态，不是指代某个人的人为想象，而是人类自身所具有的本心所在或本来状态，是人在内心世界中通达领会到的人类种群整体的灵魂状态，这种种群灵魂状态具有人类存在的整体性和群体性，是一种人人所具有的种群类德，或将其称为人类灵魂共同体。

但是在春秋时代的现实世界中，这种既具备内有"仁心"又具备外有"仁行"的人已经很少了。孔子云："中庸之为德也，其至矣乎！民鲜

---

① （宋）李杞：《周易详解》卷十三，影印文渊阁四库全书本。

久矣。"(《论语·雍也》)① 何晏《集解》云："庸，常也。中和可常行之德也。世乱，先王之道废，民鲜能行此道久矣，非适今也。"邢昺《疏》云："中，谓中和。庸，常也。鲜，罕也。言中和可常行之德也，其至极矣乎。"② 在这段话中，孔子认为：在世界中，能够在心中领会"中庸之德"的人已经是很高的境界了。所谓"中庸之德"，是指能够领会自身人心的仁德本性，即内心深处拥有仁德生命力量的君子。然而天下民众长期以来已经缺少这种仁德生命力量了，孔子为之感叹，并以之作为自己的文化己任。《管子·戒》云："仁从中出，义从外作。仁，故不以天下为利；义，故不以天下为名。仁，故不代王；义，故七十而致政。……闻一言以贯万物，谓之知道。多言而不当，不如其寡也。博学而不自反，必有邪。孝弟者，仁之祖也。忠信者，交之庆也。内不考孝弟，外不正忠信，泽其四经而诵学者，是亡其身者也。"③ 管子认为，"仁"是从人的心中产生的。如果一个人内心没有孝悌之心，外在没有忠信之行，这个人虽然读了很多书，依旧是处于"忘身"状态中。也就是说，士人读书的目的是为了发现自己本来所具有的仁者本心，如果通过读书活动，未能达到内心的文化转变，未能发现自己的仁者本状，这书也是白读了。针对社会现实，孔子感叹现在的士人迷失了读书之本，很少有人通过读书获得"中庸之德"，能够证悟自身的仁义之心。

孔子云："不得中行而与之，必也狂狷乎。狂者进取，狷者有所不为也。"(《论语·子路》)④ 孔子认为，一个能够心存仁义，又能够"中行的人"，才是一个合乎"中庸之德"的仁者君子。他们在内心世界能够领会到人类整体存在的祖先灵魂状态，又能根据自身领会到的仁者常身，在"狂者"与"狷者"之间，找到一种不偏极一端的现身方式和行为规则。而那些不能"中行的人"，即无仁德之人，要么是个狂妄进取、不知有所节制的人，要么是个狷介独立、有所不为的人。这种无仁德之人都是无所节制、放纵不羁的俗人。

但要注意，孔子的"仁者"状态与"中人"不同。"中人"的言行必须经过"善欲"和仁德的文化改造，才能符合"仁者"的德性要求。"仁人"是通达了人类种群整体的常身状态的士人，而"中人"是社会流俗

---

① 杨伯峻译注：《论语译注》，中华书局1980年版，第64页。
② (魏)何晏注，(宋)邢昺疏：《论语注疏》，北京大学出版社2000年版，第91页。
③ 黎翔凤撰：《管子校注》，中华书局2004年版，第509—510页。
④ 杨伯峻译注：《论语译注》，中华书局1980年版，第141页。

空间中处于中间位置的俗人。前者依据仁者常身，给予人心以文化规定性，后者依旧处于流俗世界的无规定状态，他们还没有领会到那种被人所遗忘了的常身状态。刘向《说苑·杂言》引孔子曰："中人之情，有余则侈，不足则俭，无禁则淫，无度则失，纵欲则败。饮食有量，衣服有节，宫室有度，畜聚有数，车器有限，以防乱之源也。故夫度量不可不明也，善欲不可不听也。"① 孔子认为，在社会经济条件方面，"中人"不像"贵族"那样有着较为稳定的经济来源，也不像平民那样一直处于贫困之中，他们在社会经济空间中，处于中间位置的社会群体。这些"中人"的日常习性是：有结余就奢侈，没有多余就节俭，没有限制就放纵，放纵没有节制就会失节，纵情享乐就会败亡。因此，对于这种"中人"，就要让他们在饮食数量上有所节制，衣服穿着上有所限制，居住条件上要持有法度，积聚财务上要适可而止，车子器物上也要有所限制，这才是防止"中人"淫乱无度的根本措施。面对这种"中人"的现实流俗状态，孔子的文化策略是一定要让他们明晓恰当的"度量"，一定要听从"善欲"。什么才是孔子所说的"度量"和"善欲"呢？毫无疑问，"善欲"就是"仁欲"，即用"仁欲"来控制自己的各种物欲，用自身有所规定的仁者常身来约束外在的、无所规定的"中人"存在，这样才能让"中人"转变为"仁人"。

　　孔子曰："'不降其志，不辱其身，伯夷、叔齐与！'谓'柳下惠、少连，降志辱身矣。言中伦，行中虑，其斯而已矣。'谓'虞仲、夷逸，隐居放言，身中清，废中权。我则异于是，无可无不可。'"（《论语·微子》）② 孔子认为，伯夷、叔齐能"不改变自己的意志，不辱没自己的身体"，柳下惠、少连能"降低自身意志，也辱没自己的身体，能言说中人之伦，能行中人之虑。"虞仲、夷逸能"出世隐居，身行中人之清志，废弃中人的权力"。面对这些古代"逸民"（都属于古代"士人"之中的中人典范），孔子表示，自己与他们不同，他说"我跟他们是不一样的"，具体表现为"无可无不可"。那么，孔子的"无可无不可"是什么意思呢？联系孔子对"中人"的批评指责和文化救赎，可以知道，所谓"无可"，是指孔子并不认可这些"中人"伦理、"中人"思虑、"中人"清志、"中人"权力。他为什么不认可"中人"的所作所为呢？因为"中人"依旧是一种人在世界之中的流俗居中状态，他们缺乏内在"善欲"和仁德的文化规定以及自律约

---

① （汉）刘向撰，向宗鲁校证：《说苑校证》，中华书局1987年版，第432页。
② 杨伯峻译注：《论语译注》，中华书局1980年版，第197页。

束，这样还是不行的。所谓"无不可"，是指如果将这些"中人"思想、伦理、行为，放置在"仁德"的文化规定和价值指引之中，那么这些东西才具有一定的稳定恒常性，才是值得肯定的行为表现。可见，孔子极为重视用仁者常身的德性存在，来改造"中人"的流俗人心与人行，这样才能使"中人"的言行变为"仁者"的德行。

### 三、仁者爱人：在常身世界中与他者和谐共处

孔子通过建构"仁德"的本来心性来规定"士人"的常身状态，用人类种群整体的灵魂状态来作为士人存在的日常文化状态，此时，士人的内心世界也由世俗世界转变为常身世界或仁心世界。士人的常身状态属于士人的日常状态，是以人类种群整体的心性灵魂作为自身存在的日常存在，而且士人就以这个人类种群整体灵魂的仁者常身作为人心存在的真实存在。换句话说，此时"我"就是一个"仁者"，"仁者之心"就成为"我之心"。与此同时，发自常身状态的澄明之光不仅仅照亮了"我"自己，连同进入到内心世界之中的其他存在者（各种物象、意象），也都可以沐浴在常身状态的澄明之光中。因此，常身世界之中的他者存在不再处于人心的恣意流俗状态之中，也不再处于"己欲""物欲"之中。在"己欲""物欲"的膨胀中，他者存在是被压抑与被损害的欲望对象。但随着自身由世俗状态转变为仁心状态（常身状态），人心世界也由流俗世界转变为仁者世界（常身世界），"我"以仁者常身作为处理常身世界关系的唯一价值和文化判断，常身世界也就成为沐浴于常身之光中的整体世界。"仁者"之光，不仅照亮自身，也照亮了常身世界中的万事万物，"仁者"之爱普照常身世界中的群生群物。在这种仁者世界之中，"我"与"他物"之间既不是按照"他物"来行事，也不是按照"我"的私己意愿来行事，而都是按照"仁心"或"常身"的文化意愿与灵魂状态来为人处事。常身世界成了以"仁魂"为公约与认同的整体世界，常身世界成为"我"与他者共存同在的大同世界。

当通达了自身的常身状态时，士人就将自身放置到了常身仁心的光芒沐浴之中，也就是说，自身在世界之中所获得的光芒不是从他者那里获得的，而是从自身的仁者常身发出的。因此，我们可以说，士人从常身那里获得了澄明之光，然后利用常身之光照亮了常身世界，使得常身世界充满了"爱"。那么，我们要问，"仁爱"是指什么呢？"爱"是仁者常身与常身世界中的他者之间的交往情态关系，"仁爱"是建立在仁德常身的基础之上，与常身世界之中的他者形成的一种特殊情感。可见，只有当士人

通达了仁者常身之时，"仁爱"才会降临，才会成为可能。因此，当樊迟"问仁"的时候，孔子云："爱人。"（《论语·颜渊》）① 这里的"人"是指进入常身世界之中的他者，如果一个人能够以"爱"的方式来处理常身与他者之间的关系，那说明他已经通达了仁者常身状态，并在常身状态的世界中，士人能与他者和谐共处。

在孔子看来，所谓"仁爱"，就是仁者之爱，即在常身世界中，常身与他者能够共同存在，能够和谐共存。《墨子·经上》云："仁，体爱也。"②《说苑·修文》云："积恩为爱，积爱为仁，积仁为灵。"③《盐铁论·刑德》云："仁者，爱之效也。"④《韩诗外传》卷四云："爱由情出谓之仁。"⑤《国语·周语下》"仁，文之爱也"韦昭注："仁者，文之慈爱。"⑥《礼记·中庸》"仁者，人也"孔颖达疏："仁谓仁爱相亲偶也。"⑦ 如何才能让自身与自身世界之中的其他存在者获得和谐共存呢？至为关键的一点在于自身要有一定"度量"，或者"善欲"，否则"爱"就会成为"己欲""物欲"的宣泄与泛滥。因此，在自身与他者之间，"仁心之初"的文化价值成为常身世界共存的基本准则。只有当士人将自身限制在"仁者常身"的文化规定之中的时候，他才能领会自身的常身状态，才能避免自身陷入自身的流俗状态或忘身状态，而不能自拔。因此，只有身处这样的仁者常身状态，才能获得他者的文化共鸣和群体认同，从而在常身世界中获得一种群体共在共鸣的整体认同，并获得和谐共处的世界生存。所谓"仁爱"，首先是士人通达了自身的常身状态，其次才是在常身世界中与他者和谐共处，这才是仁者对他者的"真爱"态度。只有在常身世界中，常身依据人类种群整体的灵魂价值，才能与他者在常身世界之中和谐共存。

首先，仁爱在于爱人，即对同类之人要充满关爱之情。《论语·雍也》记载："子贡曰：'如有博施于民而能济众，何如？可谓仁乎？'子曰：'何事于仁，必也圣乎！尧舜其犹病诸！夫仁者，己欲立而立人，己欲达而达人。'"⑧ 子贡问孔子，"博施于民而能济众"，是一种关爱他者、救济

---

① 杨伯峻译注：《论语译注》，中华书局1980年版，第131页。
② （清）孙诒让撰，孙启治点校：《墨子间诂》，中华书局2001年版，第309页。
③ （汉）刘向撰，向宗鲁校证：《说苑校证》，中华书局1987年版，第476页。
④ （汉）桑弘羊撰，王利器校注：《盐铁论校注》，中华书局1992年版，第567页。
⑤ （汉）韩婴撰，许维遹校释：《韩诗外传集释》，中华书局1980年版，第153页。
⑥ 徐元诰撰，王树民、沈长云点校：《国语集解》，中华书局2002年版，第88页。
⑦ （汉）郑玄注，（唐）孔颖达疏：《礼记正义》，北京大学出版社2000年版，第1684页。
⑧ 杨伯峻译注：《论语译注》，中华书局1980年版，第65页。

民众的现实社会行为，那么，这是一种仁者行为吗？孔子不仅肯定了这种行为，而且进一步对"仁"进行界定，其云："夫仁者，己欲立而立人；己欲达而达人。"在这句话中，孔子强调了"仁德"不仅是一种常身"欲求"，而且是自身对常身状态的"善欲"追求。孔子认为，"仁者"的内在目的性或内在规定性，就在于使流俗自身转变为仁者常身，进而获得了"仁德"的规定性，也就是用仁者常身来规定限制自身，并以常身状态与常身世界中的其他存在者打交道。何谓"己欲立而立人，己欲达而达人"？"己"和"人"为何可以在世界中获得同等的地位呢？为什么他者与自身能够达成一致呢？这是因为士人是用仁者常身的眼光与他者打交道，他者也被"仁"化了，这样常身之"欲"与他者之"欲"在常身世界中获得了统一。《论语·卫灵公》记载："子贡问曰：'有一言而可以终身行之者乎？'子曰：'其恕乎！己所不欲，勿施于人。'"[1] 常身所欲求的东西是"善欲""仁德"，常身所不想欲求的东西就是"不仁"，即会亏损生命力量的东西。如果士人通达了常身状态，"己所不欲"的东西也就在仁者常身的文化规定之中成为被过滤和被否定的东西。在常身世界中，作为沐浴"仁者"之光的"他者"，对于这种"不仁"的东西，同样也抱有一种拒绝的文化态度。"勿施于人"，是指不要将自己欲求的东西强加给别人，只有这样，才能避免自身与他者之间的冲突矛盾，才能维持常身世界的和谐共存。又如《管子·戒》云："以德予人者，谓之仁。"[2]《管子·小问》云："非其所欲，勿施于人，仁也。"[3]《庄子·缮性》云："德无不容，仁也。"[4]《庄子·在宥》云："亲而不可不广者，仁也。"[5]《孟子·告子上》云："恻隐之心，仁也。"[6]《韩非子·解老》云："仁者，谓其中心欣然爱人也。"[7]《春秋繁露·仁义法》云："爱在人，谓之仁。"[8]《春秋繁露·必仁且智》云："仁者憯怛爱人，谨翕不争，好恶敦伦，无伤恶之心，无隐忌之志，无嫉妒之气，无感愁之欲，无险诐之事，无辟违之行，故其心舒，其志平，其气和，其欲节，其事易，其行道，故能平易和理而

---

[1] 杨伯峻译注：《论语译注》，中华书局1980年版，第166页。
[2] 黎翔凤撰：《管子校注》，中华书局2004年版，第520页。
[3] 黎翔凤撰：《管子校注》，中华书局2004年版，第959页。
[4] （清）郭庆藩撰，王孝鱼点校：《庄子集释》，中华书局1961年版，第548页。
[5] （清）郭庆藩撰，王孝鱼点校：《庄子集释》，中华书局1961年版，第397页。
[6] （汉）赵岐注，（宋）孙奭疏：《孟子注疏》，北京大学出版社2000年版，第354页。
[7] （清）王先慎撰，钟哲点校：《韩非子集解》，中华书局1998年版，第131页。
[8] 苏舆撰，钟哲点校：《春秋繁露义证》，中华书局1992年版，第254页。

无争也。如此者，谓之仁。"①《新书·道术》云："心兼爱人谓之仁。"②《古微书》引《春秋元命苞》云："仁者，情志好生爱人，故其为人以仁，其立字二人为仁。"③《国语·周语下》"言仁必及人"韦昭注："博爱于人为仁。"④《论语·微子》"殷有三仁焉"何晏注云："仁者爱人。"邢昺疏："爱人谓之仁。"⑤《诗经·郑风·叔于田》"洵美且仁"朱熹集传："仁，爱人也。"⑥《孟子·尽心上》"爱之而弗仁"焦循正义："盖有爱物之爱，有爱人之爱，爱人之爱则谓之仁。"⑦《论语·卫灵公》"当仁不让于师"皇侃疏云："仁者，周穷济急之谓也。"⑧士人在通达了自身的常身状态之后，常身世界的空间结构就不是流俗世界的结构，而是以仁者常身的寻视眼光，重新建构起关乎自身世界的全新空间。孔子云："能近取譬，可谓仁之方也。"(《论语·雍也》)⑨所谓"仁之方"，就是自身通达了仁者常身以后，仁者常身如何将"仁德"布施给常身世界之中其他的存在者。所谓"能近取譬"，就是能在常身世界的空间中，在与常身存在相邻近的存在者之中，择取一些价值接近的他者，来践行自身的仁德。所谓"取譬"，是指借用邻近的物象来象征性地表达常身的文化意义。因此，"取譬"就成了检验"仁"的重要方法。在孔子看来，体验自身之"仁"的具体方法如下：第一，自身必须首先通达仁者常身状态。第二，在获得了"仁德"之后，还必须要将"仁德"在常身世界中的邻近之物上展开实践。第三，可以选择常身世界中最为邻近的他者，作为践行仁德的对象和目标。第四，在与世界打交道过程中，依据"仁者"的目标或意愿，处理自身与邻近他者之间的文化关系。孔子云："出则事公卿，入则事父兄，丧事不敢不勉，不为酒困，何有于我哉。"(《论语·子罕》)⑩无论是出门办事，还是回到家中，那些身边临近的人，诸如公卿、父兄等，都是自身实践仁德的他者对象。在日常生活的具体事件中，士人通过长期依据仁德来与他

---

① 苏舆撰，钟哲点校：《春秋繁露义证》，中华书局1992年版，第258页。
② (汉)贾谊撰，阎振益、钟夏校注：《新书校注》，中华书局2000年版，第303页。
③ (清)赵在翰辑，钟肇鹏、萧文郁点校：《七纬(附论语谶)》，中华书局2012年版，第415页。
④ 徐元诰撰，王树民、沈长云校：《国语集解》，中华书局2002年版，第88页。
⑤ (魏)何晏注，(宋)邢昺疏：《论语注疏》，北京大学出版社2000年版，第280页。
⑥ (宋)朱熹：《诗集传》，中华书局1958年版，第48页。
⑦ (清)焦循撰，沈文倬点校：《孟子正义》，中华书局1987年版，第949页。
⑧ (梁)皇侃撰，高尚榘校点：《论语义疏》，中华书局2013年版，第414页。
⑨ 杨伯峻译注：《论语译注》，中华书局1980年版，第65页。
⑩ 杨伯峻译注：《论语译注》，中华书局1980年版，第92页。

者交往交道,实现并践行仁者常身的价值观念,这样才能习惯成性,成为一个常行仁德的君子。

其次,仁爱最突出的表现就是亲亲。所谓"亲亲",是指亲近最邻近的亲人,使亲人能感受到仁德常身的真挚存在。《论语·子路》记载:"子路问曰:'何如斯可谓之士矣?'子曰:'切切偲偲,怡怡如也,可谓士矣。朋友切切偲偲,兄弟怡怡。'"[1] 孔子认为,一个具备了仁德的人,才是真正的士人。士人能够做到"切切偲偲",在与朋友交往过程中,能做到互相批评,互相监督,始终以仁者常身与朋友交往。在家庭之中,与兄弟相处要达到"怡怡如也",即达到兄弟之间和睦相处,也是一种和谐的共在状态。子夏云:"贤贤易色;事父母,能竭其力,事君,能致其身;与朋友交,言而有信。虽曰未学,吾必谓之学矣。"(《论语·学而》)[2] 这里的"贤贤易色",是对"仁之方"最为贴切的解释。它要求士人在世界之中,要"以贤(仁德)为贤",而不能"以色(外容)为贤"。又如《孟子·尽心上》云:"亲亲,仁也。"[3]《荀子·大略》云:"仁,爱也,故亲。"[4]《汉书·公孙弘传》云:"仁者,爱也。"[5]《说文解字》云:"仁,亲也。"[6]《庄子·天道》"虎狼,仁也"成玄英疏:"仁者,亲爱之迹也。"[7]《庄子·天道》"泽及万世而不仁"郭象注:"仁者,兼爱之名耳。"成玄英疏:"仁者,偏爱之迹也。"[8]《孟子·尽心上》"仁之而弗亲"焦循正义:"亲即是仁,而仁不尽于亲。"[9]"父母""君""朋友"都是身边最为临近的他者,仁者常身要利用各种与他们打交道的日常事件,不断践行内在仁者常身的文化规定与群体价值,久而久之,仁者常身的文化规定性就成为士人自身在日常生活中的行为习性,就会变成士人的日常性情,这样,由一个无所规定的人就逐渐修养成为一个具有仁德的君子。这个渐修渐进的文化过程是一个不断学习、证悟和实践的心性修炼过程,而邻近的亲人就是最佳的践行对象。

最后,仁爱还要爱人利物。"物"作为常身世界的边缘他者,也同样

---

[1] 杨伯峻译注:《论语译注》,中华书局1980年版,第143页。
[2] 杨伯峻译注:《论语译注》,中华书局1980年版,第5页。
[3] (汉)赵岐注,(宋)孙奭疏:《孟子注疏》,北京大学出版社2000年版,第380页。
[4] (清)王先谦撰,沈啸寰、王星贤点校:《荀子集解》,中华书局1988年版,第491页。
[5] (汉)班固:《汉书》,中华书局1964年版,第2616页。
[6] 王平、李建廷编著:《〈说文解字〉标点整理本(附分类检索)》,上海书店出版社2016年版,第200页。
[7] (清)郭庆藩撰,王孝鱼点校:《庄子集释》,中华书局1961年版,第497页。
[8] (清)郭庆藩撰,王孝鱼点校:《庄子集释》,中华书局1961年版,第463页。
[9] (清)焦循撰,沈文倬点校:《孟子正义》,中华书局1987年版,第949页。

受到仁者常身的文化关爱。处于常身世界中的"物"的价值，就不再成为人宣泄欲望的对象，仁者常身依据于人类整体存在的灵魂状态，合理地使用"物"，使"物"不仅能满足自身的物质需求，而且能够满足世界他者的物质需求。《庄子·天地》云："爱人利物之谓仁。"①《周礼·地官·司徒》"一曰六德：知、仁、圣、义、忠、和"郑玄注："仁，爱人以及物。"②《一切经音义》卷二十五"仁孝"注："爱人以及物曰仁，上下相亲曰仁，贵贤亲亲曰仁，煞身成人曰仁。"③《礼记·曲礼上》"太上贵德"孔颖达疏："既能推恩济养，恻隐矜恤于物，谓之为仁。"④《孙子·计》"将者，智信仁勇严也"杜牧注："仁者，爱人悯物，知勤劳也。"⑤《太玄·玄摘》云："理生昆群兼爱之谓仁也"范望注："仁者，仁爱之及物也。"⑥《太玄·玄数》"性仁"范望注："长养万物曰仁。"⑦ 在常身世界中，仁者常身成为自身与他者的处世原则与交往基础。常身世界中的"我"与他者（亲人、君王、他物等）形成了一个全新的空间关系。常身依据"仁德"的文化规定性，不断与邻近的他者交往相处，合理地使用他物，在世界践行中不断提升自身的文化品格与人文素养，不断巩固仁者常身的价值趣味和处世习性。

## 四、游于艺：仁者在常身世界中的礼乐行为

礼乐文化发源于口传文化大传统，后来成为三代的王道文化形式。随着王道的凌迟衰微，周代礼乐文化也开始失去礼乐文化的原初价值，各种礼仪规矩开始出现混乱。孔子复古的文化策略，一方面将士人文化价值转向"神道"回归，强调了"神道"的神圣力量与核心地位，又建构了"仁德"的常身存在来规定约束士人的日常欲望状态，从而达到了既继承和复兴了"神道"的文化精神，又实现了对士人的在世常态的文化创新。另一方面孔子又极为强调仁者常身在常身世界中的礼乐文化现身活动。春秋时期，流俗的礼乐文化已经由早期大传统文化变成了社会流俗的口传知识和

---

① （清）郭庆藩撰，王孝鱼点校：《庄子集释》，中华书局 1961 年版，第 406 页。
② （汉）郑玄注，（唐）贾公彦疏，（唐）陆德明释文：《周礼注疏》，北京大学出版社 2000 年版，第 315 页。
③ 姚红卫：《〈玄应音义〉词汇论稿》，河北大学出版社 2014 年版，第 344 页。
④ （汉）郑玄注，（唐）孔颖达疏：《礼记正义》，北京大学出版社 2000 年版，第 22 页。
⑤ （春秋）孙武撰，（三国）曹操等注，杨丙安校理：《十一家注孙子校理》，中华书局 1999 年版，第 7 页。
⑥ （汉）扬雄撰，（晋）范望注：《太玄经》，上海古籍出版社 1990 年版，第 80 页。
⑦ （汉）扬雄撰，（晋）范望注：《太玄经》，上海古籍出版社 1990 年版，第 88 页。

娱乐文化，仅仅强调礼乐文化在行为方式、音乐层面的外在形式。孔子的礼乐文化，尤其强调礼乐文明的早期价值与仁德力量，以区别流俗世界仅仅重视礼乐形式的流俗做法。孔子抛弃了流俗礼乐文化的外在逻辑和形式价值，重新将礼乐文化从流俗形式的层面回归到神道仁德的文化意义，从而使礼乐文化由流俗的外在形式状态，重新回归到口传文化时期的深层意义。

在大传统文化期间，一切外在的形式都成为神道与神德的表现形式，可将其称为神话形式。玉石作为大传统文化时期的重要实物，浸染了华夏初民的神话想象，玉石之物也就成为一种承载精神信仰的物质符号，文学人类学将其称为玉石神话信仰，在这种玉石神话信仰的支配下，又建立起了神秘的玉器与玉礼器体系，以及与之相关的礼乐文化制度。

在活态的口传文化中，巫师与萨满既是神灵的召唤者，也是文化的创造者，成为用艺术的形式沟通鬼神与人之间的神圣灵媒。宋兆麟在《巫与巫术》中认为，巫师是人与神鬼之间的特殊人物，平时为人，降神时为神，亦人亦神，一身二任。故有"又做师娘又做鬼"之谚。巫教认为，巫师能通神，可以同鬼神说话，上达民意，下传神旨，能预知吉凶祸福，能为人除灾去病，从事预言、占卜、祭祀和招魂、驱鬼等巫术活动，于是巫师便成了人与鬼神的桥梁、媒介，具有半神半人的特点，这就是巫师的特殊性质和身份。高山族把人字写成ㄌ，鬼字写成ㄩ形，巫字写成ㄖ形，称"胡求"，即巫。说明巫介于人鬼之间。景颇族的巫"西早"，意为"死人的官"，也说明巫师介于活人和死人之间。广东连南瑶族称巫师为"楼面"，云南金平瑶族称巫师为"那曼"，其中的"面""曼"指鬼的意思，"楼""那"指问讯、探明的意思，因此，巫师为探鬼、问鬼的人，是人与鬼神的中间人，故有灵媒之称。① 神话形式就成为巫师沟通鬼神的重要符号形式。

富育光在《萨满教与神话》中认为："神话与原始宗教是孪生兄妹，互为胚基，互相依存，互相补充，相荣相长。神话是萨满教的宗教心理和观念的形式表达，是原始宗教的思想核心，而萨满祭礼又是神话观念的集中表现形式。神话促进宗教发展和延续，以及强化其炽热的宗教崇拜情感。相反，萨满教存在又在不断丰富、弘扬神话内容，使其感召力与感染性和艺术魅力更不断得以提高，成为人类艺术的永存性珍品。"②

在原初的文化语境中，原始的宗教信仰与神话形式是难以截然分开

---

① 宋兆麟：《巫与巫术》，四川民族出版社1989年版，第33页。
② 富育光：《萨满教与神话》，辽宁大学出版社1990年版，第189页。

的,诗歌、音乐、舞蹈、仪式等艺术符号形式都受到神话信仰之根的文化支配。因此,早期艺术的起源与神话信仰是互相依存的文化关系,神话信仰成为各种艺术形式潜藏的文化意义。尤其到了文明时代,随着早期神话信仰的逐渐淡化,艺术形式的神秘性逐渐变得难以理解。

萧兵在《中国早期艺术的文化释读:审美人类学微观研究》中认为:"一切的原始人都是诗人(维柯),所有的艺术都是诗(海德格尔),许多早期艺术品,尤其是带着神秘与不可解性质的艺术品,都可以看作凝固的诗或神话,静态的仪式,或者存活的信仰。它们同样是我们祖先'追问意义'的活性记录。"[1]

原始初民遗存的各种物质图像,不仅仅是一种形式存在的艺术品,而是带有神秘性质的艺术品。在原初居民的心中,这些艺术品都讲述着极为神奇的神话故事,与个体生命、部落群体的命运境遇紧密关联。因此,我们在它们身上可以体验到,先民利用物质图像、艺术品的方式,来追问神话信仰与文化意义,它们本身就是一首难懂的诗,也是一段活态的仪式形式。

宋兆麟在《巫与巫术》中也认为:"巫教是原始人的主要精神支柱,是人类最早的朴素的世界观,鬼神支配一切,也支配人,人类又依赖鬼神。这种思想意识必然对文学产生重大的影响。以神话来说,这是比较古老的文学形式,它是怎么出现的?因为在氏族社会时期,都是信仰图腾,既然图腾是一种神圣的、与己有亲密关系的崇拜对象,人们当然对图腾有许多幻想,构思出许多有关图腾的故事,并且一传十,十传百,一代传一代,经过多次幻想性和积累性描述,就出现了生动的神话。"[2] 鬼神信仰是一切艺术的支配动力,离开了鬼神的神秘力量,艺术形式也就失去了生命活力。早期各种艺术都与原始人的精神信仰有关。

孔子提出要"游于艺",他将艺术形式放置在神道、神德、仁性之后,这表明艺术形式是以神话信仰的精神力量为核心价值的文化形式,这种艺术观念与口传文化时期的神话艺术观念也是一致的。

士人如何才能开启仁德之路呢?在孔子看来,艺术在这场特殊的文化旅途中扮演了一个起兴证悟、指明方向的文化角色。同时,士人获得了自身"仁德"的文化规定之后,又如何在常身世界之中现身呢?如何才能

---

[1] 萧兵:《中国早期艺术的文化释读:审美人类学微观研究》,湖北人民出版社2014年版,第6页。

[2] 宋兆麟:《巫与巫术》,四川民族出版社1989年版,第321页。

将"仁者"的德性价值实践于邻近交往的存在者呢？孔子认为，仁德常身就应该以礼乐艺术的方式来践行自身的内在精神，因此，仁德常身与礼乐之文并不是两个毫无关联的处于绝对分离的存在状态，而是相互联系、互为依存的文化有机体。仁德常身成为常身世界的本来光源，而这种发自仁德常身的本性之光又要通过礼乐艺术的文化途径来传播，并将其自身之光投射到其他存在者身上。士人不仅要获得仁者常身之本在光源，而且在常身世界中现身的时候，常身还要善于用礼乐文化的艺术形式，来展示自身独特的光彩与善性。艺术与仁德成为一体二元的文化共同体。

《论语·颜渊》记载："颜渊问仁。子曰：'克己复礼为仁。一日克己复礼，天下归仁焉。为仁由己，而由人乎哉？'颜渊曰：'请问其目？'子曰：'非礼勿视，非礼勿听，非礼勿言，非礼勿动。'"[①]何为"克己复礼"？为何"克己复礼"就是"仁"了呢？"克己"是指能够"抑制住自己的各种欲念"，只有祛除自己在世人心所具有的各种"私欲"，才能激活自身所具有的常身状态，才能将自身放置在同处共在的人类种群整体世界中，由此，而在与他者的交流来往中，不让自身所具有的"私己之欲"显现出来，这样才与他者和谐相处。所谓"克己"，是指要彻底放弃自身在世人心的各种"恶欲"。所谓"复礼"，就是在内心世界中，首先恢复了"善欲"，通达自身的仁德生命，能将常身世界和谐相处的文化规定，具体实践在与他者的交往过程之中。所谓"礼"，就是世界之中各种存在者彼此交往的基本礼仪与行为准则，而这种外在言行举止的精神动力，则发源于士人的仁者常身，并以之为行为之动力。内在"仁德"的常身规定直接成为"外在礼行"的内驱动力。士人依据仁者状态在常身世界之中现身，那么，常身在世界之中的各种言行就会自然符合社会礼仪。所以说"克己复礼"，就是"仁"了。"仁德"是自身心性的整体性领会，而"礼仪"是常身在世界中的外部现身状态。从动力发生学来看，"仁德"是内在的精神支配动力，"礼仪"是外在的人际行为仪式，有了内在源源不断的内驱动力，才会有外在延绵不绝的行为符号。所以士人只有通达了"仁德"之后，才能自觉地将这种"仁德"力量实践于世界现身与言行举止中，这就是礼仪的社会行为。当然，长期坚持外在的"礼仪"行为也能够不断地维护和强化自身对"仁德"的坚定信念，并愿意长期将自身委任给仁者常身而持守不变，决不更改。正是"礼仪"和"仁德"之间的文化内驱与互动关系，通过仁者常身的文化方式，使得内外获得了贯通一致的力量传递，以致表里相通，内外

---

① 杨伯峻译注：《论语译注》，中华书局1980年版，第123页。

一贯。"仁德"指引"礼仪"的实践行为,"礼仪"巩固"仁德"的价值指引,所以孔子再三强调士人"礼仪"实践的重要性,其云:"非礼勿视,非礼勿听,非礼勿言,非礼勿动",将士人自身的"视""听""言""动"等感官行为活动,转化为自身依据仁德常身在世界之中的文化实践,这种文化实践直接关乎自身的仁德状态。在行为实践中,他又强调"礼仪"的约束性和度量性,其实质是强调了仁德的持续状态与恒心持守,强调了常身与世界共处的他者之间的同存共在,彰显了内在仁德的最终决定作用。《礼记·儒行》云:"温良者,仁之本也。敬慎者,仁之地也。宽裕者,仁之作也。孙接者,仁之能也。礼节者,仁之貌也。言谈者,仁之文也。歌乐者,仁之和也。分散者,仁之施也。儒皆兼此而有之,犹且不敢言仁也。"① 内部仁德的精神动力,表现在外在形式方面,诸如讲究礼节,善于言谈与诗歌音乐等等。可见,礼乐形式是内在仁德的外在表现形式。

　　如果脱离了神话信仰与心性证悟,去阅读早期的艺术形式,就形同嚼蜡,食之无味。同样的道理,离开了仁德的内部驱动力,仅仅关注外部的礼乐形式,那么,这种礼乐形式也会失去活力,显得毫无生机。孔子云:"人而不仁,如礼何？人而不仁,如乐何？"(《论语·八佾》)② 一个人要是没有内在的"仁德",那么,外在的"礼仪"形式又有什么作用呢？一个人要是没有内在的"仁德",那么,外在的音乐形式又有什么用呢？孔子认为,外在的"礼仪"形式脱离了"仁德"的内在规定,"礼仪"就很容易成为"伪礼";外在的"音乐"形式失去了"仁德"的文化意义与丰厚寄托,"音乐"也不可能打动人心。孔子表现出对流俗礼乐文化作出的尖锐批判,他认为,社会上这种流于表面形式的礼乐文化,缺失了"神道""神德""仁义"的文化精神和价值取向,也就失去了在世界中存在的文化理由。同样的道理,一个人要是仅仅注重礼乐的外在形式,而没有将自身由个体没有规定的流俗状态,提升为具有"仁德"质性的常身状态,这种礼乐形式就成为只有形式、没有意义的纯粹形式,这也成了无用之物。孔子云:"兴于诗,立于礼,成于乐。"(《论语·泰伯》)③ 不管诗歌的口传形式、文字形式,还是礼乐行为,只有与人内心仁者状态的"兴起""安置""成就"等心志修养、心性证悟联系起来,才可能具备和发挥诗歌礼乐的真正价值与文化功能。否则,诗歌礼乐等艺术,就还只是停留

---

① (汉)郑玄注,(唐)孔颖达疏:《礼记正义》,北京大学出版社2000年版,第1856页。
② 杨伯峻译注:《论语译注》,中华书局1980年版,第24页。
③ 杨伯峻译注:《论语译注》,中华书局1980年版,第81页。

在艺术形式层面上，难以奏效。如果只是粗浅地阅读诗歌，肤浅地演示礼仪，浮浅地欣赏音乐，这些流俗文化行为都是没有多少文化价值的。

从礼乐文化的文化功能来看，孔子不仅重视自身仁德的内在修养，也很重视仁德的文化实践，重视诗歌、礼乐等方面的技艺操练。孔子云："君子博学于文，约之以礼，亦可以弗畔矣夫！"(《论语·雍也》)① 孔子的学生牢也曾引述过孔子的话，其云："子云：'吾不试，故艺。'"(《论语·子罕》)② 孔子认为，凡是君子，都应该是"博学于文，约之以礼"的士人。只有通过广泛学习，实践礼乐，才可以不断提升和践行自身的仁德修养，才不会做出违背君王（孔子心中的君王，不是世俗的君王，而是具有仁德的君子）的事情。孔子甚至认为，自己没有被治理国家等流俗事情所延误，一有时间，就积极参加礼乐文化的学习和操练，由此才掌握了这么多的文化技艺。

鉴于礼乐活动对仁德形成的积极作用，孔子认为，选官就要选这种懂得礼乐的士人。孔子曾云："先进于礼乐，野人也；后进于礼乐，君子也。如用之，则吾从先进。"(《论语·先进》)③ 为什么孔子更重视选择"先进"的"野人"来为官呢？为什么不选"后进"的"君子"呢？孔子认为，学习礼乐文化，不仅仅是一种知识形式的积累，更多的是内在仁德的提升和操练。"野人"，尽管出身卑微，但他们能积极主动地学习礼乐知识，从而很快进入和掌握了自身的"仁德"状态，而具备这种仁德状态之后，就会更加注重自身在世共处的和谐性，有利于为官者正确地、和谐地把握和处理民众之间的各种关系。而"君子"（这里主要指出身高贵的人），可能因为出身较好，凭借各种社会资本，很早就进入了社会，而且官运亨通，可是他们没有长期接受礼乐文化的学习训练，所以是"后进于礼乐"，这也表明，这些人在自身仁德方面，可能还存在很多不足，很可能由于自身仁德的修身不足，而导致不能很好地处理日常政务。可见，孔子选择"先进"士人为官，与他重视礼乐实践对提升仁德的文化功用是密不可分的。孔子云："恭而无礼则劳，慎而无礼则葸，勇而无礼则乱，直而无礼则绞。君子笃于亲，则民兴于仁；故旧不遗，则民不偷。"(《论语·泰伯》)④ 这段话充分强调了"礼仪"在社会实践活动中的重要性。一

---

① 杨伯峻译注：《论语译注》，中华书局1980年版，第63页。
② 杨伯峻译注：《论语译注》，中华书局1980年版，第89页。
③ 杨伯峻译注：《论语译注》，中华书局1980年版，第104页。
④ 杨伯峻译注：《论语译注》，中华书局1980年版，第78页。

个人做起事来，要是态度恭敬，却不讲"礼"，办起事来就会劳而无获；一个人谨小慎微，却不讲"礼"，办起事来就会畏畏缩缩；一个人要是勇敢胆大，却不讲"礼"，办起事来就会乱七八糟；一个人要是心直口快，却不讲"礼"，办起事来就会胡搅蛮缠。君子办事要讲究礼节，亲情笃厚，民众也会效仿他，于是在心中也会产生仁德，这样整个社会就会和谐团结。君子为官，不仅严守仁德，讲究礼仪，而且对民众具有潜移默化的社会作用，可以使民心回归到仁性状态。有子云："礼之用，和为贵。先王之道，斯为美，小大由之。有所不行，知和而和，不以礼节之，亦不可行也。"（《论语·学而》）[1] 有子认为，礼节的社会功能在于和谐，这也是口传传统中"神道"文化的社会功能。唯有内心和谐，并在外在行动中，不管大事小事，都实践这种待人接物的和谐态度。如果有行不通的地方，为了和谐而追求和谐，不讲究礼节，这也是行不通的。可见，人与世界要想和谐共存，除了要有内在的仁德以外，外部还要践行礼节诗乐，这也是必不可少的。

## 五、小　　结

孔子的文化建构是从"仁德"开始的，但是关于"仁德"的文化意义和价值取向，学术界依旧处于晦暗难明之中。

在文化重建中，孔子一方面对流俗文化极为警惕，另一方面始终坚守口传传统的"神道"的文化价值和自由追求，并以恢复"神道"的神圣力量与原初真理作为士人文化重建的新策略。孔子深深体会到，"神道"与"神德"的原初内在力量是不可丢弃的优良文化传统。他所建构的"仁德"文化，始终以"神道"与"神德"作为士人文化追求的最高目标，"仁德"成为士人通向"神道""神德"的文化通途与阶梯桥梁。孔子的文化复古，是通过士人群体"仁德"的文化建构，来践行"神道"与"神德"的神圣力量和价值规定。

孔子认为，士人身份来自内心世界的仁德与外在世界的仁行。学术界关于"仁"的文化界定，大都拘囿于人与人、人与物之间的现成关系来描述仁德的物质存在状态。通过口传文化的灵魂价值观念，揭示出"仁"的大传统文化传承关系。"仁"不是一种现成之物，而是士人个体所具有人类种群的灵魂生命力量，是"心性"力量的本来状态。人心首先要有对仁德展开欲求，然后就能发现潜藏在自身本性深处的本来面目，获得仁性

---

[1] 杨伯峻译注：《论语译注》，中华书局1980年版，第8页。

的存在领会，并以自身所领会到的仁心状态，来规定和约束自身的外在行为。"仁"是人心领会到的人类种群整体的灵魂状态或群体价值，我们将其称为士人的常身状态。士人不仅要内有仁德，而且还必须外有仁行，内在仁德与外在仁行是不可分割的整体关系。

当士人通达了自身的常身状态时，人心世界就转变为常身世界。进入常身世界之中的存在者，就与自身一样，沐浴着仁者之光，共享仁者之爱。仁爱成为仁者常身与他者打交道的基本准则。在常身世界中，"我"与"他者"都依据"仁者常身"的价值准则来为人处事，以获得共存同在。常身世界成为自身与他者和谐共存的大同世界。

士人获得了仁者状态之后，常常以礼乐的文化形式在常身世界现身，礼乐文化成为常身立身世界的重要实践活动。外在的礼乐形式承载了内在仁德的神圣力量，"仁德"指引和规定着礼乐活动的价值方向与文化意义。同时，礼乐活动的文化实践活动不仅能够践行仁德的内在心性，而且还可以巩固自身对仁者常身的恒常持守。孔子不仅重视士人的仁德心性，而且非常重视外在礼乐技艺的学习和操练。

## 第二节 "多闻阙疑"与口传文化

　　子曰："多闻阙疑，慎言其余，则寡尤；多见阙殆，慎行其余，则寡悔。"（《论语·为政》）杨伯峻的《论语译注》对这段文字做了较为清楚的解释，其云："多听，有怀疑的地方，加以保留；其余足以自信的部分，谨慎地说出，就能减少错误。多看，有怀疑的地方，加以保留；其余足以自信的部分，谨慎地实行，就能减少懊悔。"①查阅《论语》的注释历史，可知杨伯峻的解释来源于东汉经学家包咸的注解和宋代邢昺的注疏，包咸曰："尤，过也。疑则阙之，其余不疑，犹慎言之，则少过……殆，危也。所见危者，阙而不行，则少悔。"邢昺曰："'多闻阙疑，慎言其余，则寡尤'者，此夫子教子张求禄之法也。尤，过也；寡，少也。言虽博学多闻，疑则阙之，尤须慎言其余不疑者，则少过也。'多见阙殆，慎行其余，则寡悔'者，殆，危也。言虽广览多见，所见危者，阙而不行，尤须慎行其余不危者，则少悔恨也。"②比较这几位不同时代学者的注释，就会发现，从包咸的"疑则阙之，其余不疑，犹慎言之"，到邢昺的"疑则阙之，尤须慎言其余不疑者"，再到杨伯峻的"有怀疑的地方，加以保留；其余足以自信的部分，谨慎地说出，就能减少错误"，实际上是历代文人不断疏通句意的过程，这个过程也是一个逐渐逻辑化和合理化的推理过程。同时，这些学者都是在字面意义上不断强行增添个人的臆测意义和修饰成分，以达到令人信服的目的，也就是说，他们都是在文字字面上做文章，并没有注意到《论语》文本的口传文化性质。

　　今天我们看到的《论语》文本，并不是孔子用文字书写而成的，而是他口耳传授给徒弟，再由其徒子徒孙根据记忆逐渐文本化的，这已经成为学术界关于《论语》成书的一个共识。③从《论语》文本成书过程来看，它首先是一个口耳传承的口述文化文本。我们知道，从甲骨文到孔子时代，

---

① 杨伯峻译注：《论语译注》，中华书局1980年版，第19页。
② （魏）何晏注，（宋）邢昺疏：《论语注疏》，北京大学出版社2000年版，第22—23页。
③ 可以参见杨伯峻译注的《论语译注》"《论语》的作者和编著年代"部分（中华书局1980年版，第26—30页）。叶舒宪：《孔子〈论语〉与口传文化传统》[《兰州大学学报》（社会科学版）2006年第2期，第1—8页]。

文字发明已经有好几百年的历史了，文字书写开始成为生活记录工具，但孔圣人还是不随世俗用文字书写来著书立说，而是一反潮流，孤立独行，依旧坚持采用口耳相传的方式来教育学生。可见，孔子是口传文化传统的最后一位坚守者，这表明了作为时代知识领袖的孔子对传统口传表述方式的怀恋之情，以及对流行于社会的文字书写知识新模式的警惕之心。这也表明口头传承是史前文化最早而且是极具生命力的知识传播方式，它不仅有着悠久的历史，而且即使到了文字书写时代，对知识分子仍有着极大的诱惑力，因此表现出较强的生命力。

《论语》成书的口传发生背景和文化传统决定了其文本内容、意义和结构的口传性和场域性。文学人类学将史前无文字时代的口传文化传统称为文化大传统，将文字书写传统称为文化小传统，文化大传统具有原生性、主要性和优等性的特点，相对于大传统而言，书写小传统则属于派生性的、附属性的和次等性的。尽管《论语》口传文本后来文字书写成一个固定文本，但其原初形态是从口传文化大传统中生发出来的，它所传达的口传知识与一般书写知识不同，它是一种发源于根植久远的无文字文化传统的"口传文本"，尽管其形态变成了一个"文字文本"，但其知识结构和文化意义依旧是属于口传文化大传统的。

我们将"多闻阙疑"放置到史前口传文化大传统的社会文化语境和神话历史场域中来讨论，力求还原其所生成的历史发生学语境及其符号象征意蕴，并据此而探求孔子的神话历史观念。

## 一、"多闻"与口传文化知识观

中国有句俗话："万般皆下品，唯有读书高。"这句俗话真实形象地揭橥了文字书写小传统在自古以来文明人心中的至高地位，大家普遍认为书本才是读书人的知识源泉和精神家园。著名的人类学家爱德华·泰勒在《人类学：人及其文化研究》一书中生动地概括了文明人的片面知识观："知识跟文字联系得如此紧密，假如说某人是个学者，那么在我们心中对他就会立刻出现一个这样的概念：这是一个读过许多书的人，因为书籍是人们学习的最主要的源泉。"[①] 在文明人看来，知识和文字书写是不可分离的，知识离不开文字书写，知识的合法存在形态就是书本。

当然，也存在不迷信书本的文明人，如A.哈姆帕特·巴在《逼真的

---

① [英]爱德华·泰勒：《人类学：人及其文化研究》，连树声译，上海文艺出版社1993年版，第147页。

传说》一文中就严厉批评了现代人以"文字书写"作为文明优劣评判标准的做法,其云:"在一些现代国家里,书写的东西重于口讲的东西,书本是传播文化遗产的主要工具,在那里长期以来存在一种看法,认为无文字的民族是无文化的民族……认为事实的书面记载比代代相传的口头证据更真实,这种臆想毫无根据。"① 再如蒂埃诺·博卡尔也再三提醒我们,文字书写和知识是两件不同的事情,不要将它们的界限混为一谈,其云:"撰述是一件事,知识是另一件事。撰述是知识的真实记载,但并非知识自身。知识是人类的一盏明灯,是我们祖先在认识方面的全部遗产,正如波巴布树潜伏在种子里一样,在萌芽之时,我们祖辈就把它传给了我们。"② 在蒂埃诺·博卡尔那里,知识与人类生命的诞生、发展紧密联系在一起,具有很久远的生命时间和很强大的生命力量。而文字书写只是知识的存在形态或载体之一,它并不等于知识本身,这也揭示了知识的两个容易被人忽视的地方,一是知识比文字书写的历史更为久远,在文字书写出现以前,人类就有了丰富的文化知识遗产。二是知识不仅以文字书写为存在形态,还可能以其他形式存在,如物质文化形态、口传文化形态等。

孔子的时代是由口传文化到书写文化的过渡时期。这个时期书写文化作为新兴便利的知识载体和存在形态,在世俗世界已经得到普遍的认可和运用。孔子,这位熟知口传文化大传统的精妙意味和符号编码的"天纵"圣人,带着对新文化传统的警惕之心,和对旧文化传统的守望之情,不仅亲身躬行口传文化实践,如"入太庙,每事问。"(《论语·八佾》)③ 用"问"的口述方式来表达自己的求知欲望和获知乐趣,而且他还教导学生学习要善于"多闻",要多交有"多闻"习性或心态结构的朋友(《论语·季氏》),④提倡学生在"多闻"的口传语境和生活场域中,学习口传文化知识,感悟难以言说的文化真谛和历史意义。"多闻"的口头文化传统不是一件简单的言说活动,它是由口头创造、口头叙事、口头传播和诸多仪式手段组合而成的综合社会活动。一是口头创造,讲述者对口头知识的储备没有固定的形态,讲述的内容总是处于模糊的记忆之中,每一次口头传授,讲述者

---

① J.基·泽博编:《非洲通史(第一卷)·编史方法及非洲史前史》,中国对外翻译出版公司1984年版,第121页。
② 引自A.哈姆帕特·巴:《逼真的传说》,J.基·泽博编:《非洲通史(第一卷)·编史方法及非洲史前史》,中国对外翻译出版公司1984年版,第121页。
③ 杨伯峻译注:《论语译注》,中华书局1980年版,第28页。
④ 杨伯峻译注:《论语译注》,中华书局1980年版,第175页。

都要根据具体口述的场域和具体听众的习性结构不断调整、不断创造，这体现了口传文化的灵活性、多变性和创造性。二是口头叙事，它是用语言叙事来讲述部落、族群的文化英雄和文化历史，体现的是这个部落或族群的文化认同和精神渊源。三是口头传播，它总是用口头的声音表现或言说将某个部落或族群的文化气质和先人智慧，并将它们传播给下一代人，讲述者的声音是转瞬即逝的，但这种声音却能在听者的心中久久徘徊，乃至生根，这种声音不是普通的声音，而是发自生命历史隧道中人类生命底处婉转盘旋、盘根错节的精神灵魂。除了讲述者的声音和用词以外，讲述者的手势动作、辅助法器，以及由身体动作和法器发出的能够拨动人心弦并产生灵魂共鸣的各种声响，所有这些所"闻"的声音、所"见"的意象都组成口传文化的象征共同体。同时，既然口传文化活动是一项综合的社会活动，它就离不开讲述者与听者之间现实的权力或知识空间关系，以及讲述活动的仪式关系和互动关系，等等。由此可见，言语在口传文化活动的表情达意方面，并不具有绝对中心的地位，讲述者的一张一弛、一举一动、拈花微笑都是一个象征性符号，都在传递着无穷的深意。如果说口头叙事是一个真实存在，那么，口耳传授的真谛却常常在文字之外，即存在于语言表述之外的各种象征性符号之中。

　　J.旺西纳在深入研究撒哈拉沙漠及其以南地区的非洲文化以后，认为非洲文化在很大程度上都属于口头文化，并以此为基础撰写了《口头传说和方法论》一文，他在此文中概括了自己对口头文化的思考："一个想研究口头传说的人首先必须完全了解并接受口头文化对语言的态度。这种态度用文字记载所有重大事件的文字文化的态度完全不同。一个口头文化社会认为语言不仅是日常的交流手段，而且也是保存先人智慧的一种手段，这种智慧藏于人们可称之为基本言语（即口头传说）中。事实上可以给口头传说下个定义，即一代人用口头方式传给下一代人的口证。几乎在任何地方，言词都具有一种神秘的力量，因为它能创造事物。"[1]他认为口头语言表述的口头文化与文字记载的文字文化是有本质区别的，在口头文化中，口头语言不仅是交流手段，而且是保存"先人智慧"的手段，尤其还具有"神秘的力量"，具有"创造事物"的巨大能量。尽管J.旺西纳没有注意到口头语言之所以有这么多的现实功能和意义内涵，与其口头传递的社会空间关系、活动仪式关系以及部落或族群文化习性等有着密切关系，

---

[1] J.基·泽博编：《非洲通史（第一卷）·编史方法及非洲史前史》，中国对外翻译出版公司1984年版，第104页。

但他很清楚地揭示了口传文化是一种"活的文化",是传递形式与内容、表演与精神、符号与密码的多项综合活动,这与文字文化的单一、单调表现形式截然不同。

孔子提倡"多闻"口传知识观的同时,对掌握口传文化知识的终极目标也作了概括,即通过"闻"的活动,能够获得"达"的境界。子张对曰:"在邦必闻,在家必闻。"子曰:"是闻也,非达也。夫达也者,质直而好义,察言而观色,虑以下人。"(《论语·颜渊》)① 孔子的"闻""达"就是听者在口传文化活动中,能够"通达"讲述者所表达的绝妙精意和象征符码。对于"无闻"者,即那些不善于在口传活动中"通达"神秘力量的学生,孔子是不满的。子曰:"后生可畏,焉知来者之如今也?四十、五十而无闻焉,斯亦不足畏也已。"(《论语·公冶长》)②

当然,在孔子看来,听者应该"多闻"谁之言呢?毫无疑问,圣人的口授才是部落或族群文化真谛的理想所在。《说文解字》云:"圣,通也。"圣人就是在"闻"的口传活动场域中能够"通达"口传知识精妙意蕴的人。孔子眼中,古代圣王如尧、舜、禹、汤、文、武、周公等都是善于"通达"神秘力量的圣人,当然,在孔子的徒子徒孙眼中,他们的提倡"多闻"、善于"通达"的老师也是一位"天纵"之圣。在文献记载中,儒家的孔子和道家的老子都被描绘成耳朵很大相貌奇特的人物(图 2-2-1、2-2-2),这种相貌特征就体现了早期居民对"多闻""善闻"的圣人神圣之处的夸张想象,而三星堆出土的青铜纵目圣人面像图(2-2-3)也体现了类似的文化想象。

图 2-2-1 国家博物馆前孔子像 　　图 2-2-2 福州老子像 　　图 2-2-3 三星堆圣人头像

孔子很强调"多闻"口传文化知识的原生性、首要性和优等性。子曰:

---

① 杨伯峻译注:《论语译注》,中华书局 1980 年版,第 130 页。
② 杨伯峻译注:《论语译注》,中华书局 1980 年版,第 94 页。

"盖有不知而作之者，我无是也。多闻，择其善者而从之；多见而识之；知之次也。"(《论语·述而》)① 对于"不知而作之者"，孔子的态度是"无是"，即不赞同。为什么呢？孔子自己是"述而不作"(《论语·述而》)② 的，叶舒宪认为"述而不作"是"坚持祖述前人，也就是'践迹'，即踩着前人脚印走路。"即"严格遵守口耳相传的定制，不提倡另辟蹊径，也不推崇独树一帜。"③孔子又曰："圣人，吾不得而见之矣；得见君子者，斯可矣。"(《论语·述而》)④ 可见，时过境迁，言说的口传文化传统在世俗文字的影响下，已经出现了一些有悖于上古口传文化知识的内容和陋习。对此，孔子的态度是分明的，他首先肯定要"多闻"，强调"多闻"才是人认识社会自然和领悟文化精神的主要手段和有效方法。其次，他将知识分为传统的"多闻"知识形态和新兴的"多见"知识形态，孔子认为"多闻"的口传知识形态是主要的和原生的，而"多见"的文字书写形态是次要的和附属的。最后，面对圣人口传传统的变异，孔子告诫大家要"择其善者而从之"，体现了对正统口传文化的坚守，和对新兴书写文化影响的戒备。郭店楚简出土的《五行》篇中，有很多段落反复论述了"闻而知之"与"见而知之"的区别，如其云：

> 智之思也长，长则得，得则不忘，不忘则明，明则见贤人，见贤人则玉色，玉色则形，形则智。圣之思也轻，轻则形，形则不忘，不忘则聪，聪则闻君子之道，闻君子之道则玉音，玉音则形，形则圣。(14—15简)
> 见而知之，智也。闻而知之，圣也。(25简)
> 闻君子道，聪也。闻而知之，圣也。圣人知天道也。知而行之，义也。行之而时，德也。见贤人，明也。见而知之，智也。知而安之，仁也。安而敬之，礼也。圣，知礼乐之所由生也。(26—28简)⑤

所谓智者，即"见而知之"者，掌握的是"多见"形态的书写文化知识，这种"多见"的知识形态当然应该包括靠视觉来辨识的文字书写知识，是

---

① 杨伯峻译注：《论语译注》，中华书局1980年版，第73页。
② 杨伯峻译注：《论语译注》，中华书局1980年版，第66页。
③ 叶舒宪：《孔子〈论语〉与口传文化传统》，《兰州大学学报》(社会科学版)2006年第2期，第1—8页。
④ 杨伯峻译注：《论语译注》，中华书局1980年版，第73页。
⑤ 李零：《郭店楚简校读记》，北京大学出版社2002年版，第78—79页。

属于文字小传统的文化产品。所谓圣者，即"闻而知之"者，掌握的是"多闻"形态的口传文化知识，这种"多闻"的知识形态是通过长期口耳之间的经久训练，最终达到身心统一、知行合一的文化心态结构状态和至高人格修养境界，继承的是口传文化大传统的知识价值观。

孔子曾云："夏礼，吾能言之，杞不足征也；殷礼，吾能言之，宋不足征也。文献不足故也。足，则吾能征之矣。"（《论语·八佾》）[1] 关于这段文字的解释历来受到文字书写的遮蔽很多，我们现在将其放置在口传文化传统中，就能体悟到其与孔子提倡"多闻"口传文化传统是一致的。所谓"文献不足"，可以有两种解释：一种是文献数量和贤者知识很少，他们能提供的证据不足，这是传统学者的看法。另一种是文献记载和贤者的书写传统知识不可靠，因为这些书写传统知识对口述历史的神圣性或知识性遮蔽太深，以至于"夏礼"或"殷礼"缺失的内容太多，根据这些"遗失真意"的文献记载和知识结构不完整的贤者，很难探究出古礼的真实面貌。既然"杞""宋"的书写传统和贤者知识都不太可靠，但孔子又说"夏礼"和"殷礼"，"吾能言之"，我们就要问孔子，你凭什么能"言之"？你的知识结构与贤者的知识结构又存在怎样的差异？如果我们联系孔子的特殊时代，除了文字书写传统的知识以外，还存在一种根植于久远历史之中的口传文化知识，孔子的文化自信和历史知识就是从口传文化知识中继承而来的。而且从这段话语中，我们也能感受到，孔子一方面感叹书写传统对口传文化的遗漏和遮蔽，另一方面他却暗自庆幸自己能从口传知识中获得别人（包括那些贤者）无以获得的东西。

## 二、"阙疑"与神话法典功能

东汉的包咸和宋代的邢昺都将"阙疑"理解成"阙而疑之"，清代刘宝楠在《论语正义》中解释为："阙疑者，《左传·昭公二十年》'以当其阙'杜预注：'阙，空也。'其义有未明、未安于心者，阙空之也。"[2] 刘宝楠依照杜预将"阙"释为"空"，联系整个句子和故事发生情节，《左传·昭二十年》"以当其阙"之"阙"应该表示"有空阙的地方"，即"没有障碍物的地方"。刘宝楠以杜预注来类推"阙疑"，明显和包咸、邢昺等人一样，也落入了文字书写的推论圈套之中。在古代典籍注释和字典训诂中，"阙"还有一些类似的解释，如"阙，缺也。"（如《左传·成公二年》"其晋实

---

[1] 杨伯峻译注：《论语译注》，中华书局1980年版，第26页。
[2] （清）刘宝楠：《论语正义》，中华书局1990年版，第62页。

有阙"洪亮吉诂;《左传·襄公元年》"谋事补阙"洪亮吉诂;《国语·周语下》"单若有阙"韦昭注;《国语·鲁语下》"信抑阙矣"韦昭注;《国语·晋语》"阙从补之"韦昭注;《国语·晋语》"聚必有阙"韦昭注;《国语·晋语》"而裨诸侯之阙"韦昭注;《国语·楚语下》"马邮则阙于民"韦昭注;《荀子·性恶》"大公之阙"杨倞注;《文选·班固〈公孙弘传赞〉》"制度多阙"吕延济注。)还有"阙,少也。"(《玉篇·门部》)以及"阙,乏也。"(《集韵·月韵》)古人将"阙"释为"缺""少""乏"等,意义都很接近,都表示"无""没有的"意思。如果联系"多闻"所根植的口传文化传统,"多闻"表示"多听圣人之言,以通达圣人之意"。"阙疑"表示不要对"圣人之言和圣人之意"有所怀疑,要忠信不疑。"慎言其余"表示"其他的想法或意见就别说了。"这表明了孔子在书写文化盛行之时,依旧执着地坚持古老的口传文化传统,而且他还坚信,无文字时代的口传文化比书写文化更具有永久性、可信性、合法性和权威性。那些圣人们通过自己的言说活动,传授着口传文化的象征意蕴和文化编码,他们是忠实的口述者,他们不会像文明人眼中的"作者"那样,将后来的、世俗的知识观念强行添加到口述文化传统中去。孔子用"阙疑"表达了自己对口传传统文化的极大信奉,以及强化了口传文化知识的忠实性和有效性。

子曰:"君子于其所不知,盖阙如也。名不正,则言不顺;言不顺,则事不成;事不成,则礼乐不兴;礼乐不兴,则刑罚不中;刑罚不中,则民无所错手足。故君子名之必可言也,言之必可行也。君子于其言,无所苟而已矣。"(《论语·子路》)[1] 包咸注曰:"君子于其所不知,当阙而勿据。"[2] 在口传文化中,圣人是"闻而知之";在书写文化中,君子是"见而知之"。前者重在口传活动中不断训练和培养内置化的习性或心态结构,以达到能在"多闻"的仪式活动中获得一种不言而明的文化顿悟和心理结构,从而获得身心一体、通融圆明的理想人格境界。而后者是通过学习文字,理解字义,最终达到对圣人之道的理解和感悟。"君子于其所不知",即君子由于是从文字书写小传统来理解文化精义和人生妙理,其文字记载已经失去了鲜活的文化场域和交流语境。所以"多见"的君子不像圣人的"多闻"那样,可以通过听觉声音、视觉符号等多种手段整合在一起,来感悟口传文化的象征性和神圣性,他们往往拘囿于文字书写,所以其有"不知"之处。"盖阙如"的意思是指:当君子受文字书写局限而"不知"时,

---

[1] 杨伯峻译注:《论语译注》,中华书局1980年版,第133—134页。
[2] (魏)何晏注,(宋)邢昺疏:《论语注疏》,北京大学出版社2000年版,第171页。

表现出有所"阙"的样子,即有所缺失、不充实、茫然疑惑不解的样子。那么,我们就要问,君子为何会出现这种"若有缺失、疑惑不解"呢?原因就在于君子获得的是"多见"的书写传统知识,与原生性和首要性的口传文化知识相比,它是属于派生性和次等性的文化知识,存在对"真知"的遮蔽和掩饰。只有圣人"多闻"口传传统知识才是忠实可靠、千古不变的,是值得信赖的。所以孔子提出要"正名",其"正名"的目的就是要把因书写传统遮蔽和掩饰的东西揭示出来,并加以纠正,使书写传统知识尽量与口传传统知识保持一致,即达到"名""言""行"合为一体,不相分离。孔子"正名"的策略,其实是用口传文化知识来纠偏书写文化知识。

子曰:"吾犹及史之阙文也。有马者借人乘之,今亡矣夫!"(《论语·卫灵公》)① 这里的"史"应该指"史书",乃文字书写传统知识的文本形态。"及"应为"涉及"或"纠正"的意思,"阙文"应该指文字书写传统所遗漏或丢失的历史真谛和文化象征部分。这段文字和上段文字一样,表明孔子始终都是用口传文化知识的大传统,来审视、理解和纠偏文字书写小传统的不足和遮蔽。关于"有马者借人乘之,今亡矣夫"的解释,囿于文字书写小传统的杨伯峻只好感叹道:"'史之阙文'和'有马者借人乘之',其间有什么关联,很难理解。包咸的《论语章句》和皇侃的《义疏》都把它们看成两件不相关的事。宋叶梦得《石林燕语》却根据《汉书·艺文志》的引文无'有马'等七个字,因疑这七个字是衍文。其他穿凿的解释很多,依我看来,还是把它看为两件事较妥当。又有人说这七字当作'有焉者晋人之乘'(见《诂经精舍六集》卷九《方赞尧有马者借人乘之解》),更是毫无凭据的臆测。"② 在口传文化大传统中,圣人进入口传表演活动时,"马"是不可缺少的神话意象,圣人经常用驾马的动作形象地传达自己进入了神圣的心理迷狂状态,还利用马蹄之声来表达已经获得"神秘力量"的依附情状,也就是说,"马"意象是口传文化活动中一个重要的符号标志。孔子感叹在书写文化传统中作为口传文化富有标志意味的"马"意象不见了,即"今亡矣",是对书写文化知识极度的不满和忧虑。

子曰:"在邦必达,在家必达。夫闻也者,色取仁而行违,居之不疑。在邦必闻,在家必闻。"(《论语·颜渊》)③ 这里的"闻也者"不等于"多闻"者,他们不能真正"通达"口传文化知识,只是表面上"取仁",而未能

---

① 杨伯峻译注:《论语译注》,中华书局1980年版,第167页。
② 杨伯峻译注:《论语译注》,中华书局1980年版,第167页。
③ 杨伯峻译注:《论语译注》,中华书局1980年版,第130页。

将这种知识内化为个人的心态结构或固定习性，所以不能将这种知识贯穿到行动之中，而他们对口传文化知识还是深信不疑的。孔子批评那些未能真正理解口传文化知识的"闻也者"，一方面显示了口传文化知识具有知行一体、身心合一的特点，另一方面还进一步证实了听者不但要相信口耳相传的内容，而且要将口传文化知识贯穿在生活实践中，也就是说，"阙疑"或"不疑"的口传文化态度既体现在"多闻"的学习过程中，而且还体现在日常的实践过程中。

关于口传文化知识的有效性和权威性，A.哈姆帕特·巴在《逼真的传说》一文做了详细的阐释："在不存在书写的地方，人们必须信守诺言，并受其约束。他就是他的诺言，他的诺言就是他自身的证明。社会的协调依靠诺言的价值和对诺言的尊重。然而由于书面文字的侵入，文字逐渐取代诺言而成为唯一的证据和凭证，签名盖章成了唯一认可的约束。与此同时，把人和言语结为一体的深远而神圣的联系消失了，取而代之的是常规的大学学位。根据非洲的传统——至少是我所知道的撒哈拉以南整个草原地带的传统——言语除了它的基本道德价值以外，具有同它的神圣起源及其所拥有的玄妙力量相联系的神圣特征。它作为魔法的最高动因，各种精灵力量的主要动力，不可等闲视之。在当时，许多宗教的、魔术的或社会的因素结合在一起，保存了口头传说的可靠性。"[1] 他还举例说："班巴拉人的可磨盟会传说教导说，库马，即语言，是最高主宰——造物主马阿·恩加拉——自身分出的基本力量。它是创造的工具。可磨神的合唱指挥人——吟唱祭师——宣称，'马阿·恩加拉讲的话都是对的'。"[2] 口授者信守"诺言"就是忠实于口传文化知识，在言行中，不对这种知识做任何改变，因为口传文化知识代表的是"神灵"的意愿，是具有正价值、绝对性和权威性的知识。休斯顿·史密斯在《人的宗教》一书中进一步审视了书写文化知识对口传文化传统的干预和损害，其云："我们不能了解到原初口述性的特殊之处，直到我们面对其排他性，它视书写不是说话的辅助而是其敌人。因为书写一旦被引进来，就无法不影响口述性的效力，并在重要的地方削减了这些效力。"[3] 他认为，书写传统具有较强的排他性和敌意性，是口传文化的"敌人"，会严重影响和遮蔽口传文化的效力性和合

---

[1] J.基·泽博编：《非洲通史（第一卷）·编史方法及非洲史前史》，中国对外翻译出版公司1984年版，第122页。

[2] J.基·泽博编：《非洲通史（第一卷）·编史方法及非洲史前史》，中国对外翻译出版公司1984年版，第123页。

[3] [美]休斯顿·史密斯：《人的宗教》，刘安云译，海南出版社2001年版，第397页。

法性。书写文化始终都以自我为中心，以自己为文化大传统，将口传文化贬谪为"无文化"或文化小传统。

刘宝楠在《论语正义》中这样评价"多闻"和"多见"的知识传统："'多闻'、'多见'，谓所学有闻有见也。《易·象传》：'君子多识前言往行以畜其德。'畜者，积也，厚也。以所识言行，为己言行之则，故凡学者，所以为己也。"① 刘宝楠强调了个人的知识系统和心态结构对行为实践的指导意义，但他没有分清楚"多闻"口传文化知识与"多见"书写文化知识之间的大小传统区隔，抹杀了无文字时代口传文化大传统的派生性、合法性和权威性，也是文字小传统对口传文化的遮蔽表现。

## 三、孔子的神话历史观念

由于受到文字书写传统的遮蔽，文明人将"多闻阙疑"理解为"多听，疑则阙之，或疑则存之"，并由此推论出孔子对待历史的态度。如李民在《孔子的史籍整理及史学思想》一文说："他（孔子）认为探究历史一定先要掌握大量史料，才能议论，如果史料不足，宁可存疑也不能妄言。……在研究具体历史问题时他（孔子）也是采取这种'不知，则存疑'的态度。……相当于尧舜以前的原始社会的历史，那是我们今天在历史唯物主义的指导下，通过对大量考古发掘资料的研究并参考某些有关古史文献而得出的结论。在孔子那个时代当然不可能具备这种条件，因而也不可能得出这样正确的结论。但是，他（孔子）并没有把口耳相传的故事当成'信史'。以此可见，孔子治史的这种慎重态度在先秦诸子中实在是难能可贵的。"② 这段文字归纳了孔子极为慎重的治史态度，具体表现为：一占有史料，二存疑而不妄断，三不将口耳相传的故事当成信史。在作者的笔下，孔子完全成了一位书写传统中极为严肃的历史实证主义者。

通过将孔子放置到口传文化大传统的历史语境和社会场域中，我们发现，孔子是一位学习、传播、守望口传文化的学者，"多闻"的口传知识观和"阙疑"的神话权威性都表明，孔子坚信口传文化大传统的价值观，对口传文化传递的神秘力量或神圣性是忠实不二、深信不疑的，而对后起的、新兴的、派生的、次等的文字书写传统表示了怀疑和警惕。可见，孔子并不如文明人所理解的那样，是一位信任史料书写权威的史学家，完全

---

① （清）刘宝楠：《论语正义》，中华书局1990年版，第62页。
② 李民：《孔子的史籍整理及史学思想》，范学辉、齐金江主编：《儒家史学思想研究》，中华书局2003年版，第92—93页。

不信任口耳相传的故事。与此恰恰相反，口传文化知识的价值观念才是孔子所信奉的历史价值观念。麦迪娜·萨里巴在《故事的语言》一文中描述了口传文化知识的价值观念："古代的文明人类都理解语言（故事）和歌谣（诗歌）的价值，他们在仪式中反复地使用这种价值。他们花费大量时间来创造一个特殊的空间，并在这个专属的空间里，通过象征性的语言，来传递生命的神秘性。"① 口传文化营造的不仅仅是象征性的语言，而且是一个丰富、多面、立体的特殊空间，其歌谣价值或口传价值就是利用并通过这个符号空间，传递"生命的神秘性"。这种"生命的神秘性"就是孔子在"多闻"口传文化传统中所强调的"达"意，唯有那些能"通达"这种"生命的神秘性"的人，才是"圣人"。休斯顿·史密斯在《人的宗教》中总结原初宗教的"口述性"特征时说："他们口述的内容，也就是那看不得的神话，使他们的眼睛能自由地去细察其他神圣的预兆。"② 也揭示出口述传统与神话是一体的，难以分离。人类学家爱德华·泰勒在《人类学：人及其文化研究》一书第十五章"历史和神话"中，涉及了无文字时期的口传记忆问题，他如是说："各民族的早期历史，或多或少是由那些在文字出现之前从祖先那里靠记忆传下来的传说组成的。我们自己的经验不可能教导我们多方面地认识这类口头传说的价值，因为在文明世界里，传说是那样地不适用，而当时发生的事情又没有被记录下来，所以在现代，我们对于发生在我们祖先早期时代的事件知道得极少。但是，文字还没有普及全球，还存在这样一些民族：这些民族的历史仅仅由祖先传下来的传说组成。例如，直到不久以前还不会书写的南太平洋岛民，是有知识的野蛮人，他们希望把关于既往时日的回忆传给后代，并在一两种情况下，这些回忆在他们之中可能受到检验，看来，记忆好像真的能够十分长久而忠实地保留历史知识。"③ 这位以文字自大的人类学家，在面对南太平洋岛民口传文化的神秘性时，既带着几分不屑的轻视态度，又夹着一些难以置信的惊奇心理，在那里的口述文化是那样长久并忠实地保留着历史知识和文化传统。A.哈姆帕特·巴在《逼真的传说》一文中总结非洲口传文化知识特征时云："马阿所继承的这些力量（技能、希望和知识三种潜力）在体内毫无声息，它们处于静态，直至言谈使之运动。后来，它们因

---

① Mediha Saliba. Story Language: A Sacred Healing Space. *Literature and Medicine* 19, No.1 (Spring 2000) 38-50.
② [美] 休斯顿·史密斯：《人的宗教》，刘安云译，海南出版社2001年版，第398页。
③ [英] 爱德华·泰勒：《人类学：人及其文化研究》，连树声译，上海文艺出版社1993年版，第346页。

为神性语言赋予的生气而开始振动。它们在第一阶段变成思想，在第二阶段变成声音，在第三阶段变成语言。因此，言说——说出的话——被看作各种力量振动的形体化和具体化。但我们要指出，'说'和'听'这类涉及现实的词语，其含义在这里比我们通常理解的更广泛。据说'马阿·恩加拉的言谈，看得见，听得到，闻得着，尝得出、摸得到。'它是总的知觉，是人类积累的知识。"[1]口述者马阿犹如孔子心中那些能"达"的"多闻"者，他从造物主马阿·恩加拉那里继承了三种神秘的力量，而其神性语言的产生都是发源于"各种力量振动的形体化和具体化"。但是在书写文化用文字将语言定型化以后，与口传语言相随相伴的各种象征性符号手段都被文字排除和遗弃了，甚至在书写过程中，书写者的理性创作也任意改变着和侵蚀着口耳相传的确信和承诺。美国学者埃伦·迪萨纳亚克也指出："在口头社会中，分析和质疑是不被鼓励的——实际上，这在能写能读的意义上几乎是不可能的，因为那样的话，一个人得有一个可以被重读、核对、比较、思考、分类和解释的文本。因此，人们依赖传统和权威——它们通过谚语、民间故事、仪式化成规等等手段被保存下来——来指导他们如何生活。他们对这些文化宝藏的有效性的态度是肯定和信仰的态度。由于整个族群都被联合在同一种信仰或世界图景之中，其特征是一种团结一致的感觉，个人沉浸在一个更大的整体中而不是希望他们主要依赖于自己。……在后者（文字社会）中，知识取代了信仰，一种冰冷的、非个人的、理智化的精确理念取代了温暖凌乱的感情主义，对相对的、暂时的、任意的和偶然的东西的接受取代了确信和承诺。"[2]

孔子所坚守的口传文化知识价值观总是和神秘力量密不可分，孔子所说的"祭如在，祭神如神在"（《论语·八佾》）[3]、"获罪于天，无所祷也"（《论语·八佾》）[4]、"唯天为大，唯尧则之"（《论语·泰伯》）[5]、"不语怪力乱神"（《论语·述而》）[6]、"未能事人，焉能事鬼"（《论语·先进》）[7]等言论，

---

[1] J.基·泽博编：《非洲通史（第一卷）·编史方法及非洲史前史》，中国对外翻译出版公司1984年版，第124页。

[2] ［美］埃伦·迪萨纳亚克：《口头、书面与后现代心理》，户晓辉译，《民族文学研究》2004年第3期，第137—144页。

[3] 杨伯峻译注：《论语译注》，中华书局1980年版，第27页。

[4] 杨伯峻译注：《论语译注》，中华书局1980年版，第27页。

[5] 杨伯峻译注：《论语译注》，中华书局1980年版，第83页。

[6] 这里的断句沿用叶舒宪的看法，具体请参见叶舒宪：《儒家神话再发现》，载叶舒宪、唐启翠主编：《儒家神话》，南方日报出版社2011年版，第28—29页。

[7] 杨伯峻译注：《论语译注》，中华书局1980年版，第113页。

无不是从口传文化传统知识价值中生发出来的。为了使大家进一步认识和领悟口传文化的神圣性或神秘力量，我们在此列举两段口传文化的具体例子。第一个例子是公元前 3000 年代晚期或公元前 2000 年代早期的古埃及的《普塔霍泰普训诫》(Instruction of Ptahhotep)，普塔霍泰普劝告人们应遵循"前人听命于神的行事方式"，其结尾云：

> 假如你听从我的金玉良言，
> 你的一切将一帆风顺；
> 价值存在于真理之中，
> 记忆通过话语绵延，
> 因为箴言确有所值；
> 假如句句得以遵从，
> 它们将永不消亡于世
> ……
> 对后代讲述这些十分有益，
> 他们会遵从这一点。[1]

第二个例子是撒哈拉以南草原地带班巴拉人的可磨盟会传说教导。可磨盟会领唱人丹福·西内在传授故事和训诫前，总要云：

> 啊！我的蒂埃马布莱姆·萨马凯家族的先主！
> 啊！来自东方的第一批传授始祖，
> 过世的铁匠和织工们的英灵！
> 啊！吉吉，你第一个到达杰里巴（尼日尔）向可磨传授秘诀，
> 你是伟大的人！
> 你们都降临吧！都来听吧！
> 倘若我传授时恰当而忠实的言语能得到护佑，
> 我就要依照你们的话语，
> 向明天的人传授，
> 他们是我们的孩子，
> 我们的孩子的后裔。

---

[1] [美] 唐纳德·R.凯利：《多面的历史——从希罗多德到赫尔德的历史》，陈恒、宋立宏译，生活·读书·新知三联书店 2003 年版，第 22 页。

>我要向他们讲述，
>
>从你们过去到我们今天，
>
>件件事情的起始根由。
>
>啊！紧握我言语的缰绳吧！列祖列宗！
>
>指引我讲述的词语，
>
>遵从一定规则，
>
>这些规则他们生而固有。①

这些接受了口传文化传统熏陶的非洲人，对口述者——多马的话，连做梦也不会怀疑其真实性，尤其是对待那些从祖辈那里继承下来的口耳相传的文化知识时，他们更是如此。孔子"入太庙，每事问"的虔诚态度和"多闻阙疑"的价值观念，表明孔子非常尊重和信服那些口传的文化知识，并不遗余力地将这种文化知识传统传授给自己的弟子，可以说，他是一位口传文化传统知识价值的忠实继承者、传递者和实践者。

在孔子的一些具体史学思想和实践中，还存在一些看似悖论的地方，如"春秋笔法"和"书法不隐"，"述而不作"与孔子作《春秋》。只有将它们放置在孔子的口传文化知识价值观或神话历史价值观中，才能化解文字书写给这些史学观念带来的遮蔽和误解。口传知识文化的"述而不作"价值观指的是圣人忠实于口述文化传统，在口耳相传过程中，他们不会做任何意义的添加和歪曲。"书法不隐"指在文字叙事时，依旧要遵守并忠实于口传文化知识价值，不以个人或权势的意志而有所改变。因此可以说，从口传文化的"述而不作"到书写文化的"书法不隐"，实际上是孔子的口传文化知识价值在书写文化传统中的具体体现和价值转化。孔子作《春秋》是"据史记"而为之，这里所谓"史记"，是由口传形态转化为文字形态的历史文本，对于其保存了口传文化知识价值的部分，孔子忠实于原文而不疑，也不做任何改动。对于其与口传文化知识价值相悖相反的部分，孔子就会作相应的改正。孔子云"知我者，其惟《春秋》；罪我者，其惟《春秋》"（《孟子·滕文公下》），一方面表现出他对修《春秋》保持历史原貌和口传文化价值的持有信心，另一方面他又担心文字书写传统远离了口传文化的象征场域和仪式语境。无论他怎么努力，用单一的语言文字也很难完全还原历史，熟知口传文化传统的他又表现出对口传文化传统

---

① J.基·泽博编：《非洲通史（第一卷）·编史方法及非洲史前史》，中国对外翻译出版公司1984年版，第129页。

失落的焦虑。

## 四、小　结

孔子所处的时代是由口传文化传统到书写文化传统的过渡时期。孔子是一位忠实于口传文化传统的圣人，他认为"多闻"的口传文化知识是原生性、首要性和优等性的文化大传统，而"多见"的书写文化知识是派生性、次要性和次等性的文化小传统。他提倡用"多闻"的口传方式来"达"到生命的神秘力量，要求学生对口传文化知识深信不疑，以维护和发扬口传文化传统的合法性和权威性，同时对书写传统持有一种不信和警惕的态度。孔子的历史价值观是以口传文化知识价值观念或神话历史观念为基础的，他认为只有口传文化的历史知识才能永久和忠实地保留历史真貌和传递文化真谛，只有将"述而不作"和"书法不隐"放置到口传文化知识价值观念中，才能揭开它们之间由文字书写而造成的遮蔽。

## 第三节 "学而时习之"章的口传编码与整体价值

子曰:"学而时习之,不亦说乎?有朋自远方来,不亦乐乎?人不知而不愠,不亦君子乎?"(《论语·学而》)① 历代儒者对《论语》首章极为重视,阐释较多。杨伯峻在《论语译注》一书中,综合了(汉)马融、(魏)王肃、(魏)何晏、(梁)皇侃、(唐)孔颖达、(宋)朱熹、(清)刘宝楠等人的观点,将其翻译为:孔子说:"学了,然后按一定的时间去实习它,不也高兴吗?有志同道合的人从远处来,不也快乐吗?人家不了解我,我却不怨恨,不也是君子吗?"② 毛之水的《论语今注今译》(台北商务印书馆1979年版)、D.C.Lau 的 The Analects (Penguin Books Ltd., England, 1979)、贝冢茂树的《论语》(东京中央公论社1973年版)、钱穆的《论语新解》(生活·读书·新知三联书店2002年版)、李泽厚的《论语今读》(生活·读书·新知三联书店2004年版)等著述基本上与杨伯峻的译文意义差不多,只在少数语词上有所改变。③

李启谦在《关于"学而时习之"章的解释及其所反映的孔子精神》一文提出了不同的看法,其云:"该章实际上说的是,孔子对其学说三种不同境遇的三种不同态度。第一种最高兴;第二种也快乐;第三种不悲观不失望。"并将第一章译为:"孔子说,如果我的学说被时代(或社会)所采用,那不就太值得高兴了吗?(退一步说,如果时代没采用),可是有很多赞同我的学说的人从远方而来(和我一同讨论问题),不也很快乐吗?(再退一步说,不但社会没采用,而且人们也不理解我的学说),我也不恼怒,不也是位有道德修养的君子吗?"④ 李启谦将首章意义与孔子学说的社会接受情况联系起来,认为是孔子对其学说的社会境遇的态度。这种观点以现代人重视"思想学说"的功利心态强加于孔子,与孔子"依于仁""述而不作""多闻阙疑"等思想都是相悖的,孔子不会因为外在境遇而改变

---

① 杨伯峻译注:《论语译注》,中华书局1980年版,第1页。
② 杨伯峻译注:《论语译注》,中华书局1980年版,第1页。
③ 黎红雷:《孔子"君子学"的三种境界——〈论语〉首章集译》,《孔子研究》2014年第3期。
④ 李启谦:《关于"学而时习之"章的解释及其所反映的孔子精神》,《孔子研究》1996年第4期。

自身的在世情态。

最近，黎红雷在《孔子"君子学"的三种境界——〈论语〉首章集译》一文中，认为首章："体现出君子学习的三种境界：一是学习实践，二是相互切磋，三是求之于己。"并将全文新译为："学了道理而随时实践它，不也令人喜悦吗？有志同道合的人从远方来共同切磋，不也令人快乐吗？即使有人不理解，我却不抱怨，不也是有气度的君子吗？"① 黎红雷的解释有些新意，她已经能领会到此章是"君子学习的三种境界"，但还是拘囿于文字书写小传统，而依旧未能从口传大传统的视角来阐释此章的源始生成及文化意义。

孔子云："德之不修，学之不讲，闻义不能徙，不善不能改，是吾忧也。"（《论语·述而》）② 毫无疑问，《论语》首章触及"德""学""闻"等问题，是士人"游于艺"的社会实践活动，与士人自身的"仁德"有关，可以说是《论语》开宗明义、提纲挈领地概述了士人的"仁之方"。士人通过这些学习实践途径，从而达到了士人仁德的存在境界。因此，此章是君子品格的三重境界：一是关于学习，二是关于待人，三是关于持身。当然，孔子的"学习"是指什么形式的学习？以及士人在学习以后，如何待人？如何对待自己？尤其是如何理解君子与他者之间的存在关系？是本文重点探讨的问题。

孔子所处的时代，是从口传大传统文化向文字书写时代过渡的最后阶段。孔子坚守口传时期"神道"（初级神圣力量）、"神德"（二级神圣力量）的文化价值，同时将士人的文化理想设定为常身世界的仁德状态（三级神圣力量），凸显了孔子对待早期文化大传统的崇敬与传承态度。我们将《论语》首章放置在口传文化语境和神道文化传统的背景之下，深入发掘该章的文化意义和文论价值，可以解开孔门弟子为何将这章放置在《论语》首章所潜藏的、不为人知的文化密码。

## 一、"不亦说乎"的口传知识

《论语》首章"不亦说乎"中的"说"字，到底是"说"字，还是"悦"字呢？程树德在《论语集释·学而上考异》中做了较为细心的考察，其云："皇侃《论语义疏》本'说'作'悦'。翟灏《四书考异》：古喜说、论说同字，汉后增从'心'字别之。'悦'初见《广韵》。徐铉《新修字义》云：经典

---

① 黎红雷：《孔子"君子学"的三种境界——〈论语〉首章集译》，《孔子研究》2014年第3期。
② 杨伯峻译注：《论语译注》，中华书局1980年版，第67页。

只作'说'。然《毛诗》'说怿女美',陆氏释云:又作'悦'。《尔雅释诂》:悦,乐也。悦,服也。皆书作'悦'。而《孟子》但用'悦'字,则二字通写已久。'说'之见二十篇者,如《公冶长篇》'子说',《雍也篇》'非不说子之道'、'子路不说',《子罕篇》'能无说乎'、《子路篇》'近者说',《阳货》篇'子路不说',《尧曰篇》'公则说',皇本俱作'悦'。惟《先进篇》'无所不说',《子路》'易事而难说',仍如监本。"①《论语注疏》校勘记中云:"'说',皇本作'悦'。《释文》出'亦说',云:'音悦,注同。'阮校:按《说文》:说,说释也,从言兑声,一曰谈说,盖古人喜'兑'字多假借作'说',唯皇本俱作'悦',而《先进篇》'无所不说',《子路篇》'君子易事而难说也'又仍作'说'。"②可见,在文字书写传统中,"说""兑"二字出现较早,而"悦"字是晚出之字,同时,在"悦"还没有出现的时候,"说"经常可以指代口头的"说",还可以指代心中的"悦"。从梁代皇侃的《论语义疏》开始的,《论语》首章的"说"字被改成"悦"字,同时,皇侃还将其他章的"说"字也改成了"悦"字。那么,我们要问的是,皇侃将"说"理解为"悦",是《论语》源始的文化意义呢?还是书写文化出现以后的强加意义?

追本溯源,我们才知道,皇侃将"说"改为"悦",是源自于三国时期王肃的注解。王肃注云:"时者,学者以时诵习之。诵习以时,学无废业,所以为说怿。"③皇侃在《论语义疏》一书中,首先将"说"字改成"悦"字,然后开始阐释"悦"字意义,其云:"'悦'者,怀抱欣畅之谓也。言知学已为可欣,又能修习不废,是日知其所亡,月无忘其所能,弥重为可悦,故云'不亦悦乎',如问之然也。"④邢昺的《注疏》也沿袭了这种解法,其云:"学者而能以时诵习其经业,使无废落,不亦说怿乎?"⑤可见,杨伯峻等人将"不亦说乎"解释为"不也高兴吗",都是承袭了三国以来儒者的解经传统。为了弄清楚"说"是不是"悦",我们还是要从口传文化的学习和知识说起。

为了了解口传大传统时期的学习程序,我们先考察一下活态口传的学习状况,为我们解答孔子时期的教学现状与文化形式提供一种民族志的文化视野。文学人类学将活态口传的民族志证据称为第三重证据,很多在

---

① 程树德撰,程俊英、蒋见元点校:《论语集释》,中华书局1990年版,第1页。
② (魏)何晏注,(宋)邢昺疏:《论语注疏》,北京大学出版社2000年版,第1页。
③ (魏)何晏注,(宋)邢昺疏:《论语注疏》,北京大学出版社2000年版,第1页。
④ (梁)皇侃撰,高尚榘校点:《论语义疏》,中华书局2013年版,第3页。
⑤ (魏)何晏注,(宋)邢昺疏:《论语注疏》,北京大学出版社2000年版,第2页。

书本文化中已经失传了文化信息，还可能在民间口耳之间的文化传统保留下来，所以利用民间活态的口传信息就可以帮助我们解答在书本文字中无法解答的学术问题。

北方萨满的学习培训可以为早期文化传承提供一种全新的视野。萨满文化以跳神为主，老萨满教育新萨满的方式，是一种口传为主的仪式文化综合教育。鄂伦春族根据某个人的病情，确定是新萨满的候选人之后，等待这种人病愈后，要马上准备神衣和跳神用具，以便跟老萨满学跳神。学跳神时，要找一处长五十米、宽十米的地方，把这个地方打扫干净，在长方形的两头各埋两棵树，两边每隔不远插上柳条，并把两边的柳条连接起来，形成半圆形。在其中摆上供品，供品一般是狍子、鹿、犴、野猪，但只用它们的如下部分：连着心的兽头、肾和四条腿。也有供飞龙、野鸭和大雁的。如果是"莫昆"萨满，供品由"莫昆"的人们给准备，如果是"多尼"萨满，由产生萨满的人家准备。供品摆好后，新老萨满穿好神衣，靠在"塔了兰"（萨满坐的地方）上击鼓，十几分钟后，处于恍惚状态。这时由老萨满在前领路跳起来，新萨满跟在后面学其动作。神附体后，把供品中的各种野兽的心血斟在酒盅里敬神。然后新萨满在神附体的情况下唱着叙述自己的历史：原来是哪个"莫昆"的以及历代萨满的名字。其次说他三年要举行一次祭神仪式，在库兰（跳神的地方）内跳神，并在"塔了兰"地方靠着。最后说他的神灵广大，怎样给人治病等。这时在一旁静听的老年人，都认为他说的很对，在他以前确实有这些萨满。新萨满要学三个晚上。这种仪式，老萨满每隔三年也举行一次，在这种仪式上集中他的诸神，让每位神都在他身上附体一次。①

鄂温克人任命新萨满时，师傅领着新萨满来到高山之中或大河之边，让新萨满穿上萨满神衣，给他魔法鼓和鼓槌。九名少女站在新萨满的右边，九名男童站在他的左边。老萨满则穿着萨满服装站在新萨满的后面，口中念着祷词，然后新萨满重复，而后新萨满唱出自己的誓言，愿把自己的一生献给灵鬼，并随时听其指令。这个仪式结束后，老萨满去告诉新萨满鬼在何处，如何镇之等事项。最后是屠杀牛羊等动物，老萨满将动物血洒在新萨满的衣服上。②

---

① 内蒙古自治区编辑组编：《鄂伦春族社会历史调查》第2集，内蒙古人民出版社1985年版，第106页。

② [波]尼斡拉滋：《西伯利亚各民族之萨满教》，金启孮译，中国社会科学院民族研究所《萨满教研究》编写组1978年印制，第41页。

赫哲族人学萨满，一般要学三年，新萨满的神是祖传的。但教导新萨满的人，不能是自己家的萨满，必须接受外姓萨满的教导，据说，自己家的萨满没有教导自己家萨满的资格。学萨满主要随同为师的萨满给人治病跳神时实地观摩，平常自己不断地练习，学学神词就是了。[①]

达斡尔族凡学习当萨满者，要请一名老萨满为师，学习萨满的祷祠和跳神功能。新学徒者称为"克库·雅德根"，为师者称为"额格·雅德根"。当举行几个冬季或春季的跳神训练，新萨满的神灵附体后，新老萨满一同前往学徒者上一代萨满的墓地或其附近埋葬其护心镜的地点，挖一四方小坑，取出随葬的护心镜，师者授给其徒弟，并在所带去的鸽子上系红、绿、黄三种颜色的布条，放其飞回家里，师徒二萨满沿途跳神回返。回到家中，新萨满在已燃着的火堆上跳神，直到将火堆踩灭为止。[②]

锡伯族学萨满并不脱产，白天参加生产劳动，夜晚在家学习，断断续续三年才成功。第一步，师傅尽心灌输其信仰神灵的思想，其间还要进行多次考验，使他丝毫不怀疑神灵的存在，如果有怀疑的表现，就要中断教授时间达半年左右，让徒弟"回心转意"，深刻领会师傅的教导，然后又开始教授，教授活动始终在夜间进行，并且不能有亮光。第二步，等徒弟没有二心之后，便开始传授萨满的基本要领，例如，击神鼓的要领，踏舞步（跳神）的动作，请神、领神的方法，进入恍惚状态（入神）的要领，以及背诵咒词祷语，唱萨满歌调等。师傅在授法过程中，还要让徒弟参加萨满教实践活动，带他到跳神治病或跳告神处，学习和观察萨满活动的各过程和各项动作要领。因此，萨满的许多动作要领和主要过程是在从师过程中就自然学会了。[③] 锡伯族新萨满的学习第一步是要对神灵信仰深信不疑，这是萨满学习至关重要的一步。第二步才是关于仪式活动的一些技能技巧，诸如舞蹈、音乐、神词、祷告等基本要领。而且新萨满的学习不是一种纯粹知识的学习方式，而是要在观察与实践的过程中自然领会，自然学会。

---

① 黑龙江省编辑组、《中国少数民族社会历史调查资料丛刊》修订编辑委员会编：《赫哲族社会历史调查》，黑龙江朝鲜民族出版社1987年版，第171页。
② 吕大吉、何耀华总主编，满都尔图等本卷主编：《中国各民族原始宗教资料集成：鄂伦春族卷 鄂温克族卷 赫哲族卷 达斡尔族卷 锡伯族卷 满族卷 蒙古族卷 藏族卷》，中国社会科学出版社1999年版，第333页。
③ 吕大吉、何耀华总主编，满都尔图等本卷主编：《中国各民族原始宗教资料集成：鄂伦春族卷 鄂温克族卷 赫哲族卷 达斡尔族卷 锡伯族卷 满族卷 蒙古族卷 藏族卷》，中国社会科学出版社1999年版，第404—405页。

宁安地区满族关姓学萨满程序也对我们了解口传教学具有很好的帮助。学萨满开始，首先将祭品备齐。

> 第一日，清晨起蒸撒糕，做米酒，请神祖列位，用布浆硬，遮围周密，用安楚香烟向新学萨满扇烟，扑其鼻面，教授一切祭祀规程，午祭蒸糕米酒，晚祭猪。
> 第二日靖学。
> 第三日午祭撒糕，晚祭猪，米酒、白酒，安楚香附列供献。
> 第四日靖学。
> 第五日午祭台喜玛，晚祭猪，米酒、白酒，安楚香附列供献。
> 第六日靖学。
> 第七日祭水团子，晚祭猪，米酒、白酒，安楚香附列供献。
> 第八日靖学。
> 第九日午祭豆面卷子，晚祭猪，米酒、白酒，安楚香附列供献。
> 第十日靖学。
> 第十一日午祭撒糕，晚祭猪，米酒、白酒，安楚香附列供献。
> 第十二日靖学。
> 第十三日午祭撒糕，晚祭猪，米酒、白酒，安楚香附列供献。
> 第十四日靖学。
> 第十五日午祭打糕，晚祭猪，米酒、白酒，安楚香附列供献。
> 第十六日限期完成，进行院子索木杆祭祀。[①]

满族新萨满的学习安排是现场学习一天，然后安排靖学一天。所谓靖学，就是在家自己操练前一天学来的东西。前一天学习了仪式活动的具体程序与相关言说，后一天就要在家模仿前一天学习的仪式过程，自己亲自来操练实践。新萨满的观摩学习与课后操练是一体的，如果没有靖学时课后操练，前一天的观摩学习也是枉然。

可见，萨满文化学习的主要内容是跳神。新萨满跟随老萨满学习跳神，不是一种书写文化的机械学习，而是一种具有神秘性质的口传仪式学习。当然，跳神仪式中的口述活动很重要，新萨满除了要熟悉仪式，还要

---

① 吕大吉、何耀华总主编，满都尔图等本卷主编：《中国各民族原始宗教资料集成：鄂伦春族卷 鄂温克族卷 赫哲族卷 达斡尔族卷 锡伯族卷 满族卷 蒙古族卷 藏族卷》，中国社会科学出版社1999年版，第504—505页。

掌握跳神仪式的神词。跳神的神词是跳神仪式的一部分，除了要观摩仪式舞蹈与神圣语境外，新萨满还要不断地操练神词，才能掌握跳神的仪式活动。总之，萨满的学习是一个口传记忆不断得到巩固的实践过程。

南方巫师文化的学习也类似于北方的萨满学习，巫师也必须要掌握各种祭祀仪式的鲜活知识。景颇族能做董萨的人，多属聪明能说会道之辈。一般多是学自自己的父辈，也有的靠自己的观察记忆理解，从别人的祭祀活动中学来的。①

在珞巴族，一旦成为新纽布，就要在老纽布的带领下，学习必要的祷词和跳鬼动作，熟悉有关的仪轨。随着经验的增长和声望的提高，就日渐从小纽布变为中纽布，进而成为有声望的大纽布。② 珞巴族的巫师，即"纽布"，必须学习仪式祷词与跳鬼动作，还必须熟悉仪式的程序。而且巫师的学习过程是不断熟悉的过程，要成为大纽布，需要不断反复操练。

具体了解一下珞巴族博嘎尔人的纽布仪式，就可以深入了解纽布的知识结构。纽布依据仪式规模及善、恶乌佑的不同，安排其仪式。仪式有多种，主要仪式项目有：一、"纽布乌佑光得乃"，"光"意为看，即通过法术可以凭借肉眼识别各种鬼神，"得乃"，即伴有不同曲调演唱的仪式活动；二、"嘎朗达纳"，即伴有歌舞，挥舞法具驱赶神鬼的仪式；三、"纽布依乃"，即巫师转圈跳鬼仪式的意思；四、"纽布乌佑白"，"白"为演唱、说话、谈判的意思，即巫师念经，这是巫师在宗教仪式中用专门的曲调演唱的祷词。祷词的内容广泛，有乌佑的来源、人类的出现、火的应用、狩猎与动物驯养、农业的发明、金纠育帝射日、洪水泛滥等方面的内容；五、"纽布得巴"，即巫师年咒语；六、"诺过白鲁劲光"，"诺过"为杀牲之意，"白"为演唱，说话或谈判的意思，"鲁劲"为肝，"光"为看或算的意思，即巫师卜肝卦。③ 纽布的功夫表演主要有六种类型，而每种功夫都是一种综合的仪式能力，能够在鬼神之间穿梭来往，能够识别各种不同鬼神的看家功夫，能够挥舞法具驱赶鬼神，能够说唱各种专门的演唱祷词等。

在土家族，凡正式的土老师，必须经过隆重的"牵街"仪式。……开

---

① 刘振乾：《潞西县弄丙寨陇川县邦瓦寨家族婚姻生活习俗情况》，见云南省编辑组、《中国少数民族社会历史调查资料丛刊》修订编辑委员会编：《景颇族社会历史调查》（四），云南人民出版社1986年版，第113页。

② 李坚尚、刘芳贤：《珞巴族的社会与文化》，四川民族出版社1993年版，第277页。

③ 吕大吉、何耀华总主编，张公瑾等本卷主编：《中国各民族原始宗教资料集成：傣族卷 哈尼族卷 景颇族卷 孟—高棉语族群体卷 普米族卷 珞巴族卷 阿昌族卷》，中国社会科学出版社1999年版，第831页。

坛前须以三猪、三羊、三禽献祭,称为整三牲祭。开坛后接法人要"跑云踏雾过三关",然后用一个特制的小布袋请师傅传法,也就是由掌坛师传符、咒、诰、诀、印给满师的徒弟,师傅每念一道咒语,手挽一个诀法,徒弟都用小布袋接住,口中还念念有词说:"师傅送我一道诀,徒弟今用口来接,师傅法传到底,心口合一又合一!"然后师傅将一些吃的东西嚼烂,徒弟用口接住吞下,以示得师傅真传,永志不忘。[①] 土家族的牵街仪式其实是一个口传知识的神圣传递仪式,通过小布袋的有形形式象征性地表示,徒弟能够接受师傅的传法。"心口合一"是巫师学习的神秘法典,也是巫师师法的重要内容,这与书写文化心口分离是截然不同的。

等到文字出现以后,巫师的教育依旧是在仪式背景的念诵活动中完成。巴莫阿依在《试论彝族毕摩的传承和教育》中对彝族毕摩的教学做了详细的描述。毕摩教师通过带读的教授方式帮助生徒读经,带读常常在仪式中进行。比如做"涅此日"咒鬼仪式,要念经书《涅此薄潘》(《鬼的起源》),毕摩教师念诵,生徒紧跟。数场或十多场咒鬼仪式以后,生徒能与毕摩教师齐诵而不再慢一个拍子,此经书的带读任务即告完成。在以后的咒鬼仪式中,毕摩可以让生徒代其念诵此经而不必动口了。对常用的经书,一般要求能背,比如《毕补特依》(《毕摩请神护法经》)、《毕此额依》(《毕摩谱系经》)、《薄潘特依》(《事物起源经》)、《尔擦苏》(《清洁经》)等。背经要求滚瓜烂熟。因为背经是用语言与神鬼交通,若仪式中背经时,不能顺口而出,中途停顿或出现错误,便会影响仪式效果。毕摩教师每教一本经书,待学生会读或会背后,便无偿地将此书借给生徒抄写。[②] 毕摩的教学依旧是在仪式中完成,在各种咒鬼仪式中,毕摩教师带读,生徒跟读,直到毕摩教师与生徒之间的念诵达到完全一致,"不再慢一个拍子",而且生徒要能娴熟地背诵经书,而且在仪式活动中,不能中途停顿,也不能出现错误,否则,就会影响仪式的效果。这种诵读的毕摩学习模式,也是早期口传文化学习模式在书写文化上的延伸,经书的诵读依旧是在仪式活动中展开的。仪式依旧是经书意义的文化语境。

A. 哈姆帕特·巴在《逼真的传说》中为我们再现了非洲口传文化的口头传授情况,"他(莫洛姆·加奥洛)有参加大家族的每次洗礼或葬礼的习惯,以记下生死情况,将其列入他惊人记忆中已汇辑的名单。因此,

---

① 吕大吉、何耀华总主编:《中国各民族原始宗教资料集成:土家族卷 瑶族卷 壮族卷 黎族卷》,中国社会科学出版社1998年版,第66页。
② 巴莫阿依:《试论彝族毕摩的传承和教育》,《民族教育研究》1994年第3期。

他能用美丽的词汇对任何富拉尼的重要人物讲述说：'你是某某的儿子，某某所生，某某的后裔，某某的子孙……他们每人因何原因死于何地，埋葬的地方又是如此这般……'当然，这类知识过去是，现在仍然是全部由口头传授，仅由家系学家的记忆加以记载。文盲的记忆力能记下什么，人们毫无所知。他听的故事就像镌刻在铸模上一样，然后，无论何时需要，都能原原本本地从首句复述到末句。"① 口传文化的学习传授是一种在仪式活动中的特殊记忆和鲜活体验，这种仪式活动的记忆力超乎寻常，而且能随时需要，随时复述出来，与现代读书人的机械呆板截然不同。

　　文化记忆是口传文化最为重要的心理能力，口头文化就在人的记忆中保存与传播。美国麦克斯·缪勒在《宗教的起源与发展》中描绘了印度古代学校教育的方法："这些古代赞歌，《梵书》乃至《经文》是怎样保存下来的呢？完全是靠记忆，而且是靠最严格训练下的记忆保存的。就我们所了解的古代印度而言，印度较高三个等级的子孙们在与我们就读中小学和大学的年纪相仿时，也在教师的口传心授下学习圣典。这是种神圣的职责，玩忽职守必定要遭社会的贬黜，并且有详细规定的人们必须遵行的记忆法则。在书写技巧发明之前，除此别无他法可以保存文献（无论是神圣的还是世俗的），因此有必要采取各种预防措施以防偶然的事故。……在《普罗提萨克亚》的第 15 章，我们能看到古代印度学校中奉行的方法。一位教师，必须经过各阶段并熟知全部课程，而且要履行过婆罗门子弟的全部职责，在此之后，他才能够成为一位教师，而只有在他的学生完全遵守学生规则时，他才能够教他们。教师住宿普通，如果他只有一两个学生，他们当坐在老师的右侧，如果超过此数，才可坐在别的空位上。学生在每一课开始前要拥抱老师的脚，并且说：'读吧，先生。'老师答道：'好。'然后开始念上两个词，如果是复合词，那就只念上一个。当老师念完一两个词以后，第一个学生重复第一个词，如果需要解释，他就说一声'先生'，待老师给学生解释之后，他说'是，先生'。以同样的方式进行下去，直到他们完成一个'问题'，一般包含三句诗，如果它们超过了 40—42 个音节，则就教两句诗。假如它们是每行 40—42 个音节的诗句，那么一个'问题'就可以包括两句或三句；如若一首颂诗只包括一句话，那它也被看作一个'问题'。当一个'问题'完成后，每个人都要复述一遍，然后背诵，用强重音读每个音节。老师先把一个'问题'告诉他右手第一个学

---

① A.哈姆帕特·巴：《逼真的传说》，J.基·泽博编：《非洲通史（第一卷）·编史方法及非洲史前史》，中国对外翻译出版公司 1984 年版，第 143 页。

生，然后其他学生依次走到他右边来，直到这一课完成。一课通常包括60个'问题'。当最后半句讲授完了之后，老师说一声'先生'，学生回答'是的，先生'。在全课结束之际学生们还要重复一遍全部的诗文。随后学生们拥抱老师的脚，然后解散。"① 课堂首先是在上课仪式中开始的，接着老师带读，学生跟读，不断地重复，乃至学生能够掌握。老师又提问，学生又复述，直到熟练掌握。可见，古代印度学校的教育模式，与古老的口耳相授具有相通之处。每次课堂成了一次仪式的文化展开，师生在教学仪式中，口耳相授，传授和理解知识，巩固知识的深入记忆。

在《孔子"多闻阙疑"与口传文化》一文中，我们认为，孔子提倡用"多闻"的口传方式来"达"到生命的神秘力量，要求学生对口传文化知识深信不疑，以维护和发扬口传文化传统的合法性和权威性，同时对书写传统持有一种不信和警惕的态度。② 孔子对口传文化的发扬和承传，首先表现在他对"什么是学"问题的理解上。孔子不是将"学"当成今天的书本知识学习，而是将"学"与早期中国人的"神道"文化价值追求结合起来。这与口传文化中学习首先在于对神灵信仰的不疑是一致的。神道信仰才是口传学习的开端，也是口传学习的保障。孔子云："笃信好学，守死善道。"（《论语·泰伯》）③ 孔子眼中的"善道"包含两部分内容，首先是作为长远文化目标的早期大传统的"神道""神德"文化传统（初级与二级神圣编码），其次才是作为近期目标的士人在世的仁德传统（三级神圣编码）。子夏云："百工居肆以成其事，君子学以致其道。"（《论语·子张》）④ 离开了"神道"文化传统以及"仁德"的士人价值，讨论机械的纯粹的知识学习，在孔子那里，是没有价值的。有一次，卫国的公孙朝问子贡："仲尼焉学？"子贡回答云："文武之道，未坠于地，在人。贤者识其大者，不贤者识其小者，莫不有文武之道焉，夫子焉不学，而亦何常师之有？"（《论语·子张》）杨伯峻将子贡的回答解释为："周文王武王之道，并没有失传，散在人间。贤能的人便抓住大处，不贤能的人只抓些末节。没有地方没有文王武王之道。我的老师何处不学，又为什么要有一定的老师，专门的传授呢？"⑤"周文王、武王"的"道"，就是早期口传文化传统的"神

---

① ［美］麦克斯·缪勒：《宗教的起源与发展》，金泽译，上海人民出版社1989年版，第105—109页。
② 胡建升：《孔子"多闻阙疑"与口传文化》，《民族艺术》2014年第2期。
③ 杨伯峻译注：《论语译注》，中华书局1980年版，第82页。
④ 杨伯峻译注：《论语译注》，中华书局1980年版，第200页。
⑤ 杨伯峻译注：《论语译注》，中华书局1980年版，第203—204页。

道"在三代王道文化时期的口头文化传承。到孔子时代,这种文化"神道"并没有完全被流俗文化之"道"所取代,那么,它存于哪里呢?它就在人间口耳相传的"多闻"活态文化之中。在《孔子"多闻阙疑"与口传文化》一文中,我们展示了孔子是多么重视那些口耳相传的多闻知识,并将多见的书写知识看成是等而次之的知识形态。孔子本人,也是在这些无处不在、无形不"道"的多闻知识中体验"神道"的文化精神,获得"神道"的存在体验,领会"神道"的价值编码。子路曾云:"何必读书,然后为学。"(《论语·先进》)[①] 这句话应该就是从孔子治学那里得到的口传学习经验。"书"是文化书写传统的产物,代表的是流行于世的文化小传统。"书"所传递的知识是文字固定的、容易僵化的知识,这种书写知识已经很容易令读书人逐渐远离口传语词所蕴含的生命力和神圣力。孔子所提倡的"学",是活学,是以口传知识为主,以书写知识为辅的学习方式。他要摆脱世俗的机械之"学",引导学生,通过鲜活的学习活动,在人心世界深处积极探寻自身内在的"神道"体验和价值传统。

《左传·昭公十七年》云:"秋,郯子来朝,公与之宴。昭子问焉,曰:'少皞氏鸟名官,何故也?'郯子曰:'吾祖也,我知之。昔者黄帝氏以云纪,故为云师而云名;炎帝氏以火纪,故为火师而火名;共工氏以水纪,故为水师而水名;大皞氏以龙纪,故为龙师而龙名。我高祖少皞挚之立也,凤鸟适至,故纪于鸟,为鸟师而鸟名。凤鸟氏,历正也。玄鸟氏,司分者也;伯赵氏,司至者也;青鸟氏,司启者也;丹鸟氏,司闭者也。祝鸠氏,司徒也;鴡鸠氏,司马也;鸤鸠氏,司空也;爽鸠氏,司寇也;鹘鸠氏,司事也。五鸠,鸠民者也。五雉为五工正,利器用、正度量,夷民者也。九扈为九农正,扈民无淫者也。自颛顼以来,不能纪远,乃纪于近,为民师而命以民事,则不能故也。'仲尼闻之,见于郯子而学之。既而告人曰:"吾闻之:'天子失官,官学在四夷,犹信。'"[②] 鲁昭公招待郯国的郯子,在宴席间,叔孙昭子询问"少皞氏鸟名官"的文化原因,郯子回答说,"少皞氏鸟名官"的制度知识是由"吾祖"所立,他当场讲述了自己从祖辈那里传承学来的活态故事与口传知识。而且郯子还分析了这种口传知识之所以会流失的社会原因,那是因为在颛顼之后,人们逐渐旁落了远古时期的神话叙事与官职制度,而开始以"民事"来命名官职,以至丢失了远古时代以鸟名官的文化传统与神圣价值。可见,郯子讲述的"以鸟名官"

---

① 杨伯峻译注:《论语译注》,中华书局1980年版,第118页。
② 杨伯峻编著:《春秋左传注》,中华书局1990年版,第1386—1389页。

的神话制度，是一种口耳相传的大传统知识，而且这种大传统知识因为现实之中以"民事"来代替原初的命名，鸟官命名的大传统知识已经被世人遗弃，因此后人也随着失去了对鸟官命名的文化记忆，当然也就不可能明白鸟官命名的文化编码与神圣意义。孔子那时才27岁，听了郯子口述"以鸟名官"的口传文化与原初制度以后，他就立即去拜见郯子，拜其为师，学习了郯子从祖辈那里学来的口耳相传的多闻知识。学成回家后，孔子对自己的学生说："我听说：ّ当今天子不懂得古代的官职制度，而这种古代官职制度的知识却在四夷之国保存下来了。'我很相信这种话。"关于孔子这段议论，历代儒者解释很多。章炳麟在《春秋左传读》一文，指出孔子此语的文化精神与学习门径，其云："刘子骏《让太常博士书》云：ّ夫礼失，求之于诸野。'此《左传》家释'官学在四夷'之义也。《后汉书·朱浮传》：浮上书曰：ّ语曰：中国失礼，求之于野。'即本此。"① 可见，孔子为学的观念，与一般的书面知识学习不同，他不仅强调要从书本知识的学习中获得"道"的知识，而且还要更深入地领会早期大传统文化的精神价值。他在书面文化流行之时，不拘一格，尤其强调善于从"四夷之国""野""民间"的口传活态文化之中，来打捞在社会的流俗文化中被丢失、被遗忘的早期文化大传统的人文精神与多闻知识。郯子从祖辈那里学到关于古代鸟官制度的神话建制与口传知识，在孔子的眼中，这种懂得口传文化知识的学习者、保存者和传播者就是自己的最佳老师，所以孔子主动拜郯子为师，向其学习口传大传统知识的神话典章制度与神圣文化意义。

孔子对那些掌握了口传知识的师者是充满敬意的，认为只有在他们的身上才承载了最具合法性的文化真知。《论语·卫灵公》记载了孔子如何教授口传知识的真实场景。其云："师冕见，及阶，子曰：ّ阶也。'及席，子曰：ّ席也。'皆坐，子告之曰：ّ某在斯，某在斯。'师冕出，子张问曰：ّ与师言之道与？'子曰：ّ然，固相师之道也。'"杨伯峻将"师冕出"以后这段话，翻译为：子张问道："这是同瞎子讲话的方式吗？"孔子道："对的，这本来是帮助瞎子的方式。"② 杨伯峻将"师"译为"瞎子"，这种译法好处在于能够揭示出早期的"师者"大都由"瞎子"来担任。但这也告诉我们，这些师者既然都是"瞎子"，那么他们都是不能读书的，那他们的知识都是从哪里学来的呢？他们又是怎样从事文化的教学与传承呢？毫

---

① 上海人民出版社编：《章太炎全集》，姜义华点校，上海人民出版社1982年版，第622—623页。
② 杨伯峻译注：《论语译注》，中华书局1980年版，第171页。

无疑问，口耳相传成为"瞎子"师者传授知识的唯一方式。当然，如果简单地将早期文化的口传师者译为"瞎子"也存在不足，就会让我们这些文明人不自觉地将文明人对"瞎子"的贬值态度和轻视眼光，强加给了孔子及其弟子，以为他们也与我们一样，对"瞎子"的知识是不屑一顾的。但与之恰恰相反，在孔子那里，"师言之道"，"相师之道"，才是最为高尚的、最为合法、最为有效的神圣知识授受，他们是具有最高尊严、最高权威的口传知识传授者，他们所具有的知识才是最优形态、最佳状态的真正知识。孔子的知识观就是这种"师者"身上所具有的口传大传统知识观。

《韩诗外传》（卷六）引孔子曰："可与言终日而不倦者，其惟学乎！其身体不足观也，勇力不足惮也，族姓不足称也，宗祖不足道也，然而可以闻于四方，而昭于诸侯者，其惟学乎。"[①] 孔子认为，真正的学者是"可与言终日而不倦者"，因为与他们交谈，可以获得很多的口传知识，领悟早期文化的精髓，这种口传知识是令人不倦的。只有掌握了这种口传知识的学者，才"可以闻于四方而昭于诸侯者"。他们能"闻于四方"，就是善于学习"四方"的地方性知识，而这种地方性知识不仅仅是书本知识，而且还包括鲜活的口耳相传的多闻知识与原生态的仪式情境。学习多闻知识的区域范围也不拘囿于中原地区，尤其重视四方民间保留的知识，甚至是夷狄区域所保留的口传知识。这些掌握了口传知识的学者，他们广泛地学习各个区域、各种形态的大传统知识，真正把握了早期大传统文化的口传精神与神圣体验。他们之所以能"昭于诸侯"，是因为他们利用口传知识，服务于诸侯，受到诸侯的重用。他们善于将这种可贵的多闻知识传统带到中原，带到朝廷，用口传知识的人文精神与文化价值来纠偏现实世界的流俗文化，向诸侯、官员传播并弘扬这种在正统官学中已经失传了的口传价值与文化意义。

孔子不仅亲自向熟悉口传知识的师者学习，虚心求教，而且还用这种口传知识观来评论当时流俗的教育教学方法，以口传大传统鲜活的礼仪知识来教育学生。《左传·昭公七年》云："九月，公至自楚。孟僖子病不能相礼，乃讲学之，苟能礼者从之。及其将死也，召其大夫，曰：'礼，人之干也。无礼，无以立。吾闻将有达者曰孔丘，圣人之后也，而灭于宋。其祖弗父何以有宋而授厉公。及正考父，佐戴、武、宣，三命兹益共，故其鼎铭云："一命而偻，再命而伛，三命而俯，循墙而走，亦莫余敢侮。饘于是，鬻于是，以餬余口。"其共也如是。臧孙纥有言曰："圣人

---

[①]（汉）韩婴撰，许维遹校释：《韩诗外传集释》，中华书局1980年版，第218—219页。

有明德者,若不当世,其后必有达人.'今其将在孔丘乎?我若获没,必属说(南宫敬叔)与何忌(孟懿子)于夫子,使事之,而学礼焉,以定其位.'故孟懿子与南宫敬叔师事仲尼。仲尼曰:'能补过者,君子也。《诗》曰:"君子是则是效。"孟僖子可则效已矣.'"①孟僖子与鲁昭公出访楚国。到达楚国之后,孟僖子不能利用礼仪知识来帮助鲁昭公处理各种外交礼仪活动,他深以为耻。回国后,他发奋学习礼仪知识。孟僖子临死时,叮嘱两个儿子一定要拜孔子为师,学习鲜活的礼仪知识。孔子评价孟僖子说"能补过者,君子也"。孟僖子的过是什么呢?是他起初不懂传统文化的礼仪知识。他不仅自己能补自己的"过",主动向掌握了礼仪知识的人学习,而且还叮嘱两个儿子要向孔子学习这种礼仪知识。孟僖子认识到口传礼仪知识的缺失是不对的,并认同了这种早期传统的文化价值,孔子认为,所有的人都要效仿和学习孟僖子。

　　学习了这种口传文化的知识,为何要"时习之"呢?"时"既是"按一定的时间",凸显口传知识的神圣时间性,也是"时常,常常"。"时习之"就是要求学生在学习口传知识以后,要按照特定的时间进行操练,将口传知识的记忆与神圣时间结合起来,而且要经常按时操练,这样才能真正将这种口传知识转化为自己所有。孔子云:"学如不及,犹恐失之。"(《论语·泰伯》)②口传语词是无形的声音,是转瞬即逝的。学习口传知识,如果不及时进行口头的操练,就会令人担心,担心丢掉这种知识。英国学者杰克·古迪在《口头传统中的记忆》一文中认为:"口头文化中的交流绝大多数发生在面对面的情境之中。信息基本上储存在记忆里和心里。没有文字,就真正没有储存在人类大脑之外的信息,因此也没有跨越时空的远距离交流。"③口传知识的记忆与文字记忆不同,它们没有储存在外的任何可以依赖的资讯凭据,只有通过反复的实际操练,才能将其记住。

　　纳西族摩梭人的达巴传授知识基本上都是口耳相授,达巴在教学生时,特别强调要"念得认真",只有"念得认真",才能"功夫做到家。"在《最后的母系家园:泸沽湖摩梭文化》一书中记录了一则达巴严师教育学生的故事,对于我们理解口传文化的施教传统有所帮助,其云:"这位老师(阿啊督志的舅舅)专一于达巴教,他的言行深深地感化着4个学生,而对学生要求也特别严格,特别是对阿啊督志(人名)更严格。4个学生

---

① 杨伯峻编著:《春秋左传注》,中华书局1990年版,第1294—1296页。
② 杨伯峻译注:《论语译注》,中华书局1980年版,第83页。
③ [英]杰克·古迪:《口头传统中的记忆》,户晓辉译,《民族文学研究》2005年第1期。

每晚学两三句达巴经,白天去地里劳动时不停地背诵,到了第二天晚上一个个当面背诵后再学新的几句。使阿啊督志最难忘的一件事是:有一天晚上轮到他背诵时,由于年纪小贪玩,白天没有认真地去背诵,到时念不出来,舅舅随手拿了一根木棒就打,打得他昏头转向哇哇直哭。"①学生学习了口传知识,必须要经历反复诵读,才能熟练背诵下来。否则,就会念不出来的。孔子又云:"温故而知新,可以为师矣。"(《论语·为政》)②通过反复操练所学的口传知识,并能在不同场合灵活运用这种知识,就可以去传授这种知识了。这里的"师",不是我们今天意义的"老师",而是不会书写、只会口授的"老师"。孔子云:"不曰'如之何,如之何'者,吾末如之何也已矣!"(《论语·卫灵公》)杨伯峻将这段话译为:"一个人不想想'怎么办,怎么办'的,对这种人,我也不知道怎么办了。"③杨伯峻将"不曰"译成"不想想",明显还是有点书写传统的逻辑思维。杰克·古迪在《口头传统中的记忆》一文中描绘了口传记忆对仪式动作的依赖,其云:"我认识的很多人根本不能连贯地叙述葬礼或成年仪式的复杂程序。但当这些仪式真的开始时,一个活动就会引导着另一个活动,直到一切都被完成;一个人的回忆将帮助另一个人。像葬礼这样一个程序也有其自身的逻辑。有时视觉线索可以唤起记忆,就像当一个人发现了他或她的从一个地方通向另一个地方的路;就像在撒纸屑追逐游戏中,一个线索指向另一个线索一样。"④根据古迪对原初口传记忆的描绘,可以判断,孔子这段话中的"如之何",就是在口传记忆中承担唤起仪式记忆的一个个动作"线索",通过这一系列的动作"线索",就可以帮助学生不断操练仪式活动中的话语回忆。因此孔子这段话的意思应该是:一个学生如果不反复地操练"怎么办、怎么办",对于这种人,我也不知道该"怎么办"了。"怎么办"就是与所学习的口传知识相关联的动作线索,通过回忆口传仪式的动作行为,从而有效地开展口传语词记忆的操练。口传知识的"操练"就是反复地"说","说"了一遍又一遍。孔子云:"性相近也,习相远也。"(《论语·阳货》)就是对授受口传知识的总结,杨伯峻将其译为:"人性情本相近,因为习染不同,使相距悬远。"⑤如果联系孔子的口传学习和教育观念,这应

---

① 陈烈、秦振新:《最后的母系家园:泸沽湖摩梭文化》,云南人民出版社1999年版,第87页。
② 杨伯峻译注:《论语译注》,中华书局1980年版,第17页。
③ 杨伯峻译注:《论语译注》,中华书局1980年版,第165页。
④ [英]杰克·古迪:《口头传统中的记忆》,户晓辉译,《民族文学研究》2005年第1期。
⑤ 杨伯峻译注:《论语译注》,中华书局1980年版,第181页。

该是说:"人的天性与智慧原本都差不多,但是由于口头知识的操练次数不同,学习的效果也就相差甚远了。"可见,口传知识是否能够掌握,关键在于是否反复地进行操练,操练的熟练程度直接决定了口传知识的灵活把握。

考查学生对待口传知识的谨慎态度,对我们进一步解说"口传知识"的文化特征,具有一定的帮助。《论语·公冶长》记载:"子路有闻,未之能行,唯恐有闻。"[①] 子路学了一些口传知识(闻),但还未能进行口头练习(行),就怕了再学新的知识了(闻)。子路为何怕再学习新的知识呢?今天的学生,上课作了笔记,下节课还是忙碌地做笔记,从来没有子路这样的知识担忧,因为子路上课不是用手记,而是用心记。老师口授之后,学生还需要大量的时间来操练,否则,学了也是白学。子夏云:"日知其所亡,月无忘其所能,可谓好学也已矣。"(《论语·子张》)[②] 这句话的意义是说,作为学生,每天都应该知道,所学的口耳知识都在遗失(亡),只有通过努力操练,每月才能记住所学的东西,不丢失所学的口传知识,这样的学生才是真正的"好学"。曾子云:"吾日三省吾身,为人谋而不忠乎?与朋友交而不信乎?传不习乎?"(《论语·学而》)[③] 曾子认为,我们每天都要善于反省自己,其中,最为重要的一件事情是"老师口授的东西是否操练了?"而这一句"传不习乎",多么形象地展示了口传时代的学生焦虑,因为"老师口授的知识",如果没有及时进行口头操练,就永远也找不回来。

这种"老师口传的知识"是与仪式活动紧密关联的说唱语词知识。"说"就是口传的语词知识,即老师口授的知识,要记住这些口传知识,需要反复操练。《论语·雍也》记载:"冉求曰:'非不说子之道,力不足也。'子曰:'力不足者,中道而废。今女画。'"皇侃将这个"说"改成了"悦",杨伯峻将"非不说子之道"译为:"不是我不喜欢您的学说"。[④] 联系口传教学的知识语境可知,冉求想说:"老师,我不是不想操练你所口授的东西,而是我的理解能力不够。"孔子回答说:"如果是理解能力不够,就应该是操练到中途才停下来。而如今,你还没有开始操练这些口头知识,你怎么就知道自己的能力不够呢?"可见,孔子还是鼓励冉

---

[①] 杨伯峻译注:《论语译注》,中华书局1980年版,第47页。
[②] 杨伯峻译注:《论语译注》,中华书局1980年版,第200页。
[③] 杨伯峻译注:《论语译注》,中华书局1980年版,第3页。
[④] 杨伯峻译注:《论语译注》,中华书局1980年版,第59页。

求，学习了口耳相授的知识以后，就一定要坚持反复地口头操练。孔子云："回也，非助我者也，于吾言无所不说。"（《论语·先进》）此段文字之中的"说"，皇侃没有将其改为"悦"，杨伯峻将"于吾言无所不说"译为："他对我的话没有不喜欢的。"[①]孔子此句话的原意应该为：颜回对我所口授的内容，没有不反复操练的。正因为颜回对孔子口授的知识内容深信不疑，想尽办法将其记住，所以孔子说：颜回这个人，对我没有什么帮助。

口传文化之"说"，除了指口传知识的口头操练活动以外，还要将"说"的口传活动纳入口传仪式的知识情境中。例如有人向孔子请教"禘之说"（禘祭礼仪的言说，是仪式活动的言说标准或格式）时，孔子云："'不知也。知其说者之于天下也，其如示诸斯乎！'指其掌。"（《论语·八佾》）[②]孔子回答说：我不知道，要是能懂得禘祭礼仪上各种言说格式的人，对于治理天下，就易如反掌了。可见，孔子认为，士人要掌握古代仪式活动中的口传言说，这是士人（或仕者）必须学习的重要知识。士人只有掌握了这种仪式情境的口传知识，治理国家就会很容易。但是，要掌握这种口传知识，并能在适当的情境场合做到灵活的运用，亦并非容易之事。孔子云："君子易事而难说也。说之不以道，不说也；及其使人也，器之。小人难事而易说也。说之虽不以道，说也；及其使人也，求备焉。"（《论语·子路》）杨伯峻将其译为："在君子底下工作很容易，讨他的欢喜却难。不用正当的方式去讨他的欢喜，他不会欢喜的；等到他使用人的时候，却衡量各人的才德去分配任务。在小人底下工作很难，讨他的欢喜却容易。用不正当的方式去讨他的欢喜，他会欢喜的；等到他使用人的时候，便会百般挑剔，求全责备。"[③]联系口传时期的知识授受和言说能力，此段应该理解为：君子以为做事容易，而以"说"为难。因为君子在说话时，如果是不符合"道"言的要求，与其"说"，不如不"说"；等到使用人的时候，就用器物演示的仪式活动来"说"。小人以为做事很难，而以"说"为易。小人所"说"的话，就是不符合"道"的语言，也会"说"出来。等到他使用人的时候，就会以自己言"说"的要求来责备别人。在孔子眼中，"说话"要比"做事"还要难，因为君子的"说"必须符合"道"的要求，不像小人之"说"，或属于道听途说之辞，或随口而出，信口雌

---

[①] 杨伯峻译注：《论语译注》，中华书局1980年版，第111页。
[②] 杨伯峻译注：《论语译注》，中华书局1980年版，第27页。
[③] 杨伯峻译注：《论语译注》，中华书局1980年版，第143页。

黄,并以这种闲言碎语来责求别人。哀公问社于宰我。宰我回答云:"夏后氏以松,殷人以柏,周人以栗。曰,使民战栗。"子闻之曰:"成事不说,遂事不谏,既往不咎。"(《论语·八佾》)① 孔子之所以责备宰我,是因为宰我在回答鲁哀公的问题时,没有说"成事",没有谏"遂事"。这里的"成事",就是按照口传知识情境中保留下来的传统格式来解说,可见,君子之"说"并非易事。

君子的口耳之"说"是如何展开的呢?在口传文化中,"说"是有很严格的程序要求。据口传学者研究,口传表述为了便于保存记忆,"说"的语词方式具有一定的程序和套语。也就是说,君子所说的口传知识,不仅包括"说"的程序知识,还包括学习、对待、操练和演习这些口传知识的神圣态度与心神领会等。《韩诗外传》卷五记载:"孔子曰:夫谈说之术,齐庄以立之,端诚以处之,坚强以持之,辟称以喻之,分别以明之,欢忻芬芳以送之,宝之珍之,贵之神之。如是则说恒无不行矣。夫是之谓能贵其所贵。若夫无类之说,不形之行,不赞之辞,君子慎之。"②"说"作为君子事业中的一件大事,不仅要学习、操练,而且对"说"的态度、神情、信心、修辞都要严肃认真,要"宝之珍之,贵之神之",对于那种闲言闲语,道听途说,"无类之说,不形之行,不赞之辞",都要禁止。可见,理解口传之语词形式,不能简单依照书写文化的形式逻辑去加以类推。

孔子重视口传文化的活态知识,其教学活动都是围绕着活态知识的艺术和功能展开的,学生只有在不断操练口耳相传的口传知识,才能真正理解"仁道"精神之所在,才能真正在各种社会仪式活动中,合理地、灵活地运用各种活态的口传知识。例如两国交往,一方面需要"说诗",即"赋诗言志",另一方面还要能在仪式活动之中,主持各种仪式,按照口传知识的要求进行话语组织,他们就如古代的巫、祝、宾、赞、相、宗、臣等"师"者一样,根据各种不同仪式的具体程序,临时赋诵出既有程序,用极为得体的仪式致辞,如《仪礼·士冠礼》中记载的宾辞、祝辞、醴辞、醮辞、字辞等,又如《仪礼·士昏礼》中记载的纳采之辞、问名之辞、醴宾之辞、纳吉之辞、纳征之辞、请期之辞、复命之辞、敬酒辞令、对答之辞、告诫之辞、引绳辞令等。在古代的各种仪式场合中,这些所"说"的鲜活语词都是君王、士大夫使用的各种辞令的标准格式,具有一定仪式情

---

① 杨伯峻译注:《论语译注》,中华书局1980年版,第30页。
② (汉)韩婴撰,许维遹校释:《韩诗外传集释》,中华书局1980年版,第190页。

境的语词力量与神圣意味。士人只有把握了这种仪式活动的辞令格式,反复进行口头操练,就学会了仪式活动中的各种话语表述。这样,士人才具备了参与、主持这种仪式活动的口头知识和言说能力。由此可见,"说"首先是一种知识形态的口传存在,然后通过长期的"学"和"习",从而转化成为士人心中可以随时随地,根据各种不同场合、对象、语境而加以调整的口头话语形式。孔子所说的"学而时习之,不亦说乎",体现了孔子的口传知识观和教育观。他告诫学生,学习口传知识,必须要按时反复地进行口头操练。"学"也好,"习"也好,不都是反复地"说"吗?唯有遵从口耳授受的知识观念与传授规律,长期在"说"的学习和操练过程中,才能真正培养"说"从心出的君子形象,真正让"说"成为内在仁德的话语形式。

## 二、"不亦乐乎"的现身体验

关于"不亦乐乎"的解释,梁皇侃在《论语义疏》一书中云:"'悦'之与'乐'俱是欢欣,在心常等,而貌迹有殊。悦则心多貌少,乐则心貌俱多。所以然者,向得讲习在我,自得于怀抱,故心多曰'悦'。今朋友讲说,义味相交,德音往复,形彰在外,故心貌俱多曰'乐'也。故江熙云:'君子以朋友讲习,出其言善,则千里之外应之。远人且至,况其近者乎?道同齐味,欢然适愿,所以乐也。'"[1]邢昺《疏》亦云:"学业稍成,能招朋友,有同门之朋从远方而来,与己讲习,不亦乐乎?……同志谓同其心意所趣向也。朋疏而友亲,朋来既乐,友即可知,故略不言也。"[2]朱熹在《集注》中承袭了以"乐"为"悦"的说法,其云:"乐,音洛。朋,同类也。自远方来,则近者可知。程子曰:'以善及人,而信从者众,故可乐。'又曰:'说在心,乐主发散在外。'"[3]刘宝楠在《正义》中,进一步将其延伸,其云:"《苍颉篇》:'乐,喜也。'与'说'义同。《易象传》:'丽泽,兑。君子以朋友讲习。''兑'者,说也。《礼·中庸》云:'诚者,非自诚己而已也,所以成物也。'此文'时习'是'成己','朋来'是'成物',但'成物'亦由'成己',既以验己之功修,又以得教学相长之益,人才造就之多,所以乐也。"[4]梳理历代儒者的阐释,"乐"的意

---

[1] (梁)皇侃撰,高尚榘校点:《论语义疏》,中华书局2013年版,第4页。
[2] (魏)何晏注,(宋)邢昺疏:《论语注疏》,北京大学出版社2000年版,第4页。
[3] (宋)朱熹:《四书章句集注》,中华书局1983年版,第47页。
[4] (清)刘宝楠:《论语正义》,上海书店出版社1986年版,第4页。

义都与"说"联系在一起,因为他们将"说"解释为"悦",那么,自然就会在"悦"与"乐"之间建立一种文化关联的逻辑关系。但是这种文字上的类推演义,随着我们将"说"放置在口传文化语境中进行考察之后,首先解构了"说"为"悦"的意义基础。现在我们可以重新思考这个"乐"字,到底是礼乐行为呢,还是"高兴"情态?

孔子的"仁德"建构,强调人类整体世界的和谐共处,首先表现在人心世界中,自身与他者之间的关系不是以个体欲望情绪的方式存在,而是以一种仁者常身状态的方式存在。尽管士人的常身状态与本真的"神道"状态还存有一段距离,但常身状态也是一种人类群体本己的存在方式。它体现了士人自身在共在世界里,已经开始用仁者常身的群体类德价值来理解自身,来规定自身,从而使自身成为发自内心的人类群体价值有所规定的常身状态。处在仁德状态下的士人,就不再是用个体私己的眼光来看待与常身共世的其他存在者,而是以人类整体的群体灵魂与文化意义来与其他人和谐共处。在常身世界之中,士人的仁者常身与他者在打交道的时候,已经摆脱了作为个体所具有的陋习和私欲存在,而力求在常身世界中与他者和平共处。进入常身世界的他者,不再是与常身之光无关的他者,而是与仁者常身相辅相成、和谐共存的存在者。

孔子提倡的"仁之方",就是将仁德常身的群体价值不断实践到常身世界中的他者身上,通过与身边临近的他者(甚至包括远方的他者)的实践活动,来辅助自身在世界中实现仁德常身的境界。这样,"礼乐"艺术这个外在实践的文化活动就显得尤其重要了。在"学而时习之"中,我们详细地阐释了大传统文化时期的"学"与"习"的口传知识与文化特征,这种口传知识不是冷冰冰的书写知识,而是生活在具体的原生态情境中,与社会礼仪、群体价值紧密结合在一起的仪式行为和存在体验。士人通过长期跟随老师进行口耳相传的口传知识学习,并长时间地开展口头训练与情景模拟,将各种形式样态的"说",包括口头诗歌、礼仪辞令等,都变成了一种内在语境化的知识记忆。这种活态的口传知识,在具体的仪式语境与社会生活中,化成了士人生活中的言行举止和待人接物。《尚书大传·略说》引孔子云:"君子不可以不学,见人不可以不饬。不饬无貌,无貌不敬,不敬无礼,无礼不立。夫远而有光者,饬也;近而逾明者,学也。譬之如坯邪,水潦集焉,菅蒲生焉。从上观之,谁知其非源水也!"[①]孔子认为,君子的一切品格都是从学习中得来的。在学习中,士人将自己

---

① (清)王闿运补注:《尚书大传补注》,中华书局1991年版,第62页。

培养成为具有群体灵魂状态的仁德君子。何谓"见人不可以不饬"？首先，这里的"人"，包括自己身边的君臣、父子以及朋友，"见人"是指在世界中与他者打交道，"不可以不饬"是指要小心谨慎地与人相处。那么怎样才能达到与人和谐相处呢？毫无疑问，就是要将内心的群体仁德状态，在世界之中，谨慎地展示出来，让个体外在的行动成为仁德常身在世界之中的直接外射。"不饬无貌，无貌不敬，不敬无礼，无礼不立"，表明只有将自身内心所有的仁德常身，小心谨慎地在外在行动中展示出来了，这样处于群体状态的文化澄明状态，就会在世界中用外在礼乐的行为方式呈现出来了。"立于礼，成于乐"，礼乐行为就成为仁者常身的最为合理的处世方式。因此，君子外在礼乐的文化实践，是士人待人的世界德行，揭示的是士人内心所是的仁者德性。

士人要善于将所学的口传礼乐知识不断地实践于世界之中，才能更好地巩固自身所学的礼乐知识与神圣意义，口传知识的"学"与"行"是一个整体世界，两者之间，如果出现互相脱节，互相分离，这就表明人心与人行处于分裂的状态。而内外分裂的文化状态就会导致知识属于知识，行动属于行动。这种内外割裂的社会现象不是孔子建构的仁者常身存在，会极大地破坏口传知识的整体性。孔子云："能以礼让为国乎？何有？不能以礼让为国，如礼何？"（《论语·里仁》）① 如果能用礼仪的方式来治理国家，待人接物，这样治理国家怎么会有困难呢？孔子认为，如果君王、臣子都用一种仁德常身的礼乐方式来治理国家，那么，他们就会在治理过程之中，关注民众，关心他者，将这种群体价值、文化理想投射在具体的社会生活、国家政治中，就不会根据现实世界的各种权力等级关系来欺压、玩弄他者，只有这样，才能实现世界所有存在者的和谐共处。如果学习和操练了各种礼乐知识，培养了自身的仁德心性，但却不能将其运用到社会国家的政治生活之中，那么，"如礼何？"孔子认为，这种知识既然不能表现为具体的外在德行，那还要这些礼仪知识干吗？礼仪知识一旦仅仅只是一种外在的知识，就会失去它的社会功能，士人辛苦地学习操练这些礼仪知识，又有什么作用呢？可见，孔子的知识观是内外一贯的口传知识观。

同时，士人除了要将礼乐知识运用于社会事件，而且还要能回到礼乐的仁者存在上来，这样才能在礼乐活动之中，进一步提升对礼乐知识的意义理解。有一次，孔子参加了鲁国的大礼以后，向鲁国的大师（精

---

① 杨伯峻译注：《论语译注》，中华书局1980年版，第38页。

通礼乐的乐官）谈了自己对音乐的感知领会，其云："乐其可知也：始作，翕如也；从之，纯如也，皦如也，绎如也，以成。"（《论语·八佾》）① 他认为，这种音乐声音是可以理解的。开始演奏时，音乐是和顺的样子（人心专注的样子）；接下来，音乐是和谐的样子（人心纯明的样子），音乐是光明的样子（人心澄明的样子），音乐是悦怿的样子（人心深远的样子），这样人心在音乐体验中"完成"了，即人心就通达了自身的澄明状态。孔子在聆听音乐时，他不仅是在描绘声音的实际韵律形态，而且在体验人心在音乐声中的感知状态，以及所领会到的心明仁德状态。"翕如也""纯如也""皦如也""绎如也"等，既是音乐形式的展开，也是人心领会的内在状态的细微变化。在音乐的韵律中，人心逐渐变得澄明、和谐、高兴，这样听者就随着音乐形式的神奇体验而获得了超越世俗的仁者境界。《毛诗·素冠传》记载："子夏三年之丧毕，见于夫子，援琴而弦，衎衎而乐，作而曰：'先王制礼，不敢不及。'夫子曰：'君子也。'闵子骞三年之丧毕，见于夫子，援琴而弦，切切而哀，作而曰：'先王制礼，不敢过也。'夫子曰：'君子也。'子路曰：'敢问何谓也？'夫子曰：'子夏哀已尽，能引而致之于礼，故曰君子也；闵子骞哀未尽，能自割以礼，故曰君子也。夫三年之丧，贤者之所轻，不肖者之所勉。'"② 子夏与闵子骞在守丧完毕之后，都来拜见孔子。师生见面，不是进行各种世事的交流，而是以礼乐的方式来表达自己的哀乐情怀，以及见到老师的喜悦之情。可见，在孔子及其学生看来，"礼乐"行为是自己与他者相处的最佳方式，各种哀乐情怀都可以在礼乐方式中得到释放，得到表达。孔子对子夏的礼乐行为大加赞赏，而对闵子骞的礼乐行为稍有不满。《淮南子·缪称训》云："故心哀而歌不乐，心乐而哭不哀。夫子曰：'弦则是也，其声非也。'"汉高诱注云："闵子骞三年之丧毕，援琴而弹，其弦是也，其声切切而哀。"③"其弦是也"，说明孔子肯定了闵子骞选择礼乐行为来表达自身见到老师的喜悦之情，"其声非也"，则表明孔子对闵子骞所弹之哀声存在不满。闵子骞现在见到了老师，但在音乐的声音中，依旧展现的是哀情未尽，这是对师者的不敬，未能真正体现礼乐文化的他者限度，是属于"自割以礼"，即因为自身还停留在哀伤情绪之中，而割断了"礼乐"的仁者状态，这也是有

---

① 杨伯峻译注：《论语译注》，中华书局1980年版，第32页。
② （汉）毛亨传，（汉）郑玄笺，（唐）孔颖达疏：《毛诗正义》，北京大学出版社2000年版，第543页。
③ 何宁撰：《淮南子集释》，中华书局1998年版，第732页。

违礼仪的行为。

《论语》首章所云"有朋自远方来，不亦乐乎?"孔子认为，远方朋友来了，如何迎接他们的到来呢？这既是一个检验自身礼乐知识的时候，也是一个可以通过礼乐行为提升和体验所学口传知识的最佳时机。"不亦乐乎"，应该是"不也就是礼乐的实践活动吗？"这不就是对"学而时习之"之"说"的口传知识的检验与实践吗？如果将其理解为"不也是令人高兴的事吗"，就只是表达了士人接待朋友的现身情绪（是高兴的），而没有展现出士人在待人接物时，还要善于运用口传知识的礼乐技艺，来践行长期以来所"学"与所"习"的仁德精神，并且在现场的礼乐实践活动中，通过礼乐知识的技艺表演和情感体验，获得礼乐知识的升华体验与文化意义，从而进一步巩固君子仁德的存在状态。

## 三、"不亦君子乎"的现世关系

关于首章末节"人不知而不愠，不亦君子乎"，皇侃在《论语义疏》一书中云："此有二释：一言古之学者为己，己学得先王之道，含章内映，而他人不见知，而我不怒，此是君子之德也。有德已为可贵，又不怒人之不知，故曰'亦'也。又一通云：'君子易事，不求备于一人，故为教诲之道，若人有钝根不能知解者，君子恕之而不愠怒之也，为君者亦然也。'"[①] 皇侃认为，这一句存在两种解法，一种认为是属于君子的内在德性，另一种认为是属于君子的外在德行，内在德性与外在德行之间还是处于一种内外分裂的状态。而内外两种状态之间的文化关系是如何的呢？他却没有作任何交代。朱熹似乎更关注君子的内在德性，他在《四书章句集注》一书中云："尹氏曰：'学在己，知不知在人，何愠之有。'程子曰：'虽乐于及人，不见是而无闷，乃所谓君子。'愚谓及人而乐者顺而易，不知而不愠者逆而难，故惟成德者能之。然德之所以成，亦曰学之正、习之熟、说之深，而不已焉耳。程子曰：'乐由说而后得，非乐不足以语君子。'"[②] 又在《朱子语类》卷二十云："'人不知而不愠，不亦君子乎！'自是不相干涉，要他知做甚！自家为学之初，便是不要人知了，至此而后真能不要人知尔。若锻炼未能得十分如此成熟，心里固有时被它动。及到这里，方真个能人不我知而不愠也。……为善乃是自己当然事，于人何与？譬如吃饭，乃是要得自家饱。我既在家中吃饭了，何必问外人知与不知。

---

① （梁）皇侃撰，高尚榘校点：《论语义疏》，中华书局2013年版，第4页。
② （宋）朱熹：《四书章句集注》，中华书局1983年版，第47页。

盖与人初不相干也。"① 朱熹强调人的德性修养是唯一的，与他人没有多少关系，他将个人仁德的修养问题，完全归结为个体心性的修炼，不必关注他人的意见。朱熹重视君子的内在品德，但是忽略了孔子还极为提倡"仁之方"的现世情怀，强调要在现世之中来历练自己的德行。明梁清远在《采荣录》中云："《论语》一书，首言为学，即曰悦，曰乐，曰君子。此圣人最善诱人处，盖知人皆惮于学而畏其苦也。是以鼓之以心意之畅适，动之以至美之嘉名，令人有欣羡之意，而不得不勉力于此也。此圣人所以为万世师。"② 梁清远将三节贯穿起来，认为"悦""乐"和"君子"是一体的，圣人以"动之以至美之嘉名"，来勉励君子在世界之中的外在言行，彰显君子的美名意愿，他更为注重皇侃所论的君子外在德行，忽略君子的内在德性，似乎与孔子仁德常身的整体思想是相背离的。

我们认为，孔子此节是在士人"说"的口传知识训练以及现世礼乐实践基础上，进一步探讨君子与现世他者之间的社会关系问题。孔子认为，君子处世，既要摆脱个体存在的在世情绪与欲望追求，又要将自身放置在常身世界的共在同处之中。但君子如何保持仁者常身在常身世界之中的内外完整性呢？首先，自身要将自身理解为仁德常身的存在状态，并用自身的仁者常身状态，在常身世界之中与他者和谐相处，这样就能求得内在仁性的通明状态。其次，孔子并没有仅仅停留在人心内部世界之中，而是将这种内在精神的德性理想积极地践行于世，运用礼乐行为来完善自我在世的言行举止，从而使自身内在的德性存在，能在外部的现世生存中展开来。但是，在由内在德性向外在德行的展开过程中，现世的他者也就映入仁者常身的现世生活之中。此时，现世的他者，不能等同于内在世界受到常身沐浴的虚幻他者，因为在内在世界中的他者，可以随着仁者常身的存在升华，亦会沐浴在仁德常在的文化状态之中，在常身与他者之间获得文化共鸣。但现世之中的他者存在是一个存在者层面的存在者，这个存在者状态的他者，既可能受到常身世界的影响而受到同化，亦可能不受常身世界的影响而依旧处于在世的流俗状态之中，所以常身与他者之间的现世关系，就不再是常身与他者在常身世界中的文化关系，而是常身存在与现世他者之间的社会关系。这种现世关系存在多种可能性，或可能是一种世俗的社会关系，抑或可能是仁者常身之间的文化关系，抑或可能是世俗文化

---

① （宋）朱熹撰，朱杰人、严佐之、刘永翔主编：《朱子全书》第 14 册，上海古籍出版社、安徽教育出版社 2002 年版，第 676 页。

② 程树德撰，程俊英、蒋见元点校：《论语集释》，中华书局 1990 年版，第 9 页。

与仁者文化相互影响的关系，这种在世关系的多重可能性受到社会空间位置、社会条件、文化价值、地理差异、空间区域等诸多因素的影响。孔子在此节中深思，君子如何处理这种现世他者的复杂关系？如何在流俗文化盛行的现世存在中持守自身所通达的内在德性呢？从而找到自身与他者之间的心理平衡呢？从而保持自身的内在德性与外在德行之间的一致性呢？更有甚者，如何才能避免君子在流俗的社会关系之中，受制于外物，导致常身迷失，又被完全抛入现实之境呢？

君子在现实世界之中与人打交道，首先在于自己能不能"立身"。所谓"立"，就是自身能主动建构仁者德性的文化规定，将自己放置在常身状态中。孔子认为，只要自身持守自身的仁德存在，并依据于这种仁德存在在世界之中现身，至于世人的流俗态度如何，这其实并不重要。孔子云："不患无位，患所以立；不患莫己知，求为可知也。"（《论语·里仁》）[1]"位"关乎士人在现世之中地位问题。士人不必担忧自身在社会中谋求不到位子，而要担心自身是否有所"立"。这里所谓"立"，就是指自身将自身放置在哪里的问题，孔子认为，只有将自身放置在仁德常身的安宅之中，才是士人立身的最佳选择。士人唯有在内心通达了自身的仁德性情和神圣力量，获得可以立命的澄明存在，才能真正获得士人群体的文化认同。孔子云："不患人之不己知，患其不能也。"（《论语·宪问》）[2]"君子病无能焉，不病人之不己知也。"（《论语·卫灵公》）[3] 一个人有没有立身社会的"能力"才是最关键的，当然，孔子所说的"立身能力"，就是由仁德的内在力量而外投在现世之中的君子德行。关于士人立身社会的神圣力量，孔子还提出要尽量避免以下四种不足："毋意，毋必，毋固，毋我。"（《论语·子罕》）[4]"毋意"指不要随个人意愿任意猜想，"毋必"指不能走向极端，"毋固"指不能固执己见，"毋我"指不能唯我独是，这都是仁德在世的对立面，士人的仁德状态就是要抛弃这四种在世的流俗状态。孔子告诫士人，将自身引向整体灵魂的常身状态才是最为重要的。在"四毋"之中，任何一"毋"，都会影响并遮蔽自身的仁性存在。士人只有断绝这"四毋"，从而使自身持守在根本仁性之中，不会随现世之物而迷失自我。

君子立身于现实世界，除了要不迷失自身以外，还要始终以常身所

---

[1] 杨伯峻译注：《论语译注》，中华书局1980年版，第38页。
[2] 杨伯峻译注：《论语译注》，中华书局1980年版，第155页。
[3] 杨伯峻译注：《论语译注》，中华书局1980年版，第166页。
[4] 杨伯峻译注：《论语译注》，中华书局1980年版，第87页。

是的仁德作为立身之本,不能在社会流俗之中,随世漂浮,成为没有定根定性的流俗存在,也就是要"咬定青山不放松"。所谓"青山",是指常身有所是的仁者根性。孔子云:"君子求诸己,小人求诸人。"(《论语·卫灵公》)① 君子处世,与小人不同。在现世之中,君子是"求诸己"的,也就是在遇到问题的时候,君子要根据仁德常身来觅得方向,而不能因为外物引诱而迷失常身,陷入完全竞逐或依靠于现世他者。其又云:"古之学者为己,今之学者为人。"(《论语·宪问》)② 古代的人,学习是为了自己。所谓"为己",就是通过学习,不断巩固自身的仁者德性,并在现世实践中,不断磨砺自己的德行,不断考验自己的仁德之根是否牢固。而现在的士人,学习是为了他者。所谓"为人",就是依照他者的世俗意愿来参与学习,为人行事,满足的是流俗关系的权力意愿和私欲要求。孔子提倡的是"古之学者",反对的是"今之学者"。

君子立身于现实世界,再次是要通过仁德的生存智慧,给社会他者带来希望和兴旺,使他们沐浴到仁者常身的澄明之光。孔子云:"君子周而不比,小人比而不周。"(《论语·为政》)③ 所谓"周",就是要用仁德价值来影响他者,团结他者。所谓"比",就是在社会漩涡之中,依据世俗的利害关系,相互勾结比附,从中获取私己利益。君子只有"周而不比",才能给社会带来正义和公平,才能更加完善自我。如果士人处世,"比而不周",只会令人厌弃,败坏社会风气,也会丢失自身德性。《论语·宪问》记载:"之路问君子。子曰:'修己以敬。'曰:'如斯而已乎?'曰:'修己以安人。'曰:'如斯而已乎?'曰:'修己以安百姓。修己以安百姓,尧、舜其犹病诸。'"④ 君子除了"修己",加强自身修养,还需要"安人",即勇担责任,安抚百姓,安定社稷,使社会和睦兴盛,这些都是君子处世义不容辞的社会责任,也是"仁之方"的现世关怀和社会德行。

君子立身于现实世界,最主要的还是要保持为人处世的独立品格,不要与流俗社会为伍。孔子云:"君子之于天下也,无适也,无莫也,义之与比。"(《论语·里仁》)⑤ 君子如何在天下世事之中为人处世呢?孔子认为,不要使自己顺从、沉沦于世界之中,也不要贪慕这个世界,要始终活在仁义的常身世界之中,而警醒自己不要沉沦于世俗的利害关系之中,不

---

① 杨伯峻译注:《论语译注》,中华书局1980年版,第166页。
② 杨伯峻译注:《论语译注》,中华书局1980年版,第154页。
③ 杨伯峻译注:《论语译注》,中华书局1980年版,第17页。
④ 杨伯峻译注:《论语译注》,中华书局1980年版,第159页。
⑤ 杨伯峻译注:《论语译注》,中华书局1980年版,第37页。

能自拔。孔子云:"君子不器。"(《论语·为政》)① 孔子尤其强调,君子要"不器"。器具宝物,是世人喜欢玩弄的现世之物,属于存在者层面的现成事物。所谓"不器",就是君子不能沉溺于器物,玩物就会丧志,就会丧失自身的内在德性。君子只有持守仁德常身的人生态度来对待器物,才能避免自身在器物世界中的人性沉迷。孔子云:"巍巍乎,舜、禹之有天下也而不与焉!"(《论语·泰伯》)② 舜帝和大禹握有世界至重之大器,即拥有天下,但他们却善于持守自身的仁者存在,从而不会沉沦于天下大器之物,由此而忘记自身存在。所谓"不与",就是能不随从于"天下"至器,而遗忘自身的仁德存在。

《论语》首章云"人不知而不愠,不亦君子乎",揭示了君子如何处理现世关系的问题。有仁德的君子不仅要积极入世,将自身的仁性存在和文化规定运用于社会生活之中,而且要做到不随流俗,不迷失自身,使自己立身于社会混浊之境,却能持守常身德性,永不动摇。对于社会他者的流俗看法,君子能坦然处之,不为所动,也不为之而怨愠,表现出一种心怀仁德、卓立不群的人格襟怀。

## 四、小　结

历代儒者对《论语》首章的解释极为纷繁,深深遮蔽了首章各节的口传特征和文化价值。我们将其放置到口传语境和仁道建构的文化背景中,解开孔子及其弟子将其放置在首章之位的文化深意与隐藏密码。

联系活态口传的知识传播,我们懂得,口传知识是一种以原生态语境为主的仪式知识,这种仪式知识首先表现为对神话信仰的坚信,其次表现为不断模仿操练,以至于完全记住这种口传知识。孔子身处口传文化向书写文化过渡的重要历史阶段,他极为重视口传大传统的多闻知识,认为师生之间口耳相传的多闻知识,就在于反复操练,并在这种口传知识操练中,不断地体验和领会口传"神道"的存在价值与神圣力量。孔子不仅自己虚心向口授师者学习求教,而且以口传知识教授学生。学生为了记住老师口授的无形知识,需要反复开展口头操练,否则很容易遗忘。口传之"说",成为孔子口传知识观和教育观的核心活动,只有掌握了仪式情境中"说唱"的话语知识、仪式程序和辞令格式,才能真正培养学生从心而出的仁德品格与仪式行为。可见,"不亦说乎"中的"说",不是"悦",而

---

① 杨伯峻译注:《论语译注》,中华书局1980年版,第17页。
② 杨伯峻译注:《论语译注》,中华书局1980年版,第83页。

是早期口传文化的"说唱"行为。

士人通达了学习仪式说唱行为过程中，领会了自身存在的仁者状态。自身就依据常身状态在常身世界中，始终能够用一种整体灵魂的价值尺度，来与他者交往，礼乐活动成为践行仁者常身的社会实践。孔子极为重视士人的礼乐实践，认为礼乐活动不仅能实践内在的仁德价值，还能巩固自身的仁者境界，使自身能够持守自身的仁者德性。"不亦乐乎"中的"乐"，不仅指"高兴"情绪（纯粹的无所限制的情绪体验），而是君子外在的"礼乐"行为（仁德有所限制的行为体验）。

在现世关系之中，当他者用流俗态度来对待自己的时候，君子要始终持守自身的内在仁德，并依据常身状态来持守自身。君子只有立身仁德，并借此而现身于世，才能不为社会流俗而动摇，不逐物而驰，不沉沦于世。孔子心中卓立现世、仁爱天下的君子形象，就是内能持守常身的德性存在，外能持守独立耿介的德行品格，而不为社会他者的流俗态度而有所变。这就是"人不知而不愠，不亦君子乎"的文化内涵与现世意义。

《论语》首章潜藏了文化大传统时期的深层编码与文化基因。孔子在首章中塑造了士人的三种境界：一是以"说"为学的口传知识境界，二是"礼乐"处世的交友境界，三是不为世"愠"的自得境界。通过口传知识的为学活动，士人领会了自身的仁者德性，这是君子为人的立身基础。通过"礼乐"的现世实践，不仅展示了自身的仁德修养，而且巩固了自身的常身持守，这是君子的现身本色。在现世之中，面对流俗文化的不理解，以及各种物质利益的诱惑，能够做到立身不摇，持身不乱，这是君子的持身原则。这三层境界由内而外，构成了君子内在仁德和外在德行的整体品格与文化存在，体现了孔子建构君子为人处世的群体精神和基本原则。

## 第四节 "思无邪"的澄明之思和语词指引

子曰:"《诗》三百,一言以蔽之,曰:'思无邪。'"(《论语·为政》)[①]"思无邪"是孔子评价诗歌最为重要的核心命题,也是我们探究孔子在由口传文化向书写文化转型的特殊时期,是如何利用口传传统的优势资源与价值基础来开展文化重建的关键所在。

学术界关于"思无邪"主要存在两种文化阐释倾向。一为传统的教化倾向。汉代以来的儒者将"思无邪"解释为"归正",认为诗言形式可以让人由邪归正,诗歌形式成了外在思想教化的重要文化载体。如东汉包咸云:"归于正。"朱熹在《集注》中云:"'思无邪',《鲁颂·駉》之辞。凡诗之言,善者可以感发人之善心,恶者可以惩创人之逸志,其用归于使人得其情性之正而已。然其言微婉,且或各因一事而发,求其直指全体,则未有若此之明且尽者。故夫子言《诗》三百篇,而惟此一言足以尽盖其义,其示人之意亦深切矣。程子曰:'"思无邪"者,诚也。'范氏曰:'学者必务知要,知要则能守约,守约则足以尽博矣。经礼三百,曲礼三千,亦可以一言以蔽之,曰"毋不敬"。'"[②]朱熹认为,"诗之言"具有一种特殊的文化力量,"善言"可以"感发人之善心","恶言"可以"惩创人之逸志",他着重从诗歌言语与人心善恶方面来进行解释,进一步将"思无邪"阐释为"使人得其情性之正",凸显了"诗歌"对人的"情性"转变具有一定的指引功能。从包咸的"归于正"到朱熹的"使人得其情性之正",儒者们都突出了诗歌形式的外在教化功能。

二为现代的西化倾向。现代学者趋于将"思无邪"解释为孔子对诗歌内容的评论,意思为"思想纯正"。如杨伯峻在《论语译注》将"思无邪"解释为:"思想纯正。"他还在注释中云:"'思无邪'一语本是《诗经·鲁颂·駉》之文,孔子借它来评论所有诗篇。思字在《駉》篇本是无义的语首词,孔子引用它却当思想解,自是断章取义。俞樾《曲园杂纂·说项》

---

[①] 杨伯峻译注:《论语译注》,中华书局1980年版,第11页。
[②] (宋)朱熹:《四书章句集注》,中华书局1983年版,第53—54页。

说这也是语辞,恐不合孔子原意。"① 杨伯峻认为,第一,"思无邪"的"思"不是"无义的语助词",这里的"思"应解为"思想",但他与朱熹的解释稍有不同,用"思想"代替了"情性"。第二,孔子"断章取义"地使用《诗经》中的诗句"思无邪"来评论《诗经》中的所有诗篇,他认为,《诗经》中的所有诗篇是"思想纯正"的。

张少康、刘三富在《中国文学理论批评发展史》一书中对孔子"思无邪"的诗歌评论作了学术综述,其云:"孔子的'思无邪'说和《诗经》实际内容上的矛盾,是孔子基本思想矛盾的反映。孔子既有维护旧制度的保守落后一面,又有反映时代新思潮的积极进步一面,因此,他可以把《诗经》中这些不同内容、不同思想倾向的作品,都包容在他的'思无邪'之内。"② 张少康认为,孔子的"思无邪"评论与现存《诗经》文本在内容上存在很多不相符合的地方,这样孔子的"思无邪"命题是以一统多,具有一定的强制性。

从历代儒者重视"情性归正"的教化功能,到现代学者诗歌"思想纯正"的内容阐释,"思无邪"的文化起源与原初意义就在文字文本的文化理解中逐渐遮蔽起来。孔子所评论的诗歌,不是后来纯粹的书写形式诗歌,而是早期的口传诗歌逐渐被书写化了的诗歌。孔子以"思无邪"来概述所有的口传诗歌,是他对口传大传统诗歌精神的文化总结,也代表了孔子提纲挈领式的诗论思想。如何理解孔子"思无邪"的诗歌主张与理论纲领,这涉及在春秋文化转型的重要时期,孔子对早期大传统文化价值与诗歌精神的文化传承和历史发展问题,我们必须将其放置在口传时代的文化语境与神圣价值中,才能解开"思无邪"的文化编码与认同价值,才能更为透彻地理解孔子为何要用"思无邪"来概述早期诗歌的文化传统与诗歌意义。

## 一、心与思:通往澄明之心

关于"思无邪"的"思",张少康、刘三富在《中国文学理论批评发展史》一书中概括了历代儒者的解释意见,其云:"'思'字有两种解释:一是作为语助词解,没有实际意思;二是作思想内容解。"③ 杨伯峻已经否认了第一种解释,而对于第二种解释,他认为可以将"思"解为"思想内

---

① 杨伯峻译注:《论语译注》,中华书局1980年版,第11页。
② 张少康、刘三富:《中国文学理论批评发展史》,北京大学出版社1995年版,第34页。
③ 张少康、刘三富:《中国文学理论批评发展史》,北京大学出版社1995年版,第32页。

容",彰显了诗歌的内容形式。但是他过分拘囿于西方诗歌理论的内容/形式二元论结构,这也不利于深入透视和重新发掘孔子诗论的本土文化意义与东方思维特征。

为了更好地理解"思"的文化意义,我们先看早期"思"字的文字图像,如🔲（睡虎地秦简文字编49）、🔲（古玺文编4101）、🔲（古文四声韵）、🔲（古文四声韵·汗简）等。这些文字图像都是在"心"上有"囟",与许慎所说的"从心囟声"也是一致的。

人之"思"是人心的重要活动,"思"是人心之思。《孟子·告子上》云:"心之官则思,思则得之,不思则不得也。"①《礼记·玉藻》"书思对命"郑玄注:"思,所思念,将以告君者也。"②《孟子·公孙丑上》"思与乡人立"赵岐注:"思,念也。"③《毛诗指说》引梁简文曰:"发虑在心谓之思。"④《荀子·解蔽》"仁者之思也恭"杨倞注:"思,虑也。"⑤《孝经·圣治章》"言思可道"邢昺疏:"思者,心之虑也。"⑥《诗经·鲁颂·駉》"思无疆"王先谦《诗三家义集疏》云:"思,思虑。"⑦《尔雅·释诂上》"悠,思也"郝懿行《义疏》云:"心所思存谓之思念。"⑧《潜夫论·交际》"动作不思心"汪继培笺引《汉书·五行志》云:"思心者,心思虑也。"⑨结合"思"字的文字图像结构与古人关于"思"的相关训诂可以得出,古人认为,"心"的主要功能就是要善于"思",通过人心之"思",才能打开"心"中的"囟门"。所谓"囟门",就是古人想象的灵魂可以自由出入的神圣通道。⑩

"心"除了指代"心之官"以外,还可以指代人的自身世界和自我存在。古人认为,人心在世难免受到世界之物的诱惑,人心在现实世界之中

---

① （汉）赵岐注,（宋）孙奭疏:《孟子注疏》,北京大学出版社2000年版,第369页。
② （汉）郑玄注,（唐）孔颖达疏:《礼记正义》,北京大学出版社2000年版,第1030—1031页。
③ （汉）赵岐注,（宋）孙奭疏:《孟子注疏》,北京大学出版社2000年版,第118页。
④ （唐）成伯玙:《毛诗指说》,影印文渊阁四库全书本。
⑤ （清）王先谦撰,沈啸寰、王星贤点校:《荀子集解》,中华书局1988年版,第404页。
⑥ （唐）李隆基注,（宋）邢昺疏:《孝经注疏》,北京大学出版社2000年版,第43页。
⑦ （清）王先谦撰,吴格点校:《诗三家义集疏》,中华书局1987年版,第1065页。
⑧ （清）郝懿行著,安作璋主编:《郝懿行集》（四）,齐鲁书社2010年版,第2806页。
⑨ （汉）王符撰,（清）汪继培笺,彭铎校正:《潜夫论笺校正》,中华书局1985年版,第347页。
⑩ 关于儒家"心"的神话历史和神圣意蕴,可以参见胡建升的《儒家"心"范畴的神话历史考源》。见叶舒宪、唐启翠主编:《儒家神话》,南方日报出版社2011年版,第177—207页。

是处于封闭状态的,只有那种善于在"思"中打开了心之"囟门"的人,才能让人心重新获得心灵的澄明之光。可见,人心之"思"是打开人心世界、并通往神明之境的重要途径。古希腊圣人苏格拉底在《伊安》中对口传时期的神奇之"思"做过极为形象的描绘。他认为,诗人作诗(这里的诗是指荷马式的口传诗歌),吟诗者吟诗,都不是一种纯粹的语言技艺,而是获得了一种"迷狂之思"。其云:"凡是高明的诗人,无论在史诗或抒情诗方面,都不是凭技艺来做成他们的优美的诗歌,而是因为他们得到灵感,有神力凭附着。科里班特巫师们在舞蹈时,心理都受一种迷狂支配;抒情诗人们在作诗时也是如此。他们一旦受到音乐和韵节力量的支配,就感到酒神的狂欢,由于这种灵感的影响,他们正如酒神的女信徒们受酒神凭附,可以从河水中汲取乳蜜,这是她们在神智清醒时所不能做的事。抒情诗人的心灵也正像这样,他们自己也说他们像酿蜜,飞到诗神的园里,从流蜜的泉源吸取精英,来酿成他们的诗歌。他们这番话是不错的,因为诗人是一种轻飘的长着羽翼的神明的东西,不得到灵感,不失去平常理智而陷入迷狂,就没有能力创造,就不能作诗或代神说话。"① 在"迷狂之思"中,诗人或吟诗者首先是"失去平常理智"。所谓"失去平常理智",就是摆脱人心的世俗状态。其次是"陷入迷狂",所谓"迷狂",就是获得了一种神明状态。只有神力凭附人心,神圣力量才驱遣着诗人和吟诗者,展开神奇的诗歌艺术活动。可见,作为口传大传统文化的"思",并不是一种人心的流俗之"思",也不是胡思乱想,而是要通过人心之"思"的"迷狂",一方面可以摆脱外在世界对人心的遮蔽与束缚,另一方面还可以获得人心原初的澄明状态。沃尔特·翁在《口语文化与书面文化:词语的技术化》中云:"荷马用了一个标准的名号,他把语词叫作'长翅膀的语词'(winged word),其含义是出口即逝、富有力量和自由无羁。也就是说,语词不停地飞翔——飞翔是有力的运动,在飞翔的过程中,它使人摆脱平凡、粗俗、沉重和'客观'的世界。"② 通过口传语词的飞翔力量,人心之"思"也随着展翅飞翔,这样人才能真正摆脱了人心的流俗状态,由此获得人心的文化转变。

《灵枢·本神》云:"因志而存变,谓之思。"③ 人心的转变不是由此欲

---

① [古希腊]柏拉图:《柏拉图文艺对话集》,朱光潜译,人民文学出版社1963年版,第8页。
② [美]沃尔特·翁:《口语文化与书面文化:语词的技术化》,何道宽译,北京大学出版社2008年版,第58页。
③ (清)张志聪集注,方春阳等点校:《黄帝内经集注》,浙江古籍出版社2002年版,第55页。

转向他欲，而是依据于"道志""神志""德志"而有所转变，是由俗转向圣，由邪转向善，这种转变不是随意而变的，正是如此，人心之"思"才能真正获得神明状态。《尚书·洪范》"五曰思"孔颖达疏："思者，心虑所行使行得中也。"①《素问·阴阳应象大论》"在志为思"王冰注："思，所以知远也。"②《尚书·尧典》"钦明文思"孔颖达引郑玄云："深虑通敏谓之思。"③《素问·举痛论》"思则心有所存"张志聪集注："心之所之谓之志，因志而存变谓之思，故思则心神内存，正气留中而不行，故气结矣。"④《论衡·卜筮》云："思虑者，己之神也。"⑤所谓"得中""知远""通敏""因志而在变""己之神"，都是对人心的流俗状态的放弃，从而获得人心的文化神性或神道状态。掌握了口传时期人心之"思"的思维特征与文化意义，有利于我们探究孔子"思无邪"的真正意义与文化密码。

　　孔子传承了口传文化关于人心之"思"的文化想象与基本价值。他也认为，君子要善于"思"，唯有通过人心之"思"，才能使自己摆脱现世流俗关系的人心遮蔽，打开心中久久封存的澄明存在，才能领悟澄明之光的君子秉性和仁善品德。孔子曰："君子有九思：视思明，听思聪，色思温，貌思恭，言思忠，事思敬，疑思问，忿思难，见得思义。"(《论语·季氏》)⑥孔子认为，君子要有九种"思"的活动，即"看东西思考是否能看清，听东西思考是否敏锐，脸色思考是否温和，容貌思考是否恭敬，言语思考是否忠信，做事思考是否严肃，疑惑思考是否请教，愤怒思考是否艰难，看见得到的东西思考这种获得是否符合义。"可见，在孔子看来，君子的言行与众人的不同之处，就在于人心善"思"，通过这九种不同的"思"，从而在人心之"思"的领会和解释之中，将自身如其所是的东西（即思考的结果）运用在自身言行举止之中。这样，"思"的领会就指引着君子的外在言行，成为君子无形的飞翔语词与神圣力量。子曰："见贤思齐焉，见不贤而内自省也。"(《论语·里仁》)⑦遇到贤人，就"思齐"。所谓"思

---

① （汉）孔安国传，（唐）孔颖达疏：《尚书正义》，北京大学出版社2000年版，第360页。
② （唐）王冰撰注，鲁兆麟等主校，王凤英参校：《黄帝内经素问》，辽宁科学技术出版社1997年版，第12页。
③ （汉）孔安国传，（唐）孔颖达疏：《尚书正义》，北京大学出版社2000年版，第30页。
④ （清）张志聪集注，方春阳等点校：《黄帝内经集注》，浙江古籍出版社2002年版，第286页。
⑤ 黄晖：《论衡校释》，中华书局1990年版，第1000页。
⑥ 杨伯峻译注：《论语译注》，中华书局1980年版，第177页。
⑦ 杨伯峻译注：《论语译注》，中华书局1980年版，第39页。

齐",首先是思考他者的言行是否符合自身对"贤者"存在的领会。其次如果他者符合君子言行,那么应该继续展开"深思":如何才能达到"贤者"的文化要求。遇到不贤的人,就要"内自省"。所谓"内自省",就是对自我世界进行反思,思考他者的言行举止为何不符合自身对"贤者"的领会,从而警诫自己,不要犯同样的错误。"思"成了自身领会自身状态(含流俗状态与君子状态)的重要手段,通过"思"的方式才能强化和坚固自身有所是的东西(即君子仁者状态),并将这种如其所是的仁者领会践行于自身言行之中。

子曰:"饱食终日,无所用心,难矣哉!不有博弈者乎?为之,犹贤乎已。"(《论语·阳货》)① 孔子认为,一个人吃饱了,整天不干活,就是"无所用心"。所谓"无所用心",就是人之"心"被搁置,而不"使用",也就是不用人心来"思"。"无所用心"的人就无法摆脱自身在世的流俗状态,孔子认为,这样是不行的。他建议,就是下下棋,做做游戏,也比"无所用心""不思"要好得多,因为下棋与游戏也能将人之"思"开动起来,转移人心的关注重点,可以帮助人心摆脱世俗之物的拘执与引诱。《荀子·哀公》记载:"鲁哀公问于孔子曰:'寡人生于深宫之中,长于妇人之手,寡人未尝知哀也,未尝知忧也,未尝知劳也,未尝知惧也,未尝知危也。'孔子曰:'君之所问,圣君之问也。丘,小人也,何足以知之?'曰:'非吾子无所闻之也。'孔子曰:'君入庙门而右,登自阼阶,仰视榱栋,俯见几筵,其器存,其人亡,君以此思哀,则哀将焉不至矣!君昧爽而栉冠,平明而听朝,一物不应,乱之端也,君以此思忧,则忧将焉不至矣!君平明而听朝,日昃而退,诸侯之子孙必有在君之末庭者,君以此思劳,则劳将焉不至矣!君出鲁之四门以望鲁四郊,亡国之虚则必有数盖焉,君以此思惧,则惧将焉不至矣!且丘闻之,君者舟也;庶人者水也。水则载舟,水则覆舟,君以此思危,则危将焉不至矣!'"② 鲁哀公深居宫中,认为自己"未尝知哀""未尝知忧""未尝知劳""未尝知惧""未尝知危",他问孔子,怎样才能做到"知哀""知忧""知劳""知惧""知危"呢?孔子回答说,要懂得"哀、忧、劳、惧、危"等五种现身情态,就要善于运用自身之"思",养成良好的"思考"习惯,才能在身边的人物事情之上,体验到人生"哀、忧、劳、惧、危"各种情态的存在。他说,如每天走进

---

① 杨伯峻译注:《论语译注》,中华书局1980年版,第189页。
② (清)王先谦撰,沈啸寰、王星贤点校:《荀子集解》,中华书局1988年版,第543—544页。

庙门，抬头打量房顶，低头看看摆设供品的小桌子，先祖们用过的器具都还在，从这些方面来"思哀"，怎么会体验不到哀情呢？早上起来，梳洗完毕，上朝处理政事，有一件事情处理不当，整天就感到混乱不安，如果从这些事情中"思忧"，怎么会体验不到忧愁呢？同样的道理，只要善于从身边发生的事件出发，经常"思劳""思惧""思危"，那么，就一定能真切地体验到人在现实世界中的各种现身情态。在孔子看来，只有在内心善于"思"其所"思"的东西，才能激发人的各种情感体验，通过这种情感体验，才能真实地感受到自身存在的真实状态。司马牛曾经问孔子：怎样做才算一个君子？子曰："君子不忧不惧。"曰："不忧不惧，斯谓之君子已乎？"子曰："内省不疚，夫何忧何惧？"（《论语·颜渊》）① 孔子认为，一个人只要做到"不忧不惧"，就是一个君子了。为什么做到"不忧不惧"，就可以说是一个君子呢？在孔子看来，一个人要是做到了"不忧不惧"，说明这个人通过自身之"思"，认定自己是问心无愧的，也就不会产生"忧愁"和"恐慌"的情感体验。可见，人心之"思"是成为一个君子必备的重要能力和存在体验。子张亦曾云："士见危致命，见得思义，祭思敬，丧思哀，其可已矣。"（《论语·子张》）② 士人能在危机之中思考"致命"（是否值得），在看到获得的东西之时思考"义"（是否该得），在祭祀之时思考"敬"（是否诚敬），在居丧之时思考"哀"（是否哀恸），这样就可以了，也就是说这个士人就基本符合君子的要求。子张也是用人心之"思"的品格，来衡量士人是否处于君子状态。

　　孔子不仅重视人心之"思"，并将人心善"思"作为君子品格的重要方面和存在特征。孔子甚至认为，通过人心之"思"的存在方式，是否能将士人引向人心的"澄明"状态，这才是最为关键的事情。《尚书大传》"思心之不容，是谓不圣"条郑玄注云："心明曰圣。孔子说休征曰：'圣者，通也，兼四而明，则所谓圣。圣者，包貌、言、视、听，而载之以思心者，通以待之。君思心不通，则是非不能心明其事也'。"③ 郑玄认为，内心能够通明的人就是圣人。他引用了孔子对圣人征兆的描绘。孔子认为，圣人就是内心通达了澄明之光的人，同时，在以下四个方面，即貌、言、视、听，也都通达了心明状态，这个人就是一个圣人。圣人，通过体貌、言语、视觉和听觉等方面的知觉领悟和心理理解，善于用来思考自身之

---

① 杨伯峻译注：《论语译注》，中华书局1980年版，第124页。
② 杨伯峻译注：《论语译注》，中华书局1980年版，第198页。
③ （清）王闿运补注：《尚书大传补注》，中华书局1991年版，第67页。

心，并能够由此而通达自身的澄明存在，还能如澄明有所是地对待自身。如果一个人在思考自身存在时，还未能够通达和领会澄明的人心状态，那么他就不善于判断是非，也不能处理好各种事情。由此可见，在孔子看来，人心之"思"最重要的是要通过各种知觉与理解，领会清楚自身存在的澄明状态，而且能将这种澄明存在与仁者精神贯穿于日常存在之中。一个人能够获得这种"通明"之"思"的存在状态，这个人就是"圣人"。圣人就是通过人心之"思"的方式与途径，通达了"心明"的人。何谓"心明"？就是圣人通过人心之"思"的方式，打开了人"心"的"囟门"，让自身仁神降临人心，人心忘怀自身的世俗状态，获得仁者常身的澄明之光，从"仁道"的存在体验之中，让常身之光照亮自身，这种神性体验具有一定的神圣性和指引性。

毫无疑问，孔子所提倡的人心之"思"，不是一种笛卡尔式的理性"沉思"，而是通向早期"神道"传统的神话体验之"思"。这种体验之"思"是自身对自身澄明状态的一种领会，是为自己发掘一条通往澄明的"思道"，神性的"澄明之光"就从这条人心之"思道"中，倾泻而来。在北方的萨满文化中，"萨满，通古斯语，其含义按满族史诗《乌布西奔妈妈》中解译为'晓彻'之意，即最能通达、知晓神的旨意。"① 萨满教认为，在人世间之外包围着整个宇宙，不分天上地下，到处都是神域，统称为神寓之所。宇宙间存在的各种神灵，按照自己的观念、爱好、习性、禀赋、好恶、特性在宇宙间生活着，按照各自的生成本原与各自的生息生存轨道活动着，自生自存，遵其本原，亘古长存，是谓原道。诸神祇还可以自由存在或穿行于人世间，因此，人自身以外的客观世界都可能有神祇栖居，并可能对人有巨大影响，唯有神祇选定的代表萨满能知，能觉，能悟，能解，能闻，能见，能体察到神祇的存在与意愿。② 萨满在生活之中，有能力体验到神祇的存在，这种能力就是萨满独有的"思神"能力。

"斯文"是鄂伦春族萨满神的总称。萨满供的神多寡不一，有的多，有的少，有的神也偶然附体。据说1954年鄂伦春自治旗小二沟南屯萨满塔克塔布跳神时很意外地被哈克木克其敖包（小二沟北的一个敖包）的神附体了，自称是叶小姐（女神），这位神找塔克塔布萨满的理由是，因为他的骨骼洁白，血液清净，因此就变成了他的萨满神之一。"奥毛西莫口"也是萨满神之一，专门保佑孩子。如有的人家生了孩子养不活，萨满即请

---

① 王宏刚：《满族与萨满文化》，中央民族大学出版社2002年版，第9页。
② 王宏刚：《满族与萨满文化》，中央民族大学出版社2002年版，第16页。

此神保佑。萨满每一年或二年要祭祀一次诸神，每次请来几位神，就在挡士（用木制的四楞棒，长47公分，每边宽0.26公分）上刻几个豁口，当作对神的登记，登记过的神，就永久不会离开这个萨满，而且会专门为他服务。塔克塔布萨满的挡士上现在已登记52位神。萨满给人看病时，不请病人家里的神，而是请"斯文"神来看病。但他是神有时嫌麻烦，不一定能请下来，请不下来时就不跳了。如神已请下来并附了体，萨满本身就会感到发冷发热，陷于恍惚状态，而逐渐失去知觉进入无我境地。萨满的神附体后，就会看出病人是触犯了哪位神，当即告诉病人，并劝告病人向触犯的神许愿。这时要由萨满画一张被触犯的神像，把它放到屋外供起来。①

据鄂温克族莫德格萨满的讲述，她的神灵共有12种，其中鹰神和蛇神是她祖传的主要神。在"奥米那楞"时，逐一地请各位神灵，每请一位后间歇片刻，再唱祷词跳神请下一位降临附体，一共需要一整夜的时间。②

要想成为赫哲族的萨满，就要学会领神。做一个萨满要学会许多的技术，这技术的传授，汉语称之为领神。赫哲的萨满不是世袭的，也没有某阶级或某种人的限制。他们相信某人须做萨满，完全要凭神的意思。年龄在十五六岁至二十四五岁之间的人，害了精神病，久而不愈，请萨满跳神治病亦不见效时，乃由萨满祷告许愿云："如病人得愈，愿教领神。"病人若果因此而得痊愈，即须至萨满处谢神了愿。再经过数月或一二年后，许愿领神者如又患病，是为领神时期的征兆。那时前次代他许愿的萨满为之预备领神的手续。在病人已入昏迷状态的时候，扶之坐在炕上。一老人为"甲立"[tʃiali]，坐在他的背后，双手扶其两肩。在炕前地上，正对病人供一爱米，烧"僧其勒"[s ənk'il ə]香草。萨满穿戴神衣神帽，坐在炕沿上，击鼓请神。口中念念有词，先报他自己的装束及所用神具，大意云："十五根神杆，杆下一对朱林神，还有飞的神鸠，大的神鹰。身挂十五个铜镜，背后护背镜；头戴五叉神帽，胸前卦铜的布克春神，铁的萨拉卡神。服神衣，穿神裤，束腰铃，围神裙，手套神手套，足登神鞋，取鼓槌，执神鼓。鼓声起，神四布。"报至此再击鼓三声，继续报他所领的

---

① 李澍田：《东北民俗资料荟萃》，吉林文史出版社1992年版，第477页。
② 吕大吉、何耀华总主编，满都尔图等本卷主编：《中国各民族原始宗教资料集成：鄂伦春族卷 鄂温克族卷 赫哲族卷 达斡尔族卷 锡伯族卷 满族卷 蒙古族卷 藏族卷》，中国社会科学出版社1999年版，第128页。

神名，大意云："腾云驾雾的老爷神，娘娘神，在云城上和雾城上盘旋。在三个山峰的中峰坡下有个爱敦神，鹿神。在天河中大石城内的神杆下卧着一虎神。鄂伦春人那边的柞树神和石头朱林神。在北海岛上石门屋伏着一对虎神。南海中三个山峰坡下的神，乌苏里江南岸水漩处鳇鱼神，七星碇子坡下九个门前的娘娘神。"如萨满所报之神名及神具为领神的病人所当领的神，那时病人的双肩乃不断地微微震动，甲立即报说："抖了"[s ər əm ər ən]。否则不震动，甲立即报说："不抖"[a tʃi]（嘎尔当人用）或[k'ɜk ə ŋ]（富克锦人用）。萨满便须改变其词为之另找某某神或某某神具，在南海或北山或某湖畔，或某河边，各处去请神。并须一样一样的细细报告，直至说中发生影响于病人为止。萨满见病人的双肩微微颤动，身亦渐渐随之而动时，知诸神快要降临，乃更向神祝祷云："室内已烧起了僧其勒香草，倘使你是真正的爱米，不要害怕，快快"。到了此时，领神的病人颠动全身，向炕前移动，愈颠愈甚，至炕沿则两足垂下，两手张开作抱势，直跳向炕上爱米扑去，那时便入于昏倒状态。旁人将其扶起，并将萨满的腰铃及神裙解下为之系上，萨满授之以鼓及槌。领神的病人自会击鼓跳舞，此时跳动若狂，必须两人扶着。跳行数周，愈跳愈急，鼓声亦愈大，扶者强之睡炕上稍息。他休息片刻，喘息稍定，神智亦得恢复。① 得病是因为爱米导致的，爱米是人生病的主要原因。老萨满通过各种仪式帮助病人领神，就是通过人为仪式的文化活动，让病人驱逐爱米，获得领神，即让神灵附体。领神是治疗病人的文化药方，也是驱逐爱米的文化力量，也是萨满之所以成为萨满的文化根基与文化自觉。

达斡尔族的学萨满者在指导萨满的带领下学习跳神到一定程度，他的神灵就降下附体，达斡尔族称为"奥如古贝"，意思是扎了根，从此，该神灵就成为主宰和帮助其进行宗教活动的"温果尔"，即萨满的神灵。②

锡伯族萨满举行各项活动和仪式，全靠神灵来指点、帮助，其中主神的作用是最主要的。主神对萨满，一是帮他探明病因疾情。萨满被一病人家请去，为弄清患者的病因，这时他先举行特定的仪式后，就呼唤自己的主神并派遣它替自己去探视病因疾情，然后他才转告世人；二是领萨满入神。萨满探明病因后，他还要举行特定的仪式进行入神，到另一个世界

---

① 凌纯声：《松花江下游的赫哲族》，民族出版社2012年版，第128—129页。
② 吕大吉、何耀华总主编，满都尔图等本卷主编：《中国各民族原始宗教资料集成：鄂伦春族卷 鄂温克族卷 赫哲族卷 达斡尔族卷 锡伯族卷 满族卷 蒙古族卷 藏族卷》，中国社会科学出版社1999年版，第327页。

去和病魔进行搏斗，或者就在阳间和病魔进行斗争，这一过程也是通过主神的帮助才能完成。三是帮萨满和病魔进行搏斗。萨满和病魔及其他各类妖怪、邪恶进行搏斗，要采取多种形式，时而刺杀，时而呐喊，时而蹈火，时而舔烧红的刀刃，时而踩烧红的犁铧等，其间始终由主神帮助，据民间说法，如果没有神灵的帮助，萨满无法踩过火堆，无法舔烧红的刀刃。四是平时保护萨满避免病魔、妖怪和邪恶的侵害，平时有何危难之事来临，事先传其信息以告知，便萨满有所准备。① 萨满的一切力量都是神灵赐予的，否则，萨满的各种仪式活动就将变得无效。

满族将神附体称为抓萨满，它是指本族前几代死去的萨满中的某一个灵魂回转，附到该族的某一个人身上。被附者，或年轻后生，或三四十岁中年人，突然发病，精神癫狂，病状奇特，有的突然爬树上墙，有的连唱带跳，这些症状在此之前是没有丝毫迹象的。这种情状持续到一定程度，家人就要找萨满来查问病因。如病狂者声称是前辈的某位萨满魂附体，受神之托让他领神，那么就要对他进行验证。每一代的野神祭萨满都有自己独特的神技，如爬树、使火、用兵器、使水术等，也有他权威的神器，如托利（铜镜）、哈马刀等，如果真的是哪一位萨满抓神，那么被抓者就必须会那位萨满的所有技艺，前萨满能做到的，他必须也能做到，其间还要同萨满比武，展示虚实，果然如前者，那么就会承认他为萨满，阖族磕头拜叩。经验如与其口言不符，则不允狂者想当萨满的要求。这种萨满的神技是神赋的，因此不需要教授什么，人们认为他本身通神，一切与神俱来。②

蒙古族的布里亚特族称萨满认可仪式曰"辟邪·无垢酬（Beja ugachu）"，即"洗身"之意。萨满一生中，须经三次反复洗身，第三次洗身之后，方被认可为正式萨满。授以挂有各项表象章之萨满服装。因现在萨满被人尊敬之程度，较前大衰，此种仪式，亦仅举行一次。洗身所用之水，必须汲自清泉，老年萨满与九名青年，注水入釜，温之于灶火上，投多数之草及榆树之皮于水中，多有以牡羊一头为牺牲，并洒牡羊血于釜内（该羊之肉则与妇人）。老萨满用所杀羊之肩胛骨而报告吉凶。然后用事前准备之白桦鞭，浸入釜中，而打新萨满之裸肩。布里亚特族其新萨满允可

---

① 吕大吉、何耀华总主编，满都尔图等本卷主编：《中国各民族原始宗教资料集成：鄂伦春族卷 鄂温克族卷 赫哲族卷 达斡尔族卷 锡伯族卷 满族卷 蒙古族卷 藏族卷》，中国社会科学出版社1999年版，第409页。

② 富育光、孟慧英：《满族萨满教研究》，北京大学出版社1991年版，第102页。

之际，有种种仪式，吾人不欲赘述，唯其蒙允可之法式，至今按下面所记之程序而实行之：一、受许可者，攀登白桦树之头，以祈祷神、神之眷属及死去之萨满。二、新萨满供牡羊为牺牲，以其血涂于额及眼、耳之上。三、新萨满负手毡一片，担之而舞。①

伊利亚德长期研究北方萨满文化，他在《神圣的存在：比较宗教的范型》一书中，对这种"明心"之"神思"现象作了精辟的描绘，其云："每种现象都必须被视为一个神显，因为它通过某种方式表达了神圣在历史上的某个瞬间所表现出来的某种模态，也就是说人类已有的诸多神圣经验中的某一种。每一个现象皆因其告诉我们两件事情而具有意义：其一，它是一个神显，所以它揭示了神圣的某种模态；其二，它是一个历史事件，所以就揭示了当时人类对于神圣的态度。"② 在《萨满教：古老的入迷术》中，伊利亚德对"萨满领神"的仪式活动做了详细的介绍，他得出如下结论："事实上，不论哪里有领神的升天仪式，这一仪式在萨满治愈病人的过程中都是要被重复的。我们应该注意一下这个领神仪式的中心主题：象征着天堂之旅的爬树梯癫狂升天；站在梯台上向最高天神或宇宙伟大萨满祈祷的祷文，人们相信他们会赐予阿劳干女萨满治愈能力（预见力）和治愈疾病所需的神奇物品（有条纹的石头等）。"③

萨满文化重视诸如跳神、领神和请神的仪式活动，这些活动的一个核心主题就是"思神"，让神灵附体，重新让萨满的身体沐浴在神灵的神秘力量之中，以至于让神灵来支配这个萨满的血肉之躯。萨满的所有活动，诸如治病、驱魔、辟邪等，都是在神灵附体以后才能有效完成的，仅仅凭着萨满自身的力量是不足可信的。因此，萨满文化是以"神"为核心价值与力量源泉的神话信仰，"思神""领神"等身体神话回归的仪式活动，都将人类神话意识思维指向了神圣的上天力量。

孔子一方面对早期"神道"文化表示了崇敬和向往之"志"，另一方面又创立了士人的日常灵魂整体状态，即仁德。在孔子看来，获得"神道"的体验和神性，是"神显"力量的极致状态（初级神圣状态），而获得"神仁"的体验和明畅，也是"神显"力量的显现状态（三级神圣状态），无

---

① ［波］尼斡拉滋：《西伯利亚各民族之萨满教》，金启孮译，中国社会科学院民族研究所《萨满教研究》编写组1978年印制。
② ［美］米尔恰·伊利亚德：《神圣的存在：比较宗教的范型》，晏可佳、姚蓓琴译，广西师范大学出版社2008年版，第2页。
③ ［美］米尔恰·伊利亚德：《萨满教：古老的入迷术》，段满福译，社会科学文献出版社2018年版，第125页。

论通往"神道",还是通达"神仁",都可以通过人心之"思"的文化活动,获得具有"澄明之光"的神性存在与文化灵光。"思"成为自身与常身之间发生文化转换的重要心理途径。

可见,在孔子文化建构中,人心善"思"成为士人君子必备的心性品格和存在领会。君子在为人、为政过程中,人心之"思"的文化活动就成为具有指引性和有效性的言语指令和行动方向。在《论语》中,孔子重视人心"思"的言语记录很多,如:"季文子三思而后行。子闻之,曰:'再,斯可矣。'"(《论语·公冶长》)① 子曰:"不在其位,不谋其政。"曾子曰:"君子思不出其位。"(《论语·宪问》)② 子贡曰:"君子之过也,如日月之食焉:过也,人皆见之;更也,人皆仰之。"(《论语·子张》)③ "子路问成人。子曰:'今之成人者何必然?见利思义,见危授命,久要不忘平生之言,亦可以为成人矣。'"(《论语·宪问》)④ 为人要"三思",为政要"思不出其位",有过要善于"思"过而改之,"成人"要善于"思义",要"思天命"等。可以说,在孔子的文化体系中,为"思"而"思",以及为何而"思",都成为君子在世的心神领会,因"思"而明,依"思"而存,在"思"中澄明,成为君子指引自身言行的遥深之命。只有领会了孔子之"思明"的存在方式及其文化对象,我们才不会陷入"无意义的语助词"之"思"的流俗藩篱,才能真切领会孔子之"思"与西方人的"思想内容"存在天壤差别,也能由此初步领会到"思无邪"之"神思"的文化传统和价值意义。

## 二、学与思:君子"近思"的技艺

孔子认为,人心善"思"是君子存在的重要文化方式。通过"思明"的活动方式,君子就可以摆脱自身的流俗沉沦,而获得自身神明的超脱状态,当达到人心神明状态时,君子就获得了澄明存在的领会证悟,并将这种澄明领悟贯彻到具体的生活实践和事物态度上去。但是孔子又说自己并非是"生而知之者",强调自己之所以具有"思明"的能力,并不是一出生就有的,而是通过后天艰苦卓绝的"学"与"习"才获得的。

孔子重视人心善"思"的君子能力,但是不等于说,孔子是一位纯粹为"思"而"思"的圣人。恰恰相反,在孔子看来,如果一个人仅仅是处

---

① 杨伯峻译注:《论语译注》,中华书局1980年版,第50页。
② 杨伯峻译注:《论语译注》,中华书局1980年版,第154—155页。
③ 杨伯峻译注:《论语译注》,中华书局1980年版,第203页。
④ 杨伯峻译注:《论语译注》,中华书局1980年版,第149页。

## 第二章 文化大传统与孔子诗论

于纯粹之"思"中,那样对人是没有什么好处的,也不会带来自身的"心明"证悟。子曰:"吾尝终日不食,终夜不寝,以思,无益,不如学也。"《论语·卫灵公》①孔子认为,一个人整日整夜,不吃不喝,也不休息,夜以继日地"思",这样做是没有好处的,还不如去"学"与去"习"。可见,孔子不赞同存在纯粹的理性之"思",更不存在西方人"我思故我在"的我执弊病和自大狂妄。

孔子认为,人之"思"的技艺来自后天的"学"和"习",这就是他所说的"性相近,习相远"。通过后天的"学"与"习",人之"思"就会出现各种差异。诸如有人学习,人之"思"就会趋于澄明;有人不学,人就不"思",或胡思乱想,人之"思"就处于未开状态。而君子"思明",与常人"胡思"是不同的,君子善于通过人心"思明",最终通达具有神性存在的"澄明"状态。孔子告诫学生,一个人要是离开了"学"和"习",人心"思"就成了无本之源。孔子曰:"生而知之者上也,学而知之者次也;困而学之,又其次也;困而不学,民斯为下矣。"(《论语·季氏》)②孔子依据各个社会阶层的文化特征,将人分为三大类:上等人、中等人与下等人。孔子认为,一个人能做到"生而知之",这个人就不是一般的人,而是一个"上等人"。孔子所谓的"上等人",是指生于文化底蕴极为深厚的家庭且善于领会原初文化神圣力量的圣人,他们一出生,就沉浸于神道价值与礼乐文化之中,通过耳濡目染与心神领会通达了早期神道文化的意义编码与趣味习性。当然,"上等人"在孔子时代几乎绝迹,已经极为罕见了。与稀有的"上等人"相对应的,是"下等人"。"下等人"首先是"生而不知者",其次是"不学"。他们身处经济困难,生活困难,文化更是困难,更有甚者,"下等人"明知自己身处各种困境之中,但就是"不学",那么,这种人永远都不可能会有"思明"的可能性。除了不用"学"的"上等人",以及"不学"的"下等人",还有一种人就是"中等人"。"中等人"就是孔子所在的阶层,即士人阶层,"中等人"的文化特点就是"学而知之者",即通过后天的"学"和"习",能知晓礼乐文化,通达自身的澄明状态。士人阶层与"下等人"都属于经济困难、生活困难的人,但是他们能"困而学之",通过后天艰苦卓绝的"学"与"习",士人能够获得人心"思明"的文化能力和存在体验。

因此,"学"和"思"成为士人获得"知"的重要文化途径。《荀子·法

---

① 杨伯峻译注:《论语译注》,中华书局1980年版,第168页。
② 杨伯峻译注:《论语译注》,中华书局1980年版,第177页。

行》引孔子曰："君子有三思，而不可不思也。少而不学，长无能也；老而不教，死无思也；有而不施，穷无与也。是故君子少思长则学，老思死则教，有思穷则施。"① 孔子所说的君子有"三思"，即"思长""思死""思穷"，他尤其强调了"少而不学，长而无能"，一个人小时候不加强学习，长大了就缺乏能力，这里的"无能"主要是指缺乏"思明"的能力。因为一个人要是没有"思明"的能力，就不可能有神明有所是的"行思"能力，所以孔子说"君子少思长则学"，即小的时候想到自己长大了却没有本领，就会更加发奋学习。《韩诗外传》卷六引孔子曰："不学而好思，虽知不广矣；学而慢其身，虽学不尊矣；不以诚立，虽立不久矣；诚未著而好言，虽言不信矣。美材也，而不闻君子之道。隐小物以害大物者，灾必及其身矣。"② 一个人仅仅"好思"，但是"不学"，就只能"思"得一些所谓"知识"，而这种"知识"也是极为狭隘的。只有通过人心"思明"，才能"尊身""立诚""信言"，这样有所"存思"的学习，才能获得"君子之道"。否则，学习如果只是获得一些外在的"知识"，并为这些"小东西"而沉迷，不去"思明"，就像是捡了芝麻，却丢了西瓜，"大东西"（即澄明之道）反而被遮蔽遗弃了，这样的学习就会殃及自身的安危。可见，"学"很重要，而在"学"中"思明"就更为重要了。

孔子强调，"学"才是士人阶层独一无二的文化特性，这与士人以文化大道为己任是一致的。因为在"知"方面，"上等人"与"学"之后的士人都具有的。而在"困"方面，士人与"下等人"是相同的。只有"学"才是士人独有的，因为"上等人"是不用学就知晓了，而"下等人"是不知道也不去"学"的。因此，士人的学习能力，就成为提高与通达"思明"的重要技艺和关键能力。子曰："赐也，女以予为多学而识之者与？"对曰："然，非与？"曰："非也，予一以贯之。"（《论语·卫灵公》）③ 孔子问子贡：你以为我学习了很多知识，并将这些知识识记下来，是吗？子贡回答说：是的，难道不是这样吗？孔子道：不是这样的，我是"一以贯之"。那么，孔子的"一以贯之"的"一"是指什么呢？这里的"一"，既可以指孔子的"神仁"之道（三级神圣力量），也可以指孔子的"思明"能力，即通过"神思"力量将所学的知识贯穿起来，从而通达自身仁德的澄明状态。子曰："吾十有五而志于学，三十而立，四十而不惑，五十而知天

---

① （清）王先谦撰，沈啸寰、王星贤点校：《荀子集解》，中华书局1988年版，第537页。
② （汉）韩婴撰，许维遹校释：《韩诗外传集释》，中华书局1980年版，第212页。
③ 杨伯峻译注：《论语译注》，中华书局1980年版，第160页。

命,六十而耳顺,七十而从心所欲,不逾矩。"(《论语·为政》)① 孔子认为,自己从十五岁开始有志于学习。到了三十就能有所"立",孔子到底是"立"了什么?当然是人心之"思"有所"立",即人心已经获得了"思明"的技艺。到了四十岁,就能"不惑",人心为什么能"不惑"?原来是因为人心之"思"通达了澄明状态,能令自身更为坚定地立在澄明之中,相信自身的心明神性可以指引自身,所以不再为外界事物而困惑了。到了五十岁,就能"知天命",人心为什么能"知天命"?因为人心之"思"达到了"澄明状态",神性天命就能够通过澄明神道传递过来,故能知晓神秘幽眇的天命。到了六十岁,就能"耳顺",什么是"耳顺"呢?这里的"耳",不是外在的耳朵,而是人心之神耳,当人心之"思"通达了神性之光的时候,自身就沐浴在这种神性之光中,天命从神道之中传来,心耳唯命是听,自身顺从于在神思之中所获得的天命。到了七十岁,就能够"从心所欲,不逾矩"。所谓"从心所欲",就是通过"神思"而获得了自身的心明状态,这是一种神道、神德、神仁所是的力量传递与澄明状态,这就是孔子所说的神性"规矩",也就是发自天命的神圣规矩,依据人心所通达的神圣天命、神性规矩来为人处世,就绝对不再会违反各种现世之中的有形规矩。从孔子的这段话中,可以看出,孔子一生是活到老,"学"到老,"思"到老,通过"学"与"思",不断提升自身的神圣力量,逐渐摆脱自身存在的不自由状态,最终获得了神圣天命而"不逾矩"的纯熟自由状态。子曰:"学而不思则罔,思而不学则殆。"(《论语·为政》)② 如果一个人只是"学"而不"思",就会一无所成,为什么呢?因为"学"的目的就在于获得"思明",缺失了人心之"思"的文化活动,"神明"也就无从获得,"学"也就徒劳了。如果只是"思"而不"学",就会令人疲惫不堪,亦会无所成就,为什么呢?因为人心之"思"是否能真正通达澄明状态,最关键的还是在于"学"。只有在"学"中"思",在"思"中"学",学思结合,才能利用"学"之技艺,通达"思"之澄明,偏激任何一端,都会令人劳神费形,一无所得。

孔子既重视"学",也重视"思"。那么,在孔子的文化建构中,士人"学"了一辈子,"思"了一辈子,最终得到了什么?子夏曰:"博学而笃志,切问而近思,仁在其中矣。"(《论语·子张》)③ 子夏认为,广博地学习,

---

① 杨伯峻译注:《论语译注》,中华书局1980年版,第12页。
② 杨伯峻译注:《论语译注》,中华书局1980年版,第18页。
③ 杨伯峻译注:《论语译注》,中华书局1980年版,第200页。

并笃志而不改，实实在在地提出了很多问题，勤奋地"思考"身边的事情或事物，做到这些，就获得了"仁德"。原来，士人通过勤奋的"学"与"思"，最终目标就是为了通达君子的仁德存在。子曰："人而不仁，如礼何？人而不仁，如乐何？"（《论语·八佾》）① 礼乐知识是士人的学习对象，但是如果一个人仅仅学习了礼乐文化的纯粹知识形式，而没有将礼乐文化的精神价值和生存智慧传承下来，那么，"学"就仅仅是一种机械主义的"学"，不是孔子的"学"中有"思"了，也不是君子之"学"。孔子随着鲁国大师学习音乐，并将自身对音乐的领会告诉对方，其云："乐其可知也：始作，翕如也；从之，纯如也，皦如也，绎如也，以成。"（《论语·八佾》）② 孔子是如何学习与通晓音乐呢？他在学习的过程中，总是不断地在音乐中"思明"。音乐开始的时候，他感到"翕如"（专注的样子），接着感到"纯如"（纯明的样子）、"皦如"（光明的样子）、"绎如"（光明源源不断的样子），最后音乐结束了，人心之"思"也通达了神性的澄明状态。孔子不仅仅是在学习演奏音乐，而且强调在学习音乐的过程中，不断体验音乐，尤其凭借这种音乐体验体会领悟到自我豁然开朗的神明状态。

休斯顿·斯密斯在《人的宗教》中，描绘了原初人在学习过程中的宗教体验，其云："学习原初宗教，我们可以从任何地方开始，绘画、舞蹈、戏剧、诗、歌唱、居处，甚至于用具和其他作物。或者我们可以研究人民的日常作为，也不为神圣的和世俗的所分隔。比方，一个猎人的出发并不单单是为了满足他部族人的饥饿。他发动一连串复杂深思的举动，它们全部——无论是预备性的祈祷和洁礼，追逐猎物，或按照圣礼的方式把动物杀了而后请客——都灌注了神圣。一位调查者与黑麋族（Black Eik）住了两年后报导说，依黑麋族人的主张，认为打猎'是'——黑麋族人没有说'代表'，指导者强调——生命所追求的最终真理，这项追求需要预备性的祈祷和献祭的洁礼。"③ 原初人的各种学习活动，如学习绘画、诗歌、舞蹈、居处等，都不仅仅是一种纯粹知识形态的学习，而且更多的是在这种知识学习的过程中，他们能不断体验到知识之中所蕴藏的神圣力量，最终通达了"生命所追求的最终真理"。

萨满的学习体验也可以提供一种活态证据。无论是神灵选中的，本人许愿的，还是世袭的新萨满都必须拜师学习，掌握萨满术才有资格继任

---

① 杨伯峻译注：《论语译注》，中华书局1980年版，第24页。
② 杨伯峻译注：《论语译注》，中华书局1980年版，第32页。
③ [美] 休斯顿·斯密斯：《人的宗教》，刘安云译，海南出版社2001年版，第405页。

萨满。

鄂温克族老萨满教新萨满的仪式很隆重，新旧萨满至少跳三天。撮罗子火位的北边立下两棵大树，右边是落叶松，左边是桦树，这两棵大树的前边立下两棵小树，同样右边是落叶松，左边是桦树。两棵大树之间拉一鹿皮绳，在绳子上挂起供祭萨满神的东西，如鹿或狍的心脏、舌、肺、肝、喉等，前边的两棵小树上涂上鹿或狍的血。撮罗子西边挂一月亮，东边挂一太阳，都是木制的模型，另外，用木头做两只大雁和两只布谷鸟在东西侧各挂一个。新萨满的请教仪式一般都在夏季举行。新萨满的神衣和神帽必须在三年内逐步备全，即便有条件也不能一下置全，没有条件，也得在三年内必须准备齐全。新萨满经过三年的请教后才能成为独立跳神赶鬼的萨满。[1]

鄂温克族的四月会必须由两个萨满跳，一个是本莫昆的萨满，另一个是从别的莫昆请来的萨满，被请来的萨满当师傅。本莫昆的萨满失去意识之后，先来自我介绍（以神的第一人称），本莫昆拿出一只羊让两个萨满抢，然后杀羊。把羊心血掏出来，领祭萨满手捧盛羊血的器皿围着人群转，本莫昆的萨满学鸟飞的动作跟着被请来的萨满跑，领祭者给他点羊血喝进嘴里，然后喷两棵树。莫昆萨满说："你是领我的朋友，为了感谢你，给你半只羊。"实际上羊肉是大家吃，羊皮给请来的萨满。新萨满可穿前一代萨满的神衣，但在三年内不能戴神帽，用红布头巾来代替神帽。新萨满必须经过三年的领教之后，才能成为正式萨满，正式萨满才可跳神赶鬼。新萨满学三年之后，给师傅送一匹马或一头牛。[2]

北方萨满术主要包括三种内容：跳神、祭祀、唱诵神歌祷词，拜师开始多在春季举行领神仪式，然后开始培训，培训新萨满，通古斯语为"教乌云"，"乌云"是萨满教幻术的专用术语，其含义是学神职、神术，即跳神、祭祀、唱诵神歌等。跳神，不仅要学习萨满舞的基本舞步和多种与动物精灵崇拜有关的舞蹈套路，如鹰翱翔、吃血动作；虎抓虎恩动作等。还要掌握神鼓的敲打技法，以及神帽、神衣裙的穿着使用方法。比如学甩腰铃，40多个腰铃系在腰上，重达八九十斤，甩时要求臀部平行扭动，身

---

[1] 吕大吉、何耀华总主编，满都尔图等本卷主编：《中国各民族原始宗教资料集成：鄂伦春族卷 鄂温克族卷 赫哲族卷 达斡尔族卷 锡伯族卷 满族卷 蒙古族卷 藏族卷》，中国社会科学出版社1999年版，第134页。

[2] 吕大吉、何耀华总主编，满都尔图等本卷主编：《中国各民族原始宗教资料集成：鄂伦春族卷 鄂温克族卷 赫哲族卷 达斡尔族卷 锡伯族卷 满族卷 蒙古族卷 藏族卷》，中国社会科学出版社1999年版，第135页。

体的其他部位则要求平稳不动，甩出的声音要铿锵洪亮，韵律和谐，还要根据各种神祇来时的情景、奏出悠扬、急促等不同的音响效果，甩腰铃的同时还要配合鼓，走各种步式，手、眼、颈、椎、腿等各种功夫，全凭老萨满身教传授。祭祀，不仅要学会各种类型祭祀活动中的程序，而且要熟谙所祭祀的各路神灵及供奉几十种以上神偶的知识。学会唱诵各种神歌和祷词更是不可缺少，仅请神送神歌词就多达100种以上。从领神仪式的首次训练开始算起，每学练一种萨满术约用10多天，至少要经过3年的苦心修炼，才有条件取得从事萨满教活动的起码资格。在3年中，主要训练跳神，这是萨满术的核心。跳神训练要达到神志不清、精神恍惚、"神灵附体"为止，才会被公认为出师的萨满。① 萨满的学习训练，不仅仅是一种外在知识的口耳传授，更多的是要通过学习与萨满相关的唱跳功夫，善于领会神灵附体的神秘状态。如果萨满初学者能摆脱自我人心的束缚，达到迷狂的心神状态（具体表现为神志不清、精神恍惚），就说明萨满可以出师了。

　　孔子认为，士人学习，通过在"学"的技艺中进行"思明"，才获得君子仁德的心明状态，"不学""不思"，或者"学"而不"思"，"思"而不"学"，都不足以真正通达君子的心明状态。《中论·治学》引孔子曰："弗学何以行？弗思何以得？小子勉之。"② 孔子认为，一个人只有做到"学""思"兼得，善于在"学"中展开"思明"，这个人就可以"为人师矣"。

### 三、诗与思：口传语词的"无邪"指引

　　张少康、刘三富在《中国文学理论批评发展史》中云："对'无邪'的解释也有两种不同观点。汉儒认为《诗经》三百篇完全符合儒家'正'而'不邪'的标准，为此他们给《诗经》加上了很多牵强附会的'史实'，对不少普通百姓的爱情诗及表现他们对社会黑暗愤激不满情绪的作品作了歪曲解释。……到了宋代，以朱熹为代表的宋儒，感到这种穿凿解诗实在不能说服人，于是提出了另一种解诗，认为'无邪'是指读诗人而言。"③ 张少康、刘三富根据经学家对"无邪"的解释，认为孔子"思无邪"的诗歌总论对《诗经》文本存在很多不符合事实的情况。经学家由于受到文字

---

① 陈思玲、刘厚生、陈虹娓编著：《道教、萨满教》，吉林人民出版社1996年版，第60—61页。
② （魏）徐干撰，孙启治解诂：《中论解诂》，中华书局2014年版，第5页。
③ 张少康、刘三富：《中国文学理论批评发展史》，北京大学出版社1995年版，第32—33页。

传统和意识形态的局限，仅仅拘囿于《诗经》文本（作品）与诗人（作者），对孔子"思无邪"进行文化解释，忽略了在口传文化中口传诗歌的整体世界与神圣意义，拘泥一端，难免穿凿附会。在前面，我们分析了孔子对"心"与"思"、"学"与"思"之间的文化关系，在此基础上，我们要进一步探索孔子关于"诗"与"思"的思考和理解。

　　孔子论诗，极为注重在"诗"的语词形式中展开自身之"思"，尤其要在人心之"思"中长期驻足停留，深入把玩，以便展开心神领会。子曰："《关雎》，乐而不淫，哀而不伤。"（《论语·八佾》）[1] 在《关雎》的点评中，孔子是怎样展开自身之"思"的文化体验呢？是怎样在"诗思"中玩味涵咏呢？是怎样通过"诗思"的深刻领会而通达自身的澄明心性呢？《韩诗外传》卷五记载："子夏问曰：'《关雎》何以为《国风》始也？'孔子曰：'《关雎》至矣乎！夫《关雎》之人，仰则天，俯则地，幽幽冥冥，德之所藏，纷纷沸沸，道之所行，如神龙变化，斐斐文章。大哉《关雎》之道也，万物之所系，群生之所悬命也，河洛出书图，麟凤翔乎郊。不由《关雎》之道，则《关雎》之事将奚由至矣哉！夫六经之策，皆归论汲汲，盖取之乎《关雎》。《关雎》之事大矣哉！冯冯翊翊，自东自西，自南自北，无思不服。子其勉强之，思服之。天地之间，生民之属，王道之原，不外此矣！'子夏喟然叹曰：'大哉《关雎》！乃天地之基地。'"[2] 这段文字充分展示了孔子关于《关雎》的"诗思"情状。"至矣""大哉""大矣"等神圣口语语词，展示了孔子在"诗思"中的体验神情与赞美崇敬，是一种心明至深的文化体验与共鸣认同。在诗歌的玩味体验中，孔子想象出"《关雎》之人"（作诗者）的"沉思"状态，他仰观天文，俯察地理，并在天地之间寻索宇宙中潜藏的神秘力量与神德显现，"德之所藏""道之所行"，就是"《关雎》之人"在宇宙幽冥之中体悟到的神圣价值，同时，用"斐斐文章"将蕴含了这种神圣力量的"神龙变化"揭示出来。在孔子眼中，"《关雎》之道"是至高无上的，是"《关雎》之事"的深层意义，因为"《关雎》之道"的深层存在，才使得"《关雎》之事""《关雎》之文"成为具有神圣价值的文化存在。我们能感受到，作为听诗者（读者）的孔子、作为作诗者（作者）、作为口传语词的《关雎》都在"《关雎》之道"中获得了一种超越个体存在、形式层面的文化认同，由此而上升到口传时期关于冥冥宇宙的神道价值与神德存在。孔子还引用了《大

---

[1] 杨伯峻译注：《论语译注》，中华书局1980年版，第30页。

[2] （汉）韩婴撰，许维遹校释：《韩诗外传集释》，中华书局1980年版，第164—165页。

雅·文王有声》中"无思不服"的诗句，来表达自己对"诗"（口传诗歌）与"思"的文化体验，由于历代儒者拘于古说，将诗句中的"思"释为"助语词"，这是极为不妥的，严重遮蔽了孔子与口传时期的"神思"文化编码。孔子此处使用"无思不服"的诗句，除了表示诗歌起兴的文化意味以外，还表达了赋诗之人通过"神思"的文化想象，使原本在物质形态方面各自独立的、不服于心的世间万物，摄入自身世界之中，令其以文化形象的方式在自身世界中上手，从而臣服于自身世界。其又云："思服之"，表示了诗人、听诗者都要善于运用"诗思"的文化方式，获得对诗歌语词或有形万物的文化领会，并由此而领会自身的澄明之光，以神明之光来引导自身世界的万物秩序与存在价值。可见，孔子聆听《关雎》的语词声音，引发了无穷之"思"，领会了由"思"而"服"之的万物存在方式。

《论语·述而》记载，"子在齐闻《韶》，三月不知肉味，曰：'不图为乐之至于斯也！'"①孔子在聆听《韶》之乐舞以后，数月之间，都不知道口中的肉味，那么，孔子为何对《韶》乐如此沉醉？难道孔子真的是沉醉在至美的音乐形式之中吗？孔子感叹道：没想到至美的音乐，尽如此令人味之无穷！原来，孔子几个月来，一直在内心世界之中，以"思"悟乐，把玩音乐形式之外的玄妙之处，以至于不知口中食物之味，可见人心之"思"的神圣力量存在。《论语·子罕》记载，有一次孔子听到古代的几句口传诗歌："唐棣之华，偏其反而。岂不尔思？室是远尔。"意思是：目睹眼前的唐棣之花，令人翩翩遐思，欲即刻返乡，与君相会。我虽身游在外，但心中却深深地思念着您，尽管离你的空间实在太遥远了。子曰："未之思也，夫何远之有。"②孔子评价这几句诗歌云：假如这位诗人没有展开真正的"思念"，就会感到与她隔得实在是很远很远。孔子认为，正是因为诗人身怀真"思"，尽管与她相隔很远，但由于眼前唐棣花引发了内心沉思，让他感到，她就在身边，遥远的距离也变得很近很近。在口传诗歌中，在诗人的"真思"中，人可以穿越时空的现实隔阂，在自身世界中，达到去远为近的真切效果。

从赋诗者来看，口传诗歌语词的生发都与人内在的感思与心志紧密联系在一起，而要形成人之"心志"，与人之"感思"是密不可分的。《乐纬·乐动声仪》云："诗人感而后思，思而后积，积而后满，满而后作。

---

① 杨伯峻译注：《论语译注》，中华书局1980年版，第70页。
② 杨伯峻译注：《论语译注》，中华书局1980年版，第96页。

言之不足，故嗟叹之，嗟叹之不足，故咏歌之；咏歌之不厌，不知手之舞之足之蹈之也。"①《乐纬》认为，诗歌语词声音的生发与诗人的感思是紧密联系的。感思是内在的内驱动力。积累内在的感思会逐渐溢满，然后才会形成诗歌言说的文化活动，可见，诗歌形式只是外在的符号形式，其语词形式的生成需要人心之思的力量驱动。刘勰在《文心雕龙·明诗》中云："大舜云：诗言志，歌永言。圣谟所析，义已明矣。是以在心为志，发言为诗，舒文载实，其在兹乎！诗者，持也，持人情性；三百之蔽，义归无邪；持之为训，有符焉尔。人禀七情，应物斯感，感物吟志，莫非自然。"②刘勰也认为，外物能够诱发人的七情，正是出现内在的七情感思，才能激发人的"吟志"，最后才有诗歌形式的自然产生。

另外，从听诗者来看，诗歌的语词还可以打开人心之"思"，促使士人摆脱现世的流俗状态。通过在诗歌艺术的活动中，人心产生了"思明"活动，诗歌语词也就被人所领会了，被人所接纳了，从而发挥出可以引导人心之"思"趋于澄明状态的文化功能，也使人心之"志"存守于澄明之中。由此，士人就实现了"志于仁"的君子仁德。

子曰："苟志于仁矣，无恶也。"（《论语·里仁》）③一个人能够"志于仁"，就是在心中通过"思"仁的方式，使人心有志于仁德，也就是将"仁者"常身作为自身有所是的存在状态，那么就会"无恶"。何谓"无恶"？杨伯峻将其译为"总没有坏处。"④既然在人心之"思"中，已经将仁德作为自身之"心志"，说明人心已经摆脱了外在物质的引诱，而获得了仁者常身的文化规定与神圣力量，通达了君子的澄明状态，会按照仁德来为人处世。可见，这里的"无恶"，是指人心处于澄明之中而丝毫"无邪"。当然，只有人心世界处于"无邪"之中，在现世之中与人打交道，也就"不会有什么坏处"。《韩诗外传》卷二引孔子曰："口欲味，心欲佚，教之以仁。心欲安，身欲劳，教之以恭。好辩论而畏惧，教之以勇。目好色，耳好声，教之以义。《易》曰：'艮其限，列其夤，厉熏心。'《诗》曰：'吁嗟女兮，无与士耽。'皆防邪禁佚，调和心志。"⑤孔子认为，假如一个人心里想着美味，又贪图安乐，那么，就要用仁爱去教育他。假如一个人心里好

---

① （清）赵在翰辑，钟肇鹏、萧文郁点校：《七纬（附论语谶）》，中华书局2012年版，第340页。
② （梁）刘勰著，范文澜注：《文心雕龙注》，人民文学出版社2001年版，第65页。
③ 杨伯峻译注：《论语译注》，中华书局1980年版，第36页。
④ 杨伯峻译注：《论语译注》，中华书局1980年版，第36页。
⑤ （汉）韩婴撰，许维遹校释：《韩诗外传集释》，中华书局1980年版，第39—40页。

战，又不想劳苦，那么，就要用恭敬教育他。假如一个人喜好辩论，又极为胆怯，那么，就要用勇敢教育他；假如一个人喜好美色，又沉迷音乐，那么，就要用礼义教育他。孔子的教育方法是"因材施教"，针对不同教育对象的"心思"而展开。首先必须了解对方的"心思"现状，然后选择适合的教育内容来引导对方的"心思"，从而将人心由"邪思"状态引向"仁思"状态。最后，孔子引用了《周易》《诗经》的口传语词，来表明教育就是要抑制人心的各种邪恶思想。《周易·艮九三》爻辞云：君子要在一定限度之内而有所止，如果放弃自身的敬畏之心（夤心），就会让世俗之心遮蔽、危害自身的美好之心（熏心）。《诗经·氓》云：姑娘啊，不要过分沉迷于男子的爱情之中。孔子认为，《周易》《诗经》中的口传语词声音，都可以"防止人心邪恶，禁止放纵私欲，可以调和人的心志"。也就是说，孔子认为，早期口传语词的声音可以促使人心"思"善，可以驱除人心之中的各种邪魔，让人心有所节制，有所收敛，使人心重新回归到"思无邪"的君子状态。《上海博物馆藏战国楚竹书·性情论》也讨论到了人心之"思"与人行之"恶""过"的关系问题，其云："凡用心之忱者，思为甚。用智之疾者，患为甚。用情之至〔者，哀〕乐为甚。用身之忱者，悦为甚。用力之尽者，利为甚。目之好色，耳之乐声，郁陶之气也，不〔难〕为之死。……凡人伪为可恶也，伪斯吝矣，吝斯虑矣，虑斯莫与之结。□慎，虑之方也，然而其过不恶。速，谋之方也，有过则咎。人不慎，〔斯〕有过，信矣。"[①] 如果人心之"思"不符合"仁道"，就会"思为甚"，也就是人心的俗思不断，没有节制，就会产生"患为甚""哀乐为甚""悦为甚""利为甚""好色""好声"等没有节制的现世行为和人心情态，如果长此以往，纵欲无度，就会加速人的死亡。可见，人心内在的"思""虑"没有节制，就会引发"死""恶""邪""过"等外在祸害，人心之思的善恶，直接决定人在现实世界之中的吉凶悔吝状况。孔子认为，利用口传诗歌的语词声音，可以达到调和人心的艺术效果，使人心之"思"摆脱"邪恶"的流俗状态，将人心引致"思无邪"的仁者状态。

口传诗歌的语词声音与"思无邪"之间的关系，还可以在民间活态的口传文化中找到它们之间的文化关联。如彝族（撒尼支系）每年举行原始宗教活动"祭密支"的时候，都要唱《普兹楠兹呗》的诗歌，"普兹楠兹"就是"迎接普神和楠神"，"呗荞"，这是音译词，意为"驱邪"，整首诗歌

---

[①] 李零：《上海博物馆藏战国楚竹书（一）释文校订》，姜广辉主编：《经学今诠三编·中国哲学（第二十四辑）》，辽宁教育出版社2002年版，第196页。

就是旨在祈求人畜平安,所以在迎接普神楠神到来之时,首先就要驱除各种邪魔和厉鬼。其云:

> 来把普神迎,
> 又将楠神接。
> 在未迎普时,
> 还未接楠际,
> 先把邪魔驱。
> 一日村寨中,
> 鸟飞入邪处。
> 鸟儿邪气染,
> 它也变成邪。
> 不该歇落处,
> 鸟儿也误入,
> 落至普在处,
> 普处有了邪。
> 一日村寨中,
> 猫窜经邪处。
> 猫儿邪气染,
> 它也变成邪。
> 不该去之处,
> 猫儿也跑到。
> 猫儿去普处,
> 普处有两邪。
> 一日村寨中,
> 蛇身披蛙皮,
> 蛇蛙原是邪,
> 带邪爬四处。
> 不该爬到处,
> 爬至普在处,
> 普处有三邪。
> ……
> 我们这村人,
> 有家又有户。

邪魔如此多，
庄稼不要邪，
耕耘不用邪，
众人来驱邪。
今日来驱邪，
尚无驮邪牛，
也无驮邪马。
要找驮邪牛，
须寻驮邪马。
普兹毕摩啊，
四处都走到。
到了密林中，
祈求格兹神：
格兹神主啊，
你有世扎（一种草类植物，用这种草扎成牛和马，就可以驮走邪魔和厉鬼）吗？
你若有世扎，
祈求恩赐下。①

在祭祀仪式上，彝族人唱诵口传的诗歌，就是要完成驱除各种邪魔的功能，各种"邪魔和厉鬼"都在哪里？毫无疑问，都在人心之思中，只有驱走了心中的邪魔和厉鬼，才能真正迎接神灵的到来。满族萨满在治病之时，要唱《祭天》的诗歌，其云：

不知什么年代，
在我们这里，
忽然灾祸平地起，
人们立地得病，
瘟病蔓延无际。
人人重病缠身，
卧床不起。

---

① 云南省少数民族古籍整理出版规划办公室编：《普兹楠兹——彝族祭祀词》，云南民族出版社1986年版，第1—5页。

四十余日寻医治疗,
七十余日仍卧炕上。
每日饭无甜味,
口无香味。
请来八位萨满祈祷诵唱,
九位萨满查看,
寻察何处之过,
何事之由。
查看,
遇到天上之神,
述叙众人惜命惧死,
乞求天神保佑。①

维吾尔族巴克西(巫师)治病时,先对着一碗水念咒语,用中指蘸碗里的水,点撒四壁、病人和客人身上,使鬼无藏身之处。接着点燃檀香木,绕场一周,以驱邪气。然后,巴克西与伴唱一起击鼓唱神歌,请鬼远遁:

精灵鬼怪们听着,
不论你们是在天上翔游的,
还是骑着彩云的,
转眼间能游一万八千世界的,
住在旷野的,
住在废弃的旧磨坊的,
住在戈壁荒野的,
住在河边的,
住在残垣断壁旧院墙的,
野游的鬼怪们,
尔辈必须集中于此圣蘸下。
听着:火速离开她。
若不离走,
就用刀剑杀尔辈;

---

① 宋和平:《满族萨满神歌译注》,社会科学文献出版社1993年版,第292页。

倘若再不走，
就用火烧死你们。
走吧！快走吧！①

在"走吧，快走吧"的歌声中，口传诗歌的语词不仅仅是"驱逐邪魔"的声音，而且是一种具有神圣魔力的语词武器，这种魔力与武器能够将世间一切有危害的邪恶力量统统驱逐干净。A.哈姆帕特·巴在《逼真的传说》中分析了为何语言可以引发人心的转变，其云："如果说言语的力量能引起各种精灵的反响，那是因为它的和谐在创造运动，运动产生力量，这些力量又影响本身就是各种行动力量的精灵。"②他认为，语言的和谐力量与各种行动力量的精灵在"力量"方面具有相通性，言说力量发自人类精灵的神圣力量，同时也可以激发人身上所潜藏的精灵，让其重新散发其神奇力量。

孔子认为，诗歌的语词是"思无邪"的，并非完全从诗歌的文字意义来言说立论的，而是从早期久远的口传大传统中，来领会外在之"诗"与人心之"思"之间的文化关系，利用口传的"诗歌"，来帮助人心展开"思明"的活动，使人心向着"无邪"的澄明转变，从而摆脱了人在世俗社会中的各种邪念或邪魔的纠缠，人心发生了文化的巨变，由之而变得有所节制，人心欲望也就不会任意放纵，人心就此由"邪思"回归到了"道思"和"志思"，获得了一种心领神会的澄明之思，并利用这种仁者澄明之光如其所是的文化价值，来引导自身在世一切的言行举止，与他者获得同处共在的和谐生存。

## 四、小　结

学术界关于孔子"思无邪"的评论有两种阐释倾向，一为教化倾向，二为西化倾向，都将"思无邪"拘囿于《诗经》的书写文本形式（作品）或书写诗人（作者）的狭隘概念之中，忽略了"思无邪"的口传大传统语境与文化编码。

孔子认为，君子只有通过人心之"思"才能摆脱人心存世的流俗状态，才能使人心领会到自身的澄明状态。人心善"思"成为士人君子的必备能

---

① 郭淑云：《原始活态文化——萨满教透视》，上海人民出版社2001年版，第339页。
② J.基·泽博编：《非洲通史（第一卷）·编史方法及非洲史前史》，中国对外翻译出版公司1984年版，第125页。

力,"思"为君子存世提供了一种具有指引性的神圣力量和神性存在。在萨满文化中,萨满必须要有一种领神能力,这与孔子的"思明"能力极为相似。萨满只有获得了思神并领神的神奇能力,才能具备跳神驱魔的神奇力量,否则,一切仪式活动都是无效的。

君子"思明"的能力并非是与生俱来的,而是士人在后天学习过程中才获得的。士人之"学"不是为了接受纯粹的外在知识,而是通过学习知识,通达自身的"思明"状态,是为了提高自身展开"思明"的内在能力。士人之"学"不能离开人心之"思",同时,人心之"思"也必须依靠艰苦卓绝的"学"。只有在"学"中不断深"思",在"思"中持续不断地"学",士人才能真正通达仁者常身的澄明状态。北方萨满的跳神能力都是后天学来的,新萨满只有跟随师傅在仪式活动中灵活学习,达到熟练生巧,才能把握各种仪式的神秘程序与相关神词。

口传诗歌的语词声音可以开启作诗者、听诗者的人心之"思"。孔子极为注重在"诗"中展开人心之"思",并在人心之"思"中玩味和领会口传诗歌的文化意义,驱除人心在世的"邪思"状态,打开人心通往澄明状态的神性通途,通达君子仁德的存在状态,获得人心存在的"思无邪"状态。萨满的诗歌演唱不仅是神灵的语词形式,而且通过这种神奇的语词形式,还可以开启人心精灵的神奇力量,使人心神性增强。

可见,孔子的"思无邪"论,是传承了早期口传诗歌的文化意义和神圣编码。他认为,诗歌的文化意义并不在于诗歌的文字意义,而在于通过诗歌的语词声音与言说力量,打开人自身的"神思",通达自身之"思"的澄明世界,从而让人心之"思"获得君子仁德的文化规定与存在意义。

## 第五节 "述而不作"的口头传统与文化重建

子曰:"述而不作,信而好古,窃比于我老彭。"(《论语·述而》)① 孔子以这段话概括了自己的学术思想、文化价值和教育取向,这也是我们理解孔子文化理论和价值创新的重要依据。汉代王充在《论衡·对作》中认为:"圣人作经,艺者传记,匡济薄俗,驱民使之归实诚也。案六略之书,万三千篇,增善消恶,割截横拓,驱役游慢,期便道善,归政道焉。孔子作《春秋》。"② 又云:"或曰:圣人作,贤者述。以贤而作者,非也。《论衡》《政务》,可谓作者。曰:非作也,亦非述也,论也。论者,述之次也。《五经》之兴,可谓作矣。太史公《书》、刘子政《序》、班叔皮《传》,可谓述矣。桓君山《新论》、邹伯奇《检论》,可谓论矣。今观《论衡》《政务》,桓、邹之二论也,非所谓作也。造端更为,前始未有,若仓颉作书,奚仲作车是也。《易》言伏羲作八卦,前是未有八卦,伏羲造之,故曰作也。文王图八,自演为六十四,故曰衍。谓《论衡》之成,犹六十四卦,而又非也。六十四卦以状衍增益,其卦溢,其数多。今《论衡》就世俗之书,订其真伪,辩其实虚,非造始更为,无本于前也。儒生就先师之说,诘而难之;文吏就狱卿之事,覆而考之,谓《论衡》为作,儒生、文吏谓作乎?"③ 王充认为,"圣人作《经》","孔子作《春秋》",由于《经》和《春秋》到了东汉王充时代,早已经是书写文本化了。因此在王充和问者那里,这已经成了一个不言而喻的文化共识,即"作""述"都是书写文本的,属于文字著述。提问者还认为,王充的《论衡》也是"作",王充却认为,自己所写的作品不能与圣人、贤者相提并论,最多只能算作"论"。王充关于"作""述""论"等文化行为的区分态度都是书写文化小传统的价值观念,而孔子"述而不作"的思想渊源与文化传承明显被后来兴起的文字书写模式所遮蔽了。

周远斌在《"述而不作"本义考》一文中认为:"述:遵循、继承先王

---

① 杨伯峻译注:《论语译注》,中华书局1980年版,第67页。
② 黄晖:《论衡校释》,中华书局1990年版,第1177页。
③ 黄晖:《论衡校释》,中华书局1990年版,第1180—1181页。

之事业。'作'应作别创解。述而不作：遵循、继承先王之事业，而不改创非王道之业。"① 周远斌没有完全拘囿于"写作""著述"等书面文化的局限，指出了"作""述"的文化区别，具有一定的启示意义，但其观点依旧是小传统价值的文化表述。叶舒宪在《孔子〈论语〉与口传文化传统》一文认为："《正义》：《说文》云：述，循也。作，起也。述是循旧，作是创始。按照这种通行的解释，'述而不作'指的是因循守旧而不要创新。如果把这个说法还原到书写文化与口传文化相交替的大变迁背景下，那么很明显的新解释是：述，讲述、口述也；作，写作，著作，个人著作也。孔子以口头追述、复述古代知识为特长，以不写作个人著作为戒条。如此的文化价值观是深深植根于数万年传承不绝的口头知识传统的。"② 叶舒宪从口传文化入手，将"作"释为"写作"，将"述"释为"口述"，凸显了孔子"述而不作"的口传性和祖述性。唐启翠在《"述而不作"与"圣贤"神话》一文中认为："'述''作'原本都深深根源于口传文化祝祷神灵的仪式语境，而后引申为撰述和创作，但各有倚重，'述'偏于卜筮祝祷技艺和仪式性言行信守与遵循、践行；而'作'偏于契刻、铭刻、建造等仪式性制作传统。'述作'的关键性区别在于述作主体知晓神圣启示的能力差异。孔子时代，主导性知识传承方式依旧是口述和礼乐仪式。"③ 唐启翠一方面肯定了"作""述"根源于"口传文化祝祷神灵的仪式语境"，另一方面又说这二者在小传统之中都引申为"撰述和创作"的意义，并加以区分这种表述的能力差异。叶舒宪、唐启翠等学者的精彩论述，开始将孔子"述而不作"的文化思想与口传大传统联系起来，具有一定的学术前沿价值，但他们都将"作"解释为"著作"或"偏于契刻、铭刻、建造等仪式性制作传统"，还没有真正将"作"与早期的口传大传统价值联系起来。

  孔子所处的时代是王道凌迟、礼乐崩坏的时代。他所倡导的"述而不作"不仅是对口传传统的思想回归和文化传承，而且是面对时代文化的流弊危机提出来的文化策略，这与他的仁道思想是密不可分的。在"述而不作"的学术表述之中，孔子对流俗士人的大胆"妄作"行为极为不满，甚至表示下定决心，要与之决裂。同时，他又表达了要利用早期口传传统来拯救文化时弊的价值取向，具有在文化传承中开展文化重建的重大意义。

---

① 周远斌：《"述而不作"本义考》，《理论学刊》2006年第1期。
② 叶舒宪：《孔子〈论语〉与口传文化传统》，《兰州大学学报》（社会科学版）2006年第2期。
③ 唐启翠：《"述而不作"与"圣贤"神话》，《文艺理论研究》2012年第2期。

本文是在叶舒宪、唐启翠等人将"述而不作"与口传语境联系起来展开研究的基础上，进一步探究"作是什么""谁来作""述是什么""谁来述""孔子为什么'述而不作'"等诸多问题，追本探源，力求全面地把握孔子"述而不作"的原初编码和神圣价值。

## 一、口传之"作"的口传语境和神圣话语

孔子对社会流俗文化的"妄作"是不满的，这尤其体现在他利用早期口传礼乐之"道"来改造流俗文化之"道"，并结合士人的社会境况，创立了"仁"道的核心价值。他一方面以口传时期的"大道"作为士人的终极理想存在，另一方面他又将士人文化设定为人类整体状态的仁德存在，并在此基础上，用常身有所是的仁德，来指导和限制士人在现世之中的行为存在，用礼乐文化作为立身社会的基本模式，表现出他是在文化复古中展开文化重建的重大策略。"述而不作"就是这一文化策略中具有基础意义的文化主张和创作观念。

对于"作是什么"这个问题，历代儒者都曾有过一些讨论。如梁皇侃《论语义疏》云："作者，新制作礼乐也。"① 邢昺《论语注疏》云："作者之谓圣。"② 朱熹《集注》："作，则创始也。"③ 这些儒者多将"作"当成是书写传统中的"制作"行为，或文化创始行为，并将这种行为的制作者或创始者称为"圣"。杨伯峻在《论语译注》一书中直接将"作"译为"创作"，并在注释里解释说：这个"作"，大概也是"不知而作"的含义，很难说孔子的学说中没有创造性。④ 杨伯峻不仅将"作"当成了"创作"行为，而且将孔子的"作"与"不知而作"等同起来。所谓"不知而作"，是指社会流俗士人所流行的"作"法。孔子云："盖有不知而作之者，我无是也。"（《论语·述而》）⑤ 孔子对"不知而作"的态度是持批评态度的。孔子认为"我无是"，直接否定了"不知而作"的流俗文化现象。可见，如果完全依照社会流俗的文化传统来理解孔子的"述而不作"，也是有欠妥当的。

要回答"作是什么""谁来作"的问题，首先要考察一下甲骨文中的"作"及其"作"者。甲骨文是口传文化的"活化石"，是早期口传文化向

---

① （梁）皇侃撰，高尚榘校点：《论语义疏》，中华书局2013年版，第153页。
② （魏）何晏注，（宋）邢昺疏：《论语注疏》，北京大学出版社2000年版，第93页。
③ （宋）朱熹：《四书章句集注》，中华书局1983年版，第93页。
④ 杨伯峻校注：《论语译注》，中华书局1980年版，第66页。
⑤ 杨伯峻校注：《论语译注》，中华书局1980年版，第73页。

书写文化转型的初级文本。在甲骨文中，大量出现了与口传之"作"有关的行为表述，如"帝其乍王咎，帝弗乍王咎"（《乙》1707），"彗不乍艰"（《粹》1245），"其乍豊（醴）"（《甲》2546），"日于且（祖）乙其乍豊（醴）"（《粹》236），"王乍邑。帝若"（《丙》86），"王去乍寝"（《合集》13567），还有如"乍宗"、"乍𢀖（壱）"、乍𧯛（若）、乍𧯛（丰）、乍𩵋（郭）、乍憸、乍𠆢、乍𠦪等，这些表述都具有"开始制作"的意义，但是如果联系甲骨文的口传神圣语境，其"作"的语词声音都不应该是一般的"说"，而是从具有神性或早期"神道"体验的王者、祝者等巫者口中"说"出来的。甲骨文中还有"乍册"这样的职官名，这种官职专门负责掌管册命的记录，其职能与尹、史相同，但"乍册"所"乍"之"册"，也不是今天意义上的纯粹书写行为。

今天看到的甲骨文文字形态是书写的，但它产生的语境场合却是古代祭祀的口传仪式。在口传活动中，甲骨文所记载的内容，基本上都是参与祭祀仪式活动的巫者所为所"说"的活态话语。在早期祭祀仪式活动中，活态的"说"辞是沟通"尸"者与祝者、主人之间的重要媒介。荆云波在《中国古代的尸祭》一文中云："尸的出现，相当于将祖先或先辈死者的神灵形象化、现实化，通过对尸的供奉祭飨，生人报答、取悦先人、希望得到福佑的心理显而易见。以尸代替先人接受祭祀源自何时目前尚无从考证，夏商周人在祖庙祭祀先人时用尸的做法可见之于许多典籍，战国以后，这种立尸祭祀制度才不实行而代之以其他方式。"[①] 王胜华在《先秦尸祭与国家宗庙乐舞戏剧》一文中亦云："毫无疑问，尸是尸祭的主角。参加尸祭的还有男女祭主、宗人、祝、侑以及宾等。祝是士行家庙之庙祝、也是尸祭的主持人。以上的人物，都是尸祭的配角。"[②] 在早期祭祀仪式中，"神尸"是神灵的化身，主人（包括王者、皇室成员、大贵族等）是群巫之长，能通晓神灵之意。祝、宗、侑等都是神职人员，都是仪式活动中，能与神尸、主人（王者）进行神秘言"说"和行为沟通的主持人或仪式助手，这些人也能获得并通晓神尸、巫师之长的语词声音意义。可见，神尸、群巫之长是甲骨文的"作者"，因为他们都是仪式活动的核心表演者，充当的是仪式"神道"言说的真实体验者。那么，在仪式活动中，"谁"是真正的"作者"呢？毫无疑问，这个"作者"并非是仪式活动中的某个人，而是仪式活动主要参与者的角色真身。这个角色真

---

① 荆云波：《中国古代的尸祭》，《宗教学研究》2010年第1期。
② 王胜华：《先秦尸祭与国家宗庙乐舞戏剧》，《云南艺术学院学报》2000年第2期。

身就是在礼乐活动中，替代神职人员真实身份（主要是神尸和王者）的神道存在（或神圣存在），所以甲骨文话语的真正"作者"具有一定的神秘性，是神灵或"神道"文化以群体原型或文化灵魂的方式，显现在神尸、巫师之长以及群巫等神职人员之中，借助神圣仪式的参与者之口"说"出来的神性话语，这个口传活动中的神圣言说就是"作"。口传活动所"说"的东西，其实质是"神话原型"或"道心"所"作"的东西，神圣言"说"成为"作"的话语方式。

早期文本中如《诗经》《尚书》等存有很多"作"的言说行为。《诗经》中保留了大量记载"作"歌、"作"诵、"作"诗等表述方式。如《小雅·四牡》："是用作歌，将母来谂。"①《小雅·节南山》："家父作诵，以究王讻。式讹尔心，以畜万邦。"②《小雅·何人斯》："作此好歌，以极反侧。"③《小雅·巷伯》："寺人孟子，作为此诗。凡百君子，敬而听之。"④《小雅·四月》："君子作歌，维以告哀。"⑤《大雅·桑柔》："嗟尔朋友，予岂不知而作。……虽曰匪予，既作尔歌！"⑥《大雅·崧高》："吉甫作诵，其诗孔硕。其风肆好，以赠申伯。"⑦《大雅·烝民》："吉甫作诵，穆如清风。仲山甫永怀，以慰其心。"⑧《大雅·江汉》："作召公考：天子万寿！明明天子，令闻不已，矢其文德，洽此四国。"⑨ 传世《诗经》文本是早期口传礼乐文化的经典文本。早期诗歌基本都是口传的活态诗歌，《诗经》文本不过是口头诗歌的书写

---

① （汉）毛亨传，（汉）郑玄笺，（唐）孔颖达疏：《毛诗正义》，北京大学出版社2000年版，第657页。
② （汉）毛亨传，（汉）郑玄笺，（唐）孔颖达疏：《毛诗正义》，北京大学出版社2000年版，第826页。
③ （汉）毛亨传，（汉）郑玄笺，（唐）孔颖达疏：《毛诗正义》，北京大学出版社2000年版，第895页。
④ （汉）毛亨传，（汉）郑玄笺，（唐）孔颖达疏：《毛诗正义》，北京大学出版社2000年版，第902页。
⑤ （汉）毛亨传，（汉）郑玄笺，（唐）孔颖达疏：《毛诗正义》，北京大学出版社2000年版，第930页。
⑥ （汉）毛亨传，（汉）郑玄笺，（唐）孔颖达疏：《毛诗正义》，北京大学出版社2000年版，第1397—1401页。
⑦ （汉）毛亨传，（汉）郑玄笺，（唐）孔颖达疏：《毛诗正义》，北京大学出版社2000年版，第1431页。
⑧ （汉）毛亨传，（汉）郑玄笺，（唐）孔颖达疏：《毛诗正义》，北京大学出版社2000年版，第1439页。
⑨ （汉）毛亨传，（汉）郑玄笺，（唐）孔颖达疏：《毛诗正义》，北京大学出版社2000年版，第1466—1467页。

形式。在《诗经》文本中，依旧保留了口传诗歌的文化意义与原初文化的表意体系。以上例子都出自《小雅》和《大雅》，而且所有"作"诗的言说行为总是在面对着"听众"而言，这也与口传文化的听觉对象和心志思维是一致的，如"家父作诵"对应"式讹尔心"，"作此好歌"对应"以极反侧（用来深究不实施王道的人）"，"寺人孟子""作诗"对应"百君子"的"敬而听之"等。这些文本特征都体现了早期口头诗歌在书写文本化的过程中，基本上还是保留了口语语词的言志特征和受众语境，尤其保留了口传语词的道志力量和言说事件，这些语词特点也都反映了口传文化的口传特征与神圣言说。

《尚书》文本的书写情况可能更为复杂，书写定型的时间也可能存有先后，但其所记载的"作者"行为，也都不是今天意义的作者所为，而是在书写时代初期，书写者根据早期文化的口传内容将其文字化、文本化的结果，所以《尚书》中"作"的文化行为，依旧是口传文化在书写时代的文化遗物。如《尚书·洛诰》记载："戊辰，王在新邑，烝祭岁，文王骍牛一，武王骍牛一。王命作册，逸祝册，惟告周公其后。王宾，杀禋，咸格，王入太室祼。王命周公后，作册逸诰在十有二月，惟周公诞保文武受命，惟七年。"① 整个文本叙事都是王者祭祀仪式的口传叙事。"作册"不能简单理解为书写行为，而应该是以祭祀仪式活动的神圣话语语词"说"出来的口传话语，更不能将其当成纯粹的书写活动。《尚书·仲虺之诰》云："仲虺乃作诰，曰。"②《尚书·太甲上》云："惟嗣王不惠于阿衡。伊尹作书，曰。"③《尚书·太甲中》云："惟三祀十有二月朔。伊尹以冕服，奉嗣王归于亳。作书曰。"④《尚书·说命上》："王言惟作命，不言臣下罔攸禀令。王庸作书以诰曰。"⑤ 这里的"作诰""作书"等表述行为，都离不开早期口传叙事的神圣语境，这些"作"者，也不是今天意义上的作者。

将早期经典文本还原至早期的口传语境中，"作诗""作诰""作书"等文化行为就都不能简单当成是书写时代的"著作""写作"行为，而应该是与口传时代密切关联的"言说""口作"行为。而且口传文化的"言说"者，不是个体的言说，而是个体身处神圣的仪式语境中，他们获得了仪式

---

① （汉）孔安国传，（唐）孔颖达疏：《尚书正义》，北京大学出版社2000年版，第494页。
② （汉）孔安国传，（唐）孔颖达疏：《尚书正义》，北京大学出版社2000年版，第233页。
③ （汉）孔安国传，（唐）孔颖达疏：《尚书正义》，北京大学出版社2000年版，第247—248页。
④ （汉）孔安国传，（唐）孔颖达疏：《尚书正义》，北京大学出版社2000年版，第251页。
⑤ （汉）孔安国传，（唐）孔颖达疏：《尚书正义》，北京大学出版社2000年版，第293页。

活动的神话角色或神话原型，暂时忘记了自己的个体身份。因此，口传活动的仪式参与者的神圣身份或神话原型得到彰显，所以口传神圣"言说"的行为者不是他们的个体自身，而是作为整体原型的文化存在。可见，口传时期所谓的"作"，是仪式活动者通达了"神道"心性之后，依据神圣的文化意义或神圣编码而作出的言说行为。

通常能够获得天地之心、神话原型的人都是圣人，只有圣人的神圣言说才可称之为"作"，因此，圣人才是真正的"作者"。宋邢昺《疏》云："作者之谓圣。"在《郭店楚简》中，"圣"写成"声"字。所谓"圣人"，就是能听到并通晓"天命之声"的神圣之人。《郭店楚简·五行》云："圣之思也轻，轻则形，形则不忘，不忘则聪，聪则闻君子道，闻君子道则玉音，玉音则形，形则圣。……金声而玉振之，有德者也。金声，善也；玉音，圣也。善，人道也；德，天〔道也〕。唯有德者，然后能金声而玉振之。不聪不明，〔不明不圣〕，不圣不智，不智不仁，不仁不安，不安不乐，不乐无德。……未尝闻君子道，谓之不聪。未尝见贤人，谓之不明。闻君子道而不知其君子道也，谓之不圣。见贤人而不知其有德也，谓之不智。见而知之，智也。闻而知之，圣也。明明，智也。赫赫，圣也。'明明在下，赫赫在上'，此之谓也。闻君子道，聪也，闻而知之，圣也。圣人知天道也。知而行之，义也。行之而时，德也。见贤人，明也，见而知之，智也。知而安之，仁也。安而敬之，礼也。圣，知礼乐之所由生也，五〔行之所和〕也。"[①] 只有获得了"圣思"的人，即通达了"天地之心"的人，才能听到"君子道"，获得了"君子道"，才能发出神性的"玉音"。而能发出"玉音"的人不是一般的世俗之人，而是圣人。可见，圣人必须具备三种能力：第一，口传学习能力。通过"闻君子道"（口耳相传君子之道）而具备"圣思"的心灵领悟能力。第二，心性转变能力。"闻君子道"是口传的文化活动，通晓"君子之道"是在口传活动中通达"神道""天道"，获得人心的神性转变。第三，口作话语能力。在获得了"神道""天道"之后，能够发出铿锵的"玉音"。可见，圣人从口耳相传的闻道活动中，首先获得了神圣力量，这种神圣力量又是由内而外传递出来的，最终落实在"玉音"的口传话语上。圣人的文化活动是在口传活动中完成的，"圣"就不是书写文化的产物，而是口传文化中具有"神圣力量"或"魔力"的语词声音，即上古时期圣人口中发出来的"玉音"。"玉音"是圣音，"金声"是君子之音，"玉音""金声"的完美结合，就形成了德智兼具的圣人品格，

---

[①] 李零：《郭店楚简校读记》，北京大学出版社2002年版，第79页。

"玉音"是"金声"的力量源泉,"金声"展示的是"玉音"的神圣力量与声音美学,两者共同演绎了圣人口传语词声音的完美和谐。在口传仪式活动中,圣人的"玉音""金声"是和谐完美地融合在一起,共同承担起表达"神圣力量""神道""天道"的原初意义。一个既能体验到"神道""天道"力量的人,同时,又能用和谐统一的语词声音将这种神圣力量表述出来的人,就是圣人。圣人之"作",是口传文化中"神圣力量"的完美齐全展现,并非是今天书写文化意义上的写作,而是以口传"玉音""金声"的和谐声音来"作",在"玉音""金声"的语词声音中传递出原初神圣力量的文化编码与神性意义。

孔子曾云:"礼失求诸野"。作为"圣人"口传之"作"的文化行为还可以在存世活态的口传传统中找到文化证据。如《后汉书·董卓列传》注引《献帝起居注》云:"傕性喜鬼怪左道之术,常有道人及女巫歌讴击鼓下神祭。"①连横的《台湾通史》云:"台湾巫觋凡有数种……三曰红姨,是走无常,能摄鬼神,与人对话。九天玄女,据之以言,出入闺房,刺人隐事。四曰乩童,裸体散发,距跃曲踊,状若中风。割舌刺背,鲜血淋漓,神所凭依,创而不痛。"②《马关县志·风俗志》云:"关亡,又名下神,女巫优为之。死者家属思亡者,请女巫为神。女巫行法,手执白扇,冥目坐凳上,少时身体摇颤,便谓神来。家属与谈生前死后情事,女巫能代亡者答之,盖谓亡者之灵已附于女巫身也。神去,谓之回马,信者妇女为多。"③尽管圣人与萨满所具有的神圣力量可能存在差异,但现实中的北方萨满跳神活动与早期"圣人"口传之"作"在活态文化形象方面具有相通之处。姚周辉在《神秘的幻术——降神附体风俗探究》一书中对萨满作法时的降神状态做了详细考察,其云:"一切准备就绪,萨满开始登场。他(她)左手持鼓,右手持鼓槌,盘坐在被称作'塔了兰'的专门位置上,眼睛半睁半闭,在接连打了几个哈欠之后开始击鼓——这是通知祖神降临的信号。渐渐地,鼓声由慢到快,由弱到强。随着这种节奏,萨满的嘴哆嗦起来,双目垂闭,脸也歪了,浑身打颤摇晃,牙根咬得格格作响。如此持续一阵之后,萨满开始用低沉的声音哼起无词的曲调。鼓声转而时慢时紧,表示神灵正在附向萨满的身体。在双臂经过一阵紧张的抖索或抽搐之

---

① (南朝宋)范晔撰:《后汉书》,中华书局1965年版,第2338页。
② 连横:《台湾通史》,台湾中华丛书委员会1958年印制,第442页。
③ 国家民委《民族问题五种丛书》编委会编:《当代中国民族问题资料·档案汇编·〈民族问题五种丛书〉及其档案汇编(第5辑)·中国少数民族社会历史调查资料丛刊》第98卷,中央民族大学出版社2005年版,第319页。

后，萨满似乎渐渐失去了知觉。突然，鼓声戛然而止，萨满全身大抖，在神衣上的铃铛、铜镜、贝壳相互撞击的铿锵声响伴奏下引吭高歌。萨满每唱一句，在场者便仿其腔调伴唱一遍。须臾，萨满又转而时大时小有节奏地继续击鼓。至此，祖神的灵魂已附入萨满的身体内并借其口询问事由。"[1]《献帝起居注》记载，"道人及女巫"可以利用"讴歌""鼓"的语词声音引神降临。台湾的"红姨"和"乩童"都是能够"摄鬼神"，并使之与"人对话"的"圣人"。马关县的女巫可以请来"祖灵"，并代表"祖灵"与亲人交流。北方的萨满跳神成功之后，"祖神的灵魂"取代了萨满现实理智的灵魂，此时，萨满与现实人之间的对话，就不是人与人之间的对话，而是祖神与人之间的对话，萨满的口头话语发自祖神之口。

鄂伦春族萨满教祭祀，最隆重的当是春祭，一般在每年的五月份进行，它既是一种宗教活动，又带有群众性的节日色彩。在春祭的前几天，先请德高望重的老人选定跳神的场地，其条件是没人去过，特别是妇女没有去过的平地和沙滩。地点选好后，先搭一个很大的斜仁柱（俗称撮罗子），斜仁柱从顶到底都要用柳条子编成围墙。在斜仁柱的中央钉一个用整棵落叶松做成的十字架，左右两边有几个跳神者，就钉几个十字架，在最大的十字架前边要燃起一堆火，据说，十字架是跳神时萨满稍事休息的靠背。一切准备就绪，就通知人们来聚会，但禁止来月经的妇女参加。这一天，人们从四面八方骑着马，驮着狍子、野鸭、天鹅、飞龙等供品，赶到斜仁柱周围。人们相互问候，尽情地欢笑，到处呈现喜庆的景象。晚上，祭祀开始，人们按照跳神者的安排，男的坐在上首，女的坐在下首，儿童要在圈外坐。参加者必须对神表示尊敬，并要严肃，自始至终，参祭者均鸦雀无声。萨满开始击鼓请神，并唱请神神歌，小萨满与参祭者一同伴唱。萨满的舞蹈，由慢至快，身体也越抖越厉害，萨满的歌声也更加激扬。萨满所唱神歌各姓不一，多为即兴演唱，以表达对神灵的感激之情。如所唱的《女性神》云：

> 感谢你们从四面八方来，
> 给我带来很多供品，
> 我已吃饱。
> 我祝福你们，
> 请照神的嘱咐去办，

---

[1] 姚周辉：《神秘的幻术——降神附体风俗探究》，广西人民出版社2003年版，第11页。

第二章　文化大传统与孔子诗论　　345

　　你到石崖能打着犴，
　　你到桦树林里能打着狍子，
　　你到山坡能打着野猪，
　　你到林中直走能碰上黑熊，
　　你到呼玛河能打着天鹅和大雁，
　　你到石头山能打着紫貂，
　　你到松树林子能打着许多灰鼠，
　　你到桦树林里能打着猞猁，
　　你到冻河能打着水獭。
　　所有的朋友，
　　明年春祭再相会。
　　我已下凡附在主人身上，
　　我再次吃你们准备好的动物血，
　　再看朋友们谁能抢着这个动物血。[①]

从鄂伦春族萨满的唱词中，我们可以感受到，萨满完全是依照神灵的口吻在演唱，"我已下凡在主人身上"，"我"原本不在人间，如今受到萨满的邀请，来到了人间，附在萨满的身上，并将祝福送给人间。作为神灵存在的"我"才是神词口头创作的真正作者。萨满作为神灵的人间代言人，实际上是诗歌的人间诗人，他将神灵的神词带到了人间。

　　《红楼梦》第一一二回记载了"赵姨娘"的一段离奇故事，这对于理解早期文化的真正"作者"也有所帮助，其云："岂知赵姨娘满嘴白沫，眼睛直竖，把舌头吐出，反把家人唬了一大跳。贾环过来乱嚷。赵姨娘醒来说道：'我是不回去的，跟着老太太回南去。'众人道：'老太太那用你来！'赵姨娘道：'我跟了一辈子老太太，大老爷还不依，弄神弄鬼的来算计我。——我想仗着马道婆要出出我的气，银子白花了好些，也没有弄死了一个。如今我回去了，又不知谁来算计我。'众人听见，早知是鸳鸯附在他身上。"[②]贾赦想霸占贾母的丫头金鸳鸯，遭到金鸳鸯的拒绝。贾母死后，鸳鸯也被迫自尽。这段文字，尽管"话"是出自"赵姨娘"的口中，

---

[①] 吕大吉、何耀华总主编，满都尔图等本卷主编：《中国各民族原始宗教资料集成：鄂伦春族卷　鄂温克族卷　赫哲族卷　达斡尔族卷　锡伯族卷　满族卷　蒙古族卷　藏族卷》，中国社会科学出版社1999年版，第52—53页。

[②] （清）曹雪芹、高鹗：《红楼梦》，人民文学出版社1982年版，第1509页。

但所有人都能听懂，这是已死的"鸳鸯"借"赵姨娘"的口说出来的冤屈之话。这段话的"作者"是谁呢？是赵姨娘吗？还是鸳鸯之魂？

结合口传文化的特殊语境，以及孔子推崇口传传统的文化决心和价值取向，可知，孔子所谓的"作"，不是今天书写文化意义上的"著作"，而是口传时期的具有神圣意味的"言说"行为或语词声音，这种语词声音的意义生成于口传仪式与道心体验的社会活动中，与原初整体的神圣力量是相贯通的。同时，口传"言说"的人，不是一般意义上的人，而是圣人。圣人早期口传文化中，能通过口传文化活动，领会口传文化意义，通达神话原型，并由此发出贯彻了神圣力量的"玉音"与"金声"。圣人在进入口传仪式的通神状态之后，或通达了"神道""天道"的文化体验时，神灵归心，他依据天地之心、神话原型"说"出来的"话语"，才是真正的口传之"作"，才是孔子推崇备至的圣人之"作"。

## 二、口传之"述"的口头传承与文化角色

"述而不作"的"作"是"口作"，"作"者是早期口传文化中发出金声玉振声音的"圣人"。那么，"述"是什么？"谁"在"述"？《说文解字》云："述，循也。"[1] 许慎只解说了循环进行的外在动作，却没有告诉我们这种循环动作的运作形式是怎样的。王充在《论衡·对作》认为："太史公《书》、刘子政《序》、班叔皮《传》，可谓述矣。"[2] 司马迁的《史记》、刘向的《新序》、班彪的《史记后传》都是文化小传统时期以书写为主的著述活动，王充将"述"的方式完全理解为书写文化的"著作"了。皇侃《论语义疏》云："述者，传于旧章也。"[3] 从汉代以来，"传"都是用书写文字给经书做注解，也是将"述"视为"作注"。宋邢昺《论语注疏》云："述者之谓明。"[4] 朱熹《集注》云："述，传旧而已……故作非圣人不能，而述则贤者可及。"[5] 杨伯峻《论语译注》直接将"述"译为"阐述"。[6] 汉以后的儒者，将"述"解释为"写作""作注""著作""阐述"等，都将"述"的文化方式解释为文化小传统的书写或写作行为。叶舒宪联系早期口传文

---

[1] 王平、李建廷编著：《〈说文解字〉标点整理本（附分类检索）》，上海书店出版社2016年版，第40页。
[2] 黄晖：《论衡校释》，中华书局1990年版，第1180—1181页。
[3] （梁）皇侃撰，高尚榘校点：《论语义疏》，中华书局2013年版，第153页。
[4] （魏）何晏注，（宋）邢昺疏：《论语注疏》，北京大学出版社2000年版，第93页。
[5] （宋）朱熹：《四书章句集注》，中华书局1983年版，第93页。
[6] 杨伯峻译注：《论语译注》，中华书局1980年版，第66页。

化的活动语境,将"述"解释为"口述",具有拨开重雾、驱除阴霾的文化启迪作用。

为了能更加清晰地阐释"述"的口传方式及其文化意义,有必要对"述"的文化传统进行探源。在甲骨文记载的祭祀仪式中,参与仪式活动的除了神尸与神巫之长的王者和大贵族以外,还有其他参与祭祀仪式活动的辅助性神职人员,如祝、宗、卜、史、贞等,他们主要承担了祭祀仪式活动的主持活动和辅助功能。尤其是那些祝者,他们是神尸与神巫之长的王者之间的重要中介,具有与神尸、王者双向交流和沟通的文化功能。他们一方面将主人向神尸表达的孝敬、颂扬、祈祷、倾诉等言词口述给神尸,另一方面还要将神尸的祝福、护佑、戒语等转述给主人等,因此,祝者可以说是早期口传仪式活动的主要述者。荆云波在《中国古代的尸祭》一文中,总结了"祝"在祭祀仪式中的角色及其功能,其云:"尸祭当中,有一个主持仪式的祝,是典型的巫祝人员,从《说文》的解释中也可以看出来:'祝,祭主赞詞者,从示,从儿口。一曰从兑省。'《易》曰:'兑为口、为巫。'段玉裁注曰:'此以三字会意,谓以人口交神也。'《礼记·曾子问》:'祫祭于祖,则祝迎四庙之主。'郑玄注:'祝,接神者也。'结合《仪礼》中的《士虞礼》《特牲馈食礼》《少牢馈食礼》,祝的主要职责是引领尸人庙进堂、盥手就座,在祭祀当中主持礼仪的进行、宣布尸、主人、宾、佐食佐祭人员在祭祀的过程当中分别按程序该做什么,宣布'利成'、表明祭祀结束,送尸等。祝在仪式当中要说一些替祭主向尸表达飨尸、孝敬的话,还要表达尸祭中尸奠、尸飨等行为的意义,转达尸为主人邀福的祝诵嘏词,《礼记·礼运》'祝以孝告,嘏以慈告',这些相当于巫术中希望产生效验的祝词和咒语。"[1] 祝在仪式活动中的"述"是口头转述,祝辞与嘏辞就是口传仪式活动中口头转述语词的书写记录,祝福的语词要"孝告",赐福的语词要"慈告",体现了祝者在口头转述时的身份转换与叙事特色。

在民间萨满的活态口传中,我们也能体验到"口头转述"的言说活动及其社会功能。在萨满教仪式活动中,除了具有通神能力的大萨满以外,还有很重要的辅助性角色,即萨满的助手。宋和平在《满族萨满神格译注·前言》中,详细地介绍了这些不起眼的萨满助手,其云:"萨满的助手,满语为'侧立',也叫侍候神的人,意思是当神灵附萨满之身后,需要有侍候和照顾萨满的人。助手主要是通过学习'乌云'而产生,参加学习'乌云'的助手,有的是族内选派的,有的也同大萨满一样,也是得病

---

[1] 荆云波:《中国古代的尸祭》,《宗教学研究》2010年第1期。

许愿后侍候神灵。……萨满的助手，根据年龄和掌握萨满祭祀仪式技术熟练程度不同，可以分为五个等级，第一级为'阿儿格侧立'，第二级为'德博勒侧立'，第三级为'阿西罕侧立'，第四级为'按木巴侧立'，第五级为'萨克达色夫'。从第三级助手开始，都可以从事主祭仪式，……也都有充当家萨满的资格。……助手在祭祀仪式和跳神中的作用是：第一，大萨满跳神时，众助手击鼓助威，并诵唱神歌。第二，配合大萨满跳神。第三，侍候大萨满，帮助他系腰铃，戴神帽，传递萨满神器等。第四，准备祭品和所有之物。在一个姓氏之内，助手与大萨满的人数是不相同的，助手可以有十几个或二十几个，但大萨满在同一地区一个姓氏之内一般是一个。"① 从神圣力量来看，萨满的助手可能不如大萨满那样自由，但是他们也能领会萨满通神的文化意义，尤其能帮助大萨满完成各种仪式程序。在具体的口传仪式中，他们还能跟随着大萨满的口传活动，做一些辅助性的口传仪式行为，诸如颂唱神歌、开展对答等。

在鄂伦春族萨满祭祀集会中，神鼓敲过三遍，萨满各由四位猎手护行，由扎列引路过台，按神功与年龄大小依次就座于神树两侧前挨近人群的特定位置，萨满戴神冠，穿神袍，挂铜镜、神铃，每一举动都会发出一阵脆响。氏族长宣布仪式开始，在众人的热烈推崇下，一萨满出场，先静默请神，然后敲神鼓抖擞身体转三圈，边唱边跳，假作神灵下凡，与扎列演唱诙谐的《请神歌》。②

    萨满：天门地门雅戈呀，全打开，
       敬神供神雅戈呀，请神来，
       平平安安雅戈呀，没落灾，
       天神地神雅戈呀，不理睬。
    扎列：天门地门雅戈呀，全打开，
       信神拜神雅戈呀，也请神，
       没病没灾雅戈呀，请神来，
       本年本月雅戈呀，把神拜。
    萨满：空敲神鼓手磨破，雅戈耶，

---

① 宋和平：《满族萨满神格译注》，社会科学文献出版社1993年版，第3—5页。
② 吕大吉、何耀华总编，满都尔图等本卷主编：《中国各民族原始宗教资料集成：鄂伦春族卷 鄂温克族卷 赫哲族卷 达斡尔族卷 锡伯族卷 满族卷 蒙古族卷 藏族卷》，中国社会科学出版社1999年版，第55页。

空跳神舞脚蹩折，雅戈耶，
空打瘟婆拧胳膊，雅戈耶，
空对神歌嘴皮破，雅戈耶。
扎列：真采黄花针对针，雅戈耶，
真拉亲家门对门，雅戈耶，
真揉狍皮软对软，雅戈耶，
真心敬神心对心，雅戈耶。
萨满：天上没见黑云过，雅戈耶，
满头星星当雨落，雅戈耶，
地上没见鬼影过，雅戈耶，
眼前火光当妖魔，雅戈耶。
扎列：小河涨水变大河，雅戈耶，
南山起火上北坡，雅戈耶，
先供神灵人口多，雅戈耶，
后供神灵祸引祸，雅戈耶。

萨满后，萨满边跳边唱，扎列和众人合唱。①

在请神仪式之前，萨满还没有获得神灵的附体。请神仪式活动展开后，主要以萨满为主，扎列处于次要地位，给予配合，也在请神仪式中起着不可或缺的辅助性功能，能够帮助萨满请神附体。

可见，在口传仪式活动中，"作"是仪式活动的核心活动，"述"是仪式活动的辅助成分。能够"作"的人，都是仪式的核心成员，如神尸、神巫之长、王者、大萨满等，这些人都是在仪式活动中能够秉承神意、传递神旨的人，后来学者将这种通晓神灵（或获得了神话原型）的人称为"圣人"。圣人是口传神性声音的发源处，也是口传文化意义的通晓者与获得者，更是口传诗歌的创作者与传播者，也是原初口传文化的缔造者。圣人的数量是极少的，就如大萨满一样，一个族群中通常只有一位或几位，如周代王朝，具有"作者"身份的圣人就有周文王、周武王、周公旦、周召公、孔子等数位圣者。在早期口传仪式中，还有一种辅助性的文化角色，通常不被人重视，这种辅助性的仪式角色也是早期巫师集团的重要成员，

---

① 吕大吉、何耀华总主编，满都尔图等本卷主编：《中国各民族原始宗教资料集成：鄂伦春族卷 鄂温克族卷 赫哲族卷 达斡尔族卷 锡伯族卷 满族卷 蒙古族卷 藏族卷》，中国社会科学出版社1999年版，第57页。

他们的法力有限，没有巫师之长那样自由通神，但也具备了通晓神灵、回归道心的神圣能力，他们在口头仪式活动中，能够辅助王者、大巫师完成各项仪式活动，如音乐的演奏、诗歌的伴唱、舞蹈的伴舞、各种吆喝声、各种踏步声等，帮助大巫师跳神降神，协助仪式过程能够顺利展开，在仪式活动中，还可以侍候被神灵凭附的大巫师等。这种辅助性的口传角色就如萨满教中大萨满的助手，也是早期中国文化的重要传递者、口述者。"口述"的言说活动和行为方式，以及"口述"者的仪式角色和社会功能，与"作""作者"几乎是同时发生的，也具有相同的口传意义和社会功能。不过，在仪式活动中，两种言说行为的社会文化地位还存有差异。一为"口作"比"口述"更接近原初的神圣力量，是口传活动的声音本源。二为"作者"的仪式地位也比"述者"更高，两者在仪式文化中，属于主要角色与次要角色、中心与边缘的文化关系。《礼记·乐记第十九》云："故钟鼓管磬，羽籥干戚，乐之器也。屈伸俯仰，缀兆舒疾，乐之文也。簠簋俎豆，制度文章，礼之器也。升降上下，周还裼袭，礼之文也。故知礼乐之情者能作，识礼乐之文者能述。作者之谓圣，述者之谓明；明圣者，述作之谓也。乐者，天地之和也；礼者，天地之序也。和故百物皆化；序故群物皆别。乐由天作，礼以地制。过制则乱，过作则暴。明于天地，然后能兴礼乐也。论伦无患，乐之情也；欣喜欢爱，乐之官也。中正无邪，礼之质也。庄敬恭顺。礼之制也。若夫礼乐之施于金石，越于声音，用于宗庙社稷，事乎山川鬼神，则此所与民同也。"[1] 可见，在古人看来，"作"与"述"都是早期口传文化、礼乐文化的重要部分。什么人才是"作者"呢？《乐记》说"知礼乐之情者"才能"作"，此处的"情"可以理解为实情、缘起等。所谓"知礼乐之情者"，是指能够知晓礼乐文化的缘起实情的人，即制定礼乐制度的人，就是"作者"，也就是"圣人"。所谓"识礼乐之文者"，是指能够通过礼乐外在的文化形式而懂得其文化意义的人，这种人是礼乐文化的传承者。"圣人"高于"明人"，"作者"高于"述者"，但他们都是口传礼乐文化意义的制作者与传承者，其神圣言行的文化意义都是从口传文化中生成的。

孔子认为，自己的口传知识与早期口传文化是一种"口述"传承的文化关系，而不是一种"口作"活动。《论语·阳货》记载："子曰：'予欲无言。'子贡曰：'子如不言，则小子何述焉？'子曰：'天何言哉？四时行焉，

---

[1] （汉）郑玄注，（唐）孔颖达疏：《礼记正义》，北京大学出版社2000年版，第1269—1271页。

百物生焉，天何言哉？'"① 早期口传文化中的"言"有两种：一种是"作"言，一种是"述"言，孔子所说的"予欲无言"，应该是"我不想述言"了，子贡听了，就反问："如果你不述言，那么，我们这些学生怎样学到述言呢？"孔子以"天何言哉"来作答。天作为宇宙间最能齐全地传递神道力量的本始存在，"天言"形式是早期圣人"作"的神话原型，"天"的无言之言，也成为圣人通达"神道""天道"之后的"神言""至言"，天与圣人都以"无言"的言说方式来"作言"。可见，孔子向往成为一位像"天"一样可以"作言"的圣人，而厌弃成为一个喋喋不休的"述言"之人。尽管偶尔如此，但孔子一生还是坚持"口述"不已，甘以一个述者自居。《礼记·缁衣》记载，子曰："为上可望而知也，为下可述而志也。"②《中庸》第三十章云："仲尼祖述尧舜，宪章文武。"③《淮南子·要略》云："孔子修成、康之道，述周公之训，以教七十子。"④ 尧、舜、周文王、周武王、周公等早期圣人是口传文化的始作者，孔子祖述这些圣人的文化形式，利用早期圣人的文化资源与早期经典，开启明智，"为下"而"述"，帮助他们能够通达圣人之"神志"，并以述言的口传知识教育学生。

## 三、"述而不作"的文化救弊和创新智慧

梳理早期口传文化中"口作"与"口述"之间的文化关系。"口作"是一种更为源始性的言说行为，"口述"是一种具有转述性的言说行为。这两种文化行为，在口传仪式活动之中，具有主导地位、次要地位之分。那么，大圣人孔子为什么一生还是坚持"述而不作"呢？皇侃在《论语义疏》一书中，从孔子的社会身份和个人品德入手来分其原因，其云："孔子自言：我但传述旧章，而不新制礼乐也。夫得制礼乐者，必须德位兼并、德为圣人、尊为天子者也。所以然者，制作礼乐必使天下行之，若有德无位，既非天下之主，而天下不畏，则礼乐不行；若有位无德，虽为天下之主，而天下不服，则礼乐不行，故必须并兼者也。孔子是有德无位，故'述而不作'也。"⑤ 皇侃认为，圣人是"德位兼并"，既有文化资本，又有政治权力，他们能制定社会的礼乐制度。而一般君王"有位无德"，只有政治权力，而不懂文化之道，礼乐文化自然就被他们所废弃。孔子是"有

---

① 杨伯峻译注：《论语译注》，中华书局1980年版，第187—188页。
② （汉）郑玄注，（唐）孔颖达疏：《礼记正义》，北京大学出版社2000年版，第1757页。
③ （宋）朱熹：《四书章句集注》，中华书局1983年版，第37页。
④ 何宁撰：《淮南子集释》，中华书局1998年版，第1459页。
⑤ （梁）皇侃撰，高尚榘校点：《论语义疏》，中华书局2013年版，第153页。

德无位",懂得文化大道,但没有社会地位、政治权力,尽管他品德很高,但位卑不足以称"作",所以是"述而不作"。皇侃从"德"(文化资本与文化大道)与"位"(政治地位与政治权力)两个方面剖析了孔子"述而不作"的原因。如果单从政治权力来看,孔子在政治场域中的"位"确实很低。但是如果将孔子放置在神圣的文化场域,孔子可是一位文化圣人,其文化地位是相当高的。所以孔子的"位",不能机械地拘囿于政治空间的社会位置,而忽略早期口传文化的神圣空间,而机械地将孔子判为"有德无位"。朱熹在《集注》中云:"孔子删《诗》《书》,定礼乐,赞《周易》,修《春秋》,皆传先王之旧,而未尝有所作也,故其自言如此。盖不惟不敢当作者之圣,而亦不敢显然自附于古之贤人;盖其德愈盛而心愈下,不自知其辞之谦也。然当是时,作者略备,夫子盖集群圣之大成而折衷之。其事虽述,而功则倍于作矣,此又不可不知也。"[1] 朱熹认为,"述而不作"是孔子的一种谦让之辞。孔子自云"敏而好古",对古代的文化传统是充满自信的,孔子对"述而不作"的学术传承和学术方法,应该也是感到自豪的。叶舒宪在《孔子〈论语〉与口传文化传统》一文中认为:"'述而不作'是坚持祖述前人,也就是'践迹',即踩着前人脚印走路。也就是'学而时习之'的那种不断重复的传道方式。因为口头传统的延续保证就在于严格遵守口耳相传的定制,不提倡另辟蹊径,也不推崇独树一帜。因为在那个无文字的时代里,只有忠实于传统的传唱者,而没有'作者'这样的后来观念。"[2] 叶舒宪认为,孔子忠实于口传传统,严格遵守了口耳相传的文化习俗,所以"述而不作",也具有一定的文化道理。

除了对口传传统的坚守之外,孔子提倡"述而不作",也是具有时代文化深意的。针对社会流俗的文化弊病,他以"述而不作"来开展自己的文化重建。春秋时期是由"诗言志"逐渐过渡到"赋诗言志"的关键时期,早期口传文化的原初意义与文化编码已经开始趋于知识化、利益化,甚至世俗化,开始越来越远离早期人"诗言志"的口头传统与美学趣味。在"赋诗言志"中,赋诗者和听诗者都利用口传文化的诗歌资源,结合具体现实的社会语境来肆意运作,开始抛弃口传诗歌的文化传统,而任意强加个体有所作为的文化改造,这属于一种流俗的私己之"作"。这种私己之"作",一方面借用了口传诗歌的文化资源,在形式上具有"口述"的形式意味;另一方面又结合赋诗者、听诗者个体的言说意愿,任意改造、阐释口头诗

---

[1] (宋)朱熹:《四书章句集注》,中华书局1983年版,第93页。
[2] 叶舒宪:《孔子〈论语〉与口传文化传统》,《兰州大学学报》(社会科学版)2006年第2期。

歌的意义，使诗歌知识成为自我心志的一部分。口传诗歌就不再是原初意义的诗歌，而是被再造之后的诗歌。在诗歌意义方面，这种再造之后的诗歌也具有一定的"作"的意味。而这种流俗之"作"，不再是早期文化的神圣之"作"，而是利用早期口传文化的资源，在展开的"口述"中进行的"妄作"。此时，"口述"仅仅是一种口头形式的"述"，是处于次要地位的，而"妄作"才是主要的。孔子对这种流俗文化的"妄作"是持有不满态度的。班固在《汉书·儒林传》中认为，孔子一方面反对流俗社会的文化流弊，另一方面又力求寻找解决社会流弊的文化新路。其云："古之儒者，博学乎《六艺》之文。《六艺》者，王教之典籍，先圣所以明天道，正人伦，致至治之成法也。周道既衰，坏于幽、厉，礼乐征伐自诸侯出，陵夷二百余年而孔子兴，以圣德遭季世，知言之不用而道不行，乃叹曰：'凤鸟不至，河不出图，吾已矣夫！''文王既没，文不在兹乎？'于是应聘诸侯，以答礼行谊。西入周，南至楚，畏匡厄陈，奸七十余君。适齐闻《韶》，三月不知肉味；自卫反鲁，然后乐正，《雅》《颂》各得其所。究观古今篇籍，乃称曰：'大哉，尧之为君也！唯天为大，唯尧则之。巍巍乎其有成功也，焕乎其有文章！'又曰：'周监于二代，郁郁乎文哉！吾从周。'于是叙《书》则断《尧典》，称乐则法《韶舞》，论《诗》则首《周南》。缀周之礼，因鲁《春秋》，举十二公行事，绳之以文、武之道，成一王法，至获麟而止。盖晚而好《易》，读之韦编三绝，而为之传。皆因近圣之事，以立先王之教，故曰：'述而不作，信而好古'；'下学而上达，知我者其天乎！'"[①]孔子的"述而不作"，首先是与流俗文化重视以"述"而"妄作"的行为决裂，其次才是身体力行，对口传文化的文化资源进行不遗余力的"口述"，如其"述"《诗》、"述"《书》、"述"《乐》、"述"《春秋》、"述"《易》，可谓殚精竭虑，死而后已。我们不能简单地将孔子的"述而不作"归于他在社会上的"无位"，也不能将其看成是一种"谦辞"，"述而不作"应该是孔子面对社会流俗的文化现状，有目的地进行文化重建的文化策略。

在文化重建时，孔子为何不提倡"作"呢？首先孔子对社会上流俗文化的"妄作"是极为不屑的。其云："盖有不知而作之者，我无是也。多闻，择其善者而从之；多见而识之；知之次也。"（《论语·述而》）[②]所谓"不知而作之者"，是指赋诗者本身对口传诗歌理解肤浅，没有领会口头诗歌的文化意义，就随意根据自己在社会语境中的所欲所求而进行的"断章

---

① （汉）班固：《汉书》，中华书局1964年版，第3589页。
② 杨伯峻译注：《论语译注》，中华书局1980年版，第73页。

取义"。孔子对这些流俗的赋诗者持有鄙夷否定的文化态度,其云"我无是也",具有两层意思:一为"我不同意这种做法",二为"我绝不会这样做"。孔子认为,对于早期口传文化的资源,既要"多闻",又要"多见",才能避免"不知"而"妄作"的肤浅文风。《说苑·建本》记载:"子路问于孔子曰:'请释古之学而行由之意,可乎?'孔子曰:'不可。昔者,东夷慕诸夏之义,有女,其夫死,为之内私婿,终身不嫁。不嫁则不嫁矣,然非贞节之义也。苍梧之弟,娶妻而美好,请与兄易,忠则忠矣,然非礼也。今子欲释古之学而行子之意,庸知子用非为是,用是为非乎?不顺其初,虽欲悔之,难哉!'"① 子路想"放弃认真学习古代礼乐文化,而准备以己意来理解古代文化",孔子认为,这种学习的态度断然不可取。他认为,如果放弃认真学习古代礼乐文化,而片面地按照个人意愿来理解早期文化,为人做事,怎么能知道自己不会将错误的东西当成是正确的来理解或运用,或者会将正确的东西当成是错误的来理解或运用呢?他举了两个例子。其一,有个东夷人爱慕中原持身守节的文化。他有一个女儿,女婿死了之后,他私自在家为女儿再纳了一个女婿,而对外却声称自己的女儿"终身不嫁"了,孔子认为,表面上看,东夷人的女子是没有再嫁,但是在家私自给她纳一个女婿,就已经不符合"贞节之义"了。其二,南方苍梧有一个弟弟,取了一个美貌的妻子,但是又不忍心独自霸占,就主动请求与兄长换妻子,让哥哥也能共享妻子的美貌。孔子认为,这位弟弟主动与哥哥分享美貌的妻子,表面上看是对哥哥具有忠心,但却不符合礼法。可见,孔子认为,"贞节之义""忠义"等外在行为,不能随着私己之意,任意篡改使用,而要符合仁义之道,用内在仁德的文化价值来规范约束外在的礼仪行为。最后,孔子告诫说,不学习遵从古代礼乐文化的原初意义来行事,后来想悔改都很难啊。就像那些"赋诗言志"的人,他们根据社会现实的利害关系以及个人的私己意愿,任意地篡改口传诗歌的文化意义,进行所谓的文化之"作"。在孔子看来,这种文化行为和现象都是有害的,后来要纠正这种文化流弊是极为困难的。孔子感叹云:"圣人,吾不得而见之矣;得见君子者,斯可矣。"其又云:"善人,吾不得而见之矣;得见有恒者,斯可矣。亡而为有,虚而为盈,约而为泰,难乎有恒乎。"(《论语·述而》)② 孔子认为,在这个流俗社会中,"圣人"已经绝迹了,能遇到"君子"就已经很了不起了。他又说,"善人"也已经看不到了,

---

① (汉)刘向撰,向宗鲁校证:《说苑校证》,中华书局1987年版,第71—72页。
② 杨伯峻译注:《论语译注》,中华书局1980年版,第73页。

能遇到"有点恒心的人"就已经很不错了。社会上的流俗之人,都是一些"原本无学问,却装作有学问;原本空空无知,却装作很富学;原本穷困,却装作豪华"的俗人、假人,孔子感叹道:"这种俗人,对文化很难有恒心。"孔子感叹,在流俗社会中,人心不古,世道败坏,流俗文化的"妄作"危害很大。

面对社会上流俗文化的"作",孔子是坚决批判的,他认为,这种流俗之"作"纯属"假作""妄作"。孔子提倡"述而不作,信而好古","好古"成为他纠偏文弊、重树新风的文化策略。子曰:"我非生而知之者,好古,敏以求之者也。"(《论语·述而》)① 又云:"若圣与仁,则吾岂敢。抑为之不厌,诲人不倦,则可谓云尔已矣。"(《论语·述而》)②《韩诗外传》卷一引孔子云:"君子有三忧。弗知,可无忧与?知而不学,可无忧与?学而不行,可无忧与?"③ 孔子认为,自己不是一个"圣人",甚至也不是一个"君子"。正因为如此,他认为,存在不懂的东西就要加强学习,并做到"为之不厌"。不仅要坚持学习,而且还要身体力行,要做到"诲人不倦"。这种认真学习古代礼乐文化的求实态度,成为孔子加强自身修养和开展教育教学的文化起点。

孔子不仅看不起流俗社会的"妄作",就是对"口述"活动,也是极为谨慎的。流俗之"口述",只重视形式之"述",而不重视"学",故显得"无知"。为了保证自身"口述"的有效性和力量性,孔子极为重视"好学",学习成为其"口述"的知识源泉。《论语》中记录了孔子勤奋"好学"的事迹。子曰:"十室之邑,必有忠信如丘者焉,不如丘之好学也。"(《论语·公冶长》)④《论语·八佾》记载:"子入太庙,每事问。或曰:'孰谓鄹人之子知礼乎?入太庙,每事问。'子闻之,曰:'是礼也。'"⑤《论语·子张》记载:"卫公孙朝问于子贡曰:'仲尼焉学?'子贡曰:'文武之道,未坠于地,在人。贤者识其大者,不贤者识其小者,莫不有文武之道焉,夫子焉不学,而亦何常师之有?'"⑥ "入太庙,每事问"成为孔子以问为学的口传知识精神,也正是因为孔子善于提问,勤奋学习,转益多师,身体躬行,力求树立一种"有知"的踏实学风,来确保自身所"口述"的扎实根

---

① 杨伯峻译注:《论语译注》,中华书局1980年版,第72页。
② 杨伯峻译注:《论语译注》,中华书局1980年版,第76页。
③ (汉)韩婴撰,许维遹校释:《韩诗外传集释》,中华书局1980年版,第18页。
④ 杨伯峻译注:《论语译注》,中华书局1980年版,第53页。
⑤ 杨伯峻译注:《论语译注》,中华书局1980年版,第28页。
⑥ 杨伯峻译注:《论语译注》,中华书局1980年版,第203页。

基，以克服社会流俗文化的浅薄之弊。

当然，孔子学习古代礼乐文化，提倡"述而不作"，最终的目的还是要用"古道"文化传统来挽救社会人心不古的现实无根状态。可以这样说，孔子是在"口述"中而"作仁"，以恢复士人的"仁德"，赋予"口述"活动以文化力量与神圣编码。孔子云："君子食无求饱，居无求安，敏于事而慎于言，就有道而正焉，可谓好学也已。"（《论语·学而》）①"好学"不是为学而学，也不是为"好古"而好古，而是要在学习古代口传知识的同时，从礼乐文化中实现人心证悟，通晓"神道""仁德"的神圣力量，以培植人心的文化之根。我们知道，孔子将"古道"存在作为士人存在的一种文化理想状态，而这种理想状态表现在个体的德性质体层面就是仁德。仁德成为孔子为士人设立的文化整体或常身原型，是士人对群体文化存在的证悟领会或心性规定。通过对口传礼乐文化的"仁德"建构，孔子试图将沉沦在世俗社会中的流俗人心，重新挽回到神圣力量的仁心德性之中，以达到重建社会人心的文化目的。子曰："我未见好仁者，恶不仁者。好仁者，无以尚之；恶不仁者，其为仁矣，不使不仁者加乎其身。有能一日用其力于仁矣乎？我未见力不足者。盖有之矣，我未之见也。"（《论语·里仁》）② 曾子曰："士不可以不弘毅，任重而道远。仁以为己任，不亦重乎？死而后已，不亦远乎？"（《论语·泰伯》）③ 子曰："当仁，不让于师。"（《论语·卫灵公》）④ 孔子一方面说自己是"述而不作"，但一方面他又以"仁德"的文化规定来建构士人文化的群体存在。可以看出，在社会新的历史时期，孔子采取文化回归的方式，"新作仁德"，重视士人存在的仁心状态，为士人群体建构出新型的文化价值观念。针对流俗文化重视社会的利害关系，将口传诗歌由内在之"志"引向外在之"利"，孔子利用"仁德"心性的文化重构来救偏补弊。我们将孔子的"述而不作"与流俗文化"借述妄作"进行比较，它们的文化差异主要表现在以下几个方面：第一，孔子的"述而不作"建立在勤奋学习古代礼乐知识之上，与流俗文人的肤浅知识是不同的。第二，孔子坚持了口传诗歌的原初意义，提倡回归大传统文化的"神道""仁德"文化价值，这成为孔子文化建构的士人新型价值，与"赋诗言志"中以"己志"与"己利"作为文化导向是截然不同的。第

---

① 杨伯峻译注：《论语译注》，中华书局1980年版，第9页。
② 杨伯峻译注：《论语译注》，中华书局1980年版，第36页。
③ 杨伯峻译注：《论语译注》，中华书局1980年版，第80页。
④ 杨伯峻译注：《论语译注》，中华书局1980年版，第170页。

三，孔子利用重建仁德的文化新规定，坚持了早期中国文化重视文化内在性以及和谐性的文化价值取向，纠偏了流俗文化将文化价值引向社会世俗的外在关系。总之，在社会大分裂、文化大沦陷的特殊历史时期，孔子提倡并践行"述而不作"，反对"无知而作"的流俗文化，具有不随流俗、重归古道的社会纠偏意义，充满智慧地传承和发扬了早期口传文化的优秀传统。

## 四、小　结

孔子的"述而不作"不是文字书写小传统的"转述"与"创作"，而是对早期口传传统的文化传承和思想复古。只有将"述而不作"放回到原初的口传语境中，才能发掘孔子"述而不作"的文化价值与创新意义。

"述而不作"之"作"不是今天意义上的书面"创作"，而是早期口传文化的口头"神作"。从甲骨文到传世文献，古代圣人之"神作"都是与口传仪式活动紧密联系在一起的。在口传文化时期，口传之"神作"表现为：首先圣人必须通过口传仪式活动展开"圣思"，其次能够在"圣思"中获得神圣力量，最后依据神圣力量发出神圣言说。因此，只有获得通神力量的圣人才算真正的口传"作者"。

在口传文化仪式中，除了神尸、王者等圣人以外，还有一些承担仪式活动的主持功能或辅助作用的神职人员。这些神职人员在通神力量方面，要略逊于圣人，但他们在神尸与王者之间，承担了转述口头话语的文化职能，成为口传仪式活动中的"口述者"。在早期口头仪式活动中，"口作"是仪式活动的核心行为，"口述"是辅助性行为。圣人"作者"成为口传仪式的话语源泉，贤人"述者"成为圣人神圣话语的口述者和传承者。孔子坚持以口耳相授的方式进行知识传授，是一种"口述"行为。他祖述尧舜，宪章文武，并用这种口传知识来教育学生。

孔子"述而不作"不是一种为好古而好古的机械模仿行为，而是针对社会上流俗文化提出来的文化重建策略。流俗文化是"借述妄作"，依据"己志"而任意妄作。孔子反对这种无知而"妄作"的流俗文化，并与之决裂。他一方面坚持神圣的"口述"，另一方面为了保证"口述"的有效性和力量性，孔子还极为重视多闻知识的学习，通过艰苦卓绝口传知识的学习来通达"古道""仁德"的文化意义，并用"古道"传统与"仁德"价值，来拯救流俗社会任意"妄作"的肤浅文风，重建士人的新型文化价值。"述而不作"既是孔子文化救弊的重要方式，也是孔子文化重建的重要策略。

## 第六节 "文质彬彬"的原型组合与内外贯通

受西方文学内容与形式二元结构的影响，学术界通常将孔子的"文"与"质"当成是内容与形式的统一关系。如张少康、刘三富在《中国文学理论批评发展史》一书中云："孔子关于文质的论述，后来被运用到文学创作中，成为要求文学作品内容与形式完美统一的基本理论，在中国文学理论批评的发展中始终起着主导作用。"[①]《中国文学批评通史》中亦云："按孔子原意，不论文或质，都兼有内容与形式两重意思。质，作为本质、质地、实质等，是偏于内容方面的；但朴素、自然、本色的表现，则又是属于形式的了。"[②]《先秦文艺思想史》试图打破这种僵化的二元对立价值，认为孔子的文质观不是一个哲学概念，而是一个具有价值指向的术语，他们认为："作为一个有着强烈现实关怀与政治理想的思想家，孔子并不是从认识论或客观知识论的意义上来使用'文'这个概念的，或者说，它并不是要在纯粹的学理层面弄清楚'天文''人文'之间的关系，而是要为西周的礼乐文化寻找某种最终的合法性，使之具有某种神圣色彩。因此孔子的'文'就不是一个抽象的哲学概括，而是有着明确的价值指向的：这个'文'是以儒家之道为内涵的，具体言之，就是指尧、舜、禹、汤、文、武及周公等古代圣王建立的礼乐制度与相应的文化观念系统。"[③]李春青等基本摆脱了认识论与客观知识论的局限，指出孔子之"文"并非一个知识概念，而是以"儒家之道为内涵"的文化观念。这种解说强调了文质的本土知识，具有一定的地方性文化特色，但是由于他们过于强调话语形式的合法性，忽略了孔子面对现实的流俗文化，利用"文与质"的文化建构与力量传承，提倡回归口传大传统的士人文化编码，具有重建社会文化价值的批判性和策略性。

春秋时代，周代传承下来的"文"之传统已经开始世俗化，礼乐文

---

[①] 张少康、刘三富：《中国文学理论批评发展史》，北京大学出版社1995年版，第37—38页。

[②] 王运熙、顾易生主编：《中国文学批评通史（壹）·先秦两汉卷》，上海古籍出版社1996年版，第66页。

[③] 李春青主编：《先秦文艺思想史》，北京师范大学出版社2012年版，第623—624页。

化秩序也逐渐土崩瓦解，士大夫之"文"也由早期的神道传统之文变为虚妄无心的流俗之文了。如《国语·晋语》记载了鲁文公五年（前622年）晋国大夫阳处父之"文"，可以帮助我们了解那个时代士大夫之"文"的一般现状，其云："阳处父如卫，反，过宁，舍于逆旅宁嬴氏。嬴谓其妻曰：'吾求君子久矣，今乃得之。'举而从之，阳子道与之语，及山而还。其妻曰：'子得所求而不从之，何其怀也！'曰：'吾见其貌而欲之，闻其言而恶之。夫貌，情之华也；言，貌之机也。身为情，成于中。言，身之文也。言文而发之，合而后行，离则有衅。今阳子之貌济，其言匮，非其实也。若中不济而外强之，其卒将复，中外易矣。若内外类而言反之，渎其信也。夫言以昭信，奉之如机，历时而发之，胡可渎也！今阳子之情譓矣，以济盖也，且刚而主能，不本而犯，怨之所聚也。吾惧未获其利而及其难，是故去之。'期年，乃有贾季之难，阳子死之。"① 阳处父是春秋时期名声很大的士人，宁嬴氏开始还将他当成"君子"，并打算追随他学习君子之道，但是没过多久，他就断然离开了这位"君子"，这是什么原因呢？宁嬴氏解释说：我刚见到阳处父的时候，还想跟随他学习，但一听他说话，觉得这个人令人厌恶。他又说：对待人的态度，是身情的容饰；言语，是待人接物的枢机。人身的情态发自人的内心，而言语就是身情之文。人用言语和文饰来表达自己内在的身情，三者完全相合，然后可以践行。如果三者处于分离的状态，就会出现言行相悖的现象。阳处父这个人的外貌看起来很诚敬，但是他的匮乏言语却与诚敬的外貌不相一致，也就是说，他待人的诚敬态度是伪装起来的。如果内心不诚敬，外表却假装诚敬，最终还是会显露出内心不诚敬的真实状态，即内心的不诚敬最终还是显露出来的。如果内心与外貌是相一致的，而言语却不一致，这样也会展示出他为人的诚信状况。言语是用来昭示诚信的，对待言语，要像对待枢机一样，严肃认真。只有时机成熟了，才能用言语表达出来，一个人怎么

貌济　情譓　中虚　信　言匮　　　　貌济　情真　中实　诚信　有言

阳处父之文　　　　　　　　　　君子之文

---

① 徐元诰撰，王树民、沈长云校：《国语集解》，中华书局2002年版，第376—377页。

能够言而无信呢！阳处父的内心情状是不诚敬的，想用外在伪装的诚敬容貌来掩饰内心的不诚敬，而且他好强逞能，不以内心的仁德为本，喜好触犯别人，这样就会积聚很多怨愤。阳处父是春秋中期士人群体的一个典型例子。从这个内外不一、外好伪善的士大夫身上，我们可以领会到，在那个时代，士人的精神状况和言语行为都因为追求外在的名声而出现了内心实情与外貌言语之间的文化分裂，显露出内心世界与现身情态之间的矛盾背离，士人外在的"文""貌"与内在的"中""情"存在不一致现象。可见，现世士人之"文"越来越趋向于现实世俗的外在关系，士人喜欢伪饰自己，以致外在之"文"与内心之"中志"与"真情"越来越疏离了。

面对士人之"文"越来越流俗化、利益化的社会士风现象，孔子提出了"文质彬彬，然后君子"的重要命题，力求纠偏流俗社会仅仅重视外在之"文"的文化弊端，这也成为他进行士人文化重建的重要策略。子曰："周监于二代，郁郁乎文哉！吾从周。"（《论语·八佾》）①《中庸·第二十八章》引孔子云："愚而好自用，贱而好自专，生乎今之世，反古之道：如此者，灾及其身者也。"又云："吾说夏礼，杞不足征也。吾学殷礼，有宋存焉。吾学周礼，今用之，吾从周。"②孔子对流俗之"文"的文化建构，针对的是现实社会流俗之"文"的士人习气而发的，与他开展士人文化重建的仁质理想也是一致的。在孔子看来，社会流行的士人之"文"已经远离了早期文化传统的"君子之文"，与"周代之文"已经不是一回事了，现世流俗之"文"与传统理想之"文"之间出现了天上人间的巨大差异。现世士人的流俗之"文"是内外不一、心不在焉的闲言伪饰之文，已经不再是早期口传礼乐文化中"言志""中情"的真实之文。"文质彬彬"就是针对士人的流俗文化提出来的，是孔子利用早期口传大传统的文化资源，结合现实社会文化的流俗现状，力图重建社会流俗之"文"的重要文化策略。

## 一、口传之文与语词魔力

在由口传文化向书写文化过渡的末期，书写文化及其思维模式开始占据文化主流的时候，孔子为何还要将"文"的文化理想设定为口传大传统时期的礼乐文化呢？口传文化之"文"又有什么特点呢？这种大传统文化对流俗文化之"文"又有什么救偏补弊的作用呢？我们还是要从口传大传统之"文"来解开其中之谜。

---

① 杨伯峻译注：《论语译注》，中华书局1980年版，第28页。
② （宋）朱熹：《四书章句集注》，中华书局1983年版，第36页。

我们发现的最早的"文"字图像应该是陶寺遗址出土陶壶（图 2-6-1、2-6-2）上的朱书"文"字。这个✦字图像与甲骨文中的"文"字结构极为相似，书写颜料是赭红色朱砂，出土时甚为鲜艳。在史前文化中，赭红色具有深远的文化意义，通常用来表示生命崇拜的重要符号形式。朱书"文"字传递了原初人类对自身生命意义的独特想象与符号表述。

到了甲金文中，"文"字的书写图像发生了一些符号性的形式变化，我们可以用来追溯早期文字的书写者是如何在"文"字的图像形式中，表达口传时期之"文"的原初意义与美学内涵。诸如"文"字的甲骨字形图像✦（甲 3940）、✦（乙 6821 反）、✦（京津 2837）、✦（新 2837）等，都由两部分组成，一部分是✦，像一个双手双腿分开的人形，另一部分是♡，是人"心"的文化图像。发展到了金文中，"文"字的字形图像不仅没有改变，而且在♡这一部分的文化图像方面，还得到了极大的张扬，如✦（能匋尊）、✦（曾伯文鼎）、✦（师酉簋）、✦（史喜鼎）、✦（文父丁簋）、✦（保卣）等。

**图 2-6-1　陶壶**
陶寺遗址出土（H3403:13），腹部朱书"文"字。摘自中国社会科学院考古研究所、山西省临汾市文物局编著：《襄汾陶寺：1978—1985 年考古发掘报告》第四册，文物出版社 2015 年版，彩版九。

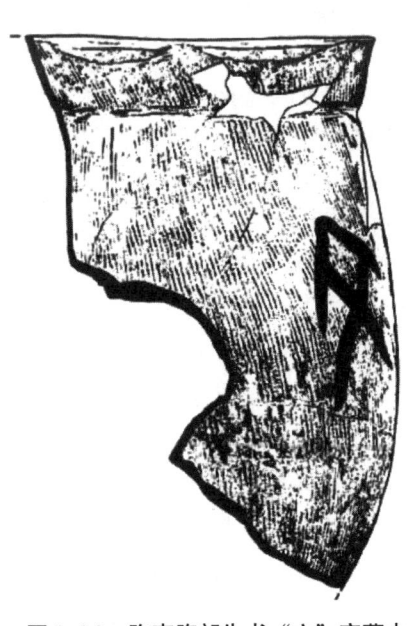

**图 2-6-2　陶壶腹部朱书"文"字摹本**
摘自中国社会科学院考古研究所、山西省临汾市文物局编著：《襄汾陶寺：1978—1985 年考古发掘报告》第一册，文物出版社 2015 年版，第 369 页。

陈梦家在《释"国""文"》一文中认为:"古文中的'文'像一个正面直立的人,《说文》有两个'文'字,'文'字训错画,而以文章之文作'彣'。这个彣字是战国时所谓'古文'体,因为《说文》彦的古文从口从彣,可证。'文'的原意,可有三种推测:一、古代有断发文身的习俗,文即文身。二、古金文'文'字常于胸中画一'心'字形,疑像佩饰形,文即文饰。三、'文'字像人温雅而立的姿态,文即文雅。"① 陈梦家对"文"字的图像分析,比较重视"文"字的古文结构,其将"文"的文化原义归纳为"文身""文饰"与"文雅",尤其在没有联系早期口传文化的原生态语境之下,将文字图像中的❤形符号释为"佩饰",是极为不妥的。实际上,"文"字的早期文字图像已经展示,在早期口传时代的文化语境中,"文"首先是一种"心力"和"道力",其次才是"身文",然后是"声文",最后才是"行文"。人的"心力"与"身文""声文""行文"之间构成一种灵魂的力量传递关系。作为外在的"身文""声文""行文"都发源于更具原始力量的"心力"或"道力"。

在口传大传统的原生态语境中,口传者的"身文"是可见的,其"声文"是可听的,其"行文"也是可见的。也就是说,口传者的各种外部之"文"都是可以直接感知和体验的有形存在。而在口传文化时期,这些可感知的有形之"文"都从何而来?什么才是这些"身文""情文""声文""行文"的马达动力呢?恩斯特·卡西尔(Ernst Cassirer)在《语言与神话》一书中设有"语词魔力"一节,他认为,原初语词(口传声音)是有"魔力"的,其云:"所有的言语结构同时也作为赋有神话力量的神话实体而出现;语词(逻各斯)实际上成为一种首要的力,全部'存在'(being)与'作为'(doing)皆源出于此。"② 作为外在"声文"的有形语词,是承载了"神话力量",口传语词并非是一种纯粹的独立的声音存在。其又云:"在几乎所有伟大的文化宗教的创世说中,语词总是与至尊的创世主结成联盟一道出现的;要么它是主使用的工具,要么它就是第一源泉——主本人,像所有其他的'存在'和'存在'的序列一样,都是从这个源泉中衍生出来的。思想及其言语表达通常被直接认作是浑然一体的;因为思维着的心智与说话的舌头本质上是连在一起的。"③ 卡西勒认为,在早期宗教文化中,并不

---

① 陈梦家:《释"国""文"》,《国文月刊》1941年第1卷第11期。
② [德]恩斯特·卡西尔:《语言与神话》,于晓等译,生活·读书·新知三联书店1988年版,第70页。
③ [德]恩斯特·卡西尔:《语言与神话》,于晓等译,生活·读书·新知三联书店1988年版,第70—71页。

存在没有神圣力量的语词形式,"主本人"才是语词存在的力量源泉,人的"心智"与"说话的舌头"总是连在一起的。也就是说,在早期原初人那里,不存在没有文化力量的、闲适而没有意义的语词声音,人的"声文"总是和人之"心志""神道"力量是不可分离的。蒋述卓在《宗教艺术论》一书中云:"用于宗教祭祀艺术中的语言具有非凡的力量,它与宗教行为相结合就体现与代表了神的声音。……它不仅被赋予了超现实的魔力,而且具有了创造性能,它往往可以驱动某种语言场以开启某种神秘的力量。在原始宗教艺术中,咒语、祷词、祭辞等都是强有力的表达工具,原始人相信通过自己的语言尤其是祭师的语言力量,可以控制自然灾害,或躲避其他的伤害,如瘟疫等,也可以控制他们的生产行为和生产对象。"①"神秘的力量"才是早期原初声音的力量源泉,原初人认为,这种充满力量的"语言",即使是一种普通的平凡声音,对他者存在(如自然灾害、瘟疫等)都具有一定的控制力。在原初的口传文化中,这种神秘力量来自人心中神性与人性的密切结合,是人心对"神道"存在的整体性体验,只有开启了"道力"和"心力",才能为口传声音提供源源不断的马达动力。A.哈姆帕特·巴《逼真的传说》云:"根据非洲的传统——至少是我所知道的撒哈拉以南整个草原地带的传统——言语除了它的基本道德价值以外,具有同它的神圣起源及其所拥有的玄妙力量相联系的神圣特征。它作为魔法的最高动因,各种精灵力量的主要动力,不可等闲视之。在当时,许多宗教的、魔术的或社会的因素结合在一起,保存了口头传统的可靠性。"②口传文化中的语词作为一种外在的声音形式,它拥有一种"玄妙力量",这种"玄妙力量"传承了各种魔法、精灵的力量,正是这种"不可等闲之"的神圣力量使得口头传统具有文化的延续性与可靠性。

以下是两首满族萨满所唱的《背灯神词》,如果我们不懂得萨满跳家神的祭祀文化,而仅仅阅读这些神词的文字意义,我们就很容易将其当成是现代的抒情诗歌。

### 《背灯神词》(其一)

日落西山,
夜幕降临。

---

① 蒋述卓:《宗教艺术论》,文化艺术出版社2005年版,第275页。
② J.基·泽博编:《非洲通史(第一卷)·编史方法及非洲史前史》,中国对外翻译出版公司1984年版,第122页。

（那鲁呼！那鲁呼！）
阳光隐匿，
千星闪烁。
（那鲁呼！那鲁呼！）
鸟雀归巢，
鸡犬进窝。
（那鲁呼！那鲁呼！）
万籁俱寂，
祈请神灵。
（那鲁呼！那鲁呼！）①

《灯调》（其二）

夜色苍茫、日落西山了，
（胡占沃！胡占沃！）
阳光隐匿了，
（胡占沃！胡占沃！）
是千颗星星闪烁的时辰，
（胡占沃！胡占沃！）
是犬进窝雀归巢的时辰。
（胡占沃！胡占沃！）②

  满族背灯祭开始之前，要把窗户紧闭，本家人聚拢在正屋不准喧哗，甚至不准有半点声响，只能正襟危坐坐在一起，静候家萨满念神词。参加背灯祭的家萨满有多位，所以除了手拿腰铃之外，有的还持神鼓神刀和"嚓拉齐"——扎板和"轰务"，主祭人诵完神词之后，率众族人叩首，神器发出沉重的拍击声，激扬亢奋之时，杂乱无章刺耳欲聋。主祭人虽不跳舞，但在屋内也要绕地三匝。这样反复四次，即所谓的四"腓里"。每一腓里的神词内容大致略同，长短相似，只是每一姓氏的神词风格各异，其蕴含丰富，文采斐然，不无神歌佳作。③

  这些诗歌的文字形式上好像很平淡，但放置在跳神祭祀的原生态语

---

① 石光伟、刘厚生：《满族萨满跳神研究》，吉林文史出版社1992年版，第136页。
② 石光伟、刘厚生：《满族萨满跳神研究》，吉林文史出版社1992年版，第149页。
③ 石光伟、刘厚生：《满族萨满跳神研究》，吉林文史出版社1992年版，第135页。

境中，它们却承载了对黑夜之神、家神的虔诚之心与敬畏之情，充满了神秘的仪式力量。如果仅仅阅读其文字形式，我们无法体验到这些语词形式背后的文化驱动力量。

又如彝族（撒尼支系）举行原始宗教活动"祭密支"时的诗歌《普兹楠兹——彝族祭祀词》第二章云：

> 核桃搁石上，
> 用石敲核桃。
> 智替奥果杂，
> 果杂阿朵居。
> 水从崖中流，
> 崖水淙淙响。
> 淙淙声动听，
> 随着水声行。
> 过崖是里扎，
> 里扎稿司家。
> 幼蜂不长翅，
> 黑蜂翅膀硬。
> 省兴奥德波，
> 德波舒尼居。
> 黑马不爱毡，
> 白马毡喜欢。
> 支兹奥娄迪，
> 娄迪拉智居。
> 娄迪东方望，
> 东方拉亩底。
> 拉亩黑尼玛，
> 村中居撒尼。
> 黑尼全寨人，
> 家家同祭祀。
> 全寨老和少，
> 肃穆又诚意。
> 要把普神祭，

要把楠神祭。①

诗歌中的"果杂""里扎""德波""娄迪""黑泥玛"是地名或村名,"阿朵""稿司""舒尼""拉智"是部落支系的特殊名称。只有将这些枯燥无味的地名与支系名称放置在祭祀"密支"的原生态语境中,我们才能明白,巫师之所以要详细交代参与祭祀者的情况,因为他是在向"密支神"严肃地汇报参与祭祀的部落支系,而"密支神"会根据巫师的现场汇报,为这些部落支系、村庄驱除邪魔,保证这些地方的族民人畜平安。所以在禳灾祈福的祭祀仪式中,这种神圣的汇报是不能有丝毫差错的,否则,就会导致神灵的严厉惩罚。

可见,在早期大传统文化中,◆的文字图像以及✿的符号形式,并不是一种简单的无意义的文饰符号,而是一种与原生态大传统文化语境紧密关联的神圣力量的标志性符号。这也表明,早期书写者认为,只有在文字书写中保留了✿力,才能真正传递语词声音(声文)的生成本源与神圣力量。在原初人看来,发自人心中的"神秘力量",属于人心对神秘存在的领会和认识。只有当这种神圣认知通达了"神道"的文化状态时,这种神圣力量才会达到最强大、最宏伟,最不可抗拒的状态,语词声音(声文)也会成为这种神道力量的外在延伸与语词表述,人在世界之中的为人情态(身文)和语词声音(声文)都受到这种神圣力量的支配和影响。

正因为"道力"与"心力"才是一切外在文化表象(包含行文、身文与声文)的力量源泉,所以由内心世界所发出的语词声音是具有"魔力"的,与此同时,这种"魔力"可以直接决定现实事件的可能发展方向。也就是说,在原初的大传统文化中,人心世界的神秘力量不仅决定了"情文""言文",而且也决定了"行文"。在神秘力量的文化贯通下,"情文""言文"及"行文"之间是完全一致、一脉贯通的神圣力量关系。《礼记·郊特牲》云:"伊耆氏始为蜡,蜡也者,索也,岁十二月,合聚万物而索飨之也。蜡之祭也,主先啬而祭司啬也。祭百种,以报啬也。飨农及邮表畷、禽兽,仁之至,义之尽也。古之君子,使之必报之。迎猫,为其食田鼠也;迎虎,为其食田豕也。迎而祭之也。祭坊与水庸,事也。曰:

---

① 云南省少数民族古籍整理出版规划办公室编:《普兹楠兹——彝族祭祀词》,云南民族出版社1986年版,第7页。

'土反其宅，水归其壑，昆虫毋作，草木归其泽。'"① 在伊耆氏的蜡祭仪式中，"古之君子"分别祭祀了"八神"，一为"先啬"，二为"司啬"，三为"农"，四为"邮表畷"，五为"猫"，六为"虎"，七为"坊与水庸"，八为"昆虫"。祭祀中的各种"言文"与"行文"都可以看成是"神秘力量"的外在表现形式，"土反其宅，水归其壑，昆虫毋作，草木归其泽"等语词声音，都不是今天意义上的纯粹诗歌形式，而是兼具了神秘"魔力"的语词声音。这种语词声音发自深邃的幽眇苍穹，甚至来自远古的"天命"赐礼。它们一旦发出，就能将所有危害人类生存的各种灾难和昆虫，全部祛除干净。在伊耆氏的神话世界里，只有这种语词的神音魔力才能保证族民来年的农业丰收，才能保证部落群体的生命安全和财产安全。

在萨满的祭祀仪式中，语词声音不仅能呼唤神灵的降临，而且在语词中所描述的东西与现实所要献祭的物品必须完全一致，不能有丝毫的差错。我们听听拿达斡尔族在祭天时的祷词，就能感受到初民的虔诚内心和准确语词。《祭腾格尔（天）的祷词》云：

> 父天听听祷词，
> 母天了解缘由；
> 坐在根源的大公主，
> 用簸箕般的耳朵静听；
> 坐在角落的大官人，
> 用明亮的眼睛瞧着吧。
> 不是没有缘由地祷告，
> 不是没有灾害地答对。
> 为了遵守许过的愿，
> 在今天的日子里，
> 献祭你所需的牺牲。
> 有像簸箕样的耳朵，
> 有像黑果样的眼睛，
> 有翻地的嘴巴，
> 有绶子般的尾巴，
> 有凳子般的腿子，

---

① （汉）郑玄注，（唐）孔颖达疏：《礼记正义》，北京大学出版社2000年版，第934—936页。

有叉子般的蹄子，
有黑尼绒般的毛，
有腻人的肥脂。
把可爱肥壮的牲物，
供奉在你的面前。
夺去了它的生命，
把胸腔内脏高举起来，
给门神们告知，
和大门的天在一起，
把四肢的筋剔出来，
把横膈膜拿出来，
把新鲜血涂在槊上，
把主要的骨骼摆左右。
和天娘娘在一起，
和神娘娘在一同，
在你的左右献祭酬谢，
供奉肩胛和尻背。①

萨满向天神腾格尔以及在场的神灵详细叙述了现场祭祀的各种物品，每一种献祭的物品与萨满的语词声音无不形成了一一对应的关系，不存在一句虚假的谎言。神灵一方面用"听"的方式，接受了族民的献祭；另一方面用"看"的方式，验证着萨满语词声音的可信性。在神灵的监督面前，萨满"说"的语词声音与"献祭"的行为之间是不能存在任何差错的，它们本身就是一件事情，即都是极为虔诚地满足神灵的"需求"和"意愿"。萨满的"言文"与"行文"都受到天神的检验和监督，丝毫来不得半点虚假，也不能存在丝毫分歧。A.哈姆帕特·巴在《逼真的传说》一文中云："有关礼仪上的谎言禁令，对各级宗教职司（或献祭人或掌刀主等）更有特别影响。这些职司从族长（他是家族献祭人或祭司）开始，直至铁匠、织工和传统艺人——技术操作被视为神圣活动，这一点我们将可看到。这种禁令还触及这样一些人：他们必须执行某些魔法——宗教职能，主持各种礼仪活动，因而被视为普通生物同各种守护力量之间的媒介。受禁令约束的最高位是神圣的地区主祭（例如多贡人的霍贡），最后是国王。据我所知，

---

① 丁石庆：《达斡尔族萨满文化遗存调查》，民族出版社 2011 年版，第 306—308 页。

在非洲草原地带的全部传说中，都有这种礼仪上的谎言禁令。禁止谎言的原因是，宗教职司说谎，将玷污礼仪条例，因而不再具备执行这种神圣行动所必需的全部礼仪条件，其中主要是在操纵生活的各种力量之前，自身必须和谐。因为，不要忘记，非洲的整个魔法——宗教体系，目的都在于保持或重建各种力量的平衡，它是周围物质世界和精神世界保持和谐的依靠。"① 神圣仪式上的口传声音是禁止谎言的，否则，语词声音就会失去了"魔力"，就会失去参与"神圣行动"的礼仪条件，礼仪就会失效，失去"魔力"的人也要受到神灵的惩处。

在桂西壮族乡傩的祭祀仪式活动中，"鬼王"在场上念叨：

> 金鼓一响，
> 保你士农工商，
> 千祥古庆。
> 铜锣一鸣，
> 任你魑魅魍魉，
> 百邪尽逃。
> 若有妖魔鬼怪，
> 骚乱凡圣，
> 限你今夜三更时分，
> 赶快潜逃。
> 我手拿利戈，
> 指天天开，
> 指地地裂，
> 指人人生，
> 指鬼鬼灭。
> 四碗清水，
> 化作东洋大海，
> 化作万丈龙潭，
> 九龙归洞。
> 左五里听着，
> 右五里听着，

---

① J.基·泽博编：《非洲通史（第一卷）·编史方法及非洲史前史》，中国对外翻译出版公司1984年版，第128页。

前五里听着，
后五里听着，
中五里听着，
五五二十五里，
人准通过，
鬼不准行。①

在祭祀活动中，那位扮演"鬼王"的祭司变成了"鬼王"的现实化身，他的语词就成了"鬼王"的语词，同时，也具有了"鬼王"的语词魔力和现实效应。一切"妖魔鬼怪"都被"鬼王"的语词力量所震慑，他们都应命逃离。似乎稍有迟留，就会受到"鬼王"的严厉惩处。

孔子对原初大传统之"文"是极为熟悉的，也极为崇拜。其云："大哉尧之为君也！巍巍乎！唯天为大，唯尧则之。荡荡乎，民无能名焉。巍巍乎其有成功也，焕乎其有文章！"(《论语·泰伯》)②圣人"尧"是早期口传文化的创造者之一，孔子对其文化与政治方面的丰功伟绩是极为崇拜的。他说，尧之所以能取得这么大的伟绩，就在于他"能效法于天"。"尧"效法天，因而获得了神圣行动的神秘力量，因此他的功绩就如天一般不可穷尽，"尧"的外在"文章"自然就极为美好。孔子之所以推崇"尧"的"文章"，是因为"尧"善于从"天"那里获得神圣力量，而这里的"天"不仅指代自然界的"天"，而且还指向原初人心中向往和崇拜的"天道"力量，这种神秘力量就是人心从生命之初所获得的"神道"状态。孔子曾云："吾有知乎哉？无知也。有鄙夫问于我，空空如也。我叩其两端而竭焉。"(《论语·子罕》)③孔子这段话的意思是说：我具备了关于现实事物的知识吗？我没有。如果有个鄙夫(拘于现实存在者的人，孔子将其称为"鄙夫")问我关于现实世界之物的知识，对之，我尽管一点也不知道，但我的心中能够做到"空空"无物的样子，"空空"就是原初道体混沌的虚空状态，是所有有形存在神圣力量的发源之处。在孔子看来，人心通达了仁道，就获得了神圣力量，然后根据鄙夫的问题，叩问自身所具有的道体力量，并竭力地作出回答。孔子的答案并不在纯粹的物体上寻找，而在人心所通达的神圣知识中去理解，并作出回答。在这段话中，孔子一方面表示了对

---

① 丁世博、王文：《鬼王祭祀——桂西壮族乡傩艺术初探》，《民族艺术》1994年第2期。
② 杨伯峻译注：《论语译注》，中华书局1980年版，第83页。
③ 杨伯峻译注：《论语译注》，中华书局1980年版，第89页。

"现实物质的琐碎知识"的不满,另一方面却想通过内心获得神圣力量,来对现实物质的各种知识进行改造,使这种物质知识可以传递道体知识的神圣力量,毫无疑问,这种神圣力量就来自"空空如"的心力和道体。孔子曾云:"文,莫吾犹人也,躬行君子,则吾未之有得。"(《论语·述而》)杨伯峻将这段话翻译为:"书本上的学问,大约我同别人差不多。在生活实践中,做一个君子,那我还没有成功。"① 联系孔子对口传文化的重建意识,这段话可以理解为:"在'文'方面,难道我和一般的人是一样的吗?(是不一样的,我的'文'是发自神道力量的外在之文,而一般人的文仅仅是一种外在之文,)但要真正做到君子之'文',我还需多努力啊。"孔子一方面表达了自己的"文"与众不同,不是现实社会中众人的流俗之文。另一方面,对于自己能否真正回归到口传文化之"文",孔子还是很自信的,尽管他说,自己在践行君子之"文"方面,与早期具有仁德的君子相比,可能还存在一段距离。

在匡地遇到困境时,孔子曾云:"文王既没,文不在兹乎?天之将丧斯文也,后死者不得与于斯文也;天之未丧斯文也,匡人其如予何?"(《论语·子罕》)② 孔子自问,难道"文王之文"不在"我这里吗"?如果"文王之文"在我这里,那么,"匡人"又能对自己怎么样呢?可见,孔子心中的"文王之文",不是一般的没有力量的流俗之"文",毫无疑问,孔子所指的"文王之文",源于早期文化的"尧之文章",是口传文化的心力与言文不可分离的神圣力量,具有一股强大的神话信仰力量。这种"文"与"天"的原始力量是浑然一体的,如果失去了"天"的原初力量,"文"也就会失去存在理由和意义价值。在这些话语中,孔子表明,真正能继承早期文化力量的"文",并不在于"文"的声音言说形式,而在于获得早期之"文"的神圣力量。刘向在《说苑·反质》中记载,孔子卦得贲,喟然仰而叹息,意不平。子张进,举手而问曰:"师闻贲者吉卦,而叹之乎?"孔子曰:"贲非正色也,是以叹之。吾思夫质素,白当正白,黑当正黑。夫质又何也?吾亦闻之,丹漆不文,白玉不雕,宝珠不饰,何也?质有余者,不受饰也。"③ 孔子占卜得到"贲"卦,"贲",饰也。孔子感叹道,"贲"卦强调外饰,不是"正色"。何为"正色"?孔子认为,"质素"才是正色,"质"白则外显为白色,"质"黑则外显为黑色,一切外在的显现之"文"

---

① 杨伯峻译注:《论语译注》,中华书局1980年版,第76页。
② 杨伯峻译注:《论语译注》,中华书局1980年版,第88页。
③ (汉)刘向撰,向宗鲁校证:《说苑校证》,中华书局1987年版,第511页。

皆是内在"质素"的正色表现。而"贲饰"强调外在的修饰，就会遮蔽作为本色状态的"正文"。可见，孔子的"文"，是"质素"的本然正色，不需要任何人为的虚假雕琢。

《先秦文艺思想史》一书认为："（孔子）试图通过宣扬作为文化符号或知识形态的'文'，来实现作为礼乐制度的'文'，这就是孔子的逻辑。这里的问题在于：这两个'文'原本是紧密融合在一起，不可分拆的，到了孔子这里却要把其符号系统当作手段，而把价值内涵作为目的，希望从前者推衍出后者，这当然是不可能的。"[1]由于李春青等人忽视了在口传时期的"文"不是一种"文化符号或知识形态的文"，而是一种传承神圣力量之"文"，所以他们认为，孔子对"文"的文化建构是"不可能的"。殊不知，孔子所推崇的是早期口传大传统之"文"，这种大传统之"文"是一种充满神秘力量的"文"，其力量源泉发自神圣的"天命"道体，根本不是今天工业文明时代所理解的"文化符号"和"知识形态"。今天的这种纯粹知识状态的、缺乏神圣力量的"文化符号"或"知识形态"，恰恰是孔子所批判的、要革弊的流俗之"文"。这种流俗之"文"早已经失去了原初文化的意义编码，只剩下一个毫无神韵力量的空壳形式而已。

## 二、大传统文化中"质"的原型组合

学术界通常将"文质彬彬"中的"质"解释为"内容"。陈良运在《文质彬彬》一书中，不再将"质"拘囿于"内容"，而是将"质"当成一种"事物内在的价值观念"，其云："'质'，既表现为事物内在的价值观念，那么不同的事物就有不同的质，特殊的事物便有特殊的质。"又云："一般地说，事物的'质'，也就是这一事物之本，之体，《礼记·礼运》篇有'还相为本'与'还相为质'两语并列，'质'与'本'含义相同。孔颖达疏：'质，体也。'本、体指的是事物或人的本质、内容，只是物性或人性不同而有质的不同。"[2]陈良运认为，"质"为"本"，就是"事物或人的本质、内容"，最终，他还是落入了"事物"的"内容""本体"的西方现代知识框架之中。中国古人所说的"本"与"质"不是西方人作为本体、本质、内容层面的知识形态。如果将早期中国人所谓的"本""质"，机械地等同于西方人的现成存在者（有形事物）的本体论或知识论，那么，就会将神圣力量由"本"而"质"的传递过程，当成是事物所具有的形式特性，从而遮蔽

---

[1] 李春青主编：《先秦文艺思想史》，北京师范大学出版社2012年版，第625页。
[2] 陈良运：《文质彬彬》，百花洲文艺出版2001年版，第6—7页。

原初中国人认知生命的发生、生成过程，甚至遮蔽神圣生命力量通过"本源"形式或"质类"形式所赋予事物形体的文化编码。同时，如果将"文"和"质"当成犹如内容与形式一样，是两个可以截然分开的现成存在之物，那么，"文"之形态就成为可以脱离"质"之形态而单独存在的东西，同样的道理，"质"之形态也就成为可以脱离"文"之形态而单独存在的东西。但在早期口传传统中，"文"不能脱离"道心"神圣力量的文化规定，如果离开了这种神圣的力量规定，"文"也将成了失去文化意义的流俗存在。在口耳相传的大传统时代，这种单独存在的没有意义的流俗声音是无法保留的，也无人传承。

为了能深入理解"质"的神话本源与原型价值，我们先考察一下"质"字的早期文字图像。许慎《说文解字》云："𧷆，以物相赘，从贝从所，阙。"① 其他"质"字图像，如𧴩（《睡虎地秦简文字编·法一四八》）、𧷆（《石刻篆文编·诅楚文》）、𧴩（古文四声韵·古老子）等。从文字图像来看，"质"字都是从贝从所，文字图像中包含了两个重要的文化意象，即贝和斤。为了能揭开"质"的原初文化意蕴，考察其作为基本因子的贝与斤的原型编码，可以为理解"质"的文化编码提供意象组合、文化生成的原初神话编码。

"质"字从贝，首先，我们从贝的大传统神话编码开始。原始思维中的贝壳观念，与我们现代文明人的贝壳观念存在不同。孔子曾云，君子要善于"取譬连类"。贝壳作为一个早期史前文化的重要物质符号，它并不仅仅指代贝壳之物。早期人类用神话般的眼睛看到贝壳时，他们会将贝壳意象当成一个女神形象的象征物。伊利亚德在《意象与象征》一书中专章论述了在世界文化中普遍存在的"贝壳象征系统"，揭示其作为女阴象征物而具有世界性。② 他还认为："有三种图案主题仅见于陪葬品中：三角形、棋盘形和贝壳形，但是这些主题同一个与性交、生产、复苏和复活等观念有关的相当复杂的符号体系密不可分。"③ 可见，早期文化之中的贝壳意象与女神崇拜、生殖神话紧密联系在一起。罗素在《婚姻与道德》中认为，贝壳意象作为女性的生殖象征符号，可能与早期农业生产的社会需求

---

① 王平、李建廷编著：《〈说文解字〉标点整理本（附分类检索）》，上海书店出版社2016年版，第159页。

② M.Eliade, *Images and Symbols*, translation by P. Mairet, 1961, London, p.125。参见叶舒宪：《高唐神女与维纳斯》，中国社会科学出版社1997年版，第153页。

③ [美] 米尔恰·伊利亚德：《宗教思想史》，晏可佳、吴晓群、姚蓓琴译，上海社会科学院出版社2004年版，第462页。

有关,其云:"在农业与牧畜时代开始的时候,无论禾稼的丰收,牲畜的繁殖,或妇女的生产,对于男子,都是极端重要的事体。禾稼并不常常丰收,交合并不时时产子,于是那时的人们借助宗教与魔法,以冀获得心愿的结果。他们依照通常交感魔法(Sympathetic magic)的意义,以为人类繁殖可使田土肥沃,而人类的繁殖(这是大多数原始社会所需要的),他们用了各种宗教上的与魔法的仪式去求得。上古的埃及,在母系时代还未告终的时候,农业似乎已经产生;他们宗教理性的成分,起初不是崇拜男性的生殖器,而与女性的生殖器有关;他们觉得女阴的形状有似一种贝壳,因而说该种贝壳具有魔力,后来又当作钱币使用。"①

从考古出土的史前实物来看,出土的史前陶器上存在大量的贝壳纹饰(图 2-6-3、2-6-4)。如果将陶器看成是一个女神的储存器,那么,这些贝壳纹饰就成为女神力量的符号强化与符号标志。华西里耶夫在《中国文明的起源问题》中认为:彩陶上的蚌贝纹,包括一些形似半月形或蚌壳的石刀——蜃铚(蚌镰)的纹样,安特生,或苏联学者如博佳耶夫斯基、雷巴科夫、华西里耶夫等,都认为是认同于女阴,是多产即丰饶的象征。② 余和祥在《中国传统性风俗及其文化本质》认为:"除了以鱼,特别

图 2-6-3 叶形纹陶罐
马家窑文化,马厂类型。摘自李学武编著:《中国原始彩陶》,江西美术出版社 2007 年版,第 67 页。

图 2-6-4 串贝纹陶罐
马家窑文化,半山类型。摘自李学武编著:《中国原始彩陶》,江西美术出版社 2007 年版,第 120 页。

---

① [英]罗素:《婚姻与道德》,李惟远译,上海文艺出版社 1935 年版,第 24 页。
② 参见[苏]华西里耶夫:《中国文明的起源问题》,郝镇华等译,文物出版社 1989 年版,第 212、221 页。

是双鱼图形象征女阴以外，贝壳图形（贝纹）也具有同样的含义，贝壳可以张开，可以夹住，其中还有个小小的肉体，更使人产生女阴的联想。这种贝壳图形在马家窑文化（图 2-6-5、2-6-6）、仰韶文化所出土的陶器上都不难发现。与此相类似的是，无论是国内还是国外，都把橄榄形的器物用来象征女阴，这也就是全世界基督教教堂门窗形状的由来，这是一种神圣的情感，它是在借此形制的装饰，表达着对'生命之门'最深刻的感激之情。"① 贝壳的神话意象不仅承载了原始人对丰产女神的神话想象，而且寄托了人类对生命之门的神圣情感。

图 2-6-5  齿形纹陶罐
马家窑文化，半山类型。摘自李学武编著：《中国原始彩陶》，江西美术出版社 2007 年版，第 123 页。

图 2-6-6  贝叶纹陶壶
马家窑文化，半山类型。摘自李学武编著：《中国原始彩陶》，江西美术出版社 2007 年版，第 181 页。

考古出土了很多史前贝壳以及相关图像纹饰，诸如史前彩陶上绘有贝壳纹饰符号。文学人类学将考古出土的贝壳（图 2-6-7）与彩陶贝壳纹饰等物质图像作为第四重证据。第四重证据重视曾经被遗忘了的物质图像存在，可以帮助我们跳出纯粹文字书写的符号局限。同时，文学人类学还重视活态口传的民族志证据，用现存的鲜活民族志的神话叙事来弥补文字叙事的单一性，可以帮助各种出土的物质图像说话。在此，我们也可以将各种贝壳的神话意象放置在活态民族志的文化背景中来重新认知贝壳意象的神话象征意义。

宋兆麟在《生育神与性巫术研究》中认为，除柳叶为女阴外，湖南有些民族以蚌为女阴，这与以贝纹为女阴相近，外国有以贝壳为女阴的现

---

① 余和祥：《中国传统性风俗及其文化本质》，商务印书馆 2014 年版，第 42 页。

图 2-6-7　贝壳颈饰

新石器时代，河北邯郸出土。摘自戚琳琳编著：《中国红·古代佩饰》（汉英对照），黄山书社2012年版，第135页。

象。贝壳——尤其是子安贝壳，很早就被初民拿来与性联结，故宗教学者柏里教授称之为"生命的赐予者"。它的形状与女性器官相同。据柏里说，在今天苏丹及其附近的地方，妇女仍佩戴子安贝壳穿成的腰带，使她们由此获得生殖力。我国有些学者也有类似观点，认为西北地区远古的彩陶上的贝纹（图2-6-6），即是女阴形象。这种信仰与基诺族视子安贝为女阴如出一辙。①

白族关于氏族来源的神话传说《阿布帖和阿约帖》讲述了兄妹婚配的故事，其中贝壳的意象象征着女性，棍子的意象象征着男性，贝壳与棍子都成为男女性别生殖器的形象化表现。其云：不知道是多少万年以前，天神阿白偷偷地对人们说："地上要发洪水啦，你们赶快搬到大葫芦跟前去住吧！"人们都不相信，只有阿布帖和阿约帖两兄妹照着天神的话做了。不几天，地上果真发了洪水，一连九十九天。不仅遍地是水，连天上也到处是水，一片白花花的。地上的人们都被水淹死了，只有阿布帖和阿约帖坐在大葫芦里，才活了下来。水漫到哪点，葫芦就漂到哪点。洪水退了，大地又露出来了，一个人影也没有。阿布帖和阿约帖从葫芦里爬出来，各自拿根长棍子，一个朝东，一个朝西，分头找人，并约好三年以后在原地相会。三年过去了，兄妹相会了，棍子磨得只剩一小节，还是没有找着一个人。为了传代，阿布帖对阿约帖说："妹妹，我们两人成亲罢！""兄妹咋能成亲呀？"阿约帖不同意，但又没有别的法子，就说："哥哥，去问问天神，听听天神咋个说。"妹妹在河西放了一个贝壳，哥哥从河东拿根棍子打过去，刚好打在贝壳上。随后，哥哥在河东也放了一个贝壳，妹妹从河西拿根棍子打过去，也刚好打在贝壳上。这说明天神同意了，于是兄妹

---

① 宋兆麟：《生育神与性巫术研究》，文物出版社1990年版，第57页。

成了亲。①

哈尼族认为，海贝或贝壳是辟邪物或吉祥物，装饰在女子和孩童的衣物上，亦是哈尼莫批祭司用来祭祀的祭品，是沟通天地人神的灵物，并用这种海贝或贝壳作卜具，以求吉凶祸福，祈求子孙兴旺发达的古老习俗一直保留在历代哈尼族中。哈尼族认为，用海贝或贝壳占卜是荫庇子孙繁衍的重要手段，占卜的贝壳是神灵的嘴，会告诉哈尼族天神"莫咪"的意愿，它荫庇着哈尼族子孙繁衍，是宗教祭祀的必需品，凡是哈尼族重大祭祀活动都要用海贝或贝壳占卜。如生活在西双版纳傣族自治州曼蚌小寨的哈尼族阿卡人称"贝币"为"伍习"，正常情况下主要是用于祭祀，有条件的情况下，几乎任何祭祀都要使用。在曼蚌哈尼族阿卡人心目中，这种"贝币"甚至是一种圣物。每年春耕、秋收在"咪色罗"（特定的原始树林、土地）祭护寨神的土地、树魂，其中的祭品就有"贝币"。选取寨宅址是哈尼族社会生活中的重大事务，《哈尼阿培聪坡坡》中说：

  选寨基是大事情
  不是高能不能当
  先祖推举了西斗做头人
  希望他献出智慧和力量
  西斗拿出三颗贝壳
  用来占卜凶险吉祥
  一颗是子孙繁衍的预兆
  一颗代表禾苗茁壮
  一颗象征着六畜兴旺
  贝壳寄托着哈尼的愿望
  贝壳立下一天
  大风没把它刮倒
  贝壳立下两天
  大雨没把它冲歪
  三天早上公鸡还没啼叫
  西斗头人来贝壳旁
  昨晚老虎咬翻百只马鹿
  哈尼的贝壳安然无恙

---

① 陶阳、钟秀编：《中国神话》（中），商务印书馆2008年版，第561—562页。

>尊敬的阿波阿匹（阿爷、阿奶）
>亲亲的兄弟姐妹
>寨基选在这里
>哈尼的子孙会好
>哈尼的六畜会多
>哈尼的庄稼会旺。

这里也隐含着哈尼族生生不息的强烈愿望。也就是说，海贝或贝壳是沟通天地人神，表达哈尼族美好愿望和祈求的祭品。对他们来说，"贝币"非常珍贵，每次祭献时，只是用刀把贝币上刮一点点下来。生病或者女子不能正常生育，尼爬（巫师，一般女性，有级别之分）会用磨穿的"贝币"拴在患者手上、身上，挂在脖子上。对不育的女人，还会用"贝币"泡水给他喝。"他们"指的是居住在西双版纳傣族自治州自称"阿卡搓"的哈尼族，由此可见，他们的生殖期盼十分直观。贝壳也是哈尼族婚礼中的重要用品，在哈尼族男女结婚聘金中一定要有一枚贝壳，在新娘陪嫁物的箱子四角，也要放上四枚贝壳，哈尼族将其视为繁衍人丁的神物，蕴含有哈尼族强烈的生殖崇拜的寓意。正是对神的繁衍的特别重视，使古老的贝壳由生殖崇拜上升为宗教祭祀的礼器，成为等级森严的制度。当今哈尼族为老者举行隆重的葬礼时，贝壳是必不可少的祭品，他们认为这种贝壳就是死者的子孙，用贝壳祭奠亡灵，大概有像贝壳一样多子的含义。可见，用贝壳作葬礼祭品，表达了哈尼族先民来世转生或子孙繁衍、兴旺发达的愿望，这些寓意生殖、繁衍的贝壳，无疑是哈尼族贝壳崇拜及其反映的生殖崇拜和女性崇拜的最好解释。① 黄泽在《西南民族文化与民俗：民族文化学的新视野》中也对哈尼族的贝壳崇拜做了一些概述：相对于鱼饰来说，贝饰表现原始观念主题要略为曲折一些。在服饰上，它变形为坠于腰间的银螺。这与哈尼族社会中贝壳量少而益发珍贵有关，故以银螺替代。小小贝壳具有辟邪、吉利、贵重等多层含义。哈尼族婚礼中要在箱底压上两枚贝壳表示吉利，祈求生育。迁徙史诗讲在惹罗建寨时，西斗头人主持选寨基，他拿出三枚贝壳占卜吉凶，一枚是子孙繁衍的征兆，一枚代表禾苗茁壮，一枚象征六畜兴旺。贝壳立下后，经风雨未倒，老虎咬翻百只马鹿仍未倒，终于立下寨基。贝壳成为吉祥物、传家宝，寄托着哈尼族对吉利、富有、生殖人口的祈愿，与鱼一样是女阴或男女生殖同体的象征。贝壳主

---

① 曹贵雄、龙倮贵：《哈尼族传统宗教文化研究》，民族出版社2014年版，第86—88页。

要表现了趋利避凶的原始观念主题，具有巫术功能。①

哈尼族还有"赫司沙"的求子习俗，其中"赫司沙"就是讨贝壳或讨福气的意思。"赫司沙"祭词认为，要寻找贝壳，首先要找到贝壳树。寻找的方法是以出门赶街（赶集市）的方式进行的，"去找姑娘爱的贝壳树，去讨伙子要的好贝壳，不见贝树不回转，不得贝壳不回还。"祭词描述了寻觅贝壳的全部行程。首先从哈尼山寨的家中出发，去赶周围哈尼族地区所有的草皮街，寻找哪里有贝壳。寻遍所有的街子，没有找到所需的贝壳。于是过江来到内地赶街，顺着建水、昆明方向，逐步往上赶街，经过一个叫作"红阿虎尼甫"的湖。向大风和白雾借翅膀，飞渡了"不知头尾"的大湖之后，到了最后一个街。那里"姑娘要的贝树有了，伙子爱的贝壳有了"。找到了贝树之后，就要上树采摘贝壳，这才是最终要达到的目的。祭词是这样描述的：

> 相亲相爱的你两人
> 一天要爬多少树
> 一棵树上要摘多少果
> 姑娘想爬的有三棵树
> 伙子要上的有三个枝丫
> 姑娘要爬的是贝壳树
> 伙子想踩的是贝壳枝
> 一年要爬多少棵
> 三年时间爬一棵
> 一轮时间摘几个果
> 三轮时间摘一个果

从这段祭词中可以清楚地看出，"贝树"是喻指人，"贝壳"则指子女。这里说的上树"是隐喻两性的交合"，3年的时间生一子，这是符合客观规律的。②

贝壳意象不仅是一个中国民间的女性形象（图2-6-8），还是一个具有世界性的女神意象。王占义编著的《中外词语溯源故事大辞典》认为，有

---

① 黄泽：《西南民族文化与民俗：民族文化学的新视野》，海南出版社2008年版，第105页。
② 李子贤、李期博主编：《首届哈尼族文化国际学术讨论会论文集》，云南民族出版社1996年版，第330—331页。

**图 2-6-8　民间歌舞中的蚌精形象。外部是贝壳，里面是一个女人精**

摘自萧兵：《中国早期艺术的文化释读：审美人类学微观研究》，湖北人民出版社 2014 年版，"图版"第 9 页。

关学者研究，仰韶文化的贝文就是女阴的象征。以贝类象征女阴，进行生殖崇拜的祭祀活动，并非中国独有。古希腊也有贝类祭祀爱神阿芙洛狄忒（图 2-6-9）。希腊化时期著名雕像《贝壳中的阿芙罗狄忒》乃至意大利文艺复兴时期的名画《维纳斯的诞生》（图 2-6-10），都是这一古老风俗和原始观念的形象反映。①

南美印第安人神话讲到人类起源时，最初的女人也是由贝变出来的：始初之时只有孤零零的一个男人马武齐尼姆。没有人和他一起生活。他没有妻子，他没有儿子，也没有任何亲戚。他是完全孤独的。一天，他把一个贝壳变成了一个女人，同她结了婚。当他的儿子出生时，他问他的妻子，"他是男的还是女的？""他是男的。""我要带着他。"然后他走了。母亲哭了，并回到她的村庄，即环礁湖，在那里她又变成了一个贝壳。印第安人说："我们是马武齐尼姆之子的孙辈。"②

法国有一种名叫小玛德莱娜点心，是用女人的名字命名的。它的做

---

① 王占义编著：《中外词语溯源故事大辞典》，上海辞书出版社 2015 年版，第 577 页。
② [美] 雷蒙德·范·奥弗：《太阳之歌》，毛天祜译，中国人民大学出版社 1989 年版，第 89 页。

**图 2-6-9　爱与美之女神阿芙洛狄忒的诞生**

意大利桑德罗·博提切利作于 1484—1486 年。摘自魏庆征：《世界宗教艺术图典》，中央编译出版社 2017 年版，第 314 页。

法是在贝壳模子中烤焙而成的。据法文词典的解释，是因为相传其创始者是位名叫玛德莱娜的女厨。这种点心用面粉、砂糖、黄油、鸡蛋、柠檬汁为原料，在贝壳形的模子里烤焙而成。"圣雅克贝壳"，或译"扇贝"（李恒基），或译"干贝壳"（吴锡德），壳瓣上有较深的凹槽。一位法国研究者 Philippe Lejeune 曾在《欧罗巴》杂志 1971 年 2 月、3 月普鲁斯特专辑上发表题为《写作与性心理》的长文，从"玛德莱娜"点心的名称、形状和滋味立论，试图证明这个点心乃是女阴的隐喻。[①]

古埃及底比斯出土的贝壳、护身符坠子和珠子腰带（图 2-6-11）是古代埃及妇女佩戴的饰物，贝壳形象成为古埃及妇女的保护神。日本绳纹时代的海螺形陶器（图 2-6-12），形制就是一颗海螺，陶器的容器性质与女神阴户形制的有机叠合，增强了女神生命力量的文化想象。在北美洲海达族印第安人起源传说的现代叙述中，乌鸦打开蛤贝（图 2-6-13），将最原始的人类放到大洪水退却之后的泥泞沼泽之上，蛤贝成了母亲女神的化身。

通过活态民族志、文化人类学、出土实物与物质图像等诸多证据的综合考察，我们认识到，大传统文化时期的贝壳意象意蕴极为丰厚，它代

---

[①] 施康强：《自说自话》，湖北教育出版社 2002 年版，第 34 页。

**图 2-6-10 维纳斯的诞生**

威廉·布格罗作于 1879 年。摘自魏庆征：《世界宗教艺术图典》，中央编译出版社 2017 年版，第 396 页。

表的是一种女性生命崇拜的女神原型，展示了早期居民对待原初生命的文化想象，是一个充满神话意蕴与文化基因的重要符号形式。

其次，"质"字从二斤，与"斤"的大传统神话编码有关。吴大澂《说文古籀补》云："𣂪，从𣂪从贝，阮相国曰：古质字，智鼎。𣂪，或从二口，𣂪或从二氏，皆智鼎异文，𣂪，邢人钟。"① 从"质"字的金文图像来看，"二斤"为"𣂪"，犹如两把神圣的斧头。"斤"在甲骨文中的文字图像为：𣂪（《殷墟文字乙编》八〇二二），其形制犹如男性的生殖器。许慎《说文解字》云："斤，斫木也。"② 斫木，就是将混沌一体的木头，从中剖开，一分为二，可见，"斤"的文化功能为"劈开"混沌，诞生新的生命。《释名·释用器》："斧，甫也；甫，始也。凡将制器，始用斧伐木，已乃制之也。"③ "斧"从斤从父，"甫"为男子尊称。叶舒宪在《诗经的文化阐释：中国诗歌的发生研究》中对"斧"意象的原始文化意义做了深入阐释，其云：正像现代的西方婚礼要由"神父"（教父、神甫）来主持一样，原始的婚配事宜也必须首先由社会性的父亲——氏族首领或酋长之类——来主持。恰恰在这种由社会性的"父"所拥有的神圣特权中，我们终于找到了"父"与"斤"，"斤"与阳具的三位一体关系。不言而喻，落实这种极原始的关系的现代语汇乃是所谓"初夜权"。很明显，这个词过于"现代化"了，以至于同原始现象有了距离，因为由酋长们对本部落少女所施行的"开"的"手术"并不一定是在夜晚进行的。更确切的说法实应为"初开

---

① 古文字诂林编纂委员会：《古文字诂林》第 6 册，上海教育出版社 2003 年版，第 210 页。
② 王平、李建廷编著：《〈说文解字〉标点整理本（附分类检索）》，上海书店出版社 2016 年版，第 374 页。
③ （汉）刘熙：《释名》，董治安主编：《两汉全书》第 31 册，山东大学出版社 2009 年版，第 18246 页。

第二章　文化大传统与孔子诗论　　383

**图 2-6-11　贝壳、护身符坠子和珠子腰带**

古埃及底比斯出土，公元前 1900—前 1800 年，英国伦敦大英博物馆藏。摘自张夫也：《全彩东方工艺美术史》，宁夏人民出版社 2003 年版，第 17 页。

**图 2-6-12　海螺形陶器**

日本新潟县上山遗址出土，绳纹时代后期，公元前 2000—前 1000。摘自张夫也：《全彩东方工艺美术史》，宁夏人民出版社 2003 年版，第 192 页。

**图 2-6-13　北美洲海达族印第安人的乌鸦打开蛤贝，放出最原始的人类**

摘自［英］琼斯、莫里努：《美洲神话》，余世燕译，新世纪出版社 2011 年版，第 13 页。

权"。①叶舒宪对斧子的原初文化探析极为精辟,揭示出了原初文化中"斧"意象的原型意义。我们在此,进一步考察"斧"在口传民族志与出土文物中的神话意蕴,以丰满"斧"文化的意义内涵。

满族年轻人结婚时,新娘与新郎拜完天地之后,进入洞房前,要跨过火盆,寓意今后的日子红红火火;再跨过一副马鞍,以示全家平平安安。进入洞房后将一把斧子置于被褥之下,新人坐在上面,"坐斧"预示坐享幸福。②满族人的"坐斧"具有深厚的文化渊源,它不仅表示"坐福",而且指代在新婚之夜,新娘只有先被"斧"象征性地"开"了之后,才有真正的"幸福"。

鄂伦春人倘若患一般的疾病,或是出猎中突然病倒,暂时请不到"萨满"时,就采用"卜人"(阿嘎钦)的占卜方法,卜问触犯了哪位神灵,须供何物方能禳解。卜法是将猎枪筒上绑一把朝上的猎斧,绑斧一端搁在病人的衣物上,卜问者右手紧握枪柄,盘腿而坐,逐一祷告祖灵或其他神灵,每念出一个神灵的名字,举一下枪,如果枪托轻轻地被举了起来,那么,被念着的这位神灵即是患者在无意之中触犯的神灵。于是大家赶忙一齐向这位作祟的神灵跪叩祈祷:"某某神啊!请你不要见怪,更不要生气,把你的气和让病人生的病统统都收回去吧!请你可怜可怜这个人,让他很快地好起来吧!如果他打着野物,一定给你供上!"③猎枪筒为女性象征,猎斧为男性象征,"猎枪筒"和"斧"绑在一起,意味着男女之间的交合,获取神圣力量,来作为占卜使用的治病工具,显示出"斧"具有禳灾避邪、重创生命的文化功能。

在广西许多地区的壮族中,广泛流传人类始祖布洛陀取火的神话传说。远古时期,由于没有火,人们猎取得来的动物都像乌鸦一样吃生肉,像水獭一样吃生鱼。每到寒冬腊月,人们穿着蓑衣或树叶草皮瑟瑟发抖,许多人都被冻死在荒郊野外,惨不忍睹。突然有一天,一棵大树被闪电拦腰劈到,燃起冲天大火。但人们不知道火是怎么回事,被这突如其来的大火吓得魂飞胆破,跑回洞中躲藏起来。这时无所不能的创世神布洛陀走到火边,折根树枝把火种夹着取回洞中,把一堆干柴收拢成堆点着,然后坐在火堆旁烘烘手,觉得很暖和。人们纷纷效仿布洛陀围在火旁烤火,渐渐地就不

---

① 叶舒宪:《诗经的文化阐释:中国诗歌的发生研究》,湖北人民出版社1994年版,第614页。
② 姜玉田、丛坤主编:《黑土文化》,中央广播电视大学出版社2012年版,第134—135页。
③ 《蔡家麒学术文选》,云南大学出版社2014年版,第254页。

怕火了。消息很快就传开了。方圆百里的壮族子孙们都聚集到敢壮山上,向布洛陀求赐火种,烧起火堆。自从有了火,人们在冬天时都围坐在火堆旁烤火取暖,又试着把上山打来的野兽、挖来的山薯、采摘来的野果和在河里捕捞到的鱼虾螃蟹都拿到火堆上烤着吃,香甜可口,他们从此就改变了吃生肉的习性。有天夜里,突然下起大雨,雨水把火全部淋灭了,布洛陀决定亲自出门寻火,他腰挂大板神斧,搜遍了九十九座高山的荒郊野岭和洞穴,走过了九十九道河湾,也没有找到火种。后来,布洛陀在一棵大树下小憩,想到雷公能把大树劈出火来的事情,就效仿着用神斧去砍一棵干裂的老树,结果冒出火花,用火花点燃了干草和枯柴,人们又重新有了火。[①] 壮族人类始祖神布洛陀用神斧劈树,取来火种。因此,神斧是男性力量,老树是女性力量,劈树就是男性与女性的交合,产生了"火种"。

  布依族的创世神话《人和动物是怎样产生的》讲述了创世神用神斧造人的故事。第一个神拔来许多树木,他用自己的神斧把树丫枝砍掉,仅剩下树干,又把树干砍成一截一截的,然后就开始造人了。第一斧砍下去,树干裂开一条缝,那分开的两半就成了人的脚干,又对着树干没裂开的下半截,一边砍一斧,于是就有了人的双臂,他又把树干颠倒过来,几斧头就把人的脑袋砍了出来,人的四肢和头做好了,但还是一个没有生命的东西。神就把这没有生命的身躯放在大地上,朝人哈了一口仙气,这第一个人就活了。[②] 创世神用神斧砍树枝树干的办法创造人类,神斧象征男性,树木象征女性,人类是新生的物种。

  纳西族神话《崇搬图》描述了男神与女神用蛋创造宇宙的故事。神鸡恩余恩玛生下的最后一个蛋,孵化出了有双角、长毛、人脚的尼资绷普若,它的角顶天,脚踩地,男神用神斧来劈,女神用宝刀来甩,尼资绷普若的头变为天,皮变为地,肺变为太阳,肝变为月亮,肠变为路,骨变为石,肉变为土,血变为水,肋变为岩,尾变为树,毛变为草……[③] 男神用神斧来劈,女神用宝刀来甩,极为形象地展示了男神女神的神圣力量,其中"神斧""神刀"分别象征男神、女神的生命神力。

  布朗族有葫芦生人的神话传说。先前,大地经过一场大火,所有东西都烧光了;后来又经过一场大水,把所有都淹没了。有两兄妹蜷伏在一只大鼓中,任随洪水漂荡。七天七夜后,大鼓停顿下来,他们用针刺破鼓

---

① 文日焕、王宪昭:《中国少数民族神话概论》,民族出版社2011年版,第365—366页。
② 佟德富等:《中国少数民族哲学专题研究》,中央民族大学出版社2006年版,第80页。
③ 章海荣:《西南石崇拜:生命本原的追思》,云南教育出版社1995年版,第40页。

面，窥探外面的世界，确定洪水已退，兄妹俩才从鼓里爬出来。他们分别去寻找异性配偶，找了七天七夜找不着，二人又碰在一起，一只长尾鸟飞过来，冲他们直叫："多谷谷，相玛什勒尔各。"（意思是：兄妹可以拥抱）他俩听后交合，女的怀孕7年，生出一个葫芦。夫妻俩把葫芦丢在屋里，仍旧上山采集野菜，穿山打猎。傍晚归来时听见屋里嚷嚷的，原来是从葫芦里传出来的声音。他俩用木棍钻葫芦，从葫芦里出来了汉族；又把木棍削成斧口形在葫芦上凿一个洞，从葫芦里出来了傣族。木棍使秃了，就放在火上烧尖再戳葫芦，出来的是佤族、布朗族等山区民族。①葫芦是女神生殖器的象征，木棍、斧形器和尖形器是男神生殖器的象征，"钻""凿""戳"等动词，都是男女交合的象征性表述。

"银金刚杵"，为密宗佛教法器。其圆柄象征男根，尖头表明无坚不摧之威力，一裸女骑于其上，造型十分新颖精致。类似刚杵，亦有两类，一类为"十字架式"，横柱一端乃制为斧状，意"劈开"，针对女子"开苞"，称之"破瓜"而为之。另三面则尖锐无比，取意与前者相同。第二类，为柱体锥形，二端除以加粗外，并附有毛刺，同样尖锐如矛。②

明杨柔胜《玉环记》第六出《韦皋嫖院》："[生]小生颇通五经。[丑]包相公，我女儿小，捱不得（按，把'通五经'故意错听而错理解为性交到'通五更'）。[净]你怎么说？[丑]韦相公要动到五更，……[贴]孟子之道，将河竖立？[生]孟子之道，皆开发人之善心，非矜己夸能,[贴]班门弄斧。娘，这是饱学之士，不要慢他，可敬可敬。"按，从"饱学之士，不要慢他，可敬可敬"，可知与贬义的"班门弄斧"矛盾而非字面意思。即"斧、金"，"班、瓣"谐音，都指女阴。由"弄瓣金门"指性交，实在巧趣而非人所思。③

唐孙思邈《千金要方》卷二《妇人方上》：但妊娠二月名曰始膏，精气成于胞里。至于三月名曰始胎，血脉不流，象形而变。未有定仪，见物而化，是时男女未分，故未满三月者，可服药，方术转之，令生男也。取原蚕屎一枚，并井华水服之，日三。又方，取弓弩弦一枚，缝囊盛带妇人左臂。一法，以系腰下。满百日去之。又方，取雄黄一两，缝囊盛带之。要女者，带雌黄。又方，以斧一柄，于产妇卧床下置之。仍系刃向下。勿令人知。如不信者，待鸡抱卵时，依此置于窠下，一窠儿子尽为雄也。

---

① 云南省民族事务委员会编：《布朗族文化大观》，云南民族出版社2013年版，第172页。
② 知缘村：《闻香识玉：中国古代闺房脂粉文化演变》，上海三联书店2012年版，第575页。
③ 范鹏总主编：《陇上学人文存·刘瑞明卷》，甘肃人民出版社2014年版，第115—116页。

按:"蚕、产"谐音。"屎——便——变"的曲折。生产的性别变化。又,"弓、公"谐音,指男。弓弩是男子用的,古代养男孩后,产房门悬弓弩而示意。由此仿说。也套用男左女右的俗说。雄黄、雌黄,就是从"雄"和"雌"字来骗人。吴语"黄、望"同音。把"雄黄"谐音成"雄望",就说希望生儿子。"斧、夫"谐音,"刃、妊"谐音。"妊夫"就是孕男。①

在活态的口传文化中,"斧"是男性生殖器的文化象征,与"斧"相关的各种动作表述,都与男女交合的行为动作联系在一块,是一种具有神圣意味的男女交合象征。

马丽加·金芭塔丝认为,三角斧是"女神的特殊能量象征。"② 其又云:"在新石器时代,双刃斧或三刃斧是死亡与再生女神的象征;二者都是生成的象征。"③ 在世界第一部史诗巴比伦的《吉尔伽美什》中叙述了吉尔伽美什的一个美梦,在梦中,他在乌鲁克的大街上遇到一柄斧头,在他看来,这柄斧头就是一个女人的化身,并对之一见钟情。

> 他对母亲说:
> "母亲呀,我又做了一个 [梦]。
> 〈之中〉
> 在拥有广场的乌鲁克的大街上,
> 那儿有斧头一柄,
> 人群将它团团围拢。
> 原来那斧头是什么东西的变形。
> 我心里竟喜不自禁,
> 像个女人,对它一见钟情。
> 我朝着它弯腰挤进去,
> 把它取在手中,
> 在我的身边放平。"④

"斧"作为一种外在有形存在的器具,由于其特殊的文化象征,在男性权

---

① 刘瑞明:《性文化词语汇释》,百花洲文艺出版社 2013 年版,第 121 页。
② [美] 马丽加·金芭塔丝:《活着的女神》,叶舒宪等译,广西师范大学出版社 2008 年版,第 40 页。
③ [美] 马丽加·金芭塔丝:《活着的女神》,叶舒宪等译,广西师范大学出版社 2008 年版,第 144 页。
④ 《吉尔伽美什》,赵乐甡译,辽宁人民出版社 1981 年版,第 26 页。

力逐渐取得中央地位的时候，它就转化为一种特殊政治权力的符号性标志。因此，"斧"作为原初的交合器具性，逐渐被神圣的王权符号所取代。乌鲁克王吉尔伽美什的梦中之"斧"，就是这种早期神开的文化象征与政治王权相结合的文化产物。

随着史前考古出土器具的发掘，我们可以发现，史前斧钺的神圣器具成为阐释华夏文化的重要文化线索。史前墓葬文化是女神子宫的神秘象征，斧钺作为墓葬文化中最为重要的文化因子，就成为女神想象世界最为重要的生命象征与精神寄托。赵宝沟文化出土的玉斧距今约7000年（图2-6-14），江苏金坛三星村遗址出土的石钺距今约6500年（图2-6-16），凌家滩07M23出土的玉钺距今约6000年（图2-6-15）。河南临汝阎村出土的鹳鱼石斧彩绘陶缸，属于仰韶文化（图2-6-17）。浙江省杭州市反山12号墓出土的玉钺（图2-6-18），雕刻有神徽形象，属于良渚文化，距今约5300—4400年。江苏苏州澄湖遗址出土的陶罐上有钺纹刻画（图2-6-20），属于良渚文化。湖北天门石家河遗址出土的陶器上刻画有的杖钺人像（图2-6-19），属于石家河文化，距今6000—4000年。通过牛河梁酋长与良渚酋长的复原图（图2-6-25、2-6-26），我们可以直观地感知到，部落酋长以斧钺权杖的符号象征来展示其至高无上的神圣地位。商代殷墟妇好手执青

**图 2-6-14　文化玉斧**

内蒙古敖汉旗赵宝沟出土，距今7000年。摘自古方主编：《中国出土玉器全集（2）内蒙古　辽宁　吉林　黑龙江》，科技出版社2005年版，第16页。

**图 2-6-15　玉钺**

凌家滩07M23出土。

石钺（木柄为复制）

**图 2-6-16　石钺**

江苏金坛三星村遗址出土，距今 6500 年。摘自国家文物局主编：《1998 中国重要考古发现》，文物出版社 2000 年版，第 13 页。

铜斧钺（图 2-6-27），不过是史前酋长斧钺的权力象征符号的文化遗传而已。

通过展示史前斧钺器具的出土情况，文化大传统时期的斧钺文化也逐渐丰满，结合口传文化中神斧的文化意义与生命功能，可以帮助我们认知，大传统时期的斧钺器具在史前文化之中的特殊功能与神性地位。作为史前部落或邦国的重要文化符号形式，斧钺不仅是世俗王权的表现形式，而且是神圣特权的重要体现，而部落酋长在初开权力方面的神话想象与生命权力，成为斧钺器具文化重要的文化基因和原型编码。

随着国家的建立与文字的发明，斧钺的神器符号以神话图像的方式也逐渐转化为文字书写的符号形式。如甲骨文、金文中的"斧""钺""王""辛""辟""璧"等文字图像中，都包含了神斧的文化意象与符号形式（表 2-6-1）。可见，这些文字都与史前神话特权与生命想象有关，是大传统文化在文字书写小传统中的具体表现和传承发展。

**表 2-6-1　古文字中与钺有关的文字图像**

| | 甲骨文 | 金文 |
|---|---|---|
| 戉 | | |
| 王 | | |
| 辛 | | |
| 斧 | | |
| 辟 | | |
| 璧 | | |

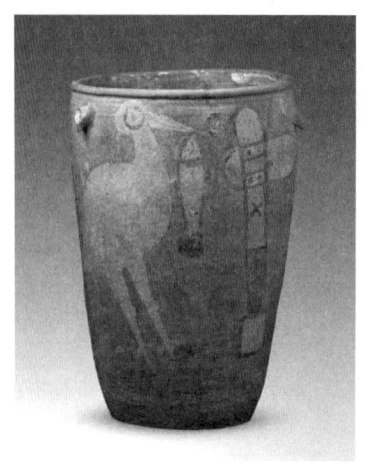

图 2-6-17　鹳鱼石斧彩绘陶缸
仰韶文化，1978 年河南临汝阎村出土，国家博物馆藏。

图 2-6-18　玉钺
良渚文化，浙江省杭州市反山 12 号墓出土，现藏浙江省文物考古研究所。

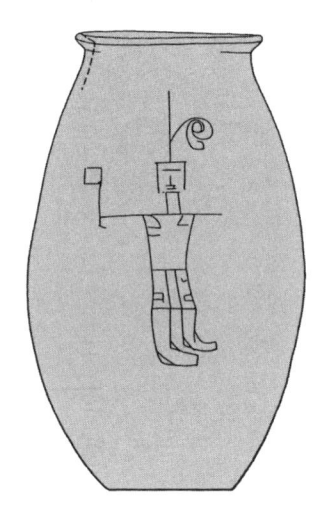

图 2-6-19　杖钺人像
湖北天门石家河遗址陶器上的刻画。

图 2-6-20　钺文刻画
江苏苏州澄湖遗址良渚文化陶罐上的钺文刻画。摘自张炳文主编：《良渚文化刻画符号》，上海人民出版社 2014 年版，第 592 页。

第二章　文化大传统与孔子诗论　　391

　　同时，为了展示斧钺器具的特殊编码与文化意义，强化斧钺文化的神圣意味，夏代晚期的方钺还镶嵌了绿松石十字纹（图 2-6-21），成都金沙遗址出土的玉钺上部雕刻了兽面纹（图 2-6-22），1965 年青州市苏埠屯出土的商代亚丑钺（图 2-6-23）以及 1976 年河南安阳殷墟妇好墓出土的兽面玉斧（图 2-6-24），都以神像、兽面的特殊纹饰来表现斧钺器具的神性特征与文化功能。

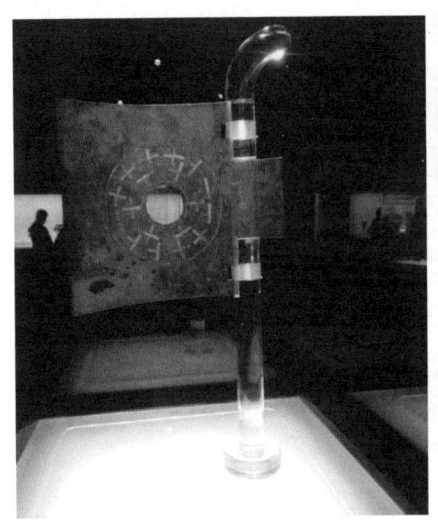

图 2-6-21　镶嵌十字纹方钺
夏代晚期。（胡建升摄于上海博物馆）

图 2-6-22　兽面纹玉钺
成都金沙遗址，商代晚期至西周早期。摘自古方主编：《中国出土玉器全集（13）四川　重庆》，科技出版社 2005 年版，第 93 页。

　　美国波士顿美术博物馆所藏的西汉八里台汉墓壁画（图 2-6 28），绘有一位神仙人物手持巨斧的图案，展示了神斧开路的神仙飞升想象，神斧依旧是作为神话生命力的符号性标志。甘肃武威擂台东汉墓出土的青铜斧车（图 2-6-30），在青铜车的中间部位，树立着一把青铜斧，其神圣意味极为明显。四川成都新都区出土的东汉画像砖也绘有斧车（图 2-6-31），斧车以大斧为中心，其他人环绕神斧而坐。台湾民间庙宇中的盘古大神手持巨斧（图 2-6-29），开天辟地，创立宇宙，神斧就成为宇宙洪荒之力的文化象征。在绍兴大禹陵绘制的大禹神像中，大禹双手捧着玄圭，在他的身体周围还绘有两排巨型的神斧纹饰，共有六把斧头（图 2-6-32），其王权寓意极为明显。在明代弘治皇帝的龙袍衮服上也绘有十二章之一的斧头

图 2-6-23　亚丑钺

商代，1965 年青州市苏埠屯出土。摘自山东文物事业管理局编：《山东文物精萃》，山东美术出版社 1996 年版，第 111 页。

图 2-6-24　兽面玉斧

商王武丁时期，1976 年河南安阳殷墟妇好墓出土，国家博物馆藏。

图 2-6-25　酋长手执玉钺

牛河梁遗址 M21 佩玉复原图。

图 2-6-26　良渚酋长手执玉钺复原图。

（胡建升摄于良渚博物院）

纹（图 2-6-33），斧纹已经成为世俗皇权的标志性符号。

通过考察这些出土与传世的历史遗物，我们可以知道，从文化大传统到文化小传统，斧钺器具的神圣地位与文化特权始终是一贯传承的，从来没有改变。只有认知了早期文化大传统斧钺物质图像的文化功能与神话编码，我们才能认知，为何在斧钺器具的历史文化中，始终交织着一种极为神秘的文化特性与权力想象。斧钺符号成为神圣文化与世俗权力相互依存、互为一体的特殊形式。

**图 2-6-27　妇好手执斧钺**
商代妇好复原图。（胡建升摄于安阳殷墟遗址）

**图 2-6-28　西汉八里台汉墓壁画**
美国波士顿美术博物馆藏。

**图 2-6-29　台湾南部庙宇中手握开山神斧开天辟地的盘古**

作为一种代表男性生殖器的特殊文化符号与社会政治权力的象征性形式，斧钺器具纹饰（图 2-6-43）也是一个具有世界性的典型符号。如巴比伦出土的天气之神突斯帕浮雕（图 2-6-34），约公元前 9 世纪，此神是被新赫梯人采纳的赫梯神祇，束腰短外衣，上翘的靴子和锥形帽子，都是

**图 2-6-30　青铜斧车**

甘肃武威擂台东汉墓出土。摘自中国青铜器全集编辑委员会编：《中国美术分类全集·中国青铜器全集（第 12 卷）秦汉》，文物出版社 1998 年版，第 151 页。

**图 2-6-31　斧车**

四川成都新都区出土的东汉画像砖。摘自山东博物馆、良渚博物院编：《玉润东方：大汶口—龙山·良渚玉器文化展》，文物出版社 2014 年版，第 37 页。

**图 2-6-32　大禹神像**

大禹双手捧玄圭，周边为六斧，寓意丰厚。

**图 2-6-33　明代弘治皇帝的衮服上十二章之一的斧纹**

赫梯文化的特点，尤其天神的右手也高举着一把神圣的斧子。克诺索斯宫殿出土的陶器上也绘制了斧形纹饰（图 2-6-35），其神圣意味是不言而喻的。帕恰库提·印加·尤潘基是印加的第十个统治者，他的手中握有神斧权杖，神斧权杖成为他世俗政治权力的重要符号标志（图 2-6-36）。在意大利北部发现的巨柱上，刻有青铜器时代的匕首与斧子（图 2-6-37），也是具有神性符号意味的。瑞典希维克坟墓入口处草图中也绘制了斧头图像（图 2-6-38），考古学家根据里面出土的斧子，确定这个遗址的年代约在公元前 1000 年。在匈牙利东北部的豪伊沙姆雄宝藏发现的青铜战斧

图 2-6-34　天气之神突斯帕浮雕

巴比伦，公元前 9 世纪。摘自〔美〕戴尔·布朗主编：《安纳托利亚：文化繁盛之地》，王淑芳等译，广西人民出版社 2002 年版，第 53 页。

图 2-6-35　斧纹陶器

克诺索斯宫殿出土。摘自〔美〕戴尔·布朗主编：《爱琴海：沿岸的奇异王国》，李旭影译，华夏出版社、广西人民出版社 2002 年版，第 131 页。

图 2-6-36　拿着斧头权杖的帕恰库提·印加·尤潘基

摘自〔英〕琼斯、莫里努：《美洲神话》，余世燕译，新世纪出版社 2011 年版，第 226 页。

（图 2-6-39），状饰豪华，被认为是用来供奉祭品中的一部分。1875 年出土于印度尼西亚的罗提岛的青铜仪仗斧（图 2-6-40），可能是公元 1000 期间制造，斧子造型很奇特。

约公元前 1400 年的古代克里特岛的陵墓壁画有对双面神斧的献祭图像（图 2-6-41）。两女性形象为献祭者，右侧两男性形象奉献用于祭祀的动物，中为演奏竖琴者。人们所敬奉的诸般物件中，双面斧居于显著地位。诸如此类"双面斧"的崇拜，亦见诸古代小亚细亚地区，古希腊的信奉者——亚该亚人，显然与同小亚细亚诸民族不无关联。双面斧既似为某种宗教性器物，又似为某神的表征（或属雷神）。古代赫梯人便将双面斧（图 2-6-42）视为雷神特舒布的表征。

英国人类学家马林诺夫斯基在《西太平洋上的航海者》一书中记录了新几内亚土著作为礼仪器具的石斧意象，其云：在南部马西姆区的"索乙"宴中，妇女手持打磨光滑的石斧，把手上雕刻着精美的图案，在鼓声的伴

**图 2-6-37 青铜器时代巨石上的斧子图案**

意大利北部的石柱上。[美]戴尔·布朗主编：《早期欧洲：凝固在巨石中的神秘》，高峰、王洪浩译，广西人民出版社 2002 年版，第 104 页。

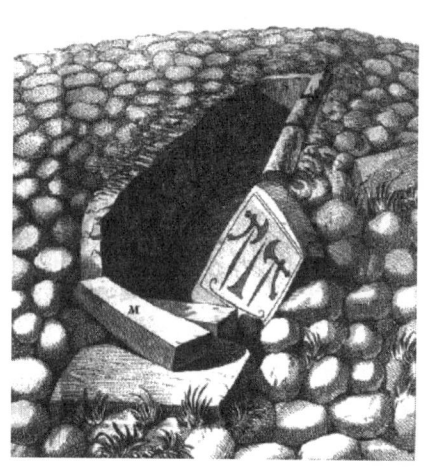

**图 2-6-38 瑞典希维克坟墓入口处草图**

坟墓入口绘的斧钺图像。[美]戴尔·布朗主编：《早期欧洲：凝固在巨石中的神秘》，高峰、王洪浩译，广西人民出版社 2002 年版，第 168 页。

**图 2-6-39 青铜战斧**

发现于匈牙利东北部。[美]戴尔·布朗主编：《早期欧洲：凝固在巨石中的神秘》，高峰、王洪浩译，广西人民出版社 2002 年版，第 139 页。

**图 2-6-40 青铜仪仗斧**

出土于印度尼西亚罗提岛。[美]戴尔·布朗主编：《东南亚：重新找回的历史》，王同宽译，广西人民出版社 2002 年版，第 68 页。

奏下，踩着有韵律的步伐，小猪与芒果树苗一起进入村庄。因为这是礼仪的一部分，而且石斧还是一种不可或缺的附件，这样石斧的这种用法就可以名正言顺地称之为"礼仪"用具了。再比如特罗布里恩人的一些巫术礼

**图 2-6-41 对双面斧的崇拜与献祭**

克里特岛陵墓壁画，约公元前 1400 年。摘自魏庆征：《世界宗教艺术图典》，中央编译出版社 2017 年版，第 293 页。

**图 2-6-42 古代克里特的神圣器物——双面神斧**

摘自魏庆征：《世界宗教艺术图典》，中央编译出版社 2017 年版，第 293 页。

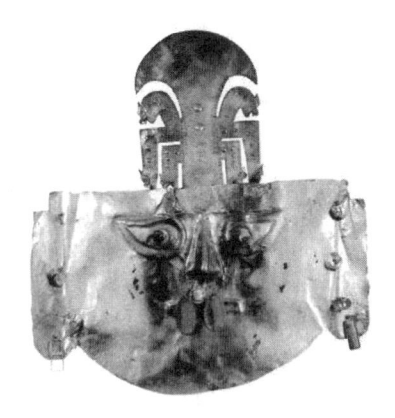

**图 2-6-43 古代南美洲西部印第安人的黄金面具，在面具上方饰有一把神斧意象**

摘自魏庆征：《世界宗教艺术图典》，中央编译出版社 2017 年版，第 131 页。

仪之中，"头沃斯"（园圃巫师）就要在肩上扛着一把斧头，在"坎姆科克拉"建筑上做仪式性的砍击。① 在马西姆土著的宴会习俗中，妇女手持石斧进入村庄，参加活动，其文化结构极为明显。在特罗布里恩土著的巫术仪式活动中，园艺巫术用斧头砍击木头的仪式活动，象征性表达了对大地母亲生命力的崇拜之情。

"质"字从贝从二斤，其文化基础建立在大传统文化的神贝意象与神斧意象之上。神贝意象代表的是女性力量，神斧意象代表的是男性力量。质字从贝，体现的是阴性力量。质字从二斤，体现的是阳性力量。放置在大传统文化中，我们可以重新认知"质"的文化特性与原型组合。"质"作为一种神贝与神斧的交合交感之物，就犹如男神与女神交合之后，而重新生发出来的新生命，犹如神斧劈木造人一样，"质"就代表了宇宙阴阳交合的新生力量，充满了初始生命的素朴原型，具有生生不息、永恒回归的神话特性。

### 三、仁德力量：随气形（无）寄存于质形（有）

在大传统文化中，女神与男神之间的神秘力量交合，就会生发出一种超越一切的新生力量，即是"质"。那么，在早期传世文献中，"质"应该是指什么呢？"质素"为何并称？"质"是神圣力量、神无存在的一种最初的有形形态，是神圣力量从无化有的一个重要转换阶段。《易纬·乾凿度》云："有太易，有太初，有太始，有太素也。太易者，未见气也。太初者，气之始也。太始者，形之始也。太素者，质之始也。气形质具而未离，故曰浑沦。"② 从形态变化来看，神圣力量是从"太易"开始的。"太易"是"未见气的"，也就是说"太易"属于无气无形的存在，是为无极，可以看成是神圣力量的原初编码。"太初"是元气形态，是神圣力量的一级编码。"太始"是气形分化形态，是神圣力量的二级编码。"太素"是质形形态，是神圣力量的三级编码。"浑沦"就是混沌，是气形与质形浑然一体的神秘存在，神圣力量就寄寓在气形形态中，同时，又齐全地传递给质形形态，属于神圣力量的四级编码。晋皇甫谧《帝王世纪》云："天地未分，谓之太易。元气始萌，谓之太初。气形之初，谓之太始。形变有质，谓之太素。太素之前，幽清寂寞，不可为象，惟虚惟无，盖道之根。自道

---

① ［英］马林诺夫斯基：《西太平洋上的航海者》，张云江译，九州出版社2007年版，第145页。
② ［日］安居香山、中村璋八辑：《纬书集成》上，河北人民出版社1994年版，第11页。

既建，犹无生有。太素质始萌，萌而未兆，谓之庞洪，盖道之干。既育万物成体，于是刚柔始分，清浊始位，天成于外而体阳，故圆以动，盖道之实。质形已具，谓之太极。"①皇甫谧认为，从太易（原初编码）、太初（一级编码）到太始（二级编码），从无气到元气，再到气形分化，其特征是"惟虚惟无"，所以是"道之根"。从气形到质形，是"无生有"的关键时期，"质形"（三级编码）属于真正的有形之始，属于"道之干"。从质形到体形，"万物成体"，这个时候"质形"已经化成了"体形"，"体形"就是"太极"，相当于四级编码（图2-6-44），属于"道之实"。结合《乾凿度》与《帝王世纪》的文献记载与创世神话，神圣力量由无形转化为元气，由元气转化为阴阳气形，再由阴阳气形转化为质形，最后由质形转化为体形。在这个生命生成、转化过程中，神道力量连续不断地由无形状态传递给有形状态，质形状态正好处于神圣力量的三级编码阶段，处于气形与体形之间，属于神圣力量从无形至有形至为关键的发展阶段。

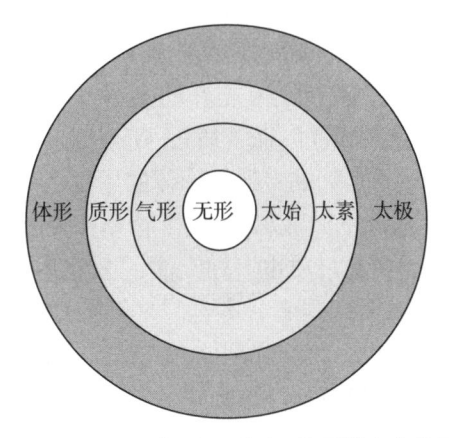

图 2-6-44　无形—气形—质形—体形的文化编码图

朱熹对"质"有一种独到的文化解释。他认为，天有十干，甲为阳，乙为阴，那么，"质"便是五行之木。丙为阳，丁为阴，那么，"质"便是五行之火。朱熹《朱子语类》卷一云："阴阳是气，五行是质。有这质，所以做得物事出来。五行虽是质，他又有五行之气做这物事，方得。然却是阴阳二气截做这五个，不是阴阳外别有五行。如十干甲乙，甲便是阳，乙便是阴。"②朱熹《太极图说解》"阳变阴合，而生水火木金土。五气顺布，

---

① （晋）皇甫谧著，徐宗元辑：《帝王世纪辑存》，中华书局1964年版，第1—2页。
② （宋）黎靖德编：《朱子语类》，中华书局1986年版，第9页。

四时行焉"注云："有太极，则一动一静而两仪分。有阴阳，则一变一合而五行具。然五行者，质具于地，而气行于天者也。以质而语其生之序，则曰水、火、木、金、土，而水、木阳也，火、金阴也。以气而语其行之序，则曰木、火、土、金、水，而木、火阳也，金、水阴也。又统而言之，则气阳而质阴也。又错而言之，则动阳而静阴也。"①朱熹认为，"气"为天气，为阳为阴。"质"为地质，为天上阴阳之气的精凝状态。在此基础上，他提出了"气阳而质阴"的看法。

明代王夫之对"气"与"质"之间的关系做了进一步的分析。王夫之《读四书大全说》云："质是人之形质，范围着这生理在内，形质之内，则气充之。……故质以函气，而气以函理。质以函气，故一人有一人之生；气以函理，一人有一人之性也。"②王夫之《张子正蒙注》"形而后有气质之性"注云："气质者，气成质而质还生气也。气成质，则气凝滞而局于形，取资于物以滋其质。质生气，则同异攻取各从其类。"③王夫之认为，"气"中含有"理"，"质"中含有"气"，就形成了"理"—"气"—"质"之间由内而外的力量传承关系。同时，"质"还可以"生气"，"气"可以"成质"，体现"气"与"质"之间的互变互动关系。

正是因为神圣力量由"气"而"质"，所以质形的力量与气形的力量都是齐全力量的展现。"质"成为外在形体的本源力量所在，故亦可以称之为"本"。《周易·系辞下》"以为质也"李鼎祚集解引虞翻曰："质，本也。"④《礼记·曲礼上》"礼之质也"郑玄注："质犹本也。"⑤《论语·雍也》"质胜文则野"刘宝楠正义："质者，本也。"⑥陆机《文赋》"理扶质以立干"吕延济注："质，犹本根也。为文之理，必先扶持本根，乃立其干。"⑦

"质"的力量来自原初力量，故为"性"。《国语·齐语》"聪慧质仁"韦昭注："质，性也。"⑧《礼记·礼器》"增美质"郑玄注："质犹性也。"⑨"质"承接"气形"的神圣力量，故为"正"。《仪礼·士冠礼》"质明而始行事"

---

① （宋）朱熹撰，朱杰人、严佐之、刘永翔主编：《朱子全书》第13册，上海古籍出版社、安徽教育出版社2002年版，第73页。
② （明）王夫之：《船山全书》第六册，岳麓书社1991年版，第857—858页。
③ （明）王夫之：《船山全书》第十二册，岳麓书社1996年版，第127页。
④ （唐）李鼎祚撰，王丰先点校：《周易集解》，中华书局2016年版，第669页。
⑤ （汉）郑玄注，（唐）孔颖达疏：《礼记正义》，北京大学出版社2000年版，第15页。
⑥ （清）刘宝楠：《论语正义》，中华书局1990年版，第233页。
⑦ 张少康集释：《文赋集释》，人民文学出版社2002年版，第76页。
⑧ 徐元诰撰，王树民、长云点校：《国语集解》，中华书局2002年版，第225页。
⑨ （汉）郑玄注，（唐）孔颖达疏：《礼记正义》，北京大学出版社2000年版，第835页。

郑玄注："质，正也。"①《孔子家语·曲礼子夏问》"君子不举人以质士"王肃注："质，犹正也。"②

"质"是由"气形"化为"有形"的重要阶段，故有"地"之喻，由"地"而具有"诚信""质朴""实""成"等文化意义。《广雅·释言》云："质，地也。"③《广韵·质部》云："质，朴也。"④《淮南子·时则》"莫不质良"高诱注："质，美也。"⑤《左传·昭公十六年》"与蛮子之无质也"杜预注："质，信也。"⑥《国语·楚语下》"无有要质"韦昭注："质，诚也。"⑦《庄子·知北游》"固不及质"成玄英疏："质，实也。"⑧《逸周书·谥法》云："名实不爽曰质。"潘振注云："爽，失也。名不失其实，可谓正矣。质，正也。"陈逢衡注云："质，信实也。"⑨"质形"是从无（无形与气形）到有（质形）的第一个阶段，无形与气形阶段还处于"无"的阶段，还可以气化运动。质形已经成形，不能在进行气化，故为"成物"。《诗经·小雅·天保》"民之质矣"毛传："质，成也。"⑩

质形的生长，就会形成万物之体形。质形发自气形，而生成体形，气形寄存于质形之中，气形—质形又寄存于体形之中，此时，神圣力量就以质形之物，寄存在体形之中。《广雅·释言》云："质，躯也。"⑪《周易·系辞下》"以为质也"韩康伯注："质，体也。"⑫《集韵·质韵》云："质，形也。"⑬《左传·僖公二十三年》"策名委质"孔颖达疏："质，形体也。"⑭《周易·坤》"直方大"王弼注"极于地质"孔颖达疏："质谓形质，地之形质

---

① （汉）郑玄注，（唐）贾公彦疏：《仪礼注疏》，北京大学出版社2000年版，第891页。
② （魏）王肃注：《孔学三种 孔子家语》，世界书局1935年版，第112页。
③ （清）王念孙著，钟宇讯整理：《广雅疏证》，中华书局1983年版，第154页。
④ （宋）陈彭年等编：《宋本广韵》，江苏教育出版社2005年版，第137页。
⑤ 何宁撰：《淮南子集释》，中华书局1998年版，第409页。
⑥ （晋）杜预集解：《春秋经传集解》，上海古籍出版社1988年版，第1408页。
⑦ 徐元诰撰，王树民、沈长云校：《国语集解》，中华书局2002年版，第515页。
⑧ （清）郭庆藩撰，王孝鱼点校：《庄子集释》，中华书局1961年版，第751页。
⑨ 黄怀信、张懋镕、田旭东撰：《逸周书汇校集注》（修订版），上海古籍出版社2007年版，第694页。
⑩ （汉）毛亨传，（汉）郑玄笺，（唐）孔颖达疏：《毛诗正义》，北京大学出版社2000年版，第685页。
⑪ （清）王念孙著，钟宇讯整理：《广雅疏证》，中华书局1983年版，第154页。
⑫ （魏）王弼注，（唐）孔颖达疏：《周易正义》，北京大学出版社2000年版，第372页。
⑬ （宋）丁度等编：《宋刻集韵》，中华书局1989年版，第190页。
⑭ （周）左丘明传，（晋）杜预注，（唐）孔颖达正义：《春秋左传正义》，北京大学出版社2000年版，第468页。

直方又大。"①《荀子·正名》"质请而喻"杨倞注："质，物之形质。"②《左传·襄公九年》"且要盟无质"杜预注"质，主也。"③

为了表现质形与体形的寄存关系，古人往往用所执之物，如"贽"来展示自身之"质"。因此"质"不同，所执之"贽"也是不同的。《说文解字》："以物相赘。"段玉裁注："以物相赘，如春秋交质子是也，引申其义为朴也、地也。"④《孟子·万章下》"庶人不传质为臣"朱熹集注："质者，士执雉，庶人执鹜，相见以自通者也。"⑤《白虎通义·文质》云："臣见君所以有贽何？贽者，质也。质己之诚，致己之悃愊。王者缘臣子心以为之制，差其尊卑以副其意也。"注云："贽之言至，所执以自致。"⑥外在所执之物（贽），展示的是自身之"质"的状态。贽物不同，所展示的质形意义也是不同的，也可以展示自己内心诚敬之心的程度。

神圣力量由无形到气形，由气形到质形，再由质形到体形，都是一个力量传递的文化关系，这个神圣力量的运化过程，就是神圣力量的神道生成关系。在神道之中，神圣力量完整齐全地从无生有，从气生质，再从质生体。毫无疑问，自身之"质"传承了发自道心的原初神圣力量，包括自身之"神志""神道""仁德"的齐全力量，并利用这种神圣力量，来制约规定自身外在的情文、身文、言文和行文的文化价值与表述样式。如《国语·周语下》记载，单襄公有病，告其子单顷公，要他好好善待"晋周"，其云："必善晋周，周将得晋国。其行也文，能文则得天地，天地所祚，小而后国。夫敬，文之恭也。忠，文之实也。信，文之孚也。仁，文之爱也。义，文之制也。智，文之舆也。勇，文之帅也。教，文之施也。孝，文之本也。惠，文之慈也。让，文之材也。象天能敬，帅意能忠，思身能信，爱人能仁，利制能义；事建能智，帅义能勇，施辩能教，昭神能孝，慈和能惠，推敌能让。此十一者，夫子皆有焉。天六地五，数之常也。经之以天，纬之以地。经纬不爽，文之象也。文王质文，故天祚之以

---

① （魏）王弼注，（唐）孔颖达疏：《周易正义》，北京大学出版社2000年版，第33页。
② （清）王先谦撰，沈啸寰、王星贤点校：《荀子集解》，中华书局1988年版，第424页。
③ （晋）杜预集解：《春秋经传集解》，上海古籍出版1988年版，第859页。
④ （汉）许慎撰，（清）段玉裁注：《说文解字注》，上海古籍出版社2006年版，第281页。
⑤ （宋）朱熹：《四书章句集注》，中华书局1983年版，第322页。
⑥ （清）陈立撰，吴则虞点校：《白虎通疏证》，中华书局1994年版，第355页。按：《白虎通疏证》卷八将"文质"改为"瑞贽"。其云："旧作'文质'，孙志祖云：'当即《说苑·修文》反质名篇之义。'庄述祖云：'《文质》自在下《三正篇》内具见，此当为《瑞贽》。'卢云：'文质所该者广，不仅当篇，故从庄所改。'今仍之。"今据"质形"，以"质"为"贽"寄存于体形之中，故依其旧。

天下。夫子被之矣。"① 单襄公评价晋周说，这个人的行为是有"文"的。一个有"文"的人就一定能得到"天地"的护佑，而"天地"所护佑的人，小则得国，大则得天下。可见，在单襄公眼中，"晋周"之"文"不是一般意义的外在文饰，而是获得了"天地"神秘力量的圣人才有能力具备这种充满神圣力量的"文"。详而论之，人之"敬""忠""信""仁""义""智""勇""教""孝""惠""让"等 11 种"质"性，都成了人之"文"的力量源泉，都规定了外在之"文"的价值意义。所谓"文王质文"，就是指周文王的圣人之"质"，充满了神圣力量，这种将神圣力量寄寓其中的"质"生成外在之体形时，就充满着"文"的神秘意味。可见，"质"与"文"在神圣力量、文化价值方面是一致的，是内外贯通的，有其质，必有其文。正是因为"文王质文"，所以他能够得到天下。而晋周就是一个具有周文王之"质文"一体的人，这个人不是一般的人，而是一个君子圣人。可见，单襄公所谓的"文"，是受到"质"之神秘力量有所约束、有所规定的"文"，而"质"之神秘力量又发自神道力量。从文化的生成关系来看，神圣力量生成气形与质形，而质形又再生成体形，由此而生成各种外在之文，神圣力量贯穿于气形、质形、体形与文形，是一种由内而外的力量传递，因此，这种充满了神圣力量的文形存在，不能简单地将其看作是纯粹脱离了"质"的流俗之文。

但是，到了春秋末期，口传之"文"的意义价值逐渐受到书写文字的挑战，书写文字可以将语词声音从综合的原初文化体系中独立出来，并成为一个独立表达意义的形式系统，文字符号逐渐代替口传传统时期的语词声音，变成了一个有形可见的、独自表意的存在之物，"言文"也开始逐渐摆脱早期"声文"的文化意义和力量规定，并开始成为流俗社会的"形文"。这种流俗的"形文"形式和早期的口传"声文"最大的不同，就在于"形文"可以离开"人心"力量而单独存在，甚至单独表意，作为一个自成意义的"形文"存在由此逐渐疏离了原初生成"文形"的人心"神志"或"神道"的力量。这种失去神圣力量支撑的"形文"符号就是孔子所批判的流俗之"文"。这种流俗之"文"不是没有知识意义和文字意义，而是失去了人之"心志"的神圣力量，成为一种"缺少文化规定"或者"文化价值有所亏欠"的流俗知识形态。子夏曾云："小人之过也，必文。"(《论语·子张》)② 子夏这里的"文"，指的就是流俗社会之"文"。这种流俗之"文"已经不

---

① 徐元浩撰，王树民、沈长云校：《国语集解》，中华书局 2002 年版，第 88—89 页。
② 杨伯峻译注：《论语译注》，中华书局 1980 年版，第 200 页。

是具备了带有"心志力量"的"文",而是一种纯粹的、外在的、可以根据私己需求而随意使用的符号形式之"文"。所以,"小人"如果犯了错误,就会利用这种纯粹的独立的符号形式之"文"来"掩饰"自己的过错,流俗之"文"就变成了小人"掩饰"自我过错与罪行的外在工具。《礼记·表记》引孔子曰:"夏道尊命,事鬼敬神而远之,近人而忠焉。先禄而后威,先赏而后罚,亲而不尊。其民之敝,惷而愚,乔而野,朴而不文。殷人尊神,率民以事神,先鬼而后礼,先罚而后赏,尊而不亲。其民之敝,荡而不静,胜而无耻。周人尊礼尚施,事鬼敬神而远之,近人而忠焉。其赏罚用爵列,亲而不尊。其民之敝,利而巧,文而不惭,贼而蔽。"[①] 在这段话中,孔子不仅分析了三代文化的各自特征及其文衰之弊,尤其分析了"周人尊礼"及其衰败以后的结果。孔子认为,周代的礼乐文化出现崩坏凌乱以后,周代的百姓就会变得"利而巧,文而不惭,贼而蔽",即变得贪婪财物而巧取豪夺;言语"文饰"极为盛行,"文"就会完全变成形式符号的"形文",人们肆意伪饰言语,而且内心丝毫也不会产生羞愧之情;这样的社会就会相互贼害,自欺欺人。身处在周代礼乐文化全面崩溃的时代,孔子亲身体验了人心不古、虚妄盛行的流俗文风,他对周代后期社会民风和士人文风的评价,其实就是春秋末年社会现实的真实写照,也体现了孔子对待社会流俗"文"风的批判态度。

面对流俗社会中出现的失去了"质"之神圣力量的"文弊",孔子又是如何建构新"质",以重拾"文"的神圣规定呢?孔子云:"君子义以为质,礼以行之,孙以出之,信以成之。君子哉!"(《论语·卫灵公》)[②] 孔子认为,君子要以"仁义"作为"质形"的核心力量,体现了他要用仁义的"新质"来重新来规定士人之"文"。"礼以行之","礼"作为一种身文,就是依照外在的礼节,来践行心中的"仁义"之质。"孙以出之",就是运用谦逊的言语,来表述"仁义"之质。"信以成之",就是用诚信的态度来完成"仁义"之质。一个人内有仁义之质,外有礼节之行文、谦逊之言文、诚信之情文,这就是一个君子了。只要士人心中通达了"仁义"之质,其外在的现身情态,如身文、言文、行文,就会与内在仁质相一致。《中庸·第三十三章》记载:"《诗》曰:'衣锦尚䌹',恶其文之著也。故君子之道,暗然而日章;小人之道,的然而日亡。君子之道:淡而不厌,简而

---

① (汉)郑玄注,(唐)孔颖达疏:《礼记正义》,北京大学出版社2000年版,第1732—1734页。
② 杨伯峻译注:《论语译注》,中华书局1980年版,第166页。

文,温而理,知远之近,知风之自,知微之显,可与入德矣。《诗》云:'潜虽伏矣,亦孔之昭!'故君子内省不疚,无恶于志。君子之所不可及者,其唯人之所不见乎!《诗》云:'相在尔室,尚不愧于屋漏。'故君子不动而敬,不言而信。《诗》曰:'奏假无言,时靡有争。'是故君子不赏而民劝,不怒而民威于铁钺。《诗》曰:'不显惟德!百辟其刑之。'是故君子笃恭而天下平。《诗》云:'予怀明德,不大声以色。'子曰:'声色之于以化民。末也。'《诗》曰:'德輶如毛。'毛犹有伦,'上天之载,无声无臭',至矣!"① 这一段话可以看成是孔子用"君子之道"来批评和纠偏"小人之文"的具体表现。他引用《诗经·卫风·硕人》所云,"穿着锦绣华美的衣服,但外面一定要罩一件外袍。"之所以要这样做,就是讨厌衣服华丽的纹饰过于显露于外。所以,君子之道是深藏不露的,但却日益彰显;小人之道是显露无遗的,但却日渐消亡。君子之道的文化特征在于:平淡而有意味,简略而有文采,温和而有条理,知道远处之事是由近处发生的,懂得风云是从何处升起的,知道事物由细微变化而逐渐显明的,这样的人就是有仁德的君子。可见,"小人之道"表现在"文"方面,就是缺乏内在之"质"的文化规定,从而使外在文饰变得极为张扬华美,这种"小人之道""小人之文"在社会上,受到俗人的欢迎,所以是"的然"而光彩的。但是这种表面的"光彩"又是不可能持久的,因此也是"日亡"的,而且最终还会消亡。而"君子之道""君子之文",表面上是"暗然"的,是不张扬的,但是它内含有强大的神圣力量,有着无穷无尽的生命能量,就一定会"日章"的。"君子之道""君子之文"的力量源泉,就是发自内心的"仁德"力量,即是孔子的"仁德"新"质"。这种新"质"赋予君子之"文"(包括身文、言文和行文)以力量性、同一性和连续性,从而保障了"君子"之"文"具有"不动而敬""不言而信"的文化效应和内在诚信。

孔子又口述了七段《诗经》的口传语词声音,来进一步阐释"君子之道"与"君子之文"的文化特点。《诗经·小雅·正月》中说:"鱼儿潜翔于水中,但也是清晰可见的。"所以君子在自我反省时,就不会产生不安之情,因为心志是无邪的。君子之所以是难以企及的,就在于君子心中具有别人看不到的"无邪之质"。《诗经·大雅·抑》中说:"就是一个人在家,也不会做有愧的事情。"所以君子就是不行动,也会心存敬畏;君子就是不振振有词,也会心存诚信。《诗经·商颂·烈祖》中说:"敬奉神明,格

---

① (宋)朱熹:《四书章句集注》,中华书局1983年版,第39—40页。

物感通，尽管无言，随时进退，无所纷争。"所以君子不用赏赐，百姓也会努力从善；不用发怒，百姓也会感到犹如"斧钺"的威严。古人以"斧钺"象征至高的神圣权力，以神圣之物作为意义的表达（图 2-6-45）。商人为了更清晰明白地展示斧钺之言，在斧钺中间雕刻了神人之面（图 2-6-46），以神人之德像来进行言说，这种言说的象形隐喻，就如孔子的"取譬"之言，一般的人见到此种物质图像，就能领会其中的神圣意味。《诗经·周颂·烈文》中说："惟有君子仁德大显，诸侯才能依之效行。"所以君子笃志恭谦，天下就太平了。《诗经·大雅·皇矣》中说："我心怀质明之德，就可以不用外在号令与威严之色了。"孔子认为，利用外在号令与威严之色来教化民众，这是细枝末节的东西。《诗经·大雅·烝民》中说："仁德之盛，展现在毛发之中。"因为内有仁德，外在毛发也伦常有序，展示质性光泽。《诗经·大雅·文王》中说："上天厚德而生物，是没有言说，也没有气味的。"上天之德，才是君子最高的境界。君子仁德昌明，内有无邪之质，就会表现在行文、言文之中。彰显了君子重视内在仁德以及外在德行的力量一致性，外在的言语文饰，仅仅是内在仁德力量的直接外露，属于附属次要的东西。

**图 2-6-45 玉钺**
崧泽文化，南河浜
M61 出土。（胡建升摄于
嘉兴博物馆）

**图 2-6-46 商代青铜钺**
摘自中国青铜器全集编辑委员会编：《中国美术分类全集·中国青铜器全集（第4卷）·商4》，文物出版社1998年版，第175页。

孔子云："君子不以绀緅饰，红紫不以为亵服。当暑，袗絺绤，必表而出之。缁衣，羔裘；素衣，麑裘；黄衣，狐裘。亵裘长，短右袂。必有寝衣，长一身有半。狐貉之厚以居。去丧，无所不佩。非帷裳，必杀之。

羔裘玄冠不以吊。吉月，必朝服而朝。"(《论语·乡党》)① 君子的服饰是有一定的讲究。君子不用天青色和铁灰色来作镶边，也不用浅红色和紫色来做家居衣服。夏季，身穿或粗或细的葛布单衣，但一定要让它显露在外面衬衣之上。黑色的衣服配紫色的羔裘，白色的衣服配白色麑裘，黄色的衣服配狐裘。居家的皮袄要长一些，可是右边的袖子要短一些。睡觉一定要有被子，长度合适。还要有坐垫，丧服满了，该佩戴的就要佩戴。不用整幅布做衣裳，一定要裁剪一些。不能戴羔裘礼帽去吊丧。朝拜一定要穿上朝的礼服。因为君子的"服饰"，就是君子外在的"身文"，这种"身文"是以无声之言，来表现君子内在的"仁德"质性，君子内有仁质，外有身文，要善于依据各种礼节来调整自己的"身文"，使"身文"始终与君子的"仁德"变化保持一致。如此一来，君子的"身文"就不仅仅是外在的容饰了，而是君子内在仁德的直接显露。

可见，孔子所提倡的"质"，不是纯粹的文章内容，其所提倡的"文"，也不是纯粹的符号形式。孔子认为，要对流俗文化进行重建，首先要恢复内在之"质"，就是要对流俗之"文"的"无质"进行纠偏和补正。"质"成为外在"文"的内在规定，是"文"之力量源泉，也是"文"的文化规定。离开了"质"的文化规定性，"文"就成为一个没有灵魂依据的纯粹符号形式，成为一个可以独立于仁德之外的存在之物，这种失去仁德力量的流俗之"文"，就是孔子要革新的流俗文弊。

### 四、彬彬：文质的力量贯通

孔子用"质"的文化规定来救弊现世的流俗文风，使无所规定的流俗之"文"重新回到"质"有所是的存在状态，从而避免了"言文""身文"和"行文"的形式化和流俗化。既然"质"具有纠偏社会流弊的文化作用，那么，孔子为何不片面提倡内在之"质"，而完全放弃外在之"文"呢？如何把握好君子之"文"与"质"的恰当限度呢？《论语·颜渊》记载了卫国大夫棘子成对孔子提倡"质"并保留"文"的质疑，其问："君子质而已矣，何以文为？"子贡回答云："惜乎，夫子之说君子也，驷不及舌。文犹质也，质犹文也。虎豹之鞟犹犬羊之鞟。"② 棘子成认为，君子讲究"质"就可以了，为什么还要讲究"文"呢？子贡回答说：可惜啊，你这样讨论君子，认为君子就是要"质"，而不要"文"，这是不对的。夫子

---

① 杨伯峻译注：《论语译注》，中华书局1980年版，第99—100页。
② 杨伯峻译注：《论语译注》，中华书局1980年版，第126页。

是以"文质彬彬"的方式来讨论君子，其言说一旦说了出来，就驷马难追了。子贡利用口传文化中，圣人出言极为谨慎，来彰显孔子对君子"文质"并行不悖的言说，是值得信任的。接着，子贡认为，"文"与"质"之间的文化关系是不能截然分开的，"文"就是"质"，"质"就是"文"，两者表面上是分开的，但都很重要的，两者缺一都不行，属于内外一体的关系。为了讲明白"文"的重要性，子贡列举了一个极为形象的比喻，他说，只有"质"，而没有"文"，就好比将虎豹、犬羊兽皮上有文饰的毛拔掉，那么，我们就无法区分哪是虎豹之鞟，哪是犬羊之鞟了。可见，一方面"文"离不开"质"的文化规定与力量贯通，另一方面"质"也离不开"文"的外在装饰和文化区分。失去了多样性的"文"，内在之"质"也就成了没有差异、缺乏特色的平面存在，君子的文化存在也就缺乏多样性和丰富性。

在口传文化中，除了重视仪式表演者要获得神圣力量以外，还要善于用精准的语言来表达这种力量的神话存在，否则，如果伪造了不精准的言语表述，也会令人失去神圣力量。诸如非洲马里库利科罗地方的迪比可磨盟会的歌手，在一首仪式诗中唱道：言语像神一样精确，人必须像他一样精确非凡。伪造言词的言语，将体内血液毒染。在这里，血液象体内活力，它的融洽被说谎搅乱，格言说：糟蹋自己的言语就是糟蹋自己。一个言不由衷时，就割断了同自己的联系。他破坏了言行的神圣统一，即万物统一的反映，在他内部及其周围制造了不和。[①] 神圣力量决定外在精准的语言，而精准的语言表现了内在神圣力量的所在，否则，都会破坏仪式活动的神圣统一性。文质是二元的，同时贯通文质的神圣力量又是统一的，是一中含二，二中抱一的关系。圣人极为注重神圣的统一，强调文质的一体关系。《管子·侈靡》云："圣人者，阴阳理，故平外而险中。故信其情者伤其神，美其质者伤其文，化之美者应其名，变其美者应其时，不能兆其端者菑及之。"[②] 管子认为，圣人善于依据天地阴阳之理，做到外在极为平和，内心严格守理。所以一般的人相信其外在情貌，就会遗失其内在精神，赞美其内在气质，就会损伤其外在正文，追随圣人外在之美的人，只是顺应了外在的有名与时间，不能真正探究到圣人阴阳至理的发端，就会招致灾害。一切学习圣人的行为，都要善于抓住内在神秘力量的文化要

---

① A.哈姆帕特·巴：《逼真的传说》，J.基·泽博编：《非洲通史（第一卷）·编史方法及非洲史前史》，中国对外翻译出版公司1984年版，第126页。
② 黎翔凤撰：《管子校注》，中华书局2004年版，第661页。

领，否则，就会在神与情、质与文方面而有所偏极，这种偏极就会损害二者之间的统一关系。《淮南子·本经训》云："必有其质，乃为之文。"① 先有内在之"质"，就自然会生成外在之"文"。《淮南子·诠言训》云："圣人内藏，不为物先倡，事来而制，物至而应。饰其外者伤其内，扶其情者害其神，见其文者蔽其质，无须臾忘为质者，必困于性。百步之中，不忘其容者，必累其形。"② 圣人内心藏有圣心朴质，他们不会在内心有所欲念，然后以物来满足私己的欲念，而是随事而制，随物而应。一个人过分外饰，就会损伤其内在的朴质；张扬外在情感，就会残害内在的精神；外露文华辞藻，就会遮蔽本来的质性；时刻都惦记着质性的人，也一定会令人性受阻。不能忘记个体外在容饰的人，就一定为形体所累。孔子之"文"发自"质"，而"质"又能不为"文"所累。神圣力量从"质"发为"文"，"文"展示"质"的力量，但又不因为自身的外在形式遮蔽作为更为源始的"质"性之美。

如何把握好"文"与"质"二者之间的恰当限度呢？孔子云："质胜文则野，文胜质则史。文质彬彬，然后君子。"(《论语·雍也》)③ 如果"质"的力量性限制和压倒了"文"的文饰性，那么，就会显露出"野"（过于质朴）的存在状态。如果"文"的文饰性超过和偏离了"质"的规定性，那么就会显露出"史"（过于浮华）的存在状态。"野"的存在状态和"史"的存在状态，都不是孔子所期待的"君子"状态，都属于孔子要革弊的文化状态。"文质彬彬"，即文质二者内外和谐一致，才是孔子所追求的和谐之美。"质"为实，"文"为虚，虚实一致，才能文质彬彬。魏阮瑀《文质论》云："盖闻日月丽天，可瞻而难附；群物著地，可见而易制。夫远不可识，文之观也；近而易察，质之用也。文虚质实，远疏近密，援之斯至，动之应疾，两仪通数，固无攸失。"④ 阴阳运化，显现在"质"中，然后依靠"文"的现象来展示。"质"更接近阴阳运化的力量关系，相对来说，"文"是"质"的力量显现，稍稍滞后一些。"质美"则"文美"。如果"质"完全依据于自然阴阳的运化，质性齐全美好，相互均衡协调，那么，外在显露出来的"文"就一定是美的。《韩非子·解老》云："礼为情貌者也，文为质饰者也。夫君子取情而去貌，好质而恶饰。夫恃貌而论情者，其情恶也；须饰

---

① 何宁撰：《淮南子集释》，中华书局1998年版，第599页。
② 何宁撰：《淮南子集释》，中华书局1998年版，第1021页。
③ 杨伯峻译注：《论语译注》，中华书局1980年版，第61页。
④ （清）严可均辑：《全后汉文》，商务印书馆1999年版，第937页。

而论质者，其质衰也。何以论之？和氏之璧不饰以五采，隋侯之珠不饰以银黄，其质至美，物不足以饰之。夫物之待饰而后行者，其质不美也。"①只有"质衰"，即质性力量不足，或不够均衡，才需要外在的文饰来掩饰自身质性的不足，这种伪饰的"文"，就不是真正的"文"。如果内在"质性"齐全至美，那么，外在的质文就一定如何氏之璧、隋侯之珠一样，白璧无瑕，真珠无价。《春秋繁露·玉杯第二》云："志为质，物为文。文著于质，质不居文，文安施质？质文两备，然后其礼成。文质偏行，不得有我尔之名。俱不能备而偏行之，宁有质而无文。虽弗予能礼，尚少善之，介葛卢来是也。有文无质，非直不予，乃少恶之，谓州公寔来是也。然则《春秋》之序道也，先质而后文，右志而左物，故曰：'礼云礼云，玉帛云乎哉？'推而前之，亦宜曰：朝云朝云，辞令云乎哉？'乐云乐云，钟鼓云乎哉？'引而后之，亦宜曰：丧云丧云，衣服云乎哉！是故孔子立新王之道，明其贵志以反和，见其好诚以灭伪。其有继周之弊，故若此也。"②"文质偏行"，或"有质而无文"，或"有文而无质"，都说明心质力量处于遮蔽或部分遮蔽的状态，都是不够齐全美好的。君子的文质彬彬，首先表现为质性齐全美好，其次表现为文形齐全美好，先质而后文，文质力量统一和谐。"野"的状态是"质"胜过"文"，说明"质"的力量（某一质太过或不及）不均衡，导致"文"不能展现出来，从某种意义上说，"野质"其实也是不够齐全的，以致"野文"也是不足的。"史"的状态是"文"胜过"质"，说明"质衰"，与之相应的是质衰之文，但人们为了掩饰自己质衰之文，而大量使用人为的文饰。

但在"野"与"史"的两种文化状态中，孔子更倾向于"野"的存在状态。孔子曾云："先进于礼乐，野人也；后进于礼乐，君子也。如用之，则吾从先进。"（《论语·先进》）③这里的"野人"，是指士人的"质胜文"的"野"的存在状态。"野质"，即通过礼乐行为已经转变了心质，只是某一种质性力量刚刚形成，而外在之文还没有表现出来而已。而"后进于礼乐"的"君子"，还没有通过礼乐学习转变心质，没有转变心质，这就意味着人心依旧处于世俗之中，尽管他们从小就耳濡目染了一些礼乐文化的外在之"文"，但是他们不一定通过这种礼乐之"文"通达礼乐文化的文化内涵和"心质"规定。这种所谓的"君子"，心质未化，擅长利用外在的"文饰"

---

① （清）王先慎撰，钟哲点校：《韩非子集解》，中华书局1998年版，第133页。
② 苏舆撰，钟哲点校：《春秋繁露义证》，中华书局1992年版，第27—30页。
③ 杨伯峻译注：《论语译注》，中华书局1980年版，第104页。

来遮蔽自己的有欲之心。"野人"的特征是心质已成，文而待成；"君子"的特征是心质未化，文饰很多。因此，孔子认为，如果要他从中来选择人才的话，他会选择"野人"。因为孔子认为，在"文"与"质"之间，"质"是人的内在力量性和更为源始的东西，而"文"属于外在符号表述的东西，"野人"已经获得了的"心质"，远远胜过徒有其文的"君子"。

但是质多文少的"野人"状态也是不够完美的，其文还有待于充分表现内心之质，这还不是孔子对士人的君子期待，这种"野人"还需要继续加强学习，通过学习，弥补自身外在文饰的不足。一个人如果不学习，就犹如木石一般，缺少外在的正色之文，就成了一个质多而无文的"野人"。《逸周书·五权》"质士"朱右曾集训校释："质士，不学之士。"《汉书·地理志下》"民俗质木"颜师古注："质木者，无有文饰，如木石然。"《大戴礼记·劝学》引孔子曰："野哉！君子不可以不学，见人不可以不饰，不饰无貌，无貌不敬，不敬无礼，无礼不立。夫远而有光者，饰也；近而逾明者，学也。譬之如污邪，水潦灇焉，莞蒲生焉，从上观之，谁知其非源泉也。"王聘珍注云："此言人有美质，亦如原泉；质不类者，学以化之，及其成功，与美质者无异。"[①]孔子对士人的"野人"状态，即内有心质，外在文饰不够齐全的状态，也是不满的。他认为，君子必须勤勉学习，才能弥补"心质"虽纯，但"外文"不足的状态，他甚至认为，所学之"文"还可以补充心质的不足，"文"成为更替、调整"心质"的重要文化源泉。也就是说，"质"和"文"是可以互为文化源泉的，是可以互补共进的。只有把握了"质"与"文"的"彬彬"和谐状态，才能达到"君子"状态。

为了能达到"君子"彬彬的状态，孔子首先对"质"做了新的规定。《礼记·表记》记载了孔子云："虞、夏之质，殷、周之文至矣。虞、夏之文，不胜其质；殷、周之质，不胜其文。"[②]孔子从"文"与"质"两个方面对三代口传文化进行比较，他认为，虞夏时期，"文"不能完全展示"质"，说明虞夏之质，可能有所偏极，以致文不出；殷周时期，"文"较胜，而"质"不足，"心质"不能完全规定外在之"文"。如何才能在这两种"文质"关系之间找到最佳的文质状态？孔子认为，如果能将"虞夏之质"和"殷周之文"结合起来，这就是最佳的君子状态。可见，孔子提出的"质"的文化规定与神圣力量，一方面要回归到周代礼乐文化的"文"状态，另一方面又要用"虞夏之质"来对"殷周之质"的不足进行文化改造，从而加

---

① （清）王聘珍撰，王文锦点校：《大戴礼记解诂》，中华书局1983年版，第134页。
② （汉）郑玄注，（唐）孔颖达疏：《礼记正义》，北京大学出版社2000年版，第1735页。

强"心质"对"形文"的神圣力量。刘向《说苑·修文》云:"商者,常也。常者,质。质主天。夏者,大也。大者,文也。文主地。故王者一商一夏,再而复者也。正色,三而复者也。味尚甘,声尚宫,一而复者。故三王术如循环。故夏后氏教以忠,而君子忠矣,小人之失野。救野莫如敬,故殷人教以敬,而君子敬矣,小人之失鬼。救鬼莫如文,故周人教以文,而君子文矣,小人之失薄。救薄莫如忠,故圣人之与圣也,如矩之三杂,规之三杂。周则又始,穷则反本也。诗曰:'雕琢其章,金玉其相。'言文质美也。"① 刘向认为,夏商周三代文化,各有所长,亦各有所失。夏代重视"忠",君子能够守"忠",但小人之失在于"野"。商代以"敬"救"忠"之弊端,君子能够守"敬",但小人之失在于"鬼"。周代以"文"救商"敬"之弊端,君子能够守"文",但小人之失在于"薄"。孔子作为圣人,深深体会了周代之"文"弊,"穷则反本",要由"文"返回到"质",强调"文质并美",即重视文质彬彬。

　　清刘逢禄在《论语述何》中认为,孔子为了补救"周之蔽",应当回归到"殷之质",其云:"文质相复,犹寒暑也。殷革夏,救文以质,其蔽也野。周革殷,救野以文,其蔽也史。殷周之始,皆文质彬彬者也。春秋救周之蔽,当复反殷之质,则驯致乎君子之道。故夫子又曰:'如用之,则吾从先进',先野而后君子也。"② 可见,孔子对周代礼乐文化的文化回归,并不是机械的复古,而是想在"质"方面有所作为和文化改进,利用早期重视心质的文化传统,如虞夏时期的文化之"质",来革除周代文化中"质蔽"不足的问题。孔子重"质"的文化革新,说明孔子极为重视在早期文化传统中,人之"心质"在"神道"中获取的更为原初的神圣力量。

　　与此同时,孔子对现世之"文"弊的纠偏,并非就是要完全抛弃"文",与此相反,孔子在加强"质"的文化建构之时,还极为重视"言文"的表述形式。《左传·襄公二十五年》引孔子云:"《志》有之:'言以足志,文以足言。'不言,谁知其志? 言之无文,行而不远。晋为伯,郑入陈,非文辞不为功。慎辞也!"③ "言文"不仅可以表达"心志",而且可以使人之"心志"力量传之甚远,在孔子眼中,"文"是可以帮助"质"的文化交流和时空传播。孔子云:"博学于文,约之以礼,亦可以弗畔矣夫!"(《论

---

① (汉)刘向撰,向宗鲁校证:《说苑校证》,中华书局1987年版,第476—478页。
② (清)刘逢禄:《论语述何》,(清)阮元主编:《皇清经解》卷一千二百九十七,清咸丰十一年补刊本,第10页。
③ 杨伯峻编著:《春秋左传注》,中华书局1990年版,第1106页。

语·颜渊》)① 学"文"同样可以强化人之"德性",提升"质形"的文化层次。孔子在教学中极为重视以"四教"育人,即重视"文、行、忠、信"(《论语·述而》)② 在四种品格的培养中,"文"是居于首位的。子贡曾经问孔子:"孔文子何以谓之'文'也?"孔子回答云:"敏而好学,不耻下问,是以谓之'文'也。"(《论语·公冶长》)③ 孔子认为,孔文子能"敏而好学",而且做到了谦虚下问,并不以为耻,这就是重视"文"的表现,所以他死之后,将其谥为"文"是恰当的。曾子云:"君子以文会友,以友辅仁。"(《论语·颜渊》)④"文"可以增进"君子"仁德的提升,极大地促进了"质"的品性,强化了"质"的合理性和规定性。

孔子针对现实社会中士人无质、无规定的流俗"形文",展开了"文质彬彬"的君子文化建构,具体表现为:第一,他开展了对"文"之"质"的重建工作,主要有两个方面内容,一方面建构了"质"对"文"的源始力量,使"文"从流俗的无规定状态回归到"质"的规定性状态。另一方面他又不满足于纯粹地回归到周代之"文",而是利用早期传统的文化资源,利用虞夏时期的"质"来改造周代之"文"中存在"质"之不足的问题,这充分体现了孔子在文化传承过程中,又能结合实际的社会需要,进行具有革新意义的文化重建。第二,孔子注重"文"对"质"的辅助作用与相互影响,尽量避免因为流俗之"文"而完全放弃"文"的极端思想,他力求在"文"与"质"之间找到既有利于贯通"质"的神圣力量,又能发挥"文"的辅助功能,将两者统一起来而无所偏废。

## 五、小　结

学术界通常运用"内容"与"形式"的二元对立关系,来阐释孔子的文质关系,忽略了"文质彬彬"的文化原型与力量关系。孔子针对社会流俗的文弊,提出了文质并重的文化重建。

口传文化时期的"身文""言文""行文",都不是一种现代意义的纯粹形式上的"文"。在原初宗教仪式中,语词声音之"文"都带有神圣的"魔力",这种"魔力"发自"神道"贯通之后所具有的神圣力量。所有外在之"文"都是自身内在神圣力量的直接延续与外射表现。孔子所要继承

---

① 杨伯峻译注:《论语译注》,中华书局1980年版,第63页。
② 杨伯峻译注:《论语译注》,中华书局1980年版,第73页。
③ 杨伯峻译注:《论语译注》,中华书局1980年版,第47页。
④ 杨伯峻译注:《论语译注》,中华书局1980年版,第132页。

的"文",就是早期口传传统文化中,贯穿着神圣力量的"文"。

"质"并非是内容,而是发自大传统文化的神圣力量的生命形式之一。"质"字从贝从斦,是建立在神贝与神斧的文化大传统基础上的重要文化因子。在大传统文化中,神贝是女性生殖力的文化象征符号,神斧是男性生殖力的文化象征符号,"神质"是女神与男神交感交合而生发的新生命力量。

"质"与"文"不是两个可以截然分开的存在形式。"质"是神圣力量由无至有的重要阶段,神圣力量从无形到气形,再由气形到质形,最后由质形变为体形,在有无之变的过程中,神圣力量(原初编码)贯穿于无形(一级编码)、气形(二级编码)、质形(三级编码)、体形(四级编码及N级编码)之中。内在质形所寄寓的神圣力量,直接规定了外在情文、身文、言文和行文的表现形式及文化意义。流俗之"文"是无"质"的,失去了质形的文化力量,成为纯粹的符号形式。孔子所建构的"文"之内"质",是以"仁德"为核心价值,"仁义"之"质",才是君子之"文"的核心力量。文质是二元的关系,同时,由于神秘力量的贯通,二者又是统一的关系。

孔子用"文质彬彬"辩证地解决了流俗文化中"文""质"有所偏极的文化现象。孔子并不因为提倡以"质"救"文"而彻底抛弃"文",而是认清了"文"与"质"之间的相互影响、统一贯通的关系。外在之"文",不能离开内在之"质"的规定性;同时,内在之"质",也离不开外在之"文"的差异性与多样性。"文质彬彬"的至高追求,就是内在之"质"与外在之"文"实现力量的贯通与整体的和谐。当然,孔子的"文质彬彬"不是机械的文化复古,而是既要回归周代礼乐文化之"文",又要用"虞夏之质"来补救"殷周之质"的文化欠缺。"文质彬彬"既强调"质"的内在形式,又重视"文"的外在之美,重新建构了贯穿"质"与"文"由内而外的神圣力量。

# 文化大传统与
# 中国早期文论精神

Big Tradition and the Spirit of Literary Theory
in Early China

(下)

胡建升 著

人民出版社

利簋

"小臣宅"簋

兽面玉圭

圭形纹玉版

人面鱼纹彩陶盆 　　　　　　　　　反山 M12：98 玉琮上神徽

商代青铜人像 　　　　　　　　　　商代青铜面具

红山文化玉人    商代晚期玉人

商代玉人

西周铜人戴冠像　　　　　　　　西周玉人

商代青铜神人头像

西汉玉佩

清代玉佩

高鼻纵目面具

大汶口文化镂孔陶器

西周晚期青铜盉

良渚文化三叉器玉饰

齐家文化人面三孔器

战国时期云兽纹青玉璜

春秋时期双龙首玉璜

战国时期二龙衔璧

战国龙形玉佩　　　　　　　　秦双龙三璧

大溪文化玄纹彩陶　　　　　　战国晚期至西汉早期联璧

# 目　录

## 下　册

**第二章　文化大传统与孔子诗论** ································ 213

### 第七节　"诗可以兴"的口传意义与人心指引 ············ 415
一、"兴"与口传诗歌 ···································· 416
二、"兴"与"思明"的可能 ···························· 424
三、"兴于诗"：兴词的心志重演 ························ 430
四、小结 ·············································· 437

### 第八节　"诗可以观"的观心知人与神明境界 ············ 438
一、观心：由表入里的观诗之法 ·························· 440
二、知人：由外在之物到人心之思 ························ 445
三、自知：观诗的神明境界 ······························ 450
四、小结 ·············································· 454

### 第九节　"诗可以群"吗 ···································· 455
一、常身世界中的"群" ································ 455
二、依仁而择"群" ···································· 459
三、诗为何可以"群" ·································· 463
四、小结 ·············································· 468

### 第十节　诗为何可以"怨" ································ 469
一、"怨"的分歧：君子与小人各有所怨 ·················· 471
二、自我治疗：君子终归无怨 ···························· 477
三、诗为何可以"怨" ·································· 481
四、小结 ·············································· 486

### 第十一节　辞可以"达"吗 ································ 488
一、上达与下达 ········································ 489
二、言必有中 ·········································· 493
三、辞，达于君子之言 ·································· 498

四、小结·················································502

## 第三章　文化大传统与老子艺术精神·····················504
### 第一节　老子：重建文化大传统的焦虑者和沉思者········505
一、对流俗文化的深沉焦虑····························506
二、"执古之道"以御"今有"··························509
三、文化重建的双重沉思······························512
四、小结···············································516
### 第二节　自然大道：士人的原初真灵与文化认同··········518
一、可道：对"真道"的信仰认同·····················520
二、非常道：对"常道"的扬弃·························524
三、自的神话想象：真灵的物质图像与神话认同······526
四、毁灭与再生："自然"燃烧的火神崇拜与元一再生···540
五、圣人原型：本身在本身世界之中···················562
六、本身与常身的损益关系····························567
七、自然本身的生与死及畏····························573
八、小结···············································580
### 第三节　"道"与"名"的言说困境和非常通途···········582
一、非常名："道"与"名"的矛盾调解················583
二、道隐无名："道"之"无名状态"与"有名状态"···588
三、同出而异名："道名"之"无欲状态"与"有欲状态"···594
四、小结···············································598
### 第四节　"涤除玄览"的文学治疗与真灵再现·············599
一、有疵：人在世处于病态中···························601
二、涤除："病人"痊愈的文化药方·····················613
三、"玄"的原初编码································619
四、玄览：不可见的齐全本身的可见显现···············641
五、小结···············································645
### 第五节　"大音希声"的原初召唤及自然和谐············646
一、大音对五音的文化扬弃····························647
二、道之出口：本身大音的幽深召唤···················650
三、音声相和：大音为何希声··························653
四、小结···············································657

### 第六节 "大象无形"的神话意象和本身显现 ············· 658
一、圣人立象与文化大传统的神话图像 ················ 659
二、"大象"是幽眇本身的显现 ···················· 670
三、"大象"是万象本源 ························ 673
四、小结 ································ 677

**主要参考文献** ······························ 678
**后　记** ································ 696

## 第七节 "诗可以兴"的口传意义与人心指引

两千多年来,关于"诗可以兴"这一命题的讨论和阐释很多,可谓聚讼纷纭。近些年来,随着跨学科研究的兴起,中外学者都已经意识到这一命题有着极为深远的文化传承渊源,其文化密码与早期大传统文化的精神价值是密不可分的。

叶舒宪在《诗经的文化阐释:中国诗歌的发生研究》一书中,专设了"诗可以兴——神话思维与诗国文化"一章,来探讨这一命题的形态特征和诗性智慧。他立足于跨文化的角度来分析"诗可以兴"的诗学命题,发掘其中蕴含的人类学意义。他详细综述了古今中外学者对"兴"的研究现状(如顾颉刚、闻一多、钟敬文、黄振民、钱锺书、钱穆、青木正儿、松元雅明、李泽厚、赵沛霖、周英雄、白川静、陈世骧、周策纵等),指出作为引譬连类的"兴",不只是修辞技巧,而且也是一种类比联想的思维推理方式,它充分体现着先秦理性的"诗性智慧"形态。[①] 王轻鸿在《孔子诗学的人类学范式——"诗可以兴"重释》一文中,结合前贤的一些观点,进一步指出:"孔子提出'诗可以兴'这个诗学命题,是将《诗经》的功能与祭祀作用相提并论,不是在宗教的迷狂中,而是从对祖先的崇拜中寻求精神文化原型;'兴'的内在意义就是'复礼',精神文化原型不是回归到人的原始自由状态,而是呼唤人的理性精神的勃发;'兴'在形式上'托物于事','草木鸟兽'等自然物象作为精神文化原型的外在形式,不是泯灭人的情感成为精神考古,而是在与人的情感的会通中形成的,具有审美特质。"[②] 这些学者都没有局限于狭隘的传统文论视野,而是将"诗可以兴"与早期文化传统紧密结合起来,为解开这一命题的文化意义和诗学价值提出了新颖的见解。

在先贤研究的基础上,我们将"诗可以兴"放置到孔子所处的社会文化背景及其稽古补弊的文化重建策略之中,立足于口传大传统的文化记忆、

---

[①] 叶舒宪:《诗经的文化阐释:中国诗歌的发生研究》,湖北人民出版社1994年版,第392页。

[②] 王轻鸿:《孔子诗学的人类学范式——"诗可以兴"重释》,《孔子研究》2008年第5期。

文化意义和文化价值等大视野，对"诗可以兴"的命题展开源始性的知识考古学与文化人类学研究，重点探究"兴"的口传文化意义，以及"诗"为何可以"兴"等问题。"兴"是口传传统文化意义的重要标志性符号，与孔子重视人心之"思"的价值方向以及文化指引关系密切，口传之"诗"不仅能帮助士人展开仁德的澄明之思，而且能在思明之中通达本己的存在领会。

## 一、"兴"与口传诗歌

历代儒者主要从修辞学的角度来解释"何为兴"的问题。如孔安国曰："兴，引譬连类。"邢昺《注疏》曰："诗可以兴者，又为说其学《诗》有益之理也。若能学《诗》，《诗》可以令人能引譬连类以为比兴也。"[①] 经学家注重《诗经》书写文本的"引譬连类"。文本式的"引譬连类"注重文字符号的形式意义，而容易忽略文字背后真正的文化隐喻，因此经学家经常陷入文字训诂、典章制度的烦琐考证之中，这也是文字书写传统文化给口传诗歌带来的形式局限。

最早利用民间口传文化和民俗活态资源来研究《诗经》"诗可以兴"传统的学者有顾颉刚、闻一多、钟敬文、白川静等人。闻一多曾云："《三百篇》中以鸟起兴者，不可胜计，其基本观点，疑亦导源于图腾。歌谣中称鸟者，在歌者之心理，最初本只自视为鸟，非假鸟以为喻也。假鸟为喻，但为一种修词术；自视为鸟，则图腾意识之残余。历时愈久，图腾意识愈淡，而修词意味愈浓，乃以各种鸟类不同的属性分别代表人类的各种属性。"[②] 闻一多认为，《诗经》中"以鸟起兴"的文化传统根源于早期的"图腾"文化，他将"兴"的文化意义由纯粹的文学修辞，转向了"兴"的文化意味探讨。日本学者白川静亦认为，"兴"不仅仅是修辞上的问题，而且与早期的诗歌文化起源是密不可分的。其云："我想对历来在《诗经》修辞学上称为'兴'的发想法加以民俗学式的解释。我认为，具有预祝、预占等意义的事实和行为，由于作为发想加以表现，因而把被认为具有这种机能的修辞法称为兴是合适的。这不仅是修辞上的问题，而且更深地植根于古代人的自然观、原始宗教观之上；可以说一切民俗之源流均在这种发想形式之中。"[③] 其又云："兴也好，艸也好，

---

① （魏）何晏注，（宋）邢昺疏：《论语注疏》，北京大学出版社2000年版，第269—270页。
② 闻一多：《诗经通义甲》，孙党伯、袁謇正主编：《闻一多全集》第三册，湖北人民出版社2004年版，第293页。
③ [日] 白川静：《中国古代民俗》，何乃英译，陕西人民美术出版社1988年版，第49页。

都是为了召唤神灵，赋予新的生命的仪礼。古代歌谣的本质，大致上也是振魂、安魂的咒歌。它的发想法被称为兴，应当说正适合于呼唤神灵并要求与神灵发生关系的古代咒歌的应有状态。"① 这些学者一方面认为"兴"是一种修辞手段，另一方面又很注重"兴"的文化起源与生成问题，从原始宗教、民俗仪式、巫术观念等方面来思考"兴"的文化编码与激发作用，可以启迪后者，如何将"兴"的文化意义与早期中国的文明起源结合起来，以探究其文化密码。

为了能进一步了解"兴"的言说行为与文化意义，我们先考察一下"兴"字的早期文字图像。甲骨文的"兴"字图像为：𣪠（甲1479）、𣪠（甲2030）、𣪠（乙1462）、𣪠（乙4864）等，金文中的"兴"字图像为：𣪠（壶文）、𣪠（兴鼎）、𣪠（殷句壶）、𣪠（兴白鬲）。周策纵曾这样描述这些"兴"字的文字图像意义，其云："兴"所指代的祭祀，便可能是一种歌乐舞合一的活动，或持盘而舞，或围绕盛物的承盘而乐舞，或是敲着盘而歌舞。……"当然'兴'诗较广义的解释，不必都要用承盘，大凡执持或陈列某种器物以作展览的乐舞礼仪，都可以认为有类似'兴'的性质。"② 他认为，在"兴"字的文字图像中，祭祀者共同用"手"高举"盘"的舞蹈动作，彰显了早期口传文化乐舞合一的礼仪活动。王一川认为，"兴"字以"同"字为符号中心，是原始人心中"大同"文化理想的"物态化"，在祭祀之"兴起"活动中，表达的是原始人最高的社会理想，其云："人们把'同'置于'兴'的中心，置于舞人们中心，是为了凸显它，这就表明'同'已经成为一种心理范型，或者说心理动力定型，它凝聚着人们关于大同生活的愿望、观念，它是原始人最高理想——关于美的观念——的物态化（即心理范型外化凝定在文字符号中）。"③ 王轻鸿在《孔子诗学的人类学范式——"诗可以兴"重释》一文，强调了"兴"的原型功能，其云："作为一个诗学命题，'兴'代表的是艺术激发起来的人类精神文化心理的集体性、共同性。'兴'追求精神文化心理的沟通、交汇，唤起共同的心灵体验，是精神文化心理中的大同模式的占有和置换，具有和西方的宗教、神话同等的原型功能。"④ 陈伯海在《释"诗可以兴"——论诗性生命的感发功能》一文中，认为"兴"是在祭祀活动中，原初人的一种"生

---

① ［日］白川静：《中国古代民俗》，何乃英译，陕西人民美术出版社1988年版，第52页。
② 周策纵：《古巫医与"六诗"考》，台湾联经出版事业股份有限公司1986年版，第223页。
③ 王一川：《审美体验论》，百花文艺出版社1992年版，第237页。
④ 王轻鸿：《孔子诗学的人类学范式——"诗可以兴"重释》，《孔子研究》2008年第5期。

命感发状态"。其云:"'兴'起源于古代的乐舞祭祀活动,它标志着这一活动过程中的生命感发状态(即呈现于腾举、盘游、呼叫等形体动作中的情感生命的升腾与发扬),并意图凭借这一感发的力量以沟通天人,而实现生命回归本原的目标指向。"① 王一川的"大同"说,王轻鸿的"原型"说,陈伯海的"感发"说,都彰显了原初人在仪式活动中的"生命感发"作用,都具有一定的学术发明意义。

但这些学者似乎都忽略了一个重要问题,即在"兴"的早期文字图像中,除了有"起"的舞蹈动作符号以外,还有一个极为突出的标志符号,即"口"的言说行为,这个传递口传文化价值的标识符号,在提醒后来研究者,早期文化传统是一个强调整体和谐的口传文化体系。要解开"兴"的文化意义与符号编码,就必须将其放置到原初整体语境之中,尤其是要将其放置在口传文化的具体语境之中。日本学者家井真在《〈诗经〉原意研究》一书中认为:"《诗经》中的兴词最初是由咒谣发展而成的咒语,它的形成与古代礼仪中的习俗密不可分。神圣的礼仪用咒谣,随着礼仪本身所具有的神圣性逐渐消失,其间蕴含的意义也就随之淡化,人们最终忘却了咒谣的真正含义,只是将形式化了的咒语记忆在心,永久地传唱下来,并笼统地解释为'托事于物'、'兴物而作','先言他物,以引起所咏之词也'。"② 他认为,"兴"之语词是由早期口传诗歌——"咒谣"发展而成的,后来人受到文字书写传统的遮蔽影响,不再能够理解"礼仪本身所具有的神圣性"了,"咒谣"的"意义"也随着被淡化了,这样就逐渐将"兴"解为文字表述形式上的形式意义了。

"兴"的文化行为,发源于早期口传的文化大传统,属于口传文化中意义表达与文化价值的标志性行为符号。它不仅有助于口传文化的记忆、保留和传播,而且能将早期口传文化中的意义密码完好无损地传承下来。子曰:"禹,吾无间然矣。菲饮食而致孝乎鬼神,恶衣服而致美乎黻冕,卑宫室而尽力乎沟洫。禹,吾无间然矣。"(《论语·泰伯》)③ 孔子为什么会这么自信地认为自己与古代圣人大禹之间是"无间"的呢?所谓"无间",是指没有任何的文化偏移、价值冲突、心灵隔阂。大禹的时代距离孔子极为久远,长达 1500 余年,孔子为何能说自己与大禹

---

① 陈伯海:《释"诗可以兴"——论诗性生命的感发功能》,《华中师范大学学报》(人文社会科学版) 2006 年第 3 期。
② [日] 家井真:《〈诗经〉原意研究》,陆越译,江苏人民出版社 2010 年版,第 135 页。
③ 杨伯峻译注:《论语译注》,中华书局 1980 年版,第 84 页。

之间能隔空心领，千载神会，丝毫也没有价值冲突呢？孔子进一步解释说，大禹不太重视"饮食"之物，而对"鬼神"极为孝敬。大禹不太重视"衣服"之物（日常居服），而将"黼冕"（礼仪服饰）做得极为华美。大禹不太重视"宫室"之物（日常所居条件），而对"沟洫"（沟渠水利，有利于民众）竭尽全力。孔子对大禹的文化传统可谓了如指掌，这种相隔千年而无间知识是从何而来的？毫无疑问，孔子是通过"多闻"而得来的。在口传文化的学习领会中，孔子通达了早期圣人（大禹）在创作口传知识时所具有的心神状态，领会了他们在口传语词之中所设置的文化编码，并对之深信不疑。大禹对待各种日常生活之物极不重视，而对"鬼神""祭祀仪式""民众利益"却极为重视，这些文化价值与君子仁德的外在行为表现方面也是一致的。孔子传承口传文化，提倡仁道精神，因此，他说自己与早期圣人是没有任何文化间隙的。从中可见，口传文化之"兴"的心领神会与文化记忆，才是孔子理解早期口传文化神圣价值与文化意义的重要途径。

20世纪以来，以帕利、洛德等学者为代表的口传文化研究，对我们解开早期大传统文化中"兴"的文化意义极具帮助。美国学者沃尔特·翁在《口语文化与书面文化：词语的技术化》一书中总结了原初人是如何进行演唱学艺的，其云："我们了解到吟游诗人是如何学艺的：他们成年累月地听别人演唱，这些演唱不会有两次相同的情况，但它们反复在标准的主题下使用标准的套语。其所用的套语自然在某种程度上有所区别，主题亦是如此；诗人'编织'叙事诗的创作方式，相互之间也有明显的不同。某些语句的转换可能带有个人的特质，然而基本的情况还是：素材、主题和套语及其使用方式从属于一个可以清楚指认的传统。诗人的创新并不表现为引进新的素材，而是根据每个诗人、情景和听众的情况把传统的材料加以恰当的发挥。这些吟游诗人非凡的记忆力令人惊叹，但这样的功夫和背课文那种本事不一样。让读书人感到惊讶的是，吟游诗人听别人吟诵一遍故事并准备自己重讲的时候，常常在一两天之后才会出现。一般人记忆文章的时候，如果推迟了背诵的时间，他们回忆的能力就会被削弱。口头诗人没有书面文本依傍，也不是一个文本框架里记诵。他需要时间让故事渗透到他储备的主题和套语中，需要时间与故事'磨合'。在回忆和重述故事时，他绝对没有从字面意思上'记住'别人的版本的韵律——这是因为当他默默地为自己的表演准备时，别人那个版本早已消失得无影无踪了。吟游诗人记忆里固化的素材是一套流动的主题和套语，一切故事都是在这一套素材的基础上建立起来的。"①吟游诗人的学艺方式是口耳相传的,他们的记忆方法也与现代文明人存在不同,他们要将听来的口传故事重新进行"磨合"。这个"磨合"的内化过程其实就是文化理解与形式创新的有机整合,将这种口传新知识化为一套属于自己记忆储备的"主题和套语",这样被"磨合"之后的口传新知识成为旧意义与新形式的再造结果。正是通过这样"磨合"的心理程序与知识再造,吟游诗人一方面记住了这个口传故事的情结叙事和文化意义,另一方面这个故事的话语形式又得到重新改造,游吟诗人根据自身文化的知识结构与记忆习惯,重新创作了口传故事的话语形式。王靖宪在《钟与鼓——〈诗经〉的套语及其创作方式》一书中,接受了口传文化理论的口传程序与话语分析,对《诗经》文本中的套语和主题开展了详细的口传文化研究,他认为:"实际上,诗歌这种传统创作方式中的所谓'主题',或'典型场景',或'旨式'与中国抒情艺术中的所谓'兴'几乎完全是同一回事。"②其又云:"'兴'的主题的运用,岂止是与主题创作密切相关,它本身即是一种主题创作的技艺。"③可见,"兴"是口传诗歌在传播过程中的具体文化事件,在这个具体的口传事件中,"兴"是一种综合的人心体悟与文化创作,既是口传知识与文化价值的接受、理解与记忆过程,也是心性转变与文化重述的再造过程。

当代活态口传诗歌的口头程序研究,也可以为我们了解"兴"的口传传统与文化价值提供一重证据视野。马林诺夫斯基在《西太平洋上的航海者》中记录了特罗布里恩群岛土著在造独木舟时各种巫术咒语,而且总结了咒语在形式上的语词特征,其云:"这是咒语范本的开端部分。接着便是非常冗长的中段,颇具特罗布里恩巫术特色之形式。这种形式很像是一个连祷,它的关键字或词语随着一连串的辅助字或词语重复多遍。然后第一个关键词被另一个词取代,这个词再依次套入同一个表达式中重述;接着便是另一个关键词,等等。这样我们就有了两个系列的词语;第一系列的每个词跟第二系列所有的词配合着反复重述,用这种方式,在词语数目有限的情况下,一个咒语就可以被拉得很长,因为它的长度是两个系列词语长度的乘积。在较短的咒语内,可能只有一个关键词,而实际上这是

---

① [美]沃尔特·翁:《口语文化与书面文化:语词的技术化》,何道宽译,北京大学出版社 2008 年版,第 45—46 页。
② 王靖宪:《钟与鼓——〈诗经〉的套语及其创作方式》,四川人民出版社 1990 年版,第 125 页。
③ 王靖宪:《钟与鼓——〈诗经〉的套语及其创作方式》,四川人民出版社 1990 年版,第 154 页。

一种较为常见的类型。在上面这个咒语中，第一系列的词语包含有指称独木舟不同部位的名词；第二个系列的词语则是动词，例如：砍、飞、疾驰、穿过其他船队、消失、掠过波浪。这样这个连祷可以以这样一种方式展开：'我的独木舟船头启动了，我的独木舟船头飞起来了，我的独木舟船头疾驰了等等。'"① 马林诺夫斯基认为，新几内亚海岛土著的巫术咒语具有一定的口传格式特征，是两套关键词语反复嵌入一个固定的口传程式之中，关键词语在不断变化，而辅助性的词语可以重复多遍，通过这种独特的口语语词表述形式，就可以达到巫术咒语的原定文化目标。扎西东珠在《藏族口传文化传统与〈格萨尔〉的口头程式》一文中，对藏族口传史诗《格萨尔》的口头程序做了深入的研究，其云："(《格萨尔》) 歌诗的 8 种表述程序既是构成史诗表达形式本身的躯干，也是这部史诗得以世代流传的信息密码的'链接'方式——许多不识一字的艺人，动辄能唱几部乃至几十部上百部《格萨尔》，其奥秘恐怕就在于他自觉或不自觉地掌握了史诗信息密码的构成方式，就是说，是对史诗构成方式在由藏族口传文化传统所形成的浓郁的文化氛围中的一种'艺术自觉'（这也可以理解为特定意义上的'神授'）。这种'艺术自觉'具有某种意义上的遗传性。"② 这段文字彰显了藏族史诗《格萨尔》在"信息密码"方面的"构成方式"，认为传唱者的"艺术自觉"与口耳相传的口头传统和文化记忆是连为一体的。口传文化中的"艺术自觉"，就成为口传诗歌之"兴"的文化动力与人心体验。赵洁在《锡伯族萨满歌的口头传承研究——以新疆伊犁察布查尔锡伯族自治县为例》一文中亦云："锡伯族萨满歌作为锡伯族口传文化的一种样式，其程序特征是十分明显的。'程序'是萨满（演唱者）建构、传承民间诸如求神、驱邪、祷告等宗教内容的歌曲的技巧和手段，运用这种技巧可以压缩记忆量，用简约的固定格式，储存种类繁多的仪式、治病等内容，用程序化的语词表达丰富的含义。萨满歌的程序特征增强了原始宗教传承的系统性和稳固性，使之得以长期流传和保存。"③ 口传诗歌的"兴"，不是一个单一的文化事件，而是多维的具体活动，活态的语词程序与原始宗教的精神价值、民间文化的求神仪式等是融为一体的。

鄂伦春族举行的葬熊仪式为"古落衣仁"，其唱词古朴简单，曲调也

---

① [英] 马林诺夫斯基：《西太平洋上的航海者》，张云江译，九州出版社 2007 年版，第 241—243 页。
② 扎西东珠：《藏族口传文化传统与〈格萨尔〉的口头程式》，《民族文学研究》2009 年第 2 期。
③ 赵洁：《锡伯族萨满歌的口头传承研究——以新疆伊犁察布查尔锡伯族自治县为例》，《伊犁师范学院学报》2007 年第 4 期。

很优美动听，如在大兴安岭十八站地区曾流行如下"古落依仁"：

古落、古落，阿玛哈、恩聂嘿！
你就要起程了，
到你那向往的地方去。
是你喜欢我们，我们才成长，
我们要把你的白骨好好风葬，
时辰一到你就要走了。
快吃完你喜欢的蚂蚁，
快收拾好你的桦树林。
古落、古落，阿玛哈、恩聂嘿！
你年年要让我们见到你，
你天天要爱护我们。
碰到女人、儿童不要咬伤他们，
碰到老年人要可怜他们。
你是动物神哪，
人人都怕被你吃掉，
千万不要吃掉我们，
我们好好地风葬你。
你不要降祸于我们，
你是善良的阿玛哈，
你是好心的恩聂嘿。
你要多赐给我们猎物，
保佑我们幸福生活，
我们误伤了你，
千万不要怨恨我们。
你是兴安岭上的英雄，
肠子流出来还在施威，
鄂伦春人不敢提你的名，
你是我们民族的祖先，
应保佑儿孙们幸福。
请接受我们的厚礼，
带给死去的祖先。
我们最尊敬的熊神呀，

为你筹办圣节。
我们永远供奉你,
你有未卜先知的本领,
你要时时指示吉凶啊,
你不要伤害我们呀!
伤害了我们你就不能成仙了,
为了你能早日成仙哪,
要多行善事保佑我们。①

在鄂伦春人的"古落衣仁"神词中,"兴"的文化转变极为重要。此时,在萨满心中,"熊"的意象是"熊神""熊仙",熊神要走了,因此祈求熊神不要伤害我们,熊神要保佑我们,等等,正是萨满在庄重地安慰、欢送熊神,其言说的言词就将对熊神的期待与意愿都表现出来。从熊物到熊神的神话转变,是"古落衣仁"仪式唱词的文化基点,只有实现了"兴"的文化转变,才能真正唱出与之相关又具有套语程序的话语形式。

口传诗人善于睹物而"兴",将人心所"兴"之思、之情转化为语词形式,这种语词形式就是诗赋,"兴"是诗赋的无形形式,诗赋是"兴"的语词形式。王延寿《鲁灵光殿赋序》云:"诗人之兴,感物而作。故奚斯颂僖,歌其路寝。而功绩存乎辞,德音昭乎声。物以赋显,事以颂宣。匪赋匪颂,将何述焉?"②"诗人之兴"成为万物、事件与诗赋形式之间的重要阶段。"万物""功绩"可以激发诗人,使诗人产生人心"兴会",而人心"兴会"的文化转变,又成为诗赋创作时的重要前提,诗赋形式转述的就是诗人"兴会"的所感所会。刘勰《文心雕龙·诠赋第八》云:"原夫登高之旨,盖睹物兴情。情以物兴,故义必明雅;物以情观,故词必巧丽。"③"睹物"是文化活动的开始阶段,"兴情"才是文学创作的关键所在,只有"兴情"的产生,才能摆脱眼前实物的拘牵,使人心获得"明雅"之义,由此而创作出"巧丽"的言辞。顾野王《虎丘山序》云:"若乃九功六义之兴,依永和声之制,志由兴作,情以词宣,形言谐于韶夏,成文畅于锺律,由来尚矣。未有登高能赋,而韬斐丽之章,入谷忘归,而忽铿锵之节,故总

---

① 吕大吉、何耀华总主编,满都尔图等本卷主编:《中国各民族原始宗教资料集成:鄂伦春族卷 鄂温克族卷 赫哲族卷 达斡尔族卷 锡伯尔族卷 满族卷 蒙古族卷 藏族卷》,中国社会科学出版社1999年版,第21—22页。
② (清)严可均辑:《全后汉文》,商务印书馆1999年版,第589页。
③ (梁)刘勰著,范文澜注:《文心雕龙注》,人民文学出版社2001年版,第136页。

矕齐镳，竞雕虫于山水，云合雾集，争歌颂于林泉。"[1]"志由兴作"，揭示了诗人之"兴"的重要作用，即通过人心之"兴"，获得人心"神志"。"情以词宣"，点明了人心情志才是诗歌语词形式的根本动力。人心之"兴"与人心得"志"是一种依存关系，"兴起"是为了"得志"，"兴"与"志"都是人心的文化活动。

结合早期口传传统的文化语境，可见，"兴"的"引譬连类"不仅仅是语词形式的修辞技巧问题，而是口传文化中神圣意义的文化转变，尤其是在文化记忆、价值保留、人心转变等诸多方面的文化表现。可以说，"兴"首先是口传文化的神圣转变，其次才是口传文化中"有意味"的形式活动。一方面口传文化的"兴"词表现为一整套的语词形式、韵律格式，俗称口传"套语"与"程序"，这种套语形式将口耳相传的文化信仰与神圣力量，完全转化为自身内在的心性体验，有助于诗歌参与者的人心体验与自我转变，并在这种神圣体验中巩固了诗歌的文化记忆，保留了口传知识的形式套语。另一方面它又完整无缺地将源始文化的意义编码用口传声音的语词程式传承下来，而且这种文化传承不是现代文明人书本知识的机械记忆，而是以本己生命的参与感悟与文化记忆的方式传承下来。简单地说，"兴"就是通过口传文化的诗歌语词声音，可以不断地开启人心通往神圣世界的文化途中与深层记忆。

## 二、"兴"与"思明"的可能

在孔子所处的时代，尽管早期口传文化的诗歌形式得到了一定的保留和传承，但是早期礼乐制度的文化意义却是渐行渐远。春秋时代的社会文化属于被世俗强行断裂的文化，那个时代是口传文化被集体遗忘的特殊时代。口传诗歌中的"兴"词是口传文化记忆、保留传播的重要文化形式，承载着口传时期的文化价值与真实意义，尤其在这些"兴"词中，保存了早期语词声音的神圣密码和集体意义。

在口传文化中，"兴"是要通过口传文化的声音呼唤，让神灵降临，使自己的身体有世俗状态转化为神灵支配之下的身体，神灵成为自己灵魂的澄明之光。诸如鄂温克族的《请神》词云：

在绿草青的季节，
请我的神灵降临，

---

[1] （清）严可均辑：《全陈文 全齐文》，商务印书馆1999年版，第411页。

事由已经说明,
应远来者的请求,
在布通迪家中祭神。
我没有伤害族众,
我没有伤害女儿家,
为何阻挡我的路子。
黄颜色的蛇神,
我祖传的神灵,
降临下来时,
请坐落在洁净的地方,
围着火堆走三圈,
再走进这家宅院。
请消除主人家的灾难,
请不要降罪我的族众。[①]

诗歌中"兴"的文化意愿是请神,即请求神灵降临。召唤"黄颜色的蛇神"降临,就成为鄂温克族萨满的神话意愿。也只有神灵降临了,他才能完成仪式活动的各种神话功能,达到消灾禳祸的现实效果。

朱熹在《集注》中认为,"兴"可以"感发志意",[②] 这种观点有一定的合理性。朱熹已经意识到了,"兴"词具有激发人心"志意"的文化功能,而这种人心"志意"不是现代心理学上的纯粹意志,而是放弃在世间麻木不仁的、遗忘本己的人心状态,从而使人"心"开始"思明"起来。当然,这种心"思",不是一种流俗的无方向的"胡思",也不是一种莫名其妙、不知所措的"乱思"。人生活在流俗的社会中,常常沉浮于现实世界的社会关系中,就会随波逐流,人也就逐渐成了现世流俗的人,成了随着现实器物、现实之人,以及现世人间的生活关系所主宰的存在之物。这种物化人心完全沉沦在流俗世界之中,成为一个自身无法关注自身、自身遗忘自身、自身漠视自身的流俗存在。此时,尽管人心也在"思"中,但这种"俗思"关注的是社会现世的人、物及其关系,尤其关

---

① 吕大吉、何耀华总主编,满都尔图等本卷主编:《中国各民族原始宗教资料集成:鄂伦春族卷 鄂温克族卷 赫哲族卷 达斡尔族卷 锡伯族卷 满族卷 蒙古族卷 藏族卷》,中国社会科学出版社1999年版,第151页。

② (宋)朱熹:《四书章句集注》,中华书局1983年版,第178页。

注入在现实之中的利害关系以及世俗惯例。这种流俗的人心状态，就是孔子所谓的人之"滥"的流俗状态。《论语·卫灵公》曰："在陈绝粮，从者病，莫能兴。子路愠见曰：'君子亦有穷乎？'子曰：'君子固穷，小人穷斯滥矣。'"[①] 孔子及其随从在陈国遭遇困境，粮食都断绝了，随从的子弟们都饿出病来。此处"莫能兴"之"兴"，不仅仅是指人因为生病躺在床上爬不起来，而且指代人由于现世身体的饥饿困顿，用任何话语形式（包括诗歌）也无法激起其人心的"思明"活动，从而使之从饥饿的身体现状之中摆脱出来。子路来找孔子，极为生气地说：难道君子也会遇到这种无路可走的绝境吗？孔子回答说：君子遇到社会困境，也会固守仁心，即持守人心思仁、守道的君子状态。而小人要是一遇到困难，就会完全无所谓了，即人心处于思邪、弃道的流俗状态。孔子所谓的"固"，是指将人心之"思"固守在仁道之明中，不因现实的身体饥饿而有所动摇。孔子所谓的"无所谓"，是指人心之"思"变得"无所禁忌"和"无所节度"，即小人一遇到现世的困难，就会放松人心的仁德质性，就会什么事情都做得出来。小人之"滥"的状态，是指这种没有限度、没有规定的现世流俗状态，人心之"思"也处在沉沦于世的流俗状态，导致人心之"思"处于迷失邪恶之中，忘记了自身仁德的君子存在。子曰："南人有言曰：'人而无恒，不可以作巫医。'善夫！""不恒其德，或承之羞。"子曰："不占而已矣。"（《论语·子路》）[②] 孔子曾经说，南方人有这样一句名言：一个人要是没有"恒心"，即不能长期固守内在的仁者之"心"，那么，这个人是不能做巫师和医生的。可见，在早期的大传统文化中，巫师和医生都是能通过各种法术通神来祛病治邪的圣人，因此具备"兴起"的能力，成为他们通神治病时的必备能力。《易·恒卦》的爻辞云：一个人三心二意，变化无常，没有恒常之德行，就会招致他者羞辱或意外祸害。根据爻辞，孔子认为，这种没有恒常之心的人，也是不能占卜的。"没有恒心的人"为什么就不能占卜呢？"占卜"是为了获得神谕，从而对事件发展作出预测。一个人如果长期随着社会世俗而改变所持的"仁心"，那么，这个人就完全沉浸在流俗文化的逻辑之中。当人心之"思"长期处于黯然无光之中时，他就无法通过各种外在的"兴"词，令自身"心思"从"邪思"中摆脱出来，也就是说，"兴"的文化活动由此无法展开，自然也就无法领会"占卜"的神谕意义了。

---

[①] 杨伯峻译注：《论语译注》，中华书局1980年版，第161页。

[②] 杨伯峻译注：《论语译注》，中华书局1980年版，第141页。

## 第二章 文化大传统与孔子诗论

在孔子看来，人在现世之中，最大的问题就是人心之思处于"忘身"状态，即人心处于有邪之中。当人心之"思"完全沉沦于流俗世界之中，乐而忘返，无以自拔，就会遗忘自身所有的仁德存在，也会忘记人心常德才是人心之"思"的本来状态。《太平御览》四百九十注引《尸子》云："鲁哀公问孔子曰：'鲁有大忘，徙而忘其妻，有诸？'孔子曰：'此忘之小者也。昔商纣有臣曰王子须，务为谄，使其君乐须臾之乐，而忘终身之忧；弃黎老之言，而用姑息之谋。'"①鲁哀公问孔子说：鲁国有个极为健忘的人，他在搬家的时候，竟然连自己的妻子都忘记了，世间真有这样的人吗？孔子回答说：这种忘记妻子的健忘，还不算大忘，只能算是小忘。当年商纣王有个臣子，叫王子须，极为好谄献媚，他不仅让纣王贪图一时的享乐，而且忘却了自己终身的忧患，遗弃老臣的谏言，而信任自己的短浅之谋。孔子认为，小人王子须致使君王"忘身"，使商纣王长期处于"邪思"之中，忘却了仁德的本心存在。鲁哀公与孔子之间的这段对话，在《说苑·敬慎》也有类似的记载，其云："鲁哀公问孔子曰：'予闻忘之甚者，徙而忘其妻，有诸乎？'孔子对曰：'此非忘之甚者也。忘之甚者忘其身。'哀公曰：'可得闻与？'对曰：'昔夏桀贵为天子，富有天下，不修禹之道，毁坏辟法，裂绝世祀，荒淫于乐，沈酗于酒，其臣有左师触龙者，谄谀不正。汤诛桀，左师触龙者身死，四支不同坛而居：此忘其身者也。'哀公愀然变色，曰：'善！'"②尽管在这段话中，孔子与鲁哀公所讨论的对象发生了一些变化，由商纣王、王子须，变成了夏桀、左师触龙，但是讨论的主题却没有变，还是关于人在世界中的"忘身"问题。孔子认为，人在世界中，最大的邪思就是"忘身"，即遗忘了自己本来的仁质德性。

如何才能将人心从遗忘恒常之身的"邪思"状态唤醒呢？孔子认为，"兴"作为早期文化大传统的记忆方式和文化意义，可以帮助人心从现世流俗的"邪思"状态，回归到被遗忘的"仁思"状态，重新恢复和回忆口传文化大传统中"兴词"意义，使人心之"思"摆脱在世的流俗状态，而趋于"无邪"的常在状态。《论语·公冶长》记载："子贡问曰：'赐也何如？'子曰：'女，器也。'曰：'何器也？'曰：瑚琏也。'"③子贡曾经问孔子说：我这个人怎么样啊？孔子回答说：你啊，就如一种器物。孔子曾经说过，"君子不器，"但此处又说子贡是一种"器物"，这是不是说子贡

---

① （战国）尸佼著，黄曙辉点校：《尸子》，华东师范大学出版社2009年版，第60页。
② （汉）刘向撰，向宗鲁校证：《说苑校证》，中华书局1987年版，第257—258页。
③ 杨伯峻译注：《论语译注》，中华书局1980年版，第43页。

也沉沦于流俗的物质世界呢？子贡就迫不及待地问道：老师所说的器物是什么器物啊？孔子回答说：就是宗庙里用来祭祀的瑚琏，即簠簋（见图 2-7-1、2-7-2）。簠簋之器是祭祀时用来敬奉祖先神灵的，是相当尊贵的礼器。孔子此处的"瑚琏"，其所指代的不仅仅是"瑚琏"这种纯粹之物，而是通过这种有形的神圣"礼器"来赞美子贡，认为他犹如"瑚琏"礼器一样，能够开启人心的神思，通达礼仪活动的文化状态。孔子通过礼器之物的比喻，极为形象地肯定了子贡善于领会器物之外的礼乐仪式与神话意义。这种由具体礼器进而达到礼义意义的文化能力，就是人心之"兴"的神明状态。

图 2-7-1　利簋
周武王时期。1976 年陕西临潼零口出土。此器内底铸铭文，记述甲子日清晨武王伐纣。（胡建升摄于国家博物馆）

图 2-7-2　"小臣宅"簋
周成王时期。此器内底铸铭文 6 行 52 字，记述白懋父赏赐小臣宅盾、戈、车、马。（胡建升摄于国家博物馆）

孔子这种因物而"兴"的文化情形，在鄂温克族的《请神》词表现得极为明显，其云：

　　香烛已经燃着，
　　神灯已经点明，
　　献祭的黄脖子羊，
　　摆在盘子里供祭，
　　祈请我的诸神灵，
　　降临来享用我的祭品。
　　降临的神灵请稳步走来，

坐落在自己的位置上。①

请神活动中的各种物品，诸如香烛、神灯与牺牲等，都成为能够召唤神灵降临的祭品，也正是因为这些祭祀物品的神圣存在，才能兴起神灵的降临。此时，仪式活动中的各种祭祀之物，都成为神灵降临的有效话语形式，犹如陈列在宗庙中的瑚琏一样，都承载着在场文化的兴起功能。

子曰："礼云礼云，玉帛云乎哉？乐云乐云，钟鼓云乎哉？"(《论语·阳货》)② 孔子问道："礼"难道仅仅是指"玉帛"之物吗？"乐"难道仅仅是指"钟鼓"之物吗？"玉帛"和"钟鼓"都是古代口传文化的重要礼器，但它们不仅仅是一种有形的物质存在，而是与祭祀仪式活动中的其他各种声音符号一起，共同表达了早期口传文化的神圣意义与礼乐功能，都是用来"兴起"人心"善思"的重要手段和表达方式。孔子提醒后来的读书人，不要仅仅将这些器物当成是现成状态的存在实物，而要善于将其当成是礼乐文化和早期神话意义的记忆方式和"兴起"线索，从而引导仪式活动中的参与者，使他们能体验到人心"思明"的知识引导和文化转变。子曰："君子怀德，小人怀土；君子怀刑，小人怀惠。"(《论语·里仁》)③ 子曰："君子喻于义，小人喻于利。"(《论语·里仁》)④ 孔子认为，君子之"思"在于固守仁德，小人之"思"在于追逐流俗；君子之"思"在于关心自身法度，小人之"思"在于关心现世利益；君子之"思"在于知晓仁义，小人之"思"在于倾心于利。人心状态的君子与小人之分，就在于人心之思是处于仁义状态，还是私己状态。

孔子认为，一个人是君子，还是小人，关键在于人心是否能获得"兴思"的可能性，如果一个人的"心思"倾向于"无邪"之"思"，即能恒持仁德的君子状态，那么，这个人就是一个具有君子品格、仁者原型的人。如果一个人的"心思"倾向于"有邪"之"思"，即现世物质的忘身状态，诸如恒持于各种流俗关系、利益关系等，那么，这个人就是一个具有小人品格、流俗忘身的人。如何使一个人的"心思"从日常生活的现世状态之中，获得具有文化转变的"兴起"，或受到神性力量的"感发"？

---

① 吕大吉、何耀华总主编，满都尔图等本卷主编：《中国各民族原始宗教资料集成：鄂伦春族卷 鄂温克族卷 赫哲族卷 达斡尔族卷 锡伯族卷 满族卷 蒙古族卷 藏族卷》，中国社会科学出版社1999年版，第150页。
② 杨伯峻译注：《论语译注》，中华书局1980年版，第185页。
③ 杨伯峻译注：《论语译注》，中华书局1980年版，第38页。
④ 杨伯峻译注：《论语译注》，中华书局1980年版，第39页。

孔子认为，人心之"兴"在于诗歌的语词形式，即通过这种具有早期口传文化的有意味形式，才能唤起人心深处的文化记忆和心志感发，才可以帮助人心摆脱流俗的沉沦思虑和文化逻辑，从而关注人心世界的仁德领会和理性回归，使人心通达"思仁"的澄明状态，恢复人心神明的文化记忆。

### 三、"兴于诗"：兴词的心志重演

春秋时代，随着口传诗歌的世俗化、功能化和知识化，早期口传诗歌的文化意义与心性功用逐渐被遮蔽起来了。社会上极为盛行的"赋诗言志""引诗"文化现象，一方面利用了早期口头诗歌的"影响力"，"断章取义"，以满足表达私己意愿的世俗需求，不断将口头诗歌引向流俗化。另一方面，社会流俗文化的用"诗"，不是利用和唤起诗歌"兴词"的记忆功能和人心转变，而是将诗歌的文化意义改造为流俗的现实诉求，使得口传诗歌的传统意义不断被淡化，甚至被淡忘了。哈弗洛克在《希腊人的正义观：从荷马史诗的影子到柏拉图的要旨》中讨论了"口语与书面语"的文化吊诡问题。哈弗洛克认为，文献记录出现以后，就逐渐接管了口头传统的文化领域，同时，也引发了一种极为诡异的文化现象，即有些东西可以在口传文化中是不言而喻的，一直保留和传承的东西，一旦变成了书写的言辞，就会成为被遗弃、被忘记的东西。其云："被记录下的话语就无须表达具体事物了。当然，它或许会依然如此，但是它能够容许某种事物在数量上的不断增加，这种可以在口头上保存但在言辞中不能保存的事物，即各种观点可以表述为一种普遍的而非特殊的'事实'，同时可以将记录下来的话语表述为一种原则而非一个事件——也就是说，声称某种事物总是如此这般，而不是声称某种事物完成或出现了，抑或准备就绪了。"[①] 当口传诗歌"兴词"的文化功能被现实的功利意义所取代的时候，诗歌语词就开始离开口传事件的生动语境，开始变成一般世俗的"普遍的"原则，口头诗歌的生命力与神圣性就会逐渐衰退。孔子的"兴于诗"就是在口传文化转型书写文化的时代背景下提出来的。

孔子强调"兴于诗"，是想通过恢复和改造口传诗歌的文化意义与特殊记忆，来救弊现实社会的流俗诗风。口传文化的诗歌，为了便于保留记忆和便于理解，其语词声音具有一定的套语和程式，并具有固定的主题意

---

① [英] 哈弗洛克：《希腊人的正义观：从荷马史诗的影子到柏拉图的要旨》，邹丽、何为登译，华夏出版社 2016 年版，第 273 页。

义与神圣意味。这些套语程式和神圣意义就共同组成了早期口传诗歌传统的整体诉求与符号意义，其中口传诗歌的"兴词"，既是早期诗歌的口传套语形式，也是文化意义的符号性标志，更是开启文化记忆的特殊引子。子曰："兴于诗，立于礼，成于乐。"（《论语·泰伯》）[1] 孔子认为，一个人所以会产生"思明"，源始于口传诗歌的"兴词"作用；一个人的举止行为能够符合"礼仪"的秩序要求，这说明人心之"思"已经确立了向善的文化方向；一个人能够领会音乐形式的文化意义，这说明人心之"思"已经获得了一种仁者质性的恒常状态。所谓"成"，是指人心由"思"之无规定状态，变成了"思"之仁者恒常状态。孔子将人心"兴起"的文化转变与早期口传诗歌的"兴词"形式联系起来，认为只有充分利用口传诗歌"兴词"的独特结构和文化记忆，才能恢复和召唤被人心之"思"的现世状态所遮蔽起来的文化记忆和神圣意义，才能兴起、通达并领会口传诗歌的神圣意蕴与文化编码。

宋游酢《游廌山集》卷一《论语杂解》"兴于诗"章云："'兴于诗'言学诗者可以感发于善心也。如观《天保》之诗，则君臣之义修矣；观《棠棣》之诗，则兄弟之爱笃矣；观《伐木》之诗，则朋友之交亲矣；观《关雎》《鹊巢》之风，则夫妇之经正矣。昔王褒有至性，而弟子至于废讲《蓼莪》，则诗之兴发善心，于此可见矣。而以考其言之文为兴于诗，则所求于诗者外矣；非所谓'可以兴'也。然则'不学诗无以言'，何也？盖诗之情出于温柔敦厚，而其言如之。言者，心声也，不得其心，斯不得于言矣。仲尼之教伯鱼，固将使之兴于诗，而得诗人之志也。得其心，斯得其所以言，而出言有章矣。岂徒考其文而已哉！诗之为言，发乎情也。其持心也厚，其望人也轻，其辞婉，其气平，所谓入人也深。其要归必止乎礼义，有君臣之义焉，有父子之伦焉，和乐而不淫，怨诽而不乱，所谓发言为诗，故可以化天下而师后世。学者苟得其用心，何患其不能言哉。"[2] 诗歌的语词声音最主要的文化功能就是"感发善心"。人在读诗歌之前，人心沉迷于俗世。读了诗歌之后，人的潜在"善心"得到感发，人心能够获得一种文化转变，即由世俗沉沦的状态转变为人心思善、守善的仁者状态。只有"得其心"，即领会诗人赋诗时的善心状态，才"得其所以言"，才能明白诗人为何要发出诗歌声音的原因。

王靖献在《钟与鼓——〈诗经〉的套语及其创作方式》一书中认为："在

---

[1]  杨伯峻译注：《论语译注》，中华书局1980年版，第81页。
[2]  （宋）游酢：《游廌山集》卷一，影印文渊阁四库全书本。

《诗经》中,常常是以先提到某一自然景物的方式来预示主题,而这一自然景物以引人联想的不同形式,为诗歌内容的既定表现做好了准备。这种以听众能够认可的联想与回忆为根据的托物起兴的运用,强化了诗歌的感情效果。这类托物起兴的意义有时是明显的,有时则是含蓄的,甚至是隐晦的。中国诗歌的抒情风格最为复杂之处,其一即是这些分布在不同诗歌中的用于起兴的自然景物——有些景物在诗歌中看来像是不连贯或不切题的。"[①] 王靖宪肯定了《诗经》"兴词"的联想作用和记忆功能,认为这种"兴词"可以强化诗歌的主题意义和感情效果。但是他又认为《诗经》的"兴词"意义有时是"明显的",有时是"含蓄的",甚至是"隐晦的",这表明,他还没有完全跳出文字书写的传统,依旧是利用《诗经》文本来理解口传诗歌的文化意义。口传诗歌的文化意义是以套语程式来表现的,这样才能被赋诗者、听诗者所记住、所理解,否则,这种语词声音将会没有意义,也不可能被保留并传承。所以口传诗歌的"兴词"不仅是一种套语表述的形式存在,而且也是文化主题意义的符号性标志,其关键的文化功能在于唤醒人心的在世沉迷,重新体验到诗人作诗时的善心状态,从而恢复自身心性的文化记忆。

萨满"兴词"既是对神灵的召唤,同时,也是对邪气的驱逐,这看起来是两种不同的文化功能,却能在同一种话语形式中获得实现。如锡伯族萨满《祈求神灵驱赶病瘟》唱云:

> 将那神裙来系上,
> 复将铃裙围上。
> 披挂上金腰铃呀,
> 又将神帽戴上,
> 佩上银托里呀,
> 将手中神鼓敲响。
> 将那方正的场子走遍呀,
> 又将四个角落环绕。
> 何故如此环绕呀?
> 为某某的缘故而环绕。
> 为把这可恶的病瘟呀,

---

① 王靖宪:《钟与鼓——〈诗经〉的套语及其创作方式》,四川人民出版社1990年版,第125页。

从速驱赶的缘故呀，
为那郁结的邪气呀，
从速禳解的缘故呀。①

在萨满诗歌中，神裙、铃裙、金腰铃、神帽、银托里和神鼓等器具，都是萨满请神的法器，当神鼓响起，这意味着神灵降临，与此同时，在神灵环绕之处，"病瘟""邪气"也就自然隐退，被祛除干净。这种口传诗歌的双向文化功能是同时展开的。

孔子提倡"兴于诗"，最主要的目的还是希望通过口传诗歌的"兴词"作用与文化记忆，达到实现人心之"思"的文化转换和意义升华。口传诗歌的"兴词"是早期文化意义的重要载体，也是开启人心"无邪"之思的重要途径。要掌握和领会早期诗歌"兴词"的文化意义，人心之"思"首先必须摆脱人心的现实沉沦状态，然后在口传诗歌语词声音和结构程式的文化规定和意义指引下，逐步打开人心的神圣状态，以此领会仁者常身的文化存在与价值意义。这样，被流俗化的诗歌就不仅仅是一种流俗文化的形式媒介，而是具有神圣力量的集体记忆和人心启蒙。《太平御览》八百四引《诗·含神雾》孔子曰："诗者，天地之心，君德之祖，百福之宗，万物之户也。刻之玉版，藏之金府。"② 在孔子看来，诗歌就成了"天地之心"的神圣声音形式，成了君子品德的源始状态，是百福之本源，是万物的生命源泉。如果将这种具有神圣力量的口传诗歌，用书写文字记录下来，就必须将其写在神圣的玉版载体上，将其珍藏在金府密室之中，这样才能彰显早期口传诗歌的神圣力量与文化编码。孔子借用金玉的特殊物质与不朽特性，更为形象地保留与传承了口传诗歌之"兴"的文化价值与人心记忆。《意林》一引《尸子》载孔子云："诵《诗》读《书》，与古人居；读《书》诵《诗》，与古人谋。"③ 所谓"与古人居"，是指栖居于古人的人心世界。所谓"与古人谋"，是指通达古人之"思"的澄明状态。可见，孔子的"诵《诗》读《书》"，不仅仅是阅读《诗》《书》的知识形式，而是要通过阅读《诗》《书》，获得其有形语词背后的文化力量和文化智慧，从而唤起和追忆被世俗文化所埋没遮蔽的文化沉思与善心状态，以获

---

① 吕大吉、何耀华总主编，满都尔图等本卷主编：《中国各民族原始宗教资料集成：鄂伦春族卷 鄂温克族卷 赫哲族卷 达斡尔族卷 锡伯族卷 满族卷 蒙古族卷 藏族卷》，中国社会科学出版社1999年版，第433页。

② [日]安居香山、中村璋八辑：《纬书集成》下，河北人民出版社1994年版，第464页。

③ (战国)尸佼著，黄曙辉点校：《尸子》，华东师范大学出版社2009年版，第68页。

得"古人之道"的心性体验和心思状态。

《韩诗外传》卷五记载:"孔子学鼓琴于师襄子而不进,师襄子曰:'夫子可以进矣。'孔子曰:'丘已得其曲矣,未得其数也。'有间,曰:'夫子可以进矣。'曰:'丘已得其数矣,未得其意也。'有间,复曰:'夫子可以进矣。'曰:'丘已得其意矣,未得其人也。'有间复曰:'夫子可以进矣。'曰:'丘已得其人矣,未得其类也。'有间,曰:'邈然远望,洋洋乎!翼翼乎,必作此乐也。默然而黑,几然而长,以王天下,以朝诸侯者,其惟文王乎。'师襄子避席再拜曰:'善。师以为文王之操也。'故孔子持文王之声,知文王之为人。师襄子曰:'敢问何以知其文王之操也?'孔子曰:'然。夫仁者好韦,和者好粉,智者好弹,有殷勤之意者好丽。丘是以知文王之操也。'"[①] 这段文字记载了孔子对口传音乐诗歌的学习领会过程,展示了孔子之"思"的具体转变过程。"得其曲""得其数",仅仅还处于音乐声音存在层面的外在技艺,属于"思"之现世状态;"得其意""得其人""得其类",已经开始摆脱人心之"思"的现世状态,进入"思"的仁者种类状态;"文王之操""文王之为人",属于人心所通达的圣人状态;"仁者好伟,和者好粉,智者好弹,有殷勤之意者好丽",就是通过音乐诗歌的文化引导和心神领会,通达了人心之思的仁者规定状态。由此,孔子最终体会并认知到这种音乐就是"文王之操"。孔子人心的转变过程为:由口传音乐的外在形式,实现由技艺之学到人心思善的文化转变,由此而通达了人心澄明的整体状态,最终断定这种口传音乐是文王之操。《淮南子·主术训》云:"孔子学鼓琴于师襄,而谕文王之志,见微以知明矣。"[②] 孔子学习诗歌音乐,不仅能领会"文王之志",而且能"见微以知明",最终获得了自身的心思之明。《说苑·修文》引孔子曰:"无体之礼,敬也;无服之丧,忧也;无声之乐,欢也;不言而信,不动而威,不施而仁,志也。钟鼓之声,怒而击之则武,忧而击之则悲,喜而击之则乐。其志变,其声亦变,其志诚,通乎金石,而况人乎?"[③] 孔子认为,人的德行状态,就体现为人之外在情要与人心内在之"志"是一致的。如果人的心志发生了变化,那么其发出来的语词声音也就会随着发生变化。在孔子眼中,这种可以令人重演圣者之志的口传诗歌"兴词",足以感动金石之心,何况是人心呢?可见,诗歌之"兴"在于"感动"人心,让人心实现由世俗向神志

---

① (汉)韩婴撰,许维遹校释:《韩诗外传集释》,中华书局1980年版,第175—176页。
② 何宁撰:《淮南子集释》,中华书局1998年版,第620页。
③ (汉)刘向撰,向宗鲁校证:《说苑校证》,中华书局1987年版,第497页。

的巨大转变,重而实现诗歌的文化功能。

孔子在教育学生的时候,也极为重视诗歌"兴词"对人心的指引启发与转变功能,以唤起人心对澄明之思的文化领会。子夏问曰:"'巧笑倩兮,美目盼兮,素以为绚兮'何谓也?"子曰:"绘事后素。"曰:"礼后乎?"子曰:"起予者商也,始可与言《诗》已矣。"(《论语·八佾》)① 这个小故事充分展示了孔子是如何利用"兴词"来重演自身的文化之"思"。子夏问孔子:"巧笑倩兮,美目盼兮,素以为绚兮"(前两句是《卫风·硕人》诗句,后一句属逸诗),是什么意思呢?孔子回答说:这些诗句是指在白绢上画画,其引申义为,人只有先通达了人心的素朴之质(澄明状态),才能依据这种澄明状态来做事。孔子的回答主要指出了内在仁质与外在行文之间的内在关系。子夏继续问:难道这是指"礼乐"要后于"仁质"吗?子夏的提问进一步将仁行解释为"礼乐"行为,揭示出君子应该先有内在的仁质之心,然后才有外在的礼乐之行,由人心之"仁思"贯通于外在礼乐之中。孔子听了以后很高兴,就说:子夏啊,你的意见激发了我对诗句文化意义的领会,这样就可以和你讨论《诗》了。孔子对子夏的读诗解诗行为极为满意,他认为,只有这样,才能真正理解诗歌,即通过诗歌的语词声音,要能在心中有所"兴起",这样才能真正发挥口传诗歌的思明价值和指引功能。《论语·乡党》记载:"色斯举矣,翔而后集。曰:'山梁雌雉,时哉时哉!'子路共之,三嗅而作。"② 孔子在祭祀时,人心之"思"刚刚开始兴起,表现在外在之色上面(举),让人感受到群鸟时而飞翔、时而聚集的文化现象。孔子当即吟诵了诗歌:"山梁雌雉,时哉时哉。"这两句诗其实就是一种"兴词"。孔子感受到群鸟聚集的景象体验,古人认为,飞鸟是神灵的化身,群鸟显身,表明神灵下降的心性状态。孔子体验到这样的神思景象,不自觉地吟诵了古代诗歌的兴词形式,以此来表达此刻的文化体验。"时哉时哉",孔子认为,群鸟毕至是符合天时之命的,具有一定的神圣价值。同时,子路也获得了相同的文化体验,并开始侑祭(王船山认为嗅当为侑,表示祭祀),这里的"作",也可以理解为在祭祀时,由侍候神灵而获得的文化体验。

当然,孔子的"兴于诗"还是其文化重建的重要策略。孔子谓季氏,"八佾舞于庭,是可忍也,孰不可忍也?"(《论语·八佾》)③ 八佾之舞,原

---

① 杨伯峻译注:《论语译注》,中华书局1980年版,第25页。
② 杨伯峻译注:《论语译注》,中华书局1980年版,第103页。
③ 杨伯峻译注:《论语译注》,中华书局1980年版,第23页。

本是天子之礼乐,而季氏却在自家的庭院中演奏玩乐。在孔子看来,季氏破坏了礼乐文化的原初秩序,这表明其心中已经失去了"善心",那么,在现实世界中,对于那些失去善心的人,那还有什么东西能够约束他呢?《论语·八佾》记载:"三家者以《雍》彻。子曰:'相维辟公,天子穆穆',奚取于三家之堂?"①鲁国大夫仲孙、叔孙、季孙三家在祭祀祖先时,用《雍》的诗乐来结束仪式,撤去祭品。孔子就用《雍》诗中的"兴词"来表达了自己的不满之情,"诸侯来主持祭祀仪式,天子严肃地进行祭祀",不仅表达了要恢复三代礼制秩序的文化理想,也表达了对三家大夫破坏礼制秩序的愤怒之情。《论语·八佾》记载:"子谓《韶》:'尽美矣,又尽善也。'谓《武》:'尽美矣,未尽善也。'"②子曰:"乐则《韶》《舞》。放郑声,远佞人,郑声淫,佞人殆。"(《论语·卫灵公》)③ 子曰:"恶紫之夺朱也,恶郑声之乱雅乐也,恶利口之覆邦家者。"(《论语·阳货》)④ 孔子极力推崇早期诗歌传统的《韶》乐和《武》乐,认为这种神圣的音乐声音可以将人心引向"尽美""尽善"的文化体验。而"郑声"由于声音"太过"了,即没有任何形式上的法度节制,就会将人心引向无节制、无规定的流俗状态,这种音乐对人心之思也是危害很大的。

《上海博物馆藏战国楚竹书·孔子诗论》引孔子曰:"诗亡䜭志,乐亡䜭情,文亡䜭言。"⑤ 学术界关于"䜭"字的释读有数种:一是将其释为"隐",如俞志慧(《〈孔子诗论〉五题》);二是将其释为"忞",如李锐(《读上博楚简札记》);三是将其释为"离",如马承源(《上海博物馆藏战国楚竹书》);四是将其释为"邻",如何琳仪(《沪简〈诗论〉选释》)。如果我们将其放置在"兴于诗"的文化背景中来考察,所谓"《诗》亡",应该是指孔子对社会现实流俗文化现象的概述和评价,表明了早期诗歌的文化传统已经完全丢失了,口传诗歌的文化意义也完全被世人遗忘了。所谓"䜭志",应该表示人心"失志""无志"的流俗样子,即人心之"思"完全失去了文化启蒙的可能性,完全陷入了现世沉沦的流俗状态,处于文化失忆的蒙昧之中。"诗亡䜭志"的文化现实,令孔子感到无限悲哀,也感到极为不满。也正是因为流俗世界诗歌趋于死亡的现状,促使孔子对口传诗歌"兴词"的艺术怀念与文化回归,希望利用礼乐文化的诗歌形式来"兴起"、

---

① 杨伯峻译注:《论语译注》,中华书局1980年版,第23页。
② 杨伯峻译注:《论语译注》,中华书局1980年版,第33页。
③ 杨伯峻译注:《论语译注》,中华书局1980年版,第164页。
④ 杨伯峻译注:《论语译注》,中华书局1980年版,第187页。
⑤ 马承源主编:《上海博物馆藏战国楚竹书》(一),上海古籍出版社2001年版,第123页。

激发人心，促使其发生文化转变，使人心摆脱世俗的"邪思"病态，重新找回自身的"神志"状态，以通达君子的澄明之思。

### 四、小　　结

"诗可以兴"这个诗学命题与口传诗歌的文化记忆、心神体验、言说方式联系较为紧密。

人心"兴起"的文化行为，发源于早期的口传文化，是口传文化神圣意义的标志性符号，通过"兴词"的文化方式，不仅有利于口传文化的记忆、保存和传播，而且能完好无损地将口传文化的神圣意义传承下来。所谓"兴"，就是充分凭借口传诗歌的语词声音，不断开启人心思明的神话回归。

"兴于诗"，就是要利用口传诗歌的文化形式，重新激活人在世的麻木之心，重新开启人心有所"神思"的生命状态，从而使人心获得澄明的文化转变。孔子认为，通过诗歌形式"兴起"的神性记忆和文化体验，可以帮助世人摆脱流俗之"邪思"，使人在重新领会"兴"词的文化意义时，体验到人心的无邪状态和神圣之光，找回自身本在的文化记忆。

孔子提倡"兴于诗"，针对的是口传诗歌的社会流俗化现象。充分利用口传诗歌对人心的兴起功能，一方面可以恢复和改造口传诗歌的神圣意义，另一方面是希望通过"兴词"的指引作用，帮助人心实现文化转变，恢复文化记忆，从而使在世人心重演早期圣者的神志状态，以此而获得澄明心性的领会与证悟。

## 第八节 "诗可以观"的观心知人与神明境界

在孔子的"兴""观""群""怨"中,"诗可以观"看起来研究者很多,但实际上却是遮蔽最深的一个诗学命题。如傅道彬在《"诗可以观"——春秋时代的观诗风尚及诗学意义》一文中认为:"正是为了赋诗言志以诗观志的目的,孔子才说'不学诗,无以言'、'诵诗三百,授之以政,不达;使于四方,不能专对,虽多奚以为'。孔子重视的是诗三百的应用功能,但是要能够通过赋诗'授之以政'在行人往来间自如地达到'专对',就必须要理解诗的'志',观志是赋诗的第一要务。"① 何妍在《论"诗可以观"——及其对中国传统文学思想的影响》一文认为:"作为一个经典诗学命题,'诗可以观'并非仅仅意味着诗歌是衡量政教得失的文学指标,它更联系着中国诗学传统中有关诗歌功能、诗歌接受、诗学理论与实践的各个方面。作为人类一种有意义的文化行为方式,'观'具有本质性、广博性、观摩性、观赏性等方面的内涵;正是通过'观'这一行为,'物'的多层次意义才在人的面前显现出来。对于文学活动来讲,作家对世界的'观'与读者对作品的'观',构成了一个从创作到接受的典型诗学程序。'采诗观风'与'赋诗观志'是孔子'诗可以观'命题提出的现实依据。"② 余群在《诗何以"观"而不"听"——孔子"诗可以观"补释》一文认为:"孔子何以不曰'诗可以听'? 究其原因,还有两点值得补充。那就是,在春秋时期礼乐文化制度下,一是诗乐的表现形式无论是日常的弦歌吟诵、外交的赋诗言志,还是集体的乐悬演奏,都主要是表演性、观赏性的,而不是聆听性的。二是诗乐本身具有绘画性的特征。"③ 综合以上几位学者的观点,第一,他们都认为"诗可以观"是为了"赋诗言志",孔子重视的是诗歌的应用功能。孔子说"不学诗,无以言",强调的是诗歌在言语表述中的重要性,这种诗歌的应用是复杂的,不单是指代诗歌的现实应用价

---

① 傅道彬:《"诗可以观"——春秋时代的观诗风尚及诗学意义》,《文学评论》2004年第5期。
② 何妍:《论"诗可以观"——及其对中国传统文学思想的影响》,云南大学2012年硕士学位论文。
③ 余群:《诗何以"观"而不"听"——孔子"诗可以观"补释》,《社会科学论坛》2014年第7期。

值，其彰显的是诗歌语词在言说语词中所具有的神圣性和权威性。"诵诗三百，授之以政，不达；使于四方，不能专对，虽多奚以为"。如果让能"诵诗"的人执政，他们却"不达"，所谓"不达"，是指他们却不能实现早期诗歌的文化价值和文化意义。如果让他们出访其他国家，在仪式过程中，他们却不能按照一定的仪式秩序要求来主持仪式活动，那么，这种人尽管学诗很多，那还有什么用呢？孔子认为，"学诗""诵诗"可以帮助人获得一种神圣力量，依据这种神圣力量，应该承担并完成一些重要的社会事件。这与春秋年间极为流行的"赋诗言志"活动有重合的地方，但也存在很多不同之处。第二，对于"观"，他们都认为，是指"以诗观志"，具有观赏性等特征，甚至强调，是指"观看"，而不是"聆听"。这些学者还没有完全弄清楚，春秋时期的"志"具有不同的"思"之状态，诸如"思"之现世状态、"思"之"有邪"状态、"思"之"无邪"状态等，正因为如此，我们不能笼统地将"诗可以观"等同于流俗文化中的"观志""观风"现象。孔子所守望的文化是早期的口传文化，他对用书写方式保留下来的口传诗歌，也要求能够利用书写形式诗歌的"兴词"，来记忆、玩味和保留诗歌文化的原初意味，不能简单地将孔子的"观"等同于世俗层面的"看"与"观赏"，从而简单地否认"观"与"听"的文化联系，而要善于从"观"的文化行为中体会孔子对口传意义的守望之情。第三，对于所"观"的对象，他们大都将诗歌文字对象化，或绝对物化。孔子所"观"之"物"，并非如西方人所言的客体之物，也不是主体之物，而是具有中国本土文化特色的"思"之状态。

　　许慎《说文解字》云："观，谛视也。"段玉裁注云："常事曰视，非常曰观。凡以我谛视物曰观，使人得以谛视我亦曰观。犹之以我见人，使人见我皆曰视。"[1]古人将一般的"看"称为"视"，将不一般的"看"称为"观"。"观"为"谛视"，即观者首先必须通达"真谛"的文化状态，其次用这种"真谛"的眼光来"视"。可见，孔子的"诗可以观"，超越了一般意义的"看"，是一种"非常"意义的"视"。

　　子曰："居上不宽，为礼不敬，临丧不哀，吾何以观之哉？"（《论语·八佾》）[2] 在这段话中，孔子为我们描述了现世流俗文化的现状：居上的人不能做到宽宏大量。他们在为礼之时，内心又极为不敬；他们临丧之时，心中并不悲哀。也就是说，现世流俗文化表面上是讲究"礼"的，

---

[1] （东汉）许慎撰，（清）段玉裁注：《说文解字注》，上海古籍出版社2006年版，第408页。
[2] 杨伯峻译注：《论语译注》，中华书局1980年版，第34页。

但他们仅仅重视外在之礼的形式，实际上心中丝毫也没有"礼"的诚敬之心，此时的"礼"就成了一个无所规定的外在表象，这些流俗的世人都沉沦在这个流俗的显相世界之中，自欺欺人，无以自拔，这种流俗文化与孔子所提倡的仁者存在和文化价值是相悖的。面对这种现世的流俗文化，孔子大声呐喊：这种仅存外在形式的俗礼文化，我实在是"看"不下去了。可知，孔子的"观"不仅仅是指视觉上的"看"不下去，而是对这种流俗之礼不屑一顾！孔子的"诗可以观"，是对现实流俗文化的纠弊和决裂，决不能将孔子的"诗可以观"与流俗文化的"观志""观风"现象混为一谈。

## 一、观心：由表入里的观诗之法

对于"诗可以观"，历代儒者的解释基本上也都差不多。如汉郑玄曰："观风俗之盛衰。"宋邢昺《注疏》曰："可以观者，《诗》有诸国之风俗，盛衰可以观览知之也。"① 朱熹《集注》曰："可以观，考见得失。"② 这些传统的儒者也是将"诗可以观"与春秋时代"观志""观风"的流俗文化等同起来，认为孔子的这个诗学命题是社会流俗文化在理论上的延续，这也就遮蔽了孔子"诗可以观"的文化意义。

现代学者基本认为，"诗可以观"是指诗歌的认识功能。《中国文学理论批评发展史》一书云："'观'，是就文学作品的认识作用而言的。……孔子讲的'观'，不仅是观诗的客观内容，也观诗人的主观意图，针对当时盛行的'赋诗言志'，也可以观赋诗人之志。"③《中国文学批评通史（壹）·先秦两汉卷》一书中亦云："观，指诗歌的认识作用。……诗歌是反映生活现实、人情物态的。因而通过诗歌也可以考察社会状况、政治得失、人民愿望。这里也包括对赋诗者的品性、志向的观察。"④ 在"观"的对象方面，两位学者都认为，通过诗歌，可以认识诗歌的客观内容，也可以认识诗歌的主观意图，不仅将所"观"的诗歌给物化了，而且将诗歌中的情感也主体化了。张少康所说的"针对当时盛行的'赋诗言志'，也可以观赋诗人之志"，一方面说孔子针对的是"赋诗言志"的文化流弊，另一方面又说"观赋诗人之志"。他对这里的"赋诗人之志"没有做解释，

---

① （魏）何晏注，（宋）邢昺疏：《论语注疏》，北京大学出版社 2000 年版，第 270 页。
② （宋）朱熹：《四书章句集注》，中华书局 1983 年版，第 178 页。
③ 张少康、刘三富：《中国文学理论批评发展史》，北京大学出版社 1995 年版，第 35—36 页。
④ 王运熙、顾易生主编：《中国文学批评通史（壹）·先秦两汉卷》，上海古籍出版社 1996 年版，第 82 页。

我们分不清楚,到底是指春秋时期的赋诗者,还是早期口传文化的赋诗者,语义较为模糊。傅道彬认为:"按照《谷梁传》的理解,'观'不是一般的'视',而是涉及礼乐等重大政治活动,唯其如此,才能称作'观'。据统计,通行的十三经中'观'字共出现了292处,所观之事,或是总揽整体,或是涉及礼仪规范,或是观察一个邦国或个人的风俗与心志,或是结合礼乐活动的艺术与审美欣赏等重大事件。从这里可以看出'诗可以观'的命题,恰恰反映出《诗》在春秋时代的特殊重要意味,'观诗'不是简单的艺术欣赏,而是超越一般日常生活之上的非常礼乐活动。"①傅道彬通过数据统计认为,"观"是一种特殊的"视",尤其强调了"所观之事"都是一些"重大事件"。殊不知,在孔子看来,由于主事者丢弃了内在的诚敬之心,这些现世流俗之事,不管大事,还是小事,在孔子眼中,都成为"不忍观之"的事。

如果说孔子"诗可以观"重视口传诗歌的认识功能,那么,这种认识就不是西方人所说的主体对客体的形式认知。孔子"诗可以观"的认识作用不是西方人的认识观念,他所要认识的不是现实世界中具体之"物"的现成存在,而是自身世界之中的人心状态,即人心之"思"的存在状态,所以孔子的"观"是指"观心"。但这种观心与流俗文化之中的"观志""观风"有所不同。"赋诗言志"中的观志、观风,注重流俗之人的现世情志,偏向流俗社会的人间风气、流俗习性等。而孔子所观的人心之"思",首先是指人心在具有文化意义的口传诗歌的引导和召唤下,人心之"思"要与这种世俗的"有邪"之"思"产生决裂,即与人心之"思"的现世状态决裂,然后才能解蔽人心之"思"的被遮蔽状态,即揭开人心所具有的本己状态、"无邪"状态,从而通达人心之"思"的澄明状态。《韩诗外传》卷二记载:"子夏读《诗》已毕,夫子问曰:'尔亦何大于《诗》矣?'子夏对曰:'《诗》之于事也,昭昭乎若日月之光明,燎燎乎如星辰之错行,上有尧舜之道,下有三王之义,弟子所受于夫子者,志之于心不敢忘。虽居蓬户之中,弹琴以咏先生之风,有人亦乐之,无人亦乐之,亦可发愤忘食矣。《诗》曰:'衡门之下,可以栖迟。泌之洋洋,可以疗饥。'夫子造然变容曰:'嘻!吾子殆可以言《诗》已矣。然子以见其表,未见其里。'颜渊曰:'其表已见,其里又何有哉?'孔子曰:'窥其门,不入其中,安知其奥藏之所在乎?然藏又非难也。丘尝悉心尽志,已入其中,前有高岸,后有深谷,泠泠然如此,既立而已矣。不能见其

---

① 傅道彬:《"诗可以观"——春秋时代的观诗风尚及诗学意义》,《文学评论》2004年第5期。

里，盖未谓精微者也。'"① 此处的"读《诗》"反映了汉儒崇尚"读书"的文字传统价值，如果放置到孔子时代，应该为"说诗""操诗"，而不是"读诗"。子夏口头"操练"完了《诗》三百之后。孔子问子夏：你能谈谈自己对《诗》的理解吗？子夏回答说：《诗》中所载之事，犹如日月星辰一样，充满光明，弟子要是能记住这些事情，哪怕居住在茅屋之中，也要歌咏这种教化，不管他者喜不喜欢，弟子都会发愤忘食地操练《诗》。同时，他还引用了《诗》句，来表达自己在《诗》中所"观"到的深切体会。他说：茅屋之下，可以栖居；泌泉洋洋，可以解渴。体会子夏所引的诗歌内容，我们可以感受到，子夏所观诗的体会依旧是《诗》中所载之事，属于《诗》之语词的表层意义。孔子听了以后，脸色突变，说道：现在可以和你讨论《诗》了，但是你只"观"到了《诗》之外表，还没有"观"到《诗》之"里心"。在这里，孔子的脸色并非十分高兴，与《论语·八佾篇第三》所载子夏论"诗"时，孔子说"起予者商也"的表情截然不同，明显表示出不满的情绪。颜渊就问：《诗》之外表已经"观"到了，《诗》之"里心"又在哪里呢？意思是在问：那么，该怎样才能做到观"心"呢？孔子解释说：仅仅在门外看，不进入到房子里面，怎么会知道房内的秘密所在呢？只要进去了，想要知晓这种秘密，那就太简单了。孔子还详细描绘了自己是如何由诗歌之"表"进入"其中"的。他说：我先清除了个人之"心"的现世状态，然后，才进入到《诗》中，感觉到了前面有高岸，后面有深谷，里面是如此清凉，值得在这种《诗》里面久久停留。如果观《诗》不能"观"到诗歌里面深层的东西，就"观"不到诗歌的精微之处。可见，孔子的"观诗"，不仅要"观"到《诗》的表层意义，而且要深入到《诗》中，玩味并体会到《诗》"心"，并在诗性世界中久处，玩味涵泳，从而"观"到《诗》之"精微"之妙。这种由表入里的"观"的行为，就不是一般的、简单的"视"，而是在吟诵《诗》时，内心摆脱世俗之"思"，从人心之思的现世状态转变为诗性状态，从而获得一种内心诗性的文化体验与恒处其中的审美感受。

在《尚书大传·略说》中，也记载了孔子"观"《书》的类似议论，其云："子夏读《书》毕，见于夫子，夫子问焉：'子何为于《书》？'子夏对曰：'《书》之论事也，昭昭如日月之代明，离离若星辰之错行，上有尧舜之道，下有三王之义。商所受于夫子，志之于心，弗敢忘也。虽退而岩居河济之

---

① （汉）韩婴撰，许维遹校释：《韩诗外传集释》，中华书局1980年版，第72—74页。按：许维遹将正文的"读诗"改为"读书"，今复其原。

间,深山之中,作坏室,编蓬户,尚弹琴其中,以歌先王之风。则可以发愤慷慨,忘己贫贱,有人亦乐之,无人亦乐之,而忽不知忧患与死也。'夫子造然变色曰:'嘻!子殆可与言《书》矣。虽然,见其表,未见其里也。'颜渊曰:'何为也?'子曰:'窥其门而不入其中,观其奥藏之所在乎?然藏又非难也。丘尝悉心尽志以入其则,前有高岸,后有大溪,填填正立而已。是故《尧典》可以观美,《禹贡》可以观事,《皋繇》可以观治,《鸿范》可以观度,六《誓》可以观义,五《诰》可以观仁,《甫刑》可以观诫。通斯七观,《书》之大义举矣。'"① 当然这里的"读《书》"和上面的"读《诗》"一样,属于汉儒书写传统的文化痕迹。但这里所讨论的观《书》,与孔子所提倡的"观"之方法,"观"之重点,都与上述观《诗》具有异曲同工之妙。

《论语·宪问》记载:"子击磬于卫,有荷蒉而过孔氏之门者,曰:'有心哉,击磬乎!'既而曰:'鄙哉,硁硁乎,莫己知也,斯己而已矣。深则厉,浅则揭。'子曰:'果哉!末之难矣。'"② 孔子在卫国敲磬时,有个挑着担子的人从门前经过,他就说:这个击磬者,"有心"啊。过了一会儿他又说:这种打击磬的声音,硁硁然,太固执了!(其心意是在说),世间没有人能够了解我,这就是我的现状啊。社会较为黑暗,就听之任之。社会流俗,就不要使自己受到沾染。孔子听了就说:确实是如此。但我很难按照他的意见来做啊。孔子认为,这个听磬者是一个善听者,他不仅能听出磬声之表,而且能听出磬声之"里",即从外在磬声中听出击磬者的内在忧患意识,实在是了不起。从"果哉"的感叹中,可以看出,孔子对"荷蒉者"的"听"之方法和"听"之能力都是很钦佩的。"荷蒉者"之"听",与孔子"观"《诗》的人文思想和阅读方法是一致的。

休斯顿·史密斯在《人的宗教》中描述了口传文化时代人们对口传故事的入迷状态,其云:"为了进一步了解没有书写的生命是怎样的,我们可以尝试想象我们的先人是一群瞎眼的荷马,每晚在工作完成之后聚拢在营火前。他们的祖先在困难中所学的,从治病的草药到感人的传奇,现在都收藏在他们集体的心灵中,而且只收藏在那里。他们难道不会爱护他们谈话所支撑的遗产?不会尊崇它不停地背诵它,各人彼此补足纠正吗?此处对我们重要的是这种进行中的、有力量的研讨会对参与者的冲击。每一个都向活的知识贮藏库输送知识,同时接受其资讯的回流,

---

① (清)王闿运补注:《尚书大传补注》,中华书局1991年版,第60页。
② 杨伯峻译注:《论语译注》,中华书局1980年版,第158页。

而塑造和贮备他们的生命。部落的每一个分子都成为部落的活动的图书馆。为了了解口传的确是不逊于阅读的一个学习方式，我们可以听听早期非洲一位探险家的报道，'我所信赖的朋友和同伴，是一位不会读与写的老人，不过却精通过去的故事。老酋长们听得迷住了。'"① 口传文化的知识不仅是一种知识的形式存在，而与每个人的生命存在紧密联系在一起。部落居民之所以痴迷这种古老的声音，因为他们能在这些古老的部落故事中，获得关于自身生命与部落历史的鲜活知识。也就是说，他们的观诗与听诗活动，都必须超越诗歌的语词声音，从而体验到诗歌中的生命存在。

蒙古族将"大地女神"的神话身体与大地等同起来，并留下各种禁忌，如禁止拔草，禁止用锐状物挖地。在仪式的经书中，他们赞美大地女神：

> 永恒的绸缎般的蓝天！
> 永恒的油脂般的母亲杜根！
> 永恒的蓝天长着光闪闪的眼睛！
> 母亲埃杜根长着金灿灿的耳朵！
> 我为你举行伟大的颂赞仪式。
> 神圣的依希·汗山啊，
> 哈同母亲河，
> 您的脊梁是那样弯曲，
> 您的乳房是那样丰满，
> 您的阴缝是那样紧挤，
> 您的肩胛骨是那样突出，
> 您的腋窝是那样庞大……
> 您拥有无边无际的身躯……
> 神圣伟大的地水之神啊，
> 我要为你举行祭祀仪式！
> ……

在举行祭祀仪式时，只有妇女参加，甚至连小孩也无权进入她们的仪式领地。向依杜根即埃杜根祈祷仪式还伴随着妇女插稠李花的服饰习俗。妇女们裸露着前胸，请求天神——胡赫·腾格里使她们变得年轻，赐给她们以

---

① [美]休斯顿·史密斯：《人的宗教》，刘安云译，海南出版社2001年版，第397页。

丰满的乳房和充足的奶水。她们认为,依杜根女神不仅关心人类,而且关心树木、动物和鸟类。他们相信,依杜根女神把雪白的马驹赐给了白色牡马,把喳喳叫的小乌鸦赐给了黑乌鸦,把甜稠李枝赐给了稠李树。[1] 在女神祭祀的仪式活动中,蒙古族妇女对大地女神充满了崇拜之情,通过仪式活动的经书语词,她们感受到了女神丰产、富饶、美丽的神性特征,他们对之深信不疑,女神的神话意象成为他们对自身的美好想象,女神与自己的身体融为一体,达到了神人相和的境地。

通过了解口头文化鲜活的信仰活动,以及体验仪式参与者的痴迷心灵状态,我们可以感知到,孔子"观诗"不仅仅是一种纯粹知识的传播活动,同时也是具有神话信仰式的文化体验活动。通过"观诗"的仪式活动,观诗者的人心在诗歌声音的指引下,获得了一种超越个体的特殊文化力量。

### 二、知人:由外在之物到人心之思

在早期文化传统之中,"诗言志"传统强调"诗"的原初文化意义,人心之"思"倾向于本己的存在状态。到了春秋时期,"赋诗言志"文化强调"诗"的现世社会意义,人心之"思"倾向于现世之中的存在状态。孔子认为,可以根据所观之"诗"来领会人心之"思"的存在状态,从而了解人之心志。《论语·学而》记载:"子贡曰:'贫而无谄,富而无骄,何如?'子曰:'可也。未若贫而乐,富而好礼者也。'子贡曰:《诗》云:'如切如磋,如琢如磨',其斯之谓与?'子曰:'赐也,始可与言《诗》已矣。告诸往而知来者。'"[2] 子贡先问孔子:做人如果能做到"贫而无谄,富而无骄",你觉得怎么样?孔子回答说:已经可以了,但是不若"贫而乐,富而好礼者"。子贡又问:那就是说,做人要做到"如切如磋,如琢如磨"吗?孔子答道:子贡啊,现在可以和你讨论《诗》了。在孔子与子贡的言谈中,子贡第一次用的是具有套语程序结构的谚语,但是所表达的心之所"思"还局限于现世状态,未能真正摆脱现世存在者之间的利害关系和价值关系。所以孔子对此并不太赞赏。子贡第二次用的是《诗》句,而且已经摆脱了贫富的现世关系,开始进入人心之"思"的更高境界阶段,《诗》

---

[1] 吕大吉、何耀华总主编,满都尔图等本卷主编:《中国各民族原始宗教资料集成:鄂伦春族卷 鄂温克族卷 赫哲族卷 达斡尔族卷 锡伯族卷 满族卷 蒙古族卷 藏族卷》,中国社会科学出版社1999年版,第649—650页。

[2] 杨伯峻译注:《论语译注》,中华书局1980年版,第9页。

句的意义展示了在自身世界中自身与他者之间切磋琢磨的文化关系。孔子"观"子贡所赋之《诗》，认为子贡之思的存在状态已经离开了现世状态，而且开始运用仁德之思来领会人的存在状态。这表明子贡之"思"发生了巨大的状态转变，使孔子"观"到了子贡对《诗》的文化意义的灵活领悟，所以孔子说，现在可以和子贡讨论《诗》了。从中我们可以看到，孔子在"观"《诗》时，并不关注所赋之《诗》的语词意义或现世意义，而是关注《诗》的文化意义，并由此而知晓赋诗者之"思"的存在状态，是否已经放弃了现世之"思"的沉沦状态，是否已经由现世关系转换为《诗》的文化意义，从而唤起自身对仁者常身的文化体验。

《论语·子罕》记载："子曰：衣敝缊袍，与衣狐貉者立，而不耻者，其由也与。'不忮不求，何用不臧？'子路终身诵之。子曰：'是道也，何足以臧？'"[1]孔子曾经如此评价子路：尽管穿着破烂，但与衣着华丽者站在一块，却不觉得羞耻，能做到这一点，恐怕只有子路了。这就如《诗》中所说的：能做到不嫉妒，也不贪求，就已经很好啦。子路听了，很是高兴，就终身念着这两句《诗》。孔子看到子路这样，又说：仅仅这个样子，怎么算是最好呢？孔子为什么看到子路不因衣着而感到羞耻，就用"不忮不求，何用不臧"的诗句来鼓励他呢？孔子认为，子路能在现实世界之中，不为他人的衣着华美和自己的衣着简陋而感到羞耻，是因为他能做到不因现世他者的流俗存在而影响自身的现身情态，保持了君子在世的独立性，能够不随世沉沦，这是值得赞赏的。可是，子路接受了孔子的赋诗赞美，并停留在这个不沉沦于世的层面，不思进取，孔子对之就有所不满了。孔子认为，仅仅停留在不沉沦于世，这还不行，因为摆脱了现世的流俗状态，仅仅是人心之"思"发生文化转变的第一步，还没有真正完成人心之"思"的实质性飞跃，即还要善于从《诗》句之中获得人心之"思"的无邪大明状态。这还需要进一步通过深入学习《诗》，由此才能展开人心之"思"的澄明状态。

《韩诗外传》卷七记载："昔者孔子鼓瑟，曾子、子贡侧耳而听，曲终，曾子曰：'嗟乎！夫子瑟声殆有贪狼之志，邪僻之行，何其不仁趋利之甚？'子贡以为然，不对而入。夫子望见子贡有谏过之色，应难之状，释瑟而待之。子贡以曾子之言告。子曰：'嗟乎！夫参，天下贤人也，其习知音矣。向者丘鼓瑟，有鼠出游，狸见于屋，循梁微行，造焉而避，厌目

---

[1] 杨伯峻译注：《论语译注》，中华书局1980年版，第95页。

曲脊，求而不得，丘以瑟淫其音。参以丘为贪狼邪僻，不亦宜乎！'"① 曾子和子贡聆听孔子弹瑟，听完之后，曾子说：哎呀！老师在所弹奏的瑟声中，好像存有"贪狼之志"。所谓"贪狼之志"，是指人心产生了像狼一样的贪婪之情，将有"邪僻之行"，即产生"邪僻"之"思"，而且这种声音还具有强烈的不仁之心和追求外利的世俗意味。子贡听了，将曾子听瑟所"观"的结果告诉了孔子。孔子辩解说，自己在弹瑟的时候，因为外在事物的分心，致使"瑟淫其音"，并认为曾子所"观"是合宜的，是真正的"知音"。在这件观瑟活动中，曾子所观，并没有局限于瑟声本身的淫乱或浮华，而是由声音之"淫"，进一步感受到了弹瑟者的人心之"思"，并能从这种声音中辨明人心之"思"的存在状态。这种"观"音的方法是符合孔子由外在之物而深入"知"人的观诗方法，极为重视体会人心之"思"的文化状态。《御览》八十一引《乐动声仪》载孔子曰："《箫》《韶》者，舜之遗音也。温润以和，似南风之至，其为音，如寒暑风雨之动物，如物之动人，雷动兽禽，风雨动鱼龙，仁义动君子，财色动小人，是以圣人务其本。"② 孔子观舜帝时期的《箫》《韶》音乐，能从这种"温润以和"的声音之中，感受到"君子"的"仁义"品格，并由此追溯到圣人善于利用音乐形式来"务其本"。所谓"务其本"，是指古代圣人帝舜能够利用音乐的外在声音，深入领会圣人之"思"的文化规定。子曰："如有周公之才之美，使骄且吝，其余不足观也已。"（《论语·泰伯》）③ 在孔子看来，圣人之所以是圣人，就在于能通过诗歌、音乐的文化引导和人心召唤，展开个人的文化之"思"，从而获得仁者有所是的神圣力量和文化规定。《论语·先进》记载："南容三复白圭，孔子以其兄之子妻之。"④ 南容将《大雅·抑》中的诗句"白圭之玷，尚可磨也；斯言之玷，不可为也"，读了又读，孔子听了以后，就将侄女嫁给了他。孔子为何听了南容所赋之《诗》，就喜欢上了这个小伙子呢？因为孔子"观"南容所赋之《诗》，就能知晓南容之"心"。"白圭之玷，尚可磨也"，表明南容将"无瑕"之白圭作为自身所是的品格典范。玉圭是一种扁平长条形的平首或尖首玉器。从考古实物来看，玉圭之纹形出现于凌家滩的龟形玉版（距今约5600—5000年），实际的玉圭出现于龙山文化（距今约5000—3900年），传世典籍诸如《尚书·禹贡》《尚

---

① （汉）韩婴撰，许维遹校释：《韩诗外传集释》，中华书局1980年版，第269页。
② （清）孙星衍辑：《孔子集语》，上海古籍出版社1993年版，第37页。
③ 杨伯峻译注：《论语译注》，中华书局1980年版，第82页。
④ 杨伯峻译注：《论语译注》，中华书局1980年版，第111页。

书·金縢》《史记·夏本纪》等有"禹赐玄圭""植璧秉圭""圭璧以祀""赐禹玄圭"等仪式叙事,"玉圭为远古帝王神话的核心信物",①成为早期圣人神圣质性的重要物质符号,也成为早期文化大传统时期礼制话语的核心标志(见图2-8-1、2-8-2、2-8-3、2-8-4)。"白圭"作为古代圣人的信物符号标志,代表了圣人自身材质的神圣力量和仁质品德,这也说明,南容通过反复涵泳古代诗歌,从中获得了自身有所规定的仁质状态。"斯言之玷,不可为也",表明南容不仅仅在内心以仁质作为自身所是的才质品格,而且能将这种仁性领会的文化规定运用于具体的言行举止之中,从而使自身由内而外获得了一致性。孔子认为,南容不仅善于利用诗歌来展开人心之"思",而且善于将人心之"思"所通达的君子仁质践行于外在行为中。南容能这样做,是一个值得信任的君子。

孔子曰:"不知言,无以知人也。"(《论语·尧曰》)②孔子认为,观诗和知言是一样的,都是必须要从外在的"言"与"诗"中善于"知人",由观"言"来领会人心之"思"的存在状态。孔子曰:"吾于《甘棠》,见宗庙之敬也。甚尊其人必敬其位,顺安万物,古圣之道几哉!"(《说苑·贵德》)③孔子观《甘棠》之诗,体会到了对宗庙祖先神灵的敬畏之情,由此,而领会到了"古代圣人之道"。《汉书·刘向传》记载:"孔子论《诗》,至于'殷士肤敏,裸将于京',喟然叹曰:'大哉天命!善不可不传于子孙,是以富贵无常;不如是,则王公其何以戒慎,民萌何以劝勉?'"④孔子观《大雅·文王》中的诗句:"祭祀之时,殷商的诸侯都很勤勉,将在京师举行灌祭仪式。"发出感叹:文王的天命,是多么的伟大啊!好的品德一定要传给子子孙孙,因为世间的富贵是无常的,如果这种好的品德失传了,那么王公贵族将用什么来诫勉自己呢?老百姓又用什么来劝勉自己呢?可见,孔子观诗,不仅"观"到了文王的天命之德,而且"观"到了必须要将文王之德传下去的文化责任,否则,就会令王公大人和老百姓都无以诫勉,这也充分体现了孔子观诗的文化己任与忧患意识。

当然,孔子通过观诗以观他者人心之"思",并非是单一的、绝对的。子曰:"君子不以言举人,不以人废言。"(《论语·卫灵公》)⑤子曰:"父在,观其志;父没,观其行;三年无改于父之道,可谓孝矣。"(《论语·学

---

① 叶舒宪:《中华文明探源的神话学研究》,社会科学文献出版社2015年版,第543页。
② 杨伯峻译注:《论语译注》,中华书局1980年版,第211页。
③ (汉)刘向撰,向宗鲁校证:《说苑校证》,中华书局1987年版,第95页。
④ (汉)班固:《汉书》,中华书局1964年版,第1950页。
⑤ 杨伯峻译注:《论语译注》,中华书局1980年版,第166页。

第二章　文化大传统与孔子诗论　　449

图 2-8-1　兽面玉圭

龙山文化中期，1963年日照市两城镇征集。摘自山东博物馆、良渚博物院编：《玉润东方：大汶口—龙山·良渚玉器文化展》，文物出版社 2014 年版，第 120 页。

图 2-8-2　圭形纹玉版

凌家滩文化。摘自古方主编：《中国出土玉器全集（6）安徽》，科学出版社 2005 年版，第 3 页。

图 2-8-3　商代玉圭与夏代玉圭

（胡建升摄于上海博物馆）

图 2-8-4　二里头文化玉圭

（胡建升摄于二里头夏都遗址博物馆）

而》)① 子曰:"视其所以,观其所由,察其所安,人焉廋哉?人焉廋哉?"(《论语·为政》)②《论语·公冶长》记载:"宰予昼寝。子曰:'朽木不可雕也,粪土之墙不可杇也;于予与何诛?'子曰:'始吾于人也,听其言而信其行;今吾于人也,听其言而观其行。于予与改是。'"③孔子认为,要真正了解人心之"思",除了以观诗为主之外,还要注意"观"人之言行举止。只有综合考虑,言行并观,才能真正把握人心之"思"的真实状态。

### 三、自知:观诗的神明境界

在孔子看来,观诗有三重境界。第一重境界是由诗表进入到诗里,不仅要善于掌握"诗"之语词意义,在诗歌的现世之物层面来理解"诗",尤其要善于由诗歌的语词意义进一步升华,长期驻留在诗歌之中,涵咏出诗歌深层的文化意义,这也表明,诗歌的文化意义深藏在诗歌语词的不可见之处,唯有"立于里",才能把握诗歌的真谛所在,并要对之深信不疑。第二重境界是由观诗到观人之"心",即由诗歌的语词表述进入赋诗者的心志层面,体会人心之"思"的存在状态,知晓其或处于人心之现世状态,或处于人心之无规定的游离状态,或处于摆脱了机械主体的状态,或开始展开了常身仁质的君子状态等,通过知晓人心之"思"的不同状态,从而达到"知人"的更高境界。如果仅仅处于观诗的第二重境界,这还不是孔子观诗的最高境界,因为这个观诗阶段还处于在自身世界中的他者状态。第三重境界就是通过观诗,达到观我以自知的化境。所谓观我自知之化境,不是王国维所谓的"有我"之境,而是利用诗歌的语词兴起作用,使自身人心之"思"领会到仁质常身的君子存在。《荀子·子道》记载,子路入,子曰:"由,知者若何?仁者若何?"子路对曰:"知者使人知己,仁者使人爱己。"子曰:"可谓士矣。"子贡入,子曰:"赐,知者若何?仁者若何?"子贡对曰:"知者知人,仁者爱人。"子曰:"可谓士君子矣。"颜渊入,子曰:"回,知者若何?仁者若何?"颜渊对曰:"知者自知,仁者自爱。"子曰:"可谓明君子矣。"④孔子分别向子路、子贡、颜渊提问,何为智?何为仁?子路认为,使别人了解自己就是智,使别人喜爱自己就是仁。孔子点评说,子路心中的智与仁属于"士"的智与仁。子贡认为,了

---

① 杨伯峻译注:《论语译注》,中华书局1980年版,第7页。
② 杨伯峻译注:《论语译注》,中华书局1980年版,第16页。
③ 杨伯峻译注:《论语译注》,中华书局1980年版,第45页。
④ (清)王先谦撰,沈啸寰、王星贤点校:《荀子集解》,中华书局1988年版,第533页。

解别人就是智,喜爱别人就是仁。孔子点评说,子贡的智与仁属于"士君子"的智与仁。所谓"士君子",是指士人中的君子,即读书人中具有仁德的人。颜渊认为,了解自己就是智,喜爱自己就是仁。孔子点评说,颜渊的智与仁属于"明君子"的智与仁。所谓"明君子",是指德性神明的君子。在孔子的点评中,"明君子"的神明德性高于"士君子",而"士君子"的德性又要高于"士"。可见,"自知"与"自爱"才是孔子所认可的德性齐全的君子状态。这种德性齐全的仁质常身状态具体表现为:首先,人心要善于摆脱现世之"思";然后,通过诗歌语词声音的兴起召唤,解开自身的常身之"思",从而获得人心之"思"的澄明状态。

子曰:"师挚之始,《关雎》之乱,洋洋乎盈耳哉!"(《论语·泰伯》)①在此,孔子描绘了自身对音乐的文化体验:当师挚开始奏乐的时候,以及用《关雎》来结束奏乐的时候,他感到满耳都充盈着美妙的音乐。此处"洋洋乎"的音乐体验,就不仅仅是停留在音乐之声的形式层面,而且更为形象地再现了孔子在观乐时,自身随着音乐声音的灵性召唤和文化兴起,打开了自身人心之"仁思",通达了发自内心深处的玄妙之质。只有从心底传来的自身之"思"的玄妙之音与外在优美的音乐声音形成了内外一致的和谐乐章,才能产生"洋洋乎"的切身体验与审美沉醉。《说苑·敬慎》记载:"孔子论《诗》,至于《正月》之六章,惧然曰:'不逢时之君子,岂不殆哉!从上依世则废道,违上离俗则危身。世不与善,己独由之,则曰非妖则孽也。是以桀杀关龙逢,纣杀王子比干。故贤者不遇时,常恐不终焉。《诗》曰:谓天盖高,不敢不跼;谓地盖厚,不敢不蹐。'此之谓也。"②孔子讲授《诗》,讲到《正月》第六章时,就感到极为忧惧,这种"忧惧"的情感,反映了孔子观诗时所领会到君子的现身情状。他说:君子生不逢时是很危险的!如果随从君王,依傍世俗,就会废弃君子之"道"。如果违背君王,背离世俗,就会危及自身的安全。如果世俗之人不善待君子,而君子依旧坚守自身的文化大道,就会被现世之人视为"妖孽"。夏桀杀了关龙逢,商纣王杀了王子比干。所以圣贤的人在生不逢时,常常担心自己不能善始善终。《诗》云:"说天很高,但不敢不弯腰;说地很厚,但不敢不谨慎。"孔子观《诗》讲《诗》,不仅领会到圣贤之人的现世状态是危险的,而且领会到了自身的文化命运。孔子面对当时无道的社会现实,不禁产生了有所"忧"、有所"畏"的现实情态。

---

① 杨伯峻译注:《论语译注》,中华书局1980年版,第83页。
② (汉)刘向撰,向宗鲁校证:《说苑校证》,中华书局1987年版,第261页。

孔子观诗，除了要通达自身之"思"，还要将这种自身有所是的"思"之状态作为君子品格的文化规定。《荀子·宥坐》载："孔子观于东流之水，子贡问于孔子曰：'君子之所以见大水必观焉者何也？'孔子曰：'夫水，大遍与诸生而无为也，似德。其流也埤下，裾拘必循其理，似义。其洸洸乎不淈尽，似道。若有决行之，其应佚若声响，其赴百仞之谷不惧，似勇。主量必平，似法。盈不求概，似正。淖约微达，似察。以出以入，以就鲜洁，似善化。其万折也必东，似志。是故君子见大水必观焉。'"① 孔子观水，不仅仅是"思"到了水之现实状态，而且"思"到了水之水性状态，尤其通过"思"水之水性状态，从而感受到了君子"似水"的德性状态。他说，这水之性，广施世间万物，却丝毫没有为自己，就如君子的德性。它流向低处，或直下，或弯曲，但总是向下而流，决不逆回，就如君子守义不二。它浩荡奔流，永不停息，就如君子通达的文化之道。如果遇到决堤，它就会应声而行，毫无忧惧，就如君子之勇。它注入低处，一定会使水面平坦如镜，就如君子之法。它充盈低处，就能平坦，不需如"概"的外在工具，就如君子之公正。它无微不至，无处不到，就如君子之明察。万物通过入水出水的活动，就会涤除自身的污垢，获得洁净，就如世人接近君子，就能从善。它千曲百折，意志坚定，一定要向东流去，就如君子坚定不屈的意志。孔子认为，君子见到大水，一定要去"观看"，通过"观水"来领悟君子的德性存在与人生境界。《尚书大传·略说》亦记载了孔子观山的有关言论，其云："子张曰：'仁者何乐于山也？'孔子曰：'夫山者，岿然高，岿然高则何乐焉？山，草木生焉，鸟兽蕃焉，财用殖焉。生财用而无私，为四方皆伐焉，每无私予焉。出云风，以通乎天地之间，阴阳和合，雨露之泽，万物以成，百姓以飨。此仁者之所以乐于山者也。'"② 在孔子眼中，"山"不仅仅是自然属性的"山"，而是"无私给予"的"山"，"山"的山性品格与君子的德性品格达成了一致。《盐铁论·执务》引孔子曰："吾于《河广》，知德之至也。"③ 孔子观《河广》，不仅仅是读懂了《河广》之语词意义以及赋诗者的心志，而是使自己明白了最高的君子德性。《盐铁论·散不足》还记载："孔子读《史记》，喟然而叹，伤正德之废，君臣之危也。"④ 此处的《史记》是指古代的各种文书档案。孔子观

---

① （清）王先谦撰，沈啸寰、王星贤点校：《荀子集解》，中华书局1988年版，第525—526页。
② （清）王闿运补注：《尚书大传补注》，中华书局1991年版，第62页。
③ （汉）桑弘羊撰，王利器校注：《盐铁论校注》，中华书局1992年版，第455页。
④ （汉）桑弘羊撰，王利器校注：《盐铁论校注》，中华书局1992年版，第348页。

《史记》，感慨万千，尤其对社会道德的衰退、君臣关系的危机都感到极为痛心。孔子观诗、观山、观水等文化活动都不是在存在之物层面的肤浅之观，而是要善于从观物之寻视、感知活动中，由人心之"思"之现世状态转变为人心之"思"的仁德状态，从而使自身体悟到君子的仁者德性状态。

观诗所领会的文化规定，并不是停留在理论层面的抽象表述，而是将仁德所是的文化规定应用于现实行为活动之中。《韩诗外传》卷四记载："孔子见客。客去，颜渊曰：'客仁也？'孔子曰：'恨兮其心，颡兮其口，仁则吾不知也。'颜渊蹙然变色，曰：'良玉度尺，虽有十仞之土，不能掩其光；良珠度寸，虽有百仞之水，不能掩其莹。夫形体之包心也，闵闵乎其薄也。苟有温良在中，则眉睫著之矣。瑕疵在其中，则眉睫不能匿之。'《诗》曰：'鼓钟于宫，声闻于外。'言有诸中必形诸外也。"① 孔子认为，所见之客心中怀有怨恨，并将其在口中的言辞中表现出来，从其言语来看，此人未必是一个仁者。颜渊听了，进一步议论，一尺大小的美玉埋在厚土之中，厚土不能掩盖美玉的光泽。一寸大小的美珠藏于深水之中，深水不能掩藏美珠的荧光。一个人的形体包藏着人心的状态，外在的形体是多么的薄啊，它根本不能掩饰人心的状态。如果一个人是温良之心，就会在眼睛之中展现出来。如果一个人是病态之心，眼睛怎么伪饰，也无法遮掩。这就如《诗》中所说的："在宫内敲钟，声音一定会传到宫外。"孔子、颜渊通过观诗，都领会到了一个人内心的思之状态，总是会在人的外在表情之中显现出来，尤其会显现在人之眉宇之间。所谓"有诸中"，是指人心的君子之思。所谓"形诸外"，是指外在行为是内在人心的直接外露。孔子强调，人心的文化之思都会直接显现在人的外在行为之中，是难以掩饰的。

《论语·泰伯》记载："曾子有疾，召门弟子曰：'启予足！启予手！《诗》云：'战战兢兢，如临深渊，如履薄冰。'而今而后，吾知免夫！小子！'"② 曾子观诗，不仅领会了君子处世的艰难和慎微，并要切身践行这种文化领会。所以他说：从今以后，我就可以知道，自己可以免于刑戮了。曾子之所以会说自己不会受到刑戮，是因为他认为，只要将《诗》中所领会到的道理贯穿在社会实践中，就一定能避免各种身体的灾祸。

孔子的观诗，不仅仅是通过读读诗歌来打发时光，消遣消遣而已。孔子认为，观诗可以帮助自身放弃人在世的现世之"思"，并能召唤仁者

---

① （汉）韩婴撰，许维遹校释：《韩诗外传集释》，中华书局1980年版，第161页。
② 杨伯峻译注：《论语译注》，中华书局1980年版，第79页。

常身之"善思"的到来。在人心之"思"中，领会诗之"善心"，体验君子的德性存在，并获得如其所是的文化规定。还要善于将对君子的文化领会和德性规定践行于现世生活之中，这样就可以使自身的文化领会与现身情态达到内外统一。这与流俗社会的观诗方法是不一样的。流俗的观诗，仅仅关注诗歌的文字之表，尤其关注人在流俗世界中的世俗现状，诸如自身与他者之间的社会关系、利益关系等。而孔子的观诗，无论在"思"之层面，还是在"思"之方法方面，都表现出与流俗观诗的决裂态度，体现了孔子在观诗活动中，重视人心转变的文化重建和君子德性。

## 四、小　　结

学术界关于"诗可以观"的文化阐释大多拘囿于流俗世人的观诗情形，而孔子的"诗可以观"恰恰是要摆脱这种流俗文化的世俗之观。

孔子"观"诗，不仅仅要"观"到诗歌的表层文字意义，而且要深入诗歌内部，涵泳和把玩诗歌的精微之处。这种"观"诗方法，就不是简单的"看"诗，而是在吟诵诗歌时，观诗者要在内心获得一种深层的文化共鸣，让自身随着诗歌发生一种心灵的文化转变。

孔子"观"诗，提倡要善于通过他人所赋之诗，了解到赋诗者的内心状态，尤其重视赋诗者要善于利用诗歌语词的文化召唤，通达圣人的神圣力量和文化规定，并将这种文化规定实践于自身的言行之中。观诗是为了知人。为此，孔子还提倡将观诗、观言与观行联系起来。

孔子"观"诗的最终目的还是要能够实现"观我"，即要了解自身人心的存在状态及其文化转变。孔子认为，"观诗"与"观水""观山"等文化活动一样，都要善于由所观的现世之物，来深入体会自身存在的君子德性。

总之，孔子"观"诗包含三重境界：第一重境界是观诗之里，这与流俗文化的"观"表存有不同，提倡立足诗歌之里，来玩味诗歌内在的文化意义。第二重境界是观人之心，要能由诗之表里，深究人心状态，从而获得知人的文化效果。第三重境界是观己之思，在观诗活动中，观诗者体会到自身人心之"思"的情状，使之随着诗歌的体悟而获得升华，使自身通达君子的仁德存在，并将观诗活动中所领会到的君子仁德践行于社会实践中。

## 第九节 "诗可以群"吗

学术界大多立足于春秋时期"赋诗言志"的文化现象和诗学活动,从世俗之群的角度来讨论孔子的"诗可以群"命题,对其诗学意义多有遮蔽。如黄宗羲在《汪扶晨诗序》中云:"群是人之相聚,后世公谦、赠答、送别之类皆是也。"① 杨树达在《论语疏证》中认为:"春秋时,朝聘宴享动必赋诗,所谓可以群也。"② 刘衍军在《孔子仁学与"诗可以群"》一文中认为:"'诗可以群'的命题具有深厚的历史文化意蕴,它是孔子对西周、春秋礼典用诗、赋诗言志的经典概括。"③ 郭鹏亦认为:"孔子'诗可以群'的主张主要体现在'赋诗言志'的诗学行为之中,'赋诗言志'是'诗可以群'的古训得以落实的关键。"④"赋诗言志"是春秋时期重要的文化活动,也是赋诗者、听诗者为了表达"己意"而"断章取义"的社会交流和竞技表演,早期的口传诗歌成为"赋诗言志"活动中具有知识化、世俗化的符号媒介,与早期原初的文化意义整体越来越远了。孔子以复兴古老的大传统文化为己任,想要纠弊社会现实之中赋诗言志的流俗文化,从而复活口传诗歌的早期文化意义和文化价值。所以要探讨孔子"诗可以群"的文化价值和诗学意义,就必须将其放置在孔子文化复古和文化重建的双重语境中进行考察,决不能片面地认为这一命题是"赋诗言志"社会文化现象的理论总结。

### 一、常身世界中的"群"

关于"诗可以群",孔安国曰:"群居相切磋。"邢昺《注疏》曰:"可以群者,诗有'如切如磋',可以群居,相切磋也。"⑤ 朱熹《集注》:"可

---

① (清)黄宗羲:《南雷文定》四集卷一,《黄宗羲全集》第10册,浙江古籍出版社1985年版,第82页。
② 杨树达:《论语疏证》,上海古籍出版社1986年版,第456页。
③ 刘衍军:《孔子仁学与"诗可以群"》,《北方论丛》2011年第4期。
④ 郭鹏:《赋诗言志与诗言志的理论内涵和职能演变——兼论"诗可以群"诗学作用的历史变迁》,《文史哲》2013年第5期。
⑤ (魏)何晏注,(宋)邢昺疏:《论语注疏》,北京大学出版社2000年版,第269—270页。

群，和而不流。"① 古代经学家基本上是从"群居"的现世存在者层面来解释"群"，认为"群"是现世之人群居在一起，相互切磋，和睦相处。

现代学者基本上也沿袭了这种"群居"的观点。如《中国文学理论批评发展史》云："'群'，是就文学作品的团结作用而言的。……孔子认为文学作品可以使人们统一思想，提高认识，交流感情，加强团结。"②《中国文学批评通史》中云："群，指诗歌可以使人们借以交流思想，促进感情融洽，起到协和群体的作用。"③ 傅道彬在《乡人、乡乐与"诗可以群"的理论意义》一文中，不仅承续了这种诗学的现世理解，而且将孔子"诗可以群"与世俗的乡里生活和乡党间的世俗生活联系起来，认为"诗可以群"是"社会关系"的具体体现，其云："乡里是周代宗族群体构成的基本单位，承担着礼乐教化的重要使命，《诗》也称乡乐，通过乡里的舞台，融入乡人的精神世界，在乡党间的人际关系中发挥重大作用，'诗可以群'的理论观念在这里有了生长的土壤。"又云："'诗可以群'的'群'有两个意义，一是合群乐群，通过诗乐活动化解利益冲突中的嫌隙与怨怼，实现贵族阶级社会成员之间最大限度的和谐友爱，达到温良恭让其乐融融的理想境界；而另一方面要实现诗乐政治理想也需要社会成员之间普遍的良好的诗乐修养，必须依赖与诗乐活动的群体化经常化，把诗融入日常的世俗生活，从而转化成社会成员间的精神气象，因此'群'的另一个意义就是诗乐活动的群体性参与。"④ 无论是"合群乐群"，还是"诗乐活动的群体性参与"，傅道彬都关注群体生活，将"诗可以群"的文化意义完全世俗化了。他认为，这个诗学命题反映的是社会现世流俗生活的"乡党关系"，是与"乡人的世俗生活"相关联的，而且体现的是"乡党君子人格"。

子曰："君子矜而不争，群而不党。"（《论语·卫灵公》）⑤ 孔子认为，在现世生活中，君子是矜持而不争的，与人群居而不党的。也就是说，孔子对于春秋时期的乡人世俗生活以及乡党活动是抱有矜持态度的，尤其他认为，君子身处现世，群居在社会之中，是"不党"，即"不参与各种党派"活动的。既然孔子对乡人的世俗生活和党派活动是持有不太认可的态度，我们强行将其"诗可以群"的诗学话语与"乡党"的社会世俗关系牵

---

① （宋）朱熹：《四书章句集注》，中华书局1983年版，第178页。
② 张少康、刘三富：《中国文学理论批评发展史》，北京大学出版社1995年版，第36页。
③ 王运熙、顾易生主编：《中国文学批评通史（壹）·先秦两汉卷》，上海古籍出版社1996年版，第83页。
④ 傅道彬：《乡人、乡乐与"诗可以群"的理论意义》，《中国社会科学》2006年第2期。
⑤ 杨伯峻译注：《论语译注》，中华书局1980年版，第166页。

扯在一起，并认为这种诗学命题来自诗歌世俗化，这似乎有些不太合适。

《论语·微子》记载，长沮、桀溺耦而耕，孔子过之，使子路问津焉。子路复述长沮、桀溺所说的话，其云："滔滔者天下皆是也，而谁以易之？且而与其从辟人之士也，岂若从辟世之士哉！"意思是说，天下世俗犹如洪水滔滔，谁能够改变呢？你们这些人（子路等人）与其追随孔子这位逃避世俗的人，不如跟着我们这些逃避整个社会的人。在长沮和桀溺等人眼中，孔子也是一位"逃避世俗之人"的人。孔子听了之后，他非常失望地说："鸟兽不可与同群，吾非斯人之徒与而谁与？天下有道，丘不与易也。"① 孔子表示，自己不可能与世俗之人合群共处（孔子用"鸟兽"等动物意象指代沉迷于世界之中的流俗之人），但要不和世界打交道（长沮、桀溺是逃避现实世界的），那么，又能和谁打交道呢？可见，在孔子看来，和世界打交道，并不等于说我们与世俗之人同流合污。孔子恰恰要在与世界打交道之中，一方面持守君子独立不拘的仁者品格，另一方面又要用这种仁德理想来教育众人，以期改变世俗社会。这就是孔子所说的：如果天下人人有道，我就不会参与这种社会变革了。也就是说，正是天下处于道体迷失的时代，孔子才以之为己任，以士人文化来重构社会的价值观念。

由此可知，孔子的"群"存在以下几个特点：第一，不仅仅是世俗人眼中的群居同处。世俗人的群居同处是一种社会现世的流俗关系，是世人沉沦于现实世界的具体表现，人与人之间的社会关系是极为现实的利益关系、物质关系，他们追逐的是自身利益的最大化，以及个人欲望的一时满足。历代经学家以及现代学者将"诗可以群"的"群"理解为世俗化的日常群居生活，这是对孔子诗学命题的曲解。第二，孔子对待现世的流俗生活和流俗文化的态度是极为明确的，始终持有革弊的态度，他认为，自己身处这个世界，并不是要和这些流俗世人混同群居在一起，而是要用自己的文化智慧，尤其是利用复古文化，来重建社会已经崩溃的礼乐文化，来重构礼乐文化的原初意义和文化价值。第三，孔子也深深体会到，要想革新这个社会的流俗习性，就必须与这个流俗世界打交道。只有通过与之打交道的方式，才能将士人的文化理想逐步在社会中实践，最终达到转变社会风气的目的，但切不可将这种迫不得已与世俗打交道的文化策略与实施途径，看成是孔子所理解的"群"。孔子一方面要与社会世俗决裂，另一方面又要立身于社会之中，那么，孔子所期待的"群"到底是什么样子呢？

---

① 杨伯峻译注：《论语译注》，中华书局1980年版，第193—194页。

子曰："德不孤，必有邻。"(《论语·里仁》)① 孔子认为，有仁德的人是不会孤单的，一定会有志同道合的人愿意做仁者的邻居。此处，孔子所谓的"邻居"并非是世俗的乡里之人或乡党，而是他心中向往仁德，并主动与仁者志同道合的人。这些人之所以能"群"居在一块，是有一个前提条件的，即他们或通达了仁德，或向往仁德，仁德的文化认同才是他们可以群居为邻的基本保障。可见，孔子的"群"不是现世社会的群居同处，而是在仁德的常身世界中的群居同处。

德国学者利普斯在《事物的起源：简明人类文化史》一书中，为我们描述了七万五千年前尼安德特人的群体生活，为我们了解口传时期的群体生活状况提供了一面借镜。"这种旧石器时代人类经济形式的特点是一群人的集体狩猎。他们以犀牛、猛犸、鹿、欧洲野牛、多毛犀和洞熊肉，作为浆果、籽实等植物性食品的补充。这些早期人类留下的狩猎工具和武器表明，单独猎人若无他人合作是不可能杀死任何巨兽的，因此必然要集体狩猎。这一经济形式决定了集团组织是个人能够生存的前提条件。整个集团合作的另外原因是，一个猎物的肉的数量远远超过个体家庭的需要，足够在家庭圈子以外分配。这种社会习俗决不是为了人道主义，'大家平分'出于经济的需要。猎物大家平分有很大的好处，某个集团狩猎运气不好，人们仍能从其他集团所获中分得东西。"②"群体"世界成为史前部落个体生命的存在前提，那些脱离部落群体生活的个体存在，就会令个体的灵魂乃至身体趋于死亡。休斯顿·史密斯的《人的宗教》云："他们一旦离开了部落，就不太能够感受到独立的身份。部族关系之网在心理上支撑着他们，并且赋予他们生命每一方面的活力。与部族的隔离可以令他们死亡，不仅是身体上的同时也是心理上的。"③ 凯伦·阿姆斯特朗的《神话简史》云："在每一种文明里，我们都能发现关于'失去的乐园'的神话，在乐园或天堂，人类曾经与诸神处于日常的亲密接触状态。他们都不会死，彼此和睦同居，与动物和大自然融为一体。在世界的正中，往往生长着一棵大树，坐落着一座山峰，或者矗立着一根柱子，将天空与大地相连，人们能够轻而易举地爬上爬下，出入诸神的领域。……在远古社会，大部分宗教和神话都渗透了对'失去乐园'的渴望。这些神话并非追思怀

---

① 杨伯峻译注：《论语译注》，中华书局1980年版，第41页。
② [德] J.E.利普斯：《事物的起源：简明人类文化史》，汪宁生译，贵州教育出版社2010年版，第63页。
③ [美] 休斯顿·史密斯：《人的宗教》，刘安云译，海南出版社2001年版，第403页。

旧之作，其主要用意是向人们指出一条重返原型世界之路，让它不仅仅只存在于瞬间的迷狂幻觉中，而是成为日常生活的组成部分。"① 神话世界中的"乐园"就是在大自然中彼此和谐同居，存在后天的社会文化差异。但是随着人类文明越来越远离原初的物质与精神乐园时，他们就会用宗教和神话的方式，将回归乐园的渴望重新表达出来，而且这种"重返"之路，不仅是一种短暂的心理需求，而且要将它化为日常生活的重要组成部分。

立身春秋末年，孔子就是这样一位渴望重返"君子原型"世界的圣人，他希望通过自己对士人文化的仁德重建，能够将早期群体的神话价值重新带回到现实生活中，这与流俗世界的文化观念是背道而驰的，也的确是一件任重道远的事情。

什么才是孔子所理解的"在常身世界中的群居同处"呢？孔子认为，君子必须要与仁者的原型世界打交道，在这个打交道的过程中，现实世界也随之被打开，自身与现世世界的各种存在者，尤其是现实世界的人，都不自觉地进入了仁者原型的神话世界之中。在这个君子仁者的原型世界中，孔子不是将社会的世俗之人排斥在原型世界的空间边缘，而是将具有仁德或向往仁德的人，放置在常身世界的中心位置，或者较为邻近的位置，并关注这些他者，了解这些他者，与他们"群居同处"在一起，认可和赞同他们的德性品格和行为实践，从而在常身世界中，自身与相距较近的他者才能和谐地相处。这种君子在原型世界中的"群居"生活，才是孔子期许的常身世界的共处同在。正是有了这种"原型世界"的"群居"理想，才有了现世社会中一群具有君子品德之人群居在一起，并相互接触，展开文化交流。所以，孔子所谓的"群"首先是在常身世界之中的"原型之群"，然后才表现为现世社会之中一群士人在一起"群居"。孔子的群思和群居都是以士人的仁德世界为基础的，即以士人心中"无邪"的"原型神话"作为思想基础与文化基底，离开了这个"原型神话"之根，来讨论现实世界中流俗社会的群居生活，对于孔子来说，是没有多大意义的。如果依据流俗社会的群居生活来理解孔子的诗学命题，就会将孔子的文化革新与世俗社会的流俗文化混为一谈。

## 二、依仁而择"群"

孔子的"群"不仅仅是一种现世的"群居"，而更是常身世界的"思群"。在孔子看来，"思群"是人之"思"的一种群体原型状态，这与"思"之"离群"

---

① ［英］凯伦·阿姆斯特朗：《神话简史》，胡亚豳译，重庆出版社2005年版，第16—17页。

是相互对立的。如果他者在常身世界之中，属于"思"之"离群"的状态，那么，现世的他者就不可能进入人之"群思"中，而被自身所关注，这样"思"之"离群"的可能性就决定了现世他者的不群状态。而"思"之"群体"的状态，则极为不同，当在常身世界中，自身与他者之间处于"思"之"群体"的状态，则意味着他者在原型世界中是处于被解蔽的状态，自身和他者在常身世界之中是可以共在同处的，也就是说，自身和他者都处于共在状态，这种共在状态就是"思"之"群居"的状态。

在孔子那里，士人"思群"的共在状态就是达到"仁者"的原型状态。所谓"仁者"的原型状态，是指士人的日常仁者平均状态。如果利用集体原型的概念来描述，所谓士人的日常平均状态，即是士人心中通达的仁者原型。子曰："里仁为美。择不处仁，焉得知？"（《论语·里仁》）杨伯峻将这段话翻译为："住的地方，要有仁德才好。选择住处，没有仁德，怎么能是聪明呢？"[①]结合我们对孔子"仁"德的文化理解，这段话应该表示：在自身世界之中，要以仁德作为自身的内部规定性。在"思"中选择谁，如果不依据于仁德常身，怎么能说是聪明的选择呢？这里的"里"可能不是现世的乡里，也不是现世的居住，而是指代人的内心世界，即君子的仁者世界。孔子的"择"不是现世的选择，而是在人之"思"中的抉择，比如根据他者的品德现状，我们在"思"中作出抉择，要么与之"群"居，要么与之"离"居。孔子认为，这个抉择行为最终要根据他的仁德现状来作出抉择，所以抉择者的仁德现状决定了"思"之"选择"的可能性。换句话说，孔子认为，在"思"中进行抉择，首先就要看，人之"思"是否能摆脱现世的流俗状态，从而立足"仁德"的士人原型来规范自身，将自身当成共处同在于常身世界之中的士人原型，并用这个自身仁者有所是的常身原型来与他者共处同居。可见，在孔子看来，只有他者与自身在共处之时，都是以士人的文化原型来展开言语交流和互动行为，只有这样，自身与他者在共处之时才能达成和谐一致，才能实现仁者世界的整体和谐性。

《论语·卫灵公》记载："子贡问为仁。子曰：'工欲善其事，必先利其器。居是邦也，事其大夫之贤者，友其士之仁者。'"[②]子贡问：怎样做才是一个有仁德的人呢？孔子回答说：一个工匠要做好的事情，就必须事先准备好他的工具。在孔子看来，要做好一件事的前提条件是要将工具准备

---

① 杨伯峻译注：《论语译注》，中华书局1980年版，第35页。
② 杨伯峻译注：《论语译注》，中华书局1980年版，第163页。

好，换句话说，准备好了工具，就决定事件可能的发展方向。孔子继续说：在这个国家生存，就要敬事那些大夫中的贤人，结交士人中的仁者。也就是说，要做一个有仁德人，首先必须选择与贤人、仁者交往。结合上面我们所论述的，要作出"选择"，就必须在常身世界之中，以仁德作为常身的文化规定，同时，在"思群"中，作出相应的选择时，也要依据仁德为标准。

我们将孔子合群同居的文化逻辑连贯起来，首先要在自身世界中通达"仁者"的规定性，然后根据这种常身所是的文化规定性，来寻视常身世界中的邻近他者，并依据这种"思仁"之领会，在现世中，或敬奉贤人，或结交仁者，那么，自己就会逐渐变成一个有仁德的君子。"仁"之"思群"，以及"仁群"之"思"，使自身给予自身以"仁者"原型的文化规定性，以及"仁群"的他者规定性，并以此为行为依据，来选择贤人和仁者，与之交往，最终达到"思群"与"行群"的文化统一。《论语》中记载了大量的关于君子如何行"仁"、如何"群"居的言论。子曰："弟子，入则孝，出则悌，谨而信，泛爱众，而亲仁。"（《论语·学而》）[1] 有子曰："其为人也孝弟，而好犯上者，鲜矣；不好犯上，而好作乱者，未之有也。君子务本，本立而道生。孝弟也者，其为仁之本与！"（《论语·学而》）[2] 有子曰："信近于义，言可复也。恭近于礼，远耻辱也。因不失其亲，亦可宗也。"（《论语·学而》）[3] 在理解这些言论表述时，我们首先必须将其放置在孔子以"仁群"之"思"的前提条件下来理解，否则，都会将其理解为孔子只是关注人的现世表现，而忽略他所提倡的君子之仁行不过是君子仁德的具体表现而已。

孔子认为，只有人之"思"的状态通达了"仁者"的状态，自身才会将"仁者"作为自身的规定，也就是将士人原型作为自身的文化规定。当在常身世界之中，自身与他者都是以士人原型的文化身份显现的时候，常身可以与他者同处在一起，也就是常身与他者都达到了"思"之"仁群"状态了，所以士人"仁者"的规定就与"仁群"的规定是同一的。子曰："唯仁者能好人，能恶人。"（《论语·里仁》）[4] 为什么孔子认为只有"仁者"才可以喜欢人，才可以厌弃人呢？因为仁者是自身规定的存在状态，自身

---

[1] 杨伯峻译注：《论语译注》，中华书局1980年版，第5页。
[2] 杨伯峻译注：《论语译注》，中华书局1980年版，第2页。
[3] 杨伯峻译注：《论语译注》，中华书局1980年版，第8页。
[4] 杨伯峻译注：《论语译注》，中华书局1980年版，第34页。

将常身所是的"仁者"的规定性运用于常身世界,并给予"思群"之规定,哪些人(他者)可以"群"之、"好"之,哪些人可以"离"之、"恶"之,都在常身世界中获得极为分明的现实态度。《论语·子路》记载:"樊迟问仁。子曰:'居处恭,执事敬,与人忠。虽之夷狄,不可弃也。'"① 孔子认为,一个人平日容貌态度恭敬,做起事来严肃认真,而且待人诚信可靠。这种人就是到了蛮夷之地,也会受到欢迎。"恭""敬""忠"都是人在现世之中的现身情态,这种情态是与其自身所是的"仁者"的文化规定是一致的。在孔子看来,一个人有"仁群"之"思",就会有"仁群"之"行",那么,这个人无论到哪里,都会受到欢迎的。《论语·颜渊》:"司马牛忧曰:'人皆有兄弟,我独亡!'子夏曰:'商闻之矣,死生有命,富贵在天。君子敬而无失,与人恭而有礼。四海之内,皆兄弟也,君子何患乎无兄弟也?'"② 子夏认为,君子能与人恭敬相处,没有差错,合乎礼节,那么,尽管天下很大,但他所到之处,都会有很多好兄弟。这与孔子"里仁为美"的思想也是一致的。子曰:"不仁者不可以久处约,不可以长处乐。仁者安仁,知者利仁。"(《论语·里仁》)③ 孔子认为,"不仁者"不可能长久地按照契约与人相处,也不可能长久地高高兴兴地与人相处。这是为什么呢?因为"仁者"是安于仁者状态的,即只要践行了自身的仁德,就会获得心安,如果违犯了仁德,就会感到不安;而"智者"是以"仁"为"利"的,即把"仁"作为谋取"利"的一种手段,他们会认为,施行了"仁",会给自己带来很大的好处,这种"智者"不是真正的"仁者",甚至是"假仁者""不仁者"。相反,只有真正的"仁者"才可能按照仁德与他者长久地"群"处共居,并且能长久地和谐相处。

孔子认为,一个人要是"去仁",也就是在自身世界中,"抛弃了仁者的文化规定",那么,这种人就是一个没有常身规定的"小人"。子曰:"君子去仁,恶乎成名?君子无终食之间违仁,造次必于是,颠沛必于是。"(《论语·里仁》)④ 君子如果"抛弃了"或者"遗忘了"仁德的规定性,那么,这个君子也就成了徒有其名而无其实的小人了,所以君子必须时刻依据常身所是的仁德规定来为人行事。子曰:"君子成人之美,不成人之恶。小人反是。"(《论语·颜渊》)⑤ 君子依据自身所是的仁德规定来做事,所

---

① 杨伯峻译注:《论语译注》,中华书局1980年版,第140页。
② 杨伯峻译注:《论语译注》,中华书局1980年版,第125页。
③ 杨伯峻译注:《论语译注》,中华书局1980年版,第35页。
④ 杨伯峻译注:《论语译注》,中华书局1980年版,第36页。
⑤ 杨伯峻译注:《论语译注》,中华书局1980年版,第129页。

以总会成全别人的好事，而阻止别人做不好的事情。此处的"人之美""人之恶"，是依据常身所是的仁德来加以区分的，"成全他者"或"阻止他者"都不过是自身仁德规定性的现世践行而已。"小人"则相反，因为"小人"抛弃了或者遗忘了自身的常身存在，沉沦在世界的流俗文化之中，始终都是以"是否有利"的现世逻辑为目标，来待人接物，所以他们往往是"成己之美"，而"成人之恶"。

"小人"是自身无所规定的沉沦状态，也决定了"小人"不可能"思仁"，也不可能"思群"，所以他们往往是以现世之利为目的，结成各种"小山头""小团队""小党派"，表面上看起来是团结群居的，但是他们心里却是分崩离析、互相勾结、狼狈为奸的。子曰："人之过也，各于其党。观过，斯知仁矣。"(《论语·里仁》)① 孔子认为，一个人犯了错误，是因为他依据"小党派"的利益来看待问题。通过分析人所犯的错误，我们就能了解什么是"仁"，什么是"不仁"。子曰："君子而不仁者有矣夫，未有小人而仁者也。"(《论语·宪问》)② 在君子中为何会有"不仁者"呢？因为君子在流俗世界中，可能暂时遗忘了自身的仁者状态，以致使自己成了"没有仁德"的人。但是君子的忘身状态只是暂时的，君子就善于在"思"中重新召唤和培养自己的"仁德"。而"小人"从来都是停留在"私己之欲"中，从来就没有"思"过"仁"，"仁"这种文化限度绝不会出现在"小人"身上。子曰："群居终日，言不及义，好行小惠，难矣哉！"(《论语·卫灵公》)③"小人"表面上看起来是整天待在一块，但是从来不讨论"仁"与"义"，这些人只是喜欢耍弄一些小聪明，和这种小人"群居"在一起是很难的。可见，孔子的"群"，绝不是现世世界中的党人、俗人群居，而是君子依据自身所是的仁德规定，在现世之中有所择取的君子群居。

## 三、诗为何可以"群"

君子的"仁德"状态是士人的集体原型状态，或士人的日常平均状态。这种士人群体存在状态的文化建构与早期原初人的神话原型状态极为相似。美国学者休斯顿·史密斯在《人的宗教》描述了原初人如何为自身制定行动的神话原型，其云："传说中的人物充满在这背景世界中。他们并不是神，他们更像我们自己，而同时又大于生命。给予他们特殊身份

---

① 杨伯峻译注：《论语译注》，中华书局1980年版，第37页。
② 杨伯峻译注：《论语译注》，中华书局1980年版，第147页。
③ 杨伯峻译注：《论语译注》，中华书局1980年版，第165页。

的是，他们创始了或制定了日常生活中所包含的示范行为。他们是塑造以及规范生命基本条件的天才——男人和女人；人、鸟、鱼以及其他——还有其主要活动诸如狩猎、集会、战争、爱。我们往往喜欢说当阿隆达人（Arunta）去打猎时，他们模拟第一个猎人原型的伟绩，但是这把他们与其猎人原型太尖锐地划分开来了。比较好的说法是，他们完全进入原型的模子中，使每一个人都变成了最早的第一个猎人；没有差异存在了。其他的活动也一样，从编织篮子到做爱。只有在他们使行动与某些原型的英雄模式一致时，阿隆达人才感到他们是真正的活着，因为在那些角色中他们是不朽的。"[1]英国学者凯伦·阿姆斯特朗说："在工业化、城市化的社会中，被我们称为'偶像崇拜'或者'神性崇拜'的经验对于人们而言显得极为遥远，但对于澳大利亚土著人，它不仅是完全自明的，而且比物质世界更为真实。例如，'开天辟地'时代（Dreamtime）——澳大利亚土著在睡眠经验和幻觉经验中能够再度体验到它——它无始无终，并且'随时'可以发生。它构成了日常生活的坚实背景，而主宰日常生活的则是死亡、变化无常、无穷无尽的事件以及四季的轮换更替。'开天辟地'时代属于我们的始祖——他们被视为无所不能的'原型人类'，教给人类生活的必需技能，诸如狩猎、战争、性交、纺织以及编织工艺。因此，必须通过某些神性仪式而非世俗活动，必死的凡人才能与'开天辟地'发生关联。"[2]原初人的各类"神话原型"为原初人指明了各种行为的方面，具有规范自身的作用。诸如诗歌、艺术、舞蹈、音乐、器物、图像等原初文化形式可以帮助他们摆脱现世之"思"，而进入人的"神话原型"之"思"。这种口耳相传的"原型"知识，也就成为部落社会维持秩序的准则，在这些精神秩序中，原初人即使在没有纷繁的典章制度、法律条文的社会中，依旧能够平等共处。德国学者利普斯在《事物的起源：简明人类文化史》一书中云："我们（原初人）将强调'事实和形象'的教育，更强调记忆，强调应用心理学，强调人和人之间融洽相处的能力。假如我们教育体系仿效过去那样的无书的教育，我们会有最民主的'学院'。在所谓'野蛮人'之中，所有知识靠口传继承下来，并为所有的人所共有，知识教给部落每个成员。因此，每个人都被平等地赋予生活的能力。"[3]美国人类学家约翰·博

---

[1] [美]休斯顿·史密斯：《人的宗教》，刘安云译，海南出版社2001年版，第395页。
[2] [英]凯伦·阿姆斯特朗：《神话简史》，胡亚豳译，重庆出版社2005年版，第15—16页。
[3] [德]J.E.利普斯：《事物的起源：简明人类文化史》，汪宁生译，贵州教育出版社2010年版，第195页。

德利在《人类学与当今人类问题》一书中专门讨论了"部落世界的社会秩序",其云:"部落社会的人口密度很低,社会权利很少集中,不强调物质财富是社会身份的主要来源,每个家庭都能获得基本的生存资源,因此它所面对的社会秩序问题完全不同,也能有效地予以解决。同样重要的是,部落社会强调财富和收入的平等分配,并将之作为主要的社会目标,而不是强调生产力的持续增长。"① 正是有了"原型人类"的社会典范作用,原初部落社会的日常生活才能和谐有序地进行。"神话原型"为原初社会提供了无形的社会秩序。

孔子关于人之思的"仁者"的状态和"仁群"的状态都是在原初人的"神话原型"基础上建构起来的文化意象。孔子认为"诗可以兴",传承了原初的口传诗歌的文化开启功能。原初诗歌具有将人之"思"的现世状态召唤或敞开为人之"思"的原型状态,从而使自身进入仁者有所是的文化规定状态,用孔子的话来说,这就是通达了"思仁"和"思群"的君子状态。《礼记·仲尼燕居》记载孔子曰:"两君相见,揖让而入门,入门而县兴,揖让而升堂,升堂而乐阕,下管《象》《武》,《夏》钥序兴,陈其荐俎,序其礼乐,备其百官。如此而后,君子知仁焉。行中规,还中矩,和鸾中《采齐》。客出以《雍》,彻以《振羽》。是故君子无物而不在礼矣。入门而金作,示情也。升歌《清庙》,示德也。下而管《象》,示事也。是故古之君子,不必亲相与言也,以礼乐相示而已。"② 这段话描绘了古代君子相见的情景。首先是演奏钟乐,然后演奏《象》乐,又依次演奏《武》乐、《夏》乐。通过演奏这些音乐和诗歌,"君子知仁",君子之思就进入了"仁者"的存在状态。此时,君子的行为中规中矩了,音乐也更改为和谐的《采齐》之乐。客人离开的时候,要演奏《雍》乐。撤席之时,再演奏《振羽》。整个仪式活动,主人与客人都处于礼乐文化之中,因此,孔子说,古代的君子不必亲自说话,可以用礼乐、诗歌等文化形式来表达情意。诗歌、礼乐不仅使他们获得了仁者的存在规定,而且能够和谐共处,群居融融。

《礼记·孔子闲居》记载:"孔子闲居,子夏侍。子夏曰:'敢问《诗》云"凯弟君子,民之父母",何如斯可谓民之父母矣?'孔子曰:'夫民之父母乎,必达于礼乐之原,以致五至而行三无,以横于天下,"四方"有

---

① [美] 约翰·博德利:《人类学与当今人类问题》,周云水等译,北京大学出版社 2010 年版,第 196 页。
② (汉) 郑玄注,(唐) 孔颖达疏:《礼记正义》,北京大学出版社 2000 年版,第 1619 页。

败，必先知之。此之谓"民之父母"矣。'子夏曰：'民之父母'，既得而闻之矣，敢问何谓'五至'？'孔子曰：'志之所至，诗亦至焉。诗之所至，礼亦至焉。礼之所至，乐亦至焉。乐之所至，哀亦至焉。哀乐相生，是故正明目而视之，不可得而见也。倾耳而听之，不可得而闻也。志气塞乎天地，此之谓"五至"。'子夏曰：'"五至"既得而闻之矣，敢问何谓"三无"？'孔子曰：'无声之乐，无体之礼，无服之丧，此之谓"三无"。'子夏曰：'三无既得略而闻之矣，敢问何诗近之？'孔子曰：'"夙夜其命宥密"，无声之乐也。"威仪逮逮，不可选也"，无体之礼也。"凡民有丧，匍匐救之"，无服之丧也。'"① 子夏问孔子，为什么《诗》中说"凯弟君子，民之父母"呢？孔子回答：君子作为民之父母，必须通达礼乐的源始状态或原型状态，即达到"五至""三无"状态。当然，孔子所谓的礼乐源始状态，就是人之思的"仁者"的状态。所谓"五至"，即是从"仁者"之"志"出发，先后通达"诗""礼""乐""哀"等现身情态。所谓"三无"，即是乐、礼、丧的"神无"之状态，也就是"思"之规定状态。从中我们可以体验到，孔子认为，一方面君子的内在规定性与外在的现身情态具有一致性，另一方面通过领会《诗》的语词声音，又可以通达礼、乐、丧等的仁德规定，这是君子存在的双向规定体验活动。在这种双向体验活动中，君子的"仁"之状态和"群"之状态得到了显现和展开，同时，这种"仁"之状态和"群"之状态又能有效地引导和规定人的现身情态。

　　子谓伯鱼曰："女为《周南》《召南》矣乎？人而不为《周南》《召南》，其犹正墙面而立也与！"（《论语·阳货》）② 孔子问伯鱼：你掌握了《周南》《召南》吗？一个人要是没有掌握《周南》《召南》，就好比面对墙壁而立，寸步难行啊。学术界大都认为，孔子之所以这样问，是因为赋诗言志的社会需要和诗歌功能，所以他告诫自己的儿子，要好好学习《诗》。我们认为，孔子的这段话，讨论的不是社会流俗的社会功能，而是人应该怎么样才能在社会上有所"立"的问题。孔子所谓的"立"，不是在社会上做大官，赚大钱，而是要通过《诗》的学习，深入领会自身的"仁者"状态，体验到自身世界打开以后的澄明世界。如果没有学习《诗》，人之思的状态肯定是处于被遮蔽的世俗状态，这种世俗状态就如面对墙壁而立一样，视界狭隘，看不到前途的光明。《吕氏春秋·季春纪·先己》记载："《诗》曰：'执

---

① （汉）郑玄注，（唐）孔颖达疏：《礼记正义》，北京大学出版社2000年版，第1626—1628页。
② 杨伯峻译注：《论语译注》，中华书局1980年版，第185页。

誉如组。'孔子曰：'审此言也可以为天下。'子贡曰：'何其躁也？'孔子曰：
'非谓其躁也，谓其为之于此而成文于彼也。'圣人组修其身而成文于天下
矣。"[1]孔子通过阅读《诗》句，由协调的驾车动作而领会了修身治国的深
刻道理。"为之于此"是指修身和治国，"成文于彼"是指利用《诗》文表
述出来。表面上看来，"彼""此"是分离的，而因为"圣人"的存在与言
行使得其化彼此而为一，此时，彼即是此，此即是彼。在孔子看来，《诗》
可以展开人的"仁者"状态或"群思"状态，人又可以根据自身所是的仁
德规定，来分析和审视世界，并将自身的仁德践行于现实生活之中，这
样，人就不是按照人的无规定状态来为人处事，而是按照自身有所是的仁
者原型，即"仁"之要求以及"群"之要求来为人行事，社会秩序就自然
会和谐统一了。

孔子的"诗可以群"是自身世界的君子之群，不是现世世界的小人之
群。君子之群，是在自身世界之中，通过诗歌语词的召唤和领会，将原型
世界展开，并获得自身所是的"仁德"和"群居"的文化规定性。而小人
之群是一种沉沦在世俗之中的群居。面对"小人成群"，孔子感到十分忧
戚和愤怒。《荀子·宥坐》记载："孔子为鲁摄相，朝七日而诛少正卯。门
人进问曰：'夫少正卯，鲁之闻人也。夫子为政而始诛之，得无失乎？'孔
子曰：'居，吾语汝其故。人有恶者五，而盗窃不与焉：一曰心达而险，二
曰行辟而坚，三曰言伪而辩，四曰记丑而博，五曰顺非而泽。此五者，有
一于人则不得免于君子之诛，而少正卯兼有之。故居处足以聚徒成群，言
谈足以饰邪营众，强足以反是独立。此小人之桀雄也，不可不诛也。是以
汤诛尹谐，文王诛潘止，周公诛管叔，太公诛华仕，管仲诛付里乙，子产
诛邓析、史付。此七子者，皆异世同心，不可不诛也。'《诗》曰：'忧心
悄悄，愠于群小。小人成群，斯足忧矣！'"[2]少正卯之群，就是孔子眼中
的"小人之群"。这些"小人""聚徒成群"，而且他们通过言语足以粉饰
邪恶，使众小聚集起来。他们为自身的"党派"利益结成群体，力量极为
强大，令独立行事的君子无法对抗。可见，孔子认为，这种"小人之群"
是为了私己利益而结盟的，其危害作用很大，不利于社会的稳定，也会妨
碍君子的典范作用，是罪大恶极的。孔子担任鲁相，第一件事就是铲除这
种"小人之群"，为社会树立"君子之群"，具有惩恶扬善的社会功能。

---

[1] 许维遹撰，梁运华整理：《吕氏春秋集释》，中华书局2009年版，第73页。
[2] （清）王先谦撰，沈啸寰、王星贤点校：《荀子集解》，中华书局1988年版，第520—521页。

## 四、小　结

"诗可以群"不是乡党之群，也不是俗人之群。孔子的"群居"是在常身世界之中获得"仁群"之"思"，然后才在现世社会中践行"仁群"之"居"。

士人通达了自身的仁者状态，就会在文化之"思"中，对常身世界中邻近的他者展开空间位置的相应调整，在"仁思"中作出可以与之为群的文化抉择。"仁者"状态成为人与人群居的思想基础与价值认同，如果失去了这种常身世界的文化规定性，就很容易成为"小人"的以利为群。

礼乐、诗歌活动可以帮助士人展开自身之"仁思"，使自身进入仁者原型有所是的规定状态，获得"仁思"与"群思"的君子存在。这不仅使自身领会了常身的仁德规定，而且直接将这种内在文化规定性投射到常身世界的现身情态中，从而使常身与他者能够在原型世界之中和谐共处，群居融洽。

## 第十节　诗为何可以"怨"

孔子诗学命题"诗可以怨"中的"怨",与俗人在世一般情感的"怨",表面上看起来都是"怨"情,所以历代儒者都将其看成是一回事。如孔安国曰:"怨刺上政。"邢昺《注疏》曰:"可以怨者,《诗》有'君政不善则风刺之','言之者无罪,闻之者足以戒',故可以怨刺上政。"[1]朱熹《集注》曰:"可以怨,怨而不怒。"[2]所谓"怨刺上政",是表达对社会政令的不满。朱熹的"怨而不怒"区分了"怨"和"怒"的情绪程度,认为"怨"是有一定限度的。但是这些学者都认为,"怨"是人在世的基本情感。

1980年11月20日,钱锺书在日本早稻田大学文学教授座谈会上做了《诗可以怨》的演讲,他将"诗可以怨"解释为:"苦痛比快乐更能产生诗歌,好诗主要是不愉快,苦恼或穷愁的表现和发泄。这个意见在中国古代不但是诗文理论的常谈,而且成为写作实践里的套板。"钱锺书旁征博引了古今中外关于文学可以"怨"的相关论述,最后他总结道:"悲剧已遭现代新批评家鄙弃为要不得的东西了,然而历史上占优势的理论认为这个剧种比喜剧伟大。"[3]可见,钱锺书阐释"诗可以怨"存在以下几个特点:一是将"诗可以怨"普遍化了,他为西方的"悲剧"精神观念在中国的现实遭遇感到不平,因此借用阐释"诗可以怨"来论证悲剧精神在中国有着悠久的文化传统。二是将孔子的"诗可以怨"这一命题去中国化了,简单地将其当成"写作实践里的套板",以书写小传统价值理解这个命题,反而遮蔽了这一诗学命题的深层文化意义。三是将孔子的"怨情"世俗化了,他认为,这里的"怨"是指人人在世都具有的"苦痛"之情。

李凯在《"诗可以怨"与"怨而不怒"的再解读》一文中认为:"'怨'作为人类的情绪、情感,是人对客观事物与其自身需要之间的关系的反映。……一般认为,快乐、愤怒、恐惧、悲哀是最基本和最原始的情感,'怨'被认为是否定的一极、而在儒家看来,'怨'同其他情感一样,都是

---

[1]　(魏)何晏注,(宋)邢昺疏:《论语注疏》,北京大学出版社2000年版,第269—270页。
[2]　(宋)朱熹:《四书章句集注》,中华书局1983年版,第178页。
[3]　钱锺书:《诗可以怨》,《文学评论》1981年第1期。

自然和正常的。……儒家充分肯定了'怨怒'作为人类自然情感存在的合理性。"① 夏秀在《什么诗可以怨——孔子"诗怨"命题再阐释》一文中认为："孔子所说的'怨'应该既包括对于'上政'之不满，也包括对于日常生活之艰辛和情感之不如意等的牢骚，还包括对于不合乎礼数之言行的批评和愤怒，总之是所有有可能使君子失去从容不迫的态度、对社会造成不好影响的'不良'情绪。这些'不良'情绪从情感强度上说，大致可分为两类：一是包括牢骚抱怨在内的'怨'，二是由于极度痛苦或者愤怒所引发的'怒'。从内容范围上来看也包括两类：因为个人遭际而产生的个人之'怨'和由于家国动荡、政治晦暗、黎民之艰而产生的家国之'怨'。"② 这些学者基本沿袭了传统观点，将"怨"看成是一种人在现世之中的普遍情态，而忽视了孔子之"怨"，与现世之人的"怨"虽然存有相同之处，但也存在不同之处。

　　关于"怨情"，子曰："贫而无怨难，富而无骄易。"(《论语·宪问》)③ 孔子认为，作为一个君子却身居贫困之中，如果说他没有怨恨，这是不可能的。也就是说，君子和众人一样，立身于社会环境之中，也是有怨情的，但君子的怨情与众人的怨情是不是完全一样呢？《论语·颜渊》记载："樊迟从游于舞雩之下，曰：'敢问崇德，修慝，辨惑。'子曰：'善哉问！先事后得，非崇德与？攻其恶，勿攻人之恶，非修慝与？一朝之忿，忘其身以及其亲，非惑与？'"④ 樊迟向孔子提出了三个问题：一是如何提高品德？二是如何消除别人的怨恨？三是如何解除人生的困惑？孔子回答说：第一，先做事情，后有获得，这不就提高了品德吗？第二，反思自己的不足，而不去攻击别人的不足，这不就消除了别人的怨恨吗？第三，因为暂时的怨愤，就忘记了自己的仁者常身，也忘记了自己的亲人，这不是困惑是什么？孔子认为，一个君子偶尔也会产生怨情，但是如果因为一时的怨情，而忘记了仁者常身，甚至忘记了亲人，这就处于人心困惑的状态了，就遮蔽了君子的仁者之心。可见，孔子认为，君子之怨与众人之怨具有相同之处，即人心都是困惑的。那么，它们之间的不同表现在什么地方呢？子曰："躬自厚而薄责于人，则远怨矣。"(《论语·卫灵公》)⑤ 孔子认为，君子要多多责备自己，尽量少责备他人，这样就可以

---

① 李凯：《"诗可以怨"与"怨而不怒"的再解读》，《文史哲》2004年第1期。
② 夏秀：《什么诗可以怨——孔子"诗怨"命题再阐释》，《东岳论丛》2013年第8期。
③ 杨伯峻译注：《论语译注》，中华书局1980年版，第149页。
④ 杨伯峻译注：《论语译注》，中华书局1980年版，第130页。
⑤ 杨伯峻译注：《论语译注》，中华书局1980年版，第165页。

"远怨"。君子最终的文化目标是要"远怨",即让怨情远离自身,而世人通常是"积怨""多怨",可见,同样是"怨情",但他们对待怨情的文化态度是截然不同的。

在孔子诗论体系中,"诗可以怨"是贴近生活、极富现实意义的重要诗学命题,不能简单割裂孔子的仁德价值及其文化重建,而孤立地讨论这个诗学命题的文化意义。否则,很容易遮蔽"诗可以怨"的文化意义和诗学意味。

## 一、"怨"的分歧:君子与小人各有所怨

人有七情六欲,"怨"情只是人在现世之中的现身情态之一。君子作为心存仁德之人,该不该有"怨"情呢?孔子认为,作为一种在世的有形存在,君子与常人一样,也会产生怨情。《论语·阳货》记载:"子贡曰:'君子亦有恶乎?'子曰:'有恶:恶称人之恶者,恶居下流而讪上者,恶勇而无礼者,恶果敢而窒者。'曰:'赐也,亦有恶乎?''恶徼以为知者,恶不孙以为勇者,恶讦以为直者。'"[1]子贡问孔子:君子也有怨恨(厌恶)吗?孔子回答说:君子有怨恨。孔子特别强调,君子怨恨那些散布别人缺点的人,怨恨那些身处下位却讪谤上位的人,怨恨那些有勇而无礼的人,怨恨那些草率而执拗的人。孔子不仅肯定君子是有怨情的,而且对那些隐匿怨情的人,也持有不满。孔子问子贡:你也有怨恨吗?子贡回答说:我很怨恨那种懂得很少却自以为懂得很多的人,怨恨那种不谦逊却自以为勇敢的人,怨恨那种揭发别人短处却自以为很直率的人。子贡对社会上那种假知、假勇、假直的人都表示了怨恨、憎恶之情。子曰:"匿怨而友其人,左丘明耻之,丘亦耻之。"(《论语·公冶长》)[2]孔子认为,一个人对别人抱有怨恨,但是他却将这种怨恨之情隐匿起来,还假装与别人友好,对于这种人为隐藏怨情的人,左丘明以之为耻,我也以之为耻。也就是说,孔子不仅承认君子是有怨的,而且提倡君子要将怨恨之情展现出来,如果将怨恨之情藏匿在心中,这不是君子所为。

我们可以将孔子对待怨情的现实态度追溯到早期大传统文化。在大传统的口传文化中,萨满或巫师不仅有怨情,而且要将这种怨情倾泻出来才能为部落群体带来福音。萨满能够看到神灵的存在,如果人的灵魂被恶神或魔鬼吃掉了,那么,失去灵魂的人就会生病,萨满对这种灵魂的迷失

---

[1] 杨伯峻译注:《论语译注》,中华书局1980年版,第190页。
[2] 杨伯峻译注:《论语译注》,中华书局1980年版,第52页。

状态是持有一种诊治的愤怒态度的,他要用自己的本领将失落的灵魂追回来。"只有萨满才能进行这种的治疗,因为只有他能'看见'神灵,知道怎样驱赶它,因为萨满能够辨别出灵魂是否已经逃走,他也能够在癫狂体验中制服它,使它回到病人的身体。这样的治疗通常涉及各种各样的祭祀,是否需要祭祀以及举行什么形式的祭祀活动是由萨满决定的。身体健康的恢复极大程度上依赖于精神力量的平衡,正是人们没有注意到或忽略地府的恶魔而引起疾病的,而地府恶魔也属于神圣领域。不管是在地上还是在冥界,任何与灵魂和灵魂冒险有关的事情,都是萨满专属的领域。通过自身领神前或领神时的体验,萨满了解了人类灵魂的戏剧性,了解它的不稳定性和不安全性;除此之外,他了解威胁灵魂的力量和灵魂会被带去的地方。如果萨满治疗涉及癫狂体验,正是因为人们认为疾病是灵魂的堕落或离去。"① 一方面萨满对人类在世的灵魂状态有着极为清楚的了解,即在世的人类灵魂是容易飞走的,具有不稳定性与不安全性,因此人在世界之中,就难免会出现灵魂迷失的时候。另一方面萨满又能知晓人类在世的灵魂到底去哪里了,即丢失的灵魂现在在哪里,他还随时准备通过自身灵魂的癫狂体验,重新将那丢失的灵魂寻找回来。

四川省汶川县绵池乡簸头、沟头等寨,羌人在每年秋收后还愿时,端公须作法演唱驱农害法事。这种法事为一种巫术法事,据说从前在村寨附近的神林里举行,后来村寨修了神庙,先在神庙内、后在神庙外进行。法事开始,端公击鼓演唱道:

> 此次还愿三日夜,
> 端公先把鸟兽撵。
> 鸟兽本是庄稼害,
> 驱除鸟兽获丰收。
> 谁家今晚打发女,
> 请我端公去解煞。
> 谁家今晚葬爹娘,
> 请我端公去开路。
> 解煞开路我不管,
> 端公先把鸟兽撵。

---

① [美] 米尔恰·伊利亚德:《萨满教:古老的入迷术》,段满福译,社会科学文献出版社 2018 年版,第 216 页。

演唱完毕，即停止打鼓，此时一个青年怀抱一只公鸡，同其他几个打火把的青年从庙内出来，走在前面，此时端公也走出庙门高声击鼓演唱道：

> 野猪老熊土猪子，
> 老鸹鸦雀众雀鸟！
> 糟蹋庄稼犯罪孽，
> 端公特来撵尔等。
> 松潘街上往下撵，
> 尔等逃往茂县街。
> 茂县街上往下撵，
> 尔等逃往威州街。
> 威州街上往下撵，
> 尔等逃往灌县街。
> 灌县街上再一撵，
> 驱赶尔等灌县外！

端公演唱时，每说到一个地方，都吆喝一声，众人也跟着大喝一声，当端公和众人吆喝时，抱鸡和打火把的几个青年不断飞跑向前，表示已把鸟兽从松潘往南一直赶到灌县以外，象征农害已除。[①] 在祭祀仪式中，羌族巫师端公对危害庄稼的各种害虫，诸如野猪、老熊、乌鸦、麻雀等，都充满了怨愤之情，他不仅要紧撵诸多害虫，而且还用具有神圣力量的表演仪式手段将其驱赶。在端公充满愤怒的口头语词中，承载了具有禳灾除害的神圣力量，各种害虫也显现出落荒而逃充的狼狈情形。害虫逃远了，这也意味着，端公治疗好了各种农业病害。

在古印度诗集《阿达婆吠陀》第6卷中有一首《治咳嗽》，诗歌表达的也是对"咳嗽"疾病的痛恨之情，希望能够利用口头语言的神奇魔力，将"咳嗽"赶到远方，其云：

> 像心中的愿望，

---

① 吕大吉、何耀华总主编，和志武等本卷主编：《中国各民族原始宗教资料集成：纳西族卷 羌族卷 独龙族卷 傈僳族卷 怒族卷》，中国社会科学出版社1999年版，第502—503页。

>迅速飞向远方，
>咳嗽啊！远远飞去吧，
>随着心愿的飞翔。
>像磨尖了的箭，
>迅速飞向远方，
>咳嗽啊！远远飞去吧，
>在这广阔的地面上。
>像太阳的光芒，
>迅速飞向远方，
>咳嗽啊！
>远远飞去吧，
>跟着大海的波浪。①

咳嗽"远远飞去吧"，这既是诗人内心的急切心愿，也是随着语言声音的飞翔而出现的神话现实。咳嗽远离了，病人的疾病就治好了。

我们再看看澳洲土著的一首战斗咒歌。他们为了能够战胜对手，愤怒的歌手唱道：

>戳他的额，
>刺他的胸膛，
>戳他的肝，
>刺他的心脏，
>戳他的腰，
>刺他的肩膀，
>戳他的腹，
>刺他的肋膀。②

这首诗歌表达了对敌人的愤怒之情，他希望通过自己口传语言的怨愤声音挫败敌人，杀死对手，期待获得战斗的胜利。

孔子认为，君子也是有怨情的，但君子在诗歌中展示的怨情要充满正义。那么，君子之怨和小人之怨有没有文化区别呢？如果有区别，那又

---

① 《印度古诗选》，金克木译，湖南人民出版社1984年版，第43页。
② [德]格罗塞：《艺术的起源》，蔡慕晖译，商务印书馆1984年版，第179页。

是什么将其区分开来呢？孔子对那种因为暂时的怨情而忘记了自身和亲人的人是不满的，也就是说，君子之怨是有限度的，不能因为自己现在有怨而忘乎所以，就可以忘身，所以做到怨不忘身才是君子之怨的重要维度。也就是说，君子可以有怨，但君子之"怨"不过是仁者德性在现世之中的情绪显现。子曰："君子喻于义，小人喻于利。"（《论语·里仁》）① 子曰："君子谋道不谋食。耕也，馁在其中矣；学也，禄在其中矣。君子忧道不忧贫。"（《论语·卫灵公》）② 君子心中获得了自身的仁义规定，并将其践行于现世情态之中，使现世的怨情也受到"仁义"的价值规定。以仁义所是与他者相处的文化关系，是君子处于现世怨情的重要文化基础，这种有所限度的怨情就不是"小人"的现世怨情。"小人"的现世怨情缺失文化的限度，是无根性规定的，因为现世的物质利益关系成为世俗之人的怨情诱因。君子所追求的是"仁道"的根性存在，所担忧的也是"仁道"的缺失存在，对于现世物质的"食""贫"等情状是不太重视的。可见，君子所有之"怨"，属于在"仁道"限度之内的"怨情"，不是世人为"食物""贫困"等而产生的外在物质之"怨"。子谓子夏曰："女为君子儒，无为小人儒。"（《论语·雍也》）③ 所谓"君子儒"，是指始终用"君子品德"来要求自己的儒者。所谓"小人儒"，是指始终用"小人"的外在利益关系来审视他者的儒者。区分这两种儒者的文化标准在于内心是否具有仁德。

可见，孔子所提倡的君子之怨，不是一种物质关系的现世之"怨"，而是一种诉求于仁者文化关系的真实之"怨"。《论语·宪问》："子曰：'莫我知也夫！'子贡曰：'何为其莫如知子也？'子曰：'不怨天，不尤人，下学而上达。知我者其天乎！'"④ 面对世人对自己的不理解，孔子说要自己"不怨天，不尤人"，也就是既不埋怨天，也不埋怨他人。从这段话中，我们可以知道，孔子也是有怨的，那么，他埋怨谁呢？既然他不埋怨天和别人，毫无疑问，孔子埋怨的就是他自己。孔子解释说："自己出身卑微，学习了各种礼乐知识，能够通晓古代的文化精神和文化意义，能够达于天命，这种天命知识只有天才知道啊。"既然如此，孔子又为什么会埋怨自己呢？因为孔子认为，一个知晓天命、具备仁德的君子，无论到哪里都会得到他人的理解，如果有人还不理解自己，这就说明，自己的仁德还不够

---

① 杨伯峻译注：《论语译注》，中华书局1980年版，第39页。
② 杨伯峻译注：《论语译注》，中华书局1980年版，第168页。
③ 杨伯峻译注：《论语译注》，中华书局1980年版，第59页。
④ 杨伯峻译注：《论语译注》，中华书局1980年版，第156页。

齐全，还需要继续加强学习。

关于"小人之怨"，孔子也多有分析和论述。子曰："放于利而行，多怨。"（《论语·里仁》）① "小人"在现世之中，沉沦于物质世界的流俗状态，他们关注的是人在世界之中的各种利害关系，依据是否对己有利而行事，这样就一定会形成"多怨"的现世情态。子曰："鄙夫可与事君也与哉？其未得之也，患得之；既得之，患失之；苟患失之，无所不至矣。"（《论语·阳货》）② 孔子认为，不能与鄙夫（无德性之人）共事君王，为什么呢？这种无德性的人在没有得到职位的时候，就怕得不到；得到了这个职位呢，他又怕丢掉了。如果担心丢掉职位，为了保住职位，他就会什么事情都做得出来。子曰："唯女子与小人为难养也，近之则不孙，远之则怨。"（《论语·阳货》）③ 那种"小人"（还有女子）是难以共处的，如果与之太亲近了，他就会做出无礼的行为；如果与之太疏远了，他就会产生怨恨之情。

孔子对"小人"之"利""小人"之"怨"是不满的，君子不能按照小人的现世情态来为人处事。《论语·子路》记载："子夏为莒父宰，问政。子曰：'无欲速，无见小利。欲速，则不达；见小利，则大事不成。'"④ 孔子告诫子夏为政，不要只图见效快，也不要只顾眼前小利。如果只图见效快，就很难达到目的；如果只顾眼前小利，就办不成大事。只讲速度，只顾小利，这都是小人的现世情态，只会带来负面效应。《论语·宪问》记载："阙党童子将命。或问之曰：'益者与？'子曰：'吾见其居于位也，见其与先生并行也，非求益者也，欲速成者也。'"⑤ 孔子认为，这个人（阙党童子）与人相处，都是世俗之行。这种世俗之行的人不是一个真正求上进的人，而是一个"急于求成"的人。"小人"通常表现出"急于求成"，而无所顾忌，孔子对之表示了鄙夷之情。

君子如何对待别人的怨情呢？《论语·宪问》记载："或曰：'以德报怨，何如？'子曰：'何以报德？以直报怨，以德报德。'"⑥ 有人问孔子：君子如果以仁德来对待别人之怨，怎么样？孔子回答说：如果这样的话，用什么来对待君子之德呢？君子应该要用正直公平来对待小人之怨，用仁德

---

① 杨伯峻译注：《论语译注》，中华书局 1980 年版，第 38 页。
② 杨伯峻译注：《论语译注》，中华书局 1980 年版，第 186 页。
③ 杨伯峻译注：《论语译注》，中华书局 1980 年版，第 191 页。
④ 杨伯峻译注：《论语译注》，中华书局 1980 年版，第 139 页。
⑤ 杨伯峻译注：《论语译注》，中华书局 1980 年版，第 159—160 页。
⑥ 杨伯峻译注：《论语译注》，中华书局 1980 年版，第 156 页。

来对待有德之行。也就是说,孔子认为,对于不同的"怨"情,必须区别对待。对于君子之怨,我们要给予理解,并以仁德来加以疏通和开导。而对于小人之怨,我们必须给予直接公正的批评,不能过于包容。

## 二、自我治疗:君子终归无怨

"君子之怨"是君子在世的现身情态之一,这种"怨"是一种有所规定、仁质均衡的"怨",与"小人之怨"有所不同。"小人之怨"是一种世界沉沦、气质不均的现世状态,人心被现世的各种物质关系所遮蔽,属于一种无所规定、流动放纵的"怨"。"君子之怨"不是为了将"怨"迁怒于人,而是以"怨"的现身情态来展开自身心质的文化反思。《论语·雍也》记载:"哀公问:'弟子孰为好学?'孔子对曰:'有颜回者好学,不迁怒,不贰过。不幸短命死矣。今也则亡,未闻好学者也。'"[①]孔子认为,颜回好学的表现在于他不会将自己的怨恨迁怒到他人身上,也不会重犯相同的错误。可见,颜回通过自身所有的怨恨情感,以及所犯的错误行为,来不断加强学习,以培养和提升自己内在的仁德质性,最终由"有怨"的世俗状态最终达到"无怨""无过"的君子状态。子曰:"已矣乎,吾未见能见其过而内自讼者也。"(《论语·公冶长》)[②]孔子说:算了吧,我还没有遇到过能够发现自己的错误而能够自我反省的人。也许在孔子眼中,颜回是那个善于发现自己内在情感(怨)与外在行为(过)的不足,且能开展自我反省的人。

人在世界之中总是要与世人打交道,而在世的人都难免具有怨情,君子处世,也不例外。但是孔子认为,君子对待在现世之中所产生的各种怨情,要善于从人心之"仁思"的文化层面进行自我反省,从而摆脱"现世之怨"的沉迷状态,重新回归到"思仁"的心性状态。子曰:"以约,失之者鲜矣!"(《论语·里仁》)[③]何谓"以约",是指人心所是的"仁质"来约束、节制自己,这样就不会使自身迷失于现实世界,因此,内心所"怨"的东西就会逐渐减少,所犯的错误也就会随之减少。在《诗可以怨吗》一文中,傅道彬讨论了儒家人的"勿怨",他认为,"勿怨"是"儒家对怨怒情感的否定与限制",其云:"在仁爱思想主张的基础上,仁者的'不怨'是要放弃一己之私,有宽阔容忍的襟胸。在儒家思想认识中,社会是一个

---

① 杨伯峻译注:《论语译注》,中华书局1980年版,第55页。
② 杨伯峻译注:《论语译注》,中华书局1980年版,第53页。
③ 杨伯峻译注:《论语译注》,中华书局1980年版,第40页。

群体，在群体的人与人的关系中，如果每个人都仅从一己私利出发，其内心是污秽的不洁净的，势必招致相互怨怒，危及社会和谐，因此'去怨'也就必须摒除一己私利，克制自己的私欲，实现仁爱的社会理想，所谓'克己复礼为仁'，一日克己复礼，天下归仁焉。归仁之道，就是克己之道，就是习礼之道，也就是去怨之道。去怨首先是内省，而不是外求，是责己，而不是责人。"[1] 傅道彬认为，儒家的"去怨"在于自身的文化内省，是一种责己的行为，这是符合孔子对现世"君子之怨"的"内自讼"要求；同时，君子之怨必须要放弃"一己之私"，这样才能让人心回归到仁者常态，也区分了"君子之怨"与"小人之怨"之间的文化差别。

孔子所建构的自身有所是的仁者存在是一种具有"士人原型"的君子状态，当士人依照"士人原型"来建构自身心性时，自身便依照"士人原型"来塑造自身，践行自我。子曰："富与贵，是人之所欲也；不以其道得之，不处也。贫与贱，是人之所恶也；不以其道得之，不去也。君子去仁，恶乎成名？君子无终食之间违仁，造次必于是，颠沛必于是。"（《论语·里仁》）[2] 孔子说，富裕和尊贵是人人都想要的东西，但如果不以"道"的方式得到富贵，君子是不会接受的。贫穷和卑贱是人人都讨厌的东西，但如果不以"道"的方式去摆脱贫贱，君子宁愿居于贫贱之中。君子要是离开了仁德心质，怎么能"成就"君子之名呢？君子不会因为在吃饭之时而违反仁德；无论是紧急之时，还是颠沛流离之时，君子都要以仁德来规定自身，并实践自身有所是的仁德心质。

君子依照仁道的存在状态，在自身世界之中，善于营造与他者共处的和谐氛围，此时，人心之"思"处于"仁质"状态，处于"合群"状态，这样就逐渐取代了人心的"怨情"状态。君子人心由外部"怨恨"的不和谐状态，转化为人心内部仁德和谐的状态，此时，君子就化"怨情"为"无怨"了。子曰："事父母几谏，见志不从，又敬不违，劳而不怨。"（《论语·里仁》）[3] 君子在侍奉父母时，对父母不对的地方，要进行委婉的劝谏，如果他们没有采纳自己的意见，依旧要恭敬他们，不要冒犯他们，这样尽管有些心劳，但是没有丝毫怨恨。君子要善待和恭敬父母，以仁德谏之，始终让人心处于君子状态，怨从何生？《论语·述而》记载："冉有曰：'夫子为卫君乎？'子贡曰：'诺，吾将问之。'入，曰：'伯夷，叔齐何

---

[1] 傅道彬：《诗可以怨吗》，《文艺研究》2007年第11期。
[2] 杨伯峻译注：《论语译注》，中华书局1980年版，第36页。
[3] 杨伯峻译注：《论语译注》，中华书局1980年版，第40页。

人也？'曰：'古之贤人也。'曰：'怨乎？'曰：'求仁而得仁，又何怨？'出，曰：'夫子不为也。'"① 卫灵公去死后，出公辄为君，但是他拒绝接纳蒯聩（出公辄的父亲）回国。冉有和子贡想知道孔子对卫君的态度。子贡问孔子：伯夷、叔齐是什么样的人呢？孔子说：他们都是古代的贤人。子贡继续问：他们都不想做孤竹国的国君，互相推让，结果都跑到国外去了，后来是不是会相互埋怨呢？孔子回答说：他们追求的是君子仁德，而且获得了自身的仁德状态，他们又有什么可埋怨的呢？由此，子贡和冉有就知道，孔子是不会赞成现在卫君出公辄的所作所为。这为什么呢？因为孔子在评价伯夷、叔齐的时候，依据的是君子心存仁德的文化标准，而卫君出公辄拒绝自己父亲入国，是害怕父亲回来以后，与自己争夺君位，他依据的是社会权力竞争的世俗标准，所以孔子是不会赞同卫君的。子曰："伯夷、叔齐，不念旧恶，怨是用希。"（《论语·公冶长》）② 孔子认为，伯夷、叔齐兄弟俩能够做到不念过去的恩怨，因此他们的怨恨也会很少。孔子所追求的仁德品格不是一种现世的利益原则，而是用"士人原型"的整体状态来为人处事，践行自身，是以君子终归于无怨。子曰："饭疏食饮水，曲肱而枕之，乐亦在其中矣。不义而富且贵，于我如浮云。"（《论语·述而》）③ 孔子说：粗茶淡饭，饮用茶水，弯曲胳膊，以之枕头，这种平淡的生活也充满乐趣。孔子追求的就是这种清贫孤独、乐在其中的平淡生活，孔子的"乐"，就是在清贫孤独之中，深深体验到人心仁德的本来心性状态，而对于那种利用不正当的手段而获得的外在富贵，这对孔子来说，就如"浮云"一般，可有可无。子曰："奢则不孙，俭则固。与其不孙也，宁固。"（《论语·述而》）④ 孔子认为，一个人生活奢侈，就会不谦逊。只有生活简朴，才能固守仁德。与其不谦逊而失去仁德，不如固守仁德，恒守不变。可见，孔子认为，过分追求外在物质的奢侈就会引诱人心，使之变得极为狂狷不逊，由此而遮蔽人心的仁质面目，反而会招来各种祸害与怨恨。君子固守仁德，清静平淡，自己不会心生怨恨，也不会招致他者的怨情。《荀子·子道》记载，子路问于孔子曰："君子亦有忧乎？"孔子曰："君子，其未得也，则乐其意，既已得之，又乐其治，是以有终身之乐，无一日之忧。小人者，其未得也，则忧不得，既已得之，又恐失之，是以有终

---

① 杨伯峻译注：《论语译注》，中华书局1980年版，第70页。
② 杨伯峻译注：《论语译注》，中华书局1980年版，第51页。
③ 杨伯峻译注：《论语译注》，中华书局1980年版，第70—71页。
④ 杨伯峻译注：《论语译注》，中华书局1980年版，第77页。

身之忧，无一日之乐也。"① 君子是追求仁德的士人，在没有得到"仁质"时，他乐于追求仁德，在得到"仁质"时，他就会乐在其中，是以终生都其乐无穷。真君子是没有一日怀有忧愁与怨恨的，小人就不同了。小人心中想的是社会的各种物质利益，在没有得到的时候，他就会担心得不到。一旦得到了，他又担心会失去，是以小人终身忧愁满面，充满怨情，无一日有快乐。

孔子强调，君子人心达到了仁在状态，与人共处，他就会依照"仁者原型"，小心谨慎地待人接物，处理各种人事政事，以至于无怨。《论语·颜渊》记载："仲弓问仁。子曰：'出门如见大宾，使民如承大祭。己所不欲，勿施于人。在邦无怨，在家无怨。'仲弓曰：'雍虽不敏，请事斯语矣。'"② 孔子认为，具有仁德的君子，出门做事好像去接待贵宾一样严肃认真；他们治理百姓，好像主持祭祀仪式一样极为谨慎。自己不想要的东西，不强加给他人。这样无论是在邦国，还是家庭，都不会产生各种怨恨。君子的待人接物，是内在仁德在社会中的具体运用，是以不生怨恨。周公谓鲁公曰："君子不施其亲，不使大臣怨乎不以。故旧无大过，则不弃也。无求备于一人。"（《论语·微子》）③ 周公是孔子崇拜的文化偶像，周公对鲁公（伯禽）说：君子不要怠慢自己的亲人，不要使大臣抱怨不止。以前的老臣如果没有犯什么大错，就不要抛弃他，不要对人责备求全。孔子继承了周公对君子的仁德要求，君子要善待亲人，爱护旧臣，以仁德待人。《论语·尧曰》记载："子张问于孔子曰：'何如斯可以从政矣？'子曰：'尊五美，屏四恶，斯可以从政矣。'子张曰：'何谓五美？'子曰：'君子惠而不费，劳而不怨，欲而不贪，泰而不骄，威而不猛。'子张曰：'何谓惠而不费？'子曰：'因民之所利而利之，斯不亦惠而不费乎？择可劳而劳之，又谁怨？欲仁而得仁，又焉贪？君子无众寡，无小大，无敢慢，斯不亦泰而不骄乎？君子正其衣冠，尊其瞻视，俨然人望而畏之，斯不亦威而不猛乎？'子张曰：'何谓四恶？'子曰：'不教而杀谓之虐。不戒视成谓之暴。慢令致期谓之贼。犹之与人也，出纳之吝谓之有司。'"④ 如何"从政"的问题，就是如何治事理人、与人相处的问题。孔子认为要尊重五种美德，排除四种恶政。这也就是儒家所提倡的仁政。君子运用"仁德"或

---

① （清）王先谦撰，沈啸寰、王星贤点校：《荀子集解》，中华书局1988年版，第533页。
② 杨伯峻译注：《论语译注》，中华书局1980年版，第123页。
③ 杨伯峻译注：《论语译注》，中华书局1980年版，第198页。
④ 杨伯峻译注：《论语译注》，中华书局1980年版，第209—210页。

"士人原型"来处理政事:第一,依照百姓能得的利益,使其获利,这不仅能给百姓恩惠,而自己却没有太大损耗。第二,择取可以劳动的时间、事情,让百姓劳动,这样使他们"劳而不怨"。第三,君子自身想得到是仁德,而且能够获得仁德,他还有什么可贪求的呢?这就是"欲而不贪"。第四,君子对待他者,无论数量多少,与势力大小,都不敢怠慢,这就是"泰而不骄"。第五,君子衣冠整齐,目不斜视,庄严待人,使人望之,而有所畏惧,这就是"威而不猛"。孔子的五种美政,都是从自身与他者之间的关系,按照"仁者原型"来严格要求自己,从而获得他者的认可。相反,"四恶"都是以"私己之欲"来为政,必然会导致"虐""暴""贼""有司"等怨恨之情。《论语·宪问》记载:"宪问:'克、伐、怨、欲不行焉,可以为仁矣?'子曰:'可以为难矣,仁则吾不知也。'"① 原宪问:如果一个人做到不好胜、不夸耀、不怨恨和不贪心,就可以是一个仁人了吗?孔子答说:这样的人实在是难能可贵,但是不是一个仁人,我就不知道了。一个人没有好胜、夸耀、怨恨和贪心等外部行为缺点,这并不意味着这个人就具备了自身所是的"仁心"状态,所以孔子说,不知道这个人是不是一个仁人。仁者是无怨的,但无怨不一定就是仁者。

### 三、诗为何可以"怨"

到了春秋时代,早期的口传诗歌逐步与原初整体文化的语境脱离开来,成为专门化、知识化的诗歌形式,这并非意味着口传诗歌的大传统文化意义就完全被湮没、被遮蔽了。孔子提倡"诗可以兴",认为在口传诗歌中那些独具一格的语词表现形式,诸如兴词、套语、程序等固定形式,依旧保留了早期诗歌的文化意义,依旧持存了一种潜在的神圣力量,可以帮助后来者打开古老文化的集体记忆,开启人类心灵的文化证悟,寻找到被社会世俗所淡化了的心性存在与思想观念。正是口传诗歌具有一种语词魔力和比兴力量,所以这种语词的声音形同带有魔法力量的巫术咒语所言说的东西,能够化成现实可行的东西,甚至可以改变现实世界与空间秩序的神奇力量。马林诺夫斯基在《巫术、科学、宗教与神话》一书中云:"咒是巫术的神秘部分,相传于巫术团体,只有施术的人才知道。在土人看来,所谓知道巫术,便是知道咒;那巫术中的巫力,永远都是咒里面的力量。我们分析一切巫术行为的时候也永远见得到仪式是集中在咒语的念诵

---

① 杨伯峻译注:《论语译注》,中华书局1980年版,第144页。

中的。咒语永远是巫术行为的核心。"① 巫术语词不仅仅是一种声音形式，而且是一种具有强烈意愿的可以实现的神圣力量。我们可以看看赫哲族萨满所唱的《咒语歌》：

> 太阳从东方升起，
> 迎着太阳诞生的英雄希特，
> 你快站住滚到一边。
> 把你头上的鹿皮帽子摘掉，
> 我从空中劈下来，
> 把你劈成两半。②

这是一首祈祷太阳升起的巫术咒语。这首迎接太阳之神英雄希特的咒语诗歌，就是通过神秘的语词力量，希望红日能如期冉冉上升。在萨满的眼中，这种咒语所发出来的神性力量，就成为太阳再生涅槃的神圣召唤与精神动力，体现了人类利用神话力量控制大自然的神奇想象。

原初人对生病是极为恐慌的，其治疗疾病的方法也极为神秘。萨满运用咒语、诗歌来治病，具有神性力量的语词就成了治病的良药。"类似这种非物理性的巫术治疗、歌舞治疗等都属于文化人类学上所说的'文化精神医学'和'民俗精神医术'的范围之内。这种文化治疗的最基本的治愈机制就是通过劝说开导、以情胜情、暗示解惑等方式让患者将积压在心里的苦闷宣泄出来，以此来达到疏通和解除患者的思想顾虑，并从抑郁中摆脱出来的目的。只有将内心的苦闷宣泄出来，才能使失调的情绪很好地得到纠正和调整。人类一般用咒骂、唱歌、乱打乱跑、求助巫术等方式宣泄苦闷。咒语、唱歌是一种语言宣泄，乱打乱跑是行为宣泄，都属于世俗的自我宣泄方式，而求助巫术来宣泄则是一种超出世俗宣泄的宗教性神秘宣泄。"③ 在治病时，萨满的咒语和歌声之所以会产生效果，是因为他们灵活地运用了口传诗歌的文化之"兴"，使病人在人心转变与精神兴起之时，能够摆脱原来人心之"思"的邪魔状态，从而在人心中激活自身本性所有的生命力量，获得极为神奇的疗效。柯尔克孜族的达热木奇（治病萨满）

---

① [英]马林诺夫斯基：《巫术、科学、宗教与神话》，李安宅编译，中国民间文艺出版社1986年版，第56页。
② 黄任远、黄永刚：《赫哲族萨满文化遗存调查》，民族出版社2009年版，第159页。
③ 色音主编：《民俗文化与宗教信仰》，知识产权出版社2011年版，第279页。

在治疗治麻疹、天花的时候，就要使用古老的治疗巴迪克（古柯尔克孜语中麻疹、天花被称为巴迪克）的咒语。他们唱道：

> 离开巴迪克，
> 离开，
> 到别的地方去，
> 到马群中活蹦乱跳的马驹中去，
> 离开巴迪克，
> 离开，
> 到母骆驼中去，
> 到正在玩耍的猴子中去。
> 离开巴迪克，
> 离开，
> 到角落里去，
> 到同吃两匹马之奶的小马驹中去。①

诗歌中"离开"，是一个具有神圣力量的咒语语词，通过将"巴迪克"这个术语，将病魔转移到其他动物如马驹、骆驼、猴子等身上去，从而达到驱逐病邪，获得人心无邪的健康状态。

哈萨克族萨满还利用歌唱的方式来治疗牙病。他们唱道：

> 巴克西治虫牙时念咒语
> 细小、细小、细小的虫，
> 落在芨芨草上的小小的虫，
> 像乌鸦一样的黑小虫，
> 落在皇帝头上的小小的虫，
> 你的草原被人占了，
> 你的冬窝着火了。
> 黑头小虫出来吧，
> 快快出来吧。②

---

① 金香、色音主编：《萨满信仰与民族文化》，中国社会科学出版社 2009 年版，第 387—388 页。
② 色音主编：《民俗文化与宗教信仰》，知识产权出版社 2011 年版，第 280 页。

在这首唱词中，萨满利用语言形式的神奇描绘，将"病邪"描绘得非常弱小，是那么不堪一击，尤其着重分析了"病邪"在源头上出了问题，令"病邪"无心留恋病人身体，以致最终仓皇而逃。病人由此获得了精神心理上的能量释放，从而获得肌体的痊愈。

萨满运用口传诗歌的力量，帮助病人重新获得本在的心理力量与精神痊愈，实现人心本性的回归，达到治愈疾病的疗效。在原初人眼中，口传诗歌语词的宣泄，甚至埋怨，可以帮助病人驱走病邪，从而摆脱人心在世的邪恶状态，由人心邪恶、怨恨的状态，转变为无邪、无怨的状态，可见，诗歌成为大传统时期治病的良药。口传诗歌通过语词召唤、文化引导、恢复记忆等诸多方式，让暂时迷失存邪的在世人心，摆脱人心"有怨"的现世状态，重新回归到人心本有的文化意义和仁者状态，重新恢复人心对"集体原型"的文化记忆和心性认同，从而解救了人心的暂时迷失与疾病状态，获得本来灵根的生命力量，人由此也获得新生。

《论衡·对作》引孔子曰："诗人疾之不能默，丘疾之不能伏。"① 意思是说，诗人对深恶痛绝的东西必须要唱出来的。我（孔丘）对深恶痛绝的东西是不会藏匿起来的，一定要说出来（或唱出来）。可见孔子认为，一个君子不仅会有怨，还要善于用恰当的语词将其表达出来，让心中积郁的怨情化为愤怒的语词，从而摆脱怨情，让人心重新达到无怨的仁德状态。在这个文化表达的过程中，"说"的语词或"唱"的声音，对说者与唱者的人心状态来说，具有很好的引导和召唤作用。《上海博物馆藏战国楚竹书·孔子诗论》云："《绿衣》之忧，思古人也。《燕燕》之情，以其独也。孔子曰：吾以《葛覃》得氏初之诗、民性固然，见其美，必欲反，一本夫葛之见歌也，则《关雎》之改，《樛木》之时，《汉广》之智，《鹊巢》之归，《甘棠》之褒，《绿衣》之思，《燕燕》之情，曷曰动而皆贤于其初者也？"②《孔子诗论》认为，《绿衣》可以引导人重新获得"古人"之"思"，《葛覃》这首诗歌可以令人体验原初人对"民"之"本性"的文化体验。听了这种语词歌唱，人心就会产生"必欲反"的文化认同。何谓"必欲反"？是指"一定会想到回归"，即回归到早期的人性之初，回归到早期诗歌的整体意义之中，从而使人心获得一种文化满足与精神治疗。

在《上海博物馆藏战国楚竹书·孔子诗论》中，孔子多次提到了

---

① 黄晖：《论衡校释》，中华书局1990年版，第1183页。
② 李零：《上博楚简三篇校读记》，中国人民大学出版社2007年版，第15—16页。

"诗可以怨"的主题，其云："溺志，既曰天也，犹有怨言。《木瓜》有藏愿而未得达也。交"，"《木瓜》之报，以输其怨者也。《杕杜》则情，喜其至也"，"如此，《何斯》诮（讥刺）之矣。离其所爱，必曰吾奚舍之，宾赠氏也。孔子曰:《蟋蟀》知难。《螽斯》君子，《北风》不绝人之怨，《子立》不"，"曰:《诗》，其犹平门欤？残民而逸之，其用心也将何如？曰邦风是也。民之有戚患也，上下之不和者，其用心也将何如"，"也，多言难，而怨怼者也衰矣少矣。《邦风》其纳物也，博观人欲焉，大敛材焉，其言文，其声善。孔子曰：唯能夫。"①《木瓜》《杕杜》《何斯》《螽斯》都是传世《诗经》中的篇目，都表达了诗人心中的"怨情"。以《邶风·北风》为例，其诗云："北风其凉，雨雪其雱。惠而好我，携手同行。其虚其邪？既亟只且！北风其喈，雨雪其霏。惠而好我，携手同归。其虚其邪？既亟只且！莫赤匪狐，莫黑匪乌。惠而好我，携手同车。其虚其邪？既亟只且！"②读者听这首诗歌，反复接收到"北风""雨雪"等语词声音，就能体会到一种紧张、呼唤的意愿和氛围，也领会了诗歌主题的神秘性和情感性。"惠而好我，携手同行""惠而好我，携手同归""惠而好我，携手同车"等套语结构，展现了身处此种环境之中的诗人的现身情态和深刻感受，也是对自身命运的现实领会。"其虚其邪？既亟只且"，既是一种咒语，也表达了一种决裂态度。"莫赤匪狐，莫黑匪乌"中"赤狐"意象、"黑乌"意象都是诗歌重要的主题兴词。整首诗歌都表达了歌唱者内心的怨恨和不满，孔子评价《北风》这首诗时说它是"不绝人之怨"，即能够兴起人心中的怨愤之情。通过听这首诗歌的语词声音，听诗者不仅领会了诗人的现世怨恨和焦虑情态，而且还能领会这些口传诗歌的语词之中，尤其能领会在这些"兴词""套语"主题结构之中，所蕴含的文化力量和文化诉求。在诗歌声音的召唤下，听诗者可以将自己的现世状态，转换为人心之"思"的文化状态。在这个转化过程中，人心获得了一种文化心性的升华，并由此领会了无怨的君子状态，获得心灵的文化治疗。

孔子"诗可以怨"的诗学命题具有双重的文化价值。第一，它提倡君子将人心在现世之中的各种怨恨表达出来，尽情宣泄心中的各种怨情，这就是"君子有怨"。第二，孔子提倡"君子"有怨并非是要在现世之中，

---

① 李零:《上博楚简三篇校读记》，中国人民大学出版社2007年版，第12—33页。
② （汉）毛亨传，（汉）郑玄笺，（唐）孔颖达疏:《毛诗正义》，北京大学出版社2000年版，第202—204页。

表现得与俗人一样，将这种怨情无穷尽地展现在现世关系之中，使身体处于一种完全沉沦的状态，与之相反，他是通过"君子之怨"的表述和歌唱，使人心领会到自己在世的暂时迷失，从而自觉地在歌词的演唱之中，彻底摆脱现世的牵引与诱惑，自觉获得诗歌文化的启迪和引导，从而进入人心所是的文化规定状态，即获得"士人原型"的仁者状态，重新认识本己的心性状态，由此达到"君子"无怨的人格境界。君子从"有怨"到"无怨"的文化转变看起来是不是矛盾的呢？在孔子看来，君子既然在世，就永远存在"生怨"的可能性，但是君子善于用诗歌的文化形式，来引导自身，治疗自己，召唤自身的文化记忆，使自己善于摆脱人在世"有怨"的不平状态，获得君子"无怨"的均衡心性。在这个心性的转变过程中，诗歌扮演了文化药物的重要角色，它促使人心发生转变，所以这并不矛盾。士人也是在世的歌者，这种歌者的文化身份和诗歌体验使得士人在"有怨"的时候，就将其用诗歌的方式将"怨"情表现出来。同时，士人利用诗歌宣泄自身暂时的怨情，能够排除体内的病毒，从而恢复自身原本"无怨"的本来面目，又能起到治疗自身的文化作用。

## 四、小　　结

　　学术界关于"诗可以怨"的讨论大都将其进行世俗化的理解，以至于遮蔽了孔子该诗学命题的文化意义和诗学意味。

　　孔子提倡怨情，与大传统文化的萨满怨情具有一脉相承的文化关系。萨满治病，对引发病情的黑虫充满怨情。巫师禳灾，对引发庄稼灾害的虫兽充满愤怒。可见，孔子的"怨"不是流俗的"怨"和小人之怨，而是君子的文化之怨，两者之间有着明显的文化差异。君子之怨是在仁德限度之内的文化之"怨"，而小人之怨是没有节制的现世之"怨"。对"小人"因为现世之利而产生的"怨"情，孔子持有深恶痛绝的态度。

　　君子之"怨"不是为了迁怒于人，也不是为"怨"而"怨"，而是要通过这种现世之怨来展开对人心暂时迷失的文化反思，从而使人心由此刻迷失的流俗状态，重新回归到本来的仁者状态，并最终依据所领会到的仁者状态，在世界之中与他者和谐共处，这样君子就由"有怨"转变为"无怨"了。

　　口传诗歌的语词具有驱除邪魔的神圣力量，可以帮助诗人和听诗者宣泄在现世之中积郁的不满情绪，驱除身上所染的各种邪气，摆脱人心在世的怨情状态，以通达君子无怨的仁德状态。可见，诗歌语词具有两种并存的文化功能：第一，诗歌必须表达人的怨情。通过在诗歌中宣泄现世之中所产生的各种怨情，可以帮助君子领会自身在世界之中的迷失境况。第二，诗歌还有助于治疗自己，让人心开启回归本性之路，最终通达君子的无怨之情。在诗歌的语词声音中，士人摆脱人心在世界之中的暂时沉迷，利用诗歌的文化良药，可以祛除邪魅，实现人心转换，最终获得"士人原型"的仁性领会。

## 第十一节　辞可以"达"吗

子曰："辞达而已矣。"（《论语·卫灵公》）[1]"辞达"论成为中国古人关于诗学话语表述的重要命题。孔安国曰："凡事莫过于实，辞达则足矣，不烦文艳之辞。"[2] 朱熹《集注》曰："辞取达意而止，不以富丽为工。"[3] 古代儒者认为，"辞达"表示语词表述是为了"达实""达意"，不强调语词表述形式的艳丽或富丽，主要立足于文字书写小传统来理解"辞达"的诗学话语意义。

现代以来，学者多拘囿西方人的形式、内容的二分法，将"辞"理解为"形式"，所要"达"的对象就是"内容"。如《中国文学理论批评发展史》中云："孔子认为语言文辞的所用在于充分地表达人的思维内容，也就是说，形式的根本目的在完美地体现内容，不必要片面地离开内容去追求形式的华丽。"[4] 顾易生在《中国文学批评通史（壹）·先秦两汉卷》一书中亦云："后世对孔子'辞达'之说有不同理解。一种是从尚'质'方面解释的，认为言辞以达意为足，无须修饰……一种是从尚'文'角度理解的，认为言辞能够充分表达情意，必须掌握足够的艺术技巧，这是文章艺术的最高水平。……两种见解各持一端而相对立。其实孔子原是兼综文质的，他反对言过其意、华而不实的浮辞，但决非排斥文采。"[5] 无论是文、质，还是辞、意，都成为内容与形式二元结构的代名词。这种西方文学认识论的机械框架严重地局限了我们对孔子"辞达"论诗学意义的理解。

在早期口传的大传统文化中，文字还没有出现，也根本不存在什么书写文本内容与形式的二元对立关系。跳出西方书写传统文学理论的文字局限，以及中国传统文学书写文化的小传统，才能重返口传大传统文化的鲜活语境及其话语关系，才能将"辞达"放置到孔子文化复古和文化重建

---

[1] 杨伯峻译注：《论语译注》，中华书局1980年版，第170页。
[2] （魏）何晏注，（宋）邢昺疏：《论语注疏》，北京大学出版社2000年版，第248页。
[3] （宋）朱熹：《四书章句集注》，中华书局1983年版，第168页。
[4] 张少康、刘三富：《中国文学理论批评发展史》，北京大学出版社1995年版，第37页。
[5] 王运熙、顾易生主编：《中国文学批评通史（壹）·先秦两汉卷》，上海古籍出版社1996年版，第77页。

的文化策略之中，深入探讨其潜藏的文化意义和诗学内涵。

## 一、上达与下达

顾易生认为："'达'是辞令繁简恰到好处的很高标准。"① 关于"达"这个辞令的"高标准"是什么？顾易生没有告诉我们。孔子的文化重建针对的是赋诗言志的社会流俗文化现象，希望利用口传大传统的文化价值来拯救过于好利而巧夺的现实文化，纠弊诗歌世俗化、利害化的流俗风气，将文化重建的眼光和价值投向文化大传统。因此，孔子"达"的文化价值取向与早期口传文化是密不可分的。我在《孔子"多闻阙疑"与口传文化》一文认为，孔子在提倡"多闻"口传知识观的同时，对掌握口传文化知识的终极目标也作了概括，即士人要通过"多闻"的口传文化活动，获得"达仁"的人格境界。②《论语·颜渊》记载："子张问：'士何如斯可谓之达矣？'子曰：'何哉，尔所谓达者？'子张对曰：'在邦必闻，在家必闻。'子曰：'是闻也，非达也。夫达也者，质直而好义，察言而观色，虑以下人。在邦必达，在家必达。夫闻也者，色取仁而行违，居之不疑。在邦必闻，在家必闻。'"③ 这里的"闻"，不是流俗理解的"名望""声誉"，而是"口耳相传的听闻动作"，在口传文化中，"达"与"闻"的口传活动是紧密关联的。子张认为，一个士人如果"在邦国和大夫家中做事时，都能做到多学习多闻知识"，这就是"达"了。子张所谓的"达"更偏重于口传文化的形式方面。对此，孔子表示了不满。他认为，仅仅做到行动上的"多闻"，这还仅仅是"闻"的外在行动，不是真正的"达"。孔子所谓真正的"达"是指什么呢？所谓"达"，是指在口传文化的学习过程中，能直接领会君子仁义的文化规定性，并善于将多闻知识与表述语境结合起来，开展积极的知识磨合，并将其运用于现世生活之中。而那种片面强调单一形式的"听闻"学习活动，只是在表面上获得了"仁义"的形式知识，而在行动上却不能如其所是地将其贯彻其中，由此多闻者还以为已经获得了"仁"，并丝毫也不怀疑自己实际上还没有把握多闻知识的思想精神和文化价值。可见，孔子所强调"多闻"知识，不仅强调要学习"多闻"知识，而且要善于在多闻知识中"通达"口传文化的精意所在，而不仅仅是停留在口传

---

① 王运熙、顾易生主编：《中国文学批评通史（壹）·先秦两汉卷》，上海古籍出版社1996年版，第77页。
② 胡建升：《孔子"多闻阙疑"与口传文化》，《民族艺术》2014年第2期。
③ 杨伯峻译注：《论语译注》，中华书局1980年版，第130页。

知识的机械记忆和形式传播上。

　　"辞达"的"达"是指"通达""通晓"的意思。在北方的萨满文化中，萨满指代"知道""通晓"和"无所不知的人"①。而萨满人在文化活动中口耳相传的"语词"是指"神词"，即能够通达神灵的话语声音。从符号传播的历史过程来看，萨满的神词首先是口耳相传的神歌声音。诸如满族萨满教的神词都是烧香跳神时萨满引吭高歌实际演唱的，故而萨满跳神，是一种别具一格的较为原始的总结艺术表演形式，由萨满表演大量的情节，既有道白，又有唱腔，匈牙利学者迪欧塞吉为不列颠百科全书撰写的词条中写道：萨满是一个演员，一个舞蹈家，一个歌手和一个整体管弦乐队。②萨满神歌属于跳神仪式的一部分，其核心意义是为了通达神灵。后来，随着满文的出现，就出现了萨满用满文记录下来的神本。满族萨满神歌的保存与流传，从我们目前所搜集到的萨满文化资料来看，主要是通过"神本"。神本的满语是"恩都利毕特赫"或"特勒毕特赫"，即"神书"或"上边的书"，满族民间称为"神本子"。这是民间用来记述萨满神歌、神灵、祭祀仪式，乃至本氏族、部落的神话传说，以手抄本流传的书。在满文神本未出现之前，满族萨满神歌是口耳相传的。当满文出现后，满族有文化的人，又懂得萨满祭祀，善唱萨满神歌，精通萨满神术，有祭祀经验的老萨满或老助手，将神歌用满文记录下来，成为萨满神本子。③可见，满文书写的神歌其实质还是口耳相传的神歌。如果要将口传文本转化为书写文本，这个程序必须由老萨满与老助手来完成。那些已经由口传的声音文本定格为满文的书写文本，萨满依旧将其称为"神本子"，这是为了彰显满文文本的神歌价值并没有改变，依旧是以口传时期的神话信仰为核心。

　　通过了解萨满口传文本与满文神本之间的转化关系与精神贯通，可以帮助我们灵活把握孔子"辞达"的诗学内涵。尽管孔子的时代已经是文字流行的时代，书写文本开始流行，但孔子认为，无论是口传文本，还是书写文本，其所要表达的文化精神依旧要以"仁德信仰"为核心价值。《大戴礼记·曾子制言上第五十四》记载："弟子问于曾子曰：'夫士何如则可以为达矣？'曾子曰：'不能则学，疑则问，欲行则比贤，虽有险道循行，达矣。今之弟子，病下人，不知事贤，耻不知而又不问，欲作则其知不

---

① 宋和平：《满族萨满神歌译注》，社会科学文献出版社1993年版，第8页。
② 石光伟、刘厚生：《满族萨满跳神研究》，吉林文史出版社1992年版，第33页。
③ 宋和平：《满族萨满神歌译注》，社会科学文献出版社1993年版，第26—27页。

## 第二章 文化大传统与孔子诗论

足,是以惑闇,惑闇终其世而已矣,是谓穷民也。'"[1]曾子对"达"的解释,强调要将口传文化的"学""问"与"行"结合起来。曾子认为,不知道的东西或存在疑惑的东西就要善于"多学"和"多问",这样才能领会"仁"的文化意义,并按照"仁者原型"的文化规定在现世之中展开相关活动。在具体的活动中,尽管可能会出现危及"仁道"的时候,但只要按照这个"仁者原型"来行事,这就属于"达"了。而那种"不问""不学"的人通常喜欢沉沦于现实世界之中,而不知迷途知返。不知学习的人往往迷失了自身的本性,一辈子都处于迷惑无明的识暗之中,这种人就是"精神贫乏"的人。曾子对"达"的解释与孔子对"达"的理解在文化意义上是一致的,他们都强调了士人在接受多闻的口传知识时,要善于领会自身内在的心明状态。

孔子的"达"不是在社会世俗中获得名誉、荣誉,而是在多闻知识的学习过程中通达自身的内在心性,通达君子"仁道"的常身存在状态。孔子曰:"见善如不及,见不善如探汤。吾见其人矣,吾闻其语矣。隐居以求其志,行义以达其道。吾闻其语矣,未见其人也。"(《论语·季氏》)[2] 孔子这段话是说:遇到了善者,就要表现出迫不及待的学习态度;遇到不善者,就要表现出如将手放入沸水中一样,犹恐躲避不及。孔子说自己遇到过这种人,也听到过这种话。一个人隐居在世,只是为了追求实现自身的"志",实行仁义,以"通达"自己内在的"道",孔子说自己只听说过这种人,而在现实中还没有真正遇到过这种人。可见,在现实世界之中,积极推行并通达自身的"仁道",这才是孔子梦寐以求的士人志向。子曰:"不怨天,不尤人,下学而上达。知我者其天乎!"(《论语·宪问》)[3] 孔子所说的"下学而上达"是什么意思?"下学"是指孔子以卑微的身份却可以勤奋学习多闻的口传知识。"上达"是指在口传学习过程"通达"了最高的文化真理,即体验到了自身存在的道体状态或天命意义。正是因为通达了天命,孔子才说道,在世界之中,真正理解他的只有"上天"了。孔子认为,自己所推崇向往的士人理想与文化己任,世人是无法理解的,只有上天才能理解。子曰:"君子上达,小人下达。"(《论语·宪问》)[4] 君子"上达",是指能通过后天的学习,通达古代原初文化的天命价值和文化意

---

[1] 黄怀信主撰:《大戴礼记汇校集注》,三秦出版社 2004 年版,第 570—571 页。
[2] 杨伯峻译注:《论语译注》,中华书局 1980 年版,第 177 页。
[3] 杨伯峻译注:《论语译注》,中华书局 1980 年版,第 156 页。
[4] 杨伯峻译注:《论语译注》,中华书局 1980 年版,第 154 页。

义。与此相反，小人"下达"，是指只能知晓现实世界存在者层面的社会关系意义，这是一种沉沦于现世的存在状态。

《吕氏春秋·孝行览·慎人》记载："孔子穷于陈、蔡之间，七日不尝食，藜羹不糁。宰予备矣，孔子弦歌于室，颜回择菜于外，子路与子贡相与而言曰：'夫子逐于鲁，削迹于卫，伐树于宋，穷于陈、蔡，杀夫子者无罪，藉夫子者不禁，夫子弦歌鼓舞，未尝绝音，盖君子之无所丑也若此乎？'颜回无以对，入以告孔子，孔子憱然推琴，喟然而叹曰：'由与赐，小人也！召，吾语之。'子路与子贡入，子贡曰：'如此者，可谓穷矣！'孔子曰：'是何言也！君子达于道之谓达，穷于道之谓穷。今丘也拘仁义之道，以遭乱世之患，其所也，何穷之谓？故内省而不疚于道，临难而不失其德。大寒既至，霜雪既降，吾是以知松柏之茂也。昔桓公得之莒，文公得之曹，越王得之会稽。陈、蔡之隘，于丘其幸乎！'孔子烈然返瑟而弦，子路抗然执干而舞。子贡曰：'吾不知天之高也，不知地之下也。'古之得道者，穷亦乐，达亦乐。所乐非穷达也，道得于此，则穷达一也，为寒暑风雨之序矣。故许由虞乎颍阳，而共伯得乎共首。"[1]孔子认为，真正的"达"不是世俗世界所理解的人生通达，或人生得意，而是君子之"达"。"君子达于道之谓达"，区别了君子之"达"与小人之"达"。小人之"达"是世俗之"达"，是名利之"达"；而君子之"达"是通达于"仁道"，是将个体存在与道体存在联系在一起。"达于道"是指君子在世的终极追求和文化价值，"穷于道"是指君子在世的真正失意和人生困厄。君子是"得道"之人，所以在现实世界之中，无论是"穷"（现世的人生困顿），还是"达"（现世的人生通达），他们都表现出一种"乐"的现身情态，为什么呢？因为现实世界的"穷"和"达"处境不会影响到君子自身发自内心仁德的现身情态，而真正可以影响君子哀乐情态的是自己是否真正通达于道。

对于"不达"的士人，即那些不能通达仁道的士人，孔子对之抱有鄙夷的态度。子曰："诵《诗》三百，授之以政，不达；使于四方，不能专对；虽多，亦奚以为？"（《论语·子路》）[2]学术界多将孔子这段言行与"赋诗言志"的文化现象比附起来，认为孔子是极为重视《诗》的社会世俗功用，这是对孔子文化的误读。孔子认为，一个人学习了《诗》，明白了早期口传诗歌的文化价值和原初意义，如果让他来执政，他却不能以早期文化之"道"来治理国家。如果让他出使他国，他却不能按照"道"的文化

---

[1] 许维遹撰，梁运华整理：《吕氏春秋集释》，中华书局2009年版，第338—340页。

[2] 杨伯峻译注：《论语译注》，中华书局1980年版，第135页。

意义来完成各种礼仪活动,这样的读书人,尽管学了很多诗歌,那又有什么用呢?在这段言语中,孔子认为,学习口传的诗歌,最主要是要善于从这种口传的文化形式中领会口传的文化之道,并将这种早期的文化之道灵活贯穿在现世生活的具体实践之中,包括政治活动、外交活动等,否则,就是"不达",也就是还没有真正掌握口传诗歌的文化精意。子曰:"无欲速,无见小利。欲速,则不达;见小利,则大事不成。"(《论语·子路》)①孔子认为,一个人为政,如果贪求在很短的时间内获得极为显著的政绩,以便从中获得个人的私利,这就是"不达"的表现,因此,所谓"不达",是指被世俗的利害关系所束缚,从而迷失了自身所领会的文化价值。《淮南子·泰族训》引述孔子曰:"小辩破言,小利破义,小艺破道,小见不达,必简。"②"小辩"是指小人之辩,这有害于言说;"小利"是指小人之利,这有害于仁义;"小艺"是指小人之艺,这有害于大道;"小见"是指小人之见,这不能真正通达"道"。一个士人要想真正通达"仁道",必须要做到"简洁"。

总之,孔子认为,"达"存在君子之达和小人之达。君子之达是指通达于大道,小人之达是指通达于世俗之利。毫无疑问,孔子所提倡的"辞达"之"达",属于君子之达,不是小人之达,我们不能简单地、无所区别地将其理解为一般人的"达",这样容易陷入世俗的无所规定的"达"。

## 二、言必有中

北方萨满歌以降神,其神歌是以神灵降临作为能指目标的,神词必须指向神圣话语的真正言说者,即神灵。诸如萨满在祈求布谷鸟神降临中诵唱:

> 在今天晚上,
> 点燃了一把把汉香,
> 逐一响起了抓鼓,
> 敲响了大鼓,
> 善于扭转困境,
> 争强好胜的
> 金舌鸟、银舌鸟神

---

① 杨伯峻译注:《论语译注》,中华书局1980年版,第139页。
② 何宁撰:《淮南子集释》,中华书局1998年版,第1397页。

请附我萨满之身!

在神歌中,萨满认为,只有这位鸣叫春天的鸟神降临了,它才是能给所有人带来春天希望的能指所在。又如萨满对金钱豹神附体的神歌:

银山谷降临的
火红的金钱豹神,
铜钱布满身。
金钱豹神,
善于玩耍,
技巧高超,
口含红火炭,
四处飞火花。
全身火红色,
如同大火珠。

在跳神时,萨满不仅模仿豹的爬行,还要口含空心柳树木烧成的炭火做出喷火的动作,彰显豹神的神力存在。为民祈福、永保平安、扭转逆境,这都充分反映了早期族民的战斗精神。这也说明,初民生活实属不易,他们由此产生了各种原始的宗教信仰,特别在渔猎生活时代,他们所信仰和崇拜的又是同他们朝夕相处的各种神话动物。在萨满祈求飞虎神降临时,还学飞虎的四脚走路,不是吼叫,同时东张西望,寻求虎仔。随即又有一场"抓虎仔"的表演:事先准备有两个小孩,萨满一面学虎吼叫,一面走近小孩,一手抓住一个小孩,带他们走近西炕堂前,让小孩躺在地上,母虎神用嘴亲吻小孩的头、身上,又作出口含馒头喂小虎仔的样子,这就叫"抓虎仔",表现了卧虎神的母爱。[①] 在萨满的跳神活动中,萨满的语词声音与表演活动都指向了具体所要祈求的神灵,诸如鸟神、豹神和虎神等。在口传的文化传统中,言说形式是以神灵为对象与能指的,所有言说必须有所"中的",而且必须是"驷不及舌"的,即说出去的话必须掷地有声,必须坚决践行。

但是到了春秋时代,随着周代王道文化的凌迟衰退,社会风气出现了颓废现象,早期口传之言的可靠性和忠实性也随之受到严峻挑战。《左

---

① 宋和平:《满族萨满神歌译注》,社会科学文献出版社1993年版,第3—4页。

传·僖公九年》记载:"晋郤芮使夷吾重赂秦以求入,曰:'人实有国,我何爱焉?入而能民,土于何有?'从之。齐隰朋帅师会秦师纳晋惠公。秦伯谓郤芮曰:'公子谁恃?'对曰:'臣闻:亡人无党,有党必有雠。夷吾弱不好弄,能斗不过,长亦不改,不识其他。'公谓公孙枝曰:'夷吾其定乎?'对曰:'臣闻之:唯则定国。《诗》曰:"不识不知,顺帝之则",文王之谓也。又曰:"不僭不贼,鲜不为则",无好无恶,不忌不克之谓也。今其言多忌克,难哉!'公曰:'忌则多怨,又焉能克?是吾利也。'"① 郤芮为了获得秦国、齐国对晋惠公夷吾的政治支持,他一方面以重金贿赂秦国和齐国,另一方面又用语言粉饰夷吾的道德本性,评价夷吾是一个"弱不好弄,能斗不过,长亦不改,不识其他"的君子。秦穆公听了以后,就问公孙枝:夷吾真的能稳定晋国吗?公孙枝回答道:我听说了,如果一个人的行为符合法则(指道的规定),才能够稳定一个国家。《大雅·皇矣》中所说的"言说能不依己意,就符合天帝的法则",这只有文王才能做到。《大雅·抑》中所说的"待人诚信,不害他者,就能成为别人的楷模",说的是做人要没个人好恶,要做到既没有忌讳,又不好胜。这样的人,现在还能找得到吗?夷吾真的有这样的德性吗?如果他本人没有,而郤芮却说他有,这就有问题了。公孙枝认为,郤芮的言说已经表明,他本人就是一个"多忌讳""又好胜"的人。可见,公孙枝对郤芮的言说是持怀疑态度的。这也折射出,春秋时期士人的言说已经趋于社会现实的利害关系,极大地破坏了早期口传言说的可信性,社会言说已经出现了言而无信的流俗现象。

《左传·僖公二十四年》记载:"晋侯赏从亡者,介之推不言禄,禄亦弗及。推曰:'献公之子九人,唯君在矣。惠、怀无亲,外内弃之。天未绝晋,必将有主。主晋祀者,非君而谁?天实置之,而二三子以为己力,不亦诬乎?窃人之财,犹谓之盗,况贪天之功以为己力乎?下义其罪,上赏其奸;上下相蒙,难与处矣。'其母曰:'盍亦求之?以死,谁怼?'对曰:'尤而效之,罪又甚焉。且出怨言,不食其食。'其母曰:'亦使知之,若何?'对曰:'言,身之文也。身将隐,焉用文之?是求显也。'其母曰:'能如是乎?与女偕隐。'遂隐而死。"② 介之推认为,重耳能回到晋国,将晋国的国运发扬光大,这不是"二三子"之功,而是"天之功"。而晋文公大大奖励随同自己流浪奔波的功臣,这是一种"上下相蒙"的行为。介之

---

① 杨伯峻编著:《春秋左传注》,中华书局1990年版,第330—331页。
② 杨伯峻编著:《春秋左传注》,中华书局1990年版,第418—419页。

推一方面"不言禄",另一方面又认为与"贪天之功"的君王、臣子难以相处。介之推的母亲认为,应该将这种怨情告知晋文公,介之推认为,言说是自身的外在之文。既然自身有隐藏起来的意愿,又何必要用言说之文呢?如果将其说出来了,这不是表明自身还是想追求显贵吗?可见,在介之推看来,士人的言说不是一种随便的闲言闲语,而是和自身内在的心志紧密联系在一起的,这种言说观念坚守了口传言说的可靠性和忠实性。

综上所述,早期口传文化的言说文化,到了春秋时期,已经开始出现了分化和分裂。一部分士人坚守言说要与自身行为保持一致,另一部分士人为了私己之利,不惜以言说来掩饰自身的劣行,这样使得自身的言说与行为之间出现价值分裂。

面对社会流俗的言说流俗文化,孔子坚守,君子之言必须使言说与自身的内在世界保持一致。孔子评价闵子骞曰:"夫人不言,言必有中。"(《论语·先进》)[1] 所谓"不言",是指不轻易言说发表个人看法。所谓"言必有中",指代言说的语词一定是符合内在"道心"的法则。《论语·子张》记载:"陈子禽谓子贡曰:'子为恭也,仲尼岂贤于子乎?'子贡曰:'君子一言以为知,一言以为不知,言不可不慎也!'"[2] 陈子禽对子贡说:你的老师不一定比你更贤惠,你为何对他毕恭毕敬啊。子贡认为,君子"一言"则可以直接反映他内心世界是否充满智慧,所以一定要对自身的言说负责,一定要小心谨慎啊。子贡实际上是提醒子禽,话切莫乱讲,尤其不可讲这种不符合礼节的混话。

《左传·哀公十二年》记载:"季孙欲以田赋,使冉有访诸仲尼。仲尼曰:'丘不识也。'三发,卒曰:'子为国老,待子而行,若之何子之不言也?'仲尼不对。而私于冉有曰:'君子之行也,度于礼,施取其厚,事举其中,敛从其薄。如是,则以丘亦足矣。若不度于礼,而贪冒无厌,则虽以田赋,将又不足。且子季孙若欲行而法,则周公之典在。若欲苟而行,又何访焉?'弗听。"[3] 季孙在鲁国开展田亩税的改革,他让冉有去征求孔子的意见。孔子回答说:我不知道。冉有多次来征求意见,孔子再也"不说话"了。后来,孔子私下告知冉有自己为什么一言不发的原因,他说:君子行事,要以合于礼为准则,而季孙不依照"周公之典"来进行政治经济改革,只不过实施了私己的欲望,这是不符合法度的。可见,孔子认

---

[1] 杨伯峻译注:《论语译注》,中华书局1980年版,第114页。
[2] 杨伯峻译注:《论语译注》,中华书局1980年版,第205页。
[3] 杨伯峻编著:《春秋左传注》,中华书局1990年版,第1667—1668页。

为，君子的言说行为与其有所是的古代法度、道德法则是密不可分的，如果不符合仁者常身有所是的法则可以"不必言"，用"不说"的方式表达自己的否定意见。子曰："刚、毅、木、讷近仁。"（《论语·子路》）①"讷"是指说话迟钝，不轻易言说。《论语·宪问》记载："子问公叔文子于公明贾曰：'信乎，夫子不言，不笑，不取乎？'公明贾对曰：'以告者过也。夫子时然后言，人不厌其言；乐然后笑，人不厌其笑；义然后取，人不厌其取。'子曰：'其然？岂其然乎？'"②孔子问公明贾：公叔文子这个老人家不喜欢说话，不喜欢笑，不喜欢多取，这是真的吗？公明贾说：这是传说的人说错了。他老人家到了该说话的时候才说话，别人就不会厌恶他所说的话。到了该高兴的时候，他才高兴，别人就不会厌恶他的笑声。到了该拿的时候，他才拿，别人就不会厌恶他拿了该拿的东西。孔子听了以后，就感叹道：这是真的吗？这难道是真的？孔子似乎从公叔文子身上明白了何为君子之言。君子之言是极为谨慎的，到了该说的时候，到了能展示自身仁德的时候，然后他才说出来，这才是君子之说。

对现世社会中各种言说病态，孔子都表示出不满和批判的态度。子曰："贤者辟世，其次辟地，其次辟色，其次辟言。"（《论语·宪问》）③孔子认为，君子贤人要善于"辟世""辟地""辟色""辟言"。所谓"辟言"，就是要避开社会流俗的世俗之言。如果这种言说与自身仁德是不一致的，就会影响贤人对自身德性的关注和领会。孔子曰："侍于君子有三愆：言未及之而言谓之躁，言及之而不言谓之隐，未见颜色而言谓之瞽。"（《论语·季氏》）④士人与君子的言说存在三种弊病，即"躁言"（还没有轮到自己说话，他就迫不及待地开始说了）、"隐言"（轮到自己说话了，他却不说）、"瞽言"（自己没有察看君子的反应，就贸然而言）。孔子认为，作为一个君子尤其要注意避免这些言说的弊病。

孔子对于"佞言"也是很忌讳的。《论语·公冶长》记载："或曰：'雍也仁而不佞。'子曰：'焉用佞？御人以口给，屡憎于人。不知其仁，焉用佞？'"⑤《论语·宪问》记载："微生亩谓孔子曰：'丘何为是栖栖者与？无乃为佞乎？'孔子曰：'非敢为佞也，疾固也。'"⑥"佞言"是指片面地能说

---

① 杨伯峻译注：《论语译注》，中华书局1980年版，第143页。
② 杨伯峻译注：《论语译注》，中华书局1980年版，第150页。
③ 杨伯峻译注：《论语译注》，中华书局1980年版，第157页。
④ 杨伯峻译注：《论语译注》，中华书局1980年版，第176页。
⑤ 杨伯峻译注：《论语译注》，中华书局1980年版，第43页。
⑥ 杨伯峻译注：《论语译注》，中华书局1980年版，第155—156页。

会道，表现得很有口才的样子，这是一种有口无心、逞才为能之言。孔子认为，冉雍这个人心中有"仁"就可以了，至于他有没有"口才"，这是无所谓的事情。如果一个人的言说不符合于"仁"，那么，这种人有口才，滔滔能辩，这又有什么用呢？在面对微生亩误解自己是"佞"说（凭借言说而逞才）的时候，孔子回答道：我不是为了逞才才说这么多，而是担心那些顽固不化的人不能明白我的意思，只好多说一些。

孔子对"巧言"更是深恶痛绝。子曰："巧言令色，鲜矣仁！"（《论语·学而》）① 子曰："巧言，令色，足恭，左丘明耻之，丘亦耻之。"（《论语·公冶长》）② 子曰："巧言乱德。小不忍，则乱大谋。"（《论语·卫灵公》）③ 所谓"巧言"，是指小人的掩饰之言。这种小人的言说行为完全是以现世的利害关系为导向，属于完全没有自身文化规定性的随口言说。

孔子"辞达"诗学命题与社会流俗的言说文化现象是针锋相对的。他想利用口传时期人类言说的忠实性和可靠性，来救弊当前的社会流俗之言。流俗之言属于小人之言，这种言说关注的是人在现世社会中的利益存在，言说脱离了自身文化的规定性，而走向了无规定的流俗状态，以致言说行为变成各种戏言、巧言，甚至是不负责任之言，无根之言，等等。孔子提倡的是君子之言，他认为君子言说不是为言而言，而是将言看成自身内在仁德的外在之文，属于自身有所是的仁德的外在表现。

## 三、辞，达于君子之言

在春秋时期，"辞"是什么？它属于君子自身之言，还是小人忘身之言？钱大昕《潜研堂文集》卷九记载："问：辞达而已矣，此辞何所指？曰：三代之世，诸侯以邦交为重。《论语》'使于四方，不辱君命'，则称之。'使于四方，不能专对'，则讥之。此辞即专对之辞也。《公羊传》：'大夫出使，受命不受辞。'《聘礼记》：'辞无常，孙而说。辞多则史，少则不达，辞苟足以达，义之至也。'《论语》之文与《礼》经相表里，以经证经，可以知辞达之义矣。"④ 钱大昕认为，"辞"是两国"邦交"之时的外交"专对之辞"，这种观点很容易使人认为，孔子之"辞"指的是赋诗言志活动中的言说之"辞"。钱氏还用了《仪礼·聘礼记》中的话语来作为证据。《聘礼记》中

---

① 杨伯峻译注：《论语译注》，中华书局1980年版，第3页。
② 杨伯峻译注：《论语译注》，中华书局1980年版，第52页。
③ 杨伯峻译注：《论语译注》，中华书局1980年版，第167页。
④ （清）钱大昕著，陈文和主编：《嘉定钱大昕全集·潜研堂文集》，江苏古籍出版社1997年版，第123页。

这段话讲的是：大夫出聘，只接受了出访的"使命"，而没有接受固定的"辞令"，所以在聘问之时的辞令是无常的、变化多端的。大夫内心持守"谦逊"，并将其用语词表达出来，这就可以了。可见，在邦交之时，那些所谓的"专对之辞"，尽管需要言说者根据具体情况而有所变化，但这种言说行为必须要"谦逊地说出来"，也就是说，必须依据自身有所是的内在领会，然后将其表述出来。这里的"辞"所要通达的原本是自身有所是的东西，而不是顺从于他者意愿或社会关系的要求。如果所说之"辞"超过了自身所领会的东西，那么，就属于"辞"之"史"的状态，与之相反，则属于"辞"之"野"的状态，这些状态都属于"不达"的流俗状态。

孔子提倡的是"辞达"的状态，即君子言说的文化状态，与那种辞之"不达""野""史"的流俗状态是有所区别的。正是"辞"必须达于君子言说的文化状态，因此"辞"可以作为在世言说的特殊准则，可以作"征"，即作为言说的标准样式。《左传·隐公十一年》记载："郑、息有违言。息侯伐郑，郑伯与战于竟，息师大败而还。君子是以知息之将亡也，不度德，不量力，不亲亲，不征辞，不察有罪。犯五不韪，而以伐人，其丧师也，不亦宜乎？"[①] 所谓"不征辞"，是指不用君子之"辞"来检核一下，看看是否应该出兵。可见，君子之"辞"具有一定的法典效能作用。《左传·僖公二十七年》记载："晋侯始入而教其民，二年，欲用之。子犯曰：'民未知义，未安其居。'于出乎出定襄王，入务利民，民怀生矣。将用之。子犯曰：'民未知信，未宣其用。'于是乎伐原以示之信。民易资者，不求丰焉，明征其辞。公曰：'可矣乎？'子犯曰：'民未知礼，未生其共。'于是乎大蒐以示之礼，作执秩以正其官。民听不惑，而后用之。出谷戍，释宋围，一战而霸，文之教也。"[②] 所谓"明征其辞"，是指老百姓在买卖的交易过程中，必须依据君子之"辞"，以恰当的价格来交易实物，然后再进行交易活动。这里的"辞"也不是完全等同于普通的现世言说，而是君子可靠性较强的言说行为。

孔子所提倡的"辞达"即是君子这种具有可靠性、忠实性的言说，直接体现的是君子自身有所是的仁德状态。君子所是的自身之言与小人的沉沦之言是不同的。君子之言体现的是自身所是的领会状态，运用这种"思"之仁德状态，即君子原型状态，来给自身以解释、以言说，并将这种言说贯穿在现世的言行之中。《孔子家语·大婚解》记载："公曰：'敢问何谓敬

---

① 杨伯峻编著：《春秋左传注》，中华书局1990年版，第78页。
② 杨伯峻编著：《春秋左传注》，中华书局1990年版，第447页。

身?'孔子对曰:'君子过言则民作辞,过动则民作则。言不过辞,动不过则,百姓不命而敬恭。如是,则能敬其身;能敬其身,则能成其亲矣。'"①孔子认为,君子说错了话,老百姓就会把君子错误的言论当成是可以作为征验标准的"辞令"。君子做错了事,老百姓就会将君子错误的行为当成是可以作为征验标准的"法则"。所以君子说话不要违犯古代的辞令,做事不要违犯古代的准则,这样,老百姓自然就会毕恭毕敬地服从君子的辞令。如果能做到这一点,君子就可以说是敬重自身了,这样也就能成就其亲人了。君子的辞令如何做到有效应性和法典性呢?孔子认为,君子的辞令必须要敬重自身,也就是通达自身所是的仁德。子曰:"其身正,不令而行;其身不正,虽令不从。"(《论语·子路》)②孔子认为,君子自身是正义的,不发命令,言说也能行得通。如果自身都是邪恶的,就是三令五申,百姓也不会信从。子曰:"苟正其身矣,于从政乎何有?不能正其身,如正人何?"(《论语·子路》)③一个人要是端正自身,治理国家还有什么难呢?如果连自身也不能端正,又怎么能端正别人呢?孔子认为,君子只有自身达到了仁德状态,才能使自身的言说具有力量性和效应性,老百姓才会信从。子曰:"有德者必有言,有言者不必有德。"(《论语·宪问》)④有德者是指自身对自身之德有所是、有所肯定的人,这种君子依据所是之德进行解释,而这种解释就是君子之"言"。而有言者可能言说的是现世的流俗关系,而不一定是自身仁德之言,所以不一定有德。子曰:"道听而途说,德之弃也。"(《论语·阳货》)⑤尤其那种"道听途说"之人,他们四处传播别人的世俗之说,而丝毫也没有加以领会和选择,这种人是没有德性的。孔子认为,君子之"辞"要达于自身仁德,尤其要时刻警惕"忘身"之言。《说苑·杂言》引述孔子曰:"终日言,不遗己之忧,终日行,不遗已之患,唯智者有之。故恐惧所以除患也,恭敬所以越难也。终身为之,一言败之,可不慎乎?"⑥君子整日言行,时刻不忘自身存在的忧患,而智者往往处于忘身之中。也正是君子对自身有所领会,也表现出"恐惧""忧患"的现身情态,所以就会对言说持守恭敬的态度,这样言说就不是一件轻而易举的事情,可见,君子是多么重视通达自身仁德的言说。

---

① 王国轩、王秀梅译注:《孔子家语》,中华书局2013年版,第36页。
② 杨伯峻译注:《论语译注》,中华书局1980年版,第136页。
③ 杨伯峻译注:《论语译注》,中华书局1980年版,第138页。
④ 杨伯峻译注:《论语译注》,中华书局1980年版,第146页。
⑤ 杨伯峻译注:《论语译注》,中华书局1980年版,第186页。
⑥ (汉)刘向撰,向宗鲁校证:《说苑校证》,中华书局1987年版,第433页。

孔子认为，君子言说与自身的天命和仁德联系紧密，所以就会很重视言说活动，这就是君子的"贵言"态度。《中论·贵言》引述孔子曰："惟君子然后能贵其言，贵其色，小人能乎哉？"① 君子不仅重视言说的语词表述，而且很注意言说时的容貌颜色，小人就不能做到这一点。《论语·颜渊》记载："司马牛问仁。子曰：'仁者，其言也讱。'曰：'其言也讱，斯谓之仁已乎？'子曰：'为之难，言之得无讱乎？'"② 为什么仁者的言说会变得迟钝呢？是不是他们不善于言说呢？不是的，这是因为君子重视言说，认为言说关乎自身存在和德性，所以感到言说很难，不能轻易为之，这样言说起来，就自然会变得小心谨慎起来。子曰："法语之言，能无从乎？改之为贵。巽与之言，能无说乎？绎之为贵。说而不绎，从而不改，吾末如之何也已矣。"(《论语·子罕》) ③ 孔子认为，对于符合法度的言说，我们要接收它，但必须将其变为自己所有，这样会更好。接受过来的言说，就要去操练它，而且必须达到犹如从自己嘴中抽绎出来一样，这就更好了。如果操练了，但还没有达到自然而出的熟练程度；如果接受了，但还不能将其与自身思想磨合，对于这种人，我也不知道该怎么办了。孔子对士人的言说活动有系统的教育经验，他认为，必须将符合法度的言说化为自身所有，然后经过自己整合之后，用自己的话讲出来，这就是君子之"辞"。可见，士人的学习言说的过程先要通达于自身的仁德，然后又通过"言辞"将其表现出来，展示自身的君子德性，这个过程是士人自身磨合与自身展示的双向学习过程。

因此，君子之言必须要"言而有信"。子曰："人而无信，不知其可也。"(《论语·为政》)④ 子夏曰："君子信而后劳其民；未信，则以为厉己也。信而后谏；未信，则以为谤己也。"(《论语·子张》)⑤ 一个人要是言而无信，我们就不知道他赞同什么。为什么呢？因为他不是根据自身所是的东西来言说，而是根据外在的、多变的现世关系来言说，那么，这个人自然会没有立场，没有观点。君子言说，首先必须对自身的言说有所是，有所肯定，然后才能去劳作老百姓，如果自身对自身言说的东西都不信，那么老百姓就会认为你是在折磨他们。只有君子认为自身所是的东西是值得信任的，然后才能去规劝别人服从自己，如果自身都不相信自己所说的东

---

① （魏）徐干撰，孙启治解诂：《中论解诂》，中华书局2014年版，第99页。
② 杨伯峻译注：《论语译注》，中华书局1980年版，第124页。
③ 杨伯峻译注：《论语译注》，中华书局1980年版，第94页。
④ 杨伯峻译注：《论语译注》，中华书局1980年版，第21页。
⑤ 杨伯峻译注：《论语译注》，中华书局1980年版，第201页。

西，别人就会认为你是在毁谤他们。

　　君子的言说效应来源君子自身德性的神圣力量。如果君子自己失去了这种力量，其言说也就会遭受阻碍，不为他者所接受。子曰："其言之不怍，则为之也难。"(《论语·宪问》)① 孔子认为，一个人大言不惭，那么要践行其所言说的东西，自然就会很难。所以，君子不仅要重视言说，而且还要努力践行自己言说的内容。这也成为"辞达"的重要内容。"辞"不仅要通达自身仁德所是的心性领会，而且还要能贯彻于自身的现世情态和现世行动之中。子曰："古者言之不出，耻躬之不逮也。"(《论语·里仁》)② 子曰："君子欲讷于言而敏于行。"(《论语·里仁》)③ 子曰："君子耻其言而过其行。"(《论语·宪问》)④ 子曰："先行其言，而后从之。"(《论语·为政》)⑤ 古人之所以不轻易言说，就在于担心自身不能躬行自己的言说。如果说出来的话，却不能将其躬行于世界之中，君子应该以之为耻。孔子甚至认为，士人要将自身有所是的德性，先在行动中实施，然后再用言说形式表述出来，这样就可以保证自身所是的有效性和可靠性。

　　总之，孔子的"辞达"强调君子言说的自身所是性和言行一贯性。君子的"辞"不能只是流于形式的语词表述，而是与自身所是的东西连为一体的。君子之"辞"所通达的是君子自身的仁德状态，并依据这种"仁者原型"，又贯彻于君子在现实世界的现身情态之中，践行于现世的实践行为之中，从而完全实现通过"辞"所达到的自身状态，同时，又将自身所是的东西通达于"言辞"的话语形式中。

## 四、小　　结

　　孔子"辞达"的文论命题言说的不是内容与形式之间的二元对立关系，而是发自口传大传统的神圣言说方式。

　　北方萨满将自己称为"知晓神灵"的人，即能"达神"的人。孔子的"达"不是限于流俗社会所追求的名誉地位和物质利益，而是在学习多闻的口传知识过程中，能够通达自身的仁德状态。"达"存在"上达"与"下达"之分，"上达"为君子之达，即通达了仁道和天命；"下达"为小人之达，通达的是现世层面的利益关系。

---

①　杨伯峻译注：《论语译注》，中华书局1980年版，第153页。
②　杨伯峻译注：《论语译注》，中华书局1980年版，第40页。
③　杨伯峻译注：《论语译注》，中华书局1980年版，第41页。
④　杨伯峻译注：《论语译注》，中华书局1980年版，第155页。
⑤　杨伯峻译注：《论语译注》，中华书局1980年版，第17页。

君子言说是发自常身仁德的外在之文，言说必须与常身有所是的文化存在相一致。君子的言说不仅要符合常身的内在规定性，而且要对之负责，能够自觉在行为之：践行常身规定的言说。君子之言不是为言而言，而是自身仁德的外在话语表现。

　　"辞"不是要通达世俗的小人言说，而是要通达君子可靠的、忠实的言说，体现君子自身有所是的仁德状态。君子要"慎言""贵言"，要"言而有信"，只有这样，君子之言才具有君子自身仁德的神圣力量，才能真正保证"辞"的可信性和有效性。

# 第三章　文化大传统与老子艺术精神

归去来兮，田园将芜胡不归？既自以心为形役，奚惆怅而独悲？悟已往之不谏，知来者之可追。实迷途其未远，觉今是而昨非。

陶渊明：《归去来兮辞》

从虚幻迷妄中，导我于真境！从黑暗重重中，导我于光明！从死亡毁灭中，导我于永生！

巴梵摩那（Pavamana）：《歌》①

人类不是自然的主人，而且永远不会成为自然的主人。生和死的奥妙绝不是这位小哥儿所能参透，宇宙万有的重量也不是眇眇之躬所能肩荷。无论天文学怎么进步，其实自然已经定下界限叫我们不能越雷池一步。然而我们既明白我们在宇宙中的真正地位以后，我们的失望就可以减轻。人类跟着他的生存条件一同发展，没有等到他的善生条件成熟。从生物学的角度看来，现在的人类还是二万年前的人类。

路威：《文明与野蛮》②

---

① 糜文开编译：《印度文学历代名著选》上，台湾东大图书股份有限公司1981年版，第45页。
② [美]罗伯特·路威：《文明与野蛮》，吕叔湘译，生活·读书·新知三联书店2005年版，第261—262页。

## 第一节　老子：重建文化大传统的焦虑者和沉思者

在《天下篇》中，庄子认为，老子是一位"古之博大真人"。在《史记·老庄申韩列传》中，司马迁将老子称为"隐君子"，曾任"周守藏室之史"。近现代以来，随着西方学术精神和理论方法的传入与盛行，学术界有人将老子称为哲学家、思想家、客观唯心主义者、辩证法大师、自然主义者、中国哲学之父等，其名目极为繁多，却离老子的本真精神越来越远了。

唐代陆希声在《道德经传序》一文中认为："大道隐，世教衰，天下方大乱。当时是，天必生圣人。圣人忧斯民之不底于治，而扶衰救乱之术作。周之末世，其几矣。于是仲尼阐五代之文以扶其衰，老氏据三皇之质以救其乱，其揆一也。盖仲尼之术兴于文，文以治情；老氏之术本于质，质以复性。性情之极，圣人所不能异；文质之变，万世所不能一也。"[1] 陆希声将儒家孔子与道家老子的两位圣人并称，他认为，这两位圣人都身处春秋乱世，目睹了社会文化的衰败颓废，以天下忧患为己任，以"扶衰救乱"为忧患，积极拯救时弊，开展士人的文化重建。孔子注重"文"教，而老子重视"质"教，他们都以崇拜中国早期大传统文化为精神特质。陆氏站在时代精神和文化重建的角度，评价了孔子和老子的文化贡献，可以帮助我们跳出西方哲学学科的理性藩篱，断不能简单地将老子当成纯粹理性的哲学家来对待，老子的哲学思想和艺术精神都与他开展挽救时弊、本性重建是密不可分的。

老子开展文化重建的基点是早期文化大传统的神话思维。叶舒宪在《老子的文化解读——性与神话学之研究》中认为："老子哲学中的这两大层面的对应（人生哲学与宇宙论）是老子的类比思维方式所决定的。按照老子的逻辑取向，自然是先有宇宙论，之后再类推出人生论方面的行为准则。而老子的宇宙论本身直接道原于神话宇宙观，作为他类比推

---

[1] （唐）陆希声：《道德真经传》，（清）阮元辑：《宛委别藏》第96册，江苏古籍出版社1988年版，第1页。

理的基础和出发点,比他所表达的人生要求和政治主张有着更深远的渊源和背景。"①20多年前,叶舒宪已经意识到了,老子作为一个时代的文化领袖,他所表达的各种宇宙观、人生观都是早期神话思维的文化产物。20多年后,叶舒宪在长期研究中国传统文化的华夏精神的阐释经验中,总结出文化大传统的新理论。他认为在文字出现之前,人类曾经长期处于一个没有文字的文化时代,而人类思想中的一些根本性的命题原则在这个无文字时代就已经形成了。进入文字时代以后,早期经典的书写文本形式不过是将大传统时期的口传神话精神以文字文本的方式保留并传承下来,其知识根性不在文字书写时代,而深深扎根于口耳相传的神话时代。

老子作为春秋末年的文化领袖,其思想精神充满了对神话时代的留念与守望之情,并用回归"神道""神德"的方式,展开对世俗社会、流俗文化的反思与批判。如果立足文化大传统时代的生命精神,我们认为,老子并不是一位消极厌世的"隐君子",也不是一位博大精深的"哲学家",更不是一位权诈阴谋的"权术家",而是一位充满悲天悯人、忧世关怀的现实文化的焦虑者和沉思者。他充分利用早期大传统时期的神话基因与文化遗产告诫世人,警醒世界,始终对人类自作有为的文化行为提出反对意见,他是一位继承神话古道、追怀人类本真状态的士人文化重建者和革新者。

## 一、对流俗文化的深沉焦虑

春秋时代,王道凌迟,礼崩乐坏,社会上各种流俗文化蜂拥而起。"赋诗言志"将早期口传诗歌文化引向了现实社会的"己志"意义,整个社会沉浸在现实世界的流俗关系之中,早期文化之"道"和三代王道已经失去了对世俗人心的文化约束与自我规定,整个社会人心迷失在现世的利害关系与名誉追逐之中,并对之乐不思蜀,不知返途。面对社会流俗的文化现象,老子发出了无奈的感叹。《老子·第二十章》云:"唯之与阿,相去几何?善之与恶,相去何若?人之所畏,不可不畏。荒兮,其未央哉!众人熙熙,如享太牢,如春登台。我独泊兮其未兆,如婴儿之未孩;儽儽兮若无所归。众人皆有余,而我独若遗。我愚人之心也哉!沌沌兮!俗人昭昭,我独昏昏。俗人察察,我独闷闷。……众人皆有以,而我独顽且鄙。

---

① 萧兵、叶舒宪:《老子的文化解读——性与神话学之研究》,湖北人民出版社1994年版,第27页。

我独异于人,而贵食母。"①"唯"是古代大传统文化的语词声音标志。在甲骨文、金文中有大量的"佳"字,很多学者将"佳"当成是语助词或发语词,认为它们是无意义的虚词。如果我们联系大传统文化背景的甲骨文、金文的宗教语境和神圣意蕴,"佳"的"鸟女神""鸟形灵"的降神通神文化意味才能显现出来,实际上这个"佳"字图像成为早期口传文化大传统语词声音的特殊符号标志。叶舒宪认为:"如果佳字就代表着神明或先祖之灵以'鸟形灵'的形象降临宗庙仪式场合,那么与言说行为对应的则是神鸟所发出的鸣叫之声,由此神圣的声音来引导通神的王者或祭仪主祭人的发言叙说,那就是为什么要给'佳'字加上表示鸟喙的'口'旁,造出一个类似发语作用的'唯'字。"② 关于"阿"字,成玄英《疏》云:"慢应也。"③ 联系"唯"是指神降时祭祀者所具有的敬畏之情,那么,"阿"应该是指在祭祀中祭祀者轻慢无礼的应答之声,这两种不同的口头声音承载了不同的文化价值。孔子云:"祭如在,祭神如神在。"(《论语·八佾》)④ 老子云:"相去几何?"两位圣人都在感叹,流俗社会文化(阿的状态)离早期大传统的文化敬畏(唯的状态)实在是相差太远了。其他的文化价值观念,诸如善与恶,也是"相去若何",曾经属于善良的东西,可能也已经成为世人眼中丑恶的东西了;曾经是丑恶的东西,可能也变成了世人所喜欢的东西了。"人之所畏,不可不畏",老子告诫世人,那些值得人们继承和敬畏的东西,今天我们依旧要有所畏惧。老子所说的"敬畏的东西"是指什么呢?应该是早期大传统之中,人在"唯"的语词声音中所表现出来充满敬畏的神灵情怀,而现在世人对神灵却表现出猥亵怠慢的流俗态度,这样已经失去了的神圣的敬畏之情,我们"不可不畏"啊。他警告世人,神灵是要有所敬畏的,切不可懈怠。"荒兮,其未央哉!"面对流俗世界中世人违背超越尘世的文化精神,甚至大胆猥亵神灵,无所顾忌,他表示出了极大的愤怒之情:"荒唐啊,这种人为什么还没有遭到祸害啊!"老子似乎在向神灵祷告,并强烈建议神灵要赶快给这些世俗之人以严厉惩戒。老子不仅对世俗人的流俗行为极为不满,而且表示了要与之决裂的坚定态度。他说,众人参加"太牢"的筵席以及春天登台的祭祀,熙熙攘攘,不讲一点礼仪。而"我"独守淡泊,不露动情的迹象,犹如混沌的婴儿,没有世俗

---

① (魏)王弼注,楼宇烈校释:《老子道德经注校释》,中华书局2008年版,第46—48页。
② 叶舒宪:《文学人类学教程》,中国社会科学出版社2010年版,第205页。
③ 陈鼓应:《老子注译及评介》,中华书局2003年版,第141页。
④ 杨伯峻译注:《论语译注》,中华书局1980年版,第27页。

之情，神情严肃的样子，处于一种淡泊宁静、居家可归的状态之中。前者是处于一种人间游戏的轻浮态度，而后者是严肃谨慎，毫不懈怠。前者纵情无度，后者忧惧沉重。前者代表流俗文化肤浅轻薄的言行表现，后者代表老子心中沉着冷静，表现对早期文化秩序的坚守和传承之情。老子说，世人都重视积累各种外在货物，而我独遗弃世间钱财，"我"这个人就是这样一种"愚人之心"。什么才是老子的"愚人之心"呢？孔子曾说自己"愚而好自用"（《中庸·第二十八章》），也曾称赞卫国宁武子"其愚不可及"（《论语·公冶长》），此处充分表明，老子以"愚人"自居，表达了对人类自身所具有的所谓智慧的鄙视之情，也讽刺了世人好逞智为能，好利豪夺，这种世间的人生常态，在老子眼中，表面上看来是"智慧"的，而其本质却是真正的愚蠢。老子还说，世人都表现得很清醒理智的样子，而"我"独独感觉有点迷糊不清，犹如恍兮惚兮；世人都显得很精明能干的样子，而"我"独独无所区别，犹如混沌不分；世人都积极用智，显得有所作为的样子，而"我"独独显得有些愚昧而玩鄙。在"我"与世人截然不同的外在行为对比中，我们可以分辨出来，"我"之所以是那个独特的"我"，是因为"我"立身世界之中始终坚守了神圣的"神道"。叶舒宪认为：这是"以第一人称描绘出自己类似恍惚的认识状态，并与俗人的状态形成鲜明对照。"① 与世俗文化决裂，这才是老子在世最大的文化清醒。

老子始终将自己与世人的流俗文化对立起来，一方面表明世人文化充满流俗性与可恶性，另一方面展示了老子对流俗文化的鄙弃之情，以及对早期文化大传统的崇拜之情。《老子·第五十八章》云："人之迷，其日固久。"② 老子认为，世人迷失自身，沉沦世界，无以自拔，这种现象已经很久了。面对这样一个人心迷失的流俗社会，面对举世皆"浊"的沉沦状态，老子表现出一种无比深沉的焦虑之情，他深思，如何来拯救时弊？如何来唤醒世人？如何才能重建新型的士人文化？如何将失去的人类精神重新召唤回来？《老子·第二十一章》云："自今及古，其名不去，以阅众甫。吾何以知众甫之状哉？以此。"③ 老子认为，要从现在上溯到古代，这里的"古代"是指中国早期大传统时期的社会文化时期，即古道传统时期。只要"道名"还存在于世，我们可以充分利用"古道"之"名"来传承发扬"古道"的文化意义和精神价值。"以阅众甫"，帛书甲乙本作"以顺众父"，

---

① 叶舒宪：《文学人类学教程》，中国社会科学出版社2010年版，第151页。
② （魏）王弼注，楼宇烈校释：《老子道德经注校释》，中华书局2008年版，第152页。
③ （魏）王弼注，楼宇烈校释：《老子道德经注校释》，中华书局2008年版，第52—53页。

应该是指要依据"古道"的文化力量和文化价值,来考察和认识万物的文化本源。"吾何以知众甫之状哉",帛书甲乙本作"吾何以知众父之然哉",意思是说,我如何才能知道万物的本始状态呢?老子自问自答说,必须要依靠大传统时期的文化"古道"啊。老子认为,要认清这个流俗的社会,重新把握万物的文化本始,展开相应的文化重建,都必须要从古代人类历史文化中获得大智慧,而不能根据社会的现世情状随意展开,尤其要依据大传统文化时期的"古道",才有新的希望。中国早期大传统文化的"古道"成为他救弊社会世俗、思考文化重建的基点所在。

## 二、"执古之道"以御"今有"

孔子、老子所处的当今社会是"无道"的社会。所谓"无道",是指中国早期文化大传统的"古道"的整体文化意义和文化价值被世人丢失了,被世人遗忘了。如何救弊这种"无道"的社会文化呢?子曰:"笃信好学,守死善道。危邦不入,乱邦不居。天下有道则见,无道则隐。邦有道,贫且贱焉,耻也;邦无道,富且贵焉,耻也。"(《论语·泰伯》)孔子认为:作为一个士人,就要坚定不移地相信"善道",不断学习它,永恒保全它,这样就出现了"有道"与"无道"的文化对立和价值分裂。在孔子看来,"有道"士人,是坚守大传统神道的文化价值,以恢复"神道"的文化传统为己任的士人君子,而"无道"士人是指沉沦在现实世界、执迷不悟的小人。子曰:"射不主皮,为力不同科,古之道也。"(《论语·八佾》)[1]《荀子·哀公》记载:"鲁哀公问于孔子曰:'吾欲论吾国之士,与之治国,敢问何如取之邪?'孔子对曰:'生今之世,志古之道,居今之俗,服古之服,舍此而为非者,不亦鲜乎!'"[2]孔子认为,在射礼中,士人要遵守"古之道",他甚至还认为,国家选举官员也要选举有志于"古之道"的士人。可见,孔子是用"古道"来批判和重建社会文化的"无道"现状。

老子与孔子一样,一方面对"无道"的社会现状表现出不满之情,另一方面又将文化重建的沉思眼光投向了中国早期的文化大传统,他也想用"古道"来拯救时弊,力挽当前流俗文化的颓废和沉沦。《老子·第四十六章》云:"天下有道,却走马以粪;天下无道,戎马生于郊。"[3]所谓"天下无道",是指社会文化已经失去了"古道"文化的秩序和规定,人心陷入

---

[1] 杨伯峻译注:《论语译注》,中华书局1980年版,第29页。
[2] (清)王先谦撰,沈啸寰、王星贤点校:《荀子集解》,中华书局1988年版,第537页。
[3] (魏)王弼注,楼宇烈校释:《老子道德经注校释》,中华书局2008年版,第125页。

"无道""无所规定"的流俗状态,由此而沉迷于社会实际的利害关系、利用关系之中。"天下有道",是指只有充分传承和发扬"神道"文化的约束和规定,使之成为社会秩序和文化价值的约束和规定,以至于全体社会成员都能够依照"神道"的文化意义和文化价值来运转和践行。"有道"是社会和平、人民安康的力量源泉,"无道"是社会杀伐、刀兵相见的最终源头。"有道"与"无道"的文化区分充分体现了老子对社会现状的忧患意识和重建渴望。

如何才能使社会"有道"呢?"道"又在哪里呢?《老子·第十四章》云:"执古之道,以御今之有,能知古始,是谓道纪。"[①] 老子认为,"今之有"是当前社会世人的文化现状,他们过分沉迷于"有"的现实世界,如何驾驭和纠偏这种"有"的文化偏离和文化沦落呢?唯有"执古之道",这也充分表明,在众"有"迷乱世人的特殊时期,老子和孔子一样选择了文化回归的重建策略,将文化重建的眼光转向了"古代极为久远的文化大传统",尤其重视"远古之道"。在《从文化大传统原道》一节中,我们通过对口传大传统和物质图像大传统的文化研究,建构了早期文化大传统的"神道"源始意义,认为"道"是上古巫者在通神仪式过程中,通过暂时放弃个体在世的流俗世界,使自身的人心世界净化成一个完满自在的本来世界,从而能够通达自身本性所有的澄明之光,由此获得天命赐礼。老子、孔子都崇拜"古道",都想利用"古道"的文化智慧和神圣价值,来救弊社会的"无道"现状,驱逐人心"不古"、追逐利益的社会流俗习性。"古道"成为老子、孔子两位圣人重建社会文化、高举"道"体文化的源始力量和文化依据。老子说:只有"把握了古代的原初文化",这才是真正的"道纪"。何谓"道纪"?应该是指"古道"的文化传统,或"道体"的文化准则和神理依据。也就是说,老子将源始性的"神道""古道"设置为现实社会建构"有道"秩序的文化依据和价值准则,如果离开了这个"古道"的文化依据,"道"就很容易沦落为社会文化的流俗之道,从而会使"道"沦落为缺乏文化传承、没有本源力量的"道"。

近代以来,很多学者喜欢用西方的哲学原理来阐释老子的"道",将老子的"道"引向了社会现实中"实存"的、"经验"的、抽象的"道"。诸如冯友兰在《中国哲学史》一书中云:"古时所谓道,均谓人道,至《老子》乃予道以形上学的意义。以为天地万物之生,必有其所以生之总原

---

[①] (魏)王弼注,楼宇烈校释:《老子道德经注校释》,中华书局2008年版,第32页。

理，此总原理名之曰道。"①冯友兰将老子的"道"概括为"形而上"的"道"，认为老子之"道"不是"古时之道"，而是"总原理"之"道"，尤其认为老子之"道"是由"人道"转向了纯粹理性之"道"，这种理解纯粹以西学的文化价值和原理来阐割老子之"道"，将中国早期大传统文化的"神道"进行完全断裂化和理性化的话语解释，通过这种西学阐释的文化途径与话语转换，在中国早期经典的书写文本中，找出一些可以抽象化阐释的纯粹理性之"道"，这种文化阐释做法势必将中国文化引向远离"古道"，甚至趋于"失道""无道"的道殇时代。陈鼓应在《老子哲学系统的形成》一文中云："老子哲学的理论基础是由'道'这个观念开展出来的，而'道'的问题，事实上只是一个虚拟的问题。'道'所具有的种种特性和作用，都是老子所预设的。老子所预设的'道'，其实就是他在经验世界中所体悟的道理，而把这些所体悟的道理，统统附托给所谓的'道'，以作为它的特性和作用。"②陈鼓应一方面将"道"看成是老子个人所"预设"的"道"，使得老子之"道"因个体思维的名义，而离开了老子所"执"的充满了神话原型与集体表象的文化"古道"，这也会遮蔽老子"神道"文化的力量源泉和文化价值。另一方面陈鼓应将老子之"道"阐释为"经验世界中所体悟的道理"，将"神道"的天命存在和神话沉思，归结为老子的现世经验或实存体验，认为"道"是一种"实存"事物的"道理"，亦会将"道"引向了形而上学的理性抽象和知性理论。这也遮蔽了老子的"道"不是现实世界的实存体验，而是传承了"古道"的神话想象与集体原型，尤其遮蔽了老子对"道"之文化精神和核心价值的文化坚守与文化传承。可见，这也是对老子之"道"的世俗化、西方化的理性阐释。

　　老子之"道"以及孔子之"道"都具有一个共同的文化源头，它们都不是个人理性思考的文化预设行为，而是一种发源于大传统文化的文化传承与历史重建的双向行为，具有双重的文化价值与现实意义。一方面他们针对社会流俗文化的现实流弊，提倡高举"古道"的大纛，以大传统文化的"古道"精神来抛弃现世文化的流俗习性；另一方面他们在对早期大传统文化的传承过程之中，不遗余力地对现实文化进行重建工作，这种文化重建不是一种纯粹抽象的实存体验，尤其不是现实世界中存在者所有的个体经验，而是利用早期文化的"神道"意义来重新规定自身存在的精神意

---

① 冯友兰：《中国哲学史》，华东师范大学出版社2000年版，第135页。
② 陈鼓应：《老子注译及评介》，中华书局2003年版，第1页。

义，并以自身所是的神话"遐思"来践行和支配自身的社会实践，从而使自身在社会现世之中的现身情态和文化沉思的"古道"体验获得一种由内而外、内外一致的言行实践。从这个角度来说，孔子、老子两位文化圣人都是大传统文化与"古道"精神的守望者和传承者。"古道"，尤其是大传统文化时期鲜活的"道体"文化，成为他们"神道"文化重建的原初力量与根性源泉。另外，这两位文化圣人都心系世忧，悲天悯人，充满了以神道文化来重构社会现实文化的文化责任和忧患意识。当然，他们提倡"古道"的神话回归和文化建构，同时，在"古道"文化回归的深度与途径方面又存在一定的文化差异，这又使得两位圣人从此开始出现一些分歧，并由此而分道扬镳。

## 三、文化重建的双重沉思

早期圣人与贤者的任何一种文化重新建构行为都不是心血来潮、无根无据的。儒道两家的文化重建源泉都发源于早期的文化大传统，它们有着同一个文化之根，即文化大传统时期的"神道"传统，二者原本是同根同源的。但是，儒道两家却没有因为同根同源，而完全一致地走向同一条文化道路，恰恰相反，儒道两家却走向了"神道"深渊的不同层位，也表现出文化价值上的一些差异。

关于儒道两家的文化差异，学术界论之较多，但是很少有人立足文化大传统来分析为什么会出现这样的文化分途。老子与孔子，这两位几乎同时代的圣人，他们开展的文化重建、道体重构，难道是同步而行的吗？他们在回归"古道"的文化追寻中，为何会在同一条"道"的神话回归中溯源而行，却出现了文化之间的精神分歧呢？难道这两种文化重建是一种无因无缘的文化事件吗？如果儒道两家之"道"的文化分歧存在着"神道"之间的因缘关系，那么，孰"道"为因，孰"道"为缘？这些问题实在难以用文字书写的史料事实来加以证明。陆希声在《道德真经传序》一文中认为孔子之"道"属于"兴于文"，也就是说，孔子是从传承"古道"之"文"来入手，提倡"文以治情"，从而建构儒家的"道体"文化。他又说，老子之"道"属于"本于质"，也就是说，老子是从传承"古道"之"质"来入手，提倡"质以复性"，从而达到重建社会文化的目的。[①] 陆氏立足于"古道"的"文"和"质"两个方面，对儒道两家的文化建构的分途问

---

① （唐）陆希声：《道德真经传》，（清）阮元辑：《宛委别藏》第96册，江苏古籍出版社1988年版，第1页。

题展开思考，加以区分。陆氏将孔子之"道"与老子之"道"放在同根同源方面来思考他们之间的文化差异，以及实际存在的文化分途，这都是对的。但是他又认为，孔子之"道"与老子之"道"又是同时发生、同时推进的，这也就忽略了两者之间的文化因缘关系。他从"文"与"质"两个方面来思考儒道两家的文化差异是富有价值的，这提醒了我们，如果想要找到儒道两家在"道"体方面的文化关系，可以在"文"与"质"之间的道体因缘上来展开思考。

学术界关于孔子之道与老子之道孰先孰后的问题大多执着于《老子》一书的成书问题，似乎解决了《老子》创世文本是什么时候写定的，就能随之解决两家"道体"之间的先后问题。这种思考问题的方法忽视了这样一个事实，即无论是《论语》传世文本，还是《老子》的书写文本，都很难说是一定属于书写文化的结果。

我们认为，《论语》文本的最初形态应该是孔子口头说出来的，经过孔门后学数代学人的口耳相传，然后才用文字将其写定的。根据《老子》的简帛本与传世本之间的言语表述形式来看，这个书写保留了很多早期口传诗歌的言说格套，尤其在帛书本中，还保留了大量的助动词"也"，《诗经》文本中的现存诗句也大量使用了"也"，《楚辞》文本中存在大量使用的"兮"，这些口头助动词在句式结构上也极为相似，都可能是早期口传文化中"套语"格式的外在形式特征。另外，《老子》文本的言说结构化也比较明显，诸如句式整齐、章节重复、套语程序、排比铺陈等，也都与早期口传文化的套语形式和文化程序具有一致性。也就是说，《老子》很可能也是先行属于口传文本，通过口头言说方式形成的，到了后来，才逐渐用文字书写的方式将其写定下来。联系春秋末年，正是处于由口传大传统向书写小传统过渡的关键时期，老子与孔子这两位圣人都没有完全沉浸于文字书写的小传统文化，而是持守着对口传文化大传统的回归情结，他们守望和发扬"古道"，这成为他们与流俗文化决裂的重要分界线。司马迁在《史记·老子列传》中记载："老子修道德，其学以自隐无名为务。居周久之，见周之衰，乃遂去。至关，关令尹喜曰：'子将隐矣，强为我著书。'于是老子乃著书上下篇，言道德之意五千余言而去，莫知其所终。"[①]司马迁生活在两汉时期，受到书写小传统的影响，认为老子是为关喜"著书"，彰显《老子》文本的书写行为，实际上也遮盖了老子的文化口授行为。

---

① （汉）司马迁：《史记》，中华书局1963年版，第2141页。

只要理解了《老子》最初的文本形式可能是口头形式之后，我们才能明白，仅仅依据《老子》文本的文字书写时间，是不足以确定《老子》最初文本形式就一定是后出的。学术界不少学者根据《老子》文本的文字书写形态提出了很多关于《老子》成书问题的讨论，这些讨论大都是将《老子》文本定为战国以后的作品，这样就会误导我们，认为道家之"道"是后出于儒家之"道"的。如果仅仅依据书写文本形态考定《老子》文本的成书时间，并由此而确定儒道两家之"道"出现时间的先后，这与传世文本中记载老子不仅年龄大于孔子，而且孔子还曾经向老子"问礼"等历史历史事件是不一致的。可见这种《老子》书写文本的时间考定可能提供的只是书写文本的定格时间，但未必一定就是《老子》思想精神的发生时间。

首先，我们从"文"方面来展开考察。流俗社会是重视"文"的，诸如晋国阳处父之"文"，以及赋诗言志之"文"，都是春秋时代社会上极为流行的流俗之文。在建构"道"时，孔子强调"文质彬彬"。他认为，既要传承周代之"文"，同时又要用"虞夏之质"来救弊"周代之文"，从而达到以"内质"限定"外文"的君子状态。孔子还认为，"文"对"质"也具有表征性和巩固性的文化功能，因此不能忽视"文"的文化存在，极为重视"文"的形式建构。老子对待"文"的态度是极为鲜明的，持有放弃"文"的绝对态度。他认为，外在的"文"，无论是行文、言文、情文，都会影响道体的心质状态。也就是说，老子不仅要抛弃流俗之"文"，而且要抛弃儒家人所提倡的能表现"内质"的"文"，他所提倡的是"自然之文"的"本来心质"。从"文"的角度来看，老子对待"文"的绝对抛弃态度，不是空穴来风的，而是要抛弃流俗之"文"与儒家之"文"，他更专注于自然之"心质"。

其次，我们再从"质"来展开考察。社会流俗文化处于"无道"的状态，这都是老子和孔子所要批判的实存状态。因此，他们都用"古道"来拯救此种流俗的文化现象。孔子之道，"质"在"仁义"，仁义与"道"之间的关系是："志于道，据于德，依于仁。""道"成为"仁"的理想化状态与原初力量。老子之道，"质"在"自然"，自然与"道"之间的关系是："人法地，地法天，天法道，道法自然。""自然"成为"神道"的最高状态与原初力量。《老子》云："大道废，有仁义"（《老子·第十八章》）[1]，"绝仁弃义"（《老子·第十九章》）[2]，从这些言论来看，老子不仅针对社会的

---

[1] （魏）王弼注，楼宇烈校释：《老子道德经注校释》，中华书局2008年版，第43页。
[2] （魏）王弼注，楼宇烈校释：《老子道德经注校释》，中华书局2008年版，第45页。

"无道"文化,而且也针对儒家的"仁义"文化。老子是反仁义的吗?刘笑敢认为:"老子似乎批评了儒家之仁义礼乐,然而根据上文的分析,老子批评的重点不在于仁义礼乐本身,而在于道德礼仪盛行之中强制和虚伪的表现。老子针对的是重礼之形式而轻德之实在的倾向,批评传统的、世俗的社会标准和价值取向,追求自然的、内在的和自发的价值标准和社会行为。换言之,老子批评的是传统道德的实践过程中所出现的问题,不一定是传统的或儒家的伦理道德内容本身。这样说来,只要儒家的仁义礼乐的实践是真诚、自然的,老子应该是不反对的。"① 刘笑敢认为,老子反对的是"假儒",不是"真儒",这似乎是不对的。他好像还不能理解"自然"之道的文化建构首先必须要抛弃"仁"道,只有逐渐忘记有形之"仁"(有所减损),才能在百尺竿头更进一步,才能渐趋于"自然",这样"自然"之质才会越积越多(有所增益)。可见,老子认为,仁道与自然之道之间是一种不可同时并存的状态,突出仁道,就会遮蔽自然之道,同理,想要发现自然之道,抛弃仁道成为必备条件。由此可知,老子不仅反对假儒,而且还要反对儒家的仁义之道。老子在沉思孔子士人常身存在状态的基础上,对士人常身存在状态的再反思与再批判,他想打捞的不是现存之有的仁义之道。他认为,只有彻底抛弃了作为有形之迹的仁义之质,才有可能真正通达无形无为的圣人大道,才有可能在自然之道中获得全新质朴的本来智慧。

最后,我们从士人对待"神道"的文化态度来展开考察。《老子·第四十一章》云:"上士闻道,勤而行之;中士闻道,若存若忘;下士闻道,大笑之。"② 老子已经意识到,春秋时代的士人群体并非是一个具有共同文化追求的统一阶层,已经开始出现了阶层分化,即出现了上士、中士和下士的层级区别。由此,他依据士人接近"神道"的层级,以及对待"神道"的态度,将士人区分为上士、中士、下士,这种士人的文化区分对于我们梳理儒道两家的文化关系也具有帮助。老子认为,"下士"对待"道"持有质疑的态度,他们认为"道"是虚无的、可笑的,是不值得信任的。可见,"下士"文化所对应的是"无道"的流俗文化,也就是社会上极为世俗的文化。"中士"对待"道"持有一种模棱两可的态度,一方面认为"道"是存在的,是可信的,另一方面又认为"道"是虚无的,是不可信的。他们对待"道"表现出不坚定的态度,既想依据于"道",但又不完全相信

---

① 刘笑敢:《老子古今:五种对勘与析评引论》,中国社会科学出版社2009年版,第426页。
② (魏)王弼注,楼宇烈校释:《老子道德经注校释》,中华书局2008年版,第111页。

"道",他们只好改造"道"。当然,这种中士的文化态度指的就是儒家的仁义之道。仁义之道,一方面是"志于道",但另一方面又"依于仁",是以"仁"为中心的新"道"。老子认为,这种对待"道"的改造态度亦是不可取的。"上士"对待"道"的态度,是既信之,又依从之,并且始终不渝地贯彻之、践行之。毫无疑问,老子将自己的"道"看成是士人文化中最坚定、最值得坚守的本来之"道",决不能将上士之"道"与"中士"之"道""下士"之"无道"相提并论。上士之道才是道的本来面目,中士与下士之道都是要抛弃的对象。

从社会文化的道体建构来看,无论是"文"的层面,"质"的层面,还是文化主体的"士人"层面,老子都具有一种双重的文化扬弃态度,同时,又具有一种双重的文化建构意识。他不仅要放弃社会流俗的"无道"文化,而且对儒家的"仁道"文化亦有高度的警惕和反思。在《史记》的文献记载中,两位圣人的第一次会面是具有文化冲突的,老子对孔子的仁义之道表示了不满,也提出了衷心的告诫和劝慰,这已经很明显地展现了老子对待"仁道"的鲜明态度。老子认为,孔子的"仁道"不是纯粹的"古道",而是被改造之后的"古道",属于"古道"的新型变体,也属于"道体"的有迹存有部分,还不是真正的原初"古道",正因为如此,这也成为他要抛弃的文化对象。否则,仁道的有形有迹会深深遮蔽"古道"的无形虚灵传统。

老子的文化重建和文化沉思是彻底的,也是睿智的。他既要坚守早期中国文化的"古道"大传统,又要警惕儒家"仁义"的有形之"道",还要坚定不移地抛弃世俗的无道文化,表现出一种以双重任务为己任的文化建构。他一方面以"古道"来拯救社会旧文风、旧士风(反对世俗的无道文化),另一方面还要拯救社会新出现的假文风、假士风(反对在世的仁道文化)。这才是老子其人,他既是一位华夏大传统文化的坚守者,也是一位在大传统文化与现实文化之间往来穿梭、励精图治的文化沉思者和建构者。

## 四、小　结

从大传统文化来看,老子面对现世存在各种的流俗文化,提倡要发扬"古道"精神,拯救时弊,是一位道济天下、充满忧患的文化重建者和革弊者。

对于流俗文化,老子深怀忧戚,发出了沉重感叹和焦虑之情,并与之表示了决裂的文化态度。如何拯救时弊、唤醒众人呢?老子认为,必须要从早期大传统文化的神道出发。

老子与孔子两位圣人都利用早期"古道"来拯救时弊。老子的"道",不是抽象的总原理,也不是虚拟的人为"预设",而是传承了原初"古道"的神话世界和本在精神。同时,他又利用"古道"的神话回归与文化重建,继续领会和遐思自身本来存在的可能规定与神性超越。

儒道两家文化都源于早期大传统文化之道,具有同根同源的文化同一性,在春秋末年"道术"出现分裂之时,都对流俗文化兼具解构与重构的双重使命。尽管《老子》的书写成书时间可能比较晚,但这并不意味着《老子》的口传文本形态就一定出现较晚。如果立足于《老子》的口传文本形态,我们可以知道,老子的"自然之道"与孔子的仁义之道很可能是同步而生的。

从言文的角度来看,流俗文化是有文无质的,孔子提倡"文质彬彬",而老子要抛弃各种外在之"文",独重内在之"质"。从"质"方面来看,孔子之"质"在于"仁道",老子之"质"在于"自然",老子反对孔子以道为文化目标而实际上执行有形的"仁义"之质。他认为,"仁义"之质的有形有迹状态依旧会遮蔽"自然"的本真存在状态,依旧属于他要彻底抛弃的文化对象。从士人对待"古道"的态度来看,"下士"对"古道"持有讥笑的态度,"中士"对"古道"持有两可的态度,而"上士"对"古道"持有坚信的态度。老子对待"古道"文化持有上士的坚信态度,孔子对待"古道"文化持有中士的新变态度。可见,老子的文化重建具有双重性,他既要抛弃流俗的无道文化,又要解构新兴的仁义之质,他要回归的古道文化是永恒不变的、生生不息的生命本源之道。

## 第二节　自然大道：士人的原初真灵与文化认同

老子的"道"是"自然之道"，这是学术界的共识，但何为"自然"？"自然"的原初含义是什么？老子为何要提倡"自然之道"？这些问题依旧是令人困惑不已的重大问题。一般来说，学术界对"自然"的阐释具有两种观点：一是指实存之物、物理状态的自然界或大自然，二是认为"自然"就是"自然而然"。

近些年来，刘笑敢在不同的场合多次提出，老子的"自然"是"人文自然"。他在《人文自然与天地自然》①以及《老子古今：五种对勘与析评引论》中，再三强调之所以要提出"人文自然"，是为了防止和杜绝以下种种对"自然"的误解："一、杜绝将老子之自然误作自然界或大自然的同义词，说明老子之自然不是物理自然。二、杜绝将老子之自然误作动物界野蛮相食的状态或生物界的自发状态，说明老子之自然不是动物之自然或生物之自然。三、杜绝将老子之自然误作人类历史上的原始社会的状态，说明老子之自然并非主张历史的倒退。四、杜绝将老子之自然误作与人类文明相隔绝的状态，说明老子之自然不是反文明、反文化的概念。五、杜绝将老子之自然误作没有任何人为努力的状态，说明老子之自然不是无所事事的主张。六、杜绝将老子之自然误作霍布斯所假设的所有人对所有人的战争的'自然状态'，说明老子之自然不是对人类社会负面状态的假设，而是对正面价值的追求。"②对学术界关于老子"自然"

---

① 刘笑敢：《人文自然与天地自然》，《南京师范大学文学院学报》2004 年第 3 期。
② 刘笑敢：《老子古今：五种对勘与析评引论》，中国社会科学出版社 2009 年版，第 75 页。张娟芳在《二十世纪西方〈老子〉研究》（西北大学 2003 年博士学位论文，第 8—10 页）一文中概括了 20 世纪西方《老子》研究的多元化现象，主要体现在以下几个方面：第一，立足于西方社会人生，如德国汉学家卫礼贤（Richard Wichelm）、霍姆斯·魏尔奇（Holmes Welch），英国的李约瑟等。第二，立足于东西方文化比较。第三，立足于《老子》本身的研究。如葛瑞汉（A.C.Graham）、阿瑟·韦利等。第四，对中国老学的研究。并对黛安娜·朱荷(Diane Dreher)、亨利克斯、蒙若（Herrymon Maurer）、格瑞各 (Ray Grigg)、陈汉生 (Chad Hansen)、艾凡赫、史华慈、温诺登 (Bryan.W.Van Norden)、阿瑟·韦利、迈克尔·拉法格 (Michael LaFargue) 以及伊莎贝尔·罗宾妮 (Isabelle Robinet) 等西方学者的老子研究展开了分析和讨论。夏绍熙在《老庄"自然"观念的产生和变化》

的各种误解及阐释，刘笑敢抱有一种极为敏锐谨慎的文化警惕之心。针对那种将老子之"自然"看成是"物理自然""动物之自然""生物之自然""原始社会的自然""对立文化的自然"等诸多物质自然主义的机械论，他尤其强调，这种物质的自然主义将老子之"自然"完全物质化、完全客观化，将自然等同于社会现实物质的物理状态，这毫无疑问是对老子自然思想的误解，是应该杜绝的，否则，就会彻底遮蔽中国优秀传统文化中"自然"的大道精神与核心价值。在此基础上，刘笑敢认为："老子之自然表达的是对人类群体内外生存状态的理想和追求，是对自然的和谐、自然的秩序的向往。……人文自然作为最高的价值原则不会压制、限定任何生存个体的正常的、与自然生态及人文环境相协调的发展，但是会通过生存个体的内在的价值判断限制和纠正破坏人类和谐秩序的行为。"[①] 他以"人文自然"的方式，批判了客观主义与机械主义的自然观，但综观其"人文自然"，依旧还停留在社会人文主义的外在层面来讨论"自然"，认为"人文自然"是一种社会"人类群体内外生存状态"，依旧将"自然"拘囿在"人类群体"的存在者范围之内，还没有真正跳出人类群体视野的人文藩篱，依旧存在"自然"人本主义的文化局限，没有真正触及中国本土化、知识语境化的原初自然生命状态。老子之"自然"不是一种抽象化、理性化的"人文自然"。在此，我们将"自然"放置在文化大传统的神道传承和符号编码中，结合民族志、考古学、人类学、跨文化研究等诸多交叉学科的知识证据进行综合考察，力求对老子之"自然"展开深度的文化溯源与存在沉思。

---

（西北大学 2009 年博士学位论文，第 7 页）一文中概述了国外汉学家对道家"自然"观念的一些研究。其六："葛瑞汉在其代表作《论道者》中指出自然是行动之初对情况做出的整体的客观的反应。李约瑟《中国科学技术史》（第二卷）中认为道家'自然'肯定了科学的自然主义。史华慈《古代中国的思想世界》指出《老子》书中的'自然'是人们日常经验所感受到的自然，与科学的自然主义不同。法国汉学家弗朗索瓦·于连《圣人无意——或哲学的他者》从整体性与事物发展的内在过程来理解'自然'。郝大维、安乐哲合作撰写了《通过孔子而思》《期望中国》《汉哲学思维的文化探源》《道不远人——比较哲学视域中的〈老子〉》等多部论著探讨中国古代的思想文化，从中国哲学传统的特点出发，对中西文化进行了整体性的比较，概括出中西文化的基本特征。他们认为道家'自然'观念强调的是世界流变过程中的自发性。陈汉生《中国古代的语言和逻辑》通过中西比较探讨中国古代的语言和逻辑，提出隐含在中国古典思想中的关于语言的四个假定，涉及语言的起源、功能、处理的对象等方面。他还讨论了道家在中国哲学史上的地位，认为在整体的中国哲学史中，道家的观点较之儒家更有意义。"

① 刘笑敢：《老子古今：五种对勘与析评引论》，中国社会科学出版社 2009 年版，第 76 页。

## 一、可道：对"真道"的信仰认同

"自然"是老子之"道"的文化表征。"道"作为一种有名存在的言说表述，既不是老子的专利发明，也不是孔子的专利发明，而是早期中国口传大传统的文化精神和神性价值，其文化渊源极为久远，几乎与早期人类文化历史是一致的。到了春秋末年，随着出现"道术为天下裂"的文化现实，两位圣人都提倡要坚守"古道"，利用回归"古道"的文化策略来革弊社会流俗文化的"无道"惰性与文化困境，"神道""古道"成为老子、孔子等圣人开展文化新建构，与"无道"现世文化进行决裂的重要标志与人文精神。

"非常道"，是老子与其他"有道"者之"常道"的重要文化区分，但老子这种文化区分却没有被后来学者所理解。《老子·第一章》云："道可道，非常道；名可名，非常名。"《帛书老子》云："道，可道也，非恒道也。名，可名也，非恒名也。"[①] 关于这一段文字的讨论，学术界似乎存在一个不证而明的文化共识，即习惯于将第一个"道"看成是老子哲学思想的专有名词，将第二个"道"看成是对"道"的言说，"常道"亦成为老子所谓的哲学之"道"。如陈鼓应在《老子注译及评介》一书中认为："第一个'道'字和第三个'道'字，是老子哲学上的专有名词，在本章它意指构成宇宙的实体与动力。第二个'道'字，是指言说的意思。"其又云："第一个'名'字和第三个'名'字为老子特用术语，是称'道'之名。文法上属于名词使用。第二个'名'字是称谓的意思，作动词使用。"[②] 高明在《帛书老子校注》一书中亦有类似的看法，其云："依王弼、河上公两《注》，'道'、'可道'与'恒道'三'道'字，字同而义异。第一个'道'字，通名也，指一般之道理。……'可道'犹云'可言'，在此做谓语。……'恒道'谓永存恒在之道。……'名'为物之称号。……'可名'之'名'，在此做谓语，称名也。'恒名'指永存恒在之名，《老子》用以异于世人习用百物之名也。《老子》把'道'与'名'作为同一事物之两个方面提出讨论，第一次指出名与实，个别与一般的区分；同时他以'恒道'、'恒名'与'可道'、'可名'，即'无名'与'有名'，阐明事物实体与现象的辩证关系。"[③] 朱谦之在《老子校释》一书中，与陈鼓应、高明等略有不同，其云："俞

---

① 高明：《帛书老子校注》，中华书局1996年版，第221页。
② 陈鼓应：《老子注译及评介》，中华书局2003年版，第53—55页。
③ 高明：《帛书老子校注》，中华书局1996年版，第222页。

正燮曰:《老子》此二语,'道''名',与他语'道''名'异;此言'道'者言词也,'名'者文字也。……谦之案:俞说是也。老子著五千之文,于此首发其立言之旨趣,盖'道'者,变化之总名。与时迁移,应物变化,虽有变易,而有不易者在,此之谓常。"① 朱谦之将"道"和"名"都看成是言说的不同表述形式,一个为口头表述,另一个为文字书写,彰显了言说的不同表述形式,同时也遮蔽了"道"的源始性、体验性和力量性,尤其遮蔽了"道"的文化规定和神圣价值,这亦是不可取的。

理解此章,关键在"可"字。"可道"与"可名"中的"可"有两种解释:一为"可以",二为"认可""认同"。如果将"可"理解为"可以",那么,"可道""可名"就可以理解成"可以言说",而老子认为,真正的"道"是不可言说的,这两者之间明显存在矛盾。尽管很多学者,诸如朱谦之在《老子校释》中所说的,这是老子"首发其立言之旨趣",联系老子的理论体系和文化沉思来看,"无名"胜于"有名","无言"美于"有言","道"的言说是一种不可为而强为之的文化符号活动,如果硬要认为,老子开篇是为了解说"立言之旨趣",确实有点强人所难的意味。"可道"的"可",还可以理解为"认可"或"认同"。那么,"可道"就应该理解为"认可真正的'道'"。也就是说,在老子看来,"道"存在两种不同的文化状态,一是"道"的本真状态,二是"道"的非真状态。老子所认可与赞同的"道"是"道"的本真状态,他所否认或抛弃的"道"是"道"的非真状态。同样的道理,"可名"可以理解为"认可真正的'道'之'名'",这也意味着,在老子看来,"道之名"也存在着两种不同的文化状态,一是"道之名"的本真状态,二是"道之名"的非真状态。老子认可或赞同的是"道之名"的本真状态。

将"可道"之"可"理解为"认可、赞同",并非老子个人创意,而是春秋时代的言说特性。与老子同时代,孔子就多次将"可"用为"认可或赞同"。子曰:"人而无信,不知其可也。"(《论语·为政》)② 孔子认为,一个人要是言而无信,我们就不知道他认可什么,也不知道他不认可什么。这里的"可"表示认可什么事情可以做,或认可什么事情不可以做。子曰:"君子不可小知而可大受也;小人不可大受而可小知也。"(《论语·卫灵公》)③ 孔子认为,一个具有仁德的君子不会认可小智之人,他只会认可

---

① 朱谦之:《老子校释》,中华书局2000年版,第4页。
② 杨伯峻译注:《论语译注》,中华书局1980年版,第21页。
③ 杨伯峻译注:《论语译注》,中华书局1980年版,第169页。

担当大任的人。而小人不会认可担当大任的人，却只会认可小智之人。这里的"可"，是一种价值认同的文化行为。《论语·微子》记载："逸民：伯夷、叔齐、虞仲、夷逸、朱张、柳下惠、少连。子曰：'不降其志，不辱其身，伯夷、叔齐与！'谓'柳下惠、少连，降志辱身矣。言中伦，行中虑，其斯而已矣。'谓'虞仲、夷逸，隐居放言，身中清，废中权。我则异于是，无可无不可。'"① 孔子对于早期逸民持有一种"无可无不可"的态度。这种态度既不是"没有可以的"，也不是没有"不可以的"，而是表达了孔子的文化认同态度。一方面孔子对逸民持有"无可"的态度。在孔子看来，这些"中人"伦理、"中人"思虑、"中人"清志、"中人"权力，由于缺乏内在"仁德心性"的文化节制和心性规定是不可行的，孔子不可能认同它。另一方面孔子又认为这些行为又是"无不可"的。孔子所谓的"无不可"，意思是说，假如所有这些"中人"思想、"中人"伦理与"中人"行为能够在内心持守仁者德性，将其放置在"仁者德性"的文化规定与人心价值中，那么，这些"中人"行为就变成了一种君子的仁义行为，都具有一定可行性的，又是值得肯定和认可的。孔子"可"与"不可"的文化认同，最终的价值标准在于是否具有仁德心性。

在《老子》一书中，也存在将"可"当作"认可、赞同"的文化现象。《老子·第三章》云："不见可欲，使民心不乱。"② 所谓"不见可欲"，不是"不看见可以欲求的东西"，而是指"在人的心中，不显现认可自身欲求的想法"，唯有"不显现认可自身的欲求"，这样才能做到"无所欲求"，才能真正通达"道"的本真状态，才能真正"使民心不乱"。如果将它解为"不看见欲求的东西"，只是在存在之物层面截断了视觉之流，并不能达到内心存在状态层面截断私欲之流，这也是不符合"道"的本来要求，也不可能真正达到"使民心不乱"的文化效果。《老子·第三十四章》云："大道泛兮，其可左右。"此句《帛书老子》整理本作："道，泛呵其可左右也。"刘笑敢将帛书本此句断为："道泛呵，其可左右也。"③ 陈鼓应将其翻译为："大道广泛流行，无所不到。"④ 此句表达的是"道"对待万物的认可态度，应该解为：大道无所不在，它认可或赞同世间万物的本真状态。"道"生万物，"道"寄存于万物，本源性的"道"与寄存于万物个体的"道"是

---

① 杨伯峻译注：《论语译注》，中华书局1980年版，第197页。
② （魏）王弼注，楼宇烈校释：《老子道德经注校释》，中华书局2008年版，第8页。
③ 刘笑敢：《老子古今：五种对勘与析评引论》，中国社会科学出版社2009年版，第380页。
④ 陈鼓应：《老子注译及评介》，中华书局2003年版，第202页。

连为一体的,它们是互相认可的文化关系。

老子用"可道"表示"认可真正的道"或"心合于道"的文化意义。这种"可道"的文化认同,在先秦时代也不是孤例。在《荀子》一书中,多次用到表示肯定意义的"可""可道""可非道""可道之心",以及表示否定意义的"不可""不可道""不可道之心"。《荀子·解蔽》云:"道,故心不可以不知道。心不知道,则不可道而可非道。人孰欲得恣而守其所不可,以禁其所可?以其不可道之心取人,则必合于不道人,而不知合于道人。以其不可道之心,与不道人论道人,乱之本也。夫何以知!曰:心知道,然后可道;可道,然后能守道以禁非道。以其可道之心取人,则合于道人,而不合于不道之人矣。以其可道之心,与道人论非道,治之要也。"唐杨倞注云:"心不知道,则不以道为可。可,谓合意也。"[1] 杨倞认为,《荀子》这段话中的"可"就是"合意",就是"认可""赞同"的意思。整段话严格区分了"可以"和"可"的用法,"不可以不知道"之"可"表示"可以","可道""不可道"之"可"表示"认可"。"可"的两种用法存在比较明显的区别。"可"后面的"道",不是"言说"的意思,荀子用其指称"真正的道","可道"就是"认可真正的道","不可道"就是"不认可真正的道","可非道"就是"认可非本真的道","可道之心"就是"认可本真之道的心","不可道之心"就是"不认可本真之道的心"。而且"可道""不可道"等表述还可以简化为"可"和"不可",如"所不可"表示的就是"所不可道","所可"表示的就是"所可之道",甚至,还可以将"可"省略,如"道人""不道人"分别表示"可道之人""不可道之人"。《荀子》这段话可以理解为,"本真的道"很重要,因此人心不可以不懂得"本真的道"。如果一个人心中不懂得"本真的道",那么,他就会"不认可本真的道",而"认可非本真的道"。如果一个人想要放纵自己的欲望,他就会持有"令人难以认可的道"(即持有非真之道),而放弃"令人认可的道"(即放弃本真之道),用他"不认可道的心"来选择人,所选出来的人就一定会是"不符合道"的人,绝不会是"符合于道"的人。用他"不认可道"的心,与"不认可道"的人来讨论"认可道"的人,这就是乱之本啊。为什么呢?心中知晓"本真的道",然后才会"认可本真的道";心中"认可本真的道",然后才能守住"本真的道",以禁止"非本真的道"。用他"认可本真之道"的心来选择人,选出来的人就是"符合道"的人,就"不会

---

[1] (清)王先谦撰,沈啸寰、王星贤点校:《荀子集解》,中华书局1988年版,第394—395页。

是符合无道"的人；用他"认可本真之道"的心，与"认可本真之道"的人，来讨论"非真之道"，这就是治理的关键啊。荀子认为，从"道体"本身来看，存在"本真之道"和"非真之道"的文化区别。从认可"道"的态度来看，存在"认可本真之道"和"认可非真之道"两种。从"人"的个体来看，存在"认可本真之道的人"和"认可非真之道的人"，前者是"道人"，后者是"不道人"。从"人之心"来看，存在"知道之心"和"认可本真之道的心"，以及"不知道之心"和"认可非真之道的心"。《荀子·正名》亦云："故可道而从之，奚以损之而乱！不可道而离之，奚以益之而治！"唐杨倞注云："可道，合道也。"① 这段话的意思是：因此要"认可道"，然后根据"认可的道"来安邦治国，这就是为何损坏了"认可之道"就会导致国家混乱的原因。对于那种"不认可道"的人，要远离这种无道之人，这就是为何远离了"不认可道"的人就会致使国家安定的原因。简而言之，就是有道则兴，无道则乱。

荀子"可道"与"不可道"的文化逻辑

| 道的分歧 | 文化认同 | 外在行为 | 行为结果 |
| --- | --- | --- | --- |
| 本真之道 | 可道解蔽<br>认可真正之道<br>禁止非真之道 | 选择符合真道之人<br>否认非真之道的人 | 修身齐家<br>安邦治国 |
| 非真之道 | 不可道蒙蔽<br>认可非真之道<br>放纵欲望<br>否定本真之道 | 选择不符合真道的人<br>否认本真之道的人 | 身体流俗<br>家国混乱 |

## 二、非常道：对"常道"的扬弃

如果"道可道"表示，"认可道"就必须"认可本真的道"，那么，"非常道"就表示"非可常道"，是"非可常道"的省略形式，即表示"不认可常道"的意思。这样，"非常道"就成为"非—常道"或"非可—常道"的言说结构，而不是"非常—道"的言说结构。"非—常道"或"非可—常道"表示"不是常道"或"不认可常道"，"非常—道"表示"非同一般的道"或"非同一般的言说"，两种言说结构的文化意义相差很大，但前一结构意义较为明确，而后一结构可以有两种不同的意义，其意义模棱

---

① （清）王先谦撰，沈啸寰、王星贤点校：《荀子集解》，中华书局1988年版，第429页。

两可，这明显与"道可道"的意义是不一致的。当然，"非常道"还可以作为一个整体的结构，与"常道"形成相对对立的文化关系（当然这种对立，与西方人二元对立的绝对关系不同。在"有道"的文化限度内，"非常道"与"常道"是一种相对的对立，"道"是它们的共性，"非常道"与"常道"是在这种共性之中的相对对立，是在"道体"中的文化分途），与"非—常道""非可—常道"的意义相同。同样的道理，"名可名"表示"认可道之名"就必须"认可道之真名"，"非常名"的结构就应该为"非—常名"或"非可—常名"，表示"不认可道之常名"。当然，"非常名"还可以作为一个整体的文化结构，与"常名"形成相对对立的关系（与"非常道""常道"一样，不属于那种绝对对立的文化关系，而是在"道名"的共性下，出现"常名"与"非常名"的文化差异），与"非—常名""非可—常名"的意义相同。

传世文献中的"常道"，在帛书本中书写为"恒道"。传世文献中的"常名"，在帛书本中书写为"恒名"。可见，在老子看来，原初的"古道"发展到了春秋时期，出现了一种"常道""恒道"。首先，老子认为，这种"常道""恒道"不是"无道"的，它是"有道"的，这样就将"常道""恒道"与"无道"区分开来了。其次，老子又认为，自己所提倡的"道"，不是这种社会上流行的"常道""恒道"，也就是说，老子强调了自己的"道"才是"真正的道"，是"道"的本真状态，而"常道""恒道"是一种"道"的日常状态或常身状态，这种"道"的日常状态与常身状态都不是"道"的本真状态，而是"道"的非真状态。也就是说，老子认为，自己的"道"必须认可"道"的本真状态，而不认可"道"的非真状态。

那么，何为"常道""恒道"？《论语·述而》记载："子曰：'圣人，吾不得而见之矣；得见君子者，斯可矣。'子曰：'善人，吾不得而见之矣；得见有恒者，斯可矣。亡而为有，虚而为盈，约而为泰，难乎有恒乎。'"[1] 孔子认为，"我"可能没有机会遇到圣人，但能遇到一个君子，也就可以了。他又说，"我"可能遇不到善人，但能遇到一个"有恒者"，也就可以了。什么样的人才算是"有恒者"呢？孔子说，原本没有，他却装作有；原本空虚，他却装作充盈；原本困难，他却装作安泰，这种人是很难"有恒心"。孔子的"有恒"，与"为有""为盈""为泰"的虚假人心是不同的。如果一个人心中充满这种虚假的人为之心，这种人为的虚假之心属于一种世俗的现存状态，持有世俗人心的人是不可能长久的，因此是

---

[1] 杨伯峻译注：《论语译注》，中华书局1980年版，第73页。

"难乎有恒"。可见，孔子的"有恒"不是流俗社会拘执于外在之物的世俗之心，而是指人心中所具有的君子仁者原型的心性状态与文化规定，持有了这种仁者常身如其所是的人心状态，并将这种仁者之心贯彻于自身在社会实践的现身情态之中，这就是孔子所谓"有恒心"。《论语·子路》记载："子曰：'南人有言曰：人而无恒，不可以作巫医。善夫！''不恒其德，或承之羞。'子曰：'不占而已矣。'"① 孔子认同南方人的名言，其云："一个人要是没有恒心，是不可以作巫师和医生的。"《易经·恒》的爻辞云："一个人要是没有恒心，就会招致羞辱。"孔子认为，这种没有恒心的人是不能去占卜，也不能担任医生的职业。在早期中国，巫师和医生都是具备了"兴起"能力的神圣人物，他们在社会上地位非常之高，都具备转变世俗人心，从而获得降神通神的非凡本领。在孔子眼中，巫师和医生都是有恒心的人，因此，没有恒心的人是不可以做巫师和医生的。可见，孔子的"恒心"是指通达了仁者常心状态的神话原型，这是孔子所提倡的"恒道"。《孟子·梁惠王上》云："无恒产而有恒心者，惟士为能。若民，则无恒产，因无恒心。苟无恒心，放辟邪侈无不为已。"② 孟子认为，真正的士人是"没有恒产"而"有恒心"的人，而老百姓是"没有恒产"就"没有恒心"的人。这种"没有恒心"的人，就会"放纵自身的邪恶之心"，就会"奢侈多淫"。综合孔子、孟子多次提倡"恒心""有恒"的言论来看，儒家人所提倡的"仁道"，就是老子所说的"恒道"，即"常道"。

在《老子》第一章中，老子旗帜鲜明地表明了自己的"道"不是儒家所提倡的"常道""恒道"，即不是"道"的非真状态和日常状态，而是要寻求更为源始、更为原初的"道"，即"道"的本真状态。可见，"道可道，非常道"具有开宗明义、提纲挈领的文化功能，这也表明，到了春秋末年，士人对自身存在的文化之道与神性规定出现了一些分裂现象，也存在着价值分歧与趣味相异的文化追求和存在想象，而老子提倡的自然之道是要回归到"道"的本真状态。

### 三、自的神话想象：真灵的物质图像与神话认同

《老子·第二十五章》云："人法地，地法天，天法道，道法自然。"③ 很多学者将这里的"天""地"当成是一个纯粹现世的存在之物，那么，

---

① 杨伯峻译注：《论语译注》，中华书局1980年版，第141页。
② 杨伯峻译注：《孟子译注》，中华书局1996年版，第17页。
③ （魏）王弼注，楼宇烈校释：《老子道德经注校释》，中华书局2008年版，第64页。

"道"和"自然"也就自然而然地被认为指向了一个现世的存在之物。毫无疑问,在早期中国文化中,"道"生天地,在开天辟地之后,天地生万物,"天"和"地"承载了中华创世神话中"道"的原初结构与文化基因,所以不能简单地将天地看成是纯粹的现世存在之物,而是早期人类关于宇宙生命起源与世界空间秩序的想象建构与力量源泉。因此,有了"天",就有"天神";有了"地",就还有"地祇",天神地祇的神话结构形成了华夏文明的原初编码与原型意义。凡是参观过北京天坛、地坛的人就能够比较直观地体验到中国古人是如何想象"天"和"地"的神话存在与文化意义。在天地的神话建构与符号意义中,天地的神话意象传承了中国古人关乎生命起源与社会秩序的最大人类学想象和最高文化价值。在上古典籍中,"天"是一切神圣力量的文化源头。《尚书》中有很多关于"天"的神圣描述,如"钦若昊天"(《尧典》),"皇天眷命""天降之咎"(《大禹谟》),"天叙有典""天秩有礼""天命有德""天聪明""天明畏"(《皋陶谟》),等等,这些用语言文字方式描绘出来的"天"不仅仅是作为自然之物的"天",而是早期中国人对"天""天命"的神性想象,充满了人类对昊天的敬畏之情。《诗经》中也有很多这种关于"天"的文化态度与文化记忆,如"天保定尔,亦孔之固"(《天保》),"天方荐瘥""昊天不佣""昊天不惠""不吊昊天"(《节南山》),"天之扤我,如不我克"(《正月》),"天命不彻"(《十月之交》),"浩浩昊天,不骏其德"(《雨无正》),"旻天疾威,敷于下土"(《小旻》),"何辜于天?我罪伊何"(《小弁》),等等,这些保留在口传诗歌语词中的"天",也是极为神圣的,是极致之美的最初表现,无不带上了早期中国人敬畏天命、笃敬天神的神话信仰与神圣情结。

孔圣人对"天"也充满了文化敬意与神圣情态。子曰:"五十而知天命。"(《论语·为政》)[1] 子曰:"不然!获罪于天,无所祷也。"(《论语·八佾》)[2] 孔子曰:"君子有三畏:畏天命,畏大人,畏圣人之言。小人不知天命而不畏也,狎大人,侮圣人之言。"(《论语·季氏》)[3] 孔子所指谓的"天"是万物的"天命"本源,是宇宙间一切生命之物最为神圣的生命源头。"天"的神话意象传承了早期人类终身求之、终身服之、终身畏之的神圣想象和至高存在,离开了"天命"秩序力量的文化指引与编码意义,早期

---

[1] 杨伯峻译注:《论语译注》,中华书局1980年版,第12页。
[2] 杨伯峻译注:《论语译注》,中华书局1980年版,第27页。
[3] 杨伯峻译注:《论语译注》,中华书局1980年版,第177页。

中国人似乎就找不到生命何以存在的文化理由，更不能明白生命存在的最初意义和永恒价值。孔子提倡"畏天命"，是对华夏早期大传统文化的传承记忆，也是一种发自内心潜意识中不自觉的敬畏之情与神圣使命。"天命"作为自然生命存在的极致力量和文化限度，始终如一地支撑着、衡量着万物的生命存在，也无时不在监视着人作为宇宙之灵的现实举动与心灵人格，让每个人的个体生命与作为万物本源的"天命"之间保持衡量尺度相对的统一，宇宙"天命"成为个体人命的原初范式，是性命之初的原生状态。

作为生命源头的"道"是天地之初的神性通道与力量本源，展示的是神性力量与天命赐礼传来之道，体现的是人类生命与宇宙生命之间的同气运化与命运关联。① 老子提出，人效法地，地效法天，天效法"道"，而"道"又依据于"自然"，将"自然"放置在了"道""天""地""人""万物"的元初本源位置，彰显了"自然"的核心价值与极致力量。孔子提出，士人要"志于道，据于德，依于仁，游于艺"，将"仁质"德性作为君子日常存在的内在价值与常身状态，② 这种仁者常身同样也是发迹于宇宙"天命"，也传承了天地之心，亦是一种神秘天命的文化表象，但是由于其落身于方内世界之中，成为士人在日常世界之中的常驻状态或君子状态。老子将士人的常驻状态视为"常道""恒道"，属于"道"之非真状态。毫无疑问，老子认为，"道"的"自然"神话信仰与"仁质"的常身信仰是不一样的，前者是一种"道"的本真状态，后者是一种"道"的非真状态。

**神道的力量源流图式**

| 老子 | 本真 | 道 | | | 非真 | | |
|---|---|---|---|---|---|---|---|
| 老子 | 自然 | 道 | 天 | 地 | 人 | | 可自然 |
| 孔子 | | 道 | 德 | 德 | 仁 | 艺 | 可仁质 |

在此，我们综合运用四重证据法，有效整合神话图像学、文化人类学、比较宗教学等诸多交叉学科的综合性知识，对"道"的"自然"状态进行深入研究，力求揭示老子"自然"之道的神圣起源与文化传承，彰显

---

① 关于"道"的文化意义，可以参阅本书第一章第一节"从文化大传统原道"。
② 关于"仁"的文化意义，可以参阅本书第二章第一节"士依于仁：士人的仁心领会与文化认同"。

老子是如何在"自然"的神话想象与价值编码中,建构神道世界中本真存在的文化规定和神圣力量。

关于"自然"的文化意义,学术界大多不太赞同将"自然"诠释成"自然界",都倾向于将其解释为"自然而然",在此基础上又进一步将其转译为"自然如此""自己如此"。陈鼓应在《老子注译及评介》中云:"所谓'道'法'自然',是说'道'以它自己的状况为依据,以它内在原因决定了本身的存在和运动,而不必靠外在其他的原因。"① 陈鼓应认为,"道"是依据"自己的状况"来"决定本身的存在和运动",是不受任何外在因素的影响。在中国早期的大传统文化中,"道"是生命本源,不是一种或具体或抽象的现世之物,而是原初神圣力量的生命本源与文化传递,神圣编码从无形化为有形,从气形转化为质形,再从质形转化为体形,神圣力量的齐全传递,都不会因为外部形态的连续转变而受到相应的文化影响。"自己"是一个有形有迹的现世存在者,如果将"道"当成是一种现世的存在之物,并以这个充满欲求的现存有形之物的"状况"作为"存在的依据",这样,反而会遮蔽"道"作为生成之初的原初力量。张岱年云:"所谓'道法自然',即是道以自己为法,'自然'即自己如此之意。"② 张岱年强调,"道"是自己以"自己"为法,"自然"是"自己如此",但是以"自己"取代"自然",本身就很容易陷入有形有质的物质形体存在。

刘笑敢尽管强调"人文自然",拒绝将老子的"自然"理解为"自然之物"或"自然界",但他和陈鼓应一样,只是将"自然"理解为"自然"的"人文之物","人文之物"也是一种抽象的理性的有形存在者。因此,在解释"自然"的时候,其云:"'自然'一词字面意义或基本意义是'自己如此'……'自然'在作名词使用时,其意义也还是自然而然的意思,没有大自然的意思。"③ 他所批评的是"大自然"之"自然",而所接受的是"自己如此"的自然观,提倡"自然而然"的"人文自然",依旧没有跳出"自己"的有形存在,更没有将"自己"与"自然"区别开来。

在《老子生存思想研究》一文中,王英杰综述了前贤关于"自然"阐释的各种观点,他总结道:"在老子时代的古文献中'自'指自身,'然'是如此,'自'、'然'若是合成一词,应是'自身如此'、'自如其然'的意思。

---

① 陈鼓应:《老子注译及评介》,中华书局 2003 年版,第 30 页。
② 张岱年:《中国古典哲学概念范畴要论》,中国社会科学出版社 1987 年版,第 80 页。
③ 刘笑敢:《老子古今:五种对勘与析评引论》,中国社会科学出版社 2009 年版,第 78—79 页。

自然，即表示如其自身的状态。那么，能否用'自然'的这个原始的基本意涵来解释《老子》中所用的'自然'概念呢？我们说，把'自然'释作'如其自身的状态'，是符合老子文义和思想意旨的。"①王英杰提出"自然"是"如其自身的状态"，已经开始想摆脱"自然而然"的现代阐释的传统意义，而是将"自己"转向了"自身"。但是"自身"与"自己"之间的文化区别又是什么，他没有深入研究，这依旧是一个很复杂的有待解决的文化问题。有的时候，人以为自己处于"自身"或"自己"的状态之中，但是"自身"在自我意识中依旧是属于他者的，所以这种"自然"的"自身"观，依旧处于模棱两可急需要补正的文化状态。蒋国保在《〈老子〉中"自然"一词新解》一文中认为："将'自然'解为'自己这样'、'自己如此'，就《老子》原文的语脉而论，能讲得通。"②"自己""自身"与"自然"显然不是一个层面的存在状态，将"自然"解释为"自己如此""自身如此"仍然未能揭示老子"自然"的本初意义。

我们需要进一步追问的是，"自然"等同于"自身"或"自己"吗？作为一个在世有形存在的"自己"，"自身"或"自己"又是"谁"呢？"自身"是否存在"真自身"和"假自身"的文化区别呢？如果"自身""自己"这些概念本身就是一体多面的模糊术语，那么，"自然"又是"自身"的何种存在状态呢？我们沿着作为生命本源的道体存在，将"自然"放置在道体存在的原初之时，来沉思和体验"自然"的神性力量与文化编码，希望面向本源之初的"自然"而揭示出"自然"的天命存在与本初面目。

要真正了解何为"自然"，还是要从"自"的文字图像入手，通过早期人关于"自"的文字书写图像（如图3-2-1），来清理、展示早期书写者是如何想象的"自"之文字图像与意义编码。甲骨文中就出现了"自"的文字图像，如 ꙮ（甲2339）、ꙮ（前7.17.1）、ꙮ（乙2592）、ꙮ（古27）等等，这些早期"自"字的文字图像，非常特别，也很神奇，很像一个人头的简笔图像，尤其像一个铠甲勇士的人头，其头盔上有数条向上伸起的东西，可以肯定，这不是某个现世存在者的头像，而是一个充满了人类学想象的精神存在或灵魂图像，这个精神存在或灵魂图像的上方，向上伸出一个三叉状之物。这种三叉状的符号，不是一种普通之像，而是一个具有神圣性的符号标志，展示的是一种神性存在的澄明之光，代表的是生命施与的力量源泉，犹如一分为三的乾元☰之象。金文中"自"字的文字图像，

---

① 王英杰：《老子生存思想研究》，首都师范大学2009年博士学位论文，第45页。
② 蒋国保：《〈老子〉中"自然"一词新解》，《中国社会科学报》2012年1月16日。

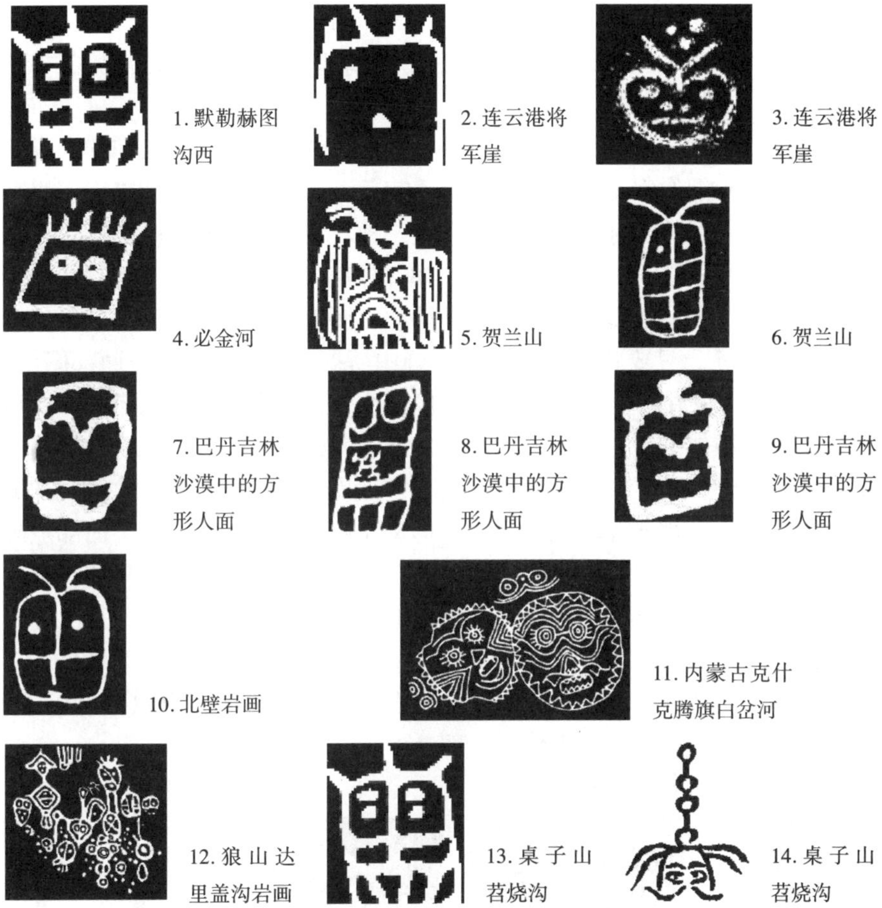

第三章　文化大传统与老子艺术精神　　531

| | | | |
|---|---|---|---|
| 1.默勒赫图沟西 | 2.连云港将军崖 | 3.连云港将军崖 | |
| 4.必金河 | 5.贺兰山 | 6.贺兰山 | |
| 7.巴丹吉林沙漠中的方形人面 | 8.巴丹吉林沙漠中的方形人面 | 9.巴丹吉林沙漠中的方形人面 | |
| 10.北壁岩画 | 11.内蒙古克什克腾旗白岔河 | | |
| 12.狼山达里盖沟岩画 | 13.桌子山苕烧沟 | 14.桌子山苕烧沟 | |

**图 3-2-1　史前神格人面岩画（一）**

以上岩画图像皆摘自宋耀良：《中国史前神格人面岩画》，上海三联书店1992年版。

如👁（臣青簋）、👁（令鼎）、👁（者旨聲盘）、👁（伯家父簋）、👁（王子午鼎）等，这些金文图像，一方面承袭了早期甲骨文"自"字的图像形式，另一方面在早期头部形状上有所变化，尤其是头部的三叉形状，显得更为突出了。南方金文中"自"字的文字图像，如👁（攻敔王光戈）、👁（吴王光趄戈）、👁（越王剑）、👁（越王州句矛）等，这些"自"字图像不仅保留了北方古人关于"自"的文化想象与头饰特征，而且将"自"完全神性化了，还将神灵下部完整身体的人类学想象也用神话图像的方式表现出来了。"自"的文字图像就不仅仅是一个散发出光芒的头部形象，而且是一个头顶着澄明之光的完整神人之身了。

早期人类书写的"自"字图像，其形式虽然是文字书写的，但它承载的文化价值不是纯粹属于文字书写小传统，而是传承了早期口传文化大传统的神话信仰与文化想象，体现了文化大传统时期的自身神话想象与神性价值。

在早期中国的岩画和壁画中，存在很多类似于"自"字图像的人头图像，这些人头图像都是原初人在狩猎、捕鱼、采集等仪式活动之中，用来表达神圣意愿的符号标志，因此它不是一种对现世人物的刻画描摹，而是对原初人心中所崇拜的"猎人原型""渔神原型""果实精灵"的神话想象与神圣崇拜，展示的是原初人对狩猎活动、捕鱼活动与采集活动的力量追求和神话想象。只要将这些岩画或壁画中所展示的"▨"神灵面部图像，与甲骨文、金文中"自"字的文字图像相比较，就会发现，它们在图像形式上是极为相似的，可以说，后起的文字书写的"自"字，就是从早期人类发明的各种"神话原型"图像中发展演变而来的。在早期的"▨"神灵面部图像之中，神圣面容的基本框架形象保留下来了，或突出了面部獠牙的狰狞模样，或突出了头部的澄明之光。这些"神话原型"的早期图像成为诠释"自"字文字图像的最佳文化原型，从中我们可以看到"自"的原初编码与符号所指。

在早期岩画或壁画之中，除了这类简化以后的神面想象图像以外，还有一种较为完整的神灵形象，见图 3-2-2、3-2-3。

1. 桌子山苔烧沟　　2. 阴山格尔敖包沟　　3. 阴山格尔敖包沟　　4. 阴山格尔敖包沟

**图 3-2-2　史前神格人面岩画（二）**

以上岩画图像皆摘自宋耀良：《中国史前神格人面岩画》，上海三联书店 1992 年版。

如果将这些岩画或壁画的原型图像，与南方人所书写的"自"字完整图像相比较，也会发现，"自"字图像的神人想象并非后来兴起，而是保留和传承了口传大传统时期的文化图像和原型意象，代表了早期人类对神性自身的文化遐思和神话想象。

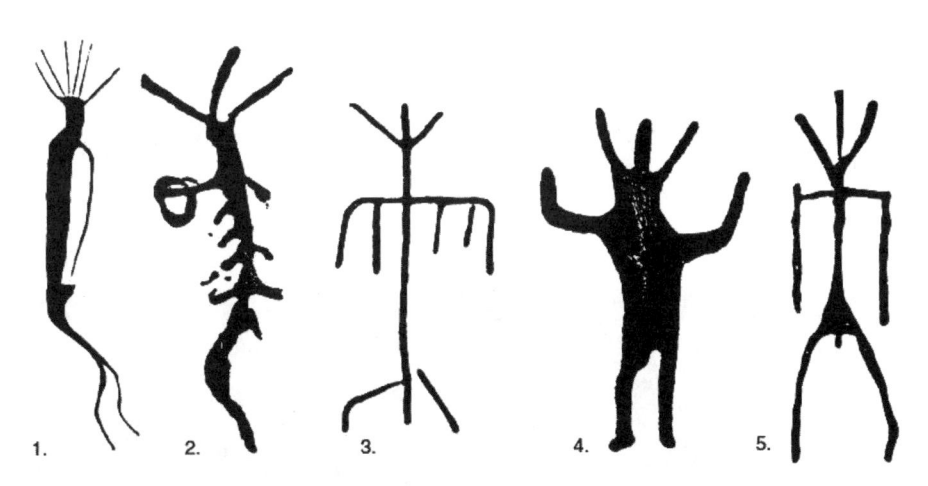

第三章 文化大传统与老子艺术精神　　533

**图 3-2-3　头部简化为三叉状射线饰物的巫师形象**

1. 勒拿河什什克罗岩画（Painting from Shishkino, Upper Lena River）；2. 叶尼塞中游玛罗叶湖岩画（Lake Maloye, Middle Yenisei River）；3. 勒拿河中游察索夫恩亚岩画（Chasovnya, Middle Lena River）；4. 勒拿河上游阔佐罗夫岩画（Kozlovo, Upper Lena River）；5. 雅库特苏鲁克塔克-克哈雅岩画（Suruktakh-Khaya, Yakutia）。摘自 Editied by Neil S. Price, *The Archaeology of Shamanism*, London and New York: Routledge, 2001, p.51.

**图 3-2-4　人面鱼纹彩陶盆**

陕西半坡遗址出土。仰韶文化。国家博物馆藏。

**图 3-2-5　反山 M12:98 玉琮上神徽**

摘自浙江省文物考古研究所编著：《反山》下，文物出版社 2005 年版，彩版 160，第 55 页。

随着考古出土的实物日益丰富，对于我们进一步考察"自"的神话原型极具帮助，这些考古出土之物可以提供物质图像方面的实物证据。如陕西西安半坡出土的仰韶文化人面彩陶（图 3-2-4）中，画有一个人物头像，其人头的图像与"自"字的早期图像极为相似，尤其在头部上面有着极为突出的高拱标志。上海震旦博物馆藏的红山文化的玉人图像（图 3-2-6），头部突出部分呈牛角形，极为典型地展示了"玉人"的神性特征。良渚文化中反山 M12:98 出土的玉琮（图 3-2-5），雕刻有精美绝妙的神徽，神徽上部的神人形象，头部光芒四射，极为壮观，夸张地展示了神人自身的神性力量与文化编码。

图 3-2-6 红山文化玉人
上海震旦博物馆藏。

图 3-2-7 商代晚期玉人
妇好墓出土。摘自古方主编：《中国出土玉器全集（5）河南》，科技出版社 2005 年版，第 25 页。

图 3-2-8 商代玉人
河南省浚县大赉店出土，河南博物馆藏。摘自古方主编：《中国出土玉器全集（5）河南》，科技出版社2005年版，第 111 页。

妇好墓出土的商代晚期玉人（图 3-2-7）面容极为安详，头部发髻高高耸起，犹如两只降落的神鸟，这是玉人神性的突出标志，其双手下垂，双脚平开，与南方金文中"自"字的文字图像极为相似。河南博物馆所藏的商代玉人（图 3-2-8）头部高耸，中间的一道玉沟极为明显，也成为神道力量的符号表现。四川三星堆文化（距今 3400—3000 年）出土的青铜人像（图 3-2-9）双手向前鞠躬，一副虔诚敬神的模样，尤其头部有三道高标凸起的符号标志，张扬了神人获得神圣力量之后的强大光芒，成为"自"字上部三叉符号的最佳物质诠释。三星堆出土的青铜面具(图 3-2-10)不仅有三叉的形象，而且在三叉之间，还雕刻有鸟灵、动物的形象，显示

第三章　文化大传统与老子艺术精神　　535

图 3-2-9　商代青铜人像
四川三星堆出土。摘自四川省文物考古研究院、三星堆博物馆：《三星堆出土文物全记录》，天地出版社 2009 年版，第 54 页。

图 3-2-10　商代青铜面具
四川三星堆出土。摘自中国青铜器全集编辑委员会编：《中国美术分类全集·中国青铜器全集（第13卷）·巴蜀》，文物出版社 1998 年版，第 36 页。

出神圣原型的缓缓降临。

江西新干大洋洲出土的商代青铜神人头像（图 3-2-11）上有一对牛角饰物，高出许多，极为突出，形象地展示了神人头像的神性力量与神道赐礼。山西省考古研究所藏西周玉人（图 3-2-12）形象极为特别，玉人双腿呈曲立之状，头上饰有高耸的犄角形螺旋而上的玉角，而且双臂前举，双手抱拳，腹部极为明显地配有一块龙形玉佩，似乎神人是乘龙而降，其神圣意味是不言而喻的。西周铜人戴冠像（图 3-2-13），头部高冠耸起，犹如高山之形，与人面组成一个完整的自字图像。将这些出土实物图像与"自"字的文字图像进行比较，就能获得一种文化上的证悟。"自"的文化意义不再拘囿于肉体凡身的形体状态，而是早期大传统文化的神话信仰与神性价值在文字图像方面的自然转换，"自"字图像的背后隐藏了巨大的文化编码与神圣意义。

汉代以来，考古出土了各种"心"形的玉佩（图 3-2-14、3-2-15）。玉佩中心为无极之虚圆，上部有突出的标志符号，而且两边又绘有双龙环绕。从玉佩图像来看，与"自"的文字图像也较为接近，也能揭示出人心摆脱实体状态，此刻处于"太虚""虚灵"的太极状态，这也是"自"体文化的原初形象。

在传世文献《周易》文化中，乾为首，"首"从☰从一从自。坤为无首，

**图 3-2-11 商代青铜神人头像**

江西新干大洋洲出土。摘自中国青铜器全集编辑委员会编：《中国美术分类全集·中国青铜器全集（第4卷）·商4》，文物出版社1998年版，第170页。

**图 3-2-12 西周玉人**

山西省考古研究所藏。摘自古方主编：《中国出土玉器全集（3）山西》，科技出版社2005年版，第115页。

**图 3-2-13 西周铜人戴冠像，自字图像的完美诠释**

摘自中国青铜器全集编辑委员会编：《中国美术分类全集·中国青铜器全集(第6卷)·西周2》，文物出版社1998年版，第174页。

**图 3-2-14　西汉玉佩**

北京市丰台区大葆台1号汉墓出土，现藏大葆台西汉墓博物馆。图片摘自古方主编：《中国出土玉器全集（1）北京 天津 河北》，科技出版社2005年版，第15页。

**图 3-2-15　清代玉佩**

北京市海淀区北京师范大学工地黑舍里氏墓出土，现藏于首都博物馆。摘自古方主编：《中国出土玉器全集（1）北京 天津 河北》，科技出版社2005年版，第84页。

为自，为顺，坤完全依顺于乾，而完全没有有形自身的形体拘执。可见，坤"自"的有形存在，犹如先天乾坤的形质存在，其既是有形的后天存在，但又不拘执于自身的有形存在，完全依据于乾首的齐全阳气（☰）而有所是，乾阳成为"自"身的神明力量和原初依据。也可以这样说，乾阳的神性存在才是"自"的本真状态与文化原型。"自"存在于自身之中，犹如乾阳坤阴完美齐全的消息生长，犹如真阴真阳性命合二归一的先天太极原型。

通过对"自"字的文字图像及其文化原型展开文化探源，我们充分利用考古出土的实物图像，结合口传文化大传统的神道意识与神性编码，重新认识了"自"的文化编码与神圣意义，证明"自"的文化意义来自极为久远的文化大传统的价值传承与神话原型。"自"字的文字图像，体现了早期中国大传统文化关于"原初自身"的神话想象或神性创造，这个"自身"不是自己，也不是在现实世界之中的日常形象，而是超越了日常世界图像（后天）的"原初自身"（先天），是趋于神话原型的原初"道体"形象，或者是接近于"道"的原初有形状态，成为"道"化生而成的"自身"初始原型。

除了作为第四重证据的出土实物图像，我们还可以在世界各地的传世文献与活态口传文化中，找到"自"的文化意义与神圣价值。许慎《说文》云:"自,鼻也。"① 又云:"皇,大也,从自王。自,始也。……自读若鼻,今俗以作始生子为鼻子是。"② 许慎将"自"释为"鼻",释为"始",凸显了"自"文化的初始时间和神圣特征。清程林辑《医暇卮言》卷下云:"抱朴子曰:人在气中,气在人中。天地万物,无不须气以生,无不假呼吸以养,故太上示人以息。夫人未有此身,先有此息,此身未灭,此息先灭。受生之物,在胞胎内,随母呼吸,受气而成,此缕与母联系。渐次渐开,中空如管,通气往来。前通于脐,后通于肾,上通夹脊泥丸,至山根而生双窍,由双窍下至准头,而成鼻之两孔,是以名曰鼻祖。斯时我之气通母之气,母之气通天地之气,天地之气通太虚之气,窍窍相通,无有隔阂,及乎气数满足,裂胞而出,剪断脐带,囤地一声,一点元阳,落于立命之处。自此后天用事,虽有呼吸往来,不得与元始祖气相通。"③ 此段文字立足于人气、人息与人鼻的关系,阐释了"鼻"与人之"始"的生成联系,人之"始"是先有"人息"的,此后才形成了"人形",产生了器官"人鼻"。常人因为人鼻的呼吸作用,而忘记了"人鼻"的外在呼吸是为了供奉人内在的"人息",即通过外在的呼吸,是为了让天地之气与人自身内部的"元始祖气"贯通起来。所谓"鼻祖",是指通过人鼻所呼吸的天地之气,来完善和巩固人自身先天所有的元气天命,鼻子成为"天地之气"与"元始祖气"之间的器官桥梁。美国学者刘墉在《灵魂经过的声音》一书中对"鼻"的文化意义作了一番阐释,其云:"鼻祖、鼻祖,这是因为在妈妈肚子里,最先长出的就是鼻子。胎儿要先有鼻子,'灵魂'才会从那鼻孔钻进去,成为生命。人死的时候也一样,断了气,灵魂从哪里走?从它进来的地方——鼻子走掉,因为人死,眼睛、嘴全关了,只有鼻子还直通心。"④ "鼻"的文化意义不是关乎"鼻之物",而是人类关乎"鼻"息的文化想象,天地气息从鼻子而入,直达人的体内,与生前的元始祖气相沟通。"鼻"与人心中的原初灵魂是紧密相连贯通的,"鼻子"成为人自身的原初灵魂(天命存在)的自由通道(如图3-2-16)。也正是这个原因,古人尤其重视运用调理鼻息的方法来吐故纳新,来激活自身身上所具有的神秘活力与原初灵魂,让天地正气化为己有,从而不断滋养自身的"元始祖气",达到延年益寿的养生功能。黄建民在《奇妙的人体》一书中对国

---

① (汉)许慎撰,(清)段玉裁注:《说文解字注》,上海古籍出版社2006年版,第136页。
② (汉)许慎撰,(清)段玉裁注:《说文解字注》,上海古籍出版社2006年版,第9—10页。
③ (清)程林:《医暇卮言》,曹炳章原辑:《中国医学大成》第45册,上海科学技术出版社1990年版,第17页。
④ [美]刘墉:《灵魂经过的声音》,天津教育出版社2012年版,第293页。

外原初人对"鼻"的文化想象作了综述，其云："我们常把事物的创始人称为'鼻祖'。在不说话的情况下，指指鼻子可以代表'我'。……在外国不少人的心目中，认为鼻子是自己灵魂的进出通道，因而努力不让'灵魂'外逃。有些热带部落的人生病时，常喜欢塞住鼻子，为的是怕灵魂因病而离开身体。西里伯岛人要给病重者的鼻子绑上鱼钩，同样是害怕他的灵魂因病而'出走'。北极的因纽特人在丧葬亲友时，必须用鹿毛、毛发或草类塞住鼻孔，其原由，也是为了防止自己的灵魂跟随死者而去。"① 在世界各处，"鼻子"都成了灵魂出入的重要通道，"鼻""自"与"灵魂"成了同一个神圣存在的不同符号形式。站在"自"和"鼻"的神话想象和文化意义方面来看，"自"和"鼻"不仅

图 3-2-16　高鼻纵目面具

四川三星堆出土，此面具极大地张扬了"自"的神性价值。（胡建升摄于国家博物馆）

在文化图像上是有渊源的，而且可以说，"自"是在"鼻子"中可以自由出入的"灵魂"的原初状态。

《圣经·创世纪》第二章第七节云："耶和华神用地上的尘土造人，将生气吹在他鼻孔里，他就成了有灵的活人，名叫亚当。"② 西方的造人神话很形象地展示了人类原初生命的本源所在。上帝所吹之生气经过"鼻子"，人类的第一位祖先就应声而有了生命，源自上帝的"生气"就成了人类原初生命的本来面目与神圣动力，也成为人类的原初灵魂状态。因此，"鼻子"也变成了原初灵魂进入身体的神圣之门。叶舒宪《中国神话哲学》认为："汉字中表示鼻的'自'字，为何会有生命初始的意思，原来灵魂正是随着神——生命本源——的气息，从鼻孔开始进入人体的呵！"③ 裘锡圭在《"锡朕文考臣自厥工"解》一文中说："我认为，'自厥工'这个词组

---

① 黄建民：《奇妙的人体》，广西科学技术出版社 1993 年版，第 28 页。
② 《圣经》，和合本 2009 年版，第 3 页。
③ 叶舒宪：《中国神话哲学》，陕西人民出版社 2005 年版，第 343 页。

所说明的不是臣的等级，而是臣的来源。……自的这种用法，在甲骨卜辞和典籍里有时也能见到，《战后京津新获甲骨集》1176 著录的一条卜辞说：贞其有嬉自南，有艰自南的意思就是有从南方来的坏事情。《诗·大雅·大明》说有命自天、命此文王，'有命自天'的意思就是有从天上来的大命。这两个自字的用法和上引诸铭中的自字基本上是相同的。"① 裘锡圭将金文"自厥工"中的"自"与早期经典文献中的"自"联系起来，认为"自"的神圣力量发源于"天"，"从天上来的大命"揭开了"自"的神圣文化源头。"天命"才是"自"之神圣力量的本源，而"自"不过是"天之大命"的力量接受者。

综合"自"的文字图像证据、出土实物图像证据、传世文献证据以及口传活态证据，可以概括来自大传统视野中"自"的原初意义与神圣编码。首先，"自"不是现世常身状态的"自身"，常身是自身站在世界灵魂的立场上，来领会自身的生命状态，仁者常身的领会属于"神道"的非真状态。其次，"自"是"元始祖气"的本来天命状态，是"自身"的原初灵魂与先天状态，是站在原初灵魂的立场上来通达先天灵魂的存在状态，属于"自身"接近原初状态的文化领会和神话想象。立足于这个先天原初的生命灵魂，"自身"领会了"灵魂天命"的先天状态，这成为早期中国人对"原初自身"的文化想象和神性规定。当"自身"在内心世界之中通达了灵魂的先天状态（元始祖气），"自身"就由常驻的非真状态，转变为接近"真灵""真根"的文化状态，其灵魂也开始由后天状态转变为先天状态。

如果将"自"的原初意义理解为"自身的原初天命状态"或"元始祖气"，但这种"原初天命状态"不完全等同于"原初人的存在状态"。首先，"自身的原初天命状态"与"原初人的生存状态"是比较接近的。其次，它们又完全不是一回事，"自身的原初天命状态"是"自身"的先天存在，"原初人的生存状态"是原初人的世界存在（后天存在），前者是自身的先天想象，后者是原初人自身的常身状态，依旧存在着一些文化差异。

通过多重证据的综合运用，我们将"自"的文化意义概括为"自身灵魂的原初天命状态、真灵状态"，或"元始祖气"，或元气状态，这就将"自"的文化价值与"自身""自己"完全区别开来了。

### 四、毁灭与再生："自然"燃烧的火神崇拜与元一再生

在文字的训诂传统中，自然的"然"字通常被解作"如是"。如《论

---

① 裘锡圭：《"锡朕文考臣自厥工"解》，《考古》1963 年第 5 期。

语·八佾》"子曰：不然"刘宝楠正义引《礼记注》，《论语·雍也》"何为其然也"刑昺疏，《庄子·德充符》"庄子曰：然"成玄英疏，《孟子·公孙丑下》"吾何为独不然"赵岐注，《吕氏春秋·应言》"墨者师曰：然"高诱注，《礼记·玉藻》"席上亦然"孔颖达疏，《大传》"其义然也"郑玄注，等等。

或将其解为"是"。如《诗·大雅·板》"无然宪宪"陈奂传疏，《论语·雍也》"雍之言然"刑昺疏，《庄子·养生主》"曰：然"成玄英疏，《礼记·曲礼上》"生与来日，死与往日"郑玄注，"其然明矣"孔颖达疏，《大玄·务》"厥道然也"范望注，等等。

或将其解为"如此"。如《论语·宪问》"子曰：其然"皇侃疏，《庄子·逍遥游》"奚以知其然也"成玄英疏，《礼记·学记》"夫然故"孔颖达疏，等等。

历代儒者将"然"解释为"是""如是""如此"，都显得极为抽象，明显是"然"的一种文化引申意义，而不是"然"字的原初意义。

相对来说，有学者将"然"解释为"烧"，显得更加形象，符合早期人类的神话思维与具象文化特征，也更贴近于"然"的原初文化意义。如《说文解字》："然，烧也。"①《说文·火部》"焌，然火也"段玉裁注："以火烧物曰然。"②《墨子·备穴》"然炭杜之"孙怡让《间诂》引毕云注："然，即燃正文。"③《墨子·备蛾传》"鼓音而然"孙怡让《间诂》云："然，旧本作燃，俗字。"④《广韵·仙韵》："然，俗作燃。"⑤

甲骨文中还没有发现可隶定的"然"字或"燃"字，但甲骨文中已经出现了大量的火字图像，诸如 ᗯ（《合》96）、ᗯ（《甲》1074）、ᗯ（《合》34168）、ᗯ（《后下》9.1）、ᗯ（《明藏》599）、ᗯ（《甲》2316）等，还存在大量的以火字图像为基本构件的、且与火有关的字形图像（如图3-2-17），据陈婷珠统计，这种带有火意象的字形图像构字频率多达125次，在甲骨文构件要素中位居前15位。同时，我们也注意到，很多与火相关的文字意象都是下火上物。这足以表明，在文字刚刚出现的时候，华夏初民已经将火与火烧的意象意义用文字图像组合的文字方式展现出来了。

---

① 王平、李建廷编著：《〈说文解字〉标点整理本（附分类检索）》，上海书店出版社2016年版，第261页。
② （汉）许慎撰，（清）段玉裁注：《说文解字注》，上海古籍出版社2006年版，第480页。
③ （清）孙诒让撰，孙启治点校：《墨子间诂》，中华书局2001年版，第554页。
④ （清）孙诒让撰，孙启治点校：《墨子间诂》，中华书局2001年版，第571页。
⑤ （宋）陈彭年等编：《宋本广韵》，江苏教育出版社2005年版，第139页。

**图 3-2-17　甲骨文中以火为基本构件的字形图像**
摘自陈婷珠：《殷商甲骨文字形系统再研究》，上海人民出版社 2010 年版，第 301 页。

很多考古学和民族学资料证明，在原始人的穴居遗址中，已经发现有大量的火堆遗迹。在距今 170 万年的云南省早期元谋人化石的地层中，已发现有灰烬炭屑，经考古学家研究鉴定，证明元谋猿人已能够用火，根据现有的化石证明，元谋人已开始洞居生火，考古发现的灰烬或炭屑即是他们洞居用火的遗迹。1960 年，在法国的埃斯卡尔洞遗址中发现了烧裂的石块、木炭以及五处红色的、火烧过的土堆，这是欧洲最早的用火遗址，距今约 75 万年。在属旧石器时代晚期的西伯利亚马里它遗址，属新石器时代晚期的内蒙古乌审旗大沟湾村遗址，距今约 40 万年的法国特拉·阿玛塔遗址，苏联谢维尔斯克、诺夫戈罗德附近的普什卡里古人类住所遗址中，都发现了火堆遗迹。①

新石器中晚期的河姆渡遗址第一期文化遗存出土了连体双鸟纹骨匕（图 3-2-18），骨匕上有两组图案，中心部位为太阳纹，两侧为鸟纹，鸟体相连，表示阴阳鸟交合产生太阳卵的创世神话。河姆渡遗址第二期文化遗存还出土了刻有太阳鸟的牙骨雕牌（图 3-2-19），两边是两只太阳鸟，中间是画有火焰纹饰的太阳意象，意味着神圣双鸟孕育出带有火光的太阳，其神圣意味是不言而喻的。在山东大汶口文化出土了刻有日、月、火三个图画意象叠合在一起的灰陶尊（图 3-2-20），日、月是发光体，其共同的文化特征就是"火"。从图画位置空间来看，日意象在最上层，月意象在中间部位，火意象在底部位置，让人产生一种神话的感受：只有底部的"火"在燃烧，才有中部之月与上部之日的光明发生。底部之"火"是根

---

① 杨福泉、郑晓云：《火塘文化录》，云南人民出版社 1991 年版，第 14—15 页。

本力量,而日月只是神秘之"火"的外部表象。马家浜文化出土的陶支座是用来支撑火锅的(见马家浜火塘复原图),其上雕绘有一个神灵的图像,图像最为突出的特征是神灵有一双大大的眼睛(图3-2-21、3-2-22)。可见,眼睛意象成为马家浜初民对火神存在的独特文化想象。通过考古发掘出来的各种实物,也可以帮助我们跳出单一的文字视野,极大地拓展我们对神

**图 3-2-18 连体双鸟纹骨匕**

河姆渡遗址第一期文化遗存。摘自浙江省文物考古研究所:《河姆渡——新石器时代遗址考古发掘报告》,文物出版社2003年版,第116页。

**图 3-2-19 太阳鸟象牙骨雕**

河姆渡遗址第二期文化遗存,浙江余姚河姆渡遗址出土。(2017年胡建升摄于河姆渡遗址博物馆)

图 3-2-20　刻有日月火的灰陶尊

大汶口文化，1861年莒县陵阳河出土。摘自山东文物事业管理局编：《山东文物精萃》，山东美术出版社1996年版，第50页。

图 3-2-21　马家浜文化火塘复原图
（胡建升摄于桐乡博物馆）

图 3-2-22　兽面纹陶支座
马家浜文化，罗家角遗址出土。
（胡建升摄于桐乡博物馆）

火文化的神性认知，也正是在数万年的人类用火、取火的生活经验与神话想象中，才有了神火的神话认知与图像符号。

许慎《说文解字》云："㷔，烧也，从火肰声。蔫或从艹难。"①检核金文、战国文字与《说文》中的"然"字图像（图3-2-23），其主要表达了两种文化意味：一是从火从肰，火意象在字形图像的下部，肉意象与犬意象在字形图像的上部，这意味着用火来烧烤肉块。二是从火从蔫，火意象也是在字形图像的下部，蔫草在字形图像的上部，这意味着火烧草木。不管是烧烤狗肉，还是燃烧草木，都展示出共同的文化意义，即以根部位置的"火"意象为核心的文化意义。

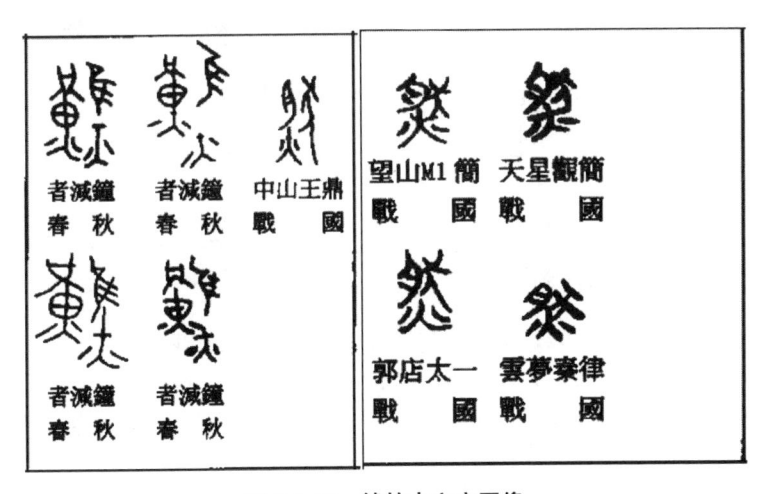

**图 3-2-23　然的古文字图像**

摘自高明、涂白奎编著：《古文字类编》（增订本），上海古籍出版社2008年版，第611页。

在此，我们还可以考察一下纳西族的火字图像以及与火有关的字形图像（图3-2-24）。纳西族的火字图像为：　、　、　、　，与大汶口灰陶尊上绘制的日月火图像　中的火意象为　，以及甲骨文的火字图像极为相似，都彰显了火焰燃烧时的熊熊火苗。纳西族的烧字图像为：　、　，火在底部，炙烤之物在上部。炙字图像

---

① 王平、李建廷编著：《〈说文解字〉标点整理本（附分类检索）》，上海书店出版社2016年版，第261页。

为 ![img]，从火烤肉，下部是火，中部是肉块，上面是冒出热腾腾的香气。烧字的另一种图像为 ![img]，从火烧树，下部是火，中部是草木，上面是烟。燃字的字形图像为 ![img]、![img]，彰显了烟火的意象。①

比较史前至先秦时代汉族的火字与纳西族的火字以及与火相关的字

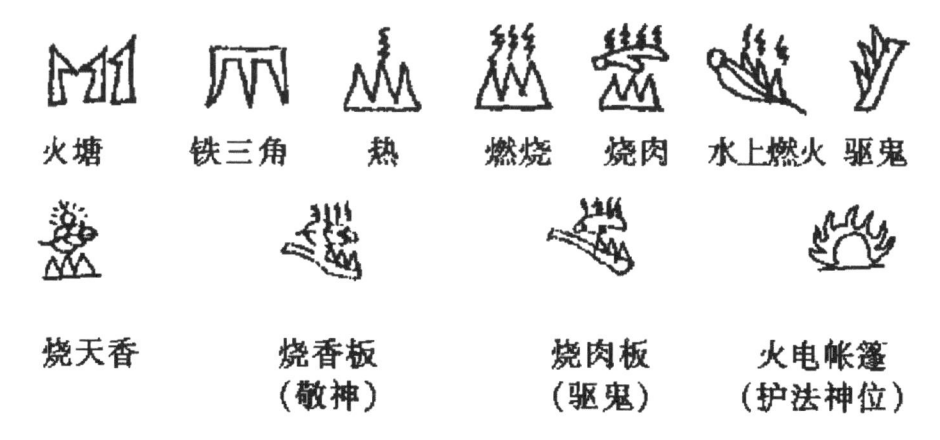

| 火塘 | 铁三角 | 热 | 燃烧 | 烧肉 | 水上燃火 | 驱鬼 |

| 烧天香 | 烧香板（敬神） | 烧肉板（驱鬼） | 火电帐篷（护法神位） |

图 3-2-24 纳西族与敬神及生活有关的火字图像

白地纳西族之屋中火塘，是神圣之处，不允许有不洁物污染，如脚不能搭于火塘边，不许往火中吐痰，不许用脏木柴烧火，不许跨过火塘等。摘自杨正文：《最后的原始崇拜：白地东巴文化》，云南人民出版社 1999 年版，第 189 页。

形图像，我们发现，这些文字图像都展示了以"火"为图像根本与核心价值的文化意蕴。或神火烧烤肉片，生发出香气扑鼻与熟肉可口的食物；或神火燃烧，草木化为灰烬，而烟火能量才得以释放出来。在这些燃烧过程中，"火"都扮演了一种化腐朽为神奇的文化功能。

前面通过多重证据的文化考察，我们知道，"自然"的"自"为元气状态，是超越了自身灵魂的后天存在状态，属于天地灵魂的先天存在状态。但是"自然"不等于"自"的先天灵魂与固态形质。"自然"是在"自"的元气状态基础上，进一步发生文化的"燃烧"，由此而生成了具有更新意义的生命形式，这是一种先天元气、元神在自我燃烧中出现的再生完成状态，从而诞生了生命之初的本真元一状态。

---

① 所有纳西文字图像，都摘自方国瑜编撰，和志武参订：《纳西象形文字谱》，云南人民出版社 2005 年版，第 139—140 页。

在燃烧活动中，火神与元气的文化融合既是一种自我毁灭，也是一种自我新生，这是一种双向运动，同时进行文化活动。为了能更好地理解火在大传统文化中神话特性，在此，我们充分利用民族志、人类学的田野资料，重新认知神火的大传统神话知识。

北方的萨满教是崇拜火的，各民族都有十分动听、优美的拜火神词神歌。而且这些歌曲很古老，与创世神话和崇拜天穹（突厥语族将天敬称为腾格里）密切联系在一起。古代拜自然界的天体同拜火是同一概念，后来才又渐渐举行分祭典礼。《萨满教今昔》记录了很多萨满仪式中的颂火祷文：

> 三角的石头炉子，
> 我的燃烧着的鲜红的火。
> 不要从我们的石头炉子里跳出来，
> 永远地燃烧吧，
> 让我们点燃的火燃烧吧。
> 让我们煮酸奶汤的炉子里的灰烬更多，
> 让我们传宗接代，
> 一代接一代地继续繁衍下去。
> 哎，
> 阿布坎山的一部分，
> 哎，
> 月亮和太阳的一部分——火，
> 给我们幸福吧，
> 让我们丰收吧。[1]

北方萨满口中所吟唱的"火"意象已经超越了日常生活当中的有形之火，它成了可以永远燃烧的从宇宙太阳与月亮那里分享过来的"神火"，可以赐予"我们"丰收、幸福和子孙，成为一切生命的本源力量。萨满对"火"的神圣吟诵，表达了对神火的崇拜与赞美之情。

蒙古族举行祭祀火的仪式，他们赞美和颂扬"火"，将"火"称为"火神圣母"，其颂火祭词云：

---

[1] ［土］阿·伊南：《萨满教今昔》，姚国民等译，中国社会科学院民族所1979年编印，第82页。

可汗用火石击燃，
皇后用嘴唇吹旺，
以火石为母，
以火镰为父，
以石头为母，
以青铁为父，
青烟冲入云端，
热力可达九天，
脸像绸缎般闪光，
面似油脂般发亮。
那发明火的火神圣母啊，
我们向你敬献奶油和肥肉！
我们向你敬献醇香的奶酒！
祈求你赐予最大的福分，
让我们在这幸福中永生。①

"火"成了神父神母的化身，是蒙古族族民的希望，神火充满力量，富有光泽，成为人类生命的文化象征，它能赐给族民以护佑与幸福。

满族的民间长诗《乌布西奔妈妈》记载了东海窝稽林中满族居民的火祭神歌，他们在诗歌中表达了族民对圣火的敬仰与赞美之情：

燃起七堆彻夜不灭的篝火，伊耶，伊耶，嗨伊耶，
这是得利给妈妈的火呀，嗨耶，
这是拖洼依女神的火呀，嗨耶，
这是突姆离石头的火呀，嗨耶，
这是卧勒多星神的火呀，嗨耶，
这是巴那吉胸膛的火呀，嗨耶，
这是额顿吉天风的火呀，嗨耶，
这是顺格赫永生的火呀，嗨耶，
嗨耶，嗨耶，冰雪里生儿育女，
嗨耶，嗨耶，地穴里活过白头，
嗨耶，嗨耶，雾浪里看穿阔海，

---

① 波·少布：《黑龙江蒙古研究》，黑龙江省民族研究所1990年印制，第186—187页。

> 烧吧，烧吧，嗨伊耶，
> 魔鬼逃窜，无影无踪，
> 烧吧，烧吧，嗨伊耶，
> 东海兴旺，福寿齐昌，
> 火呵，母亲的火，恩惠的火，
> 慈祥的火，哺乳的火，
> 伊耶，伊耶，嗨伊耶，
> 火是闪着来，
> 火是笑着来，
> 火是蹦着来，
> 火是树上来，
> 火是雨里来……①

满族先民将"火神"比喻为赐予生命的母亲神，具有恩惠的、慈祥的、哺乳的自然本性，蕴含了母神生命的文化特征。同时，"火神"还可以驱逐"魔鬼"，给族民带来欢乐与健康。

普米族家神的象征为家中火塘上的铁三脚架，亦即所谓的"锅庄"；其后上方则供着祖先神龛，普米族语谓之曰"宗巴拉"。每逢年节和婚丧嫁娶，他们都免不了要祭祀家神和祖先，尤以过春节之际的祭祀活动最为热闹。届时，由家长主祭，祝祷词充分表达了人世间对于家神祖灵的一片崇敬和感激之情：

> 一月接着一月过去了，
> 一年跟着一年过去了，
> 时间跑得比箭更快。
> 因为有你们保佑，
> 我们的生命却与日月一样长。
> ……
> 宗巴拉神啊！
> 让全族的人都愉快，
> 让全家的人都平安，
> 让新竹子接上旧竹子，

---

① 富育光：《萨满论》，辽宁人民出版社2000年版，第306—307页。

　　　　让青年人继承老年人。①

　　普米族的"火神"就是族民生命的文化源泉，犹如日月一样悠长。"火神"宗巴拉神可以给族民带来平安与幸福，还可以保佑族民子孙繁衍、人口昌盛。

　　云南彝族撒尼支系多居高寒山区，因而盛行"火神"崇拜，彝语称为祭"迷多神"。撒尼人"圣火崇拜"的内涵包括拔除邪秽、圣火祭礼和灶神祭仪三个方面。用火祓秽是其表现之一。据张氏呗耄说，火有"净化"的功能。因此他们每做一场祭祀仪式前，均须用柏枝、松枝烧一堆明火，再放上大茴香、天竺葵、芸香、皂角、薄荷等香料植物，将经堂熏上一遍，这样可以使经堂清洁，任何不干不净的东西都能驱走。张氏呗耄又说，火有"驱邪"的功能。因此他们在每一场法事前均须"打醋炭"，就是把一个河中捡来的干净卵石放在堆里烧红，用钳子夹进醋罐子里，立刻就会发出一股浓烈的烟雾，呗耄用它驱邪。先将双手在烟气上熏一下，再把经书和法器在烟上绕七圈，所有的供品亦须抬到烟雾中过上一遍。如此，祭馔才干净，神灵也才会来赴宴，否则，神是不会来受用的。当村寨中人畜有疾病流行的时候，呗耄就叫人到山上砍回松枝、侧柏叶、尖刀草、青皮刺、大挂刺、铁浅草、马桑枝等七种植物，堆在村中空地上焚烧，当火苗弱下去的时候，人们便一个跟一个地从火上跳过，跳过去的人又转回到队伍的尾巴上，一共要跳七次。人们认为火能消除百病。萨嫫认为火烟中具有某种"巫术素质"，因此用烟熏一下对人和动物具有十分有益的效果。人们还把有病的牲口从火堆中赶过去，首先是母牛和母马，再次是公牛、公马，最后是猪、羊、鸡等牲畜。随后，男人们还要捡几根没有烧完的余烬跑回家中，用这种烟熏猎网和畜厩，以驱除瘴气。人们认为，火是一种凶狠的坏力量，它既然能烧毁大片的森林，那也就必然能烧掉霉、虫以及威胁一切生物的导致疾病的因素，以使庄稼生长，人畜兴旺。撒泥人的巫师萨嫫还说，火能烧"鬼"。千百年来，撒泥人都有送鬼的习俗，"鬼"送到哪里去呢？送到火塘——"烧鬼塘"焚烧，因为只有火才能震慑鬼魂。②云南彝族在火把节前要举行祭灶礼，其咏诵的祭火

---

① 王亚南：《口承文化论——云南无文字民族古风研究》，云南教育出版社1997年版，第215—216页。
② 吕大吉、何耀华总主编：《中国各民族原始宗教资料集成：彝族卷 白族卷 基诺族卷 达斡尔族卷 锡伯族卷 满族卷 蒙古族卷 藏族卷》，中国社会科学出版社1996年版，第93—94页。

词云：

> 春天来开荒，
> 荒地你烧熟；
> 夏天虫吃苗，
> 恶虫你烧死。
> 火伴行人走，
> 火伴家人坐。
> 火是衣食火，
> 火光多热乎。
> 火是人魂窝
> ……
> 今天来祭火，
> 火光永不灭。
> 火光明朗朗，
> 火光像日月。
> 火神藏家中，
> 人畜得安宁。①

在彝族的祭火神词中，"神火"是人们心中的灵魂存在，只有火光永远不灭，生命灵魂才能犹如日月一样长存。家中有了"火神"的护佑，家人与牲畜都可以得到安宁，"火神"成为彝族兴旺发达、安居乐业的定心丸（参见图 3-2-25）。

洱源西山白族有火神祭祀。在房子中间砌有齐腰高的火塘，一天到晚，通宵达旦，火都不熄灭，白天用以炊爨，晚上烧火御寒。祭火神的方法一般是由朵兮薄在村中摆设一个祭坛，旁边插上一枝青松，祭坛上摆满各种供品，金银纸箔。朵兮薄在祭坛前祷告舞蹈后，就用金银纸箔裹住预先烧得通红的犁铧的犁尖，然后用嘴咬住，手握一把香，嘴上叼着犁铧四处飞跑，意为找火神。当朵兮薄认为已经找到火神躲藏的地方时，他就立即将香或犁铧插入地下，事先准备好的一群肩扛手持锄头的群众蜂拥而上，马上在香烛或犁铧插入的地方开挖，一直到挖出铁器为止。挖出的铁

---

① 刘辉豪：《祭火》，中国民间文艺研究会云南分会、云南省民间文学集成编辑办公室编：《云南民俗集刊》第三集，1985 年 1 月。

**图 3-2-25  云南彝族龙与火的舞蹈**

龙意象与火意象交相辉映,展现了彝族对生命之神的神话想象。摘自杨兴荣、杨洋主编,曾丽娟本卷主编:《文化玉溪　峨山　天下彝家　笃慕梦园》,云南人民出版社2015年版,第192页。

器就作为"火神"供在祭坛上。①

据珞巴族的《祭灶神》讲述,很早以前,珞巴族兄弟俩靠狩猎为生,为猎取食物他们祈祷"灶神三兄弟"帮助,不久便从天上降下三只猎狗睡在火塘边。猎人有了三只狗后每天猎到许多食物。后来弟弟犯禁死去,猎物减少,哥哥又去祈求灶神帮助。灶神从天上撺来怪兽,哥哥没有射中,灶神三兄弟只好返回天庭。临走时,猎狗说:"我们是灶神三兄弟,会帮助天下人的。"②珞巴族的火神、猎神与灶神是重叠在一起的,猎神和灶神都是人类食物来源的重要保障,也是人类生命的重要保证。

永宁摩梭人巫师"达巴"认为鬼邪惧怕光明,火能除邪驱鬼。达巴为人做法事时,也要借助火神的力量驱逐鬼邪,消灾祛病。如果村寨里发生了重大瘟疫,须请达巴驱逐鬼。这时达巴要念诵赞火经《阿依詹巴拉》,手执火把,舞刀撒沙,厉声呵斥,驱逐恶鬼,然后把代替瘟疫鬼的面偶和

---

① 吕大吉、何耀华总主编:《中国各民族原始宗教资料集成:彝族卷　白族卷　基诺族卷　达斡尔族卷　锡伯族卷　满族卷　蒙古族卷　藏族卷》,中国社会科学出版社1996年版,第505页。

② 林继富:《民间叙事与非物质文化遗产》,中国社会出版社2012年版,第146页。

木牌抛入火堆中焚烧，表示瘟疫鬼已被火神吞噬，不再作祟人畜。普米族巫师"韩规"在为人消灾祛病，驱鬼除邪时，要咏诵专门赞颂火神的经文，借助火神之威，他们认为鬼邪畏火。彝族认为火能驱恶，除了在家里用火驱邪镇鬼，他们在野外还有专门用来送鬼镇魔的大火塘、小火塘。纳西族巫师桑尼（或桑帕）和祭司东巴降妖伏魔的仪式都离不开火，在有的仪式上，他们手持燃烧的"神石"赶鬼。鄂伦春、鄂温克、达斡尔、蒙古、哈萨克等族都把火视作圣洁的象征，认为它具有去污除灾的能力。远方的客人来到病人的住宅，必须在进门时跨过火，以免给病人带来不幸。哈萨克牧人从冬季牧场转移到夏季牧场时，生两堆篝火，把牲畜从火堆间赶过去。牲畜发生病灾后，则在畜圈四周燃起篝火，企图借助火的威力驱赶病魔。[1]

综合各个少数民族的火神文化，可以知道，火神是宇宙太阳的文化象征，各民族用祭祀火神的仪式活动，表达了他们对火神力量与生命能量的文化想象与巫术活动。德国学者利普斯在《事物的起源：简明人类文化史》一书中，详细描绘了美洲印第安人的太阳祭祀仪式，其实质也是火神祭祀，这对于我们理解火神与太阳神之间的巫术活动也极富启示意义。其云：

> 巫术行为中最重要的一种是用火作为象征，加强太阳的力量。特别是当一年最短的时候——冬至来临，太阳被想象为正在疲倦，要用巫术的火堆加以鼓舞。

例如，在纳弗和——印第安人之中这样的仪式是非常好看的。当夜幕降临，在一块围着松枝篱笆的空地中间的巨柱被点燃起来，并一直燃到天亮。庆祝者出现了，他们的头发披在肩上，他们的面部和身体涂上白黏土以象征太阳的白色，这些模仿者代表"漫游的太阳"。他们的手中拿着羽毛装饰的舞棒，围着火堆排成紧密的行列跳舞。他们从东到西来回移动，模拟太阳的运行。虽然火的热力现在已经差不多达到不可接近的程度，舞蹈者还是尽可能靠近它，用他们棒头上的羽毛球点火。当一个人成功了，小球燃烧起来，他立刻替换上一个事先准备好的新羽毛圈，这便是新太阳的象征，于是欢乐的呼声响彻四周。

仪式的高潮是对日出象征性地模仿。开始，出现十六个男人，一个

---

[1] 杨福泉、郑晓云：《火塘文化录》，云南人民出版社1991年版，第70页。

篮子中装着太阳像,他们围绕一个高柱唱歌和跳舞。突然他们往回移动,这时太阳像缓慢而庄严地在柱子上升起,并在柱顶停留片刻,然后降下隐没不见了。

黎明快到时,结束了仪式。涂着白色的舞蹈者再次出现,点燃一片正在冒烟的杉树皮,以一种模拟舞蹈表示战斗。仪式地点周围的松篱原来仅在东方有一个入口,表示太阳由那里来。当真正的太阳在天空开始自己的旅程时,东西南北都打开豁口,表示太阳向各方放射光芒。

广场中心和篱笆四个入口的太阳图画,出现在印第安人许多艺术品之上。墨西哥的火神,就称为"四方的主人"。这种象征性的画中心有一个代表太阳的球,由此引出四根线条,结果形成一种十字形装饰。在北美洲印第安人装饰艺术中时常出现多种十字形,都不过是象征性的太阳画而已。

其他许多原始部落也举行同样的仪式,虽然并非都是那样苦心经营的。南非贝丘纳人,每当阴沉的早晨,必要邀请太阳来穿透云层。太阳氏族的头人在家中点燃新火,部落每个成员来取一点正燃的火种到自己小屋中去。

一切火的崇拜都起源于太阳崇拜,但其形式是多种多样的(如图 3-2-27、3-2-28、3-2-29),像印度教徒、祆教徒、古代墨西哥人还有其他地方的人,对火的崇拜各有不同。① 印第安人对太阳的巫术活动是希望通过自己的巫术仪式行为(图 3-2-26),帮助衰竭死亡的太阳重新获得一种新生的巫术力量。我们能感受到,太阳与火神在冬至时期,都处于能量衰竭殆尽的关键时刻,各民族就用人事仪式为巫术方式,通过点燃火把,舞蹈表演,来帮助太阳与火神重新燃烧,以使之重新获得再生。

弗雷泽《金枝》12 卷本的第一部分"巫术和国王演变"中的第十四章有一篇题为"国王之火"的文章,记录了三则关于国王诞生的神火故事。

第一则故事是"源于火的赛尔维乌斯·图利乌斯王(King Servius Tullius)的出身传奇"。首先,让我们看看赛尔维乌斯·图利乌斯王的出身传奇。据说,有一天,年迈的塔尔奎因王(King Tarquin)的妻子唐娜奎儿王后(Queen Tanaquil)的女佣,处女奥克利西雅(Ocrisia)像往常一样在皇室灶台边祭献蛋糕和奠酒祭神,此时,一串如男人阴茎形的火焰从火中射出。聪明的唐娜奎儿王后将这当成其侍女将成为非凡人儿子的母亲的迹象,她命令这个女孩将她自己打扮成新娘,并躺在灶台边。奥克利

---

① [德] J.E.利普斯:《事物的起源:简明人类文化史》,汪宁生译,贵州教育出版社 2010 年版,第 266—267 页。

**图 3-2-26　美洲印第安人的太阳舞**

太阳舞（Sun Dance）举行于每年冬去夏来之际，旨在以祝祷、仪式舞等显示对太阳以及自然之力的笃信。届时，主持者预先划定一圆形场地，中央竖立一作为太阳的象征之高杆（"太阳树"），并设置圣坛。正式仪礼举行伊始，狂热的人群便跳起太阳舞，如醉如痴，拒进饮食，持续数昼夜不休；有些部落更伴之以自虐自残。苏人集群诸部落，一年一度的新年佳节即定于仲夏。庆典隆重异常，其主旨为敬拜太阳。节期历时数日，邻近部落成员亦应邀莅临。一座座帐篷（称为"蒂皮"）排列成庞大的环形。中央设一祭坛，"太阳柱"竖立其侧。仪式的主体乃是一种类似自悬的肆狂之举，狂热者以皮索穿筋，悬空垂吊。摘自魏庆征：《世界宗教艺术图典》，中央编译出版社2017年版，第89页。

西雅听从了王后的命令。她与火神或火灵相合而怀孕了，并按期生出了赛尔维乌斯·图利乌斯（Servius Tullius），他出身奴隶，是奴隶母亲和火神的神圣父亲的有名儿子。他出生于火，这可以从他童年在王宫睡午觉时头部出现的熠熠光环中得到证明，就如以前其他人所说的，这个故事清楚地暗示了，赛尔维乌斯的母亲是一位在皇宫里负责照料和传说神火崇拜的修女（Vestal Virgin）。

第二则故事是"源于火的罗慕卢斯（Romulus）的出身传奇"。现在，由普鲁塔克（Plutarch）所引的普罗玛昔昂（Promathion）的《意大利历史》（History of Italy）中一个的类似故事讲述了罗慕卢斯的出身传奇。据说，在阿尔巴国王（the King of Alba）的皇宫里，一团像传递后代的男性器官的火焰悬挂在灶台上好多天。从神谕中知道，这意味着一个处女将因神性的幻象而怀孕，并生一个极为勇猛和伟大名声的儿子。国王命令其中的一个女儿接受这个神性幻象的拥抱，但她不愿做这种事情，并要其侍女代替她。国王对其不服从命令的行为极为生气，下令处死所有的处女。但维斯塔（Vesta）在国王的梦中现身，不准他处死所有的处女，并下令必

**图 3-2-27 普罗米修斯将火赋予世人**

普罗米修斯睿智、好善，相传，宙斯盛怒之下竟然夺走了人类的火。普罗米修斯为人类无火而忧心忡忡。普罗米修斯撷取一根长茴香杆，去往太阳神栖身之遥远的东方。烈焰腾腾的太阳神车即将启程，他将茴香杆伸到烈火中点燃——火种终于到了人间。主神宙斯决意向普罗米修斯进行报复。普罗米修斯被禁锢于高加索一悬崖，每日忍受恶鹰啄食其肝脏之苦。摘自魏庆征：《世界宗教艺术图典》，中央编译出版社2017年版，第352页。

需囚禁所有女孩，直到她们编织成一张网，此后她们将会屈服地嫁人。但这张网永远也无法完成，因为尽管白天她们织得很快，但到了晚上，另外一些服从国王命令的处女们又将其拆散了。同时，侍女因火焰而怀孕了，并生下了罗慕卢斯和雷慕斯（Remus）。在这个传奇中，和赛尔维乌斯·图利乌斯（Servius Tullius）的出身故事相似，故事中说得很清楚，罗马未来国王的母亲都是一个奴隶和维斯塔的女祭司。正统的罗马传统总是认为她是一个修女，但通常将她描述成国王的女儿，而不是他的奴隶。据说，当她在火神的圣园里汲水时，火神会让她怀孕。但是，当比较这个传奇和塞尔维乌斯的类似出身时，我们怀疑普罗玛昔昂保留了拉丁亲属关系的古老特征，即国王父母之一可能有时就是一个奴隶，尽管这可能是不正当的形式。不论其对与错，这些故事至少证明早期的罗马国王是由处女和火神所生的。

第三则故事是"源于火的卡库勒斯（Caeculus）的出身传奇"。同样，卡库勒斯作为普雷奈斯特城的（Praeneste）建立者，被认为是火神伏尔甘（Vulcan）的儿子。据说，他母亲因一个火星而怀上了他。当她坐在灶台

图 3-2-28　古埃及太阳神——拉
　　古埃及太阳神拉为亘古第一神，其形象为鹰，有时为硕大之猫，或为人躯鹰首，头顶日盘。摘自魏庆征：《世界宗教艺术图典》，中央编译出版社 2017 年版，第 185 页。

图 3-2-29　古印度火神阿耆尼
　　阿耆尼是火与祭火的化身。摘自魏庆征：《世界宗教艺术图典》，中央编译出版社 2017 年版，第 248 页。

边，来自圣火的火星跳了起来，击中了她。她在朱庇特（Jupiter）庙附近的地方生下孩子，一些前去打水的处女在一个火堆边发现了他。此后，通过创造一个恰当的奇迹，他证明了自己的神圣出身。当一群异教徒拒绝相信他是火神之子时，他向他的神父祷告，在那些不相信者的周围立即冒出了火焰。更有甚者，整个阿尔班王朝好像已经追溯出他们是修女的后裔，因为拉丁努斯王（King Latinus）的妻子，他们的传奇祖先，名叫阿玛塔（Amata）或"心爱的人"，这是在她被上帝选拔后授予修女的常规头衔，除非根据正在遗忘的传统来理解这个头衔，否则我们很难完全理解它，这个头衔展示了修女们通常被认为是火神的挚爱。此外，据说在阿玛塔女儿拉维尼娅（Lavinia）的头部四周有灵光环绕，这与火生的赛尔维乌斯·图利乌斯（Servius Tullius）头部的灵光是一样的。尤勒斯（Julus）或阿斯卡尼俄斯（Ascanius），以及埃涅阿斯（Aeneas）的儿子被传说有相同的奇迹，我们可以推想，类似的传奇故事讲述着他在灶边的神奇诞生。①

---

① James George Frazer, *The Golden Bough*: *A Studies in Magic and Religion* (Third Edition, Vol 2 of 12), New York: the Macmillan Company, 1935，pp.195-197.

在弗雷泽所记录的这三则故事传说中,"火"是神圣之火,犹如男人的阴茎,代表的是男性力量。而国王的母亲是一位圣洁的修女,当圣火击中修女的身体时,"国王"就诞生了。神火的燃烧犹如男神与女神之间的生命交合,男神力量(神火意象)进入女神身体之中,就会诞生一个"新国王"。

我们再看看河南灵宝的"火塔"意象(图3-2-30),下面底座是一个阴贝意象,上面是高高挺起的火焰之象,象征着阴阳交合,其生命力极为强盛。陕西剪纸"塔"(图3-2-31)的底部有鱼的意象,代表阴性力量,上面是高耸的塔身,塔身中有不同层级的生命意象,也蕴含了阴阳交合的神话意蕴。这种"火塔"的神话思维与弗雷泽所记载的国王诞生的神话传说极为相似。修女与灶火,阴贝与火塔,都构成了阴阳交合而产生新生命的文化意象。

**图 3-2-30 河南灵宝"火塔"剪纸**
摘自任学礼:《汉字生命符号》,广西师范大学出版社2016年版,第126页。

**图 3-2-31 陕西剪纸"塔"**
摘自任学礼:《汉字生命符号》,广西师范大学出版社2016年版,第126页。

同时,我们也感受到,火神又始终伴随着一位女神意象出现,具备了女神孕育生命、繁殖生命、夺取生命和再生生命的文化特征。杨福泉和郑晓云在《火塘文化录》一书中总结了火神的女神特征,其云:随着火神的人格化,火神以人之形状出现在各民族的神坛上。一个有趣的现象是,在很多民族中,火神的形象是女性,鄂温克族认为火神是一个老妈妈;赫哲族尊称火神为"佛教妈妈";在满族古老的萨满的神谕中讲到,火神是穿红袍的老妈妈。在一些萨满神谕中,火神"拖亚恩都里"的满语词,就是"火"与"母亲"两个词音的混称,译成汉语为"火母亲";分布在北海道库页岛南部、千岛群岛等地的阿伊努人家家以屋内火塘的火象征火之女神卡姆依·夫齐;英国古俗种有祭火炉女神赫斯谢的礼仪;罗马有监护家庭之火与国家灶火的女神韦斯塔;希腊有监护社团与城镇之火的女火神希斯提亚;汉族的灶神在早期传说中都是女性形象;敬拜家庭火塘的习俗遍及西伯利亚诸民族,在这些民族中,由妇女主持祭祀火塘的仪式,而家庭火塘的神灵大多为女性,如吉利亚克人的火婆婆,纳乃人、阿尔泰人的火妈妈,埃文克人的火外婆等。①

回到的老子"自然",其由"自"意象与"然"意象组合而成。自然元气或真灵作为一种原初的生命力量,犹如天地宇宙之间的太阳与月亮,随着后天气运的消息运化,会出现生长与耗散、最终死亡的生命过程,随之会出现自我趋于毁灭的危机状态。原初族民在太阳生命力衰落的冬至,他们就一定要利用巫术的特殊方式,来帮助太阳度过危险时刻,重新获得生机。

在原初的祭祀巫术中,"燃烧"仪式成为宇宙生命的重要开端与拯救措施。太阳、月亮在宇宙阴阳之气的燃烧中重新获得生命,这也意味着,先天存在的元气元神需要在真灵交媾交合之中,才能重新生发出一个全新的生命体,使得自身生命在元气归一的运化活动中,犹如太阳与月亮一样,由此而获得新生,这才可以获得永恒生命的循环存在。

当然,我们也能感受到,先天元气与元神在火神的燃烧活动中,既毁灭了自己,在毁灭中也生成宇宙之初的全新生命形式,也更新了生命存在的神秘力量。在这个文化生命新生过程中,似乎只有经历后天生命的死亡仪式之后,才能获得新生。

我们将"自然"的文化意义纳入大传统时期"燃烧"仪式活动中来重新理解,那么,何为"自然"?首先,在早期大传统文化中,"自然"不是一个专有名词或一个理性范畴,而是在"神道"的文化之门敞开之后,自身所通达的一种元始生命存在的信仰状态,即属于神性齐全存在的本真状态,或元气归一状态。其次,"然"在早期中国文化中,乃至在世界的原初文化中,经常代表着"燃烧"而生成的新生生命。原初族民在神火的燃烧中,感受到的是"生命繁衍"与健康长存,强调的是自身灵魂的元一真

---

① 杨福泉、郑晓云:《火塘文化录》,云南人民出版社1991年版,第67页。

气的更新存在，也就是强调"自在"于燃烧之中可以获得"自生"。再次，"自然"就是"自有所然"，即"自有所燃"，自身依据原初真灵、元始祖气（先天阴阳存在）而获得了火神的燃烧锻造，重而获得一种再生力量的新生状态，或者说，"自然"是"元气""元神"在生命燃烧的神话想象中获得有所新生、化二为一的元始生命状态。最后，所谓"自然而然"，就不是"自身如此"或"自己如此"了，而是"依据原初真灵（真阴真阳）的燃烧状态，或依据更新之后的生命元一状态，而以之为在"，或是"依据再生之后的元始生命本身所是，而显现为是"，简单说来，就是"如其新生元一所是而有所是"。

简单来说，"自然"是本真灵魂的自我燃烧，自我更新，因为只有旧的灵魂生命的暂时死亡才能换来新生生命的长久存在，这个生命更新神话是具有双向运动的文化活动：一是灵魂元气的衰退，以致处于充满死机的绝境中，或犹如肉块放置在大火上炙烤，或犹如树木在火上焚烧。这里的肉块与树木在神火的锻造之下，处于一种自我毁灭的生命危急之中，犹如不入地狱，怎得正果，充满了悲壮的英雄主义气氛。二是伏生机于死机之中，死机很危险，可谓险象环生，犹如夕阳西下，给人的感觉就是死气沉沉。但元气的暂时死亡，并不是绝对的死亡，而是一种生命神火的燃烧与锻造，是氤氤氲氲，恍兮惚兮，是阴极阳生的绝处逢生，是乾坤真灵交媾的枯木逢春，体现出先天元气自身所具有的自我再生、自我更新的新生可能，也是原初神圣生命的永恒循环与大美存在。此时，肉块变为生发香气的精美食品，"精美食品"不等于起初的肉块，同样，树木化为烟火，"烟火"也不等于"树木"。元气归一，在旧体生命形式中获得新生的原初生命。

可见，"自然"与"自"应该是截然不同的。"自"作为灵魂的先天形式存在，依旧在逐渐衰竭死亡，不可永久。而"自然"是"自体"形式的神火锻造与文化新生，代表的是枯木逢春的再生状态，是元气归一的元始状态，是生生不息的超越有形的永生生命。

在此，我们将通达了"元始祖气"的"再生状态"或元气归一的新生生命称为"本身"或"真身"。"本身"才是"自身生命的本真状态"，或是自身元气归一的初始新生状态，是"自身本真的原初状态"或"原初真灵"。"本身"不是"自体"的颓废衰退状态，而是在"自身"的先天状态之中，通过元气、元神燃烧与先天形体的毁灭，而获得的一种原初力量的全新生命状态。但是由于"自身"在日常世界中时，通常是以后天"常身"而立身于世界，自身在后天的常身世界之中常常遗忘了自己通过神火锻造的文化方式所获得更新状态的元一"本身"，可见，"本身"通常被"常身"

所遮蔽。

总之,"自"是一种趋于颓废耗散的元气状态,"自然"是真一元气再生的合二归一、一元复始的生命状态,从"自"到"自然"是生命女神男神由交媾、孕育到诞生新生命的神话过程。但我们别忘了,先天存在的"自"体生命是"自然"的文化基础与必备条件,没有这个先天元气的文化基础与必备条件,"自然"也是无法展开的,新生也就会落在空处,无法实现。

《老子·第六十四章》云:"其安易持,其未兆易谋,其脆易泮,其微易散。为之于未有,治之于未乱。合抱之木,生于毫末;九层之台,起于累土;千里之行,始于足下。为者败之,执者失之。是以圣人无为故无败;无执,故无失。民之从事,常于几成而败之。慎终如始,则无败事。是以圣人欲不欲,不贵难得之货;学不学,复众人之所过。以辅万物之自然,而不敢为。"[1] 老子认为,只有遏制自身的人心欲望,才能保持"自"的安宁,"自"才能在自身之中获得存在空间,这是从后天到先天转变的重要文化基点。只有先天的自体存在,才是"自然"展开文化回归的原初物质起点。"自然"之后的文化新生犹如巨木,需要以"毫末"为生命基础。犹如高台,需要以"累土"为建筑根基。犹如千里之行,需要足下行走步履的点滴积累。"自"体元气,就如"毫末""累土"与"足下"的点滴积累。"自然"是文化的飞跃质变,犹如"合抱之木""九层之台""千里之行"。没有"自"体物质存在的必备条件,也就不可能发生"自然"的文化飞跃与生命更新。

"自然"是一种天地神火、真阴真阳的生命锻造与孕育。人作为一种后天之物的存在者,在整个"自然"升华的神圣过程中,是无能为力的。只有圣人深深懂得天地日月的神火运化至理,"天若有情天亦老",正是天地无情,日月才能如时运化,万古不磨,具有超越一切宇宙万物的生命存在可能。

圣人无为,以"无欲"作为自身所欲求的文化对象,与世人欲求外在难得之货,是极为不同的。故圣人能够在无欲无求之中,不断积累"自"体的先天元气,使得元气充盈,才具备在神火之中获得了交合再生的可能性。"辅"就是辅助,犹如巫师利用神火力量的仪式活动来模拟太阳的新生,从而达到辅助太阳获得再生的可能。圣人只是利用巫术交感的文化规律,帮助火神来锻造出全新的生命形式,重而使万物具有获得永恒新生的

---

[1] (魏)王弼注,楼宇烈校释:《老子道德经注校释》,中华书局2008年版,第165—166页。

文化可能。

## 五、圣人原型：本身在本身世界之中

孔子确立了以"仁德"为核心价值的士人之"道"，他认为，士人心中的"有道"是按照士人在世的常身状态去支配和规定自身，并将这种常身所是的仁德存在贯彻于世界行为之中。可见，在孔子的仁道观念中，"仁者原型"成为士人在世界之中的现身状态。士人的"仁者原型"状态，才是孔子的君子理想和文化建构，但在孔子的言说之中，"仁者原型"又似乎不是孔子心中最高的文化理想。《论语·雍也》记载："子贡曰：'如有博施于民而能济众，何如？可谓仁乎？'子曰：'何事于仁，必也圣乎！'"①子贡问孔子：如果有一个人能够"博施于民而能济众"，这样的人是一个仁者吗？孔子认为，这样的人何止是一个仁者，那一定是一位圣人啊！可见，在孔子心中，圣人是高于君子的。子曰："圣人，吾不得而见之矣；得见君子者，斯可矣。"（《论语·述而》）②孔子说：我没有遇到过圣人，能遇到君子就可以了。子曰："若圣与仁，则吾岂敢。"（《论语·述而》）③孔子又说：我不敢说自己是圣人和仁者。孔子曰："君子有三畏：畏天命，畏大人，畏圣人之言。"（《论语·季氏》）④孔子还说：君子有三畏，其中有一畏就是"敬畏圣人之言"。综合孔子的这些言说，我们认为，在孔子看来，第一，圣人原型与仁者原型都是早期中国文化的文化原型样式，都成为早期"古道"的现身情态之一。第二，圣人原型和仁者原型具有高低档次、德性差异的文化区分，圣人原型要高于仁者原型，是士人目前难以企及的理想原型。第三，在现实世界之中，具有圣人原型品德的人已经找不到了，甚至具有仁者原型的人也很难找到了，也就是说，世人的德性情况连仁者原型都达不到，更不要说，要达到更高的圣人原型了。尽管孔子认为，自己连仁者原型都很难达到，但是他的学生们还是将孔子比成"天纵之将圣，又多能也"，孔子听了之后，他说："君子多乎哉？不多也！"（《论语·子罕》）⑤可见，孔子并不想将自己说成是"圣人"，他只是承认自己最多只能是一个"君子"罢了。通过综述孔子对待"圣人"与"仁者"的两种自身状态与现身情态的相关态度，可知，孔子的"古道"传承和文化

---

① 杨伯峻译注：《论语译注》，中华书局 1980 年版，第 65 页。
② 杨伯峻译注：《论语译注》，中华书局 1980 年版，第 73 页。
③ 杨伯峻译注：《论语译注》，中华书局 1980 年版，第 76 页。
④ 杨伯峻译注：《论语译注》，中华书局 1980 年版，第 177 页。
⑤ 杨伯峻译注：《论语译注》，中华书局 1980 年版，第 88 页。

重建具有双重性：一方面他留恋于古代的圣人原型与更高理想，另一方面他又将现实的文化建构重心倾注在仁者原型上，因此，仁者原型的文化存在才是孔子对士人存在的文化期待和现实目标。那么，孔子为什么没有将自身的文化原型建构放置在更高的圣人原型的文化重建上呢？这是一个值得深思的问题。也许孔子认为，在这个现实世界中，圣人和仁者都已经不复存在了，所有的世人都完全沉沦在世俗文化之中，都沦陷在社会日常的世俗关系之中，如何将这种无文化规定、无文化节度的世人解救出来呢，这才是重中之重的问题。所以孔子认为，首先让士人摆脱在世"无道"的存在状态，将其转变为"有道"的常身存在状态，并依据常身有所是的仁德状态来践行自身。只有这样，世态炎凉的世界才会变成一个仁爱温暖的世界。

老子尽管与孔子同时，但却没有像孔子一样，仅仅满足于将自身的文化建构放置在士人后天的仁者原型之上，而是想通过传承齐全的"古道"传统与神性远志。他不仅要将士人从世俗的常身文化中解救出来，甚至还要使士人重返更为玄妙的天命"神道"，通达圣人原型的先天本身状态。《老子·第四十九章》云："圣人无常心，以百姓心为心。"[1]"圣人无常心"一句，帛书乙本作"圣人恒无心"。学术界的人，多以为帛书的"恒无心"要优于传世文献的"无常心"。细心揣摩，"恒无心"就是"常无心"（陈鼓应本依据帛书乙本直接将"无常心"改为"常无心"），那么，"常无心"与"无常心"之间的关系如何呢？哪一个更符合老子的"道可道，非常道""道法自然"的本真思想呢？"自然"是"本身元—有所是的存在状态"，"自然"之"本身"是"自身的元始真气状态"。我们在此，要分析一下"无常心"与"常无心"的文化意义。第一，"心"乃"思"之官也，这里的"心"是指人心之思的文化状态。第二，"无常心"具有两种文化结构。一种是"无—常心"的状态，表示"没有常心"。何谓"常心"？即是常人之心，也就是老子所说的"常道"，即常人之道，对于常人之道，老子是持有"不认可常道"的否定态度。孟子说"士人"是"有—恒心"的，而"民"是"无—恒心"的，可见，"恒心"即"常心"，是儒家所推崇的"常人之心""常身之心"，而"无—恒心"是"百姓""民"所具有原初生命本真之"心"，即"百姓心"，老子所推崇的就是这种原初本真的"百姓心"，所以这种"无—常心""百姓心"是符合老子思想的。另一种结构是"无常—心"，即"反复无常的思"，人心之"思"陷入反复无常的状态，这是

---

[1] （魏）王弼注，楼宇烈校释：《老子道德经注校释》，中华书局2008年版，第129页。

世俗之人的"心思"状态，不符合老子的自然思想。第三，"常无心"也有两种文化结构。一种是"常—无心"，"无心"就是"思无"的虚灵状态，"常—无心"是指人心之"思"常常处于"思无"的本真状态，这种结构是符合老子思想体系的。另一种结构是"常无—心"，也就是人心之思处于"常无"之中，也就是一种常常处于"无思"之"神思"状态，这也是符合老子思想体系的。可见，"无常心"与"常无心"都符合老子的思想体系。首先，圣人只有"无常人之心"，也就是放弃固守"常人之道"，才能以"百姓心为心"。所谓"百姓心"，是指人类普遍具有的原初之心（这里的百姓心，不是孟子所指的沉沦于世的百姓之心，而是生命元一真气状态的原初之心），"以百姓心为心"是指"依据自然的原初真心，来规定自身的现世之心"，也就是说，圣人只有"无常心"，抛弃了士人的常人之思，才能真正做到"用本真虚灵状态的本身来对待自身"。其次，圣人只有"常无心"，才能真正通达"神无"状态的原初之灵，才能真正做到"以百姓心为心"。陈鼓应将这一句翻译为："有道的人没有私心，以百姓的心为心。"① 这样翻译存在以下不足：第一，圣人是"有道的人"，仁者也是"有道的人"，这样就模糊了老子圣人原型的独特性与高标性。第二，将"无常心"翻译成"没有私心"，也模糊地将圣人的本身状态说成是"没有私心"，这仅仅将圣人与世人区别开来了，但是还没有显现出圣人与仁者之间的文化差异。第三，他将"百姓心"翻译成"百姓的心"，毫无疑问，这就将作为本身元一状态的"百姓心"给世俗化了。这一句话的意思应该为："圣人没有士人的常身之心，因此，他就能够依据本真元一的原初之心来规定自身。"

圣人为何摆脱了"常人之心"，就会处于"以百姓心为心"的本身状态呢？因为圣人是以"自然"来处世的，"自然"是指"依据原初之心或本身有所是的状态"来作为自身的存在状态，而士人的常人之心，是"依据仁者有所是的可能性"来作为自身在世的存在状态，唯有放弃了仁者质性的常身依据，才能依据原初本身真气，即以自身的本身元一虚灵状态作为自身的文化依据。圣人不仅依据"自然所是""本身所是"，而且将根据这种"本身所是"的本真存在状态将其贯穿于世界的行为态度之中。

老子又云："善者，吾善之；不善者，吾亦善之；德善。信者，吾信之；不信者，吾亦信之；德信。"② 善者（常身有所是者）与不善者（常身

---

① 陈鼓应：《老子注译及评介》，中华书局2003年版，第255页。
② （魏）王弼注，楼宇烈校释：《老子道德经注校释》，中华书局2008年版，第129页。

无所是者）的文化区分，是根据常人之道而有所分别的。信者（常身有所是者）与不信者（常身无所是者），亦是依据常人之道而有所分别的。老子认为，当自身通达了圣人原型的时候，自身世界也就由常身世界转变为本身世界了。在常身世界之中，无论是善者，还是不善者，随着常身世界的消失而消失，因为他们所谓的"善"与"不善"，都是因为常人之道而所致的。而今当自身处于本身世界之中，自身依据"本身有所是的原初真一状态"在世界中现身，那些在常身世界中的"善"与"不善""信"与"不信"的文化区别，就在从常身世界向本身世界的转换过程中，彻底失去了作为文化区分的常身状态的价值依据。圣人放弃了人在世间的"善""信"等常身差别，那么，这些套在善者与不善者、信者与不信者之间的常人文化枷锁也就彻底解开了。这些所谓的善者与不善者，在圣人的眼中，都被彻底自然化与真一化了，都变成了"具有本身存在可能性"的原初神性本真存在。圣人在本身世界之中的本真现身，是一种"德一之善"，而这种"德一之善"与所谓常身之"善"存在巨大的不同，它依据的是自然之德而具有的"至善"。同样的道理，这些在世的信者与不信者，在圣人的眼中，也都被自然真一化了，都变成了"本身可信的可能性"的神性存在，所以在本身世界的现身中，圣人是一种"德一之信"，这种"德一之信"与所谓常身之"信"存有不同，它依据自然真一之信而具有的"至信"。范应元在《老子古本集注》一书中认为："百姓之善者，能明本善循乎自然也。圣人以道而善之，则其善心自固矣。百姓之不善者，未明本善，私欲蔽之也。圣人亦以道而善之，则将化而复归于善也，此所谓德善矣。盖百姓与圣人，得之于初者，未尝不善也。百姓之信者，以其诚实也，圣人以道而信之，则信心自不变矣。百姓之不信者，因私欲而诈伪也，圣人亦以道而信之，则将化而复归于信也，此所谓德信矣。盖百姓与圣人得之于初者，未尝不信也。是以圣人非察察分别天下之善与不善，信与不信，而区区生心作意以为善为信也，惟守道而已。"[1] 尽管范应元没有揭示出"善"与"不善""信"与"不信"是因为"常人之心"而产生的后天在世差别，也没有揭示出圣人正是因为没有"常人之心"，所以才以"自然之心""本身之心"来看待社会在世的善与不善、信与不信。但是他肯定，"百姓心"是"循乎自然之心"，也就是说，圣人是依据这种"自然之心"，才能在世界的现身活动中，表现出"德善"与"德信"的超然文化姿态，这又是符合老子的自然本意的。

---

[1] （宋）范应元：《老子道德经古本集注》，《续古逸丛书》影印宋刊本。

老子又云:"圣人在天下歙歙,为天下浑其心。圣人皆孩之。"① 帛书本作:"圣人在天下也,歙歙焉,为天下浑心,百姓皆注其耳目焉,圣人皆咳之。"② 范应元《老子古本集注》云:"歙音吸,收敛也。浑,大也,合也,混沌之混,同阴阳未分也。圣人之心与百姓之心,其均同乎虚静,纯粹至善,未有恶也。惟圣人清静无欲,自全其初,则百姓亦清静无欲,各全其初,故圣人之在天下,收敛其心,无为无欲,顷刻不敢放纵,则百姓自化,此乃为天下大合初心也。"③ 圣人为何能在世界之中做到"浑然其心"呢?所谓"歙歙然",是指收敛自身的世俗之心,放弃自身的现世状态与仁者状态,从而达到了原初之心与本身状态,这样才通达了混沌不分的圣人原型与齐全"初心",而这种"圣人之心"与"百姓之心"是指通达了"原初自身的本真状态"。关于"百姓皆注其耳目",帛书甲本作"百姓皆属耳目焉",帛书乙本有所残损,但"属"作"注"。高明在《帛书老子校注》一书中说:"'属'、'注'二字同谊,乃谓百姓皆注意使用耳目体察世情,以智能判断是非,犹若王弼《注》云:各用聪明。……圣人皆孩之,旧注多谓圣人怜爱百姓,而以无识无知之孩婴养教之。……高亨释'孩'字为'阂',他说:'阂,外闭也。'……言圣人皆闭百姓之耳目也,……即闭塞百姓耳目之聪明,使无闻无见也。此老子之愚民政策耳。"④ 高明站在现世存在者的角度,分析这一段文字,他认为,这是老子的"愚民政策",略显得有点粗陋,还未得老子原意。范应元《老子道德经古本集注》云:"(百姓都)目以观听于上,是以圣人清静无欲,皆使自化,以全其初,而不失其赤子之心,此爱养之至也。"⑤ 此处的"注",应是指百姓都注销、摆脱了自身的耳目等感官见闻,只有放弃了各种外在感官的识神状态,才能真正收敛人心,从而关注原初本心的齐全状态,并以"初心"作为自身在世的言行依据。由于圣人保持了原初的"自然本身"状态,也能感化百姓,使他们也放弃各种外在感官的在世状态,自觉地回归到自己的原初之心状态。这样,圣人之心与百姓之心都回归到了"依据本身所是的原初之心",所以都被"孩子"化了。所谓"孩子",是指本身齐全地在本身世界之中的原初状态。可见,圣人不是"愚民政策",而是通过内在心性的神话回归方式,全面恢复自身本来所具有的圣人原型状态,从而唤醒民众,使之

---

① (魏)王弼注,楼宇烈校释:《老子道德经注校释》,中华书局2008年版,第129页。
② 刘笑敢:《老子古今:五种对勘与析评引论》,中国社会科学出版社2009年版,第514页。
③ (宋)范应元:《老子道德经古本集注》,《续古逸丛书》影印宋刊本。
④ 高明:《帛书老子校注》,中华书局1996年版,第63—64页。
⑤ (宋)范应元:《老子道德经古本集注》,《续古逸丛书》影印宋刊本。

放弃人在世的流俗状态，由此回归到人性本在之初，因之而善化。

可见，具有自然之道的人，就是通达了自身的"圣人原型"与原初之心，并依据这种圣人原型或原初之心在世界之中为人处世，从而成为百姓的为人为事典范。老子认为，想要通达自身的圣人原型与原初之心，首先，必须放弃人在世的"常人之心"，只有放弃了"常人之心"，也就是放弃了自身在世的仁者常态，才能获得通达圣人状态的必备条件。其次，当通达自身本来的圣人原型时，"自然"就成了如其所是的本身规定，并将这种如其所是的本身价值贯穿于本身世界的言行举止之中。第三，当自身由常身状态转变为本身状态时，常身世界也随之转变为本身世界。在本身世界之中，圣人运用原初之心与本身状态来审视本身世界之中的他者（包括宇宙之中的世人与万物），世人他者就无所谓善与不善、信与无信的人为常身区分了，这样，世人的原初之心与本身价值也就被释放出来。第四，圣人原型既是一种内在本真初心的文化规定，又是由内而外贯通为一的原初神性力量，它不仅使自身回归到本身所是的初心状态，而且能够引导社会世人进行自我反思，由之而主动自觉恢复自身本来所有的本身状态与原初之心，以至于整个社会都存在处于"原初之心""自然所是"的本真世界之中。

## 六、本身与常身的损益关系

孔子认为，人生在世，最大的遗忘就是"忘身"状态。何谓"忘身"，是指世人在世，因为处于流俗世界之中，就会忘记自身世界的常身存在，丢失常人之心，人就成了一个完全沉沦于世的流俗之人。这个沉沦于世的流俗之人有点像西方人所说的"主体"存在，而这个"主体"不是自由自得的自身状态，而是沉沦于世的自我状态，属于自身的忘身状态。孔子提倡，要抛弃自身无所是的主体状态，而要重拾常身有所是的君子状态，强调常身存在的文化价值与原型规定。孔子认为，士人常身所是的文化价值就是仁德存在。如果一个士人心中"欲仁""思仁"，那么，这个人就会将仁者所是的文化差异限制在仁德神识的文化规定上，这样，这个士人就通达了自身的"仁道"状态，获得了"仁者原型"，因此这个士人就不是无所规定的沉沦在世了，而是身处于世，却能从自身之中获得仁德的神圣力量，并给予自身以自律约束和文化规定，使常身力量贯穿于现世之中的所有言行。依据仁者原型而有所规定的在世行为，就是有所规定的常身处世，而不是无根流离状态的忘身苟存。孔子对士人仁者常身的文化建构具有重大的文化意义，具体表现如下：第一，一个士人要是碌碌地活在这个世界上，很容易遗忘自身的仁者常身，那么，这个士人就会完全沦为一个世俗之人，这就失去了士人以"仁道"为己任的群体价值与文化理想。第二，士人和世人之间的文化区别在于：士人通达了自身的常身状态，而世人处于自身的忘身状态。如果一个士人也处于"忘身"状态，那么，这个士人也就不是一个真正的"士人"，而是一个假"士人"。"常身状态"成为士人群体文化认同、阶层认同、社会认同的重要准则，这是士人在世的立身之本。第三，士人活着就不再是苟且活着，而是要以常身之思、之言、之行、之文而有所编码地活着，只有通达了常身所是的"仁道"神话编码，才是士人存在的原型理由和文化自由，失去了仁者常身，也就失去了自身仁德的文化之道，也就失去了常身所是的文化权力和群体价值。第四，孔子认为，要达到自身的常身状态，就离不开"勤学"与"苦思"。士人只有通过"勤学"与"深思"的文化活动才能真正摆脱世人的流俗状态，才能通达常身原型的文化状态。

孔子反对世人的忘身状态，提倡重拾士人的常身状态，那么，孔子的常身文化是不是完美无缺的呢？我们认为，孔子的文化重建在于"常身"编码，其文化纰漏也在于"常身"建构。"常身"的文化建构纰漏就在于常身所是的"仁者"价值。孔子的仁者状态是指士人在常身世界之中的一种人类质性状态，是将仁者常身作为自身灵魂的日常存在，而不是依据于自身的本真状态。"仁者原型"是指士人通达的人类质性存在状态，与此同时，自身依据仁者常身在世界中与他者同处共在，常身依据人类同处共在的和谐原则，可以建构一个能与人类他者共处的和谐世界。[①]可见，仁者原型成了常身有所是的文化依据，君子品格就是仁者原型在世界之中的现身情状。也就是说，孔子的仁者常身，是以人类整体作为自身价值基础的存在状态，彰显了人类生命灵魂中心主义的文化类德价值，就忽略了人作为宇宙整体生命的更大价值。当自身选择了常身状态时，自身就失去了作为宇宙整体生命的更大可能性。当人以其自身人类整体的文化价值为中心的时候，也自然会遮蔽人作为宇宙整体生命的更大价值，因此常身存在很容易成为遮蔽本真的宇宙生命存在的有迹存在。也可以这样说，作为人类整体价值的仁者常身常常会遮蔽作为齐全宇宙整体生命的本真之道，自身的本真状态就始终处于一种被抑制、被打压、被流放的迷失状态，原初本身就处于一种真正的无家可归的沦陷之境，这也就是通常所说的"游魂"状态，"游魂"之"魂"是指本真灵魂的元

---

① 关于"仁者常身"的价值规定，可以参阅本书第二章第一节"士依于仁：士人的仁心领会与文化认同"。

一虚灵状态。

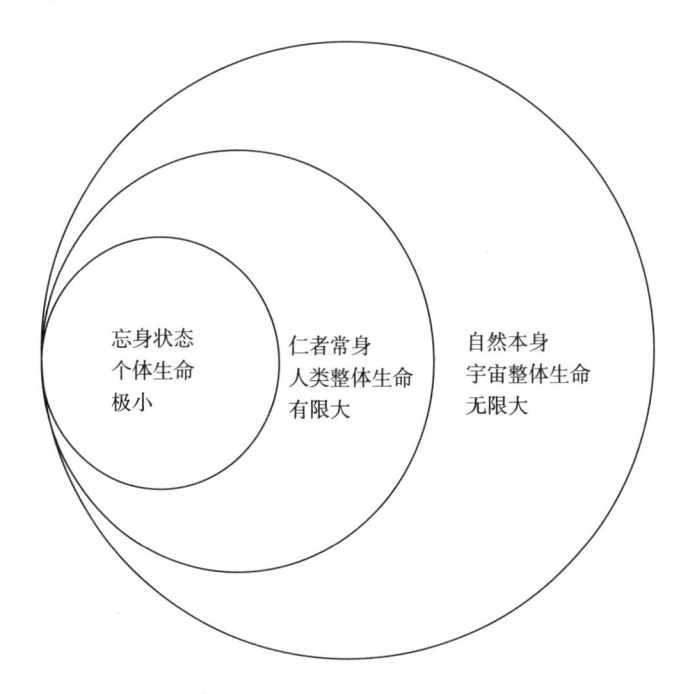

忘身状态
个体生命
极小

仁者常身
人类整体生命
有限大

自然本身
宇宙整体生命
无限大

传统士人自身存在有三种不同的灵魂状态，其灵魂编码也存在着格局大小的文化区分：忘身状态、常身状态、本身状态。如果用"道体"来区分这种三种状态：忘身为"无道"状态，常身为"常道"或"小道"状态，本身为"非常道"或"大道"状态。

老子提倡的"道"是"自然大道"，他提倡"本身所是的本真状态"，这与孔子的"常身之道"存在很大的文化区别。老子云："修之于身，其德乃真"，提倡"以身观身"。(《老子·第五十四章》)① 老子所提倡的"身"，不是孔子的常身状态，而是"修之于身"的本身状态。何谓"修之于身"，这里的"身"不是孔子所重视的常身状态，而是自身的本真状态，强调从真身立场来重新发现自身，这样修养出来的本身德性才是"真正有道"的自身，即真身或本身。何谓"以身观身"，孔子强调"以常观身"，即通过常身来认识自身，来规定自身。但只要自身选择了仁者常身，那么，自身的本真状态就会被遮蔽起来。老子强调"以身观身"，第一个"身"不是常身，而是自身的自然本身，第二个"身"是指自身。老子认为，要认识自身，不能依据常身来认识，必须依据本身来认识，即必须依据自身的

---

① （魏）王弼注，楼宇烈校释：《老子道德经注校释》，中华书局2008年版，第143—144页。

自然状态、本身所是的文化价值与生命整体，来建构和规定自身的存在状态。由本身状态所规定下的自身，才是自然状态的自身，才是真正的自身。

《老子·第七章》云："天长地久。天地之所以能长且久者，以其不自生，故能长生。是以圣人后其身而身先，外其身而身存。非以其无私耶？故能成其私。"[1]"天""地"是无知无欲的道体状态，是自然本身价值的齐全承受者。天地宇宙整体状态的自身生命就是本身所是的自身，是自身的本真状态，正因为天地能"不自生"，所以才能"长久地存在"。何谓"不自生"？"自生"是指依据自身有所是的东西，而自我生产或建构一个与人共处的人为价值，从而依据这种人为"自生"的东西，来规定自身的存在状态。而"不自生"就是要否定这种人为"自生"的常身状态，提倡"自然而生"。这种"自然而生"的本身状态就是依据原初之心，或本身的原初状态，是其所是，如其所是。圣人为何可以"后其身而身先"呢？圣人所"后"之"身"，不是现世存在者层面的身体，而是孔子所提倡的"常身"，圣人将"常身所是"的东西或存在状态暂时放在一边，然后才能"身先"，这里的"身先"是指"将自然状态的本身放在优先地位"。圣人为何可以"外其身而身存"呢？"外其身"是指将士人的常身状态暂时排除在外，这样做的目的，就是使自身能够通达"本身存在或本真状态"。老子认为，正是因为圣人犹如天地一般，将天地宇宙整体的生命当成是自身的优先存在，所以犹如天地一般是"无私"的存在。圣人持存这种"无私"之心，才能让自己如同天地一样长久生存，所以能成就自身生命的长久存在，这就是圣人的"自私"。圣人的这种"无私之心"和"自私之心"是不是矛盾的呢？在老子看来，"无私之心"是指以自然本真的原初之心，即犹如天地一般的自然之心，并依据这种本身状态在世界之中与宇宙万物同处共在，这种大共在、大和谐就其实质而言是"毫无所私"。圣人也正是具有这种"无私之心"，才能保证宇宙和谐，万物共存。圣人依据自然本身所是的可能性，在世界之中践行这种"无私之心"，将"本身价值"贯彻在外在言行之中，一方面实现了"本身所是的无私状态"，另一方面又使自己的有形存在犹如天地一样，久处于世，长活于人间，所以看起来又好像有点"自私"。但这种"自私"与世人的自私自利是不同的。圣人的"自私"是以"原初之心"与自然本身作为价值基础与文化原点，由此而获得与天地同寿的存在"福利"，这表面上看来也是"自私"的，但实际上却

---

[1] （魏）王弼注，楼宇烈校释：《老子道德经注校释》，中华书局2008年版，第19页。

是具有宇宙整体生命的神道存在。可见，在老子看来，士人自身的"常身状态"与"本身状态""非真状态"与"本真状态"之间的文化关系，首先是具有一定的对立和排斥关系，而"本身"具有绝对的优先地位，"常身"处于必须放弃的地位。

《老子·第十三章》云："宠辱若惊，贵大患若身。何谓宠辱若惊？宠，为下得之若惊，失之若惊，是谓宠辱若惊。何谓贵大患若身？吾所以有大患者，为吾有身，及吾无身，吾有何患！故贵以身为天下，若可寄天下；爱以身为天下，若可托天下。"[1] 学术界多认为，这一章讲的是老子强调"贵身"思想。[2] 我们认为，这一章表达的是老子对待自身之"常身状态"与"本身状态"之间的文化态度问题。传世文献、帛书本《老子》本章第一句都作"宠辱若惊"，而竹简本《老子》作"人宠辱若惊"。竹简本的"人"，当然不是"圣人"，也不是"小人"，而是"常人"，即具有"常道""常心"的士人。"常人"在世，依照常身所是的状态来规定自身，所以常身态度决定了自身在世的各种情态。"惊"和"贵"都是"常人"在世的现身情态，这种现身情态是依据常身所是的文化规定来表现的。如果常身受宠，自身就会感到惊喜；如果常身受辱，自身就会感到惊恐。在老子看来，这种"宠辱若惊"的常身情态，或一惊，或一喜，是因依据常身在世的文化价值而引发的各种情态变化，因此，这种常身状态就好比是"贵大患若身"。这里的"身"是指"常人之身"，整句话的意思是说，常人在世，常常是他人宠己，就感到惊喜，他人辱己，就感到惊恐，这种以他者所是为贵的常身存在，就好比是以大患为贵啊。可见，老子并非以"常身"为贵，而是要批判"常人"所依据的"常身"病态。老子认为，这种以常身为贵的文化现象就是以"大病"为贵，是极端可笑的，依旧属于一种文化病态。所以老子说："我"之所有病，是因为"我"有一个"以常身为依据的自身"，假如"我"抛弃了这个"常身"，"我"怎么还会生病呢？老子将孔子所提倡的"常身状态"比作"人之大患"，是人生在世的百病根源，对自身存在产生巨大的危害作用。如果想要治愈这种"在世之病"，唯一的疗法就是放弃自身在世的"常身状态"。老子放弃了这个"常身"状态，是为了要将另一个被"常身"遮蔽起来的"本身""真身"释放出来。他说："故贵以身为天下，若可寄天下；爱以身为天下，若可托天下。"这里的"身"不是前面所说的"如大患般的常身"，而是"本真如初的无身之身"，即是

---

[1] （魏）王弼注，楼宇烈校释：《老子道德经注校释》，中华书局2008年版，第28—29页。
[2] 陈鼓应：《老子注译及评介》，中华书局2003年版，第111页。

老子所说的"自然之身""原初之心",是"自身的本真状态"。老子认为,圣人重视以"本身所是的价值"来治理天下,这样,就可以将天下寄托给他;圣人喜欢以"本身所是的价值"来治理国家,这样,就可以将天下托付给他了。老子认为,"仁者常身"是人在世的百病根源,必须放弃;"自然本身"是人的存世灵根与真魂,必须发扬。前者会导致百病"大患",危害人的性命存在;后者会令人栖身于天下,所以能"长生"长寿。

自身的常身状态和本身状态是自身对自然之道与仁义之道的不同领会和文化认可。在回归"古道"的文化途中,孔子认可了仁者原型,建立了士人在世常身有所是的文化编码;而老子批判和反思了儒家"常人"的危机状态与文化困境,非常清醒地意识到,这种在世的"常人价值"往往使人身处"大患"的病态之中,而令人不知觉醒,令人身处"危险"之中而不察真情,所以他提出回归原初"古道"的自然编码与圣人原型,要依据"自身的自然状态",即本真状态,来挽救常身状态的"失真"和"虚妄"。

士人如何才能由"常人之道"进入"圣人之道"呢?老子认为,士人必须抛弃常人自身,自觉回归到自然本身,这才是老子文化再构的核心所在,也是他开出来的救世良方。《老子·第五章》云:"天地不仁,以万物为刍狗;圣人不仁,以百姓为刍狗。"[①] 老子认为,天地是"不仁"的。所谓"不仁",即否定后天"仁者"的常身状态,反对以人类疆界为文化编码的仁者常身。何谓"以万物为刍狗"?"刍狗"是祭祀时用刍草扎成的祭祀对象。在祭祀时,"刍狗"丝毫也没有"常身"的文化欲求与价值束缚,才能真正获得自然神灵的降临,于是神灵很乐意降临在"刍狗"之上,"刍狗"由此而轻而易举地获得了"神性真身"。可见,"以万物为刍狗",是指天地将宇宙之间的万物都当成是自然神灵可以直接依附的"刍狗",也正是如此,天地之间蕴藏的神圣力量才能毫无私心地本真无华地寄寓于万物之中。同样的道理,圣人必须要否认和抛弃常人所有的"仁者常身",这样才能在自身之中发现无限至大、自然生命的本身真在,并以本身所是的真在状态作为自身的文化依据,由此,圣人之心与百姓之心在这种原初之心与"圣人原型"中,获得了文化共鸣与天地认可,共同通达并沉浸在"神道"所敞开的自然状态中,顺应大化,自由生存,所以圣人犹如"刍狗"一般,百姓亦如"刍狗"一般,都可以获得"神性本身"的自在与自由。

《老子·第四十八章》云:"为学日益,为道日损,损之又损,以至于无为。无为而无不为。取天下者常以无事,及其有事,不足以取天

---

[①] (魏)王弼注,楼宇烈校释:《老子道德经注校释》,中华书局2008年版,第13—14页。

下。"①"为学"是"常人"获取"常道"的文化途径，只有通过学习，"常人"才能获得"常道"，才能通达"仁者原型"的存在状态，并依据这种常身存在来践行自身。而这种常身状态，对于老子来说，是让人越来越远离真正的"神道"力量。这是为什么呢？因为常人自身重视的是人在人间世界之中的共处同在，强调人如何才能在人类世界中达到共处同在的人类和谐。

首先，常人必须达到人的仁者状态，这种仁者常身不是真正的本来自身，而是一种以人类整体为中心的共存需求和文化契约，从这个角度来说，"为学"所形成的常身之道，离原初本真的"神道"就更为遥远了。

其次，如何才能真正做到"为道"呢？"常人"通过一天天积累外在的知识，然后从后天的知识中，获得仁者的文化领悟。"圣人"追求的是"真正的道"，不是"常人之道"，因此，他必须每天都减损人在世界之中学来的人为东西，即减损自身后天学习得来的常身状态。只有放弃和减损了这种与人类他者共生的后天"常身"，才能将那个被"常身"所遮蔽、所掩盖的与宇宙万物共生的先天"真身""本身"释放出来，最终通达自身的原初之心与"自然状态"，这样才是真正通达了"本身之道"。

最后，"常人"每天都忙于学习，积极追求在世的常人之身，但到头来却误将一个在世常身当成了自己本来面目的自身状态，即以常身状态取代了原初本身，这样反而丢失了真正的本身存在，而这样的"常人"表面上获得了自身，实际上愈来愈远离了真身。"圣人"要在常身之中，重新唤起、发现"本身"，这不是一件容易的事情。如何才能通达"真身"呢？如何才能将"本身"重亲激活呢？首先必须抛弃常身，彻底抛弃后天学来的常人知识，彻底放弃后天领悟到的常人自身。只有这样，才能逐渐将遮蔽起来的本真状态重拾回来，而这个本身所是的本真状态才是人自身存在的先天真身。只有自身通达了先天本来的真身状态，人才获得了自身存在的本在真理。

### 七、自然本身的生与死及畏

认清了自身的"常身状态"与"本身状态"之间极为吊诡的损益关系，我们才能明白，老子的"自然之道"是自身在"本身"与"常身"之间的逆向神话回归运动。一个士人在世界之中，通过"为学"的后天方式，"常身"就逐渐齐全和增益了。同时，"本身"却愈来愈疏远了和欠缺了。如

---

① （魏）王弼注，楼宇烈校释：《老子道德经注校释》，中华书局2008年版，第127—128页。

果站在"常身"的角度来看,"为学"意味着这个人越来越脱离了"本身所是的原初状态",取而代之的是"常身所是的仁者状态"。如果站在"本身"的角度来看,"常身"的圆满与齐全,就意味着"本身"的衰减和死亡。在自身的内部精神世界就形成了一种此生彼死、此长彼消的文化共存现象。如果"常身"在生长着,"本身"却在"死亡"着,而且"常身"越幸福、快乐和满足,"本身"就越疏离、悲惨和游离。

可见,老子关于自身的"生死"认知与"自然之道"关系是极为紧密的,而"自然"主要是指"本身所是的原初之心"。老子的"死亡"不是在世存在者的肉体死亡,而是指人的"本身"出现了"欠缺"与"隐退"的文化状态。可见,随着"本身"的"死亡"愈益增益,"自然之道"就越显得疏远,而"常身"的"生存"就越发增益。"本身"的"死亡"越发减损,"自然之道"就越显光明,而"常身"的"生存"亦随着减损。相反,"本身"的"生存"越发增益,"自然之道"越显接近,而"常身"的"死亡"就随之有所增益。"本身"的"生存"愈益减损,"自然之道"就越显遥远,而"常身"的"死亡"就随之受到减损。由此可见,老子的"生死"观念,不是依据外在有形身体的生死状态来做文化区别,而是依据自身的"本身状态"与"常身状态"之间的文化消长关系来判断。老子所谓的"死"是指"本真的灵魂之根"的"死亡"状态,是"原初灵魂"被"常身"驱逐以后,所显露出来的"无家可归""无处可寓"的落拓病态形象,是因"常人自身"的绝对统治地位而被迫逃亡的游魂状态和野鬼状态(见图3-2-32)。

《老子·第五十章》云:"出生入死。生之徒十有三,死之徒十有三,人之生动之死地,亦十有三。夫何故?以其生生之厚。盖闻善摄生者,陆行不遇兕虎,入军不被甲兵,兕无所投其角,虎无所用其爪,兵无所容其刃。夫何故?以其无死地。"[①] 陈鼓应将这一段翻译为:"人出世为'生',入地为'死'。属于长寿的,占十分之三;属于短命的,占十分之三;人本来可以活得长久,却自己走向死路的,也占了十分之三。为什么呢?因为奉养太过度了。听说善于养护生命的人,在陆地上行走不会遇到犀牛和老虎,在战争中不会受到杀伤,犀牛用不上它的角,老虎用不上它的爪,兵器用不上它的刃,为什么呢?因为他没有进入死亡的范围。"[②] 陈鼓应和其他的历代儒者一样,都陷入存在之物的有形"生死"观念,毫无疑问,这

---

[①] (魏)王弼注,楼宇烈校释:《老子道德经注校释》,中华书局2008年版,第134页。
[②] 陈鼓应:《老子注译及评介》,中华书局2003年版,第259页。

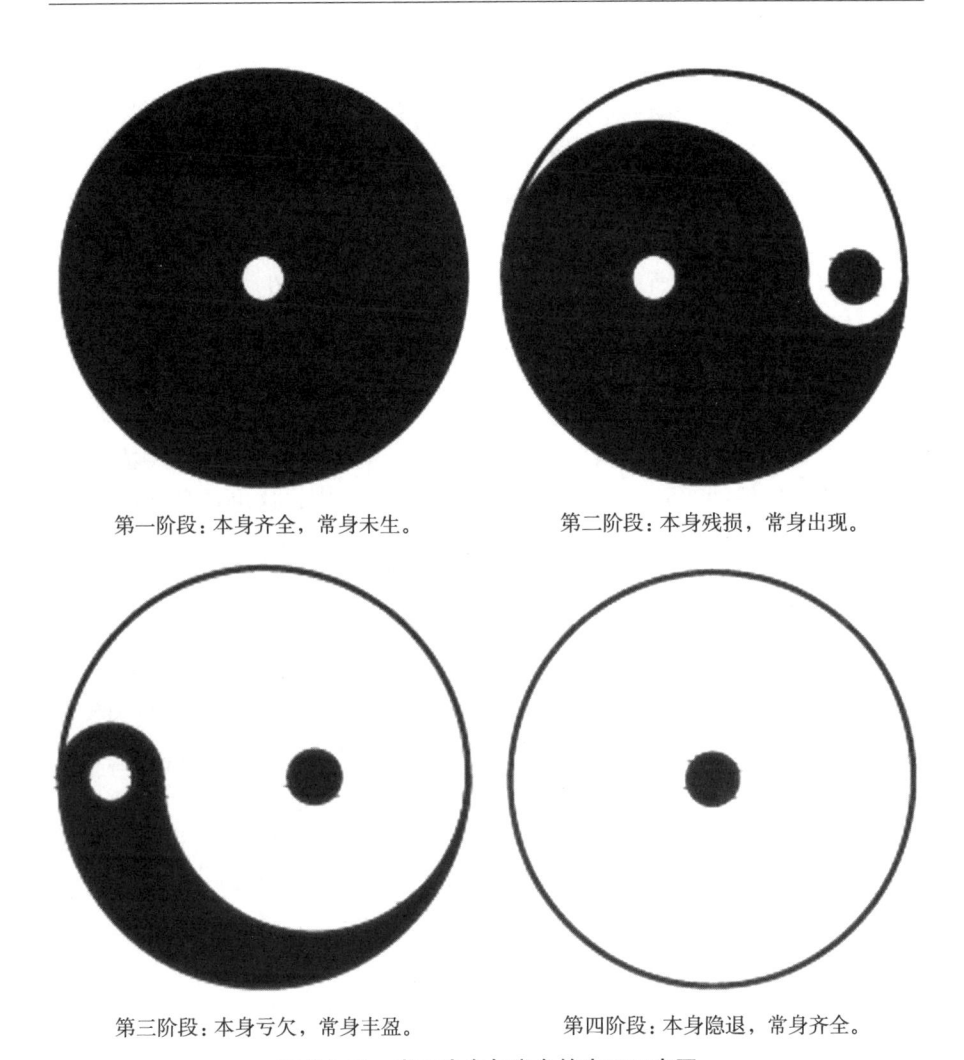

第三章　文化大传统与老子艺术精神　575

第一阶段：本身齐全，常身未生。　　　　第二阶段：本身残损，常身出现。

第三阶段：本身亏欠，常身丰盈。　　　　第四阶段：本身隐退，常身齐全。

图 3-2-32　老子本身与常身的生死示意图

老子以本身之生为生，以本身之死为死。老子的生之状态为：本身齐全，常身未生；老子的死之状态为：常身齐全，本身隐退。

是对老子"自然生死"观念的文化误读。

　　根据老子原初之心与"本身状态"的"生死"文化规定，我们可以将这段文字翻译为：一个人出生后，"本身"就开始趋于"死亡"。"本身"能保持"生存"的人，大约占十分之三；"本身"趋于"死亡"的人，大约占十分之三；人的本身存在着，但是也始终面临着"常身"的威胁，这种人也占十分之三。这是什么原因呢？因为人生在世，就会过分强调"常身"的生存。"我"听说了那些善于保养"本身"的人，他们在陆地上行走,不会遇到犀牛和老虎;他们在战争年代,也不会争强好胜;犀牛对之,用不上它犀利的角;老虎对之,用不上它锋利的爪;两军交战,兵器对之,也毫无用处。这是什么原因呢?因为他完全放弃了"常身"的在世状态,也就保全了自身的"本身"状态,这对于本身齐全的人来说,就永远将自己放置在生生之中了。

还有几个问题需要解释一下。第一,为什么人出生之后,"本身"就开始"死亡"呢?因为人出生之后就开始接受各种在世的后天知识,人的"常身"逐渐形成,但随着"常身"的日渐丰满,"本身"就开始逐渐有所欠缺了,死亡就开启了。第二,"人之生,动之死地"是什么意思?表示有人虽然暂时保持了"本身",但"本身"时刻受到现实常身的挑战,随时受到常身的侵蚀,而处于有所遮蔽的"死地"之中,这也是没有希望的。这里的"死地"是指"常身"对"本身"的强大杀伤力与无视程度,因为世人过分追逐在世"常身"的常人存在,"本身"随时处于"死亡"的文化境遇之中。第三,何谓"生生之厚"?第一个"生"指代后天学习所获得的"常身",第二个"生"指代常身活在这个世界上。"生生之厚",是指过分强调了"常身"在世界之中的生存状态和现身情态。也正是因为常人过分重视人的"常身"之"生",反而会导致本身的现世迷失,遮蔽了真身的本来存在,所以常人因其"生生"的追求,反而适得其反,直接导致本身的"死亡"。第四,何谓"善摄生者"?老子这里的"生"指代人天生所具有的"本身状态"或原初之心,其"善摄生者"是指那种善于保养持守原初灵魂与本真状态的人,这种人善于持守本身,而不使之在世有所迷失和有所遗忘。

《老子·第六十七章》云:"我有三宝,持而保之。一曰慈,二曰俭,三曰不敢为天下先。慈,故能勇;俭,故能广;不敢为天下先,故能成器长。今舍慈且勇,舍俭且广,舍后且先,死矣!"① 何谓"不敢为天下先"?天下之人,熙熙攘攘,为名而来,为利而往,通常是以"常身所是"而自居,处处想着要成为他者学习的人格典范。而依据本身所是的圣人,放弃常身所是的在世价值,表现出与天下人"敢为天下先"的不同存在状态。何谓"舍后且先",这里的"后"指代"本身所是的大道存在",这里的"先"指代"常身所是的常道存在"。常人总是以"常身"来取代"本身",并依据"常身所是的典范原型"来为人处世。老子认为,这种人因为常身而遮蔽了本身,就处于"死亡"的途中了。老子所谓"死矣",是指代随着常

---

① (魏)王弼注,楼宇烈校释:《老子道德经注校释》,中华书局2008年版,第170页。

身的强大,"本身就完全死了"。因为本身日趋死亡,这种人也不可能长久于世的。这句"死矣"并非如陈鼓应所说的,是指纯粹的有形身体"走向死路"①,而是因本身遮蔽,而日趋死亡。

老子认为,唯有在世界之中,持守自身先天的"本身"存在,维护"原初灵魂之根基所在",并能够"是其所是",这样的人才是能"自知""自胜"的人,这样的人才能长寿。《老子·第三十三章》云:"知人者智,自知者明。胜人者有力,自胜者强。知足者富,强行者有志,不失其所者久,死而不亡者寿。"②"知人""胜人"都是将"自身"放置在常人世界之中,与他者同在共处,是"常人之心"的具体表现,强调的是"常身的存在状态"。"自知""自胜""知足""强行"的人,是在本身世界中,依据"本身状态"与原初之心,来看待和规定自身在世的存在状态,主动放弃与世人同处共在的各种纷杂关联,自觉斩断各种世俗关联,只持有本身的孤寂存在,"本身"就完全成为自身有所是的唯一文化根源。这样的"本身"就不会"失其所",就不会因为四处游离而陷入无家可归的失魂落魄状态。这种能保持"原初灵魂"的人才能真正长久,甚至可以永久存在。尽管他们的身体也在逐渐死去,但"本身"的神性力量与神圣存在并不会因为有形身体的死亡而处于完全消失或有所损伤的状态,这种神圣力量依旧可以完满地保存于天地之间,并随时被召唤回来。可见,这种本真无损的神性存在才是老子所指的真正的永恒的长寿状态。

《老子·第四十二章》云:"人之所恶,唯孤寡不穀,而王公以为称。故物,或损之而益,或益之而损。人之所教,我亦教之。强梁者不得其死,吾将以为教父。"③ 老子认为,世人所厌恶的"孤、寡、不穀"等称谓,"王公"却将其作为自身的在世称谓,这是为什么呢?因为"王公"只有时刻将"孤、寡、不穀"等称谓作为自身在世的本真存在,他们才能在这些称谓之中,不断地体悟到自身的孤独存在,才能领会到先天本真的原初状态,原本就是"孤、寡、不穀"的状态,这样才能启迪自己自觉斩断各种世俗的社会关联,从而释放出自然本真的存在价值。"物或损之而益,或益之而损",这里的"物"是指代"常身"与"本身"之间的有迹有形关系,在他们之间,一个损之,另一个就会益之,始终是一种相反相成的文化关系。"人之所教,我亦教之"一句,傅奕本作"人之所以教我,亦

---

① 陈鼓应:《老子注译及评介》,中华书局2003年版,第320页。
② (魏)王弼注,楼宇烈校释:《老子道德经注校释》,中华书局2008年版,第84页。
③ (魏)王弼注,楼宇烈校释:《老子道德经注校释》,中华书局2008年版,第117—118页。

我之所以教人",帛书本作"故人□□教,亦议而教人"。此一句历来学者的解释分歧较大。我们认为,应该将其理解为:世人所教的东西,我也在教之。下一句河上公本、王弼本作"强梁者不得其死,吾将以为教父",傅奕本作"强梁者不得其死,吾将以为学父",帛书甲本作"故强梁者不得其死,吾将以为学父",联系上一句的意思,此句应该理解为:只有那种强梁者(不是指"粗暴的人",而是指能够强力维护本身力量的人),才能够保持本身的神性力量,"我"认为,这种人才是真正懂得施教或学习的人。可见,在老子看来,在世的"教"与"学"目的不是为了教给大家常身的知识,强调"常身所是的生存状态",是要教给大家本身的知识,强调并维持"本身的原初状态与神性力量"。

　　人出生之后,生活在世界之中,就开始接受了"自身"后天的培养和学习,以至于"常身"存在处于优先地位,而逐渐湮没了"本身"的先天存在。这也就意味着,一方面"本身"开始"死亡",另一方面"常身"处于不断"生长",两者之间,此生彼亡,是同步进行的事情。老子认为,常人不明白,当依据"常身"而沉沦于世界之中的时候,"本身"就随之而被遮蔽起来了,这也意味着本身就开启了"死亡"之旅。只有让常人明白,常人的在世存在往往是以"本身"死亡为沉重代价的,这样就会激起世人内心对本身死亡的文化恐惧与敬畏心理,并在现世之中显露出有所害怕的良知心态。《老子·第七十四章》云:"民不畏死,奈何以死惧之!若使民常畏死,而为奇者吾得执而杀之,孰敢?常有司杀者杀。"[1]老子认为,常人是不畏惧死亡的,就是用现世身体的死亡来吓唬他,他也是不怕的,因为常人追求的在世价值是常身存在,他就在自身的常身追求中忘记了本身存在。如果使常人明白,常身在世的价值确立是以本身死亡为代价的,并开始敬畏生命在死亡的现实境遇,以至让百姓了解本身死亡,从而达到畏惧本身死亡,从而发自内心要珍惜自身生命的本身存在。对于那些懂得了本身死亡道理的人,他还是不能畏惧死亡,"神道"(老子的"吾",是指自身所通达的具有宇宙整体性的本真存在,即"道"体存在)就会将其抓起来,并杀死他,那还会有谁不惧怕死亡呢?"常有司杀者"指代的是"神道"或"上天",因为本身决定了人的生死,如果自身沉迷于世界,本身自然就处于死亡状态,本身就成了自身常驻而在的"司杀者"。这个"常有司杀者"就会借用各种形式(诸如生病、战争、病毒等)将那些不畏惧死亡的人杀死。可见,在老子看来,"道""吾""常有司杀者"都属

---

[1] (魏)王弼注,楼宇烈校释:《老子道德经注校释》,中华书局2008年版,第183页。

于自身本来的真身状态，真身决定着自身的先天本来状态，同时，也决定着自身在世的生死存亡状态。

老子为何认为只有"畏惧本身之死"的人，才不会有所异行呢？因为常人都强调"常身"，对于"本身"之死亡，是无所感受的，并漠然处之。如果有人告知他们，"常身"的生长就已经致使"本身"趋于"死亡"了，这样就会激发"自身"的无限愧疚和内在自责，这种发自内心的愧疚和自责就是人心所有的本来良心，本来良知就会不断地召唤"本身"的生命存在。当人们在自责与愧疚之中，唤醒了"本身"的本真灵根之时，他们就将无家可归的原初灵魂重新安置在自身生命之中，从而获得了对"本身的自然状态"的心领神会，并依据这种"自然所是的灵根"在世界之中现身，并按照"圣人原型"与原初之心来为人处世，处处都体现出对本身存在的敬畏之情。如果一个人以"本身"为重，那么，这个人就是一个真正有道之人，他对"本身"就会充满敬畏之情，就不会轻易损害自身的原初之心，也会倍加珍惜自身的本真存在，因为这才是自身的本性所在与本来面目。

可见，老子的"自然之道"与"本身"之生死观念，以及人的敬畏良知都是紧密相关的。第一，自身在自身之中，发现了"本身"的在世死亡，就会致使自身产生一种自责或愧疚的良知情状，这种自责和愧疚的良知才会激发自身重新对待和安置"本身的灵根"。第二，当"自身"发现和反悔"本身"的死亡之痛时，内心就会激荡出一种隐痛，而这种隐痛表现在现世的现身情态之中，就会表现出一种敬畏死亡之情。这种敬畏之情不仅仅是对外在身体死亡的恐慌，而是对"本身"在自身之中逐渐死亡的深沉领悟，这种"无根存在"的良心发现和自身领悟是发自灵魂深处的，表现在现身情态之中就是人心对待生命充满了敬畏之情。第三，如何安抚这种难以言说的生命之痛与"敬畏"之情呢？"自身"的良知就会发出对无家可归的"本身"的招魂活动，致使自身重新点燃重返"本身"的深层渴望与自觉行为。第四，那么，被遗弃和遮蔽的"本身"才有机会被重新召回，自身再次踏上了复归"灵根"的神话归途，人就开始了减损在世常身的漫漫征程。第五，当"常身"逐渐隐退时，被召回的"原初之灵""原初之根"又重新作为"本身"所是的存在状态，被自身有所领会，有所持存，并依据这种"本身所是"的文化规定与心性力量，践行于本身世界之中。这种凤凰涅槃式的本身存在与原初之心，就是老子执着通达的"自然"原型的至高真理。

## 八、小　　结

老子的自然不是世界上各种各样有形有迹的存在之物的物理自然，也不是抽象之物、理性逻辑的人文自然。自然是源于文化大传统"古道"的一种本真状态。

春秋末年，"古道"分裂为"常道"和"非常道"。孔子提倡仁义之"常道""恒道"。老子认为，"常道""恒道"属于"道"的非真状态，不是真正的"道"，如果要追求"道"，就一定要认可真正的"道"，而不要认可非真的"常道"。"非常道"是"常道"的否定状态，是"道"的本真状态，"非常名"是"道"的本真之名。

"自然"之"自"不是自己，也不是常身状态的自身，而是自身在世界中，立足元气状态与原初之心，来领会自身存在的本来状态，属于自身的本真领会。自身从本真灵魂、元气存在方面来领会与规定自身的世界存在。但随着宇宙生气的运化，"自"在世界之中又是一种处于消耗与衰退状态的元气状态，是处于需要更新的先天二元文化状态（真阳与真阴状态）。

"自然"是自身元气的自我更新，自我燃烧，是天地阴阳真气的文化交媾，由此而产生的新生力量，是元气元神的一元复始状态，是生命蓬勃诞生的原初性命状态。我们将通达了自身的生命燃烧而获得的本真元一真气状态称为"本身"。"自然"就是"依据自身燃烧更新之后的元一真气状态或本身状态而有所是"的文化规定，"自然而然"就是"依据本身元一真气所是而有所是"，或为"如其本真的全新生命所是而有所是"。

通达了自然之道的士人就获得了自身的圣人原型与原初之心，并依据自身的圣人原型来世界之中为人处世。第一，必须放弃仁者常身，才能进入本身状态。第二，获得本身状态的时候，自身世界也就由常身世界转变为自然世界或本真世界。第三，圣人是依据自然或本身状态在本真世界之中现身，世界之中的各种后天的差异分别，都在圣人的本真寻视之中彻底消失。本真世界是自然真一所是的自由世界。

士人自身所具有的"常身状态"与"本身状态""非真状态"与"本真状态"之间，是一种对立和排斥的文化关系。在老子的自然之道中，"本身"具有绝对的优先地位，"常身"往往会遮蔽"本身"的先天存在，所以必须将其抛弃。只有逐渐抛弃了自身的非真状态，才能逐渐释放出被遮蔽了的真身存在，才能获得自身本来存在的自由真理。

常人在世，通过后天学习，以致常身逐渐齐全和增益。与此同时，本身却越来越残缺和减损，由此而趋于被遮蔽的死亡状态。只有依据自然之道，持守本身的灵根状态与原初之心，才能获得与天地一样的长寿状态，这才是真正的"永生"。当常人明白了自然生死的文化道理，就会在心中激起自身的良知之心，产生对本身死亡的畏惧之情，也会在心底自觉产生召回原初灵魂、本真灵根的神话想象与文化欲求，从而使自身再次重返自然的本真状态，由此获得本来的自由存在。

## 第三节 "道"与"名"的言说困境和非常通途

"道"与"名"都是自身在自身世界对自己的存在认知关系。"道"是自身对自身灵魂（包括自然与仁在两种可能）有所是、有所在的心性领会，是自身对自身灵在的神话认知与文化规定。"名"是对自身灵魂所是的可能东西的神话命名与文化解释，是自身对自身神话存在的命名形式与话语表述。可见，"道"的灵魂存在与心性领会离不开"名"的命名表述和意义解释，而"名"的话语解释和命名标记又是依据于更为源始的"道"的神圣力量。德国学者卡西尔在《人论》中云："我们应当把人定义为符号的动物（animal symbolicum）来取代把人定义为理性的动物。只有这样，我们才能指明人的独特之处，也才能理解对人开放的新路——通向文化之路。"[1] 卡西尔将"人"阐释为"符号的动物"，一方面彰显了人依凭"符号"来体认自己的存在，符号表述与"人"的自身存在是不可分割的，正是因为"人"需要不断领会自身的文化存在，就注定永远也离不开各种"符号"形式。另一方面如果纯粹将"人"界定为"符号的动物"，又会让一些人仅仅停留在"符号的形式"之上，从而极大地忽略"符号"形式的道体存在与神话力量，尤其忽略老子所说的"自然神道"的存在领会与力量根源。

老子的"道"是"道"之"自然"状态，"自然"才是"道"的本来意义与文化根底所在。"自然"所提倡的是"原初虚灵的所生所是""原初之根的所发所在"，是人自身灵魂世界的本身真在状态。这种"自然之道"与人后天存在的"命名"表述活动本身就是一组难以解决的文化悖论和现实矛盾。因为"自然"所毁灭的是有形有迹的阴阳形式，其最终获得的是无形无迹的元一真气，是一种"虚无之灵"，而"名"却永远都是有形有迹的言说声音，如何解决这组有象与无象之间的文化矛盾呢？《老子·第四十四章》云："名与身孰亲？身与货孰多？得与亡孰病？是故甚爱必大费，多藏必厚亡。知足不辱，知止不殆，可以长久。"[2] 陈鼓应将这一章翻译为："声名和生命相比哪一样更为亲切？生命和货利比起来哪一样更为

---

[1] ［德］卡西尔：《人论》，甘阳译，上海译文出版社2003年版，第34页。
[2] （魏）王弼注，楼宇烈校释：《老子道德经注校释》，中华书局2008年版，第121—122页。

贵重？得到名利和丧失生命哪一样更有害？过分的爱名利就必定要付出重大的耗费；丰富的藏货就必定会遭到惨重的损失。所以知道满足就不会受到屈辱，知道适可而止就不会带来危险，这样才可以保持长久。"①陈鼓应将这里的"身"笼统地翻译成"生命"，而"生命"作为一个神话般的形式存在，在神道之中，出现了本身存在与常身存在等诸多文化差异。因此，"生命"作为一个较为中性的表述语词，容易使人产生误解，比如植物是有生命的，动物也是有生命的。而老子这里的"身"不仅仅是一种生命的外在体现，而是一种原初虚灵状态的本身生命，或者说是自身生命的本身状态。只有立足于自然本身状态的原初生命，重新理解了老子的"身"，才能更为完整地理解此章的文化意义与最初编码。这一章可以翻译成：

人常身之名与本身比较起来，哪一个更重要？
人之本身与财货比较起来，哪一个更重要？
获得了常身，本身却死亡了，哪一种情况更可怕？
所以过分强调常身，就会耗费人的本身；
只有将常身隐匿起来，才能凸显已经死亡了的本身。
依据于本身，就会知足，就不会受辱；
依据于本身，就会知止，就不会死亡。
只有这样才能使本真灵根永存啊。

在此，我们用"常身"一词来涵盖人在世间的"常身"状态，以及在常身状态支配下的各种常人行为。毫无疑问，在"身"（本身）与"名"（常身名誉）之间，老子更为重视保持人的"本身"状态，这里的"本身"是指老子所说的恍惚杳冥之"道"。对于后天在世存在的"名"与"货"，老子认为，都可能会造成对先天虚灵之道的文化遮蔽。老子是如何寻找到"道"与"名"的一贯性和可言说性呢？既要做到不损害于无形之"道"的自然本真性和源始性，又要做到有形之"名"的言说可靠性和有效性，这的确是人类自身在认知自我存在时遇到的一个永恒的文化难题。

### 一、非常名："道"与"名"的矛盾调解

《老子·第一章》云："名可名，非常名。""非常名"是老子处理"道"

---

① 陈鼓应：《老子注译及评介》，中华书局2003年版，第240页。

与"名"之间难以调和的文化矛盾的最佳选择。老子认为,"道"必须要认可"真正的道",而不能认可"常道",这很清楚地表明,老子是执着于"本真之道"的文化追求和文化建构。那么,"道之名"也必须认可"道"的"真正之名",而不能认可"道"的"常名"形式,即必须认可"道"的"非常名"形式。

老子所谓的"常道""常心""常名"都是指儒家人所提倡的"常人之道""常人之心""常人之名",也就是"仁者原型"的有所是、有所思、有所言。"常道"关注的是自身在常身世界中,常身与他者之间同处共在的存在状态,强调的是自身存在的仁者眼光与神性关怀,用常身价值来规定自身,是属于仁者所是的共处关系和同在原则,重视自身与仁者常身之间的关联性及和谐性。"常心"依据"常道"之所是,并站在"仁者原型"的文化立场上,来思考自身与他者之间的存在关系。如何将这种常身世界中的存在关系表述出来呢?就需要使用"常名",即常人所是的话语形式来表达常人所是的共在原则和自身领会。"常名"是关联自身与仁者常身之间关系的常人话语,有了这些话语和解释,常人就可以在常身世界之中,依据这些话语和解释来践行常身所是的价值原则。老子的"非常道"是对"常道"的放弃和否认,自然不能运用"常名"形式来表述"非常道",而必须要用"非常名"形式来表述"非常道"。

老子的"非常道"是"自然之道"。"自然之道"首先必须要放弃"常道",即要斩断常人自身与仁者原型之间的文化关联。"自然之道"要在自身的先天生命存在之中,将曾经被遗忘和遮蔽了的"本身"状态重新唤醒,让自身在神火锻造之中获得新生力量,从而使自身重新处于"本身灵根"的初始状态。这就是老子的"以身观身",即要站在"自身之本身"的立场来领会和理解"自身"的存在状态,这与孔子"以常观身"的方式是截然不同的。他强调的是"自身"的"本真"存在,只有先行通达了"本身"状态,自身就获得了一种解蔽常人自身的文化解脱,同时,也由此获得了"神道"的本真体验。《老子·第十四章》云:"视之不见名曰夷,听之不闻名曰希,搏之不得名曰微。此三者不可致诘,故混而为一。其上不皦,其下不昧,绳绳兮不可名,复归于无物。"[①] 当通达"道"的神圣存在时,所能看到的不是眼睛可见的他者,而是无法用眼睛感知到的无形本身;所听到的不是耳朵可闻的他者言说语词,而是无法用耳朵感知到的"不可闻"的本身的幽眇声音;所领会到的也不是可以用手抓住的有形

---

① (魏)王弼注,楼宇烈校释:《老子道德经注校释》,中华书局2008年版,第31页。

事物，而是有形肢体"搏之不得"的无形本身。这种无形本身的文化体验与心领神会，与依据有形他者的自身感官体验和理性认知不同，它是一种无所依傍、无所关联的本己存在。老子认为，可以将这种"自然之道"最本己的真身体验称为"夷"，或者将其称为"希"，或者将其称为"微"，但是这其中的任何一个称谓和命名都不是原初的神道体验，都只是整体体验的外部感觉之一，这也意味着所有可以称谓或命名的神道体验都是片面的、不完整的体验，都是整体体验中的一小部分，也都属于有所欠缺、有所残损的有形体验。只有将人的视觉、听觉、触觉、味觉等所有感觉与知觉统一起来，才可能真正表现出"本真的""混而为一"的整体存在体验。可见，如果偏执于其中任何一种感觉与知觉的体验，都可能是一种以偏概全的文化偏见。那么，"本真之道的整体体验"究竟是一种什么样的状态呢？老子这样描述它，其上没有光明，其下没有黑暗，是一种光明与黑暗浑然一体、毫无分别的混沌状态。在孔子那里，"仁道"是心中澄明的有光状态，而老子的"自然之道"与之不同，是"上面没有光明"和"下面没有黑暗"的神奇不分状态。道体存在的"上面没有光明"，可以显现出"光明之中的黑暗"；其"下面没有黑暗"，可以显现出"黑暗之中的淡光"，这种光明与黑暗难以分出截然的界限，属于"恍惚""杳冥"之中的"真光"来临之时。可知，"自然之道"的澄明世界属于本身世界的澄明之光，是"黑暗"之中所生发出来的本真之光，是一种本在的光源存在。在本身世界中，天地万物都具有这种"黑暗之中的淡光与真光"。我们身在其中，却感受不到任何极为突出"光"的文化差异，这才是天地万物整体齐一的精光澄明。这种本身存在的整体的无差别显身，显得极为幽深，也似乎很悠远，我们难以名状！那么，为什么这种恍惚杳冥的澄明之光是"不可名"的呢？因为"名"是一种有形有迹的文化关联之光。如果给一个有形事物加以命名，这就意味着，这个事物因为这个"事物之名"而获得了各种关联之光。但是"自然之道"属于本身所是的无限领会，它不需要文化他者的参与和关联，完全是一种绝对独立、绝对虚空的本真状态，即老子所说的"复归于无物"的状态。"无物"就是除了无形之中的本身存在以外，无有一物，根本找不到任何的他者关联和参照之物。"自然之道"的神话存在状态是绝对绝无的空灵自由，不受任何有形事物的拘谨和约束。只有自身在自身独在的文化想象之中，才能获得本身所是、所求、所可的齐全满足。

可见，"道"在于本身的无形性、无关联性和绝对独立性，但本身的虚灵状态是不是就可以不要用"名"来表述呢？老子认为，有了"非常道"，就一定要有"非常名","道"和"名"之间是永远不可分离的共在关系。《老子·第二十一章》云："孔德之容,唯道是从。道之为物,惟恍惟惚。惚兮恍兮,其中有象;恍兮惚兮,其中有物。窈兮冥兮,其中有精;其精甚真,其中有信。自今及古,其名不去,以阅众甫。吾何以知众甫之状哉?以此。"[①] 老子认为,人间最高德性的样子,就是遵从于"神道"。"唯"是在神圣语境中,人与神灵获得交通交感之时的话语交流,是一种双向无差别相的神圣话语。通达了"道"的存在状态,人就摆脱了自身的常身状态,从而进入了最整体化、最自由化,同时,又是超群体化的本身世界。在本身世界中,自身显现于本在自身的面前,"原初之灵",恍恍惚惚,若有若无;"本身之象",恍恍惚惚,若隐若现;"本身之形",恍恍惚惚,扑朔迷离;"本身精气",幽眇深远,难以抓住;"本身真身",是这样一种真实存在,原来这就是自身最可信的真在状态啊!"原初之灵"的神话回归,以及"源始本真"的神话显现,就是"神道"的真实存在状态。此时,在本身世界之中,只有本身的神话显现,而不存在其他的任何一物。一个孤独的本身存在于本身世界之中,这个本身就成为最为真实的原初自我形象。只有自身处于本身的虚灵存在之中,才能体验到有家可归、有家可寓的幸福和温暖。这种"神道"的真实体验和深度领会,无论"自今及古",还是"自古及今",也无论古今时间相隔有多长久,还是宇宙空间相隔有多遥远,这些时空界限都阻隔不断、都消亡不了"神道"之"名"的形式存在和文化延续。所谓"其名不去",是指"道之名"伴随着神道的永恒存在永远也不会消亡、永远也不会被遗忘、永远都在人间传承发扬。后来的人只有依靠"道之名",也只有依据"道之名",才能重新体会、认识和打开通往世间万物的本来源始之境。那么,人为什么可以依据"道之名"就能体验到"众甫"呢?因为"道之名"与"道"是相生相灭、浑然一体、永不可分的同一存在。

在大传统的口传文化时期,原初人极为重视对事物的命名,因为在他们眼中,"命名"的"语词"与所命名的对象之物间,是一种我就是你、你就是我的绝对神圣关系。意大利学者维柯在《新科学》中认为,神话时代的命名是一种"幻想的语言",其云:"神学诗人们所说的那种最初的语言并不是一种符合所指事物的自然本性的语言(像当初由亚当所创造的那种神圣的语言,上帝曾赋予亚当以神圣的命名功能,即按照每件事物的自然本性来给事物命名的功能,)而是一种幻想的语言,运用具有生命的物

---

[①] (魏)王弼注,楼宇烈校释:《老子道德经注校释》,中华书局2008年版,第52—53页。

体的实体,而且大部分是被想象为神圣的。"①也就是说,人类最初的命名指向的是"事物的自然本性",而这种"自然本性"被想象为神圣的生命实体存在。也就是说,事物之"名"可以直接指称作为自然生命的本来实体。美国学者沃尔特·翁在《口语文化与书面文化:词语的技术化》一书中亦云:"口语民族认为,名称(一种语词)能够对事物施加影响。人们对亚当给动物命名的解释,一般抱居高临下的态度,觉得这样的命名有一点奇怪。实际上,相对于习惯书面文化和印刷文化的人而言,口语民族持有这种信仰并不那么古怪。首先,名称确实使人有力量对被命名的事物施加影响,如果不学会储备大量的名称,你对理解事物就无能为力。……其次,懂书面文化和印刷文化的人往往把名称当作标签,他们把它想象成粘贴在事物上的文字标签或印刷品标签。相反,口语民族不觉得名称是标签,因为他们不会把名称当作看得见的东西,他们没有这样的概念。"②原初人对事物的命名,不是将事物当成是一个所指,而是通过命名的能指形式,直接揭示或者赋予事物以"影响",而这个"影响"才是命名行为的本来所指。而到了文明时代,"命名"成为事物的外在标签或符号形式,这仅是一个与事物生命关联不太的符号存在。古今这两种"命名"的文化形式存在所具有的文化意义差别很大。

到了老子时代,"名"与"所名之物"之间的文化关系已经发生了很大的变化。一方面老子觉得"道"是"不可名"的,那因为现实之"名"已经脱离了"神道"存在,而单独承担了意义所指,通过彰显"道"的不可命名特性,可以使大家重新认识"道"的本来面目,而不只是停留在"道名"的符号形式上驻足不前。另一方面他又说,"道"之所以能够随着时空流逝而代代相传下去,是因为后人可以通过永不消亡的"道名"来领会和通达"神道"的真实存在,从而可以深度认知万物生命的道体意义,这也表明,"道名"又是可以传递和显露"神道"的文化意义。老子这种对待"道名"的信任态度,又完全沿袭了口传大传统时期原初人对"名"的文化崇拜和信任态度。

而在现实之中,"名"与"道"之间出现的文化断裂使得老子对有形之"名"充满了文化警惕,而口传时期注重"名"与"道"之间相生相灭的文化一体关系,又使老子坚信,"道"是可以通过"道"之"非常名"

---

① [意] 维柯:《新科学》,朱光潜译,商务印书馆1989年版,第198页。
② [美] 沃尔特·翁:《口语文化与书面文化:语词的技术化》,何道宽译,北京大学出版社2008年版,第24—25页。

来通达与传播的。"非常名"是老子解决"道"的虚无性与"名"的关联性之间文化矛盾的有效途径。

## 二、道隐无名:"道"之"无名状态"与"有名状态"

"自然之道"的本真性和独立性决定了其自身话语的文化意义,一旦用世界之中的各种有形之"名"来命名它,这就不可避免地带上"名"的各种关联,从而会影响"道体"的本真存在,这是"自然之道"与有形之"名"很难调和的文化矛盾。但是老子还是认为,"道"之所以能长期传承下来,除了"道"本身的源始性力量以外,最主要还是要归功于"道之名"的符号存在。也就是说,从早期大传统时代到春秋时代,"神道"依靠其自身独特的话语表述形式,才能得到世代传承和长期保留,而且能够使得"神道"丝毫没有受损,甚至失真。这种"道之名"不是"常名",即不是"常人所是的名",而是"非常名",即是"道的真正之名"。可见,老子认为,"道"的存在具有两种状态,一种是"无名状态",此种状态无以言说;另一种是"有名状态","道"要依靠"道"的"有名状态"来进行言说。

《老子·第一章》云:"无名,天地之始,有名,万物之母。"关于此句的句读问题,刘笑敢在《老子古今:五种对勘与析评引论》一书中做了综述,其云:"河上本、王弼本皆以'无名'、'有名'断句,这是自古以来的读法,如《史记·日者列传》:'此老子所谓"无名者,万物之始也"'。古人本来即这样读。然千年之后,宋代司马光、王安石等发明新的句读法,以'无'、'有'断句,即'无,名天地之始,有,名万物之母。'近代以来梁启超、高亨、严灵峰、陈鼓应、古棣(关锋)等都从此读。这种读法似更有哲学思辨意味,作为哲学创造自有其高妙之处,但说古人本来如此,或古本原来如此,则不合事实,明显拔高古人。蒋锡昌、任继愈、张扬明则不取此句读。"[①]我们认为,刘笑敢的判断是正确的。尽管从现代以来,司马光、王安石等人的新型句读在学术界占据了主流地位,这主要是迎合了西方哲学本体论逻辑的需要,但是未必符合老子关于"神道"的无名思想。老子在肯定了"非常道"之后,又提出了"道"的"非常名",接着,他开始讨论"道"的"无名状态"以及"有名状态"。

毫无疑问,老子认为,"道"的这两种状态(无名状态与有名状态)都是"神道"力量的直接体现,是"道"由无形显现为有形的自然运化。当然,"道"之"无名状态"是指"道体本身",它无所依傍,属于依据本

---

[①] 刘笑敢:《老子古今:五种对勘与析评引论》,中国社会科学出版社2009年版,第121页。

身本性来体悟和规定自身，是自身的本真状态。这种自身的"无名状态"，即本身存在，与天地元始是一样的，都是在本身世界之中规定自身，这种本身所是的规定性具有绝对的优先地位。"道"之"有名状态"是依据本身所是的能在状态，利用自身的话语形式本真地表述出来，依旧是本身所是的话语形式，依旧是"道"本身的具体显现，但是由于它是"道"本身所是的话语形式，尽管和"道"是完全一致的，但与"道"之"无名形式"相比，它们之间属于本身所是与本身所是的话语形式之间的文化关系。前者是原初的、主要的，后者是派生的、次要的，所以"道"之"有名状态"相对于"道"之"无名状态"来说，属于后起的、话语的形式状态。

尽管"道"的"有名状态"是后起的，属于"道"的话语形式，但这并非意味着，"道"的"有名状态"就不重要了。老子认为，"道"之"无名状态"固然是最本己的，是最自由的，但也存在很多不足之处。《老子·第四十一章》云："道隐无名，夫惟道善贷且成。"[1] 此句帛书本作："道褒无名，夫唯道，善始且善成。"[2] 所谓"道隐"是指"道"被遮蔽、被隐藏起来了，这也告诉了我们，"道"的本身状态是一种纯粹自身的，无形无状的本初状态，但是这种本身存在从一开始，就可能处于被遮蔽起来，甚至被自身所遗忘、所抛弃的状态，所以"道"的"无名状态"尽管很本真，也很原初，正如帛书本所云"道褒无名"，也突出了"道"所褒扬的就是本身的原初神无状态。"道"先天具有"隐藏"特性，这表明"道"的"无名状态"也存在一些不足问题，而"道"之"褒"却彰显了"道体存在"的"无名状态"的文化优势。如何既要保持"道"的先天无形优势，又可以避免"道体"因自身先天存无而出现的遮蔽性和幽隐性呢？

也就是说，在"道"的后天形式刚刚出现时，如何在后天形式中才能保住"道体"先天无形的本身状态呢？在这个由无入有的特殊时候，"道"之命名活动（使原本无形无名的本真状态获得其有名状态）就成了迫不及待的事情了。在大传统文化之中，对"本身"进行命名是一件极为神圣的事情，唯有通过神圣的命名方式，才能将无形的原初之灵保留下来。布留尔在《原始思维》中描述了原初人是如何来确认人之本身的文化存在，其云："为了使婴儿脱离那个使他的生仍属未决（如同刚断气的人的死仍属未决一样）的时期，首先必须使他在一个或多或少复杂的典礼中获得自己的名字。换句话说，必须确定他是谁。现在，问题不在于给他选择一个名

---

[1] （魏）王弼注，楼宇烈校释：《老子道德经注校释》，中华书局2008年版，第113页。
[2] 高明：《帛书老子校注》，中华书局1996年版，第24—25页。

字。已出世的婴儿是某一祖先的转生：因此他预先就有了名字，要紧的是要知道这个名字。有时，这名字是借助什么表面记号、身体上的斑点来发现的……然而，最常采用的还是占卜。父母请来巫师或巫医，简言之，请来一个能够揭示神秘的互渗的人……在许多原始民族中间，一个男人在自己一生的每个阶段都获得一个新的名字，这名字乃是给他建立的新的互渗的记号、神秘的媒介：他在行成年礼时，在结婚时，在杀死第一个敌人时，在占有一张带发头皮时，在捕获某一野兽时，在参加秘密团体时，在获得秘密团体中较高等级时，等等，都要获得一个新名字。因而，通常在人降生后经过很短时期给他取的第一个名字，只不过是一种神秘的记录罢了；它标志着确定的存在的开端。从此以后，他在家庭和社会集体中将有一个得到承认的地位。在这个集体中，他是一个过去曾经完全与它互渗过的成员，而在将来，当他通过了必要的成年礼仪式以后，他就更有资格完全与它互渗。"①孩子一出生，为了能确定小孩子本身的祖灵存在，原初人就会在出生典礼之中，赐给这个孩子本身以"名字"，当然这个名字不是随便而成的，而是要通过各种神显的方式才能确定下来。可见，在早期人类文化中，给无形生命确定其本身显现状态的"有名形式"，是一件极为重大、极为紧迫的事情，唯有确立了命名，才标志着"确定的存在的开端"。布留尔又云："原始人把自己的名字看成是某种具体的、实在的和常常是神圣的东西。"②"名字从来就不是无关紧要的东西，它永远要求着在它的所有者和它所由产生的来源之间具有整整一系列的关系。"③可见，原初人对待新生命形式的"命名"是极端慎重的神圣事件，而且他们始终都将命名和神圣的祖先灵魂本身联系在一起。维特根斯坦在《哲学研究》一书中云："命名（naming）似乎是把一个词同一件物奇妙地合并在一起。"④尤其在原初人类那里，新生婴儿的名字所命名的不是人的常身状态，而是人在出生之前所具有的本身状态，这才是人之本真灵根。

这种神圣命名的仪式活动还可以在现存少数民族的命名仪式中得到验证。在少数民族的命名仪式中，婴儿的名字需要经过一个极为神圣的命名仪式活动才能确定下来。

西双版纳傣族婴儿起名要在开、关门节时。起名方式主要是根据婴

---

① ［法］列维-布留尔：《原始思维》，丁由译，商务印书馆1981年版，第337—339页。
② ［法］列维-布留尔：《原始思维》，丁由译，商务印书馆1981年版，第42页。
③ ［法］列维-布留尔：《原始思维》，丁由译，商务印书馆1981年版，第43页。
④ ［奥］维特根斯坦：《哲学研究》，汤潮、范光棣译，生活·读书·新知三联书店1992年版，第29页。

儿出生的时间推算,他们有固定的名字推算表,一种推算表是刻在一个小的金竹筒上的,一种是写在白布上。①

哈尼族有给婴儿取名的祭礼。哈尼族小孩生育后第三天即取名,哈尼语称"处面面"(音)。是日早,主人家要邀请本村亲戚老人数人到家里做客。客人将至,主人要备好酒、茶、饭、菜,同时杀一只鸡祭献老祖公。祭献仪式由主人家长者主持。祭时,将熟鸡置于簸筛内,连同酒、茶、饭、筷祭于老人卧室内,以示通报老祖公神灵:家里又添新人,保佑他(她)快长快大!祭毕,午餐。边饮酒、吃饭边取名。先由一长者取名,众长者议论,看其所取之名是否与家祖或友邻小孩名字相重,如有相重,或所取之名不够如意,则继续议论。②

丽江大东地区纳西族给婴儿取名要请东巴来举行取名礼仪。在婴儿出生三天后举行,请一位东巴主持,在主人家天井东方搬一张桌子,设香案,供香炉、明灯、水酒茶水,还有供地岳三多神坐骑之马料(麦子),还有一碗肉和若干芝麻、卜凶吉的贝哩碗也摆在桌上。东巴先除秽,然后开始念经:美令东主出生银白山,次早金母生出玉绿海,他俩结合成一家,过一年之后,生出一个小男孩,却不知道属什么相,也不知道应取什么名。东方太阳刚出时,走到海英宝达树跟前,树上长有一杈蛇纹枝(当年属何相就说什么枝),名叫蛇年儿;美令东主从此得长寿,子孙多满堂。

主人这一家,正是美令东主之后裔,生有一个小男孩,可以称作"蛇年儿",属相找到了!现在要给小孩取名字。取名字前,东巴先算好《巴格图》,按小孩母亲生日卜算,如合东方,可名休纳、久日;牛位,可名构通;北方,可名牛福、牛芝;犬位,可名肯高;西方,可名久阿、子来;羊位,可名余麻;南方,可名英丹;龙位,可名纳补。按《巴格图》卜算的结果,东巴正式给婴儿取名字,先掷一下海贝,宣布名字,母亲替小孩接受,主人家感谢东巴敬酒,东巴尝酒。然后开始祭三朵神,用一只公鸡生献、熟献,熟献时要烧芝麻于一瓦片,将一切不吉利之东西,年灾月厄都烧寄于此,感谢天神"可洛可欣"家,不要再来找麻烦。然后东巴将

---

① 吕大吉、何耀华总主编,张公瑾等本册主编:《中国各民族原始宗教资料集成:傣族卷 哈尼族卷 景颇族卷 孟—高棉语族群体卷 普米族卷 珞巴族卷 阿昌族卷》,中国社会科学出版社1999年版,第186页。

② 吕大吉、何耀华总主编,张公瑾等本册主编:《中国各民族原始宗教资料集成:傣族卷 哈尼族卷 景颇族卷 孟—高棉语族群体卷 普米族卷 珞巴族卷 阿昌族卷》,中国社会科学出版社1999年版,第317—318页。

一碗米饭、一只鸡腿、一大块肉，庄重地送给小孩："三朵神将福分赐给你，众神将福分赐给你！"母亲代替小孩接受东巴给的饭和肉，仪式就此结束。①

独龙族也有生育命名的仪式活动。婴儿出生后第七天（男孩）或第九天（女孩），行婴孩命名仪式，父母双方的家族成员和四邻，纷至庆贺。通常由孩子的父亲或族内有名望的长老命名。届时，命名者手执一麻线串起来的七颗（或九颗）有色玉石项链，慎重地挂在婴儿的脖子上，拜祝祷："你的命是天上格孟给的，愿时时保佑你长大，无病无灾，平安吉祥。"仪毕，主人杀鸡，宰猪，舀出自酿的米酒，款待亲友。其间，大家围着火塘，轮番唱起古老的祝福词。②

傈僳族在婴儿出生后第三天早晨，婴儿得其"埋名"或"魂名"，此名只能由父母在其儿童时代呼之，但在小儿长大之后不能以此名呼之，生人呼之会引起愤怒甚至仇杀。命名之后，其父即以此"埋名"告之祖先，此名很少用，一直到死。死时，巫师以此名呼其魂，促其速回祖先之家。③傈僳族将婴儿的名字称为"埋名"与"魂名"，直接点明了"命名"的所指是"本真灵魂存在"，这个名字是要告知祖先的，而且人死后，只有通过"魂名"，巫师才能将其引导，"回到祖先之家"。

黎族的婴儿命名仪式主要是占卜命名。一般都在"满月"这一天举行命名仪式，也有在"满周岁"时命名的，杞黎却在"满日"当天的雄鸡报晓时命名。举行命名礼时，祖宗神位上烧着香，供上三杯茶、五杯酒等祭品，卜吉时，由家长或请族亲长辈出面主持命名礼，先念咒语："今日为我家孙儿举行命名礼，给他命的名字为某某某，是否大吉大利？祈祷祖灵昭示。"随即用右手高高地举起一对木卜往地上一掷，若是阴阳卜（一伏一仰），即默认为此名字了，否则，还是重来数次。④

当祖先灵魂与婴儿的身体来到人间的时候，世人用神圣命名的仪式行为，将祖先灵魂确认下来，表现出命名与祖先灵魂之间的统一关系。祖先灵魂一旦获得了新的命名形式，"他"也由无名状态变成了有名状态。

---

① 吕大吉、何耀华总主编，和志武等本卷主编：《中国各民族原始宗教资料集成：纳西族卷 羌族卷 独龙族卷 傈僳族卷 怒族卷》，中国社会科学出版社1999年版，第301页。
② 蔡家麒：《独龙族》，云南民族出版社1988年版，第326—327页。
③ 吕大吉、何耀华总主编，和志武等本卷主编：《中国各民族原始宗教资料集成：纳西族卷 羌族卷 独龙族卷 傈僳族卷 怒族卷》，中国社会科学出版社1999年版，第794页。
④ 吕大吉、何耀华总主编：《中国各民族原始宗教资料集成：土家族卷 瑶族卷 壮族卷 黎族卷》，中国社会科学出版社1998年版，第699页。

"自然之道"作为人的本身存在状态，它的命名与早期人类对待自身名字一样，是关乎本身能否留存的极为紧迫的神圣事情。要想保留和传承"神道"的"无名状态"，唯一的办法就是给它以原初神圣的文化命名，这犹如给刚出生的婴儿命名一样，通过神圣的命名典礼，让神灵赐给他(它)一个神圣的名字，从而确立婴儿在人间世界的现实有形存在。《老子·第三十二章》云："道常无名。朴虽小，天下莫能臣。侯王若能守之，万物将自宾。天地相合，以降甘露，民莫之令而自均，始制有名，名亦既有，夫亦将知止，知止可以不殆。譬道之在天下，犹川谷之于江海。"① 本身之"道"常常处于"无名状态"。本身的无名状态，尽管是幽隐无形的，但是天下所有人都必须顺从于它。王侯如果能守持"本身状态"，万物会归顺他，天地也会自然相合，降甘露于人间，百姓哪怕在没有他人的指令之时，也能够按照本身状态而平等相处，并由此而制定"本身"的有名状态。既然有了"道之名"，那么根据"道之名"，就懂得知止。既然懂得了知止，就可以不使本身趋于死亡状态。"道"通过有名状态存在于天下，这就好像"道"存在于天下，犹如川谷永远归之于江海一样，可以延绵不绝，永生永在。老子这段话强调了从"道"之"无名状态"到"道"之"有名状态"的自然演化过程。在这个从无到有的演化过程中，"道"的"有名状态"依旧是按照本身所是的"道"来行事，能够维护本身虚无的本真存在。这也说明，作为"道"的话语形式的"有名状态"，不仅能将"道"的"无名状态"完整地保留下来，而且还能够有效地传递"道"的神圣力量，发挥其本身所有的文化功能，从而可以帮助百姓在世界中懂得"知止"，并使其本身状态丝毫不受到损耗。

《老子·第二十五章》云："有物混成，先天地生。寂兮寥兮，独立而不改，周行而不殆，可以为天地母。吾不知其名，强字之曰道，强为之名曰大。大曰逝，逝曰远，远曰反。"② 在这里，"有物"不是指某个具体的现世之物，而是指本身所是的道体状态。人本身所是的道体状态是浑然一体的，它先于天地就已经存在了。本身的存在状态是寂寞而幽眇的，它独立存在，永远不改，周遍运行，从不消亡，这就是天地的源始状态。但是随着世道的凌迟，"我"已经不知"道"的原初之名，"我"只好勉强将其称为"道"，同时，"我"又将其命名为"大"。又可以将"大"称之为"逝"，又可以将"逝"称之为"远"，又可以将"远"称之为"返"。这些诸如

---

① (魏) 王弼注，楼宇烈校释：《老子道德经注校释》，中华书局2008年版，第87页。
② (魏) 王弼注，楼宇烈校释：《老子道德经注校释》，中华书局2008年版，第62—63页。

"道""大""逝""远""返"等命名方式都是本身存在状态特性的诸多文化展现。如"道"指代本身的自然虚无状态,"大"指代本身具有巨大无边的状态,"逝"指代本身容易被遮蔽的状态,"远"指代本身容易被疏远的状态,"返"指通过神话回归才能获得本身的状态。所有这些关于"道"的称谓命名,都属于"道"的有名状态,都能够揭示"道"在后天世界中的存在特性之一。也正是这些存在状态的有名形式敞开了本身在世界中的可能状态,揭示出自身处于世界之中本身状态的诸多可能性,从而传承和保留了"道"的"无名状态"。

### 三、同出而异名:"道名"之"无欲状态"与"有欲状态"

"道"之"有名状态"对于"道体"来说是极为重要的。如果没有"道"之"有名状态","道"之"无名状态"也就处于永恒虚无状态,这是无法保留,更无法确认本身状态的存在特性。在这里,我们必须区别"道"之"有名状态"与"道之名",因为它们不是完全相等的存在概念。"道"之"有名状态"是"道"的话语形式,体现的就是"道体"本身。而"道之名"可以是"道之真名",也可以是"道之假名",尤其"道之假名"是极为纷繁复杂的话语形式。《老子·第一章》云:"故常无欲,以观其妙;常有欲,以观其徼。此两者,同出而异名,同谓之玄,玄之又玄,众妙之门。"此段文字帛书本作:"故恒无欲也,以观其妙;恒有欲也,以观其噭。两者同出,异名同谓,玄之又玄,众妙之门。"[①]关于这一段文字的句读问题,刘笑敢做了较为精炼的综述,其云:"河上公注、王弼注都以'无欲'、'有欲'断句。然传世本'欲'字后无'也'字,故也可理解为'常无,欲以观其妙;常有,欲以观其徼'。宋代王安石、司马光首创这种读法。然而帛书本却是'故恒无欲也,以观其妙;恒有欲也,以观其噭'。显然,这里'也'字的使用证明王安石的发明不合古读。"[②]刘笑敢否定了王安石、司马光等人"常无""常有"的句读方法,这种句读方法在近代以来极为盛行,这主要是迎合了西方人哲学形而上学的逻辑需要。我们认为,刘笑敢等人所坚持的传世本、帛书本句读是符合老子思想的,体现了老子在"道"之"无名状态"和"有名状态"基础上,进一步深思"道之名"的真与假、有欲与无欲问题。

---

① 高明:《帛书老子校注》,中华书局1996年版,第224—227页。
② 刘笑敢:《老子古今:五种对勘与析评引论》,中国社会科学出版社2009年版,第122—123页。

毫无疑问，老子认为，"道之名"在后世出现了各种分歧。一种是"道之名"的"无欲状态"，或可以将其称为"道"之"无欲有名状态"。另一种是"道之名"的"有欲状态"，或可以将其称为"道"之"有欲有名状态"。也就是说，在老子看来，"道"之"无名状态"，因为还没有"命名"，就必定如其本身所是的本真样子存在，但是"道"之"有名状态"就存在不同了。当"道"以"有名"的形式存在的时候，这种"有名"形式就可能出现"无欲"或"有欲"的分途。如果言说者在言说"道之名"的时候，是"无欲无为"的，这就保持了"道"的"有名状态"，也就是保持了"道"的本真状态。但是如果言说者在言说"道之名"的时候，是"有欲有为"的，这就会依据"有欲有为"而改变"道"的"有名状态"，将其改造为"道"的"假名状态"。这种"道"的"假名状态"已经不是"道"的真实话语，而是言说者的"有欲"话语表现。

那么什么是"无欲"呢？"无欲"是指言说者保持本身所是的无为状态，也就是"原初之灵"所是的自然状态。什么是"有欲"呢？是指言说者保持常身所是的后天状态，也就是"非原初之灵"所是的在世状态。老子认为，"道"的"无欲有名状态"才是"道"的真实话语形式，只有通过"道"的"真名"，才能通达"道体"本身，才能获得"道体"的存在状态和所是规定，即能"观其妙"。而"道"的"有欲有名状态"，不是"道"的真实话语形式，而是言说者常身意愿的文化体现，属于"道"的"假名"形式，而这种"假名"形式不但不能通达真正的原初的"道"，而且会深深地遮蔽"道体"的本真存在，"道体"本身在"道"的"假名"形式之中被遮蔽，以至最终消亡。

关于如何保持"道"与"本身之真名"之间的本真关系，我们还可以在原初人对待命名相关禁忌态度中，领会他们是如何理解"真名"的重要性的。弗雷泽在《金枝》一书中专门撰写了"神名的禁忌"一节，其云："原始人悄悄地隐藏起自己的真名，是害怕巫术以它来为害于人，他们认为他们的神名也必须保守秘密，如被其他神祇甚至凡人知道了就要以符水禁咒来驱遣它们。"[1] 弗雷泽又云："神的真名同他的神力不可分割地联系在一起，并且差不多是深藏在他的肉体的胸腔之内。……据信谁只要占有了真名，谁就能占有神或人的真正实体，并且能迫使他服从自己就像奴隶服从主子一样。……巫师为了达到此目的，费尽心机不遗余力。一旦某神由于一时软弱或疏忽把自己的真名告诉了巫师，他就没有任何其他选择而只好谦卑

---

[1] [英]J.G.弗雷泽：《金枝》，徐育新、王培基等译，商务印书馆2012年版，第424页。

地屈服于巫师，或接受因抗命而得的惩罚。"①"神"的"真名"代表"神本身"，一方面"神"会将自己的"真名"隐藏起来，只有这样"神"才能保护自己，"神"才能避免被他者所控制。另一方面现世的巫师只有获得了"神"的"真名"才能通达"神"，才能控制"神"，才能让"神"为自身服务。在"真神"与"巫师"之间，"神"之"真名"成为一座极为神圣的文化桥梁。布留尔在《原始思维》一书中亦云："在名字方面，采取一切预防措施是必要的。既不能说出自己的名字，也不能说出别人的名字，尤其是不能说出死者的名字；甚至一些包含了死者名字的日常用语也常常废弃不用。涉及谁的名字，就意味着涉及他本人或者涉及这个名字的存在物。这意味着谋害他，对他这个人施加暴力，强迫他现身，这可能成为一种巨大的危险。所以，不使用任何人的名字，是有重大理由的。"②原初人对自己的名字极为谨慎，他们不愿意将自己的名字告诉别人，这种对待名字的神圣态度与文化表现是与"神"一样的。在他们看来，这是为了保护自身生命最为重要的措施，自身可以从中获得相关的存在利益。如果要强迫他者"现身"，最好的办法就是获得这个人的"名字"，并利用这个名字，对之施加一定的"语词咒语"（或话语暴力），这样就可让其"现身"了。

老子的"道"就如原初人的"神"般存在，"道"之"真名"就如"神"的"真名"。老子认为，要领会和把握"道"的本真存在，就要获得"道"的"无欲有名状态"，这样才能获得"道"的"真名"。同样，领会了"道"的"真名"，就可以利用"真名"，让"道体"显现本身。如果"道体"显身了，我们就通达了如道体本身般的"道体"真身存在。如果我们仅仅获得是"道"的"有欲有名状态"，也就是获得了"道"的"假名"形式，那么我们无法通达"道"。更有甚者，在"假名"形式之中，我们越来越远地疏离"真道"存在，"真道"就会逐渐消亡。

《老子·第三十四章》云："大道泛兮，其可左右。万物恃之以生而不辞，功成而不有。衣养万物而不为主。常无欲，可名于小；万物归焉而不为主，可名为大。以其终不自为大，故能成其大。"③"常无欲，可名于小"一句，傅奕本作"故常无欲，可名于小矣。"简帛本作"则恒无欲也，可名于小。"④正是因为"道"常常是"无欲"的，所以可以将"道"命名为"小"，

---

① [英] J.G. 弗雷泽：《金枝》，徐育新、汪培基等译，商务印书馆 2012 年版，第 426 页。
② [法] 列维-布留尔：《原始思维》，丁由译，商务印书馆 1981 年版，第 42 页。
③ （魏）王弼注，楼宇烈校释：《老子道德经注校释》，中华书局 2008 年版，第 85 页。
④ 刘笑敢：《老子古今：五种对勘与析评引论》，中国社会科学出版社 2009 年版，第 379 页。

这里的"小"是指"道"的"无欲有名状态",其保持了"道"的真身状态。"可名为大",表示也可以将"道"命名为"大",但是"道"的"大"名,不是"道"本身所具有的文化特性。老子说,"道"作为一种虚灵存在,它"终身都不会自己认为自己很大",也就是说,"道"本来是很大的,但如果"道"认为自己很大,这就意味着"道"落入了自身的有欲状态。"道"本虚无,处于永恒的无欲状态,正是这种道体虚无的本真状态,就永远不会将自身之大认为是一种大有存在,所以才能成就本身真正之大。可见,此处"大"之"名"并非"道"之"无欲有名状态",而是"道"之"有欲有名状态",应该属于"道"的"假名"状态。《老子·第三十七章》云:"道常无为而无不为,侯王若能守之,万物将自化。化而欲作,吾将镇之以无名之朴。无名之朴,夫亦将无欲。不欲以静,天下将自定。"[1]第一句"道常无为",帛书本作"道恒无名",竹简本作"道恒亡为也"。[2] 这一段文字的意思是:"道"依据本身所是,永远是无为的,因此而能为万事。王侯如果也能守持住自己的本身状态,万物就会依据本身存在于世。由于自身在世,受到世界外物的诸多影响,就会产生各种欲望,从而萌发各种"道"的"假名",面对这种"道"的"假名","我"就会用"道体"本身的"无名状态"来镇住它。既然能够用"道体"本身的"无名状态"来镇住它的"假名"形式,人由此而不会产生各种欲望。人既然能够化有欲为无欲,人心不起各种现世欲望,就会安心于本身之中,这样天下就会自然得到治理。

老子认为,当"道"之"假名"极端盛行的时候,我们就必须用"道"之"无名状态"来镇住它的假名形式,这样才能重返"道"的真身状态。所以,在老子的文化理论建构之中,"道""道本身""道"之"无名状态"都是"自然所是"的无欲状态,都是"道"的显身状态,而"道"的"无欲有名状态"是"道"的真实话语形式,是属于"道"本身的有名形式,而且是"道"的真名形式,这就是老子所提倡的"非常名"。当然,那种"道"的"有欲有名状态"不是"道"的真实话语形式,而属于"道"的假名形式。这样说来,"道"的话语形式可能具有两种形态,这两种形态都是从"道"的"有名状态"发展而来的,所以说它们是"同出"的。但是,这两种话语形式又存在很大的文化差异,"道"的"无欲有名状态"是"道"的真名形式,而"道"的"有欲有名状态"是"道"的假名、常名形式,所以

---

[1] (魏)王弼注,楼宇烈校释:《老子道德经注校释》,中华书局2008年版,第90—91页。
[2] 刘笑敢:《老子古今:五种对勘与析评引论》,中国社会科学出版社2009年版,第411页。

它们又是"异名"的。

在帛书本中,"以观其噭"的"噭"不同于传世本的"徼"。传世本中的"观徼"通常可以解释为"看到事物的边边角角",而帛书本中的"观噭",就不应该是指"看到事物的边角",而是指代"说到次要的地方或听到次要的地方",这与老子崇尚口传大传统之"原初之道"也是一致的。因为"道"的"有欲有名状态"就没有"说到"或"听到"真正的"道体"本身,而是"说到"或"听到"了"道"的边边角角,这些边边角角的东西仅仅是"道"的部分属性特征,而且是属于"道"的边缘部分。

## 四、小　　结

"道"是本身有所是的存在领会,"名"是对本身所是的存在状态的命名形式与话语解释。如何处理"道"与"名"之间的表述矛盾,老子对之做了深入的探讨。

老子的"道"是否定"常道"的"非常道",是"自然之道",也是自身在自在之中的无形、无关联和独立自由的本真存在。"非常道"必须要用"非常名"来表述和传播,否则,"道"很容易被有形之"名"所遮蔽。

"道"有两种存在状态:一是"道"的"无名状态",这是本身有所是的原初状态,具有绝对的优先地位。二是"道"的"有名状态",这是"道"本身有所是的话语形式,与"道"的"无名状态"相比,它处于派生、次要的地位。"道"的"无名状态",既保持了原初的本身状态,但又存在一定的先天幽隐性。为了保存和传承"道",必须对"道"进行神圣的命名活动。在大传统文化中,婴儿出生之后,原初人通过的命名仪式,用神圣之"名"的方式,显现并标记出无形祖灵的文化存在。这与老子重视"神道"的有名形式存在一致性。作为"道"的本真话语形式,"道"的"有名状态"能够在不损害"道"的同时,能够保留和展开"道"的本身状态。

当"道"获得了"有名状态"时,"道名"就出现了真与假、有欲与无欲的形式分裂。"道"的"无欲有名状态"才是"道"的真实话语形式,"道"的"有欲有名状态"不是"道"的核心话语形式,而是"道"的"假名"形式。老子认为,当"道"的"假名"极为盛行的时候,我们必须用"道"的"无名状态"来回归真道,纠偏假道,让"道之名"重新获得"自然所是"的本真状态。

## 第四节 "涤除玄览"的文学治疗与真灵再现

　　《老子·第十章》云:"涤除玄览,能无疵乎?""玄览",帛书乙本作"玄监",帛书甲本作"玄蓝"。① 高亨在《老子正诂》一书中云:"'览'读为'鉴','览'、'鉴'古通用。《楚辞·离骚》:'皇览揆余初度兮。'《考异》:'览一作鉴。'《文选·西征赋》李注引'览'作'鉴'。《九章·抽思》:'览余以其修姱。'《考异》:'览一作鉴。'并其证。玄者形而上也,鉴者镜也,玄鉴者,内心之光明,为形而上之镜,能照察事物,故谓之玄鉴。《淮南子·修务》篇:'执玄鉴于心,照物明白。'《太玄·童》:'修其玄鉴。''玄鉴'之名,疑皆本于《老子》。《庄子·天道》:'圣人之心,静乎天地之鉴,万物之镜也。'亦以心譬镜。洗垢之谓涤,去尘之谓除。"② 高亨、池曦朝又在《试谈马王堆汉墓中的帛书〈老子〉》一文中认为:"'览'字当读为'鉴','鉴'与'鉴'同,即镜子。……乙本作'监','监'字即古'鉴'字。古人用盆装上水,当作镜子,以照面孔,称它为'监',所以'监'字像人张目以临水盆之上。后人不懂'监'字本义,改作'览'字。"③ 据高亨等人的观点,陈鼓应直接将经文改为:"涤除玄鉴,能无疵乎?"④ 此后,学术界基本将"涤除玄览"看成为"涤除玄鉴",并以"涤除玄鉴"作为老子的本来思想,并加以诠释。

　　对于"玄鉴"的学术阐释,存在两种不同的观点。一种是将"玄鉴"当成现世存在之物的镜子。如萧兵在《老子的文化解读——性与神话学之研究》一书云:"盖指修治清除经过'玄锡'摩拭抛光之后铜镜上的一切污秽瑕疵,使之空灵明净——这样虚静纯洁的主观'心镜'才能正确无误地反照出'道象'的飘忽窈冥。原来这也是从主体的感知来映衬客体及其运动规律的精湛微妙。"⑤ 萧兵认为,"玄鉴"就是经过"玄锡"摩拭抛光

---

① 高明:《帛书老子校注》,中华书局1996年版,第265页。
② 高亨:《老子正诂》,清华大学出版社2011年版,第18—19页。
③ 高亨、池曦朝:《试谈马王堆汉墓中的帛书〈老子〉》,《文物》1974年第11期。
④ 陈鼓应:《老子注译及评介》,中华书局2003年版,第96页。
⑤ 萧兵、叶舒宪:《老子的文化解读——性与神话学之研究》,湖北人民出版社1994年版,第406页。

之后的铜镜,已经完全将"玄鉴"当成是自然之物,这似乎与老子的"自然之道"是不相符合的。刘道广在《老子"涤除玄鉴"的审美意义》一文中也将"玄鉴"当成是一个"形而下"的自然之物,其云:"从美学范畴的角度来看,'涤除玄鉴,能无疵乎'表现了《老子》对审美主体,即人的内心修养方式,提出了一个'形而上'的要求,这个'形而上'的形式要求却是通过'形而下'的'营魄'、'婴儿'、'玄鉴'、'民'、'国'、'天门'、'四方'等例证来阐述的。"①

另一种观点是将"玄鉴"当成是对"道"的抽象观照。如叶朗在《中国美学史大纲》一书中云:"'涤除',就是洗除垢尘,也就是洗去人们的各种主观欲念、成见和迷信,使头脑变得像镜子一样纯净清明。'鉴'是观照,'玄'是'道','玄鉴'就是对于道的观照。"②毛宣国在《涤除玄鉴与游心于道——老庄审美观照理论比较》一文中,承续了叶朗的观点,其云:"'玄鉴'观道,起源于'物''象',是由'物''象'进到'道'的理性观照。在我看来,这是一种理性的直观,它一方面强调对事物进行直接感悟和观照,另一方面又抽去了这其中任何感性具体的内容。作为观照对象的'物''象'并不是一个可以通过主体心理感知感受的对象,而是带有某种神秘色彩的理性意念。"③牟方磊在《老子"涤除玄鉴"思想探析》一文中也是进一步阐释"涤除玄鉴"是如何观照"道"的,其云:"首先,'涤除玄鉴'这一命题认为对'道'之观照是认识的最高目的。其次,'涤除玄鉴'这一命题在认识途径方面重体验直观、轻理智理性。最后,'涤除玄鉴'这一命题对认识者所应具备的主观条件也做出了相应的规定,即要求认识者破除主观欲念、成见与巧智,保持内心的虚静空明,虚静空明的内心是认识者之所以能够实现对'道'之观照的前提条件。"④这些学者将"道"当成了科学认识的抽象对象,"玄鉴"又成了形而上的文化镜子,成了可以理性认识之物,依旧还处于"自然"的"精神物理"或"人文物理"层次。作为宇宙"生命源头"的"道"与"自然"都是原初真灵有所是的本身存在状态,既不是形而下的可见之物,诸如"铜镜"之喻;也不是西方形而上的抽象的理性认知,诸如逻各斯之道。

关于"涤除玄览"的文字校释,楼宇烈在《校释》中认为:"'览',见、

---

① 刘道广:《老子"涤除玄鉴"的审美意义》,《学术月刊》1990年第6期。
② 叶朗:《中国美学史大纲》,上海人民出版社1985年版,第38页。
③ 毛宣国:《涤除玄鉴与游心于道——老庄审美观照理论比较》,《晋阳学刊》1994年第3期。
④ 牟方磊:《老子"涤除玄鉴"思想探析》,《四川民族学院学报》2012年第5期。

观。'极览'即经文所谓'玄览',指一种排除一切物欲障碍之神秘的精神境界。所以说最终能'与玄同也'。按,《老子》'玄览'一词历来说着纷纭。一说'览'借为'鉴',镜也。长沙马王堆三号汉墓出土之帛书《老子》乙本经文正作'监'。然王弼注以'极览'释'玄览',则'览'不得借为'鉴'。故此处以王弼义释'览'为'见'、'观'之意。"① 楼宇烈认为,"玄览"为"玄览",不能与"玄鉴"混同。

在此,我们尝试摆脱文字书写文化小传统与西方理性认知的双重局限,结合老子"自然之道"的大传统生命精神与原初真灵价值,对"涤除玄览"进行整体观照,尤其重视在本命题中的文化病理原因与文学治疗的心性价值,结合考古出土的物质图像与传世图像,对"玄"展开从文化大传统至书写文化小传统的文化意义探源,归纳出"玄"的原初意义及其与各种派生意义之间的文化传承与时代转换。本命题体现了老子通达"自然"本真存在的灵魂转换与文化途径,以及在通达"自然"后而获得的心灵愈瘁。

## 一、有疵:人在世处于病态中

为了解答"涤除玄览"的文化意义,我们还是从后面的"能无疵乎"开始。"能无疵乎"一句,河上公本作"能无疵",王弼本作"能无疵乎",傅奕本作"能无疵乎",帛书甲本作"能毋疵乎",帛书乙本作"能毋有疵乎"。② 高明在《帛书老子校注》一书中认为:"'疵'字犹'瑕',《尚书·大诰》'知我国有疵'。马注:'疵,瑕也。通称玉病为瑕。'此以'疵'言鉴之病,犹谓清洗心鉴,能使其无有瑕疵吗?以喻为道者,应虚静无为,不得存有半点私欲。"③ 由于高明接受了高亨等人以"玄览"为"玄鉴"的思想,所以想尽办法将"疵"解释为"瑕疵",乃为"鉴之病",明显具有强"人"为"鉴"的物化意味。《说文解字》云:"疵,病也。"④ 关于"能无疵乎"的解释,河上公注云:"不淫邪也。"⑤ 王弼注云:"疵其神乎?"⑥ 高亨在《老子正诂》中云:"人心中之欲如镜上之尘垢,亦即心之病也。故'涤除玄鉴,

---

① (魏)王弼注,楼宇烈校释:《老子道德经注校释》,中华书局2008年版,第24页。
② 刘笑敢:《老子古今:五种对勘与析评引论》,中国社会科学出版社2009年版,第187页。
③ 高明:《帛书老子校注》,中华书局1996年版,第266页。
④ 王平、李建廷编著:《〈说文解字〉标点整理本(附分类检索)》,上海书店出版社2016年版,第190页。
⑤ 王卡点校:《老子道德经河上公章句》,中华书局1993年版,第35页。
⑥ (魏)王弼注,楼宇烈校释:《老子道德经注校释》,中华书局2008年版,第23页。

能无疵乎!'意在去欲也。"① 尽管高亨将"玄览"看成是"玄鉴",但他还是将"能无疵乎"的"疵"解释为"心之病"。可见,"能无疵乎"就是指"人心就不再生病了吗?"

"能无疵乎"的自身诊断表明:第一,在"涤除玄览"之前,人心是有邪的,人是处于病态之中的。第二,在"涤除玄览"之后,人心是无邪的,人就不再生病了。也就是说,人的病就因此而痊愈了。那么,我们要问:老子为何将人的在世状态看成是"生病"了呢?为什么在"涤除玄览"以后,原本处于病态之中的人就不再"生病"了呢?这种病情愈痊与老子的"自然之道"之间的文化关系又是如何的呢?

在古人心中,什么样的人才算是"病人"?古人依据什么来诊断人之病态的?《黄帝内经·素问·上古天真论》记载,黄帝曾经问岐伯:为什么现在的人,一到50岁就显得极为衰老,这难道是因为"人将失之耶?"黄帝对现在的人出现很快就衰老了的显现提出困惑,这到底是丢失了什么东西导致的呢?岐伯云:"上古之人,其知道者,法于阴阳,和于术数,食饮有节,起居有常,不妄作劳,故能形与神俱,而尽终其天年,度百岁乃去。今时之人不然也,以酒为浆,以妄为常,醉以入房,以欲竭其精,以耗散其真,不知持满,不时御神,务快其心,逆于生乐,起居无节,故半百而衰也。夫上古圣人之教下也,皆谓之虚邪贼风,避之有时,恬淡虚无,真气从之,精神内守,病安从来?是以志闲而少欲,心安而不惧,形劳而不倦,气从以顺,各从其欲,皆得所愿。故美其食,任其服,乐其俗,高下不相慕,其民故曰朴。是以嗜欲不能劳其目,淫邪不能惑其心,愚智贤不肖不惧于物,故合于道。"② 岐伯认为,现在的人丧失了古老的文化之"道",所以早早处于衰老与病态之中。上古的人懂得文化之"道",他们能够效法天地的阴阳变化,善于运用术数来调节自身的在世状态,做到饮食有所节制,起居也很讲规律,劳作从来都不会过分,所以能达到自身的"形"与"神"在身体之内的和谐完好,因此,他们能够享尽天年。而今天的人就不是这样了,他们贪恋美酒,常常妄作,而且喝醉了酒,还任意纵情入房,毫无节制,以致精气衰竭,真气耗散。他们丝毫不懂得固精裕气,也不懂得御神养神,就知道一味追求外在感官上的享乐,任意违背自然之乐,起居没有规律,所以很快就衰

---

① 高亨:《老子正诂》,清华大学出版社2011年版,第19页。
② (清)张志聪集注,方春阳等点校:《黄帝内经集注》,浙江古籍出版社2002年版,第1—3页。

老了。接着,岐伯又说:在上古时期,圣人教诲百姓,要他们避开天地四时的各种"虚邪贼风"(邪气),保持自身内心的"恬淡虚无",顺从自然"真气"(无邪之气),内持自身"精神",这样依据神道的自然运化来做人为事,人又怎么会生病呢?可见,在古人看来,一个人之所以会生病,是因为人的内心有了"邪气",而且这种"邪气"掩盖了自身本来所具有的"真气"和"精神"。那么,怎样才能持守自身的"真气"呢?岐伯认为,要做到心志闲适虚空,毫无私欲,心情安宁,无所忧惧,"形体"劳作而不感到疲倦,随从并顺服于天地自然的"真气",这样每个人的本来愿望都能得到满足。所以吃什么都觉得很有味道,穿什么都觉得很漂亮,乐从其俗,对于社会空间的高低贫贱,他们丝毫也不羡慕,老百姓都很"质朴"纯真。尽管有时也会出现一些过度的"嗜欲"表现,但也不会由此而干扰他们的本来精神状态和外在视听;尽管有时也会出现一些"淫邪"的思想,但也不能完全迷惑他们本来的原初心志。社会上的各色人等(包括愚者、智者、贤者、不肖者),都不会过分沉迷于外在之物,所以他们的言行举止基本上也是合乎文化之"道"的。在这段话中,岐伯讨论了古人依据古道的生存状况,基本与老子重"道"的文化思想是一致的。人在世界之中为什么生病呢?古人认为,因为"外在的有形欲求"遮蔽了"内在的精神状态","邪气"掩盖了"真气","嗜欲""淫邪"湮没了"元神虚灵",人就处于"邪气"之中,人也就生病了。要治愈这种"精神""真气"被遗忘之病,必须要善于将自身被遮蔽的"道心""真灵"重新召唤出来,重新用"无邪之气"或"真气"镇住并祛除内心的"邪气"。

在上古时期,人们如何治病呢?《黄帝内经·素问·移精变气论》记载,黄帝问曰:"余闻古之治病,惟其移精变气,可祝由而已。今世治病,毒药治其内,针石治其外,或愈或不愈,何也?"岐伯对曰:"往古人居禽兽之间,动作以避寒,阴居以避暑,内无眷慕之累,外无伸官之形,此恬憺之世,邪不能深入也。故毒药不能治其内,针石不能治其外,故可移精祝由而已。当今之世不然,忧患缘其内,苦形伤其外,又失四时之从,逆寒暑之宜,贼风数至,虚邪朝夕,内至五藏骨髓,外伤空窍肌肤,所以小病必甚,大病必死,故祝由不能已也。"[1]黄帝介绍了上古的时候,古人治病的治疗理念在于"移精变气",即通过精气的转变来治疗有病的身体,

---

[1] (清)张志聪集注,方春阳等点校:《黄帝内经集注》,浙江古籍出版社2002年版,第96—97页。

其治疗方法为"祝由"。张志聪在《黄帝内经集注》中云:"移精变气者,移益其精,传变其气也。对神之辞曰祝。由,从也。言通祝于神明,病从而可愈已。按此篇帝曰移精变气,伯曰得神者昌,失神者亡。言能养其精气神者,可祝由而愈病。汤药针石,亦能治之。如精神散失,虽有灵丹,无能为已。"① 所谓"移精变气",是指自身由"邪气"状态转变为"真气"状态,通过增加和巩固自身的本来"精气",而不让"邪气"遮蔽"自身精神",神明就会由此显现出来,这就是"得神者昌,失神者亡"。何谓"祝由",按照张志聪的意思,是指只要依从巫师对神灵所说的神圣言辞,病就会得到治愈,完全不需要打针吃药。可见,在大传统时期,早期口传诗歌的语辞声音本身就是一剂美好的治病良药,具有治愈人心邪气的强大药效。岐伯解释了为何上古之人只要按照"祝由"就可以做到"移精变气"的疗效作用,并治愈好自己身上的病痛。他认为,上古的人是"精神完固"的,他们居于禽兽之间,而不惧于外物。寒暑往来,他们顺应自然,使得自身之气与四时生气完全获得一致,自身生气获得自然调理。他们"没有任何眷念思慕的劳累",这样就能"养精"。他们"没有为了仕途而奔走求取的形役",这样就能不过分"费神"。他们所处的时代是一个极端恬淡宁静的时代,因此,他们的心志神情都很自适,也很自得。这样,外在的邪气就不易侵入他们的体内,所以他们只是要转变自身内在的精神与精气状态,就完全可以断绝病根了。但是现在的人就不同了,他们内心忧虑忡忡,以致伤神。形体劳苦烦闷,以致伤精。违背四时气候与寒热的变化,以致伤气。现在世人的精神内虚,外在的贼风邪气早晚又不断地侵入人的身体,以致五脏六腑都会受到伤害,骨髓也极为空虚,外部孔窍都被邪气堵塞,肌肤毫无光彩。因此,现代人的精气神都受到严重的损耗,人体处于小病不断、大病要命的危险境地。这样内虚外病的人仅仅依靠"祝由"还不行的,这是绝对不能治好病的。总之,人之所以得病的根本原因在于内在人心的精神空虚,外在人身的精气与形体都受到损伤,又加上各种天气变化无常,从而导致外在的邪气侵入。如果人能够做到内守精神,使之完好无损,那么人身的真气饱满,哪怕受一点外在的风寒,也是可以很快治好的。

北方萨满代表了远古士人的现代形象,医生是他们在社会生活中经常扮演的重要角色。考察萨满如何诊断病人的病情以及通过怎样的方式治

---

① (清)张志聪集注,方春阳等点校:《黄帝内经集注》,浙江古籍出版社2002年版,第96页。

愈病患者，可以帮助我们理解早期大传统文化的病理观念与治病方法。萨满认为，族民如果丢失了自己的灵魂，就会生病，萨满就要通过跳神的仪式活动，邀请神灵来为病人治病。

鄂伦春萨满通常是通过跳大神的方式为人治病。萨满身穿神衣，头戴神帽，左手持鼓，右手拿槌，盘腿坐在"斜仁柱"内西北角称之为"塔了兰"的专门位置上。病人坐在东南的位置上，如是重病人则用行李依靠，两侧有人扶着。萨满在请神前，双眼半睁半闭，在接连打几个哈欠后，开始击鼓，然后起身，边击鼓、边跳跃、边吟唱，音调极其深沉。萨满每唱一句，"扎列"和参加跳神仪式的人们就伴随着合唱。鼓声渐紧，萨满下巴哆嗦，牙齿咬得格格作响，双目紧闭，周身摇晃，表现出神灵附体时的痛苦情状。这时，有人拿来一团烧红的火炭，放在萨满脚前，为神引路。萨满鼓声突停，他浑身大抖，这是神已附体的表现。这时附体的祖先神，借萨满之口询问："你们请我来有什么事？""扎列"及病人亲属代答："因某人有病，惊动祖灵来给看病。"萨满再次边击鼓，边吟唱，来回转身跳跃，通过萨满祖神的附体，逐一恭请被宗领的其他神灵，探寻病人无意之中冲犯了哪位神灵，致使他罹患病痛。其间什么神请来了，什么神不请自到，什么神请来并不给看病，这些都是从精神处于恍惚状态的萨满口中说出来的。对于久邀不到的神，萨满还要作出奔驰飞跃之状，表示他在去遥远的地方将它迎来。有的神脾气很坏，常怒气冲冲，质问为什么打扰它，它不能看病等。待应请之神纷纷到齐后，萨满再度向它们请安，逐个询问患者冲犯了它们当中哪一位。萨满如提到一位神灵的名字，病人不由得颤抖起来，则认为是此神在作祟病人；有时作祟之神借萨满之口，自认为是它所为，要求供祭某种牺牲，患者家属应赶紧应允，答应病好后就还愿。有的地方的萨满还把看出作祟之神，当场画一张画像，把它放在"斜仁柱"外边供起来，认为这样病人就会很快痊愈。也有的萨满看病人的病情严重，就让病人裸体躺在床上，向其身上喷开水，这叫"阿尔沁达兰"，如果认为重危病人的灵魂，已被某人恶神掠走，萨满就要凭借祖先神的力量，于想象中远征沙场，同它搏斗，抢回患者的灵魂，病人方能得救。①

鄂温克族萨满经常祈求本族已故的萨满的神灵降临人间，来为病人治病：

---

① 吕大吉、何耀华总主编，满都尔图等本卷主编：《中国各民族原始宗教资料集成：鄂伦春族卷 鄂温克族卷 赫哲族卷 达斡尔族卷 锡伯族卷 满族卷 蒙古族卷 藏族卷》，中国社会科学出版社1999年版，第62页。

您是本部落的"达克松"萨满，德古，
向您来祈祷，德古。
这里有了病人，德古，
为祈求病人康复，德古。
举行祭祀仪式，呼唤您，德古。
祈求您后背的神镜，德古，
背负着保护全部落的人，德古；
祈求您胸前的神镜，德古，
怀抱着全部落的子孙，德古，
请您把病灾统统驱走，德古，
全部落所期待的希望，德古，
祈求"阿南"神能赐给，德古，
本部落人祈求的希望，
请求"阿南"神能给以满足。①

赫哲族萨满跳神治病，先要盘腿坐于病家炕上击鼓请神。仪式多在夜间举行，不许点灯，萨满面对香火，闭目呼唤他的色翁，于是唱起请神歌，内容大体为呼唤各种神名，请他们快快降临，唱完请神歌后，萨满就会说：诸位色翁都听着，来到了吗？我今天召你们来，因为某某人得了病，都要准备好，要听明白，要记住：

顺着战神方向查寻，
沿着供神方面追踪，
各处庙堂去打听，
这些地方没有再到别处去找，
也许让过横道的鬼怪抢走了，
也许让过往的闲神带走了，
这里没有再到别处去找，
说不定让鬼骗走，
可能让妖魔拐走，

---

① 吕大吉、何耀华总主编，满都尔图等本卷主编：《中国各民族原始宗教资料集成：鄂伦春族卷 鄂温克族卷 赫哲族卷 达斡尔族卷 锡伯族卷 满族卷 蒙古族卷 藏族卷》，中国社会科学出版社 1999 年版，第 156 页。

哪里有就到哪里去找，
应该攻击的就去攻击，
应该讲和的就讲和，
愿各位"色翁"使把劲。①

锡伯族萨满也是祈求神灵帮助治病，驱赶病瘟，他们的跳神歌词云：

拜托野外的神灵们呀，
去同妖魔细合计，
去找鬼婆求求吧，
去找鬼怪诉说吧，
又向夜叉诉说吧，
又向罕之精灵求告，
向佛多霍玛法（柳树神）拜托呀，
又向苏鲁玛玛（掌管婴儿魂灵之女神）祷告，
向班达玛法（掌管狩猎之神）祈求呀，
又向希林玛玛（女性祖神）诉说，
向海尔堪玛法（管家畜之神）祈求呀，
又向肫依玛玛（灶神）祈祷，
向神怪们叩首吧，
又向八座神庙拜祝。②

维吾尔族萨满在治病时，也都要举行各种祛邪治病的跳神仪式，如"舞动短剑治疗疾病""坎土曼医病"等，"萨满认为人们的疾患是受恶鬼的影响所致。要驱除体内恶鬼，必须依靠先辈们在战争和狩猎中所使用的宝剑的神奇魔力，才能实现他们的愿望"。③"萨满念完经文后，坎土曼

---

① 吕大吉、何耀华总主编，满都尔图等本卷主编：《中国各民族原始宗教资料集成：鄂伦春族卷 鄂温克族卷 赫哲族卷 达斡尔族卷 锡伯族卷 满族卷 蒙古族卷 藏族卷》，中国社会科学出版社 1999 年版，第 256—257 页。
② 吕大吉、何耀华总主编，满都尔图等本卷主编：《中国各民族原始宗教资料集成：鄂伦春族卷 鄂温克族卷 赫哲族卷 达斡尔族卷 锡伯族卷 满族卷 蒙古族卷 藏族卷》，中国社会科学出版社 1999 年版，第 432 页。
③ 阿地力·阿帕尔、迪木拉提·奥迈尔、刘明编著：《维吾尔族萨满文化遗存调查》，民族出版社 2010 年版，第 328 页。

神就会显灵,并帮助病人排除体内的恶鬼的影响。用坎土曼医病时,进入人体骨头总的湿气会排出,患者就可愈痊,邪气也会排除"。① 萨满认为,病人之所以会得病,是因为体内有了"恶鬼",也就是"邪气",必须依靠各种神圣力量才能将"恶鬼"驱逐出去,如果将"邪气"排出体外,这样就可以治愈病人了。

郭淑云在《原始活态文化——萨满教透视》一书中对萨满治病做了概述,其云:"萨满教世界的人们普遍相信,人或其他生物患病是由于命魂受到恶灵的侵害所致;而精神萎靡、失常、发呆走神、昏迷不醒、小儿惊吓及患癔病等则被视作浮魂外游,依附于某一物质之上,或被其他精灵窃走,或迷失了方向的结果。基于这种观念,在萨满教世界中,拘魂、招魂、追魂、补魂等活动是经常进行的。人们确信,游失的魂魄能够被召唤回来,使之返回古舍;萨满能摄取其他生命体的魂魄纳入患者体内,称补魂魄,使病人精神重新振作,身体恢复健康;萨满还能通过脱魂,即使自己的魂暂时离去,为病重者或刚去世者追回被摄走的命魂。"②

南方各个少数民族的巫师与北方的萨满一样,也承担了为族民治病的文化功能。他们认为,只要将病人的灵魂找回来了,病人就会痊愈。傣族的《拴小魂歌》认为,只要拴住人的灵魂,不让它离开身体,就可以健康长寿。如果灵魂四处漫游不归,就要用神歌将魂儿召唤回来。其云:

> 今天是你交好运的开端,
> 让我唱歌给你拴魂,
> 从现在起啊,
> 你将时来运转,
> 得到一切幸福,
> 这是天神的旨意,
> 你将无病无灾健康长寿,
> 富足的生活任你享受。
> ……
> 三十二条魂呵赶快归来,
> 九十二条魂呵全部归来,

---

① 阿地力·阿帕尔、迪木拉提·奥迈尔、刘明编著:《维吾尔族萨满文化遗存调查》,民族出版社 2010 年版,第 330 页。
② 郭淑云:《原始活态文化——萨满教透视》,上海人民出版社 2001 年版,第 318—319 页。

任何一条魂都不能丢失,
条条魂永不离身,
今天的日子呵,
是最最吉祥的日子,
是天神的黄道吉日,
我抚摸着你的左手,
呼唤你的魂归来,
我抚摸着你的右手,
呼唤你的魂回到你的肌体,
别逗留在大路上哭喊,
别在森林与草丛里游荡,
别留恋山间的树藤,
所有离去的魂儿听明白啊,
迅速归来忠于你们的职守,
俯首帖耳聆听你们主人的话,
叫你下跪你别站立,
不要贪玩,
别再胡闹,
苦难的时刻也会有,
呼唤魂儿快回归,
乖乖地睡觉,
主人病床的上方,
就是你的睡处,
高大的房子宽阔的床,
能容老象在里边躺,
魂儿呵魂儿,
要永陪主人至死不渝,
让你的主人长寿延年,
百岁!千岁!
没有疾病和灾难,
穿上金衣和银衣,
牢记神的咒旨,
归回主人的肺腑,
漫游的魂儿啊,

快回来！快回来啊！①

羌族巫师认为，一切疾病都由于鬼神之作祟，病源既在鬼神，那么只要能安神制鬼，病自能愈，因此治病就无须吃药了。……羌人凡有病，均请端公作法医治。②

怒族人有病不服药，唯一的方法只有祭鬼，不论男女老少都是一样。祭鬼的人是特别延请端公（即巫师）。病轻的，拿鸡和猪做祭品；病重的，就用羊和牛了。一个人的病，有用鸡祭到猪、羊、牛等物，要祭好几回；祭鬼用的猪和鸡，都是生产了几天，就拿它来作祭品。唯有牛、羊，则必须用大的。祭祀后的肉，还是要拿来吃的。病重的缠绵的病，祭了几次以后，以怒民这样最贫的家产，早就荡尽了。祭鬼对于病，并没有什么关系，但是除此以外，他们并无别的方法了。并且他们很相信祭了以后，对于病人是有帮助的。③

瑶族的鬼有善恶之分，因触犯恶鬼而致病，他们认为：1.野山鬼。外来的人在本地跌死或被杀，其魂无所依附，便经常抓人的"魂"以报复，故最恶。2.家山鬼。本地跌死或被杀于途中的人，因为祖宗不容，魂魄到处游荡抓人的"魂"。3.冤家鬼。因两家争斗而死者，死后其魂灵将纠缠对方全家老小，至灭绝方止。4.水鬼。淹死的人，其鬼魂使行人不宁。5.庙鬼。人死几代之后未托生的魂。尚有许许多多名称的鬼，都在时刻威胁人的生命健康，若未能求得鬼的饶恕，小则生病，大则致死。只有祈求消灾。④

昆明彝族人也有送鬼治病的仪式。彝族人认为，鬼是布满人间的一种幽灵，生人随时有被鬼缠祟之虞，鬼能给人以疾病与忧患，故民间凡有疾患，必祷鬼送鬼。对于鬼的成因亦认为是人死后之灵魂的活动……人眼痛腰酸，只需来此祭献三鬼，便可痊愈。⑤

---

① 吕大吉、何耀华总主编，张公瑾等本卷主编：《中国各民族原始宗教资料集成：傣族卷 哈尼族卷 景颇族卷 孟—高棉语族群体卷 普米族卷 珞巴族卷 阿昌族卷》，中国社会科学出版社1999年版，第94—96页。
② 吕大吉、何耀华总主编，和志武等本卷主编：《中国各民族原始宗教资料集成：纳西族卷 羌族卷 独龙族卷 傈僳族卷 怒族卷》，中国社会科学出版社1999年版，第508页。
③ 吕大吉、何耀华总主编，和志武等本卷主编：《中国各民族原始宗教资料集成：纳西族卷 羌族卷 独龙族卷 傈僳族卷 怒族卷》，中国社会科学出版社1999年版，第871页。
④ 干昭武等：《凌云县后龙山背篓瑶社会历史调查》，广西壮族自治区编辑组、《中国少数民族社会历史调查资料丛刊》修订编辑委员会：《广西瑶族社会历史调查》第五册，广西民族出版社1986年版，第11页。
⑤ 江应樑：《西南边疆民族论丛》，珠海大学出版社1948年版，第28页。

## 第三章 文化大传统与老子艺术精神

《马可·波罗行记》中有关于白族巫术祛病的记述，其云："尚应言者，此押赤、大理、永昌三州无一医师，如有人患病，则召看守偶像之巫师至。病者告以所苦，诸巫师立响其乐器，而为歌舞，迨其中一人昏厥如死始止。"此事表示鬼降其人之身，同伴巫师与之语，问病者所患何疾，其人答曰："某神罚其病卧，盖其侮此神，而神不欢也。"其他诸巫师遂祝神曰："请汝宥其过，而愈其疾，任汝取其血或他物以为报。"祝毕，静听卧地人附身之神作答，如答语为"此病者对于某神犯有某种恶行，神怒，不许宥之。"则犹言病者应死。然若病者应愈，则答诸人，命献羊两三头，作饮料十种或十二种。其价甚贵，味甚佳，而置香料亦甚众；并限此种羊应有黑首，或神所欲之其他颜色，如是诸物应献某神，并应有巫师若干、妇女若干与俱。献诸物时，应为赞词歌颂，大燃灯焚香。病者若应愈，神之答复如此。病者亲属闻言，立奉命而行，其倒地之巫师遂起。诸人立时献所索某色之羊，杀而洒其血于所指之处，然后在病人家熟其肉，延巫师、妇女如指定之数，祭祀此神。诸人齐至，预备已毕，遂开始歌舞，作乐器而祝神，取食物、饮料、肉、沉香及香灯甚众；并散饮食及肉于各处，如是历若干时，复见巫师中之一人倒地，口喷涎沫，诸巫师询此人曰："神是否已宥病者？"有时答曰："宥"，有时答曰："否"。若答曰否，则尚应献神复欲之物，俾病者获宥。重献既毕，其人乃云：病者获宥，其病将愈。诸人得此答复，乃言神怒已息。如是欣然聚食；其晕厥于地者亦起，与诸人同食。诸人饮食毕，各归其家，至是病者立起，其病若失。①

如果将《黄帝内经》中的病理诊断与治疗方法与北方萨满文化、南方巫师文化的诊断疗法相比较，就会发现，他们在生命健康、生病的诊断基点与治疗原则具有相似之处。在中国早期的大传统文化中，人之所以会"生病"是由于自身在世丢失了灵魂、精神而导致的。由于失去人内在的"道心"，就会令"邪气""恶鬼"附身，这样就会疾病缠身。人只要善于持守自身的灵魂、真气、元神，就能抵抗各种邪气、淫欲与魔鬼，自然可以健康长寿。同时，如果人生病了，也不需要打针吃药，只需要利用早期口传大传统的跳神神词，呼唤神灵的降临，请求他们将病人丢失的灵魂召唤回来，这样就可以使病人愈痊。

《老子·第七十一章》云："知不知，上；不知知，病。夫唯病病，是

---

① 吕大吉、何耀华总主编：《中国各民族原始宗教资料集成：彝族卷 白族卷 基诺族卷 达斡尔族卷 锡伯族卷 满族卷 蒙古族卷 藏族卷》，中国社会科学出版社1996年版，第615—616页。

以不病。圣人不病，以其病病，是以不病。"①老子将世间之人分为两大类：上人与病人。所谓"上人"，是指能够懂得别人不懂得的东西的人，这种别人不懂的东西应该就是老子所推崇的看不见摸不着的"自然本身"状态，即如果一个人懂得本身真知，这个人就是"上人"。所谓"病人"，是指不懂得"自然本身"真知的人，即丢失了本真灵魂的人。从本真灵魂的角度来看，老子对人在世间状态的病源诊断与大传统文化的"灵魂离身"观念具有异曲同工之妙。老子认为，只有以丢失"自然本身"的状态作为病态，我们才是真正地获得人体健康的状态。也就是说，只有持守了自身所有的"本身"灵魂，就是健康的。丢失了自身所有的"本真"灵魂，就是病态的。毫无疑问，圣人就是人间的"上人"，他们之所以能生活在世间而不生病，是因为圣人以丢失"本身灵魂"作为病态，以持守本来面貌为健康。他们认为，如果出现了都是真灵的"病态"现象，这就是"生病"了，这种诊断病态的方法与世间以"身体得了重病"才算是得病的病态观念是完全不一样的。可见，在老子眼中，人在世间，人通常是处于病态之中的，因为人会因为后天的有形存在，而通常迷失自身的"本身真常"存在。

《老子·第三十章》云："物壮则老，是谓不道，不道早已。"②一个人（物）在年轻力壮的时候，外表却显得很老态龙钟，这就表明这个人是没有"道心"的，属于丢失了"本身真常"的人。如果一个人过早地迷失了自身的本来"道心"，就会早死。这段话和《黄帝内经》中描述一个人未老先衰的病理诊断在文化逻辑上也是一致的，它们都彰显了人如果不遵循本真之"道"，缺乏道心，就很容易出现过早衰老、生病死亡的外在表象。老子的"道"是"自然之道"，即"原初真灵有所是的存在状态"，我们将这种存在状态称之为"本身"。也就是说，老子认为，一个人要是没有依照"本身有所是的真在状态"来践行自身，那么这个人就容易"生病"，甚至会"早死"。

《老子·第五十三章》云："使我介然有知，行于大道，唯施是畏。大道甚夷，而民好径。朝甚除，田甚芜，仓甚虚，服文采，带利剑，厌饮食，财货有余，是谓盗夸。非道也哉！"③老子认为，一个人要是依据"大道"来为人行事，那么他在践行大道的过程中，就常常会显露出一种有所"敬畏"的现身情态。这种"敬畏"之情可以直接揭示出人心对"大道"

---

① （魏）王弼注，楼宇烈校释：《老子道德经注校释》，中华书局2008年版，第178页。
② （魏）王弼注，楼宇烈校释：《老子道德经注校释》，中华书局2008年版，第78页。
③ （魏）王弼注，楼宇烈校释：《老子道德经注校释》，中华书局2008年版，第141—142页。

本身的存在领会状态，也会担心本真之心被在世状态所遮蔽。但是世人却偏偏爱好走"邪径"，例如朝政腐败，田地荒芜，仓廪空虚，他们却还穿戴华丽，佩带利剑，饱食终日，聚敛货物，这种人就是世界上的大盗，这些人就是世界上最"无道"的罪人。在老子眼中，这种"无道"之人乃是人间的"大盗"，是患了重病的病人。老子呼吁，人在世界之中"能无疵乎?"他警醒世人，人在现世之中，自身很容易沉沦在世界万物之中，人心就会遗忘本身真心的存在状态。也就是说，本身在方内世界之中，常常是属于欠缺不全、被失忆、被遗忘的尘俗状态之中。这样遗忘本身真在的世人就是得了重症的病人。想要治愈这种病人，就必须帮助他们驱逐人心所有的邪心，以及人身所有的邪气，将自身被压抑的本身灵魂释放出来，这样才能使自身重新回归到"本身真气有所是的原初状态"上来，从而恢复自身元气，使个体生命重新获得健康状态。

## 二、涤除："病人"痊愈的文化药方

人在世间，因为自身所具有的各种欲念而导致邪气附体，也导致本身真气的消耗与遮蔽，这样就会引发各种疾病。那么，如何才能使自身从在世病态之中获得治疗呢？河上公注云："当洗其心使洁净也。心居玄冥之处，览知万事，故谓之玄览也。"[1] 所谓"涤除"，是指"洗其心使洁净"，即洗去心中的不洁污垢，让人心回归净洁之身，这就是老子所开的大传统药方。为什么说"涤除"成为治愈自身之病的大传统药方呢？第一，"涤除"的文化药方不是从外部来治疗。这种邪气之病首先不是外在因素（诸如打架、战争、车祸等）而导致的，而是由于内在因素，即自身所处邪气之中而引发的，因此，外在的药物或外科手术都是无法治愈的。第二，这种内在心病的文化治疗必须从人心深处来寻找病理根源，尤其是从"人心所处的在世失魂状态"入手，才能真正找到治愈自身所患失魂落魄大病的有效方法。第三，"涤除"不是一般的清洗，而是通过清除邪念，对内在邪气彻底的连根拔起。只有完全抛弃了"世人所是的流俗状态"，才能真正让"本身真灵"重新显现出来。第四，"涤除"的文化药方来自早期大传统文化的神道传统，具有很深远的文化之根。在大传统文化中，早期人类为了摆脱自身的现世情态和常人情态，他们采用了各种祭祀神灵的仪式活动与特殊方法，在神圣言说的特殊文化活动中，驱除自身所有的在世状态，重而获得灵魂净身的健康状态。

---

[1] 王卡点校：《老子道德经河上公章句》，中华书局1993年版，第35页。

老子的"涤除"首先是要认识到"世人所是的流俗状态"所存在的问题，唯有自身诊断了世人所处的病理根源，自身可能对自己开出解救自己的有效药方。《老子·第二十四章》云："企者不立，跨者不行，自见者不明，自是者不彰，自伐者无功，自矜者不长。其在道也，曰馀食赘形。物或恶之，故有道者不处。"①老子认为，心中有所企图的人是不能立身的，心中有所矜夸的人是做不成大事的。"自见者"是"不明"的，"自是者"是"不彰"的，"自伐者"是"无功"的，"自矜者"是"不长的"。"自见者"是指"自我"有所见的人，"自是者"是指"自我"有所是的人，"自伐者"是指"自我"有所夸耀的人，"自矜者"是指"自我"所有矜持的人。这些人都是以"自我"为中心的世人，他们之所以会无所明、无所彰、无所成、无所长，在于他们处于"自我为是的状态"中，都是处于一种以"自"为中心的"病态"之中，而依据其"病态所是"的东西，自然不会给自身带来"自明""自彰""自功"和"自持"。换句话说，这种"自我所是"的东西，其实是属于"自身"的"常身"与"忘身状态"，也就是指"自身"的非本真状态。这种世人状态，尤其是自身的常身状态，对"自身"存在来说，是属于"病态的"。老子认为，如果站在"真道"的文化视角，来看待这种"常身"状态，那么"常身"有所见的，有所是的，有所夸耀的，有所有矜持的，都是"常身"有所是的东西，都不符合"自然真道"。因此，这种常身所是的东西就犹如剩饭赘瘤般惹人讨厌，必须要果断将其放弃，毫不怜惜。既然这种"常身"所是的东西是令人讨厌的废弃之物，那么，"自然真道者"是不会认可它的。因此，清醒认识到"常身所是"的病理根源问题，以及将常身作为违背"道心"的病根病源所在，这才是"涤除世身""治疗病身"的文化起点。

只有正确诊断了"常身所是"的"不明"和"无功"，才能做到有针对性地对这种"常身所是"的病情展开彻底的根治。"涤除"就是对常身病态的连根拔起，不留任何残羹剩余。《老子·第十九章》云："绝圣弃智，民利百倍；绝仁弃义，民复孝慈；绝巧弃利，盗贼无有。此三者，以为文不足，故令有所属，见素抱朴，少私寡欲。"②这一章河上公本、王弼本、傅奕本基本上没有什么文字差异，但是郭店楚墓竹简本《老子》却存在很大不同，其云："绝知弃辩，民利百倍；绝巧弃利，盗贼无有；绝伪弃虑，民复孝慈；三言以为（辨）不足，或（命）之或乎属：视素保朴，少私寡

---

① （魏）王弼注，楼宇烈校释：《老子道德经注校释》，中华书局2008年版，第60—61页。
② （魏）王弼注，楼宇烈校释：《老子道德经注校释》，中华书局2008年版，第45页。

欲。"① 尤其是第一句，传世本作"绝圣弃智"，是要"绝圣"的，但是竹简本作"绝知弃辩"，没有了"绝圣"两字，这就给了学术界很多人以兴奋点。有人依据这一点，认为传世本是后人篡改的，甚至有人认为，老子是不会"绝圣的"，甚至不会"绝仁弃义"，似乎想调和老子与孔子之间在存在状态上的文化关系，尤其有人还认为老子的"自然之道"不会与"仁道"相冲突，致使"自然"的存在意义更加趋于模糊难辨之中。裘锡圭在《关于〈老子〉的"绝仁弃义"和"绝圣"》一文中对竹简本《老子》"绝圣"作了很详细的资料考证，最后，他得出："今本《老子》用了三十二个'圣'字。三十一个出现在'圣人'这个词里，是用来指称合乎道的理想人物的。唯独第十九章的'圣'是被绝弃对象，而且置于各种被绝弃对象的首位。这本来就很奇怪。如果跟上述《胠箧》等篇的情况对照一下，其不合理就更为明显了。所以这一句也无疑为后人所改，简本则应该是反映原本面貌的。"② 裘锡圭认为，在《老子》一书中，共有三十二个"圣"字，而单单老子在第十九章中要"绝圣"，硬是将"圣"作为"弃绝对象"，这是他无论如何也想不通的。他还依据罗根泽的考证，简单地否认了《庄子》中"绝圣弃智"的可能性。最终他得出的结论是：传世本是后人擅改的，竹简本才是《老子》的文本原貌。我们将传世本中"绝圣弃智""绝仁弃义""绝巧弃利"与竹简本"绝知弃辩""绝巧弃利""绝伪弃虑"相比较，就能发现，在这六种被老子所抛弃的东西里面，有三种东西是相同的，"智"与"知"同，"巧"字与"利"字相同，传世本的"仁"与竹简本的"伪"也应该是对应的，它们是强调后天陶染所成。荀子也认为，人性是"恶"的，其将后天学来的"仁"称为"伪"。经学家通常将传世本的"义"解为"宜"，那么，什么是"宜"呢？如果一个人依据常身所是的状态来行事，这就应该是"宜"了。这个"宜"的文化过程不就是"思"和"虑"的反思过程吗？所以，将传世本的"义"与"虑"对应起来，也应该是没有问题的。现在，最关键的是"圣"和"辩"，这两个字的文化意义似乎风马牛不相及，这怎么可能对应起来呢？这是裘锡圭思考问题的出发点，其实，也成为我们重新思考这个问题的重要起点。

如果将"圣"字写成繁体，然后将其与"辩"字放在一起比较，就会发现，这两个字有一个共同之处，即都是与"说""言"的口传文化传

---

① 刘笑敢：《老子古今：五种对勘与析评引论》，中国社会科学出版社2009年版，第258页。
② 复旦大学出土文献与古文字研究中心编：《出土文献与古文字研究》第一辑，复旦大学出版社2006年版，第13页。

统有关。无独有偶，帛书《老子》也证实了我们的这个发现，并提供了多处文字书写上的证据。同一章的"绝圣弃智，民利百倍"，在帛书甲本中作："绝声弃知，民利百负。"在帛书乙本中作："绝耴弃知，而民利百倍。"① 帛书甲本的"声"字对应的就是帛书乙本的"耴"字，"耴"字就是"圣"字。可见，"圣"与"声"是原本就是一个字。也就是说，"绝圣弃智"的"圣"，不是所谓的"圣人"，而是表示"声"的意思。这样，"绝圣弃智"就成了"绝声弃智"，"绝声"与"弃辩"是可以达成完全的对应关系，即表示放弃外在言说的意思，这与老子对待外在言说的抛弃态度也是一致的。

而且在郭店楚简中，将"圣"写作"声"的文化现象极为普遍。在郭店楚简本《老子》中，"圣"有三种用法，一是作"圣人""圣德"，二是作"声"，三是作"听"。关于郭店楚简的书写时间，学术界通常认为是战国中期（即公元前四世纪到公元前三世纪）。也就是说，在书写文化极为流行的战国中期，早期口传文化的"圣""声""听"三个语词的口传声音，却被写定为一个字，即"圣"字。前面检索郭店楚墓竹简本《老子》，只有一个"圣"字图像，其字形、具体意义和简帛的具体分布如下：第一，"圣"写成"&"，共出现了8次（具体位置在竹简甲·一·二；甲·一·六；甲·一·八；甲·一·九；甲·二·二；丙·四·一），都作"圣人"用。第二，"圣"写成"&"，共出现了两次，具体是竹简甲·一·九的"音圣之相和"，即传世本第二章的"音声相和"；竹简乙·二·一的"大音祇圣"，即传世本第四十一章"大音希声"，都是作"声"用。第三，"圣"写成"&"，只出现了一次，具体是竹简丙·二·一的"圣之不足闻"，即传世本第三十五章的"听之不足闻"，这里"圣"是作"听"用。② 从郭店楚简本《老子》的"圣"字的写法来看，它们基本是相同的，但是"圣"字所具有的文化意义却有三种，既可以表示"圣人"之"圣"，也可以表示"声"之"圣"，甚至还可以表示"听"之"圣"。

为了能全面了解战国中期时"圣"字的意义和书写情况，我们对郭店楚简中其他文本的"圣"字也做了全面的统计和梳理。结果和竹简本《老子》的文化意义极为一致，即"圣"可以为"圣人之圣""声之圣"或"听之圣"。第一，"圣"作"圣人"或"圣人之德"。在《太一生水》中出现了1次，《缁衣》

---

① 高明：《帛书老子校注》，中华书局1996年版，第311—312页。
② 邓各泉：《郭店楚简〈老子〉释读》，湖南人民出版社2005年版，第25、72、73、96、101、102、150、286、344、372页。

中出现了 2 次,《穷达以时》中出现了 1 次,《唐虞之道》中出现了 10 次,《成之闻之》中出现了 4 次,《尊德义》中出现了 1 次,《性自命出》中出现了 2 次,《六德》中出现了 7 次,《语丛》(一)中出现了 5 次,《语丛》(四)中出现了 1 次。第二,"圣"作"声"。在《缁衣》中出现了 1 次,其云:"闻其圣"。《五行》中出现了 5 次,如云:"金声玉晨之。"另外,《五行》中还出现了 10 次"圣"的单独使用,它与"仁""义""礼""智"等合称为"德",这里的"圣"是指"能听到玉音的圣人",也与"玉声"相关。而且在《五行》中,这种"圣"(声)与"仁""义""礼""智"等组成儒家士人的"德行",可见,这个的"圣"即是儒家人所推崇的能够辨识"玉音""玉声"的"圣人"。此外,《性自命出》中出现了 8 次,如"金石之有圣。"《语丛》(一)中也出现了 2 次。第三,"圣"作"听"。在《性自命出》出现了 2 次。通过全面梳理郭店楚简关于"圣"的书写情况和文字意义,"圣"不仅可以表示"圣人",还可以表示"声""听"的口传文化意义。

如果仅仅胶着于将"圣"理解为"圣人",那么,《老子》中出现了"绝圣",那就的确存在很大的问题,老子是不会绝弃圣人的。但是如果将"圣"理解为"声",就会发现"绝圣弃智"变成了"绝声弃智"。"绝声弃智"不仅符合老子的"非常道""自然之道",而且也很好地解释了帛书甲本为何将"圣"写成"声",而帛书乙本却将"圣"写成"耴",可见,它们原本就是一个口传语词声音的不同书写形态。更为重要的是,当我们将"圣"理解为"声"时,近些年,学术界关于《老子》第十九章的争议悬案也就可以了结了。尤其关于《老子》思想与儒家思想之间的文化关系也就可以确定了。老子的"本身所是"与孔子的"常身所是"是一种相生相灭的文化关系。在"真道"的文化价值之下,它们之间具有难以调和的内在矛盾。这样,传世本的"绝圣弃智""绝仁弃义""绝巧弃利",与竹简本的"绝知弃辩""绝巧弃利""绝伪弃虑"在文化意义上基本是一致的,它们都表示要"涤除""弃绝""抛弃"孔子所提倡的"仁义之道"。《老子·第二十章》云:"绝学无忧。"① 《老子·第四十八章》云:"为学日益,为道日损,损之又损,以至于无为。"② 这些也都显示了老子针对孔子"常身所是"的文化病根,结合神道传统的文化精神,开出了如何"涤除"这种"思之结症"的文化药方,以求达到"自然之道"的痊愈状态。

《老子·第四十六章》云:"祸莫大于不知足,咎莫大于欲得,故知足

---

① (魏)王弼注,楼宇烈校释:《老子道德经注校释》,中华书局 2008 年版,第 46 页。
② (魏)王弼注,楼宇烈校释:《老子道德经注校释》,中华书局 2008 年版,第 127—128 页。

之足，常足矣。"① 老子认为，最大祸害就是"不知足"，最大过错就是"欲得"，这里的"不知足""欲得"都针对"常身所是"的欲望状态，其"知足"都是指"本身所是"的无欲望状态，"常足"是永常知足，不是日常知足。满足欲望的常身知足会带来祸害罪过，满足无欲望的永恒知足才是真正的幸福快乐。《老子·第五十二章》云："塞其兑，闭其门，终身不勤。开其兑，济其事，终身不救。见小曰明，守柔曰强。用其光，复归其明，无遗身殃，是谓习常。"② 兑，说也。老子认为，一个人如果能堵住自己的嘴巴，自觉关闭自身的欲望之门，这种人终身都不会得病。马叙伦云："'勤'借为'瘽'，《说文》曰：病也。"③ 一个人要是张开充满嗜欲的嘴巴到处乱说，就会引发各种纷杂的事情，这样的人终身处于病态之中，是无药不可救的。如果能看到细微的无形无质的本身，这就叫"明"，能守住柔弱的本身，这就叫"强"。善于运用本身的"智能之光"，回归本身的"神明"，这样的人是不会给自身带来任何祸殃，这样的人才是真正能"依据本身"的人。很多学者在解释"常足""习常"的"常"时，通常将其解释为"常道"，这似有不妥。老子反对一般的"常道"，提倡"非常道"与"真常道"。所以这里的"常"是指"大常""永常""真常"，不是"日常"，即指代自然真灵的永驻状态，只有"真灵常驻"才是无始无终的真正永驻。也只有真灵永驻，这才是人真正的健康常态。只要这个永恒常驻的本身得到了满足，同时，依据本身所是的真常价值去为人做事，这样才能保持永远健康的自然心态，从而不会生病。

《老子·第二十二章》云："是以圣人抱一，为天下式。不自见故明，不自是故彰，不自伐故有功，不自矜故长。"④ 何谓"抱一"？"抱一"不是依据常身所是的存在，而是依据真灵一气的自然存在。何谓"天下式"？是指作为天下道心所是的最高依据或文化规定。圣人依据本身真一的灵魂状态来待人接物，所以能成为天下人心所是的最高范式。因为圣人不依据自我所见的东西为是，所以能"看得更加清楚"；圣人不是依据自我所是的东西为是，所以能"彰显自己的本身状态"；圣人不依据自我所夸耀的东西为是，所以能"有所成就"；圣人不依据自我所矜持的东西为是，所以能"长久存在"。圣人不仅善于"涤除"自身在世的常身病态，而且善于回归到自身的

---

① （魏）王弼注，楼宇烈校释：《老子道德经注校释》，中华书局2008年版，第125页。
② （魏）王弼注，楼宇烈校释：《老子道德经注校释》，中华书局2008年版，第139—140页。
③ 陈鼓应：《老子注译及评介》，中华书局2003年版，第266页。
④ （魏）王弼注，楼宇烈校释：《老子道德经注校释》，中华书局2008年版，第56页。

第三章　文化大传统与老子艺术精神

本身真常状态。因此，圣人才是真正能完全治愈自身在世之病的人，同时，圣人提倡本真回归的治疗方式也成为天下人治愈在世之病的最高良方。

### 三、"玄"的原初编码

何谓"玄"？在《老子》文本中，"玄"多次出现，如"同谓之玄"（一章）、"是谓玄牝"（六章）、"微妙玄通"（十五章）、"是谓玄德"（五十一章）、"是谓玄同"（五十六章），等等，可以说，老子自然之道的精神价值就直接体现在"尚玄"之中。

历代学者在讨论"玄"的文化意义时，大多依据各种传世文献文本与出土文献文本参证互释，往往只能得到"玄"的部分文化意义。而这种源自文字书写小传统的部分意义，却往往会遮蔽"玄"齐全不亏的文化意义与神圣编码。

如马叙伦《说文解字六书疏证》卷八、周谷城《古代对天地的认识：古史零证》都将"玄"解为"悬"。严一萍《楚缯书新考》认为玄色为"黑"。李孝定《金文诂林读后记》卷四认为，❀字就是"葫芦"。诸如"悬"之状、"黑"之色、"葫芦"之形，等等，都属于"玄"字意义的一部分。如果仅以此部分意义否认彼部分意义，这都是对"玄"文化意义的遮蔽释义。文学人类学提倡从文化大传统出发，通过各种出土的物质图像来发掘早期文化的原初编码，然后再利用文化的原初编码，重新审视文字出现以后的各级小传统文化编码，由此可以获得一种由整体到部分、由原初编码到派生编码的齐全文化意义。

"玄"字的早期书写图像，成为"玄"文化意义从文化大传统转变为书写小传统的关键阶段。我们搜罗了早期"玄"字的文字图像，诸如❀（金文编·师𡩫父鼎）、❀（说文解字·古文玄）、❀（古币文编·布空大玄）、❀（古币文编·邾公华钟）、❀（长沙子弹库帛书）、❀（汗简·碧落文）、❀（汗简·华岳碑）、❀（古文四声韵·古老子）、❀（古文四声韵·碧落文）、❀（古文四声韵·华岳碑），等等，这些"玄"字在文字图像方面，基本相似，代表了早期书写者在运用文字图像来展示"玄"的文化意义的第一个阶段。

发展到秦汉时期，"玄"字图像才出现了❀的新型图像样式。诸如❀（睡虎地秦简）、❀（汉印文字）、❀（石刻篆文·开母庙石阙）、❀（石刻篆文·汉娄寿碑额）、❀（石刻篆文·禅国山碑），等等。

"玄"字图像从❀初型图像到❀定型图像的文化转变现象，也表现在"兹"字的文字图像之中。"兹"的早期图像为❀❀（金文编）、❀❀（古币文编）、❀❀（古文四声韵），等等。到了秦汉时期，又与"玄"字一样，得到了同步发展，变为 ⌘（睡虎地秦简）、⌘（汉印文字）、⌘（石刻篆文），等等。

从文字图像来看，最初的"玄"字仅仅为 ⌘，表示两种相交的线条形成首尾融为一体的交融状态。后来的"玄"字图像，在 ⌘ 图像的基础上，只是增添了 ⌂，即一个微微向下的半圆形图像。也可以断定，"玄"字的 ⌘ 图像代表了"玄"文化的原初编码，而"玄"字的 ⌘ 图像是在 ⌘ 图像意义基础上发展演变而来的。

当"玄"的文化意义已经失落的时候，地下出土的考古实物与神话图像成为解开 ⌘ 的原初文化意义的新路径。在 21 世纪之初，文学人类学提出了"四重证据五重叙事"的方法论。四重证据是指传世文献、出土文献、活态口传与物质图像，五重叙事指代文字叙事、口传叙事、仪式叙事、物质叙事与图像叙事，其中物质图像与物质叙事、图像叙事成为史前无文字时期大传统文化意义的核心证据，这种物态叙事以历史事件的参与者身份，以及历史事件的见证者与参与者的文化身份在现代可以重述历史故事以及文化意义，也成为我们讲述中国早期历史文化（尤其是史前史）最为重要的文化资源。叶舒宪认为："无文字时代的文物与图像，有着文化意义的原型编码作用，可称为一级编码，主宰着这一编码的基本原则是神话思维。其次是汉字的形成，可称为二级编码或次级编码。"[①] 叶舒宪将无文字时期的文物与图像所承载的文化意义看成为"一级编码"，意味着史前图像的文化意义先于后起文字的相关意义，充分彰显了作为第四重证据的物质图像在讲述中国早期文化中的原初价值与编码意义。

华夏玉石文化发源于辽河流域的兴隆洼文化。黑龙江泰来东翁根山遗址出土了兴隆洼文化的二联璧（图 3-4-1）。从器型来看，二联璧玉器形状与早期的玄字图像 ⌘ 完全一致。还有黑龙江尚志市亚布力遗址出土的兴隆洼文化三联璧（图 3-4-2），是在二联璧的基础上，再向下延伸了一个圆璧形。此后，在辽宁省建平县牛河梁墓葬出土了红山文化的二联璧（图 3-4-3），以及在辽宁省阜新县胡头沟村墓葬出土了红山文化的三联璧（图 3-4-4）。栾丰实在《连璧试析》一文中搜罗了史前文化出土的各种联璧情况。[②]

长江上游的大溪文化出土的土鼓彩陶上（图 3-4-5），上面与下面都画有 ⌘ 纹图像。

---

[①] 叶舒宪等编：《文化符号学——大小传统新视野》，陕西师范大学出版社 2013 年版，第 6 页。
[②] 栾丰实：《连璧试析》，杨伯达主编：《中国玉文化玉学论丛·四编（上）》，紫禁城出版社 2006 年版。

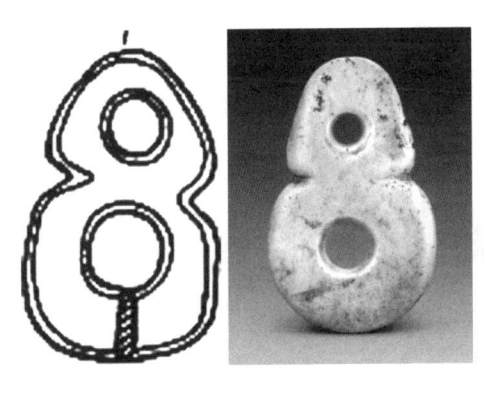

第三章　文化大传统与老子艺术精神　　621

**图 3-4-1　兴隆洼文化二联璧**

黑龙江泰来东翁根山遗址出土。摘自刘国祥：《东北文物考古论集》，科学出版社 2004 年版，第 328 页。

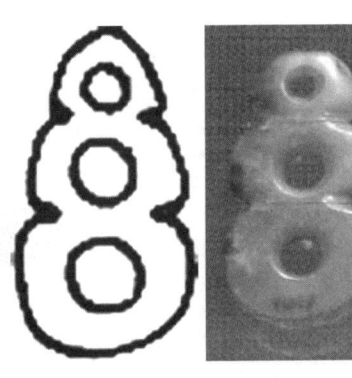

**图 3-4-2　兴隆洼文化三联璧**

黑龙江尚志市亚布力遗址出土。摘自刘国祥：《东北文物考古论集》，科学出版社 2004 年版，第 326 页。

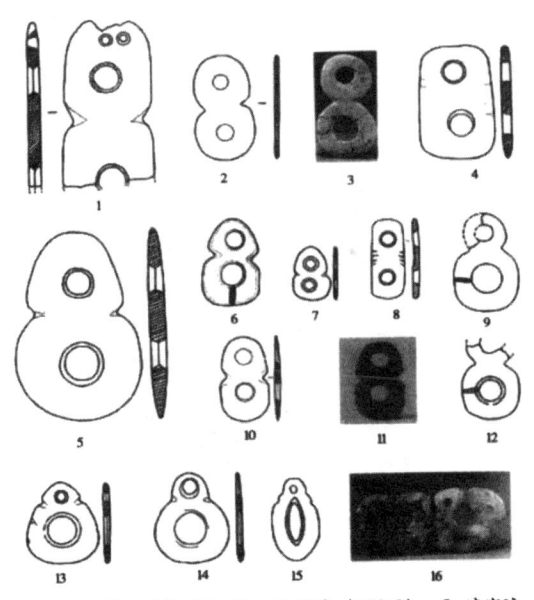

**图 3-4-3　红山文化二联璧**

辽宁省建平县牛河梁遗址收集。摘自辽宁省文物考古研究所编：《牛河梁——红山文化遗址发掘报告：(1983—2003 年度)》，文物出版社 2012 年版，图版三一八。栾丰实：《连璧试析》，杨伯达主编：《中国玉文化玉学论丛·四编(上)》，紫禁城出版社 2006 年版，第 369 页。

1. 牛河梁第五地点 (Z1:4)　2. 野店 (M22:8)　3. 凌家滩 (87M15:107)　4. 大汶口 (M47:11)　5. 牛河梁第二地点　6. 东翁根山　7. 张侯坨子　8. 花厅 (M45:30)　9、12. 毛郡西那山　10. 青墩 (T10:20)　11. 营盘山　13、14. 牛河梁二地点 (M21:6,7)　15. 亚布力　16. 牛河梁

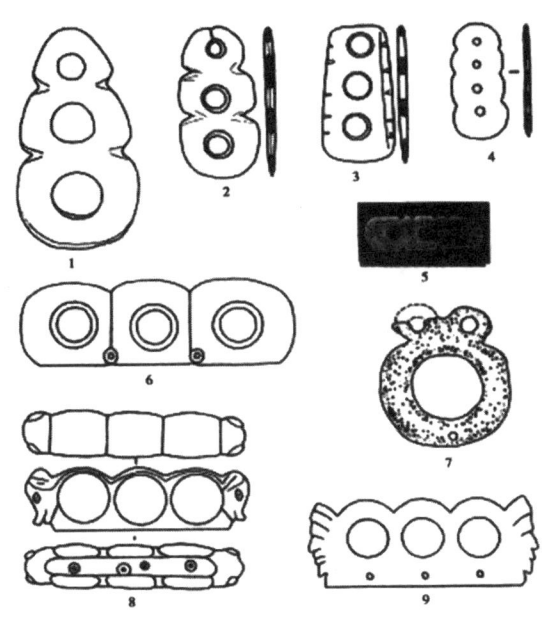

1. 亚布力　2. 胡头沟（M3—4）　3. 大汶口（M47:11）
4. 野店（M22:4）　5. 傅庄　6. 邢台　7. 刀青山
8. 牛河梁第 16 地点　9. 牛河梁

**图 3-4-4　红山文化三联璧**

辽宁省阜新县胡头沟村 3 号墓葬出土。摘自栾丰实:《连璧试析》，杨伯达主编:《中国玉文化玉学论丛·四编（上）》，紫禁城出版社 2006 年版，第 373 页。

**图 3-4-5　大溪文化玄纹彩陶**

摘自中国美术全集编辑委员会编:《中国美术全集·工艺美术编（一）·陶瓷（上）》，上海人民美术出版社 1987 年版，第 41 页，图五三。

**图 3-4-6　大汶口文化镂孔陶器**

1989 年江苏新沂县花厅遗址出土。（现藏南京博物院）摘自王然主编:《中国文物大典·铜器　陶器　石器　玉器卷》，中国大百科全书出版社 2001 年版，第 433 页。

大汶口文化出土的镂孔陶器（图3-4-6）腹中部和下腹部饰有凹凸纹，而且每一组镂孔结构形似一组双联璧。

浙江余杭良渚文化遗址瑶山出土的三叉器玉饰（图3-4-7）两端各有一个神人形象，代表的是阴阳二元文化，中间部位有一个兽面神徽，代表的是一元真气文化。整个三叉器蕴含了二元玄交，而产生一元的新型结构。

齐家文化的人面三孔器（图3-4-8），玉器的两面为人首纹饰，中间是镂孔的圆璧形状，意味着二元玄交，生成新的生命。

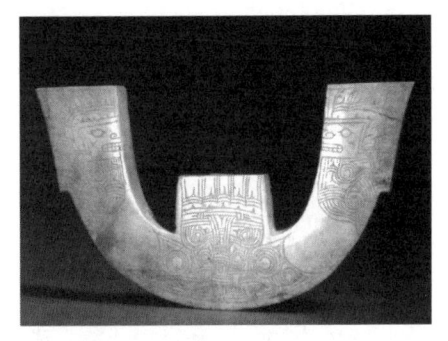

图3-4-7 良渚文化三叉器玉饰

浙江余杭瑶山出土。摘自中国国家博物馆编：《文物中国史（1）史前时代》，山西教育出版社2003年版，第97页。

图3-4-8 齐家文化人面三孔器

摘自许泳、许玉芹主编：《玉魂国魄》，河北美术出版社2016年版，第34页。

西周晚期的青铜盉（图3-4-9）腹部有双龙玄交，在交接处有一璧形意象。

春秋时代的双龙首玉璧（图3-4-10），在中部有一块玉璧，将两龙联结在一起。

两块战国时期出土的玉璜（图3-4-11）与玉环（图3-4-12），上部都是双龙首玉璜，而在双龙交接处的下部，都出现了一个新生命的象征性符号标志——玉环。

战国时期出土的云兽纹青玉璜（图3-4-13），两端是吐有元气的双兽首，而在中间，二兽交接，上面还雕有一个细小的玉兽。

战国出土的二龙衔璧（图3-4-14），两边是玉龙，中间二龙拱璧，体现了二龙生成和维护更为神圣的玉璧意象。

战国中山国出土的镶嵌在棺椁之上的棋盘浮雕石板（图3-4-15），在正四方都雕有数条虬龙盘旋交错，交合缠绕。棺椁死亡之中的生命想象都

图 3-4-9　西周晚期青铜盉

摘自陕西省考古研究院编：《芮国金玉选粹：陕西韩城春秋宝藏》，三秦出版社 2007 年版，图版 88。

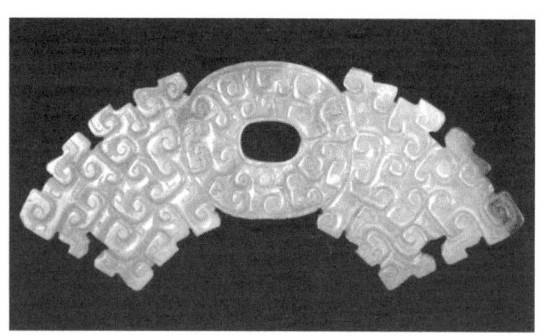

图 3-4-10　春秋时期双龙首玉璜

摘自古方主编：《中国传世玉器全集（1）·新石器时代 商 西周 春秋 战国》，科学出版社 2010 年版，第 183 页。（现藏天津博物馆）

图 3-4-11　战国时期玉璜

摘自杨培钧、陈长土：《古玉拾珍》，浙江古籍出版社 2008 年版，第 80 页。

图 3-4-12　战国时期玉环

摘自杨培钧、陈长土：《古玉拾珍》，浙江古籍出版社 2008 年版，第 113 页。

图 3-4-13　战国时期云兽纹青玉璜

1951 年河南辉县出土。（国家博物馆藏）

图 3-4-14　战国时期二龙衔璧

辉县琉璃阁乙墓出土。（现藏台北国立历史博物馆）摘自河南博物馆、台北国立历史博物馆编著：《辉县琉璃阁甲乙二墓器物图集》，大象出版社 2003 年版，第 262 页。

给8的早期图像带来了生命关联与神秘文化。1951年河南辉县出土的鎏金嵌玉镶琉璃银带钩（图3-4-16），两端铸成浮雕式的兽首，两侧为长尾鸟，正面中间镶嵌三块白玉玦，上下玉玦的中间，还镶嵌一粒半球形的珠子。从带钩的整体看来，其形状犹如一块三联璧。这也意味着任意两块都能形成一组8化运动。江陵天星观一号楚墓出土的四龙交尾座屏（图3-4-17）分为两组，每组是两龙交尾，都形成一个8形的联璧状态。战国出土的联璧（图3-4-18、3-4-19）上面玉璧稍小，下面玉璧稍大，分别用龙凤意象交接起来，形成了一个完整混沌的葫芦原型。上下玉璧展示二元结构，葫

**图 3-4-15　石六博棋盘玄龙图**

中山王族三号墓（M3:217）出土。摘自河北省文物管理所编：《战国中山国灵寿城：1975—1993年考古发掘报告》，文物出版社2005年版，彩版三九。

**图 3-4-16　战国魏鎏金嵌玉镶琉璃银带钩**

1951年河南辉县出土，中国国家博物馆藏。

**图 3-4-17　透雕四龙漆座**

战国中期湖北省江陵县天星观一号墓出土。（现藏荆州博物馆）摘自聂菲：《中国古代家具鉴赏》，四川大学出版社2000年版，彩图三四。

芦展示整体是一元的，充分体现了8形的二元一体文化意义。战国出土的龙形玉佩（图3-4-20）非常形象地诠释了二龙交合的文化精神。

1975年陕西咸阳秦一号宫殿遗址出土的秦代双龙三璧（图3-4-21），两边是二龙，中间是三联交尾的形象，形成了双龙环抱三璧的神话想象。

图 3-4-18　战国晚期至西汉早期联璧

摘自杨培钧、陈长土：《古玉拾珍》，浙江古籍出版社2008年版，第67页。

图 3-4-19　战国联璧

摘自杨培钧、陈长土：《古玉拾珍》，浙江古籍出版社2008年版，第73页。

图 3-4-20　战国龙形玉佩

河北省平山县三汲乡中山王墓出土。（现藏河北省文物研究所）摘自河北省文物研究所编：《譻墓——战国中山国国王之墓》（下），文物出版社1996年版，彩版二八。

图 3-4-21　秦双龙三璧

1975年陕西咸阳秦一号宫殿遗址出土。（国家博物馆藏）

第三章　文化大传统与老子艺术精神　　　　627

盱眙大云山出土人体上面放置了三块玉璧（图3-4-22），下面也放置了三块玉璧，不仅上部平面形成三联交璧的意象，而且上下玉璧也构成相交的神话意象，其中8交合的神话意味无穷。

**图3-4-22　人体上面三块玉璧，下面三块玉璧**
西汉，盱眙大云山出土。（胡建升摄于南京博物院）

汉代画像石保留了很多8形图像（如图3-4-29）。汉画像石的人首龙身相交图（图3-4-23），在相交部分正好构成了8的图像形状。汉画像石的双龙交尾图（图3-4-24），在双龙交尾时，身体缠绕在一起，也形成了8的二联或三联图像形状。汉代武氏祠左石室后壁小龛西侧画像（图3-4-25），俗称为伏羲、女娲交尾图，伏羲、女娲交尾时，双尾交缠，也成了8的形象图示。汉代画像石的四龙交尾图（图3-4-26），四龙身体完全缱绻在一起，形成了极为复杂壮观、多面纷呈的8形图像。

安丘汉墓前室封顶石南段画像的交尾图（图3-4-27），人首龙身相交而形成极为清楚的8联璧图像。马王堆汉墓T形帛画的中心部分（图3-4-28），赤白二龙玄交，形成一个8形，同时，在中间生成一块玉璧，是玄璧相生的最佳神话图像。

岱庙出土的二龙交璧画像石（图3-4-30），周围是二龙相交环绕，中间生成了一块神话玉璧，也是一体二元的神话结构。汉代画像砖上的伏羲女娲交尾图（图3-4-31），上有日月叠璧的图像，中间是伏羲女娲交尾，代表天地交通，阴阳相交，8化新生。河南新野张楼与河南南阳熊营汉代画像石上的交璧图（图3-4-32），玄象也是极为明显。

徐州汉画像石的二龙穿璧（图3-4-33），二龙多次交尾，每次交尾

图 3-4-23　人首龙身相交汉画像石
摘自中国画像石全集编辑委员会编:《中国画像石全集（1）·山东汉画像石》，山东美术出版社2000年版，第20页。

图 3-4-24　双龙交尾汉画像石
摘自中国画像石全集编辑委员会编:《中国画像石全集（1）·山东汉画像石》，山东美术出版社2000年版，第40页。

图 3-4-25　伏羲、女娲交尾汉画像
汉代武氏祠左石室后壁小龛西侧画像。摘自中国画像石全集编辑委员会编:《中国画像石全集（1）·山东汉画像石》，山东美术出版社2000年版，第56页。

图 3-4-26　四龙交尾汉画像石
摘自中国画像石全集编辑委员会编:《中国画像石全集（1）·山东汉画像石》，山东美术出版社2000年版，第71页。

第三章 文化大传统与老子艺术精神 629

**图 3-4-27 交尾图**

安丘汉墓前室封顶石南段画像。摘自中国画像石全集编辑委员会编：《中国画像石全集（1）·山东汉画像石》，山东美术出版社 2000 年版，第 99 页。

**图 3-4-28 马王堆汉墓 T 形帛画**

摘自裘锡圭主编：《长沙马王堆汉墓简帛集成》（柒），中华书局 2014 年版，第 325 页。

**图 3-4-29 交璧悬空**

摘自蒋宏杰等：《河南南阳陈棚汉代彩绘画像石墓》，《考古学报》2007 年第 2 期。

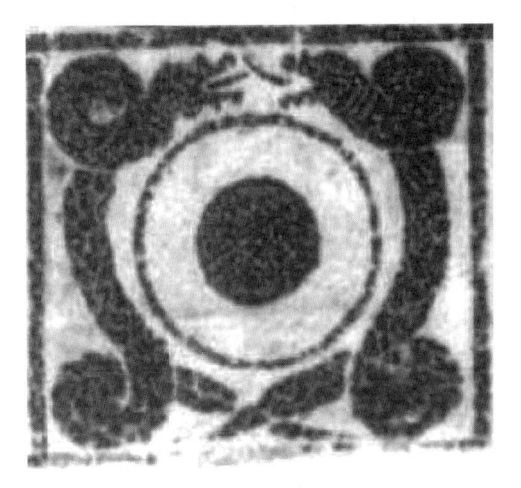

**图 3-4-30 二龙交璧画像石**

摘自刘慧、张玉胜：《岱庙汉画像石》，山东画报出版社 1998 年版，图版 27。

**图 3-4-31　伏羲女娲交尾图**
汉代画像砖,四川郫县一号石棺。摘自中国画像石全集编辑委员会编:《中国画像石全集(7)·四川汉画像石》,山东美术出版社 2000 年版,第 99 页。

**图 3-4-32　汉代画像砖**
河南南阳熊营汉画像石墓。摘自韩玉祥、李陈广主编:《南阳汉代画像石墓》,河南美术出版社 1998 年版,第 162 页。

都会产生一个类似玉璧的神话意象,二龙与玉璧也构成合二为一的神话意象。

新莽时期的双龙衔璧图(图 3-4-34)犹如二龙戏珠图,意味着二龙交合而生珠璧。

河南洛阳烧沟 61 号汉墓前后室之间隔梁上的天门御龙图(图 3-4-35),二龙在天门两侧,天门上部是五联璧的神话意象,这也意味着二龙交合才能开启天门之路。这里的五个玉璧可以象征为天门大开的意思。

在隋代的双龙交尾图中(如图 3-4-36),玉璧虽然隐藏不见了,但二龙缠绕玄交的8化图像还是非常形象。

新疆维吾尔自治区博物馆藏的唐代伏羲女娲交尾图(图 3-4-37),图像色泽清楚,上下有日月意象,周边环绕着星宿图像,展示了一幅天气、天象的玄冥至境。这其中伏羲与女娲的男女形象清晰可辨,他们肥硕的尾部交缠纠结在一起,形象地展示了日月叠璧的天气阴阳的8化交合美景。

第三章　文化大传统与老子艺术精神　　631

**图 3-4-33　二龙穿璧**
徐州汉画像。摘自武利华编：《徐州汉画像石》，线装书局 2001 年版，第 135 页。

**图 3-4-34　双龙衔璧图**
新莽时期壁画。摘自王绣摹绘：《洛阳汉代彩画》，河南美术出版社 1986 年版，第 43 页。

**图 3-4-35　天门御龙图摹本**

河南洛阳烧沟 61 号汉墓前后室之间隔梁上的装饰。摘自王绣、霍宏伟：《洛阳两汉彩画》，文物出版社 2015 年版，第 85 页。

**图 3-4-36　双龙交尾**

隋，1953 年河北赵县出土，国家博物馆藏。

还有古人绘制的伏羲女娲交尾图，神话意蕴极为明显。在伏羲与女娲之间，还画了一个小孩的神话意象，这也意味着阴阳交合就能生产出全新的生命意象。

唐代道教代表人物吕洞宾以图像的方式展示了道教文化对８化交合的神话想象（图 3-4-38）。８中上部为离卦☲，下部为坎卦☵，离日坎月，日月８交，生成"玄牝"之"一"，然后再生成为宇宙之初的太极图像◯。

清代的三连玉环（图 3-4-39），两边玉环相对，而生成中间的玉环，也充满了玄虚之意味。

纳西族的玄览图（图 3-4-40），作法者通过各种法术手段能够获得玄通的神灵状态，这意味着作法者已经获得了特殊的神性力量。

古老的８化运动，阴阳交合，由此而生成全新生命的神话故事依旧在

第三章　文化大传统与老子艺术精神　　633

**图 3-4-37　伏羲女娲交尾图**

唐西州时期。吐鲁番阿斯塔那墓地出土。（现藏吐鲁番博物馆）摘自李萧主编：《吐鲁番文物精粹》，上海辞书出版社 2006 年版，第 153 页。

**图 3-4-38　玄牝图**

"取将坎位心中实，点化离宫腹里阴。"虚无之谷，天地之根，玄之又玄，众妙之门。（清）刘体恕辑，邵志琳增辑：《吕祖全书》卷二十二，清乾隆四十年武林王履阶刊本。

**图 3-4-39　清代三连玉环**

云南省昆明市刘家山出土。（现藏于云南省博物馆）摘自古方主编：《中国出土玉器全集（12）云南　贵州　西藏》，科技出版社 2005 年版，第 170 页。

**图 3-4-40　纳西族玄览**

1930 年收集。（美国国会图书馆藏）

日常生活中流传着。诸如河南登封民居的侧面绘有日月的二元意象（图3-4-41），中间是一个巨神的神话意象，也体现出的阴阳交通、生命更新的文化观念。还有如贵州苗家妇女太阳牛角银冠上面饰有二龙戏珠意象（图3-4-42），二龙是阴阳的象征，玉珠是⓼化之后的新生表征。

玛雅文明的"梦幻之蛇"（图3-4-43）也是二元一体的神话意象。上部神蛇张口在吞噬一名武士，下部神蛇张口在吞噬艾克索克夫人。神话吞噬行为代表的生命力量的交合行为，既是死亡的象征，也是再生的来临。

阿兹特克人在胸饰上镶嵌绿松石由此打磨而成的双兽蛇（图3-4-44），两边是蛇头，中间蛇身拱曲，犹如生命玄交融合，产生全新的生命力量。据说这种绿宝石蛇是休扣特尔神的神话形象，在阿兹特克的神话中，绿宝石蛇把东方升起的太阳带到正午的天顶。①

各种考古出土与传世文化的物质图像充分展示了，从无文字大传统文化到文字书写小传统文化都贯穿着宇宙"玄"化的文化意义与神圣编码。在早期图像文化中，男（坎、日）像为阳，女（离、月）像为阴，男女交尾，或雄龙雌龙交合，以及日月叠璧等神话意象，是宇宙间活态的⓼化神话活动，都用这些可见的神话图像展示了不可见的运化现象，表示了天地宇宙间（包括人体、万物）的阴阳交合，由此而生化、更新万物的生命意义与神圣力量。马王堆帛书《十六经·观》记录了宇宙阴阳在天地之间的交会、交合神话。黄帝曰："群群□□□□□□为一囷。无晦无明，未有阴阳。阴阳未定，吾未有以名。今始判为两，分为阴阳，离为四时，□□□□□□□□□□因以为常。其明者以为法，而微道是行。行法循□□□牝牡。牝牡相求，会刚与柔。柔刚相成，牝牡若刑（形）。下会于地，上会于天。得天之微，时若□□□□□□□□□待地气之发也，乃萌者萌，而孳者孳，天因而成之。"②宇宙原本就是"一囷"无分未判的混沌状态，然后分化为阴阳二气，产生了天地、四时、五行、八卦、九宫等诸多的后天形式，而这种原初生命的神圣力量就贯穿在阴阳四时交会的运化之中。因此，天地之间，男女相交，"牝牡相求""柔刚相成"等阴阳运化现象都演绎了自然原初的阴阳交会、流行对待的神话原型与原初编码。当然，宇宙之间的阴阳交会受到自然四时的约束，是一种随时而为的自然造化行为。"下会于地，上会于天"，揭示出了阴阳相交神话的天极状态（月窟）与地户状态（天根），神圣的生命力量在天极与地户的阴阳交会中，

---

① [英]琼斯、莫里努：《美洲神话》，余世燕译，新世纪出版社2011年版，第161页。
② 裘锡圭主编：《长沙马王堆汉墓简帛集成》（肆），中华书局2014年版，第152页。

第三章　文化大传统与老子艺术精神　　635

**图 3-4-41　中国民居侧面体现出来的阴阳交通观念的文化符号**
河南登封。摘自靳之林:《中国工艺美术》,五洲传播出版社 2004 年版,第 58 页。

**图 3-4-42　二龙戏珠**
贵州苗家妇女太阳牛角银冠。摘自靳之林:《中国工艺美术》,五洲传播出版社 2004 年版,第 68 页。

**图 3-4-43　梦幻之蛇（玛雅文明）**

摘自［美］戴尔·布朗主编：《辉煌、瑰丽的玛雅》，张燕译，华夏出版社2002年版，第75页。

得到自然更新，使万物生命能够重新回归到生命之初，成为永不衰竭的生命源泉。🞼化生命图像符号的原初图像是自然阴阳相会而释放出来的原初真元一气的文化力量，而阴阳相会的原初意义与神圣编码乃是生命本源、阳性之根。它永远是活力十足，能够不断地演绎出宇宙间最原初的洪荒之力。也可以说，生命在于🞼化。

玄字的原初文字图像🞼所揭示的，是原初人对宇宙阴阳交会所产生的生命力量与灵魂之根的原初想象。西周晚期三门峡虢季墓出土的组玉佩（图 3-4-45）中，上面由两块玉璜组成的联璧与以下的玉璜通过玉珠的勾连构成了多联璧的玄化神话图像，也是🞼运动想象的实物图像。后来，玄字在🞼图像上加有▲图像符号，玄字图像也由🞼变为𢆯。从出土玉佩组合来看（图 3-4-46），玄字的图像变化揭示了由"玄"到"玄黄"（𢆯是由代表玄的🞼与代表黄的▲组合而成的）的文化观念变迁。在西汉南越王墓出土的南越王赵眜组玉佩中，中间玉璧的下方有两块玉璜，最下端还有一个🞼玄形符号与玉璜符号▲所构成的𢆯形后期图像。

综合运用考古出土与传世文本的实物图像，充分展示了🞼玄的原初意

第三章　文化大传统与老子艺术精神　　637

图 3-4-44　绿宝石蛇

阿兹特克文化。摘自 [英] 琼斯、莫里努：《美洲神话》，余世燕译，新世纪出版社 2011 年版，第 161 页。

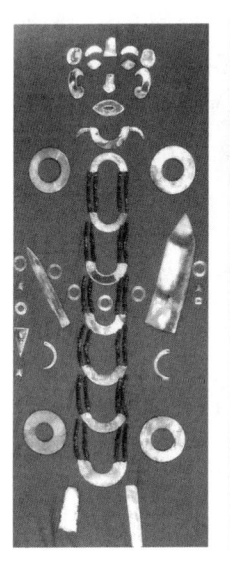

图 3-4-45　三门峡虢国墓出土组玉佩（西周晚期）（左图）

图 3-4-46　南越王赵眛组玉佩（右图）

西汉南越王墓出土（D166），长约 60 厘米，由 32 个饰件组成，自胸至膝，覆盖在玉衣之上。墓中共出土 11 套玉佩，以这一套最为精美华丽。摘自广州市文物管理委员会、中国社会科学院考古研究所、广东省博物馆编：《西汉南越王墓》（下），文物出版社 1991 年版，彩版四。

义与神圣编码，即是阴阳相会相交而生的原初生命力量与元始灵魂本根。我们可以运用天地相会、日月叠璧的阴阳运化与生命力量，来综合阐释文字书写小传统中关于"玄"的文化意义。

神话阴阳之气的相会相交可以产生全新的太极力量〇，这是发源于神圣之道，也是神道力量的齐全传递。因此，"玄"𓆙就是"道"〇。老子以"尚玄"来阐释神道的文化特征,历代学者甚至就直接将"玄"释为"道""德"或"道之本"。如《后汉书·张衡传》"乃作《思玄赋》",李贤注:"玄,道也,德也。"①《文选·孙绰〈游天台山赋〉》"忽即有而得玄"吕向注:"玄,道也。"②《庄子·胠箧》"而天下之德始玄同矣"成玄英疏:"玄,原也,道也。"③李白《大鹏赋》"参玄根以比寿"王琦辑注:"玄根,道之本也。"④

清阳上升,聚而成天。"天"成为阳性力量与生命起源的发源之处,"玄"发源于天,故有"天玄"之称。如《周礼·考工记》:"天谓之玄。"⑤《老子》"同谓之玄"(一章)、"是谓玄牝"(六章)、"微妙玄通"(十五章)、"是谓玄同"(五十六章)、"是谓玄德"(六十五章)河上公注:"玄,天也。"⑥《尚书·禹贡》"禹赐玄圭"孔安国传:"玄,天色也。"⑦《礼记·曾子问》"执束帛"孔颖达疏:"玄是天色。"⑧《后汉书·张衡传》"常耽好玄经"李贤注:"玄者,天也,道也。"⑨

清阳之极,清阳化为浊阳,由天而降,这就是成了天降玄鸟的神话传说。天阳为甲,天阴为乙,故玄鸟又被释为"鳦鸟""乙鸟"。如《诗经·商颂·玄鸟》"天命玄鸟"毛传云:"玄鸟,鳦也。"⑩《楚辞·天问》洪兴祖补注云:"玄鸟,鳦也。"⑪《太玄·晦》"玄鸟维愁"司马光集注引小宋曰:"玄鸟,乙也。"⑫"玄"为阴阳相交而生的生命力量与神圣灵根,故"玄"被释为"神"。如《太玄·玄告》:"玄者,神之魁也。"⑬《太玄·中》"神战

---

① (南朝宋)范晔撰:《后汉书》,中华书局1965年版,第1914页。
② (梁)萧统编,(唐)李善等注:《六臣注文选》,中华书局1987年版,第213页。
③ (清)郭庆藩撰,王孝鱼点校:《庄子集释》,中华书局1961年版,第356页。
④ (唐)李白撰,(清)王琦注:《李太白全集》,中华书局1999年版,第10页。
⑤ (汉)郑玄注,(唐)贾公彦疏,(唐)陆德明释文:《周礼注疏》,北京大学出版社2000年版,第1305页。
⑥ 王卡点校:《老子道德经河上公章句》,中华书局1993年版,第2、21、57、217、255页。
⑦ (汉)孔安国传,(唐)孔颖达疏:《尚书正义》,北京大学出版社2000年版,第204页。
⑧ (汉)郑玄注,(唐)孔颖达疏:《礼记正义》,北京大学出版社2000年版,第662页。
⑨ (南朝宋)范晔撰:《后汉书》,中华书局1965年版,第1898页。
⑩ (汉)毛亨传,(汉)郑玄笺,(唐)孔颖达疏:《毛诗正义》,北京大学出版社2000年版,第1700页。
⑪ (宋)洪兴祖著,白化文校:《楚辞补注》,中华书局1983年版,第106页。
⑫ (汉)扬雄撰,(宋)司马光集注,刘韶军点校:《太玄集注》,中华书局1998年版,第142页。
⑬ (汉)扬雄撰,(宋)司马光集注,刘韶军点校:《太玄集注》,中华书局1998年版,第215页。

于玄"范望注:"心藏神内为玄。"①

天阳随着真阴而下降,阴气带着神圣力量下降到地底下,沉入水中,故"玄"为"水气"或"水"。天水为癸,故又称天癸,即天一生水的本真之水与生命源头。如《楚辞·九叹·离世》"玄舆驰而并集兮"王逸注:"玄者,水也。"②《素问·五运行大论》"玄天之气"张志聪集注:"玄,黑色,水之气也。"③《文选·张衡〈西京赋〉》"黑水玄止"吕延济注:"水色黑,故云玄也。"④《史记·夏本纪》"赐禹玄圭"张守节正义:"玄,水色。"⑤《淮南子·修务》"执玄鉴于心"高诱注:"玄,水也。"⑥

天阳化为地下"水气",属于天火化为地水,因此将"玄"释为赤黑色,表明阴阳相交、颜色相杂。如《说文解字》云:"玄,幽远也。黑而有赤色者为玄。象幽而入覆之也。"⑦《诗经·豳风·七月》"载玄载黄"毛传:"玄,黑而有赤也。"⑧《诗经·小雅·何草不黄》"何草不玄"郑玄笺:"玄,赤黑色也。"⑨《梦溪笔谈》卷三:"玄,乃赤黑色。"⑩《梦溪笔谈·补笔谈》卷一:"玄,赤黑,象天之色。"⑪

地下之阳气下沉,外阴内阳,因此,水的颜色是黑色的,故"玄"又可释为黑色。如《大戴礼记·夏小正》:"玄也者,黑也。"⑫《楚辞·九叹·远逝》"垂明月之玄珠"王逸注:"黑光曰玄也。"⑬《汉书·扬雄传上》"以玄尚白"颜师古注:"玄,黑色也。"⑭《论语·尧曰》"敢用玄牡"皇侃疏:

---

① (汉)扬雄撰,(晋)范望注:《太玄经》,上海古籍出版社1990年版,第5页。
② (宋)洪兴祖著,白化文校:《楚辞补注》,中华书局1983年版,第288页。
③ (清)张志聪集注,方春阳等点校:《黄帝内经集注》,浙江古籍出版社2002年版,第463页。
④ (梁)萧统编,(唐)李善等注:《六臣注文选》,中华书局1987年版,第54页。
⑤ (汉)司马迁:《史记》,中华书局1963年版,第77页。
⑥ 刘文典撰:《淮南鸿烈集解》,中华书局1989年版,第658页。
⑦ 王平、李建廷编著:《〈说文解字〉标点整理本(附分类检索)》,上海书店出版社2016年版,第98页。
⑧ (汉)毛亨传,(汉)郑玄笺,(唐)孔颖达疏:《毛诗正义》,北京大学出版社2000年版,第582页。
⑨ (汉)毛亨传,(汉)郑玄笺,(唐)孔颖达疏:《毛诗正义》,北京大学出版社2000年版,第1111页。
⑩ (宋)沈括:《梦溪笔谈》,上海古籍出版社2015年版,第16页。
⑪ (宋)沈括:《梦溪笔谈》,上海古籍出版社2015年版,第189页。
⑫ (汉)戴德撰,(北周)卢辩注:《大戴礼记》,中华书局1985年版,第42页。
⑬ (宋)洪兴祖著,白化文校:《楚辞补注》,中华书局1983年版,第293页。
⑭ (汉)班固:《汉书》,中华书局1964年版,第3566页。

"玄，黑也。"①《礼记·郊特牲》"齐之玄也"孔颖达疏："玄，阴色，鬼神幽阴，故齐者玄服所以用玄冠之衣义也。"②

地阳下沉至极，以至于渊深幽远，然后才由阴极而升，故"玄"又成为"幽远""幽寂""幽微""幽潜""幽深"的代名词。如《申鉴·杂言下》："幽深谓之玄。"③《尚书·舜典》"玄德升闻"孔安国传："玄谓幽潜，潜行道德。"④《庄子·天地》"玄古之君天下"成玄英疏："玄，远也。"⑤《庄子·大宗师》"闻之玄冥"成玄英疏："玄者，深远之名也。"⑥《荀子·解蔽》"水执玄也"杨倞注："玄，幽深也。"⑦《后汉书·马融传》"则玄林包竹"李贤注："玄，犹幽也。"⑧《后汉书·冯衍传下》"大老聃之贵玄"李贤注："玄者，幽寂之谓也。"⑨《太玄·玄数》"神玄冥"范望注："玄，取其幽微。"⑩《素问·阴阳应象大论》"其在天为玄"张志聪集注："玄，幽远也。"⑪

阴极水气所在的地理方位是北方，故"玄"又成为"北方"的代表颜色。如《吕氏春秋·有始》："北方曰玄天。"⑫《庄子·大宗师》"以处玄宫"成玄英疏"玄者，北方之色。"⑬《文选·扬雄〈羽猎赋〉》"处于玄宫"李善注："玄，北方也。"⑭在传世典籍中，北方之神有玄帝、玄武，北方水神为玄冥，北方之宫为玄宫。子时处于虚危之次为玄枵，《尔雅·释天》"玄枵，虚"郝懿行义疏引《分野略例》："自须女八度至危十五度，于辰在子曰玄枵也。玄者黑，北方之色；枵者，耗也。十一之时，阳气在下，阴

---

① （梁）皇侃撰，高尚榘校点：《论语义疏》，中华书局2013年版，第517页。
② （汉）郑玄注，（唐）孔颖达疏：《礼记正义》，北京大学出版社2000年版，第964页。
③ （汉）荀悦撰，（明）黄省曾注，孙启治校补：《申鉴注校补》，中华书局2012年版，第193页。
④ （汉）孔安国传，（唐）孔颖达疏：《尚书正义》，北京大学出版社2000年版，第60页。
⑤ （清）郭庆藩撰，王孝鱼点校：《庄子集释》，中华书局1961年版，第404页。
⑥ （清）郭庆藩撰，王孝鱼点校：《庄子集释》，中华书局1961年版，第257页。
⑦ （清）王先谦撰，沈啸寰、王星贤点校：《荀子集解》，中华书局1988年版，第405页。
⑧ （南朝宋）范晔撰：《后汉书》，中华书局1965年版，第1958页。
⑨ （南朝宋）范晔撰：《后汉书》，中华书局1965年版，第1002页。
⑩ （汉）扬雄撰，（晋）范望注：《太玄经》，上海古籍出版社1990年版，第90页。
⑪ （清）张志聪集注，方春阳等点校：《黄帝内经集注》，浙江古籍出版社2002年版，第41页。
⑫ 许维遹撰，梁运华整理：《吕氏春秋集释》，中华书局2009年版，第277页。
⑬ （清）郭庆藩撰，王孝鱼点校：《庄子集释》，中华书局1961年版，第250页。
⑭ （梁）萧统编，（唐）李善等注：《六臣注文选》，中华书局1987年版，第167页。

气在上，万物幽死，未有生者，天地空虚，故曰玄枵也。"①

原初真一灵魂与元气生命之根是"玄"化运动的原初编码与齐全意义，其与"神道""神天""神"（阴阳不测谓之神）具有同样齐全的神圣力量。玄鸟、黑色、北方、幽远、真水等诸多神话意象与传统意义，都属于次级编码与派生意义，也都贯穿了阴阳"玄"化的原初力量与神圣编码。

### 四、玄览：不可见的齐全本身的可见显现

老子云："涤除玄览，能无疵乎？"是指要"涤除"在世常身所是的气质心性，从而通达"玄览"的齐全状态，这样就能治愈自身在世的人为病痛。"玄"的原初编码与神圣力量是指宇宙之间自然阴阳之气的相会相交。在阴阳运化的电光之中，宇宙万物可以生成齐全本然的生命力量与灵魂之根。可见，"玄"是阴阳造化的原初之灵，属于日月叠璧的新陈代谢活动，直接指向了老子之道的本身状态或自然真灵。

何谓"玄览"？王弼注云："玄，物之极也。言能涤除邪饰，至于极览，能不以物介其明，疵其神乎？则终与玄同也。"②王弼认为，"玄"是原初之灵物，如果能涤除在世所有的各种邪伪之饰，以至于能够摆脱各种有形之物的遮蔽与干预，这样就能使原初神明趋于齐全完好的状态，正因如此，自身就可看到原初灵物的自然存在了，自身与"玄灵"达到了高度一致。可见，"玄"是指称被常身深深遮蔽的"本身"，是"自然之道"被常身打入冷宫之后的幽冥状态。同时，"玄"的生命力量在渊深的精水之中下沉得越深，这意味着自身的生命力越旺盛，这种"玄"的幽深形象代表本身以幽寂、幽潜为特征的文化形象。"览"在此有两种文化意义：一表示"观看"，那么，这意味着"谁"看到"谁"呢？毫无疑问，这里的"观看"是指这个沉沦于"常身"状态的"我"，在诊断了自身现在所处的病情之后，下定决心拨开重雾，产生了生命畏惧的良知后悔，从而在弃绝常身之后，"我"看到了那个真正的"自然本身"。前一个"我"，指代那个抛弃了"常身所是"的自身；后一个"自己"，指代那个被"常身"打入冷宫的"本身"，即那个无家可归的、四处飘零、无形无质的"原初真灵"。二表示"显示"或"显现"，那么，这意味着"谁"显现在"谁"的面前呢？应该是指作为本身的"自己"显现在"我"的面前，当原初的本身出现了，这意味着

---

① （清）郝懿行著，安作璋主编：《郝懿行集》（四），齐鲁书社 2010 年版，第 3323—3324 页。

② （魏）王弼注，楼宇烈校释：《老子道德经注校释》，中华书局 2008 年版，第 23 页。

自身达到了"神显"的状态了。自身"涤除"了常身所是的世界依据，通达了"玄览"的神显状态，即达到了"本身"的齐全状态，这种齐全状态依据本身所是而如本身所是地践行本身。

当自身通达了齐全的本身状态，一方面常身的遮蔽状态被解蔽了，另一方面本身从常身的阴影中释放出来，自身能够"玄览"到本身的真灵存在，领会了自身的本真状态。《老子·第十五章》云："古之善为道者，微妙玄通，深不可识。夫唯不可识，故强为之容。豫兮若冬涉川，犹兮若畏四邻，俨兮其若客，涣兮若冰之将释，敦兮其若朴；旷兮其若谷；混兮其若浊。孰能浊以静之徐清？孰能安以久动之徐生？保此道者不欲盈。夫唯不盈，故能蔽而不（新）成。"① 本章第一句傅奕本、帛书本作"古之善为道者"，河上公本、王弼本、竹简本作"古之善为士者"，观照整章，"善为道者"要比"善为士者"意义更为贴切，更符合老子的本真思想。这一段文字的意思为：古代善为道的上士能够通达极为玄妙的"道心"，通达极为幽深的"本身"。正是因为"道"（或本身）是无形的，是难以认知的，甚至是不可以人的意识状态来认知的，所以只能强行描述通达了玄道时的文化情状。小心啊，犹如在冬天过河；慎微啊，犹如畏惧邻邦；严肃啊，犹如为宾客；放松啊，犹如冰之将融；敦厚啊，犹如本身之朴素；旷达啊，犹如幽谷；混沌啊，犹如浊水。谁能够由清而浑浊，最终又能慢慢由不清不浊逐渐变得澄清呢？谁能够因安而动，最终逐渐获得完全的新生状态呢？只有那种能够保持"道心"的圣人，他们不会让自身的欲望填充自己。也只有放弃自身之欲，才能够回归到本身真灵状态，而致使自身不再产生新的欲望。

关于本章的最后一句，各种版本在文字上有所差异，如河上公本作"夫唯不盈，故能蔽不新成。"王弼本作"夫唯不盈，故能蔽不新成。"傅奕本作"夫惟不盈，是以能敝而不成。"帛书本作"是以能敝而不成。"② 陈鼓应依据易顺鼎将此句改为"夫唯不盈，故能敝而新成。"并将其翻译为："只因为他不自满，所以能去古更新。"③ 陈鼓应强改经文，致使本句的意思发生很大的变化。尽管这些书写文本的文字表述存在一些出入，但是其意义还是很明确的，基本还能够保持一致。正是由于"有道的上士"，

---

① 刘笑敢：《老子古今：五种对勘与析评引论》，中国社会科学出版社2009年版，第219—220页。
② 刘笑敢：《老子古今：五种对勘与析评引论》，中国社会科学出版社2009年版，第219—220页。
③ 陈鼓应：《老子注译及评介》，中华书局2003年版，第122页。

他们能不依据自身之欲而行事，所以能让"蔽"不再出现。有道之人放弃了常身所是的欲望，释放出来的是本身所是的生命状态，所以应该是以"本身所是"取代了"常身所是"，以"本身"贯通于"常身"，以"无欲"取代"有欲"。那么，是什么"不新成"或"不成"呢？当然是"常身所是的欲望"，本身取代了常身状态，这意味着"常身欲望"再也不会生成了。陈鼓应将其解释为"去古更新"，意思显得极为模糊，至于去除了什么"古"，成就了什么"新"，这两方面都是两可不清的，而且这里的"成新"明显与文本中的"不新成""不成"是不相合的。

"涤除"自身的在世之欲，通达"玄览"的神明状态和齐全真灵，就可以治愈自身之病，并获得自在本身，从而达到圆融的神显状态。现代医学的"精神治疗"就充分借鉴了这一生存智慧，注重利用自身精神的文化转换来治疗精神病人。美国学者欧文·亚隆在《诊疗椅上的谎言》一书中说："马歇尔与其他心理医生所在乎的是，病人改变的深度。深度才是一切。全世界的精神分析医生都知道，挖掘得越深，治疗就越有效。'越深越好'，马歇尔可以听见他自己的老师这么说：'深入到最古老的意识领域，进入到原始的感觉，远古的幻想，回到最早层的回忆，只有如此，才能完全根除精神官能症状，有效达成精神分析的疗愈。'"① 精神病医生强调，只有深入挖掘病人自身的"最古老的意识""原始的感觉""远古的幻想""最早层的回忆"等，才能治疗好病人。这种治病理念是利用了人先天具有的"本身"状态或集体无意识状态，来驱逐在世所有的各种欲望和官能症状，从而获得自身精神的齐全愈合，恢复本身所是的生命状态。

身居现世之中的北方萨满又是如何来"涤除"自身在世的人心状态呢？又是如何来通达"玄览"的神明之心呢？在《原始活态文化——萨满教透视》一书中，郭淑云描绘了北方萨满如何"收心"的文化活动。其云："往昔，北方诸族萨满十分注重自身功法的涵养，每逢氏族大祭前，萨满要远离族人，在能见到星光、日光，空气清新的山上搭起帐篷，分房独居，渴饮山泉水，饥食野牲、野物，夏用江水，冬用雪水净身，每天还要饮牲禽的鲜血，忘却日常生活的诸多琐事，静心安排即将开始的氏族祭神大典。萨满静住荒野，实为'收心'之意，仿佛又回到了蛮荒的古代，这是野性的磨炼，野性的召唤！"② 又云："无论是常例祭，还是临时性祭祀，都要由萨满

---

① [美]欧文·亚隆:《诊疗椅上的谎言》，鲁宓译，四川大学出版社2006年版，第173页。
② 郭淑云:《原始活态文化——萨满教透视》，上海人民出版社2001年版，第112页。

选择吉日。有些民族的某项常例祭已有了确定祭期，但这毕竟是在长期的发展中逐渐形成的，一般来说具体祭祀时间要由老萨满提前卜定。这一方面是为了卜择吉日，另一方面是为了提前进行各方面的准备，通知同族人届时参加，并捕猎鲜活的禽兽作祭品。同时，萨满还要洁身，甚至远离部落所在地，在山间建茅房居住，以便静心准备祈神诸事。"①萨满的"收心""静心"是指代什么呢？萨满为何要到深山中才能做到"收心""静心"呢？毫无疑问，萨满要从事神圣的仪式表演，想要通达神显状态，就必须要主动将自身从现世之中分离出来，这也意味着，萨满必须首先要否弃和断绝在世所是的各种欲望，也只有这样，才能让自在本身的神显状态释放出来，从而获得本身的圆融齐全状态。"深山"指代一个远离世俗的深谷绝境，萨满来到远离世界的虚谷之中，就意味着自己决心与流俗世界、与常人所是的常身状态决裂。可见，萨满的"洁身"活动与老子"玄览"的古老思想具有一脉相承之处，都提倡"涤除"人心在世所有的各种流俗状态，唯此，才可能获得"玄览"的神明状态。

正因为圣人不依据常人自身来治理天下，所以能无为而无不为。可见，通达"玄览"，获得"玄通"，并依据"玄览"而有所是的生命自在和规定价值来践行本身，治理国家，这才是"道心"在世界之中的现身状态。《老子·第二十九章》云："将欲取天下而为之，吾见其不得已。天下神器，不可为也。为者败之，执者失之。夫物或行或随，或嘘或吹，或强或羸，或载或隳。是以圣人去甚，去奢，去泰。"②一个人想得到天下，并拥有它，在"我"看来，这个人是永远不可能达到这个目标。天下是神圣之物，不能凭借个人的人为欲望来获取。老子认为，一个人只能实现一些人为的欲求，而凭借人为的努力，是不可能实现神明之意的。如果人为力量不能为之，但是硬要强行为之，那么，这个人就一定会失败的。哪怕强行而为，偶然获得了神明之物，那也不可能长久，很快就会失去的。面对现世之物，人身上所具有的自身之欲，有时先行而来，有时后随而至，有时缓求如嘘，有时急求如吹，有时强求之，有时柔邀之，有时占有之，有时毁弃之。诸如此类种种百态，都是世人对待外在之物的欲求状态而已。而圣人则能做到彻底放弃各种人心在世的淫欲状态，去除奢欲，涤除泰欲。也正是因为圣人能弃绝各种在世的物欲己欲，涤除世人常身所是的各种东西，才能保持澄明本身的真灵元一状态，并依据这种本真所是的元神

---

① 郭淑云：《原始活态文化——萨满教透视》，上海人民出版社2001年版，第195页。
② （魏）王弼注，楼宇烈校释：《老子道德经注校释》，中华书局2008年版，第76页。

规定，来控制自身的各种身体器官，获得本身所是的现世情态。哪怕面对天下神器，圣人也是依据这种本性情态来治理的。

## 五、小　　结

老子的"涤除玄览"不等同于"涤除玄鉴"，它既不是对现实之镜的洗涤擦拭，也不是对"神道"的理性观照，而是彰显了老子通达本真元一之后的心灵痊愈和文化转变。

"能无疵乎"表明，在"涤除玄览"之前，世人是处于病态之中的。而在"涤除玄览"之后，人才能大病痊愈。世人在世，为何会处于病态之中呢？因为自身被世俗的"邪气"侵入，而使本身状态受到损害，"淫邪之欲"遮蔽了人心的本真存在，致使自身遗忘了本身的文化之根，生命本身处于欠缺不全、被遗忘、被迷失的流俗状态，因此，世人多病，早衰早死。这种原初生命病理的文化诊断与治疗方法在萨满文化与巫师文化中依旧保留至今。

在诊断世人患病的病学原理之后，老子针对常身所欲的在世状态，开出了"涤除"的解救药方。只有"涤除"了常身所是的在世欲求，才能对症下药，才能治愈自身在世的病态。老子认为，只有"涤除""弃绝"孔子提倡的"仁义之道"，才能真正通达"道心"的本真存在。

依据传世文献与文字书写，只能获得"玄"的部分意义，而仅仅依据部分意义，就会遮蔽"玄"的齐全本真意义。充分利用考古出土与传世文本的各种物质图像，才可以揭开宇宙阴阳之气"玄"化运动的文化传统与原初编码。"玄"是指宇宙间（包含人与万物）神话阴阳之气（或男女）的在天极、地户之间的相会相交与相通，由此而获得新生的原初真灵与生命力量，代表了中国传统文化中生生不息、新陈代谢的洪荒之力。回归原初之灵与生命神力是"玄"的原初编码，"玄"的"黑色""真水""北方""幽深"等诸多书写小传统的文化意义，都是在大传统神话交合新生的原初编码基础上派生出来的次级编码。

"涤除"了常身所是的在世依据，人心就通达了"玄览"的神显真在状态，也通达了本身真灵的齐全状态。一方面常身所是的在世状态被抛弃了，自身不再人为地生发出各种欲求。另一方面本身在久违之后，随着自身的良知忏悔，自然地显现在自身面前，自身由此领会了杳冥渊深的本真灵魂存在，并且依据本身真灵所是的自在灵觉状态在世界之中现身。

## 第五节 "大音希声"的原初召唤及自然和谐

老子的"大音希声"是"自然之美"的具体表现,与"自然本身有所是"是密不可分的。很多学者在研究"大音希声"时,却将"大音"当成具体的音乐或最大的声音,致使"大音"被理解为现世有形有迹的存在者层面的音乐形式。如河上公注云:"大音犹雷霆,待时而动,喻当爱气希言也。"[1] 张松如在《老子校读》中将"大音希声"解释为:"最大的音乐听来无声。"[2] 陈鼓应直接将"大音希声"翻译为:"最大的乐声反而听来无音响。"[3]《中国文学批评通史(壹)·先秦两汉卷》中将其解释为:"自然完美、蕴蓄宏深、变化多端之音,其声悠扬回荡,若断若续,浑沌窈渺,莫辨宫商,达到高度的和谐,闻者既不能听清,也不胜听。"[4] 杨赛在《老子"大音希声"论》一文中总结了"大音希声"研究存在的主要分歧,其云:"第一,'大音希声'是不是一个音乐美学范畴?殷克勤、张松如等人认为不是在讨论音乐。第二,'大音希声'究竟是赞同音乐,还是取消音乐?吉联抗、李浩认为是'非乐',王增范、杨晖等人认为是'最完美的音乐'。第三,'希声'究竟有没有声音?钱锺书、李泽厚、王纲纪、杨晖、蒋孔阳、蔡仲德、庄曜等人都认为是'没有声音的'。"[5] 杨赛所概括的三种意义分歧,其实都是因为这些学者将"大音"当成现世存在者层面的音乐形式所导致的。当我们追问"是不是音乐美学范畴",或者说"是否认同音乐",或者说"有没有声音",等等,这种种追问的前提都将"大音"指向了现世之中的可以闻见的音乐形式,而不是音乐声响的存在状态。通过诸多文献考证,杨赛认为,"综上所述,'大音'指鼓音,如枹敔、鼛鼓一类的打击乐器,'希声'指在礼乐中,这类打击乐器尽管很重要,但用得很少。老子

---

[1] 王卡点校:《老子道德经河上公章句》,中华书局1993年版,第156页。
[2] 张松如:《老子校读》,吉林人民出版社1981年版,第245页。
[3] 陈鼓应:《老子注译及评介》,中华书局2003年版,第230页。
[4] 王运熙、顾易生主编:《中国文学批评通史(壹)·先秦两汉卷》,上海古籍出版社1996年版,第182页。
[5] 杨赛:《老子"大音希声"论》,曹本冶主编:《大音:音乐学 宗教学 人类学之间的对话》第一卷,上海音乐学院出版社2009年版,第236页。

借用这对术语,来表示道是对立双方矛盾的统一体。"① 杨赛文献考证的最终结果,也是将"大音"落实为现实的"鼓音"之上,而"希声"是指在礼乐的仪式活动中"鼓音"用得"很少",他依旧没有跳出传统音乐学拘泥于现世之音的形式研究套路。

作为一种声音存在的极致之音与审美状态,在老子看来,"大音希声"是一种人心对"道"的文化体验或至美体验,成为人心达到本身状态之后,"自然真气有所是"或本身所是的心领神会状态的声音表述。这种发自道体深处的文化表述的幽眇声音,对于通达了"道体"本真存在的体验者(圣人)来说,这不仅是一种声音的玄妙存在,而且是具有神秘性、至美性和源始性的苍穹空灵之音。

## 一、大音对五音的文化扬弃

孔子重视的音乐形式状态是"五音"。子曰:"兴于诗,立于礼,成于乐。"(《论语·泰伯》)② 君子的品格最终是要"成于乐"。"兴于诗"离不开"五音","成于乐"也离不开"五音",这就是说,君子通过"五音"的学习而有所"兴",又要在"五音"之中而有所"成"。那么,"五音"与自身之间的文化存在关系是如何的呢? 子曰:"礼云礼云,玉帛云乎哉? 乐云乐云,钟鼓云乎哉?"(《论语·阳货》)③ 孔子认为,"礼"这种东西,难道仅仅是指人与人之间的"玉帛"之物的礼尚往来吗?"音乐"这种声音,难道仅仅是由钟鼓等乐器奏出的音乐节奏吗? 孔子对礼乐的外在形式存在表示了质疑,因为在孔子看来,这些以"五音"形式存在的外在礼乐形式,不过是自身仁德常身的外在表现而已。士人首先必须在心中持存常身有所是的仁德,并依据于仁德所是的精神状态和文化规定,在现实世界中将其践行,就能使自身外部的现身情态符合礼乐形式的文化要求。可见,"五音"这种音乐声音不仅仅是外在礼乐形式上的文化要求,而且也是内在常身所是的现身情态表现,与自身对常身存在的文化领会是紧密关联的。从这个角度来看,"五音"的音乐存在实际上勾连了士人存在的两个方面:一方面可以将自身的内在仁德召唤出来,发挥着"诗可以兴"的文化功能;另一方面"五音"又直接展开了常身显现以后的现身情态与举止行为,使

---

① 杨赛:《老子"大音希声"论》,曹本冶主编:《大音:音乐学 宗教学 人类学之间的对话》第一卷,上海音乐学院出版社 2009 年版,第 248 页。
② 杨伯峻译注:《论语译注》,中华书局 1980 年版,第 81 页。
③ 杨伯峻译注:《论语译注》,中华书局 1980 年版,第 185 页。

自身通过外部的礼乐文饰来表现符合仁德心性要求的现世言行。这两个方面，原本是一件事情的两种形式而已，绝不能将其截然分开。

《说苑·修文》记载："子路鼓瑟，有北鄙之音。孔子闻之曰：'信矣！由之不才也。'冉有侍，孔子曰：'求，来，尔奚不谓由：夫先王之制音也，奏中声为中节，流入于南，不归于北。南者，生育之乡；北者，杀伐之域。故君子执中以为本，务生以为基。故其音温和而居中，以象生育之气。忧哀悲痛之感不加乎心，暴厉淫荒之动不在乎体。夫然者，乃治存之风，安乐之为也。彼小人则不然，执末以论本，务刚以为基。故其音湫厉而微末，以象杀伐之气。和节正中之感不加乎心，温俨恭庄之动不存乎体。夫杀者，乃乱亡之风，奔北之为也。昔舜造《南风》之声，其兴也勃焉，至今王公述而不释。纣为北鄙之声，其废也忽焉。至今王公以为笑。彼舜以匹夫，积正合仁，履中行善，而卒以兴。纣以天子，好慢淫荒，刚厉暴贼，而卒以灭。今由也，匹夫之徒，布衣之丑也。既无意乎先王之制，而又有亡国之声，岂能保七尺之身哉？'冉有以告子路，子路曰：'由之罪也。小人不能，耳陷而入于斯，宜矣，夫子之言也。'遂自悔，不食，七日而骨立焉。孔子曰：'由之改，过矣。'"[①]"北鄙"的音乐是指有所偏激的音乐，这不符合"仁者"中和的文化理想，孔子对之，是持不满态度。孔子认为，先王制定音乐的"五音"秩序是无所偏激的，而是要依照"中节"，演奏出"中声"。所谓"中声""中节"，是指符合中和的仁者美学要求的"五音"，所以君子的"五音"总要以"执中为本"。这种"执中"的音乐形式，其声音温和而且适中，可以象征性地教化大家，要善于持守可以共同生存的和谐气息。而小人就不同了，小人是"执末"的。所谓"执末"，是指依据现世的利益需求，而偏极一端。这种偏极一端的音乐声音表现为褊狭而且细小的形态，其表现出来的就是一种带有杀伐意味的流俗气息。正是由于心中所有的杀伐之气很盛，自然就会遮蔽"和节中正之感"，也就是遮蔽了人的仁者之心。可见，孔子认为，声音的和谐状态或偏激状态，可以直接展现人心所处的存在状态。和谐的声音展开的是中正和谐之心，而偏激的声音展开的是褊狭细小之心。前者是仁者常身的直接表现，而后者是小人忘身的直接反映。

老子提倡的"大音"是一种合乎"自然之道"的声音存在，而"五音"是一种合乎"仁者之道"的声音存在。"大音"和"五音"直接表现出老子与孔子对待外部声音的文化差异与对立关系。《老子·第十二章》云："五

---

① （汉）刘向撰，向宗鲁校证：《说苑校证》，中华书局1987年版，第508—510页。

色令人目盲,五音令人耳聋,五味令人口爽,驰骋田猎令人心发狂,难得之货令人行妨。是以圣人为腹不为目,故去彼取此。"① 老子认为,五色的外在视觉美,只会让人的视觉沉迷于五色之中,从而使自身的视觉变得迟钝,以致看不清林林总总的五色是非;五音的外在听觉美,只会让人的听觉迷失在五音之中,从而使自身的听觉分辨不出声音的高低美丑;五味的外在味觉美,只会让人的味觉迷失在五味的酸甜苦辣之中,以致舌头难以分辨出至味与无味的好坏;如果纵情于田猎活动,就会让人心放纵无度;如果痴迷于稀有的货物(诸如金玉等至宝之物),就会让人心发狂,以致纵欲无度,毫无节制,也会导致人的外在行为无所顾忌。可见,在老子看来,"五音"与"五色""五味""田猎""货物"一样,会直接搅乱"人心"的本来状态,从而使人心沉迷于世,处于精神麻木而无所拘束、纵情欲望的流俗状态,这种人心的嗜欲状态,即自身形骸有所是的欲望状态,就会导致"人心发狂",使人心偏离自身的真在状态,这与孔子对待"五音"的文化态度正好相反。老子认为,圣人追求的是本身真一所是的自然状态,"为腹"就是重视自身之"中"的元气与真气存在,而不是一味追逐外在的声色之美,而这种外在的声色之美,在孔子看来,是可以让人心获得文化的"兴起",从而使人心摆脱流俗状态,获得人心"思无邪"的善在状态,可以由此而通达"仁在"的共处状态。比较圣人原型与仁者原型对待"五音"的态度,可以发现,他们恰恰是相反的。因为圣人原型追寻的是自身的元一真气,它必须要抛弃常身所是的存在状态,从而能够进一步回归到先天本身真气的存在状态之中。

《文子·道原》记载:"老子曰:夫人从欲失性,动未尝正也,以治国则乱,以治身则秽,故不闻道者,无以反其性;不通物者,不能清静。原人之性无邪秽,久湛于物即易,易而忘其本,即合于其若性。水之性欲清,沙石秽之。人之性欲平,嗜欲害之。唯圣人能遗物反己。是故圣人不以智役物,不以欲滑和,其为乐不忻忻,其于忧不惋惋。是以高而不危,安而不倾。故听善言便计,虽愚者知说之;称圣德高行,虽不肖者知慕之。说之者众,而用之者寡,慕之者多,而行之者少。所以然者:掔于物而系于俗。故曰:'我无为而民自化,我无欲而民自富,我好静而民自正,我无欲而民自朴。'清静者、德之至也,柔弱者、道之用也,虚无恬愉者、万物之祖也,三者行,则沦于无形,无形者,一之谓也。一者,无心合于天下也。布德不慨,用之不勤,视之不见,听之不闻。无形而有形生焉,

---

① (魏)王弼注,楼宇烈校释:《老子道德经注校释》,中华书局 2008 年版,第 27—28 页。

无声而五音鸣焉,无味而五味形焉,无色而五色成焉。故有生于无,实生于虚。音之数不过五,五音之变,不可胜听也;味之数不过五,五味之变,不可胜尝也;色之数不过五,五色之变,不可胜观也。……音者、宫立而五音形矣。……故一之理,施于四海,一之嘏,察于天地,其全也、敦兮其若朴,其散也、浑兮其若浊,浊而徐清,冲而徐盈,淡然若大海。泛兮若浮云,若无而有,若亡而存。"[①] 这一段文字基本上体现了老子对待"五音"的扬弃态度。"大音"重在"原人之性",体现的是依据"原初真灵所是"而发出的至美声音,是一种由"无声"状态而生发出来的无欲和谐声音。"五音"体现的是依据"常身所是的嗜欲",属于"忘其本"的声音,这种有所欲求的五音存在也会遮蔽"原初本身"的真一状态。尽管这种遮蔽本身存在的"五音"追求外在形式的和谐,但依旧属于一种人心有所欲望的文化和谐,是"挈于物而系于俗"的欲求表现,这与"元一真气"的无欲和谐是不同质形存在的声音形式。所以圣人不会"以欲滑和",而来认同这种充满外在欲求的"五音"之和。

在老子看来,"大音"的声音秩序不是后天人为的秩序,与"五音"之和的声音秩序截然不同。"五音"之和,极尽外在形式的变化能事,是人心有所欲、有所求的体现,依旧以"天下人"的自身所是为文化标准。这种声音体现的是自身人欲所是的声音秩序,而这种有形的声音秩序一方面直接体现了人欲所是的价值和嗜欲,另一方面又直接遮蔽了"大音"的声音秩序和美学原则,掩盖了"原初人性"所发出的本身声音。"五音"之美依旧是一种"小音"存在,不是原初本真存在的"大音"形式。

## 二、道之出口:本身大音的幽深召唤

世俗之音是无所规定的、喧闹纷争的声音形式,直接反映了现世之人的社会流俗存在关系。孔子对这种尘世的杂音是不满的,他追求的声音形式是"五音"状态,通过"五音"的礼乐形式,在纷杂的世俗之音之外,找到能将沉迷于世界的自身召回到常身之中,使自身对常身状态有所领会,并以之为自身规定,从而达到以常身世界的他者存在来审视和规定自身,将自身领会为"仁者原型"的存在状态,可见,这种"五音"的乐音形式就成了自身向常身转变的重要文化起因与文化桥梁。通过"五音"的文化形式,自身发现了自身沉迷在现世的物欲、利欲之中,而且又实现了由现世人心之"俗思"转变为人心的"仁善之思",凭借"五音"形式

---

[①] 王利器:《文子疏义》,中华书局 2000 年版,第 29—31 页。

的文化引导,由此领会早期圣人的常身存在状态,来转变自身的在世沉沦状态,从而由无所规定的流俗状态转变为常身有所是的仁者状态。"五音"的声音呼唤是将迷失于物欲世界的自身召唤回来,使之重新回到常身之中,从而通达了常身所是的仁德之美。但是,这种"五音"形式的文化呼唤,其所唤醒的存在状态是一种"以欲求而有所是的东西",尽管这种"常身所是"是依据于常身存在而有所规定,尤其依据常身世界之中的仁者眼光来规定自身,即以常身有所是的"仁者善欲"来取代自身无所是的"现世之欲",这依旧是人为欲望的价值标准和文化意义,其召唤出来的常身状态依旧属于一个后天阴阳存在的假在自身。也可以说,这种"五音"声音不过是将自身从一个"忘身"状态的自身,转变成为一个"假自身"或"仁者"的有形常身,是从一种后天的阴阳形式之中转变为另一种后天阴阳的文化存在形式,其后天有形有迹的文化形式并没有发生根本性的新变,也没有真正实现唤醒人心本性的质变飞跃状态。

老子认为,"五音"只会令人"耳聋",也就是说,"五音"不但不会真正唤醒自身的"自然"本在状态,而且"五音"所唤醒的只是人在后天的阴阳杂存状态,依旧不够纯粹。唯有唤醒自身"自然真气"的本身存在,才能真正实现由后天阴阳杂存的状态转变为先天纯粹真一的本真存在,从而彻底摆脱"常身所是"的假身存在。《老子·第三十五章》云:"乐与饵,过客止。道之出口,淡乎其无味,视之不足见,听之不足闻,用之不足既。"[1]这里的"乐与饵"指什么呢?毫无疑问,是指代孔子所推崇的"五音"和"五味"。这种外部的听觉和味觉上的感官之美,只会对那些匆匆的"过客"产生吸引力,这是为什么呢?因为"过客"不求长久,他们只要能满足一时之欲,求得一时的快乐,就感到无比快乐了。也就是说,在老子看来,儒家人所提倡的"五音"礼乐和仁德常身满足的仅仅是"人生过客"的短暂需求,不可能真正令人对之产生长期留恋的。那只是一种外在表面的治标方式,还不能达到彻底根治的治本效果。

老子认为,真正让人流连忘返的声音形式应该是"道之出口"的声音存在。这种发自"道之出口"的音乐形式看起来是淡淡的,几乎没有任何味道,人既看不到它,也听不到它,但它作为自身存在的真一本在,具有贯通天地人神的文化作用,这种本真存在才是永不衰竭的,才会永恒再生的。那么,老子的"道之出口"是什么意思呢?这种声音应该发自于"道体"的本在存在,也指代元一真气的本身存在的"大音"召唤。要实现本

---

[1] (魏)王弼注,楼宇烈校释:《老子道德经注校释》,中华书局2008年版,第87页。

身的"大音"召唤,首要的条件是本身必须得到释放。老子认为,人的在世存在决定了人自身的沉沦和迷失状态,儒家人提倡"常身所是的生存状态",这必然会蚕食与遮蔽"本身所是的状态",以至于"常身"在现世之中逐渐丰满强大起来,与此同时,"本身"却在自身之中沉入深渊,处于一种无家可归、四处漂流的迷失状态中,这就是老子所说的"出生入死"的常身和本身之间极为吊诡的存在关系。只有当自身领会到常身的迷失和沉沦时,才会领会到自身在世的罪责和愧疚,以及由此而产生一种敬畏生命死亡的恐惧心理,只有这样,那曾经被抛弃的本身才会在自身的愧疚和渴望中,被逐渐显现出来,也被自身释放出来。其次本身必须得到自身的文化认可,只有当自身领会了自身的本身真一状态,才会依照"本身所是"的文化状态,重新调整自身,从而令自身的"常身所是的状态"开始走向"死亡",逐渐在自身之中隐退。当本身真气得到自身的文化认可以后,自身就自动出现在本身面前,本身就可以显现在自身的面前。自身与本身的重新相见会面,表明了自身对本身的文化认可,也就为本身向自身发出幽深的文化召唤提供了一种可能性。最后本身对自身发出召唤的幽眇声音,本身面对身怀愧疚的自身发出了"大音"。这种"大音"传递是发自宇宙之初的"道体"生命存在的苍穹之音,是"原初真灵"的本真声音,展示的是本身有所是的文化内容和声音标准,体现的是无欲真在的无形无质的自然意愿。

汉代严遵在《老子指归》中对"大音希声"进行阐释时,已经发现了"大音"具有外在"不言"、道口在"言"的双重文化关系。其云:"大音希声,告以不言。言于不言,神明相传。默然不勤,天下大通。无声而万物骇,无音而万物唱。天地人物,无期俱和,若响应声。"[①] 严遵认为,"大音"是"告以不言",体现了"大音"不是在动"人之口",这里的"不言"是指"人之口"是"不言"的。他又说"言于不言",也就是说,"大音"首先为"人之口"是"不言"的,但是"道之口"却是在"言"的,也就是说,"神明之口"是在表述着"本身所是"的东西。可见,"大音"具有双重文化特征:一是对于他者而言,"人口"并没有发出可闻的外在声音,从外部看来是"不言"的。二是对于自身而言,"道口"对自身却发出了他者听不到的幽眇之音,从内部看来却又是在"言"的。宋代学者范应元在《集注》云:"大道无声,而众音由是而出,乃音之大者

---

① (汉)严遵著,王德有点校:《老子指归》,中华书局1994年版,第15页。

也。"①"大道"原本就是无形无迹的，也是无声无息的。但"大道"在无形之中又能通过神火燃烧的文化方式，生产出本真存在的元一真气，它在"无声"之中，又可以生发出"元音"，"大道"对自身所发出的"元音"，就成为"众音"之母。可见，"众音"无不是依据"大道"的"元音"而生发出来的。因此，"大道"既是"无声"的，同时，"大道"又能生发出"音之大者"，即"元音"。可见，"大音"并非是"最大的声音"，而是从"原初真灵"处发出来的本真之音，即元音，它才是发自本身真气的"源始之音"。

道口发出的"大音"是本身存在的"原初之音"，是由自身的本身真气所发出的本真召唤之声，成为最具有源始性和自然性的真灵召唤。这种声音从"无声"之中诞生，显得幽眇深邃，是无形无迹之中生发出来的至形至音，代表了本身真气对自身生发出来的元音状态。对自身来说，本身之音极为甜美，幽眇深远，极富磁性，是本身给予自身的深情关怀和灵魂安顿。自身依偎在本身的甜美召唤中，感受到了灵魂归来的幸福与充实，这种"大音"的温情召唤成为自身存在的真正家园与力量源泉。在原初的"大音"面前，各种"杂音""五音"的呼唤都已经显得可有可无，自动失去了昔日存在的文化魅力。此时，它们听起来零碎不堪，显得极为喧闹，不仅不能唤醒本身的真气存在，而且会遮蔽损害大音的本真音色。

### 三、音声相和：大音为何希声

历代学者将"大音希声"中的"希声"翻译成"无声"，其实只说对了一半，也说错了一半。这是为什么呢？《老子·第十四章》云："听之不闻名曰希。"②"道"的本真声音是一种外人听不到的"大音"状态，是发自无声之"道口"的声音形式，这足以说明，"道口"所发的声音是存在的，但这种"道口"之音他者又是听不到的。那么谁才能听得到这种"大音"呢？只有从"常身所是"的状态中摆脱出来的本身存在，他才能听到这种"道口"发出的原初之音。《老子·第二十三章》云："希言自然。"③ 一个人如果通达了"自然之道"，那么，这个人之人口就是"希言"的。这里的"希言"是指外部是处于"不言"状态。也可以说，本身真气的存在会表现在

---

① （宋）范应元：《老子道德经古本集注》，《续古逸丛书》影印宋刊本。
② （魏）王弼注，楼宇烈校释：《老子道德经注校释》，中华书局 2008 年版，第 31 页。
③ （魏）王弼注，楼宇烈校释：《老子道德经注校释》，中华书局 2008 年版，第 57 页。

两个方面,一是本身借用"道口"对自身发出"大音",二是作为外在感官的人口又处于"不言""希言"的文化状态。

在老子的"大音""希声"和"希言"之间是一种怎样的文化关系呢?这是值得探讨了一件事情。首先,"大音"发自本身的道口,是本身真气有所是的话语形式,或者说是无声之"道"的有声话语形式,这种有声话语形式充分展现了"道体"的本身存在,成为本身存在的最为原初的本真声音。其次,"大音"是一种本身召唤,是发生在对本身有所领会和顿悟的圣人身上,是在自身中被释放出来的原初之灵对充满自责和愧疚的自身所发出的本真呼唤。"大音"的幽眇声音发自玄之又玄的本身之口,犹如空谷之音,扑面而来,侵入灵魂,震撼自身,使自身自觉、主动地回归到本身的怀抱中,完全沉醉在心灵的本真家园或伊甸园中。最后,在"大音"的本真呼唤中,他者是不缺场的。也就是说,在"大音"的发出与聆听活动中,只有自身参与其中,而没有他者的参与。在本身的世界之中,只有自身孤零零地等待着原初之灵的杳冥、幽眇、恍惚出现,并专心致志地倾听着本身所发出的、可以震慑自身的真正教诲和本真安慰。正是因为"大音"的幽眇话语是在本身世界之中发生的,所以它不是一种现世存在的有形声音,也不是一种存在者层面的话语声音,而是自身的本身状态对自身所发出的幽眇之声、苍穹之音。

那么,"大音"为何"希声"呢?如果我们立足于外在的有形声音,那么,"大音"是没有声音的,即人口处于不言的状态,因此,"大音"是"希声"的。这种"道口"的"大音"与"人口"的"希声"之间是一种怎样的文化关系?"音声相和"成为老子勾连"大音"与"希声"之间的重要文化纽带。《老子·第二章》云:"故有无相生,难易相成,长短相较,高下相倾,音声相和,前后相随。"[①] 老子认为,"大音"与"希声"是"相和"的。这里的"相和"是什么意思呢?首先,这里的"相和"不是儒家人所提倡的"中和之美"。儒家人利用常身状态的方式来解决"音"与"声"之间的连续问题。"五音"不是杂乱无章的声音,而是一种"和声",所谓"和声",是指符合常身状态的和谐声音。利用仁者状态的和谐声音,调整"五音"的声音高低秩序,这样的和谐音乐属于仁者原型所发出来的外部声音。可见,儒家人的"五音"决定了"声音"趋中、趋和的文化价值,也正是这种中和的声音价值决定了"五音"是"有声"的。既然"五音"是要发出仁者原型的和谐声音,即满足中和、中节的审美要求,那么,人就必须

---

① (魏)王弼注,楼宇烈校释:《老子道德经注校释》,中华书局2008年版,第6页。

要用外在之口来展开"言说",所以孔子常说:"不言,谁知其志?言之无文,行而不远"(《左传·襄公二十五年》),[①] 在孔子看来,一个人要是不言说,他者就不知道他在想什么,也不知道他的心志是什么。因此人在世界中,不仅要"言说",而且所"说"出来的东西,一定要有"文采"。没有文采的言说是不受人重视的,也不可能得到传播的。可见,孔子提倡的"言说"始终都是以他者存在作为前提条件的,只有得到他者的文化认可,这种"言说"才有价值,这就是儒家人所提倡的音声之"和"。老子的"音声相和",不是以仁者原型为标准的,而是以圣人原型为准则,遵循的是"自然之道"。"大音"发自"道口",是"自然所是的"声音形式,是由"本身"发出来的幽眇之音。同时,倾听这种"大音"的存在者不是他者,而是自身,是本身真在对自身的文化召唤与温情展现,没有任何他者的在场参与,也没有任何有形世界的他者关联。因此,"大音"与"声音"之间的文化关系,只是本身所是的"道体"的话语形式,是从"大音"到"声音"的力量贯通与完全一致的文化关系。发自"道口"的"大音"是有声的,也是无声的。说它是"有声"的,因为它是由本身对自身发出的本真呼唤;说它是"无声"的,因为它无须他者的在场聆听。因此,"人口"因为他者的缺失而不必动唇动嘴,"人口"处于一种完全紧闭的文化状态,并不会发出现世的有形声音。

那么"自然"为何又是"希言"呢?"自然"是指"本身真气所是的状态",只有"自然之道"发出的文化声音,才是"大音"。而"大音"这种声音只属于自身本真世界的幽眇声音,不属于现实世界的有形声音。因此,它不需要发出现世的有形声音。"大音"在现世之中,与他者之间没有任何关联,也不需要他者的文化认可与现世传播,因此,它永远是"无声"的。既然"人口"没有必要发出现世的有形声音,因此,对于他者而言,又是永恒"希言"的。这里的"希言"和"希声"一样,也具有双重的文化意义:第一,自然的本身对自身是在言说的,这种言说形式是在道心之中发生的,"道口"用幽眇的言说话语神情召唤自身的神话回归。第二,在现实世界之中,因为他者的缺失,自身人口又是无须言说的,因此又是无声的。

"大音"是从"道之出口"发出来的幽眇声音,不是现世之中"人之出口"发出的有形声音。因此,在现世之中,人所表现出来的现身状态就应该是"无声"的。《韩非子·喻老》为了阐释"大器晚成,大音希声"

---

① 杨伯峻编著:《春秋左传注》,中华书局1990年版,第1106页。

的现世状态,列举了楚庄王无为而治的例子。其云:"楚庄王莅政三年,无令发,无政为也。右司马御座而与王隐曰:'有鸟止南方之阜,三年不翅,不飞不鸣,嘿然无声,此为何名?'王曰:'三年不翅,将以长羽翼;不飞不鸣,将以观民则。虽无飞,飞必冲天;虽无鸣,鸣必惊人。子释之,不榖知之矣。'处半年,乃自听政,所废者十,所起者九,诛大臣五,举处士六,而邦大治。举兵诛齐,败之徐州,胜晋于河雍,合诸侯于宋,遂霸天下。庄王不为小害善,故有大名;不蚤见示,故有大功。故曰:'大器晚成,大音希声。'"①楚庄王三年"无令发、无政为",是"无声"的表现,这犹如南方之鸟,三年"不飞不鸣,嘿然无声",但是这种外在的"无声",并非表明了南方之鸟是绝对的"无声",就如楚庄王所说的,这种鸟"三年不翅",即"不飞",是为了让"羽翼"长得更为丰满;这种鸟的"不飞不鸣",是为了"观民则"。当然,韩非子对老子的"无声"意义表达的非常完美,但他对老子的"大音"之"有声"却有所误解。借用以楚庄王之口,韩非子认为,这种鸟外在的"不飞"是为了飞得更高,这种鸟外在的"不鸣"是为了一鸣惊人,这种观念依旧是以儒家的"常身所是"取代老子的"本身所是",也就是说,韩非子所描绘的"大音希声",一方面阐释了老子的"大音"在现世之中是"无声"的,另一方面他又用"五音"的现世欲望来取代老子的"自然之道",是杂糅了儒家之道与道家之术的文化综合体,其实质远离了老子"大音希声"的本来意义,也违背了"大音"是发自"自然之道"的幽眇话语形式,这种话语形式是不以他者在场为前提条件的。

按照老子的文化理想来推断,这只南方的鸟三年前是"不飞不鸣"的,不仅令自身的羽翼丰满了,也会令自身的声鸣极为惊人,而且自身会完全依照"本身所是"的本真无欲状态,在世界之中现身,它心中从来不会出现"一飞冲天"的意念,也没有要"一鸣惊人"的欲求,它只会永恒保持"本身"在自身之中的长久安居,并能自由地栖居在本真存在之中,能自由地翱翔于天地之间。这样的在世存在,也就无所谓人间的各种"大名"和"大功"了。

总之,"大音希声"的本真之美是"自然之美"在音乐、声音方面的最高体现。自身在自身世界中,能够聆听到本身所发出的至美、至和的音乐形式。这种声音成为"自然之道"所散发出来的大道声音,是一种本身深情安顿自身的灵魂神音,与儒家人提倡的以仁者原型来安顿自身在世的人间之音存有不同。人间之音永远都是人有所是、人有所欲的有形声音,

---

① (清)王先慎撰,钟哲点校:《韩非子集解》,中华书局1998年版,第168页。

不是真正的至大至美、美轮美奂之真正音乐。老子提倡"大音希声",是要抛弃人常身所是的有形声音,而追求自然真气有所是的本真之音,追求"此曲只应天上有,人间能得几回闻"(杜甫《赠花卿》)的天籁之音,这才是早期中国人对本身真气的文化遐思和至美追求。

## 四、小　结

学术界在理解老子的"大音希声"时,通常喜欢将其当成是现世层面的有形声音,从而将"大音"解释为具体可闻的音乐形式,或将其直接解为"最大的声音",这是一种文化误读。"大音希声"代表的是老子对真正声音形式的本真体验,是一种具有神秘性、至美性和源始性的大道存在之音。

"五音"是儒家仁德常身所发出的有形声音,追求的是中和的声音之美。"大音"是一种合乎"自然之道"的本在玄音,追求的是本身独在的幽眇之美。老子的"大音"是对"五音"的批判与扬弃,"五音"展现的是常身的欲求状态,"大音"展示的是"原初人性"的本身真气。

"大音"是发自"道口"的声音,即人通达了自身本身状态,由此而对自身发出"大音"的深情召唤。第一,本身必须从常身的文化遮蔽之中得到全部释放。第二,本身必须得到自身的文化认可。第三,本身对自身发出幽眇的神话召唤。"大音"是本身对自身发出的灵魂召唤,是人自身本真存在的"原初之音",是"大道"存在的文化至音。

"大音希声"表明,"大音"既是"无声"的,又是"有声"的。"大音"之所以是"无声"的,因为"大音"的呼声不是现世之音,而是"大道"的本身召唤,他者处于缺场的文化位置。同时,"大音"又是"有声"的,因为这种原初本身之音既幽眇,又深沉,属于发自"道口"的声音,而不是发自"人口"的有形声音,它只会令自身产生内在心灵的文化震撼。

"大音希声"的美不是儒家礼乐文化的中和之美,而是"天籁之音"的美轮美奂、大美至美,是安顿自身灵魂的本真神音,体现了华夏自然美学的至高追求。

## 第六节 "大象无形"的神话意象和本身显现

　　老子的"大象无形"是一个具有深邃传统文化底蕴的道学命题、美学命题，是中国早期大传统文化的宝贵文化遗产，其思维模式、文化价值和审美意蕴都代表了早期中国艺术的图像思维与文化精神。而历代阐释者拘囿于文字书写的小传统文化，很难揭示出"大象无形"的真正内涵和文化意义。《老子道德经河上公章句》将其释为："大法象之人质朴无形容。"①汉严遵在《老子指归》中云："大象无形，大状无容。进而万物存，退而万物丧，天地与之俯仰，阴阳与之屈伸。效之象之，若影随形。"②"大象"的具体特征和文化意义似乎还只是停留在文字书写的表面叙事之上。现代张松如在《老子校读》将其翻译为："最大的形象没有踪影。"③陈鼓应在《老子注译及评介》也沿袭了这种字面浅层的理解，其云："最大的形象反而看不见形迹。"④如果将"大象"翻译成"最大的形象"，那么什么形象才是"最大的形象"，我们不可得知。"踪影"和"形迹"是指现实存在者层面的有形有迹事物，而"无形"与"无形之有形"都是不是存在者层面的有形事物呢？《中国文学批评通史（壹）·先秦两汉卷》中认为："'大象无形'中的'形'与'象'也是既相联系而又有区别的。'形'指具体事物的形状，'象'则是想象、象征的意思……由此可见，想象是具体事物反映在人头脑中所形成，头脑想象中的事物当然是没有实际形体的，即使是借助于某种事物的形状作为象征以引起联想，所联想的景象超过或丰富于作为象征的事物形状，也还是属于'无物之象'。"⑤顾易生一方面肯定了"象"是想象之物，另一方面他又说"大象"是"无物之象"，这"想象之物"为何又成了"无物之象"呢？值得深思。李天道在《"大象无形"与中国美学"意境"之模糊心态》一文中认为："'大象无形'之所谓'大象'，

---

① 王卡点校：《老子道德经河上公章句》，中华书局1993年版，第156页。
② （汉）严遵著，王德有点校：《老子指归》，中华书局1994年版，第15页。
③ 张松如：《老子校读》，吉林人民出版社1981年版，第246页。
④ 陈鼓应：《老子注译及评介》，中华书局2003年版，第230页。
⑤ 王运熙、顾易生主编：《中国文学批评通史（壹）·先秦两汉卷》上海古籍出版社1996年版，第182—184页。

是超越个别事物有限的直观形式,是无形体可求,与'气'相融、为'道'的呈现。'象'表征着万物自然的生命运动,来自圣哲对宇宙万物的宏观观照,并在道家的哲学体系中成为沟通'道'、'物'、'气'、'意'、'言'的重要的中间环节。"[1]他认为,"大象"是"超越个别事物有限的直观形式",也就是说,"象"依旧是与现实事物相对应的物之"影子",他又说,"象"是表征着"万物自然的生命运动",这些描述语言依旧显得有些模棱两可,缺乏明确的意义指向。

通过概述"大象无形"的研究现状可知,这个最具中国本土传统文化特色的美学命题和艺术命题依旧是一个意义模糊的艺术命题。我们认为,"大象无形"命题与中国早期文化大传统的惟象传统有关,也体现了中国早期"神道"文化精神的核心理念与图像意识。只有将"大象无形"的"大象"放置于大传统文化的各种出土的物质图像中,我们才可能真正触摸其玄奥表述之下潜藏的神圣图像表征及神话思维特性。

## 一、圣人立象与文化大传统的神话图像

对于"象",很多学者通常胶着于西方人的成像理论,他们认为,人之心"象"属于外在事物的"成像",这样就出现了"物"与"像"之间的直接对应关系,由此得出,现世之"物"先于人心之"像","像"与"物"之间是以"物"为中心,等等。这种"成象"观念彰显了人类对现世之"物"的经验感受,是一种以"物"为知识中心的现世思维模式。

在早期中国的大传统时期,人文化成之初,中国早期文化之"象"不是这样一个胶着于现世有形之"物"的"物象",而是一个具有神话超越、文化优先的散精为"大象"传统,或者我们可以将其称为"精神原型之图像"。法国学者雷吉斯·德布雷在《图像的生与死:西方观图史》一书中分析了巫师时代的图像特征,他认为,早期图像可以将人类个体纳入"世界之魂"中。其云"图像,始于雕塑,而后描绘而成,究其渊源和功能,是一种媒介,处于生者与死者、人和神之间,一个社群和一片宇宙之间,在可见者和驾驭它们的不可见力量的两个群体之间。因此图像本身并非终极目的,而是一种占卜、防卫、迷惑、治疗、启蒙的手段。它把古代城邦纳入自然的范畴,把个人吸收到宇宙的层次里,纳入'世界之魂'或'宇宙和谐'之中。简而言之,图像是实实在在的生存手段。它能指引神力或

---

[1] 李天道:《"大象无形"与中国美学"意境"之模糊心态》,《西南民族大学学报》(人文社科版) 2009年第5期。

超自然的力量，其形而上的功能使其具备实用性、可操作性，与奢华品正相反。"[1]早期文化中的图像不是死的，而是人类与宇宙展开神话沟通的特殊媒介。它处于生死之间，具有指引神力或超自然的特殊力量，成为人类自身神话的表型符号。这种早期文化大传统的图像观念对于理解"大象无形"可以提供一种全新的文化视野。美国学者休斯顿·史密斯在《人的宗教》一书中详细分析了原始宗教雕刻图像的文化特征，其云："他们（原住民）口述的内容，也就是那看不见的神话，使他们的眼睛能自由地去细察其他神圣的预兆，处女般的自然与神圣艺术乃是主要的例子。在中世纪，无知的、不识字的人能够阅读雕刻上的意思，而现在只有受过训练的考古学家才能释意。"[2]原住民口中所说出来的话语，以及眼中所看到的各种图像，都充满了神圣的预兆意味，他用了"处女般的自然与神圣艺术"来概括原住民对于图像的神话感受，这种对早期图像的特殊感知能力是我们这些现代人所缺乏的。传世文本《三坟》为我们描述了上古时期曾经存在一个"制器惟象"的时代，其云："政典曰：惟天生民，惟君奉天，惟食丧祭衣服教化，一归于政。皇曰：我惟生无德，咸若古政。嗟尔四方之君，有官有业，乃子乃父，乃兄乃弟，无乱于政。昔二君始王，未有书契，结绳而治，交易而生，亦惟归政。昔在天皇，肇修文教，始画八卦，明君臣，民物，阴阳，兵象，以代结绳之政。出言惟辞，制器惟象，动作惟变，卜筮惟占。"[3]从《三坟》的语言描述中，我们能够感知到，在人类步入文明之初，文字还没有诞生，各种文教都是以图像方式作为媒介形式，诸如结绳、八卦、阴阳、兵象，等等，无不是以神话图像符号的方式来表达。可见，神话图像实际上成为前文字时代的最突出的媒介表征，也成为大传统文化最为明显的符号标志。

纳西族的东巴文字是图像文字，东巴绘画也是为了表达宗教仪式的神圣意义，图像文字与神话图像共同承担了东巴的宗教信仰与仪式意义。陈野在《纳西族东巴画的古今流变》一文中认为："传统东巴画作为一种宗教绘画艺术，它的发展无疑受到宗教观念的影响和限制。就题材而言，主要反映经书中的神话故事、教程、法事、法器的注释以及东巴始祖的生平。在竹笔画画稿中，就常常描绘东巴教的法仪规范、道场规程、巫术次

---

[1] [法]雷吉斯·德布雷：《图像的生与死：西方观图史》，黄迅余、黄建华译，华东师范大学出版社2014年版，第17页。
[2] [美]休斯顿·史密斯：《人的宗教》，刘安云译，海南出版社2001年版，第398页。
[3] (明)程荣辑：《汉魏丛书》，吉林大学出版社1992年版，第21页。

序、各种祭品、面偶的形状等与宗教祭祀紧密相关的内容。就表现形式而言，有东巴经书的封面装帧、题图、插图，用于占卜打卦的纸牌画，配合巫术活动的木牌画和表现佛教'灵魂不灭'、'因果报应'、'生死轮回'内容的卷轴画，其目的是配合东巴的宗教法事活动。例如卷轴画《神路图》就是东巴专为亡魂开丧超荐时所用，目的在于帮助亡者从人间不经过地狱直接进入图画中的天国，给亲属以精神上的安慰。在东巴教中，每一个道场都有不同的神像，不同的东巴神佛画都有其固定的使用场合和目的，绘画和宗教仪式是紧密相连的。"[1]东巴利用文字图像与神话绘画等符号形式，展现各种宗教信仰，"神象"成为东巴文化独特的精神符号。

在八卦的图像体系中，先是有了无形无气无质的道体存在，然后随着道体运化，形成了有气有形有质的各种精神原型，诸如道生一、一生二、二生三、三生万物，随着这种道体精气的运化，就出现了各种不同层级的"原型之象"，如一的原型图像，二的原型图像，三的原型图像，以及万物之元的原型图像，这样就形成了由宇宙之初以来的"精气立象"的八卦传统。有了这些"精气立象"的神话图式，古人就可以依据这种已经确立好了的"原型图像"，来建立和考察各种现世物质存在的有形之"象"的物质秩序与文化表征，这是"观象"的神话知识观念。可见，"观象"传统中的"象"是神话原型与艺术图像的有机结合，这种"神话图像"并不是后世纯粹艺术观念的审美绘画。

到了早期文字经典时代，《周易》文本以卦象的方式表述具有神话意义的原型图像变化，开始由八卦演化为六十四卦，这些由阴阳符号组合而成的卦象，实质上是用"神话图象"的方式表达充满神圣意味的符号编码。《周易·系辞上》云："圣人设卦观象，系辞焉而明吉凶……圣人有以见天下之赜，而拟诸其形容，象其物宜，是故谓之象……圣人之道四焉：以言者尚其辞，以动者尚其变，以制器者尚其象，以卜筮者尚其占……子曰：圣人立象以尽意，设卦以尽情伪，系辞焉以尽其言，变而通之以尽利，鼓之舞之以尽神……是故夫象，圣人有以见天下之赜，而拟诸其形容，象其物宜，是故谓之象。"[2]这段话尽管属于文化小传统的文字叙事，但它承载了早期大传统文化关于"神象"的文化意义。第一，在中国早期文化传统中，不是所有人都能做诸如"立象""观象"等神圣事情，只有"圣人"才可以做这种特殊的文化活动。可见，"神象"是圣人文化传统的直接表

---

[1] 陈野：《纳西族东巴画的古今流变》，《新美术》1993年第4期。
[2] （魏）王弼注，（唐）孔颖达疏：《周易正义》，北京大学出版社2000年版，第306—344页。

现形式。第二，这里的"象"不是具体之物的成像活动，而是圣人根据世间万物之"形貌"以及"容貌"，经过圣人神性世界的文化改造之后，才能"拟定"的，这就是"立象"活动。可见，"立象"的"立"是指物象与神性的有机融合，或者说，是决定了神话图像的文化意义与神性编码。第三，圣人所立之象，并不是胶着于现世之物，而是将自身神性"象征性地"或"想象性地"寄寓于"物象"之中，使得神性与物象达到有机混融，这种文化表达的神话"象征"表述了圣人本真神性世界的特殊建构和文化意义，此即是"尽意"。所以这里的"象"不是一物一事之"象"，而是发自天命的可以驾驭万物生命存在的"原型之象"，或将其称为神话意象。第四，在早期惟象时代，制器者为什么"尚其象"呢？因为"器"属于"形而下"之"物"，它们在物质的材质方面本身是没有意义的，例如制陶的土质，但是一旦经过圣人和制陶者的制器加工之后，这些材质就可以获得了一个充满神话意味的"原型之象"。按照神话意象制作出来的陶器，就不是那种没有生命的东西，而是获得了神话意义与神性价值的生命存在，属于神话生命、神话意象与具体器物的有机结合。制器者在制作某种器物之时，他们先获得"原型之象"，然后器物成形的过程中，通过制造"具象"的方式，使器具的有形形式获得某种具有超越物质层面的生命意义。这也表明，获得神象存在的器物熔铸了制器者先行存在的神话原型，原型力量与生命存在使器物不再是以纯粹器物层面而存在着，而是以具有神话意义和文化原型的特殊神器了。第五，圣人具有一种特殊的"观象"能力，这种观看能力可以穿透器物之象，把握到原型之象的文化意义。可见，"观象"活动要善于依据早期圣人所制定的"原型之象"，充分利用神话思维的方式，积极审核和主动认知现世所出现的各种"卦象""神象"形式，如果某个"卦象"与某种"原型之象"是相符合的，那么，我们就可以根据这种符号关系来确定它们的吉凶关系。可见，"观象"活动其实质是一种神话意象的神话比较与文化勘定，比较的标准是神话原型，比较的对象是所得之象，吉凶判断的标准是审定两者之间的文化关系。《公羊传·襄二十九年》何休解诂引孔子曰："三皇设言民不违，五帝画象世顺机，三王肉刑揆渐加，应世黠巧奸伪多。"[①] 这里"三皇立言"不是指代文化小传统的书写之"言"，而是大传统文化的口传之"说"，因为三皇时代，还没有发明文字。"五帝画象"，并非意味着"画象"活动是从"五帝"时代开

---

① （汉）公羊寿传，（汉）何休解诂，（唐）徐彦疏：《春秋公羊传注疏》，北京大学出版社2000年版，第532页。

始的，而是指"五帝"善于利用"画象"来表意，用神话图像方式来治理邦国，以致天下人都纷纷顺应。由此可见，大传统时期的圣人尽管没有文字书写，但是他们利用"口传之音"与"神话意象"等诸多文化活动，可以治理邦国，教化百姓，而且百姓都能明白其中的文化意义。这也表明，这种早期文化的"神话意象"或图像表意，对于原初居民来说，他们心领神会，一看就懂，不需要用太多的文字来解说。

随着考古学的发展，我们现在对早期中国文化中的"神象"文化了解越来越多了，甚至可以说，早期中国的大传统文化最重要的文化符号与存世遗迹应该就是出土的各种物质图像，这些出土的物质图像反映了早期中国的"神象"传统极为悠久，而且对华夏文化精神的思维模式与文化传统产生了极为重要的影响。盖山林在《阴山岩画》中认为："阴山岩画距今10000—3000年左右，包括新石器时代早、中、晚各期，或可更早些。这一阶段，可称之为阴山地带的狩猎时期，当时人们以狩猎和采集为生。岩画画面以动物和狩猎场面居多。动物群落有大角鹿、鸵鸟、北山羊、野马、野驴、羚羊、马鹿、驯鹿、野牛等，还有舞蹈场面、祈祷场面和人（兽）面象等。"[①] 又云："自然物岩画中，最常见的是各种动物，因动物在远古人类社会中与人们生活休戚相关，人们食其肉，衣其皮，饮其乳，烧其粪和骨，而植物却不能，所以植物岩画甚罕见，世界各国岩画莫不如是。"[②] 在早期的岩画中，动物之"象"与原初人类的生存是密不可分的，尤其在狩猎的仪式活动中，各种岩画的动物之"象"不是某种现实动物的描摹或模仿，而是经过猎人改造之后的动物"原型之象"。一方面猎人自身要达到"猎人原型"的梦幻状态，另一方面又利用代表动物的"原型之象"来获得一种神圣的力量，以确保狩猎活动的成功，以及在狩猎之后，通过动物的"原型之象"献祭活动，来表达一种对神秘力量的文化答谢和继续合作。

这类动物的"原型之象"不仅在岩画（如图3-6-1）中表现很多，而且在陶器（如图3-6-2、3-6-6）、玉器（如图3-6-3、3-6-4、3-6-5）、青铜器（如图3-6-7）上，也是极为丰富的。各种器物之上的动物"神象"，不是机械的描摹现世之物，而是经过了圣人和制器者的文化加工。通过这种神性文化的器具制作，尤其是通过动物"神象"的制作活动，赋予器物以深厚的神圣意味和先验感知，充分体现了早期圣人的神圣价值和象形思维。

---

① 盖山林：《阴山岩画》，文物出版社1986年版，第343页。
② 盖山林：《岩石上的历史画卷——中国岩画》，上海三联书店1997年版，第20页。

阴山岩画·鹿之象　　阴山岩画·驼之象　　贺兰山岩画·牛之象

青藏高原岩画·羊之象　　阴山岩画·熊之象　　阴山岩画·兔之象

**图 3-6-1　动物岩画图像**
摘自盖山林：《阴山岩画》，文物出版社 1986 年版。

**图 3-6-2　彩陶鱼纹盆**
仰韶文化半坡类型，距今约 6700 年。陕西省西安半坡遗址出土，国家博物馆藏。

**图 3-6-3　凌家滩文化玉鹰之象**
摘自安徽省文物考古研究所编：《凌家滩——田野考古发掘报告之一》，文物出版社 2006 年版，彩版二〇一。

早期圣人除了制作了很多动物"神象"，还制作了很多关乎自身的"神象"图形。这些"神象"代表了远古时代的"巫师"形象（图 3-6-8、3-6-13、3-6-14、3-6-15），或神性原象。这种"神人原象"并非指向某个具体的现世之人，而是指代早期圣人对人类神性自身的文化想象，它们代表人类的"自身原型"。在古代岩画中，这类"神人原象"举不胜举，而且在石器时

第三章　文化大传统与老子艺术精神　　665

**图 3-6-4　红山文化玉龟之象**

摘自辽宁省文物考古研究所编：《牛河梁——红山文化遗址发掘报告（1983—2003 年度）》，文物出版社 2012 年版，图版八七。

**图 3-6-5　红山文化玉猪龙之象**

摘自辽宁省文物考古研究所编：《牛河梁——红山文化遗址发掘报告（1983—2003 年度）》，文物出版社 2012 年版，图版七〇。

**图 3-6-6　红山文化神鸟之象**

摘自王永强等主编：《中国少数民族文化史图典（壹）·东北卷》，广西教育出版社 1999 年版，第 20 页。

**图 3-6-7　殷墟文化神鸮之象**

摘自文物出版社编：《中国考古文物之美（2）·殷墟地下瑰宝：河南安阳妇好墓》，文物出版社 1994 年版，图版 22。

宁夏贺兰山贺兰口岩　　巴丹吉林岩画·巫师　　巴丹吉林岩画·巫师
画·巫师之象　　　　　之象　　　　　　　　之象

阴山岩画·巫师之象　　阴山岩画·巫师之象　　内蒙古苏尼特左旗岩
　　　　　　　　　　　　　　　　　　　　　画·巫师之像

蒙古巴彦洪戈尔毕其　　内蒙古乌兰察布岩　　　俄国贝加尔湖查干扎
格阿姆山谷岩画·巫师之　画·巫师之象　　　　　巴岩画·巫师之象
象

**图 3-6-8　巫师图像**

皆摘自盖山林：《中国岩画学》，书目文献出版社 1995 年版。

代，这种"神人原象"其实代表了极为神秘的"猎人原型"。只有这种"猎人原型"，才能真正带领族民在狩猎活动中获得全胜。如果失去了这种"猎人原型"的护佑关照，部落原族民就会失去自身生存的信心，而处于极度不安的生存焦虑之中。

将中国早期岩画中巫帅之象与俄国贝加尔湖查干扎巴岩画（图 3-6-8 最后一幅）以及法国三兄弟洞窟壁画中的巫师之象（图 3-6-9）进行比较，就会发现，世界各地早期人类都在使用制作"图像"的方式，来想象人类

第三章 文化大传统与老子艺术精神　　667

**图 3-6-9　法国三兄弟洞穴的萨满巫师图像**

距今三万多年。巫师头戴大鹿角，身披动物之皮，化身为动物形象。摘自［美］简·哈利法克斯：《萨满之声：梦幻故事概览》，叶舒宪主译，陕西师范大学出版社 2019 年版，第 22 页。

**图 3-6-10　凌家滩文化玉人**

摘自安徽省文物考古研究所编：《凌家滩——田野考古发掘报告之一》，文物出版社 2006 年版，彩版二〇〇。

**图 3-6-11　良渚文化神徽三叉器**

摘自浙江省文物考古研究所编：《瑶山》，文物出版社 2003 年版，第 288 页。

"自身"的原型存在。不过在中国由大传统过渡到小传统时，这种原初的文化想象经过中国经典时代早期圣人的文化回归活动，诸如老子、孔子、孟子、庄子，等等，将这种"图像原型"在文献文本中传承下来，并直接传承了"原初图像"的文化价值和文化意义。

这种"自身原型"的神话图像在彩陶（图 3-6-12、3-6-13、3-6-14、3-6-15）、玉器（图 3-2-6、3-6-10）、青铜器（图 3-6-11）等上面也表现频繁。这也

图 3-6-12　变体神人纹罐
马家窑文化马厂类型。摘自甘肃省博物馆编：《甘肃彩陶》，文物出版社 1979 年版，彩图第 22 页。

图 3-6-13　群巫舞蹈彩陶盆
马家窑文化马家窑型，1973 年青海大通上孙家寨出土，国家博物馆藏。

图 3-6-14　陶盆中的巫师形象
马家窑文化边家林类型。摘自李学武编著：《中国原始彩陶》，江西美术出版社 2007 年版，第 182 页。

图 3-6-15　双虎食人的巫师
1957 年安徽阜南出土，国家博物馆藏。

表明了从早期的口传时期"立象"文化到文化过渡的时期，早期中国文化的人类自身"原型之象"依旧受到尊重，早期中国人坚信早期圣人所制作的"原型之象"会给中国人带来文化福音，并会赐予他们自由和幸福。

我们将所列举的各种出土神人意象与东巴所绘制的跳神姿态（图 3-6-16）与文字图像相比较，可以发现，中国早期圣人与纳西族东巴具有极为相似的"立象"传统。通过这些神器与神人的神话意象，我们也可以领会到，神话图像不仅仅是现世之物的客观图像，更是早期圣人通过"神话立象"的文化行为为原初人类、原初器具创设的一种"文化原型"与"神话表象"。依据这些"文化原型"与"神话表象"（包括各种"动物原型""自然原型"以及"原型人像"），就可以建构一个以"原型神象"为文化秩序的神性世界，由此人类通过模拟这类神性秩序，从而维护人类自身的生命生存，谋求自身与世界的和谐共存。所以这类早期"神象"既不是一种纯粹的审美艺术品，也不是一种毫无意义的器具之物，它们代表了早期中国文化的鲜活意义与文化观念，展示了早期人类以"立象"为言说的神话思维与符号行为，可以利用这些原型图像理解早期人类的神话想象和文化意义，也成为重新解开小传统文化老子"大象无形"的文化渊源和符号编码。

图 3-6-16　东巴神像图

摘自王伯敏主编：《中国少数民族美术史》第二编，福建美术出版社 1995 年版，第 397 页。

## 二、"大象"是幽眇本身的显现

圣人依据自身所是的"原型之象",制定了各种大传统时期的器具"神象",诸如岩画之象、陶器之象、玉器之象、铜器之象,还有卦象等,这些"神象"以有形的符号方式被确立下来以后,就形成了传世可见的有形物象了。当圣人的"原型之象"一旦变成了有形之象时,圣人在"神象"之中所寄寓的文化意义和原型图像就很容易被现实有形物象所遮蔽。可见,圣人的文化"立象"活动仅仅是早期神话图像文化传统的一部分,即制作"神象"的有形图像。因此,圣人还尤其重视"观象"。所谓"观象",就是要通过观看人类制作的各种外在神像的有形图像,发现并"观看"到幽眇无形的"原型之象"。

王弼在注"大象"时云:"有形则有分,有分者,不温则凉,不炎则寒。故象而有形者,非大象。"[1] "有形"为什么就会"有分"呢?因为"有形之象"一定会导致各种有所分裂的认知可能,一部分人能够从"有形之象"中观看到"无形大象",而另一部分人可能就会胶着于"有形之象",从而忘记作为"有形之象"的原初形象,即"原型大象"的无形存在。王弼认为,"象而有形者",就已经"非大象"了,意思是说,"大象"属于"无形之象",而"有形之象"属于"非大象",是对"大象"的否定状态。王弼这种认识,存在对的地方,也存在令人误解的地方。这应该说,"有形之象"因原初的"无形大象"而生,"无形大象"就寄寓在"有形之象"之中,但是当"无形之象"化为"有形状态"的时候,通常"有形之象"会完全遮蔽"无形大象"的文化存在。

首先,老子认为,"有形之象"一定会将世人引向迷茫的状态,这是因为世人通常会胶着于外在的形体,而忽略支撑"有形之象"的内在"大象"与本真存在,这种有形之物的文化遮蔽令人无法找到真正的"大象"存在。《老子·第十二章》云:"五色令人目盲……是以圣人为腹不为目,故去彼取此。"[2] 所谓"五色"是指儒家人所推崇外在可见的"有形之象",这种"有形之象"会直接诱导人的眼睛器官,使之产生各种眼识,令人类的意识之神落入后天人为的理性认知中。《论语·乡党》云:"君子不以绀緅饰,红紫不以为亵服。当暑,袗絺绤,必表而出之。缁衣,羔裘;素衣,麑裘;黄衣,狐裘。亵裘长,短右袂。必有寝衣,长一身有半。狐貉

---

[1] (魏)王弼注,楼宇烈校释:《老子道德经注校释》,中华书局2008年版,第113页。
[2] (魏)王弼注,楼宇烈校释:《老子道德经注校释》,中华书局2008年版,第27—28页。

之厚以居。去丧，无所不佩。非帷裳，必杀之。羔裘玄冠不以吊。吉月必朝服而朝。"杨伯峻将这一段文字翻译成："君子不用（近乎黑色的）天青色和铁灰色作镶边，（近乎赤色的）浅红色和紫色不用来作平常居家的衣服。暑天，穿着粗的或者细的葛布单衣，但一定裹着衬衫，使它露在外面。黑色的衣配紫羔，白色的衣配麂裘，黄色的衣配狐裘。居家的皮袄身材较长，可是右边的袖子要做得短些。睡觉一定有小被，长度合本人身长的一又二分之一。用狐貉皮的厚毛做坐垫。丧服满了以后，什么东西都可以佩带。不是（上朝和祭祀穿的）用整幅布做的裙子，一定裁去一些布。紫羔和黑色礼帽都不穿戴着去吊丧。大年初一，一定穿着上朝的礼服去朝贺。"① 在这段文字中，儒家认为，人的外在"五色"服饰必须符合于各种社会礼节的仪式要求，通过外在服饰的"五色"变化展示自身内在的时命德性。但是，正是由于过分强调外在的"五色"区分和社会礼节，从而忽略内在人心的礼乐本源与德性力量，所以老子认为，这种过分重视外在五色的文化行为，不仅不会让人对自身的气运变化产生清楚的认识，而且只会令人因为烦琐的五色区别而迷失自身的本来存在，由此失去对"五色"时空变化的真正判断力，令人类眼睛感官只是处于"看五色"的感觉与知觉认识中，而不善于通过"五色"来判断自然的阴阳运化，这种"睁眼"的认知活动与"睁眼瞎"的认知状态极为相似。而圣人更强调，人在观看时，不仅要用肉眼看，还要用心眼观看，注重人心本身与天地自然之间的气运变化与应时关系，由此不太重视外在服饰的"五色之象"，因为这种"五色之象"完全是为了迎合社会仪式的人际需求，而人为地将其用服饰之色表现出来。老子一方面要祛除人心因外在社会需求而产生的"有形之象"，另一方面强调要通达天心所具有的"原型大象"。

其次，老子"原型大象"的本来存在是指什么呢？究其本源，"原型大象"就是老子所说的无形"大象"，那么，这种无形"大象"到底是"谁"的显现"神象"？毫无疑问，老子的"大象"不是"最大的形象"，而是最原初、最源始、最幽眇的元一真气的生命本来之象。范应元在《老子道德经古本集注》中云："大道无象，而众象由是而见，乃象之大者也。"② 范应元认为"大道无象"，这有所片面。"大道""无象"只是"大道"的一个方面，"大道"在"无象"中会生成"元气元神燃烧而归一的本真状态"，这种"大象"属于自身生命"原初真灵所是的状态"，即"本身有所是的状态"。可见，

---

① 杨伯峻译注：《论语译注》，中华书局1980年版，第100页。
② （宋）范应元：《老子道德经古本集注》，《续古逸丛书》影印宋刊本。

"大道"又是"无象"之中的"有象",它不是绝对永恒的"无象","无象"只是"大道"的文化始点。在"无象"的基础上,通过自然的方式,可以产生元气归一的"真象"与"有象"。"有象"是从何而生呢?在自身的罪责和愧疚中,自身领会到了本身的死亡和游离时,它就会产生一种对本身死亡的畏惧之情,而这种畏惧就会不断地激荡着自身的良知存在,从而迫使自身良知产生了对常身的怀疑和抛弃,在心底自然召唤出被隐匿、被遮蔽的本身状态,本身真灵由此可以对自身发出了深情幽眇的召唤,表达原初生命生存的本然渴望,以及安抚畏惧恐慌的自身存在。可见,"无象"是对有形常身状态的否定,当常身在自身中消失时,自身处于"无象"之中了。"无象之有象"是在"无象"之中的自觉自知,这个时候,本身真灵如期显现在自身的面前,自身也在自身的本真灵气状态中,看到了自身的无形"大象"状态,即本身的自然"灵魂"状态,也就看到了"元神归一"的本来面目。所以说,"大象""大道"是无象之中的"有象"。仅仅将"大道"说成是"无象",这很容易落入虚无顽空之中。而"大象"恰恰展示了从"无象"之中自然生成的"有象"神话存在。

《老子·第十四章》云:"视之不见名曰夷……是谓无状之状,无物之象。是谓恍惚。迎之不见其首,随之不见其后。"① 这里的"视"不是指纯粹的人眼观看,而是指人心中的天眼之视。作为从无象之中诞生而出的本身归一的"有形大象",用人的肉眼是看不到的,只有用天眼才能观看到。所谓"无状之状",说明"大象"是心中可以感知到的有状之象,但这又是属于肉眼看不到的"无状之壮"。所谓"无物之象",是指称"大象"原是本身的原初大象,但又属于混沌无形的"无物之象"。这种"无状之状""无象之象"的文化状态是不是自相矛盾的呢?根据老子"大道"的自然文化,自身是在"无象"之中生成全新的"大象",属于无中生有的生命更新活动,这丝毫也不矛盾。因为"大象"是本身真灵在自身面前的文化显现,这种显现之象属于自身内部气运归一的生命本源,而不是现世可见的有形事物。因此它是"无状""无物""无象"的,但这种显现出来的大象,又出现在了自身的面前,自身依据这种自身所领会到的"大象"来体验自身的本来存在,重新认知自身,重新照面自身的原初本象。可见,这种本身真灵又是极为贴近的,极为真实的,所以又是最大的、最真的本来"原型"。

"原型大象"不仅是"有状""有象""有物",而且又是在现世中的他

---

① (魏)王弼注,楼宇烈校释:《老子道德经注校释》,中华书局2008年版,第31—32页。

者无法用肉眼看到的"有状""有象""有物"。因此，在他者看来，这又是"无状""无象""无物"的存在。《老子·第二十一章》云："道之为物，惟恍惟惚。惚兮恍兮，其中有象。"①"大道"是指这样混沌无形的恍惚之物。这种幽隐难描之"象"，它既是"真物"的有形存在，但又不是现世之"物"；它既是"真象"的形质存在，但又不是可见之"象"。《老子·第三十五章》云："执大象，天下往。往而不害，安平太。"②所谓"执大象"，是指依据于"大象"，指代依据于"原型大象"在现世之中现身，即将本身所是的归一状态贯穿于现身情态之中。如果一个人能够依据本身真灵有所是的本真状态来治理国家，那么，天下所有人都会受到他的感化，人人都会来归附于他。这是为什么呢？因为归附这种依据于"大象"的圣人，就会激化每个人心中被遮蔽的大象存在，在无形"大象"之中，所有人都获得和谐共存，彼此不存在社会世界中的有形伤害，大家都能获得平安和幸福。这就是老子孜孜以求的"玄同"世界。

## 三、"大象"是万象本源

我们分析了本身真灵在自身面前的本真显现，使得自身目睹到了自身的本来面目，即看到了自身的"原型大象"。这种"原型大象"对于自身来说，是有状有象的，而且属于最大的有状之象，是自身在无象之中生发出来的原型真象。但是为何"大象"又是"无形"的呢？钱锺书在《管锥编》中讨论《天问》中的"上下未形"时，涉及了"象"与"形"之间的文化关系。其云："《邓析子·无厚》：'故见其象，致其形；循其理，正其名；得其端，知其情。''名'为'理'之表识，'端'为'情'（事）之几微，'象'亦不如'形'著明，语意了然。物不论轻清、重浊，固即象即形，然始事之雏形与终事之定形，划然有别。'形'者，完成之定状；'象'者，未定形前沿革之暂貌。积砖如阜，比材如栉，未始非形也；迨版筑经营，已成屋宇，则其特起高骧，洞开交映者为形，而如阜如栉者不足语于形矣。未理之璞，方棱圆浑，各自赋形，然必玉琢为器，方许其成形焉。天地肇造，若是班乎。故圣·奥古斯丁阐释《创世纪》所言未有天地时之混沌，亦谓有质无形，乃物质之可成形而未具形者；后世诗人赋此曰：'有物未形，先天地生。'正所谓'惟像无形'尔。元气胚胎，如玉之璞，乾坤判奠，如玉为器；故自清浊分明之天地而观浑沦芒漠之元气，则犹未

---

① （魏）王弼注，楼宇烈校释：《老子道德经注校释》，中华书局2008年版，第52页。
② （魏）王弼注，楼宇烈校释：《老子道德经注校释》，中华书局2008年版，第87页。

'形',惟能有'象'。苟由璞而回溯其蕴于石中,由砖若材而反顾未煅之土与未伐之林,则璞也、砖也、材也三者均得为成'形',而石也、土也、林也胥'未形'之'惟象'矣。"[1]钱锺书在讨论"象"与"形"的时候,他所说的"象"指代圣人所立的外在神像,是属于在自身世界中存在者层面的有形之"象",这种"象"与"形"是紧密联系在一起的。但他又说,这就是所谓的"惟象无形",这种判断存在很大的问题。"玉璞"是一种现存之物,经过人工的雕琢之后,它可以变成"玉器"。这个琢玉成器的过程,实际上是圣人"立象"的文化过程,钱锺书认为,"象"犹如"玉璞",而"形"犹如"玉器",而从一种物之"象"(玉璞)到一种物之"器"(玉器),这就从"无形"变化成了"有形"。由此,他得出"惟象无形"的文化意义。可见,钱锺书理解的"惟象无形"与老子"无状之状、无物之象""大象无形"是不一样的。当然,钱锺书提到了"有质无形"之象,同时,他也提到了"元气胚胎"之象,并将这两者混在一起来讨论"惟象无形"。他所谓的"形"仅仅是指外在可见的有形,其"无形"也仅仅是指外在不可见的"无形"。在中国早期的大传统文化中,自身世界的"象"是极为复杂的,从生成的神话时间关系来看,可以有诸多的文化层次,诸如元一之大象,气形之始象,质形之素象,人物之具象,等等,而钱锺书没有仔细区别这些文化之象的细微差异,笼统地将其称为"惟象无形",这也容易误导别人。他还认为,老子的"大象"是一个现实世界之中的无形之象,仅仅以"无象"来解释"大象",也明显存在疏漏之处。

首先,在现存的世界中,老子的"大象无形"是一种"无形之象",这与钱锺书的理解也是一致的。我们在前面说了,"大象"是"有形"的,但怎么又变成了"无形"呢?因为"大象"的"有形"是相对于自身的存在状态来说的,而"大象"的"无形"是指代在现世之中,我们无法找到"大象"的具体呈现形状,这是为什么呢?因为"大象"是本身真灵在自身面前的显身状态,是本身对自身的文化召唤,这个文化过程不是在现世之中完成的,而是在本身世界之中完成的,在这个文化过程中,也不需要任何他者的文化参与,也与他人没有任何的世界关联。在具有绝对割裂、绝对独立的本身世界中,自身完全可以通达本来的无形"大象"。可见,这种"无形"并不是如钱锺书所说的"无形"是属于那种现世之物的"无形"状态,而是一种与现实世界无关的最本己的孤独存在状态。

其次,在自身世界中,老子的"大象"是其他一切"神象"(包括气

---

[1] 钱锺书:《管锥编》第二册,中华书局1979年版,第611—612页。

形初象，质形之质象，人物之具象等）的文化本源，甚至也是作为一切有形之象之首的天帝之象的本初状态。《老子·第四章》云："道冲而用之或不盈，渊兮似万物之宗。挫其锐，解其纷，和其光，同其尘。湛兮似或存，吾不知谁之子，象帝之先。"① 最后一句帛书本作"吾不知其谁之子也，象帝之先。"② 张松如译为："我不知道它是谁的儿子呀？显象于帝祖之先。"③ 陈鼓应译为："我不知道它是从哪里产生的，似乎有天帝以前就有了它。"④ 所谓"道冲"，是指通达了本身所是的真一渊冲状态，即获得了原初真灵所是的生存状态，那么，本身力量就会用之不竭。所谓"渊"，是指本身在自身之中的潜伏状态，显得极为幽深，犹如深渊一般，难窥其底。深渊状态显现了"无象"的文化前提，"无象"存在就似乎成了万物生命诞生的本源之地。只有放下人在世间的各种锋芒毕露的常身状态，抛弃各种追求名利的忧心烦扰，做到和光同尘，难以分清外在的有形存在，这就达到了"无象"存在的前提条件了。所谓"湛"，是指本身幽隐本寂的清静样子，似有似无，似亡似存，由此在"无象"之中可以生成"大象"。最后一句应该表示：我不知道本身真灵是谁的儿子，因为这种"大象"的生成是从"无象"之中自发生成的，因此，我们不知道是"谁"生成的。但"无象"之中所再生出来的"真一大象"，即是天帝原型的原初状态。可见，"大象"是最为源始之象，而"天帝"是在真一出现以后出现的天地剖判现象，所以，老子将"大象"视为"天帝"之先。老子认为，"人法地，地法天，天法道，道法自然"，"自然之象"，即通过自身元气燃烧所诞生的元一真气才是真正的"大象"，而"天帝"之气象，"地祇"之质象，"人物"之具象，等等，都不过是由"大象"生成变化而来的。据此可知，老子要追求的是先于天地而存在的本来真象。在自身世界中，"大象"是元一混沌的虚灵本象，而其他的"神象"，诸如天帝、地祇、人物等等，都属于气形、质形之象。前者才是无形之中的大形之状，无象之中的大象之象，而后者属于无形之中的气形、质形之状，两者之间的文化关系为：前者是原生之象，后者是派生之象；前者是象之根本，后者是象之变体。钱锺书所解释的"惟象无形"意义显得有些宏大，包括了原生之象与派生之象。而老子的"大象无形"，只指代原生之象，其在时间范围方

---

① （魏）王弼注，楼宇烈校释：《老子道德经注校释》，中华书局2008年版，第10页。
② 高明：《帛书老子校注》，中华书局1996年版，第242页。
③ 张松如：《老子校读》，吉林人民出版社1981年版，第27页。
④ 陈鼓应：《老子注译及评介》，中华书局2003年版，第77页。

面显得更为原初,在空间范围方面可以包罗一切后起的有形之象。

《韩非子·解老》云:"人希见生象也,而得死象之骨,案其图以想其生也,故诸人之所以意想者皆谓之象也。今道虽不可得闻见,圣人执其见功以处见其形,故曰:'无状之状,无物之象。'"[①] 在解释老子"大象"的"无状之状,无物之象"时,韩非子认为,人死之后,人就看不到人之"生象"了,只能看到人死之后所剩下的"死象",即骨头。那么,人如何来想象先人的"生象"呢?他认为,可以根据死者之"象"。这里的"象"是指死者的"遗像",即"图像"。人根据这种后天绘制的"图像",可以"意想"的死者生前的样子。综合韩非子所说的"生象""死象"与"图像",都不是老子所谓的"大象",其"生象"是指人形所有的外在气象,其"死象"是指人死以后留下来的外在骨象,而后天绘制下来的"图像"则纯粹是"生象"的描摹形态。第一,人的"生象""死象""图像"都属于"大象"的一种个体化具象,是由"大象"所派生出来的外在有形之象,"大象"的确寄寓、托存在这些有形之象中。第二,现世的"生象""骨象""图像"既承载了"大象"的文化意义与生命力量,同时,这些有形之象又都是属于后天存在者层面的图像形式,它们都会对"本身大象"造成深度的文化遮蔽。第三,只有真正的圣人才善于利用这些现世的有形之象,去体悟、领会自身的原初"大象",这才是圣人念兹在兹的"观象"活动。

老子"大象无形"既是在描述本身所是的生成显现状态,又体现了早期中国圣人心中最完美、最本真的原初之象,它不是一个外在有形的可见形象,而是本身有所是的原初图像,是一切有形之象的文化本源。这种本身存在的"大象"有以下文化表征:首先,"大象"表现为"无象"状态,"无象"否定了一切世界存在的有形存在,彰显"大象"不仅与现世存在者的共处同在是无关的,与现世之中的其他存在物也没有关联,同时,与自身世界中的气形之初象、质形之质象、人物之具象等众象都有所不同。其次,"大象"是"无象"的本身显现。作为原初的"有象"形式,"大象"能在"无象"之中获得新生,即自身在本身真灵所是的状态中,获得了绝对本源的自由存在,照面了最为绚烂的本身原象,体验到了本身真一存在的真理之光与和煦温暖。这种"大象"才是真正的"我",是令自身最为沉醉的美好存在,自身只有在本真中,才能感受到最令人痴迷的本来幸福体验。这种本身真一大美的文化体悟是无以言说的,也是无法用具体形状来表现的。

---

[①] (清)王先慎撰,钟哲点校:《韩非子集解》,中华书局1998年版,第148页。

## 四、小　　结

老子的"大象无形"意蕴丰厚，具有难以言说的美学意味，体现了史前文化大传统的原型状态与神话意象。学术界多拘囿于有形物象来讨论"大象"，其文化意义和美学价值多被遮蔽。

早期大传统文化的时代是一个制器尚象的神话图像时代。随着早期出土之物越来越多，圣人"立象"的文化大传统逐渐浮现出来。早期圣人所制作各种的神话图像不是对外在有形之物的简单描摹，而是以有形的图像符号象征性地展示本真的"原型大象"。也正是由于神话图像的有形性，使得后来的圣人必须根据"观象"活动，才能从中领会到各种神话图像的文化意义和原型之象。可见，早期圣人的"立象"传统与"观象"思维成为老子"大象无形"的文化源头。

老子认为，外在的"有形之象"会令世人胶着于现实物象，从而无法由眼前的有形之象发现真正的本来"大象"。要想通达真正的"大象"，首先必须祛除后天的"有形之象"，其次要让最原初的本身之象显现在自身的面前。

老子的"大象"不是一种现世之象，而是自身生命存在的原初本象。这种"大象"首先是"无象"，"无象"才是"大象"诞生的文化必备条件。其次是在"无象"之中再生出全新的"大象"。从"无象"之中诞生的"大象"，是从无入有的第一个阶段，而其他一切有形之象都是发源于"大象"。在本身世界中，首先是"无象"状态，其次才有"大象"显现，再次就出现了诸如"天帝"的原初之象，这属于气形之始象，此后又出现了"地祇"的原初之象，这属于质形之质象，最后才出现了人与物的各种具象。可见，"大象"是宇宙间一切有形之象的文化本源。

老子的"大象无形"是元一真气的再生文化。他追求的是"自然之道"的原生状态，属于自身先天存在的绝对自由的、元气归一的、无质无形的本身虚灵图像，是大道文化的真理之象。

# 主要参考文献

（魏）王弼注，（唐）孔颖达疏：《周易正义》，北京大学出版社2000年版。
（汉）毛亨传，（汉）郑玄笺，（唐）孔颖达疏：《毛诗正义》，北京大学出版社2000年版。
（汉）孔安国传，（唐）孔颖达疏：《尚书正义》，北京大学出版社2000年版。
（周）左丘明传，（晋）杜预注，（唐）孔颖达正义：《春秋左传正义》，北京大学出版社2000年版。
（汉）公羊寿传，（汉）何休解诂，（唐）徐彦疏：《春秋公羊传注疏》，北京大学出版社2000年版。
（晋）范宁集解，（唐）杨士勋疏：《春秋谷梁传注疏》，北京大学出版社2000年版。
（汉）郑玄注，（唐）孔颖达疏：《礼记正义》，北京大学出版社2000年版。
（汉）郑玄注，（唐）贾公彦疏：《仪礼注疏》，北京大学出版社2000年版。
（魏）何晏注，（宋）邢昺疏：《论语注疏》，北京大学出版社2000年版。
（汉）赵岐注，（宋）孙奭疏：《孟子注疏》，北京大学出版社2000年版。
（汉）郑玄注，（唐）贾公彦疏，（唐）陆德明释文：《周礼注疏》，北京大学出版社2000年版。
（唐）李隆基注，（宋）刑昺疏：《孝经注疏》，北京大学出版社2000年版。
（战国）尸佼著，黄曙辉点校：《尸子》，华东师范大学出版社2009年版。
（春秋）孙武撰，（三国）曹操等注，杨丙安校理：《十一家注孙子校理》，中华书局1999年版。
（汉）司马迁：《史记》，中华书局1963年版。
（汉）班固：《汉书》，中华书局1964年版。
（汉）贾谊撰，（清）卢文弨校：《新书》，中华书局1985年版。
（汉）贾谊撰，阎振益、钟夏校注：《新书校注》，中华书局2000年版。
（汉）桑弘羊撰，王利器校注：《盐铁论校注》，中华书局1992年版。
（汉）扬雄撰，（宋）司马光集注，刘韶军点校：《太玄集注》，中华书局1998年版。

（汉）扬雄撰，（晋）范望注：《太玄经》，上海古籍出版社1990年版。

（汉）刘向撰，向宗鲁校证：《说苑校证》，中华书局1987年版。

（汉）严遵著，王德有点校：《老子指归》，中华书局1994年版。

王卡点校：《老子道德经河上公章句》，中华书局1993年版。

（汉）许慎撰，（宋）徐铉等校定：《说文解字》，中华书局2003年版。

（汉）许慎撰，（清）段玉裁注：《说文解字注》，上海古籍出版社2006年版。

（汉）韩婴撰，许维遹校释：《韩诗外传集释》，中华书局1980年版。

（汉）戴德撰，（北周）卢辩注：《大戴礼记》，中华书局1985年版。

（汉）王符撰，（清）汪继培笺，彭铎校正：《潜夫论笺校正》，中华书局1985年版。

董治安主编：《两汉全书》第31册，山东大学出版社2009年版。

（汉）荀悦撰，（明）黄省曾注，孙启治校补：《申鉴注校补》，中华书局2012年版。

（魏）王肃注：《孔学三种 孔子家语》，世界书局1935年版。

（魏）王弼撰，（唐）邢璹注：《周易略例》，见（明）程荣辑：《汉魏丛书》，吉林大学出版社1992年版。

（魏）王弼注，楼宇烈校释：《老子道德经注校释》，中华书局2008年版。

（晋）郭象注，（唐）成玄英疏，曹础基、黄兰发点校：《南华真经注疏》，中华书局1998年版。

（魏）徐干撰，孙启治解诂：《中论解诂》，中华书局2014年版。

（魏）嵇康著，戴明扬校注：《嵇康集校注》，中华书局2014年版。

（晋）皇甫谧著，徐宗元辑：《帝王世纪辑存》，中华书局1964年版。

（晋）杜预集解：《春秋经传集解》，上海古籍出版社1988年版。

（南朝宋）范晔撰：《后汉书》，中华书局1965年版。

（梁）皇侃撰，高尚榘校点：《论语义疏》，中华书局2013年版。

（梁）刘勰著，范文澜注：《文心雕龙注》，人民文学出版社2001年版。

（隋）萧吉：《五行大义》，李零主编：《中国方术概观·式法卷》，人民中国出版社1993年版。

（唐）成玄英撰：《老子道德经义疏》，张继禹主编：《中华道藏》第九册，华夏出版社2004年版。

（唐）陆希声：《道德真经传》，（清）阮元辑：《宛委别藏》第96册，江苏古籍出版社1988年版。

（唐）王冰撰注，鲁兆麟主校，王凤英参校：《黄帝内经素问》，辽宁科学技术出版社1997年版。

（唐）陆德明：《经典释文》，中华书局1983年版。

（唐）李鼎祚撰，王丰先点校：《周易集解》，中华书局2016年版。

（唐）成伯屿：《毛诗指说》，影印文渊阁四库全书本。

（宋）朱熹撰，朱杰人、严佐之、刘永翔主编：《朱子全书》第22册，上海古籍出版社、安徽教育出版社2002年版。

（宋）朱熹：《四书章句集注》，中华书局1983年版。

（宋）朱熹：《诗集传》，中华书局1958年版。

（宋）黎靖德编：《朱子语类》，中华书局1986年版。

（宋）蔡沈注，钱宗武、钱忠弼整理：《书集传》，凤凰出版社2010年版。

（宋）洪兴祖著，白化文校：《楚辞补注》，中华书局1983年版。

（宋）李杞：《周易详解》卷十三，影印文渊阁四库全书本。

（宋）范应元：《老子道德经古本集注》，《续古逸丛书》影印宋刊本。

（宋）游酢：《游廌山集》卷一，影印文渊阁四库全书本。

（宋）丁度等编：《宋刻集韵》，中华书局1989年版。

（宋）陈彭年等编：《宋本广韵》，江苏教育出版社2005年版。

（宋）沈括：《梦溪笔谈》，上海古籍出版社2015年版。

（明）王夫之：《船山全书》第六册，岳麓书社1991年版。

（明）王夫之：《船山全书》第十二册，岳麓书社1996年版。

（清）王闿运补注：《尚书大传补注》，中华书局1991年版。

（清）王聘珍撰，王文锦点校：《大戴礼记解诂》，中华书局1983年版。

（清）孙星衍辑：《孔子集语》，上海古籍出版社1993年版。

（清）刘宝楠：《论语正义》，中华书局1990年版。

（清）刘逢禄：《论语述何》，（清）阮元主编：《皇清经解》卷一千二百九十七，清咸丰十一年补刊本。

（清）郭庆藩撰，王孝鱼点校：《庄子集释》，中华书局1961年版。

（清）王先谦撰，沈啸寰、王星贤点校：《荀子集解》，中华书局1988年版。

（清）黄元吉撰，蒋门马校注：《道德经注释》，中华书局2012年版。

（清）王先慎撰，钟哲点校：《韩非子集解》，中华书局1998年版。

（清）陈立撰，吴则虞点校：《白虎通疏证》，中华书局1994年版。

（清）赵在翰辑，钟肇鹏、萧文郁点校：《七纬（附论语谶）》，中华书局2012年版。

（清）张志聪集注，方春阳等点校：《黄帝内经集注》，浙江古籍出版社2002年版。

（清）程林撰：《医暇卮言》，曹炳章原辑：《中国医学大成》第45册，上海科学技术出版社1990年版。

（清）黄宗羲：《南雷文定》四集卷一，《黄宗羲全集》第10册，浙江古籍出版社1985年版。

（清）阮元撰，邓经元点校：《揅经室集》，中华书局1993年版。

（清）钱大昕著，陈文和主编：《嘉定钱大昕全集·潜研堂文集》，江苏古籍出版社1997年版。

（清）朱右曾：《逸周书集训校释》，商务印书馆1937年版。

（清）惠栋：《周易述》，中华书局1936年版。

（清）孙诒让撰，孙启治点校：《墨子间诂》，中华书局2001年版。

（清）王念孙著，钟宇讯整理：《广雅疏证》，中华书局1983年版。

（清）俞樾：《春在堂全书》第壹册，凤凰出版社2010年版。

（清）焦循撰，沈文倬点校：《孟子正义》，中华书局1987年版。

（清）王先谦撰，吴格点校：《诗三家义集疏》，中华书局1987年版。

（清）郝懿行著，安作璋主编：《郝懿行集》（四），齐鲁书社2010年版。

（清）严可均辑：《全后汉文》，商务印书馆1999年版。

（清）严可均辑：《全陈文　全齐文》，商务印书馆1999年版。

（清）曹雪芹、高鹗：《红楼梦》，人民文学出版社1982年版。

徐元诰撰，王树民、沈长云校：《国语集解》，中华书局2002年版。

顾颉刚、刘起釪：《尚书校释译论》，中华书局2005年版。

黄怀信主撰：《大戴礼记汇校集注》，三秦出版社2004年版。

黄怀信、张懋镕、田旭东撰：《逸周书汇校集注》（修订版），上海古籍出版社2007年版。

黄怀信：《鹖冠子校注》，中华书局2014年版。

程树德撰，程俊英、蒋见元点校：《论语集释》，中华书局1990年版。

杨树达撰：《论语疏证》，上海古籍出版社1986年版。

朱谦之：《老子校释》，中华书局2000年版。

高明：《帛书老子校注》，中华书局1996年版。

刘笑敢：《老子古今：五种对勘与析评引论》，中国社会科学出版社2009年版。

高亨：《老子正诂》，清华大学出版社2011年版。

陈鼓应：《老子注译及评介》，中华书局2003年版。

张松如：《老子校读》，吉林人民出版社1981年版。

邓各泉：《郭店楚简〈老子〉释读》，湖南人民出版社2005年版。

吴毓江撰，孙启治点校：《墨子校注》，中华书局2006年版。

黎翔凤撰：《管子校注》，中华书局2004年版。

许富宏：《鬼谷子集校集注》，中华书局2008年版。

王利器：《文子疏义》，中华书局2000年版。

许维遹撰，梁运华整理：《吕氏春秋集释》，中华书局2009年版。

苏舆撰，钟哲点校：《春秋繁露义证》，中华书局1992年版。

刘文典撰：《淮南鸿烈集解》，中华书局1989年版。

何宁撰：《淮南子集释》，中华书局1998年版。

黄晖：《论衡校释》，中华书局1990年版。

裘锡圭主编：《马王堆汉墓简帛集成》（四），中华书局 2014 年版。

李零：《郭店楚简校读记》，北京大学出版社 2002 年版。

李零：《上海博物馆藏战国楚竹书（一）释文校订》，姜广辉主编：《经学今诠三编·中国哲学（第二十四辑）》，辽宁教育出版社 2002 年版。

李零：《上博楚简三篇校读记》，中国人民大学出版社 2007 年版。

刘钊：《郭店楚简校释》，福建人民出版社 2005 年版。

汪荣宝撰，陈仲夫点校：《法言义疏》，中华书局 1987 年版。

王国轩、王秀梅译注：《孔子家语》，中华书局 2013 年版。

王平、李建廷编著：《〈说文解字〉标点整理本（附分类检索）》，上海书店出版社 2016 年版。

梁满仓译注：《人物志》，中华书局 2009 年版。

张少康集释：《文赋集释》，人民文学出版社 2002 年版。

郭绍虞：《中国文学批评史》，上海古籍出版社 1979 年版。

朱东润：《中国文学批评史大纲》，上海古籍出版社 2001 年版。

蔡钟翔、黄保真、成复旺编著：《中国文学理论史》，北京出版社 1987 年版。

张少康、刘三富：《中国文学理论批评发展史》，北京大学出版社 1995 年版。

陈钟凡：《中国文学批评史》，江苏文艺出版社 2008 年版。

杨鸿烈：《中国诗学大纲》，商务印书馆 1928 年版。

罗根泽：《中国文学批评史》，上海古籍出版社 1984 年版。

王运熙、顾易生：《中国文学批评史新编》，复旦大学出版社 2002 年版。

袁行霈：《中国诗歌艺术研究》（增订本），北京大学出版社 1996 年版。

汪勇濠：《范畴论》，复旦大学出版社 1999 年版。

胡经之主编：《中国古典文艺学丛编》，北京大学出版社 2001 年版。

方孝岳：《中国文学批评》，世界书局 1936 年版。

王运熙、顾易生主编：《中国文学批评通史（壹）·先秦两汉卷》，上海古籍出版社 1996 年版。

李春青主编：《先秦文艺思想史》，北京师范大学出版社 2012 年版。

钱锺书：《管锥编》第二册，中华书局 1979 年版。

上海人民出版社编：《章太炎全集》，姜义华点校，上海人民出版社 1982 年版。

冯友兰：《中国哲学史》，华东师范大学出版社 2000 年版。

叶朗：《中国美学史大纲》，上海人民出版社 1985 年版。

复旦大学出土文献与古文字研究中心编：《出土文献与古文字研究》第一辑，复旦大学出版社 2006 年版。

张岱年：《中国古典哲学概念范畴要论》，中国社会科学出版社 1987 年版。

闻一多：《诗经通义甲》，孙党伯、袁謇正主编：《闻一多全集》第三册，湖北人民出版社 2004 年版。

孙党伯、袁謇正主编:《闻一多全集》第十册,湖北人民出版社 1993 年版。

周策纵:《古巫医与"六诗"考》,台湾联经出版事业股份有限公司 1986 年版。

王一川:《审美体验论》,百花文艺出版社 1992 年版。

陈良运:《文质彬彬》,百花洲文艺出版社 2001 年版。

王靖宪:《钟与鼓——〈诗经〉的套语及其创作方式》,四川人民出版社 1990 年版。

洪治刚主编:《刘师培经典文存》,上海大学出版社 2004 年版。

余英时:《士与中国文化》,上海人民出版社 2009 年版。

顾颉刚:《史林杂识初编》,中华书局 1963 年版。

古文字诂林编纂委员会:《古文字诂林》第 1 册,上海教育出版社 1999 年版。

杨树达:《积微居小学金石论丛》,中华书局 1983 年版。

朱自清:《诗言志辨》,古籍出版社 1956 年版。

朱狄:《原始文化研究》,生活·读书·新知三联书店 1988 年版。

陈兆复:《中国岩画发现史》,上海人民出版社 1991 年版。

李守奎、曲冰、孙伟龙撰:《上海博物馆藏战国楚竹书一——五·文字编》,作家出版社 2007 年版。

萧兵:《中国早期艺术的文化释读:审美人类学微观研究》,湖北人民出版社 2014 年版。

萧兵、叶舒宪:《老子的文化解读——性与神话学之研究》,湖北人民出版社 1994 年版。

叶舒宪:《中华文明探源的神话学研究》,社会科学文献出版社 2015 年版。

叶舒宪等编:《文化符号学——大小传统新视野》,陕西师范大学出版社 2013 年版。

叶舒宪:《诗经的文化阐释:中国诗歌的发生研究》,湖北人民出版社 1994 年版。

叶舒宪:《高唐神女与维纳斯》,中国社会科学出版社 1997 年版。

叶舒宪:《中国神话哲学》,陕西人民出版社 2005 年版。

叶舒宪、唐启翠主编:《儒家神话》,南方日报出版社 2011 年版。

朝戈金:《口传史诗诗学:冉皮勒〈江格尔〉程序句法研究》,广西人民出版社 2000 年版。

《傅斯年全集》第 6 卷,湖南教育出版社 2000 年版。

宋镇豪、段志洪主编:《甲骨文文献集成》第 12 册,四川大学出版社 2001 年版。

宋镇豪主编:《甲骨文与殷商史》新一辑,线装书局 2009 年版。

代迅:《断裂与延续:中国古代文论现代转换的历史回顾》,西南师范大学出版社 2002 年版。

铁木尔·达瓦买提主编:《中国少数民族文化大辞典·东北 内蒙古地区卷》,民族出版社 1997 年版。

铁木尔·达瓦买提主编：《中国少数民族文化大辞典·西南地区卷》，民族出版社 1998 年版。

周国茂：《自然与生命的意义世界：贵州少数民族原始崇拜与民俗》，贵州教育出版社 2004 年版。

王子初：《中国音乐考古学》，福建教育出版社 2003 年版。

宫蒲光、洛松次仁主编：《建筑与工艺美术》，中国藏学出版社 2006 年版。

郭淑云：《原始活态文化——萨满教透视》，上海人民出版社 2001 年版。

郭淑云：《中国北方民族萨满出神现象研究》，民族出版社 2007 年版。

富育光：《萨满论》，辽宁人民出版社 2000 年版。

富育光：《萨满教与神话》，辽宁大学出版社 1990 年版。

富育光、孟慧英：《满族萨满教研究》，北京大学出版社 1991 年版。

杨学政主编：《中国原始宗教百科全书》，四川辞书出版社 2003 年版。

宋兆麟：《巫与巫术》，四川民族出版社 1989 年版。

宋兆麟：《最后的捕猎者》，山东画报出版社 2001 年版。

宋兆麟：《生育神与性巫术研究》，文物出版社 1990 年版。

《中国各民族宗教与神话大词典》编审委员会编：《中国各民族宗教与神话大词典》，学苑出版社 1990 年版。

贵州省毕节地区民委彝文翻译组：《宇宙人文论》，民族出版社 1984 年版。

方国瑜编撰，和志武参订：《纳西象形文字谱》，云南人民出版社 2005 年版。

王宏刚等：《萨满教舞蹈及其象征》，辽宁人民出版社 2002 年版。

王宏刚：《满族与萨满文化》，中央民族大学出版社 2002 年版。

赵复兴：《鄂伦春族游猎文化》，内蒙古人民出版社 1991 年版。

吕大吉、何耀华总主编，满都尔图等本卷主编：《中国各民族原始宗教资料集成：鄂伦春族卷 鄂温克族卷 赫哲族卷 达斡尔族卷 锡伯族卷 满族卷 蒙古族卷 藏族卷》，中国社会科学出版社 1999 年版。

吕大吉、何耀华总主编，和志武等本卷主编：《中国各民族原始宗教资料集成：纳西族卷 羌族卷 独龙族卷 傈僳族卷 怒族卷》，中国社会科学出版社 1999 年版。

吕大吉、何耀华总主编，张公瑾等本卷主编：《中国各民族原始宗教资料集成：傣族卷 哈尼族卷 景颇族卷 孟—高棉语族群体卷 普米族卷 珞巴族卷 阿昌族卷》，中国社会科学出版社 1999 年版。

吕大吉、何耀华总主编：《中国各民族原始宗教资料集成：布依族卷、侗族卷、仡佬族卷》，中国社会科学出版社 2012 年版。

吕大吉、何耀华总主编：《中国各民族原始宗教资料集成：苗族卷 水族卷》，中国社会科学出版社 2013 年版。

吕大吉、何耀华总主编:《中国各民族原始宗教资料集成:土家族卷 瑶族卷 壮族卷 黎族卷》,中国社会科学出版社1998年版。

周国茂:《摩教与摩教文化》,贵州人民出版社1995年版。

李坚尚、刘芳贤:《珞巴族的社会与文化》,四川民族出版社1993年版。

内蒙古自治区编辑组编:《鄂伦春族社会历史调查》第2集,内蒙古人民出版社1985年版。

黑龙江省编辑组、《中国少数民族社会历史调查资料丛刊》修订编辑委员会编:《赫哲族社会历史调查》,黑龙江朝鲜民族出版社1987年版。

余和祥:《中国传统性风俗及其文化本质》,商务印书馆2014年版。

陶阳、钟秀编:《中国神话》,商务印书馆2008年版。

曹贵雄、龙倮贵:《哈尼族传统宗教文化研究》,民族出版社2014年版。

黄泽:《西南民族文化与民俗:民族文化学的新视野》,海南出版社2008年版。

李子贤、李期博主编:《首届哈尼族文化国际学术讨论会论文集》,云南民族出版社1996年版。

王占义编著:《中外词语溯源故事大辞典》,上海辞书出版社2015年版。

施康强:《自说自话》,湖北教育出版社2002年版。

姜玉田、丛坤主编:《黑土文化》,中央广播电视大学出版社2012年版。

《蔡家麒学术文选》,云南大学出版社2014年版。

文日焕、王宪昭:《中国少数民族神话概论》,民族出版社2011年版。

佟德富等:《中国少数民族哲学专题研究》,中央民族大学出版社2006年版。

章海荣:《西南石崇拜:生命本原的追思》,云南教育出版社1995年版。

云南省民族事务委员会编:《布朗族文化大观》,云南民族出版社2013年版。

知缘村:《闻香识玉:中国古代闺房脂粉文化演变》,上海三联书店2012年版。

范鹏总主编:《陇上学人文存·刘瑞明卷》,甘肃人民出版社2014年版。

刘瑞明:《性文化词语汇释》,百花洲文艺出版社2013年版。

蒋述卓:《宗教艺术论》,文化艺术出版社2005年版。

石光伟、刘厚生:《满族萨满跳神研究》,吉林文史出版社1992年版。

云南省少数民族古籍整理出版规划办公室编:《普兹楠兹——彝族祭祀词》,云南民族出版社1986年版。

丁石庆:《达斡尔族萨满文化遗存调查》,民族出版社2011年版。

宋和平:《满族萨满神格译注》,社会科学文献出版社1993年版。

连横:《台湾通史》,台湾中华丛书委员会1958年印制。

国家民委《民族问题五种丛书》编委会编:《当代中国民族问题资料·档案汇编·〈民族问题五种丛书〉及其档案汇编(第5辑)·中国少数民族社会历史调查资料丛刊》第98卷,中央民族大学出版社2005年版。

姚周辉：《神秘的幻术——降神附体风俗探究》，广西人民出版社2003年版。
李澍田：《东北民俗资料荟萃》，吉林文史出版社1992年版。
凌纯声：《松花江下游的赫哲族》，民族出版社2012年版。
陈思玲、刘厚生、陈虹娓编著：《道教、萨满教》，吉林人民出版社1996年版。
黄任远、黄永刚：《赫哲族萨满文化遗存调查》，民族出版社2009年版。
色音主编：《民俗文化与宗教信仰》，知识产权出版社2011年版。
金香、色音主编：《萨满信仰与民族文化》，中国社会科学出版社2009年版。
黄建民：《奇妙的人体》，广西科学技术出版社1993年版。
杨福泉、郑晓云：《火塘文化录》，云南人民出版社1991年版。
［土］阿·伊南：《萨满教今昔》，姚国民等译，中国社会科学院民族所1979年编印。
波·少布：《黑龙江蒙古研究》，黑龙江省民族研究所1990年印制。
王亚南：《口承文化论——云南无文字民族古风研究》，云南教育出版社1997年版。
林继富：《民间叙事与非物质文化遗产》，中国社会出版社2012年版。
蔡家麒：《独龙族》，云南民族出版社1988年版。
阿地力·阿帕尔、迪木拉提·奥迈尔、刘明编著：《维吾尔族萨满文化遗存调查》，民族出版社2010年版。
王昭武等：《凌云县后龙山背篓瑶社会历史调查》，广西壮族自治区编辑组、《中国少数民族社会历史调查资料丛刊》修订编辑委员会：《广西瑶族社会历史调查》第五册，广西民族出版社1986年版。
江应梁：《西南边疆民族论丛》，珠海大学出版社1948年版。
盖山林：《阴山岩画》，文物出版社1986年版。
盖山林：《岩石上的历史画卷——中国岩画》，上海三联书店1997年版。
中国社会科学院民族研究所、国家民族事务委员会文化宣传司主编：《中国少数民族语言使用情况》，中国藏学出版社1994年版。
姚红卫：《〈玄应音义〉词汇论稿》，河北大学出版社2014年版。
陈烈、秦振新：《最后的母系家园：泸沽湖摩梭文化》，云南人民出版社1999年版。
［古希腊］柏拉图：《柏拉图全集》第2卷，王晓朝译，人民出版社2014年版。
［美］路易斯·亨利·摩尔根：《古代社会》，杨东莼、马雍、马巨译，商务印书馆1977年版。
［美］艾布拉姆斯：《镜与灯：浪漫主义文论及批评传统》，郦稚牛、张照进、童庆生译，北京大学出版社1989年版。
［美］斯特伦：《人与神：宗教生活的理解》，金泽、何其敏译，上海人民出版社1991年版。

［美］米尔恰·伊利亚德:《神圣与世俗》,王建光译,华夏出版社 2002 年版。

［美］米尔恰·伊利亚德:《萨满教:古老的入迷术》,段满福译,社会科学文献出版社 2018 年版。

［美］米尔恰·伊利亚德:《神圣的存在:比较宗教的范型》,晏可佳、姚蓓琴译,广西师范大学出版社 2008 年版。

M.Eliade, *Images and Symbols*, translation by P. Mairet, 1961, London.

［美］米尔恰·伊利亚德:《宗教思想史》,晏可佳、吴晓群、姚蓓琴译,上海社会科学院出版社 2004 年版。

［美］休斯顿·史密斯:《人的宗教》,刘安云译,海南出版社 2001 年版。

［美］沃尔特·翁:《口语文化与书面文化:语词的技术化》,何道宽译,北京大学出版社 2008 年版。

［美］阿尔伯特·贝茨·洛德:《故事的歌手》,尹虎彬译,中华书局 2004 年版。

［美］马丽加·金芭塔丝:《活着的女神》,叶舒宪等译,广西师范大学出版社 2008 年版。

Mediha Saliba. Story Language: A Sacred Healing Space. *Literature and Medicine19*, no.1 (Spring 2000).

［美］埃伦·迪萨纳亚克:《口头、书面与后现代心理》,户晓辉译,《民族文学研究》2004 年第 3 期。

［美］唐纳德·R.凯利:《多面的历史——从希罗多德到赫尔德的历史》,陈恒、宋立宏译,生活·读书·新知三联书店 2003 年版。

［美］雷蒙德·范·奥弗:《太阳之歌》,毛天祜译,中国人民大学出版社 1989 年版。

［美］艾波:《意识形态与课程》,王丽云译,台湾桂冠图书股份有限公司 2002 年版。

［美］刘埔:《灵魂经过的声音》,天津教育出版社 2012 年版。

［美］麦克斯·缪勒:《宗教的起源与发展》,金泽译,上海人民出版社 1989 年版。

［美］约翰·博德利:《人类学与当今人类问题》,周云水等译,北京大学出版社 2010 年版。

［美］欧文·亚隆:《诊疗椅上的谎言》,鲁宓译,四川大学出版社 2006 年版。

［美］罗伯特·路威:《文明与野蛮》,吕叔湘译,生活·读书·新知三联书店 2005 年版。

Robert Redfield, *Peasant Society and Culture: an Anthropological Approach to Civilization*, Chicago: the University of Chicago Press, 1956。

Arthur Waley, *The Nine Songs: A study of Shamanism in Ancient China*, London, Allen & Unwin, 1955.

[英] J.G. 弗雷泽：《金枝》，徐育新、汪培基等译，商务印书馆 2012 年版。

James George Frazer, The Golden Bough: A Studies in Magic and Religion (Third Edition, Vol 2 of 12), New York: the Macmillan Company, 1935.

[英] 马林诺夫斯基：《西太平洋上的航海者》，张云江译，九州出版社 2007 年版。

[英] 马林诺夫斯基：《巫术、科学、宗教与神话》，李安宅编译，中国民间文艺出版社 1986 年版。

[英] 琼斯、莫里努：《美洲神话》，余世燕译，新世纪出版社 2011 年版。

[英] 温彻斯特：《文学评论之原理》，景昌极、钱堃新译，梅光迪校，商务印书馆 1923 年版。

[英] 凯伦·阿姆斯特朗：《神话简史》，胡亚豳译，重庆出版社 2005 年版。

[英] 爱德华·泰勒：《人类学：人及其文化研究》，连树声译，上海文艺出版社 1993 年版。

[英] 杰克·古迪：《口头传统中的记忆》，户晓辉译，《民族文学研究》2005 年第 1 期。

[英] 哈弗洛克：《希腊人的正义观：从荷马史诗的影子到柏拉图的要旨》，邹丽、何为登译，华夏出版社 2016 年版。

[英] 罗素：《婚姻与道德》，李惟远译，上海文艺出版社 1935 年版。

[法] 列维-布留尔：《原始思维》，丁由译，商务印书馆 1981 年版。

[法] 加缪：《西西弗斯的神话》，杜小真译，西苑出版社 2003 年版。

[法] 萨特：《存在与虚无》，陈宜良等译，杜小真校，生活·读书·新知三联书店 1997 年版。

[德] J.E. 利普斯：《事物的起源：简明人类文化史》，汪宁生译，贵州教育出版社 2010 年版。

《系于孤独之途：海德格尔诗意归家集》，成穷、余虹、作虹译，天津人民出版社 2009 年版。

[德] 马丁·海德格尔：《林中路》，孙周兴译，上海译文出版社 2004 年版。

[德] 马丁·海德格尔：《思的经验（1910—1976）》，陈春文译，人民出版社 2008 年版。

[德] 恩斯特·卡西尔：《语言与神话》，于晓等译，生活·读书·新知三联书店 1988 年版。

[德] 卡西尔：《人论》，甘阳译，上海译文出版社 2003 年版。

[德] 格罗塞：《艺术的起源》，蔡慕晖译，商务印书馆 1984 年版。

[意] 维柯：《新科学》，朱光潜译，商务印书馆 1989 年版。

[奥] 维特根斯坦：《哲学研究》，汤潮、范光棣译，生活·读书·新知三联书店 1992 年版。

[奥地利] 勒内·德·内贝斯基·沃杰科维茨：《西藏的神灵与鬼怪》，谢继胜译，西藏人民出版社1989年版。

[瑞典] 多桑：《多桑蒙古史》，冯承钧译，中华书局1962年版。

J.基·泽博编：《非洲通史（第一卷）·编史方法及非洲史前史》，中国对外翻译出版公司1984年版。

[苏] H.A.洛帕廷：《果尔特人的萨满教》，吉林省民族研究所编：《萨满教文化研究》第2辑，天津古籍出版社1990年版。

[苏] 华西里耶夫：《中国文明的起源问题》，郝镇华等译，文物出版社1989年版。

[波] 尼斡拉滋：《西伯利亚各民族之萨满教》，金启孮译，中国社会科学院民族研究所《萨满教研究》编写组1978年印制。

[古希腊] 柏拉图：《柏拉图文艺对话集》，朱光潜译，人民文学出版社1963年版。

[日] 家井真：《〈诗经〉原意研究》，陆越译，江苏人民出版社2010年版。

[日] 安居香山、中村璋八辑：《纬书集成》，河北人民出版社1994年版。

[日] 白川静：《中国古代民俗》，何乃英译，陕西人民美术出版社1988年版。

《吉尔伽美什》，赵乐甡译，辽宁人民出版社1981年版。

《印度古诗选》，金克木译，湖南人民出版社1984年版。

糜文开编译：《印度文学历代名著选》上，台湾东大图书股份有限公司1981年版。

[法] 雷吉斯·德布雷：《图像的生与死：西方观图史》，黄迅余、黄建华译，华东师范大学出版社2014年版。

古方主编：《中国出土玉器全集（2）内蒙古 辽宁 吉林 黑龙江》，科技出版社2005年版。

古方主编：《中国出土玉器全集（3）山西》，科技出版社2005年版。

古方主编：《中国出土玉器全集（10）湖北 湖南》，科技出版社2005年版。

古方主编：《中国出土玉器全集（7）江苏 上海》，科技出版社2005年版。

古方主编：《中国出土玉器全集（1）北京 天津 河北》，科技出版社2005年版。

古方主编：《中国出土玉器全集（4）山东》，科技出版社2005年版。

古方主编：《中国出土玉器全集（14）陕西》，科技出版社2005年版。

古方主编：《中国出土玉器全集（15）甘肃 青海 宁夏 新疆》，科技出版社2005年版。

古方主编：《中国出土玉器全集（6）安徽》，科技出版社2005年版。

古方主编：《中国出土玉器全集（12）云南 贵州 西藏》，科技出版社2005年版。

古方主编：《中国出土玉器全集（11）广东 广西 福建 海南 香港 澳门 台湾》，科技出版社2005年版。

古方主编：《中国出土玉器全集（8）浙江》，科技出版社2005年版。

古方主编：《中国出土玉器全集（13）四川 重庆》，科技出版社2005年版。

古方主编:《中国传世玉器全集(1)新石器新时代 商 西周 春秋 战国》,科学出版社2010年版。

中国青铜器全集编辑委员会编:《中国美术分类全集·中国青铜器全集(第4卷)·商4》,文物出版社1998年版。

中国青铜器全集编辑委员会编:《中国美术分类全集·中国青铜器全集(第13卷)·巴蜀》,文物出版社1998年版。

中国青铜器全集编辑委员会编:《中国美术分类全集·中国青铜器全集(第6卷)·西周2》,文物出版社1998年版。

中国青铜器全集编辑委员会编:《中国美术分类全集·中国青铜器全集(第12卷)·秦汉》,文物出版社1998年版。

陈佩芬编著:《中国青铜器辞典》第六册,上海辞书出版社2013年版。

甘肃省博物馆编:《甘肃彩陶》,文物出版社1979年版。

郎树德、贾建威:《彩陶》,敦煌文艺出版社2004年版。

李学武编著:《中国原始彩陶》,江西美术出版社2007年版。

辽宁省文物考古研究所编:《牛河梁——红山文化遗址发掘报告(1983—2003年度)》,文物出版社2012年版。

安徽省文物考古研究所编:《凌家滩——田野考古发掘报告之一》,文物出版社2006年版。

浙江省文物考古研究所:《河姆渡——新石器时代遗址考古发掘报告》,文物出版社2003年版。

浙江省文物考古研究所编著:《反山》下,文物出版社2005年版。

浙江省文物考古研究所编:《瑶山》,文物出版社2003年版。

张炳文主编:《良渚文化刻画符号》,上海人民出版社2014年版。

山东博物馆、良渚博物院编:《玉润东方:大汶口—龙山·良渚玉器文化展》,文物出版社2014年版。

张扣林主编,黄才祥、海浪平面摄影:《马家浜文化》,浙江摄影出版社2004年版。

陈燮君主编:《上海考古精粹》,上海人民出版社2006年版。

山东文物事业管理局编:《山东文物精萃》,山东美术出版社1996年版。

广西少数民族社会调查组编:《花山崖壁画资料集》,广西民族出版社1963年版。

盖山林:《中国岩画学》,书目文献出版社1995年版。

宋耀良:《中国史前神格人面岩画》,上海三联书店1992年版。

中国社会科学院考古研究所、山西省临汾市文物局编著:《襄汾陶寺:1978—1985年考古发掘报告》,文物出版社2015年版。

文物出版社编:《中国考古文物之美(2)·殷墟地下瑰宝:河南安阳妇好墓》,文物出版社1994年版。

四川省文物考古研究院、三星堆博物馆:《三星堆出土文物全记录》,天地出版社2009年版。

国家文物局主编:《1998中国重要考古发现》,文物出版社2000年版。

刘国祥:《东北文物考古论集》,科学出版社2004年版。

栾丰实:《连璧试析》,杨伯达主编:《中国玉文化玉学论丛·四编(上)》,紫禁城出版社2006年版。

中国美术全集编辑委员会编:《中国美术全集·工艺美术编(一)·陶瓷(上)》,上海人民美术出版社1987年版。

王然主编:《中国文物大典:铜器 陶器 石器 玉器卷》,中国大百科全书出版社2001年版。

中国国家博物馆编:《文物中国史(1)史前时代》,山西教育出版社2003年版。

许泳、许玉芹主编:《玉魂国魄》,河北美术出版社2016年版。

陕西省考古研究院编:《芮国金玉选粹:陕西韩城春秋宝藏》,三秦出版社2007年版。

杨培钧、陈长土:《古玉拾珍》,浙江古籍出版社2008年版。

河南博物馆、台北国立历史博物馆编著:《辉县琉璃阁甲乙二墓器物图集》,大象出版社2003年版。

河北省文物管理所编:《战国中山国灵寿城:1975—1993年考古发掘报告》,文物出版社2005年版。

聂菲:《中国古代家具鉴赏》,四川大学出版社2000年版。

河北省文物研究所编:《𰲹墓——战国中山国国王之墓》(下),文物出版社1996年版。

中国画像石全集编辑委员会:《中国画像石全集(1)·山东汉画像石》,山东美术出版社2000年版。

中国画像石全集编辑委员会:《中国画像石全集(7)·四川汉画像石》,山东美术出版社2000年版。

裘锡圭主编:《长沙马王堆汉墓简帛集成》,中华书局2014年版。

蒋宏杰等:《河南南阳陈棚汉代彩绘画像石墓》,《考古学报》2007年第2期。

刘慧、张玉胜:《岱庙汉画像石》,山东画报出版社1998年版。

韩玉祥、李陈广主编:《南阳汉代画像石墓》,河南美术出版社1998年版。

武利华编:《徐州汉画像石》,线装书局2001年版。

王绣摹绘:《洛阳汉代彩画》,河南美术出版社1986年版。

王绣、霍宏伟:《洛阳两汉彩画》,文物出版社2015年版。

李萧主编:《吐鲁番文物精粹》,上海辞书出版社2006年版。

广州市文物管理委员会、中国社会科学院考古研究所、广东省博物馆编:《西汉南越王墓》(下)，文物出版社1991年版。

黑龙江省文物考古研究所等：《黑龙江饶河县小南山遗址2015年Ⅲ区发掘简报》，《考古》2019年第8期。

戚琳琳编著：《中国红·古代佩饰》(汉英对照)，黄山书社2012年版。

高明、涂白奎编著：《古文字类编》(增订本)，上海古籍出版社2008年版。

魏庆征：《世界宗教艺术图典》，中央编译出版社2017年版。

张夫也：《全彩东方工艺美术史》，宁夏人民出版社2003年版。

王永强等主编：《中国少数民族文化史图典（壹）·东北卷》，广西教育出版社1999年版。

王继超、陈光明编：《彝文典籍图录》，贵州民族出版社2013年版。

张振：《人类六万年：基因中的人类历史》，文化发展出版社2019年版。

靳之林：《中国工艺美术》，五洲传播出版社2004年版。

王伯敏主编：《中国少数民族美术史》第二编，福建美术出版社1995年版。

杨正文：《最后的原始崇拜：白地东巴文化》，云南人民出版社1999年版。

杨兴荣、杨洋主编，曾丽娟本卷主编：《文化玉溪 峨山 天下彝家 笃慕梦园》，云南人民出版社2015年版。

任学礼：《汉字生命符号》，广西师范大学出版社2016年版。

《周敦颐集》，岳麓书社2002年版。

(明)王圻、王思义撰：《三才图会》，明万历三十七年刊本。

《大明集礼》卷二，明嘉靖九年内府刊本。

(明)来知德撰：《易经集注》，康熙二十七年宝廉堂刻本，《易学集成》(一)，四川大学出版社1998年版。

(清)刘体恕辑、邵志琳增辑：《吕祖全书》卷二十二，清乾隆四十年武林王履阶刊本。

[美]戴尔·布朗主编：《安纳托利亚：文化繁盛之地》，王淑芳等译，广西人民出版社2002年版。

[美]戴尔·布朗主编：《爱琴海：沿岸的奇异王国》，李旭影译，华夏出版社、广西人民出版社2002年版。

[美]戴尔·布朗主编：《早期欧洲：凝固在巨石中的神秘》，高峰、王洪浩译，广西人民出版社2002年版。

[美]戴尔·布朗主编：《东南亚：重新找回的历史》，王同宽译，广西人民出版社2002年版。

[美]戴尔·布朗主编：《辉煌、瑰丽的玛雅》，张燕译，华夏出版社2002年版。

Edited by Neil S. Price, *The Archaeology of Shamanism*, London and New York: Routledge, 2001.

[美] 简·哈利法克斯：《萨满之声：梦幻故事概览》，叶舒宪主译，陕西师范大学出版社 2019 年版。

郭绍虞：《关于古代文学理论研究中的几个问题》，《学术月刊》，1979 年第 4 期。

郭绍虞：《我怎样研究中国文学批评史的》，《书林》1980 年第 1 期。

蔡元培：《致〈新青年〉记者函》，《新青年》1917 年第 3 卷第 1 号。

曹顺庆：《21 世纪中国文论发展战略与重建中国文论话语》，《东方丛刊》1995 年第 3 期。

曹顺庆：《文论失语与文化病态》，《文艺争鸣》1996 年第 2 期。

曹顺庆：《重建中国文论话语的基本路径及其方法》，《文艺研究》1996 年第 2 期。

曹顺庆：《从"失语症"、"话语重建"到"异质性"》，《文艺研究》1999 年第 4 期。

曹顺庆：《再说"失语症"》，《浙江大学学报》（哲学社会科学版）2006 年第 1 期。

陶文鹏：《意象与意境关系之我见》，《文学评论》1991 年第 5 期。

蒋寅：《语象、物象、意象、意境》，《文学评论》2002 年第 3 期。

张江：《当代西方文论若干问题辨识——兼及中国文论重建》，《中国社会科学》2014 年第 5 期。

《下世纪世界将有三分之一语言消失》，《参考消息》1997 年 9 月 27 日，第 6 版。

张公瑾：《我国濒危语言问题研讨会纪要》，《民族语文》2000 年第 6 期。

高亨、池曦朝：《试谈马王堆汉墓中的帛书〈老子〉》，《文物》1974 年第 11 期。

叶舒宪：《孔子〈论语〉与口传文化传统》，《兰州大学学报》2006 年第 2 期。

叶舒宪：《玉教与儒道思想的神话根源——探寻中国文明发生期的"国教"》，《民族艺术》2010 年第 3 期。

叶舒宪：《中国圣人神话原型新考——兼论作为国教的玉宗教》，《武汉大学学报》（人文科学版）2010 年第 3 期。

叶舒宪：《玉璧的神话学与符号编码研究》，《民族艺术》2015 年第 2 期。

叶舒宪：《新原道：从考古新材料看道家思想的神话起源》，《诸子学刊》编委会编：《诸子学刊》第 1 辑，上海古籍出版社 2007 年版。

叶舒宪：《中国文化的大传统和小传统》，《党建》2007 年第 2 期。

胡建升：《石鼓文的物质文化与神话图像研究》，《民族艺术》2013 年第 2 期。

胡建升：《良渚神徽的物质文化和神话图像》，《民族艺术》2013 年第 6 期。

胡建升：《女神原型的图像组合：鹳鱼石斧图的文化象征新探》，《民族艺术》2011 年第 4 期。

胡建升：《孔子"多闻阙疑"与口传文化》，《民族艺术》2014 年第 2 期。

徐国琼：《再论〈格萨尔〉艺人的神授说》，赵秉理编：《格萨尔学集成》第 3 卷，甘肃人民出版社 1990 年版。

黄强：《北方萨满祭祀仪礼的构造形态》，《北方民族》2000 年第 2 期。

伍文义:《上莫乡布依族古代狩猎调查报告》,《民族志资料汇编(第一集)·布依族》,贵州省志民族志编委会1985年(内部)印制。

宋恩常:《西双版纳傣族的民间宗教初步考察》,《云南少数民族调查文集》,云南人民出版社1986年版。

刘桂腾:《萨满教与满洲萨满跳神的乐器:对神鼓和腰铃的民族音乐学考察》,《中国音乐学》1994年第2期。

陈梦家:《商代的神话与巫术》,《燕京学报》1936年第20期。

赵制阳:《左传季札观乐有关问题的讨论》,《1993诗经国际学术研讨会论文集》,河北师范大学出版社1994年版。

巴莫阿依:《凉山彝族的疾病信仰与仪式医疗(上)》,《宗教学研究》2003年第1期。

王轻鸿:《孔子诗学的人类学范式——"诗可以兴"重释》,《孔子研究》2008年第5期。

梁涛:《郭店竹简"悬"字与孔子仁学》,《哲学研究》2005年第5期。

李民:《孔子的史籍整理及史学思想》,范学辉、齐金江主编:《儒家史学思想研究》,中华书局2003年版。

黎红雷:《孔子"君子学"的三种境界——〈论语〉首章集译》,《孔子研究》2014年第3期。

李启谦:《关于"学而时习之"章的解释及其所反映的孔子精神》,《孔子研究》1996年第4期。

刘振乾:《潞西县弄丙寨陇川县邦瓦寨家族婚姻生活习俗情况》,见云南省编辑组、《中国少数民族社会历史调查资料丛刊》修订编辑委员会编:《景颇族社会历史调查》(四),云南人民出版社1986年版。

巴莫阿依:《试论彝族毕摩的传承和教育》,《民族教育研究》1994年第3期。

周远斌:《"述而不作"本义考》,《理论学刊》2006年第1期。

唐启翠:《"述而不作"与"圣贤"神话》,《文艺理论研究》2012年第2期。

荆云波:《中国古代的尸祭》,《宗教学研究》2010年第1期。

王胜华:《先秦尸祭与国家宗庙乐舞戏剧》,《云南艺术学院学报》2000年第2期。

陈梦家:《释"国""文"》,《国文月刊》1941年第1卷第11期。

丁世博、王文:《鬼王祭祀——桂西壮族乡傩艺术初探》,《民族艺术》1994年第2期。

陈伯海:《释"诗可以兴"——论诗性生命的感发功能》,《华中师范大学学报》(人文社会科学版)2006年第3期。

扎西东珠:《藏族口传文化传统与〈格萨尔〉的口头程式》,《民族文学研究》2009年第2期。

赵洁:《锡伯族萨满歌的口头传承研究——以新疆伊犁察布查尔锡伯族自治县为例》,《伊犁师范学院学报》2007年第4期。

傅道彬:《"诗可以观"——春秋时代的观诗风尚及诗学意义》,《文学评论》2004年第5期。

傅道彬:《乡人、乡乐与"诗可以群"的理论意义》,《中国社会科学》2006年第2期。

傅道彬:《诗可以怨吗》,《文艺研究》2007年第11期。

余群:《诗何以"观"而不"听"——孔子"诗可以观"补释》,《社会科学论坛》2014年第7期。

刘衍军:《孔子仁学与"诗可以群"》,《北方论丛》2011年第4期。

郭鹏:《赋诗言志与诗言志的理论内涵和职能演变——兼论"诗可以群"诗学作用的历史变迁》,《文史哲》2013年第5期。

钱锺书:《诗可以怨》,《文学评论》1981年第1期。

李凯:《"诗可以怨"与"怨而不怒"的再解读》,《文史哲》2004年第1期。

夏秀:《什么诗可以怨——孔子"诗怨"命题再阐释》,《东岳论丛》2013年第8期。

刘笑敢:《人文自然与天地自然》,《南京师范大学文学院学报》2004年第3期。

蒋国保:《〈老子〉中"自然"一词新解》,《中国社会科学报》2012年1月16日。

裘锡圭:《"锡朕文考臣自厥工"解》,《考古》1963年第5期。

刘辉豪:《祭火》,中国民间文艺研究会云南分会、云南省民间文学集成编辑办公室编:《云南民俗集刊》第三集,1985年1月。

刘道广:《老子"涤除玄鉴"的审美意义》,《学术月刊》1990年第6期。

毛宣国:《涤除玄鉴与游心于道——老庄审美观照理论比较》,《晋阳学刊》1994年第3期。

牟方磊:《老子"涤除玄鉴"思想探析》,《四川民族学院学报》2012年第5期。

杨赛:《老子"大音希声"论》,曹本冶主编:《大音:音乐学 宗教学 人类学之间的对话》第一卷,上海音乐学院出版社2009年版。

李天道:《"大象无形"与中国美学"意境"之模糊心态》,《西南民族大学学报》(人文社科版)2009年第5期。

陈野:《纳西族东巴画的古今流变》,《新美术》1993年第4期。

赵崇南:《贵定县仰望乡苗族原始宗教调查》,贵州省民族研究所编:《贵州民族调查》(之二),贵州省民族研究所1984年印制。

张娟芳:《二十世纪西方〈老子〉研究》,西北大学2003年博士学位论文。

夏绍熙:《老庄"自然"观念的产生和变化》,西北大学2009年博士学位论文。

王英杰:《老子生存思想研究》,首都师范大学2009年博士学位论文。

曾小梦:《先秦典籍引〈诗〉考论》,陕西师范大学2008年博士学位论文。

孔瑜:《〈左传〉季札观乐研究》,陕西师范大学2015年硕士学位论文。

何妍:《论"诗可以观"——及其对中国传统文学思想的影响》,云南大学2012年硕士学位论文。

# 后　　记

文学人类学的文化大传统是对美国人类学家罗伯特·雷德菲尔德大小传统理论的文化翻转与本土创新，它将无文字时期的文明与文化传统称为大传统，将文字出现以后的文明与文化传统称为小传统。大传统突出了早期人类在史前时期的文化传统与精神贡献，直接将华夏文化精神与人类起源、史前文化对接起来，极大拓展了人文学术研究的时空观念。以前的学术研究通常都是在文化小传统之中作阐释，很容易受到文字书写证据的局限。文化大传统直接解构了文字书写的文化霸权，将研究视野扩展到人类文明诞生之初。同时，也可以极大地丰富文化小传统的文化意义，使得小传统的经典文本在三千年的训诂阐释中，获得了万年文化文本的源头活水。可见，文化大传统与小传统之间不是一种对立、排斥的矛盾关系，是一种脉络贯通的传承关系。

2013年，我从美国杜克大学访学回来，开始着手写作文化大传统研究的系列著作。当时的研究计划比较宏大，研究丛书包括文化大传统与诗言志、孟子思想、庄子思想与魏晋风度等诸多方面。2014年下半年，我完成了文化大传统与诗言志方面的初稿写作。此后几年，又陆续完成了文化大传统与孟子思想、庄子思想、魏晋风度等几部初稿。2019年，文化大传统与魏晋风度的研究成果，以《魏晋风度与中国文化基因》为书名，先行由陕西师范大学出版社出版。同年，《文化大传统与诗言志的跨学科研究》获得国家社科基金后期资助一般项目。2020年疫情期间，我的英文著作 Big Tradition and Chinese Mythological Studies 在 Springer 出版。同时，我又集中精力，专心打磨《文化大传统与诗言志》稿件，最终以《文化大传统与中国早期文论精神》为题，提交国家社科规划办，2021年底获得结项。

此部书稿从初稿到正式出版，长达8年之久，耗费了我很多精力。在这个写作过程中，我得到业师叶舒宪先生的特别关照与理论指导。每当困惑不解的时候，他或旁敲侧击，耐心启迪；或棒喝启明，给予引导。可以说，我这些年就是在这种忽塞忽开、昏昏昭昭之中度过的。当提笔之时，心中可能还存有诸多疑惑；但书写开来，又逐渐豁然开朗。在这个过程中，痛苦与乐趣、焦虑与爽朗是同存共在的。叶师还慷慨应邀，撰写书序，诸多恩情，值得珍惜。借书稿即将付梓之际，我要对叶师的长期关爱与指导，表达由衷的感谢。还要特别感谢萧兵先生与王振复先生，他们在疫情紧张之时，抱着极大的学术热情，为本书撰写序言，对晚学寄寓了殷切希望，其鼓励与提携之情极为厚重。也要感谢我的博士生导师赵仁珪先生，多年以来，他对我现在的跨学科研究转向表示理解与同情，并给以大力支持，这也给我了很大的学术定力。感谢国家社科规划办的立项资助，以及安新文编辑的热心帮助与精心编辑，使得拙稿能够在人民出版社顺利出版。

当然，从文化大传统视野来审视中国早期文论精神，本书还只是一种粗浅的学术尝试，其中可能存在一些疏漏之处，恳请诸多方家批评指正。

**胡建升**
壬寅仲夏，写于沪申诚斋